上座 슈리라타의 經量部 사상

上座 슈리라타의 經量部 사상

上座 슈리라타의 『經部毘婆沙』 연구 ❷

上座 슈리라타의 經量部 사상

권오민 지음

씨아이알

이 저서는 2014년 정부(교육부)의 재원으로 한국연구재단의 지원을 받아 수행된 연구임
(NRF-2014S1A6A4024732)

머리말

(1)

한 마디로 말해 그의 宗(*pākṣika)에서 주장하는 바는 대부분 실체적으로 말할 수 있는 것이 아니다. 따라서 불타의 말씀(buddhavacana)에 대해 올바른 이해를 구하고자 하는 이라면 이와 같은 論師에게 학습해서도, 그와 가까이 해서도 안 된다. 지혜가 총명한 자라 할지라도 그의 論을 학습한다면, 지니고 있던 覺慧마저 모두 다 점차 어두워지고 저열하게 되고 말 것이니, 그의 論에서 설해진 것은 대부분 확실하지 않기 때문이며, 앞뒤의 뜻과 말이 서로 모순되기 때문이며, 힐난을 감당할 수 없는 것이기 때문이며, 聖敎(āgama)에도 위배되기 때문이다. (T29, 598b9-13)

이는 카슈미르 毘婆沙師(Vaibhāṣika)의 논사인 衆賢(Saṃghabhadra)이 자신의 『순정리론』에서 世親이 『구사론』에서 善說로 인용한 經量部의 '隨眠=번뇌種子'설을 비판한 디음 계속히여 이 학설의 연원이라 할 만한 上座의 '隨眠=번뇌隨界'설을 인용 비판하고 나서 세친에게 행한 훈계의 말이다. 여기서 '그의 宗'이 上座일파(上座宗, Sthavira-pākṣika) 혹은 그들이 자칭하였다는 경량부(經部宗, Sautrāntika)이고, '이와 같은 論師'가 上座 슈리라타(Śrīlāta, 勝受)라는 것은 두말할 나위가 없으며, 따라서 '그의 論' 역시 玄奘 계통에서 상좌의 저작으로 전한 『經部毘婆沙(*Sautrāntikavibhāṣā)』로 추측하는 것은 그다지 어려운 일이 아니다.

중현에 의해 '上座'로 호칭된 슈리라타, 그는 당시 說一切有部를 비롯한 불교의 주류에서 正理(nyāya)·法性(dharmatā), 혹은 이것이 구현된 아비달마를 지식의 근거(pramāṇa: 量)로 삼았던 것과 달리 '經을 지식의 근거로 삼는 이'라는 뜻의 經量部(Sautrāntika)로 자칭한 일군의 譬喩者들(ekīya Dārṣṭāntikā)의 上座/長老(Sthavira)였다. 그로부터 비롯된 경량부는 훗날 설일체유부 毘婆沙師와 대승의 양대 학파인 중관·유가행파와 더불어 불교를 대표하는 4대 학파의 하나로 열거되지만, 部主 슈리라타는 어떤 이유에서인지 불교사에서 잊어졌고, 그가 지었다는『경부비바사』도, 그의 불교학의 키워드라 할 만한 '舊隨界(*pūrva-anudhātu)'도 역시 불교사상사에서 사라졌다.

그런 그가 유독 중현의『순정리론』에서만은 대규모로 언급된다. 주지하듯이『순정리론』(온전한 명칭은『아비달마순정리론 Abhidharma-nyāyānusāra-śāstra』)은 오로지『구사론』상의 異說을 비판하고 正理(nyāya)에 따라 설일체유부의 正義를 밝히기 위해 저술된 한역(玄奘 역) 80권의 大論이다. 중현이『구사론』상의 이설을 비판하면서 상좌(혹은 비유자/경량부)의 학설과 비록 단편이지만 비판에 대한 그의 해명을 빈번히 언급하였다는 사실은 세친이 그만큼 그로부터 많은 영향을 받았음을 말해준다.『순정리론』에서 상좌 설은 사실상 세친 이설의 배후나 유관학설로 인용되기 때문이다. 이러한 사실은 세친에 대한 중현의 비난에서 여실히 드러난다.

> 지금 그대들(세친과 선대궤범사)을 살펴보건대 [福業이 어떻게 增長하는지에 대해] 밝힐 만한 능력도 없다. 그런 까닭에 그대들은, 聖敎(āgama)를 익히고 正理(nyāya 혹은 yukti)에 통달한 [毘婆沙]師를 계승 품수하지도 못하였으면서도 마음에 大欲이 있어 스스로 (혹은 '제멋대로') 法의 개념(想)을 설정하였다. 그리고 망령되게 스스로 으스대며 經部宗과 가까이하여 자신들의 먼지티끌 같은 주장을 찬탄하며 聖敎를 더럽히고 있다. (T29, 542b25-28)

大德(세친)은 어떠한 이유에서 聖敎와 正理에 미혹한 자들과 사악한 붕당
(惡朋, *pāpaka-pakṣikā)을 맺어 이같이 수승한 공덕과 뛰어난 覺慧를 갖춘
불타의 聖제자들을 비방하고, 이루 헤아릴 수 없는 중생들을 惡見의 구렁
텅이에 빠트리는 것인가? 부디 원하건대 지금부터라도 의미 없는 말들을
그만두기를 바란다. (T29, 633b19-24)

중현의 비난에는 애증이 교차한다. 그것은 세친이 한때 카슈미르 유부
毘婆沙(vibhāṣā)의 학도였고 (티베트 불교사에 의하면 중현의 제자였다), 그
의『구사론』또한 이를 祖述한 것이기 때문이다. 그렇지만 세친이 경량부로
써 유부종의를 取捨하였다는 것은『구사석론』(眞諦 역)의 서문을 쓴 慧愷를
비롯한 거의 모든 주석가들의 견해였을 뿐만 아니라 자신의 고백이기도
하였다. 세친은『구사론』의 造論 취지를 밝힌 마지막 게송(AK. VIII 40ab)에
서 "대부분 카슈미르 毘婆沙師의 논의방식(Kaśmīra Vaibhāṣika-nīti)에 의거하
여 아비달마의 종의를 해석하였다"고 서술하였는데, 중현은 여기서 '대부
분(prāya)'이라는 말은 形色이나 像色, 과거·미래세 등의 경우 유부와는 다른
방식으로 해석하였음을 나타낸 것이라 비판하였고, 아비달마라는 곳간
(Abhidharma-kośa)의 宗義를 밝힌『阿毘達磨藏顯宗論』에서 이를 '오로지'라는
말로 정정하기도 하였던 것이다.

(2)

세친은, 중현이 '스스로 (혹은 제멋대로) 설정한 법의 개념'이라 한 종자
(bīja) 즉 思가 훈습된 相續의 轉變과 差別 등의 학설을 유가행파로 전향하고서
도 떨쳐버리지 못하였다. 경량부의 종자설은 유식학에 있어서도 역시 이단적
인 것이었고, 비판의 대상이었다. 일찍이 슈미트하우젠(L. Schmithausen)은 이
를 세친 유식의 '경량부적 전제(Sautrāntika-Voraussetzungen)'라고 하였다. 그

때문인지 세친과 그의 『구사론』이나 『성업론』 등은 불교사상사에서 잊어지고 사라진 상좌 슈리라타와 그의 『경부비바사』를 대신하여 '경량부'의 대표자가 되었고, 경량부 주요문헌으로 간주되었다.

그러나 엄밀히 말해 세친은 경량부가 아니며, 『구사론』이나 『성업론』 또한 경량부의 문헌이 아니다. 중현에 의하면 세친은 경량부로 자칭한 일군의 비유자인 상좌일파와 가까이하여 그들로부터 영향받았을 뿐이다. 따라서 『구사론』 상의 경량부 설은 대다수 바로 그들의 학설이 아니라 그들 학설에 대한 세친 자신의 이해이다. 중현은 『구사론』 상의 경량부 설을 그 역시 경량부나 비유자 설로 전하기도 하지만, 다수의 경우 '세친(經主) 설'이나 '세친이 인용한 경량부 설'로 전하였다. 전자(세친 설)의 경우 반드시 상좌 설을 별도로 인용하며, 후자의 경우 이를 보완할 만한 상좌의 해명이나 논거를 제시하는데, 선대궤범사의 福業增長說의 경우 배우가 의상을 바꿔 입은 것처럼 상좌의 舊隨界설과 언사만 달리한 것이라 비평하기도 하였다. 이는 실제 내용상으로도 그러할 뿐 아니라 중현의 비판 또한 동일하다. 이로 볼 때 중현은 필시 세친이 상좌일파의 학설을 자유로이 이해하여 재구성한 것은 '세친 설'로, 보다 축자적으로 인용하였다고 여긴 것은 '세친이 인용한 경량부 설'로 언급하였을 것이다.

한편 세친은 『대비바사론』에서 간다라논사의 학설로 전한 5戒分受說도 경량부 설로 인용하였는데, 중현은 이를 '外方의 경량부'라는 이름으로 비판하였다. 이는 바로 상좌(경량부)와 가까이하여 견해를 함께하였던 세친의 학적 계통을 가리킨 말로서 '外方(bahirdeśaka, 外國) 즉 서방의 간다라논사 계통(西方師, Pāścāttyāḥ)의 경량부'라는 의미였을 것이다. 간다라논사는 일반적으로 '外國諸師(bāhyābhidharmikāḥ)'나 '外國의 毘婆沙師(bahirdeśaka Vaibhāṣikā)'로 불린 자들이었다.

요컨대 세친의 『구사론』으로 경량부를 대변할 수 없다는 말이다. 세친의『구사론』을 경량부의 바로미터로 여기게 된 것은 상좌 슈리라타가 불교사에서 잊어지고, 중현이 전한 그에 관한 최소한의 이해조차 부재하였기 때문이다.

불교사에서 경량부의 部主가 망각되고 소의 텍스트가 사라짐에 따라 이 학파는 의혹의 대상이 되었고, 학파의 정체성에 관한 온갖 가설이 제시되었다. 窺基를 비롯한 동아시아 法相敎家는 경량부를 根本師 쿠마라라타, 『순정리론』상에서 上座로 일컬어진『경부비바사』의 작자 슈리라타, 그리고 단지 이름만의 경량부라는 세 형태로, 혹은 本經部(쿠마라라타)와 末經部(상좌)로 분류하기도 하였고, 『구사론』의 주석가들은 세친의 先代軌範師(pūrvācārya)를 경량부 혹은 경량부의 선대궤범사(古師)로 이해하기도 하였다. 이에 따라 근대 불교학에서는 本經部(=쿠마라라타)에 婆沙의 비유자와 선대궤범사를, 末經部(=상좌 슈리라타)에『이부종륜론』과『구사론』에서의 경량부를 배당시켜 논의하기도 하였다. 이는 물론 전승의 편의적 조합일 뿐 사상적 검토에 따른 것이 아니다. 婆沙의 비유자와 선대궤범사는 시대도 사상도 달리하였기 때문이다.

최근 현존자료 중 '경을 지식의 근거로 삼는 이'라는 뜻의 '경량부'라는 말이『구사론』에 처음 나타난다는 이유에서, 혹은 여기서의 경량부 주요사상이『유가사지론』에서 추적된다는 이유에서 비록 '경량부'라는 명칭이 상좌 슈리라타로부터 비롯되었다 할지라도 이는 누구나 사용할 수 있는 말로서 세친 자신을 가리킨다거나 혹은 유가행파의 다른 이름일 것이라는 가설도 제기되었다. 경량부는 실체가 없는 가공의 명칭이라는 것이다.

앞서 경량부가 불교 4대 학파의 하나였다고 하였지만, 部主와 그의 毘婆沙(논의)가 사라진 마당에 학파의 정체성 문제는 결코 간단하지 않다. 카토 준쇼(加藤純章)의 말대로 불교문헌에서 '경을 지식의 근거로 삼는 이'라는 의미의 경량부는『구사론』에 이르러 비로소 등장하지만, 『구사론』의 비판적 주석서라고 할 만한『순정리론』에서 그것이 상좌 슈리라타의 自稱임을 전하고 있으며, 나아가 그들이 일군의 譬喩者인 이상『대비바사론』상에서 他宗(*parapākṣika)으로 80여 회 등장하는 譬喩者나『성실론』의 訶梨跋摩(Harivarman)와도 무관하지 않으며, 이후 法稱(Dharmakīrti)으로부터 목샤카라굽타(Mokṣakāragupta)에 이르는 불교지식론학파 또한 경량부 소속으로 알려진다. 그렇다면 우리는 어떤 식으로든 婆沙의 비유자로부터 상좌 슈리라타를 거쳐 목샤카라굽타에 이르는 사상사적 연속성 내지 정체성을 확인할 수 있어야 한다.

경량부에 관해 말하고자 한다면 무엇보다 먼저 누가 왜 경량부인지부터 논의하지 않으면 안 된다. 특히 '經(sūtra)을 지식의 근거(量)로 삼는다'고 주장한 이상 그들에게 있어 經(佛說)이란 무엇인지, 그들의 성전관이 유부 등 다른 불교 제파와는 어떻게 다른지 살펴보아야 한다. 세친은『구사론』첫머리(AK. I 3cd)에서 유부의 '아비달마=불설'론을 '傳說(kila)'이라는 말로써 불신하였지만,『석궤론』이나『성업론』에서 經說 자체는 별도의 취지(abhiprāya: 別意趣, 密意)를 갖는 不了義(neyārtha)이기 때문에 法性(dharmatā)이라 일컬어지는 그것을 해석해내지 않으면 안 된다는 유부의 법성 중심의 불설론 — 누가 설한 것이든, 불타가 설한 것이든 나아가 그의 장로 제자가 설한 것이든 '法性에 위배되지 않으면 佛說' — 으로 돌아서고 있다. 유부나 유가행파가 '불타'라는 인격(pudgala)이 아닌 正理·法性을 지식의 원천으로 삼는 이들이 었다면, 경량부는 불타에 의해 분명하고도 결정적으로 설해진 經(顯了定說, *vispaṣṭam viniścaya) 만을 지식근거(量)로 삼는 이들이었다. 그래서 經量部였다. 이에 중현은 "나는 그대들 중에서 [불교의 주류일반에서 통용되는 이 같은] 불설 정의(buddhavacana-lakṣaṇa: 佛敎相)를 信受하는 이를 결코 보지 못하였다"(T29, 604b25)고 탄식하기도 하였다. 상좌는 유부—중관—유식으로 이어지는, 하리발마조차 인정하였던 법성 중심의 불설론에 반대하였던 것이다.

경을 지식의 근거로 삼을 경우 무엇이 달라지는가? 예컨대 '行蘊 卽 6思身'이라는 경설을 이면의 별도의 뜻을 갖지 않는 완전한 뜻(nitārtha: 了義)으로 이해할 경우 受·想·思를 제외한 일체의 心所와 不相應行法의 개별적 실재성을 부정해야 하며, 그럴 경우 번뇌나 업의 본질과 기원을 달리 이해할 수밖에 없다. 또한 無常의 刹那滅을 말 그대로(yathārutārtha: 如說義) 이해할 경우 根·境과 심·심소의 異時인과를 주장할 수밖에 없고, 그럴 경우 인식대상(소연)은 더 이상 외계가 아니다. 이에 따라 상좌는 유정의 상속을 초기불교 이래 유정의 토대나 근원(ākara: 生本)으로 고려된 界(dhātu, 이는 심신의 상속 상에 항상 隨逐하기 때문에 隨界 *anudhātu)의 변화과정으로 이해하였는데, 이는 뿌리−싹−줄기−가지−꽃 등으로 변화하다 마침내 열매(phala: 果)를 맺는 種子(bīja)에 비유되었다. 상좌를 비롯한 일군의 비유자는 유루·무루 일체 세간의 因緣(직접 원인)을 수계·종자로 규정하였다. 그는 분명 이전과는 다른 새로운 사상의 불교논사였다.

(3)

본 연구는 애당초 《上座 슈리라타의 『經部毘婆沙』 연구》라는 타이틀로 시작하였지만, 이는 '상좌 슈리라타=경량부'라는 사실을 전제로 한 것이기 때문에 경량부 정체성에 관한 근본적인 검토가 필요하였다. 이에 대한 연구결과가 『上座 슈리라타와 經量部』(씨아이알, 2012)였다. 여기서는 상좌 슈리라타에 대한 개설과 함께 『순정리론』 『아비달마디파』 『구사론』 등에서의 譬喩者와 經量部라는 술어의 용례와 관계에 대해 검토하고, 설일체유부와 대별되는 상좌의 불설론을 통해 일군의 비유자인 상좌 슈리라타 일파가 經量部, 즉 '經을 지식의 근거(量)로 삼는 이들'로 자칭하였고, 세친은 이들과 가까이하여 견해를 함께한 同見者 말하자면 '外方의 경량부'였다고 결론지었다.

그로부터 다시 6년이 지났다. 이제 원래 의도하였던 상좌 슈리라타의 『경부비바사』 즉 경량부 사상의 일단을 세상에 내어 놓는다. 『경부비바사』는 산일되어 현존하지 않지만 중현은 상좌에게 『吉祥論(*Śrīśāstra)』으로 찬탄된 論이 있었다고 전할 뿐만 아니라 『순정리론』에는 이 論에서 인용하였을 것으로 추정되는 '상좌의 말/주장'이나 '그의 論/저들 부파의 論에서의 말', 경량부/비유자의 학설을 다량으로 전하고 있다. 이 책에서는 이와 함께 중현과 對論 중에 언급된 상좌의 해명과 『구사론』 상에서의 세친의 유관논설과 상좌 설로 評釋된 다른 어떤 이(有餘師)의 설, 이와 동일한 경향의 婆沙의 비유자 설, 나아가 유가·법상종에서 비판되고 있는 경량부/비유자 혹은 末經部나 上座部 설 등에 근거하여 상좌 슈리라타의 경량부 사상을 재구성하였다.

비록 단편일지라도 '상좌의 말/주장' 등으로 인용된 그의 논설은 경이로운 것이었다. "가벼움과 무거움 등의 소조촉은 서로에 근거한 개념이기 때문에 실체로서 존재하는 것이 아니다." "一心 중에 種種界(nānādhātu)가 존재한다." "동일 根에 근거하여 [미세하고 거친] 두 識이 동시에 함께 생겨난다." "나무가 바로 불은 아니지만 불의 종자이듯 異生의 심·심소 역시 그 자체 무루는 아니지만 무루의 종자(生因)이다." "12處(일체법)는 1法處에 포섭되며, 법처의 소의는 法界이다." "극미和合인 5識의 소연(즉 5境)은 虛僞의 妄失之法이다." "그림자가 처소를 달리하여 연속적(無間)으로 생겨날 때 '그림자가 움직인다'고 가설하듯 識 역시 외계대상과 유사한 형상을 띠고 계속 생기할 때 '識이 대상을 요별한다'고 가설한 것일 뿐으로, 識이 '了別者(요별의 주체)'라는 경설은 世俗說이다."

그의 相依相待에 따른 소조촉 假有說은 『중론』의 논의를 연상케 하고, 일체 종자식으로서의 一心은 알라야식의 연원이라 할 만한 것이며, 마음이 유루·무루 일체법의 종자(生因)라는 말은 『기신론』의 세간·출세간의 일체법을 포섭하는 衆生心과 다를 바 없어 보였다. 일체법(12처)의 소의(āśraya)

가 法界라는 그의 논설에서 '一[眞]法界'를 떠올리는 일은 그다지 어려운 일이 아니었다. '眼 등의 根은 見者가 아니고, 識은 了別者가 아니'라는 그의 언명은 일종의 코페르니쿠스적 전환으로, '識=無作用'설은 인식(量)과 인식결과(量果)는 동일하다는 법칭의 '지식의 자기인식' 바로 그것이었다.

상좌의 수계설과, 배우가 의상을 바꿔 입듯 이와 언사만 달리한 것이라는 세친 종자설에 대한 중현의 비판 골자는 종자설을 주장하기 위해서는 최소한 현행식(6識)과 별체이면서 동시에 존재하는 종자의 所依處가 설정되어야 한다는 것이었는데, 알라야識(ālayavijñna)은 바로 이 같은 조건을 충족한 개념이었고, 중현의 종자설 비판은 바야흐로 유가행파의 알라야식 존재증명의 주요논거가 되었다. 종자설에 관한 한, 우리의 상식과는 달리 유가행파는 유부와 밀접한 관계였다. 유가·법상종 관련 문헌 상에서의 경량부(또는 譬喩部)나 末經部 혹은 上座部의 주장이 『순정리론』 상에서 상좌 혹은 상좌일파의 학설로 확인되는 것 역시 놀라운 일이었다.

우리는 그동안 경량부 종자설을 다만 『구사론』 상의 단편을 통해 이해하였다. 세친과 그가 인용한 경량부의 말에만 귀 기울였을 뿐, 중현이 세친 종자설의 연원으로 전한 상좌의 隨界(혹은 舊隨界)설이나 유가·법상종에서 비판한 경량부나 末經部/上座部의 6識 종자설(혹은 色心自類前後相熏說)에는 주목하지 않았다. 『유가사지론』 상에서 알라야식을 주장할 경우 [別體의] '二識俱起'를 인정해야 한다고 비난한 어떤 이는 바로 상좌 슈리라타였다. 무착은 『섭대승론』에서 6識 종자설을 주장할 경우 [동일한 몸(즉 根)에 근거한] '二識俱起'를 인정해야 한다고 비판하였는데, 실제 상좌는 一身二頭의 새인 命命鳥의 비유로써 동일 根에 근거한 二識俱生을 주장하였다. 그는 마음(6식)을 깨어 있는 차별적인 요별식과 잠자고 있는 동일성의 불요별식, 말하자면 활동적인 표층의식과 비활동적인 심층의식이라는 이중구조로 분별하였지만, 알라야식과 같은 현행식과는 別體로서의 마음을 단호히 거부하였다. 그것은 말하자면 屋上屋과 같은 개념이라는 것이다.

이 모든 사실들은 일찍이 어디서도 접한 적 없는 미지의 경계였다. 전율이 일었다. 상좌 슈리라타, 도대체 그는 누구인가? 그의 학설의 끝은 어디인가? 그는 왜 그간의 불교학의 관심대상이 되지 못하였던가? 과거의 전통 불교학에서는 모종의 종파적 이유 때문이었다 하더라도 근대에 들어와서는 어째서 그러하였던가? 상좌와 상좌일파(上座徒黨, 혹은 上座部, 上座宗 *sthavirapākṣika)의 자료가 이념과 성격이 서로 다른 유부 毘婆沙師와 유가행파의 논서 속에 갇혀 있었기 때문인가? 그러나 그들의 사유는 이렇듯 대승과 소승의 경계를 넘나들고 있다. 그들 사유의 단편을 엿보는 것만으로도 학파와 텍스트에 의해 격리되었거나 혹은 '하나'라는 절대이념으로 꿰어진 불교학을 역사현장에서 만난 듯 생생하였다. 그렇다고 그들의 자료가 세친의『구사론』처럼 거칠게 인용된 단편만도 아니었다.『순정리론』이 한역 80권의 大論이 된 것은 그들의 논변이 그만큼 장광설이었고 섬세하였기 때문이었다. 중현이 '上座'라는 記名으로 인용한 그의 학설만도 150여 회에 이른다. (『구사론』 상의 경량부 학설은 19회)

(4)

이 책의 제목을『上座 슈리라타의 經量部 사상』이라 하였지만, 여기서의 상좌 설은 좀 과장되게 말해 빙산의 일각에 지나지 않는다. 애당초『순정리론』상에 언급된 상좌교학을 주제별로 일람하려고 하였다. 그렇지만 중현이 옮긴 그들 논의의 정치함으로 인해, 또한 시간적 제약과 필자능력의 한계로 말미암아 유부 諸法分別論 비판과 상좌의 찰나멸론(第1장－第4장), 상좌의 인식이론(第5장－第8장), 그리고 인과론과 이에 따른 수계·종자설(第9장－제11장), 경량부 종자설과 유가행파와의 관계(第12장－第14장) 정도에 한정시킬 수밖에 없었다.

이로써도 세계와 인간에 대한 그의 이해를 어느 정도 가늠할 수 있고, 전통의 설일체유부뿐만 아니라 당시 새로이 흥기한 유가행파와의 관계도 엿볼 수 있다고 자평한다. 그렇지만 이는 사실상 상좌교학의 총론 정도에 지나지 않는다. 불교학의 본론이라 할 만한 緣起, 業, 번뇌, 그리고 실천 수도론인 賢聖의 道果 등에 대해서는 그의 문제제기조차 언급하지 못하였다. 특히 『순정리론』 제3 「辯緣起品」에는 상좌의 유부 分位연기설 비판과 비판 논거로 제시한 『연기경』에 대한 중현과의 了義·不了義 논쟁을 비롯하여 12연기 각 支에 대한 상좌 자신의 해석을 전하고 있으며, 제6 「辯賢聖品」에서는 그의 八心現觀論과 阿羅漢果 無退論이 종자설과 관련하여 장문으로 인용 비판되고 있는데, 다음 기회로 미룰 수밖에 없었다.

전편 『上座 슈리라타와 經量部』에서 후편(본서)에서 다루기로 약속한 상좌의 제자 大德 라마(邏摩, Bhadanta Rāma)의 사상에 대해서도 논의하지 못하였다. 『순정리론』에서는 스승과 견해를 달리하는 그의 학설을 8번 인용하고 있다. 동아시아 법상교가는 그를 上座部 末計로 지칭하였고, 신라의 圓測은 그를 쿠마라라타와 슈리라타를 이은 경량부의 세 번째 大師로 해설하였다.

상좌와 都無論者·空花論者로도 불린 壞法論의 관계에 대해 지나친 것도 아쉬움으로 남는다. 『유가사지론』 「菩薩地 眞實義品」에서노 제법의 假有만을 주장하고 그 근거인 진실의 실체(實事)를 부정하는 이를 壞諸法者(sarvavaināśikaḥ, 일체법을 파괴 부정하는 이들)나 最極無者(pradhāna-nāstikaḥ, 극단적 허무론자)로 비판하지만, 중현은 상좌일파(혹은 '그의 論')에 대해 전후 여덟 차례에 걸쳐 '壞法論과 가까운 이, 壞法宗에서 노니는 이, 壞法論宗에 안주하는 이' 등으로 비난하기도 하였고, 都無論宗과 일찰나의 간격만이 있을 뿐이라고 조소하기도 하였다. 여기서 괴법론·도무론은 일체법의 실재성을 부정한 空性·空見論者이다.

중현에 의하면 상좌는 또 다른 형태의 空花論(空花差別, *khapuṣpa-viśeṣa)이다. 세친 또한 『구사론』 「파아품」에서 일체 法體를 부정하는 일군의 도무론자(ekeṣāṃ sarvanāstitāgrāḥ)를 유아론자(補特伽羅論者)와 함께 해탈에 이를 수 없는 이로 지목하였고, 디파카라는 이들을 方等(Vaitulika, 즉 대승)이라는 이름하에 '불합리한 空性論者(ayogaśūnyatāvādin)', 壞法論者(vaināśika)로 폄칭하였다. 중현은 왜 상좌일파를 중관의 유사학파로 비난하였던가? 그것은 무엇보다 비유자/경량부가 『대비바사론』 이래 龍樹와 마찬가지로 불교에서의 인연론인 因緣·等無間緣·所緣緣·增上緣의 4緣의 실재성(pratyayatā: 緣性)을 부정하였고, 상좌는 자신이 因緣性(hetu-pratyayatā)으로 제시한 舊隨界 또한 실체가 아니라 다만 결과를 낳는 직 간접의 힘(功能)으로 간주하였기 때문일 것이다.

상좌 슈리라타의 경량부는 未踏의 불교세계이다. 우리는 그에 대해 아는 것이 거의 없다. 『구사론』에서 세친에 의해 대변된 몇몇 단편이 전부였고 그것조차도 불확실하였다. 우리는 상좌 슈리라타에 대해 너무 무지하였다. 그는 긍정적이든 부정적이든 불교 4대 학파 모두와 밀접하게 관련되어 있다. 우리는 이제 바야흐로 상좌를 통해 경량부와 관련된 거의 모든 지식과 가설, 나아가 인도불교사상사를 반성 재고해보지 않으면 안 된다. 그는 분명 우리의 불교이해를 새롭게 할 것이다.

2018년 初夏

저자

차 례

머리말 v

서설 上座 슈리라타의 경량부

 1. '세친=경량부'라는 오해 1

 2. 불교학의 새로운 열쇠, 상좌 슈리라타 8

 3. 상좌 슈리라타와 중현과 무착, 그리고 세친 14

제1편 有部 諸法分別論 비판

제1장 蘊·處·界 3科의 다른 이해

 1. 5蘊·12處·18界의 분별 27

 2. 3科 假實에 관한 普光의 언급 32

 3. 상좌 슈리라타의 3科 분별 37

  1) 世俗有와 勝義有 37

  2) 有色處 假有論 40

   (1) 所造色 無別體說 40

   (2) 유색처 가유론 48

  3) 極微 '和合'說 52

   (1) 극미의 설정 52

   (2) 극미설의 아포리아: 方分 56

   (3) 극미의 결합방식: 和集과 和合 63

   (4) 『유식이십론』에서의 和集과 和合 71

4) 12處의 분별   77

   (1) 有境과 境   77

   (2) 內門과 外門   79

5) 勝義有로서의 界   82

   (1) 12處설에 대한 평가   82

   (2) '界'의 의미   88

4. 일체법(12處) 異熟生 설   96

5. 소결   102

제2장   유부 外境論 비판

1. 形色 假有論   108

1) 顯色과 形色   108

2) 형색 가유론   110

3) 그 밖의 논서 상에서의 형색 가유론   116

2. 所造觸 無別體論   121

1) 大種과 所造觸   121

2) 소조촉 무별체론   123

3. 不相應行法의 부정   132

1) 유부의 불상응행법   132

2) 『바사론』의 비유자와 하리발마의 비판   135

3) 경량부(譬喩部)와 상좌의 비판   141

   (1) 得과 非得   143

   (2) 유위4상   144

   (3) 名 등의 3身   150

4. 無爲法 가유론   152

1) 경량부 이전의 가유론   152

2) 상좌의 가유론   157

   (1) 허공무위   157

    (2) 택멸무위 · 160

    (3) 비택멸무위 · 167

  5. 소 결 · 170

제3장　심·심소의 相應俱起說 비판

  1. 心·意·識의 名義에 관한 다른 해석 · · · · · · · · · 173

  2. 심·심소의 次第繼起說 · · · · · · · · · · · · · · · · 180

    1) 유부의 심·심소 상응구기설 · · · · · · · · · · · 180

    2) 譬喩者의 심·심소 차제계기설 · · · · · · · · · 185

    3) 訶梨跋摩의 심·심소 차제계기설 · · · · · · · · 190

  3. 상좌의 심·심소 무별체설론 · · · · · · · · · · · · · 193

    1) 受·想·思 세 심소 별체론 · · · · · · · · · · · · 193

    2) 그 밖의 大地法의 무별체론 · · · · · · · · · · · 197

      (1) 觸 · 197

      (2) 欲 · 205

      (3) 慧 · 206

      (4) 念 · 207

      (5) 作意 · 209

      (6) 勝解 · 210

      (7) 三摩地 · 212

    3) 作意 등의 行蘊은 思의 차별 · · · · · · · · · · 214

    4) 불교 제파의 심소법 이해 · · · · · · · · · · · · 220

  4. 소 결 · 229

제4장　상좌의 찰나멸론과 本無今有論

  1. 무상과 찰나멸 · 232

  2. 상좌의 정량부 行動說 비판 · · · · · · · · · · · · · 239

    1) 정량부의 행동설과 잠주멸설 · · · · · · · · · · 239

2) 상좌일파의 행동설 비판   243

3) 세친과 상좌의 찰나멸론: '滅不待因'說   247

4) 중현의 찰나멸 논증   255

3. 상좌의 本無今有論   259

1) 중현의 법체 항유론   259

(1) '상좌일파의 찰나멸론' 비판   259

(2) 법의 體相(본체)과 性類(양태)   263

(3) 현재有와 과거·미래有   267

2) 상좌의 본무금유론   274

(1) 법체와 작용의 무차별   274

(2) 본무금유와 『勝義空經』   276

(3) '有己還無'와 '有己還去'   285

(4) 『승의공경』과 상좌   289

4. 상좌의 유부 삼세실유설 비판   294

1) 유부의 삼세실유 논증   294

2) 상좌의 삼세 실유 논증 비판   298

(1) '과거색, 과거업이 존재한다'는 경증① 비판   298

(2) 인식대상과 관련된 경증②와 이증① 비판   303

(3) '업에는 과보가 존재한다'는 이증② 비판   308

(4) '과거·미래법은 무상하다'는 경증③ 비판   311

3) 상좌일파의 過未無體論   313

(1) 다른 어떤 이(有餘)의 과미무체론   315

(2) 어떤 이(有)의 과미무체론   317

5. 소 결   325

제2편　경량부의 인식이론

제5장　상좌의 인식론

1. 심·심소 次第繼起說　334

　1) 경설 상의 '俱起'는 無間의 次第生의 의미　334

　2) 심·심소의 '相應'은 相似轉의 의미　342

　3) 상좌의 大地法 규정　346

2. 차제계기설에 따른 중현의 문제제기　351

3. 상좌의 직접지각론　358

　1) '和合'(異時인과)에 따른 소연의 展轉相續　358

　2) 소연의 두 형태: 所緣緣과 所緣境　364

　3) 인식대상으로서의 소연, 형상(ākāra: 行相)　367

　　(1) 유부에서의 형상　367

　　(2) 경량부에서의 형상　371

　4) 異時인과에 근거한 상좌의 인식론　377

　　(1) 유형상지식론과 무형상지식론　377

　　(2) 유부의 '지식의 자기인식(自性了別)' 비판　383

　　(3) 지식(識)의 자기인식과 인식주체(了別者) 비판　386

4. 중현의 문제제기에 대한 상좌의 해명　392

5. 세친의 '직접지각의 자각(現量覺)' 이해　400

　1) 『유식이십론』에서의 직접지각 비판　400

　2) 세친의 '직접지각의 자각' 이해의 교학적 맥락　404

　3) 현장역본에서의 '刹那論者'　409

6. 소 결　415

제6장　비유자/경량부의 和合見說

1. 인식주체에 관한 諸說　419

2. 和合見說과 경량부의 '根·識=무작용'설　424

3. 대승논서에서의 '根·識=무작용'설　429

    4. 디파카라의 和合見說 이해 … 433

    5. 유가행파의 和合見說과 상좌 슈리라타 … 441

    6. 소 결 … 449

제7장　상좌의 극미 和合과 5識 소연론

    1. 극미 화합의 世俗有와 5식 … 451

        1) 극미 화합설에 대한 중현과 유식론자의 비판 … 451

        2) 상좌의 5식 소연론 … 457

        3) 법칭의 5식 소연론 … 465

    2. 상좌와 법칭의 5식의 소연 … 469

        1) 5식 소연의 두 측면 … 469

        2) 세속유와 사만야(sāmānya) … 473

        3) 법칭의 극미 집합은 和集인가, 和合인가 … 477

    3. 陳那의 '극미 和合설과 和集설 비판' 검토 … 482

        1) 『관소연연론』에서의 비판 논리 … 483

        2) 진나의 비판에 대한 유부의 해명 … 490

        3) 진나의 난점 해명과 경량부 설 … 494

    4. 소 결 … 499

제8장　상좌의 無境覺(無所緣識)論

    1. 有所緣識(有境覺)vs無所緣識(無境覺) … 504

    2. 상좌 이전의 무경각론 … 509

        1) 『바사론』 상에서의 비유자의 緣無智論 … 509

        2) 하리발마의 無所緣識論 … 512

    3. 상좌의 무경각론 … 516

        1) 經主 세친의 緣無境識論 … 516

        2) 상좌(譬喻論者)의 無境覺論 … 518

    4. 無境覺의 확실성과 隨界(종자) … 522

    5. 소 결 … 527

제3편 경량부의 隨界 種子說

제9장 상좌 슈리라타의 유부 因緣論 비판

1. 비유자의 因緣 假有(施設)論 … 535
   1) 비유자의 緣性 비실유론 … 535
   2) 상좌와 『중론』「관인연품」에서의 4연 비판 … 542
2. 상좌의 유부 4緣설 비판 … 545
   1) 因緣 비판 … 545
      (1) 同時인과: 구유인과 상응인 … 545
      (2) 異時인과: 동류·변행인과 이숙인 … 552
   2) 等無間緣 비판 … 559
   3) 所緣緣 비판 … 567
   4) 增上緣 비판 … 572
   5) 4연의 작용대상 비판 … 577
3. 유가행파의 4緣 이해 … 581
4. 소 결 … 589

제10장 상좌 슈리라타의 舊隨界설

1. 상좌의 因緣性, 舊隨界 … 592
   1) 舊隨界의 '界' … 592
   2) 隨界 혹은 舊隨界의 의미 … 601
      (1) 隨俱行의 선근과 隨界 … 601
      (2) 得과 수계·종자 … 608
   3) 隨界와 舊隨界 … 612
2. 상좌의 隨界설 … 617
   1) 수계, 種種法이 훈습하여 성취된 '界' … 618
   2) 수계, 업과 번뇌가 훈습된 6處 … 620
      (1) '6處 = 수계'설 … 620
      (2) 유가행파 논서 상에서의 '6處 = 종자'설 … 628

      (3) 能熏과 所熏(6處)의 인과관계   635

   3) 수계, 展轉과 隣近의 功能   642

      (1) 수계, 인과관계로서 展轉상속하는 힘   642

      (2) 譬喩者의 '一業引多生'설   645

3. 상좌의 業果相續說   649

   1) 상좌의 '복업증장' 해석   649

      (1) 施物에 의한 증장   649

      (2) 阿世耶에 의한 증장   654

      (3) 阿世耶와 종자   658

   2) 선대궤범사의 '복업증장'설   663

      (1) '복업증장' 해석   663

      (2) '상속의 전변과 차별'설과 중현의 비판   665

   3) 세친의 종자상속설   673

      (1) 세친의 종자설   673

      (2) 세친 종자설에 대한 중현의 비판   677

   4) '종자' 비유에 의한 譬喩宗의 업과상속설   682

   5) 경량부의 업과상속설   687

4. 상좌의 '隨眠 = 번뇌隨界'설   695

5. 수계·종자의 소의처   706

   1) 色心相續   706

   2) 心相續   712

6. 소 결   715

제11장 上座 슈리라타의 '一心'

1. 一心, 종자·훈습의 住處   722

2. 一心, 미세한 동일種類의 마음   725

   1) 동일 根에 근거한 二識俱生   725

      (1) 중현이 전한 상좌의 二識俱生설   725

      (2) 유가 법상종에서 전한 上座部의 二識俱生설　729

    2) 미세한 마음: 無所緣·不了別性의 識　735

      (1) 멸진정에서의 불명료한 識　735

      (2) 상좌의 불요별성의 식　740

    3) 동일種類의 마음(*ekajātīyacitta: 一類心)　743

  3. 상좌의 일심과 알라야식　749

    1) 일심은 알라야식과 동일개념　749

    2) 別體로서의 일심, 알라야식　754

    3) 알라야식은 무용한 개념　760

    4) 무착의 알라야식 변호와 상좌　768

  4. 소 결　773

제4편　경량부 종자설과 유가행파

제12장　유가 법상종에서의 경량부 종자설 이해

  1. 종자 훈습에 관한 경량부 諸說　779

  2. 智周의 상좌의 舊隨界說 이해　785

  3. 유가 법상종의 경량부 종자설 이해　790

    1) 六識展轉相熏說과 그 비판　790

      (1) 6식 전전상훈설　790

      (2) 6식 전전상훈설 비판　793

    2) 前念熏後念說과 그 비판　796

      (1) 전념훈후념설　796

      (2) 전념훈후념설 비판　799

    3) 識類受熏說과 그 비판　803

      (1) 식류수훈설　803

      (2) 식류수훈설 비판　806

  4. 소 결　809

제13장 알라야識의 존재증명과 경량부

　　1. 유가행파의 알라야식 존재증명　　812

　　　　1)『유가사지론』에서의 알라야식 논증　　815

　　　　2)『섭대승론』에서의 알라야식 논증　　817

　　　　3)『성유식론』에서의 알라야식 논증　　818

　　　　4) 세 論에서의 논증의 지향점　　821

　　2.『유가론』에서의 알라야식의 논증과 경량부　　825

　　　　1) 제1 依止執受證　　825

　　　　2) 제2 最初生起證과 제3 意識明了證　　829

　　　　3) 제4 有種子性證　　834

　　　　4) 제5 業用差別證과 제6 身受差別證　　838

　　　　5) 제7 處無心定證　　841

　　　　6) 제8 命終時識證　　845

　　3.『섭대승론』에서의 알라야식 논증과 경량부　　847

　　　　1) 제1 煩惱雜染證　　847

　　　　2) 제2 業雜染證　　850

　　　　3) 生雜染證　　852

　　　　4) 제4-제7 結生 이후의 諸 雜染證　　855

　　　　5) 제8·제9 世間·出世間清淨證　　860

　　　　6) 제10 滅定證　　864

　　　　7) 무착의 알라야식 논증 餘說　　868

　　4. 소 결　　872

제14장 경량부 종자설에 대한 중현과 무착의 비판, 그리고 세친의 딜레마

　　1. 세친의 종자설과 경량부　　876

　　2. 세친의 종자설에 관한 오해　　881

　　3. 경량부 종자설에 대한 중현과 무착의 비판　　885

　　　　1) 상좌의 종자상속론과 중현·무착의 비판　　885

2) 중현의 세친 종자설 비판 ····· 890

3) 무착의 경량부 종자설 비판 ····· 893

4. 세친의 딜레마: 경량부 종자설의 변호와 비판 ····· 895

1) 세친의 경량부 종자설 변호 ····· 895

2) 세친의 경량부 종자설 비판 ····· 900

5. 소 결 ····· 904

제15장 요약과 결론 ····· 907

참고문헌 ····· 920

후 기 ····· 933

색 인 ····· 947

영문초록 ····· 982

서설　上座 슈리라타의 경량부

1. '세친=경량부'라는 오해

불교학(Buddhology)의 많은 부분이 여전히 베일에 가려져 있고 상당부분 막연한 추측이나 추측성의 가설에 기초한 것인데, 『翻譯名義大集(Mahāvyutpatti)』 (814년: No.5144-5, 5147-8) 등에서 毘婆沙師(Vaibhāṣika, 즉 說一切有部)·중관학파·유가행파와 더불어 불교 4대 학파의 하나로 열거된 經量部(Sautrāntika)의 경우 특히 그러하다. 경량부는 자신들의 교리를 체계적으로 기술하고 있는 독립된 텍스트를 전하고 있지 않기 때문에 그들의 정체에 대한 온갖 구구한 추측과 가설이 제기되었다. 『대비바사론』 이래의 譬喩者가 경량부라는 전통설로부터 "'경량부'는 누구나 사용할 수 있는 명칭으로 『구사론』상의 경량부 설은 모두 세친 자신의 견해"(=加藤純章)라거나 "경량부로 가장한 유가행파 학설"(=R. Kritzer; 原田和宗), 혹은 "『대비바사론』의 비유자는 소승의 경량부, 『구사론』의 경량부는 유가행파로부터 영향받은 대승의 경량부"(=本庄良文; 福田琢)라는 등의 가설에 이르기까지 실로 다양하지만,[1] 대개는 세친과 관련되어 있다는 점에서 공통된다.

---

[1]　이들 가설의 내용과 상호비판 및 이에 대한 비판적 검토는 권오민(2012), 『上座 슈리라타와 經量部』, pp.427-517 참조.

‘세친=경량부’(혹은 ‘경량부=세친’)라는 생각은 오늘날 상식에 속한다. 그의 『성업론』 또한 내용상으로나 형식상으로 『구사론』과 밀접하게 관련되어 있다는 점에서 경량부의 문헌(=E. 라모트, 山口益), 혹은 유가행파와의 친근성을 갖는 경량부 문헌(=L. 슈미트하우젠)으로 규정한다.[2] 그리고 이에 따라 E. 라모트 등은 “알라야식은 원래 경량부 개념이었지만 유가행파가 이를 借用 도입하였다”고 하였고, L. 슈미트하우젠은 그럴지라도 “알라야식은 어디까지나 유가행파에 고유한 것이며, 『성업론』에서의 경량부와 유가행유식학파의 혼재는 바수반두가 경량부로부터 유가행파로 전향한 상황을 해명하는 열쇠”라고 논의하기도 하였다.[3]

---

2   É. Lamotte(1988), KARMASIDDHIPRAKALAṆA : The Treatise on Action by Vasubandhu, pp.39f.; 山口 益(1955), 『世親の成業論』, pp.18ff.; L. Schmithausen, 加治洋一 譯(1983), 「二十論と三十論にみえる經量部的前提」, pp.2f.; 황순일(1994), 「經量部 世親의 Ālayavijñāna 연구: 성업론을 중심으로」, pp.13-15 참조. 현장 역 『대승성업론』(T31)에서 ‘대승’은 구역인 『業成就論』이나 티베트 역의 論名(karmasiddhi-prakaraṇa)로 볼 때 역자의 加筆이다. 그럴지라도 이는 전통적으로 유가행파의 문헌으로 간주되어 新修大藏經에서도 瑜伽部에 포함되어 있다. 즉 『성업론』에는 대승경론(『해심밀경』과 『석궤론』)이 인용될뿐더러 文林의 『成業論鈔』(日本大藏經, 諸大乘論藏疏1, 681上)에서도, 티베트의 부톤과 타라나타의 불교사에서도 대승론이라 하였음에도 야마구치 스스무(山口 益, 1951, pp.18-35)는 ① 引證되고 있는 경전이 유일의 예외(『해심밀경』: 필자)를 제외한다면 소승경전이고, ② 세친이 指目한 諸先舊師와 학파도 모두 소승에 속하며, ③ 업의 문제에 대한 세친이 입장이 경량부적이며, ④ 유정적 존재의 주체성으로 異熟識 알라야식이 설해지고 있다는 등의 이유에서 “『성업론』은 경량부 입장을 說示한 부파불교 즉 소승의 一論”으로 규정하였고, 사토 미츠오(佐藤密雄, 1978, 『大乘成業論』, p.25) 또한 이에 따라 “本論은 『대승성업론』이라 이름하였지만 대승은 아니다. 대승의 入口에 이르러 入門하지 않은 채 끝난 것이지만 대승으로의 道는 상세히 논의되고 있고 소승부파의 비판 극복에 의해 그것이 이루어지고 있다는 점에 본론의 面目이 있다고 해야 한다”고 논설하였다. 거의 예외적으로 S. Anacker(1984, Seven Works of Vasubandhu, p.85)가 심리적 연속성(psychic continuity)을 설명하기 위해 藏識(알라야식) 개념을 사용하였다는 등의 이유에서 『성업론』을 소승이 아닌 대승 논서라고 주장하였다. 필자 이해에 따르는 한 『성업론』은 유부의 표업설을 비롯한 정량부-일출론자-유부 毘婆沙師-선대궤범사-『問論』의 세우(비유자/경량부) 說의 비판을 거쳐 유가행파의 알라야식을 천명하기 위해 저술된 논서이다. 여기서 경량부(세우) 비판은 『섭대승론』의 조술로 유부의 그것과 동일하지만, 경량부(정확히는 經爲量者 *sūtraprāmāṇika, 舊譯은 ‘修多羅法師’)에 대한 세친의 동조적 뉘앙스는 전향에 따른 딜레마의 한 표현이라 할 수 있다. (본서 제14장 참조)

3   御牧克己(1988), 「經量部」, 『インド佛教I』, p.253. (E. Lamotte, Le traité de l'acte de Vasubandhu Karmasiddhiprakaraṇa, Mélanges chinois et bouddhiques, IV, 1936, pp.178-179.; L. Schmithausen,

그러나 이는 선결문제인 경량부 실체에 대한 검토 없이 이루어진 논의일뿐더러 세친과 그의『성업론』이 경량부 소속이라면 역시 경량부 학설로 일컬어지는 [先代軌範師의] 色心互熏說(T31, 783c20-22: 이는 滅定無心說에 근거한 학설)이나 世友(『問論』의 저자로 經部異師,『순정리론』에 의하면 譬喩論師)의 滅定有心說(동, 784a2-6)에 대한 그의 비판은 어떻게 이해해야 하며, 자신의 '異熟果識(즉 알라야식)' 개념을 논증하기 위해 예시한 일군(一類, ekīyā)의 經爲量者(*sūtrapramāṇikaḥ)의 '細心'(동, 784b28f)은 어떻게 이해해야 할 것인가?

만약 이에 따라 경량부를 소승(『구사론』이전)의 경량부와 대승(세친)의 경량부로 나누어 이해한다면 이는 지나친 억측이라 하지 않을 수 없다. 이러한 이해는 전통적으로 '經을 지식의 근거로 삼는 이(sūtrapramāṇika: 經爲量者)라는 의미의 經量部의 실체로 간주된 上座 슈리라타(Śrīlāta)를 도외시한 것일 뿐만 아니라 경량부와 유가행파의 성전관/불설론의 차이를 무시한 것이고, 경량부가 유부뿐만 아니라 유가행파의 가장 강력한 비판자였다는 사실조차 고려하지 않은 것이기 때문이다.

또한 경량부를 세친의 사상적 추이에 따라, 혹은 비록 외계대상(bāhyārtha)을 고려하였을지라도 대승과 친근성을 갖는 소승(유부)의 비판자라는 점에서 유가행파의 아류(大乘の亞派), 유부에서 유가행파로 이행하는 과도기적 단계(=櫻部建, 1953: 116; 加藤宏道, 1987: 314)나 반실재론(semi-realistic theory of two halves of an egg)으로 이해하는 것(=L. de la Vallée Poussin, ERE., p.214) 역시 반성의 여지가 있다. 이러한 이해는 양적으로나 질적으로 '경량부=불교 4대 학파의 하나'라는 전통의 평가와 어울리지 않는 것으로, 경량부는 둡타(grub mtha)로 불리는 일련의 티베트의 불교종의서에서뿐만 아니라 베

Sautrāntika-Voraussetzungen in Viṃśatikā und Triṃśatikā, Wiener Zeitschrift für die Kunder Süd und Ostasiens XI, 1967, pp.112, 134); 山口益(1951), p.21.

단타학파의 철학자 샹카라(Śaṅkara, 700-750 무렵)의 저작으로 알려지는『일체 철학학설강요(Savasiddhāntasaṁgraha)』에서도 중관·유식·설일체유부와 함께 불교의 대표학파로 해설되고 있다.

이에 대해 사쿠라베 하지메(櫻部建)는 "경량부는 인도불교 4대 학파 중의 하나였지만, 그들의 교단적 세력을 입증할 만한 자료가 전혀 존재하지 않는다는 점에서 '部派'라기보다 '敎學說'로서의 형태였을 것"으로 추측하기도 하였지만,[4] 경량부의 교리체계는 <학파적 계통을 잇는 특정의 그룹>에 의해 탐구 전승된 것이었다. '경량부'로 자칭한 上座 슈리라타는 분명『대비바사론』상의 譬喩者 계통이며, 그에게는 大德 邏摩(Bhadanta Rāma)를 비롯한 다수의 제자문인들이 있어 중현은 이들을 '上座徒黨'이나 '上座宗(*Sthavira-pākṣika)'으로 호칭하였고, 婆藪跋摩(Vasuvarman,『四諦論』의 저자)와 窺基 등 동아시아 법상교가 또한 '上座部'로 호칭하였다.

아무튼 오늘날 경량부에 관한 거의 모든 지식과 가설은 다만 세친이나『구사론』상의 경량부에 근거한 것이다. 普光이나 稱友(Yaśomitra) 등『구사론』의 제 주석서 상에 언급된 경량부는 물론이고『구사론』의 비판서인 중현의『순정리론』에서의 경량부,『섭대승론』세친·무성釋이나『유가사지론』『성유식론』에 대한 동아시아 法相敎家의 제 주석서 상의 경량부(혹은 上座部), 나아가 경량부를 논의할 때면 으레 언급하는『성유식론술기』에서 窺基가 전한 "『經部毘婆沙(*Sautrāntikavibhāṣā)』의 작자로『순정리론』에서 '上座'로 일컬어진 슈리라타(室利邏多: Śrīlāta)"[5] 등에 대한 검토를 게을리한 채,[6]

---

4 櫻部建(1953),「經量部の形態」, p.116. 한편 히라카와 아키라(平川 彰)는 경량부 등은 주관과 객관을 도식적으로 정리할 수 있다는 점에서, 다시 말해 유부는 외계의 실재성(現量得)을, 경량부는 찰나멸(非量得)을, 유식파는 외계의 無와 識(주관)의 실재성을, 중관파는 주객 모두 空을 주장하여 4대 학파로 선택되었을 것이라고 추측하였다. (이호근 역,『印度佛敎의 歷史(상)』, pp.145-146)

5 『성유식론술기』권4本(T43, 358a8-14), "今此設遮經部, 兼破譬喩師. 譬喩師是經部異師, 卽日出論者, 是名經部. 此有三種. 一根本卽鳩摩羅多. 二室利邏多, 造經部毘婆沙, 正理所言上座是. 三但

혹은 방기한 채7 오로지 '세친=경량부'라는 출처불명(혹은 미확인)의 정보와 조악한 형태의 단순비교에 의한 단편적인 학설 상의 유사성에 기초하여 경량부를 '유가행파의 아류'나 '유부에서 유가행파로 이행하는 과도기적 단계', '경량부라는 명칭으로 가장한 유가행파', 혹은 '유가행파로부터 영향 받은 세친' 등으로 이해하고 있는 것이다. 참으로 이상한 일이다.

'세친=경량부'라는 주장의 근거는 필시 사쿠라베 하지메(櫻部建, 1959: 42)가 지적한 대로 稱友(Yaśomitra)가 軌範師(Ācārya: 세친)를 '경량부 徒黨'(Sautrāntika-pākṣikas: AKVy., 26. 14f)으로, 경량부의 종의를 '[궤범사] 자신의 종의(sva-siddhānta: 동, 166. 8f)'로, 毘婆沙師 종의를 '그대들의 종의(vaḥ siddhāntaḥ: 동, 26. 5)'라고 말한 것 정도일 것이다. 그러나 여기서 '경량부 徒黨'이라는 말은 '세친=경

名經部. 以根本師造結鬘論, 廣說譬喩, 名譬喩師. 從所說爲名也. 其實總是一種經部." 이에 따라 동아시아 법상교가는 대개 쿠마라라타(비유자)를 本經部로, 슈리라타(경량부)를 末經部(혹은 上座部)로 호칭하였다. 참고로 窺基는 이 논설을 경량부 종자설의 총론이라 할 수 있는 六識展轉相熏說에 대해 해설하면서 언급하였다. (본서 제12장 주26 참조)

6 일찍이 사쿠라베 하지메(櫻部 建, 1953: 115f)는 「經量部の形態」라는 논문에서 "경량부와 관련된 존재로서 譬喩師·日出論者·鳩摩羅多·室利羅多·成實論主 訶梨跋摩, 『구사론』중에서 先代軌範師라는 이름으로 불려진 色心互熏說者, 『순정리론』 중의 上座, 成業論主 세친이 시인하여 宗으로 삼은 經部, 이른바 說轉部 혹은 相續部, 『바사론』 중의 相似相續沙門, 稱友의 『俱舍釋』 중에서 말한 '大德 등의 經部師' 등은 서로 어떤 관계가 있는 것인가? 이들에 관한 稱友釋·光記·寶疏·唯識·述記와 그 밖의 기술은 대체로 간략하여 그다지 확실한 포지티브한 판단의 재료를 제공하지 않는다. 다만 이를 통해 經部가 다양한 갈래의 學流를 포함하고 있음을 알 수 있을 뿐이다"고 논의하였고, 푸상(L. de La Vallée Poussin) 역시 "경량부 교리의 체계적 설명은 불가능하다. 다른 한편으로 몇 가지 전거에 언급된 쟁점의 목록은 독자들을 애매한 학술상의 혼동/미로(a maze of obscure technicalities)에 빠트릴 수 있다"고 논의하였다. (Encyclopedia Religion and Ethics, p.214) 경량부 연구의 첫 세대라고 할 수 있는 이들의 섣부른 판단이 경량부를 '실체가 없다'는 등의 네거티브한 판단이나 혼돈과 미로 속에 가두어버렸다.

7 하라다 와소(原田和宗)와 R. 크리처는 다 같이 普光 등은 물론이고 稱友(Yaśomitra)와 安慧(Sthiramati) 등 후대 『구사론』 주석가나 디파카라(Dīpakāra) 등의 논사들은 비유자와 경량부의 유사성으로 인해 양자를 동일한 것으로 혼동하였기 때문에 그들의 코멘트를 신뢰할 수 없다고 하였다. 나아가 하라다는 세친과 동시대인 중현(Saṅghabhadra)에 대해서도 "경량부 전승에 관한 한 현장 역의 『순정리론』을 전폭적으로 신뢰할 수 없으며, 衆賢 또한 오해 없이 정확하게 적대 학설을 재현하지도 비판하지도 못하였다"고 비평하였다. (권오민, 『上座 슈리라타와 經量部』, pp.447-460 참조)

량부’(혹은 ‘경량부=세친’)의 뜻이 아니라 세친이 경량부인 누군가를 추종하여 그들의 徒黨(혹은 朋黨/패거리)이 되었다는 뜻이다. 즉 稱友는 形色 假有/別體설과 관련하여 세친을 ‘경량부 徒黨’으로, 毘婆沙師 종의를 ‘그대들의 종의’로 지칭하였고, “멸진정에서 물러나더라도 聖道에서 물러나는 일은 없다”는 경량부의 종의를 ‘세친 자신의 종의’로 해설하였는데, 형색가유론과 성도(예컨대 아라한과) 無退論을 주장한 이는 두말할 것도 없이 上座 슈리라타이다.[8]

중현에 의하면 당시 ‘경량부’는 일군의 譬喩者인 上座(Sthavira) 슈리라타(Śrīlāta) 혹은 상좌일파의 자칭이며[9] (이는『구사론』의 제 주석서나 窺基 등 동아시아 法相敎家에 의해서도 확인된다), 세친은 다만 이들과 한패거리(朋, *pākṣika)가 되어 (혹은 ‘가까이하여’) 크게 영향받은 同見者였다. 중현은 세친에 대해 상좌와 가까이하지 말 것을 누누이 당부한다.

[經主(sūtrakāra: 세친)가] 진실로 毘婆沙宗에서 설한 바를 옹호하고자 한다

---

8   稱友는 “色處는 顯色과 形色의 두 가지가 존재하여 靑 등의 색채나 빛과 밝음 등은 [有顯]無形, 身表는 有顯[無形]이며, 그 밖의 색은 有顯有形”(T29, 2c4-10; AKBh., 6. 16ff)이라는 毘婆沙師의 意趣에 대해 형색은 현색의 安布差別(varṇa-saṃniveśa-viśeṣa)로 눈(眼)에 의해 파악되는 것이 아니라 意에 의한 遍計(parikalpitam)일 뿐이기 때문에 세친이 인정하지 않았다는 사실을 밝히면서 ‘經量部徒黨’ (‘經部を宗となす’: 櫻部建, 「破我品の硏究」, p.42, ‘經部黨’: 荻原雲來, 『稱友俱舍論疏(1)』, p.43)이라는 말을 언급하였다. (Sautrāntika-pākṣikas tu ayam Ācāryo nâinam arthaṃ prayacchati: AKVy., 26. 14f)『구사론』「업품」에서 形色假有說은 경량부 설로 인용된다. (T29, 68b1-11; AKBh., p.194. 14-21) 이것과 ‘聖道無退論’이 상좌 슈리라타의 학설이라는 것은 권오민, 『上座 슈리라타와 經量部』, pp.800-806; pp.836-842를 참조할 것.

9   중현은『순정리론』에서 ‘경량부’라는 명칭을 총 32회 언급하였지만, 그 자신이 그들의 학설을 인용하면서 언급한 것은 다만 네 번으로, 이 중 상좌와 직접 관련된 것은 한 번 뿐이었고, 두 번(外方의 經部諸師)은 간다라논사 계통과 관련된 것이었다. 그리고 나머지는 세친과 상좌의 말을 인용하는 중에, 혹은 거의 대개 그들을 비판 조소하면서 언급하였다. 이런 식이다. “저들(일군의 譬喩者)은 일체의 契經을 모두 지식의 결정적 근거(定量)로 삼지도 않으면서 어찌 經部라고 이름하는 것인가? (彼不以一切契經皆爲定量, 豈名經部?)” (T29, 332a23f) 권오민, 『上座 슈리라타와 經量部』, pp.248-360 참조.

면, 마땅히 壞法論(vaināśika, 여기서는 '상좌')과 가까이하지(朋) 말아야 한다. 저들의 論에서 드러나는 惡見의 더러운 때로써 자신의 마음을 더럽히지 말고 장차 이 [有部宗의 正法의 물로 스스로 목욕해야 한다. (택멸무위 無別體說을 비판하면서: T29, 432b1-6)

그대(세친과 선대궤범사)들은 聖敎(Āgama)를 익히고 正理(yukti, nyāya)에 통달한 [毘婆沙]師를 계승 품수하지도 못하였으면서 마음에는 大欲이 있어 스스로 법의 개념(想)을 설정하였다. 그리하여 망령되게 스스로 으스대며 經部宗(上座 슈리라타)과 가까이하여, 혹은 한패거리(朋, *pākṣika)가 되어 자신들의 먼지티끌 같은 주장을 찬탄하며 聖敎를 더럽히고 있다. (종자상속에 의한 복업증장설을 비판하면서: T29, 542b26-28)

大德(세친)은 어떠한 이유에서 聖敎와 正理에 미혹한 자들(上座일파)과 함께 사악한 붕당(惡朋, *pāpaka-pākṣika)을 맺어 이와 같은 수승한 공덕과 뛰어난 覺慧를 갖춘 불타의 聖제자들을 비방하고 이루 헤아릴 수 없는 무량의 중생들을 惡見의 구덩이에 빠트리는 것인가? 부디 원하건대, 지금부터라도 무의미한 말들을 그만두기를 바란다. (位不同說에 대한 힐난을 비판하면서: T29, 432b3-6)[10]

중현에 의하는 한 세친은 『구사론』에서 유부의 학설을 비평할 때면 대개 上座의 논리에 근거하였고, 이에 따라 중현 역시 『구사론』상의 경량부 설이나 세친의 일부 학설을 비판할 때면 반드시 그와 관련된 상좌(혹은 비유자)의 학설을 인용하여 함께 비판한다. 그것은 상좌가 세친의 일부 학

---

[10] 중현이 세친에 대해 상좌일파와 가까이하지 말라거나 카슈미르 유부 비바바에 대한 바른 이해를 촉구 훈계한 보다 다양한 사례에 대해서는 권오민, 『上座 슈리라타와 經量部』, pp.180-182; pp.224-229; pp.875-882 참조.

설과 비평(논란)의 배후였기 때문으로, "『구사론』은 薩婆多(Sarvāstivāda, 說一切有部)의 종의를 제시한 論이지만 뜻에 치우침(僻處)이 있는 것은 經部의 종의로 비판하였다"(T50, 190b15f)는 眞諦의 논평도, "『구사론』의 本宗은 薩婆多이지만 학설의 취사선택은 經部를 기준으로 삼았다"(T29, 161a24f)는 慧鎧의 해설도, "비록 一切有의 종의를 서술하였을지라도 때로 經部로써 그것을 시정하였다"(T41, 1a16f)거나 "자주 經部의 異義로 有宗을 논란 비판하였다"(동, 458a3)는 普光과 法寶의 평석도 이에 따른 것이었다.

2. 불교학의 새로운 열쇠, 상좌 슈리라타

『순정리론』에서는 상좌 슈리라타의 학설을 全 8품에 걸쳐 '上座'라는 記名으로만 150여 회 인용할 뿐만 아니라 더 많은 횟수에 걸쳐『經部毘婆沙』로 추측되는 '그의 論', '저들 부파의 論'이라는 이름으로, 혹은 필시 上座로 추측되는 '有餘師(apare, anye: 다른 어떤 이)'라는 무기명으로, 혹은 論主(중현)와의 대론형식의 논의 중에서 그의 주장과 해명을 인용 비판한다.[11] 뿐만 아니라 이 중 일부는 비록 무기명일지라도 초기 유가행파의 논서 상에서도 인용되거나 언급되며, 遁倫의『유가론기』나 세친과 무성의『섭대승론석』,『성유식론』의 諸주석서에서는 이를 經量部/譬喩者, 혹은 上座部(즉 상좌의 部黨 *Sthavira-pākṣika, 중현에 의하면 上座徒黨: T29, 482c3, 혹은 上座宗: T29, 407b9)나 末經部(=상좌: 주5 참조) 학설로 평석한다. 窺基는 어떠한 이유에서 오늘날에도 여전히 경량부/비유자 계보의 일차적 단서로 간주되는 '세 종류의 경량부' —經爲量의 경량부는 이 중 上座部(상좌 슈리라타 일파)

---

11   이것으로써『經部毘婆沙』의 부분적인 복원도 가능하다. 아마도 이 논서는 '毘婆沙(vibhāṣā)'(廣說·廣解의 뜻)라는 이름에 걸맞게 매우 방대한 논서였을 것으로 짐작된다.

중의 한 부류— 를 그의 『성유식론술기』(주5)에서 논설하였던가? 圓測 또한 쿠마라라타—슈리라타—라마(邏摩, Rāma)로 이어진다는 경량부의 계보에 대해 언급하기도 하였다.[12] 무착과 무성 등의 유가행자(yogācāra)나 동아시아 法相敎家는 어떤 이유에서 이들에 대해 비상한 관심을 갖게 되었던 것인가? 종자설 등 학설 상의 유사성 때문인가?

상좌 슈리라타의 경량부는 『바사론』의 譬喩者 이래 유부의 가장 강력한 대론자였지만 유가행파 성립 이후 이들의 가장 강력한 비판자이기도 하였다. 窺基는 『성유식론』에서 '六識(=轉識) 種子說'을 알라야식의 첫 번째 논증(持種證)에서 비판한 것에 대해 "제 부파 중에 경량부[의 비판]이 가장 강력하였기 때문에 반드시 먼저 비판해야 한다"(T43, 355c17f)고 해설하였다. 경량부의 알라야식 비판은 현존 문헌으로도 확인 가능하다. 상좌(=경량부)는 6식을 一身二頭의 새인 命命鳥의 비유로써 이숙의 잠재식과 요별의 현행식이라는 이중구조로 이해하고서, 종자 훈습의 이숙식으로서 6식과는 별도의 실체로 상정된 유가행파의 알라야식에 대해 이는 무용한 개념이며 이에 대한 저들의 논증 또한 불확정의 논거(不成因)에 근거한 것이라고 비판하였던 것이다.[13]

이에 따라 유가행파에서는 상좌의 6識 종자설에 대한 비판을 통해 별체로서의 알라야식 개념의 설정 필요성을 역설하였다. 특히 異時인과설에 기초하는 6식 종자설에 따르는 한 能熏도 所熏도 불가능하기 때문에, 다시 말해 능히 훈습하는 현행식이 존재할 때 훈습의 소의처인 후 찰나의 마음은 아직 생겨나지 않았고 훈습의 소의처가 생겨났을 때 능히 훈습하는 전

---

12   圓測은 『解深密經疏』에서 거울에 맺힌 영상(像)과 본체(質)의 관계에 대해 논의하면서 "非隔非連, 非實不實"이라는 大德邏摩의 견해(『순정리론』 T29, 470c9-29 關說)를 인용하고서 "此卽經部第三大師. 於經部中 有三大師, 一鳩摩邏多, 二室利邏多, 三大德邏摩"로 狹註하고 있다. (『한국불교전서』1, 306b22)

13   이에 대해서는 본서 제11장 3-3 '알라야식은 무용한 개념'에서 상론한다.

찰나의 마음은 이미 소멸하였기 때문에 현행식과 동시에 존재하는 종자식의 설정은 필연적이라는 것이다.

6識 종자설 비판은 알라야식 논증의 주요논거였다. 유가행파의 알라야식 존재증명은 사실상 경량부의 6識 종자설 비판을 전제로 한 것이었다. (이런 까닭에 무성은 무착의 알라야식 논증을 反詰道理 *vyatireka-yukti, 소극적, 부정적 논증이라 하였고, 神泰 등은 『유가론』의 일부 논증을 正證 즉 직접적인 논증이 아니라 外難에 따른 것이라고 하였다.) 알라야식이 유가행파 교리의 핵심개념인 만큼 이에 대한 경량부의 비판은 학파의 정체성을 위협하는 것으로 간주되었을 것인데, 유가 법상종에서 경량부/비유자에 대해 비상한 관심을 갖게 된 것은 필경 이 같은 이유 때문이었을 것이다.

이런 상황에서 유가행파의 대성자인 無着(Asaṅga)은 동생 세친이 경량부(혹은 上座宗)와 가까이하여 그들의 同見者가 된 것을 보고만 있기 어려웠을 것이다. "무착은, 대승을 불신하여 '摩訶衍(대승) 非佛說'을 주장한 세친이 대승을 파괴하는 論을 지을까 염려하여 稱病으로 호출 회유하였고, 세친은 割舌의 謝罪를 청하였다"(T50, 190c12ff)는 『바수반두법사전』의 一文은 허구가 아니라 사실이 반영된 전설로 보인다. 세친이 가까이한 상좌는, 중현에 의하면 대승(空花論)을 싫어하였을[14] 뿐만 아니라 "[불타가 설한 것이든 장로 제자가 설한 것이든] 法性에 어긋나지 않으면 佛說"이라는 불설정의(Buddhavacana-lakṣaṇa: 佛敎相) ―이는 유부 毘婆沙師에 의해 제시된 것이지만, 대승 유가행파의 불설론이기도 하였다― 를 信受하지 않았고(T29, 604b25) 실제 유부가 전승한 다수의 경설을 非佛說(아비달마논사가 찬집한 것)로 비판하였기 때문이다.[15]

---

14 중현은 열반(택멸)의 실재성을 부정한 상좌일파에 대해 이같이 탄식하고 있다. "그대들은 일찍이 空花[論]을 싫어하였는데, 이제 바야흐로 '또 다른 空花[論者](*khapuṣpaka-viśeṣa)'가 되었구나! (汝等嘗厭空花, 而今乃成空花差別.": T29, 434a23f)

아무튼 경량부와 관련된 거의 모든 상황은 '세친=경량부'의 가설에 근거하는 한 불가능하다. 이로써는 諸論에 언급된 경량부 관계 논설을 해명할 수 없다. 이는 '경량부=상좌 슈리라타 일파'라는 사실을 전제로 할 때 비로소 가능하다. 그리고 상좌가 유부와 유가행파 모두의 강력한 비판자였다면 경량부를 유부로부터 유가행파로 이행하는 과도기적 단계로 규정할 수도 없거니와 유가행파가 경량부로부터 알라야식 설을 차용하였다는 가설도, 혹은 반대로 경량부는 위장한 유가행파라거나 유가행파로부터 영향받은 세친이라는 가설도 戲言에 불과하다. 세친은 경량부가 아니라 한때 그들과 가까이하였을 뿐이며(훗날 그들을 비판할 뿐만 아니라 그들로부터 영향받은 과거 자신의 종자설에 대해서도 비판한다), 『성업론』 또한 경량부의 문헌이 아니라 알라야식을 천명하기 위한 유가행파의 문헌이기 때문이다. (주2 참조)

그럼에도 앞서 말하였듯이 오늘날 경량부에 관한 거의 모든 지식과 가설은 세친이나 『구사론』 상의 경량부에 근거한 것이다. 상좌 슈리라타는 어느 날 불교사에서 사라져버렸다. 그가 지었다는 『經部毘婆沙』도, 그의 불교학의 키워드라 할 만한 '舊隨界'도 역시 함께 사라졌다. 중현이 세친 종자설의 원형이라 한, 나아가 유가행파의 알라야식 종자설의 연원이라 할 만한 舊隨界(*purva-anudhātu, 혹은 隨界)는 『순정리론』 상에 백여 차례 언급되지만, 이후 중국 찬술인 智周의 『成唯識論演祕』 상에 단 한 번 인용될 뿐(그것도 선대궤범사의 色心互熏說로 錯覺되어) 어떠한 문헌에도 나타나지 않는다. 이 또한 참으로 이상한 일이다.

---

15 '유부의 법성 중심의 불설론'에 대해서는 권오민(2012), 「衆賢의 '阿毘達磨 佛說' 論」; 권오민, 『上座 슈리라타와 經量部』, pp.606-617; '대승 유가행파(세친)의 불설론'에 대해서는 同, pp.684-696; 상좌의 '유부=非佛說'론과 불설론에 대해서는 同, pp.583-590; pp.625-639을 참조할 것.

上座는 불교사에서 완전히 잊어진 존재로, 불교사전에도 인도불교사에
도 언급되지 않는다. 혹여 언급될지라도 "슈리라타(Śrīlāta: 室利邏多, 室利羅
多, 혹은 勝授). 연대는 2-3세기 혹은 5세기로 확실하지 않다. 경량부 소속으
로 『經部毘婆沙』를 지었다고 하지만 現傳하지 않는다. 衆賢의 『순정리론』에
서 '上座'로 불리며, 여기서 그의 주장의 일부를 알 수 있다"[16]는 窺基의 『성
유식론술기』(주5)의 인용이 고작이다.

　　단언하건대 세계불교학계에서는 上座 슈리라타의 경량부에 대한 이해
를 전혀 갖지 못하였다. 경량부가 불교사상사에 중요한 위상을 갖는다는
사실에 누구나 동의하면서, '세친=경량부' (혹은 '경량부=세친') 설에 따를
경우 수많은 난제가 제기됨에도 불구하고 上座에 주목하지 않는 이유는
또 다른 연구주제라고 할 만한 미스터리이다.[17] 추측컨대 法相宗의 몰락과

16　三枝充悳編, 『インド佛教人名辭典』(東京: 法藏館, 1987), p.130.

17　일찍이 푸상(De La Vallée Poussin, Louis)은 『성유식론』의 佛譯(Viñāptimātratāsiddhi: La Siddhi
de Hiuan-Tsang, Paris, 1928-29)에서 [窺基의 해설에 따라] 경량부 연구에 上座의 연구가
필수적이라는 사실을 강조하였다지만, 이후 上座에 관한 연구는 거의 이루어지지 않았
다. 그 이유에 대해 카토 준쇼는 『순정리론』이 漢譯으로만 존재하여 이해하기가 쉽지
않았고, 다른 한편으로는 이와 밀접한 연관이 있는 『구사론』의 학습이 푸상의 뛰어난
주석적 연구가 있었음에도 일반적이지 않았기 때문이라고 하였지만(加藤純章, 1989, 『經
量部の硏究』, p.55), 『구사론』의 학습이 일반적이었던 일본에서도 역시 그러하였다. 카토
는 일본에서도 上座에 관한 자세한 연구는 그다지 이루어지지 않았다고 하면서 현재까
지 가장 뛰어난 연구는 高井觀海師의 『小乘佛教概論』(東京: 山喜房佛書林, 1928, 1978 복간)
제19장 「經量部の教義」라고 하였다. 그렇지만 이는 窺基의 평석(주5)에 따라 '譬喩者=쿠
마라라타(本經部), 經量部=상좌 슈리라타(末經部)'로 규정하고서 경량부에 관한 지식을
『순정리론』이 아닌 『구사론』과 普光의 『구사론기』 그리고 『이부종륜론』에서 얻고 있
다. (비유자에 관한 지식은 『대비바사론』에서 구하고 있지만, 日出論者인 쿠마라라타는
婆沙時代의 인물도 아니거니와 『바사론』의 비유자와는 무관하다) 참고로 앙드레 바로
(André Bareau)의 『소승 부파불교(Les Sectes Bouddhiques de Petit Véhicule)』 제22장 「경량부
혹은 설전부」 역시 上座 슈리라타에 관한 언급 없이 다만 『이부종륜론』의 경량부條와
이에 대한 窺基의 『이부종륜론述記』를 조술 정리한 것이다. 사사키 겐준 역시 『순정리론』
은 경량부 연구의 귀중한 자료라고 매우 강조하였지만(佐々木現順, 『佛教における時間論
の硏究』, 1978, p.142f), 일본에서 경량부 연구에 이를 전체적으로 완전하게 활용한 이는
없다. 카토 준쇼의 『經量部の硏究』에 대한 필자의 평가는 권오민, 『上座 슈리라타와 經量
部』, pp.131-132 참고 바람. 그리고 박창환(Changhwan Park, 2007)의 학위논문 「경량부 종자
설 재고(The Sautrāntika Theory of Seeds(bīja) Revisited: With Special Reference to the Ideological
Continuity between Vasubandhu's Theory of Seeds and its Śrīlāta/Dārṣṭāntika Precedents)」는 비록

함께 더 이상 탐구와 비판의 대상이 되지 못함에 따라 역사에서 사라지게 되었을 것이다. 그리고 근대 불교학이 시작된 이후에는 『순정리론』과 『섭대승론』 『성유식론』 등을 각기 '소승'과 '대승'이라는 별도의 불교세계로 간주하였고, 『구사론』에 대한 선이해가 요구될 뿐만 아니라 80권의 大論에 상좌를 비롯한 여러 이설과의 극히 난해한 廣說의 논쟁을 펼치고 있는, 주석서조차 부재하는[18] 『순정리론』이라는 한역 아비달마 문헌에까지 관심가질 만한 겨를이 없었기 때문이었을 것이다. 혹은 여기에 주목할 만한 내용이 없다는 先學의 섣부른 판단(주6)도 한 몫을 하였을 것이다. 그럼으로써 우리는 4-5세기 당시 불교학계의 지형도의 한쪽을 잃어버렸다. 갈림의 길목에서 사상의 주요한 경로를 일러주는 지도를 방기한 채 부분적이고도 거친 지도로만 상상과 추측을 되풀이한 것이 그간의 경량부 연구의 실태였다.

上座 슈리라타의 경량부를 도외시하는 경우 경량부 관련 불교사상사의 복원은 거의 불가능하며, 초기 유가행파 논서의 완전한 독해조차 불가능하다. 상좌는 알라야식 (혹은 『기신론』의 일심) 개념을 밝힐 만한 중요한 열쇠(단서)를 지니고 있다. 상좌는 세친뿐만 아니라 무착과도 밀접한 관계를 갖기 때문이다. 후술하듯이 그들은 동시대 동일한 지역(아유타국)에서 활동하였다. 상좌는 연륜과 학식을 갖추고 인도 전역에 명성을 떨친 長老 (sthavira: 上座)였기에 그의 흔적은 『유가사지론』이나 『섭대승론』 『성유식론』의 곳곳에 나타난다. 이들 문헌의 제 주석서에서는 상좌 혹은 상좌일파 (上座部)의 논설을 직접 인용하기도 한다. 그간 상좌 슈리라타에 대한 이해

상좌·세친의 종자·수계설에 대해 다룬 것일지라도 서구어로 된 최초의 上座 소개서라고 할 수 있다. 상좌의 수계설에 대해서는 K. L. Dhammajoti(2011), Śrīlāta's anudhātu doctrin 도 주목할 만하다.

18 義天의 『新編諸宗教藏總錄』에서는 元裕의 『順正理論述記』5권과 極太의 『順正理論鈔』2권의 이름을 전하고, 『東域傳燈目錄』에서는 전자를 元瑜의 『順正理論述文記』24권으로 전하는데, 『순정리론』80권 중 제12권(不相應行法)부터 제13권 반(命根)까지의 주석인 제9권과, 『순정리론』 제29, 30 양권의 주석인 제18권만이 현존한다. (卍續藏經 83冊 소재)

가 없었기 때문에 그것이 그의 논설일 것이라고는 꿈에도 생각하지 못한 채 글자로만 읽거나 읽히지 않을 경우 문구상의 불완전함을 지적하곤 하였다. (예컨대 본서 제13장 주42 참조) 물론 그 逆도 마찬가지이다. 『순정리론』 상에 인용된 단편의 상좌 一句가 『유가사지론』 등에서 확인될 수 있을 것이라고는 꿈에도 생각하지 못한 채 의미가 결여된 말(글자)로만 읽었을 뿐이다. 그것은 중현이 '有言無義'의 예로 언급한 '벙어리 잠꼬대'와 같은 것이었다.

3. 상좌 슈리라타와 중현과 무착, 그리고 세친

티베트의 전승인 타라나타(Tāranātha, 1573-1615?)의 『불교사』에서 비록 존자 슈리라타(bhaṭṭāraka Śrīlābha)를 카니시카 II세(2세기)로 추정되는 아파란타카(Aparāntaka)의 찬다나팔라(Candanapāla) 왕 시대 카슈미르에서 출현한 경량부의 大阿闍梨(mahā-ācārya)라고 전하였을지라도[19] 중현의 『순정리론』에 의하는 한 그는 당시 설일체유부 毘婆沙師와 유가행파를 대표하는 논사였던 중현과 무착과 시대(4-5세기?)를 함께 하였다. 대단히 흥미롭게도 세친은 이들 3인과 불가분의 관계였다. 중현과는 동문의 선후배(티베트 전승에 의하면 중현의 제자) 사이였고, 경량부 徒黨(Sautrāntika-pākṣikas)으로 불릴 정도로 상좌와 가까운 사이로 견해를 함께한 同見者였으며, 무착의 實弟였다. 전설에 따르면 무착과 세친은 간다라 출신이었고, 중현과 상좌는 카슈미르 출신이었지만, 이들 4인은 동시대 동일한 지역(아유타국)에서 활동하며 서로 葛藤하였다.

---

19 Lama Chimpa, trans., Tāranātha's, History of Buddhism in India, p.103.; 寺本婉雅 譯註, 『ターラナータ 印度佛教史』, p.113.

중현에 의하면 당시 上座는 '東方(*pūrva-diś)'에서 활동하였다. 중현은 전후 여섯 차례에 걸쳐 '東方' 혹은 '東土'라는 말로써 그의 소재나 경량부를 지시하고 있다. 예컨대 이런 식이다.

기이하도다! 東方에는 좋은 말들이 다하여 이와 같은 따위의 論을 역시 짓기도 하고 수지하기도 하는 것인가? (所緣緣에 대한 상좌 설을 비판하면서: T29, 448a19-20)

現見하건대 東方에는 證法(adhigama-dharma, 三乘의 무루도, 즉 실천도)도 쇠퇴 미약할뿐더러 敎法(āgama-dharma)도 대부분 隱沒하였지만, 北方에는 [교법은 물론이고] 증법은 오히려 더욱 盛하기 때문에 세존의 바른 교법을 유포하는 이가 많다. 이에 따라 여래의 無上智의 경계와 여러 성자들의 거처(栖宅)와 아비달마의 전도됨이 없는 眞實義는 이 나라(북방의 카슈미르)에서만 성행하니, 東方 등에서 능히 傳習할 수 있는 것이 아니다. (正法의 住世에 대해 설하면서: T29, 775b3-7)

여기서 北方(uttrā-diś)은 두말할 것 없이 유부 비바사사의 본거지였던 카슈미르이며, '동방'은 이곳 카슈미르에서 본 동방으로, 『대비바사론』에 따르면 갠지스 강(Gaṅgā)이 야무나 등의 네 지류와 합수하는 중인도 지역을 가리킨다.[20] 그리고 현장의 『대당서역기』에 의거할 때 당시 이 지역에서

---

20 (T27, 21c29-30a12). 카슈미르에서 편찬된 『대비바사론』에서는 "世第一法에서 聖諦現觀(즉 見道)에 드는 것은 贍部洲의 5大河 즉 강가(Gaṅgā, 兢伽)·야무나(Yamunā, 閻母那)·사라유(Sarayū, 薩羅瑜)·아이라바티(Airāvatī, 阿氏羅筏底)·마히(Mahī, 莫醯)가 大海로 들어가는 것과 같다"(T26, 918c11-17)는 『발지론』의 논설을 시정한다. 즉 迦多衍尼子(Kātyāyanīputra) 존자는 『발지론』을 지을 때 東方에 머물고 있었기 때문에 東方에서 다 같이 現見할 수 있는 5河를 비유로 삼았던 것이지만, 이는 大河가 아니라 4대하 즉 강가(Gaṅgā: 兢伽)·신두(Sindhū: 信度)·박슈(Vakṣu: 縛芻)·시타(Sītā: 私多) 중의 하나인 강가와 그것의 네 지류라는 것이다. 권오민(2012), 『上座 슈리라타와 經量部』, pp.239-242 참조.

불교학의 중심지는 아유타국(阿踰陀國, Ayodhyā)이었다. "옛날 경량부의 상좌 슈리라타는 여기서『經部毘婆沙論』를 지었고, 무착 또한 여기서 慈氏(미륵)菩薩로부터『유가사지론』『장엄대승경론』『중변분별론』등을 품수하였다." (T51, 896b18f; b20ff) 세친 역시 이곳 大城의 한 가람에서 대·소승의 여러 異論을 제작하고 강의하였으며, 무착의 문인제자가 외운『십지경』을 듣고 처음으로 대승심을 일으킨 것도 바로 이곳이었다. (동, 896b8-12; c20ff)

한편 眞諦의『婆藪槃豆法師傳』에서는 세친이『구사론』을 저술한 곳도 (T50, 190b5-17),[21] 중현이『光三摩耶論』(즉『현종론』)과『隨實論』(즉『순정리론』)을 지어『대비바사론』의 대의를 천명하고『구사론』을 논파한 곳도 아유타국(阿綸闍國)이었다고 전하며(동, 190c3-7), 세친이 형인 무착에 의해 丈夫國(Puruṣapura: 오늘날 파키스탄 페샤와르)으로 호출되어 그로부터 대승의 묘의를 배운 후『화엄경』등의 대승경론과『유식론』『섭대승론석』등의 대승논서를 짓고서[22] 이곳 아유타국에서 목숨을 마쳤다고 전한다. (동, 190a5-12)

비록 전설이고 현장과 진제의 두 전승 상에 일치하지 않는 부분이 있을지라도 아유타국을 중심으로 한 '東方'은 마가다국의 나란다(那爛陀) 이전의 불교 -적어도 경량부나 유가행파- 의 중심무대였을 것이다.『서역기』에서 전한『구사론』의 저술인연에 따르면 세친은 중현의 異執을 물리치기 위해 자신의 늙음(衰耄)을 핑계 삼아 그를 뛰어난 이들(諸耄彦)이 머물고 있는 中印度로 유인하려고 하였는데(T51, 892a3-7), 여기서의 '중인도' 역시 상좌일파의 활동무대였던 '東方'으로의 비정도 가능하다.

당시 상좌의 명성은 중현의 비난 어조를 통해 볼 때 인도전역에 퍼져

---

21 그러나 현장의『대당서역기』에 의하면 세친은 健馱羅國의 카니시카 가람(오늘날 파키스탄 페샤와르 인근)에서『구사론』을 저술하였다. (T51, 880c3f)

22 그러나『대당서역기』에 의하면 세친과 무착은 갠지스 강과 야무나 강이 합수하는 鉢羅耶伽國(Prayāga: 오늘날 알라하바드)에서 가까운 코삼비(알라하바드 서쪽 60Km)에 한 가람에서『唯識論』과『顯揚聖教論』을 지었다. (T51, 898a27-b2)

있었다. 중현은 "과거색과 과거업이 존재한다"는 삼세실유 經證①에 대해 "이는 실체로서 존재하는 것이 아니라 과거의 것 즉 일찍이 領納(지각)하였 던 것, 혹은 隨界(종자)로서 존재한다"(제4장 주129, 130)고 해석한 상좌에 대해 이같이 비난하였다.

> 참으로 가소로운 일이다. 경의 뜻을 이와 같이 해석하여 어찌 능히 과거·미 래가 실로 존재한다는 사실을 부정할 수 있을 것인가? 이와 같이 一切智 (즉 불타)의 經을 그릇되게 해석하여 <u>어찌 印度의 方域을 능히 莊嚴할 수 있을 것인가? (혹은 '있었던가?')</u>[23]

上座 슈리라타는 다수의 제자문인을 거느리고서 인도 전역에 명성을 떨친(*vyūha: 莊嚴한) 長老(Sthavira)였다. 중현이 그를 '上座(sthavira)'로 호칭 한 것은 '寡學上座'(배움이 부족한 상좌: T29, 352c1; 489a4)나 '朽昧上座'(늙어 빠진 우매한 상좌: 동, 604a5)에서 보듯이 "상좌 자격도 없으면서 나이만으 로 상좌가 되었다"는 의미의 反語의 역설로 생각되지만,[24] 어쩌면 그가 당 시 실제 세간에서 '上座'(長老)라는 말로 호칭되었을지도 모른다.

　이러한 호칭은 곧 중현 당시 그가 생존하고 있었음을 의미한다. 이미 시몰한 이를 이같이 부를 리 없기 때문이다. 그렇지만 상좌는, 노령에 근거 한 중현의 비난으로 볼 때[25] 적어도 중현보다 한 세대 이상 相距한 고령이었

23　『순정리론』권51(T29, 627b22ff). "可笑! 如是解釋經義, 此豈能遮去來實有? 如是謬釋一切智經, 豈能莊嚴印度方域?"

24　권오민, 『上座 슈리라타와 經量部』, p.215. 상좌의 연륜과 학식에 대해서는 권오민, 같은 책, pp.214-222 참조.

25　중현은 상좌를 '우매한 늙은이'(朽昧上座: T29, 604a5), 그의 말을 '다만 노망난 늙은이가 내뱉은 虛言'(但是上座其年衰朽 出虛之言: 동445b6f)이라 폄박 貶薄하였고, "찰나의 生滅은 분별하여 설하기 어렵다"는 상좌의 말에 대해 "나이가 이미 과년하여 늙고 쇠퇴한 시기 이거늘, 어찌 능히 헤아릴 수 있을 것인가? 그러니 젊었을 때 항상 생각해보아야 한다(尙 年已過, 居衰耄, 豈能測量. 幼恒思擇: 450b16f)"고 조소하기도 하였다. 여기서 '衰耄'의 '耄'는

을 것이다. 그리고 현장은 『대당서역기』에서 세친과 중현을 선후배의 관계(先達과 後學/後進: T51, 892a16f)로 묘사하였지만, 앞서 인용한 것처럼 중현은 세친에 대해 훈계나 당부의 말을 누누이 되풀이 하고 師資의 도리를 강조하였을 뿐만 아니라 티베트 전승에서 중현을 세친의 스승으로 전한 사실 등을 고려할 때, 중현이 세친의 스승이나 선배일 가능성이 크다.26 이로 볼 때 아유타국에서 활동한 네 논사의 연배는 상좌 슈리라타−중현−무착−세친 순으로 짐작할 수 있다.

이렇듯 사상을 달리한 이들 4인이 동일한 시대, 동일한 지역에서 활동하였다면, 그들은 어떤 식으로든 −직접적으로든 간접적으로든− 그들의 논서 상에 서로의 긴장과 갈등을 반영시켰을 것임은 두말할 나위도 없다. 비록 카슈미르 유부 毘婆沙를 조술한 강요서일지라도로 유부의 주요 사상을 경량부로써 시비한 세친의 『구사론』이 대표적인 경우로, 중현은 "4波羅夷를 범한 자는 聖法을 낳을 만한 功用을 갖고 있지 않기 때문에 비구라고 말할 수도 없다"는 自派의 해석을 兇勃(abhisāhāsa: 더없이 극악한 폭언, 진제의 역어는 '不計命大過事' 즉 목숨도 헤아리지 못하는 크나큰 허물)로 간주한 세친(T29, 79b17)에 대해 "경량부야말로 兇勃人이다"(T29, 565c26f)고 질타하고서 "上座는 兇勃로써 [교]법을 비방하고 [그것을] 설한 이(즉 불세존)를 훼손하여 심대한 죄를 지었으니, 당래 극심한 괴로움을 초래하게 될 것인데, 내 어찌 그에 대해 앙갚음의 말을 베풀 것인가? 오로지 당래 그 같은 악업에 과보가 없기만을 바랄 뿐"(T29, 566b22-28)이라 하여 상좌와의 갈등을 여과 없이 드러내기도 하였다.27

『一切經音義』(T54, 769b12f)에 의하면 80의 闇亂의 惛忘者(노망하여 정신이 흐려진 자)를 의미한다.

26 권오민, 『上座 슈리라타와 經量部』, pp.180-186 참조.

27 권오민, 『上座 슈리라타와 經量部』, pp.340-344 참조.

앞서 말한 대로 유가행파의 알라야식 존재증명은 다름 아닌 경량부의 6식 종자설 비판이었다. 『유가사지론』의 두 번째 논증(最初生起證)에서 "만약 알라야식이 結生識이라면 이는 二識俱生의 과실을 범한 것"(T30, 579b12f)이라고 비난한 어떤 이는 상좌 슈리라타였으며, 『섭대승론』의 세 번째 논증(生雜染證)에서 "갈라람과 화합하는 識이 [별체로서의 알라야식이 아니라] 意識이라 한다면 모태 중의 두 의식(이숙의 종자식과 현행의 요별식)이 동시에 함께 일어난다고 해야 한다"(T31, 136a2f)는 무착의 비판은 상좌 슈리라타에 대한 것이었다.[28]

그들의 갈등은 말 그대로 칡넝쿨처럼 서로서로에 얽힌 것이었다. 종자설과 관련하여 조금 거칠게 개관해보면, 상좌는 찰나멸론과 이에 따른 隨界·종자상속설에 기초하여 유부의 제법 실유론과 同時인과(相應俱起)설을 비판하였고, 이에 대해 중현은 경량부의 隨界·종자설을 聖敎(Āgama)와 正理(nyāya 혹은 yukti)를 파괴하는 이론이라 비난하였으며(T29, 442b8f), 유가행파에서는 종자식(=알라야식)을 6식과는 다른 별도의 실체로 설정함으로써 경량부에 의해 파기된 유부의 敎理(聖敎와 正理)를 회복하였고, 이를 異時인과에 기초한 경량부의 6식 종자설 비판에 활용할 수 있었다. 유가행파에서는 비록 외계를 부정하였을지라도 유부와 마찬가지로 同時인과를 주장함에 따라 현행법과 동시에 존재하는 알라야식을 일체법의 소의로 이해하였기 때문이다.[29]

유부에 출가하여 상좌의 경량부와 가까이하다 대승유식으로 전향한 세친의 사상적 행보는 보다 극적이다. 그는 배우가 의상을 바꿔 입듯 상좌의 舊隨界설과 언사만 달리한 것이라는 종자설에 근거하여 得, 無表, 過未실

---

28 이에 대해서는 본서 제13장에서 상론한다.
29 이에 대해서는 본서 제12장에서 상론한다.

유 등의 유부학설을 비판하였지만, 대승유식으로 전향한 후 무착에 따라 과거 자신의 종자설을 비판하였던 중현과 동일한 논리로써 경량부 종자설을 비판하지 않으면 안 되었다. 이는 사상의 전향에 따른 당연한 일이었겠지만, 세친 개인으로서는 딜레마였고 아이러니였을 것이다.[30]

불설론의 경우도 역시 그러하다. 그는 『구사론』에서 '傳說(kila)'이라는 말로 유부의 '아비달마(즉 法性을 현시한 것)=불설'론을 불신하였을 뿐만 아니라 유부의 '아라한과 有退論'을 비판하면서 "나는 經에 의지하여 설할 뿐 對法(아비달마)의 正理를 의지처로 삼지 않는다"고 말하였지만,[31] 대승으로의 전향 이후의 저작인 『석궤론』에서 "경의 뜻은 경에서 설한 그대로(yathārutārtha: 如說義)가 아니라 별도의 은밀한 뜻(abhiprāya: 別意趣)이 있다"는 유부 毘婆沙師에 의해 제시된 '法性 중심의 불설론'(주15참조)을 추구하였고, 이를 『성업론』 상에서 '알라야식=佛說'론의 단초로 삼았다. (T31, 785b3-5) 물론 이같은 불설론은 "대승경은 大菩提를 얻는 데 위배되지 않기 때문에, [경에서] 말한 그대로의 뜻(如文義)이 아니기 때문에 (다시 말해 별도의 은밀한 뜻을 갖기 때문에) 불설"이라는 무착의 『대승장엄경론』제2 「成宗品」에서의 대승불설론에 따른 것이라 할 수 있지만, 이는 원천적으로 유부의 불설론이었다.[32]

세친은 『성업론』과 『유식이십론』에서 상좌일파를 '經爲量者'(*sūtraprāmāṇika, 舊譯은 '修多羅法師': T31, 784b29; 799c19)와 '刹那論者'(kṣaṇika, 舊譯은 '人說刹那滅': T31, 76b24; 73a3)로 호칭하고 있다. 필자 소견에 의하는 한 이는 결코 호의적인 호칭이 아니다. 이는 일찍이 중현이 상좌일파와 세친 자신에게 던진 부정적 뉘앙스의 호칭이었다.[33]

---

30 이에 대해서는 본서 제14장에서 상론한다.
31 『순정리론』권69(T29, 719c16-17), "我依經說, 不以對法正理爲依, 以對法宗有越經故."
32 권오민, 『上座 슈리라타와 經量部』, pp.684-696 참조.
33 중현은 『순정리론』에서 '경량부(Sautrāntika)'라는 명칭을 총 32회 언급하였지만, 그들의 학설을 인용하면서 언급한 것은 다만 네 번(이 중 상좌와 직접 관련된 것은 한 번뿐이며,

‘理長爲宗(누구의 것이든 뛰어난 이치를 종의로 삼는다)’이라는 세친교학에 대한 후대의 평가도 어쩌면 이러한 상황배경에 따른, 그의 사상적 불연속성에 따른 후대의 修辭일지 모른다. 우리는 이제 경량부에 호의적이었던 俱舍論主로서의 세친과, 비판적이었던 유식논사로서의 세친, 혹은 그러한 사상적 전환 과정상의 세친을 구별하고 사상 전환에 따른 그의 딜레마/아이러니를 읽어내지 않으면 안 된다.

外境論의 문제를 두고 유부와 유가행파는 서로에 대해 비판적이었음은 두말할 필요도 없지만, 상좌는 이들 두 학파의 가장 강력한 비판자였기에 우리는 중현과 무착의 논서 상에서 상좌에 대한 그들의 긴장을 엿볼 수 있다. 그들은 약속이나 한 듯 경량부 인연론(즉 종자설)에 대해 공동 대응하였다. 우리는 이러한 사실을 어떻게 이해해야 할 것인가? 알라야식의 존재증명을 비롯한 지금까지 우리의 알라야식 관련 학설이나 논의는, 대개는 유가행파 논서의 祖述이었다. 우리의 불교학이 이제는 특정 학파, 특정 텍스트의 조술에서 벗어나, 일방적 비판에서 벗어나 불교 제 학파, 제 논사 사이의 긴장을 읽을 수 있어야 하지 않을까? 필자가 생각하는 불교학은 한가하게 명상을 통해 탄생한 것이 아니라 그러한 긴장 속의 격렬한 논쟁

두 번은 간다라논사 계통 즉 外方의 經部諸師와 관련된 것)이며, 나머지는 모두 세친과 상좌의 말을 인용하는 중에, 혹은 거의 대개 그들을 비판(조소)하면서 언급한 것이다. 예컨대 중현은 일군의 譬喩者에 대해 이같이 힐난하였다. “저들은 일체의 契經을 모두 지식의 결정적 근거(定量)로 삼지도 않으면서 어찌 經[量]部라고 이름하는 것인가?”(彼不以一切契經皆爲定量, 豈名經部?: T29, 332a23-24) 권오민, 『上座 슈리라타와 經量部』, 제7장 「순정리론에서의 경량부」 참조. 세친이 『성업론』에서 經量部라 하지 않고 ‘經爲量者’라고 한 것은 의도적인 것이다. 단적인 예로서 無性의 『섭대승론석』에서는 ‘경량부(=상좌일파)’라는 부파명칭이 전후 12곳(14번)에서 언급(혹은 ‘예시’)되는 데 반해 한때 이들과 가까이하였고 同見者로도 불린 세친의 『섭대승론석』(眞諦 역)에서는 단 한 번, 그것도 玄奘 역에서는 ‘譬喩論師’로 언급될 뿐이다. (본서 제12장 주47, 48 참조) 현재 일찰나만 존재한다고 주장하는 ‘찰나론자’ 또한 인과를 부정하는 이라는 부정적 뉘앙스의 호칭으로, 중현은 이를 增益論者(보특가라론자), 分別論者(결과를 낳지 않은 과거업의 실유: 음광부), 假有論者(현재법 가유: 설가부), 都無論者(일체법의 無自性: 空花宗)과 함께 眞實論者(sadvādin)인 설일체유부의 이단으로 취급하였다. 이에 대해서는 본서 제5장 5-3 참조.

에서 탄생하였기 때문이다.

세친 당시 논쟁의 중심에 상좌 슈리라타가 있었다. 상좌는 불교 4대 학파의 하나인 경량부의 部主로서 불교사상사의 한쪽을 담당하였다. 여기서는 언급하지 않았지만 그의 인식이론은 法稱 등 불교지식론학파로 이어진다. 상좌의 5識 소연론(제7장)은 바로 法稱 지각(現量)론의 단초였다. 그럼에도 지금까지의 불교학에서는 그를 잊었거나 도외시하였다. 우리는 이제 바야흐로 상좌를 통해 적어도 경량부와 관련된 거의 모든 지식과 가설을 반성 재고해보지 않으면 안 된다. 그는 분명 우리의 불교이해를 새롭게 할 것이다. 그로 인해 어쩌면 불교학의 새로운 카테고리를 설정해야 할지도 모른다.

제1편

有部 諸法分別論 비판

제1장 蘊·處·界 3科의 다른 이해

1. 5蘊·12處·18界의 분별

주지하듯이 초기불교에서는 일체 만유의 토대로서 自我(ātman)나 主宰神(Īśvara)과 같은 영원하고도 단일 보편의 초월적 존재를 인정하지 않는다. 그것은 우리들 일상의 경험으로 확인할 수 없을뿐더러 그에 관한 논의 또한 실제적 이익이 없기 때문이다. 그에 관한 논의는 '독화살의 비유'(『중아함』「箭喩經」)에서 시사하고 있듯이 현실의 초라함에서 벗어나고자 갈망하는 이성적 인간의 지적 호기심에서 비롯된 것으로, 끝없는 추상적 사변과 논란만을 산출하는 戱論에 불과하기 때문이다.

그렇다면 불타께서 한결같이 설하고자 하였던 것은 무엇인가? 어떠한 주장이 실제적 이익이 있으며, 진정코 열반(nirvāṇa)으로 나아가게 하는 것인가? 불타는 '독화살의 비유'를 설한 경에서 이같이 말하였다. "여래는 오로지 괴로움과, 괴로움의 생성과, 괴로움의 소멸과, 소멸에 이르는 방법에 대해서만 설할 뿐이다. 이것만이 실제적 이익이 있고, 열반으로 나아가게 하는 것이니, 여래는 오로지 말할 수 있는 것만을 말할 뿐, 말할 수 없는 것은 말하지 않는다."[1]

---

[1] 『중아함경』권60 「箭喩經」(T1, 805c2-7), "何等法我一向說耶? 此義我一向說. 苦·苦習·苦滅·

여기서 말할 수 있는 것(즉 所詮性, *abhidheyatva)이란 알려진 것(所知性, jñeyatva: 爾焰性), 경험된 것이다. 불교에 있어 존재(有性 혹은 有相, *sattā, astitā)란 알려진 것으로,[2] 우리는 알지 못하는 그 어떤 것에 대해서도 탐하지 않으며, 알지 못하는 그 어떤 이도 미워하지 않는다. 앎이란 무엇인가? 앎의 대상은 무엇이고 그것은 어떻게 알려지는 것인가? 불교철학은 바로 이러한 지식에 대한 반성으로부터 출발하였다고 해도 과언이 아니다.

이에 따라 불교철학에서는 앎의 근거, 지식의 조건(緣)을 분석 분별하는 이른바 '諸法分別'로부터 세계의 탐구를 시작한다.

生聞이라는 바라문이 물었다.

"이른바 一切[法]이라 할 때의 '一切(sarvaṃ)'란 무엇을 말한 것입니까?"

불타께서 말씀하였다.

"一切란 12入處를 말하니, 眼과 色, 耳와 聲, 鼻와 香, 舌과 味, 身과 觸, 意와 法, 이것을 一切라고 하였다." (『잡아함』 제319경)

여기서 眼·耳·鼻·舌·身·意의 6內入處는 두말할 것도 없이 인식기관(indriya: 根)이며, 色·聲·香·味·觸·法의 6外入處는 그 대상(viṣaya: 境)으로, 이밖에 달리 일체법은 존재하지 않는다. 불교에서 존재를 '알려진 것'이라

苦滅道跡. 我一向說. 以何等故? 我一向說此. 此是義相應. 是法相應. 是梵行本. 趣智·趣覺·趣於涅槃. 是故我一向說此. 是爲不可說者則不說; 可說者則說."

2 예컨대 "現有卽顯是所知性." (T29, 556a4) "진실의 존재(實有 또는 妙有)로서 [이 같은 所知性인] 現有의 제법을 언어적 개념(想) 등으로 시설한 이가 부처이다." (『발지론』 T26, 924c15f) 설일체유부에서는 존재(sattā)를 '경계대상이 되어 지각을 낳는 것'으로 정의하였고("爲境生覺 是眞有相.":『순정리론』 T29, 621c21, 혹은 "知所行處, 名曰有相.":『성실론』 T32, 254a2f), '알 수 있는 것'이 바로 존재의 異名이라 하였으며("諸可了知者, 是有異名.": T29, 412c6f), 과거·미래법 역시 '알려진 것'으로서 존재하기 때문에 실유라고 하였다. ("有所知性, 故說爲有." 동, 636a23f) 이하 인용하는 12處의 법문은 알려진 법(所知法)이 존재한다는 사실을 총체적으로 나타내기 위해 설해진 것이다. (본 장 주111 참조)

한 이상, 일체법은 인식(眼識 내지 意識)을 낳는 場(dvāra: 門)인 이 같은 인식 근거(āśraya: 所依)와 대상(ālambana: 所緣)에 포함될 수밖에 없기 때문이다. 이에 따라 12處(6根과 6境)라는 형식의 제법분별은 여기에 眼 등의 6가지 인식(vijñāna: 識)이 더해져 18界로 설해지기도 하고, 根·境·識 삼자(三事)의 화합/결합관계에서 비롯된 온갖 심리현상(心所)으로 확대되어 色·受·想· 行(=思)·識의 5蘊이라는 형식으로 정리되기도 한다.

세존께서 여러 비구들에게 말하였다.

"무엇이 種種의 界(nānādhātu)인가? 이를테면 眼界·色界·眼識界, 耳界·聲界·耳 識界, 鼻界·香界·鼻識界, 舌界·味界·舌識界, 身界·觸界·身識界, 意界·法界· 意識界이니, 이것을 일컬어 種種의 界라고 한다." (『잡아함』 제451경)

生聞이라는 바라문이 물었다.

"이른바 一切法이라 함은 무엇을 말한 것입니까?"

불타께서 말씀하였다.

"眼과 色과 眼識과 眼觸과, 안촉을 인연으로 하여 생겨난 受로서 苦·樂·不 苦不樂과, 耳·鼻·舌·身·意와 法과 意識과 意觸과 의촉을 인연으로 하여 생겨난 受로서 고·낙·불고불락이니, 이것을 일컬어 一切法이라고 한다." (『잡아함』 제321경)

眼과 色을 緣하여 眼識을 낳고, 세 가지의 和合이 觸이며, 촉은 受·想·思가 俱生한다. 이러한 네 가지(즉 受·想·思와 識) 無色蘊과 眼과 色(즉 色蘊), 이러한 따위의 법을 일컬어 인간(manuṣya)이라 한다. (『잡아함』 제306경)[3]

---

3   현존 『잡아함』(T2, 87c26f)의 원문은 "眼色緣生眼識. 三事和合觸. 觸俱生受想思. 此四無色陰, 眼 色, 此等法名爲人."이지만, 『구사론』「파아품」에 인용된 이 경문(「人經 Mānuṣyakasūtra」)은 이러하다. cakṣuḥ pratītya rūpāṇi cotpadyate cakṣurvijñānaṃ trayāṇāṃ saṃnipātaḥ sparśaḥ

불타는 어떠한 까닭에서 세계를 12처/18계 내지 5온으로 分析(분별)하는 것으로부터 그에 대한 탐구를 시작한 것인가? 우리 범부들은 대개 우리가 경험한 세계가 단일하고 영원한 것이라고 믿는 성벽이 있다. 경험의 주체를 '나'로, 경험된 것을 '나의 것'이라 여기며 이에 집착하지만, 나도 나의 것도 영원하지 않다.

세계는 다만 인식된 것이고, 인식은 생성 소멸하는 眼 등의 6근(소의)과 色 등의 6경(소연)을 통해 생겨난 것이라고 한 이상, 세계 역시 그러한 것이라 하지 않으면 안 된다. 이른바 '無常(anitya)'이다. 세계 내에서 영원한 것은 아무 것도 없다. 이는 어떠한 논증도 필요하지 않은 경험적 사실이다. 우리가 세계를 단일하고 영원하다고 생각하는 것은 그것을 '나' 혹은 '나의 것'이라고 여기기 때문이다. 항상 경험의 주체 혹은 세계의 토대로서 영원하고도 단일한 자아가 존재한다고 생각하기 때문이다.

그러나 현실적으로 자아는 경험을 떠나 확인되지 않는다. 예컨대 '나는 행복하다'거나 '나는 꽃을 본다'고 하는 경우, 이때 '나'란 '행복하다'는 인식, 혹은 '본다'고 하는 시각 활동에 의해 드러나는 것으로, 그 같은 인식이나 활동을 배제하고서는 그 존재를 확인할 수 없다. 자아는 眼이나 色처럼 구체적인 작용을 갖는 것이 아니다. 꽃을 보는 것은 내(자아)가 아니라 眼과 眼識 등이며, 행복하다고 생각하는 것은 意와 意識 등이다. 자아는 '토끼 뿔'이나 '거북의 털'과 마찬가지로 실제적인 앎의 대상이 아니다. 그것에 관한 지식이 생겨났다면, 이는 다만 관념적으로 구상된 것일 뿐 객관의 사태가 아니다. 자아란 다만 언어 개념적 존재, 假有(prajñapti-sat, 혹은 世俗有)

---

sparśasahajātā vedanā saṃjñā cetanā itīme catvāro rūpiṇaḥ skandhāś cakṣurindriyaṃ ca rūpam etāvan manuṣyatvam ucyate. (AKBh., p.465. 10-12) 玄奘의 한역은 "如『人契經』作如是說. 眼及色爲緣生於眼識. 三和合觸, 俱起受想思. 於中後四是無色蘊. 初眼及色名爲色蘊. 唯由此量, 說名爲人." (T29, 154a25-28)

일 뿐이다. 이른바 '無我(anātman)'이다.

이런 까닭에 一切法에 대해 설하고 있는 경에서는 반드시 "'이는 일체가 아니다. 사문 고타마가 설한 일체를 버리고 다른 일체자(예컨대 자아 ātman나 주재자 Īśvara)를 설정하겠다'고 한다면, 이는 다만 말(言說)일 뿐 물어도 알지 못하며 의혹만 증가할 뿐이다. 왜냐하면 그것은 [진실의] 경계 대상이 아니기 때문이다"는 법문이 수반되며, 세계를 5온 등으로 분별하는 곳이면 으레 "색은 무상하며, 무상한 것은 괴로운 것이며, 괴로운 것은 나 혹은 나의 것이 아니다. 수·상·행·식도 역시 그러하다"는 법문이 뒤따르고 있는 것이다.

흔히 三科分別로 일컬어지는 蘊·處·界의 분별은 無常(=苦)과 無我(=空)를 확인하기 위한 것으로, 자아관념(我見)과 여기서 비롯된 일체의 번뇌 또한 이에 대한 正觀(samyakdarśana)을 통해 끊어진다. 경에서는 이를 三種觀義라고 하였다.

> 무엇을 三種觀義라고 한 것인가? 비구가 만약 고요한 나무 밑이나 노지에
> 서 陰(蘊의 舊譯)·處·界를 觀察하고 올바른 방편으로 그것을 思惟하는 것
> 을 '삼종관의'라고 한다.[4]

곧 초기불교에서의 무지란 우리에게 경험된 세계가 영원하고, 단일 보편의 자아가 실재한다는 그릇된 믿음으로, 초기불교도들은 생사윤회의 동인인 탐욕과 증오 등의 번뇌는 바로 이 같은 무지에서 비롯되는 것으로 여겼다. 이러한 이유로 인해 이후 說一切有部의 아비달마에서는 5온·12처·18계의 상호 포섭관계를 비롯한 유위·무위, 유루·무루의 일체법에 대한 분

4　『잡아함경』제42경(T2, 10c11-13). 참고로 이러한 三種觀義는 항상 七處善(5온의 苦·集·滅·道와 愛味·過患·出離를 참답게 아는 것)과 함께 설해진다.

별해석을 교학의 기본과제로 삼았다. 나아가 그들은 이 같은 3科를 경전(阿舍) 상에서 설해진 업과 번뇌, 수행도 등과 관련된, 혹은 획득(得)과 상실(非得), 동류 상사성(同分) 등과 같은 세계를 해명하는 데 필요하거나 그들 교학체계의 이론적 정합성을 위해 도출된 유루·무루의 種種法과 최승법인 열반 등으로 보다 구체적으로 분별하여 色(11法)·心(1法)·心所(46法)·不相應行(14法)·無爲(3法)라는 5位(75法)의 체계로 정리하기도 하였다.

이러한 諸法은 實有(dravya-sat)인가, 假有(prajñapti-sat)인가, 다시 말해 自相을 갖는 객관적 사태(vastu: 事)로서 실재하는 것인가, 다만 언어 개념적 존재일 뿐인가? 당시 불교현실에서 가장 유력한 부파였던 毘婆沙師(Vaibhāṣika)의 경우 두말할 것도 없이 실유를 주장하였고, 그래서 說一切有部(Sarvāstivāda)라는 부파명칭을 얻게 되었지만, 일체법의 假實문제는 제 부파 사이의 중요한 논쟁점이 되었다.[5] 물론 上座 슈리라타도 이 문제에 적극 개입하는데, 이 또한 그의 교학의 출발점이라 할 만한 것이었다.

2. 3科 假實에 관한 普光의 언급

세친은 『구사론』 제1 「界品」에서 蘊·處·界 3科의 名義와 관련하여 이것의 假實문제를 다루고 있다. 그는 먼저 本頌(제20송 전반)으로써 이에 대한 유부의 정설을 밝힌다. "積聚(rāśi)와 生門(āya-dvāra)과 種族(gotra), 이것이

---

5 『성실론』의 작자 訶梨跋摩(Harivarman)은 서론 격인 「發聚」에서 당시 불교학계에서 논쟁점이 된 10가지 문제를 「十論」(T32, 253c21-260c26)이라는 제목 하에 다루고 있는데, 이 중 첫 번째와 두 번째가 諸法의 三世實有에 대한 것이다. ① 과거·미래 2세의 有無문제, ② 一切法의 有無문제, ③ 中陰(中有)의 유무문제, ④ 四諦現觀의 頓漸문제, ⑤ 아라한과 退·無退문제, ⑥ 心性本淨의 문제, ⑦ 隨眠(使)의 상응·불상응 문제, ⑧ 음광부의 결과를 낳지 않은 과거업 실유설 비판, ⑨ 화지부의 僧中有佛說 비판, ⑩ 독자부의 자아(보특가라)론 비판. 이에 대해서는 권오민(2012), 『상좌 슈리라타와 경량부』, pp.75-91을 참조할 것.

바로 蘊(skandha)과 處(āyatana)와 界(dhātu)의 뜻이다.”6

좀 더 자세히 설명하면, 蘊의 경우 경에서 “과거·미래·현재의 것, 내적이고 외적인 것, 거칠고 미세한 것, 저열하고 수승한 것, 멀리 있고 가까이 있는 것, 이와 같은 일체[의 색]을 하나로 취합하여(略爲一聚, aikadhyam-abhisaṃkṣipya, ‘하나로 통틀어’) 色蘊이라 이름한다”7고 설하였기 때문에 ‘적취’의 뜻으로 해석하였으며, 處의 경우 根과 境은 심·심소법을 낳는(āya) 門(dvāra, 통로)이기 때문에, 그리고 界의 경우 금·은·동·철 등이 광산을 구성하는 광물/근본요소(dhātu: 界)이듯이 하나의 相續(santana)을 구성하는 성분(gotra: 種族·種性)으로 生의 근본/근원(ākara: 生本)이 되기 때문에 각기 ‘生門’과 ‘種族’의 뜻으로 해석하였다는 것이다.8

이에 대해 구사논주 세친은 “蘊이 만약 다수의 실체(anekadravya)가 적취된 것이라면 [곡물]더미(rāśi)나 자아(pudgala)와 마찬가지로 이 역시 假有라고 해야 한다”고 주장하고서 “하나의 實極微(dravya-paramāṇu) 역시 [三世 등으로 분별되고 관념(覺慧)적으로 더욱 분석될 수 있어 그 모두를 하나로 취합하여] 蘊이라 말할 수 있기 때문에, 蘊이 비록 ‘적취’의 뜻일지라도 실유”라는 유부의 해명에 대해 “하나의 실체는 적취의 뜻을 갖지 않는다”는 반론으로 자신의 주장을 다시 확인하고 있다.9

---

6   “聚生門種族, 是蘊處界義.” (T29, 4c13); rāśyāyadvāragotrārthāḥ skandhāyatanadhātavaḥ.(AK I. 20ab)

7   『잡아함경』 제58경(T2, 14c4-7), “世尊! 云何名陰? 佛告比丘. 諸所有色, 若過去·若未來·若現在, 若內·若外, 若麤·若細, 若好·若醜, 若遠·若近, 彼一切總說陰, 是名爲陰. 受·想·行·識亦復如是. 如是比丘, 是名爲陰”

8   『구사론』권1(T29, 4c14-5a7). 『대비바사론』에서의 處·界의 여러 뜻에 대해서는 본 장 주 136) 참조.

9   『구사론』권1(T29, 5a11-14), “[세친] 若言聚義是蘊義者. 蘊應假有. 多實積集共所成故. 如聚如我. [유부] 此難不然. 一實極微亦名蘊故. [세친] 若爾, 不應言聚義是蘊義. 非一實物有聚義故.”; AKBh., p.13. 22-23, na. ekasyāpi dravyaparamāṇoḥ skandhatvāt. na tarhi rāśyarthaḥ skandhārtha iti vaktavyam. na hy ekasyāsti rāśitvam iti. 중현은 變礙의 자상을 갖는 實극미가 관념적으로 더욱 분석된 無方分의 극미를 ‘假極微’라고 하였다. 본 장 3-3-2 참조. 『구사론』 상에서 “하나의 實극미도 蘊이라 말할 수 있다”는 말은 『순정리론』(권3)상에서 중현의 해명으

그러나 중현은, "[경에서는] 積聚(즉 '적취된 것')가 바로 蘊의 뜻이라고 말한 것이 아니라 [과거·미래의 색 등] '積聚의 所依'를 蘊의 뜻으로 설정한 것으로, 색 등의 5온을 떠나 별도의 자아를 추구할 수 없듯이 적취의 소의를 떠나 별도의 적취 자체를 인식할 수 없다"고 해명한다. 예컨대 색온의 경우, '과거 색' 내지 '가까이 있는 색' 등 無邊의 색을 [하나하나] 모두 설할 경우 중생들이 "내가 어찌 이같이 가 없는 색들을 遍知·永斷(parijñā) 할 수 있을 것인가" 하고 두려워하여 물러날까 염려하여 특성(相, lakṣaṇa)이 동일한 그것들을 통틀어 하나의 '색온'이라 설한 것(總說爲一)이기 때문에 蘊의 뜻을 '적취'로 규정하였을지라도 실유의 뜻이 성립할 수 있다는 것이다. 受·想과 같은 단일한 법에 대해서도 受蘊·想蘊이라 말하고 있기 때문에 蘊은 결코 가유가 아니라는 것이다.[10]

한편 세친의 주장대로 蘊이 다수의 실체가 積聚된 것이기 때문에 가유라면, 有色處(5근과 5경) 역시 다수의 극미가 적취(samagra)될 때 비로소 심·심소의 生門이 될 수 있기 때문에 이 또한 가유라고 해야 한다. 이는 普光에 의하면 경량부의 문제제기(難)이다.[11] 이에 대해 세친은 "만약 극미 각각에 處의 작용(kāraṇa, 인식을 낳는 원인으로서의 작용)이 없다면 極微所集의 根과 境이 화합하여 작용할 때 비로소 處의 뜻(즉 심·심소의 生門)이 성립하

로 언급된다. ("又一極微三世等攝, 以慧分析, 略爲一聚. 蘊雖即聚, 而實義成.": T29, 344a8-9)

10 『순정리론』권3(T29, 343c24-344a12). 蘊을 積聚의 뜻으로 해석하게 된 경증 "이와 같은 일체[의 색]을 하나로 취합하여(통틀어) 색온이라 이름한다(如是一切, 略爲一聚, 說名色蘊, tatsarvam aikadhyam abhisaṃkṣipya rūpa skandha: AKBh. p.13. 6)"는 현존경(『잡아함』 제58경: 주7)에서도 "彼一切總說[色]陰"으로 설해지고 있다. 중현은 處와 界의 뜻은 각기 어원적 해석(訓詞)과 유사성(相似)에 근거한 것이지만, 蘊의 뜻은 經說에 근거한 것임을 분명하게 밝히고 있다. (『순정리론』권3, T29, 343c3, c11; 343b28)

11 『구사론기』권1末(T41, 29b25ff). 普光은 이를 다음과 같은 논증식으로 설정한다. "諸 有色處는 마땅히 假有라고 해야 한다. 處는 [극미가] 積聚됨으로써 비로소 성립하기 때문에. 마치 諸蘊이 그러한 것처럼." 본 장 3-2-2에서 논의하는 것처럼 이러한 '有色處 假有論'은 上座 슈리라타의 학설이다.

게 되며, 그럴 경우 12처가 아니라 근·경 화합의 6처만이 존재한다고 해야 한다”는 이유에서 ‘處=가유’론을 거부한다.[12]

이상과 같은 논의에 기초하여 普光은 3科에 대한 유부 毘婆沙師와 경량부와 구사논주 세친의 입장을 다음과 같이 정리하고 있다.

毘婆沙宗(Vaibhāṣika: 유부)에서는 蘊 등의 3科(門)가 모두 實有의 법이라고 주장하며, 경량부에서는 蘊과 處는 假有이며 오로지 界만이 實有라고 주장하였다. 여기서의 논주 세친의 뜻은 경에서 ‘간략히 하나로 취합(一聚)하여’라는 말을 설하였기 때문에 蘊은 假有이지만, 그 밖의 두 가지(處·界)는 實有로 인정하려는 것이다.[13]

普光의 이 문구는 이후 동아시아 俱舍學에서 일반적인 상식으로 회자되었지만, 전후 맥락의 의미는 분명하지 않다.[14] 중현이 지적하였듯이, 蘊이

---

12 『구사론』권1(T29, 5a22-26), “--此難非理. 多積聚中一一極微. 有因用故.”; AKBh., p.14, 3, na. ekaśaḥ samagrāṇāṃ kāraṇabhāvāt. 세친의 극미 정의는 주64.

13 『구사론기』권1末(T41, 29a25-27), “毘婆沙宗, 蘊等三門, 皆是實法. 經部所立, 蘊處是假, 唯界是實. 今論主意, 以經中說, ‘略一聚’言, 許蘊是假, 餘二是實.”

14 金東華(1971, 『俱舍學』, pp.66-68)는 “有部의 의견은 一切諸法의 實體가 恒有한다는 근본적인 立脚地에서 이 三科도 역시 그 실체가 있다는 것이다. 그 다음에 經部가 주장하는 의미를 싱싱하건대 蘊은 積聚를 그 義로 하는 고로 이것이 假法일 것은 논의의 여지가 없으며, 또한 處 역시 제 요소가 積聚하여 비로소 所依의 六根이 되고 所緣의 六境이 되어 그로부터 識이 生하게 되는 것인 고로 假法이며, 界만은 實法이라고 한 것인 듯하다. 그런데 世親은 處와 界는 實法으로 인정하고 오직 蘊만은 假法이 아니면 안 된다고 주장하였다. 그 이유가 무엇이냐 하면, 만약 諸 有爲法의 和合聚의 義가 蘊義라는 것을 시인한다면 蘊은 假有라고 하여야 한다. 왜냐하면 蘊이라는 것은 다수의 실체가 積聚하여 共所成인 까닭이다. 즉 共所成인 것은 有爲法이요, 有爲法은 假法인 까닭이라는 것이다.”로만 설명하고 있으며, 深浦正文(1979, 초판 1951, 『俱舍學槪論』, p.94)도 역시 유부와 경량부와 세친의 三科假實에 대한 입장만을 간략히 언급하고 있다. 西義雄(1975, 『阿毘達磨佛敎の硏究』, p.504) 또한 有部宗에서 3科의 實有를 주장하고, 三者(유부·경량부·세친) 공히 界를 실유라고 한 것에 대해서는 논의할 필요가 없다고 하면서, 處에 대해 경량부는 假有를, 세친은 實有를 주장하게 된 이유를 다만 보광의 『구사론기』에 따라 설명하고 있을 뿐이다. 이렇듯 경량부가 3科 중 界만의 실유를 주장하게 된 이유에 대해서는 침묵하고 있다. 加藤純章(1989, 『經量部の硏究』, p.175) 또한 「蘊·處·界の假實」이라는 項에서 ‘蘊·處=假有, 界=實有’라는 上座 슈리라타 주장의 곤혹스러움을 토로하고 있다.

積聚의 뜻이기 때문에 假法이라면 수·상온 등은 무엇의 적취이며, 有色處 역시 다수의 극미가 적취하여 비로소 眼 등 5識의 소의와 소연이 된 것이라면, 眼界 내지 身界, 色界 내지 觸界는 어찌하여 적취물이 아니라는 것인가?[15]

유부에 의하는 한 18계는 12처 중의 意處를 7心界(意界와 眼識界 내지 意識界)로 확장시킨 것에 지나지 않기 때문에 안처와 안계, 색처와 색계는 동일한 것이라고 해야 하는 것이다.

보광 또한 이 같은 사실을 분명하게 확인하고 있다. 즉 그는 "[색온 중의] 5根과 5境은 10處와 10界로 인정된다"[16]는『구사론』의 문구에 대해 "毘婆沙師는 11가지 종류의 색온 가운데 (5)근과 (5)경을 10처·10계로 인정하였지만, 경량부에서는 '處=가유, 界=실유'를 주장하였기에 處를 界의 본질로 여길 수 없었다. 즉 그들 사이에 견해 차이가 있기 때문에 '인정된다(許, iṣṭa)'고 말한 것으로, 이는 곧 그들이 함께 믿은 것이 아님을 나타낸 것"이라고 해석하고 있는 것이다.[17]

여기서 경량부는 누구이며, 그들은 어떠한 까닭에서 蘊과 處의 실재성을 부정하고 오로지 界의 실재성만을 인정한 것인가? 그들에게 있어 眼處와 眼界의 차이는 무엇인가? 체르바스키(Th. Scherbatsky)가 말하였듯이 蘊이 존재의 조건(요소)이라면 處는 인식의 조건인데,[18] 이 두 범주의 실재성을 부정하고서 그들은 존재와 인식에 대해 어떻게 해명하였던 것인가?

---

15 『순정리론』권4(T29, 351c28-352a3) 참조.

16 indriyārthās ta eveṣṭā daśāyatanadhātavaḥ (AK V.14ab); "此中根與境 許卽十處界." (T29, 3c22) 여기서 '許(iṣṭa)'는 논주의 不信을 나타낸다. 이에 따라 중현은 이 게송을『현종론』에서 "此中根與境 卽說十處界." (T29, 783a11)로 개작하였다. (권오민, 1999,「중현의 俱舍論本頌의 개작과 삭제에 대하여」, pp.227-228 참조)

17 『구사론기』권1末(T41, 25a2-5), "此前所說十一種色蘊中, 毘婆沙師許卽根境爲十處界. 然經部師 處假界實. 不可卽以處爲界體, 於彼有違. 故言'許', 卽表非共信."

18 Th. Scherbatsky, *The Central Conception of Buddhism*, pp.5-6. (권오민 역,『소승불교개론』, p.43, p.46)

3. 상좌 슈리라타의 3科 분별

1) 世俗有와 勝義有

중현의 傳言에 의하면, 앞서 보광이 지칭한 경량부는 上座 슈리라타 (Śrīlāta)이다. 그는 4성제의 勝義와 世俗에 대해 논의하면서 "滅諦를 제외한 3諦(苦·集·道)는 假[有]로서 바로 世俗諦이지만, 所依가 된 실체는 勝義諦이기 때문에 2諦 모두와 통한다"[19]고 전제한 다음, "蘊은 오로지 세속(가유)이지만 소의가 된 실체는 바야흐로 승의(실유)이며, 處의 경우도 역시 그러하다. 그러나 界는 오로지 승의이다"고 말하고 있다.[20] 또한 '有色處 假有論'(후술)을 주장하면서도 '處=가유, 界=실유'라거나 '處=가유, 界=승의유'[21]를 말하고 있다.

그는 어떠한 까닭에서 蘊·處의 실재성을 부정하고 界의 그것만을 인정하였던 것인가? 온·처의 소의가 된 실체(dravya: 實物)는 무엇이고, 이것과 界는 어떠한 관계인가? 그가 생각한 勝義有(궁극적 존재)는 무엇인가?

유부에 있어 世俗有(saṃvṛti-sat)란 어떤 사물을 물리적으로나 관념적으로 分析하였을 때 그 사물에 대한 지각이 사라지는 존재를 말한다. 예컨대 항아리가 깨어져 산산조각 났을 때 거기에 더 이상 '항아리'라는 지각은 존재하지 않으며, 물의 경우 관념적으로 분석하여 지·수·화·풍과 색·향·미·촉의 요소로 환원되면, 거기에 더 이상 '물'이라고 하는 지각은 존재하지 않게 된다. (오늘날 물이 H_2O로 분해된다는 것은 상식이지만, 당시 물은 항아리처

---

19 『순정리론』권58(T29, 665c29-666a2), "此中上座作如是言: 三諦皆通世俗勝義. 謂一苦諦, 假是世俗, 所依實物名爲勝義. 集諦道諦, 例亦應然."

20 『순정리론』권58(T29, 666b5-7), "謂彼(上座)自言: 蘊唯世俗, 所依實物方是勝義. 處亦如是. 界唯勝義."

21 『순정리론』권4(T29, 350c17-18), "故處是假, 唯界是實. 彼(상좌)部義宗, 略述如是." (완전한 인용은 본 장 주87 참조); 동(352a5-6), "'又若處假, 界是勝義', 上座此論便違經說."

럼 분석되는 것이 아니었다.) 따라서 '항아리'나 '물'의 지각은 실재하는 대
상에 대한 것이 아니라 다수의 실체가 일시적으로 결합한 상태를 지시하는
언어적 명칭에 근거한 것으로, 이러한 가설적 존재를 세속유라고 한다.

이에 반해 勝義有(paramārtha-sat)는 물리적으로나 관념적으로 分析되더
라도 그것에 대한 지각이 그대로 존속하는 존재이다. 예컨대 色(색온의 색,
물질일반)은 地·水·火·風의 요소(大種) 등으로 분석될지라도 이 또한 色이
기 때문에 색에 대한 지각은 여전히 존재하며, 공간을 점유하는 물질이 아
니기 때문에 극미로 환원되지 않는 受·想 등의 경우 관념적으로 분석되어
일찰나에 이를지라도 '수' 등에 대한 지각은 여전히 존재하는 것이다.[22]

이렇듯 유부에서는 지각(buddhi)의 유무가 존재 유무의 판단 조건이었다.
'경계대상이 되어 지각을 낳는 것', 이것이 유부의 존재(有相) 정의였다. (주2
참조) 따라서 유부에 의하는 한 온·처·계의 제법은 더 이상 분석될 수 없는,
설혹 분석될지라도 自相을 상실하지 않는 존재로, 이를 배제하고 자아는 지
각되지 않기 때문에, 이것이 진실의 존재(眞實有)인 勝義有임은 두말할 나위
도 없다. 그리고 자아는 이를 통해 드러나기 때문에 다만 世俗有일 따름이다.
온·처·계의 3科는 다만 유위·무위의 일체법을 포섭함에 있어 廣略의 차이가
있을 뿐으로, 蘊은 일체의 유위법을, 處와 界는 일체법(즉 5온과 무위)을 포섭
한다.[23] 따라서 일체법을 3科로 설정한 이유 또한 온·처·계 자체의 차별 때문
이 아니라 교화할 유정의 어리석음이나 근기 기호의 차이에 따른 것이었다.[24]

22　『구사론』권22(T29, 116b15-25)에서 取意.

23　『대비바사론』권73(T27, 378c18-21).;『구사론』권1(T29, 4b14-15).

24　『대비바사론』권71(T27, 366c26-367a27).;『구사론』권1(T29, 5b4-8). 즉 心所에 어리석어 그
　　것을 자아로 집착하는 이에게는 심소를 受·想·思 등으로 나누어 상설한 5온을 설하고,
　　色에 어리석은 이에게는 그것을 5근과 5경으로 분별한 12처를 설하였으며, 色心에 어리
　　석은 이에게는 그것을 10가지(5근과 5경)와 7가지(意와 6識)로 분별한 18계를 설하였다.
　　혹은 利根과 중간과 鈍根에게, 혹은 간략한 글(略文)과 중간의 글과 자세한 글(廣文)을
　　즐기는 이에게 순서대로 온·처·계를 설하였다.

그러나 上座는 다수의 실체(多物)로 이루어진 것이나 細分할 때 본래의 명칭을 상실하는 것을 世俗有라 하였고, 세속의 소의가 되는 하나의 실체(一物)나 세분하더라도 본래의 명칭을 상실하지 않는 것을 勝義有라고 하였다.

또한 그는 스스로 二諦의 특성(相)에 대해 이같이 설하였다. "만약 다수의 실체(多物)[로 이루어진 것]에 대해 '존재(有)'라고 시설하였으면 이를 世俗이라 하며, 다만 하나의 실체(一物)에 대해 '존재'라고 시설하였으면 이를 勝義라고 한다. 또한 지목(지시)된 어떤 법을 세분하여 분별할 때 본래의 명칭을 상실하는 것을 世俗이라 하며, 지목된 어떤 법을 세분하여 분별하더라도 본래의 명칭을 상실하지 않는 것을 勝義라고 한다."[25]

이에 따라 上座는 "[다수의 실체(대종극미)로 이루어져 세분할 때 본래의 명칭을 상실하는] 온·처는 가유(세속제)이며, 그것의 소의가 된 실체는 실유(승의제)"(주20)라고 주장하였던 것이다. 이는 곧 온·처는 다시 분석되어 그것의 소의가 된 개별적 요소로 환원될 수 있다는 말로서, 더 이상 분석되지 않는 실유의 界와는 차별된다. 上座 슈리라타에 있어 3科는 본질적으로 다를뿐더러 그것의 설정 이유 또한 3과 자체의 차별 때문이라 하지 않으면 안 된다. 그는 말하였다.

蘊을 설한 것은 [외도 범부가] 주장하는 一合(아트만과 같은 전체성)의 차별상을 밝히기 위해서이고, 處를 설한 것은 境(viṣaya)과 有境(viṣayin, 즉 6根)의 차별상을 밝히기 위해서이며, 界를 설한 것은 境과 有境과 [이에 따라] 생겨난 識의 차별상을 밝히기 위해서였다.[26]

---

25 『순정리론』권58(T29, 666b12-16), "又彼自說二諦相言. 若於多物施設爲有, 名爲世俗. 但於一物施設爲有, 名爲勝義. 又細分別所目法時, 便失本名, 名爲世俗. 若細分別所目法時, 不失本名, 名爲勝義."
26 『순정리론』권3(T29, 344b3-5), "彼上座言, "說蘊爲明所執一合差別相故, 說處爲明境及有境差別

　　3科에 대한 상좌의 이해는 유부와 근본적으로 다르며, 세친과도 다르다. 이제 구체적으로 무엇이 다른지 중현의 傳言을 통해 살펴보기로 하자.

2) 有色處 假有論

　　앞서 上座는 蘊과 處는 그것의 근거가 된 실체만이 승의(즉 실유)라고 하였는데, 이는 필경 5근과 5경(즉 색온)의 근거인 大種이나 極微를 염두에 둔 발언이었을 것이다. 현실상에서 경험되는 5근과 5경은 질적으로는 堅·濕·煖·動을 특징(自相)으로 하는 地·水·火·風 4대종의 聚集(복합물)인 所造色이며, 양적으로는 물질의 최소단위인 극미의 취집인 有對의 聚色이기 때문이다. 이에 따라 그는 '有色處(5근과 5경)=假有'론을 주장하였다.

(1) 所造色 無別膽體說

　　유부에서는 眼 등과 色 등의 10處, 그리고 法處에 포섭되는 無表色을 所造色이라고 말한다. (다만 觸處의 경우는 4대종과 이것의 복합물인 7所造觸으로 분별한다: 제2장 2-1 참조) 소조색(upādāya-rūpa)이란 4대종(mahābhūta)이 화합하여 생겨난 이차적 물질(bhautika)을 의미한다. 그럼에도 그들은 소조색을 4대종과는 별도의 法 즉 自相(svalakṣaṇa)을 갖는 실체(dravya)로 간주하였다. 더욱이 그들의 法 체계에 의하는 한 현실상에서 소리도 감관(根)도 갖지 않는 일반의 물질(비유정물의 色聚)은 기본적으로 지·수·화·풍의 4대종과 이로부터 생겨난 색·향·미·촉의 4가지 소조색의 8事(dravya)가 俱生한 것이다.[27] (소리를 발하는 색취의 경우는 9事, 유정물로서 신근을 갖거

相故, 說界爲明境及有境幷所生識差別相故."

[27] 소조색은 4대종과 다른 것이 아닐뿐더러 4대종은 촉처에 포함되기 때문에 이를 거듭 열거할 필요 없이 다만 색·향·미·촉의 4事의 俱生이라고 해도 충분하다고도 생각할 수 있지만(加藤純章, 1989, 『經量部の硏究』, p.158 참조), 중현은 "대종과 소조색은 별도의 자성을 갖지 않는다"거나 "촉처와 소조색은 별도로 존재하는 것이 아니다"(『대비바사

나 여기에 다시 안근을 갖는 색취는 10事 혹은 11事가 俱生한 것.)

　　이러한 유부의 이해는, 중현에 의하는 한 근본적으로『順別處經』으로 명명된『잡아함』제322경에 따른 것으로,[28] 여기서는 12처에 대해 다음과 같이 해설하고 있다.

> 眼은 바로 內入處이니, 4大의 所造色으로 淨色이며, 不可見 有對이다.
>
> 耳·鼻·舌·身內入處도 역시 그러하다.
>
> 意內入處란 心·意·識의 非色으로 不可見 無對이니, 이를 意內入處라고 이름하였다.
>
> 色은 4大의 所造色으로 可見 有對이니, 이를 色外入處라고 이름하였다.
>
> 聲은 4大의 所造色으로 不可見 有對이며, 香·味도 역시 그러하다.
>
> 觸外入處란 4大와 4大의 소조색으로 不可見 有對이다.
>
> 法外入處는 [이상의] 11入處에 포섭되지 않는 것으로 不可見 無對이다.[29]
>
> (필자 取意)

론』에 의하면 순서대로 覺天과 法救 설: T27, 661c17ff), "일체의 微聚가 모두 대종을 갖춘 것이 아니다"는 등 다수의 비방을 막기 위해 4대종을 별도로 설한 것이라고 말한다. (『순정리론』권10, T29, 384a2-6)

28　『順別處經』이라는 經名은『순정리론』상에서『各別處經』혹은『別處經』이라는 이름으로 언급된 것을 포함하여 도합 여섯 번 인용되는데, ① 비유자와 상좌 즉 경량부가 유부의 聖教를 아비달마논사들이 찬집한 것이라고 비판하면서 그 예로 언급한 것(T29, 332a26-28), ② 12처의 內外를 분별하면서 法處가 外處라는 사실의 경증(동, 344b19-21; 361b2-3에서는 무기명), ③ 촉처는 4대종과 소조촉이라는 사실의 경증(동, 352c8-10; 353a1f), ④ 무표색이 法處所攝色이라는 사실의 경증(동, 540b23-25; b29f)으로 인용하고 있다. 그러나 무기명으로는『구사론』에서 안근 등에 대해 해명하거나(T29, 2b15-16;『순정리론』T29, 333b22-23에서는 일부만 인용) 10가지 有色處는 오로지 大種性이라는 覺天이 설을 비판하는 논거로 인용하며(T29, 8c11ff),『순정리론』에서도 '촉계는 오로지 대종성' 이라는 상좌 설(제2장 2-2)을 비판하면서(T29, 452c8-9), 본 항의 주제인 '소조색 무별체설' 을 비판하면서 인용한다. (T29, 357c9-15) 참고로 赤沼智善의『互照錄』에 의하면 이 경(『잡아함』제322경)에 상응하는 南傳은 없다.

29　(T2, 91c), "眼是內入處, 四大所造淨色, 不可見有對. 耳·鼻·舌·身內入處亦如是說. -- 意內入處者, 若心·意·識, 非色, 不可見無對, 是名意內入處者. -- 若色, 四大造, 可見有對, 是名色外入處. -- 若聲, 四大造, 不可見有對. 如聲, 香·味亦如是. --觸外入處者, 謂四大及四大造色, 不可見有對. -- 法外入處者, 十一入所不攝, 不可見無對."

이에 따라 유부에서는 眼 등의 5처와 색·성·향·미처를 소조색으로, 촉처를 4대종과 소조색으로 간주하였으며, 법처에 대해서는 다만 '不可見 無對'라고 하였을 뿐 意處처럼 '非色'이라고 말하지 않았기 때문에 여기에는 無表色이 포섭된다고 주장하게 되었다. 나아가 이러한 제법 —4대종과 이로부터 생겨난 색·향·미·촉의 소조색, 이를 본질로 하는 5근과 5경, 그리고 법처에 포섭되는 무표색— 은 자신만의 고유한 (혹은 '타자와는 구별되는') 自相과 작용을 갖는다는 점에서 실유의 別法으로 간주하게 되었다.

그러나 上座 슈리라타는 이러한 주장의 기본논거가 된『잡아함』제322경(『순별처경』)을 아비달마 논사들이 제작하여 阿笈摩 중에 안치한 것이라는 이유에서 聖敎(Āgama)로 인정하지 않았으며,[30] 소조색의 개별적인 실재성도 부정하였다. 그것은 이미 말한 대로 대종에 근거하여 생겨난 이차적인 물질이기 때문이다. 그리고 이에 따라 유부에서 대종과 소조색의 緣生관계로 설정한 다섯 종류의 원인 —대종은 어머니가 자식을 낳듯이 소조색을 낳기 때문에 生因(janana-hetu), 신하가 왕에 의지하듯이 소조색의 전전상속에 의지처가 되기 때문에 依因(niśraya-hetu), 대지가 사물을 지탱하듯이 소조색을 능히 任持하기 때문에 立因(pratiṣṭha-hetu), 음식물이 목숨을 유지시키듯이 소조색의 상속을 끊어지지 않게 하기 때문에 持因(upastambha-hetu), 수분이 나무뿌리를 증장시키듯이 소조색을 능히 장양시키기 때문에 養因(upabrimhaṇa-hetu)— 역시 부정하였다. 이 또한 聖敎(아함) 설이 아니라 아비달마논사들의 규정이라는 것이다.[31]

중현은 譬喩論師(Dārṣṭāntika)라는 보다 포괄적인 명칭을 사용하였지만, 이에 대한 그들의 주장을 다음과 같이 전하고 있다.

---

30 권오민(2012),『上座 슈리라타와 經量部』제11장「상좌 슈리라타의 聖敎觀」, pp.586-590 참조.
31 『순정리론』권20(T29, 452c11-12), "此中上座, 妄作是言. 生等五因, 非聖敎說. 彼謂: 聖敎曾無此名."

譬喩論師는 이같이 설하였다. 모든 소조색은 대종과 다른 것이 아니다. 왜
냐하면 계경에서 설하였기 때문으로, 예컨대 "무엇이 내적인 地界인가?
眼根의 살덩이(肉團) 중에 존재하는 내적이고 각기 개별적인 견고성(堅性,
khakkhaṭa)과 [이에 근거한] 견고한 것(堅類, kharagata)으로서 직접적으로
執受하는 것이다"고 설한 바와 같다.[32] 만약 대종과는 다른 별도의 諸根이
존재한다면, 마땅히 근을 [견고성 등의] 대종성으로 설하지 말았어야 하
였다. 또한 다른 경에서도 "필추들은 존재하는 모든 士夫(puruṣa, 즉 유정)
는 6界(지·수·화·풍·공·식계)로 이루어져 있음을 알아야 한다"고 설하
였다.[33] 이렇듯 이미 결정적으로 6界를 假有인 유정이 근거하는 진실의 실
체(實事)라고 설하였으니, 眼 등과 色 등의 소조색은 대종과 다르지 않은
것임을 알아야 한다. 만약 소조색이 온갖 대종과 다른 것이라고 한다면,
이 경에서는 어떤 의도(意趣, abhiprāya)에서 이를 설하지 않은 것인가?"[34]

이에 대해 중현은 '안근의 살덩이 중에 존재하는(於眼肉團中)'에서 '살
덩이'라는 말에 주목하여 내적인 地界(즉 견고성)는 여기에 존재하며, 안
근은 이와 별도의 존재라고 말한다. (만약 그렇지 않다고 한다면 '살덩이'라

---

32 역시 대종과 소조색 무별체설을 주장하는 『대비바사론』과 『구사론』에서의 覺天(주41)
    또한 내적 地界를 '堅性과 堅類'로 규정한 이 경설을 경승으로 제시하였다. (T27, 661c21;
    T29, 8c19-20; yat tarhi sūtre uktaṃ "yac cakṣuṣi māṃsapiṇḍe khakkhaṭaṃ kharagatam" iti. AKBh.,
    p.24. 9) 『성실론』 제38 「四大假名品」에서 인용한 경에서는 "地種이란 堅과 依堅"(T32,
    261b17)으로 전하고 있다. 이 경의 현존 본은 『잡아함경』 권11 제273경, 일명 「合手聲喩經」
    (T1, 72c), "彼眼者, 是肉形, 是內, 是因緣, 是堅, 是受, 是眼肉形內地界." 『순정리론』에서 이
    경은 『撫掌喩經』으로 호칭되는데, 중현은 다른 부파에서는 이 경을 誦持(전승)하지 않으
    며, 상좌 또한 이 경 중의 일부를 인정하지 않는다고 전하였다. (권오민, 2012, 『上座 슈리
    라타와 經量部』, pp.589-590 참조)
33 『구사론』(T29, 8c21-22)에서는 『入胎經』, "六界爲士夫"; ṣaḍdhātur ayaṃ bhikṣo puruṣa. (AKBh.,
    p.24. 10). 현존 본에서 이에 상응하는 경설은 『중아함경』 권42 「分別六界經」(T1, 690b22-29).
34 『순정리론』 권5(T29, 356b21-29), "譬喩論師作如是說. 諸所造色非異大種. 所以者何? 契經說故,
    如說 '云何名內地界? 謂於眼肉團中若內各別堅性堅類鄰近執受, 乃至廣說.' 若異大種別有諸根,
    不應於根說大種性. 又餘經說, '苾芻當知! 諸有士夫皆卽六界.' 旣定說六, 爲假有情所依實事. 故知
    眼等色等造色, 非異大種. 若所造色異諸大種, 有何意趣, 此經不說?"

는 말없이 '안근 중에 존재하는'이라고만 말하여도 충분하기 때문이다.) 말
하자면 안근이 勝義根이라면 살덩이는 扶塵根(세간에서는 이를 '눈'이라 말
한다)으로, 地界 등은 전자에 대해 生因이 되고 후자에 대해 依因이 된다는
것이다. 또한 뒤에 인용한 경(『入胎經』)에서 6界만 설한 것은, 生을 상속(結
生)할 때 안근 등은 존재하지 않을뿐더러(신근은 존재하지만 未作用) 그로부
터 命終할 때까지 유정의 근본(本事, muladravya)이 되기 때문이라고 말한다.

　　나아가 소조색이 대종과 다르지 않다면, 색·성·향·미·촉은 모두 견
고성 등의 同一한 특성을 지녀야 한다. 그러나 그럴 경우 안 등 5근의 인식
영역(所行, *gocara)에 어떠한 차별도 없다고 해야 하지만, 안근 등은 각기
자신의 경계대상(別相)만을 취할 뿐 결코 모든 경계대상(總相)을 취하지 않
는다. 뿐만 아니라 有境(viṣayin, 경계대상을 갖는 것, 즉 根)과 境(viṣaya, 객관
의 대상)의 차별도 설정할 수 없다.

　　그렇다면 譬喩論師는 10가지 有色處의 차별을 어떻게 설정하는 것인가?
이에 관한 그들의 직접적인 해명은 확인되지 않는다. 후술(본 장 3-4-1 '有境
과 境')하듯이 上座는 일체법은 모두 意根의 경계대상(즉 法處)이 될 수 있다
고 주장한다. 그리고 "진실로 1處(법처)만이 존재할지라도 [마음의] 차별상
에 근거하여 1처 중에 다른 11처를 설정할 수 있다"(주101)고 말한다. 이
같은 그의 말의 의미는 무엇인가? 전후찰나에 걸친 제법의 인과관계로써
인식을 설명하는 그들의 인식이론에 기초하지 않으면 알기 어렵다.

　　上座에게 있어 인식은 유부가 주장하듯이 동일한 순간에 공존하는
根·境·識의 상호관계(saṃnipāta: 和合)나 이와 俱生하는 受·想 등의 諸 心所에
의해 발생하는 것이 아니다. 根과 境(제1찰나)을 소의와 소연으로 삼아 거울
의 영상처럼 외계대상의 형상을 띤 안 등의 識이 생겨나며(제2찰나), 다음(제
3) 찰나 이에 근거하여 일어난 意識과, 역시 전후 인과적 관계로서 일어나는
일련의 의식상응(意地)의 心法이 자신에게 나타난 외계대상의 형상을 스스로

파악(自證)한다.[35] 그럴 때 의식 상에 나타난 외계대상의 형상은 有色處가 아니라 法處이며, 이것이 [마음의] 차별상(分別相)에 근거하여 12처로 분별된다.

譬喩者에 의하면 모든 경계대상은 그 자체 실재하는 것이 성취된 것이 아니라 마음에 의해 분별된 것이다. 『순정리론』상의 비유자는 번뇌생기의 세 인연 —원인(아직 끊어지지 않았고 遍知되지 않은 隨眠)과 경계대상과 非理作意— 중 경계대상에 대해 이같이 말하고 있다.

> 譬喩部의 논사는 이같이 설하였다. 괴로움과 즐거움은 分別(*kalpanā)하려는 힘으로 말미암아 생겨나기 때문에, 모든 경계대상은 그 자체 실재하는 것을 성취한(인식한) 것이 아님을 알아야 한다. 불타께서도 저『마건지가계경(摩建地迦契經)』에서 "모든 나병환자는 고통스럽게 불로 지질 때를 즐거움으로 여긴다"고 설하였기 때문이며, 또한 "동일한 색이라도 어떤 유정에게는 마음에 드는 경계대상이 되지만, 다른 유정에게는 그렇지 않다"고 설하였기 때문이며, 또한 예컨대 깨끗함과 더러움은 실유의 그것을 성취한 것이 아니기 때문이다. 이를테면 生(즉 4생)과 趣(5취)와 同分(남·여, 재가·출가 등의 동류상사성)을 달리하는 유정은 동일한 사물을 깨끗한 것이라거나 더러운 것이라고 하는 등 다르게 파악한다. 이렇듯 깨끗함과 더러움의 특성은 결정적으로 획득할(인식할) 수 있는 것이 아니기 때문에, 실체로서의 깨끗하고 더러운 두 가지 경계대상을 성취하는 일은 없다.[36]

당연히 지식 또한 개별적 실체로서 존재하는 감관(有境)과 그 대상(境)에 의해 획득된 것이 아니다. 그들에게 있어 5근과 5경의 차별은 다만 가설

---

35   이에 대해서는 본서 제5장 '상좌 슈리라타의 인식론'에서 상론한다.

36   『순정리론』권53(T29, 639b4-10), "譬喩部師作如是說: 由分別力, 苦樂生故, 知諸境界體不成實, 以佛於彼摩建地迦契經中, 說諸癩病者, 觸苦火時, 以爲樂'故; 又說一色, 於一有情, 名可意境. 非於餘'故; 又如淨穢不成實故. 謂別生趣同分有情, 於一事中取淨穢異. 既淨穢相非定可得, 故無成實淨穢二境"

적인 것이다.[37]

　　대종과 소조색이 別體가 아니라는 생각은 成實論主 訶梨跋摩(Harivarman)에게서도 찾아볼 수 있다. 그 또한 앞서 譬喩者가 인용한 경설(주33:『성실론』에서는 '6種이 바로 人'이라는『六種經』)에 근거하여 안근 등은 업의 인연에 따라 4大에 의해 성취된 것이기 때문에 본질적으로 4대와 다른 것이 아니라고 주장한다. 안근 등은, 마치 假名(prajñapti)인 나무에 의해 가명인 숲이 성취되듯이 4대에 의해 성취된 가명으로(하리발마에 의하면 4대는 假有), 根과 境은 다만 인연(즉 업)에 따라 入處의 內外를 달리한 것일 뿐이다.[38]

　　또한 유부의 경우 "身根은 대종소조이며, 觸境은 대종과 소조색"이라는 앞서 인용한『잡아함』제322경에 따라 견고성 등으로서 접촉되는 것을 '境'이라 하고(堅·濕·煖·動의 대종은 오로지 觸境), 능히 접촉하는 신근을 '有境'이라 하였지만,[39] 譬喩部에서는 앞서의 중현의 비판("소조색이 대종과 別法이 아니라면 境과 有境의 차별도 없어야 한다")에 대해 "만약 어떤 사람이 자신의 신체 일부와 접촉하는 경우 身根과 觸境은 모두 동일한 相으로 동일 찰나 중에 [존재하며], 상호 간에 어떠한 차별도 없다"고 해명하며,[40] 上座 역시 이같이 주장한다. (주80 참조) 앞서 상좌가 "불타께서 12처를 설한 것

37　본 장 3-1-1 '有境과 境' 참조.

38　『성실론』권4「根假名品」(T32, 265b23-24), "問曰: 眼等諸根與四大, 爲一爲異? 答曰: 從業因緣, 四大成眼等根. 是故不異四大."; (동, 265c13-14), "若法有實, 則非因成. 因假名法更成假名, 如因樹成林." (동, 265c25-266a2), "問曰: 五根與四大異. 所以者何? 眼等眼等入攝, 四大觸入所攝. 又眼等爲內入, 四大爲外入. 眼等爲根, 四大非根. 又眼等是造色成就, 四大不爾. 故知! 諸根非是四大. 答曰: 隨因緣故, 即事異說. 如信等五根, 亦名行陰. 若四大從業生, 眼等所攝, 亦名內入, 亦名爲根. (問: 5根과 4大는 다른 것이다. 왜냐하면 眼 등은 眼 등의 入處에 포섭되고, 4대는 觸入處에 포섭되기 [때문이다]. 또한 眼 등은 內入處이고 4대는 外入處이며, 眼 등은 根이고 4대는 根이 아니다. 또한 眼 등은 바로 造色에 의해 성취된 것이지만, 4대는 그렇지 않다. 따라서 諸根은 바로 4대가 아님을 알아야 한다. 答: 인연에 따라 현실의 사태(事, 즉 入處)를 달리 설한 것으로, 예컨대 信 등의 5根을 역시 行陰이라고 말하는 것과 같다. 만약 4대가 업에 따라 생겨난 것이면, 眼 등에 포섭되고, 역시 內入處라고 이름하며, 역시 또한 根이라고 이름한다.)"

39　『순정리론』권5(T29, 357b3-4), "謂堅等相, 所觸名境. 與此相違身名有境, 許身觸性有差別故."

40　『순정리론』권5(T29, 357a29-b2), "謂若有人, 自觸身分, 旣執, '身觸皆同一相, 一刹那中, 互無差別,' —."

은 境과 有境의 차별상을 밝히기 위해서였다"(주26)고 말한 것도 바로 이같은 이유 때문이었을 것이다.

그런데『대비바사론』에서는 앞서 譬喩論師가 인용한 것(주34)과 동일한 경증을 통해 "色은 오로지 大種性일 뿐이며, 소조색은 대종의 차별이다"고 주장한 이를 覺天(Buddhadeva)으로 전하면서,[41] 有色界(=處)의 차별에 대한 그의 말을 다음과 같이 전하고 있다.

> 4대종으로서 어떤 것은 능히 보는 것이며, 어떤 것은 보이는 것이며, 나아가 어떤 것은 능히 접촉하는 것이며, 어떤 것은 접촉되는 것인데, 능히 보는 것을 眼界로 설정하였고, 보이는 것을 色界로 설정하였으며, 나아가 능히 접촉하는 것을 身界로 설정하였고, 접촉되는 것을 觸界로 설정하였다. --(중략)-- 界와 마찬가지로 處의 경우도 역시 그러하다.[42]

이러한 覺天의 말은, 諸根은 업에 따른 대종의 차별이라는 하리발마의 견해와 동일하며, 有境(根)과 境은 다만 주객의 차별이라거나 가유인 眼 등의 5근에 의한 지식은 진실이 아니라는 譬喩部와 上座의 견해(次項 참조)와도 상통한다. 그렇지만 有色의 界와 處를 동일하게 이해하였다는 점에서 '處=세속유, 界=승의유'를 주장한 上座(경량부)와 구별된다고 하겠다.

그렇다면 중현은『대비바사론』에서도『구사론』에서도 覺天의 학설로 전하는 '소조색 무별체설'을 왜 譬喩論師의 학설로 전한 것일까? 각천이 바로 비유자인가? '각천=비유자의 선구'라는 견해가 제시되기도 하였지만,[43]『바사론』에서는 각천을 '설일체유부 내부의 논사'(此部内論師: T27, 661c17)

---

41   『대비바사론』권127(T27, 661c17-23). 세친 또한 '所造色 無別體說'을 覺天의 학설로 전하면서 동일한 두 경증을 인용한다. (T29, 8c7-8)

42   『대비바사론』권127(T27, 661c25-662a4).

43   靜谷正雄(1978),『小乘佛教史の研究』, pp.140-143.

라고 한 반면 비유자에 대해서는 시종일관 他宗(*parapākṣika)으로 못 박고 있다.[44] 각천은 '소조색 무별체설'과 함께 '심·심소 무별체설'도 주장하기도 하였다. (T27, 661c19; 23f) 비유자와 성실논주 하리발마 역시 그러하였지만(제3장 2-2; 2-3 참조), 上座는 受·想·思의 세 심소의 실체성은 인정하였다. 아마도 중현은 그의 『순정리론』에서 일관되게 비판하는 이가 譬喩部(경량부)의 上座였기 때문에 각천을 그와 마찬가지로 '소조색 무별체설'을 주장한 '譬喩論師'로 바꾸어 논설하였을 것이다.

참고로 세친은 『구사론』 상에서 이러한 覺天의 설을 유부의 입장에서 비판할 뿐 결코 이에 동조하지 않는데, 이는 필시 그 자신 處의 실유를 주장하였기 때문일 것이다.

(2) 유색처 가유론

한편 중현은 18界의 有所緣·無所緣에 대해 분별하는 중에 上座의 '有色處=가유'론을 장문으로 인용 비판한다.

여기서 上座는 이같이 말하였다. "5識의 소의(즉 5근)와 소연(즉 5경)은 다 같이 실유가 아니다. 왜냐하면 極微(paramāṇu) 하나하나는 소의와 소연이 되지 않기 때문으로, 다수의 [극]미가 和合할 때 비로소 소의와 소연이 되기 때문이다.[45]

이에 따르면 5근과 5경의 근거가 되는 개별적인 극미만이 실유이다.

---

44 覺天과 譬喩者의 관계에 대해서는 권오민(2012), 『上座 슈리라타와 經量部』, pp.486-494 참조

45 『순정리론』권4(T29, 350c5-7), "此中上座作如是言. 五識依緣俱非實有. 極微一一, 不成所依所緣事故, 衆微和合, 方成所依所緣事故" 극미는 물질의 최소단위로 중앙의 한 극미가 사방상하의 6개의 극미와 최초 결합한 것이 微(혹은 微塵, aṇu)이다. (여기서는 事*vastu를 별도로 번역하지 않았다. 제7장 주1 참조)

그리고 각각의 극미는, 處의 실유를 주장한 세친(주12)과는 달리 處의 작용
(즉 生門)을 갖지 않기 때문에 5識의 소의와 소연이 되지 않는다. 다수의
극미(衆微)가 일시 화합한 것만이 소의와 소연이 될 수 있다. 즉 5근과 5경
은 分析되어 다수의 극미로 환원되면 '소의'와 '소연'(혹은 根과 境)이라는
본래의 명칭을 상실한다. 상좌는 앞서 어떤 법이 세분(분석)될 때 본래의
명칭을 상실하는 것을 세속유라고 하였다. (주25 참조)

그러나 만약 소의도 소연도 극미 화합의 가유라면, 다시 말해 안식의
근거가 되는 안근도 안근의 실제적 대상인 색경도 극미의 일시적 화합물로
다만 언어적 개념으로서의 존재(saṃvṛti-sat: 世俗有)라고 한다면, 이에 근거
한 인식 또한 진실이 아니라고 해야 한다.

이에 따라 上座는 계속하여 "과거·미래·현재의 안식에 의해 인식된
[과거·미래·현재의] 온갖 색에는 常住性도 恒常性도 없다. (중략) [이것이야
말로] 전도됨이 없는 출세간의 聖諦이니, 이 모두(안식에 의해 인식된 색)는
거짓된 것으로서 허망하게 사라질 법이다"는 聖言(경설)을 논거로 삼아 "5
식이 만약 실유의 경계대상을 소연으로 삼는다고 한다면, [계경에서] 그러
한 소연에 대해 '이는 모두 거짓된 것으로 허망하게 사라질 법(虛僞妄失之
法)'이라고 관찰한 것을 聖智라고 해서는 안 될 것"이라고 논설하고 있다.[46]
요컨대 5식의 소연은 극미의 화합으로 실유가 아니라는 것이다.

중현은 5식의 진실성을 부정하는 이러한 上座의 논의에 대해 '壞法宗에
서 노니는 것'(T29, 350c18)이라거나 '壞法論과 가까운 것'(동, 351b13, '崩'은
'朋'의 誤寫), '壞法論宗에 안주하는 것'(동, 351c18)이라는 말과 함께 장문에
걸쳐 비판하지만,[47] 핵심은 크게 두 가지이다.

---

46 『순정리론』권4(T29, 350c7-13), "--彼(상좌)謂, 五識若緣實境, 不應聖智觀彼所緣, 皆是虛僞妄失
    之法. 由此所依亦非實有, 准所緣境不說而成."
47 『순정리론』권4(T29, 350c18-352a25). 여기서 壞法宗(*vaināśika, 絶滅者)은 都無論者 혹은 공

첫째, 5識은 無分別(自性分別)이기 때문에 '(극미의) 화합'을 소연의 경계 대상으로 삼을 수 없다. 다시 말해 '화합'은 [보거나 들을 수 있는] 실체가 아니기 때문에 計度分別(意識, 즉 사유)에 의해 파악될 뿐이다. (주86 참조)

둘째, 상좌가 제시한 聖言대로라면 5식뿐만 아니라 의식의 소연도 모두 거짓된 것이라고 해야 한다. 상좌가 인용한 경설은 다만 색 등의 참된 본성을 常住性이라고 집착하는 것을 경계한 것일 뿐이다.

우리가 "저기 車가 있다"고 말하는 경우, 이때 차는 온갖 부품(衆材)의 화합(결합)체로서 부품을 배제하고서는 확인할 수 없는 존재이다. 따라서 차는 다만 언어적 개념(prajñapti: 假名)으로 존재할 뿐 실유가 아니다.[48] 그리고 언어적 개념으로서의 차는 당연히 지각(즉 시각)의 대상이 아니라 사유의 대상이다. 중현은 다수의 법에 대해 단일한 언어적 관념(adhivacana: 增語)을 불러일으켜 言說을 낳게 하는 것을 '和合'이라 하였다. 이때 화합은 극미(色性)와는 별도의 존재로,[49] 이에 대한 지각(즉 和合覺)은 극미(色)가 아니라 단일성의 화합(一合)을 대상으로 한 것이다.[50] 따라서 외계의 물질적 대상(5경)이 극미의 화합이라면 그것은 5식의 소연이 될 수 없다.[51]

근·경·식의 동시인과를 주장하는 유부의 논사 중현으로서는 '화합'과 같은 언어적 개념으로서의 존재(세속유)는 무분별(자성분별)인 5식의 대상이 될 수 없다고 할 수밖에 없지만, 이에 관한 上座(즉 경량부)의 생각은 전혀 다르다. 앞에서도 간략히 논설하였지만 그에 의하는 한 5식의 대상은

花論者인 대승의 空性論者. 본 장 3-5-1 '12處설에 대한 평가' 참조.

48 이 예는 『잡아함』권45 제1202경(T29, 327b7-10)에 나온다. "汝謂有衆生 此卽惡魔見 唯有空蘊聚 無是衆生者 如和合衆材 世名之爲車 諸蘊因緣合 假名爲衆生."

49 『순정리론』권4(T29, 351a4-6), "若言靑等如和合者, 其理不然, 以就勝義, 非許和合是色性故.(만약 '청색'이라는 말도 和合과 같은 것이라고 한다면, 이는 옳지 않다. 승의적 관점에서 볼 때 和合이 바로 色이라는 사실은 인정되지 않기 때문이다.)"

50 『순정리론』권4(T29, 351a19-20), "緣一合境名和合境"

51 이상 『현종론』권3(T29, 788c14-16). 온전한 인용문은 본서 제7장 주8 참조.

5식과 동시에 존재하는 외계가 아니라 5식 자체에 나타난 외계의 형상(화합상)이다. 따라서 이는 거울에 비친 영상처럼 실유가 아니며,[52] 이에 대한 인식 또한 진실이 아니다.

5식의 소의(5根)와 소연(5境)이 다만 극미 화합의 가유라고 한다면, 그것들의 작용 또한 진실이 아니라고 해야 한다. 중현은 이러한 상좌의 생각을 다음과 같이 전하고 있다.

여기서 上座는 "眼 등에는 오로지 世俗(saṃvṛti)인 [극미]和合으로서의 작용만 존재할 뿐이다"는 사실을 밝히고자 이같이 말하였다. "眼 등의 5根은 오로지 世俗有일 뿐이다." --(중략)--

즉 上座는 이같이 말하였다. "5근에 의해 발생한 識은 오로지 世俗有를 반연할 뿐이니, 無分別이기 때문으로, 마치 맑은 거울에 온갖 색의 영상(像)이 비친 것과 같다. 바로 이 같은 이치에 따라 [5]識은 의지할 만한 것이 되지 못하는 것으로, 佛世尊께서 '智에 의지하고 識에 의지하지 말라'고 말한 바와 같다. 그러나 意識은 세속유와 승의유를 모두 반연하기 때문에 그 자체 의지할 만한 것이기도 하고 의지할 만한 것이 아니기도 하다."[53]

5근과 5경의 유색처가 극미 화합의 가유이고, 이에 따른 5식 역시 진실이 아니라면 그에게 있어 진실은 무엇인가? 보다 근원적인 문제로서 감각적 지각인 안 등의 5식이 어떻게 언어 개념적 존재(세속유)인 극미의 화합을 소연으로 삼을 수 있다는 것인가? 이는 상좌(경량부) 극미설에 대한 유

---

52 『순정리론』에서는 거울에 비친 영상(즉 像色)에 관한 상좌의 입장을 전하고 있지 않지만, 그의 제자인 邏摩(권23, T29, 470c9-29)와 세친의 像色無體說(동, 470a18-b2)을 인용 비판하고 있다.

53 『순정리론』권26(T29, 486c18-25), "此中上座, 欲令眼等唯有世俗和合用故, 作如是說: 眼等五根, 唯世俗有, 乃至廣說. ─謂上座言, 五根所發識, 唯緣世俗, 有無分別故, 猶如明鏡照衆色像. 即由此理, 識不任依, 如佛世尊言, '依智不依識.' 意識通緣世俗勝義. 故體兼有依及非依."

부나 유가행파의 핵심적 비판의 하나로, 제7장에서 별도로 논의하게 될 것
이다.

3) 極微 '和合'說

(1) 극미의 설정

'有色處 假有論'에 수반된 문제로서 반드시 짚고 가지 않으면 안 될 것
이 極微의 和合과 和集의 문제이다. 上座가 5識의 소의와 소연이 되는 5근과
5경은 '다수의 극미(衆微)의 和合'이기 때문에 실유가 아니라고 주장한 데
대해, 중현은 '화합'은 전술한 대로 다수의 법에 대해 단일한 언어적 관념
(增語)을 불러일으켜 언설을 낳게 하는 것으로 5識의 소연이 될 수 없다는
이유에서 이 말을 피하고 '화집'이라는 말을 사용하였다. 필자의 소견에
따르는 한 '화집'은 중현(窺基에 의하면 新薩婆多: 후설)의 술어이다. 그는
이 말을 매우 빈번히 사용하는데, 5식의 소의·연에 대해 이같이 말하고
있다.

> 모든 극미는 항상 和集하여 安布(배열)될 때 비로소 5識을 일으키는 所依와
> 所緣이 되니, [현상한] 극미로서 和集하지 않은 것은 없기 때문이다. 설혹
> 극미로서 和集하지 않은 것(즉 하나의 개별 극미)이 존재한다고 할지라도
> 이는 바로 그러한 [和集을 구성하는] 種類이기 때문에 역시 소의와 소연에
> 속한다고 할 수 있다. 그렇지만 5識身은 오로지 [극미의] 和集만을 소연으
> 로 삼기 때문에 그것(개별 극미)을 반연하여서는 일어나지 못한다.[54]

그러나 일찍이 『대비바사론』에서는 5식의 소의·연을 [극미의] '和合'

---

[54] 『순정리론』권4(T29, 350c24-27), "即諸極微, 和集安布, 恒爲五識生起依緣. 無有極微不和集故.
設有極微不和集者, 是彼類故, 亦屬依緣. 然五識身, 唯用和集爲所緣故, 不緣彼起."

등으로 언급하였다. 물론 여기서의 '화합'이 극미와는 별도의 존재로서 '단
일성(一體)'이 전제된, 그래서 가유라고 한 상좌의 극미 '화합'과 같은 의미
는 아닐 것이다. 유부의 경우 극미의 상호접촉을 인정하지 않기 때문이다.
(주73 참조)

> **문:** 혹 하나의 극미가 소의가 되고, 하나의 극미가 소연이 되어 眼 등의 5識을
> 낳는 경우가 있다고 해야 할 것인가, 그렇지 않다고 해야 할 것인가?
> **답:** 그러한 일은 없다. 왜냐하면 안 등의 5식은 [극미의] 積聚(samagra)에 의
> 지하고 적취를 반연하며, 有對(sapratigha)에 의지하고 유대를 반연하며,
> 和合(*saṃghāta, 혹은 saṃcita)에 의지하고 화합을 반연하기 때문이다.[55]

한편 세친은 『구사론』에서 동일한 내용을 saṃcita(현장의 역어는 '積集'
진제의 역어는 '微聚')라는 말로 표현하고 있다. 범본(또는 진제 역)과 현장
역 사이에는 뉘앙스 상의 약간의 차이가 있다. (범본의 경우 5식의 소의·연은
[극미의] '적집'이지만 현장 역의 경우 적집된 '다수의 극미'이다. 내용상
현장 역이 보다 분명하다.)

> 하나의 根의 극미나 하나의 境의 극미가 5식을 낳는 일은 없다. 5식은 [극
> 미의] 積集(saṃcita)을 소의와 소연으로 삼기 때문이다.[56]

根과 境으로서 각기 하나의 극미가 소의와 소연이 되어 능히 身識을 일으
키는 것은 없다. 5식은 결정코 積集한 다수의 극미를 소의와 소연으로 삼

---

[55] 『대비바사론』권13(T27, 63c22-25), "問" 頗有一極微爲所依, 一極微爲所緣, 生眼等五識, 不? 答:
無. 所以者何? 眼等五識, 依積聚, 緣積聚, 依有對, 緣有對, 依和合, 緣和合故."

[56] AKBh., p.34. 1-2, na caika indriyaparamāṇur viṣayaparamāṇur vā vijñānaṃ janayati.
saṃcitāśrayālambanatvāt pañcānāṃ vijñānakāyānām.; "無有一鄰虛根一隣虛塵能生識. 五識以微聚
爲根塵故." (『구사석론』 T29, 172a5-6)

으니, [다수의 극미가 積集할 때] 비로소 소의성과 소연성을 성취하기 때
문이다.[57]

　중현은 어떠한 까닭에서 '화합'이라는 말 대신 '화집'이라는 말을 사용
하였던 것일까? 또한 세친이 말한 積集(saṃcita)은『바사론』의 '화합'과 동일
한 의미인가? (앞서 세친은 상좌와 달리 [취집된] 극미 즉 微聚 각각은 處의
작용을 갖는다고 하였다. 주12) 만약 그렇다면 그 또한 '화합'이라는 말을
피한 이유는 무엇인가? 그것은 앞서 논의하였듯이 화합은 감각적 지각인
5식의 소연이 될 수 없기 때문이다. 그렇다면 화집은 무엇인가? 이에 답하
기 위해서는 불교 극미론에 대한 약간의 설명이 필요하다.

　불교의 극미설은 불교고유의 학설이 아니라 바이세시카학파나 자이나
교의 원자설에 영향받은 것이라는 견해도 있지만,[58] 色(rūpa: 물질일반)을
세계의 한 조건으로 논의하는 한 그것의 질적 양적 구극에 대해 추구해보
려는 것은 당연한 일이라 하겠다. 더욱이 經에서 색을 '거친 것' '미세한
것' 등으로 설하였을(주7) 뿐만 아니라 論에서 色法의 自相(svalakṣaṇa)을 礙性
(sapratighāta: 공간적 점유 장애성)으로 규정한 이상 그것을 더 이상 쪼갤
수 없는 최소단위로 분석하려는 시도는 지극히 당연한 일이라 할 수 있다.

　이를테면『대비바사론』에서는 靑·黃 등 색채(顯色)의 극미나 長·短 등
형태(形色)의 극미 자체는 眼識에 의해 파악되지 않지만, 만약 청색 등의
단일한 개별 극미가 존재하지 않는다면 다수의 극미가 聚集할지라도 청색
등은 될 수 없을 것이라고 논설하고서 "예컨대 7微(aṇu)로 損減(감소)된 色

57　『구사론』권2(T29, 12a26-28), "以無根境各一極微爲所依緣能發身識. 五識決定積集多微. 方成所
　　依所緣性故."
58　上山春平·櫻部建, 정호영 역(1989),『아비달마의 哲學』, p.82.; 박창환(2010),「구사논주 세
　　친의 극미(paramāṇu) 실체론 비판과 그 인식론적 함의」, p.228 참조.

處(즉 聚극미 혹은 事극미)는 미세하기 때문에 보이지 않는 것이지 [안식의] 경계대상이 되지 않기 때문에 보이지 않는 것이 아니다”고 말하고 있다.[59]

　　중현 역시 ‘極微의 實有 논증’에서 색법으로서 미세한 것을 설한 아함(주7) 등의 경설과 함께 “聚色(구체적인 有對色)은 보다 미세한 취색으로 쪼개질 수 있고, 이를 다시 쪼개고 또 쪼개어 궁극에 이르게 되면 눈으로 볼 수 있는 극소의 색이 되겠지만, [이것이 方分을 지니고 있는 한] 다시 관념(覺慧)적으로 분석하여 더 이상 쪼갤 수 없는 것이 극미인데, 만약 이러한 극미가 존재하지 않는다면 聚色 또한 존재하지 않는다고 해야 한다”[60]는 理證을 제시하고 있다.[61]

59　『대비바사론』 권13(T27, 64a25-b2), “-- 復次有色, 極細故不見, 非非境故. 如減七微色處.” 『대비바사론』에는 이 밖에도 권73(동, 380a8ff); 권131(682c2ff); 권132(683c26ff); 권136(702a4ff: 주62)에서도 극미설이 논의되지만, 주로 극미의 상호접촉(相觸)의 문제와 4대종의 不相離 등의 문제와 관련되어 설해진다.

60　『순정리론』 권32(T29, 522b1-9), “[극미 실유의] 理證은 어떠한가? 이를테면 적취된 有情身의 색과 같은 것은 색의 究竟(즉 육신의 散壞)에 이르게 되면 [미세한 것 중] 양을 갖는 가장 거친 것으로 존재한다. 이 같은 사실에 준하여 역시 마땅히 모든 색을 분석하면 [더 이상 쪼갤 수 없는] 구경처가 있을 것인데, 이것을 1극미라고 이름하는 것이다. 어떻게 그러함을 알게 된 것인가? 쪼갤 수 있는 법을 쪼개어 궁극에 이르게 되더라도 그 밖의 어떤 것이 남아 있을 것이기 때문이다. 이를테면 세간에서 바로 관찰하건대, 어떤 聚色으로써 나른 어떤 취색을 쪼개낸 미세한 취색이 생겨나고, 그것을 나시 쪼개고 또 쪼개어 궁극에 이르게 되면 여분의 어떤 것이 존재하지만, 눈으로 볼 수 있는 것으로는 더 이상 쪼갤 수 없다. 그러나 이외 같온 [미세한] 취색은 능히 [눈으로 볼 수 있는 것으로는 더 이상] 쪼갤 수 없을지라도 역시 또한 거친 취색과 마찬가지로 쪼개질 수 있으니, 이를테면 그것은 바로 覺慧로써 분석될 수 있는 것이다. 즉 취색으로써 취색을 분석하여 궁극에 이르는 것과 마찬가지로, 覺慧로써 분석하여 궁극에 이르게 되더라도 마땅히 그 밖의 다른 어떤 것이 존재하겠지만, 각혜로 관찰할 수 있는 것으로는 더 이상 쪼갤 수 없을 것이니, 이렇게 하여 남아 있는 것이 바로 극미이다. (其理者何? 謂如積聚有情身色, 至色究竟有量最麤. 准此亦應分析諸色, 有究竟處, 名一極微. 云何知爾? 以可析法分析, 至窮猶有餘故. 謂世現見, 以餘聚色析餘聚色, 有細聚生. 析析至窮, 猶有餘分, 可爲眼見, 更不可析. 如是聚色, 不能析處. 亦如麤聚, 有可析理. 謂彼可以覺慧分析. 如以聚色析聚至窮, 慧析至窮, 應有餘在, 可爲慧見, 更不可析. 此餘在者, 卽是極微.)”

61　불교의 극미설은 『尊婆須密菩薩所集論』(T28, 471c3-5)과 法勝의 『아비담심론』(T28, 811b5-14)에서도 언급되지만, 여기서는 이미 8種(事) 내지 10種 俱生과 관련하여 극미를 설하고 있다. 『대비바사론』의 경우 비록 世友의 설로서 4大種과 香·味·觸과 靑·黃色 등의 구생설이 언급될지라도(T29, 683b20ff) 이같이 정리된 형태는 아니기 때문에 이것이 『바사론』보다 후대의 것으로 생각된다.

(2) 극미설의 아포리아: 方分

극미론에 있어 최대 난점(딜레마)은 더 이상 분석할 수 없는 최소단위의 극미는 사방·상하와 같은 방향의 지시가 가능한 方分(dig-bhāga) 즉 부분(avayava: 分)을 갖는가, 갖지 않는가? 하는 것이다. 즉 극미가 더 이상 方分을 갖지 않는다면, 그것을 礙性(공간적 점유 장애성)으로 정의되는 '色'이라 말할 수도 없으며, 그럴 경우 극미의 聚集인 산야대지 또한 방분을 갖지 않는다고 해야 한다. 그러나 극미가 方分을 갖는다면 다시 쪼개질 수 있기 때문에 '극미'라고 말할 수도 없다.

이에 대해 일찍이『대비바사론』에서는 極微(paramāṇu)를 더 이상 절단 파괴할 수도, 분석할 수도 없고, 長·短·方·圓 등의 형태도 갖지 않으며, 볼 수도, 들을 수도, 냄새 맡을 수도, 맛볼 수도, 만질 수도 없는 가장 미세한 색(最細色)으로 규정하고, 眼과 眼識에 의해 파악되는 가장 미세한 색은 7개의 극미로 이루어진 微塵(aṇu, 혹은 微)이라고 하였다. (그러나 이 또한 天眼과 전륜왕과 最後有의 보살의 눈에 의해서만 보일 뿐 일반 범인들의 시각의 대상이 되는 최소단위는 미진의 취집 즉 微聚이다.)[62] 이는 말하자면 단일극미와 복합극미라고 할 수 있을 것인데,『잡심론』의 法救는 이를 事극미(dravya paramāṇu)와 聚극미(saṃghāta paramāṇu)라고 하였다.[63]

극미의 복합체(즉 微聚)를 어떻게 극미라고 말할 수 있는가? 극미는 『대비바사론』에서 논설한대로 더 이상 분석할 수 없는 無方分이지만, 극미 자체는 4대종이 그러하듯 단독으로 현상하는 일이 없다. 극미의 취집인 微

---

62 『대비바사론』권136(T27, 702a4-11).
63 『잡아비담심론』권2(T28, 882b15-16). 참고로 이는 안근을 4대종·4소조색·안근·신근의 十事俱生이라 한 데 대해, 그렇다면 아비달마에서 어째서 안근을 1界(즉 眼界), 1處(즉 眼處), 1蘊(즉 색온)에 포섭시키는 것인가?에 대한 해명으로 논설된 것이다. 즉 안근 등의 각각의 事(dravya)는 事극미이고, 이러한 衆多의 事는 聚극미인데, 아비달마에서는 事극미의 관점에서 그같이 설하였다는 것이다.

(aṇu)는 세간에서 경험(인식)할 수 있는 물질현상으로서 가장 미세한 것이기 때문에 극미라고 말할 수 있다. 이는 말하자면 실제적인 극미이다. 이에 세친은 아예 극미를 이같이 취집된 극미로 규정하였고, 현장은 극미(paramāṇu)를 '微聚'로 번역하였다. "色聚(rūpasaṃghāta) 중 가장 미세한 것(혹은 '가장 미세한 色聚')을 극미(paramāṇu: 微聚)라고 한다. 이보다 더 적은 것은 인식할 수 없기 때문이다."[64]

法救와 달리 중현은 바로 이 같은 관점에서 극미를 無方分(niravayava)의 관념적 극미인 假극미와 인식 가능한 有方分(sāvayava)의 실제적 극미인 實극미로 구분하였다.

극미에는 간략히 實극미와 假극미 두 종류가 있다고 인정한다. 實극미란 色 등의 自相(즉 變礙)을 지극히 잘 성취하는 것으로, 和集의 상태에서 現量(즉 지각)에 의해 획득된다. 그리고 假극미는 分析에 의한 것으로 比量(사유추리)에 의해 알려진다. 즉 聚色을 관념(覺慧, buddhi)적으로 더욱 분석하여 최소단위에 이른 것을 말한다.[65]

有對色(구체적 물질)을 최후까지 세분히어 더 이상 쪼갤 수가 없는 것을 極微라고 한다. 이러한 극미는 더 이상 그 밖의 다른 색이라는 관념(覺慧)으로 분석되어 다수가 될 수 없는 것으로, 이는 바로 색의 極小이다. 더 이상 부분을 갖지 않기 때문에 '극소'라는 명칭을 설정하게 된 것으로,

---

64 AKBh., p.52. 23. sarvasūkṣmo hi rūpasaṃghātaḥ paramāṇur ity ucyate/ yato nānyataro vijñāyeta/; "色聚極細立微聚名. 爲顯更無細於此者." (『구사론』 T29, 18b22-23); "極細色聚名鄰虛. 欲令知無餘物細於彼者." (『구사석론』 T29, 177c17-18) 이 문구와 관련하여 세친의 극미론에 대해서는 박창환(2010), 「구사논주 세친의 극미(paramāṇu) 실체론 비판과 그 인식론적 함의」를 참조할 것.

65 『순정리론』권32(T29, 522a5-8), "然許極微略有二種. 一實. 二假. 其相云何? 實謂極成色等自相, 於和集位, 現量所得. 假由分析, 比量所知. 謂聚色中, 以慧漸析, 至最極位."

시간의 극소인 1찰나를 더 이상 半(½) 찰나로 나눌 수 없는 것과 같다. 그리고 이와 같은 다수의 극미(衆微)가 점차 화합하여 결정코 분리되지 않는 것을 微聚라고 한다.[66]

뒤의 인용문에는 假극미와 實극미라는 말이 없지만 極微와 微聚가 이에 대응한다. 微聚는 가장 미세한 色聚로 바로 세친이 규정한 극미였다. 즉 극미가 礙性을 갖는 구체적인 물질이 되기 위해서는 방분을 지녀야 하지만, 방분을 갖는 이상 그것은 극미가 아니다. 바로 이 같은 난점으로 인해 중현은 관념적으로 분별(추리)된 無方分의 극미를 假극미로, 5식의 실제적 대상이 되는 有方分의 극미를 實극미로 설정하였다. 그리고 이러한 까닭에 앞서 중현은 모든 극미는 和集하여 實극미가 될 때 비로소 5식의 소의와 소연이 될 수 있다고 하였고(주54), 유부에서는 이러한 實극미를 蘊(skandha)이 실유라는 주장의 논거 ―"하나의 實극미(dravya-paramāṇu) 역시 [다수 극미의 취집으로서] 蘊이라 말할 수 있기 때문에 蘊이 비록 '積聚(rāśi)'의 뜻일지라도 실유이다"(주9)― 로 제시하였던 것이다.

극미의 무방분/유방분의 문제는 실재론적 사유로서는 결코 피할 수 없는 아포리아로, 만약 무방분의 극미를 인정하지 않는 한 더 이상 분석할 수 없는 극소의 극미를 설정할 수 없기 때문에, 유방분의 극미를 인정하지 않는 한 현실에서 마주하는 구체적인 물질(聚色)도 존재하지 않는다고 (다시 말해 '허구라고') 해야 하기 때문에[67] 중현은 극미를 假극미와 實극미라는 이중의 구조로 이해하였다. 그리고 세계(존재)는 알려진 것이고 사유의

66　『순정리론』권10(T29, 383c10-14), "有對色中, 最後細分, 更不可析, 名曰極微. 謂此極微, 更不可以餘色覺慧分析爲多. 此卽說爲色之極少. 更無分故, 立極少名, 如一刹那名時極少, 更不可析爲半刹那. 如是衆微, 展轉和合, 定不離者, 說爲微聚."

67　『순정리론』권32(T29, 522b9-10), "是故極微其體定有. 此若無者, 聚色應無, 聚色必由此所成故.": 주60) 본문 참조.

대상도 지각의 대상처럼 실재한다는 유부교학의 전제에 따라 法處에 포섭되는 色인 無表色의 경우처럼 假극미의 실유를 주장하였다.[68]

그러나 上座 슈리라타는 이같이 관념적으로 분석된 無方分의 극미(즉 假극미)를 부정하였다. 그는 극미를 다만 취집된 색(聚色)의 부분(avayava: 方分)으로 이해하였다. 부분은 또 다른 부분을 갖지 않기 때문에 극미는 더 이상 세분되지 않는다. 이와 관련하여『순정리론』에는 다음과 같은 상좌와 중현 사이의 對論이 이루어지고 있다.

상좌: <u>모든 극미는 그 자체가 바로 부분이거늘 어떻게 그 자체로서 존재하는 것에 대해 無方分(*niravayava)이라 말하는 것인가?</u>

[중현:] 이러한 말은 올바른 이치가 아니니, "극미는 더 이상 細分할 수 없는 것이라 인정하면서도 그 자체로서 존재하는 것이기 때문에 '[극미가] 바로 方分'이라고 한다면, 모든 無色法도 이미 그 자체로서 존재한다는 점에서 이와 어떠한 차별도 없기 때문에 바로 '方分'이라고 해야 한다.

[상좌:] 무색법에는 화합의 뜻이 없기 때문에 '方分'이라 말해서는 안 된다.

[중현:] 이 역시 올바른 이치가 아니니, 어떤 [경]에서는 무색법에 대해서도 역시 화합하는 일이 있다고 설하였을뿐더러 상좌가 주장한 색법의 화합 또한 이치에 맞지 않기 때문이다. 즉 [색에 화합의 뜻이 있다고 할 경우 색은] 마땅히 단일한 것이 되어야하기 때문으로, 단일한 것(一

---

68 『유가사지론』「本地分」에서도 동일한 논리에 의해 '覺慧에 의해 알려지는 無方分의 극미'를 설하고 있으며(주72),「攝決擇分」(T30, 597c15-598a12)에서는 극미를 分別·差別·獨立·助伴·無分에 근거하여 5종류로 설정한다. ① 分別에 의한 것이란 諸色을 覺慧로 分析하여 지극한 邊際(궁극)에 이른 극미로서 실체로서 존재하는 것이 아니다. ② 差別에 의하는 것이란 극미의 취집으로 나타난 5根 5境과 4대종, 그리고 法處所攝의 實物의 극미. ③ 獨立에 의한 것이란 자상을 갖는 事극미. ④ 助伴에 의한 것이란 不相離의 관계로서 드러난 聚극미. ⑤ 無分에 의한 것이란 더 이상 세분하여 분석할 수 없는 극미. ①과 ⑤는 사실상 假극미이며, ③은 實극미, ②와 ④는 微聚에 관한 설명이라 할 수 있다.

體)을 '화합된 것'이라 말해서는 안 되는 것이다. (주83)

상좌: [극미가 無方分이라고 할 경우 서로 접촉하는] 두 종류의 극미는 다 같이 부분을 갖지 않기 때문에 머무는 처소(공간)에 차별이 없어야 한다.

[중현:] 이 역시 올바른 이치가 아니니, [상좌는] 그의 論에서 스스로 이같이 말하고 있다. "어떤 이는 '극미는 [그것이 머무는] 처소를 서로 장애하지 않는다'고 하였지만, 이러한 주장에는 과실이 있으니, 聖敎 중에서 有對라고 한 말과 모순되기 때문이다." 그런데 어찌 다시 "두 종류의 극미는 다 같이 부분을 갖지 않기 때문에 머무는 처소에 차별이 없어야 한다"고 말하는 것인가?

[상좌:] 그런즉 이에 따라 [두 종류의 극미가] 동일한 처소에 의거하여 서로를 떠나지 (배제하지) 않는다고 말하는 것도 인정해야 한다. 또한 [극미가 더 이상 부분을 갖지 않는 색의] 극소라면(주66), [사방과 중앙의] 다섯 극미는 동일한 처소에 함께 존재하며 서로를 방해하거나 장애하지 않는다는 사실을 인정해야 한다.

[중현:] 이는 다 올바른 이치가 아니다. 만약 다섯 극미가 다 같이 동일한 처소에 포용되는 것이라면 무엇이 장애하여 백천 俱胝(koṭi, 10의 6승)의 극미가 동일처소에 존재한다고 인정하지 못하겠는가? 그러나 그렇다고 한다면 한 극미가 머무는 처소에 존재하는 일체의 극미가 포용된다고 해야 하며, 그런 즉 세간 전체는 하나의 극미 크기가 되어야 한다. 혹 [그렇지 않다고 한다면] 극소인 다섯 극미는 동일한 처소에 함께 존재하며 서로를 방해하거나 장애하지 않는다는 사실을 인정해서는 안 될 것이니, 다수의 [극]미가 聚集되면 처소는 넓어지기 때문이다.[69]

---

69 『순정리론』권8(T29, 372b6-23), "然彼上座, 於此復言. 諸極微體卽是方分, 如何有體, 言無方分? 此言非理. 若許極微更無細分, 有自體故, 是方分者, 諸無色法, 旣有自體 無差別故, 應是方分. 若謂 '無色無和合義. 是故不應名方分'者, 此亦非理. 諸無色法, 有處亦說有和合故. 又彼所宗, 色有和合, 亦不應理. 應成一故. 不應一體可名和合. 又上座說, 二類極微俱無分故, 住處無別. 又言, '極少, 許五極微, 同在一處, 不相妨礙.' 此亦非理. 彼論自言, '有說 極微處不相障. 是宗有失, 違聖敎中有對言故.' 何緣復說 '二類極微, 俱無分故, 住處無別?' 又彼所言. 卽由此故, 許依同處, 說不相離. 又言.

양인의 대론이 엇박자 소리를 내는 것은 극미에 대한 그들의 관점이 다르기도 하였지만, 서로의 주장논거에 대한 고려가 없었기 때문이다.

그렇다면 극미 방분에 대한 세친의 생각은 어떠하였던가? 그는 극미의 상호 접촉/불접촉의 문제에 대해 언급하면서 유부와 마찬가지로 '극미=無方分'설의 입장을 취하고 있다. "극미가 [사방·상하의 방위 지시가 가능한] 方分(digbhāga)을 갖는다고 인정할 경우 [제 극미가] 접촉하든 접촉하지 않든 부분(avayava: 分)을 갖는다고 해야 하지만, 만약 방분을 갖지 않는다고 한다면 접촉하더라도 그 같은 과실은 없다."[70]

아무튼 극미 방분의 딜레마는 『유식이십론』에서 唯識無境의 한 논거로 제시되기도 하지만(후술), 아이러니컬하게도 상좌의 '극미=방분'설은 『유가사지론』에서도 확인된다.

極少, 許五極微, 同在一處, 不相妨礙. 此皆非理. 若容五微同一處者, 何物爲障百千俱胝, 不許同處? 如是便應一極微處, 包容一切所有極微. 是則世間總一微量. 或應不許極少五微同在一處, 不相妨礙. 多微聚集, 處寬廣故." 이상은 극미의 상호 접촉/불접촉의 문제에 관한 논의로서, 次項 ('극미의 和集과 和合')에서 상론한다. 이 논설은 那須円照(1997), 「アビダルマの極微論(2)-極微が觸れるか觸かれないかという問題を中心として-」, pp.72-75에도 日譯되어 있다.

70 AKBh., p.33. 6-7. yadi ca paramāṇordigbhāgabhedaḥ kalpyate spṛṣṭasyāspṛṣṭasya vā sāvayavatvaprasaṅgaḥ. no cet spṛṣṭasyāpyaprasaṅgaḥ.; 『구사론』권2(T29, 11c28-29), "又許極微, 若有方分. 觸與不觸皆應有分. 若無方分, 設許相觸亦無斯過." 이는 "제 극미가 전체적으로 상호접촉(遍體相觸)한다면 [다수의] 실체(극미)가 相離하여 [하나의 극미 크기가 되고 마는] 과실이 있고, 부분적으로 접촉한다면 부분을 갖는다는 과실이 있기 때문에 극미는 상호 접촉하지 않는다"는 카슈미르 毘婆沙師설(T29, 11c4-7)에 대한 비평이지만(보광에 의하면 '이치에 의한 總破'), 중현은 "有分(sāvayava)과 方分(digbhāga)은 말은 달라도 뜻은 동일한데, 극미가 이미 부분을 갖지 않는 것(無分, niravayava)이라 하여 方分을 부정하였으면서 '극미가 方分을 갖는다고 인정할 경우'라고 말한 것은 올바른 이치가 아니라고 비판한다. 또한 극미가 이미 方分을 갖지 않았다면 서로 접촉할 수도 없음에도 "방분을 갖지 않는다고 할 경우 접촉한다고 하더라도 그 같은 과실은 없다"는 말 역시 옳지 못한 논설이라고 비판한다. (T29, 373c7-11) 참고로 那須円照(1997, 「アビダルマの極微論(2)」, p.85)는 이러한 세친의 극미론에 대해 "극미가 方分(方向の部分)을 갖지 않는 경우 물질적 세계는 일점으로 收拾되며, 순수한 일점으로 존재하는 것에는 공간적 量이 없기 때문에 외계의 물질적 존재는 부정된다. [따라서] 粗大하게 보이는 물질세계는 虛妄한 마음이 나타난 것에 지나지 않는다"고 해설하였다. 『구사론』 상에서의 세친의 '극미=무방분'설을 '外界=虛妄分別'로 해석한 것은 지나친 비약이라 하지 않을 수 없다.

色聚 중에 극미로부터 생겨난 것은 없다. [색취가] 자신의 종자로부터 생겨날 때에는 오로지 미세하거나 거칠거나 중간인 聚集된 상태로만 생겨난다. 또한 극미가 취집하여 색취가 되는 것도 아니다. 즉 극미란 다만 諸色을 관념(覺慧)적으로 分析하여 최소단위(極量邊際)에 이를 때 분별되어진 개념(假立)일 따름이다. 또한 색취 역시 有方分이기에 극미 역시 유방분이라고 해야 하지만, 색취는 부분을 지닐지라도(有分) 극미는 그렇지가 않다. 왜냐하면 극미 [자체]가 바로 부분이기 때문이다. 즉 이것(부분=극미)은 바로 취집된 색(聚色)에 존재하는 것으로, 극미는 더 이상 또 다른 극미를 갖는 것이 아니다. 그렇기 때문에 극미는 더 이상 부분을 갖지 않는다.[71]

여기서는 비록 전반부에서 色聚는 극미가 취집하여 생겨난 것도 아니며, 극미 또한 관념적 분석의 결과로서 설정된 개념적 존재(즉 假有)라고 하였을지라도 극미 자체를 '부분'으로 이해한 것은 상좌의 논리와 동일하다. 우리는 극미란 다만 부분(分)으로 더 이상 부분을 갖는 것(有分)이 아니라는 상좌의 논리와 유사한 내용을 부분(分)과 전체(有分)의 상의관계로써 제법의 實無에 대해 논의하고 있는 『성실론』 제147 「立無品」에서도 찾을 수 있다.

그대가 만약 부분을 갖는 것은 파악할 수 없을지라도 온갖 부분은 파악할 수 있다고 한다면, 이는 그렇지 않다. 즉 온갖 부분에 대해서는 마음(즉 안식)이 생겨나지 않는다. [부분의 聚集인] 거친 항아리 등의 사물만을 파악

---

71 『유가사지론』 권3(T30, 290a17-23), "復次於色聚中, 曾無極微生. 若從自種生時聚集生, 或細, 或中, 或大. 又非極微集成色聚. 但由覺慧分析諸色極量邊際, 分別假立以爲極微. 又色聚亦有方分, 極微亦有方分. 然色聚有分, 非極微. 何以故? 由極微卽是分. 此是聚色所有, 非極微復有餘極微. 是故極微非有分."

할 수 있기 때문이다. 또한 부분(分, avayava)은 부분을 갖는 것(有分, avayavin)이 될 수 없다. (다시 말해 부분은 더 이상 부분을 갖지 않는다.) 왜냐하면 부분을 갖는 것에 근거하여 부분을 설하기 때문이다. --(하략)--[72]

상좌에게 있어 극미란 다만 취집된 색(saṃghātarūpa: 聚色)에 존재하는 부분으로, 부분은 더 이상 또 다른 부분을 갖지 않기 때문에 극미는 색취의 양적 구극이다. 상좌의 관심은 무방분의 假극미와 같은 다만 지성적 판단(覺慧)을 통해 추구된 관념적 초경험적 극미에 있지 않았다. 그에게 있어 궁극적 존재(勝義有)는 유부처럼 분석되더라도 지각을 상실하지 않는 것이 아니라 본래의 명칭을 상실하지 않는 것이었기 때문에(주25) 극미 또한 직접 지각되거나(=實극미) 관념적으로 분별된 것(=假극미)으로 존재하는 것이 아니라 다만 인식 상에 나타난 외계의 형상인 和合相의 근거(āsraya: 所依) 정도로 이해하였을 것이다. 어차피 외계가 직접 지각되는 것이 아니라고 한 이상 극미 또한 그 자체로서는 문제되지 않는다. 마치 외계의 실재성을 부정한 유가행파에게 극미와 색취의 관계가 문제되지 않았던 것처럼. 상좌는 말하자면 본질론자가 아니라 현상론자였다.

(3) 극미의 결합방식: 和集과 和合

方分의 문제와 밀접하게 관련된 극미설의 또 다른 난제는 극미 상호 간의 결합문제이다. 상좌가 비록 10가지 有色處(5근과 5경)의 실재성을 부정하였을지라도, 또한 유부가 비록 실체(dravya: 事)로서의 自相을 갖는 대종극미와는 별도로 인식영역(āyatana: 處)으로서의 自相을 인정하였을지라도 그들은 다 같이 그것이 극미의 결합체(聚集)라고 말한다. 불교전통에 있어 하

---

72 『성실론』권11(T32, 330b29-c3), "汝若謂有分雖不可取, 諸分可取者, 是事不然, 諸分中不生心. 所以者何? 麤瓶等物可取故. 又分不作有分. 所以者何? 因有分故說分, 有分無故分亦無."

나의 극미는 통상 사방 상하 여섯 개의 극미에 둘러싸여 최초의 결합을 시작하는데, 이때 극미의 결합은 어떻게 일어나는가?

만약 극미의 상호접촉에 의한 것이라면, 부분적으로나 전체적으로 접촉한다고 해야 하지만, 그럴 경우 극미는 부분을 갖는 것이 되거나 극미 자체가 서로 뒤섞여(相雜하여) 결국 세간은 하나의 극미 크기라고 해야 한다. 그러나 만약 상호접촉에 의한 것이 아니라면, 聚色(극미의 聚集) 역시 접촉하지 않는다고 해야 하지만, 그럴 경우 서로 부딪쳤을 때 흩어지거나 소리가 나지 않아야 한다. 대저 극미는 서로 접촉하는가, 접촉하지 않는가? 이는 일찍이 『대비바사론』에서 제기된 문제였다.

유부 전통에 의하는 한 극미 상호 간에 실제적인 접촉은 일어나지 않는다.[73] 세친은 『구사론』에서 "다만 [제 극미가] 合集(*samavāya)함에 있어 無間 (anantaram)으로 생겨나는 것을 世俗諦(세간의 언어적 관례)에 따라 일시 '서로 접촉하였다'고 말한 것일 뿐"이라는 『대비바사론』에서의 大德(Bhadanta)의 설을 애호할 만한 善說로 평석하지만,[74] 중현은 "無間이면서 서로 접촉하지 않는다"는 말의 뜻이 불분명하기 때문에 대덕의 설은 긍정할 만한 것(樂)도 아니지만 부정할 만한 것(惡)도 아니라고 하였다. 즉 '제 극미 사이에는 전혀 間隙이 없다'고 한 이상 접촉을 인정해야 하고, 간극이 없음에도 '뒤섞이지 않는다'고 한 이상 극미는 有方分이 되어야 하기 때문이다.

이에 따라 중현은 앞서의 大德의 정의를 "대종극미가 더 이상 하나의 극미가 들어갈 만한 간극도 없는 無間으로 가까이 근접하여 생겨날 때, 이를

---

[73] 『대비바사론』 권132(T27, 683c26-a2), "問: 諸極微互相觸, 不? 設爾何失? 二俱有過. 若相觸者, 寧不成一, 或成有分. 若不相觸, 擊時應散. 或應無聲. 答: 應作是說. 極微互不相觸. 若觸則應或遍或分. 遍觸則有成一體過. 分觸則有成有分失. 然諸極微更無細分."

[74] 『구사론』 권2(T29, 11c23-25), "然大德說 '一切極微, 實不相觸. 但由無間假立觸名.' 此大德意, 應可愛樂"; 『대비바사론』 권132(T27, 684a9-11), "大德說言. 實不相觸. 但於合集無間生中, 隨世俗諦假名相觸."

일시 '접촉(혹은 결합)'이라 말한다"로 수정하였다.[75] 그럴 경우 극미는 머무는 처소가 동일하지 않을뿐더러 (다시 말해 하나로 相離하지 않을뿐더러) 무간으로 머물지라도 有對와 無方分의 뜻도 성취될 수 있다는 것이다.[76]

그리고 사실상 상호 불접촉 상태임에도 聚色이 흩어지지 않고 有對의 성질(礙性)을 유지하게 되는 것은 風界 즉 극미 상호 간의 견인력에 의해서라는 것이 『대비바사론』이래 유부의 이해였다.[77] 이에 따라 중현은 종래 積聚, 聚集, 集合, 和合 등의 술어로 표현된 '제 극미가 [하나의 극미도 들어갈 틈이 없이] 無間으로 생겨나 풍계의 견인력에 의해 모여 있는 상태'를 '和集'이라는 말로 나타내었다. 앞에서 예시하였듯이 그는 "眼 등의 5識은 하나의 극미를 소의(根)와 소연(境)으로 삼아 일어나는 것이 아니라 [극미]和合(=5근)에 의지하고 [극미]화합(=5경)을 반연하여 일어난다"는 『대비바사론』의 논의를 "모든 극미는 항상 和集하여 安布(배열)될 때 비로소 5識을 生起시키는 所依와 所緣이 된다. 왜냐하면 극미로서 和集하지 않은 것은 없기 때문이다"로 해설하였다. (주54)

이러한 중현의 논의는 『성유식론』 상에서도 정확히 인용 비판된다.

어떤 이는 주장하였다. "色 등 각각의 극미가 和集하지 않았을 때에는 5識의 경계대상이 되지 않는다. 함께 和集한 상태에서 서로가 서로에 영향 미쳐(展轉相資) 거친 相이 생겨날 때 이러한 [5]識의 경계대상이 된다. 즉 그러한 [극미 화집의 거친] 相도 실유이기에 이러한 [5]識의 소연이 될 수 있는 것이다."[78]

---

75 『순정리론』권8(T29, 373b23-25), "謂此中無如極微量, 觸色所間, 故名無間. 如是無間, 大種極微, 鄰近生時, 假說爲觸."; (T29, 371c24-25), "謂諸極微, 既不相觸, 彼此大種合義豈成? 鄰近生時, 即名爲合."

76 『순정리론』권8(T29, 373c11-14).

77 『대비바사론』권132(T27, 684a2-4).; 『구사론』권2(T29, 11c9-12).; 『순정리론』권8(T29, 372a14f).

78 『성유식론』권1(T31, 4b16-18), "有執: 色等——極微, 不和集時, 非五識境. 共和集位, 展轉相資,

窺基는 이를 衆賢論師의 新薩婆多(neo Sarvāstivāda)의 학설로 평석하고서 '화집'을 제 극미가 한 처소에 집합해 있지만 하나로 뒤섞이지 않은 상태라고 설명한다. 즉 "동일한 처소에 서로 근접한 것을 '和'라고 말하였고, 그럼에도 一體가 되지 않은 것을 '集'이라 말하였다"는 것이다.[79]

그러나 上座 슈리라타의 경우처럼 극미 자체를 方分으로 이해하는 한 극미의 상호 접촉은 두말할 필요도 없다. 그는 유부의 無間 접촉에 대해 이같이 비판하고 있다.

> 이것이 만약 저것과 접촉하는 것이라면 저것도 결정코 이것과 접촉하는 것이니, 이것이 이미 '접촉되는 것'이라면 다른 '접촉하는 것'도 '접촉되는 것'이 되어야 이치상 서로 모순되지 않는다. 만약 그렇지 않다고 한다면 극미는 展轉하며 서로 포섭하여 유지되는 일(攝持)이 없을 것이며, 마땅히 和合하지도 않을 것이다. 만약 [有部처럼 무간의 접촉을] 포섭하고 유지하는 것이 바로 風界의 힘이라고 한다면, 풍계가 어찌 손으로 떠받쳐 유지하는 것처럼 온갖 극미를 포섭하고 유지하여 흩어지고 떨어지지 않게 하는 것이라 하겠는가?[80]

이에 대해 중현은 우주(器世間)가 처음 형성될 때 과거 유정들의 업의 증상력에 따라 風輪이 먼저 생겨나고 다음으로 水輪이 생겨나는데, 수륜(물)이 흩어지거나 아래로 떨어지지 않게 되는 것은 풍륜이 떠받치고 있기 때문이라는 예로써 해명하고서 "그대(상좌)가 '극미는 서로 접촉하며, 차례로 배열(次

有蟲相生, 爲此識境. 彼相實有. 爲此所緣."

79 『성유식론술기』권2本(T43, 271a10; 18f), "次第四敍, 衆賢論師의 新薩婆多義.; 一處相近名和, 不爲一體名集. 卽是相近, 體各別故."

80 『순정리론』권8(T29, 372c27-373a1), "又上座言. 此若觸彼, 彼定觸此. 旣成所觸, 餘觸所觸, 理不相違. 若異此者, 極微展轉無相攝持, 應不和合. 若謂攝持是風界力, 風界豈似手所捧持, 攝持諸微, 令不散墜?"

第安立)되어 능히 서로를 포섭하여 유지한다'고 말한 것처럼 나 또한 '[극미는 서로 접촉하지 않지만] 風界의 힘으로 말미암아 근접 배열(隣近安立)되어 서로를 포섭하여 유지할 수 있다'고 말하니, 그대의 관점에 따라 '만약 그렇지 않다고 한다면(극미가 서로 접촉하지 않는다고 한다면) 극미는 展轉하며 서로 포섭하여 유지되는 일도 없을 것이며, 마땅히 和合하지도 않을 것'이라고 말해서는 안 된다"고 비판하였다.[81]

  이로 볼 때 상좌와 중현의 극미 결합방식은 극미 상호접촉에 의한 次第安立과 상호 불접촉 따른 隣近安立이며, 그들은 이를 각기 和合과 和集으로 규정하였다. 말하자면 和集이 다수의 극미가 無間으로 (하나의 극미가 들어갈 틈도 없이) 근접한 채로 배열되어 여전히 개별 극미의 상태를 유지하는 결합형식이라면, 和合은 다수의 극미가 서로 결합한 채로 배열되어 하나의 물체(一物)나 단일한 화합체(一體)를 성취하는 결합방식이라 할 수 있다. 전술하였듯이 상좌의 극미 화합설은 有色處 假有論의 핵심논거였다. 바이세시카나 느야야학파와 달리 불교에서는 어떠한 경우에도 부분과 전체 사이의 불가분적 단일성(ekam)인 和合(samavāya)의 개별적 실재성을 인정하지 않기 때문이다.[82] 중현은 바이세시카학파의 '화합' 개념을 염두에 두고 상좌의 극미 화합설을 비판하기도 하였다. "저 [상좌]가 종의로 삼은 '색은 화합된

81　『순정리론』권8(T29, 373a5-10), "如汝所言, '<u>極微相觸, 次第安布, 能相攝持</u>.' 我亦說言, '<u>由風界力, 鄰近安布, 能相攝持</u>.' 故不應言, 若異此者, 極微展轉無相攝持, 應不和合. 異汝所言, 極微展轉, 有相攝持, 和合成故."

82　바이세시카학파에서는 자파철학의 大綱으로 제시한 여섯 범주(六句義)의 실재(vastu) 중 화합(samavāya)을 제6의 범주로 제시하였다. "화합(inherence, 內屬)이란 能持와 所持의 관계(ādhārya-ādhār-bhūta, relation of the container and contained)에 있는 사물 사이의 불가분적 관계로, '이것이 여기에 존재한다'는 관념의 근거가 되는 것이다." (Praśastapāda, Padārthasaṃgraha, IX. 157.: A Sourcebook of Indian Philosophy, p.422) "실체(dravya: 實) 등으로 하여금 [속성(guṇa: 德)·운동(karma: 業)·보편(sāmānya: 同)·특수(viśeṣa: 異) 등과] 불가분의 관계를 갖게 하는 것으로 ['이것이] 여기에 존재한다'는 언표의 지식을 드러내는 단일성의 근거를 화합구의(samavāyapadārtha)라고 한다.(和合句義云何? 謂令實等不離相屬, 此詮智因, 又性是一, 名和合句義)" (『勝宗十句義論』 T54, 1263c17-18)

것'이라는 사실 역시 올바른 이치가 아니니, [그럴 경우 색은] 마땅히 단일한 것이 되어야 하기 때문이다. 그러나 단일한 것(一體)은 [부분을 갖지 않기 때문에] '화합된 것'이라 말해서는 안 된다."[83]

이러한 상좌의 극미 화합설 역시 『성유식론』과 규기의 『술기』 상에서 확인할 수 있다.

"眼 등의 5識이 色 등을 요별할 때 다만 [극미의] 和合을 반연하니, [5識이] 그것과 유사한 형상(ākāra: 相)을 띠기 때문이다."[84]

이는 경량부의 생각을 말한 것으로, 이하 『관소연연론』에서의 설명(T31, 888b16-21)과 동일하다. 그들(경량부)은 이같이 말하였다. "실유의 극미 [하나하나]는 5識의 경계대상이 되지 않는다. 왜냐하면 5識 상에 극미의 相이 존재하지 않기 때문이다. 이러저러한 처소에 포섭된 (다시 말해 有方分인) 다수의 극미가 서로 함께 和合할 때, 총체적으로 하나의 실체(一物)를 성취하게 되니, 이를 '화합'이라 한다. 예컨대 아누(阿拏, aṇu, 7극미) 색 이상의 크기가 될 때 비로소 5식의 경계대상이 될 수 있다. '和合'은 바로 假有로 실유의 극미에 근거하여 설정된 것이다." 즉 바로 [이때] 비로소 5식 상에 [극미] 화합의 형상이 존재하기 때문에 [論에서] '5識은 그것과 유사한 형상을 띤다'고 말한 것이다.[85]

중현이 극미 화집설을 주장하게 된 것은 앞서 '유색처 가유론'에서도

---

83 『순정리론』권8(T29, 372b12-13), "又彼(上座)所宗, 色有和合, 亦不應理, 應成一故. 不應一體可名'和合.'"

84 『성유식론』권1(T31, 4b6-7), "眼等五識了色等時, 但緣和合, 似彼相故."

85 『성유식론술기』권2本(T43, 270a13-17), "此牒經部師計. 自下並同觀所緣緣論. 彼說: '實有極微非五識境. 五識上無極微相故. 隨彼彼處, 所攝衆多極微, 共和合時, 總成一物, 名爲和合. 如阿拏色等以上, 方爲五識境. 和合是假, 依實微立.' 即五識上有和合相故, 名'五識似彼相'也."

언급하였듯이 화합은 단일성으로 실유가 아니기에 5식의 대상이 되지 않는다는 데 문제가 있기 때문이었으며, 상좌가 극미 화합설을 주장하게 된 것은 어떤 식으로 소연의 단일성을 확보하지 못할 경우 비록 화집하였을지라도 개별 극미와 마찬가지로 너무 미세하여 5식의 대상이 되지 않는다는 데 문제가 있기 때문이었다. 그들은 서로의 극미 결합설에 대해 이같이 비판하고 있다.

> 저들 [上座宗]의 논의는 이를테면 壞法宗(vaināśika)에서 노니는 것이기 때문에 지혜 있는 자라면 흔모해서는 안 된다. 왜냐하면 5識은 실유가 아닌 경계대상을 반연하지 않으며 和集[된 상태]의 극미를 소연으로 삼기 때문이다. 또한 5識身은 無分別이기 때문에 다수의 극미 화합을 반연하여 이를 경계대상으로 삼지 않는다. 여기서 '화합'이라는 말은 사소한 [어떤] 법을 별도로 지시하는 것이 아니다. 그것은 보여진 것 내지 접촉된 것에 대한 분별(즉 안식 내지 신식)과는 관계없이 성취되는 것(즉 추상적 존재)이다. 즉 저들의 '화합'은 [自相을 갖는] 개별적인 법(別法)이 아니기 때문에 오로지 計度分別(즉 意識)에 의해 파악될 뿐이지만, 5식은 어떠한 경우에도 計度의 功能을 갖지 않는다. 그렇기 때문에 5식은 '[극미의] 화합'을 반연하여 이를 경계대상으로 삼지 못하는 것이다.[86]

또한 저 논사(上座)의 문도들은 세간의 문헌을 익혀 여러 명의 맹인의 비유를 인용하여 자신들의 종의(극미 화합설)를 논증하고 있다. "傳說에 따르면, 맹인 각각에는 색을 보는 작용이 없으며, 여러 명의 맹인들이 和集하더라도 (함께 모여 있더라도) 역시 색을 보는 작용을 갖지 않듯이, 이와

86　『순정리론』권4(T29, 350c18-24), "今謂彼論涉壞法宗. 故有智人不應欣慕. 又五識身無分別故, 不緣眾微和合爲境. 非和合名別目少法, 可離分別所見乃至所觸事成. 以彼和合無別法故, 唯是計度分別所取. 五識無有計度功能. 是故不緣和合爲境."

마찬가지로 극미 하나하나가 각기 개별적으로 머물 때에는 所依와 所緣으로서의 작용이 없으며, 다수의 [극]미가 和集하더라도 역시 이 같은 작용은 없다. 따라서 處는 [극미 화합으로] 假有이며, 오로지 界만이 實有이다."[87]

중현은 이러한 맹인의 비유는 "각각의 극미는 소의와 소연이 되지 않으며 和合할 때 비로소 소연이 된다"는 상좌 자신의 주장(주45)에 지극히 부합하지 않는 것이라 하였지만(T29, 352a15f), 이는 사실상 유부의 극미 和集說을 비판한 것이다. 요컨대 '화합'은 가유이기 때문에 5식의 所依·緣이 될 수 없으며, '화집'은 여전히 개별 극미의 상태를 유지하기 때문에 역시 5식의 소의·연이 될 수 없다는 것이다.

이 같은 중현과 상좌의 상호비판은 『성유식론』에서 소승의 有對色 비판논거로 활용된다. 여기서는 앞서 인용한 상좌(경량부)의 화합설(주84)과 중현(신유부)의 화집설(주78)에 대해 이같이 비판하고 있다.

[극미] 和合相은 諸극미와 달리 그 자체 실체로서 존재하는 것이 아니니, 그것을 分析할 때 그것과 유사한 상을 띤 識은 결정코 생겨나지 않기 때문이다. [그대들 역시] 그러한 화합상은 이미 실유가 아니라고 하였기 때문에 그것이 바로 5識의 [生]緣이라고는 말할 수 없다. 두 번째 달 등이 능히 5식을 낳는다고는 할 수 없기 때문이다.[88]

---

[87] 『순정리론』권4(T29, 350c14-17), "又彼師徒串習世典, 引衆盲喩, 證己義宗. "傳說, 如盲一一各住, 無見色用. 衆盲和集, 見用亦無. 如是極微一一各住, 無依緣用. 衆多和集, 此用亦無. 故處是假, 唯界是實." 이에 대해 중현은 "和集된 상태의 극미가 所依·緣이 된다는 유부의 논의는 이미 [전체가 아닌] 각각의 극미가 소의·연이 된다는 사실을 전제로 한 것이기 때문에 (다시 말해 이 비유는 경량부처럼 극미가 아니라 극미의 화합이 소의·연이라고 주장하는 경우에만 유효하기 때문에) 이치상 맹인의 비유와 서로 모순되지 않는다"고 해명하였다. (T29, 352a17-19)

[88] 『성유식론』권1(T31, 4b7-11), "非和合相異諸極微有實自體. 分析彼時, 似彼相識定不生故. 彼和合相既非實有. 故不可說是五識緣. 勿第二月等能生五識故." 『술기』에서는 첫 문장에 대해 이같이 주석하였다. "非汝經部師其和合相, 異本眞實極微有實自體, 分折彼和合時, 能緣假和合相

저 [正理師(중현)의] 주장은 옳지 않다. 왜냐하면 함께 和集한 상태라도 아직 화집하지 않았을 때와 [극미] 자체의 상은 동일하기 때문이며, 항아리나 사발 등의 사물로서 극미[의 분량]이 동일한 것이라면 그것의 相을 반연한 識에도 차별이 없다고 해야 하기 때문이며, [그럼에도 형태상의 차별이 있다고 한다면] 함께 和集한 상태의 각각의 극미는 각기 미세하고 둥근 것이라는 특성(微圓相, pārimaṇḍalya)을 버려야 하기 때문이며, [구체적 형태를 띤] 거친 상의 識은 미세한 특성의 경계대상(즉 극미)을 반연한 것이 아닐뿐더러 (극미를 반연하여 생겨난 식에 거친 상은 존재하지 않는다: 필자) 어떤 경계대상(예컨대 사발)에 대한 識은 다른 경계대상을 반연하지 않기 때문이며, 나아가 [그럴 경우] 하나의 識이 일체의 경계대상을 반연한다고 해야 하기 때문이다.[89]

이 같은 서로의 비판에 대해 경량부에서는 5식의 경계대상(소연)은 외계가 아니라 다음 찰나 심식 상에 나타난 그것의 형상이라 해명하였고, 유부에서는 극미 자체(dravya: 事)의 자상과는 별도로 인식영역(āyatana)으로서의 자상을 설정하고 5식은 이를 경계대상으로 삼는다고 주장하였다. (제7장 1 2 참조) 극미 화합설과 화집설은 각기 경량부와 유부의 교학체계의 산물로, 그들의 교리적 맥락을 통해 읽지 않으면 안 된다.

(4) 『유식이십론』에서의 和集과 和合

극미의 無方分과 有方分에 따른 극미의 결합방식인 和集과 和合, 그리고 이러한 화집과 화합의 所緣性에 관한 상좌와 중현의 상호비판은 세친의 『유

識定不生故.” (T43, 270a24-26)

[89] 『성유식론』권1(T31, 4b19-23), “彼執不然. 共和集位, 與未集時, 體相一故. 瓶甌等物極微等者, 緣彼相識應無別故. 共和集位一一極微, 各各應捨微圓相故. 非麤相識緣細相境, 勿餘境識緣餘境故. 一識應緣一切境故.”

식이십론』과 陳那의 『관소연연론』에 그대로 차용 전재되고 있다.

『구사론』 상에서 극미의 접촉/불접촉에 관한 세친의 태도는 불분명하지만,[90] 『유식이십론』 제11송(현장 역은 제10송)에서 외계대상 자체가 성립될 수 없음을 논의하면서 네 종류의 외계실재론 중 두 가지를 극미의 和合說과 和集說에 배당하고 있다.

그러한 대상은 단일한 것도 아니고 다수의 극미도 역시 아니며
또한 和合 등도 아니니, 극미 [자체가] 성립하지 않기 때문이다.

만약 진실로 외적인 色處 등이 존재하여 색 등의 인식에 대해 각기 개별적인 경계대상이 된다고 한다면, 이와 같은 외계대상은 ① '단일한 것'이라고 해야 하니, 예컨대 바이세시카학파에서 有分色(avayavin-rūpa, 전체성으로서의 색)을 주장하는 경우가 그러하다. ② 혹은 다수[의 극미]라고 해야 하니, 예컨대 실유인 다수의 극미가 각기 개별적인 경계대상이 된다고 주장하는 경우가 그러하다. ③④ 혹은 다수의 극미가 和合한 것이나 和集한 것이라고 해야 하니, 예컨대 실유인 다수의 극미가 다 함께 和合하거나 和集하여 경계대상이 된다고 주장하는 경우가 그러하다.[91]

---

90 『구사론』 상에서 극미의 方分문제에 관한 세친의 생각을 확인하기란 쉽지 않다. 그는 극미를 微聚 즉 '가장 미세한 色聚'로 이해하였을지라도(주64) "變礙가 색의 자성이라 할 경우 [더 이상 분석할 수 없는 색의 극소인] 극미는 애성을 갖지 않기 때문에 色이 아니라고 해야 한다"는 어떤 이의 말에 대해 유부 일반론에 따라 "어떠한 극미도 단독으로 머무는(현상하는) 일은 없으며 衆微가 취집하여 머물기 때문에 변애의 뜻이 성립한다(有說: '變礙故名爲色. 若爾, 極微應不名色. 無變礙故.' 此難不然. 無一極微各處而住. 衆微聚集, 變礙義成.)"(T29, 3c1-3; 337c22-24)거나 有色處는 극미 화합의 가유라는 上座의 주장과는 달리 각각의 극미(즉 衆微)는 유색처의 작용을 갖는다고 해명하기도 하였다. (주12 참조) 그러나 유부와는 반대로 "하나의 實극미는 [더 이상 覺慧에 의해 假극미로 분석되지 않기 때문에] 積聚의 뜻을 갖지 않는다"고 말하기도 하였다. (주9 참조) 나아가 상좌의 形色 가유론을 변호하고, 『성업론』에서 이를 주장하기도 하였다. (본서 제2장 1-2 참조)

91 『유식이십론』(T31, 75c16-22), "以彼境非一 亦非多極微 又非和合等 極微不成故.(na tadekaṃ na cānekaṃ viṣayaḥ paramāṇuśaḥ. na ca te saṃhata yasmāt paramāṇur na sidhyati: Vimśatikā 11) 論曰. 此何所說? 謂若實有外色等處, 與色等識各別爲境, 如是外境或應是一. 如勝論者執有分色.

窺基는 『성유식론』(659년 역출)과 『유식이십론』(661년 역출)의 筆受를
담당하였다. 이미 『성유식론』에서 화합·화집설을 확인한 규기는 이 중 ③
과 ④의 '화합'과 '화집'을 經部師(경량부)와 新薩婆多(neo Sarvāstivāda)의 正理
師 즉 중현의 설이라 평석하고서 그들의 견해를 다음과 같이 소개하고 있다.

經部師의 의하면, 실유의 극미 [자체]는 5識의 경계대상이 되지 않으니,
5식 상에 극미의 형상(ākāra: 相)이 존재하지 않기 때문이다. 그러나 이러
한 일곱 개 [극미]가 和合하여 阿耨(aṇu, 즉 微)色이 되고, [더욱 화합하여]
그 이상으로 거칠게 나타나는 경우 비록 체성은 假有일지라도 5식 상에
이것의 형상(相)이 존재하기 때문에 5식의 경계대상이 된다. 즉 각각의
실유의 [극]미는 이미 [5식이] 緣著(반연)하지 않는다고 하였기 때문에 반
드시 和合하여 하나의 거친 假[有의 聚色]을 성취할 때 비로소 5식의 연이
된다. 그래서 論(『유식이십론』)에서 "실유인 다수의 [극]미가 다 함께 和合
할 때 [비로소 5식의 경계대상이 된다]"고 설한 것이다.
저 正理師는 경량부와 달리 [그들의 주장이] '眼 등의 5識은 假法을 반연하
지 않는다'는 自宗에 위배됨을 염려하였다. 혹은 古[薩婆多](즉 『바사론』의
毘婆沙師)설에 따를 경우, 바로 陳那[가 지적한 것처럼] 5식 상에 [극]미의
형상이 존재하지 않기 때문에 所緣이 되지 않는 과실이 있다. [그래서 正
理師는] 마침내 다시 [이같이] 말하였다. "色 등의 제법에는 각기 다수의
相이 존재하는데, 그중의 일부는 바로 現量(직접지각, 즉 5식)의 경계대상
이다. 따라서 제 극미는 相資하여 (서로 도와) 각기 하나의 和集의 相으로
존재한다. 이러한 [화집의] 相은 실유로서 각기 자신의 형상과 유사한 識
을 발생시키기 때문에 5식에 대해 所緣緣이 된다." 예컨대 다수의 극미가

或應是多. 如執實有衆多極微各別爲境. 或應多極微和合及和集. 如執實有衆多極微, 皆共和合和集
爲境." 세친은 이하 계속하여 세 송에 걸쳐 극미 자체가 성립할 수 없음을 논설한다.
"極微與六合 一應成六分 若與六同處 聚應如極微." (제12송) "極微旣無合 聚有合者誰 或相合不
成 不由無方分." (제13송) "極微有方分 理不應成一 無應影障無 聚不異無二." (제14송)

[화]집하여 山 등을 성립시키는 경우, [다수의 극미는] 相資하여 각기 산 등에 대한 인식의 근거(量相)로서 존재하는데, 眼 등의 5식이 山 등을 반연할 때 실유인 다수의 극미가 相資한 산 등의 형상이 5식과 함께 획득되기 때문에 소연이 될 수 있다는 것이다. 그렇지 않다고 한다면 [극미 자체는] 소연이 되지 않는 과실이 있으니, [古薩婆多는] 다만 實體(즉 극미)가 [5식의] 緣이 된다는 사실만을 인정하였기 때문이다. 그래서 論에서 "실유인 다수의 극미가 다 함께 和集할 때 [비로소 5식의 경계대상이 된다]"고 설한 것이다.[92]

여기서 經部師 설이 앞서 논의한 上座 슈리라타의 학설임은 두말할 나위도 없다. 그에 의하는 한 극미는 실유로서 그 자체 方分일지라도 단독으로는 5식의 소연(대상)이 되지 않으며 다수의 극미가 和合할 때 비로소 5식의 소연이 된다. 그러나 이는 假有 즉 언어적 개념으로서의 존재로 중현에 의하는 한 5식은 假有인 화합을 소연으로 삼을 수 없다. 화합은 5식(직접지각)의 대상이 아니라 의식(사유)의 대상이다. 따라서 개개의 극미가 相資 和集하여 극미 전체가 하나의 相(즉 處의 自相)으로 나타날 때 5식의 소연이 된다.

窺基는 세친이 『유식이십론』을 『순정리론』 이후 노년(年邁)에 지었다고 하여[93] 이러한 정보가 중현에 따른 것임을 밝히고 있지만, 규기 자신은 보다 자세한 사실을 『관소연연론』과 『성유식론』로 미루고 있으며,[94] 이들

---

92 『유식이십론술기』권하(T43, 992c20-993a5), "謂經部師, 實有極微, 非五識境, 五識上無極微相故. 此七和合, 成阿耨色, 以上麤顯, 體雖是假, 五識之上有此相故, 爲五識境. 一一實微, 旣不緣著. 故須和合成一麤假, 五識方緣. 故論說言: '實有衆微皆共和合.' 其正理師, 恐違自宗, 眼等五識不緣假法, 異於經部. 若順於古, 卽有陳那, 五識之上, 無微相故, 非所緣失. 遂復說言: '色等諸法, 各有多相, 於中一分是現量境. 故諸極微相資各有一和集相. 此相實有. 各能發生似己相識. 故與五識作所緣緣.' 如多極微集成山等, 相資各有山等量相. 眼等五識, 緣山等時, 實有多極微相資山相, 五識並得. 故成所緣. 不爾卽有非所緣失, 許有實體, 但爲緣故. 故論說言: '實有衆多極微皆共和集.'"

93 『유식이십론술기』권하(T43, 992a29f), "此唯識論, 世親年邁, 正理論後, 方始作也. 至下當知."

94 『유식이십론술기』의 "色 등의 제법에는 각기 다수의 相이 존재하는데---5식에 대해 所緣緣이 된다"는 正理師의 말은 『관소연연론』(T31, 881b21-24)에서 '어떤 이의 주장(有執)'으로 인용된 것이다.

의 학설을 비판하면서는 양론에서의 비판을 그대로 인용하고 있다.『성유식론』에서의 화합설과 화집설 비판은 앞에서 인용한 대로이지만(주88, 89;『이십론술기』T43, 993c9-12, 23-28) 陳那(Dignāga)는 이를 소연(인식대상)의 두 조건 -"識을 낳고(生識) 그것의 형상(ākāra)이 識에 나타나야 한다(帶相)"- 에 근거하여 비판하고 있다.

이를테면 '극미의 和合'은 실체가 아니기 때문에 착시에 의한 두 번째의 달처럼 안식 등에 그 형상이 나타날 수는 있어도 5식을 발생시킬 수 없으며(즉 "所緣은 될 수 있을지라도 緣이 되지 않으며"), 반대로 '극미의 和集'은 無間 근접한 상태의 극미로 실체이기 때문에 견고성의 地大 등과 마찬가지로 識을 발생시킬 수는 있어도 너무 미세하여 5식 상에 나타나지 않는다. (즉 "緣은 될 수 있을지라도 所緣이 되지 않는다") 따라서 어떤 형식의 결합이든 -화합이든 화집이든- 인식대상이 될 수 없다는 것이다.[95]

이러한 소연의 두 조건은 이미 譬喩者에 의해 제시된 것으로, 異時인과를 주장하는 그들은 이를 전후 찰나에 걸친 인식의 두 과정으로 생각한데(T29, 447b16-23: 제9장 2-3 참조) 반해 同時인과를 주장한 유부와 유가행파의 경우 이를 인식대상의 두 측면으로 생각하였다. 따라서 진나의 비판은 일방적인 것일뿐더러 다분히 형식 논리적이다. 즉 和集은 [所緣]緣은 될지라도 所緣[境]은 되지 않는다고 하였지만, 유부에 의하는 한 소연과 소연연은 다르지 않으며, 和合은 所緣[境]은 될 수 있을지라도 [所緣]緣은 되지 않는다고 하였지만, 경량부에 있어 生識의 [소연]연이 선행하지 않으면 帶相의 소연[경] 또한 생겨날 수 없다. 전술한 대로 상좌와 중현은 각기 자파의 철학체계 속에서 和合과 和集이라는 극미 결합론을 주장하였던 것이지만,[96]

95　『관소연연론』(T31, 888b16f; 25f);『유식이십론술기』(T43, 993c7-9; 17-19), "和合於五識　設所緣非緣　彼體實無故　猶如第二月.; 和集如堅等　設於眼等識　是緣非所緣　許極微相故."
96　'화집'과 '화합'의 원어는 불명인데, 加藤純章(1989,『經量部の研究』, pp.179-180)은『관소연

연론』에서의 和集과 和合에 대응하는 티베트 역어가 ḥdus pa와 ḥdus pa rnam pa이고, 이것은 각기 saṃcita(또는 saṃghāta)와 saṃcitākāra(또는 saṃghātākāra)로 비정되지만, 안혜의『俱舍論實義疏』에서 和集과 和合에 상응하는 tsogs pa와 bsags pa는 이와 반대로 saṃghāta(또는 saṃcita), asaṃghāta(또는 saṃcita)일 가능성도 배제할 수 없으며, 또한 후대『아비달마디파』에서 世友의 삼세실유론을 평가하면서 "[상캬학파의] 25諦說을 배격하고 극미화합론(paramāṇusaṃcayavāda)을 비판한 것"(ADV., p.260, 14-15)이라 한 논설 등을 고려하여 화집은 saṃcita, 화합은 saṃcaya로 추측하였다. 그러나 이규완(2017,「極微해석을 통해 본 世親 철학의 轉移」, pp.68-101)은『느야야수트라』의 밧차야나의 주석서(bhāṣya)에서 개별적인 극미들이 함께 결합(saṃyoga)하여 전체(avayavi)라는 별도의 실체성을 성취한다는 느야야학파의 입장에 반하는 적대자의 결합개념인 saṃcita와 samudita가 和合과 和集에 상응하며, 세친 이후 불교 제 논서 상에서도 역시 그러한 것으로 이해하였다. 그러나 티베트 전승에서 보듯이 화집과 화합의 상응술어인 ḥdus pa와 ḥdus pa rnam pa(『관소연연론』), tshogs pa와 bsags pa(『俱舍論實義疏』: 이상 제7장 주46, 47 참조)는 그 자체로서 화집과 화합의 의미를 내포하는 말이 아니다. 어쩌면 화집과 화합에 상응하는 특정의 술어가 존재하는 것이 아니라 '결합/집합'을 의미하는 제 술어를 그 같은 의미로 규정하여 사용하였을지도 모른다.

한편 宇井伯壽는 新薩婆多(중현)의 和集說이 다른 제 譯本에는 언급되지 않으며, 이에 상당하는 범어도 존재하지 않는다는 이유에서『유식이십론』本頌에서 '等' 字와 釋文에서의 和集에 관한 설(주91)은 玄奘이 陳那의『觀所緣論』이나 護法의『성유식론』에 존재하는 이러한 설을 취하여 부가한 것이라고 하였을 뿐만 아니라 窺基가 '和合'을 經部설이라고 한 것조차도『순정리론』(권4)이나『성유식론술기』에서 이를 유부학설로 설하고 있기 때문에 경부 설이 아니라고 하였지만(『唯識二十論研究』, p.162-163; 山口益,『佛教における 有と無の對論』, pp.408-410에서도 극미 화집설은 오로지 慈恩宗의 所論으로 논의한다), 이는 衆賢이라는 인물과 그의『순정리론』에 대한 이해부족에서 비롯된 발언이라고밖에 볼 수 없다. 宇井伯壽는 이에 관해 다음과 같이 말하고 있기 때문이다. "新薩婆多 正理師란 衆賢의 설이 신살바다로 일컬어진 것으로, 그것은 중현의『순정리론』이 존재하기 때문에 正理師라고 하였던 것이지만, 중현은 전설 상 세친과 동시대의 후배라고 할 만한 인물로, 이러한 이의 新說이 새삼스럽게 세친에 의해 비판되고 있다고는 도저히 생각되지 않는다.『述記』에서는, 세친은 중현이『순정리론』을 지은 이후 만년에 이『二十論』을 지었기 때문에 그의 설을 비판한 것이라고 하였지만(본 장 주93: 필자), 이『二十論』이 노년에 지어진 것이라는 증거도 없고 이제 신출의 후배에 의해 주장된, 薩婆多部 즉 유부에서도 인정하지 않고, 일반에서도 인정되었는지 인정되지 않았는지 알 수 없는 설을 세친이 비판하였다고 하는 것은 전혀 있을 수 없는 일이다. --(하략)--"

중현이 세친의 연하의 후배라는 것은 오로지 玄奘의 전승에서만 전하는 사실이다.(티베트 전승에서는 세친의 스승)『순정리론』의 문맥을 통해 볼 때 도리어 세친이 연하일 가능성이 크다. (권오민, 2012,『상좌 슈리라타와 경량부』, pp.180-186 참조) 또한 중현은 상좌의 극미 화합설이나 상호 접촉설을 자신의 화집설과 직접적으로 대비시켜 설하는 것으로 볼 때, 이를 단순히 현장의 부가 가탁으로 보기 어렵다. "[본 것을 보았다고 말하고, 보지 않은 것을 보지 않았다고 말하는] 이러한 성자의 말씀(4聖語의 하나)은 어떠한 경계대상에 근거하여 설한 것인가? 만약 '和合'에 근거한 것이라면 안식은 화합을 소연의 경계로 삼지 않으니, 이에 대해서는 이미 [앞에서] 널리 분별하였다. 만약 '和集'에 근거한 것이라면 이는 바로 勝義의 설이니, 어찌 '보았다'는 말을 世俗의 관례에 따라 설한 것이라고 하겠는가? 또한 보여진 색도 오로지 勝義이다(此聖語, 依何境說? 若依和合,

진나는 이에 대한 고려 없이 그 또한 '唯識無境'이라는 자파의 철학체계에 기초하여 비판하였다. 상좌의 5식 소연론과 이에 대한 진나의 비판에 대해서는 제7장에서 다시 상론하게 될 것이다.

4) 12處의 분별

(1) 有境과 境

이미 본 장 제3절 2항('소조색 무별체설')에서 언급한 바 있지만, 상좌의 주장대로 10가지 有色處가 극미화합/대종소조의 가유라면 色·聲 등의 차별은 본질적인 것이 아니라고 해야 한다. 혹은 유방분의 극미만을 인정하여 그것의 상호 접촉을 주장하는 경우, 접촉하는 것(能觸)과 접촉되는 것(所觸)의 구별이 모호해져(주80 참조) 境(viṣaya: 대상)과 有境(viṣayin: 대상을 향유하는 주체)의 차별도 상실되고 만다. 중현 또한 이 같은 사실을 비판의 한 논거로 삼고 있다. "경계대상(즉 觸境)과 身根은 실로 상호 접촉하지 않으니, [그럴 경우] 境과 有境이 뒤죽박죽이 되고 마는 雜亂의 과실을 초래하기 때문이다."[97]

眼識不緣和合爲境. 已廣成立. 若依和集卽是勝義. 何謂見言隨世俗說? 又所見色, 唯是勝義).") (『순정리론』권4, T29, 351c19-21); "그대(상좌)가 '극미는 서로 접촉하며, 차례로 배열(즉 和集)되어 능히 서로를 포섭하여 유지한다'고 말한 것처럼, 나(중현) 또한 '[극미는 서로 접촉하지 않지만] 風界의 힘에 의해 근접 배열(즉 和合)되어 능히 서로를 포섭하여 유지한다'고 말한다. (주81)

그러나 중현은 '和集'이라는 개념을 반드시 엄격하게 적용하지는 않은 것 같다. 즉 그는 상좌의 '有色處 假有論'을 비판하거나(T29, 350c18ff) '眼 등 5근의 安布差別'(동, 374a2ff)에 대해 논의하면서, 혹은 '극미의 실유'를 논증하면서(동, 522a5ff)하면서 '화집'이라는 술어를 사용하였지만, '色法의 俱生관계'에 대해 논의하면서 "衆微展轉和合, 定不離者, 說爲微聚"(동, 383c14) 혹은 "衆微和合, 不可分離, 說爲微聚"(『현종론』권5, T29, 799a28)이라 하였다. (그러나 '공간 즉 길이의 단위'를 설명하면서는 "七極微集, 名一微等"이라 하였다. 동, 521c23) 혹은 역자인 현장의 不備일 수도 있다. 이는 필시 '화집'에 해당하는 술어가 고정되어 있지 않았기 때문일 것이다.

97 『순정리론』권8(T29, 373a12-13).; "[경에서는] 色處에 대해 有見이나 有對라고 설하였기 때문에, 聲處 등과 다르게 설하였기 때문에 '처'는 가유가 아니다. 즉 가유인 보특가라(자아)와 항아리 등에 대해서는 차별하여 설하지 않았지만 오로지 실유인 色處 등에 대해서

유부의 경우 실유의 法은 自相(svalakṣaṇa)을 갖으며, 이에 따라 제법은 차별된다. 즉 眼根은 형태와 색채(色)를 보는 것, 耳根은 소리(聲)를 듣는 것, 鼻根은 香을 맡는 것, 舌根은 맛(味)을 맛보는 것, 身根은 감촉(觸)을 느끼는 것, 意根은 法을 아는 것이다. 그렇다면 상좌는 이에 대해 어떠한 입장을 취하였던 것인가?

上座 또한 불타께서 12처를 설한 것은 境과 有境의 차별상을 밝히기 위한 것이라고 하였지만(주26), 그것은 有色處의 차별이 본질적인 것이 아니었기 때문이다. 그는 境과 有境에 대해 유부와는 매우 다르게 해석한다. 유부의 경우 두말할 것도 없이 眼 등의 6근이 有境이며, 色 등의 6경이 境으로, 이는 부동의 사실이다. 그러나 上座는 眼 등의 5근은 色 등을 경계대상으로 삼고, 의근은 法을 경계대상으로 삼지만, 5근도 의근도 결국 一切法에 포함되므로 이 역시 의근의 경계대상이 된다고 말한다. 즉 12처는 境과 有境의 차별상을 밝히기 위해 설한 것이지만, 여기서는 안 등의 5근과 의근이 경계대상이 된다는 사실을 설하지 않았다면서[98] 諸法으로서 의근의 인식영역(所行, *gocara)이 되지 않는 것은 없기 때문에 그것도 다 法處에 포섭된다는 것이다.[99]

그리고 "상좌가 비록 12처는 境과 有境의 차별상을 밝히기 위한 것이라고 말하였을지라도 그에 의하는 한 有境도 境이 될 수 있고, 境도 有境이 될 수 있어 雜亂의 과실을 피할 수 없다"는 중현의 비난에 대해 이같이 해명한다. "[안 등의] 5근은 자신의 경계대상을 취하고 의근은 일체법을 반연한다는 것인데 여기에 무슨 잡란이 있다는 것인가?"[100]

만은 自相과 共相을 차별하여 설하였기 때문이다." (동론 권4, T29, 351c25-28); "신근의 경계인 견고성 등의 대종(즉 觸境)도 有境으로 인정한다면 境과 有境의 雜亂을 초래하게 된다." (동론 권5, 357b9ff)

98 『순정리론』권3(T29, 344b5-7), "且說處門, 如何遍立境有境相? 此中不說眼等五根及與意根爲境性故. 然一切法, 皆意根境."

99 『순정리론』권3(T29, 344b14-15), "又上座說. 諸法無非意所行故, 皆法處攝."

100 『순정리론』권3(T29, 344b24-26), "又彼雖立境及有境, 而極雜亂. 五(根)取自境, 意(根)緣一切, 有

일체법이 의근의 대상이라고 한 이상 의근도 일체법에 포함되므로 12
처는 결국 法處 하나로 총괄될 수 있다. 그는 이같이 말한다.

진실로 1處(즉 법처)만이 존재할지라도 차별상에 근거하여 1처 중에 그
밖의 다른 11처를 설정한 것이다. 즉 처음의 眼處 역시 法處라고 말할 수
있고, 나아가 意處 역시 법처라고 말할 수 있으며, 최후의 법처는 오로지
법처라고 말할 뿐이다.[101]

이 같은 12처의 해석은 自相과 共相에 따른 제법의 분별과 간택을 추구
하는 유부로서는 용납하기 어려운 일이다. 그들이 12처 분별의 논거로 삼
는『순별처경』(잡아함 제322경)에서 법처는 外處로서 그 밖의 11처에 포섭
되지 않는 법(주29), 즉 無見無對의 무표색과 受·想·思 등의 심소법, 불상응
행법, 그리고 무위법이 여기에 포섭된다. 중현에 의하는 한 불타께서 12처
를 설한 것은 그것이 심·심소법을 生長(āya)시키는 門이기에 境과 有境의
뒤섞임 없는 작용을 뒤섞임이 없이 설정하기 위해서였다.[102]

(2) 內門과 外門

'일체법(12處)은 법처에 포섭된다'는 상좌의 주장은 그것의 內外 분별
에도 혼란을 야기한다.『대비바사론』에 의하면, 세존께서는 제자들로 하여
금 內門에 대해 靜慮를 닦게 하였기 때문에, 나아가 제자들로 하여금 먼저
內觀(內法에 대한 念住)을 닦게 하였기 때문에 內外에 대해 분별하게 된 것

何雜亂?"

101 『순정리론』권3(T29, 344b17-19), "又彼所言, 雖實一處, 而於一中據差別相, 立餘十一. 謂初眼處
亦名法處, 乃至 意處亦名法處, 最後法處唯名法處."

102 『순정리론』권3(T29, 344c12-14), "謂能生長心心法, 故名爲處. 是故說處, 爲立不雜境及有境, 無
亂有用."

으로,[103] 유부에서는 자아의 근거가 되는 6근과 6식을 내적인 것(ādhyātmika)
으로, 그 밖의 6경을 외적인 것(bāhya)으로 분별하였다.

이에 대해 상좌는, 我執(ahaṃkāra)의 토대(依止)가 되는 마음(6識身)의 所
依를 내적인 것, 所緣을 외적인 것으로 분별한 세친(經主)[104]과 마찬가지로
내외의 기준을 6식에 두어 6식의 소의가 되는 것을 내적인 것, 6식의 소연
이 되는 것을 외적인 것으로 분별하였다. 따라서 그는 앞서 일체법이 의근
의 대상이 된다고 하였기 때문에, 안근 등은 안식 등의 소의가 될 때는 내적
인 것이지만, 의식의 소연이 될 때는 외적인 것이 된다.[105]

그(상좌)는 말하였다. 예컨대 意根은 內處에 포섭되지만 의식의 소연이 될
때는 또한 外處에 포섭된다.[106]

또한 상좌는 말하였다. 眼 등이 내적인 것과 외적인 것 모두와 통한다는
주장은 결정코 성립한다고 해야 할 것이니, 세존께서 "필추들은 마땅히 알
아야 한다. 존재하는 모든 眼으로서 혹은 과거의 것이나, 혹은 미래의 것이
나, 혹은 현재의 것이나, 혹은 내적인 것이나, 혹은 외적인 것이나--(이하
자세한 내용은 생략)--. 意의 경우도 역시 이와 같다"고 설한 바와 같다.[107]

---

103 『대비바사론』권74(T27, 381b8-c2).

104 『구사론』권2(T29, 9c19-25).; 『순정리론』권6(T29, 360b21-27).

105 『순정리론』권6(T29, 361a25-28), "又雖眼等皆通二分(同分·彼同分), 而內外性互不相違. 是故不
應執此爲難. 謂作眼等識所依時, 立爲內性. 若作意識所緣境時, 立爲外性(또한 眼 등은 다 同分·彼
同分 모두와 통한다고 할지라도 內外의 성질은 서로 모순되지 않는다. 그렇기 때문에
'眼 등은 [5]識의 소의가 될 때 내적인 것이지만 意識의 소연경이 될 때 외적인 것'이라는
사실에 대해 논란해서는 안 된다.)"

106 『순정리론』권6(T29, 361a28-29), "彼謂如意根是內處攝, 爲意識所緣, 復外處攝."

107 『순정리론』권6(T29, 361c2-5), "彼上座言: 所立眼等通內外性, 決定應成, 如世尊說. '苾芻當知!
諸所有眼, 或過去, 或未來, 或現在, 或內, 或外. 乃至廣說. 意亦如是.'"

이에 대해 중현은 상좌의 말은 결코 경에서 설한 적이 없는 불확정적 사실(不成)일 뿐만 아니라 존재의 개별적 특성마저 뒤섞어 버린 것으로,[108] 그럴 경우 4念處觀에서의 身·受 등도 외적인 것이라고 해야 한다고 힐난한다.

상좌는 어떠한 이유에서 일체법(12처)을 법처로 총괄하였고, 그것을 의식의 소연으로 설정하여 외적인 법으로 분별하였던 것인가?『순정리론』에는 이에 대한 그의 변명을 전하지 않는다.[109] 이는 '分別의 철학'이라고 할 만한 유부의 교학체계에서 일탈한 것으로, 필시 '處=가유, 界=실유'설과 관련 있을 것이다. 후술하듯 상좌는 '處=다수의 실체가 화합한 것, 界=[處의 所依가 된] 각각의 개별 실체'(주133)로 이해하였다. 일체법(12처)이 다 法處에 포섭되는 것이라면, 法界는 일체법(즉 법처)의 所依라고 하지 않으면 안 된다. 상좌 또한 유가행파와 마찬가지로 界를 종자(bīja)나 소의(āśraya)의 뜻으로 이해하였다. 그는 종자를 상속신 상에 항상 隨逐(anu-gata)하는 界(dhātu) 라는 뜻에서 '隨界(*anudhātu)'라 이름하였다.

이제 界에 대한 상좌의 생각을 더듬어 보기로 하자.

---

108 『순정리론』권6(T29, 361c21-22; 362a5-6).

109 加藤純章(1989,『經量部の硏究』, pp.280-283)은 그 이유에 대해 다음과 같이 추측한다. "유부의 3科 分別論에서 法境 즉 意根(혹은 意識)의 대상은 受·想·行蘊과 無表의 3無爲인데, 이는 18界 중에 5위75법을 무리하게 적용시킨 결과이다. 그래서 유부에서는 '일체법은 의식의 소연[연]'이라는 所緣緣의 규정을 통해 이러한 不備를 보완하려고 하였다. 유부의 또 다른 규정에 의하면, 5근(識)은 현재의 대상만을 취하며, 의근(식)은 三世法과 非世(무위)法을 취하는데, 여기서 삼세법은 사실상 일체법이다. 상좌가 일체법이 의식의 대상 (法境)이라고 주장한 첫 번째 이유는 아마도 18界에서의 法境의 의미를 바로잡기 위해서였을 것이다. 또 다른 이유는 아마도 의식의 대상인 法境이 모두 과거법임을 강조하기 위해서였을 것이다. 유부의 규정에서 법경은 受·想·行(=思)蘊과 無表와 3無爲의 7법이지만, 상좌는 이 중 受·想·思의 3법만 인정하기 때문에 유부의 규정을 받아드린다면 법경은 3법뿐이다. 그러나 상좌는, 의식의 대상은 일체법이며, 그것은 적어도 의식이 생겨나기 일찰나 전의 과거에 존재한다고 주장하였을 것이다. 그 때문에 유부의 所緣緣의 기술을 18界 체계 중에 끌어들여 논의한 것은 아닐까." 加藤의 논의는 탁월한 듯하지만, 지나친 비약처럼 보인다. 필자 관견에 의하면 상좌는 유부와는 이미 교학적 전제가 다르기 때문에 다만 비판할 뿐 유부이론을 보완 시정할 생각은 없었을 것이다. 아마도 이는 후술하는 것처럼 隨界·종자설과 관련 있을 것이다.

5) 勝義有로서의 界

(1) 12處설에 대한 평가

유부에서는 본 장 제1절에서 논의한 "一切란 眼·色 등의 12處로서 自我 (ātman)나 主宰神(Īśvara)과 같은 그 밖의 법은 다만 언어적 개념으로서의 존재(즉 世俗有, 假有)일 뿐 [진실의] 경계대상이 아니"라는 『잡아함』 제319경과 '一切가 존재한다(sarvāsti)'는 동 제320경 등의 법문에 따라 일체법을 과거·현재·미래의 제 유위법과 비택멸·허공·택멸의 세 가지 무위법으로 분별하고, 이것의 실유를 주장하였다.[110] 즉 그들에게 있어 法(dharma)이란 自相(svalakṣaṇa)을 갖는 것('能持自相, 名爲法': T29, 1b9), 그리하여 경계대상이 되어 지각/인식을 낳는 것('爲境生覺 是眞有相': 주2)으로, 이 같은 사유는 「一切經」 등으로 일컬어진 12처의 법문에서 비롯되었다고 할 수 있다.

"불타께서 12처의 법문을 설하게 된 것은 자아(혹은 보특가라) 등의 실재성을 부정하고 아울러 알려진 법(所知法, jñeyadharma)이 존재한다는 사실을 총체적으로 나타내기 위해서였다."[111] 중현은 12처설의 의의를 이같이 평가하였다. 이런 까닭에 『대비바사론』에서는 초기불교 이래 제법분별의 기본형식인 5온·12처·18계 중에서 12처를 가장 수승하고 미묘한 법으로 이해하였으며,[112] 說一切有部(Sarvāstivāda)라는 부파 명칭도 사실상 여기서 비롯되었다. 그들에게 있어 12처가 勝義有라는 사실은 두말할 나위도 없다.

---

110 『잡아함』 제319 경(「一切經」)에 근거한 이 같은 형식의 최초의 분별은 『법온족론』 제18 「處品」에서 이루어지고 있다.

111 『순정리론』 권51(T29, 630c28-29), "故爲遮有補特伽羅, 及爲總開有所知法, 佛爲梵志說此契經."

112 『대비바사론』 권73(T27, 378c17). 이에 따라 毘婆沙師는 다음과 같이 말한다. "만약 諸法의 性相을 관찰하려고 한다면 마땅히 이와 같은 12처의 교설에 의거해야 한다. 만약 이와 같은 12처의 교설에 의거하여 제법의 성상을 관찰한다면 바로 12가지 爾焰智(jñeyajñāna)의 빛이 생겨나며 또한 12가지 眞實義(ttatvārtha)의 影像이 생겨나니, 이는 마치 잘 닦은 12개의 맑은 거울을 諸方에 걸어두고 그 가운데로 들어가면 12개의 자기 몸의 영상이 나타나는 것과 같다." (T27, 378c23-28)

중현은 '處=가유, 界=승의'라는 상좌의 논의는 다음과 같은 경설에 위배되는 것이라 비판하였다.

> 고타마(喬答摩)여! 존자께서는 다른 곳에서 "나는 일체의 모든 것을 깨달았다"고 설하였습니다. 무엇에 근거하여 '일체의 모든 것을 나는 깨달았다'고 말씀하신 것입니까? 오로지 원컨대 저를 위해 勝義有에 관한 법문을 열어주소서.
>
> 세존께서 그에게 말하였다.
>
> "梵志여! 마땅히 알아야 할 것이니, 이를테면 12處가 바로 그것이다. 이것이 勝義有이며, 그 밖의 것은 모두 거짓된 것(虛僞)이다."[113]

부파불교 시대 一切法의 법문을 둘러싸고 다양한 견해와 이설들이 존재하였다. 당시 12처의 假實문제는 과거·미래 2세의 假實문제와 더불어 중요한 논쟁거리 중의 하나였다. 이는 당시 불교 내부의 논쟁점을 정리한『성실론』「發聚」의「十論」(주4)이나『論事(Kathāvatthu)』제1「대품」(제6「一切有論(Sabbamatthītikathā)」)에서도 주요 문제였다. (그러나 여기서는 주장자에 대한 언급이 없다.)

주지하듯이 세친이『유식이십론』에서도 12처의 법문을 불요의로 이해하여 그것의 실재성을 부정하였지만,『이부종륜론』상에서 그러한 부파는 說假部이다. 그들은 "12處는 진실이 아니다"는 명제만을 남기고 있어[114] 자세한 내용은 알 수 없지만, 窺基는 이를 例의 [극미] 積聚에 의한 假實문제로 이해하고 있다. 즉 그들은, 소의(根)도 소연(境)도 적취된 것이며, 적취된

---

113 『순정리론』권4(T29, 352a6-9).

114 『이부종륜론』(T49, 16a17), "說假部本宗同義 -- 十二處非眞實." 중현 이들을 假有論者로 부르고 있다. "假有論者說, 現在世所有諸法(즉 12처), 亦唯假有" (T29, 630c12-13)

것은 가유이기 때문에, 아울러 意處의 경우 현재세의 識이 과거로 落謝한 것이기 때문에 "진실이 아니다"고 말하였다는 것이다. 그리고 그들은 18界에 대해서도 역시 동일한 논리로써 '진실이 아닌 것(非實, *abhūta)'으로 간주하였다고 부연 설명하고 있다. (그러나 蘊의 경우는 소의·소연이 되는 일이 없기 때문에 실유라고 주장하였다.)115

『순정리론』상에서 12處나 이에 따른 일체법을 부정한 이는 都無論者(*nāstika)이다. 그들이 구체적으로 누구를 지칭하는지 분명하지 않지만, "일체법은 모두 無自性으로 空花와 같다"거나 "[일체법은] 거짓된 허깨비와 같은 존재(虛幻有)"라고 설한 것으로 볼 때,116 혹은 『구사론』「파아품」에서 결코 해탈할 수 없는 이들로 '不可說의 補特伽羅(pudgala)'를 주장한 이들(즉 독자부)과 함께 '일체[법]의 비존재(nāsti: 非有)'를 주장하는 이들'117을 언급하였고, 普光과 稱友는 이들을 空見外道와 중관론자(Madhyamaka-cittānām)로 해설한 것으로 볼 때,118 또한 중현은 이들 都無論者를 壞法論·壞法宗으로도 호칭하였는데, 『유가사지론』「보살지 진실의품」에서 假有의 근거인 진실의 실체(實事)마저 부정하는 이를 壞諸法者(sarvavaināśikaḥ)나 最極無者(pradhāna-nāstikaḥ)로 규정하였고,119 디파카라는 '일체의 비존재(sarvaṃ nāsti)'를 주장한 Vaitulika(대승)라는 불합리한 空性論者(ayogaśūnyatāvādin)'를 vaināśika(絶滅者 즉 壞法論)로 호칭한 것으로 볼 때120 아마도 대승의 般若空觀 계통의 空見

---

115 『이부종륜론술기』(卍續藏經83, p.454), "述曰: 以依積聚, 緣亦積聚. 聚之法皆是假故. 雖積聚假義, 釋於蘊, 蘊體非假, 無依緣故. 現在世之識, 不名爲意. 入過去時, 方名意處. 依止義成, 體非現在, 亦非實有. 問: 十八界等, 若爲假實? 答: 亦有依緣假義故, 此亦非實.

116 『순정리론』권51(T29, 630c13f; 26f).

117 AKBh., p.472. 13f. ekeṣāṃ sarva nāstitāgrāḥ.; (T29, 156c22f), "一類總撥一切法體皆非有."

118 (T41, 446c28; AKVy., p.710. 32).

119 『유가사지론』권36(T30, 488b27ff), "若唯有假, 無有實事, 旣無依處, 假亦無有. 是則名爲壞諸法者.--"; Bodhisattvabhūmi(ed. U. Wogihara, p.45. 24ff; 안성두 역주, 『보살지』, pp.382-385 참조.

120 ADV., p.258; 권오민(2012), 『上座 슈리라타와 經量部』, pp.382-385 참조.

論師(혹은 空花論者)들로 짐작된다.

중현이 都無論, 壞法論 등에 대해 언급한 것은 그들을 비판하기 위해서가 아니라 上座 슈리라타를 비판하기 위한 것임은 두말할 나위도 없다. 중현은 오로지 현재 일 찰나의 12처의 법만을 인정하고 과거·미래법을 부정한 상좌에 대해 "上座宗은 이들 都無論宗과 오직 일 찰나의 간격만이 있을 뿐"이라고 조소하기도 하였고,[121] 상좌가 有色處 가유론을 주장한 데 대해 이는 '壞法宗에서 노니는 것'이라거나 '壞法論과 가까운 것', '壞法論宗에 안주하는 것'이라 힐난하기도 하였으며(주47 본문 참조), 열반(택멸)의 실재성을 부정한 상좌일파에 대해 "그대들은 일찍이 空花[論]을 싫어하였는데, 이제 바야흐로 또 다른 空花[論者](*khapuṣpakā viśeṣa)가 되었구나!"[122]라고 탄식하기도 하였다.

중현은 유색처 가유론을 주장한 상좌에 대해 "세존께서 진실이 아닌 법(不實法)을 승의유로 설하였다(주113)거나 오로지 가유를 증득하여 等正覺을 성취하였다고 해서는 안 된다"고 훈계하고서 상좌가 空花論者라면 이같이 말할 수도 있을 것이라고 힐난한다. "부처를 일컬어 스승이라 하니, 마땅히 이에 무리 짓지 말아야 한다."[123] 말하자면 불타는 다만 스승에 불과하므로 그의 법문을 쫓아 파당을 지어서는 안 된다는 것으로, 여기서 파당은 당연히 일체법(12처)의 법문에 따라 '說一切有部(Sarvāstivādin)'라는 이름의 파당을 지은 毘婆沙師(Vaibhāṣika)를 의미할 것이다.

다른 한편 上座는 "일체법이란 말하자면 12處이다", "이러한 12처는 모두 다 戲論을 갖으며, 모두 다 무상한 것이다"라는 등의 경설을 '택멸(열반)=

---

121 『순정리론』권51(T29, 630c26f), "有餘復由邪見增上, 說一切法自性都無. 彼亦說言, 現虛幻有.";
(631a1-3), "故諸憎厭實有去來, 不應自稱說一切有. 以此(상좌종)與彼都無論宗, 唯隔一刹那, [有部宗]見未全同故."

122 『순정리론』권17(T29, 434a23f), "汝等嘗廉空花論, 而今乃成空花差別."

123 『순정리론』권4(T29, 352a11), "空花論者, 可說此言. '稱佛爲師, 不應黨此.'"

비실유'의 주장논거로 제시하기도 하였다.[124]

비록 12처의 실재성을 인정하였던 부파일지라도 일체법의 해석에 있어서 대다수 유부와 차이를 보이고 있다. 예컨대 增益論者(독자부)는 일체법으로서 12처뿐만 아니라 여기에 不可說의 補特伽羅(pudgala)를 더하였고, 分別論者(음광부)는 12처 중에 오로지 현재법과, 과거법으로서 아직 결과를 낳지 않은 업만이 존재한다고 주장하였으며, 刹那論者(경량부)는 오로지 현재 일 찰나 중의 12처의 [所依가 된] 실체만이 존재한다고 설하였다.[125] 나아가 上座宗(상좌일파)에서는 현재찰나의 색·성·촉·법처의 경우 일부(예컨대 극미대종)는 實有이지만 일부는 實無라고 주장하였다.[126]

한편 『성실론』의 저자 訶梨跋摩(Harivarman)는 一切有를 12처라고 말하면서도 이것의 존재 유무에 대해서는 中道의 입장을 취하고 있다.

불타의 법(佛法)은 方便이기 때문에 '일체[법]이 존재한다'거나 '일체[법]은 존재하지 않는다'고 설할지라도 이는 第一義가 아니다. 왜냐하면 만약 결정적으로 '존재한다'고 하면 常邊에 떨어지고, 만약 결정적으로 '존재하지 않는다'고 하면 斷邊에 떨어지기 때문으로, 이러한 두 변을 떠난 것을

---

[124] 『순정리론』권17(T29, 434a24-28). 자세한 인용과 원문은 본서 제2장 주139 참조. 여기서 '戱論(prapañca)'은 탐 등의 諸惑. (『순정리론』 T29, 768c29) 혹은 一切煩惱와 隨煩惱의 諸蘊. (『유가사지론』 T30, 345c20)

[125] 『순정리론』권51(T29, 630c9-13), "一刹那論者唯說, 有現一刹那中十二處體." 여기서 十二處의 '體'는 處(인식영역)로서의 자상(āyatana-svalakṣaṇa)을 지닌 법이 아니라 事(실체)로서의 자상(dravya-svalakṣaṇa)을 지닌 법의 의미일 것이다. 상좌는 '處假有論'을 주장하였기 때문이다. 處와 事의 自相에 대해서는 제7장 주14 참조.

[126] 『순정리론』권51(T29, 630c23-24), "汝等說, '現十二處, 少分實有, 少分實無.' 如上座宗, 色聲觸法." 즉 "경량부(상좌)에 의하는 한, 현재찰나의 12處라고 할지라도 色處 중 顯色은 實有이나 形色은 實無이며, 聲處 중 무기로서 찰나의 소리는 실유이지만, 相續의 어업 중 선·악업 등의 소리는 실무이며, 觸處 중 4大는 실유이지만 그 밖의 소조촉은 실무이며, 法處 중 선정의 경계인 無見無對의 色과 受·想·思는 실유이지만 그 밖의 심소법은 '思' 상에 가립된 실무이며, 불상응행법과 3무위법 역시 실무이다." (『구사론기』권20, T41, 314a6-12: 제2장 주2). 色 등 外境의 實無에 대해서는 제2장에서, 법처 중 제심소법의 실무(무별체)에 대해서는 제3장에 상론한다.

'성스러운 中道'라고 말하였다.[127]

　우리는 蘊·處·界 3科의 假實 문제에 관한 불교 諸派의 논의에서 매우 흥미롭기는 하지만 이해하기 어려운 점을 지적하지 않을 수 없다. 유부의 경우 18계는 12처를 廣說한 것이며, 5온은 12처를 略說한 것이다.[128] 다시 말해 3科는 廣略의 차이가 있을 뿐 다 같이 所知法으로서 자상을 갖는 실유이다. 그러나 비록 窺基의 해설을 통한 것일지라도 설가부에서는 12처와 18계는 가유, 5온은 실유라고 주장한 반면, 세친은 현재 찰나에 한정된 것이기는 하지만 12처와 18계는 실유, 5온은 가유라고 주장하였으며, 上座(경량부)는 5온과 12처는 가유, 18계는 실유라고 주장하였다. 그리고 都無論者(空花論者)는 일체법의 실재성을 부정하였다.

　이를 도표로 나타나면 다음과 같다.

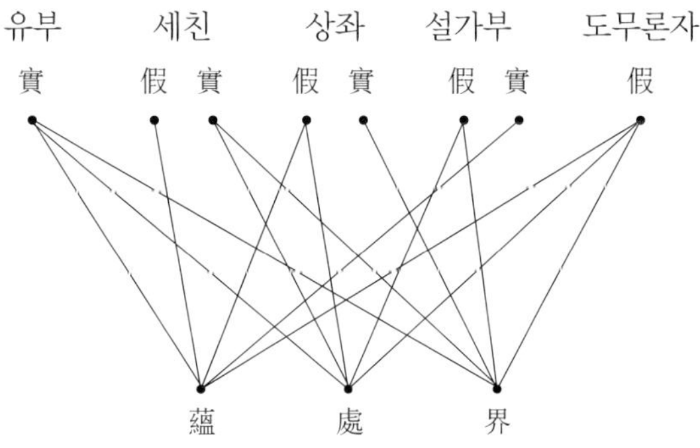

　이 같은 제 부파 간의 상위를 어떻게 이해해야 할 것인가? 세친은, 蘊은

---

127 『성실론』권2(T32, 256b1-3).

128 주23 참조. 바로 이 같은 이유 때문에 유부 毘婆沙師는 12處를 最上 勝妙의 교설로 간주하게 되었다. (주112)

적취의 뜻이기 때문에 가유이지만, 處는 가장 미세한 色聚(微聚)인 극미 각각
이 處의 작용(즉 심·심소의 生門)을 갖기 때문에 실유라고 하였다. (주12)
이에 반해 상좌는 각각의 극미는 處의 작용을 갖지 않으며 다수의 극미가
화합할 때 비로소 5식의 소의와 소연이 되기 때문에 가유라고 하였다. (주45)

그렇다면 上座는 어떠한 까닭에서 界의 실유를 주장한 것인가? 處가
가유이고 界가 실유라면, 眼處와 眼界 내지 觸處와 觸界의 차이는 무엇인가?
혹은 5식의 소연(5境)이 가유라면, 5界를 소연으로 삼는 경우 그것 또한 가
유라고 해야 하지 않겠는가? 중현 또한 이 같은 사실을 상좌의 '유색처=가
유'론의 비판논거의 하나로 제시하였다.[129] 더욱이 窺基는 설가부의 주장을
해설하면서 18계 역시 소의와 소연이 되는 경우가 있기 때문에 가유로 주
장하였을 것이라고 附記하고 있다. (주115) 上座는 '界'를 어떠한 뜻으로 이
해한 것인가?

(2) '界'의 의미

『순정리론』에서는 비록 상좌의 학설을 대규모로 전하고 있을지라도
이는 그의 학설을 천명하기 위한 것이 아니라 비판을 위한 것이기 때문에
전해진 학설의 진의가 분명하지 않다. 상좌의 '18界=實有/勝義有'설의 경우
도 역시 그러하다. 그러나 그가 18계를 실유로 이해한 이상 어떤 식으로든
'계(dhātu)'의 의미에 대해 모색해보지 않으면 안 된다.

앞서 상좌는 "蘊과 處는 오로지 세속(가유)이고 所依가 된 실체(實物)는
승의(실유)이지만, 界는 오로지 승의"(주20)라고 주장하였다. 이러한 사실
로 본다면 승의유 즉 진실의 존재란 어떤 사물의 소의(근거)로서, 界를 승의

---

129 『순정리론』권4(T29, 351c28-29), "又於此中, 觸法處界有何差別, 而言'觸法處唯是假, 界是實'
　　耶?"; (T29, 351b16-17), "有世間智, 緣界爲境, 彼所緣界, 亦應非實."

유라고 한 이상 이 또한 일체법(12처)의 소의라고 할 수 있다. 앞서 그는
승의와 세속의 차이를 이같이 분별하였다.

> 만약 다수의 실체(多物)[로 이루어진 것]에 대해 '존재(有)'라고 시설하였
> 으면 이를 世俗이라 하며, 다만 하나의 실체(一物)에 대해 '존재'라고 시설
> 하였으면 이를 勝義라고 한다. 또한 지목(지시)된 어떤 법을 세분하여 분
> 별할 때 본래의 명칭을 상실하는 것을 世俗이라 하며, 지목(지시)된 어떤
> 법을 세분하여 분별하더라도 본래의 명칭을 상실하지 않는 것을 勝義라
> 고 한다. (주25)

중현은 이에 대한 반증을 통해 상좌의 주장을 비판한다. 즉 이러한 정
의에 따르는 한 觸·法의 2界 또한 하나의 실체에 대해 '존재'로 시설된 것이
아니기 때문에 (다시 말해 다수의 실체를 하나의 界로 설정한 것(依多立一:
T29, 666b7)이기 때문에 가유라고 해야 할 것이며, 苦諦 또한 5온 등으로
세분하더라도 그 명칭(즉 '괴로움')을 상실하지 않기 때문에 "苦 등의 3제는
세속유와도 통한다"는 그의 주장은 이치(正理)에 맞지 않다는 것이다.[130]
　　그러나 중현과 상좌 사이에는 소통하기 어려운 근원적인 차이가 있는
것처럼 느껴진다. 유부에 의하는 한 觸處와 觸界는 동일한 것으로 분류이
갈래만 다를 뿐이다. 즉 촉처는 身識을 낳는 門(aya-dvāra)으로서 설정한 것
이며, 촉계는 生의 相續을 구성하는 種類/種族(gotra)으로서 설정한 것이다.
또한 觸에는 11가지(4大種과 7所造觸)가 있지만, 각각으로 세분(분석)되더라
도 '촉'이라는 성질(지각성)을 상실하지 않기 때문에 실유이다.
　　그러나 상좌의 논의에 의하면, 촉처와 촉계는 다르다. 인식(신식)의 門

---

130 『순정리론』권58(T29, 666b16-24).

이 되는 촉처는 다수의 실체(대종)로 이루어진 가유이지만, 이것의 소의가 된 4대종은 촉계로서 실유이다. (상좌에 의하면 '촉계는 오로지 대종성': 제2장 2-2에서 상론) 중현은 이 같은 상좌의 생각을 "[觸·法의] 2界는 파괴되고 쪼개질 때에도 '계'의 특성이 상실되지 않기 때문에 오로지 승의"라는 말로 전하고서,131 이에 대해서도 역시 "蘊과 處가 파괴되어 쪼개질 때에도 [온·처의 특성인] [積]聚와 [生]門의 뜻은 상실되지 않는다"고 반증하지만,132 상좌는 애당초 蘊과 處를 다수의 실체(多物)의 적취·화합물로, 界를 그것의 所依로 간주하였던 것이다. 중현은 다시 그의 생각을 이같이 옮기고 있다.

이 두 가지(處와 界) 역시 차별되니, 다수의 실체(多物)가 和合한 것을 바야
흐로 處라고 이름하였고, [處의 소의가 된] 각각의 개별적 실체(別物,
*dravya, artha-antara)를 界라고 이름하였다.133

그리고 이같이 힐난하였다. "處와 界를 설정하는 방식이 동일하지 않을 뿐더러 도무지 올바른 이치(正理)도 그 밖의 다른 논거(量, 즉 經證)도 결여된 것으로, 다만 상좌의 자의에 따라 설정한 것일 뿐이다."134

사실 '界(dhātu)'라는 말은 '處(āyatana)'와는 어원적으로든, 불교 교학상의

---

131 『순정리론』권58(T29, 666b9-10), "若謂, '[觸·法]二界於破析時, 界相不捨故唯勝義.'": 동론 권
33(T29, 533a12-14), "又彼自許: 觸法界中, 各有多物, 如一一物別得界名, 總亦是界. 色界亦爾. 總
聚如別, 俱得色名" 유부에 있어 법계(혹은 법처)는 受·想·行蘊과 무표색, 3無爲(택멸·비
택멸·허공)의 7법이지만, 상좌는 이 가운데 행온의 경우 受·想·思를 제외한 심소와 불
상응행법, 그리고 무표색과 3무위의 실재성을 인정하지 않기 때문에 명목상 법처에는
受·想·思의 3법이 포섭된다. (『순정리론』권6, T29, 361b6-7; 권4, T29, 352a2-3 참조. 이에
대해서는 제8장 '마음과 인식'에서 상론함)
132 『순정리론』권58(T29, 666b10-11).
133 『순정리론』권4(T29, 351c29-352a2), "此二亦有差別. 多物和合, 方得處名. 一一別物, 即得名界."
134 『순정리론』권4(T29, 352a3-5).

의미로든 그 위상이 다르다. āyatana가 심·심소를 낳고 증장시키는 장소, 영역, 거처 등을 나타내는 데 반해,135 '--에 놓다' '--을 주다, 산출하다'는 뜻의 어근 √dhā(任持 能持로 漢譯)에서 파생한 dhātu는 層(layer), 요소(또는 광산의 요소인 광물), 성분, 혹은 語根 등을 의미한다. 이에 따라 處는 심·심소가 머무는 장소, 界는 현상을 구성하는 차별적인 요소(自性)의 뜻을 갖는다고 말할 수 있는데, 『대비바사론』에서의 해석 역시 대체로 그러하다.136 여기서는 處를 물자를 산출하여 유정을 長養시키는 도시에 비유하였다면, 界를 [광]산을 구성하는 금·은 등의 광물로 이해하였다. 도시가 물자를 산출하여 유정을 장양시키는 터전(=緣)이라면 금·은 등의 광물은 현실의 금·은 등을 낳는 직접적인 원인(=因)이다. 이런 까닭에 『바사론』에서는 界를 種種因의 뜻으로 해석하기도 하였고, 이에 따라 『구사론』에서도 界의 語義를 밝히면서(주 8) 眼界 등은 자신의 종류에 同類因이 되기 때문에, 다시 말해 전 찰나의 안계는 후 찰나의 안계의 근원이기 때문에, 그리고 인과적 제약을 떠난 무

---

135 이종철(1996), 「12處考」 주2 참조.

136 『대비바사론』에서는 處를 12가지 뜻으로, 界를 8가지 뜻으로 해석하는데(T27, 379a11ff; 367c21ff), 간략히 설명하면 다음과 같다. 處(āyatana)의 경우, ①生門(āya dvāra): 마치 도시(城邑)에서 온갖 물자가 생산되고 이것에 의해 온갖 유정이 長養되듯이 소의와 소연 중에서 種種의 심·심소법이 생겨나고 이것에 의해 染淨의 상속이 장양되기 때문에, ②生路: 심·심소를 낳는 통로가 되기 때문에, ③藏. ④倉: 광이나 곳간에 금·은 등이 쌓여 있듯이 소의와 소연에 심·심소가 쌓여 있기 때문에, ⑤經: 날실 위에 씨실이 엮어져 있듯이 소의와 소연에 심·심소가 엮여 있기 때문에, ⑥殺處: 전쟁터에 백 천의 머리가 떨어져 있듯이 소의와 소연 중에 無量의 심·심소가 無常滅에 의해 파괴되기 때문에, ⑦田: 밭에 온갖 종류의 모와 벼가 생장하듯이 소의와 소연에도 종종의 심·심소가 생장하기 때문에, ⑧池, ⑨流: 못으로부터 물이 흘러나오듯이 眼處 등으로부터 [번뇌가] 흘러나오기 때문에, ⑩ 海: 眼의 바다에 色이라는 거대한 파도가 일기 때문에, ⑪白, ⑫淨: 眼處 등은 거칠게 드러나지만 명료하고, 貞實하며 깨끗하기 때문에 '處'라고 이름하였다. 界(dhātu)의 경우, ①種族: 하나의 山 중에 금·은·동·철 내지 흰 흙 등의 種族(gotra)이 존재하듯이 하나의 相續身 중에 각기 다른 18계의 종족(성분)이 존재하기 때문에, ②段, ③分, ④片: 재목 등의 조각(段), 부분(分), 단편(片)을 순서대로 이어놓고 궁전이니 집이니 하듯이 眼 등 18계의 조각 등을 순서대로 이어놓고 有情(sattva)이니 摩納婆(māṇava, 사람)라고 하기 때문에, ⑤異相, ⑥不相似, ⑦分齊: 안계 내지 의식계는 서로 다르고 유사하지 않으며, 그것의 분제 또한 다르기 때문에, ⑧種種因: 眼界는 다른 것에 의한 것이 아니라 안계에 의한 것이고 나아가 의식계 또한 그러하기 때문에 '界'라고 이름하였다.

위법의 경우 [所緣緣이나 增上緣으로서] 심·심소의 근원이 되기 때문에 界의 뜻인 종족·성분(gotra)은 근원·근본(ākara: 生本)의 뜻이라고 하였다.[137]

그렇더라도 處와 界는 法體상으로 차별되는 것은 아니었다. 그러나 유가행파에 이르면 양자의 차별은 보다 분명해진다. 『유가사지론』에 따르면 處는 因緣을 제외한 等無間·所緣·增上의 세 緣을 드러내기 위해 제시된 개념으로 心·心所의 生長門, 緣, 方便, 和合性, 所依止, 居住處 등의 뜻이라면, 界는 因緣을 드러내기 위해 설정된 개념으로 원인(因, hetu), 種子(bīja), 本性(prakṛti), 種性(gotra), 微細(sūkṣma), 任持(ādhāra) 등의 뜻이다.[138]

無着 또한 處를 다만 識의 生長門으로 이해한 데 반해 界는 '一切法의 種子', '능히 自相을 任持하는 것', '능히 因·果性을 任持하는 것', '일체법의 차별을 攝持하는 것'이라는 의미로 해석하였다.[139] 이 중 界의 뜻에 대해 安慧는 다시 다음과 같이 해설하고 있다.

界가 '一切法의 種子'의 뜻이라고 함은, 알라야식 중에 [존재하는] 제법의 종자에 근거하여 '界'라고 말한 것이니, 界는 바로 원인의 뜻이기 때문이다. 또한 '능히 因·果性을 任持하는 것'의 뜻이라 함은, 18계 중 根·境의 諸界와 6識界가 바로 그와 같은 순서(즉 因性과 果性)의 법임을 말한 것이다. '일체법의 차별을 攝持하는 것'의 뜻이라 함은 諸經에서 설한 地 등의 諸界와 그 밖의 界가 상응하는 바에 따라 모두 18계에 포섭됨을 말한 것이다.[140]

---

137 『구사론』권1(T29, 5a7-9), "此中種族是生本義. 如是眼等誰之生本. 謂自種類同類因故. 若爾無爲應不名界. 心心所法生之本故."; AKBh., p.13. 19-20, ākarās tatra gotrāṇy ucyante. ta ime cakṣurādayaḥ kasyākarāḥ. svasyā jāteḥ, sabhāgahetutvāt. asaṃskṛtaṃ tarhi na dhātuḥ syāt. cittacaittānāṃ tarhi.

138 『유가사지론』권56(T30, 611b5-8; 610a1-5). 涅槃과 虛空 역시 苦의 不生을 任持하고 신근과 안근 등의 운동/작용을 任持하기 때문에 역시 界로 설정할 수 있다.

139 『대승아비달마집론』권1(T31, 666c27-28), "界義云何? 一切法種子義. 又能持自相義. 又能持因果性義. 又攝持一切法差別義. 處義云何? 識生長門義是處義."

140 『대승아비달마잡집론』권2(T31, 704b25-c2).

이렇듯 초기 유가행파에서는 界를 一切法을 낳고 그것의 차별을 포섭하는 종자(즉 인연)의 의미로 이해하였다. 따라서 당연히 아라한의 최후 순간의 눈(眼)은 더 이상 결과(等流果)를 낳지 않기 때문에 眼界가 아니다.[141]

『섭대승론』이나 『성유식론』에서 알라야식 존재증명의 첫 번째 教證으로 인용된 『阿毘達磨大乘經』의 伽他(gāthā)에서 界는 유루·무루 일체법의 평등한 소의(samāśraya: 공통의 기반/토대)로 묘사되고 있다. "시작도 없는 과거로부터 [이어져 내려온] 界(dhātu)가 일체법의 평등한 所依이니, 이로 말미암아 [天에서 지옥에 이르는] 모든 존재형태(gati: 趣)[로의 생사윤회]와 열반의 증득이 존재한다"[142]

세친과 무성 역시 여기서의 界를 일체법의 공통의 기반/토대가 되는 원인, 雜染法의 원인이 되는 종자의 뜻으로 해석하였으며,[143] 『성유식론』에서도 원인 즉 시작도 없는 과거로부터 展轉상속하며(이어져 내려오면서) 직접적으로 제법을 낳는 種子識으로 해석하였다.[144] 『성유식론』에서는 앞서 『섭대승론』에서 인용한 伽他의 전반부('無始時來界 一切法等依')를 種子 本有說의 경증으로도 제시하는데(T31, 8a24f), 여기서는 또한 "일체 유정은 無始이래 마치 惡叉(akṣa) 열매더미와도 같은 種種界(nānādhātu)를 지니고 있

---

141 『유가사지론』권56(T30, 609b20f).

142 "無始時來界 一切法等依 由此有諸趣 及涅槃證得." (T31, 133b15f; 14a13f); anādikāliko dhātuḥ sarvadharma samāśrayaḥ/ tasmin sati gatiḥ sarvā nirvāṇādhigamo api ca// (*Triṃśikāvijñapti-bhāṣya*, Sylvain Lévi, 1925, p.37. 12f) 본문의 번역은 세친의 해석에 따른 것이다. 무성의 해석에 의할 것 같으면, "[알라야식은] 시작도 없는 과거로부터 이어져 온 계이고, 일체법의 평등한 소의이니"가 되어야 한다. (次註 참조)

143 『섭대승론(세친)석』(T31, 324a23f), "界者謂因. 是一切法等所依止. 現見世間, 於金鑛等說界名故.";『섭대승론(무성)석』(T31, 383a6f), "界者因也. 是誰因種? 謂一切法. 此唯雜染, 非是淸淨故." 이처럼 세친은 界(원인)와 依(소의)를 동일한 것으로 이해하였지만, 무성은 依는 원인이 아니라 任持(*ādhāra) 말하자면 저장처의 뜻이라 하였다. (T31, 383a10-12) 김성철 등 역,『무성석 섭대승론 소지의분 역주』, pp.57-61 참조. 次註의『성유식론』역시 界와 依를 因과 緣, 種子識과 執持識으로 달리 해설한다.

144 『성유식론』권3(T31, 14a17-20), "界是因義. 即種子識. 無始時來, 展轉相續, 親生諸法. 故名爲因. 依是緣義. 即執持識. 無始時來, 與一切法, 等爲依止. 故名爲緣."

다”는 계경 설도 인용한다. 여기서의 界 또한 종자의 다른 이름임은 두말할
나위도 없다.[145]

이에 따라 야마베 요부노시(山部能宜)는 초기 유가행파의 종자설을 「惡
叉聚經(akṣarāśisūtra)」(현존본은 『잡아함』 제444경)에 근거하여 탐구하기도
하였다.[146] 그에 의하면 유가행파의 최초기의 종자설은 '界'라는 개념과 친연
성이 강한데, 선행한 18계 각각이 후 찰나에 대응하는 법을 산출하는 힘을
지닐 때 이를 '종자'로 간주하였다.[147]

『구사론』 상에서도 "木聚 중에 種種界가 존재한다"는 경설에 따라 '계'
를 種子(bīja)의 뜻으로 이해하는 異說(보광과 칭우에 의하면 경량부 설)이
설해지지만,[148] 上座 슈리라타 역시 '界'를 종자로 이해하였다. 그는 종자를
隨界 혹은 舊隨界로 호칭하였다. 즉 수계란 種種의 法(업과 번뇌)이 熏習하여
형성된 것(말하자면 果性)이자 제 유정의 相續이 展轉하여(연속적으로 이어
져) 生이라는 또 다른 결과를 낳는 데 원인이 되는 것(즉 因性)으로, 언제
어디서든 유정의 상속 상에 隨逐(수반)되기 때문에 隨界이다.

상좌의 수계·종자설에 대해서는 제10장에서 상론할 것이지만, 그는
앞서 인용한 『아비달마대승경』의 伽他에서와 마찬가지로 界를 현행하는
일체법의 所依로 간주하였다. 예컨대 그는 隨眠(anuśaya)을 '번뇌의 수계' 즉
현행의 번뇌인 纏(paryavasthāna)의 원인적 존재(因性)로서 [色心 자체(6處)상

---

145 『성유식론』권2(T31, 8a22-24), "如契經說, '一切有情無始時來有種種界. 如惡叉聚.' 法爾而有. 界
即種子差別名." 여기서 악차 열매더미(惡叉聚)는 무량의 종자(界)의 비유로.『잡아함』 제
444경(T2, 114c-115a)에서는 깊이와 너비가 각기 1由旬이나 되는 곳에 쌓여 있는 이것(여
기서는 眼藥丸)으로 界의 무량함에 대해 논설하고 있다. 본서 제10장 주8에서 인용함.
146 山部能宜(1987), 「初期瑜伽行派に於ける界の思想について-Akṣarāśisūtraをめぐって」.
147 山部能宜(2000), 「瑜伽師地論における善惡因果說の一側面: いわゆる '色心互熏'說を中心と
して」, p.141.; Yamabe Nobuyoshi, A critical Exchange on the Idea of Dhātu-vāda, Riposte (Jamie
Hubbard & Paul L. Swanson 편저, 류제동 역, 『보리수가지치기』, pp.315-317) 참조.
148 『구사론』권4(T29, 18c9-11). 원문은 본서 제10장 주14 참조.

에] 항상 隨逐하는 것으로 이해하였으며,[149] 일찍이 훈습된 일이 없는 무루
법의 종자 즉 淨界는 본유적인 것이라고 주장하였다.[150] 상좌는 필시 18界를
유루·무루 일체법의 所依·종자로 이해하였기 때문에 3科 중 이것만을 實有
라고 주장하였을 것이다.

앞서 유가행파에서는 界를 원인·종자의 뜻으로 이해하였다고 하였지만,
그들 역시 18계를 일체법의 종자로 이해하였다. 즉 불타가 惡叉 열매더미의
비유로써 無邊 無量이라 설한 '種種界'를 18계의 다양한 차별상(異相)이라 하였
고, 그러한 諸界는 이루 헤아릴 수 없는 유정의 온갖 다양한 차별의 근거(依住)
가 되기 때문에 '非一界'라고 하였으며, 그래서 '無量界'라고 하였다는 것이다.[151]

혹은 『잡아함경』의 해석인 『유가사지론』 「攝事分」에서는 18계를 본유
적이거나 훈습에 의한 종자인 住自性界과 習增長界(말하자면 本性界과 熏習
界)로 분별하고서 18계는 무량의 種種界를 18가지 種類로 분류한 것임을 밝
히고 있다.

요컨대 界의 種類를 18가지로 말할 수 있을지라도 각각의 界에는 業과 趣
와 有情에 따른 종종의 품류의 차별이 있기 때문에 無量임을 알아야 한다.
이는 마치 세간의 서내한 惡叉 얼매더미와 같다. 즉 이러한 열매더미에는
많은 품류가 있지만, 種類가 동일하여 비록 하나이 더미라고 하였을지라
도 그 수는 무량이다. 이와 마찬가지로 그러한 [18계의] 각각의 界에는
무량의 품류의 차별이 있지만, 種類가 동일하기 때문에 비록 하나의 界라

---

149 『순정리론』권45(T29, 597b27-c14). 원문은 본서 제10장 주136 참조.

150 『순정리론』권15(T29, 421a18-19), "若謂 '淨界本來有'者, 因旣恒有, 何緣障故, 無漏果法曾未得
生? --如何復執, 淨界爲種?" 이는 상좌가 무루종자를 설정한 데 대한 중현의 힐난으로,
전후의 맥락은 본서 제10장 주13 참조.

151 『유가사지론』권56(T30, 609c23-27), "云何種種界? 謂卽十八界展轉異相性. 云何非一界? 謂卽彼
諸界, 無量有情種種差別所依住性. 云何無量界? 謂總彼二名無量界. 如佛世尊於惡叉聚喻中說. '我
於諸界, 終不宣說, 界有邊際中.'"

고 설하였을지라도 그 수는 실로 무량이다.[152]

상좌는 '有境과 境'의 분별에서 일체법(12처)은 인식(意根)의 대상(즉 法境)이 될 수 있다고 하였고, '內法과 外法'의 분별에서 인식의 대상이 되는 것을 외적인 것이라고 하였으므로 일체법은 법처로 총괄된다. 그런데 만약 법처가 일체법이라면, 법계 또한 일체법의 소의(āśraya), 근원/근본(ākara)이나 원인(hetu), 유루·무루 일체법의 종자(bīja)라고 하지 않으면 안 된다. 그리고 상좌에 의하는 한 일체 제법의 인연이 되는 種種界는 一心 중에 존재한다. (제11장 주1 참조) 이에 따라 대승의 性宗에서는 말하는 이른바 一法界, 一眞法界라는 개념도, 혹은 세간(유루)·출세간(무루)의 일체법을 포섭하는 一心이라는 개념도 '蘊·處=假有, 界=實有'라는 상좌의 제법분별론에서 발단하였을 것이라는 추측도 가능하다. 다만 意識의 인식대상이 法界라거나 유부 비바사에서 제시한 일체법 중 17계에 포섭되지 않는 受·想·行(=思)蘊과 무표색과 세 종류의 무위(택멸·비택멸·허공)가 法界라는 정도의 이해로는 '진여법계'라는 개념에 이를 수 없기 때문이다.

4. 일체법(12處) 異熟生 설

설일체유부에서는 18계를 생기와 관련하여 異熟生·所長養·等流性·有實事·一刹那의 다섯 종류(五類)로 분별한다. 여기서 이숙생(vipāka-ja)이란 전생의 선·악업에 의해 생겨나는 것을 말하고, 소장양(supacayika)은 음식·資

---

152 『유가사지론』권96 「攝事分」(T30, 846c24-29), "復次以要言之, 雖界種類十八可得, 然一一界業趣有情種種品類有差別故, 當知無量. 譬如世間大惡叉聚. 於此聚中有多品類, 種類一故, 雖說爲一而有無量. 如是於其一一界中, 各有無量品類差別, 種類一故, 雖各說一而實無量." 『대비바사론』에서도 역시 악차 열매더미의 비유로 설해진 무량의 種種界는 다 18계 중에 포섭된다고 말한다. (본서 제10장 주9)

助(몸을 이롭게 하는 塗油나 洗浴)·睡眠·等持 등에 의해 후천적으로 길러지는 것, 등류성(naiṣyandikā)은 동류의 성질을 지닌 원인(同類·遍行因)에 의해 생겨난 것(즉 等流果), 유실사(dravyavat)는 堅實 즉 무위에 포섭되는 것, 일찰나(kṣaṇika)는 일찰나에 의해 낳아지는 見道의 첫 순간의 법(즉 苦法智忍)을 말한다.

따라서 眼 등의 5界와 色·香·味·觸의 4界는 이숙생·소장양·등류성과 통하지만, 聲界의 경우 지금의 욕망에 따라 단절되기도 하고 다시 생겨나기도 하기 때문에 다만 소장양·등류성이며, 7心界와 法界는 극미로 이루어진 것이 아니기 때문에 다만 이숙생·등류성이다. 그리고 유실사에 해당하는 것은 법계뿐이며, 世第一法으로부터 일찰나에 낳아진 苦法智忍과 상응하는 意·意識·法界가 일찰나에 포섭된다.

그런데 上座 슈리라타는 3科 중 12處에 근거하여 그 같은 일체법은 다 이숙생이며, 소장양은 이숙의 상속을 보호 유지(護持)하여 단절되지 않게 하는 것이라고 주장하였다.[153] 『순정리론』 상에서는 그의 논거를 네 가지로 전하고 있는데, 정리하면 다음과 같다.

첫째, 유부의 주장대로라면 하나의 所依身 중에 異熟에 의해 생겨난 것과 長養에 의해 생겨난 것이라는 두 종류 眼處 등이 존재한다고 해야 하지만 안식 등이 발생할 때 이러한 두 根의 작용은 별도로 관찰되지 않기 때문

---

153 『순정리론』 권5(T29, 359a8-10), "上座此中依十二處, 立一切種皆異熟生, 非異熟生爲所長養, 如所纏裹周匝護持."; (359b1-4), "長養相續, 常能護持異熟相續, 令不間斷, 豈不一切皆唯異熟勢力所引? 隨力勝劣故有相續, 或有間斷." 참고로 聲界는 (후천적인) 욕망에 따라 일어나기 때문에 이숙생이 아니라고 주장하는 유부에서는 "불타(大士)의 梵音聲은 麤惡語의 遠離(즉 선업)에 의한 것"이라는 『施設論』설에 대해 3傳說(업으로부터 大種이 생겨나고 이로부터 소리가 생겨남), 혹은 5傳說(업 → 대종 → 장양의 대종 → 등류의 대종 → 소리)로 해명하는데, 成實論主 訶梨跋摩는 麤·細 등 소리의 차별은 업의 인연에 의한 것이라고 논의하고 있다. ("業因緣故, 聲有差別, 如衆生聲, 或麤或妙.": T32, 273c4-5) 하리발마가 일체법의 5類 분별 중 가장 논란이 컸던 聲界를 이숙생이라고 보는 한 일체법 또한 그렇게 간주하였을 것으로 짐작된다.

에 이숙생 이외 별도의 소장양은 존재하지 않는다.

둘째, 유부에서도 聲處의 원인(즉 대종)은 이숙생이라고 인정하기 때문에(주153 참조), 성처 역시 이숙생이라고 해야 한다.

셋째, 異熟生(果)은 원인에 의해 단박에 낳아지는 것, 원인에 따라 저절로 일어나는 것으로, 加行을 되풀이하여 일으키지 않고서도 생겨날 수 있다.

넷째, 聲處 또한 眼 등의 경우와 동일하다고 해야 한다. 만약 "聲處가 이숙생이라면 無心定의 상태에서도 항상 작용해야 할 것"이라고 한다면, 意處 등의 경우는 어떠한가? 만약 "의처 등은 [끊어지더라도 다시] 상속하는 것"이라고 말한다면, 이 또한 옳지 않으니, 이숙생은 어떠한 경우에도 끊어지는 것이 아니기 때문이다.154 (이에 따라 상좌는 無心定 중에서도 이숙심은 끊어지지 않는다는 滅定有心說을 주장하였다.)

이에 대해 중현은, 色·聲處(즉 身·語業)와 意·法處(즉 심·심소)는 선·불선·무기의 三性과 통하기 때문에(이숙과는 오로지 무기임), 무루법을 이숙생이라고 하는 것은 이치에 맞지 않기 때문에, [일체법이 12처에 포섭된다고 하는 한] 非情의 무정물도 이숙생이라고 해야 하기 때문에, 나아가 일체의 결과가 숙세의 원인에 의한 것이라는 宿作外道(즉 Nirgrantha jñātaputra, 팔리어로는 Nigaṇṭha Nātaputta: 尼乾子)의 주장과 동일하기 때문에 '일체법=이숙생'이라는 상좌의 주장은 마치 큰 돌에 의지하여 깊은 물에 떠 있으려고 하는 것과 같은 것으로, 불타의 敎說이 아니라고 비판한다.155

상좌는 이에 대해 "현재의 衆緣도 이숙인이 결과를 낳는 것을 돕는 功能을 갖는다고 인정하기 때문에 宿作外道의 주장과 동일하지 않다"고 해명

---

154 『순정리론』권5(T29, 359a10-16), "又一身中, 眼等應有二種類故.; 不見別有二所作故, 無別長養. 又彼聲處應異熟生, 以許彼因是異熟故. 又異熟者, 因頓引發任運隨轉, 不須數數重起加行方得生起. 又於眼等此事應同. 若言'聲處若是異熟, 處無心位應恒行'者, 意等云何? 若言'意等有相續'者, 此亦不然, 非異熟生所間絶故."

155 『순정리론』권5(T29, 359a17-b5).

하며, 중현 또한 "만약 그렇다고 한다면 일체법이 모두 오로지 이숙인에 의해 낳아진 것이라고 말해서는 안 될 것"이라고 논박한다.[156]

상좌는 어떠한 까닭에서 유부처럼 18계가 아니라 12처에 근거하여 일체법을 다만 異熟生으로 분별하였던가? 그는 중현이 힐난한 것처럼 異熟生과 所長養과 等流性이라는 말의 뜻조차 이해하지 못하였던 것인가?[157] 일반적으로 이숙과는 원인과 시간적 간격을 갖는 것(동시나 무간이 아님)인데, 그는 어떠한 까닭에서 이를 '단박에 낳아지는 것(頓引發)'이라고 말한 것인가? 상기의 논설만으로는 실로 요령부득이라 하지 않을 수 없다.

그런데 중현은, "이숙인이란 불선과, 선으로서 오로지 유루이다(異熟因 不善 及善唯有漏; vipākahetur aśubhāḥ kuśalāḥ caiva sāsravāḥ)"는 『구사론본송』(「根品」 제54송 후반)에서의 '오로지'라는 말을 해석하면서 상좌의 주장과 동일한 내용의 학설을 有餘師의 말로 전하고 있다.

有餘師는 "일체의 결과는 다 異熟이라고 말할 수 있다"고 설하였으니, 그는 마땅히 '이숙인은 그 자체 일체의 원인을 포섭한다'는 사실 또한 인정해야 한다. 즉 [本頌에서의] '오로지'라는 말은 [사람들로 하여금] 바로 이와 같은 有餘師의 그릇된 생각(橫計)에 동조하지 않게 하기 위해 설한 것이다.
그는 어떠한 연유에서 "일체의 결과는 다 이숙이라고 말할 수 있다'고 주장한 것인가?
契經에서 "이러한 [梵王의] 大光明은 무엇의 이숙인가?"라고 설하였기 때문이다. 또한 계경에서 "두 종류의 施食에 의해 초래된 이숙은 평등하고 평등하다"고 말하였다. 또한 '愛는 受의 이숙'이라고 설하였고, 또한 "여래

가 만약 이러한 말을 설하지 않았다면, 모든 시절의 중생에게 이와 같은 이숙은 존재하지 않았을 것이다"고도 말하였으며, 또한 "이러한 꿈은 무엇의 이숙인가?"라고 설하였기 때문이다. 또한 세간에서도 역시 음식 등을 즐거움의 이숙이라고 말한다. [모든 결과가 이숙이라고 하는] 이러한 유형의 말은 매우 빈번하게 설해진다.[158]

물론 중현은 이에 대해 무루법은 이숙과를 갖지 않는다거나 오로지 불선과 선의 유루법만이 이숙인이라고 설한 또 다른 계경을 인용하여 有餘師가 인용한 경에서의 '이숙'이라는 말은 교화할 중생들의 근기에 따라 비유적으로 假說한 것이라 해명하고서,[159] "만약 일체의 결과가 다 이숙에 의해 생겨난 것이라면 능작인·구유인·동류인·상응인·변행인·이숙인이라는 일체 원인의 차별을 부정해야 하고, 원인으로부터 생겨난 것, 예컨대 무명을 원인으로 하여 일어난 탐·진·치나 중생의 耽染도 모두 宿業에 의한 것이라고 해야 하지만, 그럴 경우 離繫(Nirgrantha)의 邪論과 동일한 것이 되고 말기 때문에 佛弟子라고도 할 수 없다"고 비판한다.[160] 그리고 이에 대한 유여사의 辯을 이같이 전하고 있다.

---

158 『순정리론』권16(T29, 427a3-10), "謂有餘師說. 一切果皆名異熟. 彼亦應許 '異熟因體攝一切因.' '唯'言, 爲令勿同如是餘師橫計. 彼復何緣, 執 '一切果皆名異熟'? 由契經說, '此大光明, 有何異熟?' 又契經言, '二種施食所感異熟, 平等平等.' 又說, '愛爲受之異熟.' 又言, '如來若不說此語, 卽諸時衆, 無如是異熟.' 又說, '此夢, 有何異熟?' 又'諸世間, 亦說食等爲樂異熟.' 此類寔繁." 유부처럼 경설 이면의 별도의 뜻(abhiprāya: 別意趣, 密意)을 구하지 않고 경에서 설한 그대로 이해하려는 것은 상좌 특유의 聖敎觀이다. 권오민(2012), 제11장 '上座 슈리라타의 聖敎觀' 참조.

159 『대비바사론』권19(T27, 98a26-b5)에서도 역시 여기서의 有餘師와 동일하거나 유사한 형태의 경설을 인용하여 이숙생의 여러 뜻을 해석하고 있다. 예컨대 "愛支는 바로 受의 이숙이다"고 설한 것은 等流를 이숙이라 말한 경우이고, "음식과 의약은 즐거움의 이숙을 얻게 한다"고 설한 것은 長養을 이숙이라 말한 경우이며, 꿈(夢事)이나 풍년이나 흉년, 범왕을 이숙이라 말하기도 한다는 것이다.

160 『순정리론』권16(T29, 427a10-b9), "--是則應同離繫邪論, 非佛弟子."

[모든 원인을 다 이숙인으로] 인정한들 여기에 무슨 과실이 있을 것인가? 온갖 다양한 형태(種種)의 신체가 宿業의 결과이듯이, 현행의 번뇌의 차별 역시 그러한 것이다.[161]

만약 여기서의 有餘師가 上座라면, 그가 생각한 이숙인(숙업)은 離繫/宿作외도(니르그란타 즉 자이나교도)가 주장한 실체로서의 업 물질(pudgala)도, 혹은 유부가 주장한 실유의 과거업(과거로 낙사한 身·語의 無表業)도 아니다. 그는 身·語業의 본질을 신체적 형태(形色)나 말소리(語聲)가 아니라 思(cetanā)로 이해하였다. 따라서 선·악업이 결과를 낳는다면 그것은 과거로 낙사한 무표업에 의해서가 아니라 행위할 때 相續 상에 熏習 隨逐한 思에 의해서이다. 상좌는 이를 색심의 상속 상에 수축하는 일체법의 소의 즉 界라는 의미에서 '隨界(anudhātu)'라고 하였고, 비유자/경량부에서는 이를 싹-줄기-가지-꽃 등으로 변화하여 마침내 열매(phala: 果)를 낳는 種子(bīja)에 비유하기도 하였다. 그들에게 있어 因緣(hetu-pratyaya)은 능작인·구유인 등의 6因이 아니라 수계·종자였다. (제9장 2-1 참조)

중현 또한 '일체법=이숙생'설을 비판하면서 "우리는 다 업에 의해 초래된 이숙과는 加行(후천적 노력)을 다시 일으키지 않더라도 바야흐로 생겨날 수 있다"[162]는 상좌의 말에 대해 "그럴 경우 업에 의해 낳아지는 이숙과가 일어날 때 이것(업)의 隨界를 별도로 주장할 필요가 없다"고 비판하고 있는 것이다.[163]

---

161 『순정리론』권16(T29, 427b7f), "許亦何失? 如種種身是宿業果, 現行煩惱, 差別亦然."

162 『순정리론』권5(T29, 395c23-24), "等皆許 '業感異熟, 不由重起加行方生.'"

163 『순정리론』권5(T29, 395c26-29), "又彼所執別有隨界, 便爲無用. 於業所引異熟轉中, 彼無用故. 旣許業因頓引異熟, 不須數數加行重發, 何須別執此隨界爲. 或應許此引業無用.([그럴 경우] 그가 [업과는] 별도로 존재한다고 주장한 隨界도 無用하게 될 것이니, 업에 의해 낳아지는 이숙과가 일어나는 중에 그것은 쓸모가 없기 때문이다. 즉 이미 業因이 단박에 이숙과를 인기한다는 사실을 인정하여 가행을 거듭하여 다시 일으킬 필요도 없다면서 무슨 필요

상좌가 12處에 근거하여 일체법을 다만 異熟生으로 분별하였던 것은 앞 절에서 논의한 대로 18界를 일체법의 소의나 원인 즉 수계·종자로 이해하였기 때문이었을 것이다. 수계는 모든 유정의 상속이 [선·불선 등의 다양한 현상으로] 展轉하는데 (연속적으로 이어지는데) 능히 원인적 존재(因性)가 되는 것이다. (제10장 주2) 상좌가 생각한 이숙인(수계·종자)은 유부에서 제시한 이숙인(무표업)과 그 성격이 본질적으로 다른 것으로, "異熟生은 가행(후천적 노력, 즉 소장양이나 등류성)에 의한 것이 아니라 원인(즉 과거생에 훈습되어 展轉相續한 수계·종자의 功能)에 의해 단박에, 저절로 일어나는 것"이라는 상좌의 세 번째 논거 또한 이러한 수계설에 근거할 때 비로소 이해될 수 있다.

5. 소 결

유부는 蘊·處·界 3科 모두의 實有를, 세친은 處·界의 실유를, 경량부는 오로지 界의 실유만을 주장하였다는 사실은 동아시아 俱舍學 전통에서 상식처럼 회자되지만, 여기서 경량부는 누구이고, 그들은 어떠한 까닭에서 12處의 실재성을 부정하고 18界만을 인정하였는지, 그럴 때 處와 界의 차이는 무엇인지, 또한 인식을 낳는 문(生門)인 處의 假有를 주장할 경우 인식이 어떻게 가능하며 그것의 진실성은 어떻게 확보되는지에 대해서는 거의 논의된 일이 없었다. 제1장에서는 앞의 문제에 관해 다루었다. (뒤의 문제는 제2편에서 다룬다.)

중현의 傳言에 따르면, 오로지 界의 실유만을 주장한 경량부는 上座 슈리

라타로, 그의 논설을 중심으로 제1장의 내용을 다시 정리하면 다음과 같다.

첫째, 상좌는 蘊은 積聚의 뜻이고(세친에 의함) 處는 다수의 극미가 和合한 것이기 때문에 세속(假有)이지만, 界는 이 같은 온·처의 所依가 된 실체(實物)이기 때문에 승의(實有)이다. 즉 그는 다수의 실체(多物)[로 이루어진 것]을 존재라고 말할 때 이를 世俗有라 하였고 [그것의 소의가 된] 하나의 실체(一物)를 존재라고 말할 때 이를 勝義有라 하였다. 혹은 세분하여 분별할 때 본래의 명칭을 상실하는 것을 世俗有, 상실하지 않는 것을 勝義有라고 하였다.

둘째, 상좌는 이에 따라 4대종과는 별도의 諸根(소조색)이 존재하지 않는다는 所造色 無別體說과, 극미 하나하나는 소의와 소연이 되지 않으며 다수의 극미가 화합할 때 비로소 소의와 소연이 되기 때문에 5識의 소의와 소연(즉 안 등의 5根과 색 등의 5境)은 실유가 아니라는 有色處 假有論을 주장하였다. 여기서 극미는 취집된 색의 극소로 그 자체 方分이기 때문에 상호 접촉이 가능하다. 그는 이를 '和合'으로 하였다. (이에 반해 극미 無方分說을 주장하는 유부논사 중현은 극미의 결합을 제 극미가 無間으로 생겨나 상호 견인력에 의해 집합해 있는 상태로 이해하였는데, 그는 이를 '和集'이라 하였다.)

'화합'이란 중현에 의하면 다수의 법에 대해 단일한 언어적 관념(adhivacana: 增語)을 불러일으켜 언설을 낳게 하는 것, 바이세시카학파에 의하면 부분과 전체 사이의 불가분적 단일성으로, 불교에서는 어떠한 경우에도 이것의 실재성을 인정하지 않는다. 대표적인 예가 '자아'이다. 5식의 소연을 극미 화합의 가유로 이해하였을 때의 최대 난점은 이것이 감각적 지각인 5식의 대상이 될 수 없다는 점이다. 그러나 상좌는 외계대상은 유부처럼 직접 지각되는 것이 아니라 5식 상에 나타난 형상(和合相)을 통해 파악(自證)되는 것이라 주장한다. (제7장) 따라서 그에게 있어 극미란 화합상의 소의로 추론된 단일한 실체(즉 4대종)이다.

셋째, 유부에서는 12처(일체법)를 3科 중 가장 수승 미묘한 법으로 간주하였지만, 상좌는 이를 다만 境과 有境의 차별상을 밝히기 위한 것으로 이해하였다. 유색처를 가유로 이해한 이상 그 차별 역시 본질적인 것(혹은 '진실')이 아니었기 때문이다. 전통적으로 안 등의 6내입처와 색 등의 6외입처는 有境(viṣayin)과 境(viṣaya)으로 이해되었지만, 身根과 觸境의 경우 境도 有境이 될 수 있고 有境도 境이 될 수 있다. 일체법이 의근의 대상이라고 한 이상 안 등의 5근도 의근도 일체법에 포함되므로 12처는 결국 法處로 총괄될 수 있다. 內外 또한 고정된 것이 아니다. 의근은 內處지만, 의식의 대상이 되는 한 外處이다. 곧 일체법 역시 의식의 대상인 이상 外處에 포섭된다.

넷째, 상좌는 界(dhātu)를 유가행파와 마찬가지로 원인/종자 즉 因緣(hetupratyaya)의 뜻으로 이해하였다. 그는 일체법(12처)의 소의가 되는 界는 유정의 相續(色心) 상에 항상 隨逐하기 때문에 '隨界(*anudhātu)'라고 하였다. 유가행파 역시 界는 인연을 드러내기 위한 개념으로, 『유가론』에 의하면 일체법의 종자는 無量의 種種界이지만 이는 곧 18가지 종류 즉 18계로 분별된다. 상좌가 界를 실유로 주장한 것은 이를 일체법의 소의 즉 종자(=원인적 존재)로 이해하였기 때문이다.

매우 흥미로운 사실로서 12처 즉 일체법이 法處로 총괄되는 것이라면 그 소의인 法界는 바로 일체법의 소의·원인이라 하지 않으면 안 된다. 그리고 上座에 의하면 유루·무루 일체법의 소의인 種種界는 一心 중에 존재한다. 우리는 여기서 대승 性宗의 一[眞]法界의 단초를 발견할 수 있다.

다섯째, 상좌는 界를 일체법의 소의·종자로 간주함에 따라 일체법(12처)은 다 異熟生이라 주장하였다. 이는 유부의 6因4緣의 因緣論을 근본적으로 파기한 것이다. 즉 유부에서는 因緣을 인과의 同時·異時(즉 無間과 隔越)

의 관계에 따라 6因(能作·俱有·同類·相應·遍行·異熟因)으로 설정하고, 오로지 과거로 낙사한 불선과 유루의 선업(즉 무표색)을 이숙인으로 분별하였지만, 그는 과거의 선·악업이 功能의 형태로 소의신 상에 훈습 展轉상속하는 수계·종자를 이숙인으로 간주하였기 때문이다. 그에게 있어 승의의 眞實有는 界 즉 유루·무루 일체법의 원인인 수계·종자였다. 이에 대해서는 제10장에서 상론한다.

제2장 유부 外境論 비판

普光은, 세친이 유부의 三世實有說을 비판하면서 "계경에서 '일체가 존재한다(sarvam asti: 一切有)고 함은 오로지 12處, 혹은 오로지 삼세가 그러하다는 것'이라고 설한 것은 그것이 존재하는 방식대로 존재한다고 말한 것일 뿐"[1]이라고 논의한 데 대해 이를 경량부의 뜻으로 평석하고서 그들의 주장을 다음과 같이 전하고 있다.

[존재(有)에는] 假有·實有·曾有·當有가 있어 그것이 존재하는 방식대로 '존재한다(有)'고 말한 것일 뿐, 그것이 모두 현재와 같은 의미의 실유는 아니다. 즉 과거는 曾有(일찍이 존재하였던 것)이고, 미래는 當有(앞으로 존재할 것)이며, 현재는 바로 實有이다. 그러나 현재의 12처 중에서도 8처는 실유이지만, 4처의 경우 일부는 실유이고 일부는 實無이다. 즉 色處 중 顯色은 실유이지만 形色은 실무이며, 聲處 중 무기인 [현재]찰나의 소리는 실유이지만 相續의 語業으로서 선·악 등의 소리(즉 語無表業)는 실무이며, 觸處 중 4大는 실유이지만 그 밖의 [所造]觸은 실무이며, 法處 중 선정의

---

1 『구사론』권20(T29, 106a25-26), "如契經言. '梵志當知. 一切有者. 唯十二處.' 或'唯三世.' 如其所有 而說有言."; AKBh., p.301. 7-8, kathaṃ ca sūtre sarvam astīty uktam. "sarvam astīti brāhmaṇa yāvad eva dvādaśāyatanāni" iti. adhvatrayaṃ vā. yathā tu tad asti tathoktam. 여기서의 계경은 『잡아함』권13 제320경 일명 「一切有經」 (T2, 91b).

경계가 된 [無見無對의] 色과 受·想·思는 실유이지만 그 밖의 심소법은 '思' 상에 假立된 실무이며, 아울러 불상응법과 3무위법 역시 실무이다. 그래서 『순정리론』에서도 경량부를 인용하여 "또한 그대들은 현재의 12처 중에서도 일부는 실유이고 일부는 실무라고 설하였으니, 上座宗에서 말한 色·聲·觸·法處가 그러한 경우"라고 말하였던 것이다.[2]

제1장에서 살펴본 대로 상좌 슈리라타(경량부)는 세친과는 달리 處의 가유를 주장하였기 때문에 여기서 '현재[찰나]의 12처'를 실유라고 말하였을지라도 이는 處(āyatana, 인식영역)를 自相으로 하는 12처 자체가 아니라 그것의 소의가 된 다수의 실체 즉 界가 그러하다는 말일 것이다. 중현 또한 一切有에 관한 刹那論者의 견해를 "그들은 오로지 현재 일 찰나 중의 12처의 [소의가 된] 실체(*dravya)만이 존재한다고 설할 뿐"이라고 전하고 있으며,[3] 앞서 세친이 언급한 경설에 대해서도 "[그렇다면] 그 경 중에서는 오로지 현재[찰나]의 12처의 [소의가 된] 실체만이 존재하고, 과거·미래의 그것은 존재하지 않는다고 설하였다는 것인가?"라고 되묻고 있는 것이다.[4]

따라서 상좌가 香·味와 함께 色 등 4處 중에서 實有라고 한 것은 處의 소의가 된 界(유색처의 경우 대종극미)이며, 實無라고 한 것은 다수의 界가 화합한 것이나 思 혹은 소익신이 차별적 상태를 가설한 것이라고 말할 수 있다. 본 장에서는 먼저 중현과 보광이 전한 상좌의 色·觸·法處의 일부 즉 形色·所造觸·不相應行法과 無爲法의 假有論에 대해 살펴보기로 한다. 受·想·思를 제외한 그 밖의 심소법의 가유론에 대해서는 제3장에서 다루게 될 것이다.

---

2 『구사론기』권20(T41, 314a4-14). 여기서 인용된 『순정리론』은 권51(T29, 630c23-24). 제1장 주126) 참조.
3 『순정리론』권51(T29, 630c11-12), "刹那論者, 唯說有現一刹那中十二處體." 제1장 주125) 참조.
4 『순정리론』권51(T29, 630c19-20), "爲彼經中說, 唯有現十二處體, 非過未耶?"

1. 形色 假有論

1) 顯色과 形色

유부 毘婆沙(T27, 64a5f)에 따르면 眼處의 대상이 되는 色處는 顯色(varṇarūpa, 색채)과 形色(saṃthānarūpa, 형태)으로 분별되며, 현색은 다시 靑·黃·赤·白과 이것의 차별로서 나타나는 연기(煙)·구름(雲)·먼지(塵)·안개(霧)·그림자(影)·빛(光)·밝음(明)·어두움(闇)으로, 형색은 長·短·方·圓·高(혹은 凸)·下(혹은 凹)·正(평평함)·不正(평평하지 않음)으로 분별된다. 그리고 이 또한 장애성(礙性, 공간적 점유성)을 지닌 물질(色法)인 이상 필경 이를 구성하는 단일극미 또는 복합극미가 전제되지 않으면 안 된다. 다시 말해 12현색과 8형색 역시 각기 그 같은 극미의 집합이라는 것이다. 만약 현색과 형색의 극미가 존재하지 않는다면 다수 극미의 집합인 현실의 구체적인 물질(聚色)에도 색채와 형태가 존재하지 않는다고 해야 하기 때문이다.5

그런데 유부의 제법분별에 의하면, 청·황·적·백과 그림자·빛·밝음·어두움은 오로지 현색(색채)으로만 알려지고, 屈申 등 신체적 형태를 본질로 하는 身表業은 오로지 형색(형태)으로만 알려지며, 그 밖의 연기 등과 장·단 등의 12가지는 현색과 형색 모두에 의해 알려진다.6 즉 극미가 和集하여 장애성의 형색을 갖는 그 밖의 색취의 경우 다른 색취에 의해 損壞되지만, 그림자 등은 실체 없이 흩어질(虛散)뿐더러 다른 색취에 의해서도 손

---

5 『대비바사론』권13(T27, 64a25-b1);『순정리론』권34(T29, 536a9-11). 제1장 주59) 본문 참조.

6 『대비바사론』권13(T27, 64a7-11); 동론 권122(동, 635a1-7);『구사론』권1(T29, 2c4-6);『순정리론』권1(T29, 334a12-14).『순정리론』권34(T29, 538b21-c13)에서는 "① 靑·黃 등과 그림자 등의 대종과 소조색의 색취는 오로지 현색으로만 요별되며, 대종과 소조색의 운동(動)과 함께하는 身表의 색취는 오로지 형색으로만 요별되며, 그 밖의 연기 등과 8형색(12가지)은 두 가지 모두로 요별되며, 향·미 등과 무표의 색취는 두 가지 중 어느 것으로도 요별할 수 없다. ② 밝음과 어두움(『구사론』상의 有餘師는 빛과 밝음)의 색취는 현색으로만 요별되며, 제2구는 앞에서와 같으며, 밝음과 어두움을 제외한 그 밖의 색취는 두 가지 모두에 의해 요별되며, 제4구 역시 앞에서와 같다"는 두 가지 설을 전하고 있다.

괴되지 않기 때문에 여기에 형색은 존재하지 않는다.7 요컨대 청·황 등과 그림자 등은 오로지 색채로만 존재할 뿐이지만 장·단 등에는 색채와 형태 두 가지 모두가 존재한다는 것이다.

그럴 때 문제는 연기나 장·단 등의 경우 어떻게 하나의 실체(ekadravya: 一事)에 현색과 형색이라는 두 가지 본질이 존재한다는 것인가? (혹은 "어떻게 하나의 실체가 현색과 형색이라는 두 가지 방식으로 존재할 수 있다는 것인가?") 하는 점이다.8 이는 극미론을 주장할 때 야기되는 '方分'이나 '상호접촉' 등의 문제와 함께 분석론적 입장을 취하는 유부로서는 피할 수 없는 난점이기도 하다. 물론 유부에서도 역시 하나의 실체가 두 가지 본질을 지닌다고는 말하지 않는다. 중현은 이는 유부에서도 인정하는 바가 아니기 때문에 그 같은 과실이 없다고 일축한다.9

세친 또한 이러한 유부교의에 따라 "장·단 등에 현색과 형색이 '존재한다(vid: 有)'고 말한 것은 그에 대한 지각이 존재한다는 인식론적 의미(jñānārtha: 有智義)이지 두 가지 본질을 갖는다는 존재론적 의미(sattārtha: 有境義)가 아니"라고 해명한다. 그렇지만 그는 이어서 바로 "만약 그렇다고 한다면 ['흰 손으로 타격하였다'고 말하는 경우처럼] 신표업에도 형색뿐만 아니라 현색의 지각이 존재한다고 해야 한다고 힐난한다.10 이는 곧 형색(신제의 형태)이 신표업의 본질이라는 유부 학설의 비판으로, 그가 현색(색채)과 형색(형태)이라는 색처의 두 형식 중 형색의 실재성을 인정하지 않았음을 의미한다.

7　『순정리론』권34(T29, 538c13-17).

8　"如何一事具有顯形?" (『구사론』 T29, 2c8); kathaṃ punar ekaṃ dravyam ubhayathā vidyate. (AKBh., p.6. 19); "如何一事有二體?" (『순정리론』 T29, 334a14); "此義中, 經主前難, 如何一事有二體?" (동, 538c4-5).

9　『순정리론』권1(T29, 334a15), "非宗所許故無此過." ; 동론 권34(538c5), "此難不成, 非所許故."

10　"由於此中俱可知故. 此中有者, 是有智義, 非有境義. 若爾, 身表中亦應有顯智." (T29, 2c8-10); jñānārtho hy eṣa vidir na sattārthaḥ. kāyavijñaptāv api tarhi prasaṅgaḥ. (AKBh., p.6. 19-20)

2) 형색 가유론

*法寶*는 앞서 "색처 중 장·단 등의 12가지는 顯·形(색채와 형태) 모두에 의해 알려진다"는 유부 논의에 대해 "어떻게 하나의 실체에 현색과 형색이라는 두 가지 본질이 존재한다는 것인가?"라는 의문을 제기한 이를 경량부로 평석하였는데,[11] 세친은 '신표업의 본질은 형색'이라는 유부 학설을 비판하면서 경량부의 형색 가유론을 인용하고 있다.

> 경량부는 설하였다. 形色(형태)은 實有가 아니다. 즉 顯色(색채)의 積聚가 한쪽 면으로 많이 생겨날 때 그것을 '긴 것(長色)'이라 假說하며, 이러한 긴 것에 근거하여 그 밖의 다른 색취가 한쪽 면으로 적게 생겨날 때 그것을 '짧은 것(短色)'이라고 가설하며, 네 방면 모두에 많이 생겨난 것을 '네 모진 것(方色)'이라고 가설하며, 일체의 처소에 두루 원만하게 생겨난 것을 '둥근 것(圓色)'이라고 가설하니, 그 밖의 형색에 대해서도 상응하는 바에 따라 알아야 한다. 예컨대 횃불이 한 방면으로 무간에 신속하게 움직이는 것을 보고는 '길다'고 하고, 그것이 회전하는 것을 보고는 '둥글다'고 하는 것이다. 따라서 형색은 개별적 실체로서 존재하는 色의 본질이 아니다.
>
> 만약 개별적 실체로서의 형색이 존재한다면, 하나의 색은 두 감관(根)에 의해 파악되는 것이라고 해야 한다. 즉 色聚에 존재하는 '길이' 등의 차별은 안근이 보거나 신근이 접촉할 때 능히 알 수 있기 때문에 두 가지 감관에 의해 파악되는 과실이 있다고 해야 하지만, [유부의] 이치상 色處로서 두 가지 감관에 의해 파악되는 것은 없다. 그렇지만 觸에 근거하여 '길이' 등의 相을 파악할 수 있듯이, 이와 마찬가지로 현색에 근거하여서도 능히

---

11 『구사론소』권1餘(T41, 478b22). 참고로 普光은 다만 外難으로 평석한다. (『구사론기』권1 末, T41, 18b12)

형색을 파악할 수 있는 것이다.[12]

중현은 이를 經主 즉 세친의 설로 전하고 있지만,[13] 경량부의 신표업설에 대해 논의하면서 이를 '경주가 저들(경량부)을 변호하여 설한 것'이라고 밝히고 있을 뿐만 아니라[14] 신표업과 이에 따른 무표업에 관해 논설하는 전후의 문맥을 통해 볼 때 여기서의 경량부는 上座 슈리라타와 譬喩者를 지칭하는 말이다.[15] 나아가 상좌의 교학 상으로도 이 같은 비정이 가능하다. 여기서의 경량부 설은 ① 형색은 현색극미의 차별이라는 주장과, ② 길이 등의 형색은 신근에 의해서도 파악되기 때문에 이것의 실유를 주장할 경우 하나의 色이 두 감관에 의해 파악되는 과실(一色二根所取過)을 범하게 된다는 비판으로 이루어져 있다. 그렇다면 경량부(=상좌)의 이러한 주장과 비판의 이론적 근거는 무엇이었던가?

유부에 의하는 한, 현색(예컨대 '흰 것')과 형색(예컨대 '긴 것')은 견고함(대종의 하나, 즉 地大)과 차가움(소조촉 하나)의 경우처럼 동일한 감관에 의해 파악되더라도 지각되는 相이 다르며, 다르게 지각된 이상 지각의 원

12　『구사론』권13(T29, 68b1-11), "然經部說: 形非實有. 謂顯色聚一面多生, 即於其中假立長色. 待此長色於餘色聚一面少中假立短色. 於四方面並多生中假立方色. 於一切處遍滿生中假立圓色. 所餘形色隨應當知. 如見火[火ᵛ曹]於一方面無間速運, 便謂爲長. 見彼周旋謂爲圓色. 故形無實別類色體. 若謂實有別類形色, 則應一色二根所取. 謂於色聚長等差別, 眼見身觸, 俱能了知. 由此應成二根取過, 理無色處二根所取. 然如依觸取長等相, 如是依顯能取於形."; AKBh., p.194. 14-21, nāsti saṃsthānaṃ dravyata iti sautrāntikāḥ. ekadiṅmukhe hi bhūyasi varṇa utpanne dīrghaṃ rūpam iti prajñapyate. tam evāpekṣyālpīyasi hrasvam iti. caturdiśaṃ bhūyasi caturasram iti. sarvatra same vṛttam iti. evaṃ sarvam. tad yathā 'lātam ekasyāṃ diśi deśāntareṣv anantareṣu nirantaram āśu dṛśyamānaṃ dīrgham iti pratīyate sarvato dṛśyamānaṃ maṇḍalam iti. na tu khalu jātyāntaram asti saṃsthānam. yadi hi syāt dvigrāhyaṃ syāt(IV.3c) cakṣuṣā hi dṛṣṭvā dīrgham ity avasīyate kāyendriyeṇāpi spṛṣṭveti dvābhyām asya grahaṇaṃ prāpnuyāt. na ca rūpāyatanasya dvābhyāṃ grahaṇam asti. yathā vā spraṣṭavye dīrghādigrahaṇaṃ tathā varṇe saṃbhāvyatām.

13　『순정리론』권34(T29, 535c23-536a4), "然經主言: 形非實有.--(하략)"

14　『순정리론』권34(T29, 537a24-26), "又若遮遣行動及形. 汝等經部宗 立何爲身表? 此中經主, 辯彼宗言: 身表卽形, 然假非實."

15　권오민(2012), 『上座 슈리라타와 經量部』, pp.800-806 참조.

인이 된 실제적인 대상(현색과 형색극미)이 존재하지 않으면 안 된다. 즉 '길다'거나 '둥글다'고 하는 인식은 경량부가 말하듯 다만 현색의 차별이 아니라 형색극미가 동시에 無間으로 다수의 처소에 배열(安布)된 色聚에 대한 것이다. 이에 따라 중현은 앞의 경량부의 주장과 비판에 대해 "색취 중에 현색만이 존재한다면 어떤 사물을 볼 때 양적 제한이 없는 허공 중의 빛(光)과 밝음(明)을 볼 때처럼 현색의 지각만 존재하고 형색의 지각은 존재하지 않아야 한다. 혹은 형색(형태)이 현색(색채)의 차별이라면 허공 중에 존재하는 빛과 밝음을 통해서도 형색의 지각이 일어나야 한다"고 반론하기도 하였고, 신근과 신식을 통해 형색을 파악한 경우 이는 사실상 촉각에 근거한 추리판단(比度)으로 의근과 의식에 의해 경험된 것(所受)이라 해명하기도 하였다.[16]

제1장에서 살펴보았듯이 상좌의 경우 색채나 형태로 나타나 안식의 소연이 되는 色處는 衆微 화합의 假有로 오로지 소의가 된 극미(즉 界)만이 실유이지만, 유부의 경우 실체(dravya: 事, 즉 극미)로서의 自相뿐만 아니라 인식영역(āyatana: 處)으로서의 자상도 갖는다. 그럴 때 "어떻게 실유인 하나의 인식영역(=색처)이 형태와 색채라는 두 가지 형식의 실체(=극미)로서 존재할 수 있다는 것인가?" 하는 문제제기는 處의 실재성을 부정하는 상좌(경량부)로서는 지극히 당연한 것이다.

그렇다면 상좌는 어떠한 이유에서 색처의 두 형식 중 형색의 실재성을 부정하였던가?

존재하는 모든 有對의 實色(sapratigham rūpam)은 반드시 개별적인 극미로서 존재한다고 해야 한다. 그렇지만 극미로서 '길다'는 등으로 말할 수

---

16 『순정리론』권34(T29, 536a11-14; 26-29).

있는 것은 존재하지 않는다. 따라서 바로 다수의 실체(實物, 즉 극미)가 이같이 차별적 형상으로 배열(saṃniviṣṭa: 安布)되어 있는 것을 '길다'는 등의 말로 가설하게 된 것이다.[17]

구체적 형태를 지닌 물질(聚色)이 극미의 집합이라면, 유부의 주장대로 극미에도 이미 장단 등의 형태가 존재한다고 해야 하지만, 장단 등의 형태를 지닌 이상 그것은 더 이상 分析할 수 없는 극미가 아니다. 그러나 색채는 경우가 다르다. 예컨대 긴 지팡이를 절단하면 짧은 지팡이가 되지만, 푸른색의 지팡이는 절단하더라도 노란색이 되지 않듯이, 극미 또한 그러하다고 하지 않으면 안 된다. 따라서 장단 등의 형태는 극미로서 존재하는 것이 아니라 다수의 현색극미가 배열된 상태를 차별하여 언표한 데 지나지 않는다.

"어떤 법을 세분하여 분별할 때 본래의 명칭을 상실하는 것을 世俗이라 하며, 세분하여 분별하더라도 본래의 명칭을 상실하지 않는 것을 勝義라고 한다." (제1장 주25) 이러한 상좌의 언명에 따르는 한 장·단 등의 형색은 세속유이며 청·황 등의 현색은 승의유이다.

그런데 형색의 假實문제는 신표업의 본질(自性)과 직접적으로 관련된 문제이다. 유부의 경우 신표업과 어표업의 본질은 신체상의 형태(saṃsthāna: 身形)와 말소리(vāg-dhvani: 言聲, 語聲 즉 '語言을 본질로 하는 소리 vāksvabhāvo yaḥ śabdaḥ')이지만, 상좌(경량부)의 경우 '思(cetanā)' 즉 의사/의지로 신·어표업은 다만 思가 신체나 말소리를 매개로 하여 밖으로 표출된 것(이를 動發勝思라고 함)에 불과하다. 그리고 '밖으로 표출된 것(vijñapti: 表)'은 실체

---

17 『구사론』권13(T29, 68b22-24), "又諸所有有對實色, 必應有實別類極微. 然無極微名爲長等. 故卽多物如是安布差別相中, 假立長等."; AKBh., p.195. 5-7, yac cāpi kiṃcit sapratighaṃ rūpam asti tad avaśyaṃ paramāṇau vidyate. na cāṇau tat.(IV. 3c) na ca saṃsthānam paramāṇau vidyate dīrghādi. tasmād bahuṣv eva tathā saṃniviṣṭeṣu dīrghādiprajñaptiḥ. 참고로 『순정리론』권34(T29, 536b18-21)에는 冒頭에 "다시 형색은 실유가 아님을 입증할 만한 논거가 있으니(復有因證形非實有)"라는 말이 덧붙여져 있다.

인 다수의 극미(實界) 和合으로, 이를 다만 신·어표업으로 가설하였다는 것
이다.

저 上座가 제시한 신·어업은 어떠한 것인가?

그는 이같이 말하였다. "그 밖의 다른 緣의 힘(즉 思)으로 인해 대종과
소조(大造)의 色聚(즉 소의신)가 방소를 달리하여 생겨나게 될 때, 후 찰나
의 결과는 전 찰나의 원인과 무간으로 일어나 능히 이익(攝益, 즐거움)이
되기도 하고 혹은 손해(損害, 괴로움)가 되기도 하는데, 바로 이와 같은
색취를 身表業이라 하며, 바로 [그 밖의 다른] 緣에 따라 일어난 世俗인
보특가라(pudgala, 人 즉 유정)의 이와 같은 語言(vac)으로서 이 같은 [이익
과 손해의] 결과를 낳는 것을 語表業이라 한다. 그러나 勝義의 관점에서
볼 때 [身表와 語表의] 법에는 主宰者(svāmin, 즉 실유의 보특가라)가 존재
하지 않기 때문에 다수의 實界가 화합한 것을 '表'라는 말로 설정하였으니,
하나의 실체(一物)는 능히 단독으로 表示될 수(나타날 수) 없기 때문이며,
또한 그 밖에 달리 '나타나는 것(表)'이라 말할 만한 것도 존재하지 않기
때문이다."18

이에 중현은, 신표업이란 '思에 의해 드러난(表示된) 顯色극미의 和合을
가설한 것'이라는 上座 설과 '形色극미의 和集으로 실유'라는 아비달마 논사
(對法者)의 주장은 신표업을 顯·形의 극미로 이해하였다는 점에서 심각하
게 서로 모순되는 것은 아니라고 하면서도19 다음과 같은 상좌 설의 문제점

---

18 『순정리론』권33(T29, 532b15-21), "彼上座所立身語業云何? 彼作是言: 餘緣力故, 令大造聚異方
生時, 後果前因無間而轉, 能爲攝益, 或爲損害. 即如是聚, 名身表業; 即以世俗 補特伽羅, 如是語
言 從緣而起, 生如是果, 名語表業. 以約勝義, 法無主宰. 故多實界合立表名, 一物不能獨表示故,
又無餘物名爲表故."

19 『순정리론』권33(T29, 532c8-10), "諸對法者, 身表謂形. 彼(상좌)許顯色名爲身表. 是則彼此非甚
相違."

을 지적한다.

첫째, 계경에서 "色(rūpa)과 聲(śabda)에는 염오(불선)와 청정(선)이 존재한다"고 설하였는데, 顯色에는 선 등의 차별이 존재하지 않는다.[20]

둘째, 오로지 실유의 법만이 緣(=思)에 따라 생겨날 수 있는 것으로, [보특가라의 語言이] 緣에 따라 생겨난 것이기 때문에 세속(가유)이라고 한다면, 이는 바로 일체법의 無自體(무자성)를 주장하는 壞法者宗(vaināśika)을 따르는 것이 된다.[21]

셋째, 하나의 실체가 단독으로 나타날 수 없는 것이라면, 다시 말해 현색은 [다수의 實界(즉 현색극미)가] 和集함에 따라 비로소 볼 수 있는 것이라면,[22] 화집하지 않았을 때에도 그 자체 존재하지 않는 것이 아니듯이 (다만 너무 미세하여 볼 수 없을 뿐이지만, 그것 역시 현색이다), 표업의 경우도 역시 그러하다고 해야 한다. 또한 상좌는 "촉계와 법계 중에는 각기 다수의 실체(多物)가 존재하는데, 각각의 실체를 각기 별도로 '界'라고 말하고, 그 모두에 대해서도 역시 '界'라고 말하듯이, 색계의 경우도 역시 그러하여 그것의 전체적 취집(總聚)도 개별적인 것과 마찬가지로 '색'이라 말할 수 있다"고 스스로 인정하였으니, 표[업]의 경우도 역시 그러하다고 ('색'이라 말할 수 있다고) 해야 한다.[23]

이 같은 지적은 상좌가 형색극미뿐만 아니라 이를 본질로 하는 신표업

20　『순정리론』권33(T29, 532c5-10). 그러나 상좌는 현색에도 [선악의] 等起心에 따라 일어나는 것도 있고, 등기심에 의하지 않고 일어나는 것도 있기 때문에 선 등의 3성을 성취한다고 주장하였다. ("如是所立總聚亦無一向成無記失, 隨別等起, 成差別故. 又見彼果, 有差別故.": T29, 532b26-28; "顯中自有差別, 謂待心起, 或不待心": 동, 537a11-12)

21　『순정리론』권33(T29, 532c17-20). 원문은 제9장 주15. 壞法者宗(또는 壞法論, 壞法宗)은 제1장 3-5-1 참조

22　중현은 아마도 상좌의 '和合'을 의도적으로 '和集'이라는 말로 고쳐 사용하였을 것이다. (제1장 3-3-3 참조)

23　『순정리론』권33(T29, 533a10-14).

의 실재성을 인정하지 않은데 따른 것으로, 유부가 思(cetanā)를 다만 신·어업의 발생조건(緣, pratyaya)으로 간주한 데 반해 상좌는 발생의 직접 원인(因, hetu) 즉 能生因으로 이해하였기 때문에 표업의 실재성뿐만 아니라 그 본질 또한 유부와 달리 이해하게 되었던 것이다. 두 번째 지적 역시 이 같은 이해에 따른 것이었다. 용수의 중관논리로 알려지는 相依相待에 근거한 無自性論은 상좌의 가유론에 주요한 논거 중의 하나로, 다음 절에서 논의할 소조촉 중 가벼움(輕)과 무거움(重)의 가유론도 이에 따른 것이었다.

3) 그 밖의 논서 상에서의 형색 가유론

사실 유부 내부에서 (신표업과 관련하여) 形色에 대해 주목하게 된 것은 극미설이 등장하는 『대비바사론』이후로 생각된다. 예컨대『집이문족론』제7 「六法品」에서는 外色處(혹은 色入)를 다만 "眼根에 의해 [과거에] 이미 보여졌거나 지금 보이고 있거나 미래에 보일 색, 혹은 彼同分의 색"으로 규정할 뿐이고,[24] 『법온족론』제18 「處品」에서는 여기에 다시 眼識에 의해 요별되는 그것과 더불어 "4대종 所造의 靑·黃·赤·白·구름(雲)·연기(烟)·먼지(塵)·안개(霧)·長·短·方·圓·高·下·正(평평함)·不正(평평하지 않음)·그림자(影)·빛(光)·밝음(明)·어두움(闇)·空一顯色(단일하게 나타난 空界의 색:『구사론』상에서는 '有說')과 이것의 相雜인 紅(주홍색)·紫(자주색)·碧(옥색)·綠(초록색)·皂(검은색, 보광에 의하면 청색 계통)·褐(갈색)이나 그 밖의 안근에 의해 보이고 안식에 의해 요별되는 것"[25]이라 논설하여 현색과 형색을 분명하게 갈래짓고 있지 않다.

또한『품류족론』의 경우 色處를 논의의 주제에 따라 제1 「辯五事品」에

---

24   (T26, 429a11-12).

25   (T26, 500a10-22).

서는 "好顯色과 惡顯色, 두 가지의 중간인 似顯處色"으로(여기서는 안식과 의식에 의해 알려지는 것으로 규정),[26] 12처에 대해 諸門分別하는 제3「辯諸處品」에서는 신표업을 업의 色으로, 나머지 색처를 非業의 色으로,[27] 제4「辯七事品」에서는 『집이문족론』의 정의와 동일한 내용으로 분별하고 있다.[28]

필자가 확인한 바로는 『발지론』에 이르러 비로소 '顯色'과 '形色'이라는 말이 나타난다. 즉 『발지론』「大種蘊」에서는 世俗의 地(현실의 땅) 등과 勝義의 地界 등에 대해 분별하면서 세속의 地·水·火는 色處에 포섭되는 현색과 형색을 본질로 하는 것이라고 말하고 있다. (이에 반해 승의인 地·水·火·風界는 觸處에 포섭되는 堅·濕·煖·動을 본질로 한다.)[29]

그리고 『품류족론』「변오사품」의 廣釋인 法救의 『五事毘婆沙論』에서는 색에 청·황·적·백의 현색과 장·단·방·원의 형색이 있음을 밝히고, 『품류족론』에서 현색('호현색'은 不變壞色, '오현색'은 變壞色)에 대해서만 설한 것은 다만 거칠게 나타나 알기 쉽기 때문이라고 해설하고 있다.[30]

이러한 사실을 통해 볼 때 色을 극미설이나 신표업과 관련하여 형색·현색극미로 분별하게 된 것은 『발지론』이나 『대비바사론』 이후로 여겨진다. 『오사비바사론』의 저자와 同名의 法救는 『잡아비담심론』에서 색처(色入)를 청·황·적·백 등의 色과, 몸으로 짓는 色(즉 表色)과, 그림을 그릴 때처럼 양자가 함께 드러나는 色 등 세 가지 경우로 분류하여(長·短 등의 형색은 첫 번째 色에 포함된다)[31] 『품류족론』에서의 논의를 정리하고 있기 때문이

---

26 (T26, 692c16-18).

27 (T26, 697a13-14).

28 (T26, 699a3-4).

29 『발지론』권13(T26, 986c26-987a3). 『대비바사론』권133(T27, 689a13ff) 참조.

30 (T28, 992a13-15).

31 『잡아비담심론』권1(T28, 872c1-3), "色入者三種, 謂色處俱. 色者, 青黃赤白, 如是廣說. 處者, 身作色. 俱者, 如造畫等." 참고로 『阿毘曇心論』과 『阿毘曇心論經』에는 顯·形의 2색에 관한 언급이 없다.

다. 이에 따라 유가행파에서는 안식의 소연이 되는 色을 아예 현색·형색·표
색의 3종으로 분류하고 있다.[32]

따라서 諸論에서의 형색 가유론은 대개 현색이나 신표색과의 관계를 통해
제기된다. 예컨대『대비바사론』에서 譬喩者는 표업과 무표업의 무실체성을 주
장하면서 "표·무표업[의 본질]이 만약 色(rūpa)이라고 한다면, 청·황·적·백
중의 어느 색인가? 또한 [그것이] 어떻게 선·불선의 성질을 성취한다는
것인가?"라고 힐난하고, 毘婆沙師는 "신표색은 형색으로만 알 수 있는 것"
이라고 응답할 뿐이지만,[33]『성실론』에서는 형색은 현색의 차별이라는 전
제 하에 양자의 관계에 대해 다음과 같이 논의하고 있다.

> 형태(形) 등은 색채(色)의 차별이다.
>
> 이 같은 사실을 어떻게 알게 된 것인가?
>
> 만약 색채를 배제한다면, 形量(형태나 크기) 등에 관한 마음(인식)도 생겨
> 나지 않기 [때문이다]. 만약 형태 등이 색채와 다른 것이라고 한다면, 색채
> 를 배제하더라도 역시 [그것에 관한] 마음이 생겨나야 하지만, 실제로는
> 생겨나지 않는다. 그래서 [형태 등은 색채와] 다른 것이 아님을 알게 된
> 것이다.
>
> 문: [이는 다만] 색채에 관한 마음(色心)이 먼저 생겨나고, 그 뒤에 형태에
> 관한 마음(形心)이 생겨난 것일 뿐이다. 왜냐하면 '검다'거나 '희다'는
> 마음과 '네모다'거나 '둥글다'고 하는 마음은 함께 생겨나지 않기 [때문
> 이다].
>
> 답: '길다'거나 '짧다'는 등의 相은 모두 색채를 반연하였기 때문에 意識
> 상에 생겨나게 된 것으로, 이는 마치 먼저 색채를 보고, 그런 연후에

---

32 『유가사지론』권1(T30, 279b3-8), 권3(동, 292c24);『현양성교론』권1(T31, 483c14-15).

33 『대비바사론』권122(T27, 634b23f; c6f; c28), "謂譬喩者說: 表·無表業, 無實體性 -- 又表·無表若是
色者, 靑黃赤白爲是何耶? 復云何成善不善性? -- 當知. 身表是形, 非顯."

의식이 남·여의 특성(相)에 대한 작용(業) 즉 인식을 낳는 것과 같다.[34]

그러나 『유가론』에 이르면 形色은 여러 현색의 積集이며 相待的 假稱
(상대적 관점에 따른 가설)이라는 보다 구체적인 논거가 제시된다.

> **문:** 長·短 등으로 설해지는 形色을 실유라고 해야 할 것인가, 가유라고
> 해야 할 것인가?
>
> **답:** 마땅히 가유라고 해야 한다. 왜냐하면 積集하여 머물기 때문에 형[색]
> 이라 이름한 것으로, 오로지 여러 [현]색이 적집하여 인식될 뿐 그 밖의
> 달리 형색 [자체]는 인식될 수 없기 때문이다. 또한 필시 서로에 근거
> (相待)하여 [칭명된] 것으로, 서로에 근거한 법이 자성을 갖는다면 그러
> 한 법은 [길기도 하고 짧기도 하다는] 雜亂의 과실을 갖기 [때문이다].
> 또한 수레 등의 경우처럼 [그것의 소의(즉 온갖 부품)가 괴멸되면] 그
> 에 관한 지각도 괴멸되기 때문이다.[35]

나아가 세친은 『성업론』에서 업의 인과상속에 관해 해명하면서 『구사
론』 상에서의 경량부 설에 근거하여 형색을 본질로 한다는 유부의 신표업
설을 비판한다. 그러나 여기서의 비판논거는 『구사론』에서의 그것(주17)과
는 달리 양도의 논법을 구사한다. 그는 묻고 있다. "長·短 등의 형색이 실유
라면, 이는 현색과 마찬가지로 차별(개별)적인 극미로서 존재하는 것인가,
제 극미의 적취상에 존재하는 것인가, 아니면 색 등의 적취물에 두루 존재

---

34 『성실론』권5(T32, 273a26-b2), "形等是色之差別. 何以知之? 若離色則不生形量等心. 若形等異
色, 離色亦應生心, 而實不生. 故知不異. 問曰: 先生色心, 後生形心. 所以者何? 黑白方圓心不並生.
答曰: 長短等相, 皆緣色故, 意識中生. 如先見色, 然後意識生男女相業."

35 『유가사지론』권54(T30, 599b7-11), "問: 諸長短等所說形色, 當言實有, 爲假有耶? 答: 當言假有. 何
以故? 積集而住故名爲形, 唯有衆色積集可得, 餘形色相不可得故. 又必相待, 相待之法有自性者, 彼法
便有雜亂過失. 又如車等, 彼覺可壞故." 동론 권1(279b8-9), "形色者, 謂若色積集長短等分別相."

하는 별도의 단일한 실체라고 해야 할 것인가?"[36]

즉 첫 번째 경우라면 극미에도 장·단의 차별이 있다고 해야 할 것이며, 두 번째 경우라면 형색은 현색극미의 차별일 뿐이기 때문에 형색 비실유를 고백한 것이나 다름없으며, 세 번째 경우라면 바이세시카학파의 전체성(avayavin, 有分)처럼 각각의 부분 중에서도 전체가 인식되어야 한다는 것이다.[37]

『성업론』에서는 형색을 현색과는 다른 별도의 실체가 아니라 제 현색이 여러 방면으로 널리 퍼져 있는(安布) 상태의 차별로 이해하였는데, 이는 사실상『구사론』상에서의 경량부(상좌) 설(주12)과 동일한 것이다. 여기서 세친은 장·단 등의 형색에 대해 이같이 해설하고 있다.

> 화합된 제 聚色 중에 한 면이 많은 것을 보면 바로 '길다(長)'는 지각이 일어나며, 한 면이 적은 것을 보면 바로 '짧다(短)'는 지각이 일어나며, 네 면을 함께 보면 바로 '네모졌다(方)'는 지각이 일어나며, 모든 면이 원만한 것을 보면 바로 '둥글다(圓)'는 지각이 일어나며, 가운데가 볼록 튀어나온 것(凸)을 보면 바로 '높다'는 지각이 일어나며, 가운데가 쑥 들어간 것(凹)을 보면 바로 '낮다'는 지각이 일어나며, 면이 고른 것을 보면 바로 '평평하다(正)'는 지각이 일어나며, 면이 가지런하지 않은 것을 보면 바로 '평평하지 않다(不正)'는 지각이 일어나니, 예컨대 [불]바퀴를 굴리거나 [하늘거리는] 비단을 볼 때 여러 가지 종류의 다른 형색의 지각이 생겨나는 것과 같다.[38]

---

36 『대승성업론』(T31, 781b19-20), "長等爲是極微差別, 猶如顯色; 爲是極微差別積聚; 爲別一物遍色等聚?"

37 이상의 비판에 대한 자세한 설명은 권오민(1994), 『유부 아비달마와 경량부 철학의 연구』 pp.169-175 참조.

38 『대승성업론』(T31, 781b28-781c4), "卽於和合諸聚色中, 見一面多, 便起長覺. 見一面少, 便起短覺. 見四面等, 便起方覺. 見諸面滿, 便起圓覺. 見中凸出, 便起高覺. 見中坳凹, 便起下覺. 見面齊平, 起於正覺. 見面參差, 起不正覺, 如旋轉輪觀錦繡時, 便生種種異形類覺."

　『구사론』상에서의 경량부의 형색 가유론과,『대비바사론』에서의 譬喩者,『성실론』이나『유가론』,『성업론』에서의 그 같은 주장 사이의 선후관계를 분명하게 밝히기란 쉬운 일이 아니다. 그러나 이를 통해 상좌 슈리라타의 위상을 가늠해보기란 그리 어려운 일이 아니다. 이들 제 문헌 상의 형색가유론과 相通할 수 있는 이는 상좌뿐이기 때문이다.

2. 所造觸 無別體論

1) 大種과 所造觸

　유부 毘婆沙(T27, 65a5f; 665a11ff)에 의하는 한 身根에 의해 [無間으로] 접촉되어 느껴지는 것에는 견고성(堅)·습윤성(濕)·온난성(煖)·운동성(動)을 본질로 하는 地·水·火·風의 4대종과 이것의 차별적 상태인 미끄러움(滑性)·껄끄러움(澁性)·무거움(重性)·가벼움(輕性)·차가움(冷)·허기짐(飢)·목마름(渴) 등의 11가지가 있다. 이 밖에도 어지러움(悶)·억셈(力)·연약함(劣) 등도 촉처에 포섭될 수 있지만, 어지러움은 미끄러움과 관계있고, 억셈은 껄끄럽고 무거운 감촉 중에, 연약함은 부드럽고 따뜻한 가벼운 감촉 중에 포함된다.[39]

　이러한 11촉 중에서 뒤의 7가지는 4대종에 의해 소삭된 이차석인 것이기 때문에 所造觸(4대종은 能造觸)이라 하는데, 미끄러움은 4대종 중 특히 水·火大가 강성한 경우이고, 껄끄러움은 地·風大가, 무거움은 地·水大가, 가벼움은 火·風大가 강성한 경우이다. 그리고 차가움은 따뜻하기를 바랄 때, 허기짐은 먹기를 바랄 때, 목마름은 마시기를 바랄 때에 느껴지는 감촉이다. 즉 따뜻하기를 바랄 때에는 필경 그 같은 바램(欲)의 원인이 된 觸의

39　『순정리론』권1(T29, 335a2-4).

차별이 소의신을 핍박하였기 때문으로, 이때 바램의 원인을 '차가움'이라 말한 것인데 (이를 통상 "원인에 대해 결과의 명칭을 설정한 것"이라고 말한다), 4대종 중에서 특히 水大와 風大가 증대되면 차가움을, 風大가 증대되면 허기짐을, 火大가 증대되면 목마름을 느끼게 된다.

이처럼 소조촉이 비록 4대종에 근거하여 생겨난 것일지라도 유부에서는 그것들을 모두 4대종과는 별도의 法(dharma) 즉 自相(svalakṣaṇa)을 갖는 실체(dravya)로 간주하였다. 이러한 인식은 근본적으로 『順別處經』(현존본은 『잡아함』 제322경)의 "觸은 外入處로서 4대와 4대 소조색"이라는 경문에 따른 것이었다.[40]

그러나 上座 슈리라타는 이 경을 聖敎(Āgama)로 인정하지 않았을 뿐만 아니라[41] 제1장(주25)에서 인용하였듯이 그는 다수의 실체로 이루어진 것은 世俗으로, 그것의 소의가 된 단일한 실체는 勝義로 이해하였기 때문에 색·향·미·촉의 소조색과 마찬가지로 소조촉의 개별적인 실재성 역시 인정하지 않았다. 그리고 이러한 논리는 당연히 心과 心所의 관계에도 적용된다. 그에 의하는 한 受·想·思를 제외한 그 밖의 심소는 모두 그것의 소의인 마음의 변화 차별상에 지나지 않는다. (제3장에서 상론)

중현은 『순정리론』에서 상좌의 소조촉 무별체(가유)론을 그의 다른 학설에 비해 비교적 자세하게 인용 비판하고 있는데, 그것은 아마도 그가 여기서 '大種所造(즉 대종극미의 安布差別)'라는 논리와는 별도로 相依相待(상대적 관점)에 따른 無自性의 논리를 채용하고 있기 때문으로 생각된다.

40　『순정리론』권4(T29, 352c8-10; 353a1f), "觸謂外處, 是四大種及四大種所造, 有色·無見·有對.";
　　　『잡아함경』권13(T2, 92c16-18), "觸外入處者, 謂四大及四大造色, 不可見有對." 『순별처경』에 대해서는 제1장 주28-29 참조.

41　권오민(2012), 『상좌 슈리라타와 경량부』, p.588 참조.

2) 소조촉 무별체론

상좌 슈리라타는 7가지 소조촉 중 미끄러움과 껄끄러움은 대종의 배열 (saṃniviṣṭa: 安布, 聚集) 상의 차별일뿐더러 안근과 안식에 의해서도 파악된다는 이유에서, 가벼움과 무거움 또한 대종의 많고 적음의 차별일뿐더러 相待的 假稱이며 제 經論에서 風界를 가벼움이라 설하고 있다는 이유에서, 차가움은 火大(온난성)의 차별(즉 감소)이라는 이유에서 대종과는 별도의 실체가 아니라고 주장하며, 허기짐과 목마름의 경우 소조촉이 아니라 다만 希求性(즉 欲)의 심소(심리현상)로 간주하였다. 여기서『순정리론』상에 인용된 그의 말을 직접 들어보자.

상좌(중현에 의하면 寡學上座)는 먼저 미끄러움과 껄끄러움에 대해 이같이 말하고 있다.

촉처 중에는 소조색(즉 소조촉)이 존재하지 않는다. 왜냐하면 그것은 바로 온갖 대종의 형태상의 차별이기 때문이다. 이를테면 대종이 금·은·파지가 (수정)·보배·운모·금강석·파초 등의 온갖 和合聚 중에서 차례로 배열되어 있을 때를 설하여 '미끄러운 촉(滑觸)'이라 하고, 이와는 상반되는 화합취 중에 배열되어 있을 때를 설하여 '껄끄러운 촉(澁觸)'이라 하며, 그 밖의 경우도 각기 상응하는 바에 따르니, [소조촉은] 모두 대종의 배열 상의 차별이다. 또한 안근과 안식으로도 역시 그것(미끄러움이나 껄끄러움 등)을 알 수 있기 때문이다. 즉 안근과 안식이 대종[이 배열된] 형태나 크기(形量)의 色相을 파악할 때에도 역시 그것이 미끄럽거나 껄끄러운 것임을 능히 알 수 있다. 따라서 미끄러움 등은 대종과 다른 것이 아님을 알아야 한다.[42]

---

[42] 『순정리론』권4(T29, 352c1-8), "寡學上座於此說言: 非觸處中有所造色. 所以者何? 卽諸大種形差別故. 謂卽大種次第安布, 於諸金·銀·頗胝迦·寶·雲母·金剛·芭蕉·練等和合聚中, 說爲滑觸. 與此相反和合聚中, 說爲澁觸. 餘隨所應. 皆卽大種安布差別. 又眼亦能覺了彼故. 彼謂, "依眼隨取大種形量色相, 亦能覺了滑澁等物. 故知滑等不異大種.""

　이는 앞서 논의한 '형색 가유론'의 논거와 동일한 형식으로 중현의 비판 또한 그러한데, 세 가지로 요약할 수 있다.

　첫째, 소조촉이 다만 대종극미의 배열 상의 차별일 뿐이라고 한다면 안근의 대상도 될 수 있다고 해야 한다. 그러나 안근의 대상은 현색과 형색으로, 견고성 내지 목마름 등은 어떠한 색채도 형태도 갖지 않기 때문에 안근의 대상이 될 수 없다. 안근에 의해 파악된 미끄러움 등은, 냄새(香)를 맡고도 '쓰다'거나 '시다'는 인식이 생겨나듯이 안근이 色相(현·형색)을 파악한 연후 의식에 의해 추리된 것일 뿐이다.

　둘째, 소조촉이 대종의 차별이라면 견고성(地大) 등을 바로 미끄러움 등이라고 해야 하지만, 양자는 자성이 다르다.

　셋째, 미끄러움 등의 소조촉이 실유가 아니라 가유(즉 언어적 개념으로서의 존재)라고 한다면 身識이 아니라 意識에 의해 알려져야 하지만, 이미 경에서 그것은 신식에 의해 알려지는 것이라고 하였다.

　이는 所知性('알려진 것')에 근거한 유부 諸法分別의 전형적인 논의방식이라 말할 수 있다. 그러나 앞서(제1장 3-2-1 '소조색 무별체설') 간략히 논설하였듯이, 또한 後說하는 '허기짐'과 '목마름'의 경우에서 보듯이, 상좌는 인식을 根·境·識의 同時的 상호관계가 아니라 異時的 繼起관계(제1 찰나: 根·境－제2 찰나: 觸·識－제3 찰나: 意識과 受·想·思)로써 해명하기 때문에 '미끄러움'이라는 假有의 대상은 이와 병존하는 신식에 의해 알려지는 것이 아니다. 상좌(비유부)에게 있어 인식은 전 찰나의 존재를 대상으로 하기 때문에 가유의 미끄러움 또한 안근－안식－의식의 과정을 통해서도 역시 지각될 수 있다. 즉 대종이 배열된 형태나 크기의 色相을 파악하는 것은 안근－안식이지만, 그것이 미끄러운 것임을 아는 것은 다음 제3찰나의 의식이기 때문이다.

　이런 까닭에 '대종은 두 근에 의해 파악된다(大種의 二根所取)'는 주장은 유부에게는 과실이 될지라도 상좌의 경우에는 과실이 되지 않는다. 따라서 중현의 세 번째 비판은 상좌에게 적용되지 않는다. 중현은 자신의 비판에 대한 해명으로 "어둠 속에서는 신근도 역시 [안근의 대상인] 형태와 크기의 차별을 파악할 수 있지 않은가?"라는 이설을 언급하여 다시 비판하는데,[43] 이것이 상좌(혹은 경량부) 설임은 두말할 나위가 없다.

상좌는 다시 가벼움과 무거움에 대해 이같이 말하고 있다.

가벼움이나 무거움으로 일컬어지는 별도의 소조촉은 존재하지 않으니, 온갖 대종이 적거나 많은 것을 '가벼움'이나 '무거움'이라 말하기 때문이다. 또한 가벼움과 무거움은 서로에 근거하여 성립하기 때문에 실유의 실체가 아니다. 이를테면 어떤 사물은 이것에 근거하여 '가볍다'고 말하고, 저것에 근거하여 '무겁다'고 말하는 것이다. 그렇지만 견고성 등(즉 地 등의 4대종)은 서로에 근거하여 성립하는 것이 아니다. 또한 風界에 대해서도 가벼운 것(輕性)이라고 설하였기 때문에 [가벼움은 별도의 실체가 아니다]. 즉 가벼움이란 바로 풍계로서, 근본아비달마(本論)에서 "무엇을 풍계라고 하는가? 이를테면 가벼움 등으로 운동성이다"고 말한 바와 같다. 세존께서도 역시 "온갖 가벼움 등의 운동성을 내외의 풍계라고 말한다"고 설하였던 것이다.[44]

상좌는 가벼움과 무거움 또한 대종의 적고 많음의 차별로 설명하며, 중현 역시 "그것이 대종과는 별도의 존재가 아니라면 대종 자체를 무거운 것이라고 해야 하며(그러나 대종과 무거움은 자성이 다르다), 그럴 경우

---

43 『순정리론』권4(T29, 353a7-8), "豈不闇中, 身亦能取形量差別?"

44 『순정리론』권4(T29, 353b14-20), "彼上座言. 無別所造名輕重性. 卽諸大種, 或少或多, 說輕重故. 又輕重性相待成故, 非實有體. 謂卽一物待此名輕, 待彼名重. 非堅性等相待而成. 又於風界說輕性故. 輕卽是風, 如本論言. "云何名風界? 謂輕等動性." 世尊亦說, "諸輕等動性, 名內外風界." 인용한 本論은 『품류족론』권1(T26, 692c12).

일체의 和合聚는 모두 무거운 것이 되어야 한다. 또한 대종의 화합이 무거움이라면, 이는 身識의 소연이 될 수 없다"고 비판한다. '극미의 결합방식'(제1장 3-3-3)에서 논의하였듯이 단일성의 '화합'은 가유로서 감각적 지각(5식)의 대상이 될 수 없기 때문이다.

상좌의 두 번째 논거인 '相待(apekṣa, 상대적 관점)에 따른 가유론'은 아마도 첫 번째 논거의 보충논거로 제시되었을 것으로, '무거움'이라는 개념 자체가 보다 분명하게 해명되지 않으면 안 되기 때문이다. 즉 무거움이나 가벼움은 相待的 假稱일 뿐으로, 이러한 가칭 또한 대종을 배제하고 성립하지 않는다. 견고성(地大) 등의 4대종은 이미 개별적인 실체로서 무거움 등의 所依이기 때문에 상대적 관점에 따른 가칭이라 할 수 없지만, 소조촉인 무거움과 가벼움은 서로에 근거한 것이기 때문에, 다시 말해 보다 무거운 것에 대해서는 가벼운 것이고, 보다 가벼운 것에 대해서는 무거운 것이기 때문에 동일한 존재에 대한 명칭 상의 차별일 뿐이다. 중현은 앞서 인용한 상좌의 주장을 비판하는 과정에서 이 같은 내용의 상좌 설을 다시 전하고 있다.

> 예컨대 항아리나 숲 등의 경우처럼 다수의 실체(多)에 근거하여 하나의 존재(一性)를 총체적으로 말한 것은 바로 가유이지 실유가 아니니, 이 경우(가벼움과 무거움)도 역시 마땅히 그러하다고 해야 하기 때문에 실유가 아니다.[45]

> 서로에 근거하는 것은 [그 자성이] 결정적인 것이 아니어서 [가벼운 것과 무거운 것은] 마땅히 동일한 존재(一物)가 되어야 한다. (다시 말해 동일물이 무거운 것도 되고 가벼운 것도 된다고 해야 한다.)[46]

---

45 『순정리론』권4(T29, 353c13-15), "待多總說一性, 如甁林等, 是假非實. 此亦應然, 故非實."

이는 앞에서 인용한『유가사지론』의 '형색 가유론'(주35)과 동일한 형식으로, 비록 所依인 4대종은 예외로 하였을지라도 일견 相依相待에 의한 無自性을 주장하는 중관의 입장과 매우 유사하다. 이런 까닭에 중현은 상좌의 논의를 壞法論(都無論의 空花論)과 가까운 것이라고 힐난하게 되었던 것이지만, 그에 의하는 한 '서로에 근거한다(相待)'는 사실은 실유가 아니라는 논거가 되지 못한다. 현실상에서 인식하는 (혹은 말하는) '무거움'과 '가벼움'(즉 能詮)은 상좌의 말대로 서로에 근거하기 때문에 결정적이지 않을지라도 인식이나 언설의 근거가 된 '무거움'과 '가벼움' 자체(즉 所詮)는 바뀌는 일이 없기 때문이다.[47] 다시 말해 현실의 어떤 물건을 다른 물건과 비교할 때 무거운 것도 되고 가벼운 것도 될지라도 인식을 발생시킨 (혹은 그 물건에 적용된) '무거움'이나 '가벼움'이라는 사태 자체는 실유라는 것이다. 만약 서로 근거하기 때문에 실유가 아니라면, 견고성(地大) 또한 '보다 견고한 것'이나 '훨씬 견고한 것'에 대해 '견고하지 않은 것'이라고 해야 하며, 따뜻함과 차가움의 경우도 그러하다고 해야 하기 때문으로, 이는 사실상 지식의 不在이자 교법을 파괴하는 논의라는 것이 그의 辯이었다.

그리고 세 번째 논거로서 제 經論에서 風界를 가벼움이라고 설한 것에 대해 중현은 風大는 다른 3大와 달리 현실(世俗)의 바람과 차별되지 않기 때문에 (견고성의 地大는 촉처에 포섭되지만 현실의 땅 등은 현색과 형색의 색처에 포섭된다) '가벼움'이라는 결과(소조색)를 통해 '운동성'이라는

---

46 『순정리론』권4(T29, 353c29f), "相待不定, 應成一物."

47 『순정리론』권4(T29, 353c6-7), "故唯能詮相待不定, 非所詮體而有改易." (동, 353c13), "是故相待, 非不實因." 혹은 이편 언덕에서 보면 저편 언덕이 피안이지만, 저편 언덕에서 보면 이편 언덕이 피안이다. 즉 피안과 차안이라는 말은 다만 相待的인 假稱이지만, 그 같은 말의 근거가 된 피안이나 차안 자체는 실재한다. "명칭(能詮)은 결정된 것이 아니어서 바뀔 수 있지만, ['가볍다'거나 '무겁다'는 사태] 자체는 불변이다.(名雖不定, 而體不易)"(354a3f) 요컨대 유부에 있어 相依性의 緣起는 말하자면 존재자체의 조건이 아니라 다만 생기의 조건이다.

원인(대종)을 나타낸 것일 뿐이라고 해명하였는데, 이는 이미『구사론』에
서도 언급된 사실이다.[48]

상좌는 차가움 역시 火大의 차별로 이해하였다.

火界가 적거나 혹은 강성하지 않은 것을 일컬어 '차가움'이라 한다. 왜냐
하면 거기에 해(日)가 없든지 혹은 해에서 멀리 떨어지게 되면 바로 차가
움이 존재하기 때문이다. 또한 지극히 큰 뜨거움이 일어날 때에도 별도의
소조촉이 일어나는 것이 아니라 다만 火大가 증대한 것일 뿐이라고 누구
나 인정하듯이, 뜨거움이 감소할 때도 역시 그러하여 어떠한 경우에도
['차가움'이라는] 별도의 소조촉이 생겨나는 것이 아니라 다만 火大가 감
소하는 것일 뿐이라고 인정해야 한다. 만약 차가움이 별도로 존재하는
것이라면 '따뜻하지도 않고 차갑지도 않은(非煖非冷)' 소조촉도 별도로 존
재한다고 인정해야 한다. 그렇기 때문에 결정코 '차가움'이라는 소조촉은
존재하지 않는다.[49]

즉 유부에서도 주장하듯이 火界가 증대된 것이 뜨거움(혹은 따뜻함)이
라면, 차가움 역시 별도의 실체로서 존재하는 것이 아니라 화계가 감소한
상태를 가설한 것이라고 말할 수 있다는 것이다. 그러나 중현에 의하는 한,
이 또한 무거움과 가벼움의 경우와 마찬가지로 相待論의 난점을 피할 수
없기 때문에 '차가움'이라는 인식대상(즉 所詮) 자체를 설명할 수 없다. 이

---

48 『구사론』권1(T29, 3b11-13). 다만『구사론』에서는 "『품류족론』에서는 작용으로써 풍계
의 본질(즉 動性)을 나타내고자 하였기 때문에 역시 또한 '가벼움'이라 말하였다(擧業顯
體故亦言輕)"고 설하고 있다. 참고로『성실론』(T32, 264b23f)의 경우, 가벼움은 풍대의 자
상이며, 운동성은 풍대의 작용(業)이다.

49 『순정리론』권5(T29, 354b21-27), "又上座言: 火界或少, 或不增強, 即名爲冷. 所以者何? 於彼無日,
或去日遠, 便有冷故. 又如極大炎熱起時, 無別少分所造觸起, 同許唯有火大增多, 熱減少時亦應如是,
無別少分所造觸生, 應許唯是火大減少. 若別有冷, 亦應許有別所造觸非煖非冷. 是故定無冷所造觸."

를테면 "화계가 감소할 때는 덜 뜨거운 상태이며, 증대될 때는 더 뜨거운 상태라고 해야 한다. 혹은 화계가 증대될 때에도 차가움(즉 보다 덜 차가운 상태)이 생겨났다고 해야 하고, 화계가 감소할 때에도 뜨거움(보다 덜 뜨거운 상태)이 생겨났다고 해야 하며, '눈 더미 중에는 화계의 극미(火微)가 지극히 적다'고 해야지 '차가움의 극미(冷微)가 지극히 많다'고 해서도 안 된다"는 것이다.

그런데 『구사론』에는 "극미의 취집은 堅·濕·煖·動 중의 한가지로만 알려지는데, 거기에 나머지 세 가지도 역시 공존한다는 사실을 어떻게 알게 된 것인가?" 하는 물음에 대해 "예컨대 水聚 중에 '지극한 차가움(śaityātiśaya)'이 존재하기 때문에 따뜻함[의 지각]이 생겨나는 것과 같다"는 이설이 소개되고 있는데,[50] 稱友(Yaśomitra)는 이를 大德 슈리라타(Bhadanta Śrīlāta)의 설로 평석하였으며, 安慧(Sthiramati)나 滿增(Pūrṇavardana) 또한 슈리라타의 주장으로 돌리고 있다.[51] 칭우에 의하면, 물에는 차갑고, 보다 더 차갑고, 지극히 차가운 느낌이 있기 때문에 거기에는 반대로 적은 따뜻함, 보다 적은 따뜻함, 지극히 적은 따뜻함이 느껴지는 것으로, 물 중에 존재하는 지극한 차가움으로 인해 따뜻함(즉 火大)의 존재도 알 수 있다는 것이다.[52]

이로 볼 때 중현의 '차가움에 관한 상좌 설' 비판은 그에 대한 매우 정확한 이해에 기초한 것임을 알 수 있다. 즉 상좌는 차가움 역시 가벼움과 무거움의 경우처럼 화대(따뜻함)에 근거한 상대적 관점에 따른 가설로 이해하였던 것이다.

마지막으로 허기짐과 목마름에 대해 『순정리론』 상에서 記名으로 인

---

[50] 『구사론』권4(T29, 18c7-8), "如水聚中, 有極冷故, 有煖相起."; apsu śaityātiśayād auṣṇyaṃ gamyata ity apare. (AKBh., p.53. 12)

[51] AKVy., 124. 28f.; 加藤純章(1989), 『經量部の研究』, pp.162-163.; 이종철(2015), 『구사론 계품·근품·파아품』, p.190 주48.

[52] AKVy., 124. 29-31.; 荻原雲來 譯註, 『稱友俱舍論疏』(2), p.52.

용된 상좌 설은 다음의 一句뿐이다.

> 상좌는 말하였다. "허기짐과 목마름은 소조촉이 아니니, 希求性이기 때문
> 이다."[53]

그는 어떠한 까닭에서 허기짐 등을 소조촉(신근의 대상)이 아닌 希求性
으로 정의되는 欲(chanda: 이하 '欲望')이라는 심소법으로 이해한 것일까? 그
답 또한 중현의 비판의 문맥 중에서 찾아볼 수 있다. 중현은 앞서 말한 대로
'허기짐'과 '목마름'이란 다만 원인에 대해 결과의 명칭을 설한 것이기 때문
에, 다시 말해 촉의 차별이 그의 소의신을 핍박함으로 말미암아 먹고 마시기
를 바라는 것으로, 이는 바로 허기짐(먹기를 바라는 것)과 목마름(마시기를
바라는 것)의 원인이 되기 때문에 그같이 말한 것일 뿐이라고 비판한다.
그럴 때 다음과 같은 이설(문맥 상 상좌 설)이 제기된다.

> 접촉되는 대종에 의해 身識이 발생하지만, 이때 신식이 바로 소조색은 아닌
> 것처럼 [먹고 마시기를 바라는] 욕망 역시 그러하다고 해야 한다.[54]

이에 대해 중현은, 먹고 마시기를 바라는 두 가지 욕망은 순서대로 4대
종 중 풍대와 화대가 보다 강성해질 때 생겨나지만, 신식은 대종의 균등과
차별에 관계없이 다만 신근과 촉경만 갖추어지면 생겨나기 때문에 각기
생기의 조건이 다르다고 말한다.
이에 또 다른 이설이 제기된다.

---

53 『순정리론』권5(T29, 355a3-4), "又上座言. 飢渴二種, 非所造色, 希求性故."
54 『순정리론』권5(T29, 355a14-16), "如因所觸大種發生身識, 而非身識是造色性, 欲亦應然."

[먹고 마시기를 바라는] 두 가지 욕망은 비록 대종을 원인으로 할지라도 그것에 근거하여 [생겨나는] 것이 아니기 때문에 소조색이 아니다. 즉 욕망은 마음에 근거하여 [생겨나는] 것이지 대종에 근거하여 생겨나는 것이 아니다. 따라서 [먹고 마시기를 바라는 두 가지 욕망으로 인해] 소조색을 성취하게 된다고 논란해서는 안 된다.[55]

이에 대해 중현은 다시 만약 먹고 마시기를 바라는 욕망이 대종의 增盛이 아니라 다만 마음에 근거하여 생겨나는 것이라면 언제라도 항상 생겨날 수 있어야 한다고 비판한다.

이제 문제의 소재는 명백해졌다. 유부에 의하는 한 대종과 소조촉(촉처)을 원인(소연)으로 하지 않은 身識은 존재하지 않을뿐더러 마음과 俱生하는 먹고 마시기를 바라는 욕망(欲: 10가지 大地法 중의 하나)은 대종의 차별(화·풍대의 증성)을 원인으로 삼지 않으면 안 된다. 그렇기 때문에 그 같은 욕망의 원인이 되는 대종의 차별은 실유이다. 그러나 상좌의 경우, 신식의 소연은 신식과 동일찰나에 존재하는 것이 아닐뿐더러 受·想·思를 제외한 제 심소 또한 마음이나 思의 차별일 뿐이다. (제3장 참조) 따라서 '목마름' 등은 火界가 증대된 대종의 차별을 원인으로 할지라도 전 찰나의 마음에 근거하여 일어나는, 다만 마시기를 바라는 희구성의 욕망 즉 심소법일 뿐이다.

『대비바사론』에서 오로지 색의 대종성만을 인정하여 소조색(색·향·미·촉)의 무별체설을 주장한 覺天(제1장 주41 참조)도 당연히 소조촉의 실재성을 부정하였을 것이지만, 法救는 어떤 논리에서인지는 모르겠지만 대종과는 별도의 소조색을 인정하면서도 소조촉과 法處色(무표색)을 부정하

---

55 『순정리론』권5(T29, 355a23-25), "二欲雖因大種, 而不依彼, 故非造色. 謂欲依心, 不依大種. 故不應難令成造色."

였다.[56]

그런데 '4대=가유, 소조색=실유'를 주장하는 『성실론』의 경우, 觸法으로 견고함(堅)·부드러움(軟)·가벼움(輕)·무거움(重)·강함(強)·약함(弱)·차가움(冷)·따뜻함(熱)·껄끄러움(澁)·미끄러움(滑) 등을 설정하고서(제59「觸相品」) 견고함과 부드러움, 가벼움과 무거움, 따뜻함과 차가움 등과 같은 촉법은 서로에 근거(相待)하기 때문에 실유가 아니라는 이설[57]에 대해 '알려진 것(知所行處 혹은 可得法)'이라는 유부와 동일한 논법을 구사하여 실유를 주장하였다. (다만 가벼움의 경우 "'풍대의 자상으로 稱量할 수 없기 때문에' 相待적인 것이 아니"라는 논거는 유부와 다르다)

그러나 『유가사지론』에서는 觸法으로서 유부가 설정한 11촉을 비롯하여 배부름(飽)·힘셈(力)·약함(劣)·느슨함(緩)·급함(急)·병(病)·늙음(老)·죽음(死)·가려움(蛘)·답답함(悶)·끈적거림(粘)·피곤함(疲)·쉼(息)·유연함(軟)·겁냄(怯)·용기(勇) 등을 열거하는데,[58] 이를 모두 4대종의 결합 상태(分位, avasthā)에 따라 일시 시설한 것 즉 가유로 이해하였다.[59]

3. 不相應行法의 부정

1) 유부의 불상응행법

아마도 유부 제법분별에서 가장 유니크한 것은 心不相應行法(citta-viprayukta-saṃskāra dharma)으로 규정된 得·非得·同分·無想果·無想定·滅盡定·命根·生·

---

56 『대비바사론』권127(T27, 662b13-16), "尊者法救說. 離大種別有造色. 說心所法, 非卽是心. 然說色中二非實有, 謂所造觸及法處色."

57 순서대로 『성실론』권3(T32, 264a7ff; 264b28ff); 권4(동, 274b22f).

58 『유가사지론』권1(T30, 280a10-12).

59 『유가사지론』권54(T30, 597a10ff), "大種分位假施設有."

住·異·滅·名身·句身·文身의 14가지 법일 것이다.[60] 이는 말하자면 유정들로 하여금 다양한 존재방식에 따라 존재하게 하는 원리(힘), 혹은 존재양태에 관한 관념을 추상화시켜 얻은 개념으로, 유부에서는 아함경전상에 설해진 이 같은 술어에 근거하여 이를 色法이나 心法과는 다른 별도의 실체로 간주하였다.

이에 대한 간략한 해설과 그들이 제시한 경증을 인용하면 다음과 같다.

  ① 得(prāpti)과 非得(aprāpti): 得이란 유정들로 하여금 유위제법이나 擇滅·非擇滅의 무위법을 獲得(已失今獲)하고 成就(得已不失)하게 하는 힘을 말한다. 만약 이러한 힘의 실재성을 부정할 경우 凡聖의 차별은 물론 번뇌의 已斷과 未斷을 설명할 수 없다. 非得(aprāpti)은 이와 반대. 예컨대 "聖法의 非得을 異生性이라 한다." (『발지론』권2, T26, 928c5-7; 『구사론』권4, T29, 23b18f)

  "성자는 그러한 10가지 無學法을 낳고 획득하고 성취함으로써 5支(5順上分結)를 이미 끊었다." (『구사론』권4, T29, 22a27f)

  "마땅히 알라. 이와 같은 보특가라는 선법이나 불선법을 성취한다." (『순정리론』권12, T29, 397a13f)

---

60 이러한 불상응행법은 일찍이 『법온족론』권10(T26, 500c20-22); 『품류족론』권1(T26, 694a19ff); 권2(동, 699b20ff) 등에서 得·無想定·滅[盡]定·無想事(果)·命根·衆同分·依得·事得·處得·生·老·住·無常·名身·句身·文身 등 16가지로 열거되고, 『阿毘曇甘露味論』권하(T28, 979b28-c15)에서는 여기에 凡夫性(즉 무루성도의 未得)을 더하여 17가지로 산정하였는데, 이후 『아비담심론』권4(T28, 830c21ff) 등에 이르러 이 중 각기 得所依處(界), 得諸蘊, 得內外處를 의미하는 依得·事得·處得이 하나의 得으로 정리되어 14가지로 고정되고, 『입아비달마론』(T28, 986a28-988a12)에서 凡夫性이 非得으로 대체되어 『구사론』으로 계승되었다. 그러나 이와는 계통을 달리하는 『성실론』권7 「不相應行品」(T32, 289a)에서는 得·不得·무상정·멸진정·無想處(天果)·명근·生·滅·住·異·老·死·名衆(身)·句衆·字衆·凡夫法의 16가지를, 유가행파(『유가사지론』권3, T30, 293c7-11; 권56, 607a23ff; 『대승아비달마집론』, T31, 665b28ff)에서는 得·무상정·멸진정·無想異熟(果)·명근·중동분·異生性·生·老·住·無常·名身·句身·文身·流轉·定異·相應·勢速·次第·時·方[位]·數·和合·不和合의 24가지를 설정하였다.

② 同分(sabhāgatā, 혹은 衆同分, nikāyasabhāgatā): 유정을 유정이게 하는 공동(同)의 원인(分), 즉 보편성. 여기에는 일체 유정의 보편성인 無差別同分과 3界·5趣·凡聖 등으로 차별되게 하는 有差別同分이 있다. "만약 [어떤 이가] 이러한 [人趣에] 다시 돌아오면 人同分을 획득한다." (『구사론』권5, T29, 24b7f)

"이것은 天同分이며, 이것은 人同分이다." (『순정리론』권12, T29, 400b1)

③ 無想果(asaṃjñā-phala)와 無想·滅盡定(asaṃjñā/nirodha-samāpatti): 이는 말하자면 제방이 강물의 흐름을 차단하듯이 심법의 상속을 잠시 차단 장애하여 생겨나지 않게 하는 힘으로, 무상과는 무상정을 닦아 색계 제4정려의 廣果天(혹은 無想有情天)에 태어날 때 획득되며,61 무상정과 멸진정은 각기 범부외도와 성자가 제4정려와 非想非非想處定에서 닦는 선정이다. 이러한 술어는 아함에 자주 언급되기 때문에 별도의 경증을 제시하지 않는다.

④ 命根(jīvitendriya): 유정들로 하여금 일생동안 그들의 생존을 가능하게 하는 힘으로 목숨(āyuh)을 말한다. 목숨은 체온과 의식과 불가분의 관계를 갖는 것으로, 각기 체온과 의식이 부재하는 무색계와 멸진정에서도 이것으로 인해 생의 상속이 가능하다.

"목숨(壽)과 체온(煖)과 의식(識)의 세 법이 몸을 버리게 될 때, 버려진 몸은 나자빠지니, 어떠한 생각도 없는 나무둥치와도 같다." (『구사론』권5, T29, 26a28f; 『순정리론』권13, T29, 404b12f; 『잡아함』제568경, T2, 150b9f)

61　그러나 外國師(『대비바사론』권154, T27, 784b5f)와 上座 슈리라타(『순정리론』권21, 457a7f)는 무상유정천을 광과천과는 別處로 간주한다. 즉 유부(迦濕彌羅 毘婆沙師)에서는 제1정려의 범보천과 대범천, 제4정려의 광과천과 무상천을 동분이 존재하기 때문에 동일한 천으로 간주하여 색계 16천을 주장하였지만 상좌는 처소의 승렬의 차별에 따라 색계 18천을 주장하였다.

⑤ 生(jāti)·住(sthiti)·異(jara, 老)·滅(anityatā, 無常性): 이는 유위의 특징(有爲相)으로, 제법을 생겨나게 하고 나아가 괴멸하게 하는 힘이다. "세 가지 유위의 유위상이 있으니, 유위의 [生]起도 역시 알 수 있고, [滅]盡과 住異도 역시 알 수 있다." (『구사론』권5, T29, 27b27f; 『순정리론』권13, T29, 406a9ff; 『증일아함경』권12, T2, 607c14ff)

참고로 유부에서는 무위법의 지속(sthiti: 住)은 住相의 힘에 의한 것이 아니라 本法 자체의 自相이기 때문에 이와 혼동을 피하기 위해 경에서는 다만 세 가지 유위상을 설하였다고 말한다.

⑥ 名(nāma)·句(pada)·文身(vyañjana-kāya): 능히 의미를 낳는 개념(saṃjñā, 想)·문장(vākya, 章)·음소(akṣara, 字)의 집합.

"마땅히 정법의 文·句를 지녀라." "뜻에 의지하지 文에 의지하지 말라." 伽他(게송)의 근거는 闡陀(chandas, 운율)와 文字이다." "文과 의미(義)가 교묘하다." "마땅히 잘 설해진 文·句로써 정법을 독송하라." "여래는 희유한 名·句·文身을 획득하였다." (『순정리론』권14, T29, 413c15ff)

"게송(gāthā)은 名(nāma)과 [文]士(kavi: 시인)에 의지하여 생겨난다." (『구사론』권5, T29, 29b24f; 『잡아함』 제1021경, T2, 266b9f)

2) 『바사론』의 비유자와 하리발마의 비판

불상응행법은 다음 절에서 논의할 무위법과 더불어 "지각이든 사유든 인식에는 반드시 그에 대응하는 외계대상이 존재해야 한다"는 유부철학의 특성을 가장 잘 나타내는 것이라 할 수 있으며,[62] 그런 만큼 이에 대한 비판적 견해 또한 일찍부터 대두되었다. 그 대표적인 경우가 『대비바사론』에서의

62　木村泰賢(1977), 『小乘佛教思想論』, p.227.; 梶山雄一(1983), 『佛教における存在と知識』, p.viii.

譬喩者의 비판이다. 그들은 어떠한 경우에도 不相應의 行蘊은 실체(*dravya)로서 존재하는 것이 아니라고 주장하였다.[63]

그렇지만『대비바사론』에서는 14가지 불상응행법이 전체적으로 설해지는 일은 없고 여러 곳에서 散說된다. 그리고 이에 관한 他宗의 이설로 인용된 譬喩者 설은 得(성취)과 非得(불성취), 異生性, 유위4상, 그리고 名 등의 3身 정도인데, 이는 아마도 유부의 법 체계 중에서 이러한 개념들이 가장 중요한 역할을 담당하였기 때문일 것이다.[64] 이에 대한 그들의 주장을 발췌 인용하면 다음과 같다.

① 譬喩者는 말하였다. "이러한 [頂墮, 즉 頂法의 불성취]는 다만 假說일 뿐 실유의 자성을 갖지 않는다." (권6, T27, 27c17-28; 본서 제10장 주40 참조)

② 譬喩尊者는 이같이 말하였다. "[善功德으로부터의] 退失(불성취)은 無自性으로, 다만 일시 시설한 것일 뿐이다." (권60, T27, 313a14-15)

③ 譬喩者는 말하였다. "[善根의 斷은] 실유의 자성을 갖지 않는다." (권35, T27, 182c2)

④ 어떤 이는 "진실의 成就와 不成就는 존재하지 않는다"고 주장하였는데, 譬喩者가 그러한 자이다. (권93, T27, 479a20-24; 권106, 550c26-27; 권157, 796b5-6)

⑤ 어떤 이는 "이생성은 실체로서 존재하지 않는다"고 주장하였는데, 譬喩者가 그러한 자이다. (권45, T27, 231b26f)

⑥ 어떤 이는 "諸유위상은 실유의 실체가 아니다"고 주장하였는데, 譬喩者

---

63 『대비바사론』권38(T27, 198a15-17), "謂或有執: 諸有爲相非實有體, 如譬喩者. 彼作是說: 諸有爲相, 是不相應行蘊所攝, 不相應行蘊無有實體. 故諸有爲相, 非實有體." 동론 권195(977b9-11)에서도 동일한 내용이 설해진다.

64 加藤純章(1989),『經量部の研究』, p.304.

가 그러한 자이다. (권38, T27, 198a15; 권195, 977b9)

⑦ 어떤 이는 "擇滅·非擇滅·無常滅은 실유의 실체가 아니다"고 주장하였
는데, 譬喩者가 그러한 자이다. (권31, T27, 161a10f)

⑧ 譬喩者는 설하였다. "生 등의 諸相은 그 자체 실유가 아니다." (권38,
T27, 198c22)

⑨ 어떤 이는 "名·句·文身은 실유의 법이 아니다"고 주장하였는데, 譬喩
者가 그러한 자이다. (권14, T27, 70a3-5)

여기서 ①-⑤는 得(成就)과 非得(不成就)에 관한 것으로, 카슈미르 毘婆
沙師에 의하는 한 頂法으로부터의 退墮, 善공덕으로부터의 退失, 선근의 斷
은 모두 不成就를 자성으로 하는 실체로서 불상응행온(즉 非得)에 포섭된다.
이에 대해 譬喩者는 "이는 마치 어떤 사람이 도적에게 재물을 빼앗겨 가난
하게 되었거나 도적에게 옷을 빼앗겨 벌거숭이로 지내는 경우, 혹은 의복
이 낡았을 경우, 이러한 사태(가난함이나 벌거숭이, 낡은 옷)의 자성이 별도
로 존재한다고 말하는 것과 같다"는 現喩로써 힐난하면서 성취·불성취를
다음과 같이 규정한다.

유정이 諸法을 떠나지 않는 것을 '成就'라 말하였고, 제법을 떠날 때를 '不
成就'라 말한 것으로, 이는 모두 일시 시설한 개념(施設)일 뿐이니, 예컨대
다섯 손가락을 꽉 쥔 것을 일시 '주먹'이라 말하고 분리시킨 것(즉 펼친
것)을 주먹 아니라고 하듯이, 이 역시 그러하다.[65]

또한 ⑥-⑧은 유위4상에 관한 것으로, 毘婆沙師에 의하는 한 어떤 하나
의 법이 有爲인 것은 別法인 이러한 유위상을 갖기 때문으로, 유위제법은

---

[65] 『대비바사론』권93(T27, 479a21-24).

찰나에 생멸하기에 이 또한 일찰나에 俱有한다. 그러나 비유자는 이러한 유위상을 제법(所相)을 生滅하게 하는 별도의 법(能相)으로서가 아니라 다만 상속 전변하는 제법의 상태로 이해하였다.

어떤 이들은 "세 가지 유위상은 일찰나가 아니다"고 주장하였는데, 譬喩者가 그러한 자이다. 즉 그들은 이같이 설하였다. "만약 일 찰나에 세 가지 유위상이 존재한다면, 一法은 일시에 생겨나고 노쇠하고 멸해야 한다. 그렇지만 이러한 이치는 없으니, 서로 모순되기 때문이다. 따라서 마땅히 제법이 처음 일어났을 때를 '生'이라 이름하고, 그 후 다하였을 때를 '滅', 그리고 중간의 성숙한 것을 '老'라 이름한다고 말해야 한다."[66]

다른 한편 『대비바사론』에서는 ⑥과는 別說로서 유위4상을 태어나 죽을 때까지의 5온의 상태로 이해한 經部師의 주장도 인용하고 있다.

어떤 이들은 "색 등의 5온이 모태에서 나올 때를 '생'이라 하고 상속할 때를 '住'라고 하며, 쇠퇴 변이할 때를 '異'라고 하고, 목숨을 마칠 때를 '滅'이라 한다"고 주장하였는데, 經部師가 그러한 자이다.[67]

이에 대해 毘婆沙師는 이는 오로지 衆同分의 相이지 有爲相이 아니라고 비판하고서 "유부의 所相(本法)과 能相(유위상)의 同時 俱有說은 이 같은 異時의 4相을 설하는 經部 說을 비판하기 위한 것"이라고 하여 '유위상=일생

---

66 『대비바사론』권39(T27, 200a3-7), "謂或有執: 三有爲相, 非一刹那, 如譬喩者. 彼作是說: 若一刹那有三相者, 則應一法一時亦生亦老亦滅. 然無此理, 互相違故. 應說, 諸法初起名'生', 後盡名'滅', 中熟名'老.'"

67 『대비바사론』권38(T27, 198b1-3), "或復有執: 色等五蘊, 出胎時名'生', 相續時名'住', 衰變時名'異', 命終時名'滅', 如經部師."

(一期)에 걸친 5온 상속'설이 '經部'의 학설임을 다시 한 번 확인하고 있다.[68] 즉 앞의 譬喩者 설이 찰나에 근거한 4相 假有說이라면, 뒤의 經部師 설은 일생(衆同分)의 상속에 근거한 4相 假有說이다. 여기서 '경부사'는 相續(pravāha)에 근거하여 유위4상의 가유론을 설하고 있는『구사론』상의 경량부(본절 3-⑤)와 주장이 동일하기 때문에[69] 이를 숙지하고 있던 玄奘의 개변 가탁으로 이해되기도 한다.[70] 그러나 후술하듯이『구사론』상에 인용된 경량부의 유위4상 假立論은 上座 설에 기초한 것인데, 그는 찰나에 근거한 4상과 중동분에 근거한 4상을 구별하지 않고 있다. (주92 참조)

아무튼『대비바사론』에서의 譬喩者의 생각은 成實論主 訶梨跋摩로 이어진다. 그 또한 유위4상을 다만 찰나에 걸친 5온의 생멸 변천으로 이해하였다.

5陰(蘊)이 현재세(찰나)에 존재할 때를 '生'이라 하고 현재세를 버릴 때를 '滅'이라 하며, 相續하기 때문에 '住'라 하고, 머물며 변이하기 때문에 '異'라고 한 것으로, 生·住·滅이라 이름할 만한 별도의 법이 존재하는 것은 아니다. --(중략)-- 또한 [혹자는] 生 등의 [4]법이 일시에 생겨난다고 말하지만, 만약 법이 일시에 생겨나고 멸하는 것이라면 이 중의 生 등은 무슨 작용을 할 것인가?
또한 불타는 12인연 중에서 諸 중생이 處處에 태어나 諸陰을 받는 것을 '생'이라 하였고, 5陰이 退沒한 것을 '死', 諸陰이 衰壞하는 것을 '老'라고 말한 것으로, 老死라는 법이 별도로 존재하는 것은 아니다.[71]

---

68 『대비바사론』권38(T27, 198c17-18), "謂說所相能相世同. 卽遮經部異時四相."
69 普光은 이를 一期相續이라 하였다. (『구사론기』, T41, 105a, "[經部]約諸行相續假立四相. 非據刹那言相續者, 謂一期相續, 或一運相續.")
70 加藤純章(1989), 『經量部の研究』, p.118f. 현장 연보에 의하면,『구사론』은 651-654년에,『대비바사론』은 656-659년 역출하였다. 구역『아비담비바사론』(T28, 148b17-18)에서『대비바사론』상응구는 "復有說者, 此法是相應." (권오민(1994),『유부 아비달마와 경량부철학의 연구』, pp.182-186 참조)
71 『성실론』권7(T32, 289b19-29).

하리발마는 그 밖의 불상응행법에 대해 다음과 같이 해설한다.[72]

- 得: 중생이 현재세의 5陰을 成就하는 것을 '득'이라 말한 것으로, 별도의 심불상응행법이 존재하여 '득'이라 말한 것이 아니다.

- 不得: '득'과 반대되는 것을 '不得'이라 말한 것으로, 역시 별도의 不得法이 존재하는 것이 아니다.

- 無想定와 無想處: 범부는 心·心數(심소)法을 소멸할 수 없기 때문에 이러한 定法[과 이것의 과보인 無想處]는 존재하지 않는다. 그리고 이러한 상태의 심·심수법은 微細하여 알기 어렵기 때문에 '無想'이라 말한 것이다.

- 滅盡定: 마음이 멸하여 현행하는 일이 없기 때문에 '滅盡'이라 말한 것으로, 泥洹(열반)의 경우와 마찬가지로 이 또한 개별적인 법으로 존재하지 않는다.

- 命根: 업을 인연으로 하여 5陰이 상속하는 것을 '命'이라 이름하였다. 즉 이러한 命은 업을 根(indriya, 지배적인 힘)으로 삼기 때문에 '명근(jīvitêndriya)'이라 하였다.

- 名·句·文衆: 名(단어)이란 字(글자 즉 음소)로부터 생겨난 것, 句(문장)란 字에 따라 의미(義)를 성취하게 된 것, 字(즉 文)란 온갖 글자를 말한다.[73] 어떤 이(즉 유부 毘婆沙師)는 名·句·字衆을 심불상응행이라 하였지만, 이러한 법은 名聲性 즉 말소리를 본질로 하는 것으로 法入(法處)에 포섭된다.

---

72 『성실론』권7 「불상응행품」 제94(T32, 289a20-c13).

73 이에 따를 경우 "文(음소)만이 개별적인 실체로서 이것의 總集이 名·句身이다"고 주장한 『구사론』 상의 이설(T29, 29b28f)은 하리발마의 학설로 볼 수 있다. 보광은 이를 경량부가 제멋대로 인정한 것(縱許)으로 해석한다. (T41, 110a11f)

• 凡夫法(異生性): 범부법은 범부와 다른 것이 아니다. 만약 범부와는 범
부법이 별도로 존재한다면, [瓶 등과는 다른] 瓶法 등도 별도로 존재
한다고 인정해야 할 것이며, 數·量·一·異·合·離·好·醜 등의 법에도
이와는 다른 별도의 법이 존재한다고 해야 한다.

3) 경량부(譬喩部)와 상좌의 비판

『구사론』 상에서 '경량부'라는 이름하의 불상응행법의 비판은 '異生性'
과 '유위4상'에 관해 언급한 것 두 번뿐이며,[74] 有說로 전한 無心定(③)을 제
외한 나머지는 모두 세친 자신의 말로 이루어지고 있다. 주요 논점은 이러
하다.[75]

① 得과 非得: 오로지 소의신 중의 [선·불선 등의] 온갖 種子가 뽑혀나
가거나 손상되지 않은(未拔·未損) 상태, 혹은 더욱 강성하게 증장하
는(增長自在) 상태를 '성취'라는 말로 가설한 것일 뿐 개별적인 실체
로서 존재하는 것이 아니다. (T29, 22c10f)
② 同分: 즉 온갖 곡식·보리·콩 등의 동분이 그러한 것처럼, 이와 같은
[서로 유사한] 종류의 諸行이 생겨날 때 이를 人同分 등으로 가설한

---

74 ①『구사론』권4(T29, 23c1-3), "如經部師所說爲善. 經部所說, 其義云何? 謂曾未生聖法, 相續分
位差別, 名異生性(經部師가 설한 바가 뛰어나다고 할 수 있다. 經部에서 설한 그것(異生性)
의 뜻은 어떠한가? 이를테면 아직 聖法을 낳지 않은 相續의 상태를 차별하여 異生性이라
이름한다)." ② 동론 권5(T29, 27b23-26), "經部師說: 何緣如是分析虛空? 非生等相有實法體,
如所分別. 所以者何? 無定量故. 謂此諸相, 非如色等, 有定現比, 或至教量, 證體實有.(經部師는
설하였다. 어떠한 연유에서 이와 같이 [실재하지도 않는] 허공을 쪼개려고 하는 것인가?
'生' 등의 相은 [毘婆沙師가] 분별한 것과 같은 실유의 法體가 아니다. 왜냐하면 이를 인식
하기 위한 결정적인 수단(定量)이 존재하지 않기 때문이다. 즉 이러한 온갖 相들은 색
등의 법처럼 現量이나 比量 혹은 至教量에 의해 그 존재가 증명되지 않는 것이다)" 권오
민(2012), 『上座 슈리라타와 經量部』, pp.771-776 참조.
75 보다 자세한 내용에 대해서는 권오민(1994), 『유부 아비달마와 경량부철학의 연구』,
pp.112-142를 참조할 것.

것이다. (동, 24b10f)

③ 無想果와 무상·멸진정: 다른 마음 즉 미래 생겨날 마음과 相違하는 前定心(무심정에 들기 전 찰나의 마음)에 의해 마음이 잠시 轉生하지 않게 된 상태를 일시 無心定이라 가설한 것일 뿐 [마음을 전생하지 않게 하는] 별도의 실체가 존재하는 것은 아니다. 혹은 [이때는] 前定心에 의해 所依身만이 평등한 상태로 일어나게 되는데, 이러한 상태를 무심정이라 하였다. (동, 26a12-21)

④ 命根: 목숨은 개별적인 실체가 아니다. 마치 시위를 떠난 화살처럼 3界의 업에 의해 引起된 同分(『순정리론』에서는 6處와 그 所依)이 머무를 때의 세력(住時勢分, sthitikālābheda, 즉 지속력)을 '목숨'이라 한다. (동, 26b14-20)

⑤ 유위4상: 諸行의 상속이 처음으로 일어나는 것을 '生'이라 하고, 끝내 다한 상태를 설하여 '滅'이라 하며, 중간의 상속으로 따라 일어나는 것(隨轉)을 '住'라 하고, 이러한 [머무는 때의] 전후 차별을 일컬어 '住의 異'라고 한다. (동, 27c10-12) 혹은 찰나 찰나에 걸쳐 본래 존재하지 않다가 지금 존재하는 것(本無今有)을 '生'이라 하고, 존재하다 다시 존재하지 않는 것(有已還無)을 '滅'이라 한다. (동, 27c29-28a2; 제4장 주75)

⑥ 名 등의 3身: 이러한 세 존재는 말(語, vac)을 특성으로 하기 때문에 [18계 중] 소리(聲, śabda)를 본질로 삼는 것이라 해야 하니 어찌 色의 自性(즉 색법)에 포섭되는 것이라 하지 않겠는가? 그럼에도 그것을 어찌하여 심불상행법이라고 말하는 것인가? (동, 29a22-24)

전술한 대로 『구사론』 상에서는 有說로 전한 ③을 제외하고는 모두 세친 자신의 말로 설해지며, 稱友 또한 오로지 ⑥만을 경량부 설로 전할뿐이다.[76] 중현 역시 ① ④ ⑥은 經主 세친 설(T29, 397b7ff; 404b26ff; 412c11ff)로, ③은 세친이 인용한 異釋(T29, 403c24ff)으로, ⑤는 세친이 上座宗과 가까이하여 설한 것(T29, 407c9ff)으로 논설하고 있다. (②는 결락) 그가 비유자/상좌와 관련시켜 논설한 것은 得과 非得, 유위4상, 名 등 3身뿐이지만, 이로써도 『구사론』에서의 불상응행법 비판은 대체로 비유자나 상좌 설에 기초한 것이라고 말할 수 있다. 그리고 우리는 그 이유를 밝히는 것만으로도 세친과 비유자/상좌의 관계를 구체적으로 확인할 수 있다.

(1) 得과 非得

첫째, 세친은 먼저 유부에서 '得' 실유론의 논거로 제시한 경증(본 절 1-① 참조)에 대해 "전륜왕은 七寶를 성취한다"는 경증으로써 '득'은 自相續과 두 가지 滅(택멸과 비택멸)에 대한 것이라는 유부의 正義를 비판하는데(T29, 22a28ff), 이는 『바사론』의 譬喩者(본 절 2-④)가 제시한 '得(성취) 실유론 비판'의 주된 논거였다.[77]

둘째, 세친이 '得 실유론 비판'(3-①)의 논거로 제시한 '성취·불성취 가유론' ─ "성자의 소의신 중에 번뇌를 낳을 만한 功能이 존재하지 않는 상태나 世俗道에 의해 번뇌종자가 손상된 상태를 '[번뇌]斷'이라 하고 이와 반대되는 상태를 '[번뇌]未斷'이라 하며, 번뇌종자의 未斷을 '성취'라 하고 니斷을 '불성취'라고 한다. 혹은 生得善의 경우 소의신 중의 종자가 아직 손상되지 않은 상태를 '성취'라 하고 이미 손상된 상태를 '불성취'라 하며, 加行得善의

---

76 AKVy. p.183. 10.; 荻原雲來, 『稱友俱舍論疏2』, p.149.

77 『대비바사론』권93(T27, 479a24ff); 권157(T27, 795b11ff), "만약 成就性(得)이 실유라고 한다면, 전륜왕은 輪寶와 神珠寶(비유정)를 성취하였기 때문에 유정이면서 비유정이라고 해야 한다. 또한 象寶와 馬寶(축생)를 성취하였기 때문에 그의 趣(즉 人趣)가 허물어져야 하고, 女寶를 성취하였기 때문에 신체(男根)가 허물어져야 하고, 主兵臣과 主藏臣을 성취하였기 때문에 업(전륜왕으로서의 업)이 허물어져야 한다. 따라서 성취 자체는 실유가 아니다." (필자 取意)

경우 이미 일어나 있을뿐더러 그것을 낳는 공력도 더욱 자재하여 손상됨이 없는 상태를 '성취'라 하고 이와 반대되는 상태를 '불성취'라 이름한다"(T29, 22b22-c10)－ 은, 비록 '種子'라는 말은 설하지 않았을지라도 『바사론』의 譬喩者 설(본 절 2-①②③)과 동일하다.[78]

셋째, 중현은 이후 전개되는 세친의 종자설에 대해 '譬喩者'라는 이름으로 비판한다. 즉 세친이 '相續의 轉變과 差別'설에 대해 해명하면서 "轉變은 상속 중에 전후 성질을 달리하는 것, 相續은 전후 인과적 관계(因果性)로 존재하는 삼세의 諸行, 差別은 無間에 결과를 낳을 수 있는 공능을 갖는 것"(T29, 22c13-15: 제10장 주110)으로 정의한 데 대해 "비유자에 의하는 한 상속 중에 전후 성질을 달리하는 일도 없고, 전후 인과적 관계인 삼세의 제행 역시 존재하지 않으며, 무간에 결과를 낳을 수 있는 공능 역시 존재하지 않기 때문에, 그대(具壽, āyuṣmant)가 설한 모든 주장은 생각과 말이 다르고, 그 종지(首) 역시 다르다"고 비판한다.[79] 비유자는 '過未無體 現在實有'를 근본입장으로 삼았기 때문이다.

중현은 세친의 種子說과 비유자의 종자설, 혹은 상좌의 隨界說을 言詞만 다를 뿐 동일한 것으로 간주하였는데, 이에 대해서는 제10장에서 상론하게 될 것이다.

(2) 유위4상

유위4상에 대한 세친의 비판이 비유자나 상좌 설에 기초한 것이라고 말한 이유는 다음과 같다.

첫째, 중현은 同分에 관한 세친의 비판을 총결하면서 그의 논란을 '朋黨

---

78 종자(혹은 隨界)와 得의 관계에 대해서는 본서 제10장 1-2-2 참조.
79 『순정리론』권12(T29, 398b15-17), "如是具壽一切所說, 異意, 異言, 其首亦異. 以譬喩者無有相續 前後異性, 亦無因果三世諸行, 亦無無間生果功能."

(pākṣika)의 말'로 평석하고,[80] 無心定에 관한 그의 견해(③) 또한 '다른 이들의 해석'을 인용한 것이라고 말하고 있다.[81] 여기서 그가 가까이한 붕당이나 다른 이들은 누구인가? 중현은 유위4상에 관한 그의 언명(⑤)을 인용하면서 바로 '上座宗(Sthavira-pākṣika)'이라고 답하고 있다.[82] 따라서 세친이 『구사론』 상에서 유위4상 비판의 총설로서 인용한 경량부 설(T29, 27b23-26; 주 74②) 또한 상좌가 說主라고 할 수 있다. 중현은 이를 비판하기 앞서 총설로서 "阿毘達磨에 제시된 4相의 正理를 버리고서 다른 宗과 가까이하여 그들을 쫓을 경우 그 누구도 능히 有爲相을 세울 수 없다"고 말하고서 經主 세친이 논설한 유위4상설 또한 '다른 이'에 근거한 것이라고 말하고 있기 때문이다.[83]

둘째, 세친은 유부에서 "세 가지 유위의 유위상이 있다(有三有爲之有爲相)"는 경증(본 절 1-⑤)에 따라 일찰나에 諸 유위상이 俱有한다고 주장한 데 대해 '말에 집착하여 뜻에 미혹한 天愛들(devānām priyaḥ: 신이 보살펴야 할 정도로 어리석은 이들)'이라 조롱하고서 "諸行을 我·我所로 집착하는 어리석은 이들에게 그것은 有爲性이고 緣己生性임을 밝히기 위해 '유위'라는 말을 거듭하여 설하였으며, 세 유위상은 찰나에 구유하는 것이 아님을 밝히기 위해 '유위의 생기도 역시 알 수 있고, 멸진과 住異도 역시 알 수 있다'

80　『순정리론』권12(T29, 400c6), "故彼(經主)所難, 是朋黨言."

81　『순정리론』권13(T29, 403c24), "經主於此, 引異釋言.--"

82　『순정리론』권13(T29, 407c9), "且彼經主, 朋上座宗, 作如是說.--" 중현은 세친이 삼세실유론을 비판하면서 제기한 3세 차별의 문제—"만약 [과거·미래] 모두가 실유라고 한다면, 그것을 어떻게 과거·미래의 존재(過未性)라고 말할 수 있을 것인가?"(『구사론』권20, T29, 105b18)— 에 대해서도 "經主는 上座가 제시한 종취와 가까이하여 따르면서 이같이 힐난하였다(經主於中, 朋附上座所立宗趣, 作是詰言)"고 하여 동일한 방식으로 논설하고 있다. (『순정리론』권50, T29, 625b2f) 세친과 상좌의 관계에 대해서는 권오민(2012), 『上座 슈리라타와 經量部』, pp.224-229; 946-952 참조.

83　『순정리론』권13(T29, 406b13-17), "非捨如斯阿毘達磨立相正理, 朋順餘宗, 少有能立有爲相故.-- 且彼經主, 緣他故說.: 何緣如是分析虛空?--(주74② 참조)"

고 설한 것"이라고 해석하였다. (T29, 27b28-c10)

이에 대해 중현은 [諸行의 찰나생멸을 인정하는 한] 찰나찰나에 걸쳐 생기하고 나아가 멸진한다고 해서는 안 되며, 또한 未生位(미래상태)의 유위법을 인정하지 않는 그로서는 이때 '生'을 바로 유위법이라 해서는 안 된다고 비판한다.[84] 그리고 다시 이에 관한 상좌의 보충해명을 인용 비판한다.

[이에 대해] 저 상좌는 말하였다. 만약 '유위'라는 말을 거듭하여 설하지 않았다면, 유위의 相(有爲之相)이 무슨 뜻을 나타낸다고 해야 하는지 알지 못하니, 이러한 相은 능히 色 등이 갖는 [有爲]性을 나타낸다고 해야 할 것인가, 아니면 味 등이 갖는 [유위]성을 나타낸다고 해야 할 것인가? 혹은 선악 등의 [유위]성을 나타낸다고 해야 할 것인가? 바로 이 같은 의혹을 제거하기 위해 ['유위의 유위상'이라고 하여] '유위'라는 말을 거듭 설하게 된 것이다.[85]

중현은 유위와 유위상이 동일한 존재라면 '유위의 相'만으로도 그 의미가 분명하기에 그러한 相을 갖는 개별적인 법을 나타내기 위해 다시 '유위'라는 말을 설할 필요가 없다고 비판하지만, 요컨대 유부 경증에 대한 세친의 조롱과 해석은 상좌로부터 비롯된 것이라고 말할 수 있다.[86]

셋째, 중현은 4相 중 異相을 전후 性相의 전변(즉 시간적 전후 상태의 변화)으로 이해하는 세친의 태도(T29, 28b20ff)에 대해 이는 譬喩論師가 주장한 허깨비(幻惑)와 같은 찰나상속 상의 '異'의 이치와 같은 것이라고 말하고

84　『순정리론』권13(T29, 407a2ff; b14ff).

85　『순정리론』권13(T29, 407b24-27), "彼上座言: 若不重說有爲言者, 則不了知有爲之相爲表何義, 此爲能表有色等性, 爲復能表有味等性, 爲或能表善惡等性? 爲遣斯惑重說有爲."

86　유부 毘婆沙師의 '택멸 실유론'에 대한 세친의 조롱(주125) 또한 상좌로부터 비롯된 것이라 할 수 있다.

있다.[87]

넷째, 세친은 "生 등의 유위상이 존재하지 않으면 '생'에 대한 지각 또한 존재하지 않아야 한다"는 유부의 논거에 대해 "그럴 경우 空·無我를 지각하기 위해 本法 이외 空性과 無我性이 [별도로] 존재한다고 해야 하며, 외도(바이세시카학파)처럼 하나·둘, 크고 작음, 다름, 결합과 분리, 이것과 저것, 존재 등의 사태를 지각하기 위해서도 본법 이외에 數, 量(크기), 各別性, 결합성과 분리성, 此性과 彼性, 有性 등의 존재(보편·일반성)가 별도로 존재한다고 주장해야 한다"(T29, 28c15-18)고 비판하는데, 이는 하리발마의 凡夫法(異生性)(주72)이나 상좌의 住相의 비판논거로 제시된 것이었다.

> 저 상좌는 이와 같이 말하였다. 비록 존재성(有性)·단일성(一性)·長性·短性·결합성(合性)·분리성(離性) 등이라는 별도의 법(보편·일반성)에 근거하지 않더라도 존재·하나·김·짧음·결합·분리 등의 법을 성취할 수 있듯이, '지속(住)'는 등의 사실 역시 그러하여 [住相 등과 같은] 별도의 근거하는 바가 없어도 [성취할 수 있다].[88]

다섯째, 중현이『구사론』에서의 세친의 비판과는 별도로 인용하여 재비판하는 상좌 설은 오로지 住相에 대한 그의 비핀이다.

> 상좌는 이같이 말하였다. 諸行은 머무는 일(住)이 없다. 만약 제행이 지극히 짧은 시간 동안만 머무는 것이라면, 어떠한 까닭에서 須臾·하루·한

---

87 『순정리론』권14(T29, 410c3), "[有部所說異相] 非如幻惑譬喻論師所立刹那相續異理."

88 『순정리론』권14(T29, 412c9-12), "彼上座作如是言; 如雖無別有性·一性·長性·短性·合·離性等爲其所待, 而亦得成有·一·長·短·合·離等法, 住等亦然, 無別所待." 참고로 바이세시카(勝論)학파에 의하면 數·量(장단)·결합·분리 등은 속성(guṇa)으로서의 실재(vastu)이며, 有性은 보편(sāmānya)으로서의 실재이다.

달·한철·한해·劫 동안은 머물지 않을 것인가? [양자는 '머문다'는 점에서] 다르다고 할 만한 근거가 없기 때문이다. 또한 『阿笈摩(Āgama)』에서도 역시 제행은 어떠한 경우에라도 머무는 일이 없다고 설하였기 때문으로, 이를테면 세존께서 '필추들이여, 제행은 모두 막 멸하려고 할 때(즉 正滅位) 머무는 일도 없으며 멸하는 일도 역시 없다'고 말한 바와 같다.[89]

이에 대해 중현은 "제행은 法 자체가 획득된(현행한) 이후에는 머무는 일이 없지만, 만약 법 자체가 획득되는 순간조차 머물지 않는다고 한다면 제행은 畢竟無(절대적 비존재)가 되어야 한다"고 비판하고서, 인용한 경설은 常住와 斷滅을 부정하기 위한 것이라고 해명한다. 그리고 "제행은 환상과 같고 불꽃과 같아 잠시 머물다 바로 다시 과거로 낙사하여 소멸한다(諸行如幻如焰, 暫時而住, 速還謝滅)"는 『撫掌喩經』의 경문을 인용하여 譬喩部師는 상좌가 인용한 경문에만 집착하여 이 같은 찰나의 지속(刹那住)마저 부정한다고 비판한다.[90]

그러나 상좌는 이 같은 『무장유경』의 경설을 [佛說로] 수용(忍受)하기를 거부하고서[91] 중현의 해명과 비판에 대해 다시 이같이 책망한다.

어떤 까닭에서 ['제행은 머무는 일이 없다'는 경설을] 단지 [법체가 획득되는] 찰나 이후에 근거한 密意說(abhiprāya)로만 인정하고, 衆同分(業生) 이후에 근거하여 설한 것이라고는 말하지 않는 것인가? 찰나와 이것(중동

89　『순정리론』권14(T29, 411b13-17), "然上座說: 諸行無住. 若行可住經極少時, 何故不經須臾日月時年劫住? 無異因故. 又阿笈摩亦說諸行無有住故, 如世尊言, '苾芻! 諸行皆臨滅時, 旣無有住, 亦無有滅.'"

90　『순정리론』권14(T29, 412a4-6).

91　권오민(2012), 『上座 슈리라타와 經量部』, pp.589f 참조. 『무장유경』의 현존본은 『잡아함』 제273경(일명 「合手聲譬喩經」. 그러나 현존 본에는 "諸行如幻如炎, 刹那時頃盡朽, 不實來實去"로만 전한다. (T2, 72c12f)

분)에 어떠한 차별이 있다는 것인가?[92]

만약 諸行이 住相의 힘에 의해 능히 잠시 머물게 되는 것이라고 한다면, 어떠한 까닭에서 이러한 힘은 모든 유위를 일천 俱胝(koti, 10의 6승)에 걸쳐 머물게 하지 않고 일찰나 동안만 머물게 하는 것인가? 어떠한 이유에서 [주상은] 제행이 一念(일찰나)만 머무는 원인이 되고 일천 俱胝의 찰나 동안은 머물게 하지 않는 것인가?[93]

여섯째, 중현은 住相에 대한 상좌의 비판을 譬喩師의 이름으로 총결하고 있을 뿐만 아니라[94] 유위4상에 대한 세친 등의 비판을 총결하면서도 역시 그러하였는데,[95] "유위상은 개별적인 실체가 아니라 제행의 상속을 가설한 것"이라는 상좌의 논점 역시 『대비바사론』의 譬喩者나 하리발마의 주장과 일치한다. 이 같은 사실로 볼 때 『구사론』 상에서의 세친의 유위4상 비판은 경량부 나아가 그들의 상좌 슈리라타 설에 기초한 것이라고 말할 수 있다.

---

92 『순정리론』권14(T29, 412a6-8), "彼(上座)不忍受此大師言, 復作是責: 何緣但許依刹那後密意而說, 而不言依衆同分後? 刹那與此有何差別?" 이러한 점에서 본다면 『대비바사론』에서 유정의 生의 상속에 근거한 經部師의 설(주67)은 상좌 설과 통하는 것이라 말할 수 있으며, 어떤 식으로든 譬喩者의 설(본 절 2-⑥)과도 통하는 것이라고 해야 한다. 그러나 중현에 의하면, 諸行이 법체를 획득하는 찰나 동안의 住相은 제행의 俱起因이 되지만, 衆同分의 住相은 이러한 俱起因이 아니다.

93 『순정리론』권14(T29, 412a10-13), "彼復責言: 若由住力能令諸行暫時住者, 何不由此令諸有爲經千俱胝, 刹那量住? 何緣諸行一念住因, 非卽令住千俱胝念?"

94 『순정리론』권14(T29, 412a19-21), "이와 같이 住相은 理證으로나 經證으로나 지극히 잘 이루어질 수 있는 것이다. 그럼에도 譬喩師는 잘 알지도 못하면서 한결같이 존재하지 않는다고 말하니, 住相과 일찍이 무슨 원한을 맺었기에 그 이치가 이토록 분명하게 드러남에도 차마 받아드리지 않으려고 하는 것인가?"

95 『순정리론』권14(T29, 412c24-26), "따라서 有爲相이 각각의 찰나에 모두 개별적인 실체로서 존재한다는 뜻은 지극히 잘 이루어질 수 있다. 그러나 '생 등의 제 유위상은 [제행의] 相續 상에 일시 존재하는 것'이라는 譬喩部 논사들의 주장은 正理에 부합하지 않을뿐더러 契經에도 위배된다."

상좌의 유위4상 假立論은 소멸은 원인 없이 저절로 일어난다는 滅不待因說이나 '本無今有 有已還無'의 刹那滅論에서도 논의되는데, 이에 대해서는 본서 제4장에서 상론한다.

(3) 名 등의 3身

중현은 名·句·文에 대한 『구사론』에서의 비판을 네 가지로 간추려 제시하고 반론한 다음 상좌의 비판을 더하여 비판하는데, 세친과 상좌의 비판을 순서대로 인용하면 다음과 같다.

첫째, 名 등은 말(vac)을 특성으로 하기 때문에 불상응행법이라 할 수 없다. (本 項⑥)

둘째, 모든 음성이 말은 아니며 能說者가 다함께 의미(artha: 義)의 한계를 규정한 것(kṛtāvadhi: 能詮定量) 즉 언어적 의미를 약속한 것만이 그 의미를 드러내기 때문에, 의미를 드러내는 개별적 실체로서 名 등을 설정할 필요가 없다. (T29, 29a26ff)

셋째, 유부에 의하면 말에 의해 名 등이 생겨나고 名에 의해 의미가 드러나는데, 만약 말에 의해 名이 생겨난다면, 일체의 말[소리]가 名을 낳아야 한다. 만약 차별적인 특수한 소리(ghoṣaviśeṣa)만이 名을 낳는다면, 이것만으로도 의미를 드러내기에 충분하거늘 어찌 名이라는 별도의 실체에 의해 의미가 드러난다는 것인가? (T29, 29b7ff)

넷째, 名身과 句身은 文(음소 즉 글자)의 집합이기 때문에 오로지 이것만이 개별적 실체로서 존재한다고 해야 한다. (T29, 29b28f) (이상 필자 取意)

이러한 名 등에 대해 上座는 다시 말하였다.

意業(즉 思)이 선행하여 [말]소리가 생겨나는 단계에서 온갖 글자(akṣara 즉 文)를 배열(安布)하고 [의미의] 차별을 결정지음으로써 '名' 등을 성취

하게 되는 것으로, 이러한 ['名' 등이] [말]소리를 떠나 그 자체 개별적으로
존재한다고 하는 것은 이치상 이루어질 수 없다.[96]

또한 그는 설하였다. 예컨대 세존께서 "尋·伺로 인해 말(語)을 설하는 것
으로, 심·사에 의하지 않고서 말을 설하는 일은 없다"고 말한 것은 [말]소
리[를 내려는] 尋·伺로 말미암아 [말]소리가 발생한다는 것이니, 따라서
'명' 등의 세 가지는 개별적인 실체로서 존재하는 것이 아니다.[97]

또한 그는 설하였다. 세간에서는 다 같이 名·句·文身이 바로 心不相應行蘊
임을 알아 "나는 이제 그것에 근거하여 말을 발하리라"고 생각하는 것이
아니다. 이미 [세간에서 명·구·문신이 개별적 실체임을] 다 같이 알지
못하고 있는데, [그렇다면] 말은 무엇에 근거하여 일어나는 것인가?[98]

중현이 지적하였듯이 상좌의 주장은 "[말]소리가 名 등의 본질"이라는
것으로,[99] 앞의 두 인용문은 말(음성)의 근거로서 意業(즉 思)이나 尋·伺를
설정한 것만 다를 뿐 사실상 세친의 두 번째 비판과 동일하다. 중현은 말소
리에 근거하여 名 등이 성취된다는 상좌 설에 대해 이는 세간의 상식적
차별도 부정하는 것이라 비판한다. 이런 식이다. "名 등이 소리에 의해 낳아
지기 때문에 소리를 본질로 한다는 '虛構의 言辭'에 의하는 한 지극히 상식

96　『순정리론』권14(T29, 414c16-19), "然彼上座於此復言: 意業爲先, 所生聲位, 安布諸字, 決定差別,
以成名等. 此離於聲別有自性, 理不可得."

97　『순정리론』권14(T29, 415a2-4), "彼(상좌)雖說: 如世尊言, '因尋伺言說語, 非不因尋伺言說語'者,
由聲發聲. 故名等三無別有體." 인용한 세존 설은 『잡아함경』권21 제568경(T2, 150ab), "云何
口行? 有覺有觀名爲口行.--復問何故 有覺有觀名爲口行?--有覺有觀故則口語. 是故有覺有觀是口
行.--覺觀已發口語. 是覺觀名爲口行."

98　『순정리론』권14(T29, 415a6-8), "又彼雖說; 非世共知, 名句文身是心不相應行, 我當於彼而發語
言. 旣不共知, 語憑何發?"

99　『순정리론』권14(T29, 414c20f), "非但由彼虛構言辭, 能立即'聲是名等體.'"

적인 일체법의 차별 또한 부정되어야 한다. 예컨대 습윤성(즉 水大)이 적집하여 응결한 것을 견고성(즉 地大)이라 해야 하고 견고성이 녹아 흩어진 것을 습윤성이라 해야 하며, 견고성이나 습윤성으로서 차가움이 없는 것을 온난성(즉 火大)이라 해야 하고 이 세 가지가 가벼이 움직이는 것을 운동성(즉 風大)이라 해야 한다. 나아가 안식에 의해 인식된 色界에서 냄새를 느낄 경우 이를 香界라고 해야 하고 大種으로 이루어진 5근도 有所緣이므로 심·심소라고 해야 한다.”[100]

하리발마 역시 名 등은 말소리를 본질로 하는 것이라 해설하였을지라도 『구사론』 상의 名·句·文身의 비판은 이에 대한 상좌 설에 기초한 것이라고 말할 수 있다. 불상응행법에 관한 한 세친이 비록 이생성과 유위4상에 대해서만 ‘경량부’의 記名기사를 전하였을지라도 그의 비판은 『대비바사론』의 비유자 설을 계승한 상좌 학설에 기초한 것이며, 이런 까닭에 普光은 앞서 인용한 『구사론』 상에서의 비판의 주요 논점(주75)을 모두 경량부와 관련지어 해설하였을 것이다.[101]

4. 無爲法 가유론

1) 경량부 이전의 가유론

무위법(asaṃskṛta-dharma)이란 유위법(saṃskṛta-dharma)의 반대개념으로, 다수의 인연에 의해 조작되지 않은 법(다시 말해 인과적 제약을 벗어난

---

[100] (T29, 414c21-27).

[101] 普光은 ①은 經部의 결론(經部結成己義)으로(T41, 86c29f)로, ②는 經部 쯤으로(95b19f), ③은 經部師의 說과 異釋으로(100c27ff), ④는 經部 자신의 학설(經部自述己宗)과 답으로(101b26ff), ⑤는 세친이 經部의 종의를 서술한 것(論主述經部宗)으로(105a19), ⑥은 經部의 물음으로 (109b5) 평석하였다.

법), 따라서 생성 소멸하지 않는 법을 말한다. 유부에서는 이러한 무위법으로 擇滅·非擇滅·虛空의 세 가지 법을 설정하였는데,[102] 『법온족론』이나 『집이문족론』에서는 다만 法處나 名(nāma) 중에 포섭시켰지만[103] 『품류족론』에 이르러 5法(색법·심법·심소법·심불상응행법·무위법)의 한 범주로 확정하였다.[104]

유부 아비달마 상에서의 각각의 정의는 이러하다.

① 虛空(ākāśa): 無礙(anāvaraṇa) 즉 장애가 없음을 자성으로 하는 법으로, 물체(色)는 이로 인해 운행할 수 있다. 이는 말하자면 철학일반에서 말하는 공간과 같은 개념이다. 그렇지만 유부에서는 虛空을 6界 중의 하나인 空界(혹은 虛空界, ākāśadhātu)와 구별한다. 그들은 공계를 코 구멍, 귀 구멍 혹은 담이나 벽에 의해 한정된 공간(竅隙), 명암(12현색 중의 하나)을 자성으로 하는 유형의 색법(agha: 極礙色)과 가까운 것(즉 隣阿伽色)으로 간주하였기 때문이다.

② 擇滅(pratisaṃkhyānirodha): 여기서 '택'은 簡擇 즉 뛰어난 慧의 차별(prajñāviśeṣa)로, 이러한 무루 간택력에 의해 증득된 번뇌의 滅(nirodha)이 택멸이다. 즉 택멸은 離繫(visaṃyoga)를 자성으로 한다.

③ 非擇滅(apratisaṃkhyānirodha): 미래의 어떤 법이 緣(pratyaya, 생기의 소건)이 결여됨에 따라 생겨나지 않을 경우, 이때 불생의 멸은 간택력에 의하지 않고 획득되기 때문에 '비택멸'이다. 예컨대 안근과 의근이 어떤 색경과 관계할 때 그 밖의 색·성·향·미·촉경은 현상하지

---

102 이에 반해 남방 상좌부(Theravāda)에서는 열반(즉 택멸) 한 가지만을, 대중부에서는 택멸·비택멸·허공·空無邊處·識無邊處·無所有處·非想非非想處·緣起支性·聖道支性의 아홉 가지를, 유가행파에서는 허공·택멸·비택멸·不動·想受滅·眞如의 여섯 가지를 설정한다.
103 『법온족론』권10(T26, 500c22).; 『집이문족론』권1(동, 369c7).
104 『품류족론』권1(T26, 692c9f).

않고 그대로 과거로 落謝하기 때문에 이를 소연으로 하는 5識은 영원히 생겨나지 않는데, 이를 5식의 비택멸이라 한다.

유부에서는 다양한 경설과 논리에 근거하여 무위법의 실재성을 주장하였지만, 그들 주장의 주된 논거는 有所緣識論이라 할 수 있다. 즉 무위법 자체가 비존재라면 그것에 대한 인식 또한 비존재에 대한 것이라고 해야 할 것이며, 그럴 경우 滅聖諦(즉 택멸의 열반)도 비존재라고 해야 한다는 것이다.105

그러나 『대비바사론』 이래 각각의 무위법의 실재성을 부정하는 이들이 계속하여 출현한다. 『대비바사론』에서 譬喩者는 택멸과 비택멸, 그리고 無常滅(유위4상 중의 滅相)의 개별적 실재성을 부정하였고,106 허공의 경우 大德(Bhadanta)이 보다 구체적인 논거로써 그것의 실재성을 부정하고 있다. 즉 그는 "허공은 알려질 수 있는 것(所知事, *jñeyavastu), 앎의 실제적 대상이 아니기 때문에 알 수 없다. 알려질 수 있는 것은 물질적인 것(色性)이나 [마음과 같은] 비물질적인 것(非色, 색온을 제외한 나머지 4온)으로 '이것'이니 '저것'이니 하는 지시가 가능하지만, 허공은 그 어떤 것과도 관계(相應)하지 않는다. '허공'이라는 말은 다만 세간에서 분별하여 가설한 언어적 개념(prajñapti: 假立)일 따름이다"고 주장하였다.107

여기서 大德이 누구인지는 분명하지 않은데, 『대비바사론』의 異譯인 『아비담비바사론』이나 『鞞婆沙論』에서는 이를 각기 佛陀提婆(Buddhadeva:

---

105 『구사론』권6(T29, 34c5), "若無爲法, 其體唯無, 空·涅槃識, 應緣無境."; (동, 34b28f), "若無爲法唯非有者, 無故不應名滅聖諦."

106 『대비바사론』권31(T27, 161a10f), "謂或有執: 擇滅·非擇滅·無常滅, 非實有體, 如譬喩者."; 동론 권186(T27, 931b23f), "譬喩者不許, 有非擇滅法."

107 『대비바사론』권75(T27, 388c24-28), "大德說曰: 虛空不可知, 非所知事故. 所知事者, 色非色性, 虛空與彼俱不相應. 所知事者, 謂此彼性, 虛空與彼俱不相應. 此虛空名, 但是世間分別假立."

覺天)와 曇摩多羅(Dharmatrāta: 法救)로 전하고 있지만,[108] 『잡아비담심론』에서는 이러한 주장을 다시 譬喩者의 설로 인용한다.

비유자는 설하였다. "虛空은 色도 아니고 非色도 아니다. 허공이라는 말은 세간 [언설]에 따라 설한 것일 뿐이다."[109]

그러나 『잡아비담심론』상에 다른 두 무위법에 대한 비유자의 견해는 전하지 않는다.

『성실론』의 경우 역시 "滅諦란 열반(泥洹)으로 열반에 대한 지식을 滅智라고 하는데, 만약 [열반]법이 존재하지 않는다면 [滅]智 또한 생겨나지 않아야 하기 때문에 열반은 실유이다"는 이설(유부 학설로 여겨짐)에 대해 "열반은 다만 제법의 滅盡, 5온의 완전한 소멸로 이를 떠난 별도의 법으로서 존재하는 것이 아니"[110]라고 하여 후술하는 『구사론』상의 경량부와 동일한 견해를 제시한다. 그렇지만 유부처럼 空無邊處(無邊空處)의 소연이 되는 무위의 虛空을 色處(色入)에 포섭되는 유위의 허공(즉 空界)과 분명하게 구별하여 이것의 실재성을 인정하고 있다.[111]

---

108 『아비담비바사론』권39(T28, 291b13-16).; 『鞞婆沙論』권6(T28, 460c23-26). 加藤純章(1989), 『經量部の研究』, p.298 참조. 이에 따라 覺天이나 大德을 비유자로 간주하기도 하였지만, 각천과 법구가 유부 내부의 논사였던데 반해 비유자는 어디까지나 他宗이었다. 이에 대해서는 권오민(2012), 『上座 슈리라타와 經量部』, pp.486-494 참조.

109 『잡아비담심론』권9(T28, 944a7-9), "譬喩者說: 虛空非色亦非非色. 言虛空者, 隨順世間故說." 이는 『잡심론』에서 세 번 언급되는 비유자 설(권오민, 2012, pp.310-319 참조) 중의 하나이다.

110 『성실론』권16(T32, 368c12-14), "答曰: 諸法盡滅名爲泥洹, 是盡滅中有何法住? 問曰: 泥洹非實有耶? 答曰: 陰滅無餘故稱泥洹, 是中何所有耶?" (동, 368c28f), "若離諸陰, 更有異法名泥洹者, 則不應名諸陰盡滅以爲泥洹."

111 『성실론』권13(T32, 343b19-27), "問曰: 虛空是色入性. 云何緣此能過色相? 答曰: 此定(無邊空處定)緣無爲虛空, 故能過色. 問曰: 此定不緣無爲虛空. 所以者何? 此定方便中說緣眼等中空. 故知緣有爲虛空. 又經中不說無爲虛空相. 但說有爲虛空相, 所謂無色處名虛空. 是故無無爲虛空. 答曰: 色性不名虛空. 所以者何? 經中說'虛空無色, 不可見不可對.'" 참고로 加藤純章(1989, p.298)은, "[問曰. 若虛空非色, 爲是何法?] 答曰. 虛空名無法. 但無色處名爲虛空."라는 문구(T32, 343c13f)에

이 같은 사실로 볼 때,『바사론』과『잡심론』의 비유자와 성실논주 하리발마가 세 가지 무위법의 실재성을 모두 부정하였다고는 단언하기 어렵다. 그들 사이의 사상적인 연관성은 있을지라도 동일계통이라고도 말하기 어렵다. 허공을 포함하여 택멸·비택멸 모두를 부정한 것은『구사론』상의 경량부였다. 세친은 그들의 견해를 이같이 전하고 있다.

[세친:] 경량부는 설하였다. "일체의 무위[법]은 다 실유 즉 실체로서 존재하는 것(dravya)이 아니다. 왜냐하면 그것들은 色이나 受처럼 [자성을 갖는] 별도의 존재(bhāvāntara)가 아니기 때문이다."

[毘婆沙師:] 만약 그렇다면 무엇을 '허공' 등의 무위라고 말한 것인가?

[세친:] 오로지 접촉되는 바가 없는 것을 '虛空'이라 말한 것으로, 이를테면 어둠 속에서 觸對되는 바가 없으면 '이는 허공이다'고 말하는 것이다. [또한] 이미 일어난 隨眠(anuśaya)과 生(janman)이 소멸한 상태에서 簡擇力에 의해 또 다른 그것(미래의 수면과 생, 眞諦에 의하면 集諦와 苦諦)이 더 이상 생겨나지 않는 것을 '擇滅'이라 말하였다. 그리고 간택력과는 관계없이 緣을 결여함으로써 그 밖의 다른 법이 더 이상 생겨나지 않는 것을 '非擇滅'이라 말하였으니, 예컨대 목숨을 다 채우지 못한 채 중간에 요절한 자의 衆同分의 여분의 蘊이 생겨나지 않는 것과 같다.[112]

근거하여 "이 허공은 분명히 허공무위를 가리키기 때문에『성실론』도 허공무위의 실유를 부정하였음을 알 수 있다"고 말하고 있지만, 문맥 상 이는 유위의 허공(즉 空界)이다. 즉 이 문구 전후의 "별도의 인연이 없이 門 쪽으로 向한 허공을 現見하기 [때문에 허공은 실유이다]"(동, c10f), "경에서 6種(즉 6界)으로 인해 중생은 몸을 받는다고 설하였기 [때문에 허공은 실유이다]"(동, c14f)는 등의 詰問을 고려할 때, 여기서의 허공은 분명 유위의 허공을 가리킨다.

112 『구사론』권6(T29, 34a12-18), "經部師說: 一切無爲皆非實有, 如色受等, 別有實物, 此所無故. 若爾何故名虛空等? 唯無所觸, 說名虛空. 謂於暗中無所觸對, 便作是說 '此是虛空.' 已起隨眠, 生種滅位, 由簡擇力, 餘不更生, 說名擇滅. 離簡擇力, 由闕緣故, 餘不更生, 名非擇滅. 如殘衆同分中夭者餘蘊."; AKBh., p.92. 3-8, sarvam evāsaṃskṛtam adravyam iti sautrāntikāḥ. na hi tad rūpavedanādivat bhāvāntaram asti. kiṃ tarhi. spraṣṭavyābhāvamātram ākāśam. tadyathā hy andhakāre pratighātam avindanta ākāśam ity āhuḥ. utpannānuśayajanmanirodhaḥ pratisaṃkhyābalenānyasyānutpādaḥ

중현도 이를 '세친(經主)이 인용한 경량부 설'로 재인용하는데,[113] 여기서의 경량부 설이 상좌 슈리라타의 학설에서 비롯되었을 것이라는 사실에 대해서는 이전 연구에서 해명하였다.[114] 그러나 그것은 다만 총설의 의미를 갖기 때문에 이하 세 가지 무위법에 대한 상좌의 해설을 통해 보다 구체적인 그의 생각을 살펴보기로 한다. 『구사론』에서 무위법의 假實문제는 離繫果의 傍論으로 논설되고 있기 때문에 택멸에 대해서만 유부와 경량부의 대론을 전할 뿐이지만(T29, 34b1-35a5), 중현은 세 가지 무위 모두에 대해 그들 상좌일파(세친, 비유자 즉 경량부, 그리고 상좌)와의 대론을 전개시키고 있기 때문이다.

2) 상좌의 가유론

(1) 허공무위

먼저 비유부(경량부)와 상좌는 虛空界(이하 '공계')와 虛空無爲(이하 '허공')를 별도의 법으로 간주하지 않는다. 둘 다 '장애하지 않음(無障, anāvaraṇa)'을 특성으로 하기 때문에 본질적으로 어떠한 차이도 없다고 말한다.

저들의 上座와 그 밖의 일체의 譬喩部 논사들은 모두 다 이같이 설하고 있다. "虛空界는 虛空을 떠나 존재하는 것이 아니다. 그렇지만 그 같은 허공은 그 자체 실유가 아니기 때문에 허공계 역시 그 자체 실유가 아니다."[115]

---

pratisaṃkhyānirodhaḥ. vinaiva pratisaṃkhyayā pratyayavaikalyād anutpādo yaḥ so 'pratisaṃkhyānirodhaḥ. tadyathā nikāyasabhāgaśeṣasyāntarāmaraṇe.

113 『순정리론』권17(T29, 429a21-27).

114 권오민(2012), 『上座 슈리라타와 經量部』, pp.778-784.

115 『순정리론』권3(T29, 347b6-8), "彼上座及餘一切譬喩部師 咸作是說: 虛空界者不離虛空. 然彼虛空體非實有. 故虛空界體亦非實."

중현은 "空界는 규극(竅隙, 구멍)으로, 傳說에 의하면 이는 바로 明暗이다(空界謂竅隙 傳說是明闇, chidram ākāśadhātvākhyam ālokatamasī kila: 틈/구멍을 공계라고 말한 것으로, 빛과 어둠이라 傳한다)"는 『구사론본송』 「界品」 제28송 전반2구에서의 '전설(kila)'은 "어찌 이 같은 이치가 있을 수 있겠는가?"라는 뜻의 불신을 나타내는 말이라고 하면서 세친의 그 같은 불신은 바로 上座에서 비롯된 것이라고 논하고 있다.116 즉 그는 허공을 "허공은 無色 無見 無對로서 光明에 의해 분명하게 알려진다"는 경설에 따라 광명을 수용하는 개별적 실체로 이해하고,117 "색계의 염오를 떠날 때 5界(地 등의 4계와 空界)에서 해탈 이염한다"거나 공계에 대해 內外를 분별하고 있는 경설에 근거하여, 혹은 공계는 담이나 창 등에 의해 한정되고 수용하는 사물에 따라 開避(신축)된다는 점에서 이를 허공과는 별도의 존재로 간주하였던 것이다.

이에 대해 上座는 허공을 무색 등이라고 설한 경설은, "자아는 모든 것의 소의이기 때문에 능히 잘 조복해야 한다"는 경설처럼(불교의 취의는 '無我'임) 다만 제자들이 물은 바에 대해 그같이 설한 것일 뿐이라고 하면서118 이같이 힐난한다.

---

116 『순정리론』권3(T29, 347b5ff), "所言'傳說', 表不信承. 彼說意言, '何有此理?' 故彼上座及餘一切譬喩部師 咸作是說--(이하 前註)" 참고로 중현은 『현종론』(T29, 787a)에서 이 게송을 "空界謂竅隙 體卽是光暗"으로 개작하였다.

117 『순정리론』권3(T29, 347b10ff).; 동론 권17(동, 429b15ff; b26), "世尊言. 虛空無色無見無對, 當何所依? 然藉光明虛空顯了." 즉 토끼 뿔과 같은 비존재에 대해 이 같은 차별적인 말을 설할 리가 없기 때문에, 또한 광명을 수용하는 작용을 갖기 때문에 허공무위는 실유라는 것이다. (『대비바사론』권75, T27, 388c16ff에 의하면 허공은 일체 사물을 수용하는 곳이기 때문에 現量得이다.) 성실논주 하리발마 역시 동일한 경증에 근거하여 동일한 논리를 펼치고 있다. (주111 참조) 그러나 大德은 [구체적으로] 알려지는 것(所知事)이 아니기 때문에 다만 세간에서 가설한 언어적 개념일 뿐이라 하였다. (주107 참조)

118 『순정리론』권17(T29, 429b27-29), "此中彼(上座)釋: 爲對所問故說此言. 如契經說, '善調伏我. 我是所依.'"

공계와 허공무위는 '장애하지 않음(無障)'을 특성으로 한다는 점에서 어찌 동일하다고 하지 않겠는가? 본질상으로는 어떠한 차이도 없다고 해야 할 것이다.[119]

만약 그렇다고 한다면 (공계는 수용물에 의해 장애 되지만 허공은 장애 되지 않기 때문에 동일한 것이 아니라고 한다면), "소조색은 대종의 처소를 떠나지 않는다(다시 말해 대종과 소조색은 불가분의 관계에 있다)"고 설할 경우, 그는 "대종은 소조색을 장애하지도 않으며, 대종 또한 소조색에 의해 장애 받지도 않는다"고 설해야 할 것이며, 그럴 경우 대종은 '장애하지 않음'을 특성으로 한다는 점에서 허공과 동일한 것이라고 해야 할 것이다.[120]

뒤의 인용문은 중현이 지적한 대로 대종과 소조색은 이미 有對이기 때문에 공계와 허공의 비유가 될 수 없지만, 장애되고 장애되지 않음으로 양자를 차별하는 중현의 태도를 비꼰 것이라고 할 수 있다.

상좌는 다시 경설대로 "만약 허공이 광명에 의해 분명하게 알려지는 것이라면 허공은 응당 색법에 포섭되는 것이라 해야 하며, 나아가 만약 허공이 실체로서 존재하는 것이라면 [이 같은 색법에 포섭되는] 허공은 常住하기 때문에 장애성을 갖는 색(有礙色)은 영원히 생겨나지 않는다고 해야 한다. 혹 그렇지 않다고 한다면, 허공은 공계와 어떠한 차별도 없기 때문에 筏蹉子(Vatsīputriya, 犢子部)와 마찬가지로 유위법에 포섭되는 것이라고 인정해야 한다"고 힐난한다.[121]

---

119 『순정리론』권3(T29, 347b23f), "豈不空界與空無爲無障相同? 體應無異."
120 『순정리론』권3(T29, 347b28-c1), "若爾, 諸說'造色不離大種處'者, 彼說'大種不障造色, 大種亦非造色所障.' 是則大種無障爲相, 應同虛空."
121 『순정리론』권17(T29, 429b22-24), "然彼上座, 不了此經所說義趣, 妄作是詰: 若藉光明虛空顯了,

상좌에 의하는 한, 허공이나 공계는 다 같이 '장애하지 않음'을 특성으로 하는 동일한 법으로, 허공이란 다만 접촉되는 바가 없는 것을 가설한 것일 뿐 실체로서 존재하는 것이 아니기 때문에 공계 역시 실체가 아니다.

(2) 택멸무위

앞서 언급한 것처럼『구사론』에서는 세 가지 무위 중 택멸에 대해서만 구체적으로 상론하지만(T29, 34a19-35a14),『순정리론』의 경우 역시 이에 관한 논의가 가장 방대하여『구사론』의 네 배가 넘는다. (T29, 430a16-434b6)

중현은 먼저 세친이 인용한 경량부의 정의(주112) —"이미 일어난 隨眠과 生이 소멸한 상태에서 簡擇力에 의해 또 다른 수면과 생이 더 이상 생겨나지 않는 것을 '擇滅'이라 말하였다."— 를 譬喩論師의 종자설에 기초한 것으로 간주하였고,122 "일체 재앙(災橫)의 절대적 (혹은 '영원한') 비존재(畢竟非有, atyantam abhāva) 즉 열반을 '일체의 존재/비존재 중에서 가장 수승한 것(最爲殊勝, sa-ugra)'이라고 말할 수 있다"는 세친의 해명123에 대해서도 "열반이 절대적 비존재라면 假有든 實有든 혹은 그 밖의 어떠한 존재로도 규정할 수 없음에도 그것을 '존재'로 인정하는 저들 譬喩師가 제시한 존재의 法性에는 어떤 지극히 깊고 은밀한 뜻이 있는 것인가?"라고 힐난하여124

虛空應是色法所收.";　동론(T29, 429c7-9), "又彼所言: 若虛空體少有實物, 虛空常故, 則有礙色應永不生. 或應許此是有爲攝, 如筏蹉子.";　동론(T29, 429c22-23), "又彼所言: 若虛空體是實有物, 應成有爲, 此與空界無差別故."

122　『순정리론』권17(T29, 430a23-25), "譬喩論師所執種子, 前於思擇得有無中, 已拔其根片無遺漏, 此種今者從何復生(譬喩論師가 주장한 종자에 대해서는 앞서 得의 有無를 思擇하는 중에 이미 그 뿌리째 남김없이 뽑아버렸는데, 지금 이러한 種子는 어디서 다시 생겨난 것인가?)"

123　『구사론』권6(T29, 34b25-27).; AKBh. p.93. 8-9, abhāvo 'pi ca kaścit praśasyatamo bhavati yaḥ sakalasyopadravasyātyantam abhāva ity anyeṣāṃ so 'gra iti praśaṃsāṃ labdhum arhati. 비존재라고 할지지라도 찬탄 받을 만한 어떤 것이 존재하니, 일체 재앙 중 영원히(완전히) 존재하지 않는 것, 그것은 다른 [존재와 비존재] 중 가장 수승한 것이라는 찬사를 받을 만한 것이다.

124　『순정리론』권17(T29, 431c1-3), "然彼畢竟非有涅槃, 非假非實, 更無餘有, 而許爲有. 彼譬喩師, 立有法性, 何極深隱?"

그의 해명을 譬喩者의 그것으로 간주하였다.

또한 중현은 "무위법을 개별적 실체로서 인정할 때의 공덕이라면 고작 毘婆沙宗(Vaibhāṣika-pakṣa, 유부)을 옹호하는 것 정도"라는 세친의 조롱[125]을 '다른 이의 말'을 빌려 설한 것이라 전하고서[126] "만약 經主(세친)가 진실로 毘婆沙宗에서 설한 바를 옹호하고자 한다면 壞法論과 가까이하지 말아야 한다. 저들의 論에서 드러나는 惡見의 더러운 때(垢塵)로써 자신의 마음을 더럽히지 말고 장차 毘婆沙宗의 正法의 물로 스스로 목욕해야 한다."고 충고하고 있다.[127] 이에 따르는 한 세친은 '다른 이' 즉 壞法論의 말을 빌려 유부의 주장을 조롱한 것으로, '괴법론'이란 제법의 無自性 空을 주장하는 대승의 空見論(空花論)을 말하지만, 중현은 이 말을 경량부 특히 上座 슈리라타의 諸法 無別體說(무자성론)을 비판할 때 사용한다.[128] 따라서 앞의 조롱은 상좌의 論(아마도 『經部毘婆沙』)에서 인용한 것이라고 말할 수 있다.

그렇다면 상좌는 택멸(열반)에 대해 어떻게 이해하였던가? 중현은 『구사론』 상에 논설된 이에 관한 세친의 이설을 조목조목 비판한 다음 상좌의 논의를 별도로 인용한다. 이는 물론 유부의 正義를 드러내기 위해 인용한 것이기 때문에 具足說(완전한 학설)도 아닐뿐더러 이를 통해 상좌의 진의를 파악하기도 쉽지 않지만, 대체로 "열반은 '薩迦耶見(satkāya-dṛṣṭi: 有身見)의 滅(혹은 無生)'에 근거하여 설정된 개념일 뿐 실유가 아니"라는 뜻으로 요약할 수 있다.

중현은 먼저 "열반 자체는 관찰하기 매우 어렵다"는 상좌의 말을 검토

---

125 『구사론』권6(T29, 34c7-10); AKBh. p.93. 17-18. 세친은 계속하여 말한다. "그러나 만약 [그들 주장에] 옹호할 만한 점이 있다면 결정코 天神(devatā)이 알아 옹호할 것이다."

126 『순정리론』권17(T29, 432a29f), "雖寄他言, 作如是說: 許便擁護毘婆沙宗."

127 『순정리론』권17(T29,432b3-6), "若實爲護毘婆沙宗所說, 不應朋壞法論. 勿以彼論惡見之垢塵穢己心, 宜將此宗正法之水而自沐浴."

128 권오민(2012), 『上座 슈리라타와 經量部』, pp.229-239 참조.

하는 것으로 비판을 시작한다.

上座는 설하였다. 세존께서 말하였듯이 이와 같은 [택멸]句義(padārtha: 열
반이라는 인식대상)는 매우 관찰하기 어렵다고 해야 한다. 즉 "[생의] 일
체의 근거(sarva upādhi: 一切依)를 모두 다 영원히 捨棄(폐기)한 寂靜 美妙함
을 열반이라 이름한다"고 하였던 것이다. [세존께서는] 이와 같은 열반을
어찌하여 관찰하기 어렵다고 한 것인가? 그 자성이 지극히 관찰하기 어
렵기 때문이다.[129]

세친 또한 상좌가 인용한 경문(현존본은『잡아함』제306경「人經」)을
'열반의 자성=비존재(非有)'임을 입증하는 논거(敎證)로 인용하였는데,[130]
이 또한 상좌의 논의에서 비롯된 것이라 말할 수 있을 것이다. 아무튼 중현
은 앞서 세친에 대해 힐난한 것(주124)과 마찬가지로 "열반이 실유가 아니
라고 주장하였으면서 어떻게 이 같은 비존재에 대해 '그 자성을 관찰하기
어렵다'고 말할 수 있는가"[131]라고 힐난하고서 이에 대한 상좌의 해명을 이
같이 전하고 있다.

---

129 『순정리론』권17(T29, 433c5-8), "又上座說: 如世尊言, 如是句義甚爲難見. 謂一切依皆永棄捨, 寂
靜美妙, 乃至涅槃. 如是涅槃如何難見? 以其自性極難見故."

130 『구사론』권6(T29, 34c19-23).;『순정리론』권17(T29, 432c18-22), "復有聖教, 能顯涅槃唯以非有爲
其自性. 謂契經言: '所有衆苦皆無餘斷, 各別捨棄 · 盡 · 離染 · 滅 · 静息 · 永沒, 餘苦不續 · 不取 · 不生,
此極寂靜, 此極美妙. 謂捨諸依, 及一切愛盡 · 離染 · 滅, 名爲涅槃.": AKBh., pp.93. 23-94. 2, āgamaś
cāpy abhāvamātraṃ dyotayati. evaṃ hy āha. "yat svalpasya duḥkhasyāśeṣaprahāṇaṃ pratiniḥsargo
vyantībhāvaḥ kṣayo virāgo nirodho vyupaśamo 'staṃgamaḥ anyasya ca duḥkhasyāpratisandhir
anutpādo 'prādurbhāvaḥ. etat kāntam etat praṇītaṃ yad uta sarvopādhipratiniḥsargas tṛṣṇākṣayo
virāgo nirodho nirvāṇam" iti. 인용한 경의 현존본은『잡아함경』권13 제306경(T2, 88a9-12,
"若復彼苦無餘斷 · 吐盡 · 離欲 · 滅 · 息沒, 餘苦更不相續 · 不出生, 是則寂滅, 是則勝妙. 所謂捨一
切有餘 · 一切愛盡 · 無欲 · 滅盡 · 涅槃.")으로 여겨짐. 이 경설은『입아비달마론』에서 8句義(5
온과 3무위) 중 擇滅의 異名 − 盡(kṣīṇa) · 離(virāga) · 滅(nirodha) · 열반(nirvāṇa) −에 대해 논
의하면서 인용되기도 한다. (T28, 988c17-989a3)

131 『순정리론』권17(T29, 433c8f), "如何非有可說自性? 自執涅槃非實有故."

162　　제1편　有部 諸法分別論 비판

택멸이 비록 실유가 아니라고 할지라도 薩迦耶見이 바로 실유이기 때문에
[세존께서는] 그것(살가야견)을 떠나 滅을 획득하는 것을 일컬어 [택멸의]
自性(본질)이라 하였다. 그래서 계경에서도 "이와 같은 滅界는 살가야견에
근거(緣)하여 분명하게 알 수 있다"고 말하였던 것이다.[132]

상좌에 의하는 한 滅界가 바로 薩迦耶見은 아니지만, 살가야견을 떠난
것(살가야견과 무관한 것)도 아니다. 이에 중현은, "살가야견과 非卽非離의
관계에 있다는 멸계에 어떻게 자성이 존재한다는 것이며, 자성이 존재한다
면서 어떻게 실유가 아니라는 것인가? 앞뒤 모순된 이러한 말은 지혜가
없는 無智人이나 誑惑(미혹)하게 할 뿐"이라고 비아냥거린다. 그리고 "멸계
는 살가야견에 근거하여 분명하게 알 수 있다"는 경설 또한 '열반=비실유'
의 논거가 될 수 없다고 비판한다. 유부에 의하는 한 어두움 등에 근거하여
밝음 등이 분명하게 알려지는 것('緣暗等, 明等顯了')처럼 존재하는 어떤 것
이 緣에 따라 알려지는 것(혹은 '생겨나는 것')으로, 이는 누구나 인정하는
세간의 상식적 사실(極成)이다.[133] (주47 참조)

중현은 이 같은 자파의 주장을 더욱 강화하기 위해 상좌의 말을 직접
인용한다.

또한 그는 설하였다. 비록 여러 經 중에서 "3界·3涅槃界, 有爲界·無爲界,
有滅界, 有生·有無生, 有苦滅聖諦에 대해 나는 이것이 安穩處임을 지금 바로
안다"고 설하였을지라도, 이와 같은 온갖 사실 역시 [열반은 실유가 아니
라는 주장과] 서로 모순되지 않으니, 살가야견에 근거하여 설정된 것이기

---

132 『순정리론』권17(T29, 433c9-11), "擇滅雖非實有, 而薩迦耶是實有故, 離彼得滅名爲自性. 故契經
言, '如是滅界, 緣薩迦耶, 而得顯了.'"
133 『순정리론』권17(T29, 433c12-19).

때문이다.[134]

또한 그는 말하였다. 계경 중에서 설한 有滅界 즉 '멸계가 존재한다'는 사실 역시 [열반은 실유가 아니라는 주장과] 서로 모순되지 않으니, 有身見을 떠난 것에 근거하여 [그 같은 사실을] 나타내었기 때문이다. 有無生 즉 '무생이 존재한다'는 사실 역시 [열반은 실유가 아니라는 주장과] 서로 모순되지 않으니, 실유의 생에 근거하여 설정한 것이 아니기 때문으로, 이는 곧 어떤 생의 상속이 끊어졌다는 뜻이다.[135]

즉 경에서 "滅界가 존재한다"거나 "無生이 존재한다"고 설하였을지라도 이는 다만 살가야견(有身見)의 滅이나 不生에 근거하여 그같이 말한 것일 뿐 그것과는 별도의 실체로서 멸계나 무생이 존재하는 것은 아니라는 것이다. 이 같은 상좌의 견해는 滅界 등의 3界에 대한 해석에서 보다 구체적으로 드러난다.

유부 아비달마에서는 경설(예컨대 『잡아함』 제464경)에 근거하여 斷界 (prahāṇa-dhātu) · 離界(virāga-dhātu) · 滅界(nirodha-dhātu)의 3界를 무위해탈(무학의 택멸)로 설정하고서, 이는 다만 세속(假)의 언어적 관례에 따라 貪(즉 愛)을 제외한 無明 등의 8結을 끊은 것을 斷界, 貪結을 떠난 것을 離界, 그 밖의 9결에 수반된 법(順結法, 혹은 所繫事)을 멸한 것을 滅界라고 하였지만, 택멸 자체로서는 어떠한 차별도 없다고 해석하였다. (AK VI-k.78)

이에 대해 상좌 슈리라타는 佛所說의 경설 자체를 了義(nītārtha)로 간주하여 별도의 다른 뜻(abhiprāya: 別意趣)으로 해석하는 것을 경계하였다.

---

134 『순정리론』권17(T29, 433c22-26), "又彼所說: 雖諸經中有說, '三界 · 三涅槃界 · 有爲界 · 無爲界 · 有滅界 · 有生 · 有無生 · 有苦滅聖諦, 我現了知是安隱處' 諸如是等亦不相違, 緣薩迦耶而建立故."

135 『순정리론』권17(T29, 433c29-434a3), 又彼所言: 契經中說'有滅界'者, 亦不相違, 緣離有身而顯示故. '有無生'者, 亦不相違, 於實有生不轉立故, 即是有生相續斷義.

이 같은 [유부의 3界 해석]에 대해 상좌는 이같이 말하였다. 이는 다만 자신의 情意에 따라 분별한 것일 뿐이니, [계경에서는] 聖諦와 涅槃 등에 대해 건립하는 중에 오로지 愛를 방편(門)으로 삼아 '온갖 惑을 끊은 것'이라고 설하였기 때문으로, 계경에서 "무엇이 集聖諦인가? 이를테면 愛와 後有愛이다.─(이하 자세한 내용은 생략함)─무엇이 滅聖諦인가? 이를테면 온갖 愛의 끊어짐(斷)과 떠남(離)과 멸함(滅)이다. 무엇을 열반이라 말한 것인가? 이를테면 온갖 愛의 끊어짐과 떠남과 멸함이다. 만약 색 등에 대해 이미 욕탐을 끊었으면, 나는 그를 '이미 색 등을 끊은 자'라고 말하리니, [이와 같이] 일체의 行이 끊어진 것을 斷界라 하고, 일체의 行을 떠난 것을 離界라 하며, 일체의 行이 멸한 것을 滅界라 한다"고 설한 바와 같다. 불타에 의해 설해진 경은 모두 了義로서 [경에서 설한 것과는 다른] 별도의 뜻이 없으니, 마땅히 달리 해석해서는 안 된다.136

따라서 온갖 愛를 떠나 열반은 존재하지 않으며 일체의 行을 떠나 斷·離·滅의 3界는 존재하지 않는다. (이에 대해 중현은 "[유루·무루의] 일체의 行을 모두 끊고 떠나야 하는 것은 아니기 때문에 이 경은 별도의 다른 뜻에 근거하여 설한 不了義"라고 말한다. T29, 734b9-11; 18f)

그(상좌)는 다시 이러한 3界에 대해 다른 갈래로 설하였다. 만약 諸行에 대한 貪愛가 영원히 끊어졌으면, 諸行도 그때 모두 끊어졌다고 말할 수 있기 때문에 이를 斷界라고 하였으며, --(중략)-- 만약 제행에 대해 번뇌가 생겨나지 않으면, 諸行도 그때 탐으로부터 떠날(벗어날) 수 있기 때문에 이를 離界라고 하였다. 그리고 일체의 行이 더 이상 일어나지 않을 때를

---

136 『순정리론』권72(T29, 734a16-23), "此中上座作如是言: 但隨己情作此分別, 建立聖諦涅槃等中, 唯以愛爲門, 說斷衆惑故. 如契經言, '云何集聖諦? 謂愛後有愛, 乃至廣說. 云何滅聖諦? 謂諸愛斷離滅. 云何名涅槃? 謂諸愛斷離滅.' '若於色等, 已斷欲貪, 我說彼名已斷色等. 一切行斷, 名爲斷界. 一切行離, 名爲離界. 一切行滅, 名爲滅界.' 佛所說經皆是了義, 無別意趣, 不應異釋."

滅界라고 하였다.137

유부에서는 탐 등의 9結을 끊고 떠나고 멸할 때 滅(nirodha)·靜(śānta)·妙(pranīta)·離(niḥsaraṇa)의 離繫(visaṃyoga)를 자성으로 하는 실유의 택멸(斷·離·滅界는 택멸의 차별적 명칭)이 증득된다고 주장하고, 이를 각기 無間道와 解脫道에 배당하였지만, 상좌에 의하는 한 간택력에 의해 제행에 대한 애탐이 끊어진 상태를 斷界, 제행이 애탐에서 떠난(벗어난) 상태를 離界, 이에 따라 일체 행이 더 이상 일어나지 않는 상태를 滅界라고 이름할 뿐 별도의 실체로서 택멸은 존재하지 않는다. 그래서 "생(후유)의 일체의 근거(sarvopādhi)가 영원히 捨棄(폐기)된 無生의 열반은 참으로 관찰하기(헤아리기) 어렵다"(주129)고 말한 것이다.

이 같은 사실로 본다면, 세친이 인용한 택멸의 정의 ―"(이미 일어난 隨眠과 生이 소멸한 상태에서) 簡擇力에 의해 또 다른 번뇌와 생이 더 이상 생겨나지 않는 것을 '擇滅'이라 이름한다"(주112)― 가 이 같은 상좌의 생각에서 유래하였을 것이라고 짐작하기는 그리 어렵지 않다.

한편 중현은, "열반은 실유가 아니기 때문에 바로 무생이다"는 상좌의 말은 오로지 주장만 있고 논거가 결여된 것이라고 비판하고서138 다음과 같은 그의 말을 인용한다.

또한 그는 설하였다. 契經에서 "一切法이란 말하자면 12處이다"고 말한 바와 같다. 또한 계경에서는 "이러한 12처는 모두 다 戲論을 갖으며, 모두

---

137 『순정리론』권72(T29, 734b19-24), "彼復於此異門說言: 若從諸行貪愛永斷, 諸行爾時皆名斷故, 名爲斷界. 如契經說, '若於色等已斷欲貪, 我說彼名已斷色等.' 若於諸行煩惱不生, 諸行爾時從貪得離, 故名離界. 卽一切行不復轉時, 名爲滅界." 첫 단락 '若從諸行貪愛永斷'에서 '從'을 대응구 '若於諸行煩惱不生--'에 따라 '於'로 고쳐 번역하였다.

138 『순정리론』권17(T29, 434a17-19), "又說: '涅槃非實有故, 卽無生者.' 理亦不然, 唯有立宗, 無證因故."

다 무상한 것이다”고 말하였으며, 계경에서는 다시 “眼·色·眼識, 나아가 意·法·意識은 모두 다 무상한 것이다”고 말하였다. 그런데 만약 열반이 실유로서 常住하는 것이라고 한다면, 세존께서는 여기(일체법인 12처의 법문)서 마땅히 그 차별(즉 무상하지 않은 것)을 [별도로] 분별했어야만 하였다.[139]

이는 물론 12處의 법문을 不了義로 평가한 상좌의 생각이 반영된 것이지만(제1장 3-5-1 참조),[140] 이로써 그의 택멸관을 보다 분명하게 확인할 수 있다.

(3) 비택멸무위

『순정리론』상에서 비택멸무위에 대한 상좌 설은 “그것은 聖敎(*āgama)의 설이 아니다”고 단 한 번 언급될 뿐이다.

上座는 설하였다. 非擇滅이라는 말은 어떠한 聖敎 중에서도 일찍이 설한 적이 없음에도 다만 그릇되게 분별하고 제멋대로 생각하여 존재한다고 여긴 것으로, 聖敎 설이 아니기 때문에 믿고 의지해서는 안 된다.[141]

그러나 이러한 상좌의 언명이 인용된 연유를 살펴보면 당시 경량부가 비택멸에 대해 어떤 생각을 갖고 있었는지, 어떠한 까닭에서 유부가 이를 ‘그릇되게 분별하고 제멋대로 생각한 것’이라고 비난하게 된 것인지 헤아

---

139 『순정리론』권17(T29, 434a24-28), “又彼所說: 如契經言, ‘一切法者, 謂十二處.’ 又契經言, ‘此十二處, 皆有戲論, 皆是無常.’ 契經復言, ‘眼·色·眼識, 廣說乃至, 意·法·意識皆是無常.’ 若謂涅槃實而常住, 世尊於此應有簡別.” 여기서 戲論(prapañca)은 貪 등의 諸惑. (T29, 768c29)

140 중현은 두 번째 경설을 “此十二處, 皆有戲論, 皆是無常, 皆有熱惱.”로 정정하고서, 이 경은 오로지 유루의 12처에 근거하여 密意로서 설한 것이라 해명한다. (T29, 434a29ff)

141 『순정리론』권17(T29, 435a18-20), “然上座說: 非擇滅名, 諸聖教中, 曾無說處. 但邪分別橫計爲有, 非聖說故, 不可信依.”

려 볼 수 있다.

중현은 먼저 "어떤 법이 緣(생기의 조건)이 결여되어 생겨나지 않는 상태를 비택멸이라 한다"는 경량부의 견해에 대해 단지 '緣이 결여되었다'는 말만으로는 不生을 적극적으로 설명하지 못한다고 비판한다. 즉 '연이 결여되었다'는 말은 '연이 갖추어지지 않았다'거나 '연이 존재하지 않는다'는 말로서, 전자의 경우 그 후 연이 갖추어지면 생겨날 수 있다는 의미이며, 후자의 경우 '존재하지 않는 법(無法)'은 어떤 존재가 생겨나는 것을 능히 장애하는 공능을 갖지 않기 때문이다. 요컨대 '비택멸'이라는 실유의 법이 존재하여 이것이 연이 결여될 때 미래 생겨날 법을 장애하여 영원히 생겨나지 않게 한다는 것이다.

이에 대론자(경량부)는 다음과 같이 반론한다.

어찌 緣起의 道理 상 法爾로서 원래 그러한 것이라 하지 않겠는가? 이것이 존재하지 않기 때문에 저것이 존재하지 않는 것이며, 이것이 멸하였기 때문에 저것이 멸하는 것으로, 여기에 비택멸을 [별도로] 설정하는 것은 쓸데없는 일이라고 해야 한다.[142]

대론자는 계속하여 "[여기서 '이것이 존재하지 않기 때문에 저것이 존재하지 않는다'는] 연기의 도리는 '緣이 결여되었기 때문에 법이 생겨나지 않는다'는 사실을 나타낸 것"이라 말하자 중현은 "여기(연기의 도리)에 그 같은 사실을 나타내는 결정적인 언설(의미)은 보이지 않는다(포함되어 있지 않다)"고 힐난한다. 이에 대론자는 다시 "[경에서는] 이미 그 밖의 다른 불생의 원인이 존재한다고는 설하지 않았기 때문에 불생은 오로지 연이

---

[142] 『순정리론』권17(T29, 434b26-28), "豈不緣起道理法然? 依此無彼無, 此滅故彼滅. 計非擇滅, 則爲唐捐."

결여되었기 때문임을 알아야 한다"고 해명한다.[143]

이에 대해 중현은 "그 밖의 다른 불생의 원인(즉 비택멸)은 緣이 결여될 때 획득되기 때문에 그 경에서 설하지 않은 것"이라 해명하고서 이하 "受가 멸하였기 때문에 愛가 멸한다"는 『연기경』 등의 諸說을 통해 비택멸의 존재를 추리한[144] 후 앞서의 상좌의 언명(주141)을 인용 비판한다. 이 같은 논의의 전개과정으로 볼 때 대론자와 상좌는 직접적으로 관련되어 있음을 알 수 있다.

즉 대론자가 "'이것이 생겨남으로 말미암아 저것이 생겨난다(此生故彼生)'는 연기의 도리에서 볼 때, 저것이 생겨나지 않는 것은 다만 이것이 생겨나지 않았기 때문으로, 비택멸이란 이러한 불생의 상태를 가설한 것"이라 주장한 데 대해 중현은 이것이 생겨나지 않을 때 '비택멸'이라는 별도의 법이 획득되었기 때문에 저것이 생겨나지 않게 된 것이라 반론하였다. 어떤 유정이 악취에 태어나지 않게 된 것은 다만 生緣을 결여하였기 때문이 아니라 이에 근거하여 그것의 비택멸을 획득하였기 때문이라는 것이다. 이 같은 유부의 주장에 대해 상좌 슈리라타는 "이는 성교에도 없는 말을 그릇되게 분별하고 제멋대로 생각한 것"이라고 힐난하였던 것이지만, 중현은 이에 "상좌가 주장한 舊隨界('종자'의 이명)야말로 聖敎에도 없는, 벙어리 꿈속에서 잠꼬대한 것과 같은 말(如瘂瘂人於夢所說)"(T29, 435a21f)이라 비아냥거리고 있다.

이상과 같은 여러 사실로 볼 때 『구사론』에서 세친이 인용한 세 가지

---

143 『순정리론』권17(T29, 434b28-c2), "[경량부] 此所說言, 有何意趣? 表唯緣闕故法不生. [중현] 此中不見決定言說, 如何得知 '唯緣闕故'? [경량부] 旣不說有餘不生因. 故知不生唯由緣闕."

144 여기서의 '滅'은 無常滅의 멸도, 擇滅의 멸도 아닌, 비택멸의 멸이다. 예컨대 '受滅故愛滅'과 같은 『연기경』의 次第滅은 동시에 대치된 것이 아니기 때문에 택멸이 아니다. 이는 곧 愛의 生緣이 결여됨으로 말미암아 획득되는 비택멸에 근거하여 密意로서 설한 것이다. (T29, 434c6-16)

무위법에 관한 경량부 설(주112)은 상좌의 학설에도 기초한 것으로 판단할
수 있다.

5. 소 결

普光은 "경에서 '일체(12處, 혹은 三世)가 존재한다'고 말한 것은 그것이
존재하는 방식대로 존재한다고 말한 것일 뿐"이라는 세친의 논설을 경량
부 종의로 평석하고서 그들에게 있어 實有는 현재의 12처(보다 분명하게
말해 '12처의 소의가 되는 실체')뿐이지만, 이 또한 色·聲·觸·法處의 일부
즉 색처 중의 形色, 성처 중의 선악의 語無表業, 촉처 중의 所造觸, 법처
중 受·想·思를 제외한 그 밖의 心所法과 불상응행법, 무위법은 實無라고
해설하였다. 그리고 이러한 사실은 『순정리론』 상에 논설된 경량부, 즉 상
좌일파(上座宗)의 주장으로 확인된다고 밝히고 있다.

보광의 설명대로 이는 경량부/상좌일파의 학설이다. 본 장에서는 유부
의 外境論 중 形色·所造觸·不相應行法과 무위법 실유설에 대한 상좌의 비판
을 다루었다.

『구사론』에서는 形色 假有論을 경량부 설로 전하고 있지만, 이에 관한
『순정리론』의 전후 문맥을 통해 볼 때 이는 상좌 슈리라타와 비유자를 지
칭하는 말로서, 신표업이란 思에 의해 드러난 현색극미의 和合을 가설한
것이라는 등의 그의 주장을 통해서도 이 같은 비정이 가능하다. 그리고 『바
사론』의 비유자를 비롯하여 『유가론』『성업론』 등의 제론에서도 형색 가
유론은 대개 현색이나 신표업설과 관련하여 논설되는데, 우리는 이를 통해
상좌 슈리라타의 사상사적 위상을 가늠해볼 수 있다.

또한 상좌는 소조촉이 4대종과는 별도의 실체라는 유부학설을 정면으

로 반박한다. 즉 그는 미끄러움과 껄끄러움은 [형색과 마찬가지로] 대종의
적취 배열(安布)상의 차별일뿐더러 안근에 의해서도 파악되기 때문에, 가
벼움과 무거움은 대종의 많고 적음의 차별로 서로에 근거한 개념적 언표
(相待的 假稱)일뿐더러 제 經論에서도 풍계를 가벼움이라 설하고 있기 때문
에, 차가움은 火大(온난성)의 차별(즉 감소)이기 때문에 대종과는 별도의
실체가 아니라고 주장하였다. 그리고 허기짐과 목마름의 경우 소조촉이 아
니라 다만 希求性(즉 欲)의 심소(심리현상)로 간주하였다.

　14가지 불상응행법의 경우,『구사론』상에서는 이생성(성법의 非得)과
유위4상에 대해서만 경량부의 記名기사를 전하고 있지만, 중현은 得과 非得,
유위4상, 名 등의 3身에 대해서는 세친의 학설을 상좌(혹은 비유자)와 관련
지어 비판한다. 예컨대 得에 대응하는 세친의 개념인 種子를 譬喩者의 학설
로, 혹은 상좌의 隨界를 이것의 별명이라 언급하기도 하였다. (T29, 398b25-29)
특히 유위4상의 경우 세친이 상좌일파(上座宗)와 가까이하여 말한 것이라
논설하였는데, 세친 역시 이를 상좌의 찰나멸론 요지인 '諸行의 本無今有
[有已還無]'를 이해시키기 위한 것(T29, 28c20-22)이라 설명하기도 하였다. 또
한 하리발마와 마찬가지로 名·句·文身의 본질을 [意業(즉 思)에 따른] 말소
리로 이해하기도 하였고, "尋·伺로 말미암아 語行이 일어난다"는 경설에
따라 이것의 개별적 실재성을 부정하기도 하였다.

　나아가 무위법의 경우, 비유부와 상좌는 허공과 공계를 다 같이 장애
하지 않음(無障)을 특성으로 하는 것으로 別體가 아니라고 주장하였고, 택
멸을 다만 薩迦耶見의 滅로 이해하여, 諸行에 대한 애탐이 끊어진 것을 斷界,
떠난 것을 離界, 더 이상 일어나지 않는 것을 滅界로 규정하였다. 그리고
비택멸을 다만 生緣이 결여되어 법이 생겨나지 않은 상태를 가설한 것이라
규정하고 유부가 주장한 연이 결여될 때 생겨나는 실체로서의 비택멸을
聖教說이 아니라고 평가하였다. 이러한 점에서 허공을 접촉되는 바가 없는

상태로, 택멸을 간택력에 의한 번뇌의 불생으로, 비택멸을 역시 緣缺不生法
으로 규정한 『구사론』 상의 경량부는 상좌 혹은 상좌일파의 비유부라고
말할 수 있다.

제3장   심·심소의 相應俱起說 비판

1. 心·意·識의 名義에 관한 다른 해석

불교전통에서 마음은 心(citta)·意(manas)·識(vijñāna)이라는 세 가지 명칭으로 일컬어진다. 이를테면『잡아함』제322경에서는 意內入處를 '色이 아닌 心·意·識으로서 不可見 無對'로 규정하기도 하였고,[1] 제35경에서는 "비구들이여, 이러한 心과 이러한 意와 이러한 識으로 응당 이러한 [色 등의 無常·變易의 正住]를 思惟하고, 이러한 [色 등의 常·不變易의 正住]를 思惟하지 말라. --"[2]고 설하였으며, 제290-291경에서는 "어리석은 無聞의 범부들은 四大의 색신에 대해서는 이를 싫어하여 떠나고 버릴 수 있을지라도 心이나 意 혹은 識에 대해서는 능히 그렇게 하지 못한다"고 논설하고 있다.[3]

아함에서는 이처럼 마음의 세 명칭을 구별 없이 함께 사용하지만, 아비달마 논서 상에서는 예컨대 5蘊에서는 識蘊으로, 12處에서는 意處로, 18界에서는 7心界(意界와 6識界)로 호칭한다는 등의 사실에 근거하여 心·意·識

---

[1]　"意內入處者, 若心意識非色, 不可見無對. 是名意內入處." (T2, 91c8-10)

[2]　"比丘! 此心·此意·此識, 當思惟此. 莫思惟此. 斷此欲. 斷此色. 身作證具足住." (T2, 8a8-10)

[3]　"世尊告諸比丘. 愚癡無聞凡夫於四大身厭患·離欲·背捨而非識. 所以者何? 見四大身有增·有減·有取·有捨, 而於心意識, 愚癡無聞凡夫不能生厭·離欲·解脫. 所以者何? 彼長夜於此保惜繫我 --"(T2, 81c5-9); "若心·若意·若識, 彼愚癡無聞凡夫, 不能於識生厭·離欲·習捨. 長夜保惜繫我 --"(T2, 82a4-6)

의 차별에 대해 논의하고 있다. 물론 이때 차별은 작용하는 양태에 따른 명칭 상의 차별일 뿐 자성에 따른 본질적 차별이 아니다. 유부에 의하는 한 蘊·處·界가 서로 상응하는 동일한 실체이듯 心·意·識으로 일컬어지는 마음 역시 동일한 것(ekārtha: AK. II-k.34ab)이다.

이를테면『대비바사론』에서는 이 세 가지를 ① 말/소리(聲, śabda)만 다를 뿐 그 자체 의미상으로는 차별도 없다, ② 명칭(名, nāma) 상의 차별, ③ 과거(意)·미래(心)·현재(識)라는 삼세에 따른 차별, ④ 界(心)·處(意)·蘊(識) 등 施設(쓰임새)에 따른 차별, ⑤ 種族(gotra)·生門(āya-dvāra)·積聚(rāśi)라는 心·意·識이 소속된 3科의 名義에 따른 차별, ⑥ "心은 능히 遠行하고 獨行한다", "제법에는 意가 선행한다", "모태에 識이 들 때--"라는 경설에 근거한 遠行(=心業)·前行(=意業)·續生(=識業)이라는 業(작용)에 따른 차별, ⑦ 또 다른 경설에 근거한 彩畫(=心業)·歸趣(=意業)·了別(=識業)이라는 업에 따른 차별, ⑧ 滋長·思量·分別이라는 업에 따른 차별 등으로 설명한다.4

『성실론』에서도 心·意·識은 명칭 상으로만 다를 뿐 동일한 실체로서 能緣이 되는 법, 다시 말해 인식대상(所緣)을 갖거나 인식(了別)의 주체가 되는 법을 心이라 하였다.5 法救의『잡아비담심론』에 이르면『바사론』상에 언급된 명칭·작용(⑥)·삼세·施設 상의 차별과 함께 '心=集起, 意=思量, 識=別知'라는 의미(義, artha) 상의 차별이 언급되는데,6 이는 마침내『구사론』

---

4 『대비바사론』권72(T27, 371a19-b29). ⑦의 차별 중 心을 彩畫(화가가 온갖 채색으로 種種의 현상을 그려내는 것)에 비유하여 설한 것은『잡아함』제267경. 意의 작용인 歸趣란 5근에는 각기 별도의 所行과 境界가 있지만 意根은 그러한 所行과 境界를 모두 領受하여 그것들로 하여금 온갖 事業을 짓게 하는 것. ("歸趣是意業. 如契經說. '苾芻當知. 如是五根各別所行各別境界. 意根總領受彼所行境界. 意歸趣彼作諸事業.'": T27, 371b19-22) 참고로 脇尊者(Pārśva)는 ⑧의 해석을 확대하여 "滋長과 分割은 心業이고, 思量과 思惟는 意業이며, 分別과 解了는 識業"이라 규정한 후 '자장'은 유루심(心), '분할'은 무루심, '사량'은 유루의(意), '사유'는 무루의, '분별'은 유루식(識), '해료'는 무루식의 업(작용)이라고 설명하였다.

5 "心意識體一而異名. 若法能緣, 是名爲心." (T32, 274c19); "正以了爲心." (동 279b21)

6 "[六入中]意入者, 是心意識, 名義業世施設, 彼名等所作差別, 應當知. 名者, 名爲心; 名爲意; 名爲

에서 어원적 의미에 따른 차별로 논설된다.

> 쌓기(cinoti: 集起·增長) 때문에 心(citta)이며, 사유하기(manute: 思量·能解) 때
> 문에 意(manas)이며, 식별(인식)하기(vijānāti: 了別·解別) 때문에 識(vijñāna)이다.[7]

心(citta)·意(manas)·識(vijñāna)은 각기 ci('쌓다' '모으다')와 man(생각하다)과 vi-jñā('分·離하여 알다')에서 유래한 말로, 동아시아 불교전통에서 心 등을 해설하는 세 말 集起·思量·了別(현장 역어)은 이에 따른 것이었다. citta는 cit('알다', '이해하다')라는 어원도 가능하지만(주5의『성실론』정의는 이에 따른 것), 유부에서는 '쌓는 것' 즉 선·불선을(=稱友), 혹은 선·불선 등의 諸心所와 事業(*kriya)을 쌓는 것/일으키는 것(=普光)으로 이해하였다. 요컨대 유부 아비달마에서의 마음이란 '오늘 날씨가 좋다'(요별=識), '이 좋은 날 무엇을 하면 좋을까'(사량=意), '[수업을 그만두고] 소풍을 가야겠다', 그리하여 마침내 소풍을 나서게 하는 존재(집기=心)가 바로 그것이다. 그래서 經에서도 "마음(=心)은 능히 세간을 이끌고 두루 섭수하는 것"이라고 설하였다. (T41, 83b6f:『잡아함』제1009경 참조)

그런데『구사론』에서는 이와는 다른 어떤 이(apare)의 정의도 인용되는데, 프라단의 범본(혹은 진제 역)과 현장 역 사이에는 상당한 의미 상의 차이가 있다.

범본: 다른 이는 이같이 해석하였다. 淨·不淨界가 <u>쌓이는 곳(cita)</u>이기 때문

識. <u>義者, 集起是心義; 思量是意義; 別知是識義.</u> 業者, 遠知是心; 前知是意; 續生是識. 世者, 過去世是意; 當來世是心; 現在世是識. 施設者, 界施設心; 入施設意; 陰施設識." (T28, 872b10-15)

7 AKBh., p.61. 21, cinotīti cittam. manuta iti manaḥ. vijanātīti vijñānam.; "集起故名心. 思量故名意. 了別故名識." (『구사론』T29, 21c20f;『순정리론』T29, 394c17).; "心以增長爲義. 能解故名意. 能別故名識." (『구사석론』T29, 180c4f).

에 心(citta)이며, 이것(心)이 [다른 마음에] 所依止(āśrayabhūtaṃ)가 될 때가 意(manas)이며, 能依止(āśritabhūtaṃ)가 될 때가 識(vijñāna)이다.[8]

현장 역: 다시 어떤 이는 이같이 해석하였다. 淨·不淨界의 <u>種種의 차별(citra) 이 있기 때문에</u> 心(citta)이라 말한 것으로, 이것(心)이 다른 마음에 所依止 가 되기 때문에 意라고 말한 것이며, 能依止가 되기 때문에 識이라 말한 것이다.[9]

『구사론』의 廣博한 비판적 해설서라고 할 수 있는 중현의 『순정리론』 (현장 역)에서는 이를 "혹은 <u>種種(citra)의 뜻이 있기 때문에</u> 心(citta)이라 말 한 것으로--"[10]라고 하여 유부의 別說로 전하는데, 普光이 현장 역의 어떤 이의 해석을 유부의 두 번째 해석으로 평석한 것도 필시 이에 근거하였을 것이다. 보광은 淨·不淨界의 '界'를 性으로 이해하여 마음에는 이 같은 선·불선성 [등]의 種種의 차별이 있고 [그에 따른] 行相도 동일하지 않기 때문에 心이 라고 하였다는 것이다.[11] 그럴 경우 "이러한 마음이 다른 마음에 所依止가

---

8   <u>citaṃ śubhāśubhair dhātubhir iti cittam.</u> tad evāśrayabhūtaṃ manaḥ. āśritabhūtaṃ vijñānam ity apare. (AKBh., pp.61. 23-62. 1). 진제 역: "善惡諸界所增故名心. 或能增長彼故名心. 此心爲他作 依止說名意. 若能依止說名識." (T29, 180c4-6)

9   『구사론』권4(T29, 21c21-23), "復有釋言: <u>淨不淨界種種差別故名爲心</u>. 卽此爲他作所依止故名爲 意, 作能依止故名爲識."

10 『순정리론』권11(T29, 394c18-19), "<u>或種種義故名爲心</u>. 卽此爲他作所依止故名爲意. 作能依止故名爲識."

11 『구사론기』권4(T41, 83b9-12), "復有釋言至故名爲識者, 第二說一切有部解. 界之言性. 淨不淨性, 種種差別, 行相不同. 故名爲心. 卽以種種釋心義也." 梵本의 校訂者 각주에 의하면 원래의 寫本 에도 citra(種種)로 되어 있었던 것을 眞諦 역(所增長)과 티베트 역(bsaga pa, citam)에 근거 하여 citam으로 정정하였다고 한다. 이에 櫻部 建은 梵本의 cita를 직전(유부)의 해석 cinotīti cittam(集起故名心)과의 중복을 피하여 현장역어인 citra를 취하여 "淨·不淨の界に はよって樣々である(citra)から心(citta)であり"로 번역하였다. (『俱舍論の硏究』, p.300) 그 러나 兵藤一夫는 티베트 역과 眞諦 역, 稱友釋으로 볼 때, 또한 유가행파 전통에서는 마음 을 √ci의 과거수동분사로 해석하기 때문에, 安慧와 滿增의 釋에서도 모두 Bsags pa(citam) 로 전하기 때문에 현장 역의 citra(種種差別)는 寫本의 書寫人이나 현장 자신의 오독 가능 성을 고려한다. 그러나 다른 한편 『순정리론』(T29, 394c: 前註)과 『현종론』(동, 803a)에서 '種種'으로 번역하고 있고, 『대비바사론』에서도 citra 즉 彩畵(種種雜色)로 해석하는 異說

되고 能依止가 된다”고 한 것 역시 유부의 인연론에 근거하여 이해하지 않으면 안 된다. 즉 마음(心)이 '다른 마음에 소의지가 된다'고 함은 전 찰나의 마음이 현행의 마음에 근거(開導依 즉 等無間緣)가 된다는 말이며, '능의지가 된다'고 함은 현행의 마음이 전 찰나의 마음에 근거한다는 말로서, 이러한 전 찰나의 마음과 현행의 마음을 '意'와 '識'이라 하였다.12

그러나 마음(心, citta)을 '淨·不淨界가 쌓이는 곳'으로 이해할 경우 소의지와 능의지에 대한 해석 또한 달라진다. 稱友는 보광과 달리 淨·不淨界의 '界(dhātu)'를 種子·熏習의 뜻으로 이해하여 다른 이의 心 정의를 '心(citta)=熏習의 안주처(bhāvanāsaṃniveśa)'로 간주한 경량부나 유가행파의 견해로 평석하였다.13 그들에게 있어 心(citta)은 이제 직접적으로 선악의 업(혹은 심소)

이 있으며(주4의 ⑦), 팔리 아비달마(『앗타사리니』, p.63: 후술)에서도 그러하기 때문에 현장도 이에 따랐든지, 혹은 직전의 유부해석와의 중복을 피하기 위해 citram이라 하였을 것으로 추측한다. 아무튼 兵藤一夫(1982, 「心(citta)の語義解釋」, pp.24-27)는 cinoti와 cita는 다같이 √ci에서 파생된 말이지만, 전자는 마음을 행위의 주체자 능동자로 본 반면, 후자는 마음을 행위[에 기인한 잠세력, 종자]의 축적자로 본 것으로, 후자의 사유방식은 稱友가 이 논설의 說者로 해석한 유가행파와 경량부에 타당하며, 이 같은 관점에서 다른 어떤 이의 마음의 해석은 citram보다 citam이라고 하는 편이 옳다고 하였다.
한편 팔리 아비담마의 『法聚論』 주석인 『앗다사리니』에서도 마음을 集起(cinoti), 種種(citra)의 뜻으로 해석한다. “心(citta)이란 소연(ārammaṇa)을 사고하기(cinteti) 때문에 심(citta)이니, 인식한다(vijānāti)는 의미이다. 혹은 心이라고 하는 이 말은 모든 心에 공통되는데, 이 경우 世間心·善心·不善心·大所作心은 일련의 인식과정(javanavīthi: 速行路)에 의해 자신의 상속(santāna)을 축적하기(cinoti) 때문에 心이다. 異熟이 업과 번뇌에 의해 축적되기(cita) 때문에 心이다. 또한 모든 [心]은 상응/수순하는 대로 種種의 차별(cittatā: skt. citratā)이 있기 때문에 心이며, 種種의 원인의 차별(cittakaraṇatā)이 있기 때문에 心이니, 이와 같은 ['種種(citta)'의] 뜻도 여기서의 의미임을 알아야한다. **cittan** ti ārammaṇaṃ cinteti ti cittaṃ; vijānāti ti attho. yasmā vā cittan ti sabbacittasādhāraṇo esa saddo tasmā yad ettha lokiyakusalākusalamahākiriyacittaṃ taṃ javanavīthivasena attano santānaṃ cinoti ti cittaṃ. vipākaṃ kammakilesehi cittan(citta → cita: B.O.S版) ti cittaṃ. api ca sabbam pi yathānurūpato cittatāya cittaṃ cittakaraṇatāya cittan ti evam p' ettha attho veditabbo.” (*Atthasālinī*, P.T.S. ed. p.63) 兵藤一夫(1982), 「心(citta)の語義解釋」, p.24.; 대림·각묵 공동번역, 『아비담마 길라잡이(상)』, pp.98-99 참조.

12 『구사론』권1(T29, 4b4-6), “即六識身無間滅已, 能生後識故名意界. 謂如此子即名餘父. 又如此果即名餘種.”

13 AKVy., p.141. 18f. *citam śubhāśubhair dhātubhir iti cittaṃ*. bhāvanāsaṃniveśayogena sautrāntikamatena yogācāramatena vā.

을 일으키는 주체가 아니라 종자의 훈습처였고, 이는 바야흐로 因緣(즉 種子依)으로 간주되었다. 上座 슈리라타 역시 유가행파와 마찬가지로 자신의 種子(bīja) 개념인 舊隨界(*pūrvānudhātu)를 '種種法이 훈습되어 형성된 界(종자)'로 해석하고(T29, 440b15), 이는 一心 중에 훈습되어 있다고 주장하였다.

> 一心은 種種界를 갖추고 있다. 一心 중에 다수의 界가 훈습되어 있다. --(중략)-- 마음 자체는 단일할지라도 그 안에는 수많은 界가 존재한다.[14]

여기서 一心은 一類心 즉 동일種類의 마음(ekajātīyacitta)의 준말로 유가행파에서 종자식으로 설정한 알라야식과 마찬가지로 언제 어디서나 존재하는 무부무기성의 미세한 마음이다. 그렇지만 현행식과 別體인 알라야식과 달리 6識의 한 양태이다. 상좌는 하나가 깨어있으면 다른 하나는 잠들어 있는 一身二頭의 새인 命命鳥의 비유로써 동일 根에 근거한 二識 —전후 차별적인 거친 현행(了別)식과 동일種類의 미세한 종자식— 의 俱生을 주장하였다. 그는 말하자면 마음을 이중구조로 이해하여 전 찰나의 현행식이 후 찰나의 종자식에 훈습한다는 이른바 六識展轉相熏說(혹은 前念熏後念說, 識類受熏說)과 전 찰나의 마음(종자식)이 후 찰나 마음(현행식)의 種子(=能生因)가 된다는 이른바 '前法=種子'說을 주장하였다.[15] 그는 이렇듯 能熏과 所熏, 所依와 能依를 前滅後生하는 異時의 인과관계로 이해하였다.

따라서 선·불선의 수계·종자(淨·不淨界)가 훈습된 것을 '心'이라 하고, 이러한 마음이 후 찰나 諸 心法의 所依가 될 때 이를 '意'라 하고, 능히 이에

---

14 『순정리론』권18(T29, 442b1-4), "又彼上座如何可執言: 一心具有種種界. 熏習一心多界? -- 若言, '有心其體雖一, 而於其內界有衆多.' --" 上座의 一心에 대해서는 본서 제11장에서 상론한다.

15 상좌의 二識俱生說은 본서 제11장 2-1, 六識展轉相熏(혹은 前念熏後念)說은 제12장 3절, '前法=種子'說은 제10장 5-1; 제13장 3-7에서 상론한다.

근거하여 생겨난 현행의 마음을 '識'이라 한다는 『구사론』 상의 다른 이의 이설(주8)은 상좌 설이라 할 수 있다.

유가행파 역시 心(citta)을 종자 훈습처로 이해하여 상좌와 마찬가지로 "알라야식 중에 種種界가 존재한다. --(중략)-- 알라야식 중에 다수의 界가 존재한다"고 논의하였지만,16 그들은 이러한 마음(즉 알라야식)이 다른 마음의 소의지가 될 때를 '意'라고 말하지 않는다. 불교전통에서 意根은 6識이 무간에 멸한 것으로, 이러한 전 찰나의 6식은 과거로 낙사함으로써 후 찰나의 마음을 인기하는 근거(開避引導 즉 開導依)가 되는데 이를 等無間緣이라고 한다. 즉 유가행파에서는 후 찰나 6식의 開導依로서의 등무간연과, 현행식과 동시에 존재하는 種子依로서의 인연을 엄격히 구별하였던 것이다. 그들은 고래로 마음의 異名이었던 心·意·識을 별체로 분별하여 '心'을 일체종자의 의지처인 異熟의 알라야식, '意'를 항상 작용하는 意(즉 제7 말나식)와 6識身이 無間에 멸한 意, '識'을 소연의 경계대상을 직접적으로 요별하는 6식으로 정의하고, 意를 等無間依, 心 즉 알라야식을 種子(=因緣)依로 간주하였다.17 곧 그들은 心·意·識을 별체로 간주하였을 뿐만 아니라 所依(종자)와 能依(현행)의 同時인과를 주장하였기 때문에 "종자 훈습처인 心이 후 찰나의 所依가 될 때를 意, 능히 이에 의지하여 생겨난 현행의 마음을 識이라 한다"는 『구사론』 상의 이설의 주장자로 보기 어려운 것이다.

그러나 앞서 간략히 언급한 것처럼 상좌(경량부)는 等無間依와 種子依를 별체로 구분하지 않았다. 상좌에게 있어 등무간연이란 말 그대로 '무간에 동류의 법을 낳는 전 찰나의 법(前生法)'이었다면, 인연은 거기에 훈습

---

16 『유가사지론』권51(T30, 581b19-21). 원문은 제11장 주2 참조.

17 『유가사지론』권1(T30, 280b6-11), "云何意自性? 謂心意識. 心謂一切種子所隨依止性, 所隨性, 體能執受, 異熟所攝阿賴耶識. 意謂恒行意及六識身無間滅意. 識謂現前了別所緣境界. 彼所依者. 等無間依, 謂意. 種子依, 謂如前說一切種子阿賴耶識."

隨逐하고 있는 隨界·종자였다. (본서 제9장 상론) 이러한 사실은 동시인과를 교학의 기초로 삼는 유부(중현)와 유가행파(무착)에 의해 적극 비판된 것이기도 하였다. 따라서 『구사론』 상의 마음(citta)에 관한 이설이 경량부나 유가행파의 견해라는 稱友의 평석에는 문제가 있다.

2. 심·심소의 次第繼起說

1) 유부의 심·심소 상응구기설

諸法從緣起. 불교에서는 어떠한 존재(法)도 그 자체 단독으로 생겨날 수 없고 반드시 그 밖의 다른 다수의 법(衆緣)을 조건으로 하여 일어난다. 그렇다면 마음의 경우는 어떠한가?

> 眼과 色을 緣하여 眼識이 생겨난다. 이 세 가지(三事)의 和合이 觸으로 受·想·思와 俱生한다.[18] 나아가 意와 法을 緣하여 意識이 생겨난다. (下略)
> (『잡아함』 제306경 또는 제273경)

이에 따르는 한 眼識이 생겨나기 위해서는 眼(所依)과 色(所緣), 그리고 [眼]觸과 이와 俱生한 受·想·思 등과 함께하지 않으면 안 된다. 이는 다 안식의 生緣으로, 유부의 4緣說에 따라 분별하면 안 등의 5근은 增上緣이고, 意根은 等無間緣이며, 色 등의 6경은 所緣緣이고, 觸·受·想·思는 因緣(즉 상응인)이다.

그런데 불교에서는 전통적으로 마음(心·意·識)과 지식현상 혹은 심리

---

18 이 경설의 원문과 활용에 대해서는 주59, 53 참조.

현상으로서의 의식작용(心所)을 別體(antaradravya)로 간주하였다. 5온은 개별적인 실체로서, 識은 色은 물론이고 受·想·行(=思)과 당연히 구별된다. 그리고 이 모두는 반드시 함께 일어난다. 예컨대 나에게 분노가 일어났을 경우, 이때 '분노하는 마음'은 어떤 대상(境)에 대한 지각(受)·표상(想)·확인(勝解)·판단(慧), 나아가 탐욕(貪)·증오(瞋)·무지(癡) 등과 더불어 분노(忿)라는 의식작용이 각기 별도의 실체로서 마음과 동시에 함께 생겨난 심리현상이라는 것이다.

이러한 의식작용을 心所(caitta, 혹은 caitasika)라고 한다.[19] 그러나 이는 다만 말 그대로 '마음에 소유된' 피동적 존재가 아니라 마음과 동등(samatā: 平等)한 조건으로서 관계한다. 즉 심과 심소법은 반드시 동일한 所依(āśraya)·所緣(ālambana)·行相(ākāra)을 갖고서 동일한 찰나(時, kala)에 각기 一法(事, dravya)이 함께 생겨난다. 이를 五義平等이라 한다.

이렇듯 심과 심소법은 결코 서로 떨어질 수 없는 평등한 관계인데, 이와 같은 不相離의 관계를 '相應(samprayukta)'이라 한다. 그리고 이러한 유부의 이론을 相應俱起說이라 하는데, 이는 반드시 심소 별체설을 전제로 한다. 유부에서는 阿含에 散說된 제 심소법을 상응의 관계에 따라 여섯 범주로 정리하였다.

① 大地法(선·불선·무기심 등 일체의 마음과 상응하는 10가지 심소): 受·想·思·觸·欲·慧·念·作意·勝解·三摩地.

② 大善地法(선심과 상응하는 10가지 심소): 信·不放逸·輕安·捨·慚·愧·無貪·無瞋·不害·精進.

---

19 아함이나 니카야에도 心所(p. cetasika)라는 말은 나타나지만, 마음에 수반된 심리현상의 의미로 사용되는 것은 초기 아비달마시대로 생각된다. (水野弘元, 1978, 『パーリ佛教を中心とした佛教の心識論』, pp.215-221 참조)

③ 大煩惱地法(염오심과 상응하는 6가지 심소): 癡·放逸·懈怠·不信·惛
沈·掉擧.

④ 大不善地法(불선심과 상응하는 두 가지 심소): 無慚·無愧.

⑤ 小煩惱地法(대번뇌지법 중 癡와 상응하여 일어나는 10가지 심소):
忿·覆·慳·嫉·惱·害·恨·諂·誑·憍.

⑥ 不定地法(어떠한 마음과도 상응할 수 있는 8가지 심소): 尋·伺·睡眠·惡
作·貪·瞋·慢·疑.

이에 따르는 한 마음이 생겨나기 위해서는 일찰나에 반드시 10가지 대지법과 상응해야 하며, 선한 마음이 생겨나기 위해서는 10가지 대지법과 10가지 대선지법, 그리고 뭔가를 추구하려는 의식작용인 부정지법의 尋·伺 등 도합 22가지 심소와 상응해야 한다. 나아가 여기에 그것들 각각을 생성시키는 不相應의 힘인 生相과 生生의 相인 隨相, 그리고 주체로서의 마음 자체를 고려한다면 그 수는 훨씬 증가하여 68가지가 되며, 찰나 찰나에 걸친 상속 변이를 고려하게 될 경우 심소의 관계는 더욱 복잡해진다. 유부 毘婆沙師는 이처럼 지극히 난해한 심·심소의 관계에 이같이 탄식하기도 하였다.

온갖 心·心所의 각기 다른 相은 너무나 미세하여 그 하나하나의 상속을 이해하는 것도 어렵거늘 하물며 일찰나 俱有하는 그것에 있어서랴! 구체적인 형태를 지닌(有色) 약을 감관(혀)으로 파악하여 맛의 차별을 이해하기도 어려운데 하물며 어떤 구체적 형태도 갖지 않은 추상적인 존재(無色法)를 오로지 관념(覺慧)만으로 파악함에 있어서랴![20]

---

20 『구사론』권4(T29, 19a22-25); 『입아비달마론』권상(T28, 984b21-23).

그렇다면 유부에서는 어떠한 이유에서 심·심소의 상응구기설을 주장하게 되었던가? 阿毘達磨論師들(Ābhidhārmikāḥ)에 의하면, 心과 心所는 別體이기 때문에 각기 별도의 生·住·異·滅相과 화합하여 생겨나지만 (따라서이때 화합은 심·심소가 각기 다르다), 동일한 所依(根)와 所緣(境)에 근거하여 생겨나기 때문에 (이때의 화합은 심·심소상에 차이가 없다) 양자는 반드시 동시에 함께 생겨나야 한다.[21] 즉 심·심소가 하나씩 차례로 생겨난다(次第生起)고 주장할 경우, 이 같은 시간적 繼起에 따라 소연 또한 刹那滅하여 동일한 소연에 대한 하나의 완전한 인식은 이루어질 수 없기 때문이다. 『구사론』 상에서의 설명도 역시 그러하다. 여기서는 上座의 심·심소 次第生起說을 비판하면서 心(識)과 觸·受 등의 繼起를 주장할 경우 그것들은 각기 경계대상을 달리하는 것이라고 해야 한다는 문제점을 제기하고 있는 것이다.[22]

한편 중현은 '譬喩者의 심소 무별체설'(주38)을 비판하면서 상응구기설을 주장하게 된 이유로서 例의 經證(阿笈摩)과 理證을 들고 있다. 요지만을 발췌하면 이러하다.

경에서 "眼과 色을 緣하여 眼識이 생겨난다. 이 세 가지 화합이 觸으로 受·想·思 등의 심소와 俱生한다. 이와 같은 제법은 마음의 種類로 마음에

---

21   『대비바사론』권16(T27, 79c12-18), "阿毘達磨諸論師言: 心·心所法有別因故, 可說衆緣和合有異.; 有別因故, 可說衆緣和合無異. 謂心·心所各各別有生住異滅和合而生. 是故可說和合有異; 同依一根, 同緣一境, 而得生故, 可說一切和合無異. 是故一切心·心所法, 隨其所應俱時而起." 동론 권52(T27, 270a15-20)에도 동일한 내용의 아비달마논사의 설이 언급되고 있는데, 이는 각기 次項의 譬喩者의 相應因 비판(④)과, 상응구기설 비판(⑤d)과 관련된 大德(Bhadanta)의 코멘트에 대한 阿毘達磨論師의 비평이다.

22   『구사론』권10(T29, 53a24-27). 원문은 제5장 주38 참조. 여기서는 이 밖에도 "일체의 마음은 大地法과 俱起한다"는 아비달마本論(Abhidharmaśāstra)과 "根·境·識 三事和合이 觸으로 受·想·思와 俱生한다"는 아함경설(주17; 53)에 위배된다는 문제점을 더 설하고 있다. 이에 대해서는 제5장 제2절. '차제계기설에 대한 중현의 문제제기'에서 상론한다.

依止하며, 마음에 繫屬되기 때문에 '심소'라고 이름한다"[23]고 설하였기 때문으로, 여기서 '구생(sahajā)'은 [비유자가 말한 것과 같은(주54 참조)] 無間生이 아니라 동시생기(同時而生)를 의미하며, 마음 자체의 구생(즉 二心俱起)은 인정되지 않기 때문에 여기서의 受·想 등은 다만 마음의 차별이 아니라 별체로서의 심소를 의미한다. 또한 眼識이 了別하는 色의 相(nimitta)을 파악하는 것(grahana: 取)이 想(saṃjñā)인데, 만약 識이 일어난 이후에 비로소 想이 일어나는 것이라면 앞서 識의 대상이 된 색은 이미 소멸하였기 때문에 지금 그 相을 취할 수 없다고 해야 한다.[24]

요컨대 유부 제법분별에 따르는 한 유위제법은 각기 자기만의 고유한 특성과 작용을 지니고 있기 때문에 하나의 인식이 완전하게 이루어지기 위해서는 俱起해야만 한다. 만약 심과 심소가 구기하지 않고 繼起한다면, 각각의 작용은 찰나멸하기 때문에 하나의 완전한 인식을 성취할 수 없다는 것이다.

---

23 "眼色爲緣, 生於眼識. 三和合觸, 俱生受想思等心所. 如是諸法, 是心種類, 依止於心, 繫屬於心. 故名心所." (T29, 395c10-13) 이 경문의 출처는 不明. 俱起를 설하는 대표적인 아함경문은 『잡아함』 제306경(T2, 87c26f: "眼色緣生眼識. 三事和合觸. 觸俱生受想思.": 주53 참조). 심과 심소의 繫屬관계를 설한 경문은 『잡아함』 제568경(T1, 150b1-4: "想思是意行. 依於心, 屬於心, 依心轉. 是故想思是意行.-- 想思是心數法. 依於心屬於心想轉. 是故想思名爲意行.") 法救의 『오사비바사론』에서도 심소의 개별적 실체성을 입증하기 위해 이러한 두 경설과 「薩他筏底契經」이라는 이름의 경설을 인용한다. ("薩他筏底契經中言. 復有思惟. 諸心所法依心而起. 繫屬依心.": T28, 994a24-26) 한편 『성유식론』(권5)에서도 6轉識과 遍行心所의 상응관계에 대해 논설하면서 이 경설과 동일한 내용으로 해설한다. "이러한 6轉識은 총체적으로 6位의 심소와 상응하니, 遍行 등이 그것이다. 즉 [이러한 변행 등은] 항상 心(citta)에 의지하여 일어고, 心과 상응하며, 心에 繫屬되기 때문에 心所라고 이름하였다." (T31, 26c14-16)

24 『순정리론』 권11(T29, 395b1-7), "復云何知, 此二(識·想)俱起? -- 由阿笈摩及正理故. 阿笈摩者: 謂契經中, 先說識已, 後說俱生受想思故. 言正理者: 謂於眼識所了色中, 取相名想. 若於後時, 想方起者, 前色已滅, 云何今時有相可取?" 이는 동론 권11(T29, 395c8-396a4)에서 다시 상론되고 있다.

2) 譬喩者의 심·심소 차제계기설

이에 반해『대비바사론』상의 譬喩者(Dārṣṭāntika)나 大德(Bhadanta)은 제
심소를 개별적인 실체로 보지 않고 다만 마음의 시간적인 변화 차별로 이
해하여 이른바 심·심소의 次第生起說을 주장하였다. 유부의 상응구기설이
그들 교학 체계(예컨대 존재론과 인식론)에 토대한 것이기에 비유자의 주
장 또한 필경 그러하다고 해야 하겠지만,『대비바사론』에 전해진 그들 주
장은 비록 광범위한 영역에서 인용되고 있을지라도 단편적인 것이어서 이
론적 근거를 알기 어렵다. 일단 심·심소 무별체설과 차제계기설에 관한
그들의 주장을 인용하면 다음과 같다.

① 觸 비실유

譬喩者는 설하였다. 觸은 실유가 아니니, 계경에서 설하였기 때문으로,
계경에서 "眼과 色이 緣이 되어 眼識을 낳고, 세 가지 화합이 觸이다"
등으로 설한 바와 같다. 즉 안과 색과 안식을 떠나 그 밖의 실유의
觸 자체는 획득할 수 없기 때문이다.[25]

② 思와 慮(慧) 비실유

어떤 이는 思와 慮는 바로 마음이라 주장하였으니, 譬喩者가 그러하나.
즉 그들은 "思와 慮는 바로 마음의 차별로 개별적 실체로서 존재하는
것이 아니다"고 설하였다.[26]

---

25 『대비바사론』권149(T27, 760a28-b2), "謂譬喩者說: 觸非實有. 所以者何? 契經說故. 如契經說,
'眼及色爲緣, 生眼識. 三和合觸'等. 離眼色眼識, 外實觸體不可得."

26 『대비바사론』권42(T27, 216b23f), "謂或有執: 思·慮是心, 如譬喩者. 彼說: 思·慮是心差別, 無別
有體."

③ 尋·伺 비실유

    a. 어떤 이는 尋·伺는 바로 마음[의 차별]이라 주장하였으니, 譬喩者가
       그러하다.[27]

    b. 어떤 이는 "尋·伺는 마음의 麤相과 細相이기 때문에 [욕계에서] 有頂地
       에 이르는 염오심에는 다 심·사가 존재한다. 그렇기 때문에 심·사는
       삼계에 모두 존재한다"고 설하였으니, 譬喩者가 그러하다.[28]

④ 相應因 비판

어떤 이는 "심·심소법은 전후로 생겨나는 것일 뿐 일시에 생겨나는
것이 아니다"고 주장하였는데, 예컨대 譬喩者가 그러하다. 즉 그들은
이같이 말하였다. "심·심소법은 제 인연에 근거하여 전후로 생겨난
다. 비유하자면 상인들이 험하고 좁은 길을 지나갈 때 한 명씩 건너가
고 두 명이나 [여럿이] 함께 가는 일이 없듯이, 심·심소법도 역시 이와
같다. 즉 衆緣이 和合하여 하나씩 생겨나니, 근거하는 중연이 각기 다
르기 때문이다."[29]

⑤ 상응구기설 비판

    a. 안근 내지 무색계 수소단의 무명수면과, 각각에서 수증한 수면은

---

27 『대비바사론』권42(T27, 218c2), "謂或有執: 尋伺卽心, 如譬喩者."

28 『대비바사론』권90(T27, 462c20-22), "謂或有說: 尋伺是心麤細相故, 乃至有頂諸染汚心, 皆有尋伺. 是故尋伺三界皆有, 如譬喩者." 본 항은 尋·伺의 界地 분별이지만, 『대비바사론』에서는 3結 내지 98수면의 尋·伺 분별(동, 269b9-13)이나 22근의 尋·伺 분별(동, 744b9-12)에서도 譬喩者의 동일한 주장을 전하고 있으며, 尋·伺를 역시 마음의 麤·細性으로 규정하면서도 욕계와 梵世(즉 초정려)에만 존재한다고 주장한 아비달마논사(對法諸師)의 학설을 비판하는 大德(Bhadanta)의 설을 인용하면서도 동일한 내용을 전한다. (동, 269b13-17; 744b12-15)

29 『대비바사론』권16(T27, 79c7-12), "謂或有執: 心·心所法, 前後而生, 非一時起, 如譬喩者. 彼作是說: 心心所法, 依諸因緣, 前後而生. 譬如商侶涉嶮隘路, 一一而度, 無二並行, 心心所法亦復如是, 衆緣和合一一而生, 所待衆緣各有異故." '제 심소는 좁은 길을 한 사람씩 지나가는 것처럼 하나씩 순서대로 일어난다'는 비유는 이하 ⑤의 b, c, d설에 대한 大德의 보충설명(동, 493c26-494a1; 745a8f; 270a11-15)에서도 언급된다.

낙근 등과 상응하는가? 어떤 이는 "심·심소법은 순서대로 일어날 뿐 서로 상응하지 않는다"고 주장하였으니, 譬喩者가 그러하다.[30]

b. 7覺支와 8道支의 하나하나가 現前할 때 몇 가지의 각지와 도지가 현전하는가? 어떤 이는 "제 심소법은 순서대로 일어날 뿐 일시에 생겨나는 것이 아니다"고 설하였으니, 譬喩者가 그러하다.[31]

c. 22근 중의 몇 가지가 樂根과 상응하는가? 예컨대 譬喩者는 심·심소는 순서대로 생겨난다고 설하였다.[32]

d. 3결 내지 98수면 중 몇 가지가 樂根 등과 상응하는 것인가? 어떤 이는 "제법이 생겨날 때 점차로 생겨나지 단박에 생겨나지 않는다"고 주장하였으니, 譬喩者가 그러하다.[33]

e. 어떤 이는 "智(jñāna)와 識(vijñāna)은 함께 하지 않는다"고 주장하였으니, 譬喩者가 그러하다.[34]

이미 말한 대로 이 같은 『바사론』에서의 비유자 설의 논거는 확실하지 않다. 다만 그들 大德의 설로서 "상인들이 험하고 좁은 길(즉 일 찰나)을 지나갈 때 한 명씩 건너가듯이 衆緣에 따라 一法이 전후로 생겨난다"는 비유와, "마음이 가라앉을 때에는 擇法·精進·喜의 세 覺支를, 들뜰 때에는 輕安·定·捨의 세 覺支를 닦아야 한다"거나 "舍利子는 7覺支에 원하는 대로 머문다"는 경증을 전하고 있을 뿐이다.[35] 즉 제 심소가 俱生하는 것이라면 '7

---

30 『대비바사론』권90(T27, 463a20f), "或復有執: 心心所法, 次第而起, 互不相應, 如譬喩者."

31 『대비바사론』권95(T27, 493c25f), "謂或有說: 諸心所法, 次第而生, 非一時生, 如譬喩者."

32 『대비바사론』권145(T27, 745a7f), "如譬喩者說: 心心所次第而生."

33 『대비바사론』권52(T27, 270a10f), "謂或有執: 諸法生時, 漸次, 非頓, 如譬喩者."

34 『대비바사론』권9(T27, 44c25f), "有執: 智與識不俱, 如譬喩者."

35 『대비바사론』권95(T27, 493c26-494a14). 大德(Bhadanta)이 존칭의 보통명사인지 특정의 개인을 지시하는 고유명사인지는 不明. 木村泰賢은 舊譯『아비담비바사론』과의 대조를 통해 覺天(Buddhadeva)으로 비정하며(本註에서의 大德 설 또한 구역에서는 佛陀提婆 설로 전해진다. T28, 363a20ff), 宮本正尊은 法救(Dharmatrāta)로 간주하지만(赤沼智善,『印度佛教

각지를 일시에 닦고 동시에 머문다'고 설했어야 한다는 것이다. 그러나 아비달마 논사는 경에서 이미 세 가지 각지를 일시에 닦는다고 하였기 때문에 이 또한 제 심소의 俱時生을 증명하는 것이라고 말한다.[36]

또한 비유자는, 有隨眠心은 소연과 상응법에서 隨增한다는 유부 학설에 대해 "'상응'이란 自性과 마찬가지로 필경 서로 떨어질 수 없는 不相離의 관계이기 때문에 상응법에서 수증하는 것이라면 [번뇌의] 己斷과 未斷에 관계없이 항상 수증한다고 해야 한다"는 논거를 제시하기도 하지만,[37] 유부에서는 [일체의] 번뇌가 아직 끊어지지 않았을 때에만 상응법에서 항상 수증한다고 주장하기 때문에 사실상 논거가 되지 않는다.

한편 중현은 그의 『순정리론』에서 譬喩者의 '심소 무별체설'을 장문으로 인용하는데, 그들의 논거는 크게 세 가지이다.

첫째, 心과 想이 동시에 생겨날 때 行相(ākāra)의 차별을 획득(인식)할 수 없기 때문에 오로지 心만이 존재할 뿐 별도의 심소는 존재하지 않는다. 심과 심소는 名言의 차별일 뿐 法體의 차별이 아니다.

둘째, 諸經에서는 예컨대 "識이 모태에 들어간다"(『중아함』 제97 『大因經』)거나 "心이나 意, 혹은 識이 유전하여 지옥에 태어나기도 하고 하늘에

固有名詞辭典』, p.79. 이에 따르면 婆沙에서 大德 설은 116개소), 本註에서의 大德 설은 분명 비유자 설의 보충설명의 형식을 띠며, 앞서 인용한 ③b와 ⑤c의 비유자 설 직후에 인용되는 大德 설(T27, 744b12f; 745a8f)에서는 '彼大德'으로 설해진다. (물론 여기서의 '彼'도 불특정의 지시대명사인지 '저들 즉 비유자의 대덕'처럼 특정의 지시대명사인지 분명하지 않다. 그러나 문맥 상 譬喩者와 彼大德이 동일한 성향의 그룹이라는 점만은 분명한 사실이다.) 참고로 覺天과 法救는 유부 내부(此部)의 논사로(T27, 661c7) 他宗(*parapakṣa)의 비유자와는 계통이 다르기 때문에 신구역의 판본대조나 주장의 단순대조를 통해 그들을 비유자로 판단하기는 어렵다. (권오민, 2012, 『上座 슈리라타와 經量部』, pp.310-319 참조)

36 『대비바사론』권96(T27, 494a15-18). 참고로 두 번째 경증에 대해서는 時分(아침과 낮과 저녁)에 따라 覺支定에 머무는 것이 자재함을 나타낸 것일 뿐 7각지 각각의 別起를 설한 것이 아니라고 비판한다. (동, 494b23f)

37 『대비바사론』권22(T27, 110a22-27), "或復有執: 隨眠不於所緣隨增, 亦不於相應法有隨增義, 如譬喩者. 彼作是說: 若隨眠於所緣隨增者, 於他界地及無漏法亦應隨增, 是所緣故, 如自界地. 若於相應法有隨增義者, 則應未斷已斷一切時隨增, 相應畢竟不相離故, 猶如自性."

태어나기도 한다", "士夫(puruṣa, 인간)는 바로 6界로 地界 내지 識界가 바로 그것이다", "나는 어떠한 법도 마음처럼 빠르게 회전하는 것을 보지 못하였다", "마음은 遠行하고 獨行한다"고 설하는 등 오로지 마음에 대해서만 언급하고 있다.

셋째, 심소(대지법)에 대해서는 다수의 쟁론이 있으며, 그것이 마음과는 다른 개별적인 실체라고 주장하는 이들조차 어떤 이는 세 가지, 어떤 이는 네 가지, 혹은 열 가지, 혹은 열네 가지라고 주장하는 등 일정하지 않다. 마치 甘蔗(사탕수수)의 즙이나 倡伎人(배우)이 여러 상태로 변화할 때 명칭을 달리하듯이 識이 [작용하는] 상태(位)에 따라 유전할 때 여러 종류의 심·심소의 차별이 존재하기 때문에 受 등은 개별적인 실체로서 존재하지 않는다.[38]

여기서의 비유자도 『바사론』 상의 비유자처럼 심소는 다만 마음의 差別相이라고 말할 뿐이지만, 중현은 비판을 위해 그들의 생각을 이같이 정리하고 있다. "모든 識의 본질(體)은 바로 心이며, 受 등의 제법은 바로 이러한 心 자체의 종류(體類)로서 心相續 중에 이러한 법이 존재하기 때문에 '심소'라고 이름하였다."[39] 즉 유부에서는 受·想·思 등의 제법이 마음의 종류로 마음에 依止하며, 마음에 繫屬되기 때문에 '심소'라고 이름(주23)한 데 반해 비유자는 이러한 제법이 마음 자체의 種類이고 心相續 중에 존재하기 때문에 '심소'라고 이름하였다는 것이다.

혹은 [비유자 중의] 다른 어떤 이는 名色의 '名(nāma)'을 一法이라 설한 契經설에 따라 "名 즉 수·상·행·식의 4온 중 오로지 마음(즉 識)만이 존재할 뿐으로, 수·상과 思 등의 제 심소(=행)는 마음과 별도로 존재하지 않는

38　『순정리론』권11(T29, 395a1-19).: 세 번째 논거의 원문은 주119 참조.
39　『순정리론』권11(T29, 395c3-5), "若謂, '諸識體即是心, 受等諸法, 是心體類. 心相續中, 有此法故, 名心所'者, --"

다”고 주장하기도 하였다.[40] 『유가사지론』에서도 이는 어떤 사문 바라문의 설로 언급되는데,[41] 窺基는 이를 經部 등을 비판하기 위해 언급한 것이라 평석하였다.[42]

3) 訶梨跋摩의 심·심소 차제계기설

成實論主 訶梨跋摩(Harivarman)는 심소법(구역은 心數法)이나 심상응법을 다 같이 "識이 緣에 따라 순서대로 낳게 되는 想 등의 법"으로 정의한다.[43] 주지하듯이 『성실론』에서는 제60「立無數品」에서부터 제67「非相應品」에 이르기까지 심소 별체설과 무별체설, 심·심소 상응구기설과 차제계기설에 대해 논의하고 있다. 물론 『성실론』에서는 무별체설과 차제계기설의 입장을 고수한다는 점에서 앞의 비유자 설과 일치한다. 이하 논주 하리발마의 입장을 중심으로 하여 『성실론』에서의 논의를 약술한다.

> [하리발마:] 心·意·識은 명칭만 다를 뿐 그 體性은 동일한 것으로, 인식의 주체(能緣)가 바로 마음(心)이다. 受·想·行(=思) 등의 심소법 역시 인식의 주체이기는 하지만, 이는 모두 단일한 마음의 시간적 변화의 차별상으로,[44] 경에서 "번뇌의 마음(漏心)에서 해탈하였다"거나 "부처는 중생의 歡喜心과 柔軟心과 調和心이 해탈을 감당할 만한 것임을 안다", "마음이 더럽기 때문에 중생이 더러우며, 마음이 청정하기 때문에 중생이 청정하다", 12연기에서 "行을 연하여 識이 있다"고 하여 마음에 대해서

---

40 『순정리론』권11(T29, 396a5-9), "有餘復言. 如契經說. '名映於一切. 無有過名者. 由此名一法. 皆隨自在行.' 名者卽是受想行識. 旣言一法. 故知唯心, 無別心所."

41 『유가사지론』권56(T30, 609a3-4), "有一沙門若婆羅門, 欲令名中唯心實有, 非諸心所."

42 『성유식론술기』권6본(T43, 427c27f).

43 『성실론』권2(T32, 252b17-19), "心數法者, 若識得緣, 卽次第生想等是也. 心相應法者, 謂識得緣, 次第必生, 如想等是也."

44 『성실론』권5(T32, 274c21ff), "受想行等皆心差別名. --(중략)-- 如是心一, 但隨時故, 得差別名."

만 설하고 심소에 대해서는 별도로 설하지 않았으며, 또한 “三事
(根·境·識) 和合이 觸”이라고 하여 ‘화합’을 촉이라 말하였기 때문이다.
(제60「立無數品」)

[유부:] 경에서 “마음은 獨行하고 遠逝한다”고 하여 마음만을 설한 것은,
비구의 獨處에 벌레나 짐승이 존재할지라도 동류(그 밖의 다른 비구)가
없기 때문에 ‘독처’라고 하듯이, 심소가 함께 할지라도 동류의 존재(同
性: 그 밖의 다른 마음)가 없기 때문이다. 비록 경에서 “마음이 더럽기
때문에 중생이 더러우며, 마음이 청정하기 때문에 중생이 청정하다”
고 설하였을지라도 마음은 원인 없이 더럽거나 청정해지는 것이 아니
며, 無明과 慧明으로 인해 그렇게 되기 때문에 심소법도 역시 존재한
다. 만약 受·想 등의 심소법이 존재하지 않는다면, 마음은 그것과 상응
하지 않기 때문에 자신의 작용을 드러낼 수 없으며 5온도 설정될 수
없다. 더욱이 마음(즉 識)과 심소는 각기 두 가지(根·境)와 세 가지 연
(根·境·識)에 의해 생겨나는 등 생기의 조건이 다르다. (제61「立有數品」)

[하리발마:] 그대는 생기의 조건이 다르다고 하였지만, 양자가 相應 俱起하는
것이라면 어찌 생기의 조건이 다를 수 있는가? 우리 역시 심소법이 존재
하지 않는다고는 말하지 않는다. 다만 마음의 차별을 ‘심소’라고 말할 뿐
이다. 즉 集起하기 때문에 ‘마음(心)’이라 이름한 것이라면, 受 등의 심소
역시 능히 後有를 집기하여 그 相이 동일하기 때문에 마음이라 이름해야
하며, 마음에서 생겨난 법을 심소라고 한다면 마음과 심소는 다 같이 마
음으로부터 생겨나기 때문에 ‘심소’라 이름해야 한다. (제63「非有數品」)

따라서 상응법도 존재하지 않는다. 마음과는 별도의 심소법이 존재하지
않는데 마음은 무엇과 상응할 것인가? 또한 受 등의 제법은 동시일 수

없으며, 인과 역시 그러하다. 識은 想 등의 법의 원인으로 이와 동시에 존재할 수 없기 때문에 상응하지 않는 것이다. 또한 일찰나의 마음 중에 다수의 심소법이 존재한다면 그것들 각각에 대한 了別이 있어야 하지만, 일찰나의 마음 중에 다수의 작용은 있을 수 없다.[45] 나아가 심·심소법이 일시에 생겨나는 것이라면 三事의 화합(즉 觸)도 있을 수 없다. 그렇기 때문에 양자는 상응하는 일이 없다. (제65 「無相應品」)

[유부:] 보고(見) 느끼는 것(受)은 바로 정신(神)으로, 마음이 그것(受)에 의 지하여 상응하기 때문이다.[46] 또한 색·수·상·행·식의 積聚를 인간 (pudgala)이라 할 때, 5온이 相應 俱起하지 않고 次第生起한다면 인간은 성취될 수 없다. 또한 경에서 "[5]根의 智(즉 慧)는 信과 상응하는 일이 있다(有根智相應信)"거나 "觸은 受·想·思와 俱生한다", "初禪에는 5支(喜· 樂·尋·伺·心一境性)가 존재한다", "중생의 마음은 오랜 세월 貪·瞋에 더러 워졌다"고 설하였으니, 만약 이러한 제 심소가 마음과 상응구기하지 않는다면 어찌 그같이 설하였을 것인가? (제66 「有相應品」)

[하리발마:] '마음이 受와 상응한다'고 함은 어리석은 범부들이 언어개념 (語言)에 집착한 것으로, 보고 느끼는 것은 일련의 마음의 상속일 뿐이 다. 또한 5온에 의해 인간이 성취된다 할지라도 세간에서 '괴로운 이' '즐거운 이' '괴롭지도 즐겁지도 않은 이'라고 말하지만 이러한 3受가 동시에 존재하지 않듯이 5온의 경우도 역시 그러하여 다만 5온의 상속 을 인간이라 이름할 뿐이다. (是因五陰相續名人: T32, 277c6-8) 즉 다수가 함께 한 가지 사태(一事)를 성취할 때 이를 世俗의 관점에서 '상응'이라

---

45 『성실론』권5(T32, 276b14-16), "若一念中多心數法, 則有多了. 有多了故, 應是多人. 是事不可. 故 一念中, 無受等法."
46 『성실론』권5(T32, 277b5f), "有相應法. 所以者何? 若人見受是神, 識心依之, 以相應故. 想陰等亦如是."

말한 것으로, "[5]根의 智는 信과 상응하는 일이 있다"는 경설에서의
智와 信도 역시 그러한 경우이다. 또한 "촉으로부터 수·상·사가 구생
한다"는 경설 역시 스승과 제자가 떨어져 가더라도 '함께 간다(俱行)'고
말하듯이, "頂生王이 마음(선심)을 낳는 순간 天上에 이르렀다"는 경설
처럼 범부가 외계대상을 접할 때 識—受—想—思와 더불어 憂·喜 등이
존재하고 이로부터 貪·瞋·癡가 생겨나지만 [너무나 빠르게 상속하기
때문에] 俱生(卽生)한다고 설한 것일 뿐이며(제5장 주8 참조), 초선의 5
支 역시 그러하다.[47] (제67「非相應品」)[48]

3. 상좌의 심·심소 무별체설론

1) 受·想·思 세 심소 별체론

비유자와 하리발마는 비록 논거(특히 경증의 제시와 비판) 상의 廣狹의
차이는 있을지라도 제 심소, 그중에서도 특히 受·想·思 등의 大地法은 마음
과는 별도의 실체가 아니라 다만 마음의 변화 차별상에 지나지 않으며, 따
라서 양자는 서로 상응하지도 동시에 생겨나지도 않는다고 주장한 점에서

---

[47] 경량부에 의하면 靜慮의 諸支는 俱起하지도 않을 뿐 아니라 실재하는 것도 아니다. 유부
에서는 초정려와 제2정려의 樂은 樂受가 아니라 輕安樂인데, 경량부(상좌)에 의하면 그
것은 身受樂이다. 그럴 경우 무루의 정려 중에 일부(輕安風의 觸)는 유루, 일부(경안풍을
반연하는 身受樂)는 무루로서 현전해야 한다는 힐난에 대해 이같이 해명한다. "동시에
일어나는 것이 아닌데 여기에 무슨 과실이 있을 것인가? 만약 '그럴 경우 喜와 樂은
俱起하지 않기 때문에 [초정려의] 5支와 [제2정려의] 4支는 이치에 맞지 않는다'고 한다
면, 이 역시 어떠한 허물도 없다. 즉 그것은 있을 수 있다는 가능성에 근거하여 喜支와
樂支가 존재한다고 설한 것으로, 마치 [마음의 麤細相으로 구기하지 않는] 尋과 伺의 경
우와도 같다." (『구사론』권28, T29, 147b7-9)『순정리론』상에는 이에 관한 상좌나 비유자
의 설이 언급되지 않지만, 普光과 法寶는 이를 經部의 해석으로 판석한다. (『구사론기』,
T41, 424a11;『구사론소』, 동, 792b8)

[48] 이상은『성실론』권5(T32, 274c19-278b4). 최봉수(1991),『原始佛敎의 緣起思想硏究』, pp.137-145;
권오민(1994),『유부 아비달마와 경량부 철학의 연구』, pp.156-158 참조.

일치한다.[49] 그러나 대지법 각각의 相이나 차제생기의 구체적 양태(즉 인식과정)에 관한 그들의 견해는 전하지 않는다. 예컨대 "심·심소가 異時 繼起하는 것이라면 所緣 또한 달라야 한다"는 阿毘達磨論師의 지적(주21)에 대해 어떠한 해명도 전하지 않는다.

그러나 상좌 슈리라타는 이에 대해 구체적으로 해명하고 있을뿐더러 특히 차제생기에 기반하는 그의 인식이론은 예컨대 '有色處 假有論'(제1장 3-2-2)이나 '소조촉 무별체론'(제2장 2-2)과 같은 그의 또 다른 학설을 이해하기 위한 전제가 된다. 상식적으로 가유(=世俗有, 즉 언어 개념적 존재)는 眼識 내지 身識의 대상이 아니라 意識(=사유)의 대상이기 때문이다.

그런데 상좌는 비유자나 하리발마와는 달리 受·想·思 세 심소의 개별적 실재성을 인정한다. 受(vedanā)는 [마음에 들고 들지 않음에 따른] 경계대상의 苦·樂 등의 특성을 感受/경험하게 하는 것(anubhava: 領納), 想(saṃjñā)은 경계대상을 차별적 개념으로 파악하게 하는 것(nimitta-udgraha: 取相), 思(cetanā)는 자석이 쇠붙이를 움직이게 하듯이 마음을 움직이게 하는 것(abhisaṃskāra: 造作, 제5장 주20 참조)으로, 5온 중 3온으로 설정된 것이기에 제 심소 중에서도 각별한 의미를 갖는다. 유부 아비달마에 의하면 受·想은 쟁론(번뇌)의 뿌리(vivāda-mūla: 諍根)가 되는 애욕(kāma)과 [邪]見(dṛṣṭi)의 가장 수승한 원인이기 때문에, 이에 따른 탐착과 전도된 생각은 생사윤회 원인이 되기 때문에 별도의 온으로 설정하게 된 것이며, 유위제법 중 思가 가장 수승하여 능히 諸行을 낳고 유지·성숙(攝養)시키기 때문에 경(『잡아함』 제61경)에서 행온을 思나 思의 뜻(즉 造作)으로만 설하게 된 것이다.[50]

---

49 水野弘元(1978), 『パーリ佛教を中心とした佛教の心識論』, p.234 참조.

50 『대비바사론』권74(T27, 383c2-8), "問: 行蘊云何? 答: 契經說, 此是六思身. -- 問: 世尊何故於相應不相應行蘊中, 偏說思爲行蘊, 非餘行耶? 答: 思於施設行蘊法中, 最爲上首. 思能導引攝養諸行. 故佛偏說." (동, 384c28-385a1), "復次行謂造作. 有爲法中能造作者, 思最爲勝. 思但攝在此行蘊中. 故此行蘊獨名爲行." 『대비바사론』에서는 계속하여 大地法의 제 심소 중 受·想의 2법만을

상좌가 受 등의 세 심소의 실재성을 인정한 것도 이 같은 사실 때문인
지도 모른다. 그는 후술하듯이 受·想·思의 세 심소는 각각의 특성(相)이
분명하기 때문에 별체라고 하였으며, 그 밖의 대지법은 모두 心이나 思의
차별로 개별적 특성이 분명하지 않다고 하였다. 우선 그의 말을 들어보자.

상좌는 말하였다. [유부 毘婆沙師가] 분별한 바와 같은 열 가지 大地法은
존재하지 않는다. 즉 이러한 대지법에는 단지 세 종류만이 존재할 뿐이니,
경에서 "[三事和合의 觸은] 受·想·思와 함께 일어난다"고 설하고 있기 때
문이다.[51]

'受·想·思의 俱起'를 설하는 현존의 경은 『잡아함』 제273경(일명 『合手聲
譬經』 혹은 『撫掌喩經』)과 제306경(일명 『人經』)인데(주59 참조), 상좌는 제273
경을 불설로 인정하지 않았으며 중현 역시 이 경을 유부에서만 전승한 것이
라고 하였기 때문에[52] 상좌가 인용한 경은 필시 제306경일 것이다. 그러나
이 경은 『대비바사론』 이래 유부의 相應俱起說의 경증으로 제시된 것으로,[53]

蘊으로 別立한 이유에 대해 논설한다. (T27, 386a2-b14)

51 『순정리론』권10(T29, 384b12f), "彼十座言: 無如所計十大地法. 此但三種, 經說'俱起受想思' 故."
    스티라마티(安慧)와 푸루나바르다마(滿增)도 이를 Ācārya Śrīlāta 설로 인용하고 있다. (加
    藤純章, 1989, p.206)

52 권오민(2012), pp.589-591 참조. 赤沼智善의 『互照錄』에 의하면 두 경 모두 팔리 니카야에
    는 전하지 않는다.

53 『대비바사론』(T27, 79b20f) (여기서는 俱有因의 경증); 『성실론』권5 「有相應品」(T32,
    277b16); 『구사론』(T29, 53b14f; AKBh., p.146. 11f: 본 장 주59); 『순정리론』(T29, 395b3f; c10f:
    주23). 이 경설은 유부의 심소 별체설 (『오사비바사론』 주23; 『성실론』 「立有數品」 T32,
    275a23ff)이나 觸實有論의 경증으로도 제시되었으며(『구사론』, 『순정리론』: 주59), 滅定無
    心說의 논거로 간접 인용되기도 하였다. (『구사론』 T29, 26a2f; AKBh., p.72. 27f: 주73) 또한
    이른바 『人經』으로 일컬어진 이 경은 『식신족론』(T26, 546c27-29)이나 『구사론』 「파아품」
    (T29, 154a25ff; AKBh., p.465. 11f)에서 무아설(보특가라의 非可得·非可證)의 경증으로도 제
    시되었다. 참고로 유가행파 또한 5遍行心所(作意·觸·受·想·思) 중 작의를 제외한 네 심
    소의 상응구기의 경증으로 동일한 경문을 인용하며(『성유식론』 T31, 28a3-5: 주133), '觸
    俱生受想思等'의 경문은 『유가론』에서 심소를 부정하고 마음의 실유만을 주장하는 이(窺

비유자나 하리발마는 여기서의 ‘俱起(혹은 俱生, sahajāta)’를 ‘無間生’ 혹은 무간생에 따른 ‘和雜(saṃsṛṣṭā, 相雜)’으로 이해하여 次第繼起說을 주장하였다.[54]

이는 다른 한편 비유자나 하리발마 역시 제306경을 불설로 승인하였음을 의미하지만, 전술한 것처럼 그들은 수·상·사 또한 마음의 차별로 이해하였다. 그런데 역시 비유자 계통인 상좌 슈리라타는 어떠한 까닭에서 이에 근거하여 受 등 세 심소의 別體를 주장하였던 것인가?[55] 더욱이 세 심소의 별체를 주장하는 한 心과의 상응구기를 주장하는 것은 불가피하지만, 그는 어떠한 경우에도 俱生因의 존재를 인정하지 않았을뿐더러(제9장 2-1-1 참조) 중현이 비판한 것처럼 “觸은 三事(근·경·식)의 화합을 떠나 존재하지 않기 때문에 假有”라고 주장하는 한(次項 ‘觸’ 참조) 受 등의 심소 또한 眼과 色 등을 떠나 존재하지 않기 때문에 별체가 아니라고 해야 하는 것이다.[56]

이에 대해 중현이 전한 상좌의 해명은 이와 같다.

> 觸은 그 특성(相)이 분명하지 않기 때문에 [別體가 아니다]. 즉 受 등과 같은 법은 개별적 특성이 분명하기에 [別體로서 존재하지만], 觸의 경우 이와 같이 분명하게 취할 만한 개별적 특성을 갖지 않으며, 단지 관념적 구상(思構)에 의해서만 이러한 법의 존재를 알 수 있을 뿐이다. 따라서 觸 자체는 三事의 화합을 떠나 별도로 존재하지 않는다.[57]

基에 의하면 經部師: T43, 427c27-28)의 비판논거로 제시되기도 하였다. (T30, 609a22-23)

54 『순정리론』권11(T29, 395c13f; c22f); 동론 권13(403b2-4); 『성실론』권5 「非相應品」(T32, 277c13-16: 제5장 주8). 경설 상의 ‘구기’의 의미에 대해서는 제5장 1-1에서 재론한다.

55 加藤純章(1989, p.203)은 상좌가 이처럼 유부와 동일한 경전을 이용하여 세 심소를 인정하였다는 사실로 볼 때 유부와 지극히 밀접한 입장에 있었고, 覺天이나 譬喩者, 『성실론』의 작자보다 유부와 가까운 위치에 있었음을 알 수 있다고 하였지만, 그의 經爲量의 聖教觀이나 중현이 그의 논의를 壞法論으로 평가한 사실로 볼 때 결코 그같이 말하기 어렵다. 加藤純章(p.216)도 지적하였듯이 상좌는 세 심소를 별체로 인정하였을지라도 차제생기를 주장하여 대지법의 규정을 바꾸었다. (제5장 1-3 참조)

56 『순정리론』권10(T29, 384c13-15).

57 『순정리론』권10(T29, 384c15-18), “若言, ‘觸相非顯了故. 謂如受等別相顯了. 觸無如是別相可取.

이에 의하는 한 受·想·思는 각기 그 자체 대상의 지각(領納), 표상(取相), 대상으로의 마음의 움직임(造作)이라는 구체적 특성을 갖기 때문에 개별적 실체이지만, 觸의 경우 根·境·識의 三事를 떠나 별도로 존재하는 것이 아니기 때문에 (그러나 중현에 의하면 '삼사화합'은 촉의 특성이 아니라 촉의 生緣: 次項의 '觸' 참조) 별도의 실체가 아니다. 또한 作意 등의 行은 思의 차별로 思를 떠나 그 자체를 알 수 없지만, 思 자체는 作意 등의 行을 떠나서도 알 수 있기 때문에(주102 참조), 그리고 受·想·思는 생기인연이 동일하다[58]는 측면에서 대지법으로서 이 세 심소만을 인정하였을 것이다. 이 점에 대해서는 본 절 제4항 '불교 제파의 심소법 이해'에서 다시 생각해보게 될 것이다.

2) 그 밖의 大地法의 무별체론

(1) 觸

유부나 유가행파에서는 문제의 『잡아함』 제306경(일명 「人經 mānusyakasūtra」)의 "眼과 色을 연하여 안식이 생겨나며, 세 가지의 和合이 觸으로 受·想·思와 俱生한다"에 근거하여 觸(sparśa)의 별체성을 주장하였지만,[59] 비유자

但由思構知有此法. 故離三和, 無別觸體.' 此亦不然.--"

58 『순정리론』권15(T29, 420b17-19), "然上座言: 思等心所, 於滅定中不得生者, <u>由與受想生因同故</u>, 非由展轉爲因生故." 여기서 '생기원인(生因)'은 그것의 所依가 된 前生因으로서의 마음. 이에 반해 유부에서 심·심소는 서로가 서로를 원인으로 삼는 俱生因의 관계로서 思 등의 생기 또한 受·想에 繫屬되기 때문에 멸진정 중에서 생겨나지 않는다. 중현은 이 같은 상좌의 해명에 대해 "그는 멸진정 중에서도 마음이 존재하여 현행한다는 사실을 인정하기 때문에 觸을 비롯한 일체 심소법도 존재한다고 해야 한다"고 비판하였다. (T29, 420b19-24)

59 『순정리론』권10(T29, 384b14), "豈不彼經亦說有觸? 如彼經言, '三和合觸.'" 觸 별체설의 경증으로 제시된 경은 『잡아함경』권11(T2, 72c9f: 제4장 주2) 또는 동 권13(T2, 87c26f: 본 장 주121), "緣眼色生眼識(眼色緣生眼識). 三事和合. 觸俱生受想思." 『구사론』에 인용된 이 경설의 범문은 cakṣuḥ pratītya rūpāṇi cotpadayate cakṣurvijñānam. trayāṇāṃ saṃnipātaḥ sparśaḥ sahajātā vedanā saṃjñā cetanā. (AKBh., p.146. 11f; p.465. 11f); 현장 역: "眼及色爲緣生於眼識. 三和合觸. 俱起受想思." (T29, 53b14f; 154a25f); 진제 역: "依眼緣色眼識生. 三和合有觸. 俱生受想." (T29, 210b3f); "依眼緣色眼識生. 有三和合生觸. 共生受想作意等." (T29, 305c14ff). 이 경설은 앞서 논의한 대로 유부와 유가행파의 상응구기설의 기본논거(주53)였을 뿐만 아니라 상좌 슈리라타의 受·想·思 세 심소 별체설의 논거였다. (주51)

를 비롯한 하리발마와 상좌 또한 이에 근거하여 촉의 무별체성를 주장하였
다. 즉 유부에서는 '세 가지 화합이 觸(trayāṇāṃ saṃnipātaḥ sparśaḥ)'이라는
경설을 "세 가지의 화합에 근거하여 觸이 생겨난다"는 뜻으로 해석하여
만약 '촉'이 실체가 아니라면 생겨날 수도 없으며, 생겨나지 않았다면 受
등의 生緣이 될 수도 없다고 주장하였다.[60] 그리고 이에 따라 觸을 "根·境·識
세 가지가 화합하여 생겨난 것으로 [심·심소로 하여금 동일한 경계대상과]
접촉하게 하는 것"으로 규정하였다.[61]

이에 반해 비유자(주25)와 하리발마(본 장 2-3 「立無數品」 참조)와 상좌
는 다 같이 根·境·識 세 가지를 떠나(배제하고) 촉은 존재하지 않기 때문
에 다만 경에서 설한 대로 '세 가지의 화합'이 바로 觸이라고 주장하였다.
상좌는 "경(잡아함 제306경)에서 觸이 존재한다고 설하지 않았던가?" 하는
유부의 힐난에 대해 이같이 말하고 있다.

경에서 비록 '觸이 존재한다'고 말하였을지라도 別體로서 존재한다고는
설하지 않았기 때문이다. 즉 그 경에서는 "이와 같은 [根·境·識] 세 법의
聚集 和合(saṃnipata)을 일컬어 觸이라 한다"고 말하였을 뿐이다.[62]

---

60 『대비바사론』권149(T27, 760b9-11), "彼經意說, '三法和合爲緣, 生觸.' 非於無體得有生義. 此若
不生, 云何緣受?"

61 『구사론』권4(T29, 19a19), "觸謂根境識和合生. 能有觸對."; AKBh., p.54. 21, sparśa
indriyaviṣayavijñānasannipātajā spṛṣṭiḥ; 동론 권10(T29, 52b7-9).; 『순정리론』권10(T29, 384b5f),
동론 권29(T29, 505a12f). 참고로 『성유식론』에서 '觸=변행심소'의 이증은 이러하다. "識이
일어나면 반드시 세 가지의 화합이 존재한다. 그것(三事의 화합)은 결정코 觸을 낳고,
반드시 觸에 의해 존재하니, 만약 觸이 존재하지 않는다면 심·심소법은 마땅히 화합하
여 동일한 대상과 접촉하지 못한다고 해야 하기 때문이다. (識起必有三和. 彼定生觸, 必由
觸有. 若無觸者, 心心所法, 應不和合觸一境故.: T31, 28a10-12)

62 『순정리론』권10(T29, 384b14-16), "經雖言有觸, 不說有別體故. 彼經言, '如是三法聚集和合, 說名
爲觸.'" 이는 『구사론』(권10, T29, 52b13-15)상에서 有說로 인용된다. "有說: 三和卽名爲觸.
彼引經證. 如契經言, '如是三法聚集和合, 說名爲觸.'"; 『구사석론』권7(T29, 209b1-3), "有諸師說.
但和合名觸. 彼亦引經爲證. 經云是三法相會和合聚集說名爲觸."; AKBh., p.143. 6-7, kecid dhi sakṛn
nipātam eva sparśaṃ vyācakṣate sūtraṃ cātra jñāpakam ānayanti, "iti ya eṣāṃ trayāṇāṃ dharmāṇāṃ
saṃgatiḥ saṃnipātaḥ samavāyaḥ sa sparśaḥ" iti. "어떤 이가 설하였다. 和合이 바로 觸이다.

이에 대해 중현은 다른 契經에서 "6處나 두 법(根·境)은 觸의 緣이 된다"고 설한 것처럼 여기서의 '三事和合'도 촉의 정의(lakṣaṇa: 相)가 아니라 생기조건(pratyaya: 緣)으로, 불타는 이 경에서 다만 촉을 낳게 한 和合의 여러 조건(衆緣)에 대해 설한 것일 뿐이라고 해명하였지만, 상좌는 이 같은 해명에 편승하여 다음과 같이 말하였다.

능히 觸을 낳게 하는 세 종류의 직접적 조건(近緣, *sākṣāt-pratyaya)에 대해 '촉'이라는 말을 가설한 것일 뿐 실유의 촉은 존재하지 않는다. 왜냐하면 "眼과 色이 능히 觸의 조건(緣)이 된다"고 함은 [眼과 色이 각기] 所依性과 所緣性이 되기 때문이며, "眼識이 능히 觸의 조건이 된다"고 함은 동일한 결과로서 불가분리의 근거가 되기 때문이다. 그렇기 때문에 그러한 [根·境·識] 세 법에 대해 '촉'이라는 말을 가설한 것이다.[63]

즉 "眼과 色을 緣하여 眼識이 생겨난다"고 할 때, 안식이 생겨나는 순간 이미 세 법이 화합한 것이므로 이러한 상태가 바로 '촉'이다. 다시 말해 '식'과 '촉'은 根·境의 동일한 결과로서 불가분리의 관계이다. 상좌는 말한다. "識을 떠나 觸은 존재하지 않기 때문에 촉은 바로 마음이지 심소법이 아니다."[64]

이로 본다면 『대비바사론』에서 [意·法·意識의] 세 가지가 和合한 意觸에 대해 "[이러한 觸의] 심소는 바로 마음"이라거나 "촉은 바로 근·경·식(즉 三事)"이라 주장한 他宗(*parapakṣa, 혹은 異部, 유부 毘婆沙師와는 다른

이에 대한 經證을 설하면 이러하다. '이와 같은 세 法이 결합(saṃgati)하여 화합(saṃnipāta) 될 때의 취집(samavāya)이 바로 촉이다.'" (山口益, 舟橋一哉,『俱舍論の原典解明』, p.256 참조)

63 『순정리론』권10(T29, 384b27-384c1), "於能生觸三種近緣, 假說觸名, 非實觸相. 眼色與觸能爲緣者, 謂作所依所緣性故,; 眼識與觸能爲緣者, 謂作一果不離依故. 是故於彼假說觸名."

64 『순정리론』권10(T29, 385b19f), "(上座釋此伽他義言:)--故觸是心, 非心所法.--不離識而可有觸." 여기서의 '伽他(gāthā)'와 이에 대한 상좌의 해석에 대해서는 제5장 주1 참조.

부파)의 어떤 이 역시 상좌가 계승한 譬喩者라고 말할 수 있다.[65]

　　그러나 중현이 지적하였듯이 근·경·식의 三事나 심·심소의 동시생기 (俱起)를 인정하지 않을 경우 소연의 문제는 그만두고서라도 어떻게 根· 境과 識이 서로에 대해 원인과 결과로서 존재한다는 것이며, 이들 세 가지 사이의 화합은 어떻게 가능하다는 것인가? 근·경이 존재할 때 식은 아직 생겨나지 않았고, 식이 생겨났을 때 근·경은 이미 소멸하였을뿐더러 각각 은 상속도 다르기 때문이다. 또한 색 등을 떠나 항아리가 존재하지 않듯이 三事의 화합을 떠나 촉이 존재하지 않는다면, 受 또한 그러하여 別體가 아니 라고 해야 한다.[66] 이는 제법의 실유를 주장하고, 이들 제법의 동시인과(인 연화합)로써 인식을 설명하는 유부로서는 당연한 지적이다. (상좌는 법 자 체의 찰나멸론에 따른 異時인과로써 인식을 설명하였는데, 이에 대해서는 제5장 1절에서 논의한다.)

　　하지만 상좌 또한 "[유부가 주장하듯] 근·경과 식이 원인과 결과로서 화합하여 별체인 촉을 낳는 것이라고 한다면, 이미 삼사는 원인과 결과의 관계이기 때문에 '세 가지 화합'이라는 말은 無用할뿐더러 만약 여기서 '화 합'이라는 말이 '세 법은 함께 촉의 緣이 된다'는 뜻이라면 이는 곧 촉 자체 가 세 법이 화합하여 성취된 것임을 말한 것"이라 비판하였는데,[67] 이는

65　『대비바사론』권197(T27, 983c5-8), "諸意觸 彼一切, 三和合觸耶? 乃至廣說. 問: 何故作此論? 答: 欲止他宗, 顯己義故. 謂或有執: 心所則心. 或有說: 觸則根境識. 爲止彼意, 顯心所非心; 別有觸 體, 與心相應." 여기서 他宗은 주25의 譬喩者와 상응한다.

66　『순정리론』권10(T29, 384c1-15). 이에 대한 상좌의 해명은 주57 참조. 阿毘達磨論師와 상좌 의 '화합'의 의미에 대해서는 제5장 3-1에서 논의한다.

67　『순정리론』권10(T29, 385a7-8), "豈不若說眼等因果和合而生別體觸者, 三和合言, 亦成無用? (만 약 眼 등이 원인과 결과로서 화합하여 別體인 촉을 낳는 것이라고 말한다면 [이미 결과 (즉 識)가 생겨날 때 화합이 성취되었기 때문에] '세 가지 화합'이라는 말 또한 어찌 쓸데없는 말이라고 해야 하지 않겠는가?)"; (385a23-24), "若謂'和合'言是共爲緣義, 則應觸體 三法合成, 豈更有餘實體觸者? (만약 '화합'이라는 말이 [세 법이] 함께 [觸의] 緣이 된다는 뜻이라고 한다면, 촉 자체는 세 법이 화합하여 성취된 것이라고 해야 하거늘, 어찌 [세 법과는] 다른 실체로서 촉이 존재한다는 것인가?)"

전술한 訶梨跋摩의 심소 무별체설(「立無數品」)의 논리 ─만약 촉의 심소가
실유라면 경에서 그것을 '세 가지 화합'이라고 말할 필요도 없다[68] ─와 동
일하다. 이에 따라 상좌는 이같이 단언하였다.

> 眼 등 6處의 차별은 능히 受를 낳을 수는 있어도 여기에 별도의 觸을 낳는
> 작용은 없다. 이를테면 內處와 外境이 함께 능히 識을 낳으니, [이렇듯]
> 서로가 서로에 대해 원인과 결과로서 화합하는 것을 '촉'이라 이름하였을
> 뿐으로, 이것(6處의 차별 즉 안근·색경과 안식 등)이 바로 '수'를 낳는 것
> 이다. 따라서 여기에 별도의 촉을 낳는 작용은 없다.[69]

나아가 상좌는 4食 중의 觸食 또한 身受의 원인(여기에는 身根·觸境·
身識 세 가지가 있다)으로서 그 세력이 강성한 觸境이라고 말한다. 즉 중현
은 '촉'의 개별적인 실재성을 주장하기 위해 4食 중의 觸食(三事和合의 觸을
본질로 하는 喜樂)을 예로 들지만, 상좌는 6境 중에 所待(=신근)를 갖지 않는
所觸(=촉경)은 존재하지 않기 때문에 촉식을 '삼사의 화합을 본질로 한다'
고 말한 것일 뿐이라고 해석하였다.[70]

---

68 『성실론』권5(T32, 275a9f), "又說: '三事合故, 名觸.' 若有心數, 不名爲三, 而實說三. 故知但心無
    別心數."

69 『순정리론』권10(T29, 384c26-29), "眼等六處差別即能生受, 無別觸用. 謂即內處與外境俱能發生
    識, 互爲因果和合名觸. 此即生受. 故於此中無別觸用."

70 『순정리론』권10(T29, 386a20-24), "此中上座復作是言: 四食中觸, 未必唯用三和爲體. 所以者何?
    觸食應用所觸爲體, 以六境中無如所觸, 更無所待. 能生受者, 謂勝冷熱鋸割等觸. 故於一切身受因
    中, 觸最增强, 別立爲食.": "여기서 상좌는 이같이 말하였다. 4食 중의 觸食은 반드시 오로
    지 세 가지(근·경·식)의 화합만을 본질로 하는 것이 아니다. 그같이 말한 까닭이 무엇
    이냐? 하면, 촉식은 마땅히 '접촉되는 것(所觸: 촉경)'을 본질로 한다고 해야 하지만, 6境
    중에는 예컨대 더 이상 무엇에도 근거되는 바(所待, apekṣā)가 없는 '접촉되는 것(所觸)'은
    존재하지 않기 때문에 ['세 가지의 화합을 본질로 한다'고 말한 것으로], 능히 受를 낳는
    것은 이를테면 두드러진 차가움이나 뜨거움, 톱으로 자르는 등의 감촉(觸)이다. 그래서
    일체 身受의 원인(즉 신근·촉경·신식) 중에서 촉[경]이 가장 강성하기에 별도의 '食'으
    로 설정한 것이다."

그리고 "경에서 觸에 대해 '원인(즉 6處)과 결과(즉 受)를 갖는다'거나 '雜染과 離染을 갖는다'고 설하였고, 6觸身을 6內處·6外處·6識身·6受身·6愛身과는 별도로 설하였으며,[71] '觸食이 끊어질 때 3受가 永斷된다'거나 '촉에 차별(즉 6촉신)이 있다'고 설한 것은 그것이 개별적인 실체이기 때문"이라는 유부의 古師 說에 대해 이같이 해명하였다.

첫째, 경에서 '촉은 원인과 결과를 갖는다'고 설한 것은 三事의 화합(즉 촉)이 6처를 원인으로 삼고 '수'를 결과로 삼는다는 말로서, 內6처를 떠나 삼사의 화합은 존재하지 않기 때문이며, 삼사의 화합으로부터 낙수와 고수 등이 생겨나기 때문이다.

둘째, '촉은 잡염과 이염을 갖는다'고 설한 것은 三事의 화합(즉 촉)이 受의 원인이 되기 때문으로, 希求(즉 欲, chanda)라는 방편에 의해 온갖 잡염을 낳게 되며, 所依(根)와 所取(境) 등을 如實知見할 때 이염을 획득하게 된다.

셋째, 6觸身을 '[6內處 등과] 별도의 존재'로 설한 것은 三事의 화합(즉 촉)이 受의 생기원인이 되고, 이로부터 愛가 생겨난다는 사실을 밝히기 위한 것으로, '무거운 짐(5취온)'을 떠나 '짐을 진 자(즉 자아)'는 존재하지 않지만 일시 가설하여 달리 설할 수 있듯이 근·경·식의 화합을 떠나 촉은 존재하지 않지만 6가지로 가설하여 달리 설할 수 있다.

넷째, '觸食이 끊어진다'고 설한 것은, 三事의 화합은 앞서 말한 대로 希求라는 방편에 의해 온갖 잡염을 낳을 수도 있지만, 여실지견을 통해 그러한 잡염을 끊을 수 있기 때문이다.

다섯 째, '촉에 차별이 있다'고 설한 것은, 三事(6근·6경·6식)의 화합은 단일한 화합(一合)이 아니기 때문으로, 촉은 항아리 따위처럼 단일한 衆同分(즉 보편성의 원리)을 갖는 것이라고 말할 수 없다. 따라서 觸을 다만 眼

---

71 이는 『구사론』(권10, T29, 52b13-19)상에서는 '有說'로 인용되지만, 유부의 정설이다.

등의 삼사화합을 가설한 것이라고 하여도 경설에 어긋나는 과실은 없다.[72]

중현(유부)과 상좌(혹은 비유자)의 觸심소의 假實논쟁은 본질적으로 존재나 인과, 혹은 인식의 문제와 관련된 것이지만(이를테면 異時인과를 주장하는 경량부로서는 심·심소로 하여금 동일한 경계대상과 접촉하게 하는 법으로서 觸을 설정할 필요가 없다), 표면적으로는 "세 가지의 화합이 觸으로 受·想·思와 俱生한다"는『잡아함』제306경(주59)의 경문을 어떻게 읽을 것인가? 하는 문제에서 발단된 것이라고 할 수 있다.

'三事和合'을 촉의 俱生緣으로, 촉 또한 受·想·思의 구생연으로 간주한 유부나 유가행파의 경우, "삼사가 화합함에 따라 觸이 생겨나며, 이와 동시에 受·想·思도 함께 생겨난다"로 읽는다. 妙音(Ghoṣaka)은 "멸진정에서도 마음이 존재한다"는『問論』의 저자 世友(經部異師)에 대해 그럴 경우 심소도 함께 생겨난다고 해야 하기 때문에 올바른 이치가 아니라고 비판하면서 이 경문을 논거로 제시하였다. "만약 [이러한 멸진정 중에] 識이 존재한다면 三事가 화합하기 때문에 반드시 觸이 존재한다고 해야 하며, 촉을 緣하여 受와 想도 존재한다고 해야 한다고 세존께서 설하였다."[73]

"三事和合이 觸으로, 촉은 受·想·思와 俱生한다(三事和合觸 觸俱生受想思)"는 현존하는『잡아함경』의 두 경설(제273경과 제306경: 주59)은 물론이고 비록 繼起를 설하고 있기는 하지만 "三事가 和合하여 觸을 낳고 촉을 연하여 受가 생겨난다(三事和合生觸 緣觸生受)[74]고 설한 제68경도 觸을 '三事和合'과는 별체로 이해하고 있으며,『대비바사론』('三和合故觸, 俱起受想思')[75]이나

---

72 『순정리론』권10(T29, 387a13-387b3).

73 AKBh. p.72. 22-24, bhadantaghoṣakaḥ āha tad idaṃ nopapadyate. sati hi vijñāne trayāṇāṃ saṃnipātaḥ sparśaḥ. sparśapratyayā ca vedanā saṃjñā cetanety uktaṃ bhagavatā.;『구사론』권5(T29, 25c28-26a3), "尊者妙音說. 此非理. 所以者何. 若此定中猶有識者, 三和合故, 必應有觸. 由觸爲緣, 應有受想. 如世尊說. '意及法爲緣生於意識. 三和合觸俱起受想思.'"

74 (T2, 18a10-12).

75 (T27, 79b20f).

『성유식론』의 경우('三和合觸. 與觸俱生有受想思': 주133)도 역시 그러하며, 眞諦의 번역('三和合有觸'; '有三和合生觸': 주59) 또한 그러하였다.

그러나 『성실론』의 경우 자신의 正義대로 觸 무별체설의 해석이 가능한 경설로 인용하고 있다. "三事의 화합을 觸이라 이름하였으니, 촉(즉 근·경·식의 三事)을 인연으로 하여 受가 생겨난다.(三事和合名觸. 觸因緣生受.)"[76]

세친은 "이와 같은 [근·경·식] 세 법의 聚集·和合을 일컬어 觸이라 한다"(주62)는 경문은 유부에서 전승(誦持, paṭha=āmnāya)한 경문과 다르다("유부에서는 이와 같이 전승하지 않는다")고 말하고서[77] 유부가 전승한 경설은 "[이와 같은 근·경·식 세 법의] 結合·和合·聚集으로부터 [생겨난 것이 바로 觸]"이라고 하였다.[78] 유가행파의 무착 역시 『현양성교론』에서 이를 "이와 같은 [근·경·식] 세 법의 聚集·和合으로 인해 능히 觸이 존재한다"는 경설을 인용하고 있다.[79] 이러한 여러 사실로 볼 때 '三和合觸'의 경설이 '三和合名爲觸'(비유자와 하리발마와 상좌)이나 '三和合生觸' 혹은 '三和合有觸'(유부와 유가행파)의 의미로 달리 이해되어 그렇게 전승되었을 것이라는 추측도 가능하다.

---

76 (T32, 275a23ff).

77 『구사론』권10(T29, 52b27-29), "說離三和有別觸者(즉 유부), 釋前所引如是'三法聚集和合名觸'經言: '我部所誦經文異此(na vā evaṃ paṭhanti': 次註)." 보광은 이를 '앞서 經部가 인용한 경에 대한 설일체유부의 첫 번째 해석'으로 해설한다. (T41, 175c6f)

78 na vā evaṃ paṭhanti. kiṃ tarhi. saṃgateḥ saṃnipātāt samavāyād iti paṭhanti. (AKBh., p.143. 18-19) 현장도 진제도 밑줄부분을 번역하지 않았다. 稱友는 이를 이같이 해설하였다. "kathaṃ punaḥ paṭhanti. ya eṣāṃ dharmāṇāṃ saṃgateḥ saṃnipātāt samavāyād utpannaḥ. sa sparśa iti paṭhanti. 이에 반해 [그들(유부)은] 어떻게 전승한 것인가? 이와 같은 [根·境·識 세 가지] 법의 결합·화합·취집으로부터 생겨난 것이 바로 觸이라고 전승하였다." (AKVy., p.305. 13-14)

79 『현양성교론』권(T31, 1481a21-23), "觸者, 謂三事和合. 分別爲體, 受依爲業. 如經說, '有六觸身.' 又說, 眼色爲緣, 能起眼識. 如是三法聚集合故, 能有所觸.'"

(2) 欲

欲(chanda)이란 뭔가를 행하려고 希求/欲望하는 것(kāmatā)을 말한다.

중현은 "一切法은 欲을 근본으로 삼고, 作意에 의해 낳아지며, 觸에 의해 능히 聚集되고, 受에 의해 따라 유전하게 되며, 念을 뛰어난 힘으로 삼고, 定(삼마지)을 上首로 삼으며, 慧를 가장 수승한 것으로 삼고, 解脫(즉 勝解)을 견고한 것으로 삼으며, 열반을 究竟으로 삼는다"는 경설(『중아함경』 제113 「諸法本經」)과, "그들은 이와 같은 信·欲·勤·輕安·念·智思·捨를 지니고 있으니, 이를 수승한 행(勝行)이라 이름한다"는 경설에 근거하여 欲은 개별적 실체라고 말한다. 즉 마음이 일체의 경계대상 중에서 항상 流轉하게 되는 것은 希求性의 欲을 근본(俱起緣의 種子)으로 삼았기 때문으로, 그래서 '욕'은 대지법이다.[80]

그렇지만 上座는 앞의 경설을 不了義로,[81] 뒤의 경설에서의 '욕' 등의 제 심소는 다만 思의 차별로 이해하였다.[82] 『순정리론』 상에 欲에 대한 상좌의 분별은 인용되지 않는다. 단지 "『阿闥地迦經』에서 欲의 非有를 설하고 있기 때문에 이것은 결정코 대지법이 될 수 없다"는 그의 말만 인용되고 있을 뿐이다.[83]

이에 대해 중현은 예컨대 仁孝하지 않은 자식에 대해 '자식도 아니다(非子)'고 말하는 것과 마찬가지로 여기서 '欲의 非有'는 欲을 전제로 한 교묘한

<ol start="80">
<li>『순정리론』권10(T29, 389a19-21). 『현양성교론』 T31, 481b6-7)에서도 '欲은 일체법의 根本된다'는 경설을 실유의 경증으로 제시한다. "欲者, 謂於所樂境希望爲體. 勤依爲業. 如經說, '欲爲一切諸法根本'" 참고로 유가행파에서는 欲 즉 希望은 '좋아할 만한 것(所樂: 可欣境)'에 대해서만 일어나고 싫어할 만한 것(可厭事)에 대해서는 일어나지 않기 때문에 변행심소가 아니라 별경심소이다.</li>
<li>권오민(2012), pp.660-661 참조.</li>
<li>이 경설에 대한 구체적인 상좌의 해석은 주109 참조할 것.</li>
<li>『순정리론』권10(T29, 389a21f), "然上座言: 此欲決定非大地法, 阿闥地迦經所說故." 여기서 '『아천지가경』의 所說'은 계속된 중현의 비판에 의하면 '非有欲.'</li>
</ol>

방편으로 설한 것이라 해석한다. 그러나 상좌는 欲이 완전히 존재하지 않는 경우에도 역시 '非有'라는 말을 사용하기 때문에 여기서의 '非有'는 말 그대로 '[별체로서] 존재하지 않는다'는 뜻으로 이해하였으며,[84] 그래서 대지법이 될 수 없다고 말한 것이다. 이는 衆經 이면에 담긴 별도의 意趣(abhiprāya)를 불타의 취지로 추구하는 유부와는 대비되는 상좌의 聖敎觀 즉 '경을 지식의 근거로 삼는다(經爲量)'는 성전관의 한 단면을 보여주는 것이라 할 수 있다.

(3) 慧

慧(mati)란 지혜(prajñā)로 法에 대한 簡擇(pravicaya) 즉 비판적 탐구, 분별적 판단 이해를 말한다. 중현은 慧 또한 여러 경에서 설하고 있기 때문에, 마음이 대상을 了別할 때에는 반드시 簡擇(판단)이 존재해야 하지만 이러한 간택의 작용이 微劣할 경우 지각(覺知)은 일어나지 않기 때문에 마음과는 별도의 실체이고 대지법이라고 말한다.

이에 대해 상좌는, 慧는 無明(avidyā)이나 疑(vicikitsā)와 함께 하는 마음에는 그것의 작용이 존재하지 않기 때문에 대지법이 아니라고 말한다. 즉 그는 혜가 대지법이 아니라는 주장의 논거로서 智와 無智, 猶豫(疑)와 決定(智)은 동시에 존재할 수 없다는 지극히 상식적인 이유를 제시하였는데,[85] 이 같은 이유는 『대비바사론』상의 비유자에게서도 확인된다.[86]

그러나 유부 법상관에 따르면 有身見·邊執見·邪見·戒禁取·見取의 5見 역시 推度(판단)을 본질로 하기 때문에 慧 즉 染汚慧(惡慧, 그릇된 판단)로서,

---

84 『순정리론』권10(T29, 389a3-5), "若言斯理(依巧便欲, 言非有欲), 他亦應同. 謂'他亦'言, 依全無欲, 說非有故."

85 『순정리론』권10(T29, 389b3-5), "然上座說: 慧於無明疑俱心品, 相用無故, 非大地法. 所以者何? 智與無智, 猶豫決定, 理不應俱."

86 『대비바사론』권106(T27, 547b24-26), "譬喩者說: 若心有智, 則無無知; 若心有疑, 則無決定; 若心有麤, 則無有細." 유가행파 역시 경계대상을 관찰하지 않거나 어리석고 어두운 마음(愚昧心) 중에는 簡擇(즉 慧)이 존재하지 않기 때문에 遍行心所에 포섭되는 것이 아니다.

明에 의해 對治되는 蒙昧性의 무명과 다르기 때문에 혜(염오혜)와 무명은 상
응한다. 그리고 不共無明(5見과 상응하지 않고 일어나는 무명)과 상응하는
마음에도 역시 혜가 존재하지만, 그 작용이 微劣하여 분명하지 않을 뿐이다.

그렇지만 상좌는 無明을 '이것으로 인해 明이 존재하지 않게 되는 것',
혹은 '明이 결여된 상태', '전도된 邪見' 등으로 이해하여[87] 염오혜(邪見)와
무명(癡)을 구별하지 않았기 때문에 "慧는 無明과 함께 하는 마음에는 존재
하지 않기 때문에 대지법이 아니다"고 말한 것이다.

즉 유부 법상관에 의하면 결정적 판단(決斷)인 智(jñāna)는 慧와 통하는
데,[88] 상좌는 智(=혜)를 思의 차별로 이해하였던 것이다.[89]

(4) 念

念(smṛti)이란 所緣을 잊어버리지 않는 것(a-saṃpramoṣa: 明記不忘)을 말
한다. 중현은 이러한 念 또한 경에서 별체로 설하고 있을뿐더러 마음이 대
상을 了別할 때 반드시 明記(기억)가 존재해야 하지만 이러한 명기의 작용
이 微劣할 경우 지식(智)은 일어나지 않기 때문에 대지법이라고 말한다.

이에 대해 상좌는 경에서 '失念의 마음(즉 念이 망실된 마음)이 존재한
다'고 설하였을뿐더러 念은 대개 과거의 경계대상에 대해 설정하지만, 그
러한 과거대상은 [객관의 실체가 아니라] 바로 지식의 行相으로서만 존재
할 뿐으로 이를 明記(기억)하며 일어나는 심리현상이 念이기 때문에 이는
대지법도 아니고 개별적인 실체도 아니라고 말한다.[90] 즉 念(기억)의 대상

---

87 『순정리론』권28(T29, 499a24f; 499c27f; 500a8ff).

88 유부 아비달마에 의하면 8忍(見의 體性)을 제외한 무루혜(성혜)와 유루혜는 智에 포섭된
     다. 따라서 智는 決定 혹은 決斷(즉 결정적 판단)의 慧를 의미한다. (『대비바사론』권106,
     T27, 547b16) 見·智·慧의 관계에 대해서는 『구사론』권26(T29, 134b20-c2)을 참조할 것.

89 『순정리론』권26(T29, 486c27), "彼(상좌)說: 智是思差別." 次項 '作意 등의 行蘊은 思의 차별' 참조

90 『순정리론』권10(T29, 389b14-17), "然上座言: 此念決定非大地法, 契經說'有失念心'故. 失謂亡

이 된 智의 행상(과거의 지각-경험)은 항상 존재하는 것이 아니기 때문에, 그것을 明記하였을 때만 (마음에 떠오를 때만) 존재하기 때문에 대지법이 아니라는 것이다.

그러나 중현은, 경에서는 狂亂의 마음을 '失心'이라 하듯이 지식(了別)의 교묘한 방편이 되지 못하는 念을 失念이라 하였고, 현재의 대상에 대해서도 念이 존재하며 (존재하지 않을 경우 훗날 기억이 생겨나지 않는다), 智와 念은 각기 대상에 대한 이해(覺察)와 기억(明記)으로 만약 각각의 행상에 차별이 없다면 受의 행상 역시 智의 행상이라 해야 하고 正智와 正念의 차별도 없어야 한다는 등의 비판으로 念에 관한 논의를 끝맺고 있다.

상좌는 어떠한 근거에서 念을 智의 행상에 대한 것으로 이해하였던가? 중현의 힐난처럼 그는 受 등의 3법만을 심소법으로 인정하였으므로 결정적 판단인 智 또한 개별적 실체가 아니라고 해야 하는데, 이미 논의하였듯이 그는 실제 智를 思의 차별(일종)로 이해하였으며(주89), 이에 따라 智의 행상에 대한 明記인 念 또한 思의 차별로 이해하였다. (주82의 본문 참조)

이 같은 그의 논의는 심·심소는 根·境—識(즉 觸)—受—想—思의 인과적 관계로서 繼起한다는 '심·심소 차제생기설'과, 일찍이 향수하였던 선행된 지각이 종자(bīja)의 형태로 展轉相續하며, 이를 인연으로 하여 기억이 일어난다는 隨界·종자설에 기초한 것이다.[91] 상좌에 의하는 한 심·심소의 인과적 繼起를 통해 성취되는 智(결정적 판단)도, 찰나찰나 상속한 과거 지각(즉 智의 행상)에 대한 기억(明記)인 念도 思를 떠나 존재하지 않기 때문에 그는 이를 모두 思의 차별로 간주하였던 것이다.

失. 又見多於過去境上施設念故. 然於彼境, 卽智行相, 明記而轉. 故無別念."

91 상좌(경량부)에 의하면, 과거법은 실유가 아닌데, 이에 대한 인식(기억)이 어떻게 가능한가? 그것은 智의 행상(즉 과거에 지각/경험한 것)이 마음을 통해 상속하여 현재에 이르렀기 때문이다. 제8장 4절 '無境覺의 확실성과 隨界(종자)' 참조.

(5) 作意

작의(manaskāra)란 마음이 어떤 대상으로 나아가는 것(ābhoga) 즉 注意
警覺의 심리작용으로, 중현은 "마음은 작의로 말미암아 引發(발동)되기 때
문에 생겨날 수 있다"는 경설을 대지법의 논거로 제시하였다. 이에 대해
상좌는 이같이 말하고 있다.

> 作意라고 이름할 만한 어떠한 개별적인 법도 존재하지 않으니, 이것의 개
> 별적인 자상(別相)은 이치상 이루어질 수 없기 때문이다. 즉 [유부에서는]
> 소연에 대해 능히 마음(意)을 作動하게 하는 것을 작의의 특성이라 말하고
> 있지만, 만약 이것이 소연에 대해 오로지 마음을 作動하게 하는 것이라면
> 그 밖의 다른 모든 심소는 能緣이 될 수 없다고 해야 한다. 만약 [그 밖의
> 다른 심소도] 역시 이(작의)에 따라 비로소 능연이 되는 것이라고 한다면,
> 이치상 그렇게 말해서는 안 되니, [이것을] '作意'(즉 마음을 작동시키는
> 것)이라고 이름하였기 때문이며, 그 밖의 다른 연(즉 심소)은 [그 후에]
> 생겨났기 때문이다.[92]

여기서 상좌의 뜻은 작의가 마음(manas)을 어떤 대상으로 작동(向)하게
하는 것(kāra)이라면, 이때는 아직 그 밖의 다른 심소가 생겨나지 않았기
때문에 大地法은 이루어질 수 없다는 것이다. 상좌에 의하는 한 심·심소는
상응 구기하는 것이 아니라 차제생기하기 때문이다.

이에 대해 중현은 모든 심소는 마음에 의지하여 일어날뿐더러 작의
또한 마음뿐만 아니라 그 밖의 다른 심소법에 대해서도 작동하게 하기 때
문에 그것들은 모두 동일한 대상에 대해 능연이 될 수 있다고 해명한다.

---

[92] 『순정리론』권11(T29, 389c18-22), "然上座言: 無別一法名爲作意, 由此別相理不成故. 謂於所緣
能作動意, 名作意相, 若於所緣唯作動意, 諸餘心所應不能緣. 若亦由斯方能緣者, 理不應爾, 名作意
故, 餘緣生故."

이러한 유부 해명은 제법분별론(실유론)과 이에 근거한 상응구기설에 따른 당연한 귀결이라 하겠다. 그렇지만 이를 부정하는 상좌는 작의 등 行蘊에 포섭되는 심소를 모두 思의 차별로 간주하는데, 이에 대해서는 次項('作意 등의 行蘊은 思의 차별')에서 상론하기로 한다.

(6) 勝解

승해(adhimokṣa)란 대상을 忍可하여 마음으로 하여금 소연이 된 경계대상에 대해 두려워하지 않게 하는 작용, 즉 확신(adhimukti)을 의미한다.[93] 중현은 이에 대해서도 역시 "마음은 승해로 말미암아 소연을 인가한다"는 경설을 논거로 삼아 어떠한 마음이 일어날 때에도 능히 경계대상을 인가하기 때문에 대지법이라 말한다.

이에 대해 상좌는 승해를 마음으로 하여금 소연을 決定짓게 하는 심리작용으로 정의하고서 이러한 특성은 바로 智에 소속되기 때문에 양자 사이에는 어떠한 차별도 없다고 말한다.[94]

그러나 중현은 簡擇(慧)으로 말미암아 忍可(승해)가 따라 생겨나고, 인가로 말미암아 決定(智)이 생겨나지만 서로 相違하지 않기 때문에 동시라고 해도 허물이 되지 않으며, 또한 모든 마음에는 '인가'와 '결정'이 존재하지만 功能이 損壞된 경우 微劣하여 그 같은 특성을 알기 어렵다고 말한다. 혹은 승해는 대상에 대해 막힘없는 '뛰어난 해탈'의 뜻이기 때문에 무학의 10支(8정도와 正解脫과 正智) 중 正解脫에 해당하는데, 승해가 바로 智라면 무학의 正智를 별도로 설정할 이유가 없다고 힐난한다.

이에 대해 상좌는 이같이 해명한다.

---

93 『입아비달마론』권상(T28, 982a16-18), "勝解謂能於境忍可. 即是令心於所緣境, 無怯弱義."
94 『순정리론』권11(T29, 390a14-17), "然上座言: 勝解別有理不成立, 見此與智相無別故. 謂於所緣 令心決定, 名勝解相, 此與智相都無差別. 是故定應無別勝解."

여기(無學位)서는 마음이 貪輕을 떠나 그 상속이 일어나기 때문에 바로 隨縛(隨眠의 異名)이 끊어진 것을 正解脫이라 이름하였다. 왜냐하면 薄伽梵 께서는 또 다른 경에서 이러한 뜻을 스스로 결택하였기 때문이다. 즉 또 다른 경에서 "무엇을 心善解脫이라고 말한 것인가? 이를테면 마음이 貪으 로부터, 瞋으로부터, 癡로부터 離染하여 해탈하는 것이다. 무엇을 慧善解脫 이라고 말한 것인가? 이를테면 마음이 탐 등으로부터 이염하여 해탈한 것을 참답게 아는 것이다"고 설하였던 것이다.[95]

즉 무학의 10지 중 정해탈에는 심해탈과 혜해탈의 두 단계가 있기 때문 에 승해를 智의 차별로 이해하더라도 正智를 부정하는 것은 아니라는 것이 다. 이에 대해 중현은 다시 실체로서 존재하지도 않는 법(無體法)을 무학支 로 삼는 것은 이치상 성립할 수 없다고 비판하기도 하였다.

한편 상좌는 승해가 다만 忍可(대상에 대한 확신)의 뜻이라면, 이는 信 欲(信順·欲樂의 준말) － '信(śradha)'은 澄淨(大善地法의 하나), '欲(chanda)'은 希求(대지법의 하나)로 '분명한 희구'의 뜻－ 과 차별이 없을 것이라고 힐난 한다. 그러나 중현은 信欲을 '印可(확신)에 따른 것', '승해의 작용을 돕고 성취하는 것'으로 규정하여 승해와 차별 짓고서, 譬喩師들은 제 심소의 분 석을 감당하기 어려워 그 모두를 부정한다고 비난하였다.[96]

---

95 『순정리론』권11(T29, 390a25-b1). 참고로 상좌와 마찬가지로 세친(經主) 역시 번뇌의 더러 움을 떠난 마음이 正解脫의 본질이라고 주장하였다. (동론 권72, T29, 731b5-13;『구사론』권 25, 133c24-29) 반면 유부의 경우 무학의 正見·正智와 상응하는 승해가 정해탈의 본질이다.

96 『순정리론』권11(T29, 390b16-22), "若能印可是勝解相, 此與信欲應無差別.(難) 相雖少同, 而體 甚異. 謂審印可, 是勝解相, 心淨希求, 是信欲相.(救) 豈不信順及與欲樂卽印可耶?(難) 信順欲樂, 隨順印可, 非卽印可. 信欲助成勝解用故. 心所相用, 極難辯析, 唯審叡覺, 能分別知. 故譬喩師, 不 能堪忍, 分析勞倦, 遂總非撥.(救)"

(7) 三摩地

　　三摩地(samādhi)란 말하자면 마음이 하나의 대상에 집중하는 것(cittasyaikāgratā: 心一境性)으로, 중현은 이 또한 "마음을 평등하게 유지시켜 자신의 경계대상에 머물게(전념하게) 하는 것"이라는 경설 상의 정의에 근거하여 모든 마음이 일어날 때 각기 자신이 취한 경계대상에 머물기 때문에 대지법이라고 말한다.

　　그러나 상좌에 의하면, 삼마지는 마음과 別體가 아니라 다만 마음이 경계대상을 반연하여 생겨날 때 流散되지 않는 상태를 가설한 것, 다시 말해 마음의 分位差別이다. 그는 계속하여 이같이 해명하고 있다.

> 첫째, 마음의 요별(인식)이 일어나기 위해서는 한 순간 하나의 대상에 머물러야 하는데, 유부에서는 이를 '삼마지'라고 하는 별체로 설정하였던 것이지만, 그럴 경우 마음이 다수의 경계대상에서 일어날 때, 다시 말해 산란될 때에는 삼마지가 존재하지 않는다고 해야 한다.
>
> 둘째, 만약 다 찰나에 걸쳐 마음을 어느 한 대상에 머물게 하는 것이 삼마지라고 한다면, 이때 삼마지는 찰나의 존재가 아니라 다 찰나에 걸쳐 지속하는 것이 되어야 한다. 그러나 마음은 오로지 일 찰나 동안 경계대상에 머물기 때문에 이는 [마음과 별도로] 존재하는 것이 아니며, 대지법도 아니라고 해야 한다.
>
> 셋째, 다른 심소법과는 달리 삼마지(전념)는 마음을 통하지 않고서는 現見되지 않는다.
>
> 넷째, 어떤 法의 공능은 그 밖의 다른 법에 근거한 것이 아니다. 따라서 마음이 경계대상에 머물게 되는 것은 마음 자체의 힘에 의한 것이지 별도의 다른 존재에 의한 것이 아니다.[97]

---

[97] 『순정리론』권11(T29, 390b24-c4), "然上座言: 離心無別三摩地體, 由卽心體緣境生時, 不流散故.

중현은 이에 대해 마음을 대상에 머물게 하는 것이 마음 자체의 작용
이라면 언어적 개념을 파악하고(=想) 선악업을 造作하는 것(=思) 역시 그러
하다고 해야 하지만, 心과 心所는 법성이 다르기 때문에 功用 또한 다르며
(그러나 공용의 생기는 다른 법에 근거해야 한다), 따라서 심소를 마음이라
고 해서는 안 된다고 비판한다. 나아가 "奢摩他(śamatha: 止, 삼마지의 異名)
와 毘鉢舍那(vipaśyanā: 觀)의 두 가지 법을 닦아야 한다"는 등의 아함 경문을
敎證으로 제시한다. 그리고 이에 대한 상좌의 견해를 다음과 같이 전하고
있다.

> [삼마지의 실유를 부정하더라도 계경에] 어긋나지 않으니, [계경에서는]
> 심·심소의 分位(상태)를 차별하여 이것의 功用으로 설정하였기 때문이다.
> 즉 심·심소의 차별이 일어날 때 삼마지라는 명칭과 공용을 설정하게 된
> 것으로, 여기에는 어떠한 과실도 없다.[98]

우리는 여기서 상좌가 삼마지를 다만 마음의 차별이 아니라 '심·심소
의 차별'이라고 말한 데 주목할 필요가 있다. 이는 필경 그가 受·想·思의
세 가시 대지법을 인정하고 작의 등을 思의 차별로 이해하였기 때문일 것
이다.(후술) 그러나 중현의 힐난을 빌릴 깃도 없이 삼마지는 다만 마음에
근거한 것일 뿐만 아니라 상좌는 심·심소의 俱起를 부정하였는데, 어떻게
삼마지가 受 등의 심소에도 적용된다는 것인가?

若三摩地持心令住一境轉者, 豈由三摩地無故, 心便於多境轉耶? 若謂多心由此持故, 令於一境無
間轉者, 則不應說刹那刹那有三摩地. 心唯一念墮在境中, 此應非有, 如是此應非大地法. 若由有此
心住所緣, 是則此體應非現見. 然諸心所體可現見. 又法功能不待餘法. 故心住境自力, 非餘."

98 『순정리론』권11(T29, 390c16f), "無違, 於心心所分位差別, 立此用故. 即心心所差別轉時, 立三摩
地名用, 無失."

상응법(즉 마음과 俱起하는 심소법)이 그 자체 별도로 존재하지 않을지라도 '상응'이라 말하는 것처럼 이 경우도 역시 그러하다고 해야 한다. 즉 상응법 자체가 별도로 존재하지 않을지라도 그러한 心 등을 총체적으로 상응법이라고 말하듯이, 이와 마찬가지로 비록 [心과는] 별도의 삼마지가 존재하지 않을지라도 심·심소법에 대해 총체적으로 '[소연에] 전념(定)한 다'고 말할 수 있다.[99]

심·심소 별체설을 주장하는 유부로서는 이 같은 '전념'의 공능은 오로 지 삼마지에 귀속되지만, 受·想·思를 제외한 일체의 심소법을 心이나 思의 분위차별로 분별하는 상좌로서는 삼마지의 공용 역시 심·심소의 그것이 라 하지 않으면 안 되며, 그래서 심·심소법 모두에 삼마지가 적용된다고 말하였을 것이다.

아무튼 마음이 대상에 전념(專注)하는 상태인 삼마지는 구체적인 작용 을 갖는 受(領納)·想(取相)·思(造作) 등의 다른 대지법과는 성격을 달리하는 것만은 분명하다. 바로 이 같은 이유에서 『대비바사론』 상에서 相應因에 관해 논설하면서 10가지 대지법만을 설하고 마음은 설하지 않는 이유와 관련하여 "삼마지가 바로 마음이기 때문에 삼마지를 설하면 마음을 설한 것이나 다름없다"는 어떤 이의 설(有說)도 등장하게 되었을 것이다.[100]

3) 作意 등의 行蘊은 思의 차별

상좌 슈리라타는 그가 대지법으로 인정하지 않은 7가지 심소 중에서

---

99 『순정리론』권11(T29, 390c21-24), "如無別相應體而說相應, 此亦應爾. 謂如無別相應法體, 而彼 心等, 總名相應. 如是雖無別三摩地, 而心心所, 總說爲定."

100 『대비바사론』권16(T27, 80b2f), "復有說者. 以三摩地有說即心. 說三摩地即已說心. 故不別說" 유부의 논사 覺天 또한 '等持(삼마지)=心一境性'을 心所 즉 心 差別설의 논거로 제시한다. (주126)

觸과 三摩地에 대해서는 각기 마음(識)을 떠나 존재하지 않는 것(주64), 마음의 분위차별(주98)로, 慧·念·勝解에 대해서는 智의 차별(일종)로 이해하였다. 그런데 중현은 5온 중의 行蘊에 대해 논설하면서 그가 "행온은 오로지 思이고, 作意 등의 제 심소법은 思의 차별"이라고 주장하였음을 전하고 있다.

저 上座는 "行蘊[의 본질]은 오로지 思이며, 그 밖의 作意 등은 바로 思의 차별"이라고 주장하였다.

그는 다시 이렇게 말하고 있다. "作意 등의 行은 思를 떠나 그 자체 별도로 존재한다고 아는 것이 불가능하다. 그렇지만 思 자체는 어떠한 경우에도 [作意 등] 그 밖의 行을 떠나 별도로 존재한다고 아는 것이 가능하다. 이에 따라 行蘊이 비록 한 가지 존재가 아니라 할지라도 思 하나에 포섭될 수 있으며, 그렇기 때문에 契經에서 [행온을] 思 한 가지(즉 六思身)로 언급하였을지라도 이치에 어긋나지 않는 것이다."

作意 등 일체의 行이 모두 思를 본질로 한다는 사실은 어떻게 알게 된 것인가?

薄伽梵께서 계경 중에서 "6思身을 行蘊이라 한다"고 설하였기 때문이며,[101] "貪·瞋 등을 意業이라 한다"고 설하였기 때문이며, "[더 이상] 異熟을 갖지 않는 非黑非白의 [무루]업은 능히 모든 업을 멸진한다"고 설한 것은 '思'라는 말로써 聖道를 설한 것이기 때문이며, "모든 靜慮와 無量과 無色[定]을 白白의 이숙업이라 한다"고 설하였기 때문이며, 마땅히 다른 명칭으로 다른 법을 설해서는 안 되기 때문이며, 한 가지가 아닌 것을 한 가지로 설하는 것은 그릇된 말이기 때문으로, 모든 박가범께서 그릇된 말을 설할 리가 없다.[102]

---

101 세친은 行蘊에 대해 논설하면서 "薄伽梵께서 계경 중에서 '6思身을 行蘊이라 설하였다' (잡아함 제59경: T2, 15c28f)고 말한 것은 그것이 造作의 뜻이 가장 수승하기 때문"이라고 해명하였는데(T29, 4a7f; AKBh., p.10. 20f), 이는 上座(경량부)의 行蘊論을 염두에 둔 것이라 할 수 있다. 普光 또한 경량부는 이 경문을 통해 '思=行蘊'임을 알게 된 것이라고 해설하였다. ("經部以佛經中唯說'六思身名爲行蘊', 不說餘法, 故知但以思爲行蘊.": T41, 25b28-c1)

부언 해설하면, 경에서 행온을 思(즉 6思身)라고만 설하였기 때문에 (현존본은 『잡아함』 제61경, T2, 15c), 또한 貪·瞋 등을 意業(즉 思業)으로 설하였기 때문에 (현존본은 『중아함』 제15 「思經」 T1, 437c; 『구사론』에서는 「故思經」 T29, 84b) 작의 등 그 밖의 다른 명칭의 심소법을 별도의 실체로 설정해서는 안 된다. 즉 유부에서는 색·수·상·식의 4온을 제외한 그 밖의 상응과 불상응의 有爲行法을 모두 행온에 포섭시키지만, 그중에서 思가 가장 수승하기 때문에, 思는 意業으로서 결과를 초래하는 힘이 강성하기 때문에, 경에서는 그것('思')만을 행온으로 설한 것이라고 해명한다. (주50 참조) 그러나 상좌는 작의 등의 대지법뿐만 아니라 貪·瞋·癡도 역시 思의 차별적 상태로서 意業이라 주장하기 때문에[103] 이에 관한 두 경설을 '행온=思'라는 주장의 직접적인 논거로 삼았던 것이다.

말하자면 중현은 이 두 경설('행온=6思身'; '貪·瞋 등=意業')을 별도의 意趣(abhiprāya: 密意)를 추구해 보아야 하는 不了義經(neyārtha-sūtra)으로 이해하고 이와 유사한 형식의 경설을 각기 18가지와 6가지를 언급하고 있지만,[104] 상좌는 이를 그 의미가 완전하게 드러나 있는 了義經(nītārtha-sūtra)으로 간주하였을 뿐만 아니라 "모든 薄伽梵께서는 그릇된 말(문제 있는 말)을 설할 리가 없다"고 말하고 있는 데서 그의 성전관의 한 단면을 엿볼 수 있다. 상좌는 유부의 法性 위주의 佛說論(법성의 현시인 '아비달마=요의경')

---

102 『순정리론』권2(T29, 339b14-24), "彼上座說: '行蘊唯思. 餘作意等, 是思差別.' 復作是言: '作意等行, 不可離思知別有體. 或離餘行, 別有少分思體可得. 由此行蘊, 雖非一物而一思攝. 是故契經雖擧一思, 而不違理.' 復云何知, 作意等行一切皆用思爲自體? 以薄伽梵於契經中說, 六思身爲行蘊故.; 說貪瞋等名意業故.; 非黑非白無異熟業, 能盡諸業, 此以思名說聖道故.; 說諸靜慮無量無色, 以爲白白異熟業故.; 不應異名說異法故.; 非一說一, 是謬言故. 諸薄伽梵終無謬言."

103 譬喩者의 경우 역시 그러하다. (『구사론』권17, T29, 84b3; 88c12f, "譬喩論師執, 貪瞋等卽是意業,"; 권오민, 2012, pp.507-510 참조) 참고로 유부의 경우 意業은 오로지 思業으로, 탐 등은 그 자체 업이 아니지만 思業의 資糧(동기)이 된다는 점에서, 다시 말해 의지(思)에 구체적인 방향을 부여하는 소의처(依處) 혹은 길(道)이 된다는 점에서 '業道(업의 도)'라고 하였다.

104 (T29, 339b28-340b5); (동, 340b20-c9).

을 비판하고 불타에 의해 분명하고도 결정적으로 설해진 '顯了定說'을 佛說로, 불타 스스로 분별 해석한 경을 요의경으로 인정하였다. 그래서 經을 지식의 근거로 삼는 '經量部'였다.[105]

"非黑非白業(즉 무루업)은 능히 모든 업을 멸진한다"는 경설 또한 업의 본질을 思로 이해하는 한 무루성도의 그것이 흑흑업(불선업)·백백업(색계 선업)·흑백업(욕계 선업)을 멸진한다는 말이며, "모든 靜慮와 無量과 無色定을 白白의 이숙업이라 한다"는 경설[106] 역시 같은 이유에서 세 선정은 思를 본질로 한다는 주장의 직접적인 경증으로 제시한 것이었다.

그러나 중현은, 앞의 경설은 [思뿐만 아니라] 想이나 受도 欲愛 등을 제거하는 무루의 聖道(즉 無常想이나 喜覺支)가 될 수 있지만 "일체의 업은 중생을 속박한다"는 치우친 주장을 제거하기 위해 설한 것이고, 뒤의 경설의 경우 정려 등은 5온(무색정의 경우 4온) 등을 본질로 하기 때문에 업이 아니지만 이숙인의 힘이 강력함을 나타내기 위해 (백백)업이라 말한 것일 뿐이라고 해석하며, 이에 따라 이들 경문 또한 不了義經으로 판석한다.[107] 더욱이 譬喩者는 [표]업의 본질을 色(身形과 語言)으로 여기지도 않기 때문에 이를 경증으로 삼을 수도 없다고 힐난한다.[108]

그리고 思와 그 밖의 심소를 차별적으로 설하고 있는 경설, 예컨대 "그늘은 이와 같은 信·欲·勤·輕安·念·智·思·捨를 지니고 있으니, 이를 수승한 行이라 이름한다"는 등의 경설을 심소 별체설의 논거로 제시하는데 ("信 등의 行이 바로 思라면 어떠한 까닭에서 信 등을 설하고 나서 다시 思를

---

105 권오민(2012), 제11장 「상좌 슈리라타의 성전관」 참조.

106 흑·백의 업은 이숙과로서 생유와 중유가 존재하고 身·語·意의 3업이 존재하는 곳에 대해서만 설할 수 있는 것으로, 무색계에는 이 중에 중유의 이숙과 신·어업이 존재하지 않기 때문에 백백업으로 분별하지 않지만(『구사론』권16, T29, 83b28ff), 可意(애호할만한)의 백업은 존재하기 때문에 4무색정을 '백백업'이라 하였다.

107 『순정리론』권2(T29, 341a8); 동론 권41(T29, 573b7-10).

108 『순정리론』권2(T29, 340c21-24), "--非譬喩師業有色性."

설한 것인가?"), 상좌는 이를 다음과 같이 해석하였다.

[경에서는] 이때 일어난 그 밖의 行을 포섭하기 위해 다시 思를 언급하였
다. 즉 앞에서 信 등을 설한 것은 이때 일어난 수승한 行(즉 思)을 나타내
기 위해서이니, 예컨대 5濁法이나 4修行의 경우와 같다. 즉 5濁(劫·見·煩惱·衆
生·命濁) 중의 見濁은 비록 번뇌에 속하는 것일지라도 가장 두드러진 것
이기 때문에 다시 별도로 설하게 된 것이다. 그리고 4수행이란, 이를테면
계경에서 '身·語·意의 妙行과 正見을 닦고, 신·어·의의 惡行과 邪見을 끊
는 것'이라고 말하고 있는데, 정견과 사견은 意妙行과 意惡行에 포섭되지
않는 것은 아니지만 수승한 것이기 때문에 별도로 설하게 된 것이다. 그
러니 여기서도 역시 그러하다고 해야 한다.[109]

혹은 "所受가 있으면 所思가 있고, 所思가 있으면 所想이 있으며, 所想이
있으면 所尋이 있다"(T29, 341a1)는 경설에 근거하여 尋이 思의 차별이라면,
이는 思를 거듭 설한 것이라는 중현의 힐난에 대해 "尋을 언급하지 않았다
면 思가 바로 作意나 欲 등이라고 의심할 수도 있기 때문에 설한 것일 뿐
[쓸데없이] 거듭 설한 것이 아니"라고 해명하기도 하였다.[110]

행온의 본질에 관한 상좌(경량부)와 유부의 상위는 근본적으로 思의
작용인 造作(abhisaṃskāra)의 의미를 달리 해석한 데 기인한다. 앞서 언급하
였듯이, 유부에 의하는 한 유위제법 중 造作의 힘(功能)이 가장 강성한 것이

---

109 『순정리론』권2(T29, 341b3-8), "上座此中作如是釋: 爲攝此時所起餘行, 故復擧思. 前說信等, 爲
顯此時所起勝行, 如五濁法及四修行. 謂五濁中見雖煩惱, 由最勝故, 復更別說. 四修行者, 如契經
言, '修身語意妙行正見, 斷身語意惡行邪見.' 非正邪見意妙惡行之所不攝, 勝故別說. 此亦應爾."

110 『순정리론』권2(T29, 341c3f), "彼上座言: 此經非乘. 若不擧尋, 疑思卽是作意欲等." 참고로 중
현이 제시한 경설과 유사한 형식의 경문이 『중아함』「대구치라경」에 나온다. ("覺所覺
者, 卽是想所想, 思所思": T1, 791b4) 상좌는 이를 소연에 근거한 相離관계 ―이를테면 "지각
된 것(所覺)이 바로 표상되는 것(所想)이고, 마음을 움직이게 하는 것(所思)이다"― 로 해
석하여 심·심소 次第繼起說의 논거로 삼았다. 제5장 주19 참조.

思이다. 여기서 '조작'이란 결과를 산출하는 것(引生)으로, 이때 결과는 미래 位에 [아직 작용하지 않는 상태로] 본래 존재하는 것(本有)일지라도 어떠한 경우에도 思에 의해 낳아진다. 그래서 행온을 '造作'으로 규정하였다.[111] 그럴지라도 思가 행온의 본질은 아니다. 그것은 4온을 제외한 그 밖의 일체 相應과 不相應의 유위행법이다.

그러나 過未無體를 주장하는 상좌의 경우 결과는 본래 존재하는 것이 아니다. 결과는 이전에 존재하지 않다가 思에 의해 지금 생겨난 것이다. 상좌는 이를 織工이 실로 옷감을 짜는 것에 비유하였다.

> '유위를 造作한다'고 함은 思가 능히 본래 존재하지 않던(本無) 유위를 조작한다는 말이다. 마치 織工이 "나는 이러한 실을 가지고서 옷감(裳服)을 짠다"고 말하는 것처럼, 이 역시 마땅히 그러하다고 해야 한다.[112]

이는 행온의 본질은 오로지 思로서 受·想을 제외한 일체 심소는 이것에 의해 생겨난 것이라는 의미겠지만, 중현은 여기서 직공은 思, 옷감은 有爲의 비유로 옷감의 근거가 된 실에 비유되는 법이 없다고 비판한다. 직공(思)이 본래 존재하던 실(本有의 미래법)로써 옷감(현재법)을 짰다고 해야 올바른 비유가 될 수 있다는 것이다. (T29, 340b10-14)

그렇지만 상좌의 뜻은 思의 공능은 本有의 법을 인기하는 것이 아니다. 직공이 옷감을 짜듯이 작의 등의 법을 능히 낳는다는 것으로, 이때 작의는 본래 존재하지 않던 것이 지금 존재하는 것(本無今有)이다. 이는 경량부 교학의 제1명제라고 할 만한 것이다. (제4장 참조)

---

111 『순정리론』권2(T29, 340b7-8), "云何說此能造有爲? 謂有勝能, 引生果故. 果雖本有, 而少分生此能隨引. 故立爲造."

112 『순정리론』권2(T29, 340b8-10), "彼上座言: 造有爲者, 謂思能造, 本無有爲. 如織者言, '我持此縷織作裳服', 此亦應爾."

그럴지라도 상좌의 비유에서 굳이 실에 의해 비유된 바를 찾자면 그것
은 직공이 소유하고 있는, 다시 말해 직공의 心相續 상에 훈습하고 있는
隨界·種子일 것이다. 그러나 비유 상으로 직공과 실은 별체이지만, 思와 수
계·종자는 能熏과 所熏의 관계(思가 心識 상에 훈습된 것이 종자)로 별체가
아니다. 경량부에 있어 수계·종자란 '思가 훈습된 相續' 혹은 '업과 번뇌(이
는 思를 본질로 한다)가 훈습된 6處'이기 때문이다. 상좌는 유위제법을 이러
한 상속이 갖는 직접적이고도 간접적인 공능(鄰近·展轉)의 변화로 이해하
였는데, 이에 대해서는 본서 제10장 '상좌 슈리라타의 舊隨界설'에서 논의하
게 될 것이다.

4) 불교 제파의 심소법 이해

상좌는 유부의 10가지 대지법 중 受·想·思를 제외한 7가지를 별체로
인정하지 않았는데, 그의 논의를 문맥대로 이해하자면 이 중에서도 觸과
三摩地는 마음(識)의 차별로, 慧·念·勝解는 智의 차별이라 하였지만 행온의
본질에 대해 논의하면서 作意와 欲·念·智(慧) 등의 수승(특별)한 行을 모두
思의 차별로 규정하고 있기 때문에 결과적으로 그는 촉과 삼마지를 제외한
나머지 5가지 심소를 思의 차별(일종)로 간주하였다고 할 수 있다.

앞서 『대비바사론』 상의 譬喩者는 思와 慮(慧), 尋과 伺를 마음의 차별
로 간주하였고(주26-28), 하리발마 또한 受·想·思를 포함한 일체의 심소법
은 모두 단일한 마음의 시간적 변화에 따른 차별상이라 주장하였다. (주44)
그런데 상좌는 비록 유부처럼 동일찰나의 俱起를 주장한 것은 아니라 할지
라도 受·想·思를 별체의 대지법으로, 촉과 삼마지는 마음의 차별로, 작의
등 나머지 5가지는 思의 차별로 이해하였다.

한편 세친은 "受·想·思 등 10가지 대지법은 일체의 마음에 두루 존재

한다"는 유부의 대지법 규정(「근품」 제24송)을 불신의 의미인 '傳說(kila)'이라는 말로 설하여 이에 대한 자신의 생각을 표명하였다.[113] 중현은『순정리론』의 해당개소(T29, 384a29)에서 이 문장을 삭제하고서 앞에서 논의한 바와 같은 상좌의 수·상·사를 제외한 觸 등 7가지 심소의 무별체설을 인용 비판하고 있다. 普光 또한 이에 대해 "論主의 뜻은 經部와 가까워 10大地法이 모두 別體로서 존재한다는 사실을 믿지 않았기 때문에 傳說로 말한 것"이라고 해설하였다.[114]

그런데 稱友(Yaśomitra)는 "여기서 '전설'이라는 말은 다른 宗의 견해(para-mata)를 나타내는 말로서 自宗의 견해(svamata)는 欲 등은 일체의 마음[과 동일찰나] 중에 생기하지 않는다는 것이니, 궤범사(ācārya, 즉 세친)의『五蘊論(Pañcaskandhaka)』중에 [이같이] 쓰여 있기 때문이다"고 평석하였다.[115] 즉 세친의『오온론』에서는 유부의 10大地法 중 觸·作意·受·想·思의 5가지 심소를 일체의 마음과 상응구기하는 遍行(sarvatraga) 心所로, 欲·勝解·念·三摩地·慧의 5가지 심소는 특정의 대상에 대해서만 일어나는 別境(prativiṣaya) 心所로 구별하였던 것이다.[116] 그러나 이는 주지하는 바대로 대승유식의 입장으로, 세친이 이에 따라 유부의 대지법 설을 불신하여 '傳說'로 전하지는 않았을 것이다. 제5장 1-3에서 논설하듯이『구사론』상에서 대지법의 규정을 파괴한 다른 어떤 이(apare)는 상좌 슈리라타로, 이는 다름 아닌 稱友의 평석이었다. (AKVy., 307. 17)

유가행파에 의하면 欲은 좋아할 만한 경계대상(所樂境=可欣境)에 대해 일어나고 싫어할 만한 것(可厭事)에 대해서는 일어나지 않기 때문에, 勝解

---

113 『구사론』권4(T29, 19a16f), "傳說, 如是所列十法, 諸心刹那和合遍有."; AKBh., p.54. 19, ime kila daśa dharmāḥ sarvatra cittakṣane samagrā bhavanti.

114 『구사론기』권4(T41, 74a14-16).

115 AKVy., p.127. 20-22; 吉元信行(1982), p.201.

116 『대승오온론』(T31, 848c10), "是諸心法, 五是遍行, 五是別境."

는 결정적인 것이라고 여기는 대상(決定境)에 대해 일어나고 의심하는 경우에는 일어나지 않기 때문에, 念은 일찍이 익힌 경계대상(曾習境)에 대해 일어나고 그렇지 않거나 망각한 경우에는 일어나지 않기 때문에, 그리고 三摩地(定)와 慧는 관찰해야 할 대상(所觀境)에 대해 일어나는 것으로 경계대상에 전념(專注)하는 상태가 아니거나 愚昧한 상태에서는 일어나지 않기 때문에 別境심소이다.

『성유식론』에서는 이러한 다섯 심소 또한 遍行이라는 다른 어떤 이의 주장(즉 유부 毘婆沙師)이 인용되지만,[117] 삼마지의 경우 바로 상좌 슈리라타의 주장이 이설로 인용된다.

> 어떤 이는 이같이 말하였다. "이러한 定의 본질(體)은 바로 마음이니, 경에서 [삼마지를] 心學이니 心一境性이라고 설하였기 때문이다."[118]

이에 대해 『성유식론』에서는 "[경에서] 그같이 설한 것은 定이 마음을 포섭하고, 마음으로 하여금 하나의 경계대상[에 전념]하게 한다는 사실에 근거하였기 때문으로, 定은 念이나 慧 등과 마찬가지로 [5]根·[5]力·[7]覺支·[8]道支 등에 포섭되는 것으로 그 자체가 바로 마음은 아니"라고 해명한다. (T31, 28c8-11) 이러한 해명은 "마음은 慧 등의 경우와 마찬가지로 定을 갖는 것이지 그 자체가 바로 定은 아니"라는 중현의 해명(T29, 390c5f)과 동일하다.

아무튼 우리는 심소 그중에서도 특히 10가지 大地法(mahābhūmika-dharma)

---

117 『성유식론』권5(T31, 28b2-4; b14-15; b22-23; c2-3; c14-15). 이 이설자는 慧가 변행심소라는 주장의 논거로 對法(abhidharma)에서 이를 大地法으로 설하고 있다는 사실을 제시하고 있다. (동, 28c15f)

118 『성유식론』권5(T31, 28c8-9), "有說: '此定體卽是心. 經說爲心學·心一境性故.'"

에 대한 유부와 유가행파와 경량부(상좌)와 비유자의 입장에서 친소관계나 모종의 발전과정을 살필 수 있다. 정리하면 이와 같다.

유부: 10가지 대지법은 모두 개별적 실체로서 마음과 상응 구기한다.

유가행파: 10가지 심소는 모두 개별적 실체이지만, 觸·作意·受·想·思의 5가지 변행심소만 상응 구기한다.

경량부(상좌): 受·想·思 3법만 실체이고, 觸과 삼마지는 心의 차별, 작의 등 5가시 심소는 思의 차별로 受·想·思를 포함한 이들 제 심소는 異時계기한다.

비유자와 하리발마: 일체의 심소는 마음의 [변화]차별로서 異時계기한다.

당시 불교 제파는 나름의 논거에 따라, (혹은 자파의 교학 체계를 수립하는 과정에서 파생된 이론적 난점에 따라) 심소에 관한 이해를 달리하였다.『순정리론』상의 어떤 비유자는 심소에 대한 다수의 쟁론이 존재한다는 사실을 심소법의 개별적 실재성 비판의 한 논거로 제시하기도 하였다.

어떤 비유자는 설하였다. 오로지 心만이 존재할 뿐 별도의 심소는 존재하지 않는나. --(중략)-- 또한 심소에 대한 많은 쟁론이 일어나기도 하였으니, 따라서 마음을 떠나 개별적인 실체로서 존재하지 않음을 알아야 한다. 이를테면 심소가 별도로 존재한다고 주장하는 이들도 이러한 심소에 대해 다수의 쟁론을 일으켜 혹 어떤 이는 '오로지 세 가지 大地法만이 존재한다'고 설하였고, 혹 어떤 이는 4가지가, 혹 어떤 이는 10가지, 혹은 14가지가 존재한다고 설하기도 하였다. 그러므로 오로지 識만이 존재할 뿐으로, [경에서는] 그것이 [작용하는] 상태(位)에 따라 유전하는 것을 '여러 종류의 심·심소의 차별이 존재한다'고 설한 것이다.[119]

비유자는, 요컨대 이렇듯 심소에 관한 수많은 이설이 있으니, 누구의 설을 진실이라고 해야 할 것인가?라고 힐난하고 있는 것이다.[120] 여기서 "오로지 세 가지 대지법만이 존재한다"고 설한 이는 두말할 것 없이 상좌 슈리라타이다. 그는 어떤 이유에서 受·想·思의 세 심소만을 개별적 실체로 간주한 것인가? 그는 "촉과 삼마지는 마음을 떠나 존재하지 (확인되지) 않으며, 작의 등은 思(=造作)의 구체적 작용의 한 형태일 뿐이지만, 이들 세 가지 법은 개별적 특성(別相 즉 自相)이 분명(顯了)하다"는 사실을 이유로 제시하고 있다. (주57) 그렇지만 이는 유부도 유가행파도 그것의 개별적 실재성을 논증할 때 제시하는 상투적 논거이다. 보다 현실적 이유로서 다음과 같은 사실을 생각해볼 수 있다.

무엇보다 먼저 일체의 모든 심소를 부정할 경우 5온 중의 수·상·행온을 해명하기 어려웠기 때문이었을 것이다. 비록 訶梨跋摩가 이를 단일한 마음의 시간적 변화 차별상으로 규정하였을지라도 단일한 마음만으로는 순간적으로 일어나는 것처럼 보이는 수많은 심리현상도, 그것들 각각의 개별적인 상속도 설명하기 어려웠을 것이다. 더욱이 상좌는 유부와는 달리 (12)處와 (18)界는 境과 有境, 그리고 이에 따라 생겨난 識의 차별상을 밝히기 위한 것, (5)蘊은 一合(아트만과 같은 전체성)의 차별상을 밝히기 위한 것으로 이해하였는데(제1장 주26), 단일한 마음만으로는 一合의 차별상을 밝히기 어려울뿐더러 삿트바(sattva: 衆生, 有情), 나라(nara), 마누자(manuja), 마나바(mānava), 푸루샤(puruṣa), 푸드가라(pudgala: 人), 지바(jīva), 잔투(jantu) 등으

---

119 『순정리론』권11(T29, 395a14-18), "有譬喩者, 說唯有心無別心所. --(중략)-- 又於心所, 多興諍論. 故知離心無別有體. 謂執別有心所論者, 於心所中, 興多諍論. 或說, 唯有三大地法. 或說有四. 或說有十. 或說十四. 故唯有識, 隨位而流, 說有多種心心所別'."

120 『성유식론』에서도 역시 혜 등의 다섯 別境심소를 遍行심소라고 주장하는 이설자가 對法의 大地法說을 논거로 제시한 데(주117) 대해 "제 부파의 對法이 서로 다른데 그대들은 어떻게 이를 지식의 결정적 근거(定量)라고 주장하는 것인가?"라고 힐문하고 있다. (T31, 28c16-17)

로 명명된 인간존재에 대해 분석하고 있어 이른바 「人經(mānuṣyakasūtra)」으로 일컬어진 『잡아함』 제306경의 "眼及色爲緣生於眼識. 三事和合觸, 俱起受想思"의 경설[121] 또한 非佛說이나 不了義로 부정하기 어려웠을 것이다. 도리어 그는 이 경문을 자기주장의 논거로 제시하였고(주51), 세친 역시 이를 달리 해석할 필요가 없는 요의경(nītārtha-sūtra)으로 판석하였다.[122]

또한 『대비바사론』 상의 비유자는 思를 마음의 차별이라고 주장하면서도 다른 한편으로 身·語·意 3업의 본질(自性)은 思이며, 思가 배제된 이숙인, 受가 배제된 이숙과는 존재하지 않는다고 주장하였다.[123] 만약 思와 受가 다만 마음의 차별이라고 한다면 업의 상속이나 과보 또한 마음에 의해 성취되는 것이라 하지 않으면 안 된다. 아마도 『대비바사론』의 비유자나 하리발마가 종자설(혹은 隨界說)에 관해 언급하지 않았던 것도 思의 개별적 실체성을 인정하지 않았던 사실과 관련이 있을지 모른다.

상좌는 이러한 이유에서 최소한의 심소로서 受·想·思를 인정한 것은 아닐까? 그럴 경우 행온은 경에서 설한 대로 오로지 思이며, 그 밖의 행온에 포섭되는 일체의 심소가 思의 차별이라는 것은 지극히 당연한 이론적 귀결이다. 다만 觸과 三摩地의 경우 지식현상으로서의 구체적인 특성을 갖

---

121 『잡아함』제306경(T2, 87c26-29), "眼色緣生眼識. 三事和合觸. 觸俱生受想思. 此四無色陰, 眼色. 此等法名爲人. 於斯等法作人想·衆生·那羅·摩[少/兎]闍·摩那婆·士夫·福伽羅·耆婆·禪頭"; 『구사론』권29(T29, 154a25-b1), "如人契經作如是說: 眼及色爲緣生於眼識. 三和合觸, 俱起受想思. 於中後四是無色蘊. 初眼及色名爲色蘊. 唯由此量說名爲人. 卽於此中隨義差別, 假立名想. 或謂有情·不悅·意生·儒童·養者·命者·生者·補特伽羅." ("skandheṣv eva pudgalākhye"ti mānuṣyakasūtram. cakṣuḥ pratītya rūpāṇi cotpadayate cakṣurvijñānam. trayāṇāṃ saṃnipātaḥ sparśaḥ sparśa sahajātā vedanā saṃjñā cetanā. itīme catvāro rūpiṇaḥ skandhāś cakṣur indriyaṃ ca rūpam etāvan manuṣyatvam ucyate atreyaṃ saṃjñā sattvo naro manuṣyo mānavaś ca poṣaḥ puruṣaḥ pudgalo jīvo jantur iti: AKBh., p.465. 9-13)

122 (T29, 154b6f); AKBh., p.465. 18.

123 『대비바사론』권113(T27, 587a7f), "譬喩者說: 身語意業, 皆是一思."; 동론 권144(741b11f), "謂譬喩者說: 離思無異熟因. 離受無異熟果."; 동론 권19(동, 96a25f); 권51(동, 263c23f)에서도 동일한 내용을 설하고 있다. 참고로 유부에서는 이숙인 이숙과는 5온과 통하며, 대중부에서는 심·심소와 통하는 것이라고 주장한다.

는 것도 아닐뿐더러(주57) 識을 떠나 존재하지 않기 때문에 자파(비유자) 전통에 따라 마음의 차별로 이해하였을 것이다.

한편 受·想·思 또한 마음의 分位差別이라 하면서도 이를 제외한 나머지 심소를 思의 차별로 간주하는 이설도 전한다. 普光은 世友(經部異師로서 『問論』의 저자)의 滅定有心說(T29, 25c26-28: 제11장 주37)을 평석하면서『순정리론』에 인용된 비유자의 멸정유심설(T29, 403a21-24: 제11장 주36)을 인용하여 이는 쿠마라라타(鳩摩羅多) 문도들의 해석을 서술한 것이라고 말하고서 그들의 주장을 다음과 같이 전하고 있다.

오로지 心王만이 존재하여 그 작용의 차별에 따라 여러 명칭을 설정한 것일 뿐 [마음과는] 별도의 심소는 존재하지 않는다. 다만 마음이 경계대상을 반연하는 제1찰나의 최초의 了別을 識이라 이름하고, 제2찰나의 取像을 想이라 이름하며, 제3찰나의 領納을 受라 이름하며, 제4찰나 이후의 造作을 思라고 이름한다. 그 밖의 나머지 제 심소는 다 思의 차별이다.[124]

이에 따를 경우 세우 등과 비유자는 마음(심왕)을 제 심소의 基體로 이해하였다고 말할 수 있다. 또한 이들은 일체의 識과 심소를 心(심왕) 작용의 차별로 설하면서도 想·受·思를 별도로 설정하고, 나머지 심소를 思의 차별로 설하였다는 점에서『대비바사론』상의 비유자와 상좌의 중간단계를 보여주고 있다고 할 수 있다.

그런데 비유자와 하리발마뿐만 아니라 유부 내부에서조차 제 심소를 마음의 차별로 이해한 이도 있었고, 思의 차별로 이해한 이도 있었다. 覺天

---

124 『구사론기』권5(T41, 100b10-19), "(--上略) 彼宗(世友 譬喩者)所執. 唯一心王, 隨用差別立種種, 無別心所. 但心緣境, 第一刹那, 初了名識. 第二刹那取像名想. 第三刹那領納名受. 第四已去造作名思. 諸餘心所皆思差別."

(Buddhadeva)과 法救(Dharmatrāta)가 그들이었다. 각천은 심소를 마음의 차별로, 법구는 思의 차별로 이해하였으며, 각천은 물론 법구 또한 상좌와 마찬가지로 마음과의 相應俱起를 부정하였다.

尊者 法救는 이와 같이 말하였다. "제 심·심소는 바로 思의 차별이다. 따라서 世第一法도 思를 자성으로 한다."

尊者 覺天은 이와 같이 설하였다. "제 심·심소의 본질(體)은 마음이다. 따라서 世第一法도 마음을 자성으로 한다."

이들 두 尊者는 이같이 말하였다. "信 등과 思(=법구), 心(=각천)은 전후 찰나가 각기 다르며, 어떠한 경우에도 함께 작용(竝用)하는 일이 없다."[125]

覺天은 설하였다. "소조색은 바로 대종의 차별이고, 심소는 바로 마음의 차별이다." 어떠한 이유에서 이같이 말한 것인가? 하면, --(중략)-- "계경에서 '무엇이 等持인가? 善한 心一境性이다'고 설하였으니, 이에 따라 심소는 바로 마음[의 차별]이라고 말한 것이다."--(중략)--

尊者 法救는 대종을 떠나 소조색이 별도로 존재한다고 설하였고, 심소법이 바로 마음은 아니라고 설하였다.[126]

順決擇分의 마지막 단계인 世第一法은, 유부 정설에 따르면 慧를 본질로 하지만(이에 보조적으로 수반하는 법도 함께 말할 경우 5온을 본질로 한다), 각천은 慧심소를 마음의 차별로, 법구는 思의 차별로 이해하였기 때문

---

[125] 『대비바사론』권2(T27, 8c7-10), "尊者法救作如是言: '諸心心所是思差別. 故世第一法, 以思爲自性.' 尊者覺天作如是說: '諸心心所體即是心. 故世第一法以心爲自性.' 彼二尊者 作如是言: '信等思心前後各異, 無一竝用.'"

[126] 『대비바사론』권127(T27, 661c16ff), "謂此部内, 有二論師. 一者覺天. 二者法救. 覺天所說, 色唯大種, 心所即心. 彼作是說: 造色即是大種差別. 心所即是心之差別. 彼何故作是說? -- 又契經說, '云何等持? 謂善心一境性.' 由此故說, 心所即心."; (동, 662b13f), "尊者法救, 說離大種別有造色, 說心所法非即是心."

에 세제일법의 자성 역시 그같이 이해한 것이다. 그러나 각천과 법구는 婆沙의 편자가 명백히 밝히고 있듯이 어디까지나 유부 내부(此部)의 논사로 他宗(parapakṣa, '異部'로도 번역됨)인 譬喩者와는 계통을 달리하였다.

아무튼 이들이 말하는 제 심소가 다만 행온에 포섭되는 것인지, 受·想을 포함한 일체의 모든 심소인지는 분명하지 않지만, 상좌 슈리라타가 일체의 심소법을 ① 별체: 수·상·사, ② 마음의 차별: 촉과 삼마지, ③ 思의 차별: 그 밖의 심소라는 세 가지 유형으로 분별한 것 역시 일체의 심소를 마음의 차별로 이해한 비유자와 더불어 이러한 교학 전통과 무관하다고는 할 수 없을 것이다. 법구가 말한 제 심소가 행온에 포섭되는 것일 경우 특히 그러하다.127

그런데 티베트 문헌에 의하면, 受·想·思 세 가지만을 심소로 인정한 이는 경량부의 밧토파마(Bhaṭṭopama)이며, 覺天 또한 受·想·思·觸·作意의 5법을 심소법으로 인정하였다.128 밧토파마가 누군지 알 수 없지만 경량부 라고 한 이상 상좌 슈리라타와 무관할 수 없을 것이지만, 각천의 경우는 어떻게 이해해야 하며, 제 심소 중 5법만을 인정한 것은 또한 어떻게 이해 해야 할 것인가?129

受·想·思·觸·作意의 5법만을 大地法(즉 遍行法)으로 인정한 것은 전술한 대로 유가행파이다. 즉 이들은 『유가사지론』「本地分」에서 유부의 10가

---

127 만약 受·想을 포함한 일체의 심소를 思의 차별이라고 하였다면 受 또한 능동적인 것(즉 思의 차별)이라고 해야 하기 때문에, 법구가 말한 심소는 필시 受·想을 제외한 행온에 포섭되는 것으로 보아야 할 것이다.

128 Wassiljew; Der Buddhismus, S. 309.; 水野弘元(1978), p.244 재인용.

129 『잡아함』(T2, 85a28f)과 『구사론』(T29, 52a27ff)에서는 名色(nāma rūpa)의 名을 색온을 제외한 나머지 4온으로 규정하지만, 나카야(SN. II.2, p.5)에서는 名을 이 같은 受·想·思·觸·作意의 5법으로 규정한다.(vedanā saññā cetanā phasso manasikāro-idaṃ vuccati nāmaṃ. 최봉수, 1991, 『原始佛教 資料論』, p.106 재인용) 전재성은 여기에 식온이 제외된 것은 그것이 모든 온(존재의 다발)의 기본이 되므로 이미 선행하는 연기의 고리에 언급되어 있기 때문인 것 같다고 추측한다. (『쌍윳따 니까야』2, 2006, p.62, 주20)

지 대지법 중 作意·觸·受·想·思를 항상 마음과 상응구기하는 심소로, 欲·勝解·念·三摩地·慧를 모든 마음과 상응할 수 있지만 항상 그러한 것은 아닌 심소로 구분하였으며,130 「攝決擇分」에서 전자를 遍行心法으로, 후자를 不遍行心法 중의 수승한 것으로,131 나아가『현양성교론』『대승오온론』등에서 바야흐로 遍行心所와 別境心所로 규정하였다.132 더욱이『성유식론』에서는 『유식삼십송』의 제10송('初遍行觸等': 제1구)에 대해 해설하면서 작의를 제외한 네 가지 변행심소의 경증으로서 앞서 상좌 슈리라타가 인용한 경증(『잡아함』 제306경; 주51)을 제시하기도 하였다.133 이러한 유가행파의 태도는 불교사상사라는 관점에서 볼 때 이중적이다. 즉 변행심소는 일체의 모든 마음과 동시에 相應俱起한다는 유부의 대지법 규정에 따른 것이라면, 별경 심소는 "3界·3性·3學 등의 모든 마음에 존재할 수 있지만 동시는 아니다"는 상좌의 대지법 규정(제5장 주29)에 따른 것으로 추측할 수 있기 때문이다.

아무튼 심소법에 관한 한 비유자의 지적(주119)처럼 당시 다수의 쟁론이 존재하였다는 사실은 이 정도의 논의만으로도 충분히 짐작할 수 있다.

4. 소 결

유부에서는 '마음'을 의미하는 술어인 心(=集起)·意(=思量)·識(=了別)을 다만 명칭이나 작용상의 차별로 간주하고, 이에 수반되는 심리현상인

---

130 『유가사지론』권3(T30, 291a3-6).

131 『유가사지론』권55(T30, 601c10-13).

132 『현양성교론』권1(T32, 481a2-4).;『대승오온론』(T31, 848c10ff).

133 『성유식론』권5(T31, 28a2-5), "此遍行相云何應知? 由敎及理爲定量故. 此中敎者, 如契經言, '眼色爲緣生於眼識. 三和合觸. 與觸俱生有受想思. 乃至廣說.' 由斯觸等四是遍行." 작의의 經證은 "若根不壞, 境界現前, 作意正起, 方能生識." (T31, 28a6f) 참고로『중아함』「象跡喩經」(T1, 467a4ff)에는 "若內眼處不壞者, 外色便爲光明所照, 而便有念, 眼識得生."이라 하여 '作意'가 '念'으로 되어 있다.

觸·受·想·思 등의 諸 心所를 마음과는 別體로 이해하여 심·심소의 相應俱
起로써 인식을 해명하였다. 경(『잡아함』 제306경)에서 "眼과 色을 연하여
眼識이 생겨나고, 이 세 가지 화합의 觸은 受·想·思와 함께 생겨난다(眼色爲
緣, 生於眼識, 三和合觸, 俱生受想思)"고 설하고 있을 뿐만 아니라 심·심소가
시간을 달리하여 繼起하는 것이라고 주장하는 한 유위제법은 刹那滅하므로
심·심소는 각기 所緣을 달리하여 하나의 완전한 인식은 끝내 성취될 수
없을 것이기 때문이었다.

이에 대해『婆沙』의 譬喩者와 成實論主 하리발마는 심소법을 다만 마음
의 변화 차별로 이해하였기 때문에 심·심소의 次第繼起說을 주장하였다.
이처럼 심·심소의 상응구기설과 차제계기설은 심소를 어떻게 이해할 것
인가?에 따른 논의로, 마음과는 별체로 이해하는 한 양자의 상응구기를 주
장하지 않을 수 없고, 별체가 아니라고 하는 한 차제계기를 주장할 수밖에
없다.

그런데 상좌 슈리라타는 心·意·識을 분별함에 있어 종자의 집적(훈습)
처를 心(citta)이라 하였고, 이러한 마음이 후 찰나의 所依가 될 때를 意
(manas), 전 찰나의 마음에 근거하여 생겨난 현행의 마음을 識(vijñāna)이라
하였다. 이는『구사론』상에서 다른 어떤 이(apare)의 해석으로 전하지만,
상좌는 하나가 깨어 있으면 다른 하나는 잠들어 있는 一身二頭의 命命鳥의
비유로써 마음을 이중구조로 이해하여 전 찰나의 현행(깨어 있는 마음)이
후 찰나에 훈습하고 전 찰나의 종자(잠들어 있는 마음)가 후 찰나의 현행이
된다고 하는 6식 종자설을 주장하였기 때문에, 이를 그의 해석으로 이해할
수 있다.

그리고 심과 심소의 관계에 대해서는 앞의 경설에 따라 제 심소 중
受·想·思 세 심소의 개별적 실재성만을 인정하고, 이를 제외한 그 밖의
大地法 예컨대 觸과 三摩地는 마음의 차별로, 作意 등 그 밖의 심소법은 모두

思의 차별로 이해하였다. 즉 그는 根·境·識 三事의 '화합(saṁnīpata)'을 시간
적 계기에 따른 인과관계로 해석하여 識(결과)이 생겨나는 순간을 觸으로,
대상에 대해 마음이 동요(流散)하지 않는 상태를 삼마지로 이해하였다. 그
리고 思(=造作)는 유부의 경우처럼 未來位의 결과를 산출(引生)하는 수승한
힘이 아니라 마치 종자가 싹이 되듯이 (혹은 실이 옷감이 되듯이) 本無今有
의 결과를 산출하는 (정확히 말해 결과로 변화하는) 힘으로 해석하여 작의
등 그 밖의 모든 심소를 思의 차별(변화)로 이해하였던 것이다.

제4장 상좌의 찰나멸론과 本無今有論

1. 무상과 찰나멸

"色은 무상하다고 觀하라. 이같이 관하는 것이 正觀이다. 정관한 자는 厭離
를 낳고, 염리한 자는 喜貪이 다하니, 희탐이 다한 자를 心解脫이라 한다.
이와 마찬가지로 受·想·行·識도 무상하다고 觀하라. 이같이 관하는 것이
正觀이다. 정관한 자는 厭離를 낳고, 염리한 자는 喜貪이 다하니, 희탐이
다한 자를 心解脫이라 한다." (『잡아함』 제1경; SN. 22. 12)

諸行無常, 일체의 有爲行法은 무상하다. 이는 초기불교 이래 불교의 기
본 모토이다. 제1장에서 논설한 대로 초기불교에서 세계를 색 등의 5온으
로 分析한 것은 無常과 無我를 천명하기 위함이었다. 無常(anitya)이라 함은
항상하는 것, 영원한 것(nitya)이 없다는 말이며, 영원한 것이 없다는 말은
세간의 어떠한 것도 시간적 지속성을 갖지 않는다는 말이며, 시간적 지속
성을 갖지 않는다는 말은 매 순간 생멸 변화한다는 말이다. 그래서 설산동
자의 無常偈에서도 '諸行無常'과 '是生滅法(이는 바로 생멸하는 법)'은 對句로
설해지고 있는 것이다.

아함에서는 이같이 말하기도 하였다.

諸行은 無常하다. 너무나도 신속하게 변화하여 한 순간도 머물지 않으니, 믿고 의지할 만한 것은 아무 것도 없다. 이는 곧 허물어져 사라질 법이다.[1]

眼과 色을 緣하여 안식이 생겨나고, 三事화합이 觸이며, 촉은 受·想·思와 함께 생겨난다. 이러한 제법은 나(我)가 아니고 항상 하는 것도 아니다. 이는 바로 無常한 나이고, 항상 하지도 않고 안온하지도 않은 변화하는 나이다. 왜냐하면, 비구들이여, [나란] 말하자면 태어나고 늙고 죽고 [다시] 태어나는 존재(法)이기 때문이다. 비구들이여, 諸行은 허깨비처럼, 불꽃처럼 찰나의 시간에 사라지니, 진실로 [어디서] 온 것도 아니고 진실로 [어디로] 가는 것도 아니다.[2]

그러나 다른 한편 존재하는 모든 것은 시간적 지속성을 갖는다. 인용문에서처럼 한 순간도 머물지 않고 불꽃처럼 찰나에 사라지는 것도 있지만, 인간처럼 백년을 기대하는 것도 있고, 히말라야와 같은 산하대지나 일월성신처럼 항구적이라고 여길 만큼 오랫동안 지속하는 것도 있다. 지금 보고 있는 책도, 책이 놓여 있는 책상도 어제의 그것과 별반 다르지 않다. 이를 어찌 무상한 것이라 하겠는가? 그러나 이 모든 것은 적어도 생겨난 것이고, 생겨난 것은 언젠가는 소멸한다. 불교에서는 일월성시조차 유정의 업력(共業)에 따라 생겨난 것으로, 일정기간 지속하다 괴멸한다고 생각한다.

그렇다면 언제 괴멸하는가? 사물의 생멸변화는 언제 일어나는가? 생각해보면 변화는 하루의 끝인 23시 59분 59초에 일어나는 것도 아니고, 일

---

1 『별역잡아함경』권2(T2, 381b15-16), "諸行無常, 迅速不停. 無可恃怙. 是敗壞法."

2 『잡아함경』권11, 제273경(T2, 72c9-13), "如是緣眼色, 生眼識. 三事和合觸. 觸俱生受想思. 此等諸法, 非我非常. 是無常之我. 非恒·非安隱·變易之我. 所以者何? 比丘, 謂生老死沒受生之法. 比丘, 諸行如幻, 如炎. 刹那時頃盡朽. 不實來實去."

년의 끝인 12월 31일 밤 자정에 일어나는 것도 아니다. 세기말이나 밀레니엄 직전에 일어나는 것도 물론 아니다. 그렇다면? 시간의 최소단위가 刹那(kṣaṇa)라면 찰나마다 변화한다고 하지 않으면 안 된다. 그리고 변화가 전후의 상태가 바뀌고 달라지는 것이라면 사물(혹은 사물의 상태)은 찰나마다 생성·소멸한다고 하지 않으면 안 된다. 이른바 '刹那生滅'이다. 제행무상을 주장하는 한 찰나생멸은 필연적 이치이다.

불교의 시간관에 따르면 찰나는 시간의 최소단위로, 120찰나는 1怛刹那(tatkṣaṇa), 60달찰나는 1臘縛(lava), 30납박은 1牟呼栗多(muhūrta: 須臾), 30모호율다는 하루(ahorātra) 낮밤, 30일은 한달(māsa), 12달은 1년(varṣa)으로 산정된다. 이는 말하자면 유정세간의 생멸변화에 따른 시간단위이다. 그리고 우주(기세간)의 생멸 주기와 관련하여서는 劫(kalpa)이라는 시간단위가 사용되는데, 각기 20中劫으로 산정된 成·住·壞·空의 한 사이클(즉 80중겁)을 1大劫(mahākalpa)이라 하였다. 혹은 힌두교에서는 크리타(창조), 트레타(지속), 드바파라(쇠퇴), 칼리(파괴)의 순환을 대유가(mahāyuga)라고 하고 1천의 대유가를 1劫이라 하였다.

그렇다면 세간에서의 변화는 시간에 의한 것인가? 힌두교의 한 교파에서는 시간(kāla)을 모든 것을 지배하는, 모든 것을 낳고 파괴하는 영원하고도 단일한 존재(T31, 3b13), 시바(Śiva) 신의 다른 이름이기도 한 마하칼라(Mahākāla)로 간주하기도 하였고, 바이세시카학파에서는 그것을 전후나 동시, 혹은 遲速(늦고 빠름)의 관념을 불러일으키는 단일한 실체(dravya)로 이해하기도 하였다. 반면 베단타학파의 경우 영원불변의 브라흐만(혹은 아트만)만이 진실(실재)이기에 찰나생멸의 무상(즉 현상)은 허위(환상)일 뿐이었다.

불교에서 시간은 세계를 지배하는 존재도 아니고 실체도 아니다. 물론 허위도 아니다. 그러나 5온을 떠난(배제한) 별도의 자아가 존재하지 않듯이, 시간 또한 유위제법을 떠나 별도로 존재하는 것이 아니다. 시간은 이른 바 自相(svalaṣaṇa)을 갖는 法(dharma)이 아니다. 따라서 시간은 당연히 '5位75 法'으로 일컬어지는 설일체유부의 제법분별의 범주표에도 포함되지 않는 다. 사물의 변화는 시간에 의한 것이 아니다. 변화가 바로 시간으로, 사물을 떠나 시간은 존재하지 않는다. 앞서 언급한 찰나 등의 시간단위는 영원하 고도 단일한 실재로서의 시간의 현현이 아니라 다만 사물의 변화를 구분지 은 것일 뿐이다. 이에 따라 유부에서는 찰나에서 겁에 이르는 시간(世)의 본질을 5온 즉 일체 유위법으로 간주하였다.[3] 시간은 유위(行)의 이명이다. "유위법은 이미 갔고, 지금 가고 있고, 앞으로 갈 것이기 때문에, 혹은 無常 性에 잡아먹히는 것이기 때문에 世路(adhvan) 즉 시간이 가는 길이라고도 이름한다."[4]

이에 대해 普光은 이같이 해설하였다.

世 즉 시간은 개별적인 실체로서 존재하는 것이 아니라 [有爲諸]法에 근거 하여 설정된 것이다. 法은 바로 시간의 근거이기에 이를 길(路)이라 말하 였다. 즉 과거법은 시간이 이미 가버린 것, 현재법은 시간이 지금 가는 것, 미래법은 시간이 앞으로 갈 것을 말하니, [유위제법은] 시간(世)이 가 는 길(路)이기 때문에 世路라고 이름하였다.[5]

유가행파의 경우 역시 시간(kāla)은 因果의 相續流轉에 근거하여 가설한

---

3   『대비바사론』권76(T27, 393c4f; 7), "問: 如是三世以何爲自性? 答: 以一切有爲法爲自性."; "問: 何故名世? 是何義? 答: 行義是世義.";『구사론』권12(T29, 63b8f), "劫性是何? 謂唯五蘊.";『대비 바사론』권135(T27, 700b23-c3) 참조.

4   AKBh., p.5. 3, ta eva saṃskṛtā gatagacchadgamiṣyadbhāvād adhvānaḥ, adyante 'nityatayeti vā.; "此 有爲法亦名世路, 已行正行當行性故. 或爲無常所吞食故." (T29, 2a13f)

5   『구사론기』권1(T41, 14a28-b2), "世無別體. 依法而立. 法是世所依, 名之爲路. 謂過去法是世已行 性. 現在法是世正行性. 未來法是世當行性. 世之路故名爲世路."

개념으로, 인과가 이미 소멸한 것에 대해 과거의 시간을, 아직 생겨나지 않은 것에 대해 미래의 시간을, 그리고 이미 생겨나 아직 소멸하지 않은 것에 대해 현재의 시간을 설정하였다.[6] 이는 사실상 시간이란 실체가 아니며 유위제법(5온)에 근거하여 설정된 개념이라는 유부의 정의와 동일하다.

제행무상, 전술한 대로 모든 존재는 시간적 지속성을 갖지 않으며, 찰나에 생멸한다. 환언하면 어떤 법이 생겨나 소멸하기까지의 순간이 '찰나'이며, 이러한 찰나의 연속이 '相續(saṃtāna, pravāha)'이다. 이에 따라 시간의 최소단위(極小)로 산정된 찰나에 대해 어떤 이는 壯士가 손가락을 빠르게 튕길 때, 혹은 팽팽하게 당겨진 가는 비단 실을 백 번을 벼린 날카로운 칼로 자를 때 64찰나가 걸린다는 등의 비유로 설하기도 하였고, 또 다른 어떤 이는 세존께서는 진실의 찰나에 대해 그 분량(길이)를 설하지 않았다고도 하였다. (T27, 701b2-c8)

그럴지라도 유부의 法相(논리)에 근거하여 말하면 "어떤 법에 유위의 네 특성(有爲四相)인 生·住·異·滅의 작용이 모두 성취되는 순간이 1찰나이다."[7] 유위법이 생멸 변화하는 존재이고, 생·주·이·멸이 유위의 특성이라면 시간의 극소인 1찰나에 이러한 특성이 구현된다고 하지 않으면 안 되기 때문이다. (이러한 사유에 따르는 한, 유위법은 유위상과 결합할 때 생멸하는 것일 뿐 법 자체로서는 항상 존재한다. 이른바 '法體恒有'이다.)

이에 반해 유위4상의 개별적 실체성을 부정하는 경량부(혹은 세친)의 경우 衆緣에 따라 법 자체가 생겨나고, 소멸 또한 법의 본성으로 저절로 일어나는 것이라고 주장하기 때문에(후술) "법 자체가 획득되어 無間에 바

---

6 『대승아비달마집론』권1(T31, 665c27f), "何等爲時? 謂於因果相續流轉, 假立爲時.";『대승아비달마잡집론』권2(T31, 700c29-701a3).

7 『구사론』권5(T29, 28b6), "[若言] 我說一法諸相用皆究竟名一刹那.";『구사석론』권4(T29, 186c10-11), "[若汝說]我立刹那, 如此四相功能成名一刹那."; athāpy evaṃ brūyāt eṣa eva hi naḥ kṣaṇo yāvataitat sarvaṃ samāpyata iti. (AKBh., p.78. 20-21)

로 소멸하는 순간이 찰나이다."⁸ (이러한 사유에 따르는 한, 법 자체는 생겨나기 전이나 소멸한 후에는 존재하지 않는다. 이른바 '過未無體'이다.)

아무튼 유위제법이 시간적 지속성을 갖지 않는다고 한 이상 생겨남과 동시에, 혹은 무간에 (생겨나자마자 바로) 소멸한다고 해야 한다. '찰나(kṣaṇa)'라는 말 또한 '파괴하다' '훼손하다'는 의미의 어원 √kṣan에서 유래한 말로, 중현 역시 이같이 이해하였다. "능히 괴멸시키는 것이기 때문에 '찰나'라고 이름하였다." (주53 참조)

유위제법은 찰나적 존재이다. 법(dharma)과 찰나(kṣaṇa)는 사실상 동의어이다.⁹ 유부에서는 유위제법을 찰나적 존재, 찰나[의 시간]을 갖는 존재라는 뜻에서 '有刹那' 즉 크샤니카(kṣaṇika: 刹尼柯)라고 하였다. 크샤니카는 新舊譯에서 '刹那滅'이나 '刹那刹那滅'로 번역되기도 한다. 예컨대 세친은『구사론』「파아품」에서 "[경에서] 불(火)은 刹那滅할지라도 [전후찰나로] 상속하기 때문에 유전한다고 말한 것처럼 이와 마찬가지로 '有情(sattva)'이라 가설된 5온의 취합도 [찰나멸하지만] 愛와 取로 인해 생사를 유전한다"고 하였다.¹⁰

그러나 '諸行無常'이 불교의 기본명제일지라도 현실적으로 찰나멸설을

---

8   『구사론』권12(T29, 62a20-21), "何等名爲一刹那量. 衆緣和合法得自體頃." kṣaṇasya punaḥ kiṃ pramāṇam. samagreṣu pratyayeṣu yāvatā dharmasyātmalābhaḥ. (AKBh., p.176. 12); 보다 자세한 전후맥락은 주24 참조. 普光은 이 문구를 이같이 해설하였다. "現緣和合法得自體頃, 即便落謝, 更不經停, 名一刹那." (T41, 192b29-c2)

9   Th. Stcherbatsky, *The Central Conception of Buddhism and the Meaning of the Word 'Dharma'*, p.36.; 권오민 역,『소승불교개론』, p.96.

10   AKBh., p.472. 2-3. yathā tu kṣaṇiko 'gniḥ saṃtatyā saṃsaratīty ucyate tathā sattvākhyaḥ skandhasamudāyas tṛṣṇopādānaḥ saṃsaratīty ucyate.; "如燎原火雖刹那滅, 而由相續說有流轉, 如是蘊聚, 假說有情, 愛取爲緣流轉生死." (T29, 156c7-9),; "譬如火刹那刹那滅, 由相續故說行. 如此陰聚, 說名衆生, 以貪愛爲取, 約相續說名往還." (T29, 308a9-11) 혹은 대론자(독자부)는 "자아(ātmā) 자체가 완전히 존재하지 않는다면 刹那滅(刹那刹那 生滅)하는 마음(kṣaṇika-citta)이 어떻게 일찍이 오래전에 경험하였던 것을 기억하여 다시 인식(pratyabhijñāna)할 수 있는 것인가"라고 힐문하기도 하였다. (AKBh., p.472. 14-15.; T29, 156c26-27; 308a27-29)

모든 존재에 적용하기에는 어려움이 있다. 생멸변화를 떠난 무위법은 차치하더라도 찰나에 變異와 移動이 가능한 심·심소를 제외한 그 밖의 법, 이를테면 산하대지나 육체와 같은 색법의 찰나멸은 일상에서 경험되지 않기 때문이다. 나의 몸도, 입고 있는 옷도, 책상도 그 위의 책도 어제의 그것과 다르지 않다. 아니 바로 어제의 그것이다. 어제 보았던 책을 오늘 보고 있다. 이에 따라 正量部(『이부종륜론』에 의하면 독자부)에서는 제 유위법 중 심·심소와 소리(聲)와 빛(光)을 제외한 불상응행법이나 身表業, 육체(色身) 등의 색법은 찰나멸하지 않고 상당시간 지속하다 소멸한다는 暫住滅說을 주장하기도 하였고(후술), 후대 法稱을 필두로 하는 불교 지식론학파에서는 찰나멸(kṣaṇabhaṅga) ─ 말 그대로 '찰나의 소멸'─ 의 논증을 그들 교학의 주요과제로 삼기도 하였다. 眞諦의 『바수반두법사전』에 의하면 세친의 스승 붓다미트라가 상캬(Saṃkhya: 僧佉)의 외도와 논쟁한 것도 바로 이 문제 ─"일체 유위법은 찰나찰나에 소멸한다. 그 까닭이 무엇인가? 후 찰나를 관찰할 수 없기 때문이다"─ 에 관해서였고,[11] 실제 상캬학파에서도 역시 이에 대한 불교와의 논쟁을 남기고 있다.[12]

　　일체 諸行의 刹那滅을 주장한 부파는 『이부종륜론』에 따르면 說一切有部와 유부의 분파인 化地部와 飮光部이다.[13] 그러나 제 부파 중 찰나멸론의 대표자는 경량부이다. 후술하듯이 중현은 상좌일파의 경량부를 '刹那論者'나 '一刹那宗' 등으로 호칭하였고(주78-80), 칭우 또한 유위법(所相)과는 별도의 유위4상(能相)의 실재성을 부정한 경량부를 '刹那滅論의 毘婆沙師(kṣaṇikavādin-Vaibhāṣika)'로 호칭하였다. (AKVy., 177. 20) 중현은 삼세실유에 대해 논쟁하

11　(T50, 190a9-11), "外道云, 沙門可立義. 我當破汝. [佛陀蜜多羅]法師卽立無常義云, '一切有爲法, 刹那刹那滅. 何以故? 後不見故.'"

12　강형철(2013), 「상키야와 불교의 찰나멸에 관한 대론 연구─Yuktidīpikā를 중심으로」 참조.

13　『이부종륜론』(T49, 16c2; 17a13f; 17b1).

면서 俱舍論主 세친을 '오로지 현재 일찰나만 존재한다고 주장하는 이(唯有現在一念論宗)'로 호칭하였지만(주81), 세친 역시 『유식이십론』에서 "직접 지각하였다는 인식(pratyakṣa-buddhi: 現量覺)이 존재할 때 지각의 대상은 이미 소멸하여 존재하지 않는다"는 경량부를 '刹那論者'(현장 역)로 호칭하고 있다. 그러나 이러한 호칭에는 전·후법(과거·미래)을 부정하고 오로지 현법만을 인정함으로써 인과를 부정하는 斷見者라는 부정적 뉘앙스가 내포되어 있다. (제5장 5-3 참조)

유부와 경량부는 다 같이 찰나멸론을 주장하였지만 그 내용은 전혀 다르다. 유부는 찰나멸을 작용과 같은 법의 양태(性類, bhāva)에 한정한 데 반해 경량부에서는 법 자체(體相, svabhāva)에 적용하였다. 이에 따라 그들의 찰나멸론은 각기 三世實有說과 過未無體說로 귀결되었다. 화지부와 음광부가 찰나멸을 주장하였을지라도 화지부는 짐작컨대 경량부처럼 과미무체설을 주장하였다는 점에서 유부의 찰나멸론과 달랐을 것이고, 음광부는 아직 이숙과를 낳지 않은 [과거]업의 실유를 주장하였다는 점에서 경량부의 찰나멸론과 달랐을 것이다.

2. 상좌의 정량부 行動說 비판

1) 정량부의 행동설과 잠주멸설

유위제법의 찰나멸을 주장하는 경우 심·심소는 물론이고 산하대지조차 찰나찰나에 걸친 생멸의 연속이라 하지 않으면 안 된다. 유부에 의하면 세계는 外界를 구성하는 수많은 인연과, 이를 인식하고 인식에 수반하여 일어나는 심리적 언어적 신체적 활동을 구성하는 內界의 수많은 인연이 찰나찰나 [동시에 함께] 생성 소멸해가는 과정이다. 물론 이때 전 찰나와 후 찰나의 법은 개별적 존재(別法, dharmāntara)일뿐더러 그들에게 있어 찰나란 유위4상의 작용이 모두 성취되는 순간이기 때문에 개개찰나 또한 독립적이다. 아날로그 영화에서 실제 스크린 상에는 1초에 24장의 필름이 출현하고 사라지지만, 전후 유사하고 빠르게 전이하기 때문에 마치 하나의 지속적 현상인 것처럼 여겨지는 것이다. 우리는 이를 무비(movie) '활동사진'이라 하지만, 사실상 스크린 상에서 활동은 일어나지 않는다. 낱장의 필름이 순간적으로 나타났다가 사라질 뿐으로, 필름 자체는 언제나 정지된 상태, '스틸사진'이다.

찰나멸에 관해 논의할 때 가장 큰 문제는 業 역시 짓자마자 (일어나자마자) 소멸한다면 그것이 어떻게 미래시점에 결과를 낳을 수 있는가? 하는 것이었다. 이에 대해 유부에서는 表業의 본질을 근본업도가 성취될 때(살생의 경우 상대방의 목숨이 끊어질 때, 망어의 경우 상대방이 속아 넘어갈 때)의 신체적 형태(身形, saṃsthāna)와 말소리(語聲, śabda)로 간주하여 이로부터 낳아진 無表業이 결과를 초래한다고 주장하였다. 이에 따르는 한 업의 과보(즉 이숙과, vipāka-phala)가 가능하기 위해서는 과거의 업이 눈에 보이지 않는 형태(즉 無表色)로 존재해야 한다는 것이다. 이에 대해 飮光部(Kāśyapīya, 迦葉鞞道人)에서는 "아직 과보를 낳지 않은 업은 과거세에 존재하지만, 이미 과보를 낳은 업은 존재하지 않는다"는 식으로 유부의 주장을 분별하여 말하기도 하였다.[14]

---

[14] 『대비바사론』권51(T27, 263c25-29); 동론 권19(T27, 96b3-5); 『성실론』권3(T32, 258c10-11), "迦葉鞞道人說: 未受報業過去世有. 餘過去無."; 『이부종륜론』(T49, 17a28f), "若業果異熟卽無, 業果未異熟卽有." 참고로 『구사론』권20(T29, 104b25-27)에서는 이러한 주장을 分別說部(Vibhajya-vādin)의 것으로 평석하고 있다. "만약 어떤 이가 오로지 현재세와 아직 과보를 낳지 않은 과거세의 업만이 존재한다고 말하고, 미래세와 이미 결과를 산출한 과거세의 업은 존재하지 않는다고 말하면, 그는 分別說部로 인정된다." 중현은 이러한 分別論者를 제법(일체법)뿐만 아니라 보특가라도 존재한다고 주장하는 增益論者(정량부, 독자부), 현재 일 찰나 중 12處의 [소의가 되는] 실체(즉 界)만 존재한다고 주장하는 刹那論者(경량부), 현재법 역시 假有라 주장하는 假有論者(說假部), 일체법의 무자성을 주장하는 都無論

그런데 역시 유부계통인 正量部(Sāmmitīya)에서는 신체상에 일어나는 일련의 行動(gati, 혹은 運動)을 신표업의 본질로 이해하였다.

有餘部에서는 설하였다. 行動이 신표업이니, 身業은 몸이 움직일 때 일어나기 때문이다.[15]

有餘部에서는 말하였다. 行動이 바로 身表業이다.
행동이란 무엇인가?
諸行이 가는 것/움직이는 것(gati: 行)이다.
[諸]行이 어떻게 간다/움직인다는 것인가?
이를테면 [제행이] 다른 장소에서 일어나는 것을 말한다. 즉 제행은 혹 어느 때 본래의 장소(즉 한 장소)에서 능히 生因이 되어 생겨날 결과(所生果)를 낳기도 하지만, 혹 어느 때 緣(예컨대 思)과 화합하여 다른 장소에서 전 찰나의 원인(前因)에 인접 상속(隣續)하여 결과를 갖는 법(有果法, 신표의 운동)을 일으키기도 한다. 따라서 제행이 다른 장소에서 생겨날 때 '身業'이라고 말할 수 있는 것으로, 역시 '身表'라고도 말한다.[16]

여기서 有餘師는 稱友에 의하면 독자부, 普光에 의하면 정량부이지만, 후술하듯이 중현은 이를 '正法(정량부) 중의 어떤 이'의 설로 전한다. 行動이

者(대승空見)와 함께 설한다. (T29, 630c9-14) 이런 점으로 볼 때 分別說部는 '增益論者' 등이 그러한 것처럼 특정의 부파명칭이 아니다. 절충설을 주장한 이들을 그같이 불렀을 것이다.

15 AKBh., p.192. 22-23, gatir ity apare. prasyandamānasya hi kāyakarma no 'prasyandamānasyeti. (有餘部에서는 [형색이 아니라] 운동이 신표업이라 말한다. 신업은 몸에 운동이 존재할 때 일어나고, 몸에 운동이 존재하지 않을 때 일어나지 않기 [때문이다].); "有餘部說. 動名身表. 以身動時, 由業動故." (『구사론』, T29, 67c9f); "有餘師說. 行動名有教. 若身行動, 必由業行動故. 行動是身業." (『구사석론』, T29, 225b13f)

16 『순정리론』권33(T29, 533a14-19), "有餘部言. '動是身表.' 動名何法? 謂諸行行. 行如何行? 謂餘方起. 或時, 諸行卽於本方, 能爲生因, 生所生果. 或時緣合, 令於餘方, 鄰續前因, 有果法起. 故卽諸行, 餘方生時, 得身業名. 亦名身表."

란 간단히 말해 "諸行이 어떤 장소에서 다른 장소로 옮겨가는 것"으로,[17] 그들은 예컨대 주먹(四大와 所造色의 결합체)을 휘둘러 어떤 이를 타격하였을 경우 주먹이 a지점에서 b지점으로 장소를 옮겨가며 일어나는 일련의 運動(혹은 '行動')을 신표업의 본질로 간주하였다.

　　그러나 찰나멸론에 따르는 한 운동은 불가능하다. 운동은 그것의 근거가 된 제법(신체)의 지속을 전제로 할 때 가능하다. 중현은 정량부의 '신표업=행동'설의 이론적 근거로서 색신은 일정기간 지속한다는 暫住滅說을 다음과 같이 전하고 있다.

　　正法 중의 어떤 이는 이같이 말하였다. "[色]身이나 山 등은 오랫동안 지속(久住)하며 바로 소멸하지 않는다. 그래서 계경에서는 '어떤 부류의 몸은 10년을 머물고 -- (이하 자세한 내용은 생략함)'라고 설하였다. 또한 '羯刺藍(응혈, 수태 후의 첫 단계)은 7일간 머문다'고 설하였으며, 또한 '持地(보살명칭)는 1겁에 걸쳐 지속한다'고 설하기도 하였다. 이 같은 사실에 따라 색신은 오랫동안 지속할 수 있다는 사실을 알게 된 것이다. 따라서 [색신은] 行動을 갖으며, 그것이 表業[의 본질]이라 하는 이치도 이루어질 수 있는 것이다."[18]

　　여기서 '正法'은 窺基에 의하면 正量部(Sammatīya)이다. 그들은 자신들이 주장하는 법이야말로 邪謬가 없는 심오한 正[法]으로 올바른 지식의 근거(正量)가 되기 때문에 '정량부'라고 이름하였다.[19] 이들의 행동설에 대한 普

17　『성업론』(T32, 781c15-18), "有說. 身表行動爲性. -- 云何名行動? 謂轉至餘方."

18　『순정리론』권34(T29, 534b24-27), "於正法內, 有作是言. 身及山等, 久住不滅. 故契經說. 或有一類身住十年, 乃至廣說. 又說七日羯刺藍住. 又說持地住經一劫. 由此知身可得久住. 故有行動. 爲表理成."

19　『이부종륜론술기』(卍속장경83), pp.439하-444상.

光의 해설은 좀 더 구체적이다. 이에 따르면 유위법 중 심·심소나 소리 빛 등은 찰나멸하기 때문에 행동(운동)을 갖지 못하지만, 불상응행이나 신표업의 色身, 산천초목 등의 색법은 찰나멸하는 것이 아니라 처음 생겨나는 때, 나중에 소멸하는 때, 그리고 그 사이 머물고 변화하는 때 등에 걸쳐 상당시간 지속(多時久住)한다. 그렇기 때문에 색신은 이곳에서 저곳으로 장소를 옮겨가는(轉至하는) 일련의 行動이 가능하다.[20]

나아가『성업론』에서는 이들이 이 같은 행동설(혹은 잠주멸설)을 주장하게 된 이유로서 "전후 찰나에 걸친 諸行의 차별상을 인식할 수 없다"는 사실을 전하고 있다.[21] 예컨대 주먹으로 저쪽에 있는 어떤 이를 타격하였을 경우, 이 지점(전 찰나)의 주먹과 저 지점(후 찰나)의 주먹상의 차이가 인식되지 않기 때문에 이 지점의 주먹이 저 지점으로 옮겨간 것임을 알 수 있다는 것이다.

2) 상좌일파의 행동설 비판

정량부(혹은 독자부)의 '신표업=행동'설은 일견 당연한 것처럼 보이지만 — 그래서 중현은 이를 '世俗'설로 간주하였다(주27) — 무상의 찰나멸론과 정면으로 충돌한다. 구사논주 세친은 신표업의 본질에 관한 논의를 정량부의 행동설과 이에 대한 자신의 비판으로부터 시작하지만(주24 참조), 중현은 '찰나멸에 따른 운동 불가능'에 관한 상좌 슈리라타의 말을 인용하는 것으로부터 신표업의 논의를 시작한다.

上座는 이에 대해 이와 같이 말하였다.

---

20 『구사론기』권13(T41, 201b22-26).
21 『성업론』(T32, 781c19-20), "何緣知此轉至餘方? 謂差別相不可知故."

"어떻게 刹那滅하는 소의신 상에 운동이 일어나는 것을 身業이라 말할 수 있을 것인가? 만약 어떤 법이 이러한 때, 이러한 처소에서 생겨났다면, 운동이 일어나는 일 없이 바로 이러한 때, 이러한 처소에서 소멸한다고 해야 한다. 만약 이와 같은 사실을 인정하지 않는다면, 찰나멸의 뜻은 이루어질 수 없을 것이다. 이와 마찬가지로 語業의 경우 역시 이같이 따져보아야 한다."[22]

그리고 계속하여 "유부 아비달마(對法宗, Ābhidhārmika)에서도 '운동을 신·어표업의 본질로 인정하지 않음'을 천명하고서[23] 신표업에 관한 논의를 시작한다. 이는 곧 중현이 찰나멸론에 관한 한, 비록 상좌의 法體 생멸론을 비판할지라도(후술) 그의 문제제기를 일단은 수용하였음을 의미한다.
『구사론』 상에서의 세친의 신표업 논의는 ① 이에 대한 유부의 정의, ② 有餘部(정량부)의 행동설, ③ 행동설 비판, ④ 찰나멸론으로 이어지는데, 여기서 찰나멸론은 상좌일파의 그것을 대변한 것이다.

① 의도의 힘(citta-vaśa: 思力)으로 인해 일어난 신체상의 이러저러한 형태(saṃsthāna: 形色)를 신표업이라 한다.
② 그런데 有餘部에서는 [이같이] 설하였다. 行動(gati)을 신표업이라 이름한다. 왜냐하면 몸이 움직일 때 필시 업도 움직이기 때문이다. (주15 참조)
③ 이를 비판하기 위해 [本頌에서] "[신표업의 본질은] 행동이 아니니, 유위제법은 다 有刹那이기 때문(na gatir yasmāt saṃskṛtaṃ kṣaṇikam)"(IV. k.2bc)이라고 말하였다.

---

22 『순정리론』권33(T29, 531c21-25), "上座此中, 作如是說: 如何可說, 刹那滅身有動運轉, 名爲身業? 以若有法此時此處生, 無動運轉卽此時處滅. 若不許如是, 無刹那滅義. 如是語業, 爲難亦然."
23 『순정리론』권33(T29, 531c25-26), "非對法宗, 許動運轉, 名身語表."

④ 刹那란 무엇인가?

[衆緣에 근거하여 법] 자체가 획득됨(생겨남)과 無間에 소멸(vināśa)하는 것을 말한다. 곧 [유위]법은 이러한 찰나(kṣaṇa)를 갖기 때문에 有刹那(kṣaṇika: 刹尼柯)라고 이름하니, 이는 마치 [지팡이(daṇḍa)를 지닌 이를] 有杖人(daṇḍika)이라 이름하는 것과 같다. 일체 유위법은 [법] 자체가 획득되면 이후 존재하지 않는다. (이와 무간에 바로 소멸하여 '無로 돌아간다.': 현장 역) 만약 어떤 법이 이곳에서 생겨났으면 이곳에서 소멸하지 이곳에서 다른 곳으로 옮겨가는 것(saṃkrānti: 移轉)은 이치에 맞지 않는다. 따라서 身業[의 본질]은 '行動'이 아니다.[24]

중현에 의하면 여기서 有刹那의 해석은 세친 자신의 이해이지만(T29, 533b21f), '법 자체가 획득됨과 無間에 소멸하는 것(ātmalābho 'nantaravināśī: 得體無間滅)'이라는 찰나의 정의나 이에 근거한 행동설 비판은 상좌의 찰나멸론에 따른 것이다.

중현은 유위4상에 대해 논설하면서도 住相의 실재성을 부정한 상좌 — "諸行은 머무는(지속하는) 일이 없다. 만약 제행이 지극히 짧은 시간 동안만 머무는 것이라면, 어떠한 까닭에서 須臾·하루·한 달·한 철·한 해·劫 동안은 머물지 않을 것인가? [양자는 머문다는 점에서] 다르다고 말할 만한 근거가 없기 때문이다"(T29, 411b13-15: 제2장 주89 참조) — 를 비판하기 위해 法體에 근거한 그의 찰나멸론을 인용한다.

---

[24] AKBh., p.193. 2-4, ko 'yaṃ kṣaṇo nāma. ātmalābhād 'nantaravināśī. so 'syāstīti kṣaṇikam. daṇḍikavat. <u>sarvaṃ hi saṃskṛtam ātmalābād ūrdhvaṃ na bhavatīti</u> yatraiva jātaṃ tatraiva dhvasyate. tasyāyuktā deśāntara saṃkrāntiḥ. tasmān na gatiḥ kāyakarma.; "刹那何. 謂得體無間滅. 有此刹那法名有刹那. 如有杖人名爲有杖. <u>諸有爲法纔得自體. 從此無間必滅歸無.</u> 若此處生卽此處滅. 無容從此轉至餘方. 故不可言動名身表." (『구사론』, T29, 67c11-15); "何法名刹那? 得體無間滅. 是名刹那. 隨法有如此名刹尼柯. 譬如有杖人. <u>一切有爲法, 從得體後卽不有.</u> 是時生是時卽壞故, 執此法得度餘處, 則非道理. 是故身業非行動." (『구사석론』, T29, 225b16-20)

유위법은 어떠한 경우에도 머무는 일이 없으니, 법 자체가 획득됨과 無間
에 바로 소멸하기 때문이다.[25]

나아가 "유위제법은 법 자체는 이곳에서 생겨나 이곳에서 바로 소멸하
기 때문에 운동이 불가능하다"는 세친의 비판(밑줄)은 상좌의 제자인 邏摩
(Rāma)의 비판과도 동일할뿐더러 중현은 이를 라마의 논의로 대체하여 인
용한다.

大德 邏摩는 이같이 말하였다. "모든 行法(즉 일체 유위법)은 바로 [作用이
아니라] 법 자체가 획득되는 것(所得體)이기에 이곳에서 생겨났으면 바로
이곳에서 이러한 법 자체가 滅로 돌아간다(na bhavatīti). 따라서 行動은 존
재하지 않는다."[26]

비록 작용에 한정될지라도 역시 찰나멸론을 주장하는 유부의 정량부
비판 또한 형식상으로는 이와 크게 다르지 않다. 이렇게 정리할 수 있을
것이다. "제행은 찰나적 존재(kṣaṇika: 有刹那)로 생겨나는 찰나에 바로 소멸
하기 때문에 운동(行動)이 불가능하다. 화살은 그 자체로서는 나르지 않는
다. '화살이 나른다'는 말은 다만 세간의 언어적 표현(世俗, *saṃvṛti)일 뿐이
다. 정량부에서는 화살의 전후 찰나의 차별상을 인식할 수 없다고 하였지
만(주21), 논리(yukti: 道理) 상으로는 화살을 구성하는 諸行(4대와 소조색)이
찰나찰나 장소(위치)를 달리하여 생겨날 때 이를 '화살이 나른다'고 가설한
것일 뿐 찰나적 존재인 화살 자체는 나를 수 없다."

---

25 『순정리론』권14(T29, 411b19-20), "若謂'有爲全無有住, 得體無間卽滅故'者."
26 『순정리론』권33(T29, 533a26-28), "大德邏摩, 作如是說. 以諸行法, 卽所得體, 於是處生, 卽於是
    處, 此體還滅. 故無行動."

정량부 행동설에 대한 중현의 비판은 간단명료하다.

비록 이러한 ['신표업=행동'이라는] 이치가 있을지라도 이는 다만 오로지
世俗(세간의 假說)일 뿐이다. 그렇지만 신표업은 필시 勝義[의 법]이다. 즉
諸行은 실로 行動을 갖는 것이 아니니, 유위법은 有刹那 (찰나적 존재)이기
때문이다.[27]

말한 대로 이 같은 중현의 비판은 일견 상좌나 세친, 라마의 비판과
차이가 없어 보이지만, 유부와 경량부의 찰나멸론에는 본질적인 차이가 있
다. 상좌일파는 법 자체가 찰나에 생멸한다고 주장한 반면, 유부에서는 작
용 등의 양태가 생멸하며, 이에 따라 작용하는 현재순간은 다만 일찰나이
지만 법 자체는 생겨나기 전이든 소멸한 후든 항상 존재한다는 法體恒有를
주장하였다. 이에 따른 중현의 경량부 찰나멸설 비판은 본 장 제3절 1-1항
에서 논의하게 될 것이다.

3) 세친과 상좌의 찰나멸론: '滅不待因'說

일체 유위법이 찰나멸한다는 사실은 어떻게 알게 된 것인가? 심·심소
를 제외한 그 밖의 육체나 산하대지는 전후 찰나의 차별상을 인식할 수
없는데, 그것이 어떻게 찰나에 생멸한다는 것인가? 이에 대해 세친은, 유위
법은 생겨날 때에는 반드시 원인에 근거해야 하지만 소멸할 때는 원인에
의하지 않고 저절로/홀연히(ākasmika: 不待因, 不由因) 소멸한다는 이른바 滅
不待因說을 제시한다. 즉 소멸에는 별도의 원인이 없기 때문에 생겨난 순간
바로 소멸한다는 것이다.'

---

27 『순정리론』권33(T29, 533a19-21), "雖有此理, 但唯世俗. 而身表業, 必是勝義. 然非諸行實有行動.
以有爲法有刹那故."

유위법의 소멸(vināśa)은 원인에 근거하지 않는다.

그 이유가 무엇인가?

원인에 근거해야 하는 것은 말하자면 결과이다. 그렇지만 소멸은 비존재
(無, abhāva)로서 결과가 아니기 때문에 원인에 근거하는 것이 아니다. 소
멸이 이미 원인에 근거하는 것이 아니라고 하였으니, 생겨나자마자 바로
소멸한다. 만약 [법이] 생겨나는 첫 순간(初位)에 소멸하지 않는다면, 그
후의 순간(後位)에도 역시 그러하다고 해야 하는 것으로, 그 후의 순간의
법과 생겨난 첫 순간의 법은 자성이 동등하기 때문이다.[28]

세친은 상좌(주25)와 마찬가지로 유위4상 중 住相의 실재성 또한 이 같
은 찰나멸론에 근거하여 비판하였다. "諸法은 찰나성이기 때문에 머무는
일 없이 바로 소멸하니, 그것은 저절로 멸(自然滅)하는 것이기 때문이다.
머무는 일이 있다고 주장하는 것은 올바른 이치가 아니다."[29]

이에 대해 정량부는 세간의 직접경험에 기초하여 반론한다. "어찌 장
작(땔감)은 불과 결합할 때 멸진하여 없어지는 것(vināśa)임을 세간에서 바
로 관찰(dṛṣṭi: 現見)하지 않았던가? 그 어떤 인식수단(pramāṇa)도 이 같은
직접지각(dṛṣṭa: 現量)보다 확실한 것은 없다. 따라서 어떠한 법도 원인에
근거하지 않고 소멸하는 것은 없다."[30]

---

28 『구사론』권13(T29, 67c17-20); 『순정리론』권33(T29, 533c6-9), "謂有爲法滅不待因. 所以者何? 待
因謂果. 滅無非果. 故不待因. 滅旣不待因, 纔生已卽滅. 若初不滅, 後亦應然. 以後與初, 有性等故."

29 『구사론』권5(T29, 27c21-22), "由諸法刹那 無住而有滅 彼自然滅故 執有住非理."; kṣaṇikasya hi
dharmasya vinā sthityā vyayo bhavet. na ca vyety eva tenāsya vṛthā tatparikalpanā. (AKBh., p.77.
13-14) "찰나적 존재인 현상은 머무는 일(住) 없이 滅이 있을 것이다. 또한 그것(滅 즉
無常相)으로 인해 없어지는 일도 없다. 이 [찰나멸적 존재인 현상]에 관해서 그 [住相이
있다고] 고집하는 것은 헛된 일이다." (이종철, 『구사론: 계품·근품·파아품』, p.268)

30 『구사론』권13(T29, 67c22-24), "豈不世間現見, 薪等由與火合故致滅無? 定無餘量過現量者. 故非
法滅皆不待因."; dṛṣṭo vai kāṣṭhādīnām agnyādisaṃyogād vināśaḥ / na ca dṛṣṭād gariṣṭhaṃ pramāṇam
astīti. na ca sarvasyākasmiko vināśaḥ. (AKBh., p.193. 10-11) 이는 『순정리론』권33(T29, 534a3-5)
에서 "유위법의 소멸은 객관적 원인(客因)이 아니라 유위법 자체에 수반된 내적 원인(主

유부 또한 소멸에는 별도의 원인이 필요하다고 주장한다. 유위4상 중의 滅相(혹은 無常相)이 바로 그것이다. 이에 대해 정량부에서는 다시 멸상이 소멸의 작용을 이행하기 위해서는 다른 원인에 근거해야 한다고 비판한다. "소멸의 인연을 만날 때 滅相(anityatā-[lakṣaṇa])은 비로소 소멸되어야 할 법을 소멸시킨다."[31]

아무튼 세친은 정량부가 반론의 논거로 제시한 세간경험의 확실성에 제동을 건다. '장작이 소멸하였다'는 판단은 장작이 불과 결합한 이후 관찰되지(보이지) 않았기 때문이겠지만, 그렇다면 관찰되지 않은 것은 다만 불과 결합하여 소멸하였기 때문인가, 아니면 장작 저절로 소멸(svayam nirodha: 自然滅)하였지만 불이 장애하여 계속하여 생겨나지(續生하지) 않았기 때문인가? 등불이 바람과 결합할 때 꺼지고, 요령이 손과 결합할 때 소리를 멈추는 것도 동일한 방식으로 따져보아야 한다. 현실에서 경험되는 요령소리는 저절로 소멸하기 때문이다. 따라서 찰나멸은 경험적 사실로서 확인되는 것이 아니라 논리적 귀결로서 추론(比量)되는 것이다.

세친은 다음과 같은 두 가지 추론을 제시한다.

첫째, 소멸은 비존재(無)로서 결과가 아니기 때문에 원인에 근거하지 않는 것이다.

둘째, 만약 장작 등이 원인에 근거하여 비로소 소멸하는 것이라면, 어떠한 것도 원인에 근거하여 생겨나듯이 (원인 없이 생겨나는 일이 없듯이), 소멸 또한 어떠한 경우에도 원인 없이 일어나는 일이 없다고 해야 한다.

因, 즉 滅相)에 의해 소멸한다"는 유부 주장에 대한 반론으로 인용된다. 본 논설은 이처럼 무기명으로 언급되지만, 세친은 유위4상에 대해 논설하면서 이를 다른 부파(餘部, nikāyāntarīya) 설로 인용한다. (次註 참조)

31　『구사론』권5(T29, 28b27), "餘部說. 遇滅因緣, 滅相方能滅所滅法."; yo 'py āha nikāyāntarīyo "vināśakāraṇaṃ prāpyānityatā vināśayatī"ti. (AKBh., p.79. 10) 이처럼 『구사론』 상에서는 이를 다른 부파(nikāyāntarīya, 餘部)의 학설로 인용하고 있지만, 稱友도 普光도 공히 聖 정량부(ārya Saṃmatīya)의 주장으로 평석하였다. (AKVy., p.179. 9; T41, 107a11f).

그렇지만 세간현실을 관찰하건데 지각(buddhi)이나 불꽃, 말소리 등은 별도의 다른 원인에 근거하지 않고서 찰나에 저절로 소멸한다. 따라서 장작 등의 소멸도 역시 원인에 근거하지 않는 것이다.[32]

불꽃의 경우 바람이 불든 불지 않든 찰나찰나 생멸하는 것으로, 다만 바람이 불지 않을 때에는 소멸과 동시에 다음 찰나의 불꽃(後法)이 계속하여 생겨날 수 있지만, 바람이 불 경우 다음 찰나의 불꽃이 계속하여 생겨나지 않을 뿐으로, 바람이 소멸의 직접적인 원인이 아니라는 것이다.

중현 역시 이와 동일하게 논의한다.[33] 다만 유위법의 소멸에 객관의 외적 원인(客因)은 필요하지 않지만 유위법 자체에 수반된 내적 원인(主因)이 필요하다. 유부에 의하는 한 유위법의 소멸은 本法에 수반된 (혹은 '本法과 결합한') 유위4상 중의 滅相(=無常相)에 의한 것이기 때문이다. 중현은 이 같은 주장의 논거로서 "諸行은 無常한 것으로, 生滅을 갖는 법이다(諸行無常, 有生滅法)"는 등의 경설을 제시하기도 하였고,[34] 有刹那(kṣaṇika: 刹那滅) 또한 찰나를 어원(√kṣan: '滅壞')에 따라 無常相(=滅相)을 갖는 것으로 해석하기도 하였다. (주53 참조)

이에 따라 중현은 찰나멸에 대한 세친의 논증(주28)을 다음과 같이 수정하였다.

현재 존재하는 법의 소멸은 객관적/외적 원인(客因)에 근거한 것이 아니다. [소멸이] 이미 객관의 원인에 근거한 것이 아니라고 하였으니, 생겨나자마자 바로 소멸한다. 만약 [법이] 생겨나는 첫 순간에 소멸하지 않는다

---

32 『구사론』권13(T29, 67c28-68a3), "何謂比量? 謂如前說. 滅無非果故不待因. 又若待因薪等方滅, 應一切滅無不待因. 如生待因, 無無因者. 然世現見, 覺焰音聲, 不待餘因刹那自滅. 故薪等滅亦不待因."

33 『순정리론』권33(T29, 534a2-18).

34 『순정리론』권33(T29, 533c11-12).

면, 그 후의 순간에도 역시 그러하다고 해야 하니, 이후 순간의 법과 생겨
나는 첫 순간의 법은 주체적/내적 원인(主因 혹은 內因, 즉 유위4상)이 동
등하기 때문이다. [생겨난 법이] 이후 멸진하는 것을 이미 관찰하였으니,
그 전에 찰나 찰나에 걸쳐 소멸하였음을 알 수 있는 것이다.[35]

세친의 滅不待因說은 사실상 유위4상, 그중에서도 특히 滅相의 개별적
실재성 비판에 따른 이론적 귀결이기 때문에 이는 바로 상좌 슈리라타에게
서 유래한 것이라 할 수 있다. 중현은 滅相의 실재성을 부정한 다른 어떤
이(有餘師)의 주장을 다음과 같이 전하고 있다.

다른 어떤 이는 이같이 힐난하였다. 만약 無常相(anityatā, 즉 滅相)이 [유위
제법의 현실태인] 無常性을 떠나 별도의 실체로서 존재하는 것이라면, 이
를 어찌 "[현실의] 괴로움(苦[性])를 떠나 '괴로움의 보편적 특성(苦相)'이
별도로 존재한다"고 말하는 것이라 하지 않겠는가?[36]

이는 "'지속(住, sthiti)'이라는 현실태를 설명하기 위해 本法(지속하는
법)과는 별도의 실체로서 住相(지속하게 하는 법)을 설정하는 것은 존재·하
나·길다·짧다는 등의 현실을 설명하기 위해 이와는 별도의 실체로서 존재
성(有性)·단일성(一性)·장성(長性)·단성(短性)이라는 등의 보편적 특성을
설정하는 것과 같다"(T29, 412c9-12: 제2장 주88)는 상좌의 비판과 동일한
논리이기 때문에 상좌 혹은 상좌일파의 논의로 이해할 수 있다.

유부에 의하는 한 生相과 滅相은 생겨나고 소멸하는 법(즉 本法)과 동시

---

35 『순정리론』권33(T29, 533c28-534a2), "故我此中, 作如是釋. 現有法滅, 不待客因. 旣不待客因, 纔
生已卽滅. 若初不滅, 後亦應然. 以後與初, 主因等故. 旣見後有盡, 知前念念滅."

36 『순정리론』권14(T29, 412a21-22), "有餘難言. 若無常相, 離無常性, 別有體者, 何不離苦, 別有苦相?"

에 존재하는 개별적 실체이기 때문에 제행의 소멸에 별도의 원인이 필요하
지 않다면 생기의 경우에도 역시 그러하다고 해야 하지만, 생기에는 반드
시 원인이 존재한다. 이에 대해 대론자(다른 어떤 이, 즉 상좌일파)는 양자
는 경우가 다르다 ―"생기는 원인에 근거하여 일어나지만 소멸은 원인에 근
거하지 않고 일어난다"― 고 말하고 다음과 같은 차별의 근거를 제시한다.

> 이를테면 諸行의 생기는 반드시 원인에 근거하여 일어나기 때문에 생겨
> 날 때 늦고 빠름의 차별을 바로 관찰할 수 있지만, 만약 제행의 소멸 역시
> 원인에 근거하여 일어나는 것이라면 역시 마땅히 소멸할 때 늦고 빠름의
> 차이가 있다고 해야 한다. 그러나 만약 소멸이 생기와 마찬가지로 때에
> 따라 늦고 빠름이 있다고 한다면, 제행은 찰나에 소멸한다는 '刹那滅'의
> 종의에 위배되고 만다. 따라서 알아야 한다. [제행은] 원인 없이 자연적으
> 로 (저절로) 소멸한다고 하면 그 같은 허물이 없을 것이다.[37]

『대비바사론』이래 유위4상의 개별적 실재성을 부정한 이들은 譬喩者
였다. 중현 또한 세친의 찰나멸론인 滅不待因說(주28)을 비판하면서 "비유
자는 일찍이 들어보지 못한 도리로써 생기(起)와 비존재(無)가 有爲相이라
는 異端의 주장을 일으켰다"고 비난하였다. (T29, 533c21f) 이는 세친의 찰나
멸론이 비유자의 사상임을 의미한다.

세친은 이후 『성업론』에서도 이러한 滅不待因의 견해를 밝히고 있으
며,[38] 유위4상의 假立을 주장하는 유가행파 역시 運動 부정과 함께 滅不待因
의 찰나멸론에 대해 논설한다. 여기서는 물론 유부에 의해 소멸의 원인(滅

37　『순정리론』권14(T29, 412b10-13), "謂諸行生必待因故, 現見生時遲速差別. 若諸行滅, 亦待因者,
　　亦應滅時遲速有異. 滅若如生, 時有遲速, 便違諸行刹那滅宗. 故知, 無因自然而滅, 無斯過失."
38　『대승성업론』(T31, 782a1-24), "--是故滅法決定無因. 滅無因故纔生卽滅."

因)으로 제시된 滅相(또는 無常相)도 비판한다.[39]

그렇지만 세친의 '滅不待因'說은『대비바사론』의 비유자 설을 따른 것이라기보다 이들을 계승한 上座宗에 따른 것이다.『대비바사론』에는 비유자의 멸부대인설이 두 번에 걸쳐 인용되고 있다.

> 어떤 이는 "諸法이 생겨날 때에는 비록 원인에 의해 생겨날지라도 제법이 멸할 때에는 원인에 의해 멸하는 것이 아니다"고 주장하였는데, 譬喩者가 그러하다.[40]

> 譬喩尊者는 이같이 설하였다. "生은 인연에 근거해야 하지만, 滅은 그렇지 않다. 예컨대 사람이 화살을 쏠 때는 힘이 필요하지만 떨어질 때는 그렇지 않으며, 도공이 물레를 돌릴 때에는 힘이 필요하지만 멈출 때에는 그렇지 않은 것과 같다."[41]

『대비바사론』에서는 각기 能作因과 因緣에 대해 논의하게 된 연유로서 비유자의 滅不待因說을 언급하고 있지만,『구사론』이나『성업론』,『성유식론』혹은『유가사지론』에서는 모두 '身表業의 본질=多찰나에 걸친 行動(gati)'이라는 정량부의 暫住滅說을 비판하는 刹那滅論의 논거로 이를 언급하였다. 그것은 경량부(즉 상좌일파)도, 유가행파도 찰나멸하는 색신의 찰나찰나에 걸친 운동과 말소리를 신표업과 어표업으로 가설한 것이라 주장하였기 때문이었다.

39　『유가사지론』권53(T30, 589b21-22; 주43 참조).; 권54(T30, 600a10-b11).;『성유식론』권1(T31, 4c11-13).

40　『대비바사론』권20(T27, 103c19-20), "或復有執: 諸法生時, 雖由因生, 而諸法滅時, 不由因滅, 如譬喩者."

41　『대비바사론』권21(T27, 105a27-29), "譬喩尊者作如是說: 生待因緣, 滅則不爾. 如人射時, 發箭須力, 墮則不然. 如陶家輪轉時須力, 止則不爾."

[경량부:] 上座는 이[러한 표업]에 대해 이와 같이 말하였다.

"어떻게 刹那滅하는 소의신 상에 운동이 일어나는 것을 身業이라 말할 수 있을 것인가? 만약 어떤 법이 이러한 때, 이러한 처소에서 생겨났다면, 운동이 일어나는 일 없이 바로 이러한 때, 이러한 처소에서 소멸한다고 해야 한다. 만약 이와 같은 사실을 인정하지 않는다면, 찰나멸의 뜻은 이루어질 수 없을 것이다. 이와 마찬가지로 어업의 경우 역시 이같이 따져 보아야 한다." (이상 주22) --(중략)--

[그렇다면] 저 上座가 주장한 신·어표업은 어떠한가?

그는 이같이 말하였다. "다른 緣(즉 思)의 힘으로 인해 大種과 所造의 色聚(大造聚, 즉 신체)가 방소(장소)를 달리하여 생겨나게 될 때, 후 찰나의 결과는 전 찰나의 원인과 無間으로 일어나 능히 이익(攝益, 즉 樂)이 되기도 하고 혹은 손해(損害, 즉 苦)가 되기도 하니, 바로 이와 같은 色聚를 身表業이라 한다. 그리고 世俗인 補特伽羅의 이러저러한 말소리(語言)로서 緣에 따라 일어나 이와 같은 [이익과 손해의] 결과를 낳는 것을 語表業이라 한다. 그러나 勝義의 관점에서 볼 때 [이러한] 法에는 主宰(*svāmin, 진실의 보특가라: 제6장 주60)가 존재하지 않기 때문에 다수의 實界(극미)가 화합한 것을 '表(vijñapti)'라는 말로 설정([假立)하였으니, 하나의 실체(一物, 하나의 극미)는 능히 단독으로는 表示될 수 (알려질 수) 없기 때문이며, 또한 그밖에 달리 '표시된 것'이라고 말할 만한 것은 존재하지 않기 때문이다."[42]

[유가행파:] 오로지 신체가 이곳에서 소멸하고서 저곳에서 생겨나거나 혹은 [소멸한] 이곳에서 다만 變異하여 생겨나는 경우 이를 身表業이라 하며, 오로지 말소리가 그러한 경우 이를 語表業이라 한다. 그리고 오로

---

42 『순정리론』권33(T29, 532b15-21), "彼上座所立身語業云何? 彼作是言: 餘緣力故, 令大造聚異方生時, 後果前因無間而轉, 能爲攝益, 或爲損害. 即如是聚, 名身表業.; 即以世俗補特伽羅, 如是語言從緣而起, 生如是果, 名語表業. 以約勝義, 法無主宰. 故多實界合立表名, 一物不能獨表示故, 又無餘物名爲表故."

지 마음의 조작(abhisaṃskāra)을 일으키는 思(cetanā)가 그러한 경우 이를
意表業이라 한다. 왜냐하면 일체의 [有爲諸]行은 다 刹那[滅]하기 때문에
그것이 이곳으로부터 저곳에 이른다고 하는 것은 이치에 맞지 않기
때문이다. 또한 오로지 [찰나에] 생멸하는 諸行을 떠나 眼·耳處나 意處
에 의한 그 밖의 진실의 作用은 다 不可得이다. 그렇기 때문에 일체의
表業은 다 假有임을 알아야 한다.[43]

이렇듯 『순정리론』에서 정량부의 행동설 비판은 상좌 슈리라타의 찰
나멸론으로부터 시작되고, 『구사론』에서 세친이 그들의 잠주멸설 비판 논
거로 삼은 멸부대인설은 『대비바사론』의 비유자에서 유래한 것이기 때문
에, 또한 『유가사지론』에서의 찰나멸론 역시 신·어표업 가유론에서 비롯
되고 있기 때문에, 『대비바사론』의 비유자 또한 신·어표업의 실재성을 부
정하고 이 역시 意業과 마찬가지로 思를 본질로 한다고 주장하기 때문에,[44]
세친의 찰나멸론은 상좌 계통의 비유자에 의해 확립된 것이라 할 수 있다.

4) 중현의 찰나멸 논증

세진은 정량부 행동설의 근거가 된 색신의 잠주멸설(주18)을 '滅不待因'
이라는 비유자 설로 비판하였지만, 그렇다먼 비록 유위법 자제에 수반된
내적원인인 滅相에 의한 것일지라도, 또한 작용에 한정될지라도 역시 찰나
멸의 입장을 견지하는 유부의 경우는 어떠한가? 중현의 비판은 크게 세

---

43 『유가사지론』권53(T30, 589b19-24), "此中唯有身餘處滅, 於餘處生. 或即此處唯變異生, 名身表
業. 唯有語音, 名語表業. 唯有發起心造作思, 名意表業. 何以故? 由一切行, 皆刹那故, 從其餘方徙
至餘方, 不應道理. 又離唯諸行生餘實作用由眼耳意, 皆不可得. 是故當知! 一切表業, 皆是假有."
"諸行은 다 찰나에 [소멸하여 찰나도] 머물지 않거늘 하물며 작용할 것인가?"(T30,
363a25f: 제6장 주63 참조) 상좌와 유가행파의 無作用論에 대해서는 제6장 5절 참조.
44 『대비바사론』권113(T27, 587a7-8), "又譬喻者說: 身語意業, 皆是一思."

가지 관점에서 이루어진다.

첫째는 정량부 역시 찰나멸하는 것으로 인정한 심·심소와의 관계에
근거한 논증(五支作法)이다. 인용하면 이러하다.

[宗:] 色身은 찰나에 소멸한다.

[因:] 마음 등에 따라 轉變하는 것임을 관찰할 수 있기 때문이다.

[喩:] 이를테면 괴로움이나 즐거움, 탐욕, 미움 등을 일으킬 때 색신의 형
    상도 마음 등에 따라 전변함을 관찰할 수 있다.

[合:] 이미 마음 등이 찰나찰나 소멸하는 법이라고 하였으니, 색신의 전변
    도 그에 따른 것이라고 해야 한다.

[結:] 따라서 [색신이] 찰나멸한다는 사실도 성립한다.[45]

[宗:] [色身은 찰나에 소멸한다.]

[因:] 색신과 마음은 안락함과 위태로움(安危)을 함께하기 때문이다.

[喩:] 이를테면 색신은 이미 찰나멸하는 마음에 의해 執受(유지)되는 것이
    라고 하였다. (따라서 반드시 안락함과 위태로움도 함께하는 것이라고
    해야 하는 것이다. 즉 색신은 識이 상속하기 때문에 오랜 시간동안 지
    속할 수 있는 것으로, 識이 만약 몸을 떠난다면 바로 문드러져 괴멸하
    고 만다.)

[合:] 이미 [색신이] 찰나멸하는 마음과 안락함과 위태로움을 함께하는
    것이라고 하였다.

[結:] 따라서 색신도 마음과 마찬가지로 찰나멸하는 것이라고 해야 한다.[46]

---

45 "身刹那滅. 見隨心等有轉變故. 謂見身相, 於起苦樂貪瞋等時, 隨心等轉. 旣隨心等, 念念滅法, 身有
轉變. 故刹那滅義成." (T29, 534b29-c3)

46 "又身與心等安危故. 謂身旣是刹那滅心所執受. 故必安危等. 以身有識續住多時, 識若離身, 卽便爛
壞. 旣與刹那滅心等安危. 故身應如心必刹那滅." (T29, 534c3-7)

둘째, 경문을 통한 논증이다. 계경에서는 색신에 대해서도 心識의 경우와 마찬가지로 찰나멸하는 것으로 설하였다는 것이다.

> "이러한 心·意·識은 찰나와 납박(臘縛)과 모호율다(牟呼栗多)에 걸쳐 다른 것이 생겨나고 다른 것이 소멸한다."
> "색신은 그러한 찰나 등의 상태에 걸쳐 쇠퇴하고 늙고 고갈된다."
> "비구들이여! 諸行은 어떠한 경우에도 지속하는 일이 없으며, 신속하게 壞滅한다."
> "비구들이여! 諸行은 허깨비(幻)처럼 혹은 증가하기도 하고 혹은 감소하기도 하니, [찰나에] 잠시 머물다가 바로 소멸(暫住卽滅)한다."[47]

이 중 네 번째 경증(『撫掌喩經』, 현존 경은 잡아함 제273 『合手聲譬經』)은 상좌 슈리라타가 불타(大師)의 말씀 즉 佛說로 수용하기를 거부한 것이다. (T29, 412a6) 만약 諸行이 지극히 짧은 시간이라도 머무는 것이라고 한다면 須臾(모호율다)나 하루 나아가 劫 동안도 머물지 않을 까닭이 없어야 하며, 아함(阿笈摩)에서도 역시 제행은 어떠한 경우에도 머무는 일이 없다고 설하였기 때문이라는 것이다.[48] 그러나 중현은 여기서의 '머문다(住)'는 말을 相續의 뜻으로 해석한다. 이는 곧 제행이 전후찰나에 걸쳐 서로 유사하게 상속한다는 사실에 근거하여 가설한 말로서, 경에서는 마음에 대해서도 역시 '머무는 것'으로 묘사하였다는 것이다.[49]

아무튼 우리는 상좌가 이 경을 불설로 인정하지 않았다는 사실을 통해

---

47 "謂契經言. '是心意識, 刹那臘縛牟呼栗多, 別異而生, 別異而滅.' 又契經說. '身於彼彼刹那等位, 衰老枯竭.' 又契經言. '苾芻, 諸行無有住止. 速歸壞滅.' 又言. '苾芻, 諸行如幻. 或增或減. 暫住卽滅.' (T29, 534c7-11)

48 『순정리론』권14(T29, 411b13-17). 권오민(2012), 『상좌 슈리라타와 경량부』, p.589 참조.

49 『순정리론』권34(T29, 534c14-16), "而言住者, 但約諸行相似相續, 假說無違. 亦有契經說心有住. 如言, '心住不可移轉.'"

서도 그가 보다 엄격한 찰나멸론(말하자면 ‘法體 剎那滅論’)을 주장하였음을
알 수 있는데, 이는 바로 過未無體論으로 이어지기 때문에 다음 절에서 다시
논의하게 될 것이다.

셋째, 體性(본체)과 相用(형상과 작용)의 관계에 근거한 논증이다. 소와
말의 相(모습)이 다른 것은 체성이 다르기 때문이듯이, 혹은 우유(乳)와 요
구르트(酪)처럼 相(색깔: 顯色)은 동일할지라도 이와 함께 하는 작용(맛)이
다른 것은 체성이 다르기 때문이듯이, 색신 또한 전후 찰나의 相이 동일하
지 않은 것은 소의가 된 실체의 화합(界聚)이 전후찰나에 걸쳐 각기 다르기
때문으로, 색신의 찰나멸 또한 지극히 상식적인 이치라는 것이다.[50]

참고로 이러한 세 번째 논증은『성업론』상에서 행동설의 비판논거로
제시된다. 즉 세친은 “색신은 전후의 차별相을 인식할 수 없기 때문에 諸行
에 行動이 일어났음을 알게 된 것”이라는 정량부의 논의(주21)에 대해 “변
화물(熟變物)은 불이나 빛 등 변화의 인연과 잠깐이라도 접촉하면 [전후의]
차별이 존재하지만 그 차별상을 인식할 수 없다. 그렇다고 전후 차별상이
존재하지 않는 것은 아니듯이 색신 또한 역시 그러하다”고 논박하였다.[51]
물론 세친이 제행의 전후차별을 소의가 된 법 자체의 차별로 생각하지는
않았을 것이다. 그는 일찍이『구사론』에서 상좌와 마찬가지로 법 자체의
찰나멸을 주장하였기 때문이다. (주24)

---

50 『순정리론』권34(T29, 534c20-27).
51 『대승성업론』(T32, 781c20-29).

3. 상좌의 本無今有論

1) 중현의 법체 항유론

(1) '상좌일파의 찰나멸론' 비판

앞서 논의한 대로 경량부와 유부는 찰나멸론에 근거하여 정량부의 '신표업=行動'설을 비판하였다는 점에서 일치한다. 중현은 이에 대한 상좌의 비판(주22)을 인용하는 것으로 신표업의 본질(體性)에 관한 논의를 시작하였지만, 법체의 실유(恒有)를 인정하지 않는 한 찰나멸을 논할 수 없다고 비판한다. 즉 경량부에서는 유위4상의 개별적 실재성을 부정하고서 衆緣에 따라 본래 존재하지 않던 법이 지금 존재하는 것(本無今有)을 '生'이라 하였고 존재하다 다시 비존재가 되는 것(有已還無)을 '滅'이라 하였다. (주75 참조) 이에 따라 상좌도, 라마도, 세친도 찰나를 '법 자체가 획득됨(생겨남)과 무간에 바로 소멸하는 것(ātmalābho 'nantaravināśī: 得體無間滅)', 혹은 '비존재가 되는 것(na bhavatīti: 還無)'으로 규정하였다.

이에 대해 중현은 [미래의] 법 자체가 존재하지 않는다면 그것이 '획득된다'는 표현조차 불가능하다(不應有)고 말한다. 실유의 법 자체가 존재하지 않는다면서 그것의 획득을 말하는 것은 불합리할뿐더러 비존재(無法)를 찰나적 존재(有刹那)라고 말하는 것은 '말의 뿔(馬角)은 무상하다'고 말하는 것과 같다고 비판하였다. (T29, 533b25f) 그는 앞서 정량부 행동설에 대한 邏摩의 비판(주26)에 대해 이같이 시비하기도 하였다.

비록 이러한 이치(제행의 찰나멸)가 있다고 할지라도 [법은] 그 자체로서 존재하는 것이라고 해야 "[諸]行은 [이곳에서 생겨나] 이곳에서 소멸한다"고 할 수 있다. 그러나 [라마는] 이미 미래의 법 자체가 존재하지 않는다고 주장하였는데 어떻게 "[모든 행법은] 법 자체가 획득되는 것이기에 이곳에서 생겨났으면--”이라고 말할 수 있을 것인가? 또한 만약 [법] 자체가 획득되는 것이라면 다시 ‘생겨난다’고 해서는 안 된다. 그러나 [그는] 이미 다시 ‘생겨난다’고 하였으니, [생겨나는 것은] 이미 획득된 법 자체가 아니다. 따라서 그가 설한 바는 자신의 종의에 위배되는 것이다.[52]

요컨대 본래 존재하지 않던 법 자체가 획득되고 생겨나는 것이 아니라 본래부터 존재하였지만 아직 생겨나지 않은 어떤 법(즉 미래법)이 생겨난다는 것이다. 유부의 경우 법 자체는 恒有(혹은 常有)이기 때문에 생멸하는 것은 법 자체가 아니라 작용 등의 양태(性類)이다. 곧 법이 ‘생겨난다’고 함은 미래로부터 현현하는 것이며, ‘소멸한다’고 함은 과거로 사라지는 것이다. 그리고 법이 생겨나 사라지는 (다시 말해 ‘생멸하는’) 순간이 현재이다. 앞서 언급하였듯이 그들은 어떤 법이 生·住·異·滅의 유위4상의 작용을 모두 성취하는 순간을 찰나로 규정하였다. (주7) 유부에 있어서도 찰나(혹은 생멸)는 오로지 현재 순간에 한정된다. 그렇지만 현재란 다만 법이 작용(현상)하는 순간으로, 이러한 점에서 그들은 유위제법을 有刹那, 즉 찰나적 존재(kṣaṇika)라고 하였다.

중현은 찰나에 대해 이같이 논설하였다.

[문:] [“유위법은 有刹那이기 때문에 諸行은 실로 行動을 갖지 않는다.” (주 27)고 하였는데, 여기서] 찰나란 무엇을 말한 것인가?

[답:] 이를테면 극소의 시간(時)으로, 이는 더 이상 前後로 分析할 수 없는 것이다.

[문:] 다시 시간이란 무엇인가?

52　『순정리론』권33(T29, 533a28-b3), “雖有此理, 然有體, 行可是處滅. 旣執未來法體未有, 如何可說? ‘卽所得體, 於是處生.’ 又若得體, 不應復生. 旣復須生, 非已得體. 故彼所說, 自宗相違.”

[답:] 이를테면 [유위제법의] 과거·미래·현재의 分位(상태)가 [已滅·未生·已生未滅로] 동일하지 않은 것으로, 이에 따라 제행의 차별을 알게 된다. 즉 이러한 시간 중에서 극소인 (다시 말해 前後의 분석이 불가능한) 諸行의 分位를 '찰나'라고 하였다. 그래서 如是說(유부 毘婆沙)에서 "시간의 극소(極促)를 찰나라고 말한다'고 설하였던 것이다.

여기서 찰나는 다만 제법이 작용을 갖는 상태를 말한 것으로, 이는 오로지 현재이다. 즉 현재법은 [찰나의] 분량(길이)만큼 머물기 때문에 '有刹那'라고 말한 것으로, 마치 [月子(여인의 머리에 드리우는 가발)를 쓴 이를] '有月子'라고 하는 것과 같다. 혹은 능히 壞滅시키는 것(kṣan)이기 때문에 '찰나(kṣana)'라고 말한 것으로, 이는 바로 능히 원인이 되어 제법을 소멸시킨다는 뜻이다. 즉 無常相(즉 滅相)은 능히 제법을 소멸시키니, 이러한 相과 俱行하는 법을 '有刹那'라고 말한 것이다.[53]

세친 역시 정량부의 행동설을 비판하면서 "유위법을 有刹那라고 말한 것은 지팡이(杖)를 지닌 이를 有杖人이라 말하는 것과 같다"고 하였는데(주24), 중현은 찰나(즉 無常相)와 이러한 찰나를 갖는 유위법의 개별적 실재성을 인정하지 않는 한 이러한 비유는 불가능하다고 비판하였다. 有杖人은 지팡이와 사람의 別體를 전제로 한 비유이기 때문이다.[54]

요컨대 상좌일파의 찰나멸론에 대한 중현의 지적은 그들이 찰나를 법

---

53 『순정리론』권33(T29, 533b7-14), "刹那何謂? 謂極少時. 此更無容前後分析. 時復何謂? 謂有過去未來現在, 分位不同. 由此數知諸行差別. 於中極少諸行分位, 名爲刹那. 故如是說, 時之極促, 故名刹那. 此中刹那, 但取諸法有作用位, 謂唯現在. 卽現在法. 有住分量, 名有刹那. 如有月子. 或能滅壞, 故名刹那. 是能爲因, 滅諸法義. 謂無常相, 能滅諸法. 此俱行法, 名有刹那."

54 『순정리론』권33(T29, 533b22-25), "彼釋非理. 如杖異人, 不可說故. 喩不同法. 非別有法, 異於得體無間滅性, 如何可說, '此有刹那, 如人有杖.' (그의 해석은 올바른 이치가 아니니, 사람과는 다른 존재인 '지팡이와 같다'고는 말할 수 없기 때문으로, 비유가 동일하지 않은 법이다. '그 자체 획득됨과 무간에 바로 소멸하는 것'과 다른 법(즉 無常 즉 滅相)이 별도로 존재하는 것이 아니라면, 어떻게 '이러한 [유위법이] 찰나를 갖는 것은 마치 사람이 지팡이를 갖는 것과 같다'고 말할 수 있을 것인가?)"

자체가 생멸하는 순간으로 이해하여 법체의 실유성을 부정하였다는 것이다. 중현은『구사론』「세간품」상에서 논설된 찰나의 분량(길이) ─"衆緣의 화합에 따라 법 자체가 획득되어 [무간에 바로 소멸하는] 순간"(주8)─ 에 대해서도 상좌일파(라마와 세친)의 찰나멸론과 동일한 형식으로 비판한다. 이로써 법체에 대한 유부와 경량부의 대론의 대강을 살필 수 있기 때문에 전재하면 이와 같다.

[문:] 일찰나의 분량은 어떠한가?

[중현:] 經主(세친)는 제멋대로 "衆緣이 화합함에 따라 법 자체가 획득되는 순간"이라고 해석하였다. 그러나 이러한 해석은 이치상 누구도 인정할 수 없을 것(不極成)이니, 법이 생겨나기 전에 법 자체가 존재하였다고 해야 할 것인지, 존재하지 않았다고 해야 할 것인지 살폈어야 하였다. 즉 아비달마논사(對法者, Ābhidhārmika)는 "중연이 화합할 때 제법은 生 [相]을 획득할 뿐 그 자체[의 존재성](體性)을 획득하는 것이 아니"라고 말하니, 아직 생겨나지 않은 제법(즉 미래법)도 그 자체 이미 존재하고 있기 때문이다.

[문:] 법 자체가 이미 존재하는 것이라면, 무슨 소용에서 다시 생겨날 것인가?

[중현:] 衆緣이 화합할 때, 법 자체가 이미 존재하고 있을지라도 그것은 능히 결과를 낳을 수 있는 상태(牽果位)에 이르게 되어 뛰어난 작용을 일으키기 때문으로, 이를 '生'이라 하였다. 그리고 현재에 이르러 이미 생겨났으면 바로 결과를 낳으며, 결과를 낳는 작용이 종식되면 이를 '과거'라 한다.

[문:] [그렇다면] 미래법(즉 법체가 아직 생겨나지 않은 상태)은 어찌하여 결과를 낳는 공능을 갖지 않는 것인가?

[중현:] 이러한 책망은 옳지 않으니, 이는 어떤 이가 "미래법은 어찌하여 현재법이라 말하지 않는 것인가?'라고 책망하는 것과 같기 때문이다.

즉 우리(유부)는 [법이] 결과를 낳는 작용을 [가질 때를] '현재'라고 말한다. 그렇기 때문에 그같이 책망해서는 안 된다.

[문:] 어떠한 이유에서 이와 같은 [法體恒有의] 宗義를 고집하는 것인가?

[중현:] 만약 이와 다른 종의라면, 무릇 제시된 어떠한 주장도 이루 헤아릴 수 없을 만큼 많은 正理와 聖敎에 어긋나는 변명일 뿐이기 [때문이다].[55]

이하 계속하여 법체 항유론에 대한 유부의 正理와 聖敎에 대해 알아본다.

(2) 법의 體相(본체)과 性類(양태)

법 자체는 생겨나는 일도 없고 소멸하는 일도 없다. 생겨나고 소멸하는 것은 법의 本體, 본질적 측면(svabhāva: 體相)이 아니라 양태 등의 현상적 측면(bhāva: 性類)이다. 법 자체는 현재의 법이든 과거·미래의 법이든 동일하다. 삼세의 차별은 양태 등에 의한 것이다. 유부 毘婆沙에서는 고래로 삼세의 차별은 ① 양태(bhāva: 類), ② 양상(lakṣaṇa: 相), ③ 상태(avasthā: 位), ④ 상대적 관계(apekṣa: 待)에 의한 것이라는 네 해석 중 세 번째 世友(Vasumitra)의 견해(位不同說)을 善說로 채택하였다. 이는 곧 작용(kāritra)하는 상태에 따라 삼세를 설정한 것으로, 동일한 주판알이라고 할지라도 일의 위치에 놓이게 되면 일로 일컬어지고, 백이니 천의 위치에 놓이게 되면 백이나 천으로 일컬어지듯이 유위법으로서 아직 작용하지 않거나 이미 작용한 상태에 있는 것을 未來世와 過去世라 하고, 지금 작용하고 있는 상태를 現在世라고 하였다.[56]

---

55 『순정리론』권32(T29, 521b23-c4), "何等名爲一刹那量? 經主率意, 作是釋言. 謂衆緣合時, 法得自體頃. 如是所釋, 理不極成. 應審法生前, 體爲有非有. 對法者說, 衆緣合時, 諸法得生, 非得自體, 未生諸法, 已有體故. 法體已有, 何用復生? 衆緣合時, 體雖已有, 而能令彼至牽果位, 起勝作用, 故說爲生. 至現已生, 正能牽果. 牽果用息, 說爲過去. 未來何故, 無牽果能? 此責不然. 卽如有責未來何不名現在故. 諸牽果用, 我說現在. 是故不應作如是責. 何緣固執如是義宗? 若異此宗, 凡有所立, 現與無量理教相違辯."

56 『대비바사론』권77(T27, 396b6-8), "以依作用立三世別. 謂有爲法未有作用名未.來世. 正有作用

문: 제 유위법으로서 미래법이 생겨날 때 이미 존재하였기 때문에 생겨난 다고 해야 할 것인가, 아직 존재하지 않았기 때문에 생겨난다고 해야 할 것인가?

설령 그렇다고 한다면 어떤 과실이 있는 것인가?

두 가지 모두에 과실이 있다. 만약 이미 존재하였기 때문에 생겨나는 것이라고 한다면 그 自體가 이미 존재하였거늘 무슨 소용에서 다시 생 겨날 것인가? 만약 아직 존재하지 않았기 때문에 생겨나는 것이라고 한다면 일체법은 본래 존재하지 않던 것이 지금 존재하는 것(本無今有) 이기 때문에, "일체가 존재한다(sarvam asti: 一切有)'는 [계경(『잡아함』 제320 「一切有經」)] 說이 성취될 수 없다.

답: 마땅히 이미 존재하던 것이 생겨난다고 해야 한다.

문: 만약 그렇다면 뒤의 문제는 잘 회통될 수 있겠지만 앞의 문제는 어떻 게 회통해야 할 것인가?

답: [법] 자체가 이미 존재하였을지라도 작용을 갖지 않았던 것으로, 지금 인연을 만나 그것이 생겨나게 된 것이다.[57]

문: --(전략)-- 그렇기 때문에 世友존자도 말하였다. "諸行은 찰나적 존재(刹

名現在世. 作用已滅名過去世.";『구사론』권20(T29, 104c26-29), "以約作用位有差別. 由位不同立 世有異. 彼謂諸法作用未有名爲未來. 有作用時名爲現在. 作用已滅名爲過去. 非體有殊.";AKBh., p.297. 11-13, adhvānaḥ kāritreṇa vyavasthitāḥ. (V. 26cd) yadā sa dharmaḥ kāritraṃ na karoti tadā nāgataḥ. yadā karoti tadā pratyutpannaḥ. yadā kṛtvā niruddhas, tadā 'tīta iti. 참고로 ①의 類不同 說은 法救(Dharmatrāta)의 학설로, 마치 금으로 만든 그릇이 깨어지면 그 형태는 변할지라 도 금 자체는 변하지 않는 것처럼 양태(bhāva: 類)가 동일하지 않기 때문에 삼세의 차별 이 있다는 것이고, ②의 相不同說은 妙音(Ghoṣaka)의 학설로, 어떤 한 남자가 어떤 한 여인 과 사랑에 빠져 있다 할지라도(현재상) 다른 여인에 대한 사랑의 능력(과거·미래상)을 상실하지 않는 것처럼 드러난 양상(lakṣaṇa: 相)이 동일하지 않기 때문에 삼세의 차별이 있다는 것이고, ④의 待不同說은 覺天(Buddhadeva)의 학설로 어떤 한 여인이 그녀의 딸에 대해서는 어머니로 불리고, 그녀의 어머니에 대해서는 딸로 불리는 것처럼 상호관계 (apekṣa: 待)가 동일하지 않기 때문에 삼세의 차별 −어떤 법은 선행한 법에 대해 미래법 으로 불리고, 선행한 법이나 다음에 나타날 법에 대해서는 현재법으로, 다음에 나타나는 법에 대해서는 과거법으로 불린다− 이 있다는 것이다.

[57] 『대비바사론』권76(T27, 394b27-c5), "--體雖已有, 而無作用. 今遇因緣, 而生作用."

那性)이기 때문에 [미래세에서] 오는 일도 없고 [과거세로] 가는 일도 없으며, 머무는 일도 역시 없다"고 諸行에 이미 오고 가는 등의 특성이 존재하지 않는다면 삼세의 차별은 어떻게 설정되는 것인가?

답: 작용으로써 삼세의 차별을 설정하니, 이러한 이치에 따라 [世(adhvan, 시간)는 바로] 行(생멸변천)의 뜻이라고 말하였다. 즉 유위법으로서 아직 작용하지 않은 것을 '未來'라 하고, 지금 바로 작용하고 있는 것을 '현재'라 하며, 이미 작용이 멸한 것을 '과거'라 한다.58

따라서 유부에서 찰나는 [법 자체가 아니라] 오로지 작용이 생겨나 소멸하는 순간으로, 이때가 바로 현재이다. 현재는 다만 찰나에 한정되는 '찰나적 존재(kṣaṇika: 刹那滅, 有刹那)'이다. (주53) 그들은 法을 體相(svabhāva)과 性類(bhāva)로 분별하였다.59 말하자면 존재를 본질적 측면의 본체와 현상적 측면의 양태로 구별하여 생멸을 다만 양태의 그것으로 이해하였다. 예컨대 견고성(堅相)을 본질(自性)로 하는 地界는 내계(감관)에 존재하는 것이든 외계에 존재하는 것이든 본질은 동일하지만 거칠고 미세한(麤細) 등의 양태에 차별이 있으며, 수용성(領納, anubhāva)을 본질로 하는 受(vedanā)는 어떠한 상태에서든 본질은 동일하지만 괴롭고 즐거운(苦樂) 등의 양태에 차별이 있다. 또한 眼 등의 감각기관은 淨色(prasāda-rūpa)이라는 體相은 동일하지만 보는 등의 功能 상에 차별이 있다.60

---

58 『대비바사론』권76(T27, 393c11-16), "是故尊者世友說言. 諸行無來亦無有去, 刹那性故. 住義亦無. 諸行旣無來去等相, 如何立有三世差別? 答: 以作用故立三世別. 卽依此理說有行義. 謂有爲法未有作用名未來. 正有作用名現在. 作用已滅名過去."

59 宮下晴輝(1994), 「アビダルマにおける自性の意味」, p.125.; 三友健容(1972), 「俱舍論における svabhāvaについて」, p.362. 참고로 svabhāva(自性)는 '그 자신에게 고유한 존재(svo bhāvaḥ)'라는 의미로, 타고난 성질, 본성 등도 의미하기 때문에 svalakṣaṇa(自相)과 구분 없이 사용된다. 그리고 bhāva는 어떤 구체적 상태로서의 존재, 과거·미래·현재나 유루·무루, 선·불선·무기 등과 같은 종종의 양태를 갖는 존재를 의미한다. 이런 의미에서 '法'은 종종 bhāva라는 말로 사용되기도 한다. (宮下晴輝, 1994, p.103 주3)

60 이상 『순정리론』권50(T29, 625a19-29)

후술하지만 실유에는 '법 자체로서 존재하는 것(有體, svabhāva=과거·미래)'과 '작용을 갖는 것(kāritra=현재)'의 두 가지가 있고, 작용을 갖는 것에는 다시 공능을 갖는 것(有功能)과 공능이 결여된 것(功能闕)의 두 가지가 있다. (주71 참조) 중현에 의하면 제법의 勢力(*śakti)에는 作用(*kāritra)과 功能(*vyāpāra) 두 가지가 있다. 일반적으로 삼세차별의 기준이 되는 작용은 결과를 인기하는 공능(T29, 631b20)이지만, 유위법에는 이와는 다른 공능도 존재한다. 예컨대 同分의 안근은 자신의 결과(후 찰나의 안근)를 인기하는 작용과 함께 '본다'는 공능도 갖지만, 彼同分의 안근(어둠에 장애되어 보지 못하는 눈)은 오로지 작용만을 갖는다. 그렇지만 작용을 갖는다는 점에서 이 또한 현재이다.[61]

이렇듯 유부에서는 그들 교학(삼세실유설과 찰나멸설)의 기본전제로서 법을 體相과 性類로 구별하여 법의 무상성/찰나멸성은 性類에 한정하였다. 體相은 性類의 생멸에 관계없이 항상 존재한다. 과거·현재·미래는 어떤 법이 유루·무루, 선·불선 등이 될 때와 마찬가지로 법 자체의 차별이 아니라 양태의 차별이다. 예컨대 簡擇을 본질로 하는 慧(prajñā)는 무탐 등의 선법과 상응할 때 善慧가 되고 무지 등의 염법과 상응할 때 染汚慧가 되듯이, 혹은 번뇌와 상응할 때 유루혜가 되고 聖道와 상응할 때 무루혜가 되듯이, 衆緣에 따라 그 작용이 이미 생겨나 아직 소멸하지 않은 것이 현재이고, 아직 생겨나지 않은 것과 이미 소멸한 것이 미래와 과거이지만, 법 자체는 동일성의 실체로서 항상 존재한다. 이른바 '法體恒有'이다.

---

[61] 『순정리론』권52(T52, 631c5-11), "諸法勢力, 總有二種. 一名作用. 二謂功能. 引果功能名爲作用. 非唯作用總攝功能. 亦有功能異於作用. 且闇中眼見色, 功能爲闇所違, 非違作用. 謂有闇障, 違見功能. 故眼闇中, 不能見色. 引果作用, 非闇所違. 故眼闇中, 亦能引果. 無現在位作用有闕, 現在唯依作用立故." 다른 한편 중현은 자신의 결과를 낳는(引攝하는) 직접의 원인(因)을 作用으로, 다른 존재의 생기를 돕는(攝助하는) 간접의 원인(緣)을 功能으로 해설하기도 하였다. (T29, 409b3-6; c26-28) 作用과 功能의 관계에 대해서는 佐々木現順(1973), 『佛教の時間觀』, pp.160-161 (황정일 역, 『불교시간론』, pp.189-191) 참조.

[내외의 地界나 동일상속에 존재하는 안근 등으로 볼 때] 제법은 삼세의 시간을 거치면서 體相에는 어떠한 차별이 없을지라도 性類에는 차별이 있음을 알아야 한다.

또한 간략히 설하자면, 제 유위[법]은 實體로서는 비록 동일할지라도 功能에 차별이 있는 것처럼, 이와 마찬가지로 삼세[법]은 實體로서는 비록 동일할지라도 作用의 차별이 없는 것은 아니니, [법의] 性類에는 이루 헤아릴 수 없는 종류가 존재하기 때문이다.[62]

법이 생겨난다고 해서 無로부터 생겨나는 것은 아니며, 소멸한다고 해서 無로 돌아가는 것도 아니다. 법 자체(體相)는, 아직 생겨나지 않은 것(=미래)이든, 지금 생겨나 소멸하지 않은 것(=현재)이든, 이미 소멸한 것(=과거)이든 동일한 존재로서 항상 존재한다. 說一切有部(Sarvāstivādin, '일체가 존재한다고 설하는 이들')라는 부파명칭도 이에 따른 것이었다.

(3) 현재有와 과거·미래有

세친은 『구사론』「수면품」에서 번뇌가 隨增하는 과거·미래의 인식대상(所緣事)에 대해 논의하면서 설일체유부의 삼세 실유설 논증과 이에 따른 婆沙의 4대 논사의 삼세 차별론에 대해 논설한다. 그리고 婆沙에서 정설로 채택한 世友의 位不同說에 대한 총론적인 문제제기로서 "만약 과거·미래세

---

62 『순정리론』권50(T29, 625b1-2), "故知諸法歷三世時, 體相無差, 有性類別."; 동론 권52(T29, 633b29-c2), "又略說者, 如諸有爲實體雖同, 而功能別. 如是三世實體雖同, 於中非無作用差別. 以有性類有無量種." 앞의 인용문은 세친이 삼세실유에 대해 비평하면서 던진 힐문 "일체유위법은 삼세에 걸쳐 體相에 어떠한 차별도 없다면서 어찌 性[類]에 차별이 있다는 것인가": T29, 625a19; 주76 참조)에 대한 중현의 해명이고, 뒤의 인용문은 "삼세가 실유라면 무엇이 아직 생겨나지 않은 것이며, 무엇이 이미 소멸한 것인가?"(AK. V-k.27bc; T29, 105a22-25)에 대한 해명이다.

도 그 자체 역시 실체(dravya)로서 존재하는 것이라고 한다면 [그것도 현재라고 말해야 함에도] 어찌하여 과거·미래라고 말하는 것인가?"[63]라고 힐난하고서 다음과 같은 논의를 진행시키고 있다.

> [세친:] 저들(유부종)은 "세존께서 설하였기 때문에 과거·미래 2세는 그 자체 실유이다"고 말하였지만 우리 역시 과거·미래세가 존재한다고 말하니, 과거세는 曾有(bhūtapūrvam) 즉 일찍이 존재하였던 것이고, 미래세는 當有(bhaviṣyat) 즉 인과적 관계로서 앞으로 존재하게 될 것이기 때문이다. [세존께서는] 이와 같은 뜻에 근거하여 과거·미래가 존재한다고 설한 것이지 현재와 같은 실체(dravya)로서 존재한다고 말한 것이 아니다.
>
> [비바사사:] 누가 그것(과거·미래)이 현재세처럼 존재한다고 말하였던가?
>
> [세친:] 현재세와 같지 않다면 그것은 어떠한 방식으로 존재하는 것인가?
>
> [비바사사:] 그것은 과거·미래 2세의 自性(ātman)으로서 존재한다.
>
> [세친:] 여기서 다시 이같이 힐난해야 한다. <u>만약 [과거·미래가] 다 같이 항상 존재하는 것이라고 한다면 그것을 어떻게 과거·미래의 존재라고 말할 수 있을 것인가?</u>[64]

중현은 세친의 비판에 직면하여 實有 즉 '존재하는 것(有相, *astitā)'의 의미를 명확히 하지 않으면 안 되었다. 후술하듯이 『구사론』에서는 두 가

---

63 "若去來世體亦實有, 應名現在. 何謂去來?"(T29, 105a1-2); yady atītam apy dravyato 'sti anāgatam api / kasmāt tad atītam ity ucyate 'nāgatam iti vā. (AKBh., p.297. 13-14)

64 『구사론』권20(T29, 105b4-9), "又彼所言 '世尊說故', 去來二世體實有者. 我等亦說有去來世. 謂過去世曾有名有. 未來當有, 有果因故. 依如是義, 說有去來, 非謂去來如現實有. 誰言 '彼有如現在世'? 非如現世, 彼有云何? 彼有去來二世自性. 此復應詰. <u>若俱是有, 如何可言是去來性?</u>"; AKBh., p.299. 1-4, yat tūktam "uktatvād" (V. 25a) iti. vayam api brūmo 'sty atītānāgatam iti. atītaṃ tu yad bhūtapūrvam. anāgataṃ yat sati hetau bhaviṣyati. evaṃ ca kṛtvā 'stīty ucyate na tu punar dravyataḥ. kaś caivam āha. vartamānavat tad astīti. katham anyathāsti. atītānāgatātmanā. idaṃ punas tavopasthitam. <u>kathaṃ tad atītam anāgataṃ cocyate yadi nityam astīti.</u>

지 경증과 두 가지 이증으로써 삼세실유를 논증하지만, 설일체유부가 '일체법이 존재한다'고 주장하게 된 결정적 근거는 이러한 내용의 경설(『잡아함』 제320「一切有經」)이 존재하기도 하지만, 그것이 알려졌다는 사실이다. 우리가 어떤 사물에 대해 '존재한다'고 말할 수 있는 것은 그것이 우리에게 인식되었기 때문이다. 인식대상(所緣)은 인식(識 즉 마음)의 필수조건으로 "인식에는 반드시 대상이 존재한다"는 것은 삼세실유설의 첫 번째 理證이었다. (본 장 4-1 참조)

지금은 '一切唯心造'라는 말이 너무나 유명한, 불교사상을 대변하는 말이 되었지만, 유부에서는 일찍부터 唯心論을 경계하였다. 예컨대 提婆設摩(Devasarman)는 그의 『식신족론』에서 "소연 즉 인식대상을 갖지 않은 마음(無所緣心)도 존재한다"는 沙門 目連의 주장에 대해, 그럴 경우 관찰되는 마음(所觀)과 관찰하는 마음(能觀)이 동시(非前非後)에 존재한다고 해야 하는 불합리를 지적하기도 하였다.[65] 유부에 의하는 한 대상을 갖지 않는 識(無所緣識)은 존재하지 않는다. 이에 따라 중현은 다음과 같은 존재 정의로부터 과거·미래의 二世 실유에 대한 논의를 시작한다.

경계대상(*viṣaya)이 되어 지각(buddhi)을 낳는 것, 이것이 바로 진실로 '존재하는 것(有相, *astitā)'이다.[66]

과거·미래법 역시 인식대상이 되어 지각을 낳을 뿐만 아니라 실제 그것에 繫縛되기도 하기 때문에 실유라는 것이다. 『성실론』에서도 역시 과

---

65 이에 대해서는 본서 제8장 '상좌의 無境覺(無所緣識)論'에서 다룬다.

66 『순정리론』권50(T29, 621c21), "爲境生覺, 是眞有相." 『현종론』의 해당개소에서는 "爲境生覺, 是總有相."으로 되어 있다. (주71) 여기서 '존재하는 것(有相)'에는 실유뿐만 아니라 가유도 포함되기 때문이다.

거·미래 2세의 假實 논의를 존재(有相) 정의에 관한 검토로부터 시작한다.

> 어떤 사람들은 [過未] 2세의 법이 존재한다고 말하고, 어떤 사람들은 존재
> 하지 않는다고 말한다.
> **문:** 어떠한 인연에서 '[2세의 법이] 존재한다'고 설한 것이며, 어떠한 인연
> 에서 '존재하지 않는다'고 설한 것인가?
> **답:** '존재한다'고 한 [인연은 이러하다]. 만약 어떤 법이 존재하면, 이에
> 대한 마음(즉 識)이 생겨나는 것으로, 2세의 법에 대해서도 능히 마음
> 이 생겨나기 때문에 바로 존재하는 것임을 마땅히 알아야 한다.
> **문:** 그대는 '존재하는 것(有相)'에 대해(다시 말해 무엇을 '존재하는 것'이
> 라 말한 것인지) 먼저 논설해보아야 한다.
> **답:** [이로 인해] 지각이 이루어지게 되는 것(所行處), 이것을 '존재하는 것'
> 이라고 한다.[67]

중현은 계속하여 존재(有)를 實有(dravyasat)와 假有(prajñaptisat)로 분별
한다. 즉 지각이 受·想 등과 같은 더 이상 근거하는 바(所待)를 갖지 않는,
다시 말해 더 이상 환원 불가능한 勝義有인 自相의 法에 대한 것이었다면
이는 바로 實有이고, 항아리나 군대 등과 같은 근거하는 바를 갖는, 다시
말해 世俗有인 共相의 법에 대한 것이었다면 이는 바로 假有이다.[68]

나아가 실유에는 다시 오로지 '그 자체로서 존재하는 것(有體, svabhāva)'
과 '작용을 갖는 것(有作用, kāritra)'의 두 가지가 있으며, 가유에도 역시 대종
소조의 항아리처럼 '실유에 근거한 것'과 5온에 근거한 유정(즉 각각의 군

---

67 『성실론』권2(T32, 253c27-254a4), "有人言二世法有, 或有言無. 問曰: 何因緣故說有, 何因緣故說
無? 答曰: 有者. 若有法, 是中生心. 二世法中能生心故, 當知是有. 問曰: 汝當先說有相. 答曰: 知所
行處, 名曰有相."

68 『순정리론』권50(T29, 621c21-25), "此(有相)總有二. 一者實有. 二者假有. 以依世俗及勝義諦而安
立故. 若無所待於中生覺. 是實有相, 如色受等. 若有所待於中生覺, 是假有相, 如瓶軍等."

인) 들의 집합인 군대처럼 '가유에 근거한 것'의 두 가지가 있다.[69] 이 중 '작용을 갖는 것'이 현재라면, '그 자체로서 존재하는 것'은 과거와 미래이다. (T29, 409b3)

그런데 만약 과거·미래가 가유라면 이는 무엇에 근거한 개념인가? 현재인가? 중현(카슈미르 毘婆沙師)에 의하면 현재와 과거·미래는 진흙과 항아리의 관계와 같은 相待的 필연적 관계도 아니며, 不相違의 동시적 관계도, 전후로 이어지는 변화의 관계도 아니기 때문에 이에 근거한 것이 아니다. (T29, 624c8-22) 따라서 과거와 미래는 세친이 말한 것처럼 曾有와 當有로서의 假有도 아니지만 현재와 같은 의미의 實有도 아니다. 중현은 과거·미래 2세의 존재방식에 대해 이같이 논설한다.

[문:] 그것(과거·미래)가 결정코 존재하는 것임을 어떻게 알아야 하는 것인가?

[답:] 아비달마논사(Ābhidhārmika: 對法者)가 설한 대로 알아야 한다.

[문:] 아비달마의 여러 논사들은 '有'에 대해 어떻게 설하였던 것인가?

[답:] [과거·미래의 제법도] 원인과 결과로서, 染汚와 염오를 떠난 것으로서 존재할뿐더러 자성이 허망하지 않기 때문에 실유라고 말하였지만, 현재와 같은 의미로서 실유라고 말한 것은 아니다. 즉 그 같은 과거·미래는 말의 뿔(馬角)이나 허공의 꽃(空花) 등과 같은 절대적 비존재(畢竟無)도 아니거니와 항아리·옷·숲·군대·방(室)·數取趣(pudgala) 등과 같은 오로지 假有만도 아니며, 현재와 같은 의미의 실유성도 아니다.

[문:] 그같이 말한 까닭이 무엇인가?

[답:] [그것은] 말의 뿔이나 허공의 꽃 등과 같은 절대적 비존재도, 항아리·옷·숲·군대·방 등과 같은 일시 '인과적 관계로서 존재하는 것'이

---

69 『순정리론』권50(T29, 621c27-622a2).

라 말할 수 있는 것도 아니다. 또한 이미 소멸한 것(즉 과거)이나 아직 생겨나지 않은 것(즉 미래)을 현재의 실유와 같은 것이라고 말할 수 있는 것도 아니다. 이와 같이 이치를 마음에 새겨두고서 '과거·미래는 결정코 존재한다'고 확고히 주장/선언(pratijñā: 立宗)해야 한다.[70]

중현은 이상의 내용을 『현종론』에서 다시 이같이 정리하였다.

[문:] 그것(과거·미래)에 대한 계박을 말하려면 과거와 미래가 존재한다고 해야 할 것인가?

[답:] 그것은 존재한다고 말해야 한다.

[문:] 어떻게 존재하는 것인가?

[답:] [과거·미래는] 절대적 비존재(畢竟無)나 현재의 존재(現在有)와는 다른 것이다.

[문:] 實有(실체로서 존재하는 것)라고 해야 할 것인가, 假有(개념상으로 존재하는 것)라고 해야 할 것인가?

[답:] 실유라고 말해야 한다.

[문:] 실유와 가유란 어떠한 것인가?

[답:] 경계대상(*viṣaya)이 되어 지각(buddhi)을 낳는 것, 이것이 바로 모든 존재(즉 실유와 가유)의 특성임을 알아야 한다. 즉 만약 더 이상 근거하는 바(所待)를 갖지 않는 것에 대해 지각을 낳았다면, 이는 바로 實有, '실체로서 존재하는 것'이니, 受·想 등이 바로 그러한 것이다. 그러나 만약 근거하는 바를 갖는 것에 대해 지각을 낳았다면, 이는 바로 假有, '개념상으로 존재하는 것'이니, 항아리나 군대 등이 바로 그러한 것이다. [따라서] '과거와 미래는 오직 가유'라고 주장해서는 안 되니, 가유

70　『순정리론』권50(T29, 625a9-19).

의 소의(假依)가 없기 때문이며, 또한 [항아리 등과 달리] 근거하는 바(所待)를 갖지 않았음에도 지각을 낳을 수 있기 때문이다. 이를테면 과거·미래·현재세의 세 경계대상을 반연하여 순서대로 다른 것에 근거하는 일 없이 (다시 말해 '바로 직접적으로') 宿住念과 미래를 희구하는 願과 타인의 마음을 아는 他心智를 낳는 것이다. 과거·미래는 이미 설한 바대로 실유의 특성(즉 無所待)을 갖기 때문에 결정코 실유이다. 그렇지만 실유의 법에는 다시 두 가지가 있으니, 첫째는 작용을 갖는 것(有作用)이며, 둘째는 오로지 [법] 자체로서 존재하는 것(唯有體)이다. 작용을 갖는 것에도 다시 두 종류가 있으니, 첫째는 功能을 갖는 것(有功能)이며, 둘째는 공능이 결여된 것(功能闕)이다. 이에 따라 오로지 [법] 자체로서 존재하는 것은 [작용과 공능 모두를 갖지 않는 것임을] 이미 해석한 셈이다. 그리고 모든 가유의 법에도 역시 두 가지가 있으니, 첫째는 실유에 근거한 것이며, 둘째는 가유에 근거한 것이다. 이 두 가지는 순서대로 항아리와 같고 군대와 같다.

그런데 '공능을 갖는 것'에 대해서는 '작용을 갖는 것'이라고 말하지 않지만, '작용을 갖는 것'은 역시 '공능을 갖는 것'이라고 말할 수 있기에 앞서 [작용을 갖는 실유의 법에 대해] 별도의 공능에 근거하여 '그것을 갖는 것'과 '그것이 결여된 것'이 있다고 논설하였던 것이다. 이와 같이 이치를 마음에 새겨두고서 '과거·미래는 결정코 존재한다'고 확고히 주장/선언(pratijñā: 立宗)해야 한다. 즉 [과거·미래법도] 원인과 결과, 염오성과 이염성으로 존재할뿐더러 자성이 허망(*abhūta: 不實, 즉 非有)하지 않기 때문에 '실유'라고 말한 것이지만, 현재와 같은 의미의 '실유'라고 말할 수 있는 것이 아니다.[71]

---

71 『현종론』권26(900c1-17), "爲有去來於彼說繫? 應言彼有. 有相如何? 異畢竟無, 及現在有. 爲實爲假? 應言是實. 有實假相(→ 實假有相)云何? 應知, 爲境生覺, 是總有相. 若無所待, 於中生覺, 是實有相. 如色受等. 若有所待, 於中生覺, 是假有相. 如瓶軍等. 不可定執, 過去未來唯是假有, 無假依故, 又無所待能生覺故. 謂緣去來現世三境, 如次無待生宿住念·求未來願·了他心智. 過去未

2) 상좌의 본무금유론

(1) 법체와 작용의 무차별

중현은 아비달마 전통에 따라 실유의 법을 '작용을 갖는 것'과 '그 자체로서 존재하는 것'으로 분별하여 전자를 현재로, 후자를 과거와 미래로 이해하였다. 일체법의 삼세 실유는 두말할 것도 없이 후자에 따른 것이며, 현실상의 삼세 차별은 전자에 기초한다. 법의 體相과 性類, 본체와 양태의 분별은 삼세실유론의 기본전제였다.

중현은, 법의 본체와 양태도 구별하지 못하고서 "세존께서는 相續 중에 존재하는 與果의 功能(종자)에 근거하여 '과거업이 존재한다'고 말한 것으로, 만약 과거의 업이 현재 실체로서 존재하는 것(vidyamānam: 實有)이라면 그것을 어찌 과거라고 하겠는가?"(T29, 105b17-19; 627a11-13; AKBh., 299. 12f)라고 비판한 세친에 대해 어떤 이의 게송을 빌려 이같이 비난하였다.

諸法의 體相은 단일하지만
功能이나 존재의 性類는 다양하니
만약 이를 참답게 알지 못한다면
'불타의 교법 밖에 있는 자'라 말할 수 있다.[72]

경량부에서는 법을 본체(體相)와 양태(性類)로 분별하지 않았다. 이미 수차 논설하였듯이 생멸하는 것은 작용이 아니라 법 자체이다. "어떤 유위법이 [前法을 인연으로 하여] 그 自體의 존재성(*svabhāva)을 획득하는 것을

來既有所說, 實有相故, 決定實有. 然實有法, 復有二種. 一有作用. 二唯有體. 有作用法, 復有二種. 一有功能. 二功能闕. 由此已釋唯有體者. 諸假有法, 亦有二種. 一者依實. 二者依假. 此二如次如瓶如軍. 然有功能, 不名作用. 所有作用, 亦名功能. 據別功能, 前說有闕. 以如是理蘊在心中, 應固立宗去來定有. 由有因果染離染事, 自性非虛, 說爲實有. 非如現在得實有名."

72 『순정리론』권51(T29, 627b6-7), "諸法體相一 功能有性多 若不如實知 名居佛教外."

‘生’이라 한다.”[73] 앞서 상좌와 그의 일파(세친과 라마)는 찰나를 ‘법 자체가 획득됨과 무간에 소멸하는 것’으로 정의하였다. (주24-26 참조) 유부에서는 유위법이 生·住·異·滅의 유위4상과 결합함으로써 생멸의 현상으로 나타나는 것이라 이해하고 이를 ‘찰나’로 규정하였지만(주7), 경량부에 의하는 한 生 등의 유위4상은 諸行의 本無今有(abhūtvā bhāva)를 이해시키기 위해 일시 설정한 개념(prajñāpti)일 뿐 개별적 실체가 아니었다.[74] 즉 “찰나 찰나에 걸쳐 본래 존재하지 않다가 지금 존재하는 것(本無今有)이 ‘生(utpāda)’이고, 존재하다 다시 존재하지 않는 것(有己還無)이 ‘滅(vyaya)’이다.”[75] 그들에게 있어 세계는 다만 前滅後生하는 현재의 찰나찰나의 연속이다. (이에 중현은 上座宗을 오로지 현재 일찰나의 존재만을 주장하는 이, ‘一刹那宗’으로 호칭하기도 하였다. 주79)

이에 따라 세친은 유부가 법을 본체와 양태로 차별 짓고 본체는 恒有이지만 有爲相과의 결합을 통해 현현한 양태는 무상(찰나멸)하다고 주장하면서도 작용은 본체와 별도의 실체가 아니라고 한 데 대해 이같이 조롱하였다. (중현에 의하면 이는 對法者 Ābhidhārmika를 업신여겨 조롱한 말.)

法의 본체(svabhāva: 體)는 항상 존재한다 하면서

양태(bhāva: 性)는 상주하는 것이 아니라 말하고

---

73 『순정리론』권13(T29, 407b19), “彼執, 有爲唯得自體, 即說名生.” 여기서 ‘그(彼)’는 經主 세친이지만, 그는 다른 이(즉 상좌)에 근거하여 有爲相의 무별체설을 설하였다. (동, 406b16: 제2장 주83) 권오민(2012), pp.774-776 참조.

74 『구사론』권5(T29, 28c20-22). “是故生等唯假建立, 無別實物. 爲了諸行本無今有, 假立爲生.”; tasmāt prajñaptimātram evaitad abhūtvā bhāvajñāpanārtham kriyate jātam iti. (AKBh., pp.79. 24-80. 1)

75 『구사론』권5(T29, 27c29-28a2);『순정리론』권5(T29, 408c7-12), “謂一一念本無今有名生. 有己還無名滅. 後後刹那嗣前前起名爲住. 即彼前後有差別故名住異.”; AKBh., p.77. 20-21, pratikṣaṇam abhūtvābhāva utpādaḥ. bhūtvā 'bhāvo vyayaḥ. pūrvasya pūrvasyottarakṣaṇānubandhaḥ sthitiḥ. tasyāvisadṛśatvaṃ sthityanyathātvam iti.;『성실론』역시 「無相品」에서 유위상을 이같이 이해하였다. “又佛說. 有爲法, 三相可得, 生滅住異. 生者, 若法先無今現有作. 滅者, 作己還無. 住異者, 相續故住變故名異.” (T32, 255b7-9)

다시 양태와 본체는 다른 것이 아니라고 말하니

이는 참으로 [변덕스러운] 自在天(īśvara)의 짓거리일세.[76]

요컨대 경량부에서는 유위제법을 본체와 양태, 體相과 性類로 분별하지 않았다. 유부에서 이는 삼세실유설의 전제였다. 경량부의 [종자]상속론에 의하는 한 제법은 前滅後生, 찰나찰나 前法을 원인으로 하여 後法이 생겨나기 때문에 인과적 관계를 떠난 개별적 실체로서의 법은 인정되지 않았다. 유부의 경우 未生(미래)의 법이 인연에 따라 생겨나고, 생겨난 순간 已滅(과거)의 법이 되는 것이지만, 경량부의 경우 未生과 已滅의 법 자체는 존재하지 않는다. 그들에게 있어 존재(有相, *astitā)란 '已生未滅, 이미 생겨나 아직 소멸하지 않은 것'(주85), 즉 현재뿐이었다. 따라서 지금 존재하는 것은 생겨나기 전에 존재하지 않았고, 소멸한 이후 역시 존재하지 않는다. 이른바 '本無今有 有已還無'이다. 미야시타 세이키(宮下晴輝, 1986, 8f)가 지적하였듯이 유부와 경량부 사이의 [핵심] 논점은 연기의 '起(utpāda)'를 作用論으로써 해석할 것인가, [법 자체의] 本無今有論으로 해석할 것인가 하는 것이었다.

(2) 본무금유와 『勝義空經』

상좌 계통의 譬喩者는 經을 지식의 근거(pramāṇa: 量)로 삼는다는 자신들의 성전관에 따라 '經量部'로 자칭하였지만, 중현은 그들이 열반 등 제법의 개별적 실재성을 부정하였다는 점에서 '또 다른 형태의 空花論(空花差別, *khapuṣpa-viśeṣa)'(주81), 혹은 '壞法論(vaināśika)'이나 '壞法論과 가까이하는 이들'이라는 등으로 호칭하였고, 그들의 過未無體論과 관련하여서도 다수

---

76 『구사론』권20(T29, 105b2-3); 『순정리론』권52(T29, 633c17-18), "許法體恒有 而說性非常 性體復無別 此眞自在作."; AKBh., p.298. 21-22, svabhāvaḥ sarvadā cāsti bhāvo nityaś ca neṣyate. na ca svabhāvād bhāvo 'nyo vyaktam īśvaraceṣṭitam.

의 명칭으로 힐난한다.

'과거·미래세의 비존재(abhāva: 無體)를 설하는 이들(說過去未來世無體論者)'
은 과거·미래세의 [법] 자체가 결정코 존재하지 않는다고 하였으니, 自性
과 因緣(즉 현재법과 前法의 수계·종자)의 차이에 대해서도 말할 수 없거
늘 어찌 과거세와 미래세의 차별을 분별하고 판별할 수 있을 것인가?[77]

[前法이 멸하고 後法이 생겨난다고 주장하는 경우 전법은 후법에 의해 소
멸한다고 해야 하지 않겠는가?] '오로지 현재만 존재한다고 주장하는 이
들(唯現有論)'은 이치상 이같이 답해야 한다. "前法은 後法의 生因이 되니,
지금 바로 실체로서 존재하기 때문이다. 그러나 미래(즉 후법)는 실체로
서 존재하지 않는데, 어찌 전법의 滅因이 된다고 하겠는가?"[78]

'오로지 [현재] 일찰나만 존재한다고 설하는 이들(唯說有一刹那宗)'은 과거·미
래를 반연하는 識이 생겨나더라도 두 識에는 필시 결정성(확실성)이 없다
고 해야 한다.[79]

『杖髻經』에서 [설한 과거업을 因緣性의 隨界로] 해석한 것 역시 이치에 맞
지 않으니, '一刹那宗'에는 相續이 존재하지 않기 때문이다. (T29, 627c14:
본 장 주132 참조)

77　『순정리론』권50(T29, 625b9-10), "說去來世無體論者, 去來世體旣決定無. 自性因緣不可說異, 如
　　何分判去來世別?" 중현은 유부에 대해서는 '[三世의] 常有를 설하는 이들(說常有宗)'로 호
　　칭하였다. "說常有宗, 依有體法, 由自性異因緣不同, 容可立有性類差別." (동 625b7-9)

78　『순정리론』권33(T29, 534a23-25), "唯現有論, 理應答言. 前爲後生因, 以現有體故. 未來體未有,
　　寧爲前滅因?"; 권25(T29, 534a23)에도 '唯現有論'이 언급된다.

79　『순정리론』권51(T29, 629a24f), "故唯說有一刹那宗, 緣去來識生, 必無二決定." 관계내용은 본
　　장 4-2-2 참조.

‘刹那論者들’은 오로지 “현재 일찰나 중의 12處의 [소의가 되는] 실체만이 존재한다”고 설하였다. (T29, 630c11f; 제1장 주125 참조)

‘오로지 현재 일 찰나만 존재한다고 주장하는 이들(唯有現在一念論宗)’이 야말로 필시 결정코 ["존재하는 것은 영원히 존재하고, 존재하지 않는 것은 영원히 존재하지 않는다”고 한] 저들(雨中外道)과 동일하다는 허물에 서 벗어날 수 없다.[80]

　　혹은 중현은 상좌의 종의를 ‘刹那의 實法’[81]이나 ‘諸行의 本無今有’로 규 정하기도 하였고 상좌 또한 ‘諸行의 刹那滅’을 자신의 종의로 언급하였다. (주37) 예컨대 세친은 “諸行은 衆緣이 화합하여 본래 존재하지 않다가 [지 금] 생겨난 것”이라는 사실을 ‘우리의 종의’라고 하였지만,[82] 중현은 이를 ‘상좌의 종의’로 전하고 있다. 즉 중현은 “존재성(有性)·단일성(一性)·長性·短性·결합성(合性)·분리성(離性) 등이라는 별도의 법(보편·일반성)에 근거하 지 않더라도 존재·하나·김·짧음·결합·분리 등을 성취할 수 있는 것처럼 ‘지속(住)’ 등의 사태 또한 住相 등의 별도의 법에 근거하지 않고서도 성취 될 수 있다”(T29, 412c9-12: 제2장 주88)는 상좌의 말에 대해 이같이 비판하고 있다.

---

80 『순정리론』권52(T29, 634a11-12), “唯有現在一念論宗, 必定不能離同彼過.” 이는 세친이 삼세 실유설 理證②를 비판하고서 “과거·미래가 실유라면 결과 자체도 항상 존재한다고 해 야 하기에 이는 雨衆外道의 邪論을 드러내 성취하는 것”(주151 참조)이라 힐난한 데 대한 중현의 반론.

81 중현은 “열반은 실유가 아니기 때문에 바로 無生이다”(T29, 434a17f)는 상좌의 말에 대해 그럴 경우 모든 假法 역시 無生이라 해야 하며 그대의 종의인 ‘刹那의 實法’조차 그것의 生과 滅을 부정해야 하지만, 이는 ‘또 다른 형태의 空花[論](*khapuspa-viśeṣa)’이라고 비판 한다. (又說, ‘涅槃非實有故, 即無生’者, 理亦不然, 唯有立宗, 無證因故.--中略--又應假法亦即無 生. 若爾, 汝宗 刹那實法’不許生故, 相續是假, 亦無生故. 是則汝曹, 生之與滅, 都非實有, 何期? 汝 等嘗厭空花, 而今乃成空花差別.: T29, 434a17-24)

82 『순정리론』권52(T29, 631c29), “我宗, 諸行衆緣和合, 本無而生.”

이러한 말은 도리어 자신의 종의에 위배되는 과실을 범하는 것이니, 그들의 종의에서도 존재·하나·김·짧음·결합·분리 등의 법은 그 밖의 다른 법(因緣 즉 수계·종자)에 근거하여 성취되는 것이라고 스스로 인정하고 있기 때문으로, 그는 제법은 인연에 의탁하여 본래 존재하지 않던 것이 지금 존재하는 것이라고 주장하였다. 따라서 제법의 존재(有)는 그 밖의 다른 존재성(有性)에 근거하는 것으로, 근거하는 바가 없는 것이 아니다. [나아가] '<u>諸行은 본래 존재하지 않다가 지금 존재하는 것(本無今有)</u>'이라<u>는 그대의 종의에</u> 의하는 한 존재성(有性, 즉 수계·종자)도 [제법이] 생겨나는 것과 마찬가지로 존재(有, 즉 현행)에 근거하여 비로소 성립한다. 그러나 [카슈미르의] 아비달마논사(對法者)는 "제법의 존재성은 [삼세에 걸쳐] 항상 존재하기에 [다른 별도의] 인연(즉 현행)에도 근거할 필요가 없다"고 말한다. 따라서 그가 말한 바는 [아비달마의 종의(즉 住相)를 비판한 것이 아니라] 자신의 종의를 스스로 어긴 것이다.[83]

상좌일파는 존재(有相, *astitā)를 "이미 생겨나 아직 소멸하지 않은 것(已生未滅)"으로 정의하였다.[84] 여기서 '이미 생겨나 아직 소멸하지 않은 것'

---

83 『순정리론』권14(T29, 412c13 17), "此說便成違自宗過 彼宗自許, 有一長短合離等法, 待餘成故. 彼執, '諸法託有因緣本無今有.' 故諸法有待餘有性, 非無所待. 汝宗, 諸行本無今有, 有性如生, 待有方立. 對法者說, '諸法有性一切時有, 不待因緣.' 故彼所言, 自違宗義." 이렇듯 중현은 住와 住相에 대한 상좌의 비판논거인 有性과 有를 종자·수계와 현행의 관계로써 비판하였지만, 경량부(상좌)처럼 異時인과에 따른 前滅後生의 종자설을 주장하는 경우 제법의 '本無今有 有而還無'는 필연적인 것이다. 상좌에 의하면 수계·종자는 현행의 因緣이지만, 다른 한편 현행의 種種法(업과 번뇌)이 後法(후 찰나 6處)에 훈습하여 성취된 것이다. (이에 대해서는 제10장에서 상론)

84 『순정리론』권50(T29, 621c16-17), "此中一類作如是言. 已生未滅, 是爲有相." 중현은 이 정의를 일군의 무리(一類, *ekīya)의 말로 인용하였지만, 여기서 '일군의 무리'는 필경 상좌 계통의 일군의 譬喩者(ekīya Dārṣṭāntika)일 것이다. 중현은 이에 앞서 과거·미래의 존재유무에 대해 實無論者와 實有論者들이 朋黨을 지어 서로를 탄핵 배척하며 쟁론한다고 하였고, 이어서 이에 대한 중현 자신의 존재 정의("경계대상이 되어 지각을 낳는 것": 주66)와 함께 "비존재(非有) 역시 경계대상이 되어 지각을 낳을 수 있다"는 譬喩論者의 無境覺論 (혹은 無所緣識論)을 장문으로 인용 비판하기 때문이다.

이란 중현의 설명을 빌릴 것도 없이 현재법을 말하는 것으로, 이는 곧 아직 생겨나지 않은 것(未生=미래)과 이미 소멸한 것(已滅=과거)은 존재하는 것이 아니라는 말이다. 따라서 유위제법은 본래 존재하지 않던 것이 생겨난 것이며, 생겨난 순간 바로(無間에) 소멸한다. 그리고 소멸한 것은 더 이상 존재하지 않는다. 법 자체가 생겨나고 법 자체가 소멸하기 때문이다.

전술하였듯이 본래 존재하지 않다가 지금 존재하는 것이 '生'이고, 존재하다 다시 존재하지 않는 것이 '滅'이다. 이에 따라 '本無今有 有已還無(본래 존재하지 않다가 지금 존재하며 존재하다 다시 비존재로 돌아간다)'의 명제는, "제 유위법은 [그 자체] 이미 존재하고 있던 것이 생겨나는 것"이라는 유부 正義(주57 참조)에 반하는 이 부파의 기본 모토가 되었다.

물론 이 명제가 경량부만의 전유물은 아니다. 일찍이『법온족론』제6 「聖種品」와 제10「聖諦品」에서는 衣服의 喜足과 5取蘊의 苦에 대해 논설하면서 失壞(變壞)·增長法인 의복과 5취온에 이 말을 적용하고 있으며,[85]『대비바사론』에서는 제법의 인과적 관계에 의해 설정된 적취 화합물(聚物)에 적용하고 있다. "미래의 제법이 현재로 와 集起할 때 어찌 [제법의] 화합물을 본래 존재하지 않다가 지금 존재하는 것(本無今有)이 아니라 하겠으며, 현재의 제법이 散壞하여 과거로 갈 때 어찌 [제법의] 화합물을 존재하다가 다시 비존재로 돌아가는 것(有已還無)이 아니라 하겠는가?"[86] 그러나 이 경

---

85 『법온족론』권3(T26, 467a26-27), "是(衣服)失壞法. 是增減法. 暫得還失. 迅速不停. 本無今有, 有已還無. 不可保信."; (동, 480c19-22), "是(五取蘊)失壞法, 迅速不停. 衰朽非恒. 不可保信. 是變壞法, 有增有減. 暫住速滅. 本無而有, 有已還無. 由此因緣, 略說一切五取蘊爲苦."

86 『대비바사론』권76(T27, 395c25-28), "未來諸法, 來集現在時, 如何聚物非本無今有? 現在諸法散往過去時, 如何聚物非有已還無?" 이에 대한 유부의 해명은 이러하다. "삼세의 제법은 인과적 관계로서 안립된다. 즉 법 자체(실체)는 恒有로 增減이 없을지라도 다만 作用에 근거하여 존재/비존재를 말한다. 그러나 온갖 적취 화합물의 경우 실체(實有物)에 근거하여 일시 존재로 시설된 것으로, 어느 때(적취 화합하였을 때)는 존재하고 어느 때(적취 화합이 散壞하였을 때)는 존재하지 않는 것이다." (答: 三世諸法因性果性, 隨其所應, 次第安立, 體實恒有, 無增無減. 但依作用, 說有說無. 諸積聚事, 依實有物, 假施設有, 時有時無." (동, 395c28-396a2)

우 존재하다 존재하지 않게 되는 것은 의복 등의 적취 화합물이지 이를 구성하는 제법 자체가 아니다. 중현은 이같이 말한다. "나는 결정코 '제법의 작용은 본래 존재하지 않다가 지금 존재하며, 존재하다 다시 비존재로 돌아간다'고 말하니, 작용은 오로지 현재 [일 찰나]만 존재하기 때문이다."[87]

그러나 다른 한편 이 명제는 『대비바사론』 상에서 過未無體論者(T27, 116c2)의 주장으로도 언급된다. 毘婆沙師는 12支緣起를 삼세 兩重의 인과관계로 분별하면서 이같이 말하고 있다. "과거의 2支(=무명과 행)가 있다고 설한 것은 생사는 본래 존재하지 않다가 지금 존재하는 것(本無今有)이라는 주장을 막기 위한 것이고, 미래의 2支(=생과 노사)가 있다고 설한 것은 생사는 존재하다 다시 비존재로 돌아간다(有己還無)는 주장을 막기 위한 것이다."[88]

여기서 '本無今有 有己還無'는 사실상 過未無體의 다른 표현으로, 이들 過未無體論者가 법체의 찰나멸론을 주장한 上座일파의 선구라고 할 수 있다. 삼세에 관한 한 『바사론』의 譬喩者는 "과일이 이 그릇에서 저 그릇으로 옮겨가고, 사람이 이 집에서 저 집으로 옮겨가듯이 諸行 역시 미래세에서 현재세로, 현재세에서 과거세로 들어간다"고 하여 시간(adhvan: 世)과 유위행법(saṃskāra)의 차별을 주장하였기 때문이다.[89]

그런데 세친은 이 명제의 확실(진리)성을 『勝義空[性]經』(구역 『第一義空經』)에서 구하고 있다.

---

87 『순정리론』권52(632c5-7), "我決定說. 諸法作用, 本無今有, 有己還無. 作用唯於現在有故."

88 『대비바사론』권23(T27, 117b9-11), "復次說有過去二支, 即遮生死本無今有執. 說有未來二支, 即遮生死有己還無執."

89 『대비바사론』권76(T27, 393a10-15; 700a26-29). 이 같은 논의는 사실상 "諸蘊이 前世로부터 轉移하여 後世에 이른다(諸蘊, 有從前世轉至後世)"는 『이부종륜론』 상의 경량부(혹은 說轉部 Saṃkrāntivāda) 설(T49, 17b3)과 동일한 것으로, 諸行 자체(法體)의 찰나멸을 설하는 경량부(=상좌일파) 설에 반하는 것이다. (권오민, 2002, 『上座 슈리라타와 經量部』, pp.291-294 참조) 세친 역시 법이 다른 곳으로 轉移(saṃkrānti)하는 것을 불합리한 주장으로 비판하였다. (주24)

『勝義空性[經](Paramārthaśūnyatā)』에서 세존께서 말씀하였다. "안근이 생겨날 때 어디서 오는 것도 아니며, 소멸할 때 어딘가 저장되는 곳(saṃnicaya: 所造集)으로 가는 것도 아니다. 이와 같이, 비구들이여, 안근은 [본래] 존재하지 않다가 [지금] 존재하며, 존재하다 다시 사라진다." 만약 미래의 안근이 존재하는 것이라면 [『승의공성경』 중에서] '[본래] 존재하지 않다가 [지금] 존재한다(abhūtvā bhavati: 本無今有)'고 설하지 않았을 것이다.[90]

過未無體說은 『식신족론』을 비롯하여 『대비바사론』 『유가사지론』 등에서도 논설되고, 『유가론』에서는 경량부와 마찬가지로 本無今有를 '生'으로, 有已還滅을 '滅'로 규정하지만(T30, 586a18f) 이 명제를 직접적으로 『승의공경』과 결부시켜 논의하지는 않는다. 그러나 세친이 삼세실유설 경증① 의 비판논거로 이를 언급한 이래 『구사론』 비판서인 『아비달마디파』에서도 『승의공성경(Paramārtha-śūnyatā-sūtra)』의 이 경설에 근거하여 "미래와 과거가 진실로 존재하는 것(sad-bhāva)이라고 한다면 [제법이] 오고(āgati) 간다(gati)는 과실을 인정하는 것"이라는 경량부의 반론이 인용되며,[91] 후술하듯 『순정리론』에서는 이에 대한 반론으로 이 경설의 취지(abhiprāya: [別]意趣)를 적극적으로 검토하고 있다. 그리고 비록 경명은 명시하지 않았을지라도 하리발마(250-350 무렵)도 이 경설을 과미무체설의 논거로 제시하였다.

경에서 "안근은 생겨날 때 온 곳이 없으며, 멸할 때 이르는 곳이 없다"고

---

90 AKBh., p.299. 12-14, ittham caitad evaṃ yat paramārthaśūnyatāyām uktaṃ bhagavatā "cakṣur utpadyamānaṃ na kutaścid āgacchati, nirudhyamānaṃ na kvacit saṃnicayaṃ gacchati. iti hi bhikṣavaś <u>cakṣur abhūtvā bhavati bhūtvā ca prativigacchati</u>" iti. yadi cānāgataṃ cakṣuḥ syān noktam syād abhutvā bhavatīti.; 현장의 한역 －"以薄伽梵於勝義空契經中說 '眼根生位, 無所從來. 眼根滅時, 無所造集. 本無今有, 有已還無.' 去來眼根, 若實有者, 經不應說 '本無'等言." (T29, 105b19-23)－ 은 세친(경량부)의 입장이 보다 강화된 것이다. (후술)

91 ADV., p.267. 3, atītānāgatasadbhāve cāgatigatidoṣābhyupagamaḥ prāpnotīti. 이에 대해 디파카라는 "[세친은] 이 경의 뜻을 전혀 이해하지 못하였다(sūtrārthāparijñānāt)"고 비판한다.

설하였다. 그렇기 때문에 [비록 世諦일지라도] 과거·미래법[이 존재한다고] 분별해서는 안 된다.[92]

『승의공경』은 이하 계속하여 이어지는 "業報(업과 이숙)는 존재하지만 [능히 이 蘊을 버리고 저 蘊과 결합하는] 作者는 존재하지(인식되지) 않는다"는 경설로 유명한 경으로,[93] 세 종류의 한역이 전하는데 『잡아함경』에서의 당해 경설은 이와 같다.

무엇을 『第一義空經』이라 한 것인가? 비구들이여, 안근은 생겨날 때 온 곳이 없고 소멸할 때 가는 곳도 없다. 이렇듯 안근은 不實 즉 실체로서 존재하지 않던 것이 생겨난 것으로, 생겨났다가 盡滅한다. 업과 과보는 존재하지만 작자는 존재하지 않는다.[94]

한편 法救(4세기 무렵)는 그의 『잡아비담심론』에서 과거는 曾有(일찍이 존재하였던 것), 미래는 當有(장차 존재하게 될 것)라는 過未無體說을 비판하는 논거로서 이 경을 제시한다.

---

92 『성실론』권2 「無相品」(T32, 255a29-b2), "又經中說. '眼生無所從來. 滅無所至.' 是故不應分別去來法也."

93 『구사론』 상에서 이 경설 -"有業有異熟, 作者不可得.(asti karmāsti vipākaḥ kārakas tu na-upalabhyate)"- 은 두 번 인용된다. (T29, 47c4-5; 155b26-27; AKBh., p.129. 9; p.468. 20-22)

94 求那跋陀羅역 『잡아함경』권13 제335경(T2, 92c16-18), "云何爲第一義空經? 諸比丘, 眼生時無有來處. 滅時無有去處. 如是眼不實而生, 生已盡滅. 有業報而無作者." 참고로 나머지 두 한역에서의 경설은 이러하다. 僧伽提婆역 『증일아함경』권30 「六重品」 제7경(T2, 713c16-17), "何爲名第一最空之法? 若眼起時則起, 亦不見來處. 滅時則滅, 亦不見滅處."; 施護역 『佛說勝義空經』(T15, 807a1-3). "云何名勝義空? 謂眼生時, 而無少法有所從來. 又眼滅時, 亦無少法離散可去. 諸苾芻, 其眼無實離於實法." Śamathadeva의 『구사론』 주석서 Upāyikā에 이 경의 전문이 실려 있는데, 宮下晴輝(1986, 「倶舍論における 本無今有論の背景-勝義空性經の解釋をめぐって-」, p.10)가 재구성한 이 부분의 梵文은 이와 같다. cakṣur utpadyamānaṃ na kutaścid āgacchati, nirudhyamānaṃ na kvacit saṃnicayaṃ gacchati. iti hi bhikṣavaś cakṣur abhūtvā bhavati, bhūtvā ca prativigacchati. asti karmāsti vipākaḥ kārakas tu nopalabhyate.

만약 "지나간 옛날(久遠)이 바로 과거이며, 장차 존재하게 될 것(當)이 미래로, 이는 바로 존재하는 것이 아니다. 오로지 현재만 존재할 뿐"이라고 말한다면, 이는 옳지 않다.

그 까닭이 무엇인가?

업과 과보가 존재하기 때문이다. 세존께서도 [『第一義空經』에서] "업도 존재하고 과보도 존재한다"고 설하였다. 업과 과보는 현재 함께 존재할 수 있는 것이 아니다. 만약 업이 현재이면 과보는 미래에, 과보가 현재이면 업은 이미 과거로 사라진 것임을 알아야 한다.

만약 "['업과 과보가 존재한다'는 말은] 俗數(saṃketa: 假說 기호·약속 등의 뜻)로서 설한 것"이라고 한다면, 역시 作者에 대해서도 不可得이라 해야 한다. 즉 만약 "업도 존재하고 과보도 존재한다"는 말을 俗數로 설한 것이라고 한다면 이 역시 옳지 않으니, 세존께서는 作者에 대해 不可得이라 설하였으면서 이에 대해서도 역시 俗數로 설하였을 것인가? 神口(불타)가 설한 『第一義空修多羅』를 그대는 잘못 생각하여 말하였다.[95]

즉 『승의공경』에서는 이미 업의 작자(즉 자아)에 대해 '획득/지각할 수 없는 것(na-upalabhyate: 不可得)'이라고 설하였기 때문에 "업과 과보가 존재한다"는 말을 가설로 이해해서는 안 된다는 것이다. 이처럼 『승의공경』은 過未 無體說과 實有說 모두의 논거로 이용된다. 유부와 경량부는 '本無今有 有已還無'나 『승의공경』에 대한 이해와 해석을 달리하였기 때문이다.

---

[95] 『잡아비담심론』권11(T28, 963b7-14), "若言 '久遠是過去. 當有是未來. 非是有. 唯有現在'者, 此不然. 何以故? 有業報故. 世尊說 '有業有報.' 非是業報俱現在. 若業現在, 當知報在未來. 若報現在, 當知業已過去. 若言 '俗數說'者, 亦說 '作者不可得.' 若言 '俗數說有業有報'者, 此亦不然. 世尊亦說, 作者不可得, 此亦俗數說耶? 神口所說第一義空修多羅, 而汝妄想說."

(3) '有已還無'와 '有已還去'

사실 아함의 『승의공경』은 삼세의 존재유무에 관해 설한 경이 아니다. 이는 "眼 등의 6근은 형이상학적인 근원(원인)을 갖는 것도 아니고, [단일한 常住 불변의] 실체로서 존재하는 것도 아니다. 이는 인연에 의해 생겨난 것(緣己生)으로, 생겨난 것은 멸진한다. 그리고 안 등의 인연이 된 업도, 업의 결과도 존재하지만 作者는 존재하지 않는다"는 정도의 내용의 경이다.[96]

그러나 경량부(세친/하리발마)는 이같이 생각하였을 것이다. "미래와 과거가 실유라고 한다면 『승의공경』에서 '생겨날 때 온 곳이 없고 소멸할 때 가는 곳이 없다'고 설하지 않았을 것이다. 生이란 본래 존재하지 않던 것이 존재하는 것이며, 滅이란 존재하던 것이 다시 존재하지 않는 것이다. 따라서 이 경의 취지는 안 등의 6근은 과거·미래에 존재하지 않는다는 것이다. 유위제법은 생겨나기 전에는 존재하지 않았고 소멸한 이후에도 존재하지 않기 때문이다."

그렇지만 실제 『승의공경』에서는 "眼[根]은 [본래] 존재하지 않다가 [지금] 존재하며, 존재하다 다시 사라진다(cakṣur abhūtvā bhavati, bhūtvā ca prativigacchati)"(주94 참조)고 설하였지 '존재하다 다시 존재하지 않는다'고는 설하지 않았다. 그런데 玄奘은 이 경설을 '本無今有 有已還無'로 번역하고, "만약 미래의 안근이 존재하는 것이라면, [경에서] '[본래] 존재하지 않다가 [지금] 존재한다'고 설하지 않았을 것(yadi cānāgataṃ cakṣuḥ syān noktaṃ syād abhutvā bhavatīti)"이라는 세친의 말(주90)을 "만약 과거·미래의 안근이 존재한다면, 경에서 '본래 존재하지 않[다가 지금 존재한]다'는 등의 말을 설하지 않았을 것(去來眼根, 若實有者, 經不應說 '本無'等言)"이라고 번역하였다. '등'이라는 말

---

96 佐々木現順(1973), 『佛教の時間觀』, p.192 (황정일 역, 『불교시간론』, p.233).; 田端哲哉(1980), 「世親と衆賢: 還無と還去」, p.279 참조.

로써 원문에 없는 '과거의 안근'을 더하여 '本無[今有]'에 '有已還無'가 생략되었음을 나타낸 것이다. 이러한 加筆이 역자의 恣意는 아니다. 세친은 이에 앞서 "유위법체가 실로 恒有라고 한다면 '아직 생겨나지 않은 것(=미래)'과 '이미 소멸한 것(=과거)'을 어떻게 성취할 수 있을 것인가?"라고 힐난하고, "따라서 만약 '[유위법이] 본래 존재하지 않다가 지금 존재하고(本無今有), 존재하다가 다시 존재하지 않는다(bhūtvā ca punar na bhavatīti: 有已還無)'는 사실을 인정하지 않으면 삼세는 결코 성취되지 않는다"[97]고 논설하였던 것이다.

세친은『승의공경』에서의 'ca prativigacchati(還去)'라는 말을 'na bhavati (還無)'로 이해하였고, 이에 따라 현장 또한 세친이 인용한『승의공경』의 ca prativigacchati도, 이에 대한 그의 이해인 na bhavati도 '還無'(혹은 '歸無': 주24)로 번역하였다. prativigacchati (p. pativigacchati)는 '흩어지다', '사라지다'는 의미로,『잡아함』『제일의공경』에서의 '[生己]盡滅'도,『유가사지론』(T30, 454a27; 820c27; 826b22f)이나『현양성교론』(T31, 553c15)에서의 '[有己]散滅'도 이것의 역어일 것이다. 소멸(vyaya: 滅)을 '존재하다가 존재하지 않는 것(有己還無)'으로 이해한 경량부(주75)에 있어 'ca prativigacchati(還去)'와 'na bhavati (還無)'는 동일한 의미였다.[98]

그러나 유부의 경우 '사라지는(소멸하는) 것'과 '존재하지 않는 것'은 전혀 다른 의미이다. 중현은 이 점을 지적하고 있다.

---

97 AKBh., p.298. 17, tasmān na sidhyati sarvathā 'py atrādhvatrayam. yady abhūtvā bhavatīti neṣyate bhūtvā ca punar na bhavatīti.; "故不許法, 本無今有, 有已還無, 則三世義, 應一切種 皆不成立." (T29, 105a26-27) AKVy., p.472. 17-20 참조.

98 '還無'와 '還去'에 대해서는 佐々木現順(1973),『佛敎の時間論』, pp.193-197.; 田端哲哉(1980),「世親と衆賢: 還無と還去」, p.279 참조.『유가사지론』의 경우 역시 유위제법의 生과 滅은 '本無今有, 有已還無(na bhavatīti)'로 해설(T30, 586a17f)한 반면 생겨날 때 온 곳과 소멸할 때 가는 곳에 대해서는 '本無今有 有已散滅(prativigacchati)'로 논설하였다.

만약 불타께서 '과거·미래는 존재한다'는 사실을 부정하기 위해 이 같은 '본래 존재하지 않는다--'는 등의 말을 설하였다면, 앞의 구절에서 '본래 존재하지 않다가 지금 존재한다(本無今有)'고 말한 것처럼, 뒤의 구절에서도 응당 '존재하다가 다시 존재하지 않는다(有已還無)'고 설했어야 하였다. 그러나 [경에서는] '[다시] 존재하지 않는다([還]無, na bhavati)'고 말하지 않았으며, 다만 '다시 돌아간다/사라진다(還去, ca prativigacchati)'고만 말하였을 뿐이다. 그런 즉 [불타께서는] '과거=비존재(無)'이라는 사실을 인정하지 않았음을 알아야 한다. 즉 그대의 종의에서는 과거의 존재는 인정하고 오로지 "어떠한 경우에도 미래의 안근은 존재하지 않는다"고 말하는 것이 아닌데, 어떻게 이 같은 『[승의공]계경』[의 '本無今有 有而還去']를 인용하여 [過未無體의] 논거로 삼을 수 있을 것인가?[99]

곧 세친이 인용한 『승의공경』의 경설에 의하는 한, 생겨나기 전의 상태(미래)에 대해서는 '本無'를 설하여 설혹 부정하고 있을지라도 과거에 대해서는 '還無'가 아니라 '還去'로 설하여 적극적으로 부정하고 있지 않기 때문에 過未無體說의 논거로 적합하지 않다는 것이다.

중현은 "생겨날 때 온 곳이 없고 소멸할 때 가는 곳이 없다"는 『승의공경』의 경설을 인도 전통 종교철학에서 안근은 그것의 원인이나 本源(saṃnicaya: 所造集)으로 고려된 火輪(*āditya: 태양)이나 自性(prakṛti 혹은 pradhāna: 勝因) 혹은 自在天(Īśvara, 조물주)으로부터 생겨나 그곳으로 소멸한다(돌아간다)고 주장하는 세간의 邪論, 샹캬학파(數論), 혹은 大自在天 외도를 비판한 것으로 해석하였다. 그리고 "본래 존재하지 않다가 지금 존재하며, 존재하다 다시 돌아간다/사라진다(本無今有 有已還去)"는 말은 이에 대한 大師(불타)

---

99 『순정리론』권51(T29, 626a24-28), "若佛爲遮去來是有, 方便說此'本無'等言. 如前句言 '本無今有', 後句應說'有已還無.' 旣不言'無', 但言'還去.' 則知不許過去是無. 非汝所宗, 許過去有, 唯言無有未來眼根, 如何引斯契經爲證?"

자신의 뜻을 나타낸 것으로, 결과는 自性과 같은 원인(果藏, *phala-garbha) 중에 존재하는 것이 아니라 인연에 의해 생겨난 것임을 밝힌 것, 혹은 작용이 아직 생겨나지 않은 상태(未至位, 즉 未生位, 즉 미래)로부터 [인연에 의해] 생겨나 존재하다 사라진다는 사실을 밝힌 것으로 해석하였다.[100] 나아가 장차 이러한 경설의 취지에 미혹하여 '과거·미래가 존재하지 않는다'고 여겨 원인과 결과를 비방하는 邪見이 증장하는 것을 관찰하여 이를 막기 위해 다시 "업도 업의 이숙(과보)도 존재하지만 작자는 획득될 수 없다"고 설한 것이라 하였다. 즉 『승의공경』은 "진실의 자아(實我)는 존재하지 않으며, 오로지 인과만이 존재하여 서로에 繫屬된다는 사실을 나타내기 위해 설한 것이지, 과거·미래의 실유를 부정하기 위해 설한 것이 아니"라는 것이다.[101]

중현이 『승의공경』을 바야흐로 이와 같은 뜻으로 해석하였다면, 세친이 이를 과미무체설의 논거로 삼은 것은 婆沙 시대에 없던 새로운 이해에서 비롯된 것이라 할 수 있다. 그렇다면 세친의 이해는 자신의 독창인가? 세친의 이해는 상좌에 따른 것이다. 아울러 유가행파에서는 『승의공경』의 本無今有 有已還無(혹은 還去, 散滅)를 일곱 종류의 '勝義諦로서의 空' 가운데 前際空과 後際空으로 간주하였는데,[102] 이 또한 일차적으로 경량부가 '還去'를 '還無'로 이해하고 이를 과미무체론의 논거로 삼았기 때문에 가능한 일이었을 것이다.

---

100 『아비달마디파』에서도 앞의 경설은 베다학설과 상캬학파의 견해를 비판한 것이라 말한다. "눈은 태양(āditya)으로부터 와 죽을 때 다시 그곳으로 간다(사라진다).(cakṣur ādityād āgataṃ punas tatraiva prativigacchati). 나아가 귀는 허공(ākāśa)으로, 코는 地(pṛthivī)로, 혀는 水(āp)로, 몸은 風(vāyu)으로, 意는 흘러가는 소마酒(salilam soma)로 [사라진다]." (ADV., p.267. 9-11) 그리고 '本無今有 有已還去'의 뒤의 경설 역시 작용의 今有와 還去로 이해한다. "눈은 [본래] 존재하지 않다가 오로지 현재세 일찰나에 작용과 색을 취하였다가 버린 다음 다시 보지 않는 상태로 돌아간다. (cakṣur abhūtvā vartamāne 'dhvani kṣaṇamātraṃ kriyārūpam ādaya tyaktvā punar adarśanam gacchati : p.268. 13-14)" 三友健容(2009), 『アビダルマディーパの研究』, pp.592-594.; 권오민(2012), pp.402-406 참조.

101 이상 『순정리론』 권51(T29, 626a4-b7).

102 『유가사지론』 권92(T30, 826b16-23), "是故當知. 諸行生時, 無所從來. 本無今有. 是名後際空. -- 是故諸行於正滅時, 都無所往積集而住. 有已散滅. 不待餘因, 自然滅壞. 是名前際空."

(4)『승의공경』과 상좌

"[세친은] 막기 어려운 귀신(vetāḍa)을 깨워 일으키듯 경량부(Sautrāntika)를 깨워 일으켜 자신의 종의(svapakṣa)를 파괴하기 위해 이처럼『[승의공]경』에 집착하고 있는 것이다."[103]

이는『아비달마디파』에서 "과거색이 존재한다"는 등의 삼세실유설의 經證①(본 장 4-1 참조)에 대해 논설하면서 세친이 인용한『승의공경』의 경설은 상캬학파에서 세계의 원인으로 제시된 勝因(pradhāna) 즉 自性(prakṛti)을 비판하기 위해, 혹은 세계는 단일한 원인(kāraṇa)의 자기 轉變(pariṇāma)이라는 그들의 견해를 비판하기 위한 것이라고 해설하고서 진술한 맺음말이다. 여기서 '자신의 종의'란 유부의 삼세실유설을 말하는 것으로,[104] 구사 논주 세친은 바로 자신의 종의를 파괴하기 위해 경량부를 앞세워『승의공경』을 그릇되게 이해하였다는 것이다.

『아비달마디파』에서는『승의공경』에 관한 논의를 이같이 시작한다. "'『승의공경』에서는 [과거·미래가] 존재하지 않는다고 하였다'고 한다면, 그렇지 않으니, [그대는] 이 경의 의미를 완전하게 이해하지 못하였기 때문이다. 도리어 이 [경]에 의해 미래 등의 실유가 성취되기 때문이다."[105]

여기서 경량부는 누구이며, 세친은『승의공경』에 대해 어떻게 집착하였던가? 세친은 유부가 삼세실유설 경증①로 제시한 "과거색과 미래색이

---

103 tasmād durvihitavetāḍotthānavat(utthāna → utthāpana: 三友健容, 2009, p.594 주170) sautrāntikaiḥ svapakṣopaghātāya sūtram etad āśrīyate (ADV., p.268. 19-20)

104 三友健容(2009),『アビダルマディ-パの研究』, p.594.; 권오민(2012), p.404 참조.

105 ADV., p.266. 5-6. paramārthaśūnyatāsūtrād asad iti cet. na. tadarthāparijñānāt. tata evānāgatādyastitvasiddheśca. 앞서 法救도『잡아비담심론』에서 이 경을 삼세실유설의 경증으로 제시하였다. (주95)

존재한다”는 경설에서의 과거·미래색은 일찍이 존재(曾有)하였고, 당래 존재(當有)하게 될 색으로, 여기서 ‘존재한다/있다(asti: 有)’는 말은 ‘등불이 켜져 **있다**’거나 ‘꺼져 **있다**’의 경우처럼 존재/비존재 모두에 가능한 不變化詞(nipāta)라고 해명한 다음 『승의공경』(주90)을 인용한다.

중현에 의하면 세친이 『승의공경』을 인용한 첫 번째 이유는 경증①을 不了義經으로 이해하였기 때문이다. 즉 세친은, “여기서 인용한 ‘과거·미래[색]이 존재한다’고 설한 계경은 결정코 了義經이니, 일찍이 다른 곳에서 이 같은 사실을 결정적으로 부정(遮止)한 일이 없었다”고 한 중현의 判釋에 대해 이같이 말하고 있다.

> “보특가라(pudgala)가 존재한다”고 설한 경이 있을지라도 『人契經(Manuṣyakasūtra)』(『잡아함』 제306경, 『구사론』 T29. 154a23-b6; AKBh., 465) 등에서 이를 분명하게 부정하고 있기 때문에 이는 요의경이 아니듯이, --(중략)-- 이 경 또한 ‘과거·미래세가 존재한다’고 <u>分明하고도 決定적으로 설한 것</u>이 아님을 알아야 한다. 즉 이미 다른 곳(즉 『승의공경』)에서 다시 ‘과거·미래가 존재한다’는 사실을 <u>分明하고도 決定적으로 부정하고 있으니</u>, 이에 따라 이 경도 了義가 아님을 알 수 있는 것이다.[106]

후술하듯이 중현은 이에 대해 서로 양립하는 두 경설을 두고서 그중 하나가 了義이기 때문에 다른 하나는 不了義라고 하는 기이한 말이라 조롱하지만, 여기서 세친이 요의(nitārtha)의 기준으로 제시한 ‘分明하고도 決定적으로는 설한 것’은 바로 상좌 슈리라타에 의해 제시된 了義經觀 ―불타에 의해 분명하고도 결정적으로 설해진(顯了定說, *vispaṣṭam viniścaya) 경, 혹은

---

[106] 『순정리론』 권51(T29, 625c14-25), “‘此所引契經, 說有去來. 定是了義. 曾無餘處決定遮止.’ --(중략)-- 如是等類, 隨應當知. 非此分明決定說有去來世. 已復於餘處, 分明決定遮有去來. 可以准知, 此非了義.”

標釋(udddeśa-nirdeśa)을 갖추어 달리 해석할 여지가 없는 경107 — 이었다. 『아비달마디파』에서도 [세친은] "『승의공경』에서 세존은 과거 등이 존재하지 않는다고 분명하게(vispaṣṭam) 설하고 있음"을 밝히고 있다.108 요컨대 세친은 상좌의 요의경관에 따라 『승의공경』을 이해하였다.

　중현은 세친의 이러한 태도에 대해 이같이 힐난하였다.

> 恍惚論者는 어찌 그토록 가벼이 말하는 것인가? 다만 자신의 종의에 어긋나는 경이면, 바로 불요의라고 판별하는구나.109

> 무릇 鄙淺한 이(세친)는 朋黨의 주장(朋執)이 마음을 덮어 거칠고 얕은 뜻조차 능히 분명하게 관찰하지 못하니, 참으로 기이하도다. 바야흐로 [삼세실유에 대한] 우리의 해석은 그만두고서라도 그대는 어떻게 뒤의 계경(『勝義空經』)에 의해 앞서 언급한 계경(경증①)이 了義經이 아님을 알게 된 것인가? [물론] 앞서 언급한 경에 의해 뒤의 경이 不了義를 성취하는 것도 아니다.110

　여기서 '황홀론자'는 세친이다. 중현에 의하는 한 세친은 朋黨(上座宗)의 주장에 마음을 뺏겨 거칠고 얕은 뜻조차 분명히 관찰하지 못한 채 황홀경에 도취되어 자타의 주장을 자세히 살피지도, 이해하지도 못한 채 경솔히 말하였기 때문이다.111 따라서 『아비달마디파』에서 세친이 깨워 일으켰

---

107 권오민(2012), pp.657-684; 625-639 참조.

108 ADV., pp.266. 6-267. 1, paramārthaśūnyatā sūtre bhagavatā vispaṣṭam anāgatādināstitvaṃ pradarśitam.

109 『순정리론』권51(T29, 625c26-27), "恍惚論者, 何太輕言? 但違己宗經, 便判爲不了."

110 『순정리론』권51(T29, 626a1-4), "奇哉! 凡鄙朋執覆心, 麤淺義中不能明見. 且置我釋, 汝云何知, 由後契經前成非了義? 非由前故後經成不了." 서로 양립하는 두 경설을 두고서 그중 하나가 了義說이기 때문에 다른 하나는 不了義說이라고 하는 주장은 不成因 즉 미확정의 오류이다.

111 『순정리론』권35(T29, 542b6-8), "經主此中極爲恍惚, 不審了達自他宗趣, 欲以己過攀他令等, 逆述

다(utthāpana)는 경량부는 상좌이며,『승의공경』에 집착하였다고 함은 이를 과미무체를 설한 요의경으로 간주하였음을 의미한다.

『순정리론』 상에서 비판되는 과미무체설은 대부분『구사론』 상에 언급된 經主 세친의 말이지만, 중현은 그것이 대부분 상좌/譬喩者로부터 유래한 것임을 시사하며, 普光 역시 대개는 經部說로 평석한다. 예컨대 중현은 과거·미래 실유론에 대한 세친의 총론적인 첫 번째 문제제기(주64 밑줄)를 이같이 전하고 있다.

> 여기서 經主(세친)는 上座와 가까이하여 앞서 [확고히] 주장한 [유부의] 종취(주70)에 대해 이같이 힐난하여 말하였다. "만약 과거·미래가 다 같이 항상 존재하는 것이라고 한다면 그것을 어떻게 과거·미래의 존재라고 말할 수 있을 것인가?"[112]

혹은 후술하듯이 세친이 삼세실유 경증②('識은 두 가지 緣에 의해 생겨난다')에 대해 "과거는 일찍이 존재하였던(曾有) 소연, 미래는 장차 존재하게 될(當有) 소연으로, 비존재를 대상으로 하는 識(緣無境識)도 가능하다"고 비판한 데 대해 "譬喩師의 무리들은 제멋대로 [賢聖法(즉 三藏)에] 世俗法(世間現喩, dṛṣṭānta: 세간속설)을 뒤섞고 있으니, 그들이 소유한 慧(prajñā)와 解(vidyā)가 다 같이 거칠고 얕기 때문"[113]이라 비난하였다.

他責.(경주 세친은 여기서 지극한 황홀경에 도취되어 자타의 宗趣를 살피지도 이해하지도 못한 채 자신의 허물을 다른 이에게 적용시켜 그들도 동등한 허물이 있다고 하고자 다른 이의 비판을 그들에게 역으로 말하였다.)" 이는 "보시의 福業은 보시를 받은 자의 공덕과 이익으로 말미암아 증장한다"는 선대궤범사의 논의에서 제기된 "어떻게 다른 상속(受者)의 공덕이 다른 상속(施者)에 결과를 낳을 수 있는가"는 疑難에 대해 "이는 무표색을 주장하는 경우에도 동일하게 적용될 수 있다"(T29, 69b20-22)고 말한 데 대한 힐난이다.

112 『순정리론』권50(T29, 625b2-4), "經主於中朋附上座, 所立宗趣作是詰言. '過去未來若俱是有, 如何可說是去來性?'" 참고로 普光은 이를 '經部의 힐난'으로 평석하였다. (T41, 312a14)

113 『순정리론』권51(T29, 628b5-6), "譬喩師徒, 情壑世俗, 所有慧解俱麤淺故."

나아가 중현은 "과거·미래의 법체가 실유라면 아직 생겨나지 않은 것은 무엇이고 이미 소멸한 것은 무엇인가"(T29, 105a22-27)라는 세친의 힐문에 대해 "大德은 어떠한 이유에서 聖敎와 正理에 미혹한 자들과 사악한 붕당(惡朋, *pāpaka-pākṣika)을 맺어 이같이 수승한 공덕과 뛰어난 覺慧를 갖춘 불타의 聖제자(즉 유부 毘婆沙師)들을 비방하고, 이루 헤아릴 수 없는 중생들을 惡見의 구렁텅이에 빠트리는 것인가?"[114]라고 비난하기도 하였다. 여기서 세친이 가까이한 朋黨이 上座宗 혹은 上座徒黨(*Sthavira-pākṣika)임은 두말할 나위도 없다.[115]

중현은 종자설에 따라 擇滅無爲의 개별적 실체성을 부정하는 세친에 대해 상좌와 가까이하지 말기를 당부하며 이같이 충고하기도 하였다.

지금 살펴보건대 經主(세친)는 毘婆沙宗(Vaibhāṣika)을 전적으로 싫어하여 등을 돌린 듯하다. 空花[論]에 의거하여 일체법은 다 無自性이라고 부정하려고 하면서 지금 여기서는 바야흐로 열반도 부정하고 있다. --(중략)-- 만약 [經主가] 진실로 毘婆沙宗에서 설한 바를 옹호하고자 한다면, 마땅히 壞法論(상좌)과 가까이하지 말아야 한다. 저들의 論에서 드러나는 惡見의 더러운 때(垢塵)로써 자신의 마음을 더럽히지 말고 장차 이 [有部]宗의 正法의 물로 스스로 목욕해야 한다.[116]

중현은 세친이 인용한 경량부의 '隨眠=번뇌종자'설을 비판하면서도 "지혜가 총명한 자라 할지라도 그의 論을 학습한다면, 지니고 있던 覺慧마저도 모두 다 점차 어두워지고 저열하게 되고 말 것이기 때문에 상좌 슈리

---

114 『순정리론』권52(T29, 633b21-23), "大德何緣, 與迷聖敎及正理者, 共結惡朋, 訕謗如斯具勝功德·增上覺慧, 佛聖弟子, 陷無量衆置惡見坑?"
115 상좌 슈리라타와 세친의 관계에 대해서는 권오민(2012), pp.224-229; pp.866-882 참고.
116 『순정리론』권17(T29, 432b1-6).

라타와 가까이 하지 말 것”을 당부하고 있다. (제10장 주152 참조)

세친과 상좌의 관계는 그들의 삼세실유설 논증 비판에서 더욱 분명하게 확인된다. 중현은 세친이『구사론』상에서 인용한 19번의 경량부 설 중 그 논지를 자유로이 이해하여 재구성하거나 자신의 이해를 더한 것은 ‘經主(즉 세친) 설’로, 보다 逐字的으로 인용하였다고 여긴 것은 ‘經主가 인용한 경량부 설’로 재인용하는데, 여기에는 반드시 이를 보완할 만한 상좌의 해명이나 논거를 별도로 제시하여 비판한다.[117] 중현은 세친의 유부 삼세실유설 논증 비판에 대해서도 역시 이 같은 방식을 취하고 있어 우리는 이를 통해 상좌의 비판뿐만 아니라 세친 비판의 유래나 양인의 관계에 대해 살필 수 있다.

4. 상좌의 유부 삼세실유설 비판

1) 유부의 삼세실유 논증

주지하듯이『구사론』상에서 삼세실유의 논증은 두 가지 經證과 두 가지 理證으로 이루어진다.

경증①-1: 과거·미래색이 존재한다고 설하였기 때문이다.

“비구들이여, 만약 과거색이 존재하지 않는다면 多聞의 聖제자들은 과거색에 대해 부지런히 厭捨를 닦는 일도 (즉 관심을 버리는 일도) 없을 것이지만, 과거색이 존재하기 때문에 다문의 성제자들은 과거색에 대해 부지런

---

117 이에 반해 경량부 설을 그대로 인용하였다고 여긴 것은 중현 또한 바로 ‘譬喻論師’나 ‘경량부’라는 이름으로 인용하는데, 이 경우 상좌 설을 별도로 언급하지 않는다. 그것은 필경 경량부 설이 바로 상좌 설이었기 때문이었을 것이다. 권오민(2012), pp.856-859 참고

히 염사를 닦는 것이다. 또한 만약 미래색이 존재하지 않는다면 다문의 성
제자들은 미래색에 대한 欣求(희구)를 끊는 일도 없을 것이지만, 미래색이
존재하기 때문에 다문의 성제자들은 미래색에 대한 흔구를 끊는 것이다.”
(『잡아함』 제79경)

세친은 이 경에서 말한 과거는 曾有(bhūtapūrvam)이고, 미래는 當有(bhaviṣyat)
라고 해명하고서(주64) 다시 동일한 형식의 경증으로 業果를 부정한 杖髻외
도(lauguḍa-śīkhīykān parivrājakān)를 경책한 “업은 과거로 사라져 盡滅·變壞
할지라도 존재한다”는 법문을 별도로 언급하는데,[118] 『순정리론』에서는 이
법문의 전반부로 생각되는 장계외도의 주장을 경증①과 함께 인용한다.

경증①-2: 과거업이 존재한다고 설하였기 때문이다.
“[불타께서] 舍利子에게 告하였다. 杖髻外道는 황홀경에 도취되어 발언
하니, 능히 잘 살펴 추구(尋求)하지도 살펴 생각(思擇)하지도 않는다. 저들은
어리석음(愚戇)과 무지(不明)와 不善으로 인해 이같이 말하였다. ‘만약 업이
과거로 사라져 盡滅 變壞하고 나면 아무 것도 존재하지 않는다. 업이 과거
로 사라져 盡滅 變壞할지라도 여전히 존재하는 것이라면, 어떠한 인연으로
이를 알 수 있을 것인가?’” (출처불명)[119]

---

118 “業過去盡滅變壞, 而猶是有.” (T29, 105b16); “yat karmābhyatītaṃ kṣīṇaṃ niruddhaṃ vigataṃ
vipariṇataṃ tad asti.” (AKBh., p.299. 9-10) 이는 『아비달마디파』에 온전하게 인용된다. “사
리자여, 업은 과거로 사라져(abhyatīta) 盡滅(kṣīṇa-niruddha)·除棄(vigata)·變壞(vipariṇata)할
지라도 존재한다. 왜냐하면 사리자여, 만약 그 업이 존재하지 않는다면 어떤 이는 그러
한 因과 그러한 緣에 의해 惡趣에 떨어지는 일도 없고 신체가 파괴되는 지옥에 떨어지는
일도 없다고 해야 하기 때문이다.” (ADV., p.265. 7-8; 三友健容, 2009, p.591 참조)
119 『순정리론』권51(T29, 625c10-14).

경증②: 識은 두 가지 緣에 의해 생겨난다고 설하였기 때문이다.

"識은 두 가지 緣에 의해 생겨난다. 두 가지란 무엇인가? 이를테면 眼과 色 내지 意와 法이 바로 그것이다." (『잡아함』 제214경 등)

즉 과거·미래가 존재하지 않는다고 한다면, 이를 소연으로 삼는 識은 두 가지 緣 [중 하나]가 결여되었다고 해야 하며, 따라서 이 경설은 오류라고 하지 않으면 안 된다.

이증①: 인식에는 반드시 인식대상이 존재하기 때문이다.

대상(viṣaya: 境)이 존재할 때 識이 일어난다. 만약 과거·미래가 존재하지 않는다면 [이에 대한] 識은 소연을 갖지 않는 識(asadālambanaṃ vijñānaṃ: 無所緣識)이라고 해야 한다. 즉 소연이 존재하지 않는다면 [그에 대한] 識도 존재하지 않는다고 해야 한다.

이증②: 업에는 당래 과보가 존재하기 때문이다.

만약 과거가 존재하지 않는다면 [과거에 지은] 선·악(淨·不淨, śubhāśubha) 업의 과보가 당래 어떻게 생겨날 수 있을 것인가? 과보가 생겨날 때 [그 원인이 된] 현재의 이숙인이 존재하지 않기 때문이다.[120]

『순정리론』에서는 이 밖에 경증과 이증을 각기 하나씩 더 언급하고 있다.

경증③: 삼세법의 무상을 설하였기 때문이다.

"과거·미래색도 無常하거늘 하물며 현재의 색을 말해 무엇 할 것인

120　이상 『구사론』권20(T29, 104b5-22); AKBh., pp.295. 2-296. 1.

가?” (『잡아함』 제79경 T2, 20a11f; 제8경, T2, 1c23f)[121]

즉 無常은 바로 有爲相(즉 滅相)으로, 과거·미래가 空花나 말의 뿔처럼 절대적 비존재(畢竟無)라면 경에서는 이에 대해 현재[법]처럼 무상한 것이라고 설해서는 안 된다.[122]

이증③: 살생업도가 성취될 수 없기 때문이다.

만약 과거·미래가 존재하지 않는다면, 이치상 살생의 업도 이루어질 수 없다. 만약 오로지 현재 일 찰나의 법만이 존재하는 것이라고 한다면, 命根 또한 그러하여 굳이 힘들게 수고하지 않더라도 滅相에 의해 저절로 소멸하기 때문이다.[123]

즉 유위법이 滅相에 의해 소멸하든(=유부) 원인 없이 저절로 소멸하든(=경량부) 찰나멸론에 따를 경우, 살생이란 미래 생겨날 목숨을 장애하여 생겨나지 않게 하는 것이기 때문이다. (T29, 69c7-11; 578b16-22)

참고로 『대비바사론』에서는 과거·미래가 존재하지 않는다면 제2頭, 제3手가 그러한 것처럼 이것(예컨대 과거 업이나 미래 번뇌)의 成就·不成就도 불가능하고, 업(異熟因)도 과보(이숙과)를 낳을 수 없으며, 過去佛도, 受戒도, 나이의 많고 적음도 불가능할 뿐만 아니라 과거·미래를 관찰하여 [그에 근거하여] 현재를 시설하기 때문에 현재세도, 나아가 [생멸변천의] 유위도 존재하지 않는다고 해야 하며, 그럴 경우 무위 또한 존재하지 않는다고 해야 한다는 등의 논거를 제시한다.[124]

---

121 이는 『구사론』 상에서의 경증①-1의 첫 단락이다. 즉 경에서는 “多聞의 聖제자가 이와 같이 관찰할 때 과거색을 돌아보지 않고(不顧) 미래색에 기뻐하지 않으며(不欣), 현재색에 대해서도 厭離한다”고 설하고서 경증①-1로 이어진다.
122 『순정리론』권51(T29, 630a14-19) 취의.
123 『순정리론』권51(T29, 630b26-c4) 취의.

이 밖에『성실론』「二世有品」에서도 역시 "법이 존재할 때 그에 대한 마음(心)이 생겨나기 때문"이라는, 다시 말해 "과거·미래법에 대한 인식이 생겨난 것은 그것이 존재하기 때문"이라는 理證과 "과거·미래색도 무상하거늘 어찌 하물며 현재색이 무상하지 않을 것인가?"라거나 "과거 업에는 미래 결과가 존재한다고 아는 것이 正見", "불타의 10力 [중의 業異熟智力과 遍趣行智力]은 과거·미래의 諸業을 아는 것"이라는 등의 經證을 과미실유론의 논거로 제시하며,125 『잡아비담심론』에서도 三世의 薩婆多(sarvāsti: 一切有)가 존재한다는 주장의 논거로서 "과거·미래세가 없다면 현재세가 없고, 현재세가 없다면 [생멸변천의] 유위법도 없다"거나 "업과 과보가 존재한다"(주95 참조)는 등의 경설을 제시하고 있다.126

2) 상좌의 삼세 실유 논증 비판

(1) '과거색, 과거업이 존재한다'는 경증① 비판

세친은 전술한 대로 여기서의 과거·미래는 曾有와 當有로 현재와 같은 의미의 實有가 아니며, 『杖髻經』에서 설한 '과거로 사라진 업'이란 그러한 업에 의해 인기된(낳아진) 현재 相續[身] 중의 與果의 功能(phaladāna-sāmarthyaṃ)을 은밀히 그같이 말한 것(saṃdhāya)이라 해석한다. 보광은 이를 모두 경량부(經部師)의 通釋이라 평석하고,127 與果의 功能을 '능히 당래 결과를 낳는 [현재 상속신 중에] 훈습된 業因' 즉 種子로 해설하였는데,128 중현 또한 이를 바로 巧僞者(교묘하게 거짓을 설하는 이)들이 주장하는 隨界·熏習·種子 등

---

124 (T27, 393a20-b28).

125 (T32, 255b11-c6).

126 (T28, 963b2-20).

127 『구사론기』권20(T41, 312a5; b4).

128 『구사론기』권20(T41, 312b6-7), "所熏業因, 能與當果, 名與果功能."

의 異名이라 하였다. (T29, 627a19)

후설하듯이 중현은 상좌(경량부)의 수계·종자설을 비판할 때면 ‘벙어리가 꿈속에서 잠꼬대한 것과 같다(啞人夢有所說)’는 등의 언사로써 비아냥대는데(이증① 비판 참조), 세친이 과거업을 여과의 공능으로 해석한 것에 대해서는 “마치 어리석은 이가 물살이 빠른 여울에서 배를 거기에 탄 사람의 발에 메어놓고서 배가 멈추기를 고대하는 것과 같다”고 조소하였다. (T29, 627a15f)

세친의 경증① 비판은 상좌에게서 바로 확인할 수 있다. 상좌는 ‘과거·미래색이 존재한다’는 경증①-1의 과거색(atīta-rūpa)을 과거로 지나가(사라져)버린 것(過去, *abhy-atīta), 혹은 일찍이 경험하였던 것(曾領納, *pūrvaṃ-anubhava)으로 이해하였다.

[계경에서는] “만약 과거의 색이 존재하지 않는다면, 多聞의 聖제자들은 과거색에 대해 부지런히 厭捨를 닦는 일도 없을 것이지만--(자세한 내용은 생략함)”이라고 설하였는데, 이러한 경설의 뜻을 말하면 [이러하다]. 만약 과거색이 [과거로] 지나가버린 것이 아니라면, 다문의 성제자들은 과거색에 대해 ‘부지런히 厭捨를 닦는다(관심을 버린다)’고 해서는 안 되며, 마땅히 현재의 그것처럼 ‘厭離하어 멸한다’고 헤야 한다.

혹은 만약 과거색이 자타의 相續 중에 [존재하는] ‘일찍이 경험(領納)하였던 것’이 아니라면, 多聞의 聖제자들은 [그것에 대해] ‘부지런히 염사를 닦는다(관심을 버린다)’고 해서는 안 된다. 요컨대 일찍이 경험하였던 것이라야 비로소 부지런히 염사를 닦을 수 있는 것이다. 일찍이 경험하지 않은 것을 어찌 厭捨하겠는가? 즉 그러한 [과거]색은 바로 [과거로] 지나가(사라져) 버린 것, 혹은 과거에 일찍이 경험하였던 것이기 때문에, 마땅히 多聞의 聖제자들은 과거색에 대해 부지런히 염사를 닦을 수 있다고 해야 하는 것이다.129

이에 따른다면 과거를 曾有 즉 '일찍이 존재하였던 것(bhūtapūrvam)'이
라 하였던 세친의 이해는 상좌에게서 비롯된 것이라 할 수 있다. 중현은
미래색에 대한 상좌의 이해는 전하고 있지 않지만, 과거색에 준하여 볼 때
미래색(anāgata-rūpa) 또한 '아직 오지(도래하지) 않은 것(不來, *an-āgati)', '당
래 경험하게 될 것(當領納, *anubhavṣyati)'이라 하였을 것이다. 세친은 이를
當有 즉 [지금의 원인으로 인해] '앞으로 존재하게 될 것(bhavṣyati)'이라 하
였다.

과거업에 대한 상좌의 이해 또한 이를 현재 상속신 중에 존재하는 種子
('與果의 功能')로 해석한 세친의 그것과 일맥상통한다. 상좌는 종자를 隨界
혹은 舊隨界로 호칭한다. 그는 '과거업이 존재한다'는『장계경』의 경설을
이같이 해석하였다.

그러한 과거업 역시 존재한다고 말할 수 있으니, [당래 결과를 낳을] 因緣
으로서 존재하기 때문이며, 隨界로서 존재하기 때문이며, 그러한 [업의]
相續을 능히 막을 만한 것(즉 무루도)이 존재하지 않기 때문이며, 그것의
異熟果가 아직 성숙하지 않았기 때문이며, [상속이 轉變하다] 최후찰나에
비로소 능히 이숙과를 견인하기 때문이다. 그렇지만 과거·미래세 자체가
진실로 존재하는 것은 아니다.[130]

상좌 역시 과거업의 존재를 부정한 것은 아니었다. 다만 그것은 업 자
체로서 존재하는 것이 아니라 이숙과의 因緣(hetupratyaya)으로서 결과를 낳

---

129 『순정리론』권51(T29, 627b11-19), "上座於此釋前經言: '若過去色非有, 不應多聞聖弟子衆, 於過
去色, 勤修厭捨, 乃至廣說.' 此說意言, 若過去色非過去者, 不應多聞聖弟子衆, 於過去色, 勤修厭捨,
應如現在勤厭離滅. 或若過去色, 自他相續中非曾領納, 不應多聞聖弟子衆, 勤修厭捨. 要曾領納, 方
可厭捨. 未曾領納, 何所厭捨? 以彼色是過去及過去曾領受故, 應多聞聖弟子衆, 於過去色勤修厭捨."

130 『순정리론』권51(T29, 627b19-22), "又釋第二杖髻經言: 彼過去業亦可說有, 有因緣故; 有隨界故;
未有能遮彼相續故; 彼異熟果未成熟故; 最後方能牽異熟故. 然去來世非實有體."

을 때까지 隨界(anudhātu) 즉 功能의 상태로 현재의 상속신(6處, 혹은 色心) 중에 존재한다. 마치 종자(씨앗)가 뿌리-싹-줄기-가지 등으로 展轉 상속하다 최후순간 꽃으로부터 이전 상속과는 차별되는 열매(phala: 果)를 낳듯이 隨界 역시 그러하기 때문에 譬喩者들은 이를 '종자'에 비유하였다. 세친은 과거업이 결과를 낳기까지의 이 같은 일련의 과정을 '[종자가 훈습된] 相續의 轉變과 差別'로 규정하고(주141 참조), 이는 각기 展轉공능과 鄰近공능 ─말하자면 결과를 낳기까지 연속적으로 이어지는 힘과 바로 직접적으로 결과를 낳는 힘─ 에 의한 것이라고 하였는데, 이러한 힘을 지닌 상속 (즉 名色=5온, 혹은 6處)을 상좌는 隨界라고 하였고 세친은 種子라고 하였다. (이에 대해서는 본서 제10장 2-2, 2-3; 3-3-1 등에서 상론한다.)

중현은 이 같은 상좌의 『장계경』 해석을 네 가지 점에서 비판한다.

첫째, 비존재(無法)는 因緣性(hetu-pratyayatā)이 될 수 없다. 상좌에 의해 인연성으로 제시된 수계(혹은 舊隨界)는 종종법이 훈습하여 성취된 界, 굳이 말하자면 업과 번뇌가 훈습된 6처로 실체가 아니기 때문에 그 자체에 대해서는 말할 수 없는 것이었다. (본서 제10장 2-2-1 참조) 그러나 중현(유부)에 의하는 한 유정의 상속이 [선·불선 등으로] 展轉하는데 원인적 존재 (hetubhāva: 因性)가 되는 것은 色이나 受처럼 실체적으로 획득(인식) 가능한 것으로, 이것이 이른바 法(dharma)이었다.[131]

둘째, '隨界'라는 말(能詮)에 의해 지시되는 것(所詮)을 확인하기 어렵다. 그것은 5온과 같은 것인가, 다른 것인가? (제10장 주114 참조)

---

131 『순정리론』권18(T29, 440b11-14), "저 상좌의 隨界를 관찰하건대, 이는 다만 虛言일 뿐으로 그것의 실체를 추구하여 따져보더라도 도무지 획득(인식)할 수 없다. 따라서 [經主 세친이 주장한 種子와 마찬가지로] 이 역시 '이는 [모든 유정의] 相續이 展轉하는데 능히 원인적 존재(因性)가 되는 것'이라고 말할 수 없다. 모든 유정의 相續이 展轉하는데 원인이 되는 것은 色(rūpa)이나 受(vedanā) 따위처럼 실체적으로 획득(인식) 가능한 것뿐으로, 만약 舊隨界가 바로 유정의 相續이 展轉하는데 원인이 되는 것이라면, 그것은 色 등과 마찬가지로 실체적으로 획득 가능한 것이라고 해야 한다." 원문은 제10장 주54.

셋째, 오로지 현재 일찰나만 존재한다고 주장하는 一刹那宗(즉 경량부)의 경우 相續은 불가능하다. 그들에 의하는 한 前法이 존재할 때 後法은 아직 생겨나지 않았으며, 후법이 생겨났을 때 전법은 이미 소멸하였기 때문에 전후 인과적 관계가 성립할 수 없다.

넷째, 그들에 의하면 수계·종자는 실체가 아니라 변화 유동체로서의 힘(功能 samartha, 혹은 śakti)이다. 따라서 그 자체로서 존재하지 않는 법(無法)은 이숙과를 초래할 수 없다. 그러나 만약 존재하지 않는 법도 이숙과를 초래한다고 한다면 생사는 그 누구도 벗어날 수 없기에 무궁하다고 해야 한다.[132]

이러한 중현의 비판은 상좌/비유자의 수계·종자설 상에 있어서도 중요한 논점으로, 이에 대해서는 본서 제3편 특히 제10장에서 상론하게 될 것이다.

이러한 일련의 논의를 통해 볼 때 과거·미래세를 曾有와 當有로, 과거업을 與果의 공능으로 해석한 『구사론』 상의 세친의 경증①의 비판은 상좌로부터 비롯된 것이었다. 중현은 경증①에 대한 상좌의 해석 비판을 다음과 같은 힐난으로부터 시작한다. "참으로 가소로운 일이다. 경의 뜻을 이와 같이 해석하여 어찌 능히 과거·미래가 실로 존재한다는 사실을 부정할 수 있을 것인가? 이와 같이 一切智(즉 불타)의 經을 그릇되게 해석하여 어찌 印度의 方域을 능히 장엄할 수 있을 것인가? (혹은 '장엄할 수 있었던가?')"[133]

이러한 중현의 언사는 상좌 슈리라타의 영향력이 지대하여 당시 인도 전역에 그 명성을 떨치고(*vyūha: 莊嚴) 있었다는 사실을 전제로 하지 않고

---

132 『순정리론』권51(T29, 627c13-15), "釋杖髻經, 亦不應理. 無法不成因緣性故. 彼隨界言無所詮故. 一刹那宗無相續故. 無法不能招異熟故. 不爾生死應無窮故."

133 『순정리론』권51(T29, 627b22-24). "可笑! 如是解釋經義, 此豈能遮去來實有? 如是謬釋一切智經, 豈能莊嚴印度方域?"

서는 이해하기 어렵다. 중현에 의하면 상좌는 중현과 세친과 동시대를 살았을지라도 세대를 달리하였기 때문에 이미 그들의 앞 시대에 다수의 문인 제자로 구성된 上座徒黨/上座宗(*Sthavira-pākṣika, 규기에 의하면 上座部)이 형성되어 있었다. 그들은 카슈미르 유부 毘婆沙師가 아비달마를 지식의 근거(量)로 삼은데 대해 '經을 지식의 근거로 삼는 이들(*sūtrapramāṇikaḥ)'이라는 의미의 經量部로 자칭한 일군의 비유자(ekīyā-Dārṣṭāntika)로, 『구사론』 저술 당시 세친은 그들과 가까이하였던 것이다.

(2) 인식대상과 관련된 경증②와 이증① 비판

유부 존재론의 전제는 인식이다. 인식된 것은 실유든 가유든 어떠한 형식으로든 존재한다. (주71 참조) 인식에는 반드시 인식과는 별도의 인식대상(ālambana: 所緣)이 존재해야 한다. 중현은 이러한 '有所緣識'論의 입장에서 존재(有相)를 '경계대상이 되어 지각을 낳는 것'이라 정의하였다. (주66) 이에 따라 유부에서는 "識은 根(소의)과 境(소연)의 두 緣에 의해 생겨난다"는 아함 경설과 '인식에는 경계대상이 존재한다'는 사실을 삼세실유설의 경증②와 이증①로 제시하였던 것이다.

세친은 경증②에 대해 이같이 해명하였다. "'意와 法에 의지하여 意識이 생겨난다'고 말한 경우, 이때 法은 의근과 같은 의식을 낳는 조건(janakaḥ pratyaya: 能生緣)이 아니라 다만 소연(ālambana[-viṣaya]: 所緣境)으로, 과거와 미래는 曾有와 當有로서 인식된다. 만약 이때 법이 의식을 낳는 조건으로서 실유라고 한다면, 과거 일어나지 않았던 사건이나 미래 일어나지 않을 사건, 혹은 일체의 작용이 止滅된 무위열반은 의식의 生緣이 될 수 없고, 이에 대한 인식도 불가능하다고 해야 하기 때문이다." (T29, 105b27-c3: 제8장 주30: 후설)

"과거·미래는 그것이 소연이 되는 방식대로, 다시 말해 曾有와 當有로서 존재한다"는 세친의 논의134에 대해 중현은 "譬喩師의 무리들은 제멋대로 [賢聖法에] 世俗法을 뒤섞고 있으니, 그들이 소유한 慧(prajñā)와 解(vidyā)가 다 같이 거칠고 얕기 때문"(주113)이라 비난하였다. 그럴 경우 예컨대 나무그루터기를 사람으로, 흙덩이를 비둘기로 인식하였을 경우 이 또한 그것이 소연이되는 방식 ―사람이나 비둘기― 대로 존재하는 것이라고 해야 한다는 것이다.

譬喩者는 이미 『대비바사론』에서 횃불을 돌릴 때 생겨나는 불바퀴(旋火輪)의 경우에서 보듯 비존재 역시 인식대상이 될 수 있기 때문에 緣無智 즉 비존재를 소연으로 삼는 지각(*asadālambana-buddhi) 또한 가능함을 주장하였다. 그들은 존재(有相)를 '이미 생겨나 아직 소멸하지 않은 것(已生未滅)', 다만 현재 일 찰나 법으로 규정하고서(주85), '경계대상이 되어 지각을 낳는 것'이라는 중현의 존재 정의를 비판하기 위해 실유의 소연을 갖지 않은 식(無所緣識)의 다양한 사례를 제시하였는데, 세친 또한 『구사론』에서 이에 동조하였다. (제8장 3-1; 3-2 참조)

앞서 세친은 경증②의 해명으로 "意와 法에 의지하여 意識이 생겨난 경우, 이때 法境은 의식의 生緣이 아니라 다만 所緣[境]"이라 하였는데, 이 또한 다분히 비유자/경량부 소연관에 근거한 해명이다. 그들에 의하면 所緣(ālambana)은 두 가지 측면을 갖는다. 하나는 인식(識)을 낳는 것이고 다른 하나는 인식의 대상이 되는 것이다. '眼과 色을 緣하여 眼識이 생겨났다'고 할 때, 세 법의 同時인과를 주장하는 유부의 경우 인식을 낳는 것이 바로 인식의 대상이지만, 異時인과를 주장하는 경량부(상좌)의 경우 양자는 전후찰나로서 시간을 달리하기 때문에 동일물이 아니다. 안식이 생겨나는데 緣이 된 색은 전 찰나로 현재(인식순간) 실재하는 것이 아니며, 따라서 안식

---

134 『구사론』권20(T29, 105c4-11); 『순정리론』권51(T29, 628a27-b5), "若無, 如何成所緣境? 我說, 彼有如成所緣. 如何成所緣? 謂曾有當有."; yadi nāsti katham ālambanam. atredānīṃ brūmaḥ. yadā tadālambanam tathāsti. katham tadālambanam abhūt bhaviṣyati ceti. (AKBh., p.299. 21ff)

의 대상도 아니다. 안식의 대상은 다음 찰나 안식 상에 나타난 대상의 형상이다. 그들은 이를 각기 所緣緣과 所緣境이라 하였다. 陳那는 이를 그의 『관소연연론』에서 生識과 帶相으로 명명하기도 하였다. (제5장 3-2; 제9장 2-3 참조)

따라서 상좌 역시 "意와 法을 緣하여 意識이 생겨났다"고 할 때, 의식의 경계대상(所緣境)이 된 法은 전 찰나의 意根(전 찰나의 전5식)에 의해 파악된 과거법이기 때문에 실재하는 것이 아니지만, 비존재도 경계대상이 될 수 있기 때문에 의식이 소연의 경계대상을 갖지 않는 것은 아니다. 그는 이같이 말하고 있다.

과거법 등에 반연(의지)하여 존재하는 意識은 소연을 갖지 않은 것(無所緣)이 아닐뿐더러 오로지 존재하는 것(有)만을 소연으로 삼는 것도 아니다. 왜냐하면 5識身을 등무간[연]으로 삼아 생겨난 意識은 능히 전 찰나의 意[根](즉 5식)이 파악(取)한 온갖 경계대상을 지각(領受)한다고 말하기 때문이다.135

경증②에 대한 세친의 계속된 해명은 이에 따른 것이다.

[세친:] 만약 法이 다만 능히 [意識의] 소연의 경계대상(所緣境, ālambana [-viṣaya]) 될 뿐이라고 한다면, 우리도 과거·미래가 역시 소연이 된다고 설한다.

[유부:] 만약 [과거·미래가] 존재하지 않는 것이면, 어떻게 소연의 경계대상이 될 수 있을 것인가?

[세친:] 우리는 그것(과거·미래)이 소연이 되는 방식대로 존재한다고 설

---

135 『순정리론』권19(T29, 447b28-c2), "此中上座復作是言. '緣過去等所有意識, 非無所緣, 非唯緣有.' 何緣故爾? '以五識身爲等無間所生意識, 說能領受前意所取諸境界故." 보다 자세한 내용은 제9장 '상좌 슈리라타의 유부 인연론 비판' 주77) 참조.

한다.

[유부:] 어떠한 방식으로 소연이 되는 것인가?

[세친:] 말하자면 曾有 즉 일찍이 있었던 것과 當有 즉 당래 있게 될 것으로서 소연이 된다. 즉 과거의 色이나 受 등을 기억(smara)할 때, 현재처럼 분명하게 관찰하여 '있다'고 하는 것이 아니며, 다만 그것이 일찍이 존재하였을 때의 형태로 추억할 뿐이다. 또한 반대로 미래에 있게 될 것을 관찰하는 경우도 역시 그러하다. 예컨대 일찍이 [그것이] 현재하였을 때 지각하였던 색상의 경우처럼, 이렇듯 과거를 추억하여 '있다'고 하고, 역시 또한 당래 [그것이] 현재할 때 지각하게 될 색상의 경우처럼, 이렇듯 미래를 거슬러 관찰하여 '있다'고 하는 것이다. 그러나 만약 [그것(과거·미래)이] 현재처럼 존재하는 것이라면 현재세가 되어야 한다.136

그럴 때 유부로서는 당연히 "비존재에 대한 인식이 일어났다면 이 같은 인식의 확실성(決定性)은 어떻게 보증되는가?" 하는 점이 문제된다. 『순정리론』에서는 이증①("인식에는 반드시 인식대상이 존재한다")에 대한 상좌의 해명으로 다만 이 문제에 대해 다루고 있다. 이증①에 대한 세친이나 비유자(상좌)의 비판은 앞서 중현의 존재 정의('爲境生覺 是爲有相': 주66)에 대한 그들의 비판(無境覺論)에서 이미 논의하였기 때문이다. 즉 세친은 『구사론』에서 이증①에 대해 "만약 일찍이 발성되지 않아 존재하지 않는 말을 대상으로 하는 경우 이때 能緣의 識은 무엇을 所緣으로 삼는가? --(중략)-- 따라서 識은 존재하는 것이든 존재하지 않는 것이든 모두 所緣으로 삼을 수 있다"고 비판하였는데,137 이는 譬喩論者의 '緣無覺論(비존재를 대상

---

136 『구사론』권20(T29, 105c3-10), "若法但能爲所緣境. 我說過未亦是所緣. 若無, 如何成所緣境? 我說彼有如成所緣. 如何成所緣? 謂曾有當有. 非憶過去色受等時, 如現分明觀彼爲有. 但追憶彼曾有之相. 逆觀未來當有亦爾. 謂如曾現在所領色相. 如是追憶過去爲有. 亦如當現在所領色相. 如是逆觀未來爲有. 若如現有應成現世."

137 『구사론』권20(T29, 105c23-29), 又若緣聲先非有者, 此能緣識爲何所緣? 若謂卽緣彼聲爲境, 求聲無

으로 하는 지각론)'의 일곱 가지 논거 중 마지막 논거("又若緣聲先非有者, 此能緣覺 爲何所緣?": T29, 622a25f, 제8장 주35)를 廣說한 것이었다.

만약 과거세가 비존재라면 이에 대한 인식이 어떻게 가능한가? 상좌에 따르면 지식의 대상이 된 과거·미래법은 비록 비존재일지라도 인과적 관계로서 展轉 상속한 것(연속적으로 이어져온 것)이기 때문에 과거는 현재의 원인으로서, 미래는 현재의 결과로서 推尋할 수 있으며(추리하여 살필 수 있으며), 따라서 이 또한 결정적인 것이라고 말할 수 있다.[138] 과거의 경험(말하자면 '정보')은 전후 인과적 관계로서 展轉 상속하여 현재 相續身 상에 존재하는데, 상좌는 이를 舊隨界라고 하였다.

상좌는 이같이 말하였다.

인과적 관계로서 展轉 상속하는 舊隨界라고 하는 힘이 존재하기 때문에 비록 이미 소멸하여 多劫의 오랜 세월이 지난 경계대상이라 할지라도 지금 [인과적 관계를 소급 推尋하여] 取(지각)할 수 있다고 해도 이치상 어긋남이 없다.[139]

중현은 隨界에 기초한 상좌의 無所緣識論 해명에 대해서도 예외 없이 "벙어리가 꿈속에서 잠꼬대한 깃과 같다"(T29, 628c27)는 조롱의 말로써 비판을 시작한다. 유부에 의하는 한 전후 인과적 관계가 가능하기 위해서는 전법과 후법이 개별적 실체로서 존재해야 한다. 그러나 '오로지 현재 일찰

者應更發聲. 若謂聲無住未來位, 未來實有如何謂無? 若謂去來無現世者, 此亦非理, 其體一故. 若有少分體差別者, **本無今有**其理自成. 故識通緣有非有境.";『순정리론』권50(T29, 624b4-9). --tasmād ubhayaṃ vijñānasyālambanaṃ bhāvaś cābhāvaś ca. (AKBh., p.300. 12)

138 『순정리론』권51(T29, 628c3-5), "此中上座作如是言: '智緣非有亦二決定, 推尋因果展轉理故.'" 보다 자세한 내용은 제8장 제4절 '無境覺의 확실성과 수계(종자)'를 참조할 것.

139 『순정리론』권51(T29, 629a11-13), "又設許彼, 有舊隨界, 因果展轉相續力故, 雖經多劫久已滅境, 而今時取, 理可無違." 보다 완전한 인용은 제8장 주44 참조.

나만 존재한다고 주장하는 이들(唯說有一刹那宗)'의 경우, 전법이 존재할 때 후법은 아직 생겨나지 않았으며, 후법이 존재할 때 전법은 이미 소멸하였기 때문에 전·후법 사이에 인과적 관계가 불가능하며, 따라서 "과거·미래에 대한 두 지식은 확실성(決定性)이 없다." (주79)

그러나 이는 경량부의 주요 비판대상이었던 法有論에 기초한 것이기 때문에 유효한 비판으로 보기 어렵다. 유부에 있어 전후찰나는 별도의 실체(법)가 현현한 것이지만, 경량부의 경우 전법이 후법으로 전변한(바뀐) 것이다. 따라서 당연히 전법이 존재할 때 후법은 아직 생겨나지 않았으며, 후법이 존재할 때 전법은 이미 소멸하였다. 중현의 비판은 다만 유부의 교학적 전제에 따른 것일 뿐이다. 과거의 기억은, 유부의 경우 기억의 대상이 된 과거를 직접 소연으로 삼은 것이지만, 경량부(상좌)의 경우 현재에 근거하여 그 원인(전 찰나)의 원인을 推尋한 결과로서 이는 아득한 옛날부터 전전하며 이어져온 舊隨界로 인해 가능한 것이었다.[140]

삼세실유설 경증②와 이증①의 비판논거가 된 상좌/비유자의 無所緣識(또는 無境覺)論에 대해서는 제8장에서 다시 다루게 될 것이다.

(3) '업에는 과보가 존재한다'는 이증② 비판

세친은 業果相續의 경우 예의 경량부의 相續의 轉變과 差別(saṃtatipariṇāmaviśeṣa)설로써 비판한다.

경량부에서는 이처럼(毘婆沙師처럼) "과거의 업으로부터 바로 결과가 생겨난다"고는 설하지 않는다. 즉 [그들은] "그것(업)이 선행함에 따라 비롯된 相續이 [轉變] 差別되어 미래의 결과가 생겨나게 된다"고 설한다. 이에

---

140 이에 대해 중현은 그럴 경우 시간적으로 가깝고 먼 것에 따라 과거를 기억하는 것에도 빠르고 늦은 시간적 차별이 있어야 한다고 비판한다. (T29, 629a16-20)

대해서는 「破我品」 중에서 널리 顯示하게 될 것이다.[141]

여기서 경량부는 누구인가? 중현은 이 논설을 「파아품」 상의 그것까지 포함하여 '세친이 인용한 경량부 설'로 재인용하고 있지만(T29, 629b2-17), 이에 상응하는 상좌 설을 별도로 전하고 있지 않기 때문에 이를 바로 상좌 설로 이해할 수 있다. (주117) 더욱이 「파아품」에서는 종자가 열매(phala: 果)를 낳기까지의 비유로써 業果의 상속과정을 해명하는데, 이는 바로 譬喩 宗의 업과상속론이었다. (제10장 3-4, 5 참조)

『구사론』에는 「파아품」의 업과상속론을 포함하여 모두 다섯 번의 종자설이 언급되는데(제14장 제1절, 보다 구체적으로 제10장 제3, 제4절 참조), 「업품」에서는 선대궤범사의 思가 훈습된 相續의 轉變과 差別에 의한 복업증장설이, 「수면품」에서는 '隨眠(anuśaya)=번뇌種子'라는 경량부 설이 인용된다. 중현은 이를 비판하면서 이에 상응하는 상좌의 '농후한 (혹은 수승한) 阿世耶(āśaya: 意樂, 意思)에 의한 복업증장설'과 '수면=번뇌隨界'설을 전후로 인용 비판한다. 그리고 선대궤범사의 주장에 대해서는 "이는 상좌의 舊隨界와 같은 것으로 마치 배우가 의상을 바꿔 입은 것처럼 언사만 달리한 것일 뿐"이라는 말로 비판을 시작하여 "그대들(선대궤범사와 세친)은 經部宗과 가까이하며 자신들의 보잘 것 없는 주장을 찬탄하며 聖教를 더럽히고 있다"는 말로 마무리하며(제10장 주108-109), '수면=번뇌종자'설의 경우 經主 세친의 말로 인용 비판하고서 상좌의 '수면=번뇌수계'설 또한 동일하게 비판할 수 있다면서 불타의 말씀에 대한 올바른 이해를 구하는 자라면 이와 같은 論師(즉 상좌)와 가까이해서도, 그의 論을 학습해서도 안 된다고 훈계

---

141 『구사론』권20(T29, 106a10-12), "非經部師作如是說: 即過去業能生當果. 然業爲先所引相續, 轉變差別, 令當果生. 「破我品」中當廣顯示."; naiva hi sautrāntikā atītāt karmaṇaḥ phalotpattiṃ varṇayanti. kiṃ tarhi. tatpūrvakāt saṃtānaviśeṣād ity ātmavādapratiṣedhe saṃpravedayiṣyāmaḥ. (AKBh., p.300. 19-21)

하고 있다. (제10장 주152)

중현은 세친의 이증② 비판에 대해서도 역시 "과거·미래를 배척하려는 자들에게는 결코 業果感赴의 이론이 존재하지 않으며, 따라서 愚蒙隱滅經者(어리석음에 덮여 經을 隱滅하는 자, 즉 비유종)들의 '相續이 轉變 差別되어 당래 결과를 초래한다'는 주장은 이치상 성립할 수 없다"(T29, 630a9-11)는 말로 이에 관한 논의를 마무리하고 있다. 찰나찰나 개별적인 법들(제법의 體相이 아니라 性類)의 생멸로 세계를 해석하는 유부의 사유로 볼 때 오로지 현재 일찰나만의 실유를 주장하는 경량부에 있어 종자상속론은 불가능하다고 여겼기 때문이다. (주132 참조)

중현은, 上座의 제자 邏摩(Rāma)가 '此有故彼有 此生故彼生'의 2句의 연기법설은 각기 親因(sākṣāt-hetu, 無間에 결과를 낳는 직접 원인)과 傳因(pāraṃparyam-hetu, 결과를 낳기까지 간단없이 연속하는 간접 원인)을 나타낸 것[142]이라 주장한 데 대해, "過未無體를 주장하는 譬喩宗이 親·傳의 두 원인을 설정하는 것은 모순이라고 비판하였다.[143] 즉 저들은 舊隨界(pūrvānudhātu)와 같은 轉至 相續하는 功能이 결과를 낳는다고 주장하지만, 이는 前法(원인)이 존재할 때는 後法(결과)은 생겨나지 않았고, 후법이 존재할 때 전법은 이미 소멸하였기 때문에 親因(=近因)도 傳因(=遠因)도 불가능하며, 과거와 미래를 曾有와 當有로 이해할지라도 문제는 달라지지 않는다는 것이다.[144] 이는 찰나찰나

---

142 『순정리론』권25(T29, 482b5-8)., "大德邏摩, 於自師釋, 心不忍許, 復自釋言. 若十二支, 許依三際, 即爲略攝三際緣起, 說依此有彼有, 及此生故彼生. 若不許然, 即此二句, 如次顯示親傳二因." 밑줄의 邏摩 설은 『구사론』 상에 언급된다. "又爲顯示三際傳生. 謂依前際有中際得有. 由中際生故後際得生. 又爲顯示親傳二緣. 謂有無明無間生行. 或展轉力諸行方生." (T29, 50c23-26); sākṣāt pāraṃparyeṇa pratyayabhāvaṃ darśayati / kadācid dhi samanantaram avidyāyāḥ saṃskārā bhavanti kadācit pāraṃparyeṇeti. (AKBh., p.139. 5-6)

143 『순정리론』권25(T29, 482b20-21), "又譬喩宗, 過未無體, 如何可立親傳二因?"

144 『순정리론』권25(T29, 482b25-c1), "諸有橫計舊隨界等, 思擇因中, 已廣遮破. 設許有彼傳, 亦不成遠近二因, 滅無異故. 依何而說彼遠此近? 據曾有說, 理亦不成. 隨一有時, 隨一無故. 無法無容說爲傳故. 由此亦破據當有說. 現在雖有, 未來無故, 非無所待可說有傳.: 제 유정들이 [이숙과를 초래

에 걸친 제법의 동시인과로서 세계를 이해하는 유부(혹은 유가행파)의 상투적 비판이다.

이에 따라 중현은 라마에 대해서도 앞서 세친에게 행하였던 것(주113)과 동일한 내용의 비난으로 비판을 끝맺고 있다. "그렇기 때문에 譬喩論者는 다만 詿惑하여 참된 正理와 聖敎에 미혹하고 覺慧가 없는 이로서 문득 [그같이] 해석한 것임을 알아야 한다."145

상좌/비유자와 경량부(세친)의 수계·종자설에 대해서는 제10장에서 보다 자세하게 논의하게 될 것이다.

(4) '과거·미래법은 무상하다'는 경증③ 비판

유부에 의하는 한 無常은 유위상(즉 滅相)이기 때문에 법 자체의 본성이 아니라 양태에 속한다. 무상한 것(즉 무상성을 띤 諸行)은 실유의 법이다. 가설적 존재(假有)나 비존재에 대해서는 무상한 것이라 말할 수 없다. 이에 따라 중현은 앞서 滅相의 논거로 제시하였던 '諸行은 무상한 것으로 생멸을 갖는 법(諸行無常 有生滅法)'이라는 계경 설(주34)을 삼세실유설의 경증으로 제시하기도 하였다. (T29, 630b9f) 실유의 법이 생멸(무상)의 유위상과 결합하였기 때문에 무상하다는 것이다.

하는 원인으로] 제멋대로 생각한 舊隨界 등에 대해서는 [유위제법의] 因緣(hetupratyaya)에 대해 논설(思擇)하면서 이미 널리 비판하였었다. 설혹 [舊隨界에] 그 같은 '傳(paramparya)' 즉 결과를 낳기까지 간단없이 연속하는 것이라는 뜻이 있다 할지라도 遠·近의 두 원인이 될 수 없으니, [그것이 前法인 이상 後法이 생겨나기 전에] 소멸하였다는 점에서 어떠한 차이도 없기 때문이다. 그러니 무엇에 근거하여 그것은 遠因(즉 傳因)이고, 이것은 近因(즉 親因)이라고 말할 것인가? 曾有에 근거하여 말하더라도 이치상 역시 이루어질 수 없으니, [전후찰나로 연속하는] 두 법 중 어느 하나가 존재할 때에는 다른 하나는 존재하지 않기 때문이며, 존재하지 않는 법이 傳因이 된다고는 말할 수 없기 때문이다. 이에 따라 當有에 근거하여 말한 것 역시 비판한 셈이다. 그리고 현재[법]이 비록 존재한다고 하였을지라도 [결과가 傳해질] 미래가 존재하지 않기 때문에 근거하는 바가 없는 법에 '傳'의 뜻이 존재한다고는 말할 수 없는 것이다."

145 『순정리론』권25(T29, 482c1-3), "是故定知, 譬喩論者, 但爲詿惑, 迷眞理敎, 無覺慧人, 輒有所釋."

　　그러나 상좌의 경우 제행이 무상한 것은 법 자체가 생멸하기 때문이다.
生은 존재하지 않던 것이 존재하는 것이고, 滅은 존재하던 것이 존재하지
않는 것이다.

　　삼세실유 경증③에 대해 상좌는 이같이 해석하였다. [경에서는] 법 자체
　　가 존재하지 않기 때문에 '무상한 것'이라고 말한 것이다. 만약 법 자체가
　　존재하지 않는 것이 아니라면 (다시 말해 '법체가 恒有라면') '[제행은] 무
　　상한 것'이라는 이치도 없어야 한다.146

　　중현은 "경에서 '과거·미래색은 무상하다'고 설한 것은 현재(지금) [과
거·미래색] 자체가 존재하지 않기 때문"이라는 상좌의 해석에 대해 "그렇
다면 현재색은 법 자체가 현재 존재하기 때문에 무상하지 않은 것이라 해
야 하지만, 경에서는 이후 '현재색은 말해 무엇 할 것인가?'라고 설하였
다"147고 힐난할 뿐 더 이상 상좌의 해명은 전하지 않고 있지만, 우리는 앞
서 그의 찰나멸론에서 이에 대해 이미 논의하였다. 즉 유부에 의하는 한
법 자체는 생멸하지 않지만, 상좌에 있어 [현재]찰나란 衆緣에 따라 본래
존재하지 않던 법 자체가 획득됨(생겨남)과 무간에 바로 소멸하는 것('得體
無間滅': 주25)으로, 이때의 소멸 또한 無常相(즉 滅相)에 의해 일어나는 것이
아니라 저절로 일어나는 것이었다. 그래서 계경에서 '제행은 무상한 것'이
라고 설하였다는 것이다.
　　중현은 이증③에 대한 상좌의 비평은 전하고 있지 않다. 그러나 생각
해보면 목숨의 續生 또한 유부의 경우 미래의 그것이 생겨나는 것이기 때문

146　『순정리론』 권51(T29, 630a27-28), "上座此中作如是釋: 即體無故名爲無常. 若體非無, 無無常理."
147　『순정리론』 권51(T29, 630b5-7), "又彼釋: 經說去來色是無常者, 現無體故. 此釋不然. 由次後說何
　　　況現在? 應許現在色非無常, 現有體故."

에 살생은 이를 장애하는 업이지만, 命根과 미래법의 실재성을 부정하는 경량부의 경우 현재의 同分(6處와 그 소의)이 다음 찰나 목숨의 因緣이 되기 때문에(제2장 3-3 참조) 이를 장애하여 더 이상 생겨나지 않게 하는 것이 살생업이다. 따라서 살생업 또한 과미실유론의 논거가 되지 않는다.

3) 상좌일파의 過未無體論

중현은 『구사론』 상의 세친(經主) 설과 그 배후가 된 상좌 설에 대한 비판을 끝낸 다음[148] 필경 상좌와 상좌일파(上座徒黨, *Sthavirapākṣika)로 생각되는 '다른 어떤 이(有餘, *apare)'와 또 다른 '어떤 이(有, *anye)'의 過未無體說을 인용 비판한다. 중현은 이들을 '이치를 살피지 않는 자(不鑒者)' 혹은 '성찰의 지혜가 어두운 일군의 무리(一類鑒智盲徒)'로 호칭하였다.

즉 "'이치를 살피지 않는 자'는 그들의 종의(彼宗)에 근거하여 교묘한 文詞로써 거짓되게 [過未실유설의] 허물을 지적한다"고 비난하기도 하였고,[149] '성찰의 지혜가 어두운 일군의 무리'는 유부의 종의(즉 법체항유론)를 상캬학파의 개조인 黃仙 즉 카필라(Kapila)의 주장과 동일한 것이라고 논평하였지만, 상캬학파에서는 自性(원인)이 轉變하여 결과가 되고 결과는 다시 자성으로 隱沒한다고 주장하기 때문에 그들의 논평은 이치에 맞지 않다고 비판하기도 하였다.[150] 세친 역시 『구사론』에서 '일체법은 항상 존

---

148 비판의 結辭는 이러하다. "나는 앞에서 經主(세친)가 과거·미래를 [假有로] 결택하여 그 것의 所[繫]와 能[繫]를 부정한 것에 대해 그의 언사에 따라 모두 검토 비판하였으며, 아울러 上座의 언사에 대해서도 간략하게 검토 비판하였다. 그렇지만 문구가 번잡해짐에 따라 검토 비판하지 못한 것도 있으니, 그것은 그가 설한 바에 다소 불분명한 사실에 근거한 것이 있어 앞서 설한 뜻에 준하여 검토 비판할 수 있기 때문이든지, 혹은 지극히 천박하여 추구할 만한 것이 되지 못하였기 때문이었다. 혹은 오로지 聖賢을 비방하고 거짓되게 스스로 과장하여 믿기 어려운 것(誇誕)이기 때문이었다. 만약 그의 설에 따라 하나하나 대꾸하여 말하였다면, 지혜 있는 자로서 그 누가 이를 듣고 비웃고 꾸짖지 않겠는가?" (T29, 635a2-8)
149 『순정리론』권52(T29, 635a8f), "不鑒者, 復託彼宗, 矯飾文詞, 妄興過難."

재하며 [존재하는 것만이 생겨난다]'는 유부 종의에 대해 이는 "존재하는
것(asti: 有)은 존재하는 것이고, 존재하지 않는 것(nāsti: 非有)은 존재하지 않는
것이며, 존재하지 않는 것은 생겨나지 않고, 존재하는 것은 소멸하지 않는다"
는 당시 상캬학파(數論)의 대표적 학자로 생각되는 雨衆外道(Vārṣagaṇya)의 邪
論을 드러낸 것이라고 비판하였지만,151 중현은 "현재는 오로지 존재하는
것, 과거·미래는 오로지 존재하지 않는 것이라 주장하는 그대들의 종의야
말로 존재는 비존재가 될 수 없고 비존재는 존재가 될 수 없기 때문에 雨中
宗과 동일하다"고 반박하였다.152

　　이로 볼 때 '성찰의 지혜가 어두운 일군의 무리' 중에는 세친도 포함된
다고 말할 수 있지만, 그렇다면 세친이 바로 '다른 어떤 이'인가? 그러나
그들은 염오와 청정의 因緣이 舊隨界라고 주장하였다. 또한 중현은 '다른
어떤 이'를 또 다른 '어떤 이'와 갈래를 달리하여 비판하고 있을 뿐만 아니
라 어떤 이의 주장(⑧)에 대해 비판하면서 다른 어떤 이의 문제제기(再難)
도 함께 비판하고 있다. 이로 볼 때 여기서의 '다른 어떤 이(有餘)' 역시 상좌
일 가능성이 크다.

---

150 『순정리론』권52(T29, 635a10-13), "且有一類鑒智盲徒, 謂我所宗同黃仙執. 此不應理. 以彼所宗,
　　執因轉變卽爲果體. 果還隱沒, 入自性中."

151 『구사론』권20(T29, 106a16-18), "又應顯成雨衆外道所薰邪論. 彼作是說. '有必常有. 無必常無. 無
　　必不生. 有必不滅.'; vārṣagaṇyavādaś caivaṃ dyotito bhavati. "yad asty asty eva tat. yan nāsti nāsti
　　eva tat. asato nāsti saṃbhavaḥ. sato nāsti vināśa" iti (AKBh., p.301. 1-3);『순정리론』권51(T29,
　　634a4-6). 黃仙과 雨衆外道의 주장은『대비바사론』상의 62見論에서 前際分別見(18종) 중
　　자아와 세간은 항상 한다는 네 遍常論의 제1견과 제4견으로 이해할 수 있다. 제1견은
　　壞劫과 成劫의 세간은 諸法의 自性이 轉變한 것(즉 소멸하고 생겨나는 상태) 혹은 隱現한
　　것(숨거나 나타난 상태)라고 생각함으로써 그같이 주장하게 된 것이고(T27, 996c10-15),
　　제4견은 "존재하는 것은 영원히 존재하고 존재하지 않는 것은 영원히 존재하지 않으며,
　　존재하지 않는 것은 생겨날 수 없고 존재하는 것은 소멸할 수 없다(有法常有, 無法恒無.
　　無不可生, 有不可滅)고 생각함으로써 그같이 주장하게 된 것이다. (동, 997a12f) 雨衆外道의
　　사견은 힌두교 성전인『바가바드기타』제2장(제16송 전반)에도 후반2구가 설해진다. (na
　　'sato vidyate bhāvo / na 'bhāvo vidyate sataḥ)

152 『순정리론』권52(T29, 634a17-19), "非汝現在是有, 亦無, 非汝去來是無, 亦有. 現在唯有, 去來唯
　　無. 有無條然, 寧相轉作? 是故唯汝同雨衆宗.";주81 참조.

이하 중현의 논설에 따라 이들 두 부류의 過未無體論을 열거하고, 이에
대한 중현의 비판을 통해 이들의 정체를 추측해본다.

(1) 다른 어떤 이(有餘)의 과미무체론

① 다른 어떤 이는 다시 말하였다. 결정코 과거·미래는 존재하지 않으니,
   계경에서 曾有와 當有라고 설하였기 때문이다. 이를테면 세존께서는
   "총명하고 지혜로운 모든 이는 과거세에 대해 猶豫(의혹)를 품을 때
   결정코 과거는 曾有라고 말해야 하고, 미래세에 대해 유예를 품을 때
   결정코 미래는 當有라고 말해야 한다"고 설하였다. 즉 [세존께서는] 일
   찍이 그것에 대해 實有라고 말하지 않았다. 따라서 과거·미래는 결정
   코 實有가 아님을 알아야 한다.[153]

② 다른 어떤 이는 다시 말하였다. 만약 과거·미래가 실유라고 한다면,
   어떠한 이유에서 염오하고 청정한 두 識의 동시생기를 인정하지 않는
   것인가? 이러한 두 識의 원인도 [이미] 다 실유이기 때문이다.[154]

앞서 세친도 상좌도 과거·미래를 曾有(일찍이 존재하였던 것)와 當有
(앞으로 존재하게 될 것)로 이해하였다고 하였는데, ①의 다른 어떤 이는
이에 대한 경증을 제시하였다. 그러나 중현은 이 경설을 이같이 해석한다.
"세존께서는 삼세를 自相과 作用에 따라 두 가지 명칭(과거는 실유와 曾有,
미래는 실유와 當有, 현재는 실유와 現有)으로 말하였다. 즉 '실유'라고만

---

153 "有餘復說: 定無去來. 契經說爲曾當有故. 謂世尊說, 諸聰慧者, 於過去世懷猶豫時, 應爲決言過
   去曾有. 於未來世懷猶豫時, 應爲決言未來當有. 曾不於彼說實有言. 故知去來定非實有." (T29,
   635a18-22)
154 "有餘復言: 若去來世是實有者, 何緣不許染淨二識倶時而生. 此二識因皆實有故." (T29, 635a29-b2)

설할 경우 삼세의 혼동(잡란)이 야기되기 때문에 과거와 미래를 증유와 당유로 설한 것이다.” (T29, 635a22-29 취의)

이같이 경설 이면에 별도의 뜻(abhiprāya: 別意趣)을 갖는 경을 不了義經이라 한다. 중현은 요컨대 이 경을 불요의로 간주하였다. 이에 반해 다른 어떤 이는 이를 『승의공경』처럼 요의경으로 이해하였다.

②는 “법 자체가 항유라면 어째서 [일체법이] 一切時(항상)에 작용을 일으키지 않는 것인가? 衆緣과 화합하지 않았기 때문이라면 이 또한 항상 존재하지 않는가?”라는 세친의 비판(T29, 105a9-12)과 동일한 내용이다. 중현은 ②의 힐난을 과미무체론에도 동일하게 적용한다. “[제법은] 본래 존재하지 않던 것(本無)이 생겨나는 것이라면 어째서 염오하고 청정한 두 識이 함께 일어나지 않는 것인가? 만약 원인을 갖는 것만이 생겨난다고 설한다면 이러한 원인도 ‘본래 존재하지 않던 것’으로, 원인을 갖는 것과 갖지 않는 것을 차별할 만한 인연이 없기 때문이다.” (T29, 635b5-8)

혹은 일체법의 원인(즉 因緣)으로서 舊隨界(종자)를 주장하는 한, 이러한 난점은 바로 자신에게 적용되는 것이라고 비판하기도 한다.

過未無體를 주장하는 이들은 염오와 청정의 두 법의 원인으로서 舊隨界 등이 현재의 상속신 중에 항상 함께 존재한다고 하였기 때문에, 이와 같은 과실은 [도리어] 저들 종의에 지극히 절실한 것이라 할 수 있다. 우리 (유부)의 종의에 의하는 한 모든 원인이 [비록 실유일지라도] 항상 나타나는 (다시 말해 ‘작용하는’) 것은 아니기 때문이다.[155]

따라서 여기서 ‘다른 어떤 이’는 경에서 설한 그대로를 경의 뜻(yathārutārtha:

---

[155] 『순정리론』 권52(T29, 635b8-10), “又說過未無體論者, 舊隨界等染淨二因, 現相續中恒俱有故, 如是過難極切彼宗. 我宗諸因非恒現故.”

如說義)으로 이해하였을 뿐만 아니라 염오(유루)와 청정(무루)의 因緣性으로서 舊隨界를 주장하였다는 점에서 上座라고 말할 수 있다.

‘다른 어떤 이는 다시 말하였다(有餘復說)’는 중현의 인용사에서 ‘다시’라는 말은 이미 앞에서 그의 말을 인용하였음을 암시한다. 중현은 이 밖에도 다수의 경우에서 상좌 설을 ‘다른 어떤 이(有餘師)의 설’로 논설하였다. 예컨대 상좌는 유위4상의 개별적 실재성을 부정하였지만, 중현은 현실의 無常性과는 별도의 존재인 無常相(즉 滅相)에 대한 비판을 다른 어떤 이(有餘)의 설로 인용하였고(본 장 주36), “一身二頭의 命命鳥처럼 一念에 하나의 根에서 두 가지 識이 함께 생겨나는 경우가 있다”는 상좌의 말(T29, 441c15-17)을 색심호훈설에 대해 논란하면서 다른 어떤 이의 주장으로 전하기도 하였다. (동 404a7f)[156] 혹은 ‘識이 了別者라는 경설은 세속설’이라거나 ‘일체법은 異熟生’이라는 상좌 설(동 484b19-22; 359a10-16) 역시 다른 곳에서 다른 어떤 이의 설(동 432a22-27; 427a3-10)로 논설하였던 것이다.[157]

(2) 어떤 이(有)의 과미무체론

① 어떤 이는 말하였다. 과거는 결정코 진실로 존재하지 않으니, 현재 行의 自相(svalakṣaṇa)을 이미 버렸기 때문이다. 그렇지 않다고 한다면 (버리지 않았다고 한다면), 諸行 자체는 마땅히 항상 하는 것이라고 해야 하며, 그럴 경우 해탈의 이치도 없다고 해야 한다.[158]

② [그는] 또 말하였다. 만약 과거가 실유라면 열반에 드는 일도 없다고

---

156 이에 대해서는 제11장 2-1 ‘동일根에 근거한 二識俱生’에서 논의한다.
157 이에 대해서는 제5장 3-4-3 ‘인식주체 비판’과 제1장 4 ‘일체법 異熟生 설’에서 논의한다.
158 “有言. 過去決定實無. 已捨現在行自相故. 不爾, 諸行體應是常. 由此則應無解脫理.” (T29, 635b10-12)

해야 하니, [계경에서] "아라한에게 諸蘊이 존재할 때 열반에 드는 일
이 없다"고 설하였기 때문이다. 또한 만약 과거의 괴로움이 항상 존재
하는 것이라고 한다면, 제 유정은 마땅히 [그로부터] 해탈하는 일도
없다고 해야 한다.159

③ [그는] 또 말하였다. 과거·미래는 결정코 실유가 아니니, [유위]행의 특성
(行相, *saṃskāra-lakṣaṇa)이 결여되었기 때문이다. [유위]행의 특성이란 무
엇인가? 시작(初)과 끝(後)을 갖는 것을 말하니, 과거·미래의 2세는 각기
이 중의 한 가지를 결여하였기 때문에 (즉 과거는 끝이 없고 미래는 시작
이 없기 때문에) [유위]행의 특성이 결여되었다고 한 것이다.160

④ [그는] 또 말하였다. 미래는 존재하지 않으니, 受用에 끝이 없기 때문으
로, 미래세는 어떠한 경우에도 모두 다 수용할 수 없다.161

⑤ [그는] 또 말하였다. 과거·미래가 만약 실유라고 한다면, '이미 끊어진
것(已斷)'과 '아직 끊어지지 않은 것(未斷)'에 어떠한 차별도 없다고 해
야 한다.162

⑥ [그는] 또 말하였다. 과거·미래가 존재한다면 이는 바로 聖敎(āgama)에
위배된다. 즉 성교에서는 "이것이 존재하면 저것이 존재하고, 이것이
존재하지 않으면 저것이 존재하지 않는다"고 설하였다. 그렇지만 [과
거·미래가 존재한다면] '현재가 존재하기 때문에 미래가 존재한다'고

---

159 "又言, 過去若實有者, 應無涅槃. 說'阿羅漢有諸蘊時, 無涅槃'故. 又若過去苦常有者, 則諸有情應
無解脫." (T29, 635b20-22)
160 "又言. 去來定非實有, 行相無故. 行相者何? 謂有初後. 去來二世, 由各闕一故行相無." (T29, 635b27-29)
161 "又言. 無未來, 受用無盡故. 非未來世受用可盡." (T29, 636a03-4)
162 "又言. 去來若是實有, 已斷未斷應無差別." (T29, 635c5-6)

해서는 안 되며 '과거가 존재하지 않기 때문에 현재가 존재하지 않는다'고 해서도 안 될 것이니, 과거·미래는 그 자체로서 항상 존재한다고 주장하였기 때문이다. 오로지 현재에 대해서만 '존재하다'거나 혹은 '존재하지 않는다'고 해야 한다. 이 같은 사실로 볼 때 과거·미래는 결정코 실유가 아니다.[163]

⑦ [그는] 또 말하였다. 과거·미래 有에는 [자]상이 결여되었기 때문이다. 이를테면 '變礙하기 때문에 色이라고 이름한 것'이지만, 과거·미래[색]은 그렇지 않기 때문에 (다시 말해 變礙性을 갖지 않기 때문에) 실유가 아니다.[164]

⑧ [그는] 또 말하였다. 과거·미래는 그 자체 실유가 아니다. 만약 실유라고 한다면, 마땅히 장애하는 것이 되어야 하기 때문이다. 즉 色이 실체(物, dravya)로서 존재하는 경우, 반드시 처소(공간)에 근거하여 서로를 장애한다. 그런데 이미 소멸한 색(=과거색)과 아직 생겨나지 않은 색(=미래색)이 실유라고 한다면, [이 또한] 장애성을 갖는 것이라고 해야 한다. 그러나 그것은 이미 장애성을 갖지 않는다고 하였으니, 色이 아니라고 해야 한다. 바로 이러한 과실이 있기 때문에 [과거·미래의 색은] 진실로 존재하지 않는 것임을 알아야 한다.[165]

[이와 관련하여] 다른 어떤 이(有餘師)도 말하였다. [그렇다면] 미래세의 등불은 이미 타고 있는 것이라고 해야 할 것인가, 그렇지 않은 것이

---

163 "又言. 去來有便違敎. 謂聖敎說, '此有彼有, 此無彼無.' 不應現有故未來有, 不應過無故現在無. 以執去來體恒有故. 唯應現在或有或無. 由此去來定非實有." (T29, 635c10-13)

164 "又言. 去來有相無故. 謂變礙故說名爲色. 去來不然. 故非實有." (T29, 636a7-8)

165 "又言. 去來體非實有. 若是實有, 應障礙故. 謂有色物, 必據處所, 互相障礙. 已滅未生色, 若實有, 應有障礙. 旣無障礙, 應非是色. 由有此失故知實無." (T29, 636a14-17)

라고 해야 할 것인가? 만약 이미 타고 있는 것이라면 현재의 등불과 어떠한 차별도 없을 것이며, 그렇지 않은 것이라면, 그 자체 등불이 아니라고 해야 하는 것이다.166

⑨ [그는] 또 말하였다. 과거·미래[의 색]은 안근으로 파악(取)할 수 있는 것이 아니기 때문에 [실유가 아니다]. 만약 과거·미래의 색이 실유라고 한다면, 어떠한 까닭에서 안근에 의해 파악되지 않는 것인가?167

⑩ [그는] 또 말하였다. 그것(과거·미래법)에는 有爲相이 존재하지 않기 때문이다. 즉 과거·미래세의 [법]에는 유위상이 존재하지 않을뿐더러, [그렇다고] 무위도 아니기 때문에 실유가 아니다.168

①은 유위제행은 양태나 작용이 아니라 법 자체의 自相(svalakṣaṇa: 自體相 혹은 自性)이 생멸하기 때문에 아직 생겨나지 않은 것(=미래)이나 이미 소멸한 것(=과거)은 존재하지 않는다는 주장이다.

여기에는 이들의 열반관이 드러나 있다. 즉 세친은 그의 『구사론』에서 경량부 설에 근거하여 택멸(열반)을 "이미 일어난 行(수면과 生)이 소멸한 상태에서 簡擇力에 의해 그것이 더 이상 생겨나지 않는 것"이라 하였는데 (제2장 주112 참조), 여기서 어떤 이는 현재 行이 自相을 버리지 않는다고 할 경우, 다시 말해 유위행법 자체가 소멸하지 않는다고 할 경우 찰나멸론에도 어긋날뿐더러 이러한 열반관에도 위배되기 때문에 해탈의 이치도 없다고 말한 것이다.

이에 대해 중현은 이같이 비판한다. "우리 종의에 어째서 해탈의 이치

---

166 "有餘師說. 未來世燈爲已然, 不? 若已然者, 與現在燈, 應無差別. 若不然者, 應體非燈." (T29, 636a20-22)
167 "又言. 去來非眼取故. 若去來色是實有者, 何故不爲眼所取耶?" (T29, 636a27-28)
168 "又言. 彼無有爲相故. 謂去來世有爲相無. 又非無爲. 故非實有." (T29, 636b3-5)

가 없다는 것인가? 경에서는 다만 현재의 괴로움이 소멸하고 [미래의] 다른 괴로움이 상속하지 않으면 열반을 先取한다고 말하였을 뿐, 열반은 요컨대 법의 자상을 버리는 것이라고는 말하지 않았다. 법의 자상을 버리는 것이 아니라 [諸]行의 滅을 갖는(증득하는) 것이 열반이다."[169]

②에 대해 중현은 반대로 "과거 자체가 존재하지 않는다면 과거의 괴로움(苦蘊)이 존재하지 않기 때문에 항상 열반의 상태라거나 본래 해탈의 상태라고 해야 한다"고 힐난하고서, 앞서 언급한 바와 같은 "현재의 괴로움이 이미 소멸하고서 다른 괴로움이 상속하지 않는 것을 다만 열반이라 말한 것"이라는 『구사론』 상의 경량부 설에 따르는 한 ['아라한에게 諸蘊이 존재할 때 열반에 드는 일이 없다'는 계경 설에 따라] "과거의 온갖 괴로움(苦蘊)이 존재하기 때문에 열반에 드는 일이 없다고 해야 한다"고 말해서도 안 된다고 反證하기도 하였다.[170] 그들의 교의에 의하는 한 이때 諸蘊은 과거의 그것일 수 없기 때문이다.

③은 과거와 미래가 실유라면 시작(初邊)과 끝(後邊)이라는 유위행의 특성이 분명하여 구체적으로 알려질 수 있어야 하지만, 과거는 끝이 없고, 미래는 시작이 없기 때문에 실유가 아니라는 비판이며, ④는 미래의 경우 受用에 다함이 없기 때문에 실유가 아니라는 비판이다. 이에 대해 중현은 '시작이 없는 유정의 생사'(끝은 열반)로써 反證하고서 이러한 비판은 도리어 과거·미래의 존재를 부정하는 이들(撥實無去來論者)에게 적용되는 과실임을 지적한다. 즉 그들이 오로지 실유라고 주장하는 현재야말로 [전후 찰나의 인과적 관계로서 상속하기 때문에] 시작도 없고 끝도 없다는 것이다.

---

169 『순정리론』권52(T29, 635b17-19), "我宗何故無解脫理? 契經但言現苦已滅, 餘苦不續, 先取涅槃.(宋元明本은 '先' → '無') 不言涅槃要捨法相. 不捨法相, 而有行滅, 名爲涅槃."
170 『순정리론』권52(T29, 635b25-27), "若謂 '但由現苦已滅, 餘苦不續卽名涅槃', 則不應言, '由有過去衆苦蘊故, 應無涅槃.'

(T29, 635c2f)

⑤는 번뇌가 이미 끊어졌음에도 [법 자체로서는] 여전히 존재하는 것이라고 한다면, 그것은 사실상 아직 끊어지지 않은 것이라 해야 한다는 비판이다. 이에 대해 중현은 오로지 현재 [일찰나]만을 인정하는 경우에도 번뇌의 已斷과 未斷의 차별이 불가능하기 때문에 역시 존재하지 않는 것(無)이라 해야 한다고 반증한다. (T29, 635c6-8)

⑥은 과거·미래법이 진실로 존재하는 것이라면, '이것이 있기 때문에 저것이 있다'는 연기법에 적용되지 않는다는 것으로, 이 또한 경에서 설한 대로 경의 뜻을 이해하는 상좌의 경전해석 방식을 따른 비판이다.

두말할 것도 없이 중현은 연기법설에서 '[저것이] 존재한다(彼有)'는 말은 '法體로서의 존재(有體)'를 말한 것이 아니라 '生으로서의 존재(有生)'를 의미하는 것이라 해석한다. 즉 "이것이 존재하기 때문에 저것이 존재한다"에서 이것(원인)은, 아비달마논사에 의하면 저것(결과)으로 하여금 존재 자체를 성취하게 하는 것이 아니라 다만 작용을 갖고서 생겨나게 하는 것일 뿐이다.171 유부에서는 法을 법 자체(svabhāva: 法體, 體相)와 현실적 존재인 양태나 작용(bhāva: 性類)으로 구분하였기 때문이다. 유부에 의하는 한 緣起는 존재 자체의 조건이 아니라 다만 생기의 조건이다. (제2장 주47 참조)

그러나 상좌(경량부)는 법체와 양태/작용을 구별하지 않았다. ⑥의 어떤 이 역시 법 자체가 생겨나는 것이기 때문에 연기법을 삼세실유설의 비판논거로 삼았던 것이다. 이에 대해 중현은 생겨나는 것이 법 자체라면 (다시 말해 '이것이 존재하면 저것이 존재한다'에서 저것의 존재가 법 자체라면), 그대(어떤 이)의 종의에 의하는 한 저것(결과)이 존재할 때 이것(원인)은 이미 과거로 낙사하여 존재하지 않기 때문에 "行이 소멸하여 존재하지

---

171 『순정리론』 권52(T29, 635c13-23), "今應審察, 經'彼有'言, 爲顯有體, 顯有生義? (c13f) --(중략)-- 對法諸師釋'彼有'者, 謂此有故, 令彼有生. 非因能令法體成有. 但能令法有作用生." (635c21ff)

않을 때 識이 존재한다"고 해야 하며, 이것이 존재할 때 저것은 아직 생겨나지 않아 존재하지 않기 때문에 "行이 존재할 때 識은 아직 존재하지 않는다"고 해야 한다고 비판하면서 聖敎(연기법)에 근거한 유부의 삼세실유설 비판은 마치 주문을 외워 시체를 일으켜 세우려다 스스로 해코지를 당하는 것과 같다고 조롱한다. (T29, 635c14-18)

이 같은 중현의 비판은 前滅後生, '前法이 멸하고 後法이 생겨난다'는 전형적인 상좌의 異時인과설에 대한 비판이다.

⑦-⑩도 다 법 자체와 양태의 차별을 인정하지 않는 경량부의 전형적인 비판이다. ⑩은 과거·미래법이 생멸의 양태(유위상)를 갖지 않는 것이라면 이는 유위법이라 할 수 없으며, 그렇다고 무위법은 더더욱 아니라는 비판이지만, 중현은 이는 도리어 현재법의 실유만을 인정하는 경우에 적용되는 과실로 반증한다. 즉 현재는 법 자체가 이미 생겨난 것이기 때문에, 이들에 의하는 한 법 자체는 생겨나자마자 무간에 바로 소멸하기 때문에, 또한 소멸을 비존재(無)로 이해하였기 때문에 生·住·異·滅의 유위상을 갖지 않는다는 것이다. 혹은 유위4상은 일찰나가 아니라 상속에 근거하여 설정된 개념이라 주장하기 때문에 ―"제행의 상속이 처음으로 일어나는 것을 '生'이라 이름하고, 끝내 다한 상태를 '滅', 중간의 상속으로 따라 일어나는 것을 '住', 이러한 [중간상속의] 전후 차별을 일컬어 '住異'라고 하기 때문에"(제2장 주75⑤) ― 현재찰나의 법은 4상을 갖춘 것이 아니라는 것이다. (T29, 636b13-16)

앞의 논의(法體無間滅설)가 세친/상좌의 찰나멸론이었다면, 뒤의 논의(상속에 근거한 유위4상설)는『구사론』상에 인용된 경량부의 유위4상설로, 중현에 의하면 세친이 上座宗과 가까이하여 설한 것이다. (제2장 주82 참조)

이렇듯 '어떤 이(有)'의 과미무체론 역시 상좌 혹은『구사론』상의 경량부와 직접적으로 관련 있다. 중현은 ⑧에 附說된 다른 어떤 이(有餘師)의 '과거·미래의 등불'(중현에 의하면 이는 다만 所知性으로서의 존재: T29, 636a23f)에 근거한 비판이나 ⑩의 '과거·미래법은 유위상을 갖지 않는다'는 어떤 이의 비판에 대해 過未無體를 주장하는 이들 역시 '了別의 대상을 갖지 않는 識(즉 無所緣識)의 존재'를 인정한다고 반증한다. 無所緣識論은 삼세실유설 이증①의 비판논리로 婆沙의 비유자 이래 상좌일파의 유부 법유론('爲境生覺 是眞有相': 주65)의 비판논리였다. (주85 참조)

따라서 여기서의 '어떤 이' 역시 상좌 혹은 상좌일파(경량부)라고 할 수 있지만, 앞에서 설한 '다른 어떤 이(有餘師)'가 상좌였기 때문에 이들은 필경 그를 추종하는 일군의 비유자, 상좌일파 즉 上座徒黨일 것이다. 중현은 비유자의 주장 또한 '어떤 이의 주장(有執)'으로 인용하기도 하는데, '5識의 경계대상은 과거'라는 譬喩者(혹은 상좌, 경량부) 설(T29, 395b6-8; 447b19f)이 그러한 경우였다.[172] 중현은 상좌의 '삼세실유설 경증① 비판'에 대해 "一切智(불타)의 經을 이같이 해석하여 어찌 印度의 方域을 장엄할 수 있을 것인가"라고 비아냥거렸는데(주133), 유부의 종의(법체항유론)를 상캬학파의 주장과 동일하다고 비판한 '성찰의 지혜가 어두운 일군의 무리(一類鑒智盲徒)'는 세친과 더불어 그에 의해 장엄된 (그의 감화를 받은) 그의 문도라고 할 수 있을 것이다.

---

172 "有執: 五識境唯過去." (T29, 374b12) 이에 대해서는 제5장 제2절 '차제계기설에 따른 중현의 문제제기'에서 상론한다.

5. 소 결

　諸行無常, 세계 내의 모든 존재는 무상하다. 여기서 '무상하다'는 말은 영원한 것이 없다는 말이며, '영원한 것이 없다'는 말은 세간의 어떠한 것도 시간적 지속성을 갖지 않는다는 말이며, '시간적 지속성을 갖지 않는다'는 말은 찰나에 생멸한다는 말이다.

　설일체유부도 경량부도 찰나멸(kṣaṇika: 有刹那)을 주장하였다. 그렇지만 유부의 경우 찰나에 생멸하는 것은 작용과 같은 법의 양태(性類, bhāva)이지 법 자체(體相, svabhāva)가 아니다. 법 자체는 항상 존재한다. 법은 미래로부터 생겨나며, 생겨나는 순간 과거로 사라진다. 즉 법으로서 아직 생겨나지 않은 것(未生)이 미래, 이미 소멸한 것(已滅)이 과거라면, 이미 생겨나 아직 소멸하지 않은 것(已生未滅)이 현재이다. 이른바 '法體恒有 三世實有'이다. 따라서 법이 찰나에 생멸할지라도 無(비존재)로부터 생겨나 無로 돌아가는 것은 아니다.

　이에 대해 경량부에서는 衆緣에 따라 법 자체가 생겨나며, 생겨나자마자 별도의 원인 없이 바로 소멸한다고 주장하였다. 찰나(kṣaṇa)란, 유부의 경우 法體가 生·住·異·滅의 유위4相을 성취하는 것이었지만 '법 자체가 획득되어 無間에 소멸하는 것(得體無間滅)'이었다. 일체 유위법은 이러한 의미에서 찰나적 존재(kṣaṇika: 有刹那, 刹那滅)로, 생겨나기 전에 존재하지 않았고 소멸한 이후 역시 존재하지 않는다. 이른바 '本無今有 有已還無'이다.

　설일체유부가 삼세실유설을 주장하게 된 까닭은 그것이 所知性(jñeyatva) 즉 '알려진 것'이기 때문으로, 이에 따라 중현은 존재(有相, astitā)를 '경계대상이 되어 지각을 낳는 것(爲境生覺)'으로 규정하였다. 이에 대해 경량부는 인식대상이 된 과거·미래는 曾有(bhūtapūrvam)와 當有(bhaviṣyat), 일찍이 존재하였던 것과 장차 존재하게 될 것으로, 비존재도 인식대상이 될 수 있다는 無所緣識/無境覺論을 주장하였고, 이에 따라 존재 또한 '이미 생겨나 아직 소멸하지 않은 것(已生未滅)'으로 규정하였다. 이러한 '本無今有 有而還無'의 過未無體說은 유부의 삼세실유설과 너무나도 완벽하게 대비되었기 때문에 경량부를 대표하는 교설로 이해되기도 하였다.

본 장에서 다룬 상좌 슈리라타의 찰나멸론과 과미무체론을 정리하면 이와 같다.

첫째, 찰나멸론에 따르는 한 運動(gati: 혹은 行動)은 불가능하다. 운동은 多찰나에 걸친 신체의 지속(혹은 이동)을 전제로 하기 때문이다. 중현은 상좌 슈리라타의 찰나멸론을 정량부의 '신표업=행동'설 비판의 문제제기로 인용한다. "어떻게 刹那滅하는 신체상에 운동이 일어나는 것을 身業이라 말할 수 있을 것인가? 만약 어떤 법이 이러한 때 이러한 처소에서 생겨났을 경우, 운동이 일어나는 일 없이 바로 이러한 때 이러한 처소에서 소멸한다고 해야 한다." (주22)

둘째, 이러한 정량부 행동설과 잠주멸설 비판은『구사론』에서는 세친 설로,『순정리론』에서는 상좌의 제자인 대덕 라마(邏摩)의 설로 인용된다. 세친은 "['有已還無'에서의] 소멸은 비존재(無)로서 결과가 아니기 때문에 원인에 의하지 않고 저절로 소멸한다"는 滅不待因說을 언급하였는데, 이는 『대비바사론』상에서 비유자의 학설이었다. 유부의 경우 소멸의 원인은 유위법 자체에 수반되는 내적 원인(主因)인 滅相(혹은 無常相)이기 때문에 滅不待因說은 유위4상 그중에서도 특히 滅相의 실재성 비판에 따른 이론적 귀결이라 할 수 있다.

셋째, 유부 역시 정량부의 '신표업=행동'설을 비판하지만, 중현은 라마 설에 대해 법체의 실유를 주장하지 않는 한 찰나멸을 논할 수 없다고 비평한다. 즉 라마는 "현재의 제행은 작용이 아니라 법 자체가 획득된 것(所得體)'이기 때문에 소멸 또한 법 자체의 소멸"(주26)이라 하였는데, 미래의 법 자체가 존재하지 않는다면 그것이 '획득된다'거나 '생겨난다'는 표현도 불가능하다는 것이다. 곧 유부에서는 유위제법을 體相(svabhāva)과 性類(bhāva), 법 자체의 본질적 측면과 현실적 양태로 분별하였지만, 경량부에서는 그 자체 본래 존재하지 않던 것이 지금 생겨나고 생겨나자마자 無間에 바로 (원인 없이) 소멸한다는 '本無今有 有己還無'를 주장하였다. 이는 경량부 法相觀의 기본 모토가 되었다.

넷째, 세친은 '本無今有 有己還無'의 명제의 확실성(진리성)을 『勝義空經』의 "眼[根]은 [원래] 존재하지 않다가 [지금] 존재하며, 존재하다 다시 사라진다(cakṣur abhūtvā bhavati, bhūtvā ca prativigacchati)"에서 구하고 있다. 이처럼 경에서는 本無今有 有己還去이지만, 세친은 還去(prativigacchati)를 還無(na bhavatīti)의 의미로 이해하였다.

다섯째, 중현에 따르면, 세친이 『승의공경』을 인용한 첫 번째 이유는 이에 근거하여 유부의 삼세실유설 경증①('과거·미래색이 존재한다')을 不了義經으로 이해하였기 때문이다. 그의 요의·불요의의 기준은 '分明하고도 決定的으로 설한 것'의 여부로, 이는 바로 상좌 슈리라타의 了義經觀 -불타에 의해 분명하고도 결정적으로 설해진(顯了定說, *vispaṣṭam viniścaya) 경, 혹은 標釋(udddeśa-nirdeśa)을 갖추어 달리 해석할 여지가 없는 경- 이었다.

여섯째, 상좌는 유부가 제시한 삼세실유설 경증①의 과거색(atīta-rūpa)을 과거로 지나가(사라져) 버린 것(過去, *abhy-atīta), 혹은 일찍이 경험하였던 것(曾領納, *anubhavapūrvam)으로, 과거업을 현재 상속신 중에 존재하는 隨界(즉 因緣性)로 이해하였다. 이는 과거와 미래를 역시 증유와 당유로, 과거업을 與果의 공능(즉 종자)으로 해석한 세친의 이해와 궤를 같이 한다.

有所緣識과 관련된 경증②와 이증①의 비판근거는 無所緣識論이다. 비유자/상좌는 『바사론』 이래 '대상없는 인식(無境覺, 緣無智)' 또한 가능하다고 주장하였다. 즉 과거·미래법이 비록 비존재일지라도 인과적 관계로서

展轉 상속한 것이기 때문에 현재에 근거하여 그것을 推尋할 수 있으며, 따라서 이 역시 결정적인 것(확실한 것)이라 말한다. 그는 이같이 인과적 관계로서 展轉 상속하는 힘을 舊隨界(pūrvānudhātu)라고 하였다.

나아가 세친은 '업에는 과보가 존재한다'는 이증②를 경량부의 '相續의 轉變과 差別'說로 비판하지만, 이 역시 상좌/비유자의 隨界·종자설과 밀접한 관련이 있다. 세친의 종자상속설은 중현의 말을 빌리면 배우가 의상을 바꿔 입듯 상좌의 舊隨界와 언사만 달리한 것인데, 이에 대해서는 제10장에서 별도로 다루게 될 것이다.

일곱째, 『순정리론』에는 이 밖에도 '다른 어떤 이(有餘師)'와 '어떤 이(有)'라는 불특정의 무기명으로 과미무체설의 논거가 각기 두 가지와 열 가지 제시되는데, 중현의 비판으로 볼 때 이들 역시 상좌와 상좌徒黨(혹은 上座宗, *Sthavirapākṣika)으로 이해된다. 상좌는 그의 경증①의 해석에 대한 중현의 조롱(주133)대로 '印度의 方域을 장엄한 논사'였다.

이상의 논의를 통해 볼 때 『구사론』 상에서의 유부의 '法體恒有 三世實有'說 비판은 거의 대개 상좌의 刹那滅論과 本無今有論에서 연유한 것이었다. 이러한 상좌의 이론은 전술한 대로 유부의 法有論과 대비되어 경량부의 대표적 학설로 이해되기도 하였지만, 隨界·종자설 ―상좌와 세친은 이를 유부의 삼세실유설 비판논거로 언급하기도 하였다― 의 이론적 귀결이라 할 수 있다. 상좌의 本無今有論을 보다 철저한 이해하기 위해서는 그의 수계·종자설도 함께 이해하지 않으면 안 된다.

제2편
경량부의 인식이론

　제1장 1절에서 논의하였듯이 불교에 있어 세계란 '알려진 것'이며, 따라서 불교철학에서는 무엇보다 먼저 앎의 원인과 조건을 분석하는 일로써 세계의 탐구를 시작한다. 그것이 이른바 諸法分別論이었다. 그런데 앎이란 두말할 것도 없이 인식주관(能緣)과 인식대상(所緣) 사이에서 성립하기에 인식이론에 있어 이에 관한 문제는 다른 어떤 것보다 선행하는 문제라고 할 수 있다. 그렇지만 이는 결코 간단한 문제가 아니다.

　아비달마 불교에서는 통상 인식주체로 알려지는 자아의 실재성을 인정하지 않을 뿐만 아니라 자아를 대신하여 인식주체로 고려된 마음(心)조차 이른바 心所法으로 총칭되는 지각(受)·표상(想)·의사(思)·확인(勝解)·판단(慧) 등의 지식현상과 별도의 존재로 이해하였으며, 인식대상 또한 그들의 분석론적 탐구경향에 따라 감각대상의 경우 地·水·火·風 4大種의 화합물로 이해하였기 때문이다. 더욱이 경량부의 경우, 그들의 철저한 [法 자체의] 刹那滅論에 따라 根·境·識의 세 법을 비롯하여 심·심소는 同時俱起하는 것이 아니라 次第繼起한다고 주장하였기에 인식대상은 인식(심·심소)과 동시에 존재하지 않을뿐더러 감각지각(眼 등 5識)의 대상(色 등 5識) 또한 화합의 가설적 존재(世俗有)로 이해하였다.

　그럴 때 그들에게 있어 인식은 어떻게 가능한가? 제2편 제5장과 제6장에서는 인식주관, 제7장과 제8장에서는 인식대상과 관련된 상좌 슈리라타의 인식이론에 대해 살펴본다.

제5장 상좌의 인식론

1. 심·심소 次第繼起說

1) 경설 상의 '俱起'는 無間의 次第生의 의미

설일체유부의 경우에서 보듯이 제 심소를 마음과는 別體로 인정하는 한 심·심소의 동시 俱起는 이에 따른 당연한 귀결이지만, 비유자나 하리발마처럼 별체로서의 심소를 부정하고 이를 마음의 변화차별로 간주하는 한 심·심소의 異時繼起를 주장할 수밖에 없다. 그렇다면 일체의 심소 중 受·想·思의 세 심소만을 별체로 인정한 상좌 슈리라타의 경우는 어떠하였던가? 그 또한 비유자와 마찬가지로 "심소법은 마음과 동일한 소의·소연·행상을 갖고서 동시에 각기 1법씩 함께 생겨난다"는 식의 相應俱起說을 부정하였다.

그는 중현이 '觸=실유'설의 경증으로 제시한 어떤 伽他(gāthā: 偈頌) — "眼과 色의 두 가지가 緣이 되어 온갖 심소법을 낳으니, 識·觸과 함께 하는 受·想과, 諸行에 포섭되는 것과, 원인을 갖는 것이 그것이다(眼色二爲緣 生諸心所法 識觸俱受想 諸行攝有因)"(T29, 385b13f) — 에 대해 "여기서는 심소를 次第의 뜻으로 설하였기 때문에, [촉에 대해] 識이라는 말을 설하였기 때문에, 識을 떠나지 않는다고 설하였기 때문에 '촉'은 識과 별도의 실체가 아니다"[1]고 주장하고서 '차제의 뜻'에 대해 이같이 해설하였다.

여기서 '次第의 뜻'이란 생겨나는 순서에 근거하였다는 말이다. 이를테면 眼과 色으로부터 識·觸이 생겨나고, 이로부터 다시 온갖 심소법이 생겨나는 것으로, [識과] 俱生하는 受 등을 심소법이라 이름하였기에 觸은 심소법이 아니다.[2]

상좌는 말하자면 제1찰나에 眼과 色이 존재하고, 제2찰나에 이로부터 識의 觸(즉 인과적 관계로서의 세 법의 화합: 제3장 3-2-1 참조)이 생겨나며, 제3찰나 [이후]에 바야흐로 受 등의 온갖 심소법이 俱生한다고 주장한 것이다. (여기서 '俱生'은 同時가 아닌 無間生의 의미: 후술)

이 같은 상좌의 주장은 중현의 비판에서 더욱 분명하게 드러난다. 중현은 경에서 모든 심소법도 마음과 마찬가지로 두 가지 緣(根과 境)으로부터 생겨난다고 설하였음에도 (다시 말해 심과 심소는 소의와 소연을 함께

---

1 『순정리론』권10(T29, 385b15-16), "上座釋此伽他義言.: 說心所者, 次第義故, 說識言故, 不離識故, 無別有觸." 그러나 중현은, 識에 근거하여 觸이라는 말을 일시 설정한 것이라면 '觸은 識을 떠나지 않는다'고 말할 수 없다고 비판하고서('떠나지 않는다'는 말은 '相因 즉 서로에 근거가 되다'는 뜻) "이 伽他에서는 眼과 色의 두 緣으로부터 온갖 심소법이 생겨난다고 하였지만 이는 당연히 識(心)도 낳는다. 여기서 '온갖 심소법'은 구체적으로 觸과, 이와 함께 하는 受·想과, 그 밖의 행온에 포섭되는 일체 모든 심소법을 포함하는 말로서, 이러한 [동시에] 함께 존재하는 제법(심·심소법)은 불가분리의 관계이기 때문에 다시 '원인을 갖는 것' 즉 俱生하는 서로를 원인으로 삼는 것('與彼俱生, 即彼爲因': T29, 358c29)이라 설하였다"고 해석한다.

2 『순정리론』권10(T29, 385b16-18), "'次第義'者, 據生次第. 謂從眼色生於識觸, 從此復生諸心所法. 俱生受等名心所法, 觸非心所." 상좌는 계속하여 이같이 해석한다. "'識이라는 말을 설하였다'고 함은 이(觸)에 대해 識을 설한 것이 現見된다는 말이다. 따라서 觸은 바로 마음이지 심소법이 아니다. '識을 떠나지 않는다'고 함은 識을 떠나 觸은 존재할 수 없음을 말한 것이다. 즉 識이 생겨나기 전에는 결정코 [원인(=根·境)과 결과(=識)로서의] 和合의 뜻(=觸)이 존재하지 않는다. 따라서 [촉은] 假名의 심소일 뿐 개별적 실체로서 존재하는 것이 아니다. ('說識言'者, 謂於此中, 現見說識. 故觸是心, 非心所法. '不離識'者, 謂不離識而可有觸. 識前定無和合義故, 假名心所而無別體.)" (T29, 385b18-21) 상좌의 觸 無別體說에 대해서는 제3장 3-2-1에서 상론하였다.

한다고 설하였음에도) 오로지 제3찰나 [이후]에 존재한다고 말하는 것은 여래를 능멸하는 것이든지, 혹은 경의 뜻을 이해하지 못한 것이라고 힐난하였으며,[3] 접촉된 것(즉 觸境, 여기서는 觸食을 말함)이 과거로 滅入하고서 제3찰나에 비로소 受가 일어나는 것이라면, 受가 일어날 때 '접촉된 것'은 이미 소멸하여 시간적 간격이 있기 때문에 受를 낳는 작용을 가질 수 없다고 비판하였다.[4]

중현은 계속하여 상좌의 종의를 통해 자신의 비판을 다시 확인하고 있다.

> 그의 종의에 의하면, 根·境과 無間에 識은 비로소 일어날 수 있으며, 識으로부터 무간에 受가 생겨날 수 있다. 그럴 경우 身受가 생겨날 때 身[根]과 이에 접촉된 것(즉 觸境)은 그 자체 이미 소멸하였고 시간적으로도 또한 멀어졌는데, 어떻게 [그것이 身受의] 원인이 될 수 있을 것인가? 바야흐로 識이 생겨날 때 身과 觸은 이미 소멸하였으니, 무간(즉 제2찰나)에 생겨나는 識에 대해서도 [生]緣의 작용이 없을 것이거늘 하물며 그 후(즉 제3찰나)에 일어나 시간적 간격을 갖는 身受에 대해 [生]緣의 작용을 가질 수 있을 것인가?[5]

제3장(3-1)에서 살펴보았듯이 상좌 슈리라타가 10가지 대지법 중 受·

---

3 『순정리론』권10(T29, 385b27-29), "上座於中起異分別, 說諸心所唯在第三, 是則陵蔑如來, 或是不達經義."

4 『순정리론』권10(T29, 386b17-19), "旣許所觸滅入過去, 第三刹那, 受方得起. 是則所觸於受起時, 體滅時隔, 有何生用?" 상좌는 觸食을 유부처럼 三事和合의 觸을 본질로 하는 喜樂으로 이해하지 않고 접촉되는 것(所觸), 즉 일체 身受의 원인 중 가장 강성한 觸[境]으로 이해하였다. (T29, 385a20-24)

5 『순정리론』권10(T29, 386b19-23), "由彼義宗, 根境無間, 識方得起. 從識無間, 受乃得生. 身受生時, 身及所觸, 其體已滅. 時復隔遠, 何得爲因? 且識生時, 身觸已滅. 望無間識, 緣用尙無, 況於後時所起身受, 時分隔越. 得有緣用?"

想·思 3법의 개별적 실재성을 인정한 것은 "根·境·識 세 가지의 화합인 觸은 受·想·思와 함께 일어난다(三和合觸俱起受想思)"는 경설(잡아함 제306경)에 따른 것이었다. 그렇다면 그는 여기서의 '함께 일어난다(俱起, sahajā)'는 말을 어떻게 이해하였던가?

譬喩論者(경량부)는 이 말을 동시(동일찰나) 생기의 의미가 아니라 無間 생기의 의미로 이해하였다. 그들은 이 말을 이같이 이해할 수밖에 없는 이유로서 또 다른 경설을 제시한다. "曼馱多王은 악심을 일으켰기 때문에 이와 함께/동시(俱時)에 [지상으로] 墮落하였다"거나 "不淨觀은 念覺支와 함께(俱) 수습한다"는 경설에서의 '함께/동시(saha)'는 말 그대로의 동시의 뜻이 아니라는 것이다.[6] 즉 만타다왕(Māndhātā: 頂生王)은 전륜왕으로 지상을 정복한 후 선심을 일으켜 제석천에 올랐지만, 그 후 악심을 일으켜 신통력을 잃고 지상으로 추락하였다. 따라서 이 경우 악심을 일으킨 순간과 지상에 떨어진 순간은 동시가 아니다. 또한 부정관은 有漏定이기 때문에 무루의 覺支와 동시에 일어날 수 없다. 따라서 여기서 '함께'라는 말은 '無間'의 次第 生의 의미로서, 인용한 경설은 "악심을 일으키고 無間에 (찰나의 간격도 없이) 바로 지상으로 추락하였다", "유루의 부정관을 닦고 無間에 바로 무루의 염각지를 닦는다"는 뜻이라는 것이다.

여기서 비유논사는 滅定有心說을 주장한 이들로(제13장 주69 참조), 그들은 "멸진정에 들어서도 마음이 존재한다고 주장할 경우 계경에서 '일체의 마음은 受·想 등과 함께 생겨나고 함께 소멸한다고' 설하였기 때문에 멸진정을 '滅受想定'이라 말할 수도 없다"는 유부의 비판에 대해 이같이 재비판하였던 것이다.

그런데 『구사론』 상에서 觸·受 繼起說을 주장한 다른 어떤 이(상좌 슈

---

6 『순정리론』권13(T29, 403b2-4), "若謂 '此俱言, 顯無間義 如曼馱多惡心起故俱時墮落, 如不淨俱 修念覺支. 此亦應爾'"

리라타: 본 장 주26) 역시 譬喩論者와 동일한 경증을 통해 자신의 주장을 펼치고 있다.

> **[중현:]** 만약 觸이 생겨난 후 受가 생겨나는 것이라면 다음의 경설에 대해 해명해야 한다. "眼과 色에 근거하여 眼識이 생겨나고, 세 가지 和合이 觸이며, 受·想·思가 함께 생겨난다."
>
> **[상좌:]** [경에서는] 다만 '함께 생겨난다(俱生)'고만 설하였을 뿐 '촉과 함께 생겨난다'고는 설하지 않았는데, 무엇을 해명하라는 것인가? 만약 '함께(俱, saha)'라는 말에 대해 반드시 해명해야 한다면, 이러한 '함께'라는 말 역시 일찍이 '無間(次第)에(samanantara) 생겨난다'는 의미로 사용한 경우가 있었으니, 경에서 "慈(maitrī)와 俱行하는(sahagata) 念覺支를 수습한다"고 설한 것과 같다. 따라서 '함께'라는 [경의] 말은 [觸·受俱起설의] 논거가 되지 않는 것이다.[7]

여기서 慈는 4無量(유루의 根本定에 포섭됨) 중의 慈무량(즉 일체의 유정에게 즐거움을 주고자 하는 等持)으로 무루의 염각지와 동시에 닦을 수 없기 때문에 이때 '함께(saha)'는 유루의 慈定(maitrī samāpatti)을 닦고 나서 바로 다음 찰나에 무루의 염각지를 닦는다는 等無間의 의미라는 것이다.

심소 무별체설을 주장한 하리발마 역시 "觸은 受·想·思와 함께 생겨난

---

7 『구사론』권10(T29, 53b13-18), "若於觸後方有受生. 經云何釋? 如契經說. '眼及色爲緣生於眼識. 三和合觸俱起受想思.' 但言'俱起', 不說'觸俱.' 此於我宗何違須釋? 又於無間, 亦有'俱'聲. 如契經說. '與慈俱行修念覺支.' 故彼非證."; AKBh., p.146. 10-14. yadi tarhi sparśād uttarakālaṃ vedanā sūtraṃ parihāryaṃ cakṣuḥ pratītya rūpāṇi cotpadyate cakṣurvijñānaṃ, trayāṇāṃ saṃnipātaḥ sparśaḥ sahajātā vedanā saṃjñā cetaneti/ sahajātā ity ucyate, na sparśasahajātā iti kim atra parihāryam/ samanantare 'pi cāyaṃ sahaśabdo dṛṣṭas tadyathā maitrīsahagataṃ smṛtisaṃbodhyaṅgaṃ bhāvayatīty ajñāpakam etat; 『구사석론』권7(T29, 210b2-7), "若從觸後受生, 汝應救此經. 經云 '依眼緣色眼識生. 三和合有觸. 俱生受想故意等.' 經中說'俱生.' 不說與'觸俱生.' 此何所救? 若俱必應觸, 此'俱'言亦曾見於次第中. 如經云何? '修習與慈俱起念覺分.' 故俱言非證." 인용 경문은 『잡아함경』권27 제744경(T2, 197c16), "是比丘心, 與慈俱修念覺分."

다(觸俱生受想思)”의 경설을 이같이 해석하였다.

> 그대는 ‘觸으로부터 受 등이 함께 생겨난다(俱生)’고 하였지만, 이는 옳지
> 않다. 즉 세간에서는 조금 떨어져 있을지라도 ‘함께 한다’고 말한다. 예컨대
> [스승이 조금 떨어져 가더라도] ‘제자와 함께 간다(俱行)’고 말하듯이, [경에
> 서] “頂生王(만타다왕)이 마음(善心)을 낳는 순간 天上에 이르렀다”고 설하
> 였듯이 이 경우 역시 그러하다. 범부의 識이 緣이 될 때, 네 法은 반드시
> 순서대로 생겨난다. 즉 識 다음에 想이 생겨나고, 想 다음에 受가 생겨나며,
> 受 다음에 思가 생겨난다. 思와 憂·喜[受] 등, 이로부터 貪·恚(瞋)·癡가 생겨
> 나지만 [너무나 빠르게 상속하기 때문에] ‘卽生(俱生)한다’고 말한 것이다.[8]

나아가 『대비바사론』 이전의 논서로 알려지는 『尊婆須密菩薩所集論』에
서도 受 등의 세 심소는 마음과 상응하지도 구기하지도 않는다는 주장이
언급된다.

> 어떤 이는 말하였다. [心所인 念法은] 상응하는 일이 없다.
> [그렇다면] 어떠한 까닭에서 그는 일체[의 심·심소]가 다 俱生하지 않는
> 것은 아니라고 한 것인가?
> [경에서] 설한 대로 心所인 念法은 마음과 상응하고, 마음을 속박하며, 마
> 음에 의지하여 일어나는 것인데 [어째서 상응하는 일이 없다고 말한 것인
> 지] 물어야 하였다. 그[의 말]에는 모순이 있다. 즉 [경설에 따라] 역시
> “痛(=受)·想·念은 俱生한다”고 말하면서도 그는 “[심소인 念法은] 상응하
> 지 않으며 역시 俱生하지도 않는다”고 설하였던 것이다. 이와 마찬가지로

---

8 『성실론』권5 「非相應品」 제67(T32, 277c13-19), “汝言從觸卽有受等俱生, 是事不然. 世間有事雖
   小相遠亦名爲俱. 如言‘與弟子俱行.’ 亦如‘頂生王生心卽到天上.’ 是事亦然. 凡夫識造緣時, 四法必
   次第生. 識次生想. 想次生受. 受次生思. 思及憂喜等, 從此生貪恚癡. 故說卽生.”

그는 오로지 '상응하는 일이 없다'고 설한 것만은 아니며, 역시 또한 "見諦
(무루)의 信不壞와 智가 상응한다"고 설하기도 하였던 것이다.9

여기서 어떤 이는 상좌와 유사하게 [경설에 따라] 痛(=受)·想·念의 俱
生을 말하면서도 불상응설을 주장하였다. 그러면서도 四諦現觀에 따른 信不
壞(avetyaprasāda 즉 不壞淨: '證淨'의 구역으로 3寶와 戒에 대한 무루의 믿음)
와 智가 상응한다고 주장하였다. 어떤 이에게 있어 '구생'이나 '상응'의 의
미는 무엇인가? 우리는 이미 '信과 智가 상응한다'는 그의 예증을 『성실론』
제67 「非相應品」(제3장 2-3)에서 접한 적이 있다. 하리발마에 의하면 이때
'상응'은 두 비구가 함께 한 가지 일을 할 때 '상응한다'고 말하듯이, 다수의
법이 함께 하나의 사태(一事)를 성취할 때의 관계를 말한다. 즉 無常 등을
믿는 信과 이에 따른 了知의 慧(智의 체성)가 함께 4諦의 現觀을 성취하기
때문에 '상응'이라 말한 것으로, 유부와 같은 동일찰나의 동시구기의 의미
가 아니다.10 이로 본다면 여기서의 '俱生' 또한 무간의 次第生을 의미한다고
말할 수 있다.

그런데 상좌를 비롯하여 비유자도, 하리발마도, 『존바수밀보살소집론』
상의 어떤 이도 "受·想·思는 함께 일어난다"는 아함 경설을 '無間의 次第生'
의 의미로 해석하였지만, 우리는 차제생의 경전적 근거를 아함에서 바로
구할 수 있다. 도리어 俱生(혹은 俱起)을 설한 것은 『잡아함』의 두 경(제273

---

9 『존바수밀보살소집론』권3(T28, 739a1-5), "或作是說, 無有相應. 何以故, 彼非一切不俱生? 問
如所說, 心所念法與心相應, 與心縛著, 依心迴轉. 彼有違. 亦說俱生痛想念. 彼所說不與相應, 亦不
俱生. 如是彼無惟說無相應. 亦說見諦信不壞智相應."

10 『성실론』권5(T32, 277c9-13), "汝言'有根智相應信', 經中亦說餘事相應. 如說二比丘於一事中相
應. 又說怨相應苦, 愛別離苦. 汝法中色無相應, 而此以世俗故亦名相應. 智信亦爾. 信能信無常等,
慧隨了知. 共成一事. 故名相應." 『성실론』제66 「有相應品」에서는 심·심소 동시구기의 경증
으로 이 경설을 인용하였다. 『대비바사론』권16(T27, 79b18f); 『순정리론』권15(T29,
416c13f)에서도 이 경문('見爲根信證智相應')이 相應因의 예로 언급된다.

경과 306경: 제3장 주59 참조) 뿐이며, 모든 니카야와 대부분의 『잡아함』에
서는 비록 觸의 별체성을 암시하고 있을지라도 識-受-想-思와 같은 순
서로 心法의 경과를 설명하고 있다.[11] 예컨대 이러하다.

眼과 色을 緣하여 眼識이 생겨나고, 三事和合은 觸을 낳으며, 觸을 緣하여
受를 낳고, 受를 緣하여 愛를 낳는다.[12]

眼과 色을 因과 緣으로 삼아 眼識을 낳고, --(중략)-- 이러한 三法의 和合이
觸이며, 觸하고서 受하며, 受하고서 思하며, 思하고서 想한다.[13]

이 점에 대해 미즈노 고겐(水野弘元)은 이는 분명히 受·想 등의 繼起說
로부터 俱起(俱生)說로의 변화를 말해주는 것이라고 하였지만,[14] 그런데 이
상한 일은 비유자나 하리발마는 물론이고 상좌도 자신의 심·심소 차제계
기설을 입증하기 위해 이 같은 경문을 적극적으로 제시하고 있지 않다는
사실이다.

그들은 이러한 경설을 알지 못하였던 것인가? 그렇지는 않은 것 같다.
상좌 역시 이러한 형식의 경설을 인용한다. 다만 "觸·受가 俱起하는 것이라
면, 어떠한 까닭에서 [경에서] '觸을 緣하여 受가 있다'고만 설하고, '受를
緣하여 觸이 있다'고는 설하지 않은 것인가? [觸·受의 두 법은 無間으로 생
겨나는 것이기] 때문에 경에서는 '種種受를 연하여 種種觸이 있다'가 아니라

---

11   水野弘元(1978), 『パ-リ佛教を中心とした佛教の心識論』. p.231.
12   『잡아함경』권3 제68경(T2, 18a10-12), "緣眼及色眼識生. 三事和合生觸. 緣觸生受. 緣受生愛."
      제213경(동 54a8f), 제228경(동 55c28f) 등의 경우도 동일하다.
13   『잡아함경』권8 제214경(T2, 54a26-28), "眼色因緣生眼識. -- 此三法和合觸. 觸已受. 受已思. 思
      已想."; SN. 35. 93.
14   水野弘元(1978), p.231.

다만 '種種觸을 연하여 種種受가 있다'고만 말한 것"이라 하여 俱起說을 비판하는 논거 정도로 사용하고 있을 뿐이다.[15]

2) 심·심소의 '相應'은 相似轉의 의미

해석상에 있어 俱起(俱生)와 無間(次第)生의 첨예한 대립을 초래한 경은 『大拘絺羅經』(『중아함』 제211경; M.N.43 Mahā-Vedalla S.)이다. 유부에서는 상좌가 "觸은 受·想·思와 함께 일어난다(觸俱起受想思)"는 경설에서의 '함께 일어난다(俱起)'는 '無間生'으로도 해석할 수 있기 때문에 이를 觸·受구기설의 논거로 삼을 수 없다"(주7)고 비판한 데 대해 이 경의 경문을 인용한다.

> 만약 그렇다고 한다면, 어떠한 까닭에서 『[대구치라]경』에서 "受든 想이든 思든 識이든 이와 같은 諸法은 相雜하여 서로 분리되지 않는다"[16]고 설한 것인가? 따라서 識은 어떠한 경우에도 受 등과 분리될 수 없다.[17]

여기서 문제가 된 것은 '相雜(saṃsṛṣṭā, 혹은 和雜)'의 의미이다. 이는 필경 不可分離의 결합(혹은 밀접함)이나 상응을 의미하지만, 이어지는 경설로 보건대 이는 시간 상의 상잡이 아닌 내용(소연) 상의 상잡이기 때문에 상좌

---

15 『순정리론』권29(T29, 505b20-22). 중현 역시 受는 觸을 近緣으로 삼는다는 주장의 경증으로 "種種界(안계·색계·안식계 등)를 緣하여 種種觸이 있고, 種種觸을 緣하여 種種受가 있으며, 種種受를 緣하여 種種愛가 있다"는 『잡아함』 제452경을 인용하는데(T29, 339a14-16), 아마도 分位緣起說에 기초하는 한 이 같은 繼起 형식의 경설은 문제가 되지 않았을 것이다.

16 인용 경은 『중아함경』권58(T1, 791b2f), "覺(受)想思, 此三法, 合不別." (yā c' āvuso vedanā yā ca saññā yaṃ ca viññāṇṃ ime dhammā saṃsaṭṭhā no visaṃsaṭṭhā: MN. I, p.293. 22-23).

17 『구사론』권10(T29, 53b18-20);『순정리론』권29(T29, 505a28f), "若爾, 何故契經中言? '是受是想是思是識, 如是諸法相雜不離.' 故無有識離於受等." (yat tarhi sūtra uktaṃ 'yā ca vedanā yā ca saṃjñā yā ca cetanā yac ca vijñānaṃ saṃsṛṣṭā ime dharmā nāsaṃsṛṣṭā' iti.--: AKBh., 146. 14f); 『순정리론』권11(T29, 395a21-23), "故契經言, 心心所展轉相應, '若受若想若思若識, 如是等法, 和雜不離. (不可施設差別之相.)'"

는 다음과 같이 힐난한다.

여기서 '相雜'의 뜻이 무엇인지 살펴 생각해보아야 할 것이다. 이 경에서
는 다시 "온갖 所受가 바로 所思이고, 온갖 所思가 바로 所想이며, 온갖
所想이 바로 所識이다"고 설하였다.[18] 즉 [그대들(유부)은] 이 경이 所緣에
근거하여 이같이 설한 것인지, 刹那에 근거하여 이같이 설한 것인지 분명
히 알지 못한 것이다.[19]

이에 따라 상좌는『대구치라경』에서의 相雜을 소연에 근거한 것, 다시
말해 느껴진 것(所受)이 마음을 움직이게 하고(所思),[20] 마음을 움직이게 한
것이 표상되며(所想), 표상된 것이 인식되기(所識) 때문에, 여기서의 상잡은
찰나가 아니라 소연에 근거한 심·심소의 관계로 이해하였고, 각각의 소연
또한 전후 인과적 관계로서 상속한 것이기 때문에 동일한 것이 아니라 다
만 유사한 것으로 이해하여 심·심소의 次第(無間)生起를 주장하게 되었던
것이다.

나아가 수·상·사를 포함하여 모든 심소의 무별체설을 주장한 譬喩者
또한 심·심소의 相雜을 설한『대구치라경』을 그들 주장의 논거로 제시하
였다.

18　인용 경은『중아함경』권58(T1, 791b4), "覺所覺者, 卽是想所想, 思所思. (是故三法合不別)."
　　(yaṁ vedeti taṁ sañjānāti yaṁ sañjānāti taṁ vijānāti: MN. I, p.293. 25-26).

19　『구사론』권10(T29, 53b20-22), "今應審思, 相雜何義? 此經復說: '諸所受卽所思. 諸所思卽所想.
　　諸所想卽所識.' 未了於此 爲約所緣, 爲約刹那, 作如是說." ("yad-vedayate tac-cetayate yac-cetayate
　　tat-samprajānīte yat-samprajānīte tad-vijānāti" ti: AKBh₂, p.146. 16f);『순정리론』권29(T29, 505b7-9),
　　"彼(觸가유론자)作是說: 應審前經! 彼經復言. '諸所受卽所思. 諸所思卽所想. 諸所想卽所識.' 未
　　了於彼爲約所緣, 爲約刹那, 作如是說."

20　所思(cetayate)를 이같이 이해한 것은 다음에 따른 것이다. "思謂能令心有造作(abhisaṃskāra)"
　　(『구사론』권4, 19a18f); "令心於境有動作用, 猶如磁石勢力令鐵有動用." (『순정리론』권10, T29,
　　384b3f)

[그대(중현)가] 앞에서 인용한 경(주16: T29, 395a21-23)에서는 "심·심소법은 展轉 相應하는 것으로, 혹은 受, 혹은 想, 혹은 思, 혹은 識 등 이와 같은 법들은 和雜하여 서로 분리되지 않기에 그것들의 差別相을 시설할 수가 없다"고 설하였는데, 이 경의 뜻은 바로 心所와 心은 그 자체 어떠한 차별도 없음을 나타낸다.[21]

그러나 중현 또한 『대구치라경』에서는 계속하여 목숨(壽)과 체온(煖)의 경우 역시 서로 분리될 수 없는 불가분적 관계로 설하고 있다는 사실에 근거하여 제 심·심소의 相雜이 찰나에 근거한 구생 관계임을 다시 확인하고 있다.[22]

이렇듯 중현(유부)과 상좌(경량부)는 『대구치라경』의 '相雜(saṃsṛṣṭā, P. saṃsaṭṭhā)'이라는 술어의 해석을 통해 相應俱起說과 次第生起說의 대립을 극명하게 드러내고 있다. 중현이 '심·심소는 동일찰나에 생겨나기 때문에 불가분리의 관계'라는 뜻으로 이해하였다면, 상좌는 '유사한 소연의 심·심소가 무간의 인과적 관계로서 생겨나기 때문에 불가분리의 관계'라는 뜻으로 해석하였다.[23] 제3장(2-1)에서 논설한 대로 유부에서는 심·심소법은 所依·所

---

21   『순정리론』권11(T29, 395c15-18), "如前所引經說, '心心所展轉相應, 若受若想若思若識, 如是等法, 和雜不離. 不可施設差別之相'者, 此經意顯, 心所與心其體無別."

22   『구사론』권10(T29, 53b23f), "於壽與煖俱時起中, 亦有如斯相雜言. 故例知此說定約刹那.";『순정리론』권11(T29, 395c18-20).; 동론 권29(T29, 505b10-15).

23   加藤純章(1989),『經量部の研究』, pp.215f 참조. 加藤은 이 경의 전체의도가 受·想·識의 同時俱起를 나타내는지 어떤지(異時繼起를 나타내는지) 분명하지 않다고 하면서(水野弘元, 1978, p.225ff은 이를 심·심소 상응설을 설한 것으로 여긴다) 양자 모두의 해석이 가능하지만, 누구의 해석이 타당한지는 알 수 없다고 말하였다. 그러나 이 경은 유사한 제법, 예컨대 不善과 不善根, 善과 善根, 智慧와 識, 나아가 覺(受)·想·思, 意·壽·煖, 滅盡定과 無想定 등에 대해 舍利弗이 질문하고 大拘絺羅(Mahākoṭṭita, Mahākauṣṭila)가 대답하는 형식(『맛지마 니카야』의 「마하베달라경」은 반대)으로, 각 항은 개별적인 문답이기 때문에 受·想·識의 相雜과 壽·煖의 不相離는 경우가 다를뿐더러 중현 또한 이 두 가지(목숨과 체온)는 소연을 갖지 않기 때문에 受·想·識의 상잡에 대해 설한 경문도 소연에 근거하여 설한 것이 아님을 분명하게 밝히고 있다. (『순정리론』권29, T29, 505b12-14) 그렇다고 한다면 壽와 煖의 경우를 통해 受·想·識도 찰나 俱起한다는 중현의 해석에는 문제가 있다고 할 수 있다. 아울러 加藤은 "슈리라타는 '相雜'을『대구치라경』의 뒤의 경설(본장 주18)에 근거하여 受·想·識이 동일한 所緣을 취하는 것이라 주장하였다"고 하였지만,

緣·行相·時·事가 평등(samatā)하게 화합하며, 이러한 불가분리의 相雜관계를 '상응(samprayukta)'이라 하였지만, 상좌는 이때 '상잡'을 심과 제심소의 소연이 전후 [무간]찰나에 걸쳐 '서로 유사하게 일어나는 것'으로 해석하였던 것이다.

중현은 '作意 등의 [諸]行은 思의 차별'(제3장 3-3)이라는 상좌 설을 비판하면서 이같이 말하고 있다.

> 그대들(즉 상좌일파)이 "想과 識은 時·所依·行相·所緣이 서로 유사하게 일어나기(相似轉) 때문에 비록 두 法相의 차별을 나타낼 수 없다"고 할지라도 그대들의 宗(즉 上座宗, Sthavira-pākṣika)에서는 "이러한 법 자체의 차이는 인정한다"고 빈번히 말하고 있듯이, 思와 作意 등의 경우도 역시 이와 같다고 해야 한다.[24]

상좌는 '俱生'이라는 말을 '[無間의] 次第生' (말하자면 時의 相似轉)의 의미로 해석하였기 때문에 '相應' 또한 心과 受·想·思가 서로 유사한 소연을 갖고서 무간으로 일어나는 것으로 이해하였다고 할 수 있다. 『잡아함』 제306경('三和合觸, 俱生受想思')에 따라 受·想·思 세 심소의 개별적 실재성과 俱生을 인성하는 한 어떤 식으로든 이 세 법과 心과의 상응관계에 대해 논의하지 않으면 안 되었을 것인데, 상좌는 이를 '平等한 관계'가 아니라 '서로 유사(相似)한 관계'로 해명하였던 것이다.

심·심소의 시간적 繼起를 설하는 한 '동일 소연'은 있을 수 없다. (후술)

24 『순정리론』권2(T29, 341c10-12), "又如汝等頻言: 想識時依行緣相似轉故, 雖不能示二相差別, 而汝等宗許其體異. 思作意等, 應亦如是."

3) 상좌의 大地法 규정

그런데 세친은『구사론』에서 이러한 상좌의 심·심소 次第繼起說을 유부의 觸·受俱起說에 반대하는 다른 어떤 이(apare)의 설로 인용하였는데, 稱友(Yaśomitra)는 여기서의 다른 어떤 이를 大德 슈리라타(Bhadanta Śrīlāta)로, 安慧(Sthiramati)와 滿增(Pūrṇavardhana)은 '軌範師(Ācārya) 슈리라타'로 평석하였고, 普光과 法寶 역시 각기 '經部 중의 上座'와 '經部宗의 上座'로 해설하였다.[25]

다른 어떤 이는 설하였다. 觸 이후에 비로소 受가 생겨난다. 즉 根과 境이 먼저 존재하고 그 다음에 識이 일어난다. [이때] 이 세 가지가 和合(saṃnipāta)하기 때문에 이를 바로 觸이라 하였는데, 제3찰나(tṛtīyakṣaṇa)에 이러한 觸을 緣하여 受가 생겨난다.[26]

이에 유부 毘婆沙師는 "觸·受俱起를 부정하는 것은 아비달마 本論(mūla-śāstra)에 근거한 大地法(mahābhūmika)의 규정('일체의 마음과 항상 俱起하는 법': 후술)을 파괴하는 것"이라 비난하였고, 다른 어떤 이(즉 상좌 슈리라타)는 세친의 입을 통해 다음과 같이 논박하였다.

우리는 '經을 지식의 근거로 삼는 이들(sūtrapramāṇakā)'로 '論(아비달마)'을 지식의 근거로 삼는 이들(śāstrapramāṇakāḥ)이 아닌데, 그것(아비달마에서의 대지법의 규정)을 파괴한들 무슨 허물이 되겠는가? 세존께서도 "마땅히 經을 의지처로 삼는 이(sūtrāntapratisaraṇair)가 되어야 한다"고 말하였던

---

25 권오민(2012),『上座 슈리라타와 經量部』, pp.191-192 참조.

26 AKBh, p.145. 17-19, sparśād uttarakālaṃ vedanety apare. indriyārtho hi pūrvānto vijñānam. so 'sau trayāṇāṃ saṃnipātaḥ sparśaḥ. sparśapratyayāt paścād vedanā tṛtīyakṣaṇa iti.; "有說: 觸後方有受生. 根境爲先次有識起. 此三合故即名爲觸. 第三刹那, 緣觸生受." (『구사론』권10, T29, 53a19-21); "有餘師說: 從觸後受生. 何以故? 先有根塵, 次有識. 是三和合爲觸. 緣觸後受生, 於第三刹那." (『구사석론』권7, T29, 210a8-10)

것이다.[27]

그리고 이와 함께 자신이 생각하는 大地法 규정을 피력하였다.

'일체의 마음에 두루 존재한다'는 것이 大地法(mahābhūmika)의 뜻이 아니다.

만약 그렇다고 한다면 대지법의 뜻은 무엇인가?

이를테면 地(bhūmi)에는 세 가지가 있다. 有尋有伺地와 無尋唯伺地와 無尋無伺地가 바로 그것이다. 다시 세 가지 地가 있으니, 善地와 不善地와 無記地가 바로 그것이다. 다시 세 가지 地가 있으니, 學地와 無學地와 非學非無學地가 바로 그것이다. 만약 법으로서 이러한 일체 모든 地에 존재하는 것이면, 이를 '대지법'이라 한다.[28]

『구사론』상에서 이 같은 다른 어떤 이의 대지법의 규정은『순정리론』에서 바로 상좌의 언명으로 인용된다. "세 가지의 3地가 있으니, 有尋有伺 등(無尋唯伺 · 無尋無伺)과 善 등(不善 · 無記)과 學 등(無學 · 非學非無學)의 地에 차별이 있기 때문이다. 만약 법으로서 이러한 일체 모든 地에 존재하는 것

---

27 AKBh., p.146. 3f. sūtrapramāṇakā vayaṃ na śāstrapramāṇakāḥ. uktaṃ hi bhagavatā "sūtrāntapratisaraṇair bhavitavyam" iti; "我等但以契經爲量, 本論非量, 壞之何咎? 故世尊言, '當依經量'" (T29, 53b2-3); "君我等以經爲依. 不以阿毘達磨爲依. 佛世說, '汝等應依經行.'" (T29, 210a21-22) 稱友는 이에 따라 經量部의 의미(Sautrāntikārtha)를 "經을 지식의 근거로 삼는 이들"로 정의하였다. ye sūtrapramāṇikā na śāstrapramāṇikāḥ. te Sautranāntikāḥ. (AKVy., p.11. 29f) '經을 지식의 근거로 삼는다'는 말의 의미와 상좌의 성전관에 대해서는 권오민(2012), pp.577-699 참조.

28 AKBh., p.146. 4-8. na vā eṣa mahābhūmikārthaḥ sarvatra citte daśa mahābhūmikāḥ saṃbhavantīti. kas tarhi mahābhūmikārthaḥ. tisro bhūmayaḥ. savitarkā savicārā bhūmiḥ avitarkā vicāramātrā avitarkā'vicārā bhūmiḥ. punas tisraḥ. kuśalā bhūmiḥ akuśalā'vyākṛtā bhūmiḥ. punas tisraḥ. śaikṣī bhūmir aśaikṣī naivaśaikṣīnāśaikṣī bhūmiḥ. tad ya etasyāṃ sarvasyāṃ bhūmau bhavanti te mahābhūmikāḥ.; "或大地法義, 非要遍諸心. 若爾, 何名大地法義. 謂有三地. 一有尋有伺地. 二無尋唯伺地. 三無尋無伺地. 復有三地. 一善地. 二不善地. 三無記地. 復有三地. 一學地. 二無學地. 三非學非無學地. 若法於前諸地皆有. 名大地法." (T29, 53b4-9)

이면, 이를 '대지법'이라 한다."[29]

대지법에 관한 상좌의 규정은 유부의 그것과 무엇이 다른가? 『구사론』
상에서의 유부의 대지법 규정은 '일체의 마음에 [항상] 존재하는 것'이었
다.[30] 유부의 정의와 상좌의 정의는 내용상 그다지 큰 차이가 없어 보인다.[31]
더욱이 『대비바사론』에서는 대지법이 존재하는 일체의 마음을 상좌처럼
구체적으로 분별하고 있다.

> [심소]법으로서 일체의 마음 중에 획득될 수 있는 것을 大地法이라 한다.
> 즉 염오심이든 불염오심이든, 혹은 유루심이든 무루심이든, 혹은 선심이
> 든 불선심이든 무기심이든, 혹은 3界 繫屬된 마음이든 계속되지 않은 마음
> 이든, 유학심이든 무학심이든 非學非無學心이든, 見所斷의 마음이든 修所斷
> 이나 不斷의 마음이든, 意地에 존재하든 五識身에 존재하든 일체의 마음
> 중에 다 획득될 수 있기 때문에 大地法이라 이름하였다.[32]

현장 또한 양자 차별에 어려움이 있기 때문인지 유부의 정의에 '항상'
이라는 말을 더하여 "법으로서 일체의 마음에 **항상** 존재하는 것(法恒於一切
心有)"으로 번역하였다. (그러나 진제는 원문 그대로 '法於一切心有'로 번역

---

29 『순정리론』권29(T29, 505b3-6), "彼作是言: 大地法義, 非要遍與一切心俱. 若爾, 何名大地法義?
有三三地, 有尋伺等·善等·學等地差別故. 若法於斯一切地有, 名大地法."

30 AKBh., p.54. 15, tatra mahatī bhūmir eṣām iti mahābhūmikāḥ ye sarvatra cetasi bhavanti.; "此中若
法大地所有, 名大地法. 謂法恒於一切心有." (『구사론』권4, T29, 19a13); "此中諸法大故名大法.
若法於一切心有." (『구사석론』권3, T29, 178b7-8)

31 加藤純章(1989, pp.211-212) 또한 이에 적지 않은 곤혹스러움이 있음을 토로하고 있다. 加
藤은 이러한 상좌의 대지법 규정이 유부의 그것과 무엇이 다른지 명확하지 않다고 하면
서 계속되는 상좌의 논설 중에서 '俱生'을 無間生으로 해석한 것에 따라 "상좌의 대지법
규정은 심·심소의 동시 俱生을 인정하지 않기 위한 것으로 추측할 수 있다"고 말한다.

32 『대비바사론』권12(T27, 220b8-13), "問: 大地法等有何義耶? 答: 若法一切心中可得名大地法. 謂
若染污·不染污, 若有漏·無漏, 若善·不善·無記, 若三界繫·不繫, 若學·無學·非學非無學, 若見
所斷·修所斷·不斷, 若在意地, 若五識身, 一切心中皆可得故名大地法."

하였다.: 주30) 그러나 『순정리론』에서는, 역자(현장)의 가필 여부는 알 수 없지만 "법으로서 일체 品類(대지법 내지 소번뇌지법의 6품)의 일체의 마음과 **두루 함께 생겨나는 것**(法遍與一切品類一切心俱生)"이라고 하여 보다 구체적으로 진술하고 있다.[33]

이에 따른다면 유부의 경우 受·想 등 10가지 대지법은 일체의 모든 마음과 **항상** 함께 생겨나는 (혹은 '일체 모든 마음과 항상 함께 존재하는') 법이지만, 상좌의 경우 욕·색계 등 일체 모든 단계/상태(地)에 존재하는 법이다. 普光 역시 경량부가 주장하는 대지법이란 有尋有伺 등 일체 모든 地에 존재할 수 있는 법일 뿐 [일체의] 마음과 동일찰나에 함께 생겨나는 것은 아니라고 평석하였다.[34] '일체地에 존재하는 법'과 '일체心에 항상 함께 존재하는 법'은 분명코 다른 것이다.

이러한 상좌의 대지법 규정은 바로 유가행파의 別境心所의 정의에서 확인할 수 있다. 유가행파에서 유부의 大地法에 해당하는 심소는 遍行(sarvatraga)심소이다. 이는 '일체의 마음 중에 결정코 획득될 수 있는 것'으로(T31, 27a1), 이른바 네 가지 一切, 一切性(선·염오 등 일체 도덕성의 마음)과 一切地(3界 9地, 혹은 有尋有伺·無尋有伺·無尋無伺地의 마음)와 一切時와 一切俱(동일품류의 일체 심소가 모두 함께 일어나는 것)를 충족한 것이다. 즉 觸·作意·受·想·思의 다섯 심소는 어떠한 도덕적 성질의 마음이든 3계 9지의 어떤 마음에서든, 언제라도 항상 함께 일어나기 때문에 '변행'이다. 이에 대해 別境심소는 다만 一切性과 一切地의 두 가지 일체를 갖춘 것이다. 즉 欲·勝解·念·定·慧는 어떠한 도덕적 성질의 마음과도 3계 9지의 어떤 마음과도 함께 일어날 수 있지만 언제라도 반드시 함께 일어나는 심소는

---

[33] 『순정리론』권10(T29, 384a24f). "此中若法大地所有, 名大地法. 謂法遍與一切品類一切心俱生."

[34] 『구사론기』권10(T41, 177a23-25), "經部答. 若法於前有尋伺等諸地皆有, 名大地法. 非要與心同一刹那俱時而生名大地法."

아니다.[35] 요컨대 유가행파의 변행심소는 유부의 대지법 규정에 따른 것이라면, 별경심소는 상좌의 대지법 규정에 따른 것이었다.

그 밖의 선·염오 등의 심소 또한 유부의 경우 大善地法은 선심에 항상 함께 존재하는 것, 大煩惱地法은 염오심에 항상 함께 존재하는 것, 따라서 信·不放逸·輕安·捨·慚·愧·無貪·無瞋·不害·勤의 10가지 심소는 선심에, 癡·放逸·懈怠·不信·惛沈·掉擧의 6가지 심소는 염오심에 반드시 함께 일어나는 것이었지만, 유가행파의 경우 善心所는 一切地의 선심에 일어날 수 있는 것, 染汚心所는 一切地의 염오심에 일어날 수 있는 것이었는데, 上座 또한 그러하였다. 즉 앞서 稱友도 普光도 '上座'로 평석한 다른 어떤 이는 제 심소로서 오로지 善地 중에만 존재하는 것을 '大善地法'이라 하였고, 오로지 染汚地에만 존재하는 것을 '大煩惱地法'이라고 하였다. 그리고 無慚·無愧의 大不善地法의 경우 전승(pāṭha: 誦)의 과정에서 더해진 것으로 처음부터 전승된 것은 아니라고 하였다.[36]

아무튼 대지법을 다만 '일체의 마음에 존재할 수 있는 법'으로 규정하는 한 상좌가 비록 受·想·思 세 심소를 별체로서 인정하였을지라도 유부의 상응구기설을 인정하였다고는 말할 수 없다.[37]

---

35 『유가사지론』권2(T30, 291a3-6), "問: 如是諸心所, 幾依一切處心生, 一切地·一切時·一切耶? 答五 謂作意等, 思爲後邊. 幾依一切處心生, 一切地, 非一切時, 非一切耶? 答亦五 謂欲等, 慧爲後邊"

36 『구사론』권10(T29, 53b9-13), "若法唯於諸善地中有. 名大善地法. 若法唯於諸染地中有. 名大煩惱地法. 如是等法各隨所應更代而生, 非皆並起. 餘說如是大不善地法. 因誦引來. 是今所增益非本所誦."

37 水野弘元(1978, p.244)은 "經部의 上座인 슈리라타는 마음은 반드시 受·想·思의 세 심소와 상응한다고 주장하였다. --(중략)-- 심소법을 인정하고 심·심소의 상응을 허용하게 되면 종래 經部의 주장은 이미 파괴되었다고 볼 수 있다"고 논설하고 있는데, 이는 명백한 오류이다.

2. 차제계기설에 따른 중현의 문제제기

그렇다면 상좌 슈리라타는 "眼과 色을 연하여 眼識이 생겨나고, 세 가지 화합인 觸은 受·想·思와 俱生(즉 無間의 次第生)한다"는 경설에서의 根·境과 마음(識)과 受·想·思 등의 시간적 차별을 어떻게 이해하였던가? 심·심소 차제계기설을 주장할 경우 필연적으로 제기되는 소연의 문제, 즉 심·심소의 소연이 동일(平等)하지 않고 서로 유사하다면 인식의 내용이 雜亂되어 하나의 완전한 인식은 결코 성취될 수 없을 것인데, 상좌는 이에 대해 어떻게 해명하였던가?

상좌는 마음(識)의 소의와 소연이 되는 根과 境을 제1찰나로, 마음과 受·想·思를 각기 제2찰나와 제3·제4·제5찰나로 간주하였다. (주2, 3 참조) 따라서 마음 등은 동시에 존재하는 根과 境을 소의와 소연으로 삼는 것이 아니다. 마음 등은 말하자면 前찰나 내지 4찰나 전의 근과 경을 소의와 소연으로 삼은 것이다. 이해의 편의를 위해 상좌의 인식과정을 도식화하면 이와 같다.

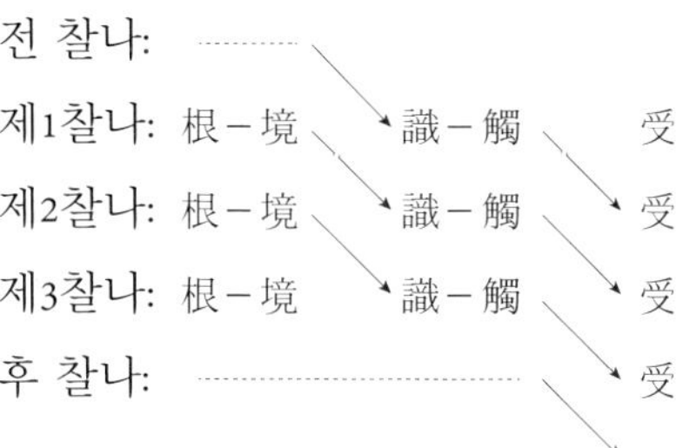

표에서 제1찰나의 識은 전 찰나의 根과 境을 연하여 생겨난 것이다. 즉 제2찰나의 根과 境은 이와 동시에 존재하는 識의 연이 되지 않는다. 제2찰나의 識 또한 제1찰나의 촉을 緣하여 생겨난 受와 동시에 존재하지만 양자

는 서로에 대해 동시적 인과관계(相應·俱有因/土用果)를 갖지 않는다. 심·심
소법이 무간에 차제생기한다고 주장하는 한 觸(=識)·受의 동시인과를 부정
할 수밖에 없다. 그러나 이는 "심·심소는 다 같이 동일찰나에 동일한 根과
境을 소의와 소연으로 삼는다"는 아비달마논사의 주장(제3장 주21)과 정면
으로 대립한다.

『구사론』에서는 이러한 상좌의 견해와 관련하여 다음과 같은 문답을
전하고 있다.

[상좌:] 觸 이후에 비로소 受가 생겨난다. 즉 根과 境이 먼저 존재하고 그
　　다음에 識이 일어난다. [이때] 이 세 가지가 和合(saṃnipāta)하기 때문에
　　이를 바로 觸이라 하였는데, 제3찰나에 이러한 觸을 緣하여 受가 생겨
　　난다. (주26)
[유부:] 만약 그렇다고 한다면, 일체의 識에는 受가 존재하지 않는다고 해
　　야 하며, 또한 역시 일체 識은 觸을 갖는 것(根·境과 접촉하는 것)이
　　아니라고 해야 한다.
[상좌:] 그와 같은 과실은 없다. 즉 앞의 단계의 觸(前位觸)을 원인으로 하
　　여 뒤의 觸의 단계의 受(後觸位受)가 생겨나기 때문에 모든 觸의 순간에
　　는 다 受가 존재한다. 그리고 존재하는 識으로서 觸이 아닌 것은 없다.
[유부:] 이는 올바른 이치가 아니다.
[상좌:] 어째서 올바른 이치가 아니라는 것인가?
[유부:] 이를테면 두 觸의 경계대상(ālambana: 所緣)이 다르다고 해야 한다.
　　즉 '앞의 受의 단계의 觸(前受位觸)'(=제2찰나의 觸)을 원인으로 하여 '뒤
　　의 觸의 단계의 受'(=제3찰나의 受)가 생겨난다는 것이니, 어떻게 대상
　　을 달리하는 受가 대상을 달리하는 觸으로부터 생겨날 수 있을 것인가?
　　혹은 이러한 마음과 상응하는 受가 이러한 마음과 동일한 대상을 소연
　　으로 삼지 않는 것임을 인정해야 한다.

[상좌:] 이미 그러하다고 [인정]하였다. 만약 "觸을 성취한 識이 바로 觸으로 [이 단계에서는 이에 대한] 受가 존재하지 않는다. 이 단계 이전 [찰나]의 識에 대한 受가 존재할지라도 그 자체는 [이 단계의] 觸에 대한 것이 아니니, 緣이 다르기(vaidhurya: 差) 때문이다"고 인정한다면, 여기에 무슨 허물이 있을 것인가?

[유부:] 만약 그렇다고 한다면 바로 大地法의 규정을 파괴하는 것이니, 일체의 마음은 10가지 대지법과 반드시 함께해야 한다.[38] (주27로 이어짐)

『구사론』에서는 이처럼 심·심소의 시간적 관계에 대한 유부와 상좌(경량부) 사이의 팽팽한 대립(혹은 긴장)만을 전할 뿐 이에 대한 적극적인 모색은 이루어지지 않고 있다.[39] 유부는 識－觸과 受가 시간을 달리하여 생

---

38 『구사론』권10(T29, 53a21-b1), "若爾, 應識非皆有受. 諸識亦應非皆是觸. 無如是失. 因前位觸故. 後觸位受生故. 諸觸時皆悉有受. 所有識體無非是觸. 此不應理. 何理相違? 謂或有時二觸境別. 因前受位觸生後觸位受. 如何異境受從異境觸生. 或應許受此心相應非與此心同緣一境. 旣爾. 若許有成觸識是觸無受. 於此位前有識有受, 而體非觸. 緣差故然. 斯有何過? 若爾, 便壞十大地法. 彼定一切心品恒俱."; 『구사석론』권7(T29, 210a10-20), "若爾, 於一切識不必有受. 亦非一切識有觸. 無如此失. 何以故? 以前觸爲因, 於後觸中受生故. 一切觸有受. 今非道理更起. 此中云何非道理? 於二觸中各有境界. 以先觸爲因, 於後觸受生, 別類境界, 觸所生受. 應緣別境界起. 此義云何可然? 復次是心共受相應, 此受與心不同境界, 此義復云何成? 若爾, 應立此義? 是時, 識成觸, 此識無受. 從此後識有受無觸. 因緣不相應故. 此執何失? 若爾, 大地定義卽破. 謂於一切心, 十大地必俱."; evaṃ tarhi na sarvatra vijñāne vedanā prāpnoti, na ca sarvaṃ vijñānaṃ sparśaḥ. naiṣa doṣaḥ. pūrva sparśahetukā hy uttaratra sparśe vedanā sarve ca sparśaḥ sarvavedanakāḥ sarvaṃ ca vijñānaṃ sparśa iti. idam ayuktaṃ varttate. kim atrāyuktam. yad uta bhinnālambanayor api sparśayoḥ pūrvasparśahetukotarasya vedaneti. kathaṃ nāmāyajātīyālambanasparśasaṃbhūtā vedanānyālambanā bhaviṣyati, yena vā cittena saṃprayuktā tato bhinnālambaneti. astu tarhi tasmin kāle sparśabhūtaṃ vijñānam avedanakam. tasmāc ca yat pūrvaṃ vijñānaṃ savedanakaṃ tan na sparśaḥ. pratyayavaidhuryaād ity evaṃ sati ko doṣaḥ. mahābhūmikaniyamo bhidyate. sarvatra citte daśa mahābhūmikā iti. (AKBh., pp.145.19-146.2)

39 『구사론』 상에서 '觸·受 俱生 vs 次第生'의 대론은 "그렇기 때문에 일체의 識에는 觸과, 촉과 俱生한 受가 존재한다는 사실을 역시 인정해야 한다"는 말로 끝맺고 있다. (T29, 53b27f) 그렇지만 이는 논주(세친)가 논의의 결말을 맺는 기본형식일 뿐으로, 그가 이를 인정한 것은 아니었다. (권오민, 2012, pp.500-506 참조) 그가 이를 인정하였다면, 다시 말해 심·심소 次第生을 부정하였다면, 그를 經을 지식의 근거로 삼는 경량부라고도 할 수 없으며, 그럴 경우 이를 전제로 한 중현이나 디파카라의 비판도, 세친을 經部師나 경량부徒黨(Sautrāntika-pākṣikas)이라 한 보광이나 칭우의 평석도 그릇된 것이라 하지 않

겨날 경우 識과 受의 所緣 또한 달라야 한다고 비판할 뿐이며, 상좌는 다만 識-觸과 受는 찰나를 달리한다는 사실만을 다시 확인하고 있을 뿐이다.

그런데 중현은 『순정리론』 「辯差別品」(『구사론』에서의 「根品」)에서 상좌의 심·심소 차제생기/異時인과설에 대해 보다 근원적인 문제를 제기한다.

> 身受가 생겨날 때 身根과 접촉된 것(즉 觸境)은 이미 소멸하였고 시간적으로도 또한 멀어졌거늘 어찌 그것이 身受의 원인이 될 수 있다는 것인가? 바야흐로 識이 생겨날 때 身根과 觸境은 이미 소멸하였으니 무간(후 찰나)에 생겨날 識에 대해서도 [生]緣의 작용이 없을 것이거늘 하물며 시간적 간격을 갖는 그 후(즉 후후 찰나)에 일어나는 身受에 대해 [生]緣의 작용을 가질 수 있을 것인가?[40]

그러나 "根과 境을 연하여 識이 생겨난다"는 경설에서 보듯이 根과 境은 識에 선행한다고 하지 않으면 안 된다. 더욱이 유부에 있어서도 "意[根]과 法[境]을 연하여 意識이 생겨난다"고 하는 경우, 이때 의[근]은 과거의 존재(전 찰나의 6識)이고, 법경은 삼세와 離世(무위법의 경우)의 존재이며, 의식은 현재의 존재이기 때문에 俱時가 아니다. 그렇다면 근·경·식 三事의 화합(saṃnipāta, 結合, 聚集)이 어떻게 가능한가? 이는 사실상 심·심소의 俱起와 次第生을 가름하는 본질적인 문제라고 할 수 있다.

유부의 毘婆沙師는 '화합'을 동시에 일어나 서로 분리할 수 없는 것과, 서로 모순되지 않으면서 동일한 사태(즉 觸이라는 同一果)를 성취하는 것이

으면 안 된다. 참고로 加藤純章(1989, p. 83)은 이 같은 『구사론』 상의 結辭 등에 근거하여 세친은 심·심소 차제생기설에 찬동하지 않았다 (혹은 동시구기설을 지지하였다)고 주장하였다.

40 『순정리론』권10(T29, 386b20-23), "身受生時, 身及所觸, 其體已滅, 時復隔遠, 何得爲因? 且識生時, 身觸已滅, 望無間識, 緣用尙無, 況於後時所起身受, 時分隔越, 得有緣用?"

라는 두 가지 뜻으로 해석하여 5識 상응의 觸은 두 가지 뜻에 근거하여, 意識 상응의 觸은 뒤의 뜻에 근거하여 '화합'이라 말한 것이라고 해명한다.[41] 즉 眼 등의 5根은 반드시 현재의 대상만을 취하며, 소의(5근)와 동일한 대상(즉 소의)에 근거하여 일어나는 5識 역시 그러하다고 해야 하기 때문에 이때 三事는 동시에 일어나 서로 분리할 수 없는 相應俱起의 관계라는 것이다.

이에 대해 상좌는 경에서 설한 대로 根과 境을 識에 선행하는 것, 근과 경이 제1찰나라면 이를 연하여 생겨난 識을 제2찰나로 이해하였다. 그를 비롯한 비유자(경량부)에 의하는 한 眼 등의 5識은 과거(전 찰나)의 경계대상을 소연으로 삼는다. 중현은 6식과 이것의 所依인 6근의 시간적 관계에 대해 논의하면서(『구사론본송』I 44cd) "5식은 소의와 더불어 동일한 대상에서 일어나기 때문에, 다시 말해 현행하지 않은 대상에 근거하여서는 일어나지 않기 때문에 이미 멸한 것(=과거)과 아직 생겨나지 않은 것(=미래)은 5식의 대상이 아니다"(T29, 374b9-12)고 단언하고서 이 같은 상좌의 견해를 '어떤 이의 주장'으로 인용한다.

어떤 이는 주장하였다. 5식의 경계대상은 오로지 과거이다.[42]

여기서 '어떤 이'가 상좌 혹은 상좌일파임은 누발할 나위도 없나. 너욱 이 중현은 심·심소의 異時계기설을 주장하는 譬喩者에 대해 "만약 안식이 색을 요별한 후 비로소 想이 일어나는 것이라면, 전 찰나의 색은 이미 멸하였는데 어떻게 그 相을 지금 파악(取)할 수 있다는 것인가? '안식은 과거의 대상을 반연한다'는 주장에 대해서는 「변본사품」에서 이미 비판하였다"[43]

41 　『대비바사론』권197(T27, 984a1-6).『구사론』권10(T29, 52b11f);『순정리론』권29(T29, 505a14-16) 참조
42 　『순정리론』권8(T29, 374b12), "有執: 五識境唯過去."
43 　『순정리론』권11(T29, 395b6-8), "若於[眼識了色]後時, 想方起者, 前色已滅, 云何今時有相可取?

고 논란하였기 때문에 여기(「변본사품」)서의 '어떤 이'를 바로 비유자라고 말할 수 있는 것이다.

혹은 중현은 異時인과에 따라 所緣을 所緣緣과 所緣境으로 분별하는 비유자를 비판하면서도 이 같은 사실을 그들의 종의로 전하고 있다.

> 저들(譬喩者宗)은 이같이 설하였다. 色 등이 만약 능히 緣이 되어 眼識 등을 낳았다면, 이와 같은 색 등은 반드시 [안식에] 앞서 생겨난 것이다. (원문은 주54)

이에 대해 중현은 "色이 존재할 때 眼識이 아직 존재하지 않았다면 (다시 말해 아직 생겨나지 않았다면) 무엇을 [색의] 能緣(ālambaka, 인식주체)이라 할 것이며, 안식이 존재할 때 색이 이미 존재하지 않는다면 (다시 말해 이미 소멸하였다면) 무엇을 [식의] 所緣(ālambana, 인식대상)이라 할 것인가? 더욱이 저들(비유자)의 종의에 의하는 한 현재만이 非有가 아닌데 (다시 말해 '현재만이 실유인데') 현재의 안식과 동시에 생겨나 소연이 된 현재의 色조차 所緣緣이 아니라고 주장하니, 5식은 소연연을 갖지 않는 것이라 해야 한다"고 비난한다.[44]

이 같은 중현의 비판은 『아비달마디파(Abhidharmadīpa)』에서도 확인된다. 여기서는 "眼 등의 5根은 [識이] 자신의 대상(svārtha)을 了別(지각)하는데 수승한 것"이라는 세친 말[45]에 대해 이는 毘婆沙師의 교리이지 俱舍論主(세

辯本事品已遮, 眼識緣過去境."

44 『순정리론』권19(T29, 447b20-25), "若色有時, 眼識未有, 識既未有, 誰復能緣? 眼識有時, 色已非有, 色既非有, 誰作所緣? 眼識不應緣非有境, 以說五識緣現在故. 彼宗現在非非有故, 現所緣色, 非所緣緣. 與現眼識俱時生故. 乃至身識, 徵難亦然. 五識應無所緣緣義."

45 ADV., p.47. 10-11. kośakārādayaḥ punar āhuḥ - "svārthopalabdhāv eva cakṣurādīnāṃ pañcānām ādhipatyam."; cakṣurādīnāṃ pañcānāṃ svasya svasyārthasyopalabdhādhipatyam. (AKBh., p.39. 7); "眼等五根, 於能了別各別境識, 有增上用." (T29, 13c24f)

친)의 교리가 될 수 없다고 힐난하면서 [그가 추종한] '5식의 경계대상=과
거'라는 비유자의 견해를 인용 비판한다.

> 비유자(Dārṣṭāntika)의 경우, 일체는 직접지각(pratyakṣa) 되지 않으니, 5識身
> 은 과거를 경계대상으로 삼기 때문이다. 즉 진실로 眼과 色이 알려질 때
> (혹은 존재할 때) [眼]識은 존재하지 않으며, [眼]識이 존재할 때 眼과 色은
> 존재하지 않는다. [眼]識의 찰나 더 이상 지속(sthiti, 住)하지 않는 자신의
> 대상(svārtha, 즉 色)을 지각하는 것은 불가능한 것이다.[46]

디파카라(Dīpakāra)는, 이처럼 비유자의 인식이론에 따르는 한 직접지
각조차 불가능하다고 비난하였다. 중현이 천명한 대로 5식은 오로지 현재
의 경계대상만을 소연연으로 삼기 때문이다. (주44 밑줄 참조)
이에 대해 R. 크리처(Kritzer)는 비유자가 인도철학의 모든 학파가 지식
의 올바른 기준(pramāṇa)으로 인정한 직접지각(pratyakṣa)을 부정하였다는
사실을 어디서도 본 적이 없다면서, 디파카라는 同時인과를 부정하는 견해
를 하리발마와 슈리라타를 통해 비유자로 돌리고, 이를 비판하기 위해 이
같이 논설하였을 것이라고 말한다. 디파카라가 [세친이 아닌 다른 누군가
를 언급히기 위해] '비유지'라는 말을 고의적으로 사용하였을지도 모른다
는 것이다.[47] 그러나 중현 역시 5식이 과거의 대상을 소연으로 삼는다고
하는 것은 그것의 직접지각성을 부정하는 일이라고 비난하였다. 그가 지적

---

46 ADV., pp.47. 13-48. 2. dārṣṭāntikasya hi sarvam apratyakṣam. pañcānāṃ vijñānakāyānām
atītaviṣayatvād yadā khalu cakṣūrūpe vidyete tadā vijñānam asat. yadā vijñānaṃ sat, cakṣūrūpe
tadā satī, vijñānakṣaṇasthityabhāve svārthopalabdhyanupapatteś ca.; Collet Cox(1988), On the
Possibility of a Nonexistent Object of Consciousness: Sarvāstivādin and Dārṣṭāntika Theories, p.78
n.56.; 福田 琢 譯(1996), 「實在しない認識對象の可能性をめぐって-說一切有部と譬喩者の理
論」, p.69 참조.

47 Robert Kritzer(2008), Dārṣṭāntika and Sautrāntika in the Abhidharmadīpa, p.122. 권오민(2012),
p.369 주10 참조.

한 비유자의 '5식의 경계대상=과거' 설의 난점은 다음의 세 가지로 정리할 수 있다.

첫째, 5식이 이전에 생겨난 대상만을 소연으로 삼는다면 5식과 동시에 생겨난 [현재의] 경계대상은 소연이 되지 않는다고 해야 하며, 소의가 되는 根 역시 과거에 존재하면서 현재의 識을 낳았다고 해야 한다. 그렇지만 경량부에서는 과거법은 실유가 아니라고 주장한다.

둘째, 안식의 대상이 오로지 과거라면 안식은 어째서 일체의 과거색을 소연으로 삼지 못하는 것인가? 무간에 멸한 색과 백 년 전에 멸한 색은 과거라는 점에서 어떠한 차이도 없기 때문이다.

셋째, 5식의 경계대상이 과거(=비존재)라면, 어떻게 '지금 그것을 직접 지각하고 있다'는 자각(現量覺, pratyakṣa-buddhi)이 일어날 수 있는 것인가?[48] 직접지각(대상에 대한 직접적인 인식) 즉 現量(pratyakṣa)이란 말 그대로 眼(akṣa) 등 5근 각각(prati)에 별도로 現前한 色 등의 5境에 대한, 명칭(nāma: 名)이나 종개념(jāti: 種) 등 개념적 구상(kalpanā: 分別)을 떠난 지식이기 때문이다.[49]

3. 상좌의 직접지각론

1) '和合'(異時인과)에 따른 소연의 展轉相續

중현은 상좌의 심·심소 차제계기설에 대해 "이미 두 찰나 전에 소멸한

---

48 『순정리론』권8(T29, 374b12-c3). "有執: 五識境唯過去.(주42) 應告彼言. 若如是者, ① 豈不但以前生爲緣, 與識俱生皆非緣性? -- 又定應許, 彼所依根, 亦在過去, 能生現識." (T29, 374b13-16). ② "如何眼識境唯過去, 不緣一切過去色耶? 無間百年滅無異故." (동, 374b17f). ③ 若五識唯緣過去, 如何於彼有現量覺?" (동, 374c3)

49 『인명입정리론』(T32, 12b28f), "現量謂無分別. 若有正智, 於色等義, 離名種等所有分別. 現現別轉, 故名現量"; 이지수(2014), 『인도불교철학의 원전적연구』, pp.498-499.

身根과 觸境이 어떻게 身受의 生緣이 될 수 있을 것인가"(주40)라고 힐난하고서 이에 대한 그의 해명을 다음 같이 전하고 있다.

> 앞서 根·境·識의 세 법이 인과적 관계(因果性)로서 존재하였기 때문에 바야흐로 受가 일어날 수 있는 것으로, 그렇기 때문에 [앞서 존재한] 根과 境(제1찰나)은 [자신의 결과인 識=觸(제2찰나)을 통해] 受(제3찰나)가 일어날 때에도 역시 [인과적 관계로서] 展轉하며 能生의 功用을 갖는 것이다.[50]

이에 따르면 根·境과 識은 원인과 결과로서 繼時的 관계이다. 즉 識이 생겨난 순간 양자 사이의 인과성이 성취되기 때문에, 다시 말해 서로에 대해 원인과 결과가 되기 때문에 이때를 '三事和合'이라고 하였으며, 이를 '觸'이라 가설하였다. 앞서 유부에서도 意·法·意識은 비록 시간적으로 동시가 아닐지라도 觸이라는 동일한 결과를 낳기 때문에 '화합'이라 말한 것이라고 하였지만, 상좌에 의하는 한 '화합'이란 다만 根·境과 識의 세 법이 서로에 대해 원인과 결과가 되는 것을 의미한다.[51] 따라서 화합이 반드시 개별적 실체의 俱生(동시생기)을 전제로 하는 개념은 아니다. 그렇지만 유부가 지적한 경량부 인식론의 최대난점은 이 같은 '화합'이라는 말로 지칭된 제법의 異時인괴였다.

몇 가지만 열거해보면 다음과 같다.

> [眼과 色이 존재할 때 眼識은 아직 생겨나지 않았으며] 안식이 생겨났을 때 眼과 色이 이미 소멸하였다면 이때 안식은 무엇과 和合할 것인가? --(중

---

50 『순정리론』권10(T29, 386b24f), "先有根境識三因果性故, 受方得起. 是故根境, 於受起時, 亦有展轉能生功用."

51 『순정리론』권10(T29, 384c8), "[上座]旣許三法互爲因果名爲和合."; 제3장 주69 참조.

략)-- 더욱이 그대들의 宗義에서는 오로지 現在世의 법만이 존재한다고 주
장하므로 和合의 뜻은 이루어질 수 없는 것이다. (중현의 비유자의 화합견
설 비판: T29, 421a11f; 15f; 제6장 주32)

바야흐로 [身]識이 생겨났을 때 身根과 觸境은 이미 소멸하였으니 無間(후
찰나)에 생겨날 識에 대해서도 [生]緣의 작용이 없을 것이거늘 하물며 시
간적 간격을 갖는 그 후(後後찰나)에 일어나는 受에 대해 [生]緣의 작용을
가질 것인가? (중현의 심·심소 차제생기설 비판: 본 장 주40)

眼과 色이 알려질 때 (혹은 존재할 때) [眼]識은 존재하지 않으며, [眼]識이
존재할 때 眼과 色은 존재하지 않는다면, [眼]識의 찰나 더 이상 지속하지
않는 자신(안식)의 대상을 지각(upalabdhy)하는 것은 불가능하다고 해야
한다. (디파카라의 비유자 지각론 비판: 본 장 주46)

만약 色이 존재할 때 안식이 아직 생겨나지 않았다면 무엇을 能緣
(ālambaka)이라 해야 할 것이며, 안식이 존재할 때 색이 이미 소멸하였다
면 무엇을 所緣(ālambana)이라 해야 할 것인가? (중현의 異時인과에 따른
비유자의 소연연론 비판: 본 장 주44)

유부에 의하는 한, 현재 일 찰나만의 실재성을 주장하는 경우 전후 인
과적 관계(因果性)로써 제법의 상속을 설명하는 것은 불가능하다. 전후 찰
나로 상속하는 두 법 중 어느 하나가 존재할 때 다른 하나는 존재하지 않기
때문이다. (T29, 482b28: 제4장 주144 참조) 따라서 당연히 경량부 因緣論의
핵심이라 할 만한 隨界·種子說에 대해서도 동일한 비판이 제기되었다. 이
는 유부뿐만 아니라 역시 同時인과설에 기초하는 유가행파의 한결같은 비
판이기도 하였다. 경량부에서는 수계·종자설 또한 前滅後生하는 [色心]相續

의 전후 인과적 관계로 논의하지만, 유가행파에서는 종자熏習處로서 현행식과 동시이지만 별도의 존재인 알라야識을 설정하였기 때문이다.

能熏(前念의 번뇌와 업)이 존재할 때 所熏(後念의 종자식)은 아직 생겨나지 않았고, 所熏이 생겨났을 때 能熏은 이미 과거로 落謝하여 어떠한 경우에도 전후찰나[의 두 법이] 동시에 함께 일어나는 일이 없다. [따라서 前念이 後念에 훈습한다는 경량부의 소훈(종자식)설은 옳지 않다.] (유가행파의 경량부 六識종자설 비판:『섭대승론(세친)석』 T31, 166b3-10; 제12장 주47)

6識身의 전후 두 찰나는 동시에 존재하지 않으며, 찰나의 간격을 갖는 것(隔念者)은 서로가 서로에 훈습하고 훈습되는 것이 아니니, 能熏과 所熏은 반드시 동시여야 하기 때문이다. (유가행파의 경량부 六識종자설 비판:『성유식론』 T31, 15c21f; 제12장 주37)

전 찰나에 일어난 특수한 思(=종자, 能熏)와 후 찰나의 특수한 공능의 마음(=종자식, 所熏)이 어떻게 인과적 관계가 될 수 있고, 서로 相應할 수 있다는 것인가? --(중략)-- 이렇듯 전 찰나의 思가 존재할 때 후 찰나의 마음은 아직 생겨나지 않았고, 후 찰나의 마음이 생겨났을 때 전 찰나의 思는 이미 소멸하여 竝存하지 않거늘 어떻게 전후찰나의 마음이 인과적 관계로서 相應할 수 있다는 것인가? (중현의 세친 종자설 비판: T29, 397c29-398a2, 398a5-7; 제14장 주33)

[상좌에 의하면 "舊隨界란 업과 번뇌가 훈습된 6處"이지만] 만약 이것(업과 번뇌)이 後時로 상속하여 [생겨난] 6處가 능히 [生이라는 또 다른] 결과를 초래하는 것이라면, [6처(後時)는] 업과 번뇌(前時)와 도무지 相應하지 않는 것인데, 어떻게 그것(업과 번뇌)을 훈습하여 隨界를 성취할 수 있다

는 것인가? 존재하는 것(有)과 존재하지 않는 것(無)은 相應의 뜻을 갖는 것이 아니다. (중현의 상좌 舊隨界설 비판: T29, 440c8-10; 제14장 주25)

이에 세친은 "因果란 원래 그러한 것(法爾, 즉 전후찰나의 관계)으로 전 찰나에 특수한 思가 존재하였기 때문에 후 찰나의 마음에 특수한 공능이 생겨나게 된 것으로, 그렇기 때문에 전후 두 찰나의 心法은 인과적 관계를 지니며, 서로 相應한다고 말할 수 있다"(T29, 398a2-5: 제14장 주41)고 해명하였고, 상좌 또한 전후의 법은 그 특성이 동등(相似)하기 때문에 인과로서 상응하는 것이라 말할 수 있다고 해명하였다. (T29, 440c10f: 제14장 주44)

이렇듯 경량부(혹은 비유자)의 상응·화합설에 대한 중현의 비판은 인과同時를 전제로 한 것이었다. 同時인과설은 주객/能所의 작용관계로써 인식을 설명하는 유부로서는 필연적인 것이었다. 그러나 유부 내부에서도 和合을 반드시 동시인과의 관계로만 이해하지 않았다. 아비달마논사 또한 '화합'을 동시에 일어나 서로 분리할 수 없는 것과, [意와 法과 意識의 경우에서 보듯이] 비록 시간적으로는 동시가 아니지만('意'는 전 찰나의 6識) 서로 모순되지 않으면서 동일한 사태(즉 觸이라는 同一果)를 성취하는 것이라는 두 가지 뜻으로 해석하였는데(주41 참조), 妙音(Ghoṣaka)은 화합을 후자의 뜻으로만 이해하였다. "根·境·識이 다 같이 동일한 사태(즉 觸이라는 同一果)를 성취하기 때문에 '화합'이라 말한 것이지 불가분리의 관계로서 동시에 함께 일어나기 때문에 '화합'이라 말한 것이 아니다."[52]

妙音이 화합을 동시 俱起관계로 이해하지 않은 것은 무슨 까닭에서인가?『대비바사론』에서는 그가 다만 所依·所緣·行相·所作[事]가 동등한 것을 相應의 뜻으로 이해하였고, 이는 제 유위법은 羸劣하여 그 자체 단독적

---

[52] 『대비바사론』권197(T27, 984a6-8), "尊者妙音作如是說. 以根境識同辦一事, 故名和合. 非以俱起不相離故名爲和合."

으로는 일어나지 못하고 연속적으로 이어지는 힘(展轉力)이 유지될 때 비로소 능히 일어날 수 있기 때문이라 주장하였다고만 전할 뿐이다.[53] 해석이 필요한 대목이라 하지 않을 수 없다.

아무튼 상좌 슈리라타는 根·境·識의 '화합'을 동시 俱起의 관계가 아니라 根·境과 識이 서로에 대해 원인이 되고 결과가 되는 관계로 이해하였으며, 觸 또한 이러한 三事의 화합을 가설한 것이라 주장하였다. (제3장 3-2-1 참조)

나아가 識(=觸)과 受 역시 원인과 결과로서 계시적 관계이며, 想·思 내지 思의 차별인 作意 등의 제 심소의 경우도 역시 그러하다. 그리고 根과 境은 자신의 결과인 識(제2찰나)을 통해 그 功能(소의와 소연으로서의 공능)이 展轉 相續하기에 受·想·思(제3찰나 내지 제5찰나) 등에도 緣이 될 뿐만 아니라 다른 한편으로 根·境 자체는 同類로서 상속하여, 다시 말해 同類因(제1찰나의 근·경) 等流果(제2찰나의 근·경)의 관계로서 상속하여 다음(제3) 찰나의 識 등과 또 다른 인과적 관계를 성취한다.

이처럼 상좌 인식론에서 소연이 된 외계대상(A_1)은 두 가지 측면($A_2 - A_3$와 $a_1 - a_2$)으로 상속하는데, 편의상 도표로 나타내면 이러하다.

제1찰나: 감관 − 대상A_1
제2찰나: 감관 − 대상A_2　識−觸의 형상a_1
제3찰나: 감관 − 대상A_3 ·········· 受의 형상a_2
제4찰나: ·········· 想의 형상a_3

따라서 중현이 지적하였듯이 동일순간에 공존하는 根과 識(=觸)과

53　『대비바사론』권16(T27, 81a28-b3), "尊者妙音作如是說. 所依·所緣·行相·所作一切同義, 是相應義. 所以者何? 諸有爲法性羸劣故, 展轉力持, 方能起作. 曾不見有一大地法, 獨起作故."

受·想 등은 소연이 동일하지 않다. 예컨대 제2찰나의 身識의 소연은 동일찰나의 신근에 의해 취해진 촉경(A₂)이 아니라 자신에게 나타난 제1찰나의 촉경(A₁)의 형상(a₁)이며, 제3찰나의 身受의 소연 또한 前찰나의 識의 소연(a₁)을 거쳐 자신에게 나타난 前前찰나의 대상(A₁)의 형상(a₂)이기 때문이다.

이처럼 根·境-識(즉 觸)-受-想-思의 異時인과를 주장할 경우, 根의 경계대상(境)과 識과 受 등에 인식대상이 된 소연 역시 동일한 것이라 할 수 없다. 앞서 인용한『대구치라경』의 표현을 빌리자면 根·境·識 세 법의 화합(인과적 관계)을 통해 접촉된 것(所觸)을 감수·경험(領納)하고, 감수된 것(所受)을 표상(取相)하며, 표상된 것(所想)을 지향(造作)한다. 識은 前法(根·境)과의 인과적 관계를 통해 외계대상(A₁)의 형상(a₁)을 띠고 생겨나며, 수·상·사 역시 전후 인과적 관계를 통해 각기 識에 나타난 것과 유사한 형상(a₂-a₃)을 띠고 생겨난다.

이에 따라 상좌(또는 비유자)는 이 경에서 설한 심·심소의 相雜을 전후 찰나에 걸쳐 소연이 서로 유사하게 일어나는 것으로 해석하였던 것이다. (주19)

2) 소연의 두 형태: 所緣緣과 所緣境

"眼과 色 등을 연하여 眼識 등이 생겨난다"는 아함 경설을 異時인과설에 따라 안·색이 존재하는 순간 안식은 아직 생겨나지 않았고, 안식이 생겨난 순간 안·색은 이미 소멸한 것으로 해석하는 경우, 안식의 대상이 되는 色境 또한 이러한 과정에 따라 두 가지 형태로 구별하지 않으면 안 된다. 안식이 생겨난 순간 그것의 生緣이 된 색은 이미 과거로 사라져 존재하지 않기 때문에 이것이 안식의 대상이 될 수는 없기 때문이다.

불교에 있어 마음은 그 자체로서 생겨날 수 없으며 반드시 의지처를 가져야 하는데, 所依(āśraya)와 所緣(ālambana)으로 일컬어진 감관(根)과 대상 (境)이 바로 그러한 것이었다. 여기서 소연(ālambana: 의지가 되는 것, √ramb, '아래로 늘어뜨리다 to hang down') 즉 색 등의 외계대상은 마음이 생겨나는 데 緣(조건)이 되기도 하지만 인식대상이 되기도 하는데, 이를 所緣緣 (ālambana-pratyaya), 所緣境(ālambana-viṣaya)이라 한다. 根·境·識의 同時인과를 주장하는 유부의 경우 양자는 당연히 동일한 것이었다. 그러나 異時인과에 기초한 경량부의 경우 양자를 구별하지 않으면 안 되었다.

譬喻者의 종의에서는 이치상 필시 마땅히 意가 法을 관찰하여 [意識이 생겨날] 때처럼 5識의 경우도 역시 그러하여 所緣緣은 所緣境이 아니며, 所緣境은 所緣緣이 아니라고 해야 한다. 왜 그러하다는 것인가? 저들은 이같이 말하였다. "色 등이 만약 능히 [所緣]緣이 되어 眼識 등을 낳았다면, 이와 같은 색 등은 반드시 [안식에] 앞서 생겨난 것이기 때문이다."[54]

사실 아비달마 전통에서도 소연을 이 같은 두 층위로 분별하였다. 불교일반에서 所緣(ālambana)은 能緣(ālambaka)에 대응하는 말로서, 능연(인식주체)인 심·심소에 의해 파악되는 인식대상을 의미한다. '境'(혹은 '塵')으로 번역되는 境界대상(viṣaya)이 어떤 법으로 하여금 작용(功能)을 갖게 하는 것이라면 ─예컨대 눈(眼)으로 하여금 能見의 작용을 갖게 하는 것이 눈의 경계대상 즉 色境이다─, 이러한 경계대상이 [심·심소를 발생시켜] 이것에 의해 인식(파악)될 때를 '所緣'이라 하였다.[55]

---

54 『순정리론』권19(T29, 447b16-20), "譬喻者宗, 理必應爾, 如意觀法, 五識亦然. 謂所緣緣, 非所緣境. 若所緣境, 非所緣緣. 所以者何? 彼說: 色等, 若能爲緣, 生眼等識, 如是色等, 必前生故."

55 AKBh., p.19, 14-15, kaḥ punar viṣayālambanayor viśeṣaḥ. yasmin yasya kāritraṃ sa tasya viṣayaḥ. yac cittacaittair gṛhyate tad ālambanam.; 『구사석론』권1(T29, 167a28-b1), "塵礙(境界)與緣緣礙 (所緣), 異相云何? 此法於礙處有功能, 說是處爲此法塵, 名爲塵礙. 心及心法所取之塵, 名緣緣礙." 현장 역은 次註.

경계대상이 심·심소에 의해 파악(인식)된다고 함은 심·심소의 발생을 전제로 한다. 그래서 玄奘은 所緣에 심·심소의 발생緣의 의미를 더하여 "심·심소가 그러한 경계대상을 執取하여 일어난 경우 그러한 법을 心 등에 대한 所緣이라 한다"[56]고 번역하였던 것이지만, 그 역시 '有所緣法'에 대해 논설하면서 所緣을 다만 '마음 등에 의해 파악되는 법'으로 逐字 번역하였다.[57] 그렇지만 전술한 대로 유부에서는 근·경·식의 동시인과를 주장하기 때문에 인식대상으로서의 소연과 심·심소의 발생緣으로서의 소연을 구별하지 않았다. 인식대상으로서의 소연은 응당 심·심소가 생겨나는데 의지처(攀附)가 되며, 이 경우 '所緣緣'이라 이름하였다.[58] 이는 4緣 중의 하나로 任杖法(지팡이)에 비유되었다. (제9장 2-3 참조)

그렇다면 상좌(즉 비유자)에게 있어 인식대상은 무엇인가? 그것은 마음을 발생시킨 전 찰나의 외계대상이 아니라 마음 상에 나타난 그것의 형상(ākāra: 行相)이다. 즉 전 찰나의 색이 안식을 낳는 조건으로서의 소연(=所緣緣)이라면, 안식 상에 나타난 색의 형상은 인식대상으로서의 소연(=所緣境)이다. 형상이란 무엇이고, 그것이 인식대상이 된다고 함은 어떤 의미인가? 마음이 생겨날 때 대상의 형상을 띠고 생겨난다고 하는 것은 유부를 포함한 불교일반의 이해였지만, 유부와 경량부는 이에 대한 이해를 전혀 달리하였다.

---

56 『구사론』권2(T29, 7a26-28), "境界所緣復有何別? 若於彼法此有功能, 即說彼爲此法境界. 心心所法執彼而起, 彼於心等名爲所緣."

57 『구사론』권2(T29, 8b13f), "六識意界及法界攝者心所法, 名有所緣 能取境故"; sālambanā viṣayagrahaṇāt. (AKBh., p.23. 3) 주61 참조.

58 『순정리론』권19(T29, 447b9-12), "所緣緣性, 應說是何? 謂所緣緣, 即一切法, 離心心所所緣境外, 決定更無餘法可得. 謂一切法, 是心心所生所攀附, 故曰所緣. 即此所緣, 是心心所發生緣故, 名所緣緣."

3) 인식대상으로서의 소연, 형상(ākāra: 行相)

(1) 유부에서의 형상

형상(ākāra)의 전통적 한역술어는 '行相'(진제 역은 '取相')으로, 심·심소 상응의 다섯 조건(所依·所緣·行相·時·事) 중의 하나인 行相平等(ākārasamatā), 심·심소의 네 異名(有所依·有所緣·有行相·相應) 중의 하나인 有行相(sākāra)의 '行相'이다. 이는 말하자면 심·심소 상에 나타난 외계대상의 이미지 즉 표상이다. 심·심소 자체는 맑고 깨끗하여 마치 거울에 온갖 影像이 나타나듯 어떠한 경계대상이든 現前한 것이면 [주의(作意)를 기울이지 않고도] 그것의 영상이 저절로(法爾) 현현하는데, 이를 '행상'이라 한다.[59] 동일한 소의(根)와 소연(境)을 반연하여 동시에 일어난 각각의 심·심소는 동일한 영상을 띠고 있기 때문에 '有行相(행상을 갖는 법)'이나 '相應'으로도 말할 수 있다는 것이다.

마음 상에 나타난 영상(즉 표상)을 왜 '行相'(구역은 '取相')으로 한역하였을까? 우리는 이를 통해 불교인식론의 기본형식과 다양한 관점을 읽을 수 있다. 行相은 行解相貌의 준말로, 마음 상에 나타난 형상(表象: 相貌)은 인식대상을 파악(行解 혹은 取)하는 일차적 근거, 말하자면 行解를 가능하게 하는 相(行解之相)이다. 그래서 行相(혹은 取相)이다.[60] 그렇다면 마음 상에 나타난 형상이 바로 인식대상(所緣)인가? 만약 그렇다면 所緣(ālambana) 평등과 行相(ākāra)평등, 有所緣(sālambana)과 有行相(sākāra)의 차이는 무엇인가? 행상을 어떻게 이해해야 할 것인가?

---

59 『구사론기』권4(T41, 83b28-c1), "謂心心所法, 其體明淨, 隨對何境, 法爾前境皆悉現於心心所上. 此所現者, 名爲行相."; 次註 참조. ākāra는 통상 forms, shape, figure, appearance, expression, 혹은 outward sign of emotion 등으로 영역되고 있다. (A. A. MACDONELL, A PRACTICAL SANSKRIT DICTIONARY, p.36)

60 『구사론송소론』권4(T41, 843c18-21), "如緣青境心及心所, 皆帶青上影像. 此識上相, 名爲行相. 行謂行解. 即能緣心也. 相謂影像. 即行上相也. 行解之相, 名爲行相. 依主釋也." 참고로 佐々木現順(1972)은 이러한 성격의 行相을 객관과 주관적 심적 상태의 상호 相應性, 혹은 양자의 조화적 통일 상에서 고려된 것으로 이해하였다. (『阿毗達磨思想研究』, p.303)

비록 후대 불교지식론학파 (혹은 샨타라크시타 등의 후기 중관학파)의
논서에서 유부의 인식론을 無形象知識論(nirākārajñānavāda)으로 규정할지라
도 유부 역시 경량부나 유가행파와 마찬가지로 형상으로 인해 외계대상(소
연)에 대한 인식이 가능하다. 곧 심·심소를 '有所緣'이라 말한 것은 다만
그것이 경계대상(viṣaya)을 파악하는 것(grahaṇa)이기 때문이지만, '有行相'이
라 말한 것은 소연(ālambana)을 각자의 방식(prakāra)에 따라 분별/파악하는
것(ākaraṇa)이기 때문이다.61 여기서 '각자의 방식'이란 무엇을 말하는가? 현
장은 이를 '品類差別'로 번역하였다. (주61) prakāra는 종류(kind, sort, species)나
방법(way, manner) 등의 의미로, 種·種種·品類·種類, 差別 혹은 相·相貌, 行·
行相 등으로 한역되었다. (『梵和大辭典』, p.817) 필시 거울이 각기 자신의 영
상을 갖듯이 심·심소 역시 각기 자신의 형상을 갖고(띠고) 생겨나기 때문
에 (宮下晴輝에 의하면 "심·심소는 동일한 소연을 각기 자신의 prakāra로
나타내어 파악하기 때문에": 주61 참조) 형상을 所緣의 '品類差別[相]'으로

---

61 AKBh., p.62. 5-6. sālambanā viṣayagrahaṇāt. sākārās tasyaivālambanasya prakāraś ākaraṇāt. 眞諦는
"[심·심소는] 다 능히 경계대상을 파악하기 때문에 유소연(有境), 소연의 경계대상을
品類·차별에 따라 능히 分別하기 때문에 '유행상(有相)'이라 하였다.([心及心法] 或說有境.
皆能取境故. 或說有相, 是所緣境, 隨類差別, 能分別故.: T29, 180c10)로, 玄奘은 "[심·심소는]
소연의 경계대상을 파악하기 때문에 '有所緣', 소연의 품류·차별에 대해 동등하게 行相
(行解의 相貌)을 일으키기 때문에 '유행상'이라 하였다. (或名有所緣. 取所緣境故. 或名有行
相. 卽於所緣品類差別, 等起行相故.": T29, 21c27-29)로 번역하였다. 한편 이종철(2015, 『구사
론 계품·근품·파아품』, p.221)은 "[마음 및 뭇 심리현상은] 각각의 방식에 따라(prakāraś)
다름 아닌 그 동일한 인식대상을 파악하기(ākaraṇa) 때문에, '유행상(sākārāh)'이라고 불린
다."로, 櫻部建(1979, 『俱舍論の研究』, p.300)은 "その所緣に, 種類に應じて, [それぞれの] 仕
方で 作用するから「行相をもつ」[といわれ]"로, 宮下晴輝(1978, 「心心所相應義における
ākārāについて」, p.663)는 "同一の ālambanaを それぞれの prakāraを もって 現わし捉える
から(ākaraṇāt), sākāraである"로. 竹村牧男(1991, 「說一切有部と無形象知識論」, p.562)은 "そ
の所緣に對し, あるprakāraでもって, (所緣を)喚びよせる, 取りこむという."로, 福田琢
(1993, 「俱舍論における '行相'」, p.980)은 "同じその所緣ごとに捉えるから '行相をもつ'の
である."로, 푸상(L. de La Vallée Poussin, Leo M. Pruden 역, 1988, Abhidharmakośabhāṣyam,
vol.I, p.205)은 The mind and its mental states 'have an aspect', because they take form according
to their object로 번역하였다. 참고로 『순정리론』(현장 역)상에서의 有行相의 정의는 이러
하다. "[心心所法] 卽於所緣境品類相中, 有能取義, 故名有行相." (T29, 394c25f) 주74 참조.

번역하였을 것이다. 곧 심·심소가 자신의 방식/品類差別에 따라 소연을 분별한다는 말은 각자에게 별도로 나타난 형상에 따라 소연을 분별한다는 뜻이다.

심·심소 상에 나타난 외계대상의 형상은 심·심소와 별도의 실체가 아니다. 거울에 나타난 영상은 외계대상에 속하는 것이 아니라 거울에 속한다. 영상이 나타남으로 인해 거울은 '능히 비추는 것(能照)'이 되고 외계대상은 '비쳐진 것(所照)'이 되듯이, 형상(行相) 역시 그러하여 이것이 나타남으로 인해 마음 등은 能緣(ālambaka)이 되고 외계대상은 바야흐로 所緣(ālambana)이 된다.62

따라서 유부에 있어 형상은 인식대상(所緣)이 아니다. 심·심소는 형상으로 인해 각기 자신의 작용을 행한다. 다시 말해 심·심소는 각기 <u>品類가 差別되는 자신의 형상을 갖기</u> 때문에 <u>능히 소연(인식대상)을 분별/파악할 수 있는</u> 것이다. (주61) 소연의 분별/파악은 형상(ākāra)의 주요기능이다. 그래서 아카라(ākāra)를 '行相' 즉 '行解之相(心·心所로 하여금 了別 등의 行解를 가능하게 하는 相貌)'으로 한역하였다. 이에 따라 행상은 ① 마음 등에 나타난 형상(표상)과, ② 이에 따른 소연의 분별/파악이라는 두 가지 뜻을 지닌다고 할 수 있다. 『입아비달마론』의 표현을 빌리자면 "안식 등이 안근 등에 근거하여 생겨날 때 色 등 대상(義, *artha)의 影像을 띠고 나타남에 따라 능히 자신의 경계대상(自境, *svaviṣaya)을 了別하게 되며",63 受·想·思 또한

62　『구사론기』권4(T41, 83c2-5), "然此行相無有別體. 不離心等. 卽心等攝. 非是所緣. 猶如明鏡對衆色相皆現鏡面. 此所現像, 而非所照. 然約像現說鏡能照. 此亦應然." [心法을] 能緣이라 하는 것은 인식작용(行解) 때문이 아니라 行相 때문이다. 즉 마음이 경계대상과 대면할 때 영상이 현현하는데, 이에 근거하여 [마음 등을] 能緣이라 하고 경계대상을 所緣이라 한다. 심·심소가 경계대상을 반연할 때 이는 등불이 빛을 내어 경계대상에 이르는 것과 같은 것이 아니며, 젓가락에 힘을 주어 물건을 取하는(잡는) 것과 같은 것이 아니다. [다만] 영상이 나타난데 근거하여 능연·소연이라 한 것이다. (T41, 26c25-29) "能緣心法, 於所緣境品類不同. 行解心上起品類相. 如鏡照物. 如其物類於鏡面上, 有種種像差別之相. 與其心法不卽不離. 非如像色與鏡不同." (『구사론소』권4, T41, 534c5-9)

그러함에 따라 능히 자신의 경계대상을 감수(領納)하고 표상(取相)하고 지향(造作)하게 되는 것이다.

그런데 유부 毘婆沙師는 無常·苦 등의 4諦 16行相에 대해 논의하면서 여기서의 行相의 본질(自性)을 ① [簡擇(pravicaya)의] 慧, ② 일체의 심·심소법, ③ 일체법으로 분별하고서 첫 번째를 유부의 정설로 평석하였다. 즉 慧의 본질은 바로 행상으로서 이에 따라 능히 소연을 파악하는 能行(ākārayati, ā-√kṛ의 능동형)도 되고 能緣에 의해 파악되는 所行(ākāryate, ā-√kṛ의 수동형)도 되지만(예컨대 과거의 慧), 慧와 상응하는 심·심소법은 그 자체 행상은 아닐지라도 이로 인해 能行이 되고 所行이 되며, 그 밖의 慧와 俱有하는 일체법은 다만 所行일 뿐이다.64 이러한 유부학설에 따를 경우 '有行相'을 심·심소의 異名으로 삼은 것은 바로 일체의 심·심소법이 혜와 상응하기 때문이었다. (주74 참조)

중현은 이러한 婆沙의 전통에 따라 毘婆沙宗의 해석을 후술하는 세친/상좌의 행상의 정의보다 뛰어난 학설로 평가하고서 行相을 다음과 같이 정의하고 있다.

우리 [毘婆沙]宗에서 해석한 것이 뛰어난 것(sādhu)이니, 오로지 온갖 慧(prajñā)가 [자신에게 나타난 품류차별의 형상에 따라] 경계대상의 相을 簡擇/분별(pravicaya)하며 일어나는 것을 行相(ākāra)이라 한다.65

---

63 『입아비달마론』권하(T28, 987c25-26), "眼識等依眼等生, 帶色等義影像而現, 能了自境."

64 『대비바사론』권79(T27, 408c25-409a9), "問: 言行相者, 自性是何? 答: 自性是慧. 應知! 此中慧是 行相. 亦是能行, 亦是所行. 與慧相應心心所法, 雖非行相, 而是能行亦是所行. 與慧俱有不相應行, 及餘有法, 雖非行相, 亦非能行, 而是所行. --(하략)--"; 『구사론』권26(T29, 137c2).; 『순정리론』 권74(T29, 741a19).

65 『순정리론』권74(T29, 741b12-13), "由此我宗所釋爲善. 謂唯諸慧於境相中, 簡擇而轉名爲行相.";
『대비바사론』권79(T27, 409a10-11), "何故名行相? 行相是何義? 於諸境相, 簡擇而轉, 是行相義."
참고로 유가행파에서의 行相(ākāra) 역시 識 상에 나타난 形狀(vijñapti, 소연경)이지만, 이는 객관이 아닌 識 자체의 相으로 나타남이 바로 바로 인식(了別)이기 때문에 行相을 '요별'

요약하면 유부에서 行相이란 慧가 자신에게 나타난 형상에 따라 소연
(외계대상)을 파악(즉 簡擇)하는 것이며, 그 밖의 心과 受·想·思 등의 심소
는 이러한 慧와 상응하기 때문에, 다시 말해 [혜와 상응하며] 각기 자신에게
나타난 품류차별의 형상에 따라 소연을 파악하기 때문에 (즉 요별하고 감
수·표상·지향하기 때문에) ‘有行相(행상을 갖는 법)’이라 이름하였다.

(2) 경량부에서의 형상

세친은『구사론』에서 行相의 본질이 慧라는 유부 학설에 대해 이의를
제기한다. “행상의 본질이 慧라면, 혜는 또 다른 혜와 상응하지 않을 것이기
때문에 ‘有行相’이 아니라고 해야 한다.” 그리고 [자신이 생각하기에] 이치
에 부합하는 행상의 정의를 제시한다.

이같이 생각하면 도리에 부합한다. 일체의 심·심소가 所緣의 경계대상
(ālambana)을 파악하는 品類·差別/방식·방법(prakāra: 類別)을 [다] 行相(ākāra)
이라 한다.[66]

여기서의 ‘소연을 파악하는 품류/방식(prakāra)’ 또한 심·심소 상에 나

(vijñapti)’이라 정의하였다.(“此[阿賴耶]識行相所緣云何? 謂不可知執受處了. 了謂了別. 卽是行相.
識以了別爲行相故.”:『성유식론』 T31, 10a11-13) 곧 識 自體分의 了別이 行相이기 때문에 행상
은 能緣의 見分이다.(“識自體分, 以了別爲行相故. 行相見分也.”:『성유식론술기』 T43, 315b26)

66 AKBh., p.401. 18f. evaṃ tu yuktaṃ syāt. sarveṣāṃ cittacaittānām ālambanagrahaṇaprakāra ākāra
iti.;『구사석론』권19(T29, 288c16-18), “若執如此則應道理. 謂一切心及心法, 於境界中取差別名
行相.”;『구사론』권26(T29, 137c3-4), “由此應言. 諸心心所取境類別皆名行相.” 한편 櫻部建·小
谷信千代·本庄良文(2004,『俱舍論の原典解明: 智品·定品』, p.58)은 “--[すなわち], すべての
心·心所の, 所緣(ālambana)を とらえる類別(prakāra)が行相(ākāra)である.”로, 竹村牧男(1991,
「說一切有部と無形象知識論」, p.563)은 “一切の心·心所の, 所緣を取る prakāra が行相だ”로, 福
田琢(1993, 「俱舍論における ‘行相’」, p.981)은 “--‘緣を把握する樣相’ (ālambanagrahaṇaprakāra)
が行相である.”로, 푸상(L. de La Vallée Poussin, Leo M. Pruden 역, 1988, Abhidharmakośabhāṣyam,
vol.IV, p.1116)은 --‘aspect’ is a mode of perceiving (grahaṇa) objects by the mind and mental
states.로 번역하였다.

타난 소연의 형상이다. 이같이 이해할 경우 慧 역시 소연의 형상을 띠기 때문에 당연히 有所緣이다. 普光과 法寶는 이를 세친 자신의 해석이라 하였지만(T41, 394a26; 770b6), 중현은 "다른 宗에 근거한 논주의 말(依附他宗 作如是言--)"로 전하였으며(T29, 741b4f), 稱友는 경량부의 견해(Sautrāntika-mata)로 평석하였고(AKVy., 629. 6), 安慧와 滿增 역시 그러하였다.[67] 그렇다면 중현이 말한 '다른 종'은 바로 경량부인가?

보광은 세친의 해석에 대해 "모든 심·심소는 경계대상을 파악할 때 品類가 각기 차별되는 影像의 相 -이를 다 行相이라 한다- 을 갖기 때문에 (띠기 때문에), 혹은 경계대상에 대한 品類의 차별로 인해 '[이는] 푸른 것이지 노란 것이 아니'라고 말하는 것으로, 경계대상을 파악하는 [영상의] 품류·차별(prakāra)을 다 行相이라 하기 때문에 [慧도] 有[行相]이라 말할 수 있다"고 해설하였고,[68] 稱友는 "행상 즉 아카라(ākāra)는 어원적으로 '소연을 파악하는 품류/방식(ālambanagrahaṇaprakāra)'에서 소연(ālambana)의 첫 글자 ā와 품류/방식(prakāra)의 마지막 음절 kāra을 취한 것이라고 (다시 말해 ākāra란 ālambanagrahaṇaprakāra를 포괄하는 개념이라고) 해석하면 慧도 有行相이라 말할 수 있다"고 해설하였다.[69] 보광도 칭우도 세친의 해석이 '행상=혜'라는 유부의 정설을 인정한 것으로는 이해하지 않았다.

그런데 후쿠다 다쿠미(福田琢)는, "[세친이 말한] 行相이란 '소연을 파악하는 방식(dmigs pa smos pa'i tshul)'이며, 이는 구체적으로 無常·苦 등"이라는 安慧의 논의로 볼 때 '소연을 파악하는 종류·차별(양상)'은 예컨대 苦諦를 무상·고 등으로 簡擇(pravicaya)하는 慧이기 때문에 세친의 정의는 행상

---

67 福田琢(1993),「倶舎論における '行相'」, p.981.

68 『구사론기』권26(T41, 394a27-29), "諸心心所取境之時, 有影像相類各別故, 皆名行相. 或於境中 實(→'言')類差別, 青非黃等. 取境類別, 皆名行相. 可得言有."

69 AKVy., p.629. 7-9; 櫻部建·小谷信千代·本庄良文(2004),『倶舎論の原典解明: 智品·定品』, p.65.

의 본질이 慧라는 유부의 정의를 합리적으로 해석하기 위한 것으로 이해하였다. 혹은 安慧도, 稱友도, 滿增도 "이렇게 해석하면 慧도 有行相이라 말할 수 있다"고 주석한 것으로도 『구사론』의 취지가 어디에 있는지 확인할 수 있다고 하였다.[70] 다케무라 마키오(竹村牧男) 역시 세친의 비판은, 『대비바사론』에서 論定된 '慧=행상'설을 부정한 것이기 때문에 설일체유부의 견해가 아닐지 모르지만, 심·심소 상응을 전제로 한 것이기 때문에 심소 무별체설의 경량부 견해는 아닐 것이며, 오히려 심·심소의 有行相說과 五義平等에 의한 相應說의 조화를 모색한 것으로 이해하였다.[71]

그러나 "행상의 본질을 慧라고 할 경우 혜는 또 다른 혜와 상응하지 않기 때문에 有行相이라 할 수 없다"는 세친의 비판은 심·심소 상응설을 전제로 한 것이 아니라 '행상=혜'라는 모순을 지적한 것이다. 세친 논설에 대한 중현의 비판과 해명 또한 심·심소 상응설과는 전혀 다른 각도에서 이루어진다. 그는 세친의 행상 정의 ―'심·심소가 所緣을 파악하는 品類·差別/방식(取境類別, ālambanagrahaṇaprakāra)'― 를 두 가지 관점에서 비판한다.

첫째, 세친이 정의한 대로 행상이 '경계대상의 相(相貌: 형상)의 <u>품류·차별(prakāra)</u>'이라고 한다면, 일체의 경계대상 중에는 善이나 常住와 같은 [추상적인] 온갖 차별相도 존재하기 때문에 그것들이 능히 影像을 맺는다는 것은 이치상 불가능할 뿐만 아니라 모든 색법 역시 능히 그 밖의 다른 相의 영상(그림자 등의 像色)을 맺기 때문에 行相에 포함되어야 한다.

둘째, 세친이 정의한 행상이 '경계대상의 차별상을 <u>능히 파악하는 것(grahaṇa)</u>'이라고 한다면, 無分別의 5식은 경계대상의 차별상을 파악할 수 없기 때문에, 다시 말해 '이것은 푸른 것이지 노란 것이 아니다'와 같은

70　福田琢(1993), 「俱舍論における '行相'」, p.981.
71　竹村牧男(1991), 「說一切有部と無形象知識論」, p.563.

차별상은 다만 分別을 갖는 의식(有分別識)에 의해 파악되기 때문에 5식은 행상을 성취할 수 없다고 해야 한다.[72]

세친의 논설에서 '혜=행상의 본질'이라는 취지는 확인할 수 없을 뿐만 아니라 (중현의 비판상으로도 세친의 행상 정의는 혜와 무관하다) 경량부 (상좌)에 의하는 한 행상은 혜를 본질로 하지 않는다. 慧가 행상의 본질이라 는 유부의 주장은 이미 혜(=行相)와 일체의 심·심소(=能行)와 일체법(=所行) 의 相應과 俱有를 전제로 하기 때문이다. 이러한 점에서 '혜=행상의 본질'이 라는 유부 정설은 '일체 심·심소=有行相' 설과 상위하지 않는다. 중현에 의 하면, '혜'를 제외한 그 밖의 심·심소법은 現行의 苦果(즉 苦諦) 등을 '무상' 등으로 簡擇할 수 없으며, 오로지 '혜'와 상응할 때 '有行相'이라 말할 수 있다.

중현은 "행상의 본질이 慧라면, 혜는 '有行相'이 아니라고 해야 한다"의 세친의 비판에 대해 이같이 해명한다.

> 오로지 慧와 상응하는 心 등을 다 有行相이라 말한 것은 바로 심·심소가
> 평등하게 (다 같이) 品類[差別]相의 所緣을 능히 파악하기 때문이다. 오로
> 지 慧에 대해서만 '行相'이라 말할 수 있다는 사실에 근거할 때, 慧 이외의
> 다른 심·심소법도 행상(즉 혜)과 평등하게 '有行相'이라 말할 수 있다. 예
> 컨대 [漏(번뇌) 이외 다른 심·심소법도] 漏와 평등하기 때문에 '有漏'라고
> 말할 수 있듯이 ―이는 바로 漏 자체와 對治도 동일하다는 뜻이다.―[73] 이와

---

72 『순정리론』권74(T29, 741b5-12), "[經主(世親)所言] 理未必然. 應思何等名 '心心所取境類別.' ①若謂境相品類差別, 一切能像理必不成. 境有善常等衆相差別故. 或諸色法亦行相收, 色法亦能像 餘相故. ②若謂能取境差別相, 則應五識行相不成, 不能取境差別相故, 有分別識方能取境青非黃等 差別相故. 然非所許故理不成."

73 예컨대 마음 자체는 번뇌(漏)가 아니지만, 탐 등의 번뇌와 상응하는 마음은 탐 등과 대치 가 동일하기 때문에 그것을 모두 '유루'라고 하듯이, '혜'를 제외한 그 밖의 심·심소법은 현행의 고과(苦果,즉 고제) 등을 '무상' 등으로 간택(簡擇)할 수 없지만, '혜'와 상응할 때 이와 평등하게 소연이 되는 그 같은 품류의 상(相)을 능히 取(파악)하기 때문에 '유행

마찬가지로 [慧 이외의] 다른 심·심소법도 행상(즉 혜)과 평등하게 소연을 파악(行[解])하는 것이다. 더욱이 [혜와 그 밖의 심·심소는 소연을] 동시(俱時)에 파악하는 것이지 [경량부나 세친이 그러하듯] 전후로 파악하는 일이 없다.[74]

유부에서 일체의 심·심소를 '有行相(sākāra)'이라 한 것은, 漏(āśravā) 즉 번뇌와 상응하기 때문에 有漏(sāśravā)라고 하듯이, 行相(ākāra) 즉 慧와 상응하기 때문이다. 그리고 상응 또한 [異時의 相似轉의 관계가 아니라] 同時俱起의 관계이지 않으면 안 된다. 즉 유부의 경우 심·심소가 형상을 띠고 (다시 말해 慧와 상응하여) 생겨남에 따라 바야흐로 能緣이 되고, 이와 동시에 자신의 所緣(외계대상)을 파악(grahaṇa)한다. 識은 了別하고, 受는 감수(領納)하고, 想은 표상(取相)하고, 思는 지향(造作)하고, 그리고 慧는 판단(簡擇)한다. (심·심소는 동시구기하기 때문에 각기 다른 혜와 상응하지 않는다.) 그러나 경량부처럼 심·심소가 전후로 일어난다고 하는 경우 각각의 심·심소가 혜와 상응한다고도, '有行相'이라고도 말할 수 없다.

따라서 '행상의 본질=慧심소'라는 유부학설에 대한 세친의 비판은 심·심소 상응구기설 비판의 연장이며, 세친이 제시한 행상 정의는 혜(=行相)와 그 밖의 심·심소(=有行相)의 상응구기를 비판한 것이다. "행상의 본질이 혜라면 혜는 유행상(=심소)이 아니라고 해야 한다"는 세친의 비판과 이에 따른 행상 정의 −'소연을 파악하는 품류·차별(ālambanagrahaṇaprakāra: 取境類別)'− 는 사실상 상응구기설을 비판한 것이지 '심·심소=有行相'설과 '行相平等'에 의한 상응설의 조화를 모색하기 위한 것이 아니다.

상'이라고 이름하였다는 뜻.

74　『순정리론』권74(T29, 741a21-26), "唯慧相應心等, 皆名有行相者, 是心心所等於所緣品類相中, 有能取義. 若依唯慧得行相名, 則慧之餘心心所法, 與行相等, 名有行相. 如等漏故, 得有漏名. 是與漏體同對治義. 如是所餘心心所法, 等與行相, 行於所緣. 是俱時行, 無前後義."

더욱이 중현은 세친이 제시한 행상 정의를 '다른 宗(他宗, *parapākṣika)
에 근거한 것'이라 하였고, "慧가 [자신에게 나타난 품류차별의 형상에 따
라] 경계대상의 相을 簡擇/분별(pravicaya)하며 일어나는 것"이라는 행상의
의미를 '우리 [毘婆沙]宗(我宗, svapakṣa)' 즉 설일체유부의 종의라고 하였다.
(주65) 여기서 '다른 종'은 필경 上座계통의 비유자, 경량부였을 것이다. 중
현은 『구사론』에서 경량부 설로 인용된 유위4상 비실유론을 '다른 이에
근거한 세친의 말(緣他故說)'(T29, 406b17), '다른 宗과 가까이하여 한 말(朋順
餘宗)'(동, 406b13), '上座宗(Sthavira-pākṣika)과 가까이하여 한 말(朋上座宗)'(동,
407c9)로 전하였다.[75] 또한 『대비바사론』의 편자는 다 같이 心所 無別體說을
주장하였음에도 譬喩者의 경우 他宗이라 지칭한 데 반해[76] 覺天과 法救에
대해서는 '유부 내부의 논사(此部內有二論師)'(T27, 661c17)로 호칭하였으며,
중현 역시 다수의 경우 상좌일파(上座宗)를 '他宗'이나 '餘宗'으로 호칭하였
다.[77] 만약 세친의 행상 정의가 유부학설의 합리적 모색이었다면 그것을
'他宗에 근거한 것'이라 말할 수 없다.

"行相이란 '소연을 파악하는 품류·차별(혹은 방식)' 즉 심·심소 상에

---

75 권오민, 『상좌 슈리라타와 경량부』, pp.774-776 참조.

76 『대비바사론』에 86회 정도 언급되는 譬喩者 비판은 거의 대개 "爲止他宗--謂或有執--. 如
譬喩者."의 형식을 취한다.

77 『순정리론』 상에 '他宗'이라는 말은 10번 정도 언급되는데(T29, ①408b1, ②435a24, ③
489b19, ④490b6: 2회, ⑤542b7, ⑥603a18, ⑦620c17, ⑧626a17, ⑨663a29, ⑩718c22, ⑪714b4),
(1) '他宗의 戒禁이나 견해가 戒禁取나 見取'라고 하는 등 외도일반을 나타내는 말(④⑧),
(2) 상좌에 대해 "他宗(유부)을 헐뜯고 自宗을 성립시키기 위한 말"(③)이라거나 "自宗으
로써 他宗을 헤아린다"(②)고 비난하면서, 혹은 相續의 住가 他宗(勝論)과 유사하다고 비
난하면서 언급한 말, (3) 세친에 대해 '自他의 종취를 살피지 않았다'고 비판하면서 한
말(⑤), 상좌일파의 無樂(樂受假有)說을 가리키는 말(⑨)로 사용하였다. 餘宗의 경우 2번
언급되는데, 유위4상에 관한 세친 설을 비판하면서 언급한 '朋順餘宗'(T29, 406b13)의 경
우 上座를 가리키며, 迦多衍尼子가 心隨轉法을 분별한 목적은 "오로지 마음만이 존재할
뿐으로 마음을 떠나 심소는 존재하지 않는다"거나 "업[의 본질]은 오로지 思로 무표업은
존재하지 않는다"고 주장한 餘宗을 비판하기 위한 것('但爲遮遣 餘宗所執': 동, 418a2)이라
고 말한 경우 譬喩者를 가리킨다.

나타난 소연의 형상이며, 그럴 때 일체 심·심소를 유행상이라 말할 수 있다"는 세친의 논설은 상좌 설로 이해가 가능하다. 그에게 있어 5識身의 소연은 과거로 사라진 비존재이다. 5식의 순간 그것은 오로지 5식 상의 형상으로서만 존재하기 때문에 이것이 인식대상(소연)을 파악하는 근거(후대 불교지식론학파에 따르면 量, pramāṇa)였다.

유부의 경우 역시 일체의 심·심소는 각기 소연의 분별을 가능하게 하는 자신의 형상(品類差別)을 갖지만, 인과同時를 주장한 까닭에 그것은 동일(平等)한 것이었다. 그러나 경량부의 경우 인과異時를 주장하기 때문에 이 또한 동일한 것이 아니라 전후찰나 서로 유사하게 상속 전전하는 것(相似轉)이었다. 그리고 세친이 '慧=행상의 본질'이라는 유부 정설을 비판한 것은 두말할 것도 없이 유부의 상응구기설을 지지하지 않았기 때문이다.[78] 그 역시 상좌의 행상 이해에 동조하였을 것이다. 그 또한 상좌와 마찬가지로 <u>識은 소연에 대해 어떠한 작용도 하지 않으며, 다만 대상의 형상을 띠고 그것과 유사하게 생겨날 뿐이라고 말하고 있기</u> 때문이다. (주101 참조)

4) 異時인과에 근거한 상좌의 인식론

(1) 유형상지식론과 무형상지식론

상좌 슈리라타 인식론의 단초는 불교의 제법분별론의 기본범주인 根(감관)·境(대상)·識(지식)의 異時인과였다. "眼과 色을 연하여 眼識이 생겨난다"고 할 때, 그의 찰나멸론에 따르는 한 眼과 色이 존재할 때 識은 아직 생겨나지 않았고, 識이 생겨났을 때 眼과 色은 이미 소멸하였는데, 감관지인 안식이 어떻게 과거의 대상을 인식할 수 있다는 것인가?

78　권오민(2015), 「譬喩者의 和合見說과 관련된 몇 가지 가설 비판」 제2장 '세친(=경량부)은 相應俱起說을 지지하였는가', pp.17-25.; 권오민(2012), 『上座 슈리라타와 經量部』, pp.500-506 참조

이에 대해 상좌는 단언한다. "色 등이 만약 능히 緣이 되어 眼識 등을 낳았다면, 이와 같은 색 등(원인)은 반드시 [안식(결과)에] 앞서 생겨난 것이다. 따라서 所緣을 識의 발생연이 된 전 찰나의 소연(=所緣緣)과 識 상에 나타나 경계대상이 되는 소연(=所緣境)으로 분별하지 않으면 안 된다." (주 54 참조)

法稱(Dharmakīrti) 또한 지식(jñāna)과 대상은 동시에 존재하는 것이어야 한다는 반론자에 대해 이같이 말하였다. "[결과가 생겨나기] 전에 존재하지 않던 것은 [결과를 낳을 만한] 어떠한 능력도 갖지 않으며, [결과가 생겨나는 것과 동시에 존재하는 것은 이미 결과가 생겨나고 있기 때문에] 결과의 생기를 위해 작용할 필요도 없다. 그렇기 때문에 모든 원인은 [결과가 생겨나기] 전에 존재하지 않으면 안 된다. 따라서 대상(원인)은 자신에 대한 지식(결과)과 동시에 존재하지 않는다."[79]

법칭은 계속하여 그렇다면 지식은 어떻게 시간을 달리하는 대상—전 찰나의 대상—을 파악할 수 있는 것인가?라는 힐문을 예상하고 이같이 해명한다.

만약 '[지식이 일어날 때와는] 다른 순간에 존재하는 것이 어떻게 파악되는 것인가'라고 묻는다면, 이치에 통달한 이(yuktijña)들은 바로 대상은 지식에 [자신의] 형상(ākāra)을 부여하는 능력의 원인임을 인정한다. (PV. 247) 실로 결과(지식)는 다수의 원인을 갖지만 [그러한 원인들 중] 어떤 것에 따라 발생할 때 '그것(=지식)은 그것(=대상)에 의해 부여된 형상을 갖는다'거나 '그것(=대상)은 그것(=지식)에 의해 파악된다'고 말한다. (PV. 248)[80]

---

[79] 『量評釋』 III. 246 取意. (戶崎宏正, 1979, 『佛教認識論の硏究』 p.344; 박인성 역, 2015, 『불교인식론 연구』, p.406). 상좌 역시 근·경·식의 세 법이 동시에 존재하는 俱生因이라면 아직 생겨나지 않은 상태에서도 서로에 대해 能生의 원인이 되어야 한다고 비판한다. (주105 참조)

이에 따르면 전 찰나의 대상은 "지식의 [발생]원인이 되고, 지식에 자신의 형상을 부여하는 것"이라는 陳那(디그나가)의 인식대상(소연)의 두 조건을 충족하기 때문에 아무런 문제도 없다는 것이다.[81] 여기서 '이치에 통달한 이들'은 누구인가? 앞서 上座는 異時인과를 주장하였고, 비유자는 이에 따라 所緣을 生識으로서의 所緣緣과 帶相으로서의 所緣境으로 분별하였으며, 세친은 他宗 즉 이들 상좌일파(上座宗)에 근거하여 行相을 '소연을 파악하는 품류·차별' 즉 심·심소 상에 나타난 [차별적 품류의] 형상으로 정의하였다. 법칭의 이 게송은, 그 밖의 外敎의 자료를 통해 보더라도 경량부의 입장에서 인식대상을 정의한 것이다.[82]

후대 불교지식론학파에서는 "우리는 외계대상이 존재하는 순간 바로 그것을 지각할 수 없으며, 다음 순간 마음 상에 나타난 그것의 형상을 통해 지각한다"는 이러한 지식론을 유형상지식론(sākārajñānavāda)이라 하며, 이를 경량부 학설로 전하고 있다. 예컨대 인도 불교지식론학파의 최후를 장식한 목샤카라굽타(Mokṣakaragupta, 1050-1200 무렵)는 그의 『논리해설(Tarkabhāṣa)』에서 이렇게 말하고 있다.

경량부는 다음과 같은 이론을 주장하였다. 푸른 색 등 형상으로 나타난 모든 것은 지식이지 외계대상이 아니다. 무감각한 [물질 자체]는 지각될

---

80   『量評釋』 III. 247-248 取意. (戶崎宏正, 1979, pp.346-347; 박인성 역, pp.408-409).

81   御牧克己(1988), 「經量部」(『インド佛敎I』, 岩波書店), p.241.

82   戶崎宏正(1979, pp.41-43; 박인성 역, pp.86-88)에 의하면, 이 게송은 ① Tattvaratnāvalī, ② Sarvadarśanasaṃgraha, ③ Nyāyakaṇikā(2번), ④ Nyāyavārttikatātparyaṭīkā, ⑤ Nyāyaviniścayavivaraṇa, ⑥ Ślokavattika에 대한 Kāśikā(on Śrpkavārttika) (2번)에 인용되는데, ①과 ②는 경량부 설을 소개하는 곳에서 경량부의 주장으로 언급하고, ③은 두 번 모두 이를 경량부 설로 明言하며, ⑥은 경량부와 毘婆沙師에 공통하는 게송이라 하였다. 이 밖에도 『베단타 수트라』 제2편 제2장 제26경에 대한 라마누자의 주석, 하리바드라의 『사르바싯단타 상그라하(Sarvasiddhāta-saṃgraha)』에서도 이 같은 내용이 경량부 설로 언급되며, 『구사론』 상에서도 지식과 대상의 異時說("此中亦許, 前根境緣, 能發後識.": T29, 53a)을 毘婆沙師의 異說로 언급하는데, 普光과 法寶는 다 같이 경량부 설로 전한다. (T41, 176c5; 608a15f)

수 없기 때문이다. 그들은 이같이 말한다. "감관의 대상(indriyagocara)은 그 자체 직접 지각되는 것이 아니라 다만 자신의 형상을 띤 지식을 낳게 할 뿐이다."[83]

그리고 이에 대응하는 무형상지식론(nirākārajñānavāda) -우리의 의식은 수정처럼 청정하여 어떠한 형상도 갖지 않으며 인식의 형상은 외계대상에 속한다는 지식론- 은 설일체유부의 학설로 전해진다. "毘婆沙師는 이같이 주장하였다. 감각기관으로부터 생겨난 지식은 형상(ākāra)을 갖지 않을지라도 [외계의] 원자(극미)들의 집합이 대상으로서 지각된다."[84]

그렇지만 앞서 살펴본 대로 유부 또한 일체의 심·심소는 대상의 형상을 갖는다는 有行相(sākāra)論을 전개하고 있다. 이를 어떻게 이해해야 할 것인가? 불교지식론학파에서 유부 毘婆沙師의 지식론을 무형상지식론이라 말한 것은 필시 지식(즉 심·심소)이 형상 자체를 갖지 않는다는 말이 아니라 그것이 지식의 대상이 아니라는 말일 것이다.[85] 앞서 살펴 본대로 유부에 있어 행상은 識이 어떤 대상(所緣)에 대해 인식주체(能緣)가 되게 하는 조건으로, 이로 인해 능히 외계대상을 분별/파악할 수 있기 때문에 慧를 본질로 하는 것으로 이해되었다.

한편 중현은 譬喩論者가 無境覺(비존재의 경계대상에 대한 지각)의 예

---

83 Y. Kajiyama(1966), An Introduction to Buddhist Philosophy—an annotated translation of the Tarkabhāṣā of Mokṣakaragupta, pp.139-140.; 梶山雄一(1983), 『佛敎における存在と知識』; 권오민 역(1990), 『인도불교철학』, p.88.

84 Y. Kajiyama(1966), p.139.; 梶山雄一, 권오민 역(1990), 『인도불교철학』, p.44.

85 카지야마 유이치(梶山雄一)는, 유부가 그들 자신의 논서 이를테면 『대비바사론』이나 『순정리론』 『구사론』 등에서 스스로의 입장을 무형상지식론으로 지칭하지 않은 것은 인식론을 중심으로 하여 각 학파의 교의를 정리하려고 하는 시도가 후세에 이루어졌기 때문으로, 그들은 형상이 지식 자신의 표상이 아닐 뿐만 아니라 지식은 지식 자체를 알지 못한다고 주장하기 때문에, 다시 말해 지식의 자기인식을 부정하기 때문에(이는 인도적 실재론의 기본입장임) 처음부터 무형상지식론자였다고 말한다. (권오민 역, 『인도불교철학』, pp.50-52 참조)

로 든 불 바퀴(旋火輪)나 자아(제8장 3-2 참조) 등에 대해, 이때 소연이 된 경계대상은 빠르게 회전하는 횃불과 오온이지만 그것의 行相이 전도되어 생겨났기 때문에 그같이 지각하게 되었다고 해명하고 있다.[86] 이 경우 역시 전도되어 생겨난 행상이 인식대상은 아니다. 이때의 인식대상 또한 횃불이나 5온이지만, 전도되어 생겨난 행상—말하자면 착각성 염오慧—으로 인해 그것을 불 바퀴나 자아로 여기게 된 것이다.[87]

그런데 후쿠다 타쿠미(福田 琢)는, 세친의 行相 정의는 五義平等의 원칙과 '혜=행상[의 본질]'이라는 정의 사이의 모순을 해소하려고 의도하였다는 점에서 유부의 교의를 지지하고 있기 때문에, 그것이 [稱友 등이] 주석하고 있는 것처럼 경량부 견해라고 하든 그렇지 않다고 하든, 『구사론』에서는 유부와 경량부의 쟁점 중의 하나로 훗날 무형상지식론과 유형상지식론으로 호칭되는 것과 같은 대립관계를 명확하게 자각하고 있지 않았다고 하였다. '경량부=유형상지식론자'라는 후대의 정보를 전제로 읽는다면 『구사론』 상에서의 세친의 해석(「파아품」 상의 논의, 본 장 주101)을 그 원형으로 간주할 수 있지만, 당시 세친이 유형상지식론을 '경량부의 학설'로, 혹은 유부의 무형상지식론

---

86 『순정리론』권50(T29, 623b14-19), "謂輪覺生, 非全無境. 即火燼色速於餘方周旋, 而生爲此覺境. 然火燼色體, 實非輪. 而覺生時, 謂爲輪者, 是覺於境行相顚倒, 非此輪覺緣無境生. 我覺亦應准此而釋. 謂此我覺, 即緣色等蘊爲境故. 唯有行相. 非我謂我, 顚倒而生. 非謂所緣亦有顚倒. ([불]바퀴의 지각이 생겨날 때, 그것의 경계대상이 완전히 존재하지 않는 것은 아니다. 즉 횃불을 어떤 방향으로 빠르게 돌릴 때 생겨나는 것이 바로 이러한 지각의 경계대상이 되는 것이다. 그렇지만 횃불 자체는 실로 [불]바퀴가 아니며, 지각이 일어날 때 '[불]바퀴'라고 여긴 것으로, 이는 바로 行相이 전도된 경계대상에 대한 지각이다. [따라서] 이러한 [불]바퀴의 지각도 존재하지 않는 경계대상을 반연하여 생겨난 것이 아니다. 자아의 지각 역시 이에 준하여 해석해야 한다. 이를테면 자아의 지각은 바로 색 등의 蘊을 반연하여 이를 경계대상으로 삼은 것이기 때문에 오로지 행상으로서만 존재한다. 즉 [5온은] 자아가 아님에도 자아라고 한 것은 [행상이] 전도되어 생겨났기 때문으로, 소연(즉 5온) 역시 전도된 것이라고 해서는 안 된다.)"
87 다케무라 마키오(竹村牧男, 1991, p.565)는 설일체유부와 경량부의 有行相에 대해 논의하면서 유부의 경우 심·심소가 단순히 대상을 비추는 것만은 아니라는 사례로서 『순정리론』에서 논의한 불 바퀴의 지각을 언급한다.

적인 인식론과 대치하는 것으로 분명하게 자각하지는 않았다는 것이다.[88]

그렇지만 세친의 행상 정의가 칭우나 안혜 등의 주석대로 경량부 견해라면, 혹은 중현의 전언대로 세친은 당시 상좌와 가까이하여 그에게서 영향받고 있었고 행상의 정의 또한 他宗 즉 上座宗에 근거한 것이었다면, 유부와 경량부의 인식론상의 대립관계를 자각하고 있지 않았다고는 말하기 어렵다.[89] 세친은 그 흔적을 곳곳에 남기고 있다. '심·심소 相應俱起설 vs 異時繼起설'의 대립이 그 단초였다면, '根見설 vs 和合見설'의 대립(제6장)은 그 정점이었다. 후쿠다는 '유부=무형상지식론 vs 경량부=유형상지식론'이라는 대립관계는 '삼세실유론 vs 본무금유론'과 같은 레벨로 상정되었다고 단언할 수 없다고 하였지만, 사상의 일관성을 고려할 때 무형상/유형상의 문제는 삼세실유/본무금유의 문제와 결코 무관하지 않다. (필자가 본서 제4장에서 상좌의 本無今有論에 대해 다루고서 본 장에서 그의 인식론을 다룬 것은 本無今有의 찰나멸론이 인식론의 단초였기 때문이다. 제3편에서 논의할 경량부 因緣說 즉 隨界·종자설 또한 그의 인식론과 무관하지 않다. 지식의 대상이 된 형상은 심·심소 상에 수계·종자의 형태로 展轉 상속하기 때문이다. 제8장 제4절 참조)

'유형상지식론 vs 무형상지식론'의 대립의 핵심은 카지야마 유이치(주 85 참조)가 지적하였듯이 이른바 '지식의 자기인식'의 문제였다. 즉 경량부(=상좌)에 있어 인식대상(所緣境)은 마음 상에 나타난 외계대상의 형상이지만, 이것이 마음과 별도의 존재(別體)는 아니다. 따라서 마음은 인식대상에

---

88 福田 琢(1993), 「俱舍論における '行相'」, pp.980-979, p.983.

89 전술한 대로 유부의 행상 정의에 대한 세친의 비판 -"행상의 본질이 慧라면, 혜는 또 다른 혜와 상응하지 않을 것이기 때문에 '有行相'이 아니라고 해야 한다."- 은 五義平等설과의 조화를 모색하기 위한 것이 아니라 양설의 모순을 통해 양설 모두를 비판하려는 것이었다. 상좌의 수계(종자) 상속설에 대한 중현의 상투적 비판은 異時인과에 기초하는 한 相續 불가능할 뿐만 아니라 [자신들의 종의인] 過未無體설과도 모순된다는 것이었는데, 이는 양설의 조화를 모색하기 위한 것이 아니라 양설 모두를 비판하는 말이다.

대한 인식주체(了別者)도 아니거니와 그에 대한 별도의 작용(了別)을 갖는 것도 아니다. 마음이 외계대상의 형상을 띠고 생겨나면 그것이 바로 인식이다. 그래서 그들은 형상(行相)을 '소연을 파악하는 방식'으로 정의하였던 것이다. 이에 따르는 한, '등불이 자신을 비추듯' 마음 역시 자신을 인식한다고 하지 않으면 안 된다. 후대 불교지식론학파의 논서에서는 이를 지식의 자기인식(svasaṃvedana: 自證, 自覺)이라 하였다. 이에 반해 유부 毘婆沙師는 칼은 칼을 자를 수 없고 손은 손을 만질 수 없듯이 지식(마음)은 자신을 대상으로 삼을 수 없다고 주장한다. 이는 후대 불교지식론학파의 논서 상에서 무형상지식론자의 전형적인 '지식의 자기인식' 비판이었다.

『구사론』에서는 비록 경량부의 '지식의 자기인식'설은 「파아품」에서, 이에 대한 유부 비바사사의 비판은 「지품」에서 각기 상속의 주체인 자아(아트만)와 非我觀의 소연에 대해 논설하면서 언급할지라도 그 자체 경량부와 유부의 인식론과 깊은 관련이 있다. 이하 이에 대해 좀 더 구체적으로 논의해보기로 한다.

(2) 유부의 '지식의 자기인식(自性了別)' 비판

실재론적 입장에서 主客 能所를 엄격히 분별하는 유부의 경우 마음은 자신을 인식할 수 없다. 복수(자르는 자)와 복재(잘려지는 것)가 동시에 별체로 존재할 때 비로소 절단이라는 작용이 이루어지듯이, 인식주체(아는 자)와 인식대상(알려지는 것) 역시 별도의 실체로서 동시적으로 관계하지 않으면 안 된다. 지식(혹은 심·심소)은 자신을 소연으로 삼지 않는다는 규정은 『구사론』 「智品」 제18송에서 언급된다.

[문:] 일찰나의 지식(一智)으로서 일체법을 인식대상(所緣)으로 삼는 것이 있는가?

[답:] 그러한 것은 없다.

[문:] 어찌 非我로 관찰하는 지식은 '일체법이 다 비아'임을 아는 것이라
하지 않겠는가?

[답:] 이 역시 일체법을 대상으로 한 지식이 아니다.

[문:] 어떤 법을 대상으로 삼지 않는 것인가?

[답:] [일찰나의] 世俗智는 자신의 품류(svakalāpa: 自品, [自]類)를 제외한 [일
체법을 대상으로 삼아] 非我로 아는 것이다.[90]

여기서 '자신의 품류'란 자기 자신(svabhāva: 自體, 自性)과, 자신과 相應·俱
有하는 법을 말한다. 즉 마음 등이 자기 자신을 소연으로 삼는다고 할 경우
境과 有境이라는 등의 주객의 차별이 없어지기 때문이며, 상응법은 소연이
동일하기 때문에, 구유법은 마치 눈이 눈에 넣은 안약을 보지 못하듯이 지
극히 근접해 있기 때문에 능히 소연으로 삼을 수 없다는 것이다.

『대비바사론』에 의하면, 심·심소법이 자기 자신을 안다고 주장한 이
는 "등불은 능히 비추는 것(能照)이기 때문에 자신도 비추고 다른 것도 비
추는 것처럼 지식 등도 능히 아는 것(能了)이기 때문에 자신도 알고 다른
것도 안다"고 말한 大衆部이고, 相應法을 안다고 주장한 이는 "慧는 이와
상응하는 受 등을 안다"고 말한 法密部이며, 俱有法을 안다고 주장한 이는
"慧에는 상응慧와 불상응慧 두 종류가 있어 서로가 서로를 동시에 안다"고
말한 化地部이다.[91] 유부 毘婆沙師는 대중부의 '등불의 비유'는 경·율·론 삼
장에 근거한 말(즉 正理)이 아니라 세속의 現喩(dṛṣṭānta)이기 때문에 해명할
필요도 없지만, 굳이 해명하자면 根(감관)도 소연(인식대상)도 사려(慮)도

₉₀ 『구사론』권26(T29, 138a19-23), "(전략)--俗智除自品 總緣一切法 爲非我行相."; "世智除類初 一
智由無我" (T29, 289b9f); sāṃvṛtaṃ svakalāpānyad ekaṃ vidyād anātmataḥ. (AK. VII. 18cd)

₉₁ 『대비바사론』권9(T27, 42c11-19).

갖지 않은 극미로 이루어진 등불을 그렇지 않은 지식의 비유로 삼을 수 없다고 비판한다.[92] 그들은 말한다. "만약 심·심소법이 자기 자신(自性)을 안다고 한다면, 원인과 결과, 能作과 所作, 能成과 所成, 能引과 所引, 能生과 所生, 能屬과 所屬, 能轉과 所轉, 能相과 所相, 能覺과 所覺의 차별이 무화되는 과실을 성취하기 때문이다."[93]

중현 또한 "아무리 예리한 칼도 자신을 자를 수 없고, 손은 자신을 만질 수 없으며, 어깨는 자신을 짊어질 수 없다"는 現喩로써 지식의 자기인식(自覺性)을 비판한다. 혹은 등불이 능히 비추는 것이기 때문에 자신도 비추고 다른 것도 비추는 것이라면, 어두움 역시 능히 장애하는 것(能障)이기 때문에 자신도 장애하고 다른 것도 장애하는 것이라고 해야 하며, 불 또한 능히 태우는 것(能燒)이기 때문에 자신도 태우고 다른 것도 태우는 것이라고 해야 한다고 비판한다.[94]

"칼이 아무리 예리하여도 자신을 자를 수 없고, 불이 아무리 세차게 타올라도 자신을 태울 수 없다"는 등의 비유는 미맘사학파를 비롯한 실재론적 경향의 제 학파가 지식의 自覺性을 비판하기 위해 사용한 논리로, 목샤카라굽타의 『논리해설』에서도 어떤 이들의 '지식의 자기인식의 비판논거'로 제시되고 있다.[95]

중현은 계속하여 이같이 비판한다. "또한 [지식이 그 자체를 소연의 경계대상으로 삼는다면] 邪見과 他心智와 念住와 苦智 등도 성취할 수 없는 과실을 범하게 된다."[96] 즉 지식이 지식 자체를 대상으로 삼는다고 주장할

---

92   『대비바사론』권9(T27, 43c4-15).

93   『대비바사론』권9(T27, 43a18-22).; 동 (43b10-12).

94   『순정리론』권74(T29, 742b8-10; 17-19).

95   Y. Kajiyama(1966), p.47.; 카지야마 유이치, 권오민 역(1990), 『인도불교철학』, p.54.

96   『순정리론』권74(T29, 742b10-11), "又邪見他心智及念住苦智等, 皆有建立不成過故." 이 비판은
     『대비바사론』권9(T27, 43b5-19)에서 상론된 것이다. 여기서는 宿住隨念智가 더 설해진다.

경우, 인과를 부정하는 邪見도 그것이 사견임을 아는 것이라 해야 하지만, 사견을 사견이라고 알면 그것은 바로 正見이다. 또한 타심지가 그 같은 타심지 자체를 대상으로 삼는다면, 타심지 자체(즉 혜)는 바로 자신의 심소이므로 그것을 타심지라고 말할 수 없다. 또한 '몸은 不淨하다'고 觀하는 것이 身念住인데, 신념주가 신념주 자체도 반연하는 것이라고 한다면, 신념주 자체는 法에 포섭되므로 신념주 내지 심념주를 바로 법념주라고 해야 한다. 마찬가지로 苦를 苦로 알고 내지 滅을 滅로 아는 것이 道이므로 苦智 내지 滅智를 바로 道智라고 해야 한다는 것이다.

(3) 지식(識)의 자기인식과 인식주체(了別者) 비판

목샤카라굽타는 경량부의 유형상지식론의 입장에서 "지식의 대상(알려지는 것)과 지식(아는 자)의 관계는 목재와 목수의 관계처럼 별도의 존재(別體)"라는 실재론자(설일체유부)의 비판에 대해 이같이 해명한다.

지식에 있어 알려지는 것과 아는 자의 관계(vedya-vedaka-bhāva)는 [물리적 차원에서의] 행위와 행위자(作者)의 관계(karma-kartṛ-bhāva)가 아니라 [논리적 차원에서의] 被한정자와 한정자(vyavasthāpya-vyavasthāpaka-bhāva)의 관계로 이해해야 한다. 마치 등불이 자기 자신을 비추듯이, 지식 역시 자신을 아는 것으로 고려되어야 한다. 왜냐하면 지식은 무감각한 사물(jaḍapadārtha)과는 전혀 다른, 照明(prakāśa)을 본성으로 하는 것으로서 자신의 원인에 의해 생겨났기 때문이다. 이런 점에서 [샨타라크시타(Śāntarakṣita)는] 말하였다.

"지식은 무감각한 물질과는 상반된 성질을 갖고서 생겨난다. '무감각한 물질이 아닌 것(ajaḍarūpatā)'이라 함은 바로 지식의 자기인식(ātmasaṃvitti)을 말한다."

또한 『양평석장엄(Pramāṇavarttikālaṃkāra)』의 저자(Prajñākaragupta)도 이같이 말하였다.

"[지식의] 주체와 대상, [그리고 인식방법의 구분]은 다만 개념적 허구(kalpita)로서 勝義的 관점(paramārtha)에서 볼 때 진실로 그것은 존재하지 않는다. 곧 [지식이란 지식] 자신이 스스로 자신을 지각하는 것이라고 말할 수 있는 것이다."[97]

앞서 논의한 대로 상좌에게 있어 인식대상은 마음 등과는 별도로 존재하는 외계의 대상이 아니라 마음 상에 나타난 그것의 형상이다. 그러나 형상은 비록 인식대상이라 하였을지라도 마음과 서로 분리되지 않는다. '마음(識)이 [대상(所緣)을] 인식(了別)한다'고 말하는 것은 다만 일상의 언어적 표현이나 세간의 언어적 관행(vyavahārārtha: 世情)일 뿐[98] 인식의 주체와 대상은 서로 분리할 수 없는 단일한 사태이다. 예컨대 眼識이 生緣이 된 전찰나의 색(=所緣緣)과 유사한 형상(=所緣境)을 띠고 생겨났을 때 '안식이 색을 요별한다'고 가설하지만, 이때 안식은 사실상 색(인식대상)에 대해 어떠한 작용도 하지 않았다. 안식의 대상은 바로 안식 자신으로, 안식 자체가 바로 인식이기 때문이다.

이리한 점에서 본다면 앞서 인용한 "세속지의 소여은 자신의 품류를 제외한 일체법"이라는 『구사론본송』(주90)은 상좌 슈리라타(경량부)의 '지식의 자기인식(自覺性)'을 표적으로 삼은 유부의 규정으로 이해할 수도 있으며, 대중부의 '심·심소 自性了別설'의 예로 언급된 등불의 自照性 역시

---

97 Y. Kajiyama(1966), p.48. 목샤카라굽타가 인용한 산타라크시타의 게송은 Tattvāsaṃgraha(v.2001), vijñānaṃ jaḍarūpebhyo vyāvṛttam upajayāte, iyam evātmasaṃvittir asya yājaḍarūpatā. 프라즈냐카라굽타의 인용문은 kalpitaḥ karmakarrtrādiḥ paramārtho na vidyate, ātmanamā nihantīti nirucyate (PVBh III, 396, 19 (v.757).; 이지수(2014), 『인도불교철학의 원전적 연구』, pp.600-601.; 카지야마 유이치, 권오민 역(1990), 『인도불교철학』, pp.90-92 참조.

98 (T29, 11b4: 제6장 주17) 참조.

譬喩者에게도 적용된다고 말할 수 있다.

프라즈냐카라굽타와 마찬가지로 상좌 역시 경에서 "識은 [색 등의 경
계대상을] 요별한다" 하여 識을 요별의 주체(了別者)로 설한 것을 世俗說로
간주하였다.

> 저 上座는 말하였다. "계경에서 '識은 바로 了別者'라고 말하였지만, 이는
> 勝義가 아닌 世俗說이다. 만약 了別者가 바로 識이라고 한다면, [識을] 역시
> '識 아닌 것(非識)'이라고 해야 한다. 즉 능히 了別하는 것만을 識이라고
> 말한다면, 능히 了別하지 않을 때에는 識이 아니라고 해야 하지만, '識이
> 아닌 것'을 識이라고 말해서는 안 된다."[99]

상좌에 의하면 識 자체는 了別작용을 갖지 않는다. 다만 전 찰나의 외
계대상(=所緣緣)과 유사한 형상(=所緣境)을 띠고 생겨날 때, 그림자가 처소
를 달리하여 연속적(無間)으로 생겨날 때 '그림자가 움직인다'고 가설하듯
이 識 역시 [찰나찰나] 대상을 달리하여 상속 생기할 때 "識이 대상을 요별
한다"고 가설한다는 것이다.

> 有餘師는 설하였다. "오로지 法性에 대해 作者를 假說함은 識(즉 了別)을 떠
> 나 [별도의] '了別의 주체(즉 了者)'가 존재한다는 주장을 막기 위함이다."
> [문:] 다시 어떤 경우에 오로지 法性에 대해 作者를 가설하는 것인가?
> [답:] 現見하건대 그림자를 '움직이는 것' 즉 운동의 주체(動者)라고 말한
> 다. 즉 그림자가 처소를 달리하여 연속적으로 생겨날 때 비록 움직임의
> 작용(動作)을 갖지 않을지라도 [그림자를] '움직이는 것'이라고 말한다.

---

[99] 『순정리론』권25(T29, 484b19-22), "彼上座言: 契經中說, '識是了者.' 此非勝義, 是世俗說. 若是
了者是識, 亦應說爲非識. 謂若能了說名爲識, 不能了時, 應成非識. 不應非識可立識名."

[안]식의 경우도 역시 그러하다. 즉 [찰나찰나] 대상을 달리하여 상속 생기할 때 비록 [대상에 대한 요별의] 작용(動作)을 갖지 않을지라도 ‘요별하는 자’ 즉 요별의 주체(了者, vijñātṛ)를 [假說하여 ‘능히 경계대상을 요별한다’고 말한다. 따라서 [法性에 대해 作者를 가설한 것] 역시 어떠한 과실도 없는 것이다.

[문:] 이 같은 사실을 어떻게 알게 된 것인가?

[답:] 다른 곳에서도 作者에 대해 비판하고 있는 것을 바로 찾아볼 수 있기 때문이다. 이를테면 세존께서는 파륵구나(頗勒具那)에게 “나는 능히 요별하는 자가 존재한다고 끝내 설하지 않는다”(『잡아함』 제372경)고 말한 바와 같다.[100]

중현은 여기서는 ‘識은 [了別의] 작용을 갖지 않는다’는 주장의 說者를 무기명(‘有餘師’)으로 처리하였지만, 계속하여 “[이에 대해서는] 「辯緣起品」에서 다시 顯示하게 될 것이다(思緣起中, 當更顯示: T29, 342b1)”고 말하고, 「변연기품」에서는 다시 “앞서 識蘊의 자성에 대해 思擇하면서 有餘師가 ‘了別者’를 일시 가설하였다는 사실에 대해 이미 서술하였지만, 지금 여기서 上座의 주장(주99)을 비판하기 위해 [실제] 그가 제시한 주장을 드러내어 다시 尋思해보아야 하리라.” (T29, 484b17-19)고 말하고 있기 때문에 여기서 有餘師는 바로 상좌 슈리라타라고 할 수 있다.

識은 [대상에 대한] 了別의 작용을 갖지 않는다는 상좌의 지식론(유형상지식론과 ‘識=무작용’설)은 『구사론』 「파아품」에서도 확인된다. 여기서 유아론자(보광에 의하면 數論 Saṃkhya, 칭우에 의하면 Vyākaraṇa 문법학자)는, ‘天授(데바닷타)가 요별한다’는 문장에서 요별의 주체로 제시된 ‘천수’

---

100 『순정리론』권3(T29, 342a22-29), “有餘師說: ‘誰於法性假說作者, 爲遮離識有了者計.’ 何處復見唯於法性假說作者? 現見, 說影爲動者故. 此於異處無間生時, 雖無動作而說動者. 識亦如是. 於異境界相續生時, **雖無動作而說了者**. 謂能了境故亦無失. 云何知然? 現見餘處遮作者故. 如世尊告頗勒具那, ‘我終不說, 有能了者.’”

는 다만 세간언설일 뿐이라 한 데 대해 "그렇다면 '識이 요별한다'는 경설에서 識은 소연에 대해 어떤 작용을 하는가?"라고 반문한다. 이에 대해 세친은 다음과 같이 말하고 있다.

> <u>어떠한 작용도 하는 일이 없다.</u> 다만 대상과 유사하게(sādṛśya) 생겨났을 뿐이니, 예컨대 결과가 원인에 따른 것과 같다. 비록 어떠한 작용도 하지 않을지라도 원인과 유사하게 생겨나는 것을 설하여 '원인에 따른다'고 말하듯이, 이와 마찬가지로 識이 생겨나 비록 어떠한 작용도 하지 않을지라도 대상(즉 원인)과 유사하게 생겨났기 때문에 그것을 설하여 '대상을 요별한다'고 말한 것이다.
> '대상과 유사하다'고 함은 무슨 뜻인가?
> 그 같은 대상의 형상(相, ākāra)을 띠는 것을 말한다.[101]

『구사론』「파아품」은 업이 미래에 결과를 초래하는 과정으로서 '相續의 轉變과 差別'에 대해 논설하고 있기 때문에 경량부 설에 기초한 것으로 평가되기도 하였지만,[102] 이러한 '識=무작용'설은 내용상으로도 상좌 설을 답습한 것이다. 상좌는 인식을 주체(根·識)와 대상(色) 사이의 동시작용 관계(유부의 '화합' 규정)로 설명하지 않으며, 일련의 계시적(根·境-識)인 인과관계(상좌의 '화합' 규정)로 설명하였다. 외계대상(전 찰나)이 마음을 발

---

101 『구사론』권30(T29, 157b20-24), "經說 諸識能了所緣.' 識於所緣爲何所作? 都無所作. 但以(似: 宋·元·明本)境生, 如果酬因. 雖無所作, 而似因起, 說名酬因. 如是識生, 雖無所作, 而似境故, 說名了境. 如何似境? 謂帶彼相."; AKBh., pp.473.23-474.1, yat tarhi "vijñānaṃ vijānātī"ti sūtra uktam kiṃ tatra vijñānaṃ karoti. <u>na kiñcit karoti.</u> yathā tu kāryaṃ kāraṇam anuvidhīyata ity ucyate. sādṛśyenātmalābhād akurvad api kiñcit. evaṃ vijñānam api vijānātīty ucyate. sādṛśyenātmalābhād akurvad api kiñcit. kiṃ punar asya sādṛśyam. tadākāratā.

102 櫻部建(1959), 「破我品の研究」, p.43. 『구사론』「破我品」에서의 '상속의 전변과 차별'설(T29, 158c24-159a9)은 『순정리론』(동, 629b2-17)에서는 經主(세친)가 인용한 經部師의 설로 재인용된다. 이에 대해서는 본서 제10장 3-4에서 상론한다.

생시켜 그 형상이 마음 상에 나타나면 그것이 바로 인식이다.

상좌는 필경 이같이 말하였을 것이다. "우리는 마음 상에 나타난 형상을 배제하고서 어떠한 인식의 수단도 근거도 갖고 있지 않다. 인식성립의 근거는 다만 형상이다. 이는 마음과 별체가 아니며, 따라서 형상(즉 인식대상)의 파악은 다름 아닌 마음의 자기인식이다. 그렇기 때문에 사실상 그것은 바로 인식결과이다. 인식이란 이렇듯 부분적으로 분석할 수 없는 단일한 사태로, 이를 주체와 대상으로 분별한 것은 다만 世俗說에 따른 언어개념적 설정일 따름이다."

불교지식론학파의 논의를 빌리자면 지식/마음(識)이란 결국 대상인식(arthādhigati)으로, 이들에 따르는 한 인식의 근거(pramāṇa: 量)인 형상과 인식결과(pramāṇaphala: 量果)는 동일하며, 인식결과는 의식의 자기인식(svasaṃvedana: 自證)일 따름이다. 이러한 논의는 法稱의『量評釋(pramāṇavārttika)』「현량장」제301-319송과 341-352송(320-340송은 유식론의 입장)에서 논설되는데, 도사키 히로마사(戶崎宏正)는 그 논지를 다음과 같이 정리하고 있다.

> 각각의 대상에 따라 지식을 차별하는 것(=量)은 지식이 띠고 있는 대상의 相(artharūpatā) — 대상과의 유사성(arthasārūpya) 혹은 대상의 형상성(arthākāratā)을 띠고 생겨나는 것 — 과 다르지 않다. 지식이 예컨대 '푸르다고 안' 대상에 따라 차별되는 것은, 그 지식이 대상인 푸른 색의 형상을 띠고서 생겨난 것과 다른 것이 아니다. 그렇다고 할 때 [지식이 띠고 있는] 대상의 相이야말로 지식을 대상에 따라 차별하는 것, 바로 인식의 근거(量, pramāṇa)이다. 게다가 이러한 [지식이 띠고 있는] 대상의 相(=量)은 지식(=量果) 자체에 내재한다. 그렇기 때문에 인식의 결과(量果)와 인식의 근거(量)는 別體가 아니다.

외계대상은 그 자체가 그대로 직접 인식되는 것이 아니라(k.341) 지식으로의 현현을 통해 인식된다. (k.346) 따라서 勝義의 입장에서 볼 때 지식에 현현한 相이 지식 자신에 의해 인식되는 것이다. 즉 勝義의 입장에서 볼 때 존재하는 것은 [지식의] 자기인식(自證)뿐으로 대상에 대한 지식이 아니다. (k.349ab) 이 경우도 지식의 대상의 顯現性(=대상의 相)이 바로 인식근거(量)이며, 대상이 현현한 (대상의 형상을 띤) 지식(=自證)이 인식결과(量果)이다.[103]

도사키 히로마사는, 『양평석』 「현량장」은 '분별(kalpanā)을 떠난 것'이라는 직접지각(현량)의 정의는 '5식신은 극미의 적집(sañcita)을 소연으로 한다'는 불교정설과 모순되지 않는가?라는 문제제기(k.194-230)로부터 意識의 대상과 감관지(5識)의 대상의 관계 및 의식과 그 대상 사이의 시간적 관계(k.239-248), 그리고 '인식의 결과(量果)=인식의 근거(量)'설과 '인식의 결과(量果)=자기인식(自證)'설에 이르기까지 경량부 설에 입각한 것임을 논증하고 있지만,[104] 적어도 중현의 『순정리론』을 통해 볼 때 이때 경량부는 바로 상좌 슈리라타 혹은 그 일파(上座徒黨, 혹은 上座宗)라고 말할 수 있는 것이다.

4. 중현의 문제제기에 대한 상좌의 해명

이제 '5식의 경계대상=과거'라는 비유자/상좌의 주장에 대해 중현이

---

103 戸崎宏正(1979), 『佛教認識論の研究』, p.44; pp.46-47.; 박인성 역, p.90, p.92. 도사키 히로마사(戸崎宏正), 「달마끼-르띠의 인식론」 (카지야마 유이치, 전치수 역, 1989, 『인도불교의 인식과 논리』), pp.175-179 참조.
104 戸崎宏正(1979), 『佛教認識論の研究』, pp.37-51.; 박인성 역, pp.81-97.

제기한 세 가지 난점(주49)에 대한 이들의 해명을 들어보자.

첫 번째 난점: 識이 이전에 생겨난 대상만을 소연으로 삼는다면 識과 동시에 생겨난 [현재의] 경계대상은 소연이 되지 않는다고 해야 하며, 소의가 되는 根 역시 과거에 존재하면서 현재의 識을 낳았다고 해야 한다. 그렇지만 경량부에서는 과거법은 실유가 아니라고 주장하지 않는가?

識은 전 찰나에 생겨난 경계대상만을 所緣으로 삼는다. 따라서 識과 동시에 존재하는 외계대상은 소연이 되지 않는다. 이는 제2찰나 식에 소연이 될 뿐이다. 그리고 所依가 되는 根 역시 그러하다.

중현은 이에 대해 "上座宗에 의하는 한 전 찰나의 색은 이미 소멸하였기 때문에 (다시 말해 존재하지 않기 때문에) 후 찰나 식의 소연이 될 수 없다"거나 "그럴 경우 근·경·식의 화합은 이루어질 수 없다", "상좌(경량부)는 오로지 현재법만을 인정하기 때문에 그같이 주장할 수 없다"고 비판하였지만, 앞서 말한 대로 상좌는 '화합'을 [계시적인] 인과관계로 이해하였기 때문에(주51), 다시 말해 안식은 전 찰나의 색을 원인으로 삼고, 전 찰나의 색은 후 찰나의 안식을 결과로 삼기 때문에 인식이 가능하다. 도리어 그는 "根·境·識의 세 법이 [동시에 존재하여 서로의 원인이 되는] 俱生因이라면 장차 일어나려는 상태에서도 서로에 대해 能生의 원인이 되어야 하지만, 아직 생겨나지 않았기 때문에 그러한 일은 없다"는 등의 이유에서 俱生因을 부정하였다.[105]

또한 '識은 이전에 생겨난 경계대상만을 소연으로 삼는다'고 함은 이미 소멸한 과거의 色이 바로 현재 識의 소연이 된다는 말이 아니라, 다시 말해 현재의 식이 직접적으로 과거의 색을 소연으로 삼는다는 말이 아니라 ─언

---

[105] 『순정리론』권15(T29, 421b18-22). 상좌는 제법의 동시인과(즉 俱有·相應因과 士用果)를 부정하는데, 이에 대해서는 제9장 2-1-1에서 상론한다.

어형식은 비록 그러할지라도 ─ 거울에 사물(피사체: 質)의 影像이 나타나듯이 이 識은 항상 외계대상의 형상을 띠고 생겨나기 때문에 자신에게 나타난 과거 색의 형상을 소연으로 삼는다. (이는 다시 다음 찰나 受의 소연으로 전전 상속한다.) 즉 상좌에게 있어 과거 색은 識 상에 나타난 형상의 원인으로서 인식의 간접 원인/대상(展轉因, pāraṃparyaṃ-hetu, 혹은 傳因) 정도일 뿐[106] 직접 원인/대상(=소연)이 되는 것은 어디까지나 이것의 형상이다. 識 상에 나타난 형상과 이것의 바탕이 된 과거 색을 『성유식론』에서는 親所緣緣과 疏所緣緣이라 하였다.[107]

이러한 논리에서 비유자는 所緣을 生識의 所緣緣과 帶相의 所緣境으로 분별하였던 것이다. 따라서 識의 生因(=소연연)은 과거(전 찰나)의 색일지라도 과거 색 자체가 바로 인식의 대상(=소연경)이 되는 것은 아니다. 사실상 상좌의 차제생기(異時인과)설에 관한 유부의 끊임없는 비판은 과거·미래법이 실유라는 전제에서 비롯된 것이라 할 수 있다.[108] 즉 異時인과에 따

---

106 『순정리론』권15(T29, 421c5f), "若謂過去是展轉因--." 상좌는 과거에 대한 지각 역시 이와 동일한 방식으로 해명하며(제8장 주41 참조), 과거업이 결과를 낳는 것 역시 이 같은 방식으로 해명한다. 즉 업의 결과(이숙과)는 실유의 과거업(즉 무표업)에 의해 낳아지는 것이 아니라 유정의 相續 상에 훈습된 與果功能(=隨界·종자)에 의해 낳아진다. (제4장 주130 참조)

107 『성유식론』권7(T31, 40c14-19), "[假有든 實有든] 존재하는 법(有法)으로서 자신의 相을 띤 心 혹은 상응법(心所)에 의해 思慮되고 依託되는 것(즉 所緣[境]과 [所緣]緣)을 所緣緣이라 한다. 소연연에는 親所緣緣과 疏所緣緣 두 가지가 있다. 能緣 자체와 불가분의 관계(不相離)를 갖는 것으로서 바로 見分 등에 의해 내적으로 사려되고 의탁되는 것이 親소연연이라면, 能緣 자체와 비록 서로 분리될 수 있는 관계일지라도 능히 내적으로 사려되고 의탁되는 것(즉 상분)을 일으키는 바탕(質)이 되는 것이 疏소연연이다. (三所緣緣. 謂若有法, 是帶己相心或相應所慮所託. 此體有二. 一親二疏. 若與能緣體不相離, 是見分等內所慮託, 應知! 彼是親所緣緣. 若與能緣體雖相離, 爲質能起內所慮託, 應知! 彼是疏所緣緣.)"

108 중현은 상좌의 異時의 인과상속에 대해 이같이 비판한다. "만약 '원인은 과거법이지만, 과거법 [자체]가 바로 원인이 되는 것은 아니다'고 말한다면, 미래법 역시 마땅히 이와 같다고 해야 한다. 즉 과거법 자체는 비존재이기 때문에 展轉因이 되지 않는 것처럼, 미래법 역시 그 자체 비존재이기 때문에 展轉果가 되지 않는 것이다. (若謂因過去, 非過去是因', 是則未來亦應同此. 如過去法體非有故, 非展轉因, 未來亦應體非有故, 非展轉果.)" (『순정리론』권15, T29, 421c8-11)

라 소연연이 과거라면 경량부에서는 過未無體를 주장하기 때문에 비존재를
소연으로 삼는다고 해야 한다는 것이다.[109]

상좌는 이 같은 비판에 대해 다음과 같이 해명한다.

> 과거법 등을 緣하여 존재하는 意識은 소연을 갖지 않은 것도 아닐뿐더러
> 오로지 '존재하는 것(有)'만을 緣하는 것도 아니다.
> 어떠한 이유에서 그러하다는 것인가?
> 5識身을 等無間[緣]으로 삼아 생겨난 意識은 능히 전 찰나의 意[根]이 파악
> (取)한 온갖 경계대상을 지각/경험(anubhava: 領受)한다고 설하기 때문이
> 다. 이렇듯 의식은 의[근]을 원인으로 삼으니, 이것의 所緣緣은 바로 5識의
> 경계대상이었다. 요컨대 그것(5식의 경계대상)이 선행하여야 이것(의식)
> 이 생겨날 수 있기 때문으로, 그것의 有無에 따라 이것도 존재하거나 존재
> 하지 않기 때문이다. 그렇지만 이러한 의식은 오로지 '존재하는 것'만을
> 반연하지 않으니, 그때(의식이 전5식을 등무간연으로 삼아 일어날 때) 그
> 것의 경계대상은 이미 壞滅하였기 때문이다. 그렇다고 소연을 갖지 않는
> 것도 아니니, 이러한 의식은 그것의 유무에 따라 존재하거나 존재하지
> 않기 때문이다.[110]

5식을 발생시킨 경계대상(A_1)은 다음 찰나 5식의 소연(a_1)이 되고, 다시
다음 (제3)찰나 의식의 소연(a_2)이 된다. 제 심·심소의 소연은 수계·종자의

---

109 이는 물론 중현에 의해 지적된 것이지만(『순정리론』권19, T29, 447b25-28), 陳那 또한 경
량부에서 외계대상이 극미 화합의 假有를 주장하는 한 그것은 비존재이기 때문에 識의
발생緣(소연연)이 되지 못한다고 비판한다. (『觀所緣緣論』, T31, 888b16f, 和合於五識 設所緣
非緣 彼體實無故 猶如第二月; 제7장 주52 참조)

110 『순정리론』권19(T29, 447b28-c9), "此中上座復作是言. '緣過去等所有意識, 非無所緣, 非唯緣
有.' 何緣故爾? '以五識身爲等無間所生意識, 說能領受前意所取諸境界故. 如是意識以意爲因, 此
所緣緣卽五識境. 要彼爲先, 此得生故; 隨彼有無, 此有無故. 然此意識, 非唯緣有, 爾時彼境已滅壞
故. 非無所緣, 由此意識, 隨彼有無, 此有無故.'"

형태로서 相似 轉展한다. (본 장 1-2) 물론 이때(의식의 찰나) 5식을 발생시킨 외계대상(A₁)은 이미 괴멸하여 더 이상 존재하지 않는다. 이러한 논의 또한 『양평석』「현량장」(k.239-248)에서 논설한 '意識의 대상과 감관지의 대상 사이의 시간적 관계'와 거의 동일하다. 도사키 히로마사(戶崎宏正)는『양평 석』의 논설을 이같이 정리하였다.

> i) 의식의 대상은 감관지의 대상이었던 것과 별개의 것이지만, 양자가 전
>   혀 무관한 것은 아니다. 즉 전자는 후자에 [서로 유사하게] 隨行(anvaya:
>   '相似' 혹은 '類')하여 다음 찰나에 발생한 것이다.
> ii) 감관지는 의식의 원인(等無間緣)이지만, 감관지(즉 意根: 필자)가 의식
>   (제3찰나: 필자)을 발생시키기 위해서는 의식의 대상(즉 法境, 제2찰나:
>   필자)과 함께 작용하는 것(sahakāra)이 필요하다.
>   이를 도식으로 나타내면 이러하다.

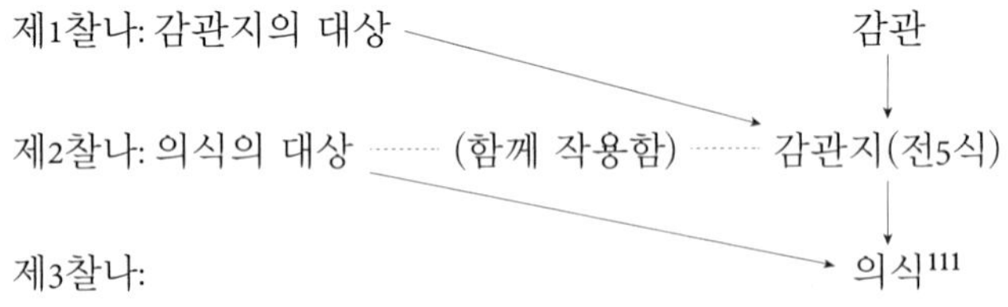

이러한 상좌의 해명은 所緣緣과 所緣境을 동일시할 뿐만 아니라 비존재 는 인식의 대상이 될 수 없다고 주장하는 유부로서는 도저히 용납할 수 없는 것이었다. 중현에게 있어 과거법(所緣緣)은 비존재(無)라고 하면서 "5 識(즉 의근)과 무간에 생겨난 意識에 소연(所緣境)이 존재한다"는 상좌의 해 명은 '벙어리가 잠꼬대하는 것과 같은 것'이었다.¹¹² 그는 상좌의 생각을

---

111 戶崎宏正(1979), 『佛教認識論の研究』, p.40.; pp.340-347; 박인성 역, p.84; pp.402-410.
112 『순정리론』권19(T29, 447c9-11), "如是所言, 都無實義. 同諸啞類夢有所說."

다시 확인하여 비판한다. "상좌는 이미 5識의 소연과 5識身이 동시에 일어 난다는 사실을 인정하지 않았으니, 그럴 경우 5識도 그것의 소연이 된 경계 대상이 소멸하고서 생겨나는 것이거늘 하물며 5식과 無間에 생겨난 意識이 5식의 경계대상을 感受/경험할 수 있을 것인가? 意識은 제3찰나에 생겨나기 때문이다."[113]

두 번째 난점: 안식의 대상이 오로지 과거라면 안식은 어째서 일체의 과거색을 소연으로 삼지 못하는 것인가?

안식의 대상이 과거라고 해서 그것이 백 년 전에 소멸한 색이라는 말 은 아니다. 소연연과 소연경이 동일한 것이고 과거·미래법의 실유를 주장 하는 유부에 의하는 한 무간(전 찰나)에 멸한 색과 백 년 전에 소멸한 색은 과거라는 점에서 어떠한 차이도 없을 것이지만, 경량부의 경우 안식이 생 겨나는데 연이 된 전 찰나의 색은 다음 순간 현행(현재) 식에 의해 파악되 기 때문에 백 년 전에 소멸한 색과 차이가 있다.

[身識은] 자신의 (生)因이 된 대상을 파악(取)하기 때문에 [무간에 멸한 색 과 백 년 전에 멸한 색이 다 같이 안식의 소연이 된다는] 과실은 없다. 즉 무간에 멸한 색은 바로 現行識의 (生)因이며, 백 년 선에 멸한 색은 [현 행식의] (생)인이 아니다. --(중략)-- 이러한 색(무간에 멸한 색)을 백 년 전에 멸한 색과 비교하면 역시 차별이 있으니, 안식이 장차 생겨나려고 할 때 이러한 색은 緣이 되기 때문이다."[114]

---

113 『순정리론』권19(T29, 447c11-14), "彼旣非許五識所緣與五識身俱時而起. 是則五識尙所緣境滅 已方生, 況五無間所生意識, 能受彼境. 第三刹那意識生故."
114 『순정리론』권8(T29, 374b18-24), "若謂, '無失, 取自因故. 無間滅色, 是現識因, 百年滅色, 無因義 者,'-- 此(無間滅色)望百年, 亦有差別, 眼識將生時, 此色爲緣故."

상좌에 의하는 한 백 년 전에 소멸한 색은 그 자체 비존재이기 때문에 다만 분별의 마음(즉 意識=사유)에 의해 파악(즉 기억)될 뿐이다.[115]

세 번째 난점: 5식이 오로지 과거의 경계대상(즉 비존재)를 반연하여 일어나는 것이라면, 어떻게 '지금 그것을 직접지각하고 있다'는 자각(pratyakṣa-buddhi: 現量覺)이 일어날 수 있는 것인가?

이에 대해 비유자(혹은 상좌)는 '지금 지각하고 있다'는 자각/판단을 비판적으로 검토한다. 眼·色과 眼識과 심소가 그러하듯 이때의 자각 또한 지각이나 지각의 대상과 동시가 아니다. 이를테면 "나는 일찍이 이와 같은 괴로움(苦[受]) 혹은 즐거움(樂[受])을 경험(領納, anubhava)하였다"고 말하는 경우 이때 말의 대상은 괴로움에 대한 경험이지 괴로움(경험)의 대상이 아니듯이 '직접 지각하고 있다'는 자각/판단 역시 지각하고 있다는 사태에 대한 것이지 지각의 대상에 대한 것이 아니다. 요컨대 '직접 지각하고 있다'는 자각은 자신의 지각(受)에 대한 것으로,[116] 지각과 동시인 것처럼 보일지라도 일종의 재인식이나 기억이기 때문에 '지각의 대상=현재법'의 올바른 논거가 될 수 없다는 것이다.

이에 대해 중현은 즐거움 등의 경험(領納)과 이에 대한 자각(覺了)의 발생 시간이 다를지라도 이는 자신의 지각에 대한 것으로, 애당초 직접지각(근·경·식과 受 등 제심소의 동시인과)을 인정하지 않는 비유자에게 이러한 해명은 옳지 않지만, 現量/직접지각의 세 가지 차별 —根에 근거하여 외계대상을 취하는 依根현량(말하자면 감관지)과, 識과 俱生한 受가 현전하

---

115 『순정리론』권8(T29, 374b14f), "又已滅色, 彼(상좌)執體無, 但分別心, 取爲境起." 분별심(즉 사유)에 의한 비존재(예컨대 과거대상)의 인식과 그것의 확실성에 대해서는 제8장 3-2; 4를 참조할 것.
116 『순정리론』권8(T29, 374c3-4), "如於自身受有現量覺, 謂我曾領納如是苦樂."

여 손해와 이익(즉 苦·樂受)을 경험하는 領納현량과, 이러한 경험이 소멸하여 과거가 되었을 때 이를 대상으로 하여 생겨난 현재의 기억인 覺了현량―의 관점에서 볼 때 직접지각의 자각(現量覺) 또한 직접지각(現量)에 의해 일찍이 경험한 사태(所受事)에 대해서만 일어날 수 있기 때문에 비유자가 말한 대로 그것은 자신의 지각(受)에 대한 것이라 말할 수 있다고 논평한다.[117]

그렇지만 비유자는 과거 색 등은 일찍이 직접지각(現量)에 의해 경험된 것이 아니라고 이미 인정하였기 때문에 '직접 지각하고 있다'는 자각(現量覺)은 자신의 지각(受)에 대한 것이라고 말할 수 없다고 비판한다. 이와 마찬가지로 현재 색 등도 依根현량(즉 안식)에 의해 직접 경험된 것이 아니기 때문에 여기에는 마땅히 '직접 지각하고 있다'는 자각이 존재하지 않는다고 해야 한다고 비판한다. 비유자의 논리에 의하는 한 "나는 일찍이 이와 같은 괴로움 등을 경험(領納)하였다"거나 "나는 일찍이 이와 같은 색 등을 지각하였다"는 말은 그 같은 경험/지각(受)을 대상으로 한 지식일 뿐 직접 지각에 대한 자각이 아니라는 것이다.[118]

중현의 비판은 요컨대 비유자는 색 등 외계대상이 안식 등 依根현량에

---

117 『순정리론』권8(T29, 374c4-14), "此救不然. 於自身受, 領納覺了時分異故. 謂於自身曾所生受, 餘時領納, 餘時覺了. 領納時者, 謂爲損益時, 爾時此受未爲覺之境. 謂了餘境識俱生受正現前時, 能爲損益. 此損益位, 名領納時. 卽自性受. 領所受觸, 自體生故. 此滅過去, 方能爲境, 生現憶念. 此憶念位, 名覺了時. <u>由斯理趣, 唯於現量曾所受事, 有現量覺. 故現量覺, 於自身受有義得成. 現量有三. 依根·領納·覺了現量性差別故.</u>" 중현은 색·무색의 上界 4제16행상(眞實義)의 決擇인 類智(anvaya-vijñāna)는 추리(比量)가 아니라 직접지각(現量)이라는 사실을 밝히면서도 세 종류의 현량에 대해 분별하고 있다. 여기서 依根현량이란 5근에 근거하여 색 등의 다섯 가지 외적 경계를 지금 바로 取하는 것을 말하고, 領納현량이란 受·想 등의 심소법이 지금 바로 현재전하는 것을 말하며, 覺慧현량이란 제법에 대해 각기 상응하는 바에 따라 自相과 共相을 증득하는 것을 말한다. ("然許現量總有三種. 依根領納覺慧別故. 依根現量, 謂依五根現取色等五外境界. 領納現量, 謂受想等心心所法正現在前. 覺慧現量, 謂於諸法隨其所應證自共相.": 『순정리론』권73, T29, 736a9-13)

118 『순정리론』권8(T29, 374c14-20). "過去色等, 旣許未曾現量所受, 云何可言 '如自身受有現量覺'?--(中略)--如是現色等, 非自依根現量所受, 應無現量覺. 謂我曾受如是色等, 緣彼境智, 應非現量覺."

의해 직접 지각된다는 사실을 인정하지 않기 때문에 자신의 지각(受)에 대한 지식은 가능할지라도 "직접지각 하였다"는 자각은 애당초 불가능하다는 것이다.[119] 중현은 異時인과에 따른 '지각의 대상=과거'라는 비유자/상좌의 지각론의 비판논거로서 '색 등은 지금 바로 지각되고 있다'는 직접지각의 자각(現量覺)의 문제를 제시하였지만, 이렇듯 직접지각의 문제로 다시 돌아오고 있다. 그것은 유부(중현)와 비유자(상좌)가 직접지각(5식에 의한 現量)에 관한 입장을 근본적으로 달리하였기 때문이다.

5. 세친의 '직접지각의 자각(現量覺)' 이해

1) 『유식이십론』에서의 직접지각 비판

한편 '직접지각의 자각(現量覺)' 문제는 三界는 오로지 표상(vijñaptimātraṃ: 唯識)으로서만 존재할 뿐 외계 실재하는 것이 아니라는 유가행파의 唯識無境설의 비판논거로 제시되기도 하였다. 외계 실재론자는 이같이 말한다. "그대들은 외계대상이 존재하지 않는다고 하지만, 외계는 이렇듯 지금 명백하게 지각되고 있지 않은가?"

세친의 『유식이십론』 제16송(玄奘譯本은 제15송)은 바로 이에 대해 해명한 것인데, 그 논리가 유가행파의 것이라고는 말하기 어려우며 상좌의 그것과 거의 동일하다. 세친은 먼저 상좌가 5識을 '의지할 만한 것이 되지 못하는 것', 5식의 소연을 '虛僞의 妄失之法'이라 하였던 것(본 장 주128 참

---

119 비유자의 '직접지각의 자각(現量覺)' 해명(주116)에 대한 중현의 비판은 엄밀할뿐더러 분량도 상당한데(T29, 374c4-375a6), 다음과 같은 언사로 비판을 끝맺고 있다. "그렇기 때문에 [依根 등] 諸 현량에 의해 일찍이 지각하지 않은 경계대상에 대해 '직접지각의 자각'이 존재한다고 해서는 안 된다. 이에 따라 <u>5식은 오로지 현재의 경계대상에 근거하여 [생겨날] 뿐이니, 반드시 [識과] 俱生한 경계대상을 인식대상(所緣)으로 삼기 때문이다.</u> (是故不應於諸現量曾未受境, 有現量覺. 由此五識唯緣現境, 必以俱生爲所緣故.)" (T29, 375a3-5)

조)처럼 이것(現量覺)의 허망성에 대해 언급하고, '지금 외계를 지각하고 있다'는 생각(자각/판단)은 意識의 分別(kalpanā)로 이때는 이미 지각(眼 등의 5識)도 지각의 대상도 소멸하였기 때문에 이를 唯識無境의 비판논거로 삼을 수 없다고 재 비판한다.

이하『유식이십론』제16송에 대해 좀 더 구체적으로 살펴보기로 한다. 먼저 대론자(외계실재론자)의 문제제기와 함께 本頌과 논주의 해설을 전재하면 다음과 같다.

諸法은 인식근거(pramāṇa: 量)에 의해 그 존재유무가 判定(확정)된다. 그리고 일체의 인식근거 중에서 직접지각(pratyakṣa pramāṇa: 現量)이 가장 뛰어나다. 그런데 만약 [외계]대상(artha)이 존재하지 않는다면 "나는 지금 이와 같은 경계대상을 바로 지각(pratyakṣa: 現證)하였다"는 이 같은 자각/인식(buddhi: 覺 또는 智)이 어떻게 일어날 수 있는 것인가?[120]

직접지각의 자각(pratyakṣabuddhi: 現量覺)도 꿈 등과 같다. 그것(자각)이 존재할 때 그 대상은 보이지 않는데, 어떻게 '직접지각된 것(pratyakṣatvaṃ: 現量性)'이라고 생각(mata: 分別, 覺)할 수 있을 것인가? (k.16)
[인식]대상(artha) 없이도 [인식이 일어난다는 사실]에 대해서는 앞(제3송)에서 이미 제시하였다.
"나는 [이와 같은 경계대상을] 바로 지각하였다"는 직접지각의 자각이 생겨났을 때, 그 대상은 보이지 않는다. 왜냐하면 이러한 ['지각하였다'는] 판단/분별(pariccheda)은 다만 意識을 통해 일어날 뿐으로, 그때 眼識은 이미 소멸하였기 때문이다. 그러니 어떻게 그것을 '직접 지각한 것'이라고 인정

---

120 *Viṃśatikā* p.8.22-24, pramāṇavaśād astitvaṃ nāstitvaṃ vā nirdhāryate sarveṣāṃ ca pramāṇānāṃ pratyakṣaṃ pramāṇaṃ gariṣṭham ity asaty arthe katham iyaṃ buddhir bhavati pratyakṣam iti. "諸法由量判定有無. 一切量中現量爲勝. 若無外境, 寧有此覺, '我今現證如是境'耶?" (현장 역, T31, 76b15-17).

하겠는가? 특히 경계대상은 찰나적 존재(kṣaṇika: 有刹那, 刹那滅)이기에 그 때 그 같은 色이나 味 등[의 경계대상]은 이미 소멸하였기 때문이다.[121]

玄奘 譯本에서의 상응문은 이와 같다.

직접지각의 자각(現覺)도 꿈 등에서와 같다. '직접 지각하였다'고 생각하였을 때 본 자(見者)와 아울러 그 대상도 이미 존재하지 않거늘 어찌 [그것에 대한] 직접지각이 존재한다고 인정하겠는가? (제15송)
꿈 등에서 비록 외계대상이 존재하지 않을지라도 역시 이와 같은 직접지각의 자각이 존재할 수 있는 것처럼 그 밖의 다른 때 (즉 일상에서)의 직접지각의 자각도 역시 그러한 것임을 알아야 한다. 따라서 저들(외계실재론자)이 이러한 사실을 인용하여 [외계 실유를] 논증한 것은 성립하지 않는다.
또한 만약 "나는 지금 이와 같은 색 등을 바로 지각(現證)하였다"는 이 같은 직접지각의 자각을 갖는 때라면, 그때 경계대상도, 그것을 능히 본 것(能見, 지각의 주체인 眼 등 5識)도 이미 존재하지 않는다. 요컨대 意識이 존재할 때 비로소 능히 ['나는 색 등을 바로 지각하였다'고] 分別할 수 있기 때문으로, 그때 眼 등의 識은 필시 이미 과거로 落謝하였기 (사라졌기) 때문이다.
刹那論者도 이러한 [직접지각의] 자각이 존재할 때 색 등 직접지각의 경계대상(現境) 역시 모두 다 이미 소멸하였다고 하였거늘, 어찌 이때 [그것에 대한] 직접지각(現量)이 존재한다고 인정하겠는가?[122]

---

121 *Viṃśatikā* p.8.25-9.1, pratyakṣabuddhiḥ svapnādau yathā sā ca yadā tadā, na so 'rtho dṛśyate tasya pratyakṣatvaṃ kathaṃ matam.(k.16) vināpyartheneti pūrvam eva jñāptitam. yadā ca sā pratyakṣabuddhir {na} bhavatīdaṃ me pratyakṣam iti tadā na so 'rtho dṛśyate manovijñānenaiva paricchedāc cakṣurvijñānasya ca tadā niruddhatvād iti. kathaṃ tasya pratyakṣatvam iṣṭam. viśeṣeṇa tu kṣaṇikasya viṣayasya tadānīṃ niruddham eva tad rūpaṃ rasādikaṃ vā. Stefan Anacker(1984), *Seven Works of Vasubandhu, The Buddhist Psychological Doctor*, p.170f 참조.

122 『唯識二十論』(T31, 76b18-25), "頌曰: 現覺如夢等 已起現覺時 見及境已無 寧許有現量. 論曰: 如夢等時, 雖無外境, 而亦得有如是現覺. 餘時現覺應知亦爾. 故彼引此爲證不成. 又若爾時, 有此現覺, ‘我今現證如是色等’, 爾時於境能見已無, 要在意識能分別故, 時眼等識必已謝故. 刹那論者, 有此覺時, 色等現境亦皆已滅, 如何此時許有現量?”

『유식이십론』에는 이 밖에도 티베트어 역본과 般若流支와 眞諦의 한역본이 있는데, 두 한역본에서의 제16송(밑줄)과 해석은 이러하다.

般若流支 역 『唯識論』 (T31, 68b29-c13)

지금 바로 보고 있는 것(現見, 직접지각)도 꿈속에서 [보는 것]과 같다. 보는 것(見)과 보여진 것(所見)은 함께 하지 않는다. (다시 말해 동시가 아니다.) 볼 때는 [아직] 分別하지 않았거늘 어떻게 ‘지금 바로 보고 있다’고 말할 수 있을 것인가?

이 게송은 무슨 뜻인가?

나는 앞(제3송)에서 꿈에서 본 것은 虛妄한 것이라 말하였다. 모든 범부인이 煩惱라는 꿈에서 본 것 또한 모두 이와 같다. 그래서 게송에서 “지금 바로 보고 있는 것도 꿈속에서 [보는 것]과 같다”고 말한 것이다.

‘보는 것(見: 見者는 眼識)과 보여진 것(所見, 즉 色)은 함께 하지 않는다’는 말은 어떤 뜻인가?

예컨대 色을 지금 바로 보고 있을지라도(現見) [아직] 色을 알지(知) 못하였다는 뜻이다. 이것이 무슨 뜻인가?

예컨대 그같이 청색 등을 지금 바로 보고 있을 때, 비록 “나는 지금 청·황색 등을 보고 있다”고 생각(念)할지라도 그때는 [아직] 청색 등을 보지(알지) 못하였다는 뜻이다. 왜냐하면 이후 意識이 分別하고 난 연후 [비로소] 알기 때문이다. 그러나 意識이 分別할 때 眼 등의 識은 존재하지 않으니, 眼 등의 識은 앞서 이미 소멸하였기 때문이다. 그러니 어떻게 “나는 지금 바로 그 같은 청·황색 등을 보고 있다”고 말할 수 있겠는가? 佛法 중에는 이와 같은 뜻(청색을 現見할 때 ‘청색을 보고 있다’고 말할 수 있는 뜻, 다시 말해 청색의 지각[受]과 이에 대한 자각[覺]이 동시라는 뜻)이 없다. 왜냐하면 一切法은 찰나찰나 한순간도 지속하지 않기 때문이다. 색을 보고 있을 때 그 같은 [分別의 주체인] 意識과 경계대상은 [아직] 존재하지 않으며, 意識이 일어났을 때 그 같은 [시각의 주체인] 眼識과 경계대상은 [이미] 존재하지 않는 것이다. 이러한 의미로 볼 때 네 가지 확정적 지식(信, 量의 異譯) 즉 現見·比知·譬喩·阿含(신역은 現量·比量·比喩量·聖敎量) 중 직접지각(現信)이 가장 뛰어나다고 말할 수 없다. (現見如夢中 見所見不俱 見時不分別 云何言現見. 此偈明何義? 我已先說夢見虛妄. 諸凡夫人煩惱夢中有所見事, 皆亦如是. 是故偈言, ‘現見如夢中’故. ‘見所見不俱’者, 此句明何義? 如現見色, 不知色義. 此明何義? 如彼現見靑色等時, 作如是念. ‘我雖現見靑黃色等’, 彼時不見靑色等義. 何以故? 以於後時意識分別然後了知. 意識分別時, 無眼等識, 以眼等識於先滅故. 云何說言, ‘我現見彼靑黃色等’? 於佛法中無如是義. 何以故? 以一切法念念不住故. 以見色時, 無彼意識及以境界. 意識起時, 無彼眼識及以境界. 以是義故, 不得說言 ‘於四信中現信最勝.’”)

眞諦 역 『大乘唯識論』 (T31, 72c25-73a4)

직접지각의 인식(證智, 신역 現量覺)도 꿈속에서와 같다. 꿈을 꿀 때 대상을 떠나서도 (대상 없이도) 산이나 나무 등의 色法을 보듯이, ‘직접 지각하였다’는 인식 역시 이와 마찬가지로 어떠한 경우에도 외계대상은 존재하지 않는다.

‘직접 지각하였다’고 아는 이때는 [외계]대상(塵)을 보지 않을 때인데, 어찌 경계대상이 ‘직접 지각되는 것(可證, pratyakṣatvam)’이라 하겠는가?

그대(외계실재론자)가 말하였듯이 직접지각의 인식이 일어날 때 ‘나는 이같이 [외계대상을] 지각하였다’고 말하지만, 이때 그대는 경계대상을 볼 수 없다. [이때는] 다만 意識이

2) 세친의 '직접지각의 자각' 이해의 교학적 맥락

『유식이십론』 제16송의 요지는 ① 직접지각의 자각도 꿈 등에서와 마찬가지로 대상 없이 일어난다, ② 직접지각(pratyakṣa)과 이에 대한 자각(buddhi)의 양립, 혹은 [眼·色과] 眼識과 意識의 次第生起, ③ 刹那滅(현장 역은 刹那論者의 주장)의 특별한(viśeṣeṇa) 강조, ④ 직접지각의 불신으로 정리할 수 있다.

그런데 유가행파에서는 직접지각을 불신하지도, 眼 등의 5識(직접지각)과 意識(분별)을 시간적으로 양립시키지도 않는다. 『이십론』 제16송의 문제는 『성유식론』에서 논설된 이른바 唯識九難 중 제6 現量爲宗難이다. 그러나 여기서는 『이십론』과 달리 "5식에 의해 직접지각(現量)된 대상은 외계가 아니라 5識 자체의 相分일 뿐으로, 이후 의식이 이를 거짓(妄) 분별하여 외계로 생각한 것이기 때문에 외계는 직접지각에 의해 알려지는 것(現量所得)이 아니"라고 해명한다.[123] 이에 따르면 5식 자체에는 오류가 없다. 다만 의식의 分別(개념적 지식)을 거짓(abhūta: 虛妄)이라 불신하였을 뿐이다.[124] 또한 그들은 重層의 心相續說을 주장하여 알라야식뿐만 아니라 말나식과 6識 같은 현행식의 동시생기(俱轉)를 주장하였다. 이를 인정하지 않을 경우 (다시 말해 경량부처럼 안식과 의식의 次第生을 주장할 경우) 意識의 대상은 과거(3찰나 전)이기 때문에, 이는 일종의 기억이지 明了性의 직접지각(現量)이라 할 수 없다는 것이 그 이유였다.[125]

[앞서 본 것을] 分別할 뿐으로, 眼識은 이미 소멸하였기 때문이다. 그러니 이러한 경계대상을 어찌 '직접 지각되는 것'이라 하겠는가? 刹那滅(kṣaṇika)을 설하는 이라면, 이러한 이들은 이때 ('직접 지각하였다'고 알 때) 色 내지 觸은 이미 과거로 落謝하였다고 (사라졌다고) 주장해야 한다. (證智如夢中 如夢時, 離塵見山樹等色. 無有外塵. 證智亦如此 是時如證智 是時不見塵 云何塵可證? 如汝所說, 證智起時, 謂我如此證.' 此時中汝不得見塵. 但意識分別, 眼識已滅故. 是塵云何可證? 若人說刹那滅, 此人是時, 執色乃至觸已謝.") (밑줄 本頌)

123 『성유식론』권7(T31, 39b27-c3), "色等外境, 分明現證('證' → '見': 宋·元·明 三本)現量所得, 寧撥爲無? 現量證時不執爲外. 後意分別妄生外想. 故現量境是自相分. 識所變故亦說爲有. 意識所執外實色等. 妄計有故說彼爲無. 又色等境非色似色非外似外如夢所緣. 不可執爲是實外色."

124 후카우라 세이분, 박인성 역(2012), 『유식삼십송 풀이』, pp.364-365.

그러나 불교전통에서 볼 때 6識은 所依에 따른 차별일 뿐 識 자체는 단일하기 때문에 二識의 俱起는 불가능하다. 따라서『이십론』제16송에서의 '직접지각의 자각(現量覺)'의 이해를 유가행파의 교학적 입장에 따른 것이라 말하기 어렵다. (주149 참조) 또한 세친은 찰나멸(kṣaṇika)을 특별히 강조하여 비판의 논거로 삼았고, 현장은 이를 '刹那論者'의 견해로 번역하여 지각 불신의 예시로 삼았다. 그렇다면 이들은 누구인가?

調伏天(Vinītadeva)는 제16송의 문제(주120)를 제기한 이, 즉 직접지각의 자각에 근거하여 唯識無境설을 비판한 이를 경량부로 평석하였다. 이에 따라 야마구치 스스무(山口益) 등은 本頌과 기억의 문제를 다룬 제17송을 '經量部의 외계 실재론적 인식과 그것의 唯識的 비판(經量部の有外境的認識とそれの唯識的批判)'이라는 타이틀로,[126] 리아오 벤셍(廖本聖) 등은 '現量이 외계성립 근거라는 경량부 주장 비판(破斥經部師主張「現量為成立外境的因」)'이라는 타이틀로 논의하지만,[127] 경량부가 직접지각을 가장 뛰어난 것으로 이해하였다고 말하기 어려우며, 앞서 말한 대로 本頌에서의 해명과 비판을 유식학파의 입장으로 보기도 어렵다. 경량부의 上座 슈리라타는 직접지각(5식)을 불신하였다. 상좌는, 5識은 [무감각한] 거울이 뭇 사물의 영상을 비추듯이 虛偽의 妄失之法인 극미화합의 假有(또는 世俗有)만을 반연하기에 의지할 만한 것이 되지 못한다고 하였다.[128] 뿐만 아니라 제16송에서 唯識無境설 비판의 주요논거인 '인식방법 중 직접지각(현량)이 가장 뛰어나다(gariṣtha: 最

---

125 『유가사지론』권51(T30, 579b18-22). 이는 바로 알라야식 존재증명 제3 意識明了證이다. 본서 제12장 2-2 참조.

126 山口益·野澤靜證(1953),『世親唯識の原典解明』, p.11, pp.99-108.

127 廖本聖·釋惠敏,「藏本調伏天『唯識二十論釋疏』譯注研究」(『中華佛學學報』第15期, 中華佛學研究所, 臺灣 臺北, 2007), p.80. (http://www.chibs.edu.tw/ch_html/chbj/15/chbj1502.htm)

128 『순정리론』권4(T29, 350c11-13: 제1장 주46); 권26(T29, 486c21-25: 제1장 주53). 본서 제1장 3-2-2; 박창환(2009),「법칭의 감각지각론은 과연 경량부적인가?--상좌 슈리라타의 감각지각 불신론과 이에 대한 세친의 절충론을 통해 본 경량부의 전5식설의 전개과정」, pp.17-31 참조.

勝, 最重)’는 사실과 ‘직접지각의 자각(現量覺)’ 문제는 바로 상좌(비유자/경
량부)의 찰나멸론(혹은 自然滅說)과 지각론(즉 ‘지각의 대상=과거’)에 대한
비판논거로 제시된 것이었다. (後說)

한편 窺基는 本頌의 문제를 제기한 이를 正量部와 薩婆多(Sarvāstivāda 즉
설일체유부)로 돌리고 있다.[129] 그는 頌文을 두 단락으로 구별하여 제1구는
正理를 서술한 것으로 비유로써 경량부[의 외계실재론]을 비판한 것이지만,
이하 3구는 정량부와 설일체유부 등을 비판한 것이라고 해설하였다. 즉 그
는 제3구(見及境己無)의 ‘아울러(及)’라는 말에 주목하여, 이를 보는 자 즉
지각의 주체(見者)인 眼 등 5識(심·심소)만의 刹那滅을 주장한 정량부와, 이
와 아울러 경계대상(色 등 5境) 역시 찰나멸한다고 주장한 유부를 비판한
것으로 이해하였다.[130] 그리고 논주가 釋文에서 언급한 ‘刹那論者’는 경계대
상과 심·심소가 모두 다 찰나멸(念念滅)한다고 주장한 薩婆多(有部) 等이라
고 평석하였다.[131] 정량부는 주지하듯이 산하대지나 身·語表業과 같은 색법
의 暫住滅설을 주장하였기 때문이다.

그러나 적어도 유부가 正義로 삼은 世友(Vasumitra)의 根見說에 의하는
한 能見者는 眼識이 아니라 眼根이다. 이는 이미 규기도 확인한 바이다.[132]
또한 유부의 경우 비록 二心不竝起를 주장하였을지라도 (다시 말해 안 등의
5식과 의식이 俱生하지 않을지라도) 대상을 달리하는 것은 아니다. 안식의
대상이 현재라면 의식의 대상은 과거이다. 예컨대 안식의 대상이 지금 달
리고 있는 기차라면 의식의 대상은 지나간 기차이다. 그들의 찰나멸론은

---

129 『유식이십론술기』권하(T43, 998c22).
130 『유식이십론술기』권하(T43, 999b21-c2).
131 『유식이십론술기』권하(T43, 1000a24-25). 窺基에 의하면 여기서 ‘等’은 대중부이다. 그러
　　나 대중부는 6識의 俱時[生起]를 설하였다는 점에서 유부와는 차이가 있다. (동 1000b4f)
132 『유식이십론술기』권하(T43, 999a12-14), “且薩婆多, 用世友說, 以根名見. 根體是現量. 以顯現
　　義是根義故. 此能量境. 故名現量.”

작용에 한정될 뿐이기 때문에 과거로 사라진 (작용을 마친) 법 또한 실재한다. 그리고 과거법 역시 경계대상이 되어 인식을 낳을 수 있고, 인식을 낳는한 실유이다. "경계대상이 되어 지각(buddhi)을 낳는 것, 이것이 바로 진실의 존재이다."[133]

『유식이십론』 제16송의 문제제기는 당연히 외계 실재론자에 의해 이루어졌다고 할 수 있지만, 유부나 경량부 등으로 특정하기 어렵다. "외계는 지금 지각되고 있기 때문에 실유"라는 주장은 世間現見(dṛṣṭi)의 상식적 판단에 따른 것이었고, 제16송은 이러한 상식적 판단에 제동을 건 것이었다. 세친은 일찍이 『구사론』에서도 本頌에서와 같은 형식의 비판에 해명한 일이 있었다. 그는 유위제법의 刹那滅("원인에 근거하는 일 없이 생겨나자마자 바로 소멸한다")에 대해 논설하면서 '소멸 역시 객관적 원인에 근거한다'는 이설(정량부 설)을 인용한다.

> 어찌 장작(땔감)은 불과 결합할 때 멸진하여 없어지는 것(vināśa)임을 세간에서 바로 관찰(dṛṣṭi: 現見)하지 않았던가? 그 어떤 인식수단(pramāṇa)도 이 같은 직접지각(dṛṣṭa: 現量)보다 확실한 것(gariṣṭham)은 없다. (직접지각이 가장 뛰어난 인식수단이다). 따라서 어떠한 법도 원인에 근거하지 않고 소멸하는 것은 없다.[134]

이에 세친은, '장작이 소멸하였다'는 판단은 장작이 불과 결합한 이후 보이지(지각되지) 않았기 때문이겠지만, 그렇다면 지각되지 않는 것은 다만 불과 결합하여 소멸하였기 때문인가, 아니면 장작 스스로 소멸(svayam nirodha: 自然滅)하였지만 [불이 장애하여] 續生하지 않았기 때문인가? 이 같

---

133 중현의 '존재'의 정의, "爲境生覺, 是眞有相." (『순정리론』권50, T29, 621c21: 제4장 주66)
134 『구사론』권13(T29, 67c22-24); AKBh., p.193. 10f. (원문은 제4장 주30)

은 사실을 판단하기 위해서는 [직접지각이 아니라] 추리(anumāna: 比量)에 의거해야 한다고 말한다.[135]

이른바 '滅不待因'설로 일컬어지는 유위제법의 自然滅설은 婆沙 이래 譬喩者의 논의로 전해질 뿐만 아니라 세친이 규정한 刹那의 정의 −'법 자체가 획득됨(생겨남)과 無間에 소멸하는 것(得體無間滅, ātmalābho 'nantaravināśī)'[136] − 역시 상좌의 찰나멸 이해에 따른 것이었다. 상좌는 諸行은 어떤 경우에도 머무는 일(住相)이 없는 찰나적 존재라고 규정하고서(T29, 411b13-17) 이같이 말하였다. "유위법은 어떠한 경우에도 머무는 일이 없으니, [법] 자체가 획득됨과 無間에 바로 소멸하기 때문이다."[137]

세친은 『구사론』에서 신표업의 본질에 관한 논의를 다른 어떤 부파(apare, 즉 정량부)의 行動(gati, 표업의 본질은 일련의 행위전체) 설과 이에 대한 자신의 비판(주136, 이는 사실상 상좌의 언명)으로 시작하였지만, 중현은 『순정리론』에서 '찰나멸에 따른 운동 불가능'에 관한 상좌 슈리라타의 논설을 인용하는 것으로 시작한다.[138] 요컨대 세친의 찰나멸론은 상좌설에 따른 것으로, 이는 결코 직접지각에 근거하여 상식적으로 판단될 수 있는 것도 아니거니와 직접지각을 '가장 뛰어난 것'이라고는 더더욱 말하기 어렵다.

또한 앞서 논의하였듯이 상좌(비유자/경량부)는 '지각(5식)의 대상=과거법(경량부에 의하면 비존재)'이라는 世間現見의 상식적 판단에 반하는 주장을 펼쳤고, 중현은 이에 대해 『이십론』에서의 문제제기와 동일한 방식 −만약 5식이 오로지 과거의 경계대상(즉 비존재)을 반연하여 일어난 것이라면,

---

135 『구사론』권13(T29, 67c24-28).; AKBh., p.193. 11-14. 이에 대해 세친이 제시한 비량(추론) 두 가지는 본서 제4장 주32 참조.

136 『구사론』권13(T29, 67c11f); 『구사석론』권10(T29, 225b16f); AKBh., p.193. 2f.; 본서 제4장 주24.

137 『순정리론』권14(T29, 411b19-20), "若謂 有爲全無有住, 得體無間卽滅故'者, --."; 본서 제4장 주25.

138 본서 제4장 2-2 '상좌일파의 행동설 비판' 참조.

어떻게 지금 '그것을 직접 지각하였다'는 자각이 존재는 것인가?"(주48의 ③) - 으로 비판하였으며, 상좌 또한 이때 자각(覺, buddhi)은 "나는 일찍이 이와 같은 괴로움 혹은 즐거움을 경험(領納, anubhava)하였다"고 말(혹은 '생각')하듯이 (이러한 말/생각은 苦·樂受의 대상에 대한 것이 아니라 苦·樂受의 경험에 대한 것이다) 지각의 대상에 대한 것이 아니라 자신이 지각(受)한 바에 대한 것이기 때문에, 다시 말해 지각(受)과 자각(覺)은 동시가 아니고, 따라서 동일한 대상에 대한 것도 아니기 때문에 '지금 외계대상을 지각하였다'는 자각은 '5식의 대상=과거(또는 비존재)'의 비판논거가 될 수 없다고 해명하였다.

"직접지각의 자각(의식: 제3찰나)이 일어날 때 직접지각(안 등의 전5식: 제2찰나)도 그 대상(외계: 제1찰나)도 소멸하였다"는『유식이십론』제16송에서의 세친의 '직접지각의 자각(現量覺)'의 해명은 [법 자체의] 刹那滅論과 異時인과설에 기초한 上座(경량부) 인식론의 전형이었다.

3) 현장역본에서의 '刹那論者'

이에 따라 우리는 현장 역본의 '刹那論者' 또한 상좌 또는 상좌일파로 이해하지 않을 수 없다. 이는 물론 역자의 가필이다. 일찍이 우이 하쿠주(宇井伯壽)가 지적하였듯이 梵本에서는 다만 "특히 경계대상은 찰나적인 것이어서(viśeṣeṇa tu kṣaṇikasya viṣayasya) 그때(현량의 자각이 일어날 때) 色 등은 이미 소멸하였다"고 논의할 뿐 이를 '刹那論者(kṣaṇika-vāda, kṣaṇabhaṅga-vāda)'의 주장으로 논설하지 않았다. 그렇다고 현장 역본의 '刹那論者'가 오역이라고는 생각되지 않는다.[139] 우이는, 刹那滅은 불교전체의 특징으로 [窺基가

---

[139] 眞諦 또한 '찰나멸을 설하는 이(人說刹那滅)'로 번역하였다. (주122) 한편 義淨이 번역한 護法의『성유식보생론』(T31, 91c27-92a3)에서는 殊異論者(특별한 論者)로 전하고 있다. "--(전략) 만약 그 당시(직접지각 당시) '그것을 직접지각하고 있다는 자각(現量覺)'이 생겨

평석한 것처럼] 유부나 대중부에 국한된 것이 아니기 때문에, 論主가 대론자를 '刹那論者'라고 할 리가 없었을 것이라면서 이는 명백히 현장과 규기의 誤譯과 誤釋이라 평가하였지만,[140] 찰나멸론은 모든 불교가 주장하는 한가로운 학설이 아니며, '刹那論者'라는 말 역시 불교일반에 적용할 수 있는 술어가 아니다.

제 부파 중 찰나멸론의 대표자는 경량부이다.[141] 중현은 이 말을 오로지 상좌일파 또는 그들과 가까이한 세친에 적용하여 사용한다. 중현은 당시의 불교를 다음의 6가지로 분류하였다.

① 說一切有部: 三世[法]과 眞實(*sad)인 세 종류 無爲의 실유.

② 增益論者: 眞實인 補特伽羅(pudgala)와 앞서 언급한 제법(삼세법과 세 종류 무위)의 실유.

나 "이는 바로 나의 직접지각(別根, praty-akṣa)에 의해 알려진 것"이라고 한다면, 그때 경계대상에 관한 한 아무 것도 관찰되는 바가 없으니, 이러한 [생각]은 오로지 意識에 의해 판정된 것이기 때문이며, 眼識은 당시 이미 과거로 낙사하여 소멸하였기 때문이다. 뜻이 이와 같거늘 어찌 그러한 [외계의] 경계대상이 직접지각(現量)을 성취한다고 인정할 것인가? 하물며 또한 '일체법은 찰나도 머물지 않는다'고 인정한 殊異論者는 말해 무엇할 것인가? 이러한 자각이 일어났을 때 色 등의 경계대상 역시 이미 다 소멸하였거늘 직접지각(現量)의 이치, 그것이 어찌 성립할 것인가? (若其當時生現量覺, '此是我之別根所了', 爾時於境遂無所見, 唯是意識所刊定故, 眼識當時已謝滅故. 義旣如是, 如何彼境許成現量耶? 況復是爲殊異論者, 許一切法刹那不住. 此覺起時, 色等諸境亦皆已滅, 現量之理, 斯何得成?)" 호법은 필경 세친이 刹那滅을 '특별히(viśeṣeṇa)' 강조하였기 때문에 일체법은 찰나도 머물지 않는다고 주장한 그 같은 이를 '특별한 논자(殊異論者)'라고 말하였을 것이다. 참고로 우이 하쿠쥬는 殊異論者를 '殊異論お爲す者'로 번역하고, 殊異論은 의미는 분명하지 않지만 '특히(viśeṣeṇa)'라는 정도의 의미로 그럴듯하게 번역한 것(ものものしく譯したもの)이라 추측하였다. (宇井伯壽, 1990, 『大乘佛典の研究』, p.759; p.761)

140 宇井伯壽(1979), 『四譯對照 唯識二十論研究』, p.178.

141 『이부종륜론』에 따르면 일체 諸行의 刹那滅을 주장한 부파는 說一切有部와 유부의 분파인 化地部와 飮光部이지만(T49, 16c2; 17a13f; 17b1), 유부는 작용과 같은 양태(性類, bhāva)의 찰나멸만을 설하고 法體의 恒有를 주장하였다는 점에서 철저한 찰나멸론이라 말하기 어렵다. 또한 화지부와 음광부가 비록 찰나멸을 설하였을지라도 짐작컨대 화지부는 경량부처럼 過未無體설을 주장하였다는 점에서 유부의 찰나멸론과 달랐을 것이고, 음광부는 아직 이숙과를 낳지 않은 업의 과거실유를 주장하였다는 점에서 경량부의 찰나멸론과 달랐을 것이다. (본서 제4장 제1절 '무상과 찰나멸' 참조)

③ 分別論者: 오로지 현재법과, 과거법으로서 아직 결과를 낳지 않은
업의 실유.

④ 刹那論者: 오로지 현재 일 찰나 중의 12處의 [所依가 되는 法]體의
실유.

⑤ 假有論者: 현재세에 존재하는 諸法 역시 오로지 假有.

⑥ 都無論者: 일체법은 모두 空花와 같은 無自性.[142]

이 중 과보의 향수자로서 非即蘊非離蘊의 보특가라를 설한 증익론자는
두말할 것도 없이 犢子部이며, 분별론자와 가유론자는『이부종륜론』에 의
하면 음광부와 설가부이지만, 刹那論者는『순정리론』의 전후 맥락상 비유
자인 상좌 슈리라타 일파이다. 즉 중현은 上座를 "전후 인과적 관계로서
展轉상속하는 '刹那의 實法'을 宗義로 삼는 이", '一刹那宗', 혹은 '오로지 현재
만이 실유라고 주장하는 이(唯現有論)'로 규정하였으며,[143] '上座와 가까이하
고', '견해를 함께 한(同見者)' 세친에 대해서도 역시 '오로지 현재 일 찰나만이
존재한다고 주장하는 一刹那宗(唯說有一刹那宗)'으로 호칭하여 비판하였다.[144]
　稱友(Yaśomitra) 또한 유위법(所相)과는 별도의 유위4상(能相)의 실재성
을 부정한 (다시 말해 찰나의 住相/지속마저 부정한) 경량부를 '刹那滅論의
毘婆沙師(kṣaṇikavādin-Vaibhāṣika)'로 호칭하기도 하였다.[145] 그럴지라도 '찰나
론자'라는 말에는 전·후법(과거·미래)을 부정하고 오로지 현법만을 인정
함으로써 인과를 부정하는 斷見者(空花論)라는 부정적 뉘앙스가 내포되어
있는 것으로, 중현은 이들을 都無論者(nāstikaḥ, 空에 집착하는 이들)와 오로

---

142 『순정리론』권51(T29, 630c6-14). 권오민(2012), pp.382-386 참조.
143 순서대로 (T29, 434a22), (동, 627c14: 본 장 주148), (동, 483b8; 534a23).
144 (T29, 629a24f).
145 AKVy., p.177. 20.

지 일찰나의 간격만이 있을 뿐이라 비난하였다.146

'刹那論者'는 어리석은 이의 대명사이다. 예컨대 實叉難陀는 菩提流志가 『입능가경』「찰나품」(魏譯)에서 "어리석은(愚癡) 凡夫들은 무지(不覺不知)하여 진여인 여래장을 파괴(부정)하였기 때문에 [일체법은] 찰나[멸]하여 한순간도 머물지 않는다고 집착하는 邪見에 떨어져 '무루의 법 역시 찰나[멸]하여 한순간도 머물지 않는다'고 말한다"(T16, 559c4-6)고 논설한 것을 "藏識인 여래장과 의식 등에 부여된 諸 習氣는 찰나법일지라도 無漏習氣는 찰나법이 아님에도 '어리석은(凡愚) 刹那論者'는 이 같은 사실을 능히 알지 못한다"로 번역하였다.147

상좌 또한 유부의 종의인 法體의 恒有를 부정하고 일체법은 찰나멸하여 한 순간도 머물지 않는다고 주장하였다. 그럴 경우 유정의 상속은 불가능하다.148 전법이 존재할 때 후법은 아직 생겨나지 않았고, 후법이 생겨났을 때 전법은 이미 소멸하였기 때문이다. 그렇다면 『유식이십론』 현장역본의 刹那論者 역시 다분히 부정적 뉘앙스가 내포된 것이라 해야 하지 않을까?: "[어리석은] 刹那論者도 이러한 [직접지각의] 자각이 존재할 때 색 등 직접지각의 경계대상 역시 모두 다 이미 소멸하였다고 하거늘, 어찌 이때 직접지각이 존재한다고 하겠는가?"

현장은 왜 상좌(혹은 상좌일파)를 부정적 의미의 '刹那論者'로 규정하였던가? 이는 『이십론』에서는 어째서 『성유식론』의 唯識九難 중 제6 現量爲宗難에서처럼 "직접지각을 통해 확인(자각)되는 외계는 識이 변화한 것(所

---

146 『순정리론』권51(T29, 631a1-3), "故諸憎厭實有去來, 不應自稱說一切有. 以此與彼都無論宗, 唯隔一刹那, 見未全同故."

147 『대승입능가경』권5(T16, 621c7-11), "大慧! 如來藏名藏識, 所與意等諸習氣俱, 是刹那法. 無漏習氣非刹那法. 此非凡愚刹那論者之所能知. 彼不能知一切諸法有是刹那非刹那故."

148 『순정리론』권51(T29, 627c14), "一刹那宗, 無相續故." 중현은 선대궤범사의 '相續의 轉變과 差別'설에 의한 福業增長의 해석(제10장 3-2 참조)에 대해서도 이같이 말하고 있다. "又彼所宗, 唯現在有. 於一念法, 相續不成." (T29, 542b2-3)

變)"이라 하면 간단히 끝날 '직접지각의 자각(現量覺)' 문제를 유가행파에서도 강력히 비판한 경량부의 異時인과설로써 해명하였던가? 하는 점과도 관련 있을 것으로 생각된다.

효도 가즈오에 의하면, 세친은『유식이십론』의 단계에서는 아직 識의 자기인식이나 自證分과 같은 학설을 충분히 전개시키고 있지 않다. (만약 그 같은 사고방식을 도입하게 되면 대론자 ―효도는 유부나 경량부 등으로 간주하였다― 에 대한 자신의 반박은 의미를 갖지 못하게 된다.) 즉 논주 세친은 제16송에서 다만 외계의 실재를 전제로 한 전통적인 단층의 심식론의 입장에 설 경우 [안 등의 5식과 의식은 동시생기하지 않기 때문에] 직접지각은 성립하지 않는다는 사실을 지적할 뿐, 자신(혹은 유식학파)의 생각을 제시하지 않았다는 것이다.[149]

일찍이 슈미트하우젠(L. Schmithausen)은 「『유식이십론』과『유식삼십송』에서의 경량부적 전제」라는 논문에서 두 논서는 '單層 識의 흐름(einschichtigen erkenntnisstrom)'이라는 경량부 개념을 전제로 한 것이며, 따라서 세친의 사상적 편력이 설일체유부(Vaibhāṣika)―경량부―유가행파로 이어진다고 주장하였다.[150] (그렇지만 그는『이십론』의 제16송의 경우 다만 『구사론』「계품」 제33송 전반 ―"5識을 無分別이라 설한 것은 計度과 隨念[을 갖지 않기] 때문: nirūpaṇānusmaraṇavikalpenāvikalpakāḥ, 說五無分別 由計度隨念― 과 관련지을 뿐 비유자/상좌의 인식론과는 결부시키고 있지 않다. 즉『구사론』상에서도 分別(기억과 판단의 표상)은 오로지 意識에 귀속되기

---

149 효도 가즈오(兵藤一夫), 김명우·이상우 역(2011),『유식불교, 유식이십론을 읽다』, pp.198f.

150 L. Schmithausen(1967), 加治洋一 譯(1983),「二十論と三十論にみえる經量部的前提」. 그러나 사실 경량부가 유부와 같은 의미의 단층 識을 주장한 것은 아니다, 유가행파처럼 알라야식 등 8식의 별체성을 인정하지는 않았어도 대중부처럼 6식을 두 층위, 不了別의 一類識과 了別의 現行識으로 구분하여 二心俱起를 주장하였다. 슈미트하우젠은 세친의 경량부적 전제를 종자식에 한정하여 논의하였지만, 그 범위는 우리가 생각한 것보다 훨씬 광범위하였을 것으로 추측된다.

때문에『이십론』제16송은 지극히 일반적 의미에서 소승적 사유의 영향을 시사하고 있다고 하였다.[151)

　필자가 생각하기로『이십론』제16송에서의 세친의 태도는 다분히 이 중적이다. 세친은 "외계는 직접 지각되며, 따라서 실재한다"는 세간現見의 상식적 판단에 기초한 유식무경설 비판에 대해 찰나멸론에 따른 상좌의 지각론에 근거하여 해명하였지만, 다른 한편으로 그 같은 [單層識에 근거한] 상좌 지각론에 의하는 한 "외계에 대한 직접지각은 성립할 수 없다"고 비판하였다. 護法 또한 현장이 부정적 이미지의 '刹那論者'로 번역한 특별한 찰나멸론(kṣaṇika), 이를테면 '지각이 일어났을 때 경계대상은 이미 존재하지 않는다'고 주장한 상좌일파(즉 경량부)를 '殊異論者'라 칭하고, 그들에 의하는 한 직접지각의 이치는 성립할 수 없음을 다시 확인하고 있다. (주 139) 현장이 상좌 혹은 상좌일파를 '刹那論者'로 지칭한 것은 이 같은 사정 때문이었을 것이다.

　찰나멸에 따른 異時인과설을 주장하는 한 직접지각도 불가능하다는 것은 사실상 중현(유부)의 논리였다. 세친은『구사론』저술 당시 경량부(상좌일파)와 가까이하여 이로써 유부의 학설을 비판하였지만 유가행파로 전향하고서 자파에 반하는 경량부 학설을 비판하지 않으면 안 되었는데, 비판논거는 바로 중현의 그것과 동일한 것이었다. 예컨대 그는『구사론』에서 경량부의 종자상속설에 근거하여 유부의 得이나 無表色, 삼세실유설 등을 비판하였지만, 유가행파로 전향한 이후 異時인과에 기초한 경량부 종자설을 비판하지 않으면 안 되었다. 그것도 과거 자신을 비판한 중현의 논리로써.[152] 아이러니하게도 그 역시 한때 중현에 의해 '刹那論者(一刹那宗)'로 호

151　L. Schmithausen(1967), pp.121-122.; 加治洋一 譯(1983), pp.88-87(11-12),
152　이에 대해서는 본서 제14장 4. '세친의 딜레마: 경량부 종자설의 변호와 비판' 참조.

칭된 적이 있었다. (주144)

6. 소 결

상좌 슈리라타는 일체 심소의 개별적 실재성을 부정한 비유자와는 달리 아함경설에 따라 受·想·思의 세 법의 실재성을 인정하였다. 그렇지만 근·경·식과 이들 제 심소 사이의 異時인과를 주장하였다. 즉 경에서 설한 심·심소의 '俱起'는 無間의 次第生의 의미로, '相應'은 심·심소의 소연이 된 행상이 전후 찰나에 걸쳐 서로 유사하게 일어나는 관계(相似轉)로 이해하였다. 그리고 이에 따라 '일체 모든 마음과 항상 함께 존재하는 법'이라는 유부의 大地法 규정을 '有尋有伺地(욕계 未至定) 등 일체 모든 地에 존재하는 법'으로 개정하였다. 흥미롭게도 유가행파의 遍行心所가 유부의 대지법 규정이 적용된 것이었다면, 別境心所는 이러한 상좌의 대지법 규정이 적용된 것이었다.

경량부 인식론의 단초는 제법의 찰나멸과 異時인과이다. "眼과 色이 존재할 때 眼識은 아직 생겨나지 않았고, 眼識이 생겨났을 때 眼과 色은 이미 소멸하였다." 그럴 때 필연적으로 제기되는 문제는 인식대상(소연)의 문제이다. 무분별인 5식이 어떻게 과거대상을 인식할 수 있다는 것인가? 이에 따라 경량부에서는 인식의 성립과정과 관련된 매우 유니크한 인식이론을 모색하게 되었다.

본 장에서 다룬 상좌 인식론의 주요한 특징을 열거해보면 다음과 같다.

첫째, 엄격한 찰나멸론 입장에서 볼 때 인식은 根·境·識의 同時인과가 아니라 異時인과에 의해 성취된다. 즉 경에서 이들 세 법의 관계를 和合(saṃnipata)이라 설한 것은 동시에 작용하기 때문이 아니라 전후찰나에 걸

처 서로가 서로에 대해 원인이 되고 결과가 되기 때문이다. (주51)

둘째, 5식의 대상(즉 소연)은 당연히 전 찰나(과거)의 법이 아니라 마음 상에 나타난 형상(ākāra: 行相)이다. 즉 소연은 전후찰나에 걸쳐 두 가지 양상을 띤다. 전 찰나의 경계대상이 [자신의 형상을 띤] 識을 낳는 緣으로서의 소연이라면 후 찰나 마음 상에 나타난 형상은 인식대상으로의 소연이다. 비유자는 이를 所緣緣과 所緣境이라 하였다. 유부의 경우 두말할 것도 없이 두 가지는 동시의 동일한 것이었다. 소연연이 바로 소연경이었다.

셋째, 그러나 유부의 경우 형상이 생겨날 때 비로소 외계대상은 所緣이 되고 심·심소는 能緣이 된다. 따라서 형상은 마음 등의 능동적인 활동근거(能行)로 慧를 본질로 하며, 그래서 이와 상응하는 일체의 심·심소를 有行相(sākāra)이라 이름하였다. 이에 대해 세친은 형상을 '일체의 심·심소가 소연(인식대상)[인 경계대상]을 파악하는 品類差別(혹은 방식/방법, prakāra)'로 규정하였다. 중현에 의하면 이는 다른 종(他宗, parapākṣika)에 근거한 정의인데, 상좌 학설로의 비정이 가능하다. 그에 의하는 한 5識의 순간 인식대상은 형상으로서만 존재한다. 따라서 형상은 인식대상을 파악하는 유일한 근거이다. 이에 법칭은 이를 量(pramāṇa) 즉 정당한 인식의 기준이라 하였다.

넷째, 형상은 마음과는 별체가 아니기 때문에 인식이란 결국 마음의 자기인식(自證)이다. 즉 외계대상(전 찰나)이 마음을 발생시켜 그 형상이 마음 상에 나타나면 그것이 바로 인식이다. 그러나 형상에 따른 能所/主客이라는 인식조건의 동시 작용관계로 인식을 설명하는 유부에서는 이러한 '심·심소 자성 요별설'(이는 전통적으로 대중부 설로 알려져 왔다)을 부정한다. 후대 불교지식론학파의 논서에서는 필시 이로 인해 경량부를 유형상지식론으로, 유부를 무형상지식론으로 규정하였을 것이다.

다섯째, 그러나 상좌에게 있어 인식주체와 인식대상은 능히 인식하는 것(能識)과 인식되는 것(所識), 능히 파악하는 것(能取)과 파악되는 것(所取)

으로서 동시에 작용하는 것이 아니다. 識은 인식대상에 대한 별도의 요별 작용을 갖지 않는다. 다만 외계대상(=所緣緣)과 유사한 형상(=所緣境)을 띠고 생겨날 때, 그림자가 처소를 달리하여 연속적(無間)으로 생겨날 때 '그림자가 움직인다'고 가설하듯이 識 역시 [찰나찰나] 대상을 달리하여 상속 생기할 때 "識이 대상을 요별한다"고 가설하는 것이다. '識=了別者'라는 경설은 世俗說일 뿐이다.

이러한 여러 사실을 통해 볼 때 유형상지식론(sākārajñānavāda)과 지식의 자기인식(svasaṃvedana)으로 정리되는 法稱 등 후대 불교지식론학파의 지식론은 경량부 즉 상좌 슈리라타로부터 비롯된 것이라 말할 수 있다.[153]

---

153 카지야마 유이치(梶山雄一, 1989, p.125)는 고타마 붓다를 비롯한 유부·경량부·유가행파의 존재론에 대해 略說한 「存在と認識」이라는 소고에서 '경량부에서의 존재'를 다음과 같은 논설로 끝맺고 있다. "譬喩者나 슈리라타 등 후세 경량부를 구축한 학자들은 먼저 유부의 心·心작용(즉 심소)의 相伴이론(즉 상응설)을 부정하고, 心작용 또한 心과 다른 것이 아닐뿐더러 다수의 마음은 동시에 일어나는 것이 아니라 하나씩 繼起하는 것이라 생각하였다. 심·심작용과 그 대상인 물질적 존재나 諸개념은 현재시점에만 존재하고 과거·미래에는 존재하시 않는나고 주장하여 삼세에 걸쳐 실재한다고 주장한 유부의 기본적 이론을 부정하였다. 또한 현재인 일체현상의 순간적 소멸성(찰나멸성)이라는 유부이 이론을 계승하면서 외계대상은 그에 관한 지식이 일어난 순간 이미 소멸하였다는 사실에 근거하여 외계는 直觀되지 않으며 다만 직후(다음 찰나)에 일어난 의식에 근거하여 추리 혹은 요청될 뿐이라는 外界 非知覺論(外界推理論)을 제창하였다. 슈리라타의 意識의 대상에 관한 이론은 이미 다르마키르티의 意知覺 이론에 매우 근접하고 있다는 사실에 주목하지 않으면 안 된다. 또한 意識이 이미 과거로 사라진 5識의 대상을 인식한다고 하는 슈리라타의 이론은 필연적으로 유형상지식론(御牧克己, 1988, p.242)을 도출하였을 것이라는 사실도 쉽게 이해할 수 있다." 이에 대해 原田和宗(2001/2002, pp.19f)은 이같이 비판하였다. "梶山雄一씨는 「存在と認識」에서 슈리라타 학설에 관한 加藤純章씨의 연구성과를 이용하였으면서 어쩐 일인지 加藤씨(1989, pp.206-228)가 함께 지적하였던 '바수반두는 『구사론』「세간품」에서 그러한 슈리라타의 <認識異時因果>說을 배척하고 있다'는 중대한 사실을 간과하고 있다. 따라서 이 같은 사실만으로 판단하더라도 『俱舍論』「破我品」의 有形相知識論(본 장 주101: 필자)이 <認識同時因果>설에 準據한 것임이 보다 확실시되며, 梶山의 가설이 성립할 여지는 없다고 해야 한다." 原田和宗이 논거로 제시한 加藤純章의 지적에 대해서는 권오민(2013), 「譬喩者의 和合見說과 관련된 몇 가지 가설 비판」, pp.17-25 '세친(=경량부)은 相應俱起說을 지지하였는가'에서 비판적으로 검토하였다.

제6장 비유자/경량부의 和合見說

　　"眼과 色이 존재할 때 眼識은 아직 생겨나지 않았고, 眼識이 생겨났을 때 眼과 色은 이미 소멸하였다." 제행무상을 표방하는 불교의 모든 학파는 찰나의 생성과 소멸을 주장하지만 설일체유부의 경우 생멸은 작용(kāritra)에 한정될 뿐 法 자체는 실유이다. 실유의 법체를 부정할 경우 일체는 비존재(無)로부터 생겨나 비존재로 소멸한다고 하지 않으면 안 되기 때문이다. 그러나 경량부의 경우 이미 소멸한 법(과거)도, 아직 생겨나지 않은 법(미래)도 비존재이다. (제4장 3-2 참조) 존재하는 것은 오로지 인과적 관계로서 상속하는 현재찰나뿐이다.

　　상좌는 전후찰나로 상속하는 이 같은 異時계기하는 인과적 관계를 '和合(*sāmagrī 혹은 saṃnipāta)'이라 하였다. (제5장 3-1 참조) 眼과 色과 眼識 내지 意와 法과 意識의 세 법은 동시가 아니기 때문에 이들 사이의 직접적인 작용관계는 성립하지 않는다. 이들 세 법은 전후 찰나에 걸친 인과적 관계로서만 존재한다. 즉 眼과 色에 근거하여 색의 형상을 띤 眼識이 생겨나면 그것이 바로 인식이다. 따라서 주객의 작용관계에 기초한 "눈(眼)이 색을 본다"거나 "識이 색을 요별(인식)한다"와 같은 말은 다만 세간의 언어형식에 따른 假說(또는 世俗說)일 뿐이다.

　　고래로 이 같은 인식이론을 '和合見說'이라 하였다. 이는 『대비바사론』

등의 諸論에서는 譬喻者의 학설로 전해졌지만,『구사론』에서는 경량부의
‘根·識=무작용’설로 논설되고 있다. 화합견설은 비유자/경량부 인식론과
관련된 전통적 논의였다. 우리는 이미 제5장 3-4-3 ‘지식의 자기인식과 인식
주체 비판’에서 “識은 대상과 유사하게 생겨날 뿐 어떠한 작용도 하는 일이
없다”거나 “‘識이 了別한다’(識=了別者)는 경설은 세속설”이라고 한 상좌의
말과 이 말의 전후 맥락에 대해 살펴보았다. 본 章에서는 대 소승의 諸論
상에 논설된 화합견설을 통해 상좌의 인식론을 다시 확인한다.

1. 인식주체에 관한 諸說

『대비바사론』에서는『발지론』제1「雜蘊 中 智納息」(T26, 919c27ff)에 논
설된 “하나의 눈이 색을 보는가, 두 개의 눈이 색을 보는가?” 하는 一眼·
二眼見論의 造論 취지에 대해 논의하면서 이는 다음의 네 학설을 비판하고
설일체유부의 종의인 根見說과 二眼見說을 드러내기 위해 설한 것임을 밝히
고 있다.

   ① ‘眼識이 色을 본다’는 法救(Dharmatrāta)의 識見說.
   ② ‘眼識과 상응하는 慧가 色을 본다’는 妙音(Ghoṣaka)의 慧見說.
   ③ ‘和合이 色을 본다’는 譬喻者(Dārṣṭāntika)의 和合見說.
   ④ ‘하나의 눈이 色을 본다’는 犢子部(Vātsīputrīya)의 一眼見說.

즉 첫 번째 識見說을 주장할 경우 識은 [‘了別’이 아닌] ‘見’의 특성(見相,
dṛṣṭi-lakṣaṇa)을 갖는 것이라고 해야 하며, 두 번째 慧見說을 주장할 경우 耳
識과 상응하는 慧 또한 ‘듣는 것’이라고 해야 하지만 慧 [자체]는 ‘聽聞’의

특성(聞相, śruti-lakṣaṇa)을 갖지 않으며, 세 번째 和合見說의 경우 [심·심소
는] 화합하지 않은 때가 없기 때문에 항상 색을 본다고 해야 하며, 네 번째
一眼見說의 경우 멀리 떨어져 있는 두 곳의 身根(예컨대 양손)이 동시에 동
일한 身識을 일으키듯이 눈의 경우도 역시 그러하기 때문에 이치에 맞지
않다는 것이다.[1]

이 중 앞의 세 가지는 유부의 正義인 根見說에 대한 이설이고, 네 번째
는 二眼見說에 대한 이설이다. 논의의 발단은 비록 一眼見과 二眼見의 문제
였을지라도 논의의 핵심은 지식현상의 주체(見者 dṛṣṭṛ 내지 了者 vijñatṛ)는
무엇인가, 감관(根)인가, 감관에 수반되는 마음(識)인가, 혹은 판단작용의
慧인가? 하는 것이었다. 이는 지식(jñāna, 혹은 지각 pratyakṣa)을 어떻게 정의
할 것이며, 지식의 조건이 되는 감관(根)과 대상(境)과 마음(識)의 역할과
관계, 나아가 지식의 발생을 어떻게 이해할 것인가? 하는 등의 문제와 직접
적으로 관련되어 있다. 그렇기 때문에 이 문제는 존재와 지식에 관한 그들
의 입장을 드러내는 바로미터라고 할 수 있다. 푸상(L. de La Vallée Poussin)
은 이 문제를 통해 불교 諸派의 성격을 분명히 할 수 있다고 말하기도 하였다.[2]

---

1 『대비바사론』권13(T27, 61c7-21), “當言一眼見色, 二眼見色耶? 乃至廣說. 問: 何故作此論? 答:
   爲止他宗, 顯己義故. ①謂或有執: 眼識見色. 如尊者法救. ②或復有執: 眼識相應慧見色. 如尊者妙
   音. ③或復有執: 和合見色. 如譬喩者. ④或復有執: 一眼見色. 如犢子部. 爲止如是他宗異執, 顯示
   己宗二眼見色. 故作斯論. 所以者何? ①若眼識見色者, 識應有見相. 然識無見相. 故不應理. ②若眼
   識相應慧見色者, 耳識相應慧亦應聞聲. 然慧無聞相. 故不應理. ③若和合見色者, 應一切時見色.
   以無時不和合故. 亦不應理. ④若一眼見色, 非二眼者, 身諸分亦應不俱時覺觸. 如身根兩臂, 相去
   雖遠, 而得俱時覺觸, 生一身識. 兩眼亦爾, 相去雖遠, 何妨俱時見色生一眼識?”;『아비담비바사
   론』권8(T28, 51b24-28), “問曰: 爲眼見色, 爲識見, 爲識相應慧見, 爲和合見? 若眼見者, 無識時亦
   應見, 若與餘識合時, 亦應. 若識見者, 識卽見性, 亦是識性. 若識相應慧見者, 耳識相應慧亦應見
   應聞. 若和合見者, 未嘗不和合.”『아비담비바사론』에서는 이처럼 根見說의 문제점도 제시
   하지만, 그것은 보다 명확하게 하기 위한 것이다. 참고로 구역『비바사론』에서는 識見說
   과 一眼見說에 대해서만 주장자(曇摩多羅 즉 法救와 犢子部)를 밝히고 있다. (T28, 50c12ff)

2 L. De La Vallée Poussin, “Sautrāntika”, J. Hasting, ed., The Encyclopedia of Religion and Ethics,
   vol. XI. p.213. 푸상에 따르면 대중부는 根見說을 주장하며(이때 안근은 육안이 아닌 미세
   한 눈 subtle eye), 정통 팔리학파(Vibhajjavāda)는 識見說을, Vaibhāṣika(毘婆沙師: 유부)는 대
   중부와 마찬가지로 근견설을, 경량부는 이 같은 논쟁 자체의 무의미함을 지적하였다.

예컨대 각기 자신의 고유한 자상과 작용을 갖는 諸法의 實有를 주장하는 설일체유부의 경우, 시각의 대상인 色을 眼根이 보고, 眼識이 인식(了別)하며, 안식과는 별도의 존재인 受, 想, 慧 등의 諸 心所가 이와 동시에 각기 領納(지각), 取像(표상), 決擇(판단) 등의 자신의 작용을 행하지만, 지식의 일차적 근거는 觀照(ālocana)의 능력을 갖는 안근이기 때문에 그들은 이른바 根見說의 입장을 취하였던 것이다.

앞서 언급한 『대비바사론』의 논의에서는 네 이설의 이론적 근거에 대해서는 언급하지 않은 채 바로 이 같은 유부의 교학적 관점에서 이를 비판한 것이었다. 識見說의 法救와 同名의 작자(4세기 무렵)가 지은 것으로 전해지는 『五事毘婆沙論』이나 『雜阿毘曇心論』의 경우도 역시 그러하다. 여기서는 '自分眼(자신의 識에 원인이 되는 眼根)이 색을 본다'는 유부정설에 대한 이설로서 識見說, 慧見說, 和合見說을 언급하고서 각각의 난점을 다음과 같이 지적한다.

① 만약 眼識이 '보는 것(見)'이라면, 모든 識은 다만 了別을 특성(相)으로 할 뿐 '見'을 특성으로 하는 것이 아닌데 어찌 능히 색을 '보는 것'이라 하겠는가? ② 만약 眼識과 상응하는 慧가 '보는 것'이라면, 耳識과 상응하는 慧는 '듣는 것'이라고 인정해야 하지만, 그것이 이미 '듣는 것'이 이니라면 이를 어찌 '보는 것'이라 하겠는가? ③ 만약 心·心所의 和合이 능히 '보는 것'이라고 한다면, 모든 심·심소의 화합은 결정적이지 않다. 이를테면 善의 안식은 22가지 심소와 상응하고 --(중략)-- 無覆無記의 안식은 12가지 심소와 상응한다. [심·심소의 和合이] 이미 결정적이지 않거늘 어찌 和合을 '보는 것'이라 하겠는가?[3]

---

3   『오사비바사론』권상(T28, 991b23-c1), "①若眼識見, 諸識但以了別爲相, 非見爲相. 豈能見色? ②若與眼識相應慧見, 應許耳識相應慧聞. 彼旣非聞, 此云何見? ③若心心所和合能見, 諸心心所和合不定. 謂善眼識與二十二心所相應. 不善眼識與二十一心所相應. 有覆無記眼識與十八種心所相應.

혹은 『잡아비담심론』에서는 이 같은 내용과 함께 각각의 난점을 약간 다른 형식으로 지적하기도 한다.

① 만약 眼識이 '보는 것'이라면 '인식하는 것'(즉 了別)은 또한 누구인가? ② 만약 慧가 '보는 것'이라면 '아는 것'(즉 簡擇)은 또한 누구인가? ③ 만약 [심·심소의] 和合이 '보는 것'이라면 이러한 [和合을 구성하는] 諸法의 事業(*kriyā, vyāpāra: 작용)이 각기 다를뿐더러 [이들 제법 사이에는 시간적] 間隙이 있어 和合하는 일도 없어야 한다. [그럼에도] 만약 和合이 '보는 것'이라면 [화합한 각각의 법은] 두 가지 결정적 자신의 法(예컨대 識은 了別과 見, 受는 領納과 見)을 갖는다고 해야 하지만, 이러한 뜻은 옳지 않다.[4]

카슈미르 有部의 교학적 입장에 기초한 이 같은 일방적 비판만으로는 저들 학설의 이론적 근거는 고사하고 내용조차도 알기 어렵다. 그렇지만 識見說의 경우 주된 논거는 "眼根은 다만 색을 보기 위한 門, 眼識의 所依로서만 작용할 뿐 色法인 안근 자체는 어떠한 지각작용도 갖지 않는다"는 것으로, 이러한 견해는 識見說의 입장을 취한 『카타밧투』나 『성실론』(제48 「根無知品」), 혹은 『구사론』과 『순정리론』 상에서 識見說의 입장을 지지하는 세친(經主)의 논의를 통해 확인된다.

즉 『카타밧투』에서는 "만약 눈에 留意(āvaṭṭanā, adverting of consciousness)나 願望/希求(paṇidhi, will)가 결여되었다면 '눈이 본다'고 해서는 안 된다"고 논설하고 있고,[5] 『성실론』에서도 "經에서 '눈은 좋은 색을 [보기] 원한

無覆無記眼識與十二種心所相應. 旣不決定, 云何和合?" 『잡아비담심론』권1(T28, 876b15-19)에도 이와 거의 동일한 내용이 논설된다.

4 『잡아비담심론』권1(T28, 876b28-c2), "若眼識見者, 誰復識耶? 若慧見者, 誰復知耶? 若和合見者, 此等諸法事業各異其義. 有間則無和合. 若和合見者, 則應有二決定自法, 是義不然."

5 *Kathāvatthu* 18. 9. 2 (PTS p.574), hañci n'atthi cakkhussa āvaṭṭanā -pe- paṇidhi, no vata re vattabbe "cakkhunā rūpaṃ passatīti"; S. Z. Aung, *Points of Controversy*, p.332.; 『南傳大藏經』 58, p.359.;

다(眼欲好色)'고 설한 경우가 있지만 눈은 바로 색법으로 分別을 갖지 않기 때문에 진실로 눈이 원할 수는 없는 것으로, '원하는 것'은 다만 識일 뿐"이라고 논의하며,6 『순정리론』 상에서 識見說을 지지하는 有餘師 역시 '眼所欣慕(눈에 의해 기쁘게 추구된 것)'라는 경설에 대해 "안근과 안식은 무분별이기 때문에 이것이 欣慕한다는 것은 있을 수 없다"고 말한다.7

이들은 또한 그럼에도 불구하고 經이나 세간일상에서 "눈이 색을 본다"고 하여 눈을 見의 주체(見者)로 설정한 것은, 예컨대 평상에 앉은 사람이 웃을(말할) 때 所依에 근거하여 "평상이 웃는다(말한다)"8고 말하듯이 "眼識의 원인에 대해 '보는 것'이라고 [가]설한 것", "안근이 見의 所依이기 때문에 '능히 보는 것'이라 [가]설한 것, 혹은 所依(안근)에 대해 能依(안식)의 업(작용)을 [가]설한 것"으로,9 "[안식이] 안근을 門으로 삼아 색을 본다(以眼門見色)"거나 "안식이 안근이라는 門에 의지하여 색을 본다(眼識依眼門見)"는 말이 올바른 표현이라 논의한다.10 그리고 이들에 의하는 한 眼識이 색을 '보는 것'이 바로 '了別'이기 때문에,11 다시 말해 見(보는 것)과 了別(인식하는 것)은 구별되지 않기 때문에, "識이 '보는 것(見者)'이라면 '인식하는 것(了別者)'은 누구인가"라는 유부 毘婆沙師의 비판은 사실상 이들에게 적용되지 않는다.

佐藤密雄譯著, 『新訂增補 論事』, p.802.

6 『성실론』권4(T32, 267b4f), "又經中佛說, '眼欲好色.' 眼是色法, 無分別故, 實不欲也. 是識欲耳."

7 『순정리론』권7(T29, 367a23-24), "有餘師說, '眼識眼根, 欣慕不成, 無分別故.'

8 『성실론』권4(T32, 267b22f), "如床人笑, 名爲'床笑.'";『구사론』권2(T29, 11a13), "如世間說, 床座言聲.''; AKBh., 31. yathāmañcāḥ krośantīti. 중현은 이를 經主세친 설로 돌리고 있다. (T29, 367a6f)

9 『성실론』권4(T32, 267b12-13), "問曰: 世間何故作如是['眼見']語? 答曰: 眼識所因. 於是因中, 名爲見.";『구사론』권2(T29, 11a9-12), "然經說'眼能見色'者, 是見所依故說能見.--或就所依說能依業" 중현은 이를 經主세친 설로 돌리고 있다. (T29, 366c18f)

10 『성실론』권4(T32, 267b20);『구사론』권2(T29, 11a16).

11 『구사론』권2(T29, 11a17-20), "若識能見, 誰復了別? 見與了別二用何異? 以卽見色名了色故. 譬如少分慧名能見, 亦能簡擇. 如是少分識名能見亦能了別."

불교 제 논서 상에서 慧見說의 직접적인 논거는 접하지 못하였다. 다만 중현은 慧見說에 대해 비판하면서 識見說의 경우와 동일하다고 말하였다.[12] 혹은 중현은 識見說의 경증 "以眼爲門, 唯爲見色"에 대한 반증으로 "안근을 門으로 삼아 慧가 색을 본다"는 有餘師의 주장을 인용하기도 하였다.[13] 이로 짐작하건대 妙音 등의 慧見家는 카슈미르 유부 비바사사와 마찬가지로 '見(dṛṣṭi)'을 決度(saṃtīrika, 결정적 판단)으로 정의하여[14] 안식 상응의 慧를 시각의 주체로 간주하였을 것이다. 그렇지만 識見家와 마찬가지로 이들도 이미 根의 지각능력을 인정하지 않은 이상 "慧가 見者(=眼識相應慧)라면 聞者(=耳識相應慧)도 되어야 [하며, 나아가 了別者(意識相應慧)도 되어야] 한다"는 비바사사의 비판 또한 유부 법상관에 따른 것일 뿐 이들에게 적용되지 않는다고 해야 한다.

2. 和合見說과 경량부의 '根·識=무작용'설

譬喩者의 和合見說의 경우 내용상으로나 논거상으로 더욱 불분명하다. 여기서 '화합'은 어떤 의미의 말이며, 무엇의 화합인가? '和合'이라는 말에는 根·境·識 三事의 화합(saṃnipāta), 심·심소의 화합(sāmagrī), 相應의 의미인 (五義平等의) 화합(prayuktatva, 혹은 samagrī)[15] 등의 용례가 있으며, 結合

---

12 『순정리론』권7(T29, 367a28-29), "如是且辯執識見論不應正理. 由此亦遮, 執慧見論, 其過等故."

13 『순정리론』권7(T29, 366a15-16), "有餘師執: '以眼爲門, 慧見色故.' 應除固執, 共審思求此經意趣."

14 AKBh., p.29. 23, santīrikā hi dṛṣṭir upadhyānapravṛttatvāt.;『구사석론』권2(T29, 170c6f), "見者決度爲體, 能起簡擇是非故.";『구사론』권2(T29, 10c18), "審慮爲先, 決度名見."

15 『대비바사론』에서는 世友의 相應 9義 중 제5가 和合(prayuktatva)이다.("復次常和合義, 是相應義": T27, 81a13f). ;『구사론』권4(T29, 21c29ff), "或[心心所]名相應, [五義]等和合故. 依何義故名等和合?" (ta eva hi cittacaittāḥ--samprayuktāḥ samam prayuktatvāt.: AKBh., p.62. 5-6 ; 或[心心所說相應, 平等聚集故]":『구사석론』권3, T29, 180c10f) ;『구사론』권4(T29, 19a16f), "傳說如是所列十法諸心刹那和合遍有." (ime kila daśa dharmāḥ sarvatra cittakṣaṇe samagrā bhavanti: AKBh., p.54. 19)

(saṃgati)이나 聚集(samavāya)도 거의 동일한 의미로 사용된다.[16]

　　앞서 인용한 대로『오사비바사론』이나『잡아비담심론』상에서 和合見說의 '화합'은 심·심소의 화합이었다. 유부에 의하면 심·심소는 항상 5義(所依·所緣·行相·事·時)가 평등한 상태로서 화합(즉 相應)하기 때문에 "화합하지 않은 때가 없기 때문에 항상 색을 본다고 해야 한다"는『대비바사론』에서의 화합견설 비판도 '심·심소의 화합'을 전제로 한 것이라고 할 수 있으며, "선·불선 등의 마음은 상응이 달라 화합이 결정적이지 않다"는『오사비바사론』에서의 비판 역시 '화합'과 '상응'을 동일한 의미로 이해한 것이었다. 곧 유부에 의하는 한 화합견설에서의 '화합'은 바로 '상응'의 의미이다.

　　그러나『대비바사론』상의 譬喩者는 심·심소의 相應俱起說을 인정하지 않았을 뿐만 아니라 상응설의 전제라고 할 수 있는 심·심소의 개별적 실재성마저 부정하였다. (제3장 2-2 참조) 따라서 만약 비유자의 화합견설이 심·심소 무별체설 내지 次第生起說에 기초한 것이라면, 심·심소 별체설 내지 상응구기설에 기초한 유부의 화합견설 비판 역시 비유자에게 적용되지 않을 뿐만 아니라 화합견설이 '화합'을 구성하는 각각의 법이 '다 같이 함께 보는 것'이라고도, 부분과는 별개인 '화합이라는 전체가 보는 것'이라고도 말할 수 없다. '화합견설'이란 어떤 내용의 지식론인가?

　　그런데 세친은『구사론』에서 '18界의 見·非見 분별'의 傍論으로 根見說과 識見說의 對論을 후자의 입장에서 진행시킨 후 양자를 지양하는 경량부설을 인용한다.

16　AKBh. p.143. 6-7, "iti ya eṣāṃ trayāṇāṃ dharmāṇāṃ saṃgatiḥ saṃnipātaḥ samavāyaḥ, sa sparśaḥ" iti ;『구사석론』권7(T29, 209b1-3), "是三法相會·和合·聚集說名觸.";『구사론』권10(T29, 52b13-15), "如是三法聚集和合, 說名爲觸." 이는 어떤 이(중현에 의하면 上座: 제3장 주62)의 觸無別體說의 經證으로 제시된 것이다.

經部諸師는 이같이 설하였다. 어찌하여 함께 모여 [실재하지도 않는] 허공을 움켜쥐려고 하는 것인가? [經에서] "眼과 色 등을 緣하여 眼識 [등]이 생겨난다"고 하였는데, 여기서 무엇을 '보는 것'(주체)이라 하고 '보이는 것'(객체)라 하겠는가? [眼 등은] 오로지 法으로서만 존재하고 인과적 관계로서만 존재할 뿐 실로 어떠한 작용(vyāpara)도 갖지 않는다. 다만 일상의 언어소통(vyavahārārtha: 世情), 혹은 상호 간의 이해를 위해 일시 눈(眼根)을 '보는 것'이라 말하고, 識(안식)을 '了別하는 것'이라고 말한 것으로, 智者라면 이에 대해 집착해서는 안 된다. 예컨대 세존께서도 "지역에 따른 언어적 관행(janapadanirukti: 方域言詞)에 집착해서도 안 되며, 세간의 언어적 개념(loka-saṃjñām: 世俗名想)만을 추구해서도 안 된다"고 말씀하셨다.[17]

이러한 경량부의 학설(이하 '根·識=無作用'설)은 고래로 『대비바사론』에 언급된 비유자의 화합견설과 동일한 것으로 이해되어 왔다. 즉 전통적으로 『대비바사론』 상의 비유자는 경량부의 선구로 이해되어 왔을뿐더러 중현 또한 이를 譬喩部師의 학설로 인용하고 있기 때문이다.[18] 그러나 비유자의 [심·심소(혹은 根·境·識)] 和合見說과 경량부의 '根·識=무작용(nirvyāpāra)'

<ol>
<li value="17"> 『구사론』권2(T29, 11b1-6), "經部諸師有作是說: 如何共聚撋掣虛空? 眼色等緣生於眼識, 此等於見孰爲能所? 唯法因果實無作用. 爲順世情假興言說, 眼名'能見', 識名'能了.' 智者於中, 不應封著, 如世尊說, '方域言詞, 不應堅執. 世俗名想, 不應固求.'"; AKBh., p.31. 11-15, atra sautrāntikā āhuḥ. kim idam ākāśaṃ khādyate. cakṣur hi pratītya rūpāṇi cotpadyate cakṣurvijñānam. tatra kaḥ paśyati, ko vā dṛśyate. nirvyāpāraṃ hīdaṃ dharmamātraṃ hetuphalamātraṃ ca. tatra vyavahārārthaṃ cchandata upacārāḥ kriyante. cakṣuḥ paśyati vijñānaṃ vijānātīti nātrābhiniveṣṭavyam. uktaṃ hi bhagavatā "janapadaniruktiṃ nābhiniviśeta saṃjñāṃ ca lokasya nābhidhāved" iti.; 『구사석론』권2(T29, 171a20-25), "經部說. 何故共聚破空? 何以故? 依眼緣色, 眼識得生. 此中何法能見, 何法所見? 一切無事, 但唯有法. 謂因及果. 此中爲互相解, 隨意假說. 如說 '眼能見, 識能識.' 於中不應執著. 佛世尊說, '汝等莫執著方言, 莫隨逐世間所立名字.'" 이 경량부 설과 상좌 슈리라타의 관계에 대해서는 권오민, 『상좌 슈리라타와 경량부』, pp.760-771 참조.</li>
<li value="18"> 『순정리론』권7(T29, 367b24-c1), "譬喩部師, 有於此中, 妄興彈斥言: 何共聚樝掣虛空?--(이하 주 17과 동일)."</li>
</ol>

설의 관련성을 오늘날 우리에게 주어진 諸論의 문맥만으로 확인하기란 쉬운 일이 아니다.

普光은 비유자의 화합견설을『오사비바사론』등에 근거하여 "眼識과 동시에 심·심소법의 화합이 보는 것"이라는 주장으로 해설하고서 이는 [『구사론』상의] 경량부 설과 부분적으로 동일하다고 말한다.[19] 그러나 窺基는 "심·심소법의 화합이 '보는 것'이라고 주장한 이는 正量部이고, 경량부에서는 根·識의 화합을 '보는 것'으로 가설하였다"고 해설하고 있다.[20] 보광과 규기는『대비바사론』상의 비유자 설과『구사론』상의 경량부 설 사이에 뭔가 차이가 있다고 본 것인가? 있다면 그 차이는 무엇일까? 비유자가 심·심소의 和合見설을 주장한 데 반해 경량부는 根·識의 和合見설을 주장하였다는 것인가? 우리는 양 설을 어떻게 이해해야 할 것인가?

후카우라 세이분(深浦正文)은 아무런 논거 없이 "心王과 心所가 和合하여 색을 본다는 비유자의 화합견설은 根·境·識이 화합하여 색을 인식한다는 경량부 설과 합치한다"고 하였지만,[21] 만약 심·심소가 화합(sāmagrī)하여 보는 것이라면 毘婆沙師의 비판처럼 양자는 화합하지 않은 때가 없기 때문에 一切時에 항상 색을 본다고 해야 하며(주1), 根·境·識이 화합(saṃnipāta)

---

19 『구사론기』권2(T41, 48c7-12), "譬喩者, 眼識同時心心所和合見 --(중략)-- 以和合計分同經部, 論主意明故不別破." 즉 보광은 "『바사론』『오사론』『잡심론』등에서는 識見說, 慧見說, 和合見說을 모두 비판하였는데,『구사론本頌』(I-k.41, 42)에서는 어떠한 이유에서 화합견설에 대해 비판하지 않은 것인가?"는 물음에 대해 "和合見家의 생각이 경량부와 부분적으로 동일하여 [이에 대한] 논주(세친)의 생각이 분명하였기 때문에 비판하지 않은 것"이라고 해설하고 있다.

20 『유식이십론술기』(T43, 999a16-18), "正量部說, '心心所法和合名見. 心心所法合名現量.' 經部師說, '根識和合, 假名爲見. 假能量境, 假名現量.'" 그러나 정량부는 유부나 경량부 혹은 대승유식과 달리 行相(ākāra)의 존재를 부정하고 심·심소는 현전의 경계대상을 직접 반연한다고 주장한다. "若依正量部, 心心所法, 亦直緣前境. 無別行相現心等上, 不同說一切有部." (『구사론기』권1末, T41, 27a19-21) ; "此中唯破正量部. 正量部識, 不立似相, 直取前境, 即名爲緣." (『성유식론술기』권2本, T43, 269c16-17) ; 竹村牧男(1991), 「說一切有部と無形象知識論」, p.54.

21 深浦正文(1994, 제6판),『倶舍學槪論』, p.41.

하여 보는 것이라면 경량부(혹은 비유자)는 세 법의 화합을 '觸'으로 가설한다고 주장하기 때문에[22] 결국 마음의 차별적 상태인 觸이 보는 것이라고 해야 한다. 더욱이 화합견설이 심·심소의 화합(상응)이 보는 것이라면, 안식 상응의 慧심소가 보는 것이라는 慧見說과 어떤 차이가 있는 것인가?

이에 따라 카토 준쇼(加藤純章)는 그 의미가 명료하지 않은『대비바사론』의 화합견설은 根·境·識의 화합견설이 아니라 직전에 설한 妙音의 慧見說과 내용적으로 이어진 것으로 慧심소뿐만 아니라 그 밖의 모든 심소와 안식이 和合하여 보는 것(말하자면 혜견설의 확대: 필자)이라는 의미로 해석하는 편이 자연스럽다고 하면서,『구사론』상의 경량부 설과는 완전히 다른 것이라고 주장하였다. 나아가 그는 앞서 인용한 경량부 설이 근견·식견의 논쟁 말미에 소개되고 있다는 점에서 세친이 비록 식견설의 입장에서 근견설을 논박하고 있을지라도 그것은 유부 설의 오류를 나타내기 위한 것일 뿐 세친의 眞意는 경량부 설에 있었다고 생각하는 편이 옳다고 말하고 있다.[23]

이종철 또한 여기서의 경량부가 구체적으로 누구를 가리키는지 확인할 방도가 없다고 하면서,『순정리론』에서 譬喻者로 거론될지라도 경량부 祖師로 일컬어진 슈리라타를 가리키는 上座는 거론되지 않지만, (1) 근견설을 가설로 간주한 점, (2) 인식주체를 부정한 점, (3) 識을 緣生法으로 파악하고 있는 점 등 전체적인 文勢로 볼 때 여기서의 경량부 설은 카토 준쇼의 지적대로 세친 자신의 의견으로 볼 수 있다고 말하였다. 그리고 다시 카토의 주장을 쫓아 "세친은 '경량부'라는 말을 빌려 우회적으로 자신의 의견을 정리하였다"고 부언하고서 "세친은 '어떤 대상을 본다'고 하는 사실을 '어

---

22 觸無別體설에 대해서는 본서 제3장 3-2-1; 2-2 참조.
23 加藤純章(1989),『經量部の研究』, pp.23-24.

떤 인식대상에 관해 眼을 소의로 삼는 안식이 생겨나고, 그것과 동시에 意를 소의로 삼는 의식이 생겨난다'는 상황을 나타낸 것으로 이해하였다"는 다소 생뚱한 말로 「세친의 根見說 비판」을 매듭짓고 있다.[24]

카토 준쇼의 주장처럼 과연 비유자의 和合見說과 경량부의 '根·識=무작용'설은 무관한 것인가? 이종철의 말처럼 다만 『순정리론』의 해당개소에 상좌가 언급되지 않았다는 이유에서 '譬喩部師'라는 說者를 이토록 간단히 무시해도 좋은 것인가? 카토 준쇼의 논의는 기본적으로 경량부와 비유자는 다르다는 사실을 전제로 한 것으로,[25] 양인은 비유자 설과 경량부 설의 키워드라고 할 만한 '和合(sāmagrī)'과 '唯法·因果(dharmamātraṃ hetuphalamātraṃ), 實無作用(nirvyāpāraṃ)'의 의미를 고려하지 않았다. 중현이 비난하였듯이, 혹은 하라다 와소(原田和宗)가 비판하듯이(후술) 次第繼起하는 根·境과 識(혹은 心과 心所)이 어떻게 '화합'할 수 있다는 것인가? 이에 관한 이해 없이 다만 字義에 따른 恣意的 해석에 치중하였을 뿐이다.

3. 대승논서에서의 '根·識=무작용'설

그런데 『구사론』에 인용된 경량부의 '根·識=무작용'설은 중관학파와 유가행파의 문헌에서도 확인된다. 『반야등론』에서는 "諸行은 작용을 갖지 않기 때문에 안근은 능히 볼 수 없으며, 다른 것(즉 안식)도 역시 볼 수 없지만, 수트라(經)에서 '眼과 色을 緣하여 眼識이 일어날 수 있다'고 설하였다"는 경량부 설을 인용하고서 "이러한 경설의 의미는 世俗諦와 일치하기 때문에 수용할 수 있지만 第一義諦로써 비춰볼 때 실체가 없다"고 비판

---

24 李鍾徹(2001), 『世親思想の硏究 : 釋軌論を中心として』, p.212.
25 譬喩者와 經量部의 관계에 대한 여러 가설에 대해서는 권오민, 『상좌 슈리라타와 경량부』, pp.427-485 참조.

한다.[26]

이에 반해 『유가사지론』 「섭결택분」에서는 경량부 설을 自說로 언급한다. 즉 여기서는 『구사론』에서와 마찬가지로 18界에 대해 분별하면서 "'眼見諸色 내지 意了諸法'의 경설의 경우처럼 보는 것(見者: 시각의 주체)을 眼根이라고 해야 할 것인가, 眼識이라고 해야 할 것인가?" 하는 물음에 대해 이같이 논의하고 있다.

勝義의 道理에서 볼 때 [見者는] 眼根도 아니고 역시 그 같은 [안근에 따른 眼]識도 아니다. 왜냐하면 諸法의 自性은 衆緣에 의해 생겨난 것이기 때문이며, 刹那滅하기 때문이며, 作用을 갖지 않기 때문이다. 그러나 世俗의 道理로 볼 때 안근은 見의 가장 수승한 조건이기 때문에 이를 見者로 설정할 수 있다. 왜냐하면 만약 眼 등의 諸根이 존재하면 [眼]識 [등]은 缺減됨이 없이 결정코 생겨나지만, 혹 識의 흐름이 존재할 때 眼 등의 根은 이와 달리 결감되기도 하고 결감되지 않기도 하기 때문이다. 여기서의 眞實義(tattvārtha, 승의)는 오로지 見 등에 대해 見者 등을 설하는 것이다.[27]

---

26 『반야등론석』권4(T30, 66b15-21), "復次經部師言: 諸行無作故, 眼不能見, 異亦不見. 而'彼眼色爲緣, 眼識得起', 修多羅中作如此說. --(중략)-- 謂如是領受修多羅義, 隨順世諦故. 第一義中驗則無體."; 古坂紘一(1983), 「般若燈論と經量部說」(『印度學佛敎學硏究』 31-2). p.897. 이러한 사상적 경향에 따라 티베트의 불교종의서(둡타)에서는 淸辨(bhāvaviveka)을 경량중관학파(Sautrāntikamādhyamika)로 일컫게 되었다.

27 『유가사지론』권56(T30, 610a19-27), "問: 如說'眼見諸色', 乃至'意了諸法', 此爲眼等是見者, 乃至是了者耶? 爲彼識耶? 答: 約勝義道理, 非是眼等, 亦非彼識. 何以故? 諸法自性衆緣生故, 刹那滅故, 無作用故. 約世俗道理, 眼等最勝故, 可於彼立見者等. 何以故? 若有眼等諸根, 識決定生無所缺減. 或有識流, 非眼等根, 若缺不缺俱可得故. 此中實義, 唯於見等, 說見者等."; Cf. Tib. P. Zi 83a6-b3 (宮下晴輝, 1986, p.28f.; 原田和宗, 1997, pp.41f.; R. Kritzer, 2003, p.334 주13 참조) 이에 대해 『유가론기』(T42, 657a5-10)에서는 이같이 논설한다. "景云, 約勝義道理, 六根六識從緣生, 念念不注滅, 無有作用. 云何能見乃至能知? 約諸有爲相續理中說有作用. 則眼等根, 於見聞等勝於(상기 『유가론』에 따르면 여기서 '於'는 '故'), 可於彼立見等者. 何以故? 若有根識定生. 或有識而根不定, 根闕不闕俱可得故, 云'根是勝, 立見者等.'"

이것이 앞서 인용한 『구사론』 상의 경량부 설과 거의 일치한다는 것은 의심의 여지가 없다. 두 논설의 취지는 이러한 것이다. "諸法은 궁극적으로 [衆緣에 따라 생겨난 것으로 刹那滅하며] 作用을 갖지 않기 때문에 어느 것도 보는 주체(見者)가 될 수 없다. 즉 안근[과 색](원인)이 존재하면 반드시 안식(결과)이 생겨나지만, 안식(시각=見)이 존재할 때 안근[과 색]은 더 이상 획득되지 않기 때문이다. 그러나 안근은 見의 가장 뛰어난 조건이기 때문에 세간의 언어적 관례에 따라 '눈이 온갖 색을 본다'고 말한 것이다."

세속적 관점에서 '눈이 색을 본다'는 것은 『구사론』 상의 경량부뿐만 아니라 識見說의 입장을 취한 『성실론』에서도, 『카타밧투』에서도 말한 바지만, 제법은 [오로지 인과적 관계로서만 존재할 뿐] '작용을 갖지 않는다(nirvyāpāra)'는 승의적 관점은 경량부의 '根·識=무작용'설과 일맥상통한다. 이에 따라 미야시타 세이키(宮下晴輝)는 『구사론』에서의 경량부의 유부 작용론 비판과 이에 따른 本無今有論은 『유가론』에 연원을 두고 있다고 하였으며,28 이 같은 미야시타의 주장을 "『구사론』 상의 경량부=유가행파"라는 자신의 가설의 주요한 논거로 채택한 하라다 와소(原田和宗)는 경량부의 '根·識=무작용'설이 바로 『유가론』 「섭결택분」에서 유래하였다는 것은 틀림없는 사실이라 단언하고 있다.29 또한 동일한 가설을 제시한 R. 크리처(Kritzer) 역시 앞서 인용한 『유가론』의 문구에 근거하여 "경량부의 근선·식견 파기는 바로 이에 따른 것"이라고 말하고 있다.30 그렇다면 세친(경량부)

---

28 宮下晴輝(1986), 「俱舍論における本無今有論の背景-勝義空性經の解釋をめぐって-」, pp.26-29.

29 原田和宗(1997), 「<經量部の '單層の' 識の流れ>という概念への疑問(2)」, p.43. 原田和宗(1993, p.108; 1996, p.138 주8)은 宮下晴輝(1986), 「俱舍論における本無今有論の背景-勝義空性經の解釋をめぐって-」과 竹村牧男(1991), 「說一切有部と無形象知識論」을 통해 세친이 『유가사지론』 古層(알라야식이 전제되지 않은 新層)의 학설을 베이스로 하여 아비달마의 소승 제 체계에 필적할 외계 용인형의, 대승의 기초체계로서의 경량부 학설을 설정한 것이 아닐까? 하는 생각으로 급격히 기울어지게 되었다고 고백하고 있다. 그러나 竹村이 논의한 경량부의 유형상지식론이나 宮下가 논구한 本無今有論은 『순정리론』에서 상좌 슈리라타나 비유자의 설로 논의되고 있다. (본서 제5장 3-3, 4; 제4장 3-2 참조)

은 왜 "諸法의 자성은 衆緣에 의해 생겨난 것이고, 刹那滅하기 때문"이라는
『유가론』의 나머지 두 논거를 빠트린 것일까? 혹은 『유가론』 상에서의 '諸
法=무작용'설의 의미는 무엇인가?

　그런데 無着 역시 '諸法=무작용'이라는 논거로써 根見과 識見을 비판하
고서 [根·識의] '和合'을 見으로 가설한 것이라고 말한다.

> 문: 眼이 色을 보는 것이라고 해야 할 것인가, [眼]識 등이 보는 것이라고
> 해야 할 것인가?
>
> 답: 眼이 색을 보는 것도 아니고 역시 또한 [眼]識 등이 색을 보는 것도
> 아니니, 일체법은 작용을 갖지 않기 때문으로, [다만 그것(根과 識)의]
> <u>和合을 '보는 것(見)'이라 가설하였다</u>. 또한 "眼은 색을 보는 데 가장
> 뛰어난 조건이지만 識은 그렇지 않다"는 등의 여섯 가지 특징을 갖기
> 때문에 [經에서] "眼이 온갖 색을 본다"고 말한 것일 뿐이다.[31]

　여기서의 '화합'은 무엇의 화합이며, 譬喩者의 화합견설에서의 '화합'과
는 어떻게 다른 것인가? 만약 여기서의 '화합'이 문맥에 따라 根과 識의
화합이라면(窺基에 의하면 이는 경량부 설: 주20) 양자는 원인과 결과로서
찰나를 달리하는 것(즉 前滅後生의 관계)인데, 어떻게 화합한다는 것인가?
法救 또한 이러한 의미에서 "諸法 사이에는 시간적 間隙이 있어 和合하는

30　Robert Kritzer(2003), Sautrāntika in the *Abhidharmakośabhāṣya*, p.335.

31　『대승아비달마잡집론』권2(T31, 703b12-15), "問: 爲眼見色, 爲識等耶? 答: 非眼見色, 亦非識等,
　以一切法無作用故, 由有和合假立爲見. 又有六相, 眼於見色中最勝, 非識等. 是故說'眼能見諸色.'"
　여기서 6相은 識에는 해당되지 않는 것으로, 안근은 識의 生因, 見의 依處, 동일한 종류로
　상속하여 動轉함이 없는 것, 다른 인연과 화합하지 않고도 찰나찰나 저절로 일어나는
　것(自在轉), 소의신을 莊嚴하는 것, 聖敎에서 '眼能見色'이라 설한 것.: kiṃ tāvac cakṣū rūpāṇi
　paśyatīti veditavyaṃ atha vijñānam. naikaṃ nāparaṃ paśyatīti veditavyam, nirvyāpāratvāt
　dharmāṇām. <u>sāmagryāṃ tu satyāṃ darśanaprajñaptiḥ</u>. api khalu ṣaḍbhir ākāraiḥ cakṣuṣo
　rūpadarśane prādhānyaṃ veditavyaṃ na vijñānasya. (N. Tatia ed., *Abhidharmasamuccaya Bhāṣyam*,
　Tibetan Sanskrit Works Ser. No.17, p.17.; 原田和宗, 1997, pp.31f, 주17)

일도 없어야 한다"(주4)고 비유자의 화합견설을 비판하였고, 중현 역시 제법의 倶生을 인정하지 않는 비유자(혹은 상좌 슈리라타)의 경우 根·境·識 세 법의 화합은 물론이고 색에 대한 직접지각조차 불가능하다고 비판하였다.

[眼과 色이 존재할 때 眼識은 아직 생겨나지 않았으며] 안식이 생겨났을 때 眼과 色이 이미 소멸하였다면 이때 안식은 무엇과 和合할 것인가? --(중략)-- 더욱이 그대들의 宗義에서는 오로지 現在世의 법만이 존재한다고 주장하므로 和合의 뜻은 이루어질 수 없는 것이다.[32]

4. 디파카라의 和合見說 이해

앞서 『대비바사론』이나 『오사비바사론』에서의 화합견설 비판은 "[심·심소는] 화합하지 않은 때가 없기 때문에 항상 색을 본다고 해야 한다"(주1)거나 "심·심소의 화합은 결정적이지 않다"(주3)는 것이었지만, 『아비달마디파』에서의 비판은 和合은 부분(즉 근·경·식)을 떠나 존재하지 않으며, 화합을 구성하는 부분은 작용을 갖지 않는다는 것이다.

만약 "眼 등의 和合(sāmagrī)이 본다"고 한다면, 이러한 眼 등의 화합 또한 부분(aṅga)을 떠나서는 자성과 작용(svabhāva-kriyā)을 갖지 않기 때문에 ['본다'는 것은] 존재하지 않는다. 眼 등의 화합의 부분(sāmagry-aṅga)이 존재한다고 할지라도 그 각각에는 보는 공능과 작용(śakti-kriya)이 없으니, 마치 백 명의 맹인들[이 화합하더라도 (모여 있더라도) 보지 못하는 것]과 같다. 따라서 [眼 등의 和合見說은] 진실이 아니다.[33]

---

32 『순정리론』권15(T29, 421a11-12; 15f), "若眼識生, 眼色已滅, 眼識爾時, 與誰和合?; 汝宗唯有現在世法, 合義不成."

디파카라(Dīpakāra)는 계속하여 인식주체의 문제와 관련하여 안근과
안식은 개별적 실체이지만 동일한 대상에 대해 동시에 작용한다는 의미의
"자신의 대상을 眼[根]이 보고 [眼]識이 요별한다(cakṣuḥ paśyati vijñānaṃ
vijānāti svagocaram)"는 유부 정설을 本頌(제44송: ADV., p.32)으로 제시하고서,
"앞서 생겨난 眼과 色이 원인(kāraṇa)이 되고 識이 결과(kārya)가 되는 것으로
[眼·色과 識은] 동시에 존재하지 않는다"는 근·경·식의 異時인과설로는 현
전의 경계대상(sākṣāt-viṣaya)에 대한 지각(anubhava: 領納)도 불가능할 뿐만
아니라 그에 따른 지식은 추리(anumāna: 比量)도 증언(āgama: 聖敎量)도 아니
라는 이유에서 부적당한 분별(atipatti-kalpa)로 비판하였다.34

　　그리고 『구사론』 상의 경량부 설을 俱舍論主(세친)의 말로 인용하고서
그를 和合을 구성하는 부분 즉 根·境·識의 개별 작용을 부정하는 이로 규
정하였다.

　　　俱舍論主는 말하였다. "어찌 [실재하지도 않는] 허공을 삼킬 수 있을 것인
　　가? 즉 [根·境·識의] 화합(sāmagrī)이 존재할 때 '보여졌다(dṛṣṭi)'고 가설
　　(upacāra)할 뿐이거늘 이 중 무엇을 '보는 것'이라고 하겠는가?" 그렇기 때
　　문에 저 大德(세친)은 화합을 [구성하는] 부분의 작용(sāmagryaṅga-kriyā)조
　　차 부정(apaharaṇa: 奪)하고 있는 것이다.35

33　ADV., p.31. 11-15, atha cakṣurādisāmagrī paśyati sāpi khalu cakṣurādisāmagryaṅgavyatiriktā
　　svabhāvakriyā 'bhāvān na vidyate. cakṣurādisāmagryaṅgānām api pratyekaṃ darśanaśaktikriyābhāvo
　　'ndhaśatavad ity asattvam.; 三友健容(2009), 『アビダルマディーパの研究』, p.298 참조.

34　ADV., p.32. 9-11, yas tv etad atipatyaivaṃ kalpayati- "kāraṇabhūtābhyāṃ prāgutpannābhyāṃ
　　cakṣūrūpābhyāṃ kāryabhūtaṃ vijñānaṃ sahaikasmin kāle nāvatiṣṭhate" iti tasya sākṣādviṣayānubhava
　　nābhāvād anumānāgamābhāva prasaṃgaḥ.; 三友健容(2009), pp.301f 참조.

35　ADV., p.33. 7-9, tatra yad uktaṃ kośakāreṇa - "kim idam ākāśaṃ khādyate. sāmagryāṃ hi satyāṃ
　　dṛṣṭam ity upacāraḥ pravartate. tatra kaḥ paśyati?" iti. tad atra tena bhadantena sāmagryaṅgakriyām
　　apaharaṇaṃ kriyate.; 三友健容(2009), pp.302f 참조. 디파카라는 계속하여 "[俱舍論主 세친은]
　　아비달마에 無知의 낙인(sammohāṅka)을 찍음으로써 자신도 그러한 낙인이 찍히게 되어 '불
　　합리한 空性의 낭떠러지(ayogaśūnyatāprapāta로 향하고 있음을 나타내고 있다"고 비난한다.

디파카라가 이해한 화합견설은 비유자의 和合見說에 『구사론』 상에서 경량부 설로 인용된 '根·識=무작용'설을 결부시킨 형태이지만, 그 역시 양설의 전제인 근·경·식의 異時인과설을 부적당한 분별로 간주하였을 뿐만 아니라 중현이 그러하였던 것처럼 그럴 경우 직접지각도 불가능하다고 비판하였다. 즉 디파카라는 "眼 등의 5[根]은 자신의 대상을 지각/이해(upalabdha)하는 데 수승한 것"이라는 세친의 말36에 대해 이는 毘婆沙師의 교리이지 俱舍論主(세친)의 교리가 될 수 없다고 힐난하면서 이같이 말하였다.

> 비유자(Dārṣṭāntika)의 경우, 일체는 직접 지각되지 않으니(apratyakṣa), 5識身은 과거를 대상으로 삼기 때문이다. 즉 진실로 眼과 色이 존재할 때는 [眼]識이 존재하지 않으며, [眼]識이 존재할 때는 眼과 色이 존재하지 않는다. 識의 찰나(vijñānakṣaṇa) 더 이상 지속(sthiti)하지 않는 자신의 대상(svārtha)을 지각(upalabdhy)하는 것은 불가능한 것이다.37

이렇듯 디파카라의 비유자 비판은 중현과 동일한 맥락에서 이루어지고 있다. 이러한 사실로 볼 때 『아비달마디파』에서의 和合見說은 심·심소의 相應俱起(혹은 根·境·識의 同時因果)說을 부정하고 次第繼起(혹은 異時因果)說을 주장한 비유자/경량부의 인식이론이라 할 수 있다. 그들(상좌일파)은 和合을 디파카라가 부적당한 분별로 비판한 "앞서 생겨난 眼과 色이 원인이 되고 識이 결과가 되는 것", 즉 "根·境과 識의 세 법이 서로에 대해 원인이 되고 결과가 되는 것"으로 이해하였기 때문으로,38 이러한 인과적

---

36 ADV., p.47. 10-11, kośakārādayaḥ punar āhuḥ - "svārthopalabdhāv eva cakṣurādīnāṃ pañcānām ādhipatyam"; AKBh., p.39. 7, cakṣurādīnāṃ pañcānāṃ svasya svasyārthasyopalabdhāv ādhipatyam.; "眼等五根, 於能了別各別境識, 有增上用." (T29, 13c24f)

37 ADV., pp.47f. 원문은 제5장 주46. P. S. Jaini는 "비유자는 經部異師의 뜻(Dārṣṭāntikāḥ Sautrāntika-viśeṣā ity arthaḥ)"이라는 稱友의 코멘트(Sakv., =AKVy., p.400. 7)를 각주(note5)하고 있다.

관계에 따라 경계대상의 형상을 띤 識이 생겨나면 그것이 바로 인식이다. 상좌에 의하면 인식은 부분적으로 분석할 수 없는 단일한 사태로, '눈(眼根)이 색을 본다'거나 '안식이 색을 요별한다'는 등의 主客/體用의 분별은 다만 세속설에 따른 언어 개념적 설정일 뿐이었다.[39]

더욱이 『아비달마디파』에서 "화합(sāmagrī)의 부분(aṅga) 즉 根·境·識은 작용을 갖지 않는다"는 예로 언급된 맹인의 비유는 『순정리론』 상에서 상좌 슈리라타의 문도들이 스승의 有色處(5根/5境) 假有論을 논하면서 언급한 것이었다.

저 논사(上座)의 문도들은 세간의 문헌을 익혀 여러 명의 맹인의 비유를 인용하여 자신들의 종의(극미 화합설)를 논증하고 있다. "傳說에 따르면, 맹인 각각에는 색을 보는 작용이 없으며, 여러 명의 맹인들이 和集하더라도 (다시 말해 함께 모여 있더라도) 역시 색을 보는 작용을 갖지 않듯이, 이와 마찬가지로 극미 하나하나가 각기 개별적으로 머물 때에는 所依와 所緣으로서의 작용이 없으며, 다수의 [극]미가 和集하더라도 역시 이 같은 작용은 없다. 따라서 [극미화합의] 處는 假有이며, 오로지 界만이 實有이다."[40]

그런데 『구사론』 상의 경량부=유가행파'라는 가설을 제시한 하라다 와소(原田和宗)와 R. 크리처는 비유자의 和合見說과 경량부의 '根·識=무작

---

38 『순정리론』권10(T29, 384c1f), "然彼所言, 眼等相望互爲因果和合名觸." (동, 384c8), "[上座]既許三法互爲因果名爲和合." 이에 대해 중현은 다음과 같은 문제를 제기한다. "그(상좌)의 宗에서는 俱起를 인정하지 않으므로 서로에 대해 원인과 결과가 된다고 할 수 없으니, [하나(眼·色)가] 존재할 때 [다른 하나(眼識)는] 존재하지 않기 때문이며(주32 참조), [3事는] 상속이 다르기 때문이며, 동일한 결과(즉 觸)[를 낳는 것]이 아니기 때문이다." (T29, 384c2-4) 상좌에 의하면 根·境·識의 계시적 인과관계가 '화합'이고, 觸은 '화합'을 가설한 것으로 識(心)의 分位差別. (제3장 3-2-1 참조)

39 본서 제5장 3-4-3 '지식의 자기인식과 인식주체 비판' 참조.

40 『순정리론』권4(T29, 350c14-17). 원문은 제1장 주87.

용'설을 어떤 식으로든 구별하지 않으면 안 되었다. 이에 하라다(原田和宗, 1997: 22-32)는 和合見說을 「[諸論을] 떠돌아다니는 화합견설(さまよえる和合見說)」이라는 제목 하에 '수수께끼 같은 이상한 학설(謎めいた特異な學說)'로 규정하고서, 중현은 비록 『구사론』 상의 경량부 설을 譬喩部師의 설로 전하였을지라도 화합견설과 결부시키지는 않았지만, 디파카라는 이를 화합견설과 억지로 결부시키고 있다고 하였다. 그는 디파카라가 인용한 경량부(俱舍論主)의 '根·識=무작용'설(주35)에 대해 이같이 평가하고 있다.

『아비달마디파』의 작자가 『구사론』의 "眼과 諸色에 근거하여(cakṣur … pratītya rūpāṇi ca)"라고 한 원본을 그대로 인용하는 대신 "總體(즉 '화합': 필자)가 존재할 때(sāmagrāyāṃ satyām)"로 改竄한 것은 ―이러한 개찬에는 『아비달마잡집론』(주31: 필자)을 참조하였을 가능성이 있다― 카슈미르系 『바사론』이 서슴없이 譬喩者에 귀속시킨 <화합견>설에 경량부 학설을 무리하게 결부시키려고 한 명백한 의도 때문이었을 것이다. (이 같은 억지를 부린 것은 앞서 언급한 것처럼 譬喩者의 거물인 하리발마나 슈리라타에 의해 <和合見>說이 한 번도 고려되지 않았으며, [이에 따라] 그것을 비유자에 귀속시킨 『비사론』의 기술이 실질을 수반하지 않은 허구(幻)의 전승이 되어버렸기 때문일 것이다. 法救가 그것을 <心·心所 和合見>說로 해석하기도 하고, 디파카라가 경량부의 <感官/對象/識=無作用>說로 슬쩍 바꿔치기한 것도 허구의 전승에 어떤 實質을 부여하지 않으면 안 되었던 有部 측의 곤경을 구제하기 위한 고육책으로 평가해도 좋다.)[41]

즉 하라다 와소는, 『대비바사론』에서 '화합'의 구성요소를 명시하지 않은 채 和合見說을 譬喩者에 귀속시키고 있지만, 法救의 『오사비바사론』과

41　原田和宗(1997), 「<經量部の '單層の'識の流れ>という槪念への疑問(2)」, pp.31-32.

『잡아비담심론』에서 '화합'을 심·심소의 화합 즉 안식과 이와 연합한 제 심소법의 총체라고 말한 것으로 볼 때 이는 <心·心所 相應=別體>說을 전제로 한 것이기 때문에 譬喩者의 <心·心所 次第生起=非別體>說과 구별되지 않으면 안 되며, 비유자의 학설을 기조로 하는 하리발마(Harivarman)는 識見說(『대비바사론』 상에서 法救 설)을, 上座=슈리라타(Sthavira/ Śrīlāta)는 一眼見說(『대비바사론』 상에서 犢子部 설)을 주장하였기 때문에『바사론』 상의 비유자의 화합견설은 후대 어떤 비유자에게도 계승된 일이 없이 무시된 실질을 수반하지 않은 허구의 전승이었음에도 디파카라가 이를 경량부 설과 결부시켜 마치 경량부(=세친)의 '根·識=무작용'설이 '화합견설'인 양 포장하였다는 것이다.

R. 크리처 또한 디파카라가 俱舍論主(세친)를 비유자로 간주하여 그에 대해 행한 비판(주37)에 대해 이같이 논평하였다.

> 설혹 우리가 디파카라를 믿을 수 있다 할지라도 나는 譬喩者에 의해 주장된 "pratyakṣa(지각)는 존재하지 않는다"는 입장을 어디에서도 본 적이 없다. 이는 그리 놀랄 만한 것이 아니다. 포터(Potter)에 따르면 인도철학의 모든 학파에서는 올바른 지식의 기준으로서 지각(perception)을 인정한다. 디파카라가 이 같은 주장을 비유자에 귀속시켰을 때, 그가 진실로 하고자 하였던 것은 "인과는 결코 동시적일 수 없다"는 생각을 비판하려는 것이었다. 이러한 생각은 訶梨跋摩와 슈리라타를 통해 비유자와 관련되지만, 普光과 法寶를 제외하면 이를 경량부로 규정한 이는 아무도 없다. 디파카라는 여기서 세친과는 다른 어떤 인물을 언급하기 위해 고의적으로 譬喩者라는 말을 사용한 것처럼 보인다.[42]

곧 디파카라는 비유자의 根·境과 識의 異時因果를 비판하기 위해 "비유

---

42 Robert Kritzer(2008), Dārṣṭāntika and Sautrāntika in the Abhidharmadīpa, p.122.

자는 pratyakṣa(지각)를 부정하였다”는 터무니없는 말을 하였고, “비록 확실
히 증명된 것은 아닐지라도 세친(즉 경량부)은 俱有因의 존재를 인정하였
기” 때문에 결국 異時因果說에 따른 비유자의 지각부정에 관한 논설은 세친
(즉 경량부)과는 무관하다는 것이다.

하라다와 R. 크리처는 和合見說의 키워드인 ‘和合’을 유부처럼 根·境과
識의 同時인과(혹은 心·心所의 相應俱起)를 전제로 하는 개념으로 이해하였
고, 하리발마와 슈리라타(=비유자)는 異時인과설을 주장한 반면 세친(=경
량부)은 同時인과를 지지하였다는 이유에서, 혹은 하리발마와 슈리라타는
각기 識見說과 一眼見說을 주장한 반면 세친은 ‘根·識=무작용’설을 주장하
였다는 이유에서 비유자의 화합견설에도, ‘根·識=무작용’설을 이와 결부시
켜 비유자(=세친) 설로 전한 디파카라의 전승에도 문제가 있다는 것이다.

그러나 상좌(비유자/경량부)는 앞서 논의하였듯이 根·境·識의 세 법이
서로에 대해 원인이 되고 결과가 되는 것을 ‘화합’으로 규정하였다. 화합견
설은 이시인과를 전제로 한 학설이며, ‘根·識=무작용’설(유형상지식론) 또
한 이에 따른 이론적 귀결이다. “세친(=경량부)은 유부와 마찬가지로 (혹은
상좌 슈리라타와는 달리) 根·境·識과 心所(受·想·思 등)의 同時俱生을 지지
하였다”는 하라다의 주장은 카토 준쇼로부터 비롯된 것이지만,[43] 카토의
논거는 매우 허약하다.『구사론』「세간품」에서 논의된 觸·受의 相應俱起說
(毘婆沙師 說) vs 次第生起說(諸釋에 의하면 上座 설)의 對論이 “그렇기 때문에
일체의 識에는 觸과, 촉과 俱生한 受가 존재한다는 사실을 역시 인정해야
한다”는 말로 끝을 맺어 유부 毘婆沙師의 학설을 부정하고 있지 않다는 것
이 논거의 핵심이기 때문이다.[44]

---

[43]　加藤純章(1989),『經量部の研究』, p.83.; p.219; p.222.

[44]　『구사론』에서는 예컨대 유위4相의 假實논쟁의 경우, “비난하는 자가 있다고 해서 어찌
　　阿含(유부종의)을 버릴 것이며, 사슴이 나타난다고 해서 어찌 보리를 파종하지 않을 것

또한 상좌 슈리라타가 一眼見說을 주장하였을지라도 一眼見/二眼見의 문제는 眼識처럼 所依가 두 개인 識과 所依의 관계에 관한 것으로, 根見/識見 등 인식주체에 관한 논의와는 별개이다. 즉 서로 멀리 떨어진 二眼은 동시에 함께 眼識의 所依가 되는 것인가, 一眼씩 소의가 되는 것인가? 유부의 경우 "한 눈을 감으면 不淨識(불명료한 識)이 일어나지만, 두 눈을 뜰 때 淨識이 일어난다"(『발지론』권1, T26, 919c27ff)는 이유에서 전자의 입장을 취하여 二眼見說을 주장하였던 것이지만, 독자부나 상좌는 후자의 입장이기 때문에 一眼見說을 지지하였던 것이다.

> 상좌는 말하였다. 두 눈이 경계대상에 대해 전후로 [하나씩] 작용을 일으킬 때 보는 것이 분명하다. 그러나 혹 한쪽 눈을 감거나 손상되었을 때, [다른] 한쪽 눈을 비록 뜨고 있을지라도 서로 대체될 것이 없으니, 그것에 의해 생겨나는 識은 오로지 한쪽 門(眼根)에만 근거하여 빠르게 일어나기 때문에 보는 것이 명료하지 않은 것이다."[45]

상좌의 一眼見說은 字義처럼 根見說을 전제로 한 학설이 아닐뿐더러 화합견설과 모순되지 않는다. 유가행파 또한 유부와 거의 동일한 논거에서 二眼見說을 지지하였지만,[46] 그렇다고 그들이 根見家는 아니었다.[47]

이며, 파리가 붙어 있다 해서 어찌 맛난 과자를 먹지 않을 것인가? --(중략)-- 그렇기 때문에 유부의 종의에 따르지 않으면 안 된다"는 毘婆沙師의 완고한 말로 이에 관한 논쟁을 끝맺고 있지만(AKBh., p.80. 8-11; T29, 29a4-8), 세친이 이에 찬동한 것은 물론 아니다. 카토 준쇼(加藤純章)의 보다 자세한 논거와 이에 대한 비판은 권오민(2012), 『상좌 슈리라타와 경량부』, pp.500-506; 권오민(2013), 「譬喻者의 和合見說과 관련된 몇 가지 가설 비판」, pp.17-25 '세친(=경량부)는 相應俱起說을 지지하였는가' 참조.

45　『순정리론』권7, T29, 368b22-25), "由此亦遮上座所說. 彼作是言: 二眼於境前後起用, 見則分明. 或復一眼有閉壞時, 一眼雖開, 無相替代, 彼所生識唯依一門速疾轉故, 見不明了."

46　『유가사지론』권56(T30, 610c22-27).

47　이에 대한 보다 자세한 논의는 권오민(2013), 「譬喻者의 和合見說과 관련된 몇 가지 가설 비판」, pp.37-40 '上座는 다만 一眼見說의 주장자인가' 참조.

5. 유가행파의 和合見說과 상좌 슈리라타

그런데 전술한 대로 유가행파에서도 역시 和合見說(혹은 '根·識=무작
용'설)을 주장하였지만(주27, 31 참조), 그들은 譬喩者와는 달리 (혹은 有部와
마찬가지로) 眼根과 眼識의 동시인과를 주장하였다.

> **문:** 眼과 眼識이 인과적 관계라면 어떻게 동시에 존재할 수 있는가? 만약
> 동시에 존재하는 것이라면 어떻게 인과적 관계라고 할 수 있는가?
>
> **답:** [안]식(결과)은 眼(원인)에 의해 생겨나지만, 이는 종자와 싹과 같은 [異時
> 의] 인과관계가 아니다. 왜냐하면 眼은 眼識에 대해 正生因(*utpattihetu)이
> 아니라 오로지 建立因(vyavasthāhetu)이기 때문이다. 그렇기 때문에 이
> 두 가지는 동시에 존재하는 인과적 관계를 성취할 수 있는 것으로, 비
> 유하자면 등불과 빛의 관계와 같다. 만약 그렇지 않다고 한다면 비록
> 자신의 種子(즉 因緣)가 존재할지라도 所依(根 즉 增上緣)가 존재하지 않
> 기 때문에 안식 등은 생겨날 수 없다고 해야 한다.[48]

이에 따라 하라다 와소는 "바수반두(세친)가 경량부의 <감관/대상/識=
무작용>설을 唱導하는 한편 有部의 <감관/대상/識의 일방적 동시인과>학설
에 찬동하는 네 주서하시 않은 섯은 양 학설이 이미 『유가론』에서 양립
가능한 것으로서 채용되고 있었기 때문"이라고 말한다.[49] 그러나 그의 논
의는 일차적으로 카토 준쇼의 가설에 기초한 것일뿐더러 상식적으로 생각

---

[48] 『유가사지론』권56(T30, 610c28-611a5), "問: 眼與眼識, 若是因果, 云何俱有? 若俱有者, 云何得
成因果兩性? 答: 識依眼生, 非如種芽因果道理. 何以故? 眼與眼識, 非正生因, 唯建立因. 是故此二
俱時而有因果性成. 猶如燈焰光明道理. 如眼與眼識, 耳鼻舌身與彼諸識, 當知亦爾. 若異此者, 雖有
自種, 無所依故, 眼等諸識應不得生." 正生因과 建立因의 용례는 예컨대 『구사론』권4(T29,
22b16f; AKBh., p.63. 16f)에 나온다. 유부에 의하면 得(prāpti)은 제법의 生因(utpattihetu)이
아니라 이생과 성자의 차별을 확정짓는 원인(vyavasthāhetu)이다.

[49] 原田和宗(1997), 「<經量部の '單層の'識の流れ>という概念への疑問(2)」, p.59.

하더라도 『유가론』에서의 因果同時의 학설이 眼根과 色境(원인)이 객관의 色法(所造色과 大種)이라 주장하는 유부의 그것과 동일하다고 할 수 없다.

유가행파의 경우 眼根은 眼識과 동시에 존재하는 소의(俱有依)이기는 하지만,[50] 陳那(Dignāga)에 의하는 한 그것은 所造色이 아니라 色 등의 경계대상을 낳는 根本識 상의 功能이기 때문에,[51] 또한 色은 외계의 객관적 존재가 아니라 그것과 유사하게 나타난 것(似色顯現)으로[52] 陳那에 의하는 한 안식은 그것의 형상을 띠고 그것으로부터 생겨난 것이기 때문에,[53] 根·境과 識은 동시에 존재하는 원인과 결과라고 말할 수 있는 것이다. 陳那는 이같이 말하고 있다.

경계대상의 형상과 識은 결정코 서로를 따르기 때문에 비록 함께 일어날지라도 [경계대상의 형상은] 역시 識의 [生]緣이 될 수 있다. 因明者(haitukāḥ)도 "만약 이것과 저것의 有無는 서로를 따르는 것이라면 (다시 말해 이것이 있으면 저것이 있고, 저것이 없으면 이것도 없는 것이라면), 비록 함께 생겨날지라도 역시 인과적 특성(因果相)을 갖는다고 할 수 있다"고 설하였기 때문이다.[54]

『유가론』의 同時인과가 이러한 의미라고 한다면, 이는 유부의 同時인과설보다는 차라리 비유자(상좌=경량부)의 異時인과설에 가깝다고 하는 편이

---

50 『유가사지론』권1(T30, 279a26), "云何眼識自性? 謂依眼了別色. 彼所依者, **俱有依謂眼**; 等無間依謂意; 種子依謂即此一切種子執受所依異熟所攝阿賴耶識."

51 『관소연연론』(T31, 889a2-3), "以能發識比知有根. 此但功能非外所造. 故本識上五色功能名眼等根, 亦不違理."

52 『유가사지론』권1(T30, 279b18f).

53 『관소연연론』(T31, 888c19-20), "外境雖無, 而有內色, 似外境現, 爲所緣緣. 許眼等識, 帶彼相起, 及從彼生, 具二義故."

54 『관소연연론』(T31, 888c24-26), "境相與識定相隨故, 雖俱時起亦作識緣. 因明者說: '若此與彼有無相隨, 雖俱時生而亦得有因果相'故."

적절하다. 根·境·識의 異時인과를 주장할 때의 가장 큰 난점은 중현과 디파카라도 지적하였듯이 5識은 과거(前刹那)의 대상을 소연으로 삼는다고 해야 하기 때문에(5識은 오로지 현전의 대상만을 소연으로 삼는다) 직접지각이 불가능하다는 것이며, 심·심소의 次第生起를 주장할 경우 각각의 심·심소는 소연을 달리하기 때문에 하나의 대상에 대한 통일적 인식이 불가능하다는 것이다.

이 같은 문제의식은 이미 『대비바사론』에서 相應因에 대해 논의하면서 언급되었다. 여기서 阿毘達磨論師는, 전후로 생겨나는 심·심소법은 衆緣(예컨대 所依와 所緣)과의 和合이 각기 다르다고 주장한 譬喩者에 대해 "심·심소는 각기 別因(예컨대 生相 등)에 의해 생겨나기 때문에 화합이 다르다고도 할 수 있지만, 동일한 감관(根)을 所依로 삼고 동일한 대상(境)을 所緣으로 삼아 일어나기 때문에 화합이 다르지 않으며, 따라서 根·境·識과 심소의 동시생기는 필연적 사실"이라고 주장하였던 것이다.[55]

根·境과 識의 인과가 異時라면 세 법이 어떻게 和合할 수 있고, 과거(전찰나)의 대상이 어떻게 識의 소연이 될 수 있는가? 나아가 識에 수반된 각각의 心法 즉 受·想·思 등의 所依와 所緣은 무엇이고, 소연 등이 각기 다름에도 어떻게 하나의 대상에 대한 통일적 인식이 가능한가? 이에 대한 상좌 슈리라타(비유사)의 해명은 제5상(제3절 '異時인과에 근거한 상좌의 인식론')에서 이미 밝힌 바 있지만, 간략히 재론하면 이러하다.

첫째, 상좌는 "眼과 色에 근거하여 眼識이 생겨나고--"의 경설에 근거하

---

[55] 『대비바사론』권16(T27, 79c7-18), "謂或有執: 心心所法, 前後而生, 非一時起, 如譬喩者. 彼作是說: 心心所法, 依諸因緣, 前後而生. 譬如商侶涉嶮隘路, 一一而度, 無二並行, 心心所法亦復如是, 衆經(宋元明本은 '緣')和合一一而生, 所待衆緣各有異故. 阿毘達磨諸論師言: 心心所法有別因故, 可說衆緣和合有異.; 有別因故, 可說衆緣和合無異. 謂心·心所各各別有生住異滅和合而生. 是故可說和合有異.; 同依一根, 同緣一境, 而得生故, 可說一切和合無異. 是故一切心·心所法, 隨其所應俱時而起." 이 논설은 제3장 주29와 21에서도 인용되었다.

여 根·境과 識이 서로에 대해 원인과 결과가 되는 계시적 인과관계를 '화
합'으로 규정하였다. (주38 참조) 하라다 와소는 "디파카라는 '眼과 色에 근
거하여 [안식이 생겨날 때]'를 '화합이 존재할 때'로 改竄하였다"(주41)고
하였지만, 상좌에게 있어 양자는 동일한 의미이다.

둘째, 전 찰나의 외계대상(色)은 다만 識의 生緣이며 인식대상은 심식
상에 나타난 그 형상이다. 즉 비유자는 소연을 所緣緣과 所緣境으로 구분하
였는데(제5장 3-2), 이는 陳那가 말한 소연의 두 조건인 生識과 帶相에 해당
한다.

셋째, 인식대상은 所緣境 즉 심식 상에 나타난 형상이지만 이는 심식과
별도의 존재가 아니다. 따라서 안식은 별도의 인식대상을 了別(인식)하는
것이 아니라 외계대상(=소연연)과 유사한 형상(=소연경)을 띠고 생겨나는
것 자체가 바로 요별이다. 마치 그림자가 처소를 달리하여 연속적으로 생
겨날 때 '그림자가 움직인다'고 말(가설)하듯이, 識 역시 [찰나찰나] 인과적
관계로서 생겨날 때 세간의 언어적 관례(世俗, *vyavahāra)에 따라 '識이 요
별한다'고 가설한 것일 뿐 식 자체는 대상에 대한 어떠한 실제적 작용도
갖지 않는다.

넷째, 根·境·識의 세 법이 異時의 인과적 관계성(因果性)으로서 존재하
였기 때문에 바야흐로 受가 일어날 수 있다. 즉 앞서 존재한 根·境(제1찰나)
은 受(제3찰나)－想(제4찰나) 등이 일어날 때에도 자신의 결과인 識=觸(제2
찰나)을 통해 能生의 功用으로서 전전 상속한다.[56] 상좌에게 있어 심·심소
의 所依와 行相과 所緣은 전후 찰나 서로 유사하게 전전 상속하는 것(相似轉)
이었다.[57]

---

56 『순정리론』권10(T29, 386b24f), "先有根境識三因果性故, 受方得起. 是故根境, 於受起時, 亦有展
轉能生功用." 한글번역은 제5장 주50 참조.
57 『순정리론』권2(T29, 341c10-12), "又如汝等頻言: 想識時依行緣相似轉故, 雖不能示二相差別, 而

　　이렇듯 異時인과에 따른 상좌의 인식론(말하자면 유형상지식론)에서 識과 識에 나타난 외계대상의 형상(所緣境)은 불가분의 관계일뿐더러 識의 生緣이 된 전 찰나의 根과 境은 제2찰나 이후에도 能生의 功用으로서 전 찰나의 그것과 유사하게 상속 전전한다는 점에서 일견 유가행파(陳那의 논의)와 궤를 함께 하는 것이라고 말할 수 있는 것이다. 경우는 좀 다르지만 『유가론』에서도 역시 "동일한 所緣에 대해 無量種의 차별적인 行相이 일어난다"고 하였고,[58] 나아가 『성유식론』에서는 심·심소의 소연 또한 서로 유사하다(相似)고 하였다.[59]

　　더욱이 『유가론』「思所成地」에 인용된 勝義伽他(Paramārthagāthā) 제27-31송(T30, 363c11-20)은 "'진실의 자아(宰主: svāmin, 소유주)도, 作者(kāraka)도 受者(vedaka)도 존재하지 않으며 오로지 인과로서만 존재한다'[60]고 할 경우, 인과의 상속이 단절되어야 하고, 모든 인과가 동시에 존재해야 한다"는 등의 문제제기(疑難)에 대해 해명한 것인데, 『유가론』에서는 처음 2구 "因道不斷故 和合作用轉(제27송ab)"[61]에 대해 "비록 자아가 존재하지 않을지라도 後有는 결코 단절됨이 없이 상속하며, 모든 인과는 즉각적으로 동시에 존재

汝等宗許其體異. 思作意等, 應亦如是." 한글번역은 제5장 주24 참조.

58　『유가사지론』권55(T30, 602a26f), "問: 何故名有行? 答: 於一所緣, 作無量種差別行相轉故." 참고로 『유가론』에서는 유부와 마찬가지로 심·심소의 異名으로 有所緣·相應·有行相·有所依를 열거하지만(유부는 有所依·有所緣·有行相·相應의 순), '相應'을 五義(所依·所緣·行相·時·事)平等으로 규정한 유부와는 달리 事(dravya)·處(deśa)·時(kāla)·所作(kārya)의 平等으로 규정한다. (T30, 602a24f) 『성유식론』권3(T31, 11c28ff)에 의하면 觸 등의 5遍行心所는 異熟과 行相이 다르지만 時·[所]依·所緣·事는 동일하다. <u>行相平等(ākārasamatā)이 제외된 것은 그것이 더 이상 대상(相分)이 아니라 인식작용(了別, vijñapti)을 행하는 주체(能緣의 見分)로서 작용이 각기 다르기 때문이다. (次註) 만약 행상이 동일하다면 이는 곧 심·심소의 무차별을 의미한다.</u> (宮下晴輝, 1978, p.664)

59　『성유식론』권2(T31, 10b9-10), "心與心所, 同所依根. 所緣相似. 行相各別. 了別領納等作用各異故."

60　이는 勝義伽他 제1송ab 都無有主宰 及作者受者(svāmīn na vidyate kaścin na kartāâ nāpi vedakaḥ)와 제4송d 唯有因法有(dharmās tv ete sahetukāḥ)임. A. Wayman(1961), Analysis of the Śrāvakabhūmi Manuscript, p.167f.

61　(T30, 363c11).; A. Wayman(1961), p.171. hetuvartmānupacchedāt sāmagryā vartate kriyā.

하는 것(頓俱有)이 아니다"고 해설하였다.[62] 이는 곧 모든 인과는 前滅後生의
繼時的 관계로서 和合하며 작용한다는 말이다.

철저한 찰나멸론에 따르는 한 어떤 한 실체의 작용(혹은 운동)은 불가
능하다. 勝義伽他 제5송은 이에 관한 것이다. "諸行은 다 찰나에 [소멸]하여
[찰나도] 머물지 않거늘 하물며 작용할 것인가? 즉 그러한 제행이 생겨나
는 것을 作用이라 하고 作者라고 한다."[63] 후설하듯이 제행이 결과로서 생겨
나는 것을 作用이라 하고, 원인으로서 생겨난 것을 作者로 가설한다는 것이
다. 이에 따라 勝義伽他에서는 계속하여 "眼은 능히 색을 볼 수 없고, 나아가
意는 능히 법을 알 수 없으며, 이를 任持하고 부릴(驅役) 만한 실체도 없다"
(제6-7송)고 논설한 다음 제행의 생멸(衆緣生과 自然滅)에 대해 논의한다. (제
8-9송)

중현에 의해 '刹那의 實法을 宗義로 삼는 이', '오로지 현재 일 찰나만이
존재한다고 주장하는 이', 혹은 '一刹那宗' 등으로 불린 上座(제5장 주143)
역시 전후 인과적 관계로서 展轉相續하는 현재 일 찰나의 법만이 존재하기
때문에 眼·色─眼識의 異時인과와 無作用설을 주장하였던 것으로 (다시 말
해 眼·色이 존재할 때 眼識은 아직 생겨나지 않았고, 眼識이 존재할 때 眼·色은
이미 소멸하였기 때문에 삼자 사이에 작용은 일어나지 않는다고 주장하였
던 것으로), 眼·色(원인)에 의지하여 다음 순간 대상의 형상을 띤 識(결과)
이 생겨날 때 '눈(眼根)이 색을 본다'고 말하지만, 여기서의 主客(주체와 대

---

62 『유가사지론』권16(T30, 365a19-24), "如是由勝義故無有宰主作者受者, 唯有因果. 於因果相釋通
    疑難, 略由五頌顯示 於此起我顛倒. 初頌顯示, 雖無有我而有後有無有斷絶. 又諸因果非頓俱有.";
    Cf. A. Wayman(1961), p.183. And among those *[gâthâs]*, he expounds the delusion of self *(âtman)*
    with five *gâthâs* [nos. 27-31]. Here, *(a)* how, while the self is unreal, rebirth occurs undisrupted;
    (b) how the fruit [*or* effect] does not occur simultaneously with the cause--.

63 『유가사지론』권16(T30, 363a25-26), "諸行皆刹那 住尙無況用 卽說彼生起 爲用爲作者."; kṣaṇikāh
    sarvasamskārā asthitānārň kutah kriyā / bhūtir yeṣārň kriyāsau ca kārakah saiva cocyate // All the
    sarňskǔras are momentary; whence the activity of unstable things? Their origin is that activity,
    and that [origin] is called the doer. (A. Wayman, p.168)

상) 體用(주체와 작용)의 분별은 다만 세간의 언어적 관례(世俗)에 따른 것이었다. 이는 곧 원인(=眼)을 주체로, 결과(=識)를 작용으로 가설한 것이라 말할 수 있다.[64]

그러나 만약 원인과 결과가 별체로서 동시라면 주체와 작용을 가설할 필요가 없다. 『유가론』에서도 勝義伽他 제1송 후반 "諸法도 역시 작용을 갖지 않을지라도 작용이 전혀 일어나지 않는 것은 아니다(諸法亦無用 而用轉非無)"[65]에 대해 해설하면서 이 같은 사실을 확인하고 있다.

비록 諸法이 모두 無作用이라 설하였을지라도 아직 왜 無作用인지 널리 설하지 않았다. 그래서 이후 [제5송ab]에서 "諸行은 다 刹那[滅]하는 것으로 [찰나]도 머물지 않거늘 하물며 작용할 것인가?(諸行皆刹那 住尙無況用: 주63)"라고 설한 것이다. 앞[의 게송]에서 "작용이 일어나지 않는 것은 아니다"고 설하였는데, 어떻게 無作用이라면서 작용이 일어난다는 것인가? 그래서 그 다음 [제5송cd]에서 "즉 그것이 생겨나는 것을 설하여 作用이라 하고 作者라 한다(即說彼生起 爲用爲作者: 주63)"고 말한 것으로, 결과이기 때문에 '作用'이라 말하였고, 원인이기 때문에 '作者'라고 말하였다. '그것이 생겨나는 것'이라 함은 諸處(안처/색처 등)로부터 諸識(안식 등)이 생겨날 수 있음을 나타낸 것으로, "그것(안식)이 생겨날 수 있다"고 한 것은 眼 등을 떠나 그것은 성취되지 않기 때문이다.[66]

---

64 세친 또한 『구사론』「파아품」에서 "세간에서는 [종]소리의 소의/원인인 '종이 울린다'고 말하듯이 원인을 作者로 설하기 때문에 識이 대상에 근거하여 상속할 때, [다시 말해] 전 찰나의 식을 원인으로 하여 후 찰나의 식이 생겨날 때 '識이 능히 요별한다'고 말해도 아무런 과실이 없다(或識於境相續生時. 前識爲因引後識起, 說識能了亦無有失. 世間於因說作者故. 如世間說鍾鼓能鳴)"고 하였으며(T29, 157b25-27), 『아비달마디파』에서 비유자 또한 "원인의 힘(kāraṇa-śakti)에 대해, 비록 無實體일지라도 생기의 주체로 假設할 수 있다(dārṣṭāntikaḥ khalu brūte kāraṇaśaktiṣu nirātmakajanikartrupacārāḥ pravartate.)"고 하였다. (ADV., p.274. 26-27) 이러한 비유자 설에 대한 좀 더 자세한 해명은 권오민(2012), pp.386-388 참조.

65 『유가사지론』권16(T30, 363a18).; A. Wayman(1961), p.167. dharmāh sarve 'pi niṣveṣṭā atha ced vartate kriyā.

이에 따르는 한 諸法은 刹那滅로서 無作用이지만, 根·境과 識의 인과적 관계 즉 三事의 화합을 통해 주체(안근)와 작용(見)이 가설되는 것으로,— "일체법은 무작용이지만 그 화합을 '見'이라 가설한다"고 한『잡집론』의 논설(주31) 또한 이에 따른 것이다— 이러한 三事 화합의 인과는 즉각적인 동시존재(頓俱有)가 아니다.

그럼에도『유가사지론』에서 眼[·色]과 眼識을 동시인과라고 말한 것 (주48)은 말하자면 자파의 교학체계 —안근은 소조색이 아니라 似現의 대상을 낳는 根本識상의 공능— 를 확립하기 위한 논리적 요청에 따른 것(따라서 이때 원인은 生因이 아닌 建立因 vyavasthā-hetu)으로, 이를 別法의 동시인과로 간주하는 유부와는 경우가 전혀 다르다. 더욱이 諸法의 無作用을 주장하게 된 이유가 刹那滅이고, 상좌(경량부)처럼 철저한 찰나멸론에 따르는 한 그것의 인과적 상속은 繼起일 수밖에 없다. 이런 까닭에『유가사지론』에서는 "[異時인과에 따라] 見(결과=識)에 근거하여 見者(원인=眼)를 가설한 것"이라 하였고(주27),『잡집론』에서는 "[이러한 異時의 三事] 和合을 見이라 가설한다"고 하였으며(주31), 勝義伽他(v.27b)에서는 "和合作用轉, [인과적 관계로서] 和合하여 作用(見)이 일어난다"(주61)고 하고서 [이때 화합의] '인과' 는 즉각적으로 동시에 존재하는 것이 아니라고 해설하였던 것이다. (주62) 이로 볼 때 인식주체(見者)에 관한 유가행파의 勝義의 道理(주27) 역시 譬喩 者의 和合見說에 기초한 것이라고 추측해볼 수 있다.

유가행파의 和合作用(見)說은 비유자/경량부(상좌 슈리라타)의 和合見 說과 그다지 다르지 않다. 다만 차이가 있다면 비유자/경량부가 識의 生緣 인 根·境을 前찰나의 外法으로 간주한 데 반해 유가행파에서는 內法(眼識의

66　『유가사지론』권16(T30, 364b16-21), "雖說諸法皆無作用, 而未宣說云何無用. 故次說言, '諸行皆刹那 住尙無況用.' 如前已說, '[而]用轉非無', 云何無用而有用轉? 故次說言, '卽說彼生起 爲用爲作者', 果故名爲用, 因故名作者. '彼生起'者, 顯從諸處諸識得生, '彼得生'者, 非離眼等彼成就故."

俱有依로서 根本識 상의 공능과 識에 나타난 형상: 주50-53)으로 이해하였다
는 점이지만, 상좌 역시 제3찰나 이후 제 심소의 所依와 所緣을 그 같은
內法으로 이해하였다. (주56-57 참조) 아무튼 이 같은 차이로 인해 비유자/
경량부는 外境論者로 불리게 되었지만, 유가행파의 根·境·識의 동시인과가
유부와는 다른 형식이듯이 이들 역시 유부와 동일한 형식의 外境論者는 아
니었다.

6. 소 결

지각, 예컨대 시각의 주체는 눈(眼根)인가 의식(眼識)인가 하는 根見/識
見의 문제는 불교학의 고전적인 문제 중의 하나였다. 이는 존재와 지식에
관한 불교 諸派의 입장을 드러내는 바로미터로, 설일체유부가 根見說을 주
장하였다면 法救나 하리발마(『성실론』), 상좌부(『카타밧투』) 등은 識見說의
입장이었다. 이에 대해 譬喩者는 和合見說을 주장하였다. 『오사비바사론』이
나 『잡아비담심론』에 의하면 여기서의 '화합'은 심·심소의 화합이지만, 이
것이 구체적으로 어떤 내용의 학설인지는 분명치 않았다.

그런데 『구사론』에는 "眼과 色 등을 연하여 眼識 등이 생겨난다"는 경
설에 따라 根見과 識見을 모두 파기하는 경량부 학설이 인용된다. 이들에
따르면 眼根과 眼識은 오로지 찰나멸하는 인과적 관계로서만 존재하여 작
용을 갖지 않기 때문에 시각주체에 관한 논의는 무의미하며, "눈(안근)이
본다"거나 "안식이 요별한다"는 등의 말은 다만 세간의 언어적 관례일 뿐
이다.

譬喩者의 和合見說과 經量部의 '根·識=무작용'설은 고래로 동일 학파의
동일 학설로 이해되어 왔다. 그러나 최근 양 설은 별개의 학설이라는 가설

이 제기되었다. 아마도 양 설의 불분명함이 가설의 단초가 되었을 것이다. 가설의 주된 논거는 경량부의 학설이 유가행파의 문헌에서 트레이스 된다는 것이었지만, 거기서의 논거 역시 그다지 분명하지 않다.

결론적으로 양 설은 上座 슈리라타 계통의 비유자(=경량부)의 인식이론(즉 유형상지식론)으로, 根·境·識(心)과 諸 心所의 異時인과(혹은 次第生起)설에 따른 논리적 귀결이다. 즉 이들은 찰나멸에 따른 根·境(제1찰나)－識(제2찰나)의 계시적 인과관계를 '和合'으로 규정하고, "눈이 색을 본다"는 등의 언어적 표현에서의 주객(주체와 대상)이나 체용(주체와 작용)을 인과적 관계에 근거한 가설로 이해하였다. 眼과 色을 연하여 色의 형상을 띤 眼識이 생겨날 때 시각이 발생하지만, 이때 시각(見)의 대상이 된 형상은 眼識과 別體가 아니며, 안근 또한 찰나멸하여 더 이상 어떠한 작용도 갖지 않기 때문이다.

이러한 사실은 유가행파의 諸論에서도 확인된다. 이들 역시 '눈이 색을 본다'는 것은 세속설일 뿐 勝義의 道理에서 볼 때 시각의 주체(見者)는 안근도 안식도 아니다. 일체법은 찰나멸할뿐더러 작용을 갖지 않기 때문이다. 『유가론』「勝義伽他」에서도 제법을 이같이 규정하고서 인과적 관계를 통해 주체(=원인)와 작용(=결과)이 가설되는 것으로서 즉각적인 동시존재(頓俱有)가 아니라고 하였다. 시각주체에 관한 유가행파의 승의도리는 비유자의 和合見說에 기초한 것이라고 추측해볼 수 있다.

제7장 상좌의 극미 和合과 5識 소연론

1. 극미 화합의 世俗有와 5식

1) 극미 화합설에 대한 중현과 유식론자의 비판

상좌의 인식론에서 제기되는 또 다른 문제는 그가 5識의 소의와 소연이 되는 5근과 5경을 극미 和合의 假有(世俗有)로 이해하였다는 점이다. 그는 앞에서 논의하였듯이 '有色處 假有論'(제1장 3-1-2)을 주장하면서 이같이 말하였다.

> 5識의 소의(즉 5根)와 소연(즉 5境)은 다 같이 實有가 아니다. 왜냐하면 極微(paramāṇu) 하나하나는 소의와 소연으로서의 事(*āśrayālambana-vastu)를 성취하지 않기 때문으로, 다수의 극미가 和合할 때 비로소 소의와 소연으로서의 事를 성취하기 때문이다.[1]

하나의 극미가 5식의 소의와 소연이 되지 않는다는 사실은 이미 『대비

---

[1] 『순정리론』권4(T29, 350c5-7), "此中上座作如是言. '五識依緣俱非實有. 極微一一不成所依所緣事故. 衆微和合, <u>方成所依所緣事故.</u>'" 제1장에서도 이를 인용하였지만(주45), 거기서는 '事'를 번역하지 않았다. '소의와 소연으로서의 事(*vastu)'의 의미에 대해서는 본 장 3-2 '세속유와 사만야'에서 검토한다.

바사론』에서 논의된 바이며(제1장 주55), 『구사론』에서도 "根과 境으로서 각기 하나의 극미가 소의와 소연이 되어 능히 識을 일으키는 것은 없다. 5식은 결정코 積集(sañcita)한 다수의 극미[를 소의와 소연으로 삼으니, 다수의 극미가 적집할 때 비로소 所依性과 所緣性(āśrayālambanatva)을 성취하기 때문이다"2고 진술하고 있다. 그러나 유부에 의하는 한 극미 적집(중현에 의하면 '和集')의 소의(5根)와 소연(5境) 또한 실유이다. 예컨대 대종극미의 所造色인 안처와 색처의 경우, 유부에서는 이를 대종과는 다른 별도의 자상(處 āyatana 즉 인식영역으로서의 자상: 후술)을 갖는 실체로 이해하였지만, 상좌는 이를 극미 화합의 가유로 이해하였던 것이다.

이에 따라 상좌는 계속하여 "과거·미래·현재의 안식 등에 의해 분별된 색에는 어떠한 경우에도 상주성이나 항상성이 없다. [이것이야말로] 顚倒性이 없는 출세간의 聖智이니, 이는 다 虛僞의 妄失之法이다"는 聖言에 근거하여 5식의 소연을 眞實의 경계대상(實境, *bhūtārtha)이 아닌 '虛僞의 妄失之法'이라 논변하였다. (제1장 주46)

이 같은 상좌의 '5식의 소연=극미 和合'설은 세친의 『유식이십론』에서도 언급된다. 즉 거기서는 외계의 인식대상을 本頌에서 먼저 ① 단일한 것, ② 다수의 극미, ③ 극미의 화합(saṃghāta) 등으로 분별하고, 長行釋에서 세 번째를 다시 극미의 和合과 和集(범본에서는 다만 '집합한 극미 saṃghāta-paramāṇu')으로 구별하였는데(제1장 주91 참조), 窺基는 이를 각기 經部師와 正理師(즉 중현)의 종의로 평석하고 '극미의 和合'에 대해 이같이 해설하였다.

경량부에 의하면, 실유의 극미 [자체]는 5識의 경계대상이 되지 않으니,

---

2 『구사론』권2(T29, 12a26-28), "以無根境, 各一極微爲所依緣, 能發身識. 五識決定積集多微, 方成所依所緣性故.": AKBh., p.34. 1-2 saṃcitāśrayālambanatvāt pañcānāṃ vijñānakāyānām. 본서 제1장에서는 범본과 현장역본을 별도도 인용하였다. (주56, 57)

5식 상에 극미의 형상(ākāra: 相)이 존재하지 않기 때문이다. 그러나 이러한 일곱 개 [극미]가 和合하여 阿耨(aṇu, 즉 微)色이 되고, [더욱 화합하여] 그 이상으로 거칠게 나타나는 경우 비록 체성은 假有일지라도 5식 상에 이것의 형상이 존재하기 때문에 5식의 경계대상이 된다. 즉 각각의 실유의 [극]미는 이미 [5식이] 緣著(반연)하지 않는다고 하였기 때문에 반드시 和合하여 단일한 거친 假[有의 聚色]을 성취할 때 비로소 5식의 연이 된다. 그래서 論(『유식이십론』: T31, 75c21f)에서 "실유인 다수의 [극]미가 다 함께 和合할 때 [경계대상이 된다]"고 설한 것이다.[3]

혹은 『성유식론』에서도 有對色에 대해 비판하면서 "眼 등의 5識은 色 등을 요별할 때 다만 [극미의] 和合을 반연하니, [5식은 이 같은 극미 화합에 대해서만] 그것과 유사한 형상(ākāra)을 띠기 때문"이라는 이설을 언급하는데(T31, 4b6f: 주55 참조), 규기는 다시 이를 經部師(경량부) 주장으로 평석하고 그들의 생각을 이같이 전하고 있다.

이는 경량부의 생각으로, 그들은 이같이 말하였다. "실유의 극미 [하나하나]는 5識의 경계대상이 되지 않는다. 왜냐하면 5識 상에 극미의 형상(相)은 존재하지(나타나지) 않기 때문이다. 이러저러한 처소에 따라 포섭된 다수의 극미가 함께 화합할 때, 총체적으로 하나의 실체(一物, *ekavastu)를 성취하게 되니, 이를 '화합'이라 한다. 예컨대 아누(阿拏, aṇu: 微) 色 이상의 크기가 될 때 비로소 5식의 경계대상이 될 수 있다. '和合'은 바로 假有로, 실유의 극미에 근거하여 설정된 것이다." 즉 바로 [이때] 비로소 5識 상에 [극미] 화합의 형상이 존재하기(나타나기) 때문에 [論에서] '5識은 그것과 유사한 형상을 띤다'고 말한 것이다.[4]

---

3   『유식이십론술기』권하(T43, 992c20-25). 원문은 제1장 주92.
4   『성유식론술기』권2本(T43, 270a13-19: 원문은 제1장 주85.

窺基가 양론의 述記에서 극미 화합설의 주장자로 언급한 '경량부'가 상좌 슈리라타라는 것은 의심의 여지가 없다. 상좌는 외계를 구성하는 각각의 극미는 너무 미세하여 안 등 5식 상에 자신의 형상을 나타낼 수 없으며, 다수의 극미가 和合하여 구체적인 하나의 단일한 사물을 성취하여 그 형상을 나타낼 때 비로소 5식의 경계대상(境)이 될 수 있다고 하였다. 그리고 5온이 화합한 것을 '자아'라 이름하고 여러 부품이 결합한 것을 '車'라고 말하듯이(제1장 주48 참조), 극미의 화합 또한 자아나 차와 같은 언어적 개념으로서의 존재, 세속유(saṃvṛti-sat)로 간주하였다.

그러나 '차'가 여러 부품의 결합체로서 부품과는 별도의 존재, 그렇지만 부품을 배제하고서는 확인할 수 없는 존재, 다만 언어적 개념으로서의 존재(prajñpti-sat: 假有)일 뿐 그 자체 실재하는 것(dravya-sat: 實有)이 아니라면, 이때 '차'는 당연히 감각(즉 시각)의 대상이 아니라 사유의 대상이다. '극미의 화합' 또한 이와 마찬가지로 色性(물질성)인 극미와는 별도의 존재로,[5] 차에 대한 지각이 다수의 부품에 대한 것이 아니라 단일한 차에 대한 것이듯이 이에 대한 지각(즉 和合覺) 또한 다수의 극미가 아니라 단일성인 화합(一合)을 대상으로 한 것이다.[6] 따라서 외계의 물질적 대상(5境)이 극미의 和合이라 주장한다면 그것은 5식의 소연이 될 수 없다.

이에 따라 중현은 상좌의 극미 화합설(혹은 '有色處 假有論')에 대해 다음과 같이 비판하였다.

저들 [上座宗]의 논의는 이를테면 壞法宗(vaināśika)에서 노니는 것이기 때

5　『순정리론』권4(T29, 351a4-6), "若言靑等如和合者, 其理不然, 以就勝義, 非許和合是色性故. ([안식이 푸른색을 인식하였다면, 이때 푸른색도 극미의 화합인가?] 만약 푸른색 등도 和合과 같은 것이라고 한다면, 이는 이치상 옳지 않다. 승의적 관점에서 볼 때 '和合'이 바로 色性(물질성)이라는 사실은 인정되지 않기 때문이다.)"

6　『순정리론』권4(T29, 351a19-20), "緣一合境名和合覺"

문에 지혜 있는 자라면 흔모해서는 안 된다. 왜냐하면 5識은 실유가 아닌
경계대상을 반연하지 않으며 和集[된 상태]의 극미를 소연으로 삼기 때문
이다. 또한 5識身은 無分別(avikalpa, *nirvikalpa)이기 때문에 다수의 극미 화
합을 반연하여 [이를] 경계대상으로 삼지 않는다. 여기서 '화합'이라는 말
은 사소한 [어떤] 법을 별도로 지시하는 것이 아니다. 그것은 보여진 것
내지 접촉된 것에 대한 분별(즉 안식 내지 신식)과는 관계없이 성취되는
것(즉 추상적 존재)이다. 즉 저들의 '화합'은 [自相을 갖는] 개별적인 법(別
法)이 아니기 때문에 오로지 計度分別(nirūpaṇā-vikalpa, 즉 意識)에 의해 파
악될 뿐이지만, 5식은 어떠한 경우에도 計度의 功能을 갖지 않는다. 그렇
기 때문에 5식은 '[극미의] 화합'을 반연하여 이를 경계대상으로 삼지 못
하는 것이다.[7]

혹은 『순정리론』 중 유부의 正義만을 드러낸 『현종론』에서 이같이 비
판하기도 하였다.

마땅히 알라! 5識은 無分別이기 때문에 실유인 극미의 和集을 반연하여
경계대상으로 삼을 뿐 [假有인] 和合을 반연하지 않는다. 여기서 '화합'이
라는 말은 사소한 [어떤] 법을 별도로 지시하는 것이 아니라 無分別識(즉
5識)에 의해 파악되는 경계대상과 관계없이 성취되는 것이다. 즉 다수의
법에 대해 단일한 언어적 관념(adhivacana: 增語)을 일으켜 言說이 낳아지기
때문에 이를 '和合'이라 하였다. 그러나 5식은 언어적 관념을 반연하여 이
를 경계대상으로 삼지 못한다. 그렇기 때문에 [극미의] 화합은 5식의 소연
이 되지 않는 것이다.[8]

7　『순정리론』권4(T29, 350c18-24). 원문은 제1장 주86.
8　『현종론』권3(T29, 788c12-16), "應知! 五識無分別故, 緣實極微和集爲境, 不緣和合. 非和合名, 別
　　目少法. 可爲('爲' → '離': 前註 참조)無分別識所取境成. 於多法中起一增語, 言說轉故, 名爲和合.
　　五識不緣增語爲境. 是故和合非五所緣." 여기서 '增語(adhivacana)'란 名(nāma, 개념적 언어)을

『성유식론』에서도 역시 앞서 인용한 '5식 소연=극미 화합'설에 대해 和合은 실체가 아니기 때문에 5識을 발생시킬 수 없다고 비판한다.

[극미] 和合相은 諸극미와 달리 그 自體 실체로서 존재하는 것이 아니니, 그것을 分析할 때 그것과 유사한 상을 띤 識은 결정코 생겨나지 않기 때문이다. [그대들 역시] 그러한 화합상은 이미 실유가 아니라고 하였기 때문에 그것이 바로 5識의 [生]緣이라고는 말할 수 없다. 두 번째 달 등이 능히 5식을 낳는다고는 할 수 없기 때문이다.[9]

상좌 슈리라타는 다수의 실체(多物)로 이루어진 것에 대해 '존재(有, sat)'라고 시설한 것, 혹은 어떤 존재의 근거가 된 법(所依, āśraya)을 세분하여 분별하였을 때 본래의 명칭을 상실하는 것을 '世俗有'라고 하였다. (제1장 주25) 즉 화합물은 다수의 극미로 세분되고 분석될 때 그 명칭을 상실하는 세속유 즉 假有이기 때문에, 착란에 의해 나타난 두 번째 달처럼 [비록 인식대상은 될 수 있을지라도] 5식의 生緣이 될 수 없다는 것이다.

이렇듯 유부와 유식학파는 목적은 달랐을지라도 ─유부에서는 '有色處(안 등의 5근과 색 등의 5경) 假有論'을 비판하기 위해, 유가행파에서는 '有對色 중 외계대상(外境) 실유론'을 비판하기 위해─ 상좌의 극미 화합설에 대한 비판을 공유하였다. 다만 중현이 극미 和合은 5식의 경계대상(所緣境)도, 生緣(所緣緣)도 될 수 없다고 한 데 반해 譬喩者처럼 소연을 生識과 帶相으로 구분한 陳那는 5식의 경계대상은 될 수 있을지라도 생연은 될 수 없다고

의미하는 말이다. (T29, 52c6f) 普光에 의하면 ① 名은 말(語言, 言說의 音聲)보다 의미를 드러내는 작용(詮表)이 뛰어나기 때문에, ② 名은 뛰어난 말을 방편으로 삼을 때 의미를 드러내기 때문에, ③ 말은 名을 반연할 때 增長하기 때문에, ④ 名의 힘에 의해 말이 增盛하게(뛰어나게) 되기 때문에 '增語'이다. (T41, 174c20-25)

9　『성유식론』권1(T31, 4b7-11). 원문은 제1장 주88.

하였다. (주52)

2) 상좌의 5식 소연론

상좌는 어떠한 근거에서 극미의 화합을 5식의 소연이라 말한 것인가? 5식이 어떻게 세속유(언어적 개념으로서의 존재)를 소연으로 삼을 수 있다는 것인가?

‘眼 등의 5근=세속유’라면 그 작용 또한 그러하다고 하지 않으면 안 된다. 우리는 앞 章에서 이미 경량부(=상좌)의 ‘根·識=무작용’설에 대해 논의하였다. 안근의 작용은, 유부의 根見說에 의하면 ‘보는 것’이지만, 경량부에 의하는 한 ‘안근이 색을 보고, 나아가 의근이 법을 요별한다’는 것은 眼·色(원인)과 眼識(결과) 내지 意·法과 意識의 인과적 관계에 근거하여 설정된 세간의 언어적 관례일 뿐이다. 전술한 대로 안근과 색경을 ‘보는 것(能見)’과 ‘보이는 것(所見)’이라 함은 異時인과에 따른 논리적 설정에 지나지 않는다. 중현이 전한 바에 따르면 상좌는 이러한 사실을 드러내고자 ‘眼 등의 5근=세속유’라고 말하였다. (제1장 주53) 상좌에 의하는 한 대종 소조인 안 등의 5근은 자신만의 자상과 작용을 갖는 개별적인 실체가 아니다.

나아가 상좌는 세속유를 반연하는 5識에 대해 이같이 말하기도 하였다.

[이 같은] 5근에 의해 발생한 識은 오로지 世俗有를 반연할 뿐이니, 無分別이기 때문으로, 마치 맑은 거울에 온갖 색의 영상(像)이 비친 것과 같다. 바로 이 같은 이치에 따라 [5]識은 의지할 만한 것이 되지 못하는 것으로, 佛世尊께서 ‘智에 의지하고 識에 의지하지 말라’고 말한 바와 같다. 그러나 意識은 세속유와 승의유를 모두 반연하기 때문에 그 자체 의지할 만한 것이기도 하고 의지할 만한 것이 아니기도 하다.[10]

---

10 『순정리론』권26(T29, 486c21-25). 원문은 제1장 주53.

우리는 여기서 매우 어려운 입장에 처하게 된다. 중현이 "5識은 무분별이기 때문에 가유인 극미 和合을 소연으로 삼을 수 없으며, 실유인 극미 和集을 소연으로 삼는다"(주7)고 말한 데 대해 상좌는 "5識은 무분별이기 때문에 세속유(즉 극미 和合)를 소연으로 삼는다"거나 "意識은 유분별이기 때문에 세속유와 승의유 모두를 소연으로 삼을 있다"고 주장하고 있다. 불교 지식론학파의 지각론에서뿐만 아니라 아비달마 일반에서조차 5식의 소연은 自相, 혹은 능히 自相을 갖는 승의유(=실유)의 법이었다. 상좌는 어떤 생각에서 이같이 말하였던 것일까?

5식이 無分別(avikalpa)이라는 것은 불교의 정설이다. 유부 아비달마에 따르면 이는 5식이 분별(vikalpa) 즉 사유작용[11]을 갖지 않는다는 말이 아니다. 분별에는 다만 지식의 推求(=尋)라고 할 수 있는 自性分別(svabhāva-vikalpa), 구체적 사유작용으로 慧를 본질로 하는 개념적 판단의 計度分別(nirūpaṇā-vikalpa), 念을 본질로 하는 기억이나 재인식의 隨念分別(anusmaraṇa-vikalpa)이 있는데, 다리가 하나밖에 없는 말을 '다리가 없는 말'이라고 하듯이 5식은 이 중 자성분별만을 갖고 다른 두 분별을 갖지 않기 때문에 '무분별'이라 말한 것이다.[12] 그런데 자성분별(즉 무분별)의 5식이 어떻게 세속유를 소연으로 삼는다는 것인가?

그러나 5식은 [그것이 和集이든 和合이든] 다수의 극미 적집(sañcita)을 소연으로 삼는다. (주2) 이 또한 불교의 정설이다. 중현은 말한다. "극미로서 화집하지 않은 것은 없기 때문에 모든 극미는 항상 화집하여 安布(배열)될 때 비로소 5식을 낳는 소의와 소연이 된다."[13] 그러나 5식이 다수의 극미

---

11 分別의 원어 vikalpa는 '두 가지로 나누다', '두 가지로 나누어진' 혹은 '양자택일'의 의미이다. 즉 주관과 객관으로 나누어진 양자의 이원적 대립 상에서 주관이 객관을 이리저리 생각하는 작용을 분별이라 한다. (橫山紘一, 『唯識佛教辭典』, 春秋社, 2010, p.876)

12 『구사론』 「계품」 제33송ab '說五無分別 由計度隨念.'; nirūpaṇānusmaraṇavikalpenāvikalpakāḥ.

13 『순정리론』 권4(T29, 350c24-25), "卽諸極微, 和集安布, 恒爲五識生起依緣. 無有極微不和集故."

적집을 소연으로 삼는다는 말은 극미 각각의 개체나 속성, 작용뿐만 아니라 그것들 사이의 관계(동일성과 차별성)도 포함한다는 뜻이기 때문에 5식도 사물의 보편상/共相(sāmānya-lakṣaṇa)을 대상으로 한다고 해야 하지만, 이는 "5식은 무분별로서 自相(sva-lakṣaṇa)을 대상으로 한다"는 정설에 위배된다. 딜레마이다. 극미론을 주장하는 한 5식 소연의 문제는 누구도 피해갈 수 없는 문제이다.

이 문제는 이미 『대비바사론』 상에서 노정되고 있다. 예컨대 身識은 소연인 觸處 즉 堅·濕·暖·動의 4대종과 미끄러움 등 7所造觸의 11촉을 동시에 함께 경계대상으로 삼을 수 있다는 것이 婆沙의 正義인데, 이는 "5식신은 自相을 경계대상으로 삼는다"는 또 다른 정의에 위배된다. 이에 대해 毘婆沙師는 이때 自相을 處의 자상(āyatana-svalakṣaṇa)과 事의 자상(dravya-svalakṣaṇa)으로 분별하고서 여기서는 다만 處의 자상에 근거하여 '5식신은 자상의 경계대상을 파악한다'고 설한 것이기 때문에 婆沙의 정의에는 과실이 없다고 해명한다.[14]

『대비바사론』에서는 이같이 결론짓고 있다.

> 그렇기 때문에 5식신은 [自相으로서] 총체적인 것(즉 處의 자상)과, 개별적인 것(즉 事의 자상)을 모두 반연하기에 5식이 보편상/共相(sāmānya-lakṣaṇa)을 파악한다는 과실은 없다. 일찰나의 [5]識은 능히 다수의 事(dravya 실체, 즉 대종극미)로 이루어진 법의 自相(svalakṣaṇa)을 반연할 수 있다. 그렇지만 명료하지 않다.[15]

---

14 『대비바사론』권13(T27, 65a2-16).; 『구사론』권1(T29, 3a9-11), "若爾, 五識總緣境故, 應五識身取共相境, 非自相境. 約處自相, 許五識身取自相境, 非事自相. 斯有何失."; AKBh., p.7. 20-21 ⋯ āyatanasvalakṣaṇaṃ praty ete svalakṣaṇaviṣayā iṣyante na dravyasvalakṣaṇam ity adoṣaḥ.

15 『대비바사론』권127(T27, 665b1-7), "(前略) 故五識身通緣總別. 而無五識取共相過. 多事自相一識能緣. 然不明了."

毘婆沙師는 말하자면 5식신의 소연의 自相을 '인식영역(處)으로서의 자상'(=總相)과 '실체(事)로서의 자상'(=別相)이라는 두 층위로 나누고, 동일한 인식영역인 경우 다수의 극미 적집(=處)과 함께 개별적 극미(=事)의 동시 인식을 주장하였다. 유부에서는 극미(대종)와는 별도의 실체로서 5근과 5경(所造色)의 실재성을 인정하였을 뿐만 아니라 극미의 결합형식 또한 절대적 근접에 따른 和集을 주장하였기 때문이다.

그렇지만 상좌는 이미 논의한 대로 다수의 극미가 和合한 것이라는 이유에서 有色處 假有論을 주장하였다. 이는 곧 인식영역(處)으로서의 자상을 부정하고 실체(事)로서의 자상만을 인정하였다는 뜻이다. 그러나 외계의 실체인 극미 또한 5식의 소연이 될 수 없다. 너무 미세하여 5식 상에 그 형상이 나타나지 않기 때문이다. 그래서 그는 다수의 극미(衆微)가 和合할 때 비로소 소연이 될 수 있다고 하였다.

그러나 전술하였듯이 無分別의 5식은 [自相(=실유)만을 반연할 뿐] 극미 화합의 世俗有를 반연하지 못한다. 유부에 의하는 한 이는 당연히 意識의 대상이다.

意識은 능히 [극미의] 和合을 소연의 경계로 삼을 수 있을지라도 5識身은 그렇지 않으니, 그것은 오로지 실유의 경계대상만을 반연하기 때문이다. 만약 "극미는 [너무 미세하여] 볼 수 없기 때문에 안식은 실유(즉 개개 극미)를 소연의 경계대상으로 삼지 못한다"고 주장한다면, 이러한 주장은 옳지 못하니, 이는 바로 '볼 수 있는 것'이기 때문이다. 그렇지만 요별(명료하게 인식)하지 못하는 것은, 그때의 안근은 경계대상을 파악하는 것이 거칠기 때문이며, 또한 그때의 안식은 無分別이기 때문이다. 그러나 수승한 지혜의 힘을 가진 자라면 멀리서든 가까이서든 비단에 수놓은 [미세한] 문양을 관찰하듯이 능히 미세한 극미의 相을 요별할 수 있다. 또한

극미로서 和集하지 않은 것은 없기 때문에, 항상 和集의 상태로 존재하기
때문에 볼 수 없는 것이 아니다.[16]

중현에 따르면 無間으로 근접한 상태인 극미의 和集은 서로가 서로에
영향(相資)을 미칠지라도 극미의 개체성을 보존하지만, 상호접촉에 의한
불가분의 관계인 극미의 和合은 개개 극미를 포괄하는 전체이기 때문에
실유가 아니며, 따라서 그것은 5식의 대상이 아니라 의식의 대상이다. 중현
은 여기서도 다시 '극미의 화합'은 실유가 아니며, 따라서 5식의 대상이 될
수 없음을 강조하고 있다.

그러나 상좌는 개별적인 극미 각각은, 窺基에 따르면 너무 미세하여
그 형상(ākāra)이 5식 상에 나타나지 않기 때문에, 5식의 소연이 될 수 없다
고 하였으며, 극미 화합의 소조색(즉 有色處)의 자상도 인정하지 않았다.
그렇다면 외계에 대한 인식은 애당초 불가능한 것 아닌가? 중현도 말하였
듯이 유부의 경우 외계 색법의 구극인 극미를 볼 수 없는 것은 미세하기
때문이지 경계대상이 되지 않기 때문이 아니다.[17] 그들에게 있어 인식대상
은 형상(ākāra)이 아니라 외계대상(viṣaya)이기 때문이다. 그러나 상좌의 경

---

16 『순정리론』권1(T29, 351a29-b5), "是故意識, 亦有能緣和合爲境. 非五識身, 以彼唯緣實有境故.
若執'極微不可見故, 眼識不緣實有爲境', 此執不然. 是可見故. 而不了者, 由彼眼根取境麤故. 又彼
眼識無分別故. 諸有殊勝智慧力者, 乃能了別細極微相, 如遠近觀錦繡文像. 謂無極微不和集故. 既
常和集, 非不可見."

17 『순정리론』권33(T29, 533a10-11), "顯色(색채)은 [승의의 법(즉 극미)이] 和集함에 따라 볼
수 있는 것이 아니다. 화집하지 않았을 때에도 그 자체 비록 존재할지라도 미세하기
때문에 보지 못하는 것이다.(非由和集顯色可見. 不和集時, 其體雖有, 細故不見.)" 참고로 『대
비바사론』에서는 미세함과 경계대상의 관계에 대해 다음과 같은 4구로 분별하고 있다.
"① 어떤 色은 경계대상이 되지 않기 때문이 아니라 지극히 미세하기 때문에 보이지
않는 것이니, 예컨대 7微 이하로 감소된 色이 그러하다. ② 어떤 色은 미세하기 때문이
아니라 경계대상이 되지 않기 때문에 보이지 않는 것이니, 색처(眼處所攝)를 제외한 그
밖의 적집된 색이 그러하다. ③ 어떤 색은 미세하기 때문에 보이지 않는 것일뿐더러
역시 또한 경계대상이 되지 않기 때문에 보이지 않는 것이니, 색처를 제외한 그 밖의
극미의 색이 그러하다. ④ 어떤 색은 미세하기 때문이 보이지 않는 것도, 경계대상이 되지
않기 때문에 보이지 않는 것도 아니니, 눈동자에 닿은 안약 공이가 그러하다." (T27, 64b1-6)

우 개개 극미는 5식 상에 그 형상이 나타나지 않기 때문에 인식의 대상(=所緣境)이 되지 않는다. 따라서 극미가 5식의 소연이 되기 위해서는 (혹은 5식 상에 형상이 나타나기 위해서는) 다수의 극미가 和合하지 않으면 안 된다. 이제 대답해야 한다. 세속유인 극미의 화합이 어떻게 5식의 소연이 될 수 있는가?

"5식은 오로지 세속유를 반연할 뿐(五識唯緣世俗有)"이라는 상좌의 논의는 사실상 "5식은 오로지 과거법(가유)을 반연할 뿐(五識唯緣過去)"이라는 논의(제5장 주48③)와 궤를 같이 하기 때문에 동일한 형식으로 이해하지 않으면 안 된다. 유부처럼 근·경·식의 同時인과로써 인식을 설명하는 경우, 5식은 필경 현재의 대상만을 소연으로 삼듯이 실유의 법만을 소연으로 삼으며, 과거·미래의 대상이나 세속유(개념적 존재)는 5식의 소연이 될 수 없다. 그러나 근·경과 식의 異時인과로써 인식을 설명하는 경우, 소연이 된 경계대상은 시간적으로 識을 발생시킨 것(所緣緣: 生識의 緣)과 식에 나타난 것(所緣境: 帶相으로서의 所緣)으로 구별된다. 그럴 때 식을 발생시킨 것은 실유인 현재의 경계대상이지만 식에 나타난 것은 가유인 과거(전 찰나) 경계대상의 형상이듯이, 이 경우 역시 식을 발생시킨 것은 불가분의 관계로 和合하고 있는 실유인 '다수의 극미'이지만, 식에 나타난 것은 가유인 그것의 단일한 和合相이다. 하나하나의 극미는 지극히 미세하여 식을 발생시킬 수 없기 때문이며, 5식은 무분별(자성분별)이어서 화합의 所依가 된 다수의 극미(즉 勝義有)를 분별(計度)할 만한 힘이 없기 때문이다.[18] 상좌는 유부에서 表業의 본질로 고려된 신체적 형태(形色)와 말소리(語言)의 실

---

18 박창환(2009, 「法稱(Dharmakīrti)의 감각지각(indriyapratyakṣa)론은 과연 경량부적인가?」, p.25)은 5식의 '무분별(*nirvikalpa)'을 감각지각(5식)이 원래적으로 가지는 지각의 한계성을 표현한 말로 이해하였다. 이러한 기능적 한계에 따라 감각의 문을 여는 순간 외부세계는 감각기능이 파악할 수 있는 형태 즉 세속에 통용되는 통합된 형상으로 변형되어 지각된다는 것이다.

재성을 비판하면서도 그것은 다수의 극미 화합이라고 하였다.[19]

우리는 이러한 상좌의 생각을 "5識은 극미 화합의 세속유를 반연하기 때문에 의지할 만한 것이 되지 못한다"는 그의 주장에 대한 중현의 힐난에서 읽을 수 있다.

> 상좌의 뜻은 [무루의] 法智도 勝義有를 반연하지 않는다는 (다만 世俗有를 반연한다는) 사실을 인정한다는 것이기 때문에 바로 이같이 말해야 한다. "대다수 유정이 일으킨 [法智 등의] 온갖 지식(智)도 다수의 법에 대한 단일한 상(一相)을 지닌 지식으로서 생겨난 것이다. 다시 말해 [지식이란] 다수의 법(多法)을 '단일한 화합상(一合相)'으로 파악하는 것으로, 이러한 지식을 勝義有를 반연하여 일어난 것이라 하기 어렵다."[20]

예컨대 現行의 유위제법(苦果)을 非常·苦·空·非我(苦諦4相)로 관찰하는 것 등이 苦法智인데, 만약 상좌가 주장하듯 이 역시 다수의 법에 근거한 단일한 화합상(一合相)이라면 苦法智 또한 세속유를 반연한 것, 따라서 의지할 만한 것이 되지 못한다고 해야 한다는 것이다. 중현은 계속하여 "만약 苦法智가 비록 다수의 법을 반연하여 생겨난 것이라 할지라도 제법을 단일한 화합상으로 파악한 것은 아니라고 한다면, 안 등의 5식 역시 그러하다고 인정해야 한다"고 비판하고서 "그것(안 등 5식)이 비록 <u>다수의 법을 반연하여 생겨난 것</u>이라 할지라도 無分別이기 때문에 [그 같은 다수의] 제법을

---

19 『순정리론』권33(T29, 532b19-21), "--(전략) 勝義의 관점에서 볼 때 [이 같은] 법(表業)에는 主宰者(svāmin, 지배자, 소유자 즉 자아)가 존재하지 않기 때문에 다수의 실유의 界(dhātu, 즉 극미)가 화합한 것을 '表(vijñpti)'라고 말하였으니, 하나의 실체(一物)는 능히 단독으로 나타날 수 없기 때문이며, 그 밖에 달리 '나타나는 것(表)'이라 말할 만한 것이 존재하지 않기 때문이다.(以約勝義, 法無主宰. 故多實界合立表名, 一物不能獨表示故, 又無餘物名爲表故.)"

20 『순정리론』권26(T29, 487a6-9), "上座意許. 如是法智, 不緣勝義. 故卽於此, 說如是言. '多分有情所起諸智, 於多法上, 一相智生. <u>謂於多法, 取一合相, 此智難成緣勝義起.</u>'"

단일한 화합상(즉 세속유)으로 파악하지 못 한다”는 내용의 유부 正義를 논설한다.[21] 즉 유부의 경우 識의 生緣(=所緣緣)과 인식대상(=所緣境)은 동일한 것이고 동시이기 때문에 무분별인 5식이 ‘다수의 법’을 ‘단일한 화합상’으로 파악하는 것은 (그것도 동시에) 애당초 불가능하지만, 상좌의 경우 양자는 다른 것이고 異時이며, 5식은 또한 無分別이기 때문에 (다시 말해 자신에게 나타난 단일한 화합상을 다수의 법으로 분별할 만한 공능을 갖지 않았기 때문에) 다만 단일한 화합상으로 파악한다는 것이다.

상좌의 5식 소연론을 이같이 이해할 경우 5식의 生緣(=所緣緣)은 불가분의 형태로 和合하고 있는 다수의 극미(실유)이며, 식에 나타난 형상(=所緣境)은 단일한 화합상(세속유)이다. 이는 예컨대 피사체/본체(質)는 分析이 가능한 다수의 극미 화합물이지만(상좌에 의하면 극미는 단독으로 거울에 비칠 수 없다), 거울에 비쳐진 그것의 영상(像)은 단일한 화합상인 것과 같다. 그리고 거울이 사물의 외양만을 비추듯이 무분별인 5식 역시 자신에게 나타난 외계대상의 단일한 화합상(즉 세속유)을 나타난 대로 요별할 뿐이다. 그래서 상좌는 5식의 소연을 ‘虛僞의 妄失之法’이라 하였고, 5식을 의지할 만한 것이 되지 못한다고 생각하였던 것이다. 如實知見은 勝義有를 반연히거나 단일한 화합상을 다수의 법으로 분별할 수 있는 意識에 의해서만 가능하다.

그는 말하였다. “대다수 유정이 일으킨 온갖 지식은 다수의 법(극미)을 ‘단일한 화합상(一合相)’으로 파악한 것으로, 이러한 지식을 勝義有(개별 극미)를 반연하여 일어난 것이라고 하기 어렵다.” (주20)[22]

---

21 『순정리론』권26(T29, 487a9-13), “若謂 ‘此智雖緣多法生, 而不於諸法取一合相’, 眼等諸識, 應亦許然. 謂彼雖緣多法爲境起, 無分別故, 不取一合相. 如是應許五識唯依. 意識貫通依非依性. 有取一合相, 有緣勝義故.”

22 다른 한편, 상좌는 ‘안식의 소의·소연=극미 화합’설의 경증으로 제시한 “안식 등에 의해 분별된 색에는 어떠한 경우에도 상주성이나 항상성이 없으며 --(乃至廣說)-- 이는 다 虛僞의 妄失之法이다”는 聖言에 따라 ‘5식의 소연=비실유’설을 주장하였을지도 모른다. 그는 經을 지식의 근거(量)로 삼는 이였기 때문이다. 참고로 중현은 이 경설을 “愚夫가 妄見에

3) 법칭의 5식 소연론

우리는 이 같은 상좌 슈리라타의 5식 소연론의 일단을 경량부 이론에 기초한 것으로 알려지는 法稱(Dharmakīrti)의 논의에서 확인할 수 있다. 극미 積集(sañcita)의 지각문제는 전술한 과거대상의 지각문제와 함께 법칭의 지각론에서도 주요문제였기 때문이다. 즉 법칭은『양평석(Pramāṇavārttika)』제3장「지각론」에서 '직접지각(pratyakṣa: 現量)이란 分別을 떠난 것(kalpanāpoḍham)' 이라는 정의에 관해 논의(k.123)한 후 이 정의가 "5식신은 극미의 집적을 소연으로 한다"는 정설에 모순되지 않는다는 사실에 대해 논설하는데 (k.194-230), 문제의 단초가 바로 중현이 지적하였던 "외계대상(5境)이 극미 和合(世俗有)이라면 그것이 어떻게 무분별인 5識의 소연이 될 수 있을 것인 가?"였다.

> [극미의] 집합(sañcita: 積集)이란 [다수의 극미가] 함께 일어난 것(samudāya: 集起)을 말한다. 이는 바로 사만야(sāmānya: 共相)로, [아비달마 정설에 의하면] 감관지(akṣadhī)는 이(극미의 집합)에 대한 것이다. 그러나 그럴 경우 사만야는 결정코 分別(vikalpa)과 결합된 것인데, [어떻게 감관지에 의한 직접지각(現量)을 '分別을 떠난 것'이라 말할 수 있을 것인가?] (k.194)[23]

의해 주장한 常住性 등에 대해 불타의 聖제자는 虛僞의 妄失之法으로 관찰하라는 말이지 경계대상 자체를 虛僞라고 관찰하라는 것이 아니"라고 해설하고(T29, 351b26-28), "만약 眼識 등이 실유의 경계대상이 아닌 거짓된 경계대상(妄境)을 반연하는 것이라면 '본 것을 보았다'(4聖語의 하나)고 말한 것도 聖語가 아니라고 해야 하고, '본 것을 보지 않았다'고 말한 것도 聖語라고 해야 한다"고 비판하였다. (동 351c14-16)

23 sañcitaḥ samudāyaḥ sa sāmānyaṃ tatra ca akṣadhīḥ. sāmānya-buddhiś ca avaśyaṃ vikalpena anubudhyate. "積集이란 [극미의] 集起이며, 그것은 共相[일 수밖에 없다. [定說에 따르면] 그것(=積集, 共相)에 대해 感官知가 존재한다[고 일컬어진다]. 그런데 共相에 관한 知는 반드시 分別과 결합된 것이다. [따라서 그같은 定說에 따르는 한 어떻게 感官知現量이 無分別이라 말할 수 있겠는가?]" (戶崎宏正, 1979,『佛敎認識論の研究』, p.296); "집적(sañcita)이라는 것은 [극미의] 집합(samudāya)을 가리키는데 그것은 보편상(共相, sāmānya)에 다름 아니다. 감각지각은 바로 그것(보편상)을 [대상으로 한다]. 그런데 [문제는] 보편상에 대한 지각은 반드시 분별작용(vikalpa)과 연계될 수밖에 없다는 점이다." (박창환, 2009,

이는 감관지(즉 5식)의 소연이 다수의 극미 집합이라면, 그것을 어떻게
自相(sva-lakṣaṇa)을 대상으로 하는 직접지각이라 할 수 있을 것인가? 하는
힐난성의 문제제기이다. 다수의 극미 집적에 대한 지식은 보편상/共相
(sāmānya-lakṣaṇa)을 대상으로 한 분별지/추리지이기 때문이다. 법칭은 이에
대해 이같이 답변한다.

여타의 대상(산재해 있는 다수의 극미)이 결합함에 따라 다른 형태의 극미
들이 생겨난다. 이를 '[다수의 극미] 집합(sañcita)'이라 하는데, 이것(집합한
다수의 극미)이 바로 지식(jñāna)을 낳게 하는 원인(nimitta)이다. (k.195)

극미들의 그 같은 특수성(viśeṣa, 지식을 낳게 하는 뛰어난 능력)은 [결합하
고 있는] 다른 극미 없이는 생겨나지 않는다. 즉 지식은 하나[의 극미]에
한정되지 않기 때문에 [陳那의『집량론』에서] '사만야(sāmānya)를 대상으
로 한다'(本章 주28: 필자)고 말한 것이다. (k.196)[24]

이에 따르면 각각의 극미는 지각(5식)의 대상이 되지 않으며, 다수의
극미가 집합/積集(sañcita)할 때 비로소 지각을 낳게 하는 특수한 성격의 공
능(sāmarthya)을 갖게 된다. 즉 각각의 극미는 다른 극미와 서로 결합할 때
비로소 지각을 낳게 되지만, 이때 지각은 극미 하나하나를 대상으로 하는
것이 아니라 집합한 다수의 극미 전체를 대상으로 한다. 법칭과 진나는 이

---

p.11); "집합체란 [극미가 모인] 전체(samudāya)이고 그것은 보편(sāmānya)이다. 그리고
[정설에 의하면] 그것에 대해서 감관지가 있다[고 말해지고 있다]. 그러므로 보편에 관
한 지각은 반드시 분별과 결합되어 있다." (박기열, 2014, 「감관지의 인식대상, '집합체
(sañcita)'에 관한 고찰」, p.280) 참조.

24 artha-antara-abhisambandhāj jāyante ye aṇavo apare. uktās te sañcitās te hi nimittāṃ jñāna-
    janmanaḥ.(195) aṇūnāṃ sa viśeṣaś ca na antareṇa aparān aṇūn. tad eka-aniyamāj jñānam uktaṃ
    sāmānya-gocaram.(196) 戸崎宏正(1979), p.297. 박창환(2009), pp.12-13. 박기열(2014), p.280 참조

를 ‘사만야(sāmānya)’라고 하였다. 일반적으로 사만야는 [다수에] 공통하는 일반성 보편성을 의미하며(‘共相’으로 한역), 제194송의 문제제기에서 지적한 대로 分別과 결합한 개념지/추리지의 대상이지만, 여기서는 다만 [심식상에 나타난] ‘집합한 다수의 극미 전체’를 의미한다.[25] 법칭이 ‘지각은 사만야(sāmānya)을 대상으로 한다’고 말한 것은 실유(dravya)인 각각의 개별 극미를 소연으로 삼지 않는다는 뜻이지 결코 분별(vikalpa: 사유)의 소산인 동일 보편상(sāmānya-lakṣaṇa: 共相)을 대상으로 한다는 의미가 아니며, 따라서 5식신은 有分別이 아니다.[26]

법칭은 계속하여 “다수의 극미(즉 극미 전체)는 동시에 파악되지 않는다”는 적대자의 반론을 참깨 무더기, 靑黃 등의 여러 색깔을 지닌 나비와 그림의 예로써 비판하고, 외계대상의 경우 다수의 그것을 단일한 것(ekam)이라고 할 수 없지만(k.197-207) 識에 나타난 형상의 경우 ‘단일한 것’이라고

---

25 감관지의 대상으로서의 sāmānya를 핫토리는 ‘전체(The whole)’로(Masaki Hattori, Dignāga, On Perception, p.26) 도사키는 추리의 대상과 마찬가지로 역시 ‘共相’으로 번역하였다.(戶崎宏正, 1979, p.294). 박창환은 ‘전체상’으로(次註 참조), 박기열(2014, p.269)은 ‘보편’으로 번역하였다. 그 어떤 것이든 추리의 대상인 sāmānya-lakṣaṇa(共相)와의 변별이 어렵다. 이에 대해서는 본 장 2-2에서 상론한다.

26 戶崎宏正(1979), p.298. 참고로 『양평석』의 두 게송에 대해 박창환(2009, p.14)은 이같이 해설한다. “이산되어 있던 극미들은 집적되었을 때에야 비로소 각각이 감각지각을 탄생시킬 수 있는 인과석 능력(samarthya) 또는 특수성(viśeṣa)을 부여받게 된다. 이때 감각지각의 직접적인 대상이 되는 것은 모여 있는 극미들 전체(sāmānya)이다. 감각지각은 개개의 극미를 지각할 수 없기 때문이다. 다시 말해 집적된 극미들만이 감각지각의 발생에 원인(nimitta) 역할을 한다. 이렇게 되면 극미는 두 층위로 구분되게 된다. 즉 감각지각의 대상이 되는 것은 집적된 극미 전체이이지만, 이러한 감각지각의 탄생을 가능하게 하는 인과적 특수성(viśeṣa)을 가진 것은 집적된 개개의 극미이다. 이 양자는 제196송에서 언급되고 있듯이 불가분의 관계를 가지고 있다. 즉 극미들은 긴밀하게 결합된 상태에서만 그 하나하나가 감각지각에 결합된 전체상을 대상으로 제공하는 특수한 인과적 힘을 지니게 되는 것이다. 전5식이 전체성을 지각대상으로 한다고 한 것은 전5식이 직접 개개의 극미를 지각할 수 없으며, 오직 극미가 모여서 형성한 전체의 이미지만을 지각하기 때문이다. 이 통합된 단일한 이미지는 결합된 극미 하나하나가 만들어낸 인과적 힘 때문에 발생하는 것이지 분별작용(vikalpa)을 통해 재구성된 추상관념은 아니다. 따라서 여기서의 sāmānya는 보편상이 아니라 전체상으로 불러야 할 성질의 것이므로, 적대자가 지적한 것처럼 감각지각이 보편을 인식하기 때문에 분별을 포함하게 된다는 식의 과실은 발생하지 않는다.”

주장한다. 외계대상의 경우 그중 일부가 장애되어 인식되지 않더라도 다른
것은 인식되지만, 식에 나타난 형상의 경우 반드시 전체로서 領納(=自證)되
는 것으로, 일부를 인식하지 않으면 다른 부분도 인식할 수 없기 때문이다.
(k.220-222) 곧 다수의 극미가 집합할 때 개개의 극미에 존재하지 않던 뛰어
난 공능(atiśaya, 탁월성)이 생겨나 지각을 낳게 하는 원인이 되고, 아울러
지각에 능히 자신의 형상을 부여한다는 (혹은 지각은 그것과 유사하게 생
겨난다는) 인식대상의 두 가지 조건을 갖추게 되기 때문에 극미의 집합
(sañcita: 積集)은 5식신의 소연이 될 수 있다는 것이다. (k.223-224)[27]

　　이러한 법칭의 논의는 일찍이 陳那(Dignāga)의 『集量論(Pramāṇasamuccaya)』
제1장 「지각론」에서도 언급되었다. 진나는 "직접지각(現量)은 名辭(nāma)와
種(jāti) 등과의 결합인 分別을 떠난 것"(k.3cd)이라 정의하고서 自註에서 이
같은 정의와 '5식신의 소연은 극미의 집합'이라는 등의 아비달마 定說의
양립 가능성에 대해 논의한다.

> 만약 그것(직접지각)이 완전히 분별을 떠난 것이라면, 어떻게 [아비달마에
> 서] "5식신은 [극미의] 집합(sañcita)을 소연(ālambana)으로 한다"(本 章 주2:
> 필자)고 말할 수 있을 것이며, 또한 "그것(5식신)은 處의 自相(āyatana-lakṣaṇa)
> 에 근거한 것이지 事의 自相(dravya-lakṣaṇa)에 근거한 것이 아니"(本 章 주
> 14: 필자)라고 말할 수 있을 것인가?
> 거기(아비달마)서는 "5식신은 다수의 대상(극미)으로부터 생겨나기 때문
> 에 [그러한 다수의 극미가] 자신의 대상(svārtha)이라는 의미에서 '사만야
> (다수의 극미 전체)가 인식대상(sāmānya-gocaraṃ)'이라고 말하였다. (tatra
> aneka-artha-janyatvāt svārthe sāmānyagocaraṃ: PS 1-k.4cd) 그것(5식신)은 다수
> 의 실체(dravya=극미)로부터 생겨나기 때문에 [그 같은 다수의 실체가] 자

27　戸崎宏正(1979), pp.298-320 참조.

신의 處(인식영역)라는 의미에서 '사만야가 인식대상(sāmānya-viṣayam)'이라고 말한 것이지 차별적인 것(bhinna, 즉 각각의 극미)을 무차별적으로 (다시 말해 동일보편의 일반상/共相으로) 분별(abheda kalpanā)하기 때문에 [그 같이 말한 것이] 아니다.[28]

요컨대 아비달마 논서 상에서의 '5식의 소연=극미 집합/적집'이라는 논설도, '5식은 處의 自相에 근거한 것'이라는 논설도 '5식은 무분별'이라거나 '직접지각은 분별을 떠난 것'이라는 또 다른 명제와 모순되지 않는다는 것이다. 5식의 소연이 된 '극미 집합'이나 '處'는 [무차별적인] 단일 보편의 일반상(sāmānya-lakṣaṇa: 共相)이 아니라 집합한 다수의 극미 전체(sāmānya)이기 때문이다.

2. 상좌와 법칭의 5식의 소연

1) 5식 소연의 두 측면

극미의 무간의 근접생기에 의한 和集설과 소조색 실유론을 주장한 유부의 경우 眼 등의 12處 역시 自相을 갖는 실체(dravya)이기 때문에 5식의 소연은 크게 문제될 것이 없었지만, 극미의 상호접촉에 따른 和合설과 소조색(혹은 有色處) 가유론을 주장한 상좌(경량부)의 경우 이는 교학적으로 매우 중차대한 문제였다.

상좌 슈리라타는 '5식의 소연=극미 화합(세속유)'설을 주장하였지만,

---

28 PSV., p.2. 戸崎宏正(1979), p.294. 박창환(2009), pp.38-39. 박기열(2014), p.268-271 참조. 이에 대한 지넨드라붓디(Jinendrabuddhi)의 해석은 박창환(2009), pp.40-41, 박기열(2014), pp.272-279 참조.

중현과 유식론자가 비판 ―"그것은 실체가 아니기 때문에 計度분별(意識)의 대상이나 5식의 生緣이 될 수 없다"(주7, 9 참조)― 하듯 불교학의 기초도 이해하지 못한 무지한 자는 결코 아니었을 것이다.[29] 그들은 '5식의 소연=과거법'이라는 상좌의 주장에 대해서도 저들(상좌종)은 직접지각(現量)도 부정한다고 비난하였다. 眼과 色이 존재할 때 眼識은 아직 생겨나지 않았고, 안식이 존재할 때 안과 색은 이미 소멸하였다고 주장하기 때문에 삼자 사이에 인과관계가 불가능하다는 것이다. (제5장 제2절 참조) 동일한 형식의 중현과 유식론자의 비판은 경량부의 트레이드마크와도 같은 隨界/種子(相續의 전변과 차별)說에도 그대로 이어진다. (제12장 참조)

상좌는 제법의 異時인과를 주장하였기 때문에 5식의 所緣 또한 識을 일으키는 所緣緣과 다음 찰나 심식 상에 나타나 인식대상이 되는 所緣境이라는 두 단계로 생각하지 않으면 안 되었다. 식이 생겨났을 때 그 원인이 되었던 외계대상(境)은 이미 소멸하였기 때문이다. 그의 소연론에서 불가분의 관계로 和合하고 있는 '다수의 극미'(=실유)가 소연연이라면, 소연경은 심식 상에 나타난 이 같은 다수 극미(衆微)의 '단일한 和合相'(=가유)이었다.

법칭 역시 다수의 극미가 집합할 때 5식(감관지)의 발생 원인이 되고 5식 상에 자신의 형상을 부여한다고 하였는데, 이때 식은 ―상좌에 따르면 無分別이기 때문에― 나타난 형상 전체를 그대로 받아드리며, 따라서 지식 상에 나타난 다수의 극미를 '단일한 것(ekam)'이라 말할 수 있다는 것이다.

---

29 중현은 상좌의 '有色處 假有論'에 대한 비판을 "지금 저들(上座宗)의 論은 壞法宗(대승空見)에서 노니는 것이기 때문에 지혜 있는 자라면 欣慕해서는 안 된다." (주7 참조)는 말로 시작하여 "이처럼 상좌가 말한 모든 사실을 전후 자세히 살펴보면 대부분 모순되고 그릇되니, 믿음만 있고 지혜가 없는 이(信而無智)라면 다 같이 공경하고 받들 것이지만 지혜와 믿음을 모두 갖춘 자(俱智信人)라면 필시 따를 수가 없을 것"(T29, 352a13f)이라는 비난으로 끝맺는다. 중현은 그 사이 세 번에 걸쳐 '불타교법을 파괴하는 論宗(壞法論宗: 대승 空見)과 가까운 이'라 비난하였다. (동, 350c18; 351b13; 351c18) 중현이 상좌를 壞法論, 혹은 都無論, 空花論(khapuṣpa)의 일종의 이해한 것에 대해서는 권오민, 『상좌 슈리라타와 경량부』, pp.229-239 참고.

이러한 사실로만 본다면 상좌와 법칭은 매우 밀접한 관계라고 할 수 있다. 도사키 히로마사(戶崎宏正, 1979: 37-43)는 ① 법칭은 『양평석(Pramāṇavarttika)』에서 5식(=감관지)은 대상과 유사하게 생겨나기 때문에 대상을 파악하는 작용을 갖는다고 하였고, ② 의식(=意知覺)의 대상과 전5식의 대상은 별개의 것이지만 전자는 후자로부터 생겨나기 때문에 시간을 달리하여 생겨난 것이라고 설하였으며, ③ 다수의 극미가 집합할 때 지식의 (생기)원인이 되고 지식과 유사한 형상을 갖는다(혹은 지식에 자신의 형상을 부여한다)고 하는 두 가지 조건을 갖추기 때문에 인식대상이 될 수 있다고 주장하였다는 점에서 『구사론』이나 『관소연연론』 『유식이십론』과 같은 유식논서에서 언급한 경량부의 이론과 일치하는 것으로 이해하였다.[30]

그런데 박창환은 「법칭의 감각지각론은 과연 경량부적인가?」라는 논문에서 ③과 관련하여 '共相(sāmānya)인 극미의 집합이 어떻게 무분별인 5식의 소연이 될 수 있는가?'에 대한 법칭의 해명(PV. III, k.195-196: 本 章 주24)을 "감각지각의 대상이 되는 것은 집합한 극미의 전체상이지만, 이러한 감각지각의 탄생을 가능케 하는 인과적 특수성(viśeṣa)을 가진 것은 개개의 극미"로 이해하여 법칭의 소연론을 극미단위와 집합단위가 불가분의 관계로 협력하면서 양자 모두가 감각지각의 탄생에 공헌한다고 보는 일종의 절충론으로 규정하고서, 상좌 슈리라타(경량부)의 경우 감각지각(전5식)의 인식대상(ālambana)은 다수의 극미가 모여 구성된 가설적 존재(世俗有, samvṛti-sat) 즉 화합(samudāya)이며, 이에 관한 감각지각 또한 허구라는 일종의 감각 불신론이기 때문에 법칭의 입장을 [窺基가 전한] 경량부 설과 등치시키는 것은 설득력이 약하다고 논의하였다.[31]

---

30   梶山雄一, 권오민 역(1990), 『인도불교철학』, pp.85-86 참조.
31   박창환(2009), pp.11-27.

그러나 전술한 대로 상좌가 단순히 '5식의 소연=극미 화합의 세속유'라는 사실만을 말한 것은 아닐 것이다. 법칭이 그의 논(『양평석』)에서 '5식의 소연=집합한 다수의 극미 전체 즉 사만야(sāmānya)'에 대해 해명하였듯이, 상좌 또한 그의 논(『經部毘婆沙』)에서 5식의 소연성에 관해 적극 해명하였을 것이지만, 이는 오늘날 전하지 않는다. 그러할지라도 우리는 중현의 비판을 통해 그 일단을 확인할 수 있다. 물론 법칭(7세기 무렵)과 상좌(4-5세기 무렵)는 시대를 달리하였기 때문에 그들의 주장이 완전히 일치한다고는 말할 수 없겠지만, 논의의 단초도, 구도와 내용도 거의 동일하다. 예컨대 법칭의 해명은 인식대상의 두 가지 조건(진나에 의하면 生識과 帶相: 주51)을 전제로 한 것인데, 이는 상좌(혹은 비유자)에 의해 제시된 것이었다. 따라서 상좌가 5식의 소연으로 주장한 극미 和合의 세속유 또한 이러한 논의 구도 안에서 해명되지 않으면 안 된다.[32]

---

32 그러나 박창환(2009)은 첫째, 상좌의 '화합'을 다수의 극미가 결합하여 새롭게 구성해낸 단일하고 통합된 전체(總法, 즉 세속유=언어적 개념적 존재)로 해설하면서도(이는 바로 중현의 비판임) 이것이 어떻게 무분별인 5식의 소연(특히 生識緣)이 될 수 있는지 해명하지 않고 있다. 이는 중현과 진나의 상좌(경량부) 비판의 핵심이 된 문제이다. 진나는 '경량부의 假構의 화합에 대한 허구의 인식을 비판한 것'(박창환, p.27)이 아니라 그것이 生識의 조건이 될 수 없음을 비판하였다. (『관소연론』 제2송: 후술) 상좌가 불교학의 기초지식이 있는 자라고 인정하는 한 이에 대해 어떤 식으로든 해명했어야 하였다. 둘째, 상좌의 '화합'을 법칭(k.194)이 집적(sañcita)을 해석한 술어인 '집합(samudāya)'과 동일한 용어로 還梵하고(동, p.17ff) 법칭의 共相에 대해서는 보편상(추상관념)이 아닌 전체상(개개의 극미가 모여 형성한 전체로서의 이미지)이라고 주장하면서도(동, p.14) 상좌의 화합상을 단일한 통합된 전체(總法)로서의 이미지(즉 假有인 추상관념)라고 하여 법칭의 그것과는 다르게 해석하고 있다. (동, p.21) 셋째, "법칭이 집적된 극미가 지각을 발생시키는 힘으로 간주한 특수성(viśeṣa, 이를 k.223에서는 atiśaya탁월성으로 규정함)은 개개 극미가 갖는 것이지만, 5식은 개개 극미를 지각할 수 없기 때문에 전체로서의 이미지를 지각한다"고 하였지만(동, p.14), 만약 그것이 외계의 대상이라면 5식에는 외계대상을 '전체'로서 파악하는 능력이 없다. 그것은 5식이 띠고 있는 대상의 형상이다. 그럴지라도 개별적 존재를 전체상으로 파악하는 것은 허위로서, 이는 다름 아닌 상좌의 주장이다. 넷째, "맹인은 여러 명이 모여 있더라도(和集) 보는 작용을 갖지 않듯이 다수의 극미가 和集하여 있을 때에도 역시 5식의 소의와 소연이 되는 일이 없다"(동, p.18)는 상좌 문도들의 비유는 지각불신론의 논증이 아니라 중현의 和集說을 비판한 것으로(제1장 주87 참조. 상좌 문도들의 주장은 處는 가유, 界는 실유임), 중현 또한 맹인의 비유는 상좌 자신의 종의에 위배되는 것이지 [그들이 말하듯이] 극미 화집설과 상위하는 것은 아니

2) 세속유와 사만야(sāmānya)

상좌 슈리라타와 법칭은 다 같이 5식(감관지) 상에 나타난 다수 극미의 '단일한 和合/집합(sañcita)相'을 5식의 所緣(대상)으로 이해하였지만, 그들은 각기 이를 世俗有(saṃvṛti-sat)와 사만야(sāmānya)라고 하였다. 논의의 구도상 법칭의 '사만야'는 상좌의 '세속유'에 대응한다. 그들은 어떤 이유에서 5식의 대상을 세속유와 사만야로 규정하였던가? 양자의 차이는 무엇인가? 상좌가 5식의 대상을 '虛僞의 妄失之法'으로 이해한 것(말하자면 감각불신론)이 결정적인 차이인가?

불교지식론 일반에서 사만야(sāmānya)는 보편 즉 '[다른 법과] 공통되는 것'이라는 의미의 말로, 이 같은 사물에 공통하는 共相/동일·보편상(sāmānya-lakṣaṇa)은 사유분별/추리(의식)의 대상이다. 그렇지만 여기서 '사만야'는 "5식의 대상이 개개 극미가 아니라 다수 극미의 집합이라면 이는 '직접지각(現量)=분별을 떠난 것'이라는 정의와 모순되지 않는가?"하는 문제에서 도출된 개념이기 때문에 사유분별의 대상인 共相/동일·보편상과는 다른 개념이라 하지 않으면 안 된다. 좀 거칠게 말하면 분별(=意識)의 대상인 共相/동일·보편상이 여러 사물에 공통되는 성질로 개별 극미와는 다른 별도의 개념적 존재라면, 5식의 대상인 사만야는 각각의 극미와 불가분의 관계를 갖는 집합한 극미 전체의 이미지(형상)이다. 예컨대 전자가 세상의

라고 해명한다. 유부에 의하는 한 화집된 각각의 극미는 소의와 소연이 된다고 인정하기 때문이다. (T29, 352a16-18) 다섯 째, 박창환은 戶崎宏正을 비판하는 직접적인 논거로서『유식이십론』제11송(玄奘譯本은 제10송)의 세 번째 外境實在論者의 주장(즉 경량부의 화합설)에 대한 窺基의 해설(본 장 주4)에 대해 "인식발생의 원인에 대한 언급이 없다. 즉 법칭이 애써 강조하고 있는 집적된 개개의 극미가 감각지각 발생의 원인의 역할을 한다는 부분이 완전히 빠져 있다"고 비평하였지만(동, p.17), 규기의 경량부 해설은『유식이십론』에서 설한 화합설에 대한 해설일 뿐이며(박창환은 규기의 해설 중 '故論說言實有衆微皆共和合'을 경량부 주장으로 전하고 있지만, 여기서 '論'은『유식이십론』을 말한다. 본 장 주3 참조), 이후 이에 대한 비판에서『관소연연론』과『성유식론』에서의 해당부분을 인용하는데(T43, 993c7-12; 본 장 주52; 9), 이는 바로 識의 발생에 대한 것이다.

모든 연필에 공통되는 개념적으로 구성된 형태로서의 '연필'이라면, 후자
는 [심식 상에 나타난] '연필'이라는 이미지를 구성하는 다수 극미의 단일
한 집합체 정도로 이해할 수 있을 것이다. 비록 내적 이미지라 할지라도
집합체는 개개 극미로 분별되지 않기 때문에 '사만야(sāmānya)' 즉 보편이
라 하였을 것이다.

　아무튼 사만야가 5식(감관지)의 대상이라 한 이상 이 또한 직접지각
(pratyakṣa)의 대상인 自相/독자상(sva-lakṣaṇa)의 일종이라 해야 할 것인가?
유부에서는 전술한 대로 극미(실체: 事)의 집합 또한 處의 自相(āyatana-
lakṣaṇa, 인식영역으로서의 자상)으로 이해하였다. 自相은 『느야야빈두』(1.15)에
의하면 결과(지식)를 낳는 효과적 작용(arthakriyā, 직역하면 '목적을 성취하
는 작용')의 능력을 갖기 때문에 실재(vastu)이며, 실재는 勝義有(paramārtha-sat)
와 동의어이다. 법칭에 있어 실재성의 기준은 효과적 작용의 능력이었다.[33]
그렇다면 5식의 대상인 사만야(sāmānya) 또한 목적을 성취하게 하는 효과적
작용력을 갖는다는 점에서 실재(즉 승의유)라고 말할 수 있는가? 심식 상
에 나타난 개개 극미의 단일한 집합체는 이를 통해 그것을 제공한 외계사
물을 파악할 수 있는 효과적 작용력을 갖기 때문에 실재(vastu)라고 말할
수도 있을 것이다.[34]

　그러나 진나/법칭이 말한 감관지(5식)의 대상으로서의 사만야(sāmānya)
가 만약 개별 극미를 떠난 별도의 존재라면 이는 바이세시카학파의 전체성
(avayavin)인 一者(ekam)와 동일한 것이라고 해야 하며, 별도의 존재가 아니
라면 이를 승의유라고 말하기 어렵다. 이에 따라 상좌는, 중현이 비록 '화
합'은 5식에 의해 파악되는 경계대상(즉 자상을 갖는 대종극미)과는 별도의

33　『느야야빈두』(본 장 주37 참조).; 키무라 토시히코, 권서용 옮김, 『다르마키르티의 철학
　　과 종교』, p.99.
34　박기열(2014), p.289.

존재, 이를테면 바이세시카학파의 和合(samavāya) ─실체 등으로 하여금 속성·운동·보편·특수와 분리되지 않고 서로 포섭하게 하여 '이것'이라는 언표의 지식을 가능하게 하는 근거 또는 존재의 단일성(『勝論十句義論』 T54, 1263c17f) ─ 과 같은 개념으로 이해하였을지라도, 마치 자아가 5온을 떠난 별도의 존재가 아니기에 세속유(또는 가유)라 하듯이 5식의 대상(=소연경)인 다수 극미의 '단일한 和合相' 역시 개별 극미를 떠나 별도로 존재하지 않는 '世俗有'로 이해하였다. 상좌는 다수의 실체로 이루어진 것을 '존재(有, sat)'라고 말할 때 이를 '세속[유](saṃvṛti[-sat])'라고 하였다. (전술)

비록 심식 상에 나타난 것일지라도 다수 극미의 집합이 어떻게 하나의 전체상(상좌에 의하면 '단일한 화합상')으로 현현할(지각될) 수 있는 것인가? 더욱이 법칭은 외계대상의 경우 다수의 부분(avayava)과는 별개인 一者(ekam, 혹은 전체성 avayavin: 有分)에 대해 강력 비판하지 않았던가? (PV. III, k.200) 법칭 역시 이에 따른 난문을 예상하였다. "다수의 형상으로 현현(citrāvabhāsa)한 대상을 단일한 것(ekatvam)으로 파악하는 것이 타당하지 않다고 하였으면서 어떻게 다수의 형상으로 현현한 바로 그 같은 지식을 '단일한 것'이라 말할 수 있는 것인가?" (k.208)

이에 대해 법칭은 勝義(현자)의 입장에서 볼 때 能取(다수의 형상을 띤 지식)도 所取(지식의 대상인 다수의 형상)도 空性이지만 여기서는 다만 世俗의 입장에서 말한 것이라 논의하고서, 외계대상에 대해서는 '다수=단일한 것'이라 말할 수 없지만 내계의 지식의 경우 반드시 전체로서 수용되기 때문에 (다시 말해 분할이 불가능하기 때문에) 그같이 말할 수 있다고 해명한다.[35] 법칭은 그의 지식론(量論)을 세간의 일상생활에서의 인식이라고 하는 세속적 입장에서 다루고 있다.[36] 따라서 사만야(sāmānya)가 5식의 대상으

---

35 戶崎宏正(1979), pp.308-319.; 도사키 히로마사, 박인성 역(2015) pp.369-380 참조.

로서 실재(승의유)라고 한 것도 세속적 차원의 논의이지 승의적 입장의 논의가 아니다.

그런데 상좌는 "다수의 극미가 화합할 때 비로소 5식의 所依와 所緣으로서의 事(*vastu)를 성취한다(方成所依所緣事)"(주1)고 하였다. 이는 "다수의 극미가 적집할 때 비로소 所依性과 所緣性(āśrayālambanatva)을 성취한다(方成所依所緣性)"는 세친의 논의(주2)와 대비된다. 세친이 말한 '性'이 go(牛)―gotva(牛性)에서 보듯이 일반성을 의미하는 것이라면 상좌의 '事'는 통상 실체나 구체적인 현실태로 이해되지만 '원인'이나 '작용을 일으키는 능력'의 뜻으로도 이해된다는 점에서37 그 역시 다수 극미의 화합은 心識의 生緣(=소연연)이 되고 단일한 화합상(=소연경)으로 나타나 결과(인식)를 낳는 데 효과적 작용을 갖는 것으로 이해하였다고 볼 수 있다. 그는 실제로 '事'를 '작용(用)'이라는 말로 바꾸어 사용하기도 하였다. "傳說에 따르면, 맹인 각각에는 색을 보는 작용이 없으며, 여러 명의 맹인들이 함께 모여 있더라도 역시 색을 보는 작용을 갖지 않듯이, 극미 하나하나가 각기 개별적으로 머물 때에는 所依와 所緣으로서의 작용(依緣用, *āśrayālambana-kriyā)이 없으며, 다수의 극미가 和集하더라도 역시 이 같은 작용은 없다." (상좌 문도들의 '중현의 극미 和集설' 비판: 제1장 주87)

따라서 상좌 역시 다수 극미의 화합은 개별 극미의 집합이지만 無分別

---

36 戶崎宏正(1965), 「佛教論理學と經量部說」(『印度學佛教學研究』13-2), p.190.; 梶山雄一, 『인도불교철학』, p.86.

37 아비달마 전통에서 '事(vastu)'는 自性(svabhāva-vastu)·소연(ālambana-vastu)·繫縛되는 것(saṃyoganiya-vastu)·포섭되는 것(parigraha-vastu)·원인(hetu-vastu)의 다섯 의미로 해석되지만(『대비바사론』 T27, 228a10-b11; 『구사론』 T29, 35a5ff; 『순정리론』 435b19ff), 불교지식론학파에서는 작용을 일으키는 힘으로 해석되기도 한다. (中村元, 『佛教語大辭典』, p.566 ①.; 中村元, 「インド論理學述語集成」, p.216) 예컨대 "직접지각의 대상은 自相(svalakṣaṇa)이며 勝義有(paramārtha-sat)이다. 왜냐하면 실재(vastu)의 특징은 효과적 작용(arthakriya)을 가능하게 하는 능력(sāmarthya)이기 때문이다." (『느야야빈두』 I, 13-15) 법칭 지식론에 있어 바스투(vastu)의 용례와 의미에 대해서는 권서용(2010), 『다르마키르티와 불교인식론』, pp.154-159; 이태승(2018), 「범본 금강경에 나타나는 vastu에 대하여」, pp.91-95 참조.

인 5식에 의해 '하나의 전체'(='단일한 和合相')로 수용(인식)되는 것으로 생각하였기 때문에 '事' 즉 vastu로 명명하였을 것이다. 그렇지만 그 또한 법칭과 마찬가지로 이를 세속/현실적 차원의 존재(世俗有)로 이해하였고, 眞實義의 입장에서 虛僞의 妄失之法으로 간주하였다. 그는 말하였다. "5식이 만약 眞實의 경계대상(實境, *bhūtārtha)을 소연으로 삼는 것이라면 聖智(붇타)께서 그러한 5식의 소연은 다 虛僞의 妄失之法으로 관찰하였다고 해서는 안 된다."[38]

상좌가 감관지(5식)를 허위로 불신한 것은 승의의 차원에서이지 일상의 세속적 차원에서가 아니다. 법칭 역시 승의적 차원에서는 인식주관(能取)도 객관(所取)도 불신하였다.

3) 법칭의 극미 집합은 和集인가, 和合인가

도사키 히로마사(戶崎宏正)가 말한 대로 법칭의『양평석』「현량장」이 경량부 학설에 근거한 것이라면, 그가 첫 번째 논거로 제시한 "직접지각은 분별을 떠난 것'이라는 현량의 정의와 '5識身은 극미의 積集을 소연으로 한다'는 아비달마의 정실은 서로 모순되지 않는다"는 논의(k.194-230)에서의 '극미의 집합(sañcita)' 역시 상좌 슈리라타의 극미 결합방식인 和合을 의미하는 것인가? 중현 또한 상좌가 주장한 '5식의 소연=극미 화합'설은 '5식=無分別'이라는 불교일반의 정의와 모순됨을 비판하였는데, 비판의 단초가 바로 '화합'이었던 것이다.

유부와 경량부의 극미 和集설과 和合설은 극미 無方分－有方分과 이에 따른 불접촉(相觸)－접촉 설의 이론적 귀결로(제1장 3-2), 無間의 近接을 의미하는 和集설의 경우 개별 극미의 개체성이 보존될 뿐만 아니라 그 자체

---

38 『순정리론』권4(T29, 350c11-13), "彼謂, 五識若緣實境, 不應聖智觀彼所緣, 皆是虛僞妄失之法."

인식대상도 가능하지만(다만 너무 미세하여 볼 수 없을 뿐이다: 주17), 상호 접촉에 의한 和合설의 경우 개별 극미의 개체성이 보존되지 않을 뿐만 아니라 그 자체 인식대상도 될 수 없다. 상좌가 5식의 소연을 '다수 극미의 단일한 和合相'으로 이해한 것도 이 같은 이유에서였다.

그렇다면 법칭이 말한 극미의 집합/積集(sañcita)은 和集인가, 和合인가? 집합/積集의 원어 sañcita는 sam-√ci '축적된 것', '집합된 것'이라는 정도의 의미로, 화집과 화합 모두 가능하다. 『구사론』에서는 이를 '積集'(현장)과 '聚'(진제)로 번역하고 있다.[39] 도사키 히로마사는 앞서 인용한 『양평석』 제196송을 "극미 [각각]이 그 같은 [단일한 지식을 낳게 하는 능력을 갖는다는] 특수상(viśeṣa)은 [間隙없이 近接한] 다른 여러 극미 없이는 생겨나지 않는다"로, 같은 내용의 제223송을 "만약 [近接이라는 緣으로부터] 탁월성(atiśaya)이 생겨난 다수[의 극미]가 실로 감관 따위처럼 [각기] 동시에 [단일한] 지식의 원인이 된다고 말한다면 [여기에] 무슨 모순이 있을 것인가"라고 번역하여 '극미 和集'의 의미로 이해하고 있다.[40] 박기열 역시 디그나가와 다르마키르티에서 'sañcita'는 외계실재의 최소단위인 극미들이 축적되거나 쌓이는 형태라기보다는 서로 근접한 상태로 규정하였다.[41]

도사키 히로마사는, 법칭의 논의를 제 극미 abc…가 단독으로 지식을 낳는 것이 아니라 적집하였을 때 a는 b c와, b는 a c와, c는 a b와 어울려 지식을 낳는다는 식으로 설명하기 때문에, 다시 말해 지식은 개개 극미가 갖는 능력의 총합에서 생겨난다고 설명하기 때문에 개개의 독립된 극미를 전제할 필요가 있었고, 그래서 극미의 적집(sañcita)을 無間의 근접(즉 和集)으로 이해하였을 것이다. 이는 곧 제 극미는 相資하여 (서로에 영향을 미쳐)

---

39 주2.; (T29, 172a6).
40 戶崎宏正(1979), p.297, p.319.
41 박기열(2014), p.264, 주4.

하나의 和集相으로 존재한다[42]는 중현의 극미 결합설과 다른 것이 아니다.

도사키 히로마사가 법칭의 극미 적집(sañcita)을 무간의 근접으로 이해한 것은, 그의 舊稿에 따르면『유식이십론』에서 세 번째 외계대상 실유론(k.11c, 현장 역은 제10송 제3구: 본 장 주3)인 극미의 집적(saṃhatā, 현장 역은 '和合 等')을 비니타데바(Vinitadeva: 調伏天)가 "서로 근접하여 間隙없이 존재하는 극미"로 주석하고, 慈恩(규기) 역시 이 설을 경량부 所宗으로 평석한 데 따른 것이다.[43] 비니타데바는『유식이십론釋疏』에서 이러한 세 번째 설에 대해 "[극미 자체가 성립하지 않기 때문에] 서로 근접하여 間隙없이 존재하는 극미도 경계대상이 되지 않는다"고 해설하였는데, 야마구치 스스무(山口益)는 이를『구사론』상에 언급된 "일체의 극미는 실로 서로 접촉하지 않는다. 無間으로(間隙 없이) 생겨나는 것을 접촉이라 假立하였다"는 大德 설(제1장 주74)과 배대시키고 경량부 입장의 세친이 이러한 대덕 설을 愛樂하였다는 말을 더하고 있다.[44] 그러나 대덕의 무간 근접의 극미 결합(=和集)설은 제1장(3-3-2)에서 살펴보았듯이 극미 無方分과 상호 불접촉에 따른 유부 학설로, 경량부의 有方分과 상호접촉에 따른 극미 결합(=和合)설과는 차별된다.

和集과 和合이라는 보다 구체적인 내용으로 극미의 결합에 대해 논설한 것은『유식이십론』의 梵藏漢의 諸本 중 현장 역본뿐이지만,[45] 후술하듯이 陳那의『관소연연론』(현장 역)에서도 논설되며, 이것의 티베트 역에서도 이를 각기 ḥdus pa(뒤바)와 ḥdus pa rnam pa(뒤바남바)로 전한다. 필경

---

42 『관소연연론』(T31, 888b22-24), "諸極微相資各有一和集相. 此相實有, 各能發生似己相識. 故與五識, 作所緣緣."; 주57 참조.

43 戶崎宏正(1965),「佛教論理學と經量部說」, p.189.

44 山口益·野澤靜證,『世親唯識の原典解明』, pp.73, 74; p.79 주2.

45 窺基는 이러한 점에서 다만 바이세시카(衛世師)와 毘婆沙師(古 薩婆多), 그리고 '鄰虛(극미) 集色'이라 하여 和合과 和集 중 한 가지만 설하여 그 뜻도 알기도 어렵고 밝히기도 어려운 舊唯識(般若流支와 眞諦 역)은 현장 역에 미치지 못한다고 하였다. (T43, 993a5-9)

두 말 자체의 의미상의 차이는 없다 할지라도 이러한 말로 논의되는 극미의 결합방식이나 이에 대한 비판 상에 차이가 있기 때문에 두 말은 각기 다른 의미로 사용되었을 것이다.[46] 현장 譯밖에 전하지 않지만『순정리론』에서 중현은 상좌의 화합설과 자신(유부)의 화집설을 분명하게 분별하고, 상좌의 극미 화합에 따른 有色處 假有論을 비판하고 있다. 상좌 슈리라타와 유부 毘婆沙師가 극미 집합(saṃghāta)의 의미를 달리 이해함에 따라 5식의 경계대상(viṣaya)의 假實도 달리 이해하였다는 사실은 안혜의『俱舍論實義疏』에서도 확인된다.[47]

窺基가『유식이십론술기』에서 "이『유식론』은 세친이 만년(年邁)에『순정리론』이 지어진 이후 저술하였다"고 말한 것도 이 같은 사실에 근거한 것이었다.[48] 또한『아비달마디파』에서도 婆沙의 4대 논사의 삼세실유론에 대해 논설하면서 유부 正義인 位不同說을 설한 世友(Sthavira Vasumitra)에 대

---

46 加藤純章(1989, pp.179f)은 이를 각기 saṃcita(또는 saṃghāta)와 saṃcitākāra(또는 saṃghātākāra)로 비정하였다. (제1장 주96 참조)

47 D. Tho 95b5-7.; P. vol.146, p.240. 1. 2-4. slob dpon dpal len na re yul rnams rdzas med pa ste/rnam par shes pa'i (95b6) tshogs lnga po <u>bsags pa'i</u> yul can yin pa'i phyir zhes zer ro// bye brag tu smra ba rnams na re rnam par shes pa'i tshogs lnga po'i yul rdzas su yod pa kho na ste/<u>rdul phra rab tshogs pa</u> yul yin pa'i phyir rdul phra rab de rnams nyid de ltar <u>'dus pa las</u> mig la sogs pa'i rnam par (95b7) shes pa'i skye ba la rgyur 'gyur ro// 'dus pa ma yin pa med par gyur pa'am de dag 'dus pa'i rdzas yul yin pa'i phyir re re dmigs par 'gyur ba ma yin no zhes zer ro// 궤범사 Śrīlāta는 이와 같이 말하였다. "인식대상은 실유가 아니다. 5식신은 <u>[다수의 극미의] 화합(bsags pa, 즉 假有 prajñaptisat)</u>을 인식대상으로 하기 때문이다." 毘婆沙師는 이와 같이 말하였다. "5식신의 인식경계는 오직 실유한다. [5식신은] <u>극미의 집합(=和集)</u>을 인식대상으로 하기 때문에, 이러한 극미가 그와 같이 <u>모여(=和集)</u> 안 등의 식이 일어나는 원인이 된다. [극미로서] 모이지 않은 것은 존재하지 않는다. 이러한 [극미]가 모인 것이 실질적인 인식대상이다. 따라서 [극미] 하나하나는 인식대상이 되지 않는 것이다." (加藤純章, 1989, p.178f 참조) 여기서 毘婆沙師의 말은 중현의 논의(주13, 16)와 정확히 일치한다.

48 窺基는『유식이십론』제11송(현장역본은 제10송) 제3, 제4구("또한 [외계대상은] 和合등도 아니니, 극미[자체]가 성립하지 않기 때문이다")에 대해 "이는 [論主의] 주장과 논거로, 이를 통해 볼 때 극미 화집도 함께 비판한 것"이라 해설하면서 이같이 말하였다. "又'非和合等',立宗. '極微不成故', 立因. 驗此兼破極微和集. 此唯識論, 世親年邁, 正理論後, 方始作也." (T43, 992a29f)

해 "[상캬학파의] 25諦說을 배격하고 [경량부의] 극미화합론(paramāṇu-saṃcayavāda)을 비판한 이"로 평가하였다.[49] 이러한 점에서 상좌의 극미 결합 (즉 和合) 설은 중현의 그것(즉 和集)과 구별되지 않으면 안 된다.

다시 말하지만 유부에서 보듯이 그들은 극미 和集(상호 불접촉에 따른 무간의 근접)을 주장함에 따라 개별적인 각각의 극미도, 극미 적집의 소조 색과 유색처도 自相을 갖는 실체라고 주장할 수 있었고, 따라서 안 등 5식의 소연인 色境 등은 당연히 실체였다. 그렇지만 법칭의 논의의 쟁점은 5식은 <극미의 집합/積集>을 소연으로 삼지만 여전히 無分別智'라는 사실이었다. 법칭의 극미 집합/적집이 유부와 같은 和集이라면, 극미(dravya: 事)도 그것 의 집합인 處(āyatana)도 自相을 갖는 실체이기 때문에 '5식의 소연=극미 집 합/적집'은 논쟁점이 될 하등의 이유가 없다. 중현이 비판하였듯이 극미의 결합방식이 和合일 경우, 가유인 이에 대한 지식은 分別智일 수밖에 없기 때문에 문제가 되는 것이다.

더욱이 법칭은 각각의 극미는 인식을 낳게 하는 능력을 갖고 있지 않 지만 집합/적집할 때 지식의 발생 원인이 되고, 지식에 형상을 부여한다는 소연의 두 조건을 충족한다고 논의하기 때문에(PV. III, k.224) 극미의 적집 을 和集으로 보기 어렵다. 이미 극미 자체가 소연이 될 수 있다고 (다만 미세하여 볼 수 없을 뿐이라고) 하였거니와 이러한 소연의 두 조건은 異時 인과의 이론적 귀결로 譬喻者(상좌)에 의해 제기된 학설이기 때문이다. (제9 장 2-3 참조)

'5식은 오로지 과거법을 소연으로 삼는다'거나 '세속유를 소연으로 삼 는다'는 상좌의 언명은 소연을 인식의 발생 원인으로서의 조건(=所緣緣)과 인식대상으로서의 조건(=所緣境)이라는 두 단계를 통해 비로소 이해될 수

---

49 ADV., p.260, 14-15. tadebhyaś caturbhyaḥ sarvāstivādebhyas tṛtīyaḥ sthaviravasumitraḥ pañcaviṃśatitattvanirāsī paramāṇusaṃcayavādonmāthī ca.

있다. 그렇지 않은 한 상좌는 "직접지각(現量)을 부정하였다"거나 "언어적 추상개념(세속유)을 5식의 소연이라 주장하였다"는, 불교학의 기초 상식에 무지한 자로 비판받을 수밖에 없다.

법칭 역시 眼·色과 眼識, 그리고 意識의 異時계기를 주장하였기 때문에 인식대상은 두 가지 조건을 충족해야 하였다. 그렇다고 할 경우 그 역시 상좌(경량부)의 극미 和合說을 따랐을 것이다.

3. 陳那의 '극미 和合설과 和集설 비판' 검토

根·境·識의 동시인과를 주장하는 유부의 경우 굳이 소연의 두 단계를 분별할 필요가 없었다. 色 등의 외계대상(viṣaya)은 안식 등의 발생조건(緣)이기도 하였고 인식대상(所緣)이기도 하였다. 그들은 다만 어떤 대상(境, viṣaya)이 인식(能緣: 心·心所)의 대상이 될 때, 다시 말해 심·심소를 발생시키고 그것에 의해 파악될 때 이를 인식대상 즉 所緣(ālambana)이라 하였다. (T29, 7a26-28: 제5장 주55-56) 그래서 중현은 상좌의 극미 화합설에 대해 "5식은 다수의 극미 和合을 반연하여 이를 경계대상으로 삼지 못한다(五識不緣衆微和合爲境)"(주7)고만 비판하였다. 그에게 있어 상좌의 '극미 화합'은 5식의 발생조건(緣)이자 인식대상(所緣=境)이었던 것이다. 해서 "극미 화합이 어떻게 5식의 대상(소연)이 될 수 있다는 것인가?" 하는 비판은 그에게 지극히 당연한 것이었다.

이처럼 불교학 내부의 논쟁은 언제나 자파의 관점에서 이루어졌다. 상좌는 根·境·識의 異時繼起說에 따라 소연의 두 조건을 제시하고 이에 따라 '5식의 生緣=불가분의 관계로 화합한 다수의 극미', '5식의 所緣=극미 화합(세속유)'를 주장하였지만, 유부에서는 자파의 同時俱起說에 따라 경량부의 극미화합설을 비판하였다.

그런데 陳那(Dignāga)는 아이러니컬하게도 『관소연연론』에서 所緣性 즉 인식대상의 두 측면(단계)이라는 관점에서 화합설과 화집설 모두를 비판한다. 이는 일찍이 세친이 『유식이십론』에서 극미의 方分문제와 관련된 논리적 딜레마로써 상좌(=경량부)와 중현(=新유부)의 외계실재론을 비판한 것(제1장 3-3-4 참조)과 대조된다. 여기서의 양설 비판은 사실상 "극미 화합은 실체[로서의 존재(dravya-sat: 實有)]가 아니기 때문에 5식의 [生]緣이 될 수 없다"는 무형상지식론에 기초한 중현의 비판과, "[화집을 구성하는] 극미 자체는 5식 상에 형상을 낳을 수 없기 때문에 所緣이 될 수 없다"는 유형상지식론에 기초한 상좌의 비판을 종합한 것이라 할 수 있다. 따라서 진나의 비판은 사실상 새로운 지식이라 할 수 없지만, 양설에 대한 정합적/대칭적 비판일뿐더러 窺基의 經部師(상좌)와 正理師(중현) 이해의 단초가 되었다는 점에서 別項으로 다시 다루어본다.

1) 『관소연연론』에서의 비판 논리

진나는 『관소연연론』 첫머리에서 "眼 등의 5識이 외계 물질적 대상(外色)을 所緣緣으로 삼는다고 주장하는 경우, 혹 어떤 이는 실체[로서의 존재(dravya-sat)]만이 능히 識을 낳을 수 있기 때문에 [개별] 극미가 소연연이라 주장하고, 혹 어떤 이는 識은 그것의 형상(ākāra)을 띠고 생겨나기 때문에 극미의 和合이 소연연이라 주장하지만, 양 설 모두 [소연연의 두 조건 중 한가지만을 충족한 것이기에] 올바른 이치가 아니라고 언명하고서,[50] 5식의 소연이 ① [개별] 극미, ② 극미 和合, ③ 극미 和集이라는 세 학설에 대해

---

50 『관소연연론』(T31, 888b7-9), "諸有欲令眼等五識, 以外色作所緣緣者. 或執極微, 許有實體, 能生識故. 或執和合, 以識生時, 帶彼相故. 二俱非理."

구체적으로 비판한다.

① 극미는 5識에 緣은 될 수 있을지라도 所緣은 되지 않으니, 識에 그 형상(相)이 존재하지 않기 때문으로, 마치 안근 등이 그러한 것과 같다. (제1송)

[自釋:] 所緣緣이란 能緣인 識이 그것의 형상을 띠고서 일어나야 하고, 아울러 실체로서 존재하여 能緣인 識으로 하여금 그것에 依託하여 생겨나게 하는 것을 말한다. 그러나 색 등의 극미는 설혹 실체로서 존재하여 능히 5識을 낳는 緣은 될 수 있을지언정 所緣은 되지 않는다. 마치 眼根 등은 眼 등의 識에 그 형상이 존재하지 않기 때문에 [소연이 되지 않듯이], 이와 마찬가지로 극미도 眼 등의 識에 [그 형상이 존재하지 않기 때문에] 소연이 되는 일은 없는 것이다.[51]

② [극미의] 和合은 5識에 所緣은 될 수 있을지라도 緣은 되지 않으니, 그것은 實體로서 존재하지 않기 때문으로, 마치 [착시에 의해 나타난] 두 번째 달과 같다. (제2송)

[自釋:] 色 등을 구성하는 [극미의] 和合은 眼識 등에 그 형상이 존재하기 때문에 설혹 所緣은 될 수 있을지라도 緣이 되는 일은 없으니, 마치 眼根이 錯亂되어 두 번째 달을 볼지라도 그것은 실체로서 존재하지 않아 능히 [識을] 낳지 못하는 것과 같기 때문이다. 이와 마찬가지로 [극미의] 和合은 어떠한 경우에도 眼識 등에 緣이 되는 일은 없는 것이다.[52]

③ [극미의] 和集은 견고성(堅相: 地의 자상) 등과 마찬가지로 안식 등에

---

51 『관소연연론』(T31, 888b10-15), "極微於五識 設緣非所緣 彼相識無故 猶如眼根等. [釋] 所緣緣者, 謂能緣識帶彼相起. 及有實體, 令能緣識託彼而生. 色等極微, 設有實體, 能生五識容有緣義. 然非所緣, 如眼根等於眼等識無彼相故. 如是極微於眼等識. 無所緣義."

52 『관소연연론』(T31, 888b16-20), "和合於五識 設所緣非緣 彼體實無故 猶如第二月. [釋] 色等和合, 於眼識等, 有彼相故, 設作所緣, 然無緣義. 如眼錯亂見第二月, 彼無實體不能生故. 如是和合, 於眼等識無有緣義故."

緣은 될지라도 所緣은 되지 않으니, 극미의 相이라고 인정하였기 때문이다. (제3송)

[自釋] 견고성 등은 비록 실체로서의 존재(實有)이기에 眼 등의 識에 緣은 될 수 있을지라도 所緣은 되지 않으니, 眼識 등에 그 형상이 존재하지 않기 때문이다. 色 등을 구성하는 극미의 온갖 和集相도 이치 상 역시 그러하다고 해야 한다. 왜냐하면 그들(화집론자)은 다 같이 [그것은 무간으로 근접한] 극미의 相이라고 주장하였기 때문이며, 안식 등은 능히 극미를 반연한다고 주장하였기 [때문이다].53

규기는 『유식이십론』(현장 역본 제11송)에서의 극미설 비판을 해설하면서 외계대상은 ① 다수의 극미=古 薩婆多인 毘婆沙師 설, ② 극미 화합=經部師(즉 상좌) 설, ③ 극미 화집=新 薩婆多인 正理師(즉 중현) 설로 평석하였는데(본 장 1-1 참조), ③의 중현의 和集설은 극미 상호 간의 접촉이 아니라 무간의 근접으로 개별 극미의 독자성이 그대로 보존되고 있기 때문에 사실상 ①과 동일하다. 그래서 진나는 論의 첫머리(주50)에서 外境論者가 주장하는 5식의 소연을 [개별] 극미와 극미의 화합으로 총설하였던 것이다.

그렇지만 어떠한 경우에도 개별 극미가 단독으로 현상하는 일은 없기 때문에 (중현의 말을 빌리면 "극미로서 和集하지 않은 것은 없기 때문에": 주13, 16) 眼 등 5識의 소연이 되는 외계대상이 실재한다면, 그것은 다수의 극미가 결합한 형태일 것인데, 중현은 극미는 더 이상 세분할 수 없는 것이라는 카슈미르 毘婆沙師의 전통을 계승하여 극미 無方分설을, 상좌 슈리라타는 극미 자체가 부분(方分)이라는 극미 有方分설을 주장하였고, 이에 따라 극미의 결합방식 또한 무간의 근접 생기에 의한 和集과 상호접촉에 의한

---

53 『관소연연론』(T31, 888b25-c1), "和集如堅等 設於眼等識 是緣非所緣 許極微相故. [釋] 如堅等相, 雖是實有, 於眼等識容有緣義, 而非所緣. 眼等識上無彼相故. 色等極微諸和集相, 理亦應爾. 彼俱執爲極微相故, 執眼等識能緣極微."

和合으로 이해하였던 것이다.

이에 대해 陳那는 외계대상이 극미의 和合이라면 ‘화합물’은 실체로서의 존재(實有)가 아니기 때문에 (다시 말해 世俗有이기 때문에) 5識의 所緣은 될 수 있을지라도 緣은 되지 않으며, 극미의 和集이라면 무간으로 근접한 각각의 극미 자체는 실체로서의 존재이기 때문에 5식의 緣은 될 수 있을지라도 너무나 미세하여 識 상에 그 형상이 나타나지 않기 때문에 所緣이 되지 않는다고 비판하였다. 여기서 ‘緣(pratyaya)’은 무엇이고 ‘所緣(ālambana)’은 무엇인가? 緣이 인식(識)의 발생조건이라면 所緣은 인식의 대상으로, 진나는 이를 所緣緣(ālambana-pratyaya)의 두 가지 조건으로 간주하였다. (주51의 밑줄)

즉 진나는 착시에 의해 생긴 두 번째 달은 假有이기 때문에 안식 상에 그 형상이 나타날 수는 있어도 안식을 발생시킬 수 없듯이 (다시 말해 所緣은 될 수 있을지라도 緣이 되지 않듯이) 世俗有인 ‘화합’ 또한 역시 그러하며, 견고성의 地大 등은 實有이기 때문에 안식을 발생시킬 수는 있어도 개개 극미 자체는 [너무 미세하여] 안식 상에 나타나지 않듯이(지·수·화·풍 4대종은 각기 반드시 최소한 그 밖의 대종과 색·향·미·촉의 소조색과 함께 생겨난다. 이른바 ‘八事俱生’이다) 다수의 극미가 무간으로 근접한 상태인 ‘화집’ 역시 그러하다는 것이다. 더욱이 항아리든 사발이든 극미의 분량이 동등한 것이라면 그것에 대한 지각의 차별도 없어야 하며, 만약 형태(즉 形色, saṃsthāna-rūpa)상의 차별이 있다고 한다면, 극미는 형태를 갖지 않을뿐더러 그것이 分析되어 극미에 이르게 되면 형태의 지각은 사라지기 때문에 형태는 실유가 아니라 다만 세속유라는 것이다.[54]

이 같은 내용의 극미 화합설과 이에 대한 비판은 『성유식론』에서 5식

54　이는 『관소연연론』 제4송(瓶甌等覺相 彼執應無別 非形別故別 形別非實故)과 제5송(極微量等故 形別惟在假 析彼至極微 彼覺定捨故)의 내용이다. (T31, 888b29-c14)

의 소의와 소연의 실재성을 비판하면서도 언급된다.

[경량부(상좌):] 眼 등의 5識은 色 등을 요별할 때 다만 [극미의] 和合을 반연하니, [극미의 화합에 대해서만] 그것과 유사한 형상을 띠기 때문이다.

[논주:] [극미의] 和合相은 제 극미와 달리 그 자체 실체로서 존재하는 것이 아니니, 그것을 分析할 때 그것과 유사한 相을 띤 識은 결정코 생겨나지 않기 때문이다. [그대들 역시] 그러한 和合相은 이미 실유가 아니라고 하였기 때문에 그것이 바로 5식의 [生]緣이라고는 말할 수 없다. 두 번째 달 등이 능히 5식을 낳는다고 할 수 없기 때문이다.[55]

『성유식론』에서는 계속하여 진나의 화집설 비판에 대한 유부의 해명 － 극미 화집의 거친 상(즉 소조색) 또한 실유이기 때문에 소연이 될 수 있다－ 에 대해 비판한다.

어떤 이(중현): 色 등 각각의 극미가 和集하지 않았을 때에는 5識의 경계대상이 되지 않는다. 함께 화집한 상태에서 서로가 서로에 영향 미쳐(展轉相資) 기친 相이 생겨날 때 이러한 [5]識의 경계대상이 된다. 즉 그러한 [화집의 거친] 相도 실유이기에 이것(5식)의 所緣이 될 수 있는 것이다.

[논주:] 그의 주장은 옳지 않다. 왜냐하면 함께 和集한 상태라도 和集하지 않았을 때와 [극미] 자체의 相은 동일하기 때문이며, 항아리나 사발 등의 사물로서 극미[의 분량]이 동등한 것이라면 그것의 相을 반연하는 識에도 차별이 없어야 하기 때문이며, [그럼에도 형태상의 차별이 있다고 한다면] 함께 和集한 상태의 하나하나의 극미는 각기 미세하고 둥근 것이라는 특성(微圓相, pārimaṇḍalya)을 버려야 하기 때문이며, [구체적

형태를 띤] 거친 상의 識은 미세한 상의 경계대상을 반연한 것이 아닐
뿐더러 (극미를 반연하여 생겨난 식에 거친 상은 존재하지 않는다) 어
떤 경계대상(예컨대 사발)에 대한 識은 다른 경계대상을 반연하지 않
기 때문이며,56 나아가 [그럴 경우] 하나의 識이 일체의 경계대상을 반
연한다고 해야 하기 때문이다.57

따라서 극미는 그것이 어떠한 결합방식을 취하든, 和合이든 和集이든
所緣緣이 될 수 없기 때문에 그에 따른 외계대상 또한 객관적으로 실재하지
않는다는 것이다.

이러한 所緣性에 근거한 陳那의 외계대상 비판은 그의 독창적 사유였
던가? 혹은 그의 비판은 정당한 것인가? 『관소연연론』에서의 논의는 필경
논리적 일관성을 지니고 있기 때문에 진나의 사상이라고 말할 수 있지만,
그가 구사한 개개의 논리마저 그에게 귀속된다고는 말하기 어렵다. 왜냐하
면 그가 제기한 논리적 난점은 이미 『순정리론』 상에서 극미의 화집을 주
장한 중현과 화합을 주장한 경량부(譬喩部)의 상좌 슈리라타에 의해 어떤
식으로든 지적되고 해명된 것이기 때문이다.

극미의 和合이 5식의 소연이 될 수 없다는 사실은 이미 중현에 의해
지적된 것이었고(중현에 있어 所緣과 生緣은 동일한 것이었다: 후술), 상좌
또한 이 점 익히 잘 알고 있었다. 그는 전술하였듯이 5식의 生緣과 所緣을
달리 이해함으로써 이에 대응하였다. 즉 5식을 발생시킨 것은 불가분의 관

---

56 규기가 재구성한 논증식은 이러하다. "큰 항아리를 반연한 識은 곧 극미를 반연한 마음
    이라고 해야 한다. 그는 소연이 바로 극미라고 주장하였기 때문에. 마치 극미를 반연한
    마음이 그러한 것처럼." 그러나 그럴 경우 어떻게 항아리를 반연할 때 다만 항아리로
    알 뿐 극미로 알지 못하는 것인가? 만약 미세한 상의 극미와 거친 상의 항아리는 본질적
    으로 동일한 것이기 때문에 항아리의 거친 상을 반연한 識이 바로 극미의 미세한 상을
    반연한 識이라고 한다면, 색을 반연한 識도 소리 등의 대상을 반연할 수 있다고 해야
    한다. (T43, 271b29-c6)
57 『성유식론』권1(T31, 4b16-23). 원문은 제1장 주78, 89.

계로 화합하고 있는 다수의 극미이지만 소연은 5식 상에 나타난 그것의 단일한 화합상이었다. 극미의 和集(혹은 화집을 구성하는 개별극미)이 5식의 소연이 될 수 없다는 사실 또한 이미 상좌에 의해 지적된 것이었고(주1, 3-4), 유부 毘婆沙師나 중현 또한 이 점 익히 잘 알고 있었을 뿐만 아니라 그들은 극미所成의 소조색(즉 有色處) 또한 자성을 지닌 실유의 법으로 간주하였다. (次項 참조)

이렇듯 所緣性에 근거한 진나의 외계대상 비판, 이를테면 "극미 화합은 실체로서 존재하지 않기 때문에 5식의 [生]緣이 되지 않는다"(제2송)는 경량부 비판은 同時인과에 따른 유부(중현)의 논리를 차용한 것이고, "극미 화집은 너무나 미세하여 안 등의 식에 그 相이 존재하지 않기 때문에 所緣이 되지 않는다"(제3송)는 유부 비판은 異時인과에 따른 경량부(상좌)의 논리를 차용한 것이라는 추측도 가능하다. 나아가 화집설 비판에 대한 유부의 해명 — "극미 화집의 거친 상(즉 소조색) 또한 실유이기 때문에 5식의 소연이 될 수 있다"— 에 대한 재 비판(주54)의 논거는 경량부의 '形色 가유론'(제2장 1-2)와 다른 것이 아니다.

뿐만 아니라 이미 짐작하고 있듯이 진나의 비판형식 또한 비유자의 사유에 따른 것이었다. 즉 근·경·식의 동시인과를 주장하는 유부의 경우 인식대상(所緣)이 바로 인식의 발생연이기 때문에 所緣緣(ālambana-pratyaya)은 다만 所緣으로서의 緣일 뿐이었지만,[58] 근·경·식의 이시인과를 주장하는 비유자의 경우 소연연을 인식의 발생연(=生識으로서의 緣)과 인식대상(=帶相으로서의 所緣)으로 구분하지 않으면 안 되었던 것이다.

---

58 『순정리론』권19(T29, 447b9-12). 원문은 제5장 주58.

2) 진나의 비판에 대한 유부의 해명

이렇듯 유부와 경량부는 이미 논의의 전제를 달리하였을 뿐만 아니라 서로의 비판에 대응할 이론체계를 갖고 있었기 때문에 진나의 비판이 실제 양 학파에 대해 행해진 것인지, 얼마만큼의 실효성이 있었는지 의심스럽기까지 하다. 혹 어쩌면 자파(유가행파)의 이론체계를 확립하기 위한 논의상의 절차였는지도 모른다. 만약 그렇다고 한다면 진나의 비판은 유식설을 드러내기 위한 전제로서는 의미 있을지언정 비판 자체로서는 무의미하다고 할 수 있다.[59]

"화집의 극미는 지극히 미세하여 식에 그 형상이 존재하지 않기 때문에 소연이 되지 않는다"는 『관소연연론』 제3송에서의 지적(주53)은 일찍이 유부 毘婆沙師에 의해 논의된 것이었다. 그들에 의하면 (화집의 근거가 된) 각각의 극미는 말 그대로 더 이상 쪼갤 수 없는 지극히 미세한 것이기 때문에[60] 소연이 되어 5식을 낳는 일이 없으며,[61] 소연이 되지 않는 이상 5식에 의해 파악되지도 않는다. 그렇다고 해서 극미가 존재하지 않는다는 말은 아니다. 만약 극미가 존재하지 않는다고 한다면, 색채와 형태를 띤 구체적인 물질(色處) 또한 극미의 취집이 아니라고 해야 하기 때문이다. 하나의 극미가 안식에 의해 파악되지 않는 것은 지극히 미세하기 때문이지 인식대상이 되지 않기 때문이 아니다. (주17 참조) 그것은 언제나 화집한 상태로서만 현상한다. (주13 참조)

---

59 『유식이십론』에서의 세친의 외계대상 비판 역시 유식설을 드러내기 위한 전제로서는 의미 있을지언정 비판 자체로서는 무의미하다. (권오민, 2010, 「불교철학에 있어 학파적 복합성과 독단성(1): 세친의 유식이십론에서의 외계대상 비판의 경우」, p.165 참조)

60 『대비바사론』권136(T27, 702a4ff), "極微是最細色, 不可斷絶破壞貫穿--.";『순정리론』권32(T29, 522a10-12), "此(극미)微卽極, 故名極微. '極'謂色中析至究竟, '微'謂唯是慧眼所行. 故極微言, 顯微極義."

61 『대비바사론』권13(T27, 63c22-25). 원문은 제1장 주55.

또한 극미는 견고성 등의 4大種에서 보듯이 항상 和集하여 현상하기 때문에 볼 수 없는 것도 아니다. 그럼에도 안식이 그것을 요별(명료하게 인식)하지 못하는 것은 안근은 대상을 파악하는 것이 거칠기 때문이며 안식은 무분별이기 때문이지만, 수승한 지혜의 힘을 갖은 자라면 멀리서도 가까이서도 비단에 수놓아진 [미세한] 문양들을 관찰할 수 있듯이 능히 미세한 극미의 相을 요별할 수 있다. (주16) 그렇기 때문에 "극미는 지극히 미세하여 볼 수 없기 때문에 (다시 말해 안 등의 식에 그 형상이 나타나지 않기 때문에:『관소연연론』제1송) 안식의 소연이 된 외계대상은 실재하지 않는다"고 논란할 수 없다.

진나도 호법(『성유식론』)도 중현의 '5식 소연=극미 화집'설에 대해, 화집의 경우 극미의 독자성을 보존하고 있기 때문에 극미 자체로서는 화집하지 않았을 때와 동일한 것으로 간주하여 舊살바다(=毘婆沙師)의 학설('5식 소연=극미')과 동일하게 취급하였지만(주53, 57), 한 톨의 곡물과 곡물더미의 곡물은 인식의 정도가 다르듯이 이 경우 역시 그러하다고 하지 않으면 안 된다. 더욱이 유부에 의하는 한 극미의 화집 또한 處(āyatana)로서의 자상을 갖는 실체이다. 窺基는 "실유인 다수의 극미가 함께 和集하여 [경계대상이 된다]"는 『유식이십론』의 문구(T31, 75c21f)에 대해 이같이 해설하였다.

저 正理師(중현)는 경량부와 달리 [저들의 주장이] '眼 등의 5識은 假法을 반연하지 않는다'는 自宗에 위배됨을 염려하였다. 혹은 古[薩婆多](즉『바사론』의 毘婆沙師) 설에 따를 경우, 바로 陳那[가 지적한 것처럼] 5식 상에 [극]미의 형상이 존재하지 않기 때문에 所緣이 되지 않는 과실이 있다. [그래서 正理師는] 마침내 다시 [이같이] 말하였다. "色 등의 제법에는 각기 다수의 相이 존재하는데, 그중의 일부는 바로 現量(직접지각, 즉 5식)의 대상이다. 따라서 제 극미는 相資하여 (서로 도와) 각기 하나의 和集의 相

으로 존재한다. 이러한 [화집의] 相은 실유로서 각기 자신의 형상과 유사
한 識을 발생시키기 때문에 5식에 대해 所緣緣이 된다.” 예컨대 다수의
극미가 [화]집하여 山 등을 성립시키는 경우, 相資하여 각기 산 등에 대한
인식의 근거(量相)로서 존재하는데, 眼 등의 5식이 山 등을 반연할 때 실유
인 다수의 극미가 相資한 산 등의 형상이 5식과 함께 획득되기 때문에
소연이 될 수 있다는 것이다. 그렇지 않다고 한다면 소연이 되지 않는
과실이 있으니, [古薩婆多 즉 毘婆沙師는 5식의] 緣이 되는 것은 다만 實體
(즉 극미)라고 인정하였기 때문이다. 그래서 論(『성유식론』: T31, 75c21f)에
서 “실유인 다수의 극미가 다 함께 和集할 때 [비로소 경계대상이 된다]”
고 설한 것이다.62

나아가 중현은 어떤 이의 논설을 빌려 이같이 말하기도 하였다.

극미의 性相은 결정적인 것(安立)이어서 그것이 眼識에 대해 所緣이 된다
는 것도 결정적 사실이지만, 안식이 그것에 근거하여 결정코 現行하는 것
은 아니다. 즉 [안식이] 각각의 개별적인 극미를 능히 보지 못하는 것은
[그것들이] 和會(*amnipāta: 和合, 여기서는 和集)하지 않았기 때문이지 [실
유의] 相이 아니기 때문이 아니다. 존재하는 諸法으로서 비록 볼 수 있는
것일지라도 인연이 적으면 능히 볼 수 없으니, 예컨대 물속의 소금 색이
나 벽 등에 은폐된 색을 능히 볼 수 없는 것이다.63

이는 “극미의 화집은 소연이 되지 않으며, 따라서 외계대상은 실유가

---

62 『유식이십론술기』권하(T43, 992c25-993a5). 원문은 제1장 주92.

63 『순정리론』권4(T29, 351b6-10), “有說: 極微性相安立. 彼於眼識爲所緣定. 眼識於彼非定現行. 不
能——別相見者, 不和會故, 非非相故. 以有諸法, 雖是可見, 有少因緣, 而不能見. 如不能見水中鹽
色, 及不能見壁等障色.”

아니다"는 진나의 비판을 정확히 예상한 해명이다. 앞서 말한 대로 유부의 경우 인식의 대상이 바로 인식의 생연이기 때문에 所緣緣을 소연과 [생]연으로 구분할 필요가 없다. 따라서 극미가 和集하여 식의 生緣이 되는 한 바로 所緣도 되지만, 그 밖의 다른 조건이 결여되어 분명하게 파악되지 않은 것일 뿐이다. 요컨대 유부의 실유론에 기초하여 경량부의 異時인과설을 비판할 수 없듯이 경량부의 이론체계(異時인과설)에 따라 설정된 所緣性의 문제로써 외계대상의 실재성을 비판할 수 없다는 말이다. 그것은 선결문제 미해결의 오류이자 대론자나 주장자 모두가 인정하지 않는 논거(즉 不成因)이기 때문이다.

그리고 비록 소연연을 所緣과 緣(생연)으로 구분하는 소연성의 문제가 비유자(혹은 상좌일파)에 의해 제기되었을지라도 그들에게 있어 소연[境]과 [所緣]연은 화합의 所依인 다수의 극미와 그것의 和合相이었다. 법칭 또한 다수의 극미가 적집(saṃghāta)할 때 비로소 지식을 낳게 하는 능력(atiśaya)을 갖기 때문에 극미의 적집은 소연의 두 가지 조건을 갖추고 있다고 하여 세친(『유식이십론』)과 진나(『관소연연론』)에 의해 비판된 극미 적집(화합)설을 다시 채용하고 있다.[64]

상좌에 의하면 인식이 생겨난 이상 인식대상(소연)이 존재하지 않는 것도 아니지만, 그렇다고 그것이 오로지 실체로서 존재하는 것(實有)도 아니다. 다시 말해 識에 나타나 인식의 실제적 대상이 된 화합상(=所緣境)은 가유이지만, 식의 발생연이 된 외계(=所緣緣)는 실유이다. 이는 사실상 오로지 절대적 의미의 有所緣識論과 無所緣識論을 교리로 채택한 유부와 유가행파 모두에 대한 비판이라 할 수 있다. 이에 대해서는 제8장 '상좌의 無所緣識論'에서 재론하게 될 것이다.

---

64   戶崎宏正(1979), p.39.; 박인성 역(2015), p.83.

3) 진나의 난점 해명과 경량부 설

陳那가 『관소연연론』에서 經部師(상좌 슈리라타)의 극미 화합설과 正理師(중현)의 극미 화집설로 대변된 외계 실재론을 비판하고서 추구하고자 하였던 바는 무엇인가? 그것은 두말할 것도 없이 인식대상은 외계에 존재하는 것이 아니라 내적 존재라는 사실이다. 내부의 색이 마치 외계의 색인 것처럼 나타난다는 것이다. 이같이 이해할 때 안 등의 식은 그것의 형상(相)도 띠고 그것에 근거하여 생겨나는 것도 되기 때문에, 내부의 색이야말로 소연연의 두 가지 조건을 모두 충족한다는 것이다.

> 내부의 색이 외계의 색인 것처럼 나타나기에 識의 所緣도 되고 緣도 되니 그것의 형상이 識에 존재할뿐더러 능히 식을 낳은 것으로 인정하기 때문이다.[65]

진나는 이하 두 頌에서 이에 따른 난점, (1) 이러한 내부 대상의 형상은 識과 분리될 수 없는 것이거늘 어떻게 [識과] 함께 일어난 것이 識의 緣이 될 수 있다는 것인가? (2) 만약 5식이 오로지 내부의 색에 근거하여 생겨나는 것이라면 [경에서는] 어찌 眼 등의 根도 역시 識의 緣이 된다(즉 "眼色緣生眼識")고 설한 것인가? 에 대해 해명하는데, 아이러니컬하게도 우리는 그 논거를 일정 부분 유부의 同時인과설과 상좌의 異時인과설(혹은 이에 근거한 隨界·종자설)에서 찾을 수 있다.

진나는 먼저 (1)에 대해 서로 상반된 두 가지 관점에서 해명한다. 첫째, "'이것이 있기/없기 때문에 저것이 있다/없다(此有故彼有 此無故彼無)'의 연기설에서 이것과 저것은 동시관계이지만 양자의 존재·비존재는 서로에

수반되기 때문에 인과적 관계라고 말할 수 있다"는 因明家(haituka, 논리학자)의 논설처럼 경계대상의 형상과 識의 관계 역시 그러하기 때문에 형상을 식의 [生]緣이라 말할 수 있다. 둘째, 전 찰나의 識과 형상은 根本識(알라야식) 중에 존재하는 자신과 유사한 결과를 낳을 수 있는 功能(śakti, 즉 종자)을 이끌어내어 일어나게 하기 때문에 후 찰나 識의 [生]緣이 된다고 하더라도 이치에 어긋나지 않는다.[66]

여기서 첫 번째 해명은 同時인과에 근거한 것으로, 논거로 제시한 因明家의 말은『구사론』상에서 俱有因의 附論으로 心隨轉法(cittānuvartanā-dharma)에 대해 논설하면서(II-k.51) 동시인과를 부정하는 이설자(보광과 법보에 의하면 經部, 중현의『순정리론』에서는 上座[67])에 대한 해명으로 언급되고 있다.[68] 그러나 두 번째 해명은 異時인과에 근거한 것으로, 형상을 띤 識이 후 찰나의 식의 [生]緣이 된다는 말은 상좌의 논리와 매우 유사하다. 물론 진나(유가행파)의 경우 전 찰나의 식은 후 찰나 식에 대해 등무간연이 될 뿐, 인연이 되는 것은 어디까지나 알라야식(혹은 알라야식 중에 존재하는

---

66 『관소연연론』(T31, 888c24-27), "①境相與識定相隨故, 雖俱時起亦作識緣. 因明者說: '若此與彼有無相隨, 雖俱時生而亦得有因果相'故. ②或前識相爲後識緣, 引本識中生似自果功能令起, 不違理故." 진나는 이를 제7송에서 정리하였다. "決定相隨 俱時亦作緣 或前爲後緣 引彼功能故. ([형상과 識은] 결정코 서로에 수반되기 때문에 함께 일어날지라도 역시 [서로의] 緣이 될 수 있다. 혹은 전 찰나 [識의 형상]은 후 찰나 [識의 生]緣이 되니, 그것의 功能/종자를 인기하기 때문이다.)"

67 이에 따르면 상좌는 '이것이 있기 때문에 저것이 있다'는 경설을 원인의 相續이 먼저 존재한 연후에 결과의 相續이 존재한다는 뜻으로(T29, 419a7-11: 제9장 주20), 혹은 결과가 있으므로 원인에 소멸이 있다는 뜻으로(동, 482c5-7: 제9장 주21) 해석하며, 유부가 동시인과(俱有因)의 대표적인 예로 제시한 등불과 밝음(T29, 31a2)에 대해서도 "지금의 밝음은 먼저 생겨난 전 찰나의 등불에 의한 것"이라 논의하였다. (T29, 420a11-15)

68 『구사론』권6(T29, 31a6-7), "善因明者, 說因果相言, '若此有無彼隨有無者, 此定爲因彼定爲果.'"; AKBh., p.84. 22-23, etad dhi hetuhetumato lakṣaṇam ācakṣate haitukāḥ: yasya bhāvābhāvayoḥ yasya bhāvābhāvau niyamataḥ sa hetur itaro hetumān iti. (因明家들은 원인과 원인을 갖는 것 즉 결과의 특성에 대해 이같이 말하였다. "만약 어떤 것이 존재할 때 [다른] 것이 존재하거나 존재하지 않을 때 [다른 것이] 존재하지 않으면, 결정코 전자는 원인이고 후자는 원인을 갖는 것 즉 결과이다.)"

종자)이지만, 6식과는 별도의 종자식(이숙식)을 인정하지 않는 상좌의 경우 종자/공능(상좌의 술어로는 '隨界')의 所熏處는 色心의 6處이기 때문에 전 찰나의 識과 여기에 훈습된 종자공능은 후 찰나 識의 등무간연과 인연이 된다. (제10장 5-2 참조)

(2)의 난점에 대해 진나는 5根을 根本識 중에 존재하는 眼 등의 色識(현행의 相分과 見分)을 낳는 功能으로 이해하였다. 이러한 종자공능(말하자면 所熏)과 현행의 색식(말하자면 能熏)은 無始 이래로 서로의 원인(즉 인연)이 된 것으로, 종자는 현행에 의해 성취되고 현행은 종자에 의해 생겨난 것이다.69 비록 알라야식(本識)이라는 말을 언급하지 않았을지라도『유식이십론』상에서도 5根을 종자로 해설하고 있다. 즉 세친은 오로지 識만이 존재할 뿐 이와는 별도의 色 등이 존재하지 않는다면 12處 중 眼·色 등 10가지 有色處(5根과 5境)는 무엇인가를 묻는 대론자에 대해 이는 각기 5식을 낳는 종자(bīja)와 외계와 유사하게 나타난 것(ābhāsa: 似現)을 중생을 교화하기 위해 密意(방편)로서 그같이 설한 것이라고 논의한다.70

그러나 이러한 논의는 전통의 유식설과는 다른 것이다. 전통의 논의에서 根은 증상연이지 종자 즉 인연이 아니다. 인연은 어디까지나 근본식(일체종자식) 즉 알라야식, 혹은 알라야식 중에 존재하는 종자이다.『성유식론』상에서도 12처를 다만 [근본]식에 의해 전변된 것(識所變)으로만 설할 뿐(이른바 唯識九難 중 제3: T31, 39b11-14) 안 등의 5근을 5식의 종자로 간주하는 한 것은 이설로 간주하였는데, 이들 이설자(규기에 의하면 難陀 등) 또한

---

69 『관소연연론』(T31, 889a3-8). 진나는 이를 제8송에서 정리하였다. "識上色功能 名五根應理 功能與境色 無始互爲因. ([根本]識 상의 色法의 功能을 5根이라고 하는 것이 이치에 부합한다. [이러한] 공능(종자=根)과 境色(色識 즉 相·見分의 현행)은 無始 이래 서로의 원인이 된다.)"

70 *Viṃśatikā* p.5. yataḥ svabījād vijñaptir yad ābhāsā pravartate.(9ab); "識從自種生 似境相而轉." (현장 역 제8송ab, T31, 75b17)

앞서 언급한 『유식이십론』과 『관소연연론』의 게송(주70, 69)을 '안 등 5근=5
식 종자'설의 논거로 제시하였다.[71]

眼 등의 6처를 종자(隨界)로 간주한 것은 다름 아닌 상좌였다. 그는 말
하였다. "[因緣性인] 舊隨界 자체에 대해서는 말할 수 없다. 다만 이는 바로
'업과 번뇌가 훈습된 6處로 生이라는 또 다른 결과를 초래하는 것'이라고
말할 수 있을 뿐이다." (T29, 440b21f. 제10장 주55) 여기서 6처는 사실상 종자
(=공능) 훈습처이지만, 종자는 그 자체로서는 존재할 수도 결과를 낳을 수
도 없기 때문에 소의처인 6처(혹은 名色)를 종자로 가설한 것이다. 알라야
식의 경우 역시 그러하다. 유가행파에 의하면 종자는 근본식을 떠나 별도
의 자성을 갖지 않기 때문에, 다시 말해 識을 본체로 삼기 때문에 자신의
결과를 낳는 종자 즉 功能의 差別을 種子識이라 이름하였다.[72]

『관소연연론』에서 진나는 5근을 근본식 중에 존재하는 5식을 낳은 공
능으로 이해하였지만, 根·境과 심·심소의 異時인과를 설하는 상좌에게서
도 이 같은 이해의 흔적을 찾을 수 있다. 그에 의하면, 根·境(제1찰나)은
찰나에 소멸하였을지라도 所依와 所緣으로서의 能生의 공능(功用)은 자신의
결과인 識=觸(제2찰나)을 통해 受(제3찰나)가 일어날 때에도 역시 展轉 상속
한다. (제5장 주50 참조)

상좌와 유가행파는, 말하자면 眼 등 5識의 소의와 소연이 된 5根과 5境
은 애당초 실유인 다수의 극미 화합으로부터 비롯되었다거나 알라야식에
서 비롯되었다고 한 점만 다를 뿐 그것의 공능과 상속 등의 논리는 거의
동일하다. 양자의 차이는 필경 유가행파가 6식과는 別體로서의 종자식(즉

---

71 (T31, 19c12-27). 유가행파의 논서 상에서의 '6처=종자'설에 대해서는 본서 제10장 2-2-2에
    서 재론한다.

72 『성유식론』권7(T31, 40a3-8), "一切種識, 謂本識中, 能生自果功能差別. -- 此(종자)識爲體, 故立
    識名. 種離本識, 無別性故."

알라야식)을 설정한 데 기인한다고 하겠지만, 상좌 또한 제법의 生因(因緣)으로서 種子/隨界를 설하였고, 알라야식과 같은 종자 소의처로서 一類恒遍(언제 어디서든 항상 존재하는 동일種類)의 마음(즉 一心)을 주장하였다는 점에서 유가행파와의 친연성을 부정할 수 없다.[73] 그럼에도 경량부는 유식학파에 있어 가장 강력한 적대자였다. 상좌는 6식만을 인정하였을 뿐 별체로서의 알라야식의 존재를 부정하였기 때문이다. 비록 『해심밀경』에서 알라야식은 범부들에게는 설할 수 없으며 오로지 勝義의 善巧보살에게만 설할 수 있다고 하였을지라도 阿含에 기초한 제 부파에 있어 제8 알라야識이라는 말은 필시 제7識이나 제13處, 혹은 '토끼 뿔'과도 같은 절대적 비존재를 의미하는 말로 비추어졌을 것이다.

외계대상의 문제를 인식대상의 문제로 돌리고 양자를 별개의 존재로 분별한 것은 경량부였으며, 그럴 경우 문제의 단초는 識 상에 나타난 형상이다. 그런데 외계대상의 형상은 안근을 통해 (안근을 所依 즉 門으로 삼아[74]) 안식 상에 나타난 것이 아니라 알라야식에서 비롯된 것이며, 그것의 인식 또한 안식의 자기인식이라고 한다면, 비록 안근 등의 작용이 發識取境이라 하였을지라도 사실상 무용할뿐더러 인식대상 또한 '似現(ābhāsa)' 즉 '외계대상과 유사하게 나타난 것'이라고도 말할 수 없다. 외계대상 자체를 인정하지 않으면서 그같이 말하는 것은 경량부의 표현을 빌리면 "바수미트라의 아들은 석녀의 아들처럼 보인다"고 말하는 것과 같은 자기 모순적 명제이기 때문이다.[75]

---

73 이에 대해서는 본서 제11장 제3절 '상좌의 일심과 알라야식'에서 상론한다.

74 『성실론』권4(T32, 267a28ff).

75 외계대상의 실재성을 부정하는 유식학파에서는 인식대상의 所依를 根本識(알라야식)으로 돌리지만, 이에 대한 경량부의 비판 논거는 크게 세 가지이다. 첫째, 의식(能知)과 대상(所知)은 동일한 것이 아니다. 동일하다면 푸른색은 대상이 아니라 '나'라고 해야 한다. 둘째, 만약 '단일한 의식이 주객의 이원성으로 현현한 것으로, 푸른색의 형상은 환상에 의해 마치 외계 존재하는 것처럼 보일 뿐이다'고 주장한다면, 이는 이미 외계의

4. 소 결

5식(감관지)의 대상은 무엇인가? 외계대상의 실재성을 부정하지 않는 한 그것은 물질의 극소인 극미로 환원되지만, 각각의 극미는 너무나 미세하기 때문에, 5식의 대상은 다수의 극미가 집합한 거친 색이라 하지 않으면 안 된다. 그러나 극미의 집합은 제1장에서 논의하였듯이 그것의 결합방식 즉 극미 無方分에 의한 상호 불접촉(無間의 近接생기)과 有方分에 의한 상호 접촉에 따라 和集과 和合으로 구별되었다. 유부의 경우 극미는 어떠한 경우에도 화집한 상태로서만 현상하며, 화집의 所造色과 有色處 또한 자상을 갖는 실체이기 때문에 안 등의 5식의 대상은 색 등의 5경이고, 이를 통해 개별 극미의 인식도 가능하다.

그러나 상좌 슈리라타의 경우 극미 자체는 인식대상(所緣)이 될 수 없다. 유부와 달리 인식대상은 심식 상에 나타난 형상이지만, 각각의 극미는 너무 미세하여 나타나지 않기 때문이다. 그는 다수의 극미가 和合할 때 비로소 인식대상이 될 수 있다고 하였다. 그러나 그의 극미 화합설은 무간의 근접생기라는 중현의 화집설에 비해 상식적 논의인 것처럼 보이지만, 여기에는 중차대한 철학적 문제가 내포되어 있다. '화합'은 부품의 결합체인 車, 5온의 회합물인 지아와 마찬가지로 그 자체 실유가 아니라 세속유(언어개념적 존재)이기 때문에 5識(=무분별)의 대상이 아니라 意識(=計度分別)의 대상이라고 해야 하기 때문이다.

상좌는, 5식은 무분별로서 세속유만을 반연하기 때문에 의지할 만한

존재를 전제로 한 것으로 '바수미트라는 석녀의 아들처럼 보인다'고 하는 것과 같은 자기 모순적 명제일 뿐이다. 나아가 단일한 의식이 환상인 이원성에 의해 입증되고 이원성의 현현 또한 단일한 의식에 의해 입증되는 것이라면, 이는 결국 순환논리일 따름이다. (Mādhva, Sarvadarśanasaṃgraha, translated by E. B. Cowell and A. E. Gough, pp.26-28.; 金倉圓照, 1955, pp.60-62.; 권오민, 1994, pp.276-277)

것이 되지 못할뿐더러 5식의 소연 또한 虛僞의 妄失之法이라는 이유에서 감각지각을 불신하였다. 상좌는 어떠한 근거에서 무분별의 5식이 세속유를 대상으로 한다는 것이며, 법칭을 비롯한 불교지식론학파에서 '착란을 떠난 지식(abhirānta)'이라 하였던 5식(감관지)을 허위로 이해하였던가? 상좌의 인식론적 맥락을 통하지 않는 한, 중현에 의해 전해진 이 같은 상좌의 언명은 '5식은 과거법을 소연으로 한다'는 그의 또 다른 언명과 함께 불교학의 기초지식에 무지한 소치로 이해할 수밖에 없다. 상좌의 5식 소연론과 관련하여 본 장에서 다루어진 내용을 요약하면 이와 같다.

첫째, 근·경·식의 異時인과를 주장하는 상좌는 소연을 심식을 일으킨 것(=所緣緣)과 다음 찰나 심식 상에 나타나 인식대상이 된 형상(=所緣境)이라는 두 단계로 이해하였기 때문에 그가 5식의 소연이라 말한 '극미의 화합(세속유)'은 불가분의 관계로 화합한 다수 극미의 단일한 和合相이다. 이는 외계대상(境)이 아니라 심식 상에 나타난 그것의 형상이다. 즉 불가분의 관계로 화합한 다수의 극미가 소연연이라면, 심식 상에 나타난 단일한 화합상이 소연경이다. 이는 '5식은 과거색(=가유)을 소연으로 한다'는 상좌 인식론(제5장)에서의 논의방식과 동일하다.

둘째, 5식은 무분별이기 때문에 자신에게 나타난 단일한 화합상을 나타난 대로 수용(요별)한다. 이는 곧 '다수의 극미'를 '단일한 화합상'(즉 세속유)으로 파악한 것으로, 그래서 그는 5식의 대상을 허위라고 하였고, 5식을 의지할 만한 것이 되지 못한다고 하였다.

셋째, 법칭 역시 '5식은 분별을 떠난 것'이라는 명제와 '5식의 소연은 극미의 집합(sañcita)'이라는 아비달마 정설은 상위하는 것이 아니라는 사실에 대해 해명한다. 그는 다수의 극미가 집합할 때 특수한 성격의 힘이 생겨나 지식을 낳는데, 이때 지식은 집합한 극미 전체를 대상으로 한다. 그는 이를 '사만야(sāmānya)' 즉 보편이라 하였다. 지식 상에 나타난 단일한 형상은 개개 극미로 분별되지 않기 때문이다. 이는 물론 사유추리의 대상인 단일·보편의 일반상(sāmānya-lakṣaṇa: 共相)과는 구별되는 것이다. 이 같은 논의로만 볼 때 상좌와 법칭의 5식 소연론은 문제의 소재도 해명도 동일하다고 볼 수 있다.

넷째, 법칭의 사만야는 5식의 대상이라는 점에서 상좌의 세속유에 대응한다. 그러나 사만야는 지각의 대상이라는 점에서 自相(sva-lakṣaṇa)의 일종으로, 효과적 작용(arthakriyā)을 갖기 때문에 실재(vastu=승의유)이다. 그런데 법칭은 "다수 극미의 집합이 어떻게 하나의 전체상(상좌에 의하면 '단일한 화합상')으로 현현(지각)할 수 있는 것인가?"하는 문제제기에 대해 자신의 지각론은 세속적 차원의 논의라고 말하고서 외계대상에 대해서는 '다수=단일한 것'이라 말할 수 없지만 내계의 지식의 경우 반드시 전체로서 수용되기 때문에 (분할이 불가능하기 때문에) 그같이 말할 수 있다고 해명한다.

따라서 사만야가 5식의 대상으로서 실재라고 한 것도 세속적 차원의 논의이지 승의적 입장의 논의가 아니다. 상좌 또한 5식을 虛僞라고 말한 것은 승의의 眞實의 입장에서이지 일상의 세속적 차원이 아니었다.

다섯째, 만약 법칭의 5식 소연론이 상좌의 그것과 유관하다면 그가 말한 극미의 집합(sañcita) 또한 和集(무간의 근접)이 아니라 和合(상호접촉)이라 하지 않으면 안 된다. 비니타네바(Vinitadeva)는 『유식이십론』 상에서 비판한 外境論의 제3설인 극미 화합(saṃhāta)에 대해 "서로 근접하여 間隙없이 존재하는 극미"로 해설하였지만, 그럴 경우 유부와 마찬가지로 개별 극미도 인식대상이 될 수 있다고 해야 한다. 극미의 和合과 和集은 『순정리론』 상에서 상좌 슈리라타와 중현의 外境論을 대별하는 하나의 기준이기 때문에, 이것이 비록 현장 역의 『유식이십론』과 『관소연연론』에만 언급된다고 할지라도 결코 무시할 수 없다. 비록 화집과 화합이라는 용어는 사용하지 않을지라도 이와 관련된 5식 소연의 분별은 安慧의 『구사론실의소』에서도 논설된다.

여섯째, 陳那는 그의 『관소연연론』에서 인식대상(所緣緣)은 식에 그 형상(ākāra)이 나타나야 하고, 식의 生緣이 되어야 한다는 두 가지 조건에 근거하여 상좌의 극미 和合說와 중현의 和集說을 비판하였다. 이러한 진나의 비판은 사실상 "극미 화합은 실체가 아니기 때문에 5식의 緣(pratyaya)이 될 수 없다"는 중현의 비판과, "[화집을 구성하는] 극미 자체는 너무 미세하여 5식 상에 형상을 낳을 수 없기 때문에 所緣(ālambana)이 될 수 없다"는 상좌의 비판을 종합한 것이라 할 수 있지만, 중현의 비판은 同時인과를 주장함에 따라 외계대상(生識의 緣)이 바로 인식대상(所緣)이라는 유부의 교학적 전제에 근거한 것이고, 상좌의 비판은 異時인과를 주장함에 따라 외계대상(生識의 緣)과 인식대상(所緣)을 구별한 경량부의 교학적 전제에 근거한 것이다.

그러나 유부는 소연연의 두 조건을 차별하지 않을뿐더러 處(āyatana)로서의 자상을 갖는 화집(즉 소조색)의 실재성을 주장하기 때문에, 경량부는 소연연의 두 조건을 異時의 繼起로 생각하였기 때문에 두 조건을 동시의 작용으로 생각한 진나의 비판이 적용되기 어렵다. 나아가 5식의 생연은 '불가분의 관계로 화합한 다수의 극미', 소연은 '식에 나타난 단일한 화합상'이라는 상좌의 해명은 법칭의 『양평석』에서 보다 구체적으로 논의되었을 뿐만 아니라 그 또한 극미의 집합(saṃghāta)은 소연의 두 가지 조건을 갖추고 있다고 하여 세친(『유식이십론』)과 진나(『관소연연론』)에 의해 비판된 '5식의 소연=극미 집합(화합)'설을 다시 채용하였다.

이처럼 상좌의 '5식 소연=극미 화합'설은 일차적으로 중현에 의해 비판되고, 논거(方分과 所緣性)는 달랐을지라도 세친과 진나의 비판으로 이어

졌지만, 이는 또한 추측컨대 窺基에 의해 '新薩婆多(neo-Sarvāstivāda)'로 명명
된 正理論師 중현이『대비바사론』에서의 극미 집합(화합)설을 和集설로 재
구성하는 촉매가 되었을 것이다.

제8장   상좌의 無境覺(無所緣識)論

1. 有所緣識(有境覺) vs 無所緣識(無境覺)

비존재를 소연으로 삼는 지식(緣無智, *asad-ālambana-jñāna)이나 존재하지 않는 경계대상에 대한 지각(無境覺, *aviṣaya-buddhi), 혹은 소연을 갖지 않은 인식(無所緣識, *anālambana-vijñāna)은 가능한가? 가능하다면 어떻게 가능한가? 대저 존재하지 않는 경계대상에 대한 인식이라 함은 구체적으로 무엇을 말하는 것이며, 그 같은 인식의 확실성은 어떻게 보증되는가?

존재하지 않는 경계대상을 존재한다고 여기는(인식하는) 것을 환상이라 한다. 불교학 전통에서 세계는 다만 환상일 따름으로 인식에는 그에 대응하는 외계가 존재하지 않는다고 주장한 것은 유가행파였다. 그들은 존재하지 않는 외계를 존재한다고 여기는 우리의 일체 인식을 '虛妄分別(abhūta-parikalpa)'이라 하였다. 세친은 그의 『유식이십론』 첫머리에서 '삼계는 오로지 마음'이라는 『화엄경』「십지품」의 말을 인용하여 "세상의 모든 것은 마치 눈병난 자에게 터럭이나 파리 따위가 어른거리는 것처럼 내면의 識이 일어날 때 외계대상인 것처럼 나타난 것일 뿐, 여기에는 진실한 어떠한 것도 존재하지 않는다"고 논설하였다.

이러한 유가행파의 '無所緣識'이나 '唯識無境'이라는 관념론적 명제에 대해 혹자는 禪觀을 통해 증득된 것이라고 하였지만,[1] 그리고 상식적으로도 대상을 갖지 않는 의식 자체는 不可說의 경계라고 할 수밖에 없겠지만, 여기에는 오랜 논쟁의 역사가 있었음을 잊어서는 안 된다.

외계대상은 인식의 필수조건인가, 아닌가? 『대비바사론』 상에 비존재를 소연으로 삼는 지식(緣無智)도 존재한다고 주장하는 譬喩者가 등장한 이래, 『성실론』에서는 이 같은 無所緣識論의 입장에서 이 문제를 다루고 있으며, 『순정리론』 상에서는 이와 거의 동일한 내용의 譬喩論者의 無境覺論이 장문으로 인용 비판되고 있다. 이들 두 논에서는 모두 과거·미래 2세의 假實문제와 관련하여 유부가 제시한 삼세실유설의 논거 —"존재란 경계대상이 되어 지각을 낳는 것"(주6)— 의 진위를 검토하는 과정에서 이 문제에 대해 논의하고 있다. 이 같은 사실로 볼 때 有境覺(=유소연식)과 無境覺(=무소연식)의 문제는 다만 인식과 관련된 특수한 문제가 아니라 불교 제파의 교학적 토대가 된 보편적이고도 핵심적인 문제였다.[2] 따라서 논쟁의 기원 또한 오래되었다.

일찍이 『識身足論』 상에서 "과거·미래는 존재하지 않으며, 현재와 무

---

1   안성두(2004), 「유식성(vijñaptimātratā) 개념의 유래에 대한 최근의 논의의 검토」에 의하면 L. 슈비트하우젠은 이러한 관념론적 명제는 선정체험 속에서 영상화된 대상의 경우를 일반화시킨 것에서 비롯되었다고 보는 것이 타당할 것이라고 하였다.

2   『성실론』에는 당시(250-350 무렵) 불교 내부에서 즐겨 논의하던 열 가지 문제가 「十論」이라는 제목 하에 다루어지고 있다. (T32, 253c21-260c26) ① 過未2世의 존재유무, ② 一切法(즉 12處)의 존재유무, ③ 中陰(즉 中有)의 존재유무 문제, ④ 4諦 現觀의 頓漸 문제, ⑤ 아라한의 退·不退 문제, ⑥ 心性本淨의 可否 문제, ⑦ 使(隨眠)와 마음의 상응·불상응 문제, ⑧ 아직 과보를 받지 않은 업의 존재 유무, ⑨ 불타와 승가의 관계, ⑩ 人(pudgala) 즉 윤회주체의 문제가 바로 그것으로(권오민, 2012, 『上座 슈리라타와 經量部』, pp.75-91 참조), 이 중 ①과 ②가 유·무소연식의 문제와 직접적으로 관계한다.(후술) 『성실론』보다 백년 정도 뒤에 성립한 『순정리론』에서도 논쟁의 볼륨 상으로 볼 때 이러한 제 문제가 가장 첨예한 문제였다. 필자 소견에 의하는 한, 이러한 제 문제는 원천적으로 불타의 법문을 해석해내는 과정에서 필연적으로 도출되는 것이었고, 이에 대한 입장을 달리함으로써 기왕의 교학 체계에 모순이 야기되었고, 이 같은 모순을 해소하는 과정에서 새로운 불교학의 체계가 형성되었다.

위만이 존재한다"는 沙門目連의 이설에 대해 "계경에서는 3법(예컨대 貪·瞋·癡불선근) 등 21가지 유형의 법을 설하였고, 어떤 이들은 이를 불선 등으로 이미 관찰하였고 지금 관찰하고 당래 관찰할 것인데, 만약 과거·미래가 존재하지 않는다면, 무엇을 관찰한(혹은 '관찰할') 것인가? 과거와 미래의 그것을 관찰한('관찰할') 것이라고 말한다면, 과거·미래가 존재하지 않는다는 말은 이치에 맞지 않으며, 현재의 그것(즉 현재 마음 상에 상기된 과거·미래의 탐) 등을 관찰한 것이라고 말한다면, 이러한 관찰은 관찰되고(所觀) 관찰하는(能觀) 두 마음이 동시(非前非後)에 화합한 것이라고 말해야 하지만, 이 또한 이치에 맞지 않는다"고 하여 有所緣識論을 천명한 이래,3 『대비바사론』에서 "비존재를 소연으로 삼는 지식도 존재한다"고 주장한 비유자에 대해 "모든 지식은 다 실유의 경계대상을 소연으로 삼는다"(주15)고 강조하였고,4 『구사론』에서는 이 같은 사실을 삼세 실유설의 理證① —

---

3   『식신족론』권1(T26, 531a27-b10), "沙門目連作如是說, '過去未來無, 現在無爲有.' 應問彼言, '汝然此不? 謂契經中, 世尊善語善詞善說. 三不善根, 貪不善根, 瞋不善根, 癡不善根.' 彼答言爾. 復問彼言, '汝然此不? 謂有能於貪不善根已觀今觀當觀是不善.' 彼答言爾, 爲何所觀? 過去耶, 未來耶, 現在耶? 若言觀過去, 應說有過去, 不應無過去, 言過去無, 不應道理. 若言觀未來, 應說有未來, 不應無未來, 言未來無, 不應道理. 若言觀現在, 應說 '有一補特伽羅非前非後二心和合, 一是所觀, 一是能觀', 此不應理. 若不說 '一補特伽羅非前非後二心和合, 一是所觀, 一是能觀', 則不應說觀於現在. 言觀現在, 不應道理." 同論에서는 계속하고 말하고 있다. "그러나 만약 과거·미래·현재의 그것을 관찰하지 않는다고 말한다면, 탐 등을 불선 등으로 이미 관찰하였거나 지금 관찰하거나 앞으로 관찰하는 일도 없을 것이며, 만약 그렇다고 한다면, 3세에 걸쳐 離染에도 解脫에도 반열반에도 이를 수 없다고 해야 한다."
同論에서는 이하 계속하여 권2(T26, 537a26)까지 다른 20가지 법과 관련하여 沙門目連의 "과거·미래는 존재하지 않으며, 현재·무위는 존재한다"는 주장에 대해 비판하고 있다. 이같이 다량의 지면에 걸쳐 교법의 전반을 통해 사문목련의 주장을 비판한 것은 이설의 심각성을 말해주는 것으로 이해할 수 있다. 여기서 사문목련의 주장은 대개 대중부 설로 알려지지만, 『이부종륜론』(T49, 15b17)상에서 목건련(Maudgalyāna, 唐譯은 采叔氏)은 상좌부계통의 化地部에서 분파하여 大衆部의 영향을 받았다고 전하는 法藏部의 部主이다. 화지부 역시 過未無體를 주장하였다.

4   『대비바사론』권76(T27, 393a20-24), "만약 과거·미래가 실유가 아니라고 한다면, 마땅히 성취하거나 성취하지 못하는 일도 없다고 해야 한다. 예컨대 第二頭·第三手·第六蘊·第十三處·第十九界는 어떠한 경우에도 성취하는 일도 성취하지 못하는 일도 없듯이, 과거·미래법도 역시 마땅히 그렇다고 해야 하지만, 이미 성취하거나 성취하지 못하는 일이 있기 때문에 과거·미래법은 실유임을 알아야 한다." 여기서 '第二頭' 등은 '거북의 털' 등과

"인식(識)이 일어날 때에는 반드시 경계대상이 존재해야 하는 것으로, 진실로 과거·미래세라는 경계대상 자체가 존재하지 않는다면 '소연을 갖지 않은 식(無所緣識)'도 존재한다고 해야 한다"— 로 제시하였으며,[5] 중현은 "존재(有相, *astitā)란 이미 생겨나 아직 소멸하지 않은 것(己生未滅)"이라는 어떤 이들(비유자)의 존재 정의(주37)에 대해 "경계대상이 되어 지각을 낳는 것"으로 규정하기도 하였다.[6]

사실상 방대한 유부 아비달마는 이 같은 존재정의를 정점으로 하여 구성되었다고 해도 과언이 아니기 때문에[7] 비유자의 無境覺論은 유부교학의 토대를 비판하는 것이며, 새로운 불교학의 체계를 예고한 것이라고 할 수 있다. 유부의 실유론이 그러하듯이, 중현의 존재 정의 역시 상식적인 소박한 실재론 정도로 이해될 수도 있지만,[8] 『순정리론』에서는 이에 근거하여 물경 세 권(권50-52)에 걸쳐 譬喩部와 이 부파의 상좌 슈리라타와 이들과 가까이한 구사논주 세친의 無境覺論－過未無體論을 비판하고 있다. 이 문제는 유부에 있어 그만큼 중차대하였다는 뜻이다.

'인식에는 반드시 경계대상이 존재한다(識必有境)'는 명제는 12處설에서 출발한다. 이에 대해서는 이미 제1장(3-5-1)에서 논의한 바이지만, 이른바 「一切經」「一切有經」으로 명명된 일련의 법문(『잡아함경』 제319-321경)

같은 절대적 비존재(畢竟無). 거북의 털이 딱딱한지 부드러운 것이지 말할 수 없듯이, 과거·미래법이 비존재라면 '성취하였다'거나 '성취하지 못하였다'고도 말할 수 없지만, 이미 성취되었기 때문에(예컨대 과거법에 의해 雜染되었기 때문에) 실유라는 것이다.

5   『구사론』권29(T29, 104b15-19), "當依正理證有去來, 以識起時必有境故. 謂必有境, 識乃得生, 無則不生, 其理決定. 若去來世境體實無, 是則應有無所緣識, 所緣無故識亦應無."

6   『순정리론』권50(T29, 621c21), "爲境生覺, 是眞有相.";『성실론』권2(T32, 254a3f), "知所行處, 名曰有相." (주19 참조)

7   본서 제1장 제1절 참조.

8   그러나 유부의 諸法실유론은 무상(刹那滅의 相續)을 변증하기 위한 이론으로, 이는 사실상 경량부의 수계/종자설이나 독자부의 보특가라, 혹은 넓은 의미에서 현실 마음의 토대로 설정된 대중부의 心性本淨의 根本識이나 유가행파의 알라야식론에 대응한다. (권오민, 2003, 『아비달마불교』, pp.103-106 참조)

에 의하면, '자아'와 같은 常一主宰의 존재는 지각의 경계대상이 되지 않기 때문에 비존재이다. "그것은 지식의 경계대상이 되지 않기 때문에 물어도 알지 못하며, 의혹만 증가할 따름이다."[9] 따라서 그것에 관한 지식이 생겨났다면, 이는 다만 언어적 개념(假名)에 근거한 것일 뿐이다. 자아란 진실의 존재가 아니라 언어·개념으로서의 존재(즉 假有 혹은 世俗有)로 '눈(眼)'이나 '마음(識)' 따위처럼 구체적 작용을 갖지 않기 때문이다.

요컨대 유부에 있어 존재(즉 勝義有)란 지각의 대상으로 알려진 것이며 (알려지지 않은 것에 대해서는 말할 수 없다), 알려진 것은 존재한다. 즉 "불타께서 12처의 법문을 설하게 된 것은 자아(혹은 보특가라) 등의 실재성을 부정하기 위해서였으며, 아울러 알려진 법(所知法)이 존재한다는 사실을 총체적으로 나타내기 위해서였다."[10] 유부에서 초기불교 이래 제법분별의 기본형식인 5온·12처·18계 중 12처를 가장 수승하고 미묘한 법이라고 이해한 것도[11] 이 같은 이유 때문이었으며, '說一切有部(Sarvāstivāda)'라는 부파 명칭도 사실상 여기서 비롯되었다.

유부에서는 바로 이 같은 사실에 따라 '有所緣識'이나 '識必有境' 내지 '爲境生覺 是眞有相' 등의 명제를 산출하였고, 이를 제법(=삼세) 실유론의 주요한 논거로서 제출하게 되었던 것으로, 불타 교법에 대한 전통적이고도 보수적 해석을 고집하는 유부로서는 어떠한 경우에도 양보할 수 없는 보루였다. 설일체유부가 제 부파 중 배타성이 가장 강하였던 것도 이 때문이었다. 그러나 유부를 제외한 그 밖의 부파에서는 대체로 12處의 법문(「一切有經」)을 了義經으로 인정하지 않았으며,[12] 따라서 '인식에는 반드시 객관의

---

9 『잡아함경』권12(T2, 91b1-2; 91b13; 91b23-24), "彼但有言說. 問已不知, 增其疑惑. 所以者何? 非其境界故."

10 『순정리론』권51(T29, 630c28-29), "故爲遮有補特伽羅, 及爲總開有所知法, 佛爲梵志說此契經."

11 『대비바사론』권73(T27, 378c17).

12 좀 더 자세한 내용은 제1장 3-5-1 '12處설에 대한 평가' 참조.

경계대상이 존재한다'는 실유론의 논거(삼세실유설의 理證①) 또한 용납하기 어려웠다. 현실적으로 꿈이나 신기루와 같은 無境覺(혹은 無所緣識)의 예증만으로도 논거의 오류가 드러나기 때문이다.

그렇지만 유부로서는 꿈과 같은 일부 예외조항이라도 허용되는 경우, 다시 말해 유부가 제출한 삼세실유설의 理證이 불확정의 논거로 판명될 경우, 교학의 전제(삼세실유설)가 허물어지는 결과를 초래하게 된다. 유부가 비유자(즉 경량부)와 극단적인 대립을 보이게 된 것도 바로 이 같은 이유 때문이었으며, 해서『순정리론』상에서의 비유자/경량부 비판은 오로지 이 일 점에 초점이 맞추어져 있다고 해도 과언이 아니다. 비록 過未無體(本無今有)論이나 심·심소의 異時繼起, 隨界/種子說에 많은 지면을 할애하여 비판하고 있을지라도 이 또한 無境覺論과 밀접하게 관련된 것이었다.

2. 상좌 이전의 무경각론

1)『바사론』상에서의 비유자의 緣無智論

필자 管見에 의하는 한 '無所緣識'이라는 말이 최초로 등장하는 것은『식신족론』에서이다. 여기서는 "과거·미래법을 관찰하였기 때문에 그것이 존재한다"는 유부의 주장에 대해 沙門目連이 "결정코 소연을 갖지 않은 마음(無所緣心)도 존재한다"[13]고 하여, 말하자면 유부의 논거가 불확정의 오류(즉 不成因)를 범하고 있음을 지적하고 있다. 그렇지만 그 또한 과거를 소연으로 삼거나 미래를 소연으로 삼는 마음이 바로 그러한 마음이라고 함으로써 순환논증의 오류를 범하고 있다.[14]

13　『식신족론』권1(T26, 535a8), "沙門目連作如是說, '有無所緣心.'"
14　『식신족론』권1(T26, 535a18-20), "彼作是言, '無所緣心決定是有.' 何者是耶? '謂緣過去, 或緣未來.'"

無所緣識論에 대한 논증은 『대비바사론』 상에서 譬喩者에 의해 처음으로 제시된다. 즉 여기서는 『발지론』 상에서 논의한 '지식(智, jñāna)과 대상(境, viṣaya)의 외연의 크기'(T26, 928b27)에 대해 廣說하면서 ① "비존재를 소연으로 삼는 지식(緣無智)도 존재한다"거나, ② "'경계대상을 소연으로 삼지 않은 지식(智不緣境)'과 '지식의 소연이 되지 않는 경계대상(境非智緣)'도 존재한다"는 등의 異說을 전하고, 전자를 譬喩者의 학설로 언급하면서 그 예증으로서 환술(幻事)에 의해 나타난 健達縛城이나 횃불을 돌릴 때 생겨나는 불 바퀴(旋火輪), 혹은 아지랑이(鹿愛) 등을 들고 있다.[15]

비록 說者를 밝히지는 않았지만 동일한 논의의 두 견해가 '안근 내지 무색계 수소단의 무명수면과 10智의 관계'를 분별하는 동론 권108에서도 인용되고 있다.

> ① 혹 어떤 이는 이같이 주장하였다. "온갖 지각(覺慧)으로서 소연의 경계대상(所緣境)을 갖지 않는 것도 존재하니, 예컨대 환술에 의한 건달박성이나 거울에 비친 영상, 물에 비친 달, 그림자, 빛, 아지랑이, 불 바퀴 등을 취한(파악한) 지각이 바로 그러한 경우로서, [이 같은] 온갖 종류의 지각은 모두 실유의 경계대상을 갖지 않는다." --(중략)--
> ② 또한 어떤 이는 이같이 주장하였다. "능히 아는 지식(能知智)으로서 알려진 경계대상(所知[境])을 알지 못하는 것도 있으며, 알려진 경계대상(所知境)으로서 지식에 의해 알려지지 않는 것도 있다."[16]

---

15 『대비바사론』권44(T27, 228b21-26), "謂或有執: 有緣無智, 如譬喩者. 彼作是說: 若緣幻事·健達縛城及旋火輪·鹿愛等智, 皆緣無境. 爲遮彼執, 顯一切智皆緣有境. 或復有執: 有智不緣境. 有境非智緣. 爲遮彼執, 顯一切智皆能緣境. 顯一切境皆智所緣."

16 『대비바사론』권108(T27, 558a8-12), "①謂或有執: '有諸覺慧無所緣境, 如取幻事健達縛城·鏡像·水月·影·光·鹿愛·旋火輪等, 種種覺慧皆無實境.' --(중략)-- ②或復有執: '有能知智不知所知, 有所知境非智所知.'"

앞서 설한 내용으로 볼 때, 첫 번째 설은 비유자의 주장이지만, 두 번째 설의 주장자는 不明이다. '경계대상을 소연으로 삼지 않은 지식'이나 '알려진 경계대상을 알지 못하는 지식'이란 어떠한 지식을 말하며, '지식의 소연이 되지 않은 경계대상'이나 '지식에 의해 알려지지 않는 경계대상'이란 어떠한 대상을 말함인가? 그것은 지식에 한정되지 않는 초월적 대상, 대상에 제약되지 않은 초월적 지식을 말하는 것이 아니다. 後說하는 바대로 그것은 예컨대 '자아'를 대상으로 하는 지식(즉 薩迦耶見)이다. 無我를 표방하는 불교에 있어 자아는 비존재이기 때문에 이에 대한 지식은 '경계대상을 소연으로 삼지 않은 지식'이고, 따라서 '그것의 비존재(무아)를 알지 못하는 지식'이며, 자아가 알려졌을지라도 이는 '지식의 소연이 되지 않은 경계대상'이고 '지식에 의해 알려지지 않는 경계대상'이다.

비유자 또한 '비존재를 소연으로 삼는 지식(緣無智)'의 예로 薩迦耶見을 언급한다.

譬喩者는 이같이 설하였다. "薩迦耶見은 실유(진실)의 소연을 갖지 않는다." 즉 그는 말하기를, "살가야견은 我·我所를 計度하는 것이지만, 勝義의 입장에서 본다면 아·아소는 존재하지 않는 것으로, 이는 마치 어떤 사람이 새끼줄을 보고 뱀이라 하고, 나무 그루터기를 보고 사람이라고 말하는 것과 같다. 이러한 살가야견 역시 이와 같기 때문에 소연을 갖지 않은 것이다"고 하였다.[17]

살가야견(satkāya-dṛṣṭi)이란 5取蘊을 자아로 간주하는 染汚慧로서, 이때

---

[17] 『대비바사론』권8(T27, 36a17-20), "謂譬喩者作如是說: '薩迦耶見無實所緣.' 彼作是言: '薩迦耶見計我我所. 於勝義中無我我所. 如人見繩謂是蛇, 見杌謂是人等. 此亦如是. 故無所緣.'"; 『阿毘曇毘婆沙論』권4(T28, 26a18-21)에서는 이를 毘婆闍婆提(Vibhajyavādin, 즉 分別說部 혹은 分別論者)의 주장으로 인용하고 있다. 『대비바사론』에서 비유자와 분별론자는 자주 함께 거명된다.

자아는 실재하는 것이 아닐뿐더러 경량부에 의하는 한 5취온 역시 그러하
기에 비록 不正智일지라도 無所緣의 지식현상(심소)도 가능하며,[18] 이 같은
점에서 -비록『대비바사론』의 비유자는 이같이 논의하고 있지 않을지라
도- 有所緣識(혹은 識有必境)에 근거한 삼세실유설의 理證①은 결국 불확정
의 오류나 선결문제 미해결의 오류를 범한 것이라고 말할 수 있다는 것이다.

2) 하리발마의 無所緣識論

그런데『성실론』에서는 과거·미래 2세의 假實문제(주2①)와 관련시켜
이 문제를 노정시키고 있다. 즉 "2세법에 대해서도 능히 인식(즉 識)이 생겨
나기 때문에 그것은 존재한다"는 유부의 과미 실유론의 전제로 제시된 존
재(有相) 정의 -"[그것으로 인해] 지각(知)이 일어나게 되는 것"[19]- 의 오
류를 지적하기 위해 無所緣識(혹은 '緣無知')의 사례를 제시하고 있다. 요약
하면 다음과 같다.

첫째, 信解觀('勝解作意'의 구역어, 10遍處 등의 假想觀: 주34 참조)에서
일체의 처소를 푸른색으로 관찰하는데, 이때 푸른색의 대상은 실제로 존재
하는 것이 아니다.

18　薩迦耶見은 5取蘊을 '나' 혹은 '나의 것'이라고 집착하는 染汚慧로서, 경량부에 의하는
　　한 허물어지기 때문에 '薩(sad=sat: 壞)'이고, 적취된 것이기 때문에 '迦耶(kāya, 身)'이다.
　　다시 말해 '살'은 무상, '가야'는 和合蘊의 뜻으로, 바로 무상의 5취온을 말한다. 따라서
　　살가야견은 비실재인 허위의 5취온을 자아라고 여기는 판단작용으로, 이 경우 살가야견
　　은 壞身見 혹은 虛僞身見으로 번역된다. 그러나 유부에 의하면, 살가야견은 실재(薩,sat:
　　有)하는 적취(迦耶, kāya: 身)의 蘊을 대상으로 하여 '나' 혹은 '나의 것'이라고 여기는 견해
　　로, 이 경우 有身見으로 번역된다. (『구사론』권19, T29, 100a1-7) 이에 따라 유부에서는
　　이때 지각의 대상은 비존재인 '자아'가 아니라 실유의 5취온(즉 살가야)이라고 말한다.
　　(T29, 100a7-13) 참고로 중현은 앞의 경량부 설을 세친(經主) 설로 전하고서 그럴 경우
　　'迦耶'라는 말만으로도 충분히 常住性(영속성)을 부정할 수 있기 때문에 '壞'라는 뜻의
　　'薩'이라는 말은 무용하다고 비판한다. (『순정리론』권47, T29, 606a3-9)
19　『성실론』권2(T32, 253c29f), "若有法, 是中生心. 二世法中能生心故, 當知是有. 問曰: 汝當先說有相.
　　答曰: 知所行處, 名曰有相." 중현의 경우 "경계대상이 되어 지각을 낳는 것(爲境生覺)." (주6)

둘째, 마술사에 의해 지어진 환상(幻事)의 경우 역시 존재하지 않는 것을 존재하는 것으로 보는 것이다.

셋째, "無所有處에 들었다"고 말하는 것은 '아무 것도 존재하지 않는다(無所有)'는 사실을 알았기 때문이다.

넷째, 손가락으로 눈을 살짝 누르면 두 개의 달을 보게 된다.

다섯째, 경에서도 "나는 내적으로 탐욕이 존재하지 않음을 안다"고 설하였으며, 또한 "색에 대한 탐이 끊어졌음을 아는 것을 일컬어 '色斷'이라 한다"고 설하였다.

여섯째, 꿈속에서 본 것은 실제로 존재하는 것이 아니다.[20]

『성실론』에서는 이하 계속하여 有所緣識을 주장하는 이의 해명을 전하고 있다. 요컨대 經說에 의하는 한 경계대상(境)은 인식(識)의 조건(즉 所緣緣)이며, 인식이 생겨난 이상 인식의 조건이 충족되었기 때문에 신해관에서의 푸른색도, 환상도, 무소유처도, 두 개의 달도, 꿈에서 본 것도 비존재가 아니라는 것이다. 예컨대 신해관에서는 전혀 존재하지 않는 푸른색을 관찰하는 것이 아니라 일부의 푸른색을 일체 처소에 편재하는 푸른색으로 관찰하는 것이고, 무소유처 또한 지혜가 매우 적은 이를 '지혜가 없는 이'라고 하듯이 관찰되는 법이 매우 적기 때문에 '무소유'라고 말한 것이며, 두 개의 달은 한 개의 달이 작란에 의해 나타난 것이며, 꿈에서 본 것 역시 일찍이 경험하였던 일 (혹은 경험하고자 하는 일)을 차고 뜨거운 기운이 왕성해짐에 따라, 혹은 業緣이나 천신에 의해 현몽한 것이라 해명한다. 만약 [실제로] 인식되는 것(所識=소연)이 존재하지 않는다면, 인식(識) 역시 존재하지 않아야 한다는 것이다.[21]

---

20 『성실론』권2(T32, 254a3-9).
21 『성실론』권2(T32, 254a14f), "以有所識故名爲識. 若無所識則亦無識."

그런데『성실론』상에서는 이에 대한 논주(訶梨跋摩)의 해명과 재 비판이 다시 진술되고 있지만, 이는 전통적인 유부의 아비달마교학과는 완전히 궤를 달리한다. 지면관계상 주요한 논점만 열거해보면 이러하다.[22]

첫째, 경에서 識의 因과 緣으로서 根과 境의 두 법을 설한 것은 勝論(Vaiśeṣika)이나 數論(Saṃkhya)에서 識의 근거로 설정된 神我(아트만 혹은 푸루샤)를 타파하기 위한 것일 뿐으로, 모든 식이 다 그러한 것은 아니다.

하리발마에 의하는 한, 識 즉 마음(心)에는 假名心·法心·空心 세 가지가 있다. 가명심은 諸蘊의 화합을 '자아(人)'로 분별하는 마음이며, 법심은 실유의 5온이 존재한다고 여기는 마음이며, 공심은 열반을 반연하는 마음인데,[23] 세 번째 공심이 바로 비존재를 반연하는 마음이다.[24] 따라서 "根·境·識의 화합을 觸이라 이름한다"는 경설 역시 반드시 모든 識에 적용되는 것은 아니다.

둘째, 법 즉 인식되는 것이 존재하지 않는다면, 이때 지각의 대상은 비존재(無) 즉 '존재하지 않는다'는 사실로, 이는 바로 공을 관찰하는 마음이다. 만약 이러한 空心이 존재하지 않는다면, 滅諦는 무엇이 멸한 것인가? 따라서 소연이 존재하지 않을 경우, 이때 알려진 것은 '존재하지 않는다'는 사실이기 때문에 '비존재를 소연으로 한 지각(緣無知)'을 주장하더라도 이치에 어긋난 것이 아니다.

셋째, "안식은 色을 인식하고 내지 의식은 法을 인식한다"는 경설은, 다만 識이 능히 자신의 경계대상을 인식한다는 사실을 분별한 것일 뿐 경

22　『성실론』권2(T32, 254b18-c28).

23　순서대로『성실론』권11(T32, 327a12ff); 권12(동, 332c8ff); 권12(동, 333c19). 이러한 마음은 순서대로 후천적인 聽聞이나 思惟를 인연으로 하는 智를 획득할 때, 煖法 등에 머물며 空智를 닦아 5온이 공하다고 관찰할 때, 멸진정에 들거나 혹은 무여열반에 들어 상속이 끊어질 때 멸하는데, 滅諦란 바로 이러한 3심의 滅을 말한다.

24　『성실론』권12(T32, 333c19f), "問曰: 泥洹無法, 心何所緣? 答曰: 是心緣無所有."

계대상의 존재유무를 분별한 것이 아니다.

넷째, "내가 만약 '세간에 존재하지 않는 것을 知見하였다'고 한다면, 이러한 일은 있을 수 없다"고 한 經說은 法相(진실)에 따른 말이 아니어서 佛說(buddhavacana: 佛語)이 아닐 것이다. 혹은 삼매 상에서의 경험을 이같이 말하였을 것이다.

다섯째, 有所緣識論에 의하면 심·심소법은 能緣이고 일체법은 所緣이지만, 심·심소법으로서 所緣을 갖지 않는 것(즉 空心)도 존재할뿐더러 [이 경우] 심·심소법은 역시 또한 能緣도 되지 않기 때문에 [지식의] 緣이라고 말할 수도 없다.

반야공관과 마찬가지로 하리발마의 경우 역시 第一義의 입장에서 본다면, 과거·미래심은 물론이거니와 현재심도 不可得이다. 이 문제는『성실론』 전편에 걸쳐 다루어지고 있기 때문에 간단하게 설명될 수 있는 성질의 것이 아니지만, 意識은 현재[찰나]의 색·향·미·촉을 파악(取)할 수 없기 때문에 [현재찰나의] 法 역시 파악할 수 없을뿐더러,25 諸根과 諸境(塵)은 다 불가득이기 때문에 비존재(무자성)이다.26 즉 어떠한 경우에도 '부분을 갖는 것(有分, sāvayava)' 즉 전체는 취할 수 없으며, 부분(分, avayava) 또한 '부분을 갖는 것'을 배제하고 파악할 수 없기 때문에, '부분을 갖는 것'이 존재하지 않으면 부분 역시 존재하지 않기 때문에 불가득이다. 혹은 부분은 다시 分析되어 微塵이 되고, 미진 또한 다시 분석되면 마침내 완전한 비존재(都無)로 돌아가기 때문에 불가득이다.27

요컨대 諸法의 實相은 온갖 相을 떠난 것이기 때문에 [能·所의] 緣이라

---

25 『성실론』권11(T32, 331b19f), "意識亦不能取法. 所以者何? 意識不能取現在色香味觸."『성실론』에 의하는 한 지·수·화·풍은 색·향·미·촉에 근거한 가설적 개념이다.

26 『성실론』권11(T32, 330b26f), "諸法實無, 以諸根塵皆不可得故."

27 이러한 논리는『중론』의 空觀이나『유식이십론』의 無境觀과 유사하다.

고 말할 수 없다는 것으로, [有所緣識論에서는] 온갖 [실유의] 경계대상(諸塵)이 識을 낳는 원인이라고 하였지만, 하리발마에 의하는 한 識은 궁극적으로 비존재(無)를 원인(경계대상)으로 삼아 생겨난다.[28]

3. 상좌의 무경각론

1) 經主 세친의 緣無境識論

주지하듯이 『구사론』은 표면적으로는 카슈미르 유부의 正義를 밝히기 위해 작성된 논서이다. 따라서 여기서는 다만 유부의 삼세실유설 經證②("識은 根·境의 두 緣에 의해 생겨난다")와 理證①("인식에는 반드시 인식대상이 존재한다")의 비평으로서 無所緣識의 가능성에 대해 이야기하고 있을 뿐, 무소연식론자의 주장을 별도로 인용하고 있지는 않다. 그리고 이러한 비평 역시 說者를 밝히고 있지 않다. 다만 이증②("업에는 결과가 존재한다")에 대해 비평하면서 경량부의 '상속의 전변과 차별설'을 인용하고 있기 때문에 고래로 무소연식론 또한 경량부 설로 이해되어 왔다.[29] 그러나 『순정리론』 상에서는 이를 上座로부터 영향을 받았거나('朋附上座': T29, 265b3) 譬喩論者의 無境覺論(次項)을 옹호하는 세친(經主) 자신의 설로 인용하고 있다.

세친은 "경에서 '識은 두 緣(根과 境)에 의해 생겨난다'고 설하였기 때문에 과거·미래 2세는 실유"라는 유부의 경증②에 대해 다음과 같은 문제를 제기한다.

意와 法에 의지하여 意識이 일어난다고 할 때, 여기서 法은 의근과 마찬가

---

28 『성실론』권2(T32, 254c5-7), "諸法實相離諸相. 故不名爲緣. --(중략)-- 又汝言, '諸塵是生識因. 若無, 以何爲因者?' 即以無爲因."

29 『구사론기』권20(T41, 312c9f), "--經部許有緣無生心."

지로 [의식을] 낳는 실제적 조건(能生緣)이라 해야 할 것인가, 다만 의식에 의해 인식되는 경계대상(所緣境)이라 해야 할 것인가? 만약 전자라고 한다면, 미래 백천 겁 후에나 존재하게 될 사실(즉 未來可生法)이나 혹은 아예 일어나지 않을 사실(즉 緣缺不生法)이 어떻게 의식의 실제적 조건이 되어 지금 의식을 낳는다고 할 수 있을 것인가? 또한 모든 작용이 止滅된 상태인 열반이 어떻게 의식의 실제적 조건이 될 수 있을 것인가? 그러나 만약 후자라면, 나 역시 과거·미래가 의식의 대상이 된다고 말하니, 그것은 다만 實有로서가 아니라 소연이 되는 방식대로, 즉 과거는 이미 있었던 존재(曾有)로, 미래는 앞으로 있을 존재(當有)로서 인식될 뿐이다. 만약 과거·미래 자체가 현재 존재하지 않는 것이라면, ‘존재하지 않는 경계대상을 반연하는 식(緣無境識)’도 존재한다 (혹은 “비존재도 소연이 될 수 있다”)는 사실을 인정해야 한다. (필자 抄譯가필)[30]

세친은 다시 “만약 비존재(asad)도 소연이 될 수 있다고 한다면, 이러한 소연은 제13處가 되어야 한다”[31]는 유부의 힐난을 ‘識이 일어날 때에는 반드시 대상이 존재한다’는 이증①의 反證으로 이용한다. “‘제13처는 존재하지 않는다’는 사실을 인식하였을 경우, 이때 인식의 대상(所緣)은 무엇인가?” 즉 제13처는 거북의 털이나 토끼 뿔처럼 실재하지 않는 것으로, ‘그것이 존재하지 않는다’는 사실을 인식하였을 경우 그때 인식의 대상은 바로 비존재이다. 만약 ‘제13처’라는 언어적 개념(名)이 인식의 대상이라면, 이미

---

30 『구사론』권20(T29, 105b26-c15), “--(전략)-- 若體現無, 則應許有緣無境識, 其理自成.”; --atha nāsti asad apy ālaṃbanaṃ bhavatīti siddham. (AKBh., p.299. 25) 중현은 그의『순정리론』권51(T29, 627c19-628b5)에서 이 논설의 전문을 經主 세친 설로 인용하여 하나하나 비판하고 있다. “經主此中作如是說: 今於此義應共尋思. 意法爲緣生意識者,--”

31 『구사론』권20(T29, 105c20f), “若體全無是所緣者, 第十三處應是所緣.” 참고로 중현은 만약 비존재를 소연으로 하는 識이 존재한다면, 그것은 ‘第7識’이라고 해야 할 것이라고 힐난한다. (『순정리론』권50, 622b1f, “無第七覺離境而生, 可執彼爲緣無境覺: ‘존재하지 않는 경계대상을 소연으로 삼는 지각’이라 할 만한 경계대상을 떠나 생겨나는 제7覺/識은 존재하지 않다.”)

제13처는 존재하지 않는 것이라고 한 이상 그것을 지시하는 언어적 개념 또한 실재하는 것이 아니라고 해야 한다는 것이다.

그는 계속하여 이증①에 대해서도 동일한 논법을 구사하여 無所緣識의 가능성을 주장한다.

> 만약 일찍이 [발성되지 않아] 존재하지 않는 말(聲先非有)을 반연하는 경우, 이때 이러한 能緣의 識은 무엇을 所緣으로 삼은 것인가? 만약 '바로 그러한 말을 소연의 경계로 삼는다'고 한다면, [그러한] 말이 없기를 바라는 자도 마땅히 [그것을 인식하기 앞서] 발성해야 할 것이다. 만약 '[그때] 말은 존재하지 않지만, 미래 상태로서 머문다'고 한다면, [그대(유부)의 종의에서는] 미래도 실유인데 어떻게 존재하지 않는다고 말할 수 있을 것인가? 만약 과거·미래의 말은 현세에 나타나는 일이 없[기 때문에 존재하지 않는]다고 한다면, 이 역시 올바른 이치가 아니니, [법] 자체는 [삼세에 걸쳐] 동일하기 때문이다. 만약 조금이라도 [법] 자체에 차별이 있다고 한다면, '본래 존재하지 않다가 지금 존재한다(本無今有)'는 이치는 저절로 이루어진 셈이다. 그러므로 識은 존재하는 것(bhāva)이든 존재하지 않는 것(abhāva)이든 모두 소연으로 삼을 수 있는 것이다.[32]

2) 상좌(譬喩論者)의 無境覺論

바로 앞서 인용한 세친의 논설(주30; 32)은 이를 인용 비판하고 있는 『순정리론』에 의하면 다음에 인용하는 有所緣識에 대한 譬喩論者의 힐난을 부연 해설한 것이다.[33] 즉 『순정리론』 상에서 비유논자는 중현이 제시한

---

32 『구사론』권20(T29, 105c23-29). 원문은 제4장 주137. 이 역시 『순정리론』권50(T29, 624b4-c6)에서 전문이 인용 비판되고 있다. "經主敍彼(비유논자)所設難言. 若有緣聲先非有者, --"

33 前註의 『순정리론』 참조. 그러나 普光은 經部가 다시 구체적 사태(事)에 근거하여 過未無體를 힐난한 것(혹은 해석한 것)이라 하였다. (『구사론기』권20, T41, 313a23)

진실의 존재정의 '爲境生覺 是眞有相'(주6)을 비판하면서 無境覺論을 설하고 있는데, 다음은 그 全文이다.

譬喩論者는 이같이 말하였다.

이러한 ['경계대상이 되어 지각을 낳는 것'] 역시 진실로 존재하는 것(有相, *astitā)이라 할 수 없으니, 비존재(非有) 역시 능히 경계대상이 되어 지각(覺)을 낳을 수 있기 때문이다. 즉 존재하지 않는 것도 역시 능히 경계대상이 되어 지각을 낳을 수 있다는 사실을 반드시 인정해야 할 것이니, [횃불을 돌릴 때 생겨나는] 불 바퀴(旋火輪)나 [5온의 취합인] 자아에 대한 지각이 생겨날 때, 그것의 경계대상은 존재하지 않기 때문이다.

또한 [10]遍處 등의 勝解作意(가상관)가 존재하기 때문이다. 만약 일체의 지각이 모두 소연을 갖는다면, 그럴 경우 승해작의도 존재하지 않는다고 해야 한다.[34] 또한 『幻網經』 중에서 '비존재를 반연하는/소연으로 삼는 見'에 대해 설하고 있기 때문이다. 또한 계경에서 '존재하지 않는 것'도 알 수 있다고 설하고 있기 때문으로, 예컨대 계경에서 '욕[탐]이 없기를 원한다면, 능히 참답게 [그것이] 존재하지 않음을 알게 된다'고 말한 바와 같다. 또한 세간에서 [일어나는] 꿈속에서의 인식이나, 눈에 백태가 낄 때의 인식, 여러 개의 달에 대한 인식(識) 등의 경우에도 그것의 경계대상이 존재하지 않기 때문이다. 또한 존재하지 않는 것을 존재하지 않는 것이라고 알 때, 이러한 지각은 무엇을 소연의 경계로 삼은 것인가? 또한 만약 일찍이 [발성되지 않아] 존재하지 않는 말(聲先非有)을 소연으로 삼을 경우, 이때 이러한 能緣의 지각은 무엇을 소연으로 삼은 것인가?

---

[34] 10변처(kṛtsnāyatana)란 地·水·火·風·靑·黃·赤·白과 무변의 허공(空無邊)과 무변의 마음(識無邊)이 각기 일체의 처소에 두루 편재한다고 假想으로 관찰하는 것. 만약 '존재하는 것'에 대해서만 지각이 생겨날 수 있다고 한다면, 일체 처소에 두루 존재한다고 가상으로 관찰하는 '地' 등은 실제로는 존재하지 않기 때문에 이에 관한 지각도 일어나지 않는다고 해야 한다는 것이다. 이는 하리발마의 무소연식론의 첫 번째 논거였다. (주20 참조)

그렇기 때문에 마땅히 알아야 할 것이니, 존재하는 것이든 존재하지 않는 것이든 두 가지 모두 경계대상이 되어 지각을 낳을 수 있기 때문에, 여기서 [그대(중현)가] 말한 바는 '진실로 존재하는 것'이 아니다.[35]

중현은 이를 비록 譬喩論者의 설로 인용하고 있을지라도 『순정리론』 제3 「辯緣起品」에서 12支연기 중 6處에 대해 논설하면서 "上座는 이에 대해 널리 방편을 지어 경계대상을 갖지 않는 식(無境識, aviṣaya-vijñāna)을 주장하였는데, 이에 관해서는 제5 「隨眠品」 중에서 널리 비판하게 될 것이다"고 밝히고 있기 때문에[36] 여기서의 無境覺論을 바로 上座의 학설로 간주해도 무방하다.

그런데 이 같은 상좌의 무경각론은 어떤 식으로든 앞서 언급한 『대비바사론』 등의 諸論에서 논설되었던 것으로 더 이상의 설명이 필요 없을 것이지만, 이는 다만 無所緣識에 대한 例證일 뿐 『성실론』에서와 같은 이론적 근거에 관해서는 별도로 언급하고 있지 않다. 이러한 무경각론의 이론적 근거는 무엇인가? 두말할 나위 없이 심·심소의 차제계기설과 이에 따른 '5식의 所緣은 과거(전 찰나)의 대상'이라는 사실에 기초한 것이지만, 앞서 말한 것처럼 소연의 유무 문제는 다만 인식과 관련된 특수문제가 아니다.

유부에 있어 진실의 존재 즉 勝義有란 어떤 사물이 물리적으로나 관념적으로 分析되더라도 그것의 自相에 대한 지각이 그대로 존속하는 것으로 (제1장 주22 참조), '경계대상이 되어 지각을 낳는 것'이라는 존재정의에서

---

35 『순정리론』권50(T29, 622a16-27), "譬喩論者作如是言: 此('爲境生覺')亦未爲眞實有相, 許非有亦能爲境生覺故. 謂必應許非有亦能爲境生覺, 旋火輪我二覺生時, 境非有故. 又有遍處等勝解作意故. 若一切覺皆有所緣, 是則應無勝解作意. 又幻網中說'緣非有見'故. 又契經說知非有故, 如契經言, "於無欲欲則, 能如實了知爲無." 又諸世間夢中, 翳目·多月識等, 境非有故. 又於非有, 了知爲無, 此覺以何爲所緣境? 又若緣聲先非有者, 此能緣覺爲何所緣? 是故應知, 有及非有, 二種皆能爲境生覺. 故此所說, 非眞有相." 중현은 이하 624b4에 이르기까지 이에 대해 비판하고 있다.

36 『순정리론』권26(T29, 487a17f), "上座此中廣爲方便, 立無境識. 此於第五隨眠品中, 當廣遮遣."

보듯이 지각(buddhi)의 유무가 존재 유무의 판단 조건이었다. 존재란 '알려진 것'이다. 전술한 대로 유부에서는 이에 따라 다만 '토끼 뿔'처럼 구체적 자상과 작용을 갖지 않을뿐더러 언어적 개념으로서만 알려지는(존재하는) 자아 등의 실재성을 부정하고 알려진 법(所知法)만이 존재한다는 사실을 총체적으로 밝힌 12處의 법문(예컨대『잡아함경』제319경 이른바「一切經」) 을 가장 수승하고 미묘한 법문으로 이해하였던 것이다.

이에 반해 비유자나 상좌 슈리라타는 지식(5識이나 覺慧)의 소연이 된 외계대상은 과거(전 찰나)의 법이고, 또한 극미 '화합'의 世俗有이기 때문에 진실의 존재(勝義有)가 아니라고 주장함으로써 유부와 정면으로 대립하게 되었다. 이들의 무경각론의 이론적 근거로 간주할 만한 두드러진 몇 가지 주장을 다시 들어보면 이러하다.

첫째, "根과 境에 반연하여 다음 찰나 識이 생겨난다"는 異時인과설을 기초하는 한 외계대상(境)은 5識의 실제적 대상(=所緣境)이 될 수 없다. 그것은 다만 識을 낳는 조건(=所緣緣)으로서 과거(전 찰나)의 존재이다.

둘째, 유부의 존재정의가 '경계대상이 되어 지각을 낳는 것'이었다면, 譬喩部 중 어떤 부류의 그것은 '이미 생겨나 아직 소멸하지 않은 것'이었다.[37] 그들 교학의 제1 모토는 '本無今有 有已還無'였기에(제4장 3-2 참조) 이미 소멸한 과거법과 아직 생겨나지 않은 미래법은 비존재였다.

셋째, 5識의 소연이 된 외계대상(5境)은 극미 화합의 世俗有이기 때문에 역시 실유가 아니다. 5식에 의한 감각지각이 虛僞의 妄失之法을 소연으로 삼은 것(제7장 주38)이라고 한 이상 그것은 진실이 아니며 결정적 사실도 아니다.

넷째, 5식의 소연뿐만 아니라 의식의 소연, 예컨대 괴로움과 즐거움,

37　『순정리론』권50(T29, 621c16f), "此中一類作如是言, '已生未滅, 是爲有相.'"

혹은 깨끗함과 더러움 역시 분별력에 의해 생겨난 것일 뿐으로, 실유의 그 것을 대상으로 하여 성취된 것이 아니다.[38]

상좌 슈리라타에 있어 인식은 사실상 비존재에 대한 것이다. 따라서 그의 無境覺(혹은 無所緣識)論은 다만 유부의 삼세실유설 이증① ("인식에는 반드시 인식대상이 존재한다")의 비판논거가 아니라 교학적 토대였다.

4. 無境覺의 확실성과 隨界(종자)

유부에 의하는 한 비존재(無)에 대한 지각은 비존재 자체를 대상으로 한 것이 아니라 존재에 대한 錯謬(혹은 狂亂, 迷亂)의 지각으로,[39] 예컨대 자아가 존재하지 않음에도 존재한다고 여기거나 나무 그루터기를 사람으로, 혹은 새끼줄을 뱀으로 아는 지각 등이 그러한 것이다. 이 경우 실제 인식대상은 5취온이나 나무 그루터기(혹은 새끼줄)이다. 혹은 '자아'라는 말(假名)이나 사람(혹은 뱀)에 대한 기억이다.

그렇다면 비존재도 인식대상이 될 수 있다는, 아니 비존재가 인식대상 이라는 상좌 슈리라타의 경우는 어떠한가? 과거(曾有)·미래법(當有) 등은 존재하지 않으며, 이에 대한 지식은 비존재를 대상으로 하는 것이라면, 이 러한 비존재에 대한 인식은 어떻게 일어나며, 이 같은 인식의 확실성은 어 떻게 보증되는가? 중현은 이에 관한 상좌의 논의를 삼세실유론 이증① "인

---

38 『순정리론』권53(T29, 639b4-10), "譬喻部師作如是說: 由分別力苦樂生故, 知諸境界體不成實. 以佛於彼摩建地迦契經中, 說'諸癩病者, 觸苦火時, 以爲樂'故; 又說'一色, 於一有情名可意境, 非於餘'故"; 又如淨穢不成實故. 謂別生趣同分有情, 於一事中取淨穢異. 旣淨穢相非定可得, 故無成實淨穢二境. (한글 번역은 제1장 주36 참조) 혹은 상좌는 괴로움과 즐거움, 찬탄과 비방, 칭찬과 훼손, 획득과 불획득과 같은 8가지 세간법은 그 자체 개별적 실체로서 존재하는 것이 아니라 다만 법에 근거하여 가설된(분별된) 것이라 하였다. 제10장 주98 참조.

39 『성실론』권2(T32, 254a13f).; 『순정리론』권50(T29, 622b27-c2; 623c22-26).

식에는 반드시 인식대상이 존재한다"에 대한 세친 비판(주32)의 해명으로
인용하고 있다.

상좌에 의하면 과거·미래법에 대한 지식은 비록 비존재(非有)를 대상
으로 한 것일지라도 과거·미래법은 인과적 관계로서 展轉하는 (연속적으
로 이어지는) 것이라는 이치에 따라 推尋한 (추리하여 살핀) 것이기 때문에
지식 자체로서는 결정적인 것이다. 다시 말해 아득히 먼 과거도 '현재'라는
결과에 근거하여 원인의 원인으로서 소급하여 추심할 수 있고, 아득히 먼
미래도 '현재'라는 원인에 근거하여 결과의 결과로서 추심할 수 있기 때문
에 현재의 지식처럼 분명하게 인식할 수 있다. 따라서 지식에 대응하는 경
계대상 자체가 존재하지 않을지라도 과거·미래법에 대한 지식은 일어날
수 있는 것이다.

중현이 인용한 이 같은 내용의 상좌의 논설을 전재하면 다음과 같다.

[중현:] 이(『구사론』 상에서의 이증①)에 대해서도 經主와 쟁론해 보아야
하겠지만, 앞(T29, 624b4-c6: 주32 참조)에서 이미 분별하였기 때문에 거
듭하여 논술하지 않겠다.

상좌: "지식(智)이 비존재(非有, abhāva)를 소연으로 삼을지라도 역시 두 가
시(과거·미래)의 지식은 결정적인 것이니, 인과적 관계로서 展轉
(*paramparā)하는 것이라는 이치에 따라 推尋한 (추리하여 살핀) 것이기
때문이다."

[중현:] 이것이 무슨 뜻인가?

[상좌:] "요컨대 현재를 取(지각)하고 나서 前際와 後際에 대해 능히 신속하
게 推尋할 수 있다. 이를테면 현재의 이와 같은 결과는 이와 같은 종류
의 과거원인으로부터 생겨난 것이며, 이러한 [과거]원인은 다시 이와
같은 [과거]원인으로부터 일어난 것임을 능히 추심할 수 있으며, 나아

가 아득히 먼 과거(久遠)에 이르기까지 각기 상응하는 바에 따라 모두
다 추심함으로써 [이에 대한 지식을] 현재처럼 證得할 수 있는 것이다.
혹은 현재의 이와 같은 종류의 원인은 미래 능히 이와 같은 종류의
결과를 낳을 것이며, 이러한 [미래]결과는 다시 이와 같은 [미래]결과
를 이끌 것임을 [능히] 추심할 수 있으며, 나아가 아득히 먼 미래에
이르기까지 각기 상응하는 바에 따라 모두 다 추심할 수 있기 때문에
[이에 대한 지식을] 현재처럼 증득할 수 있는 것이다.
이와 같이 展轉하며 (연속적으로) 과거의 원인을 관찰하고, 각기 상응
하는 바에 따라 아득히 먼 과거에 이르기까지 [이에 대한 지식을] 현재
처럼 증득할 수 있을뿐더러 [증득된 지식에도] 다 전도됨(오류)이 없다.
비록 이러한 단계(과거·미래를 아는 단계)에 경계대상 자체가 존재하
지 않을지라도 지식이 존재하지 않는 것도 아니거니와 두 종류의 지식
도 결정적인 것이다.”[40]

상좌는 계속하여 이러한 과거·미래에 대한 지식 자체의 결정성을 例
의 종자개념(상좌의 술어로는 ‘舊隨界’: 제10장에서 상론)을 통해 해명한다.
그에 의하는 한 선행한 과거의 지식은 항상 種子·공능의 형태로 현재의
心識 상에 훈습되어 잠재하는데, 현재의 과거 지각은 과거 지각할 때로부터
展轉(또는 傳傳, *paraṃparā) 相續한 (다시 말해 無間찰나로 이어져 내려온)
이 같은 심식을 원인(즉 傳因, *paraṃparyeṇa-hetu)으로 하여 생겨난 것이다.

그것(과거의 推尋)은, 이를테면 이와 같은 [현재의] 원인(즉 과거)에 대한

---

40 『순정리론』권51(T29, 628c3-17), “此中所應與經主諍. 如前已辯故不重述. 此中上座作如是言: 智
緣非有, 亦二決定, 推尋因果展轉理故. 其義云何? 要取現已, 於前後際, 能速推尋. 謂能推尋, 現如
是果, 從如是類過去因生; 此因復從如是因起. 乃至久遠隨其所應, 皆由推尋, 如現證得. 或推尋, 現
如是類因, 能生未來如是類果; 此果復引如是果生. 隨其所應乃至久遠, 皆推尋故, 如現證得. 如是展
轉, 觀過去因, 隨其所應乃至久遠, 如現證得, 皆無顛倒. 雖於此位, 境體非有, 而智非無, 二種決定.”

지각(因智)이 생겨날 때 自相續 중에 [이러한 지각의] 因緣(즉 종자)이 존재
하였기 때문이다. 즉 옛날 일찍이 이와 같은 지식이 생겨난 일이 있었고,
傳因 즉 당시로부터 전해져 내려온 원인이 지금 이와 같은 내용(相)의 지
식을 낳은 것이다. [말하자면] 지금의 지식은 이미 옛날의 지식을 원인(因
緣)으로 삼은 것으로, 그래서 지금의 지식이 옛날의 그것처럼 생겨나고
아는 (이해하는) 것이다. 이는 곧 옛날의 경계대상을 지금 소연으로 삼았
다는 말이다. 그렇지만 그 같은 소연이 지금 존재하는 것은 아니다. 지금
비록 존재하지 않을지라도 소연이 될 수 있기 때문에, '[과거·미래에 대
한] 두 지식은 결정성(확실성)을 갖지 않는다'고는 말할 수 없는 것이다.
나아가 미래의 결과가 연속적으로 이어지며(傳傳) 생겨나는 것을 이와 같
이 연속적(展轉)으로 관찰하는 것도 앞서 [언급한 과거의 경우에] 준하여
논설해 보아야 한다.[41]

과거의 지식은 과거라는 인식대상이 지금 존재하기 때문이 아니라 과거
에 경험하였던 지식이 종자의 형태로 自相續 중에 존재하기 때문으로, 이는
"소연은 심·심소의 전후 인과적 관계를 통해 展轉상속한다"는 앞서의 논의
(제5장 주50 참조)와 궤를 같이한다. 기억 또한 일종의 과거에 대한 인식이기
때문에 상좌는 이에 대해서도 과거의 지식과 동일한 방식으로 해명한다.

오래 전에 소멸한 경계대상을 기억(隨憶念)할 때, 지금 생겨난 기억은 그
러한 경계대상에 대한 이전의 인식(識)을 [인]연으로 삼은 것이니, 동일한
相續에 떨어진 [지금의] 기억의 인식은 [그때로부터] 찰나찰나 점차적으

41　『순정리론』권51(T29, 628c13-18), "彼謂如是因智生時, 自相續中因緣有故. 謂昔曾有如是智生,
傳因生今如是相智. 今智旣以昔智爲因, 故今智生如昔而解. 卽以昔境爲今所緣. 然彼所緣今時非
有. 今雖非有而成所緣. 故不可言無二決定. 如是展轉觀於未來, 果傳傳生, 准前應說." 참고로 加
藤純章는 그의 『經量部の研究』 제2장 7절 「三世實有說への反論」(p.289)에서 상좌의 이 논
설을 유부의 삼세실유 理證①에 대한 반론으로 인용하고 있다.

로 相生한 것이기 때문이다. 기억의 인식은 비록 그 밖의 또 다른 연이 있어야 일어날지라도 요컨대 그러한 [인식 상에 존재하는] 이전의 경계대상에 반연(근거)할 때 비로소 생겨나는 것이다.[42]

앞서 상좌는 과거의 경계대상은 [객관적으로 실재하는 것이 아니라] 다만 지식(智) 상의 行相(ākāra)으로서만 존재할 뿐으로 이를 亡失하지 않고 (잊지 않고) 明記(기억)하는 것이 大地法 중의 念(smṛti)이라 하였다.[43] 따라서 과거에 대한 지식이나 기억은 그 같은 행상이 종자의 형태로 展轉상속하는 마음을 원인(因緣)으로 한다. 상좌는 이같이 결과를 초래하는 원인을 '舊隨界' 혹은 '隨界'(종자의 이명)라고 하였다.

중현은 상좌가 과거·미래에 대한 지각의 결정성(확실성)을 이러한 구수계를 통해 해명한 데 대해 이같이 비판하고 있다.

설혹 "인과적 관계로서 展轉상속하는 舊隨界라는 힘(즉 공능)이 존재하기 때문에, 비록 이미 소멸하여 多劫의 오랜 시간이 지난 경계대상이라 할지라도 지금 [인과적 관계를 소급 推尋하여] 取(지각)할 수 있다고 해도 이치상 어긋남이 없다"는 사실을 인정한다 하더라도 미래 백천 겁 이후에 존재하게 될 경계대상을 어떻게 지금 취할 수 있을 것인가? "인과적 관계로서 展轉상속하는 [舊隨界의] 힘으로 인해 그것 역시 취할 수 있다"고는 말할 수 없을 것이니, [그에 의하는 한] 미래 자체는 마치 말의 뿔처럼 존재하지 않기 때문이며, 相續 중에 [미래법에 의해 낳아진] 隨界는 존재하지 않기 때문이다.[44]

---

42 『순정리론』권19(T29, 447c6-9), "又隨憶念久滅境時, 以於彼境前識爲緣, 生於今時, 隨憶念識墮一相續, 傳相生故. 雖有餘緣起隨念識, 而要緣彼先境方生."

43 『순정리론』권10(T29, 389b14-17: 제3장 주90).

44 『순정리론』권51(T29, 629a11-16), "又設許彼(상좌), '有舊隨界, 因果展轉相續力故, 雖經多劫久

세계를 隨界·種子의 展轉상속으로 해명하는 한 유부의 제법(일체법)분별도, 이것의 삼세실유도, 이러한 제법 사이의 6因 4緣 5果라고 하는 인과적 관계도 부정될 수밖에 없다. 유위세계의 차별상은 제법 자체의 인과적 차별에 따른 것이 아니라 수계·종자의 相續轉變에 따른 것이기 때문이다. 이 같은 이유에서 중현은 수계설이 등장하는 곳이면 으레 상투적으로 힐난하는 "벙어리가 꿈속에서 잠꼬대한 것과 같다"는 조소를 여기서도 잊지 않고 있는 것이다.[45]

이에 따라 이제 우리의 다음 과제는 상좌 슈리라타의 인과론(즉 4緣說)과 그가 因緣性(hetupratyayatā)으로 제시한 舊隨界(혹은 隨界)에 대해 해명하는 일이다.

5. 소 결

필자는 본 장에서 '인식에는 반드시 경계대상이 존재한다'는 설일체유부의 입장에 대해 '반드시 존재하는 것은 아니다'는 譬喩者(Darṣṭāntika) 즉 경량부의 無境覺(혹은 無所緣識)論의 발단과 연원을 추적하여 이들의 실체를 보다 분명하게 드러내고, 유식학파의 唯識無境說 또한 이와 결코 무관할 수 없음을 밝혀보려고 하였다.

설일체유부의 有所緣識論은 과거·미래 2세 실유론의 기본논거로 제시되었고, 논거의 확실성은 「一切經」(혹은 「一切有經」)으로 일컬어진 12處의 법문에서 추구되었다. 따라서 비유자의 無境覺論 역시 애당초 과거·미래

己滅境, 而今時取, 理可無違.' 若於未來百千劫後當有境界, 今如何取? 不可說言, '因果展轉相續力故, 彼亦可取.' 未來體無, 如馬角故; 於相續中無隨界故." 제10장 주82 참조.

45 『순정리론』권51(T29, 628b27f), "如是一切上座所言, 皆如瘂人夢有所說."

실유론의 논거를 비판하기 위해 제출된 이론으로 꿈이나 환상, 신기루, 눈병이 난 이에게 보여진 두 개의 달 등의 例를 통해 논증되었지만, 我見인 薩迦耶見(有身見)은 물론이고 그들이 비존재(즉 世俗有)로 간주한 극미화합의 有色處나 異時인과에 따른 '인식대상=과거법' 등 교학전반에 적용되어야 하였다.

최초의 無所緣識論은 『식신족론』에서 沙門目連의 주장으로 언급되지만, 그가 비록 過未無體를 주장하였을지라도 무위의 실재성을 주장하였다는 점에서 비유자/경량부의 연원으로 보기 어렵다. 『순정리론』에 인용된 譬喩論者의 무경각론이나, 『성실론』과 『구사론』 상에서의 하리발마와 세친의 무소연식론은 『대비바사론』의 비유자 설에 기초한 것이다. 『성실론』에서는 假名·法·空의 3心의 개념이 등장하고, 『순정리론』 상에서는 무경각의 성립과정이나 확실성의 문제가 대두되는 등 논거의 보충 내지 교학체계의 확장이 이루어지고 있을지라도, 이는 기본적으로 제법의 실재성을 부정한 『바사론』의 비유자 설에 기초한 것이다. 따라서 네 논서 상에서 無境覺論과 無所緣識論의 說者는 동일계통이라 말할 수 있다.

상좌 슈리라타는 비존재를 소연으로 한 지식의 결정성/확실성을 舊隨界(종자의 이명)에서 구하고 있다. 과거·미래에 대한 지식은 그것이 비록 비존재(즉 曾有와 當有)에 대한 것일지라도 현재와의 인과적 관계에 따라 推尋한 (추리하여 살핀) 것이기 때문에 지식 자체로서는 결정적이라는 것이다. 그에 따르면 인과적 관계로서 展轉상속하는 舊隨界의 힘이 존재하기 때문에 이미 소멸하여 多劫의 오랜 시간이 지난 경계대상이라 할지라도 추심이 가능하다.

인식에는 그에 상응하는 외계대상이 존재하는가, 존재하지 않는가 하는 문제는 당시 불교 諸派의 정체성과 관련된 핵심적 문제였다. 비유자/경량부가 '인식대상=과거법'과 過未無體說을 주장하고, 하리발마가 일체 제법을 空으로 파악하는 空心을 제시한 이상 無境覺·無所緣識論은 필연적이다. 유가학파의 '唯識無境' 또한 이 같은 사조와 결코 무관할 수 없다. 무경각·무소연식론으로부터 유가행파의 유식무경설로의 유추도 가능하다.

　緣無智 즉 비존재를 소연으로 삼는 지식도 가능하다는 주장은 이론상 제7식의 등장을 예고한 것이라 할 수 있다. 『대비바사론』에서는 '경계대상을 소연으로 삼지 않는 지식'과 '지식의 소연이 되지 않는 경계대상'도 존재한다는 이설(주15, 16)을 언급하는데, 여기서 '지식의 소연이 되지 않는 경계대상'은 자아와 같은 것이었고, '경계대상을 소연으로 삼지 않는 지식'은 薩迦耶見과 같은 것이었다. 유가행파에서는 이러한 지식을 제7識(末那識)이라 하였지만, 중현 또한 비존재를 대상으로 하는 지각이 존재한다면 그것은 6識에 포함되지 않는 제7覺이 되어야 할 것이라고 힐난하고 있다.[46] '제7식'이라는 개념이 啓示的으로 등장한 것이 아니라면, 그 기원을 어떻게 이해해야 할 것인가? 중현의 힐난대로 제7覺(識)은 제6온이나 제13처, 혹은 토끼 뿔처럼 절대적 비존재(畢竟無)를 지시하는 말이기 때문이다.

　나아가 無所緣識論을 주장할 경우, 궁극적으로 識 일원론으로 회귀할 수밖에 없다. 일찍이 提婆設摩는 그의 『식신족론』에서 "無所緣心도 존재한다"는 沙門目連의 주장에 대해, 그럴 경우 관찰되는 마음(所觀)과 관찰하는 마음(能觀)이 동일찰나에 존재한다고 해야 하는 불합리(不應道理)를 초래하게 된다고 비판하였지만(주3), 비유자가 그러하였다. 즉 그들은 인식의 能所(主客)의 차별을 부정하였다. 그들은 眼 등의 5식은 오로지 과거(전 찰나)의 법을 경계대상으로 삼는다고 주장하였다. (제5장 주42) 물론 이때 과거법은 객관의 사태로서 실재하는 것이 아니라 현재의 5식 상에 형상(所緣境)으로

46　『순정리론』권50(T29, 622b1-2), "無第七覺, 離境而生, 可執彼爲緣無境覺.(경계대상을 떠나 생겨나는 것으로 '존재하지 않는 경계대상을 소연으로 삼는 지각'이라 주장할 만한 제7覺은 존재하지 않는다)"

존재하며, 이는 다시 다음 찰나 의식상에 나타난다. 인식이란 의식의 자기인식으로, 유가행파에서는 이같이 관찰되는 마음과 관찰하는 마음을 相分과 見分이라 하였다. 그러나 초기 아함경설에 따르는 한 일 찰나에 관찰되고 관찰하는 두 마음이 동시 생기한다는 사실은 인정하기 어렵다. 아무리 예리한 칼도 자신을 자르지 못하는 것처럼 의식은 그 자체를 알지 못하기 때문이다.[47]

유가행파의 유식무경설은 일차적으로 무소연식론을 주장한 이들로부터 발전한 것이라고 말할 수 있다. 만약 이같이 단언하기 어렵다면, 적어도 당시 유식무경설과 관련된 논의의 모든 조건이 이미 갖추어져 있었다고 말할 수 있다. 비록 전설이지만 上座 슈리라타와 無着은 동일한 공간에서 활동하였다. 『대당서역기』권5 「阿踰陀國條」에 따르면, 상좌는 아유타국에서 『經部毘婆沙』를 저술하였으며, 중현 역시 그의 근거지를 東方(혹은 東土, 카슈미르에서 본 동방)으로 전하고 있다. 무착 또한 아유타국에서 慈氏(미륵)菩薩로부터 『유가사지론』과 『대승장엄경론』 『중변분별론』을 배워 강설하였으며, 세친이 무착의 권유에 따라 대승으로 전향한 곳도 이곳이었다.[48]

窺基가 비록 "경량부 등에서도 마음이 비존재를 소연으로 삼아 일어난다고 하였지만 다만 어떤 마음이 그러하며, 일체의 마음이 다 그러한 것은 아니기 때문에, 세친은 이를 비판하고자 『유식이십론』에서 「십지품」의 '三界唯心'이라는 말을 언급하였다"고 논설하였을지라도[49] 두 학파 사이의 밀접한 관련성은 부정하기 어렵다. 상좌/경량부의 무소연식론 또한 바야흐로 수계·종자설로 이어지기 때문이다.

---

47 제5장 3-4-2 '지식의 자기인식' 참조.

48 이에 대해서는 권오민, 『상좌 슈리라타와 경량부』, pp.239-246 참조.

49 『唯識二十論述記』권상(T43, 981a13-15), "問: 經何但說 '三界唯心'? 答: 經部師等心緣無起, 亦但有心. 然非一切. 今遮於彼故, 說'三界唯有識.'"

제3편
경량부의 隨界 種子說

제9장 상좌 슈리라타의 유부 因緣論 비판

1. 비유자의 因緣 假有(施設)論

1) 비유자의 緣性 비실유론

앞서 살펴본 대로 경량부(=상좌일파)는 유부의 諸法分別論을 전면적으로 비판하였다. 5根과 5境을 극미和合의 假有로, 이를 소의와 소연으로 삼는 5識을 虛僞의 妄失之法으로 이해하였을 뿐만 아니라 受·想·思를 제외한 그 밖의 심소법의 개별적 실재성을 부정하였고 心과 諸心所의 相應俱起도 인정하지 않았다. 불상응행법이나 무위법 역시 언어적 假說로 간주하였고, 실재성을 인정한 色(4대종)과 心조차 철저한 찰나멸론의 입장에서 已滅과 未生의 과거·미래 존재를 부정하고 已生未滅의 현재만을 실유로 인정하였다.

이에 따라 경량부는 유부의 6因 4緣의 因緣論 역시 전면적으로 비판하거나 달리 이해하지 않으면 안 되었다. 즉 유부에서는 地·水·火·風의 4大種이나 生 등의 유위상(能相)과 유위법(所相), 心과 心所法은 동시적 관계로서 서로에 대해 원인이 되고 결과가 된다는 점에서, 혹은 동일한 결과를 낳는다는 점에서 이를 俱有因(sahabū-hetu)으로 설정하였고, 이 중 心과 心所는 특히 소의와 소연·행상 등이 동일하다는 점에서 相應因(samprayukta-hetu)이라는 별도의 범주로 설정하였다. 또한 자성이나 도덕적 성질이 後生의 결과

와 유사한 前生法을 同類因(sabhāga-hetu)으로 설정하였고, 특히 自地의 自部
는 물론 他部의 염오법에 대해서도 두루 원인이 되는 遍行惑의 경우 遍行因
(sarvatraga-hetu)이라는 별도의 범주로 설정하였으며, 後生에 無記性의 결과
로 성숙하는 선·불선의 업을 異熟因(vipāka-hetu)으로 설정하였다. 그리고
비록 소극적 의미일지라도 어떤 법의 생기를 장애하지 않은 유위·무위의
일체법 역시 원인의 일종으로 간주하여 能作因(kāraṇa-hetu)이라 이름하였
다. 앞서 언급한 다섯 원인 역시 능히 결과를 조작하는 원인이지만, 그것들
에는 그에 부합하는 별도의 명칭이 있기 때문에 이것만을 '능작인'이라 이
름하게 되었다는 것이다.

한편 유부에서는 俱生因이든 前生因이든 俱有·相應·同類·遍行·異熟의 5因
은 직접적으로 제법을 낳는 원인(能生因)이라는 점에서 이를 因緣(hetu-pratyaya)
으로 간주하였고, 아라한의 最後心을 제외한 일체의 心·心所法은 찰나에 소
멸하여 무간에 동등한 법이 생겨나게끔 길을 터주는 開導依 즉 開避引導의
역할도 한다는 점에서, 인식의 대상이 되는 일체법은 심·심소의 의지처(발
생근거)가 된다는 점에서 이를 각기 等無間緣(samanantara-pratyaya)과 所緣緣
(ālambana-pratyaya)으로 설정하였으며, 그 밖에 제법의 생기를 장애하지 않은 것
이라는 소극적 의미의 원인인 能作因을 增上緣(adhipati-pratyaya)에 배당하였다.

유부에서는 이렇듯 자신들의 제법분별론에 따라 6因 5果(구유·상응
인－士用果, 동류·변행인－等流果, 이숙인－異熟果, 무위열반인 離繫果)설을
제시하고, 이를 불교일반의 학설인 4緣설과 관련시켜 6因 4緣 5果라는 일대
인과이론을 구성하였다. 따라서 유부의 제법분별론과 실유론을 인정하지
않는 한 이 같은 인연론도 부정하거나 달리 이해할 수밖에 없다. 예컨대
심·심소의 상응구기설을 부정하는 한 이를 상응인으로 인정할 수 없고,
과거업(즉 무표업)의 실재성을 인정하지 않는 한 이를 이숙인으로 인정할
수 없으며, 그럴 경우 因緣을 비롯한 業果(karma-phala)의 상속은 물론이고

수행도나 해탈 등에 관해서도 유부와 이해를 달리할 수밖에 없다. 그런 까닭에 『대비바사론』의 毘婆沙師 역시 4緣의 실재성을 부정한 譬喩者에 대해 "모든 緣의 실재성(實性, *dravyatva)을 부정하는 자라면 일체법도 다 실재성을 갖지 않는다고 해야 한다. 왜냐하면 인연은 일체 유위법을 포섭하고, 등무간연은 아라한의 최후심을 제외한 과거·현재의 일체의 심·심소법을 포섭하며, 소연연과 증상연은 유위·무위의 일체법을 포섭하는 등 4緣은 일체법을 모두 포섭하기 때문"이라고 비난하였던 것이다.[1]

그런데 4緣설은 불교일반의 학설이지만 6因설은 유부의 독자적 학설로, 다른 부파에서는 이를 인정하지 않았다. 『대비바사론』에서도 이 같은 사실을 확인하고 있다. 즉 "契經에서는 다만 4緣에 대해 설하였을 뿐으로 6因설은 契經설(즉 佛所說)이 아니지만, 원인(因, hetu)으로써 緣(pratyaya)을 분별하기 위해 근본아비달마(『발지론』)에서 이에 대해 논설하였다"는 것이다.[2] 중현 또한 6因은 불타가 설한 것이 아니라는 비난에 대해 이것이 경에 언급되지 않은 것은 이를 설한 부분이 隱沒해 버렸기 때문이라 해명하고서(주2 참조), 4緣 역시 유부의 경전 중에는 모두 갖추어져 있을지라도 오랜 시간이 지남에 따라 대다수 은몰하였기 때문에 다른 부파에서는 이를 전승(*āmnāya 혹은 paṭha: 誦)하지 않는 경우도 있다고 하였다.[3]

---

1   『대비바사론』권55(T27, 283a29-b4), "若執諸緣無實性者, 應一切法皆無實性. 四緣具攝一切法故. 謂因緣攝一切有爲法. 等無間緣除過去現在阿羅漢最後心心所法, 攝餘過去現在一切心心所法. 所緣緣增上緣總攝一切法." 동론 권131(T27, 680c3-7)에도 동일한 사실이 논설된다.

2   『대비바사론』권16(T27, 79a26-28), "然此六因非契經說. 契經但說有四緣性. 謂因緣性廣說乃至增上緣性. 今欲以因分別緣故說此六因." 그러나 婆沙의 편자는 "6因說도 契經의 말씀으로 『증일아함』「增六」에서 설해졌지만 시간이 오래되어 隱沒하였고, 이를 尊者 迦多衍尼子(『발지론』의 저자)가 願智의 힘으로써 이를 觀하여 [이에 관한] 아비달마를 撰集한 것"이라는 어떤 이의 해명을 전하고 있다. (T27, 79b4-7) 중현도『순정리론』권15(T29, 416b15-26)에서 이와 같은 내용을 廣說하고 있다. "'如是六因, 非佛所說. 如何本論自立此名?' 定無大師所不說, 阿毘達磨輒有所說. 經中現無, 由隱沒故. 自相可得, 決定應有.--(下略)."

3   『순정리론』권15(T29, 416b26-27), "如四緣義, 雖具列在此部經中, 而餘部中, 有不誦者. 由時淹久, 多隱沒故."

  아비달마논서 상에서 유부의 6因 4緣의 因緣論을 부정하거나 달리 이해한 대표적 이들은 비유자/경량부였다. 『대비바사론』에 의하면 『발지론』에서 6因에 대해 설한 것은 無因論과 惡因(不平等因)論을 대치하기 위해서였지만, 다른 한편으로 因緣은 실유의 실체(dravya: 實有物)가 아니라는 譬喩者의 주장을 비판하고 양태(性類)든 본체(體相)든 인연은 다 실유임을 나타내기 위해서였다.[4]

  『대비바사론』에서는 제법의 緣生관계를 밝히면서도 이는 다른 이들(*parapākṣika: 他宗)의 주장, 예컨대 譬喩者의 緣無實性論 혹은 緣性(pratyayatā) 非實有論을 비판하기 위한 것임을 명시하고 있다. (緣性의 '性'은 種類 jāti 즉 보편·일반성의 의미[5])

[本論:] 有身見은 유신견이나 계금취 나아가 무색계 수소단의 무명수면에
   대해 몇 가지 緣이 되는가?
문: 무엇 때문에 이에 대해 논의하는 것인가?
답: 다른 이들(他宗)의 주장을 멈추게 하고 우리 자신의 종의를 드러내기
   위해서이다. 이를테면 혹 어떤 이들은 緣은 실재성을 갖지 않는다고
   주장하였는데, 예컨대 譬喩者가 그러하다.
문: 그들(彼師)은 어떤 까닭에서 이같이 주장하게 된 것인가?
답: 그들은 계경에 근거하여 이같이 주장하였다. 즉 계경에서 "無明을 緣
   하여 行이 있다"고 설한 것에 대해 이같이 말하였다. "無明은 다른 특성
   (異相)을 갖지 않지만, 行은 다른 특성을 갖는 것인데, 어떻게 다른 특성
   을 갖지 않는 [단일한] 법이 다른 특성을 갖는 [차별적인] 법에 대해

---

4 『대비바사론』권16(T27, 79a20-21), "有作是說. 有執. 因緣非實有物, 如譬喩者. 爲止彼意, 顯示因
   緣, 若性若相, 皆是實有."

5 pratyayajātiḥ pratyayatā.(緣의 種類가 緣性이다.) (AKBh., p.98. 6).; "此中'性'者, 是緣種類." (『구
   사론』권7, T29, 36b16); "爲顯種類, 故說'性'言." (『순정리론』권18, T29, 440a10)

緣이 되는 것이라면서 실재성을 갖는다는 것인가?"[6]

[本論:] 대종은 대종에 대해 몇 가지 緣이 되는 것인가?

문: 무엇 때문에 이에 대해 논의하는 것인가?

답: 譬喩者가 말한 바를 멈추게 하기 위해서이다. 즉 그들은 '緣性은 實有의 법이 아니'라고 설하였다.

문: 그들은 어떤 까닭에서 이같이 주장하게 된 것인가?

답: 계경에 근거하였기 때문이다. 예컨대 계경에서 "無明을 緣하여 行이 있다"고 설한 것에 대해 [이같이 말하였다.] "行의 특성(相)에는 차이가 있지만 無明은 단일한 특성인데, 어떻게 단일한 특성의 무명이 [각기] 다른 특성의 行이 생겨나는데 緣이 되는 것이라면서 '緣은 바로 실유'라고 하는 것인가?"[7]

[本論:] 味상응의 초정려는 自地 他地의 味·淨·無漏상응의 정려에 대해 몇 가지 緣이 되는 것인가?

문: 무엇 때문에 이에 대해 논의하는 것인가?

답: 譬喩者의 생각(*abhiprāya: 意, 意趣)을 멈추게 하려고 이에 대해 논의한 것이니, 그들은 緣性에 대해 분명하게 알지 못하였기 때문에 '緣은 실유가 아니'라고 말하였다. 지금 모든 緣의 자성을 현시하여 모는 緣이 다 실유임을 알게 하기 위해 이에 대해 논의하는 것이다.[8]

---

6 『대비바사론』권55(T27, 283a22-27), "問: 何故作此論? 客(→'答'): 爲止他宗, 顯己義故. 謂或有執: 緣無實性, 如譬喩者. 問: 彼師何故作此執耶? 答: 彼依契經故作是執: 謂契經說 '無明緣行.' 彼作是言: 無明無異相, 行有異相, 云何無異相法, 與有異相法, 作緣而有實性?"

7 『대비바사론』권131(T27, 680b26-c1), "問: 何故作此論? 答: 欲止譬喩者所說故. 彼說: 緣性非實有法. 問: 彼何故作是說. 答: 依契經故. 如契經說, '無明緣行.' 行相有異, 無明一相, 如何一相無明, 爲緣生異相行, 而緣是實?"

8 『대비바사론』권165(T27, 833a24-28), "問: 何故作此論. 答: 欲止譬喩者意, 以彼於緣性中不明了故. 說緣非實.今欲顯示諸緣自性, 令知諸緣皆是實有, 故作斯論." 『대비바사론』에서는 이 밖에 권10(T27, 47a28f)과 권107(T27, 555a3)에서도 각기 '因緣無體'論과 '緣無實體'論을 有執으

비록 계경 설을 논거로 제시하고 있을지라도 『대비바사론』상의 비유자가 '緣性=비실유'론을 주장하게 된 이유와 취지는 분명하지 않다. 중관학파의 비조인 龍樹 역시 '4緣=무자성·무실체'론을 주장하였는데, 그가 제시한 무자성론의 논거는 제법의 相依相待性이었다.(후술) 비유자/경량부 역시 '形色이나 所造觸의 실재성 비판'(제2장 1-2; 2-2)에서 논의하였듯이 길이나 무게 등의 존재의 조건으로 相依性을 제시하였지만, 이를 '緣性=비실유'론의 일반적 논거로 활용한 것은 아니었다. 비유자/경량부의 유부 인연론 비판은 근본적으로 그들이 因緣性(hetu-pratyayatā)으로 제시한 隨界·種子설에 따른 것이었겠지만, 구체적으로 6인 4연으로 분별된 諸法을 사안별로 검토한 결과일 것이다.

앞서 인용한 비유자의 緣性 비실유론의 논거는, 만약 緣이 실유(dravya-sat) 즉 단일한 실체로서의 존재라면 '無明緣行(무명을 연하여 행이 있다)'이라는 경설은 합리적이지 않다는 것이었다. 즉 무명(avidyā)은 어떠한 무명이든 無智를 본질로 하는 단일한 법이지만,9 行(saṃskāra)은 유루·무루행, 선·악행, 罪·福·不動行, 有罪·無罪行, 妙·惡行 등 온갖 차별적 특성을 갖기 때문에10 (다시 말해 緣이 실체라면 결과와 일대일로 대응해야 하기 때문에) 단일한 특성의 무명은 차별적 특성을 갖는 行의 연이 될 수 없다는 것이다.11

로 인용하고 있는데, 이 또한 譬喩者의 학설일 것이다.

9 『대비바사론』권43(T27, 221c18-19), "云何無明? 答: 三界無智."

10 '諸行(saṃskārah)'이라는 말의 다양한 廣狹의 뜻에 대해서는 『대비바사론』권25(T27, 127a6-b5) 참조,

11 경우가 좀 다르지만 '前法은 後法과 존재양상이 다르기 때문에 실유의 緣이 될 수 없다'는 논거는 『대비바사론』상에서 색법을 등무간연으로 설정하지 않는 大德(Bhadānta)의 이유로 언급된다. 즉 유부에 의하면 아라한의 최후심을 제외한 일체의 心法은 전(無間) 찰나와 동등하기 때문에 等無間緣이 되지만 색법의 경우는 그렇지 않기 때문에 등무간연으로 설정하지 않는데(후술), 大德은 "색법은 예컨대 여름날 비올 때 한 조각의 구름이 허공을 가득 채울 만한 무량의 구름을 일으키듯이, 한 알의 씨앗에서 거대한 나무(이를테면 낙구타, 즉 용수)가 생겨나듯이, 작은 羯羅藍(잉태 순간의 응혈)에서 광대한 色身이 생겨나듯이, 혹은 풀 더미가 불에 타 한 줌의 재가 되듯이 무간에 많은 법을 낳기도

그렇다면 비유자는 '無明緣行'을 어떻게 이해하였던가? 상좌 슈리라타에 따라 추측해보면, 그들은 무명을 개별적 실체가 아니라 유정의 일련의 상속 중 行의 원인적 상태(因性) 이를테면 明이 존재하지 않는 심·심소의 총칭,[12] 혹은 온갖 번뇌를 총칭한 개념(주38, 42 참조)으로 간주하였을 것이고, 이에 따라 경에서 "무명을 연하여 행이 있다"고 가설한 것으로 이해하였을 것이다. 그리고 고래로 諸法의 生緣으로 고려된 4緣 또한 별도의 실체(dravyāntara: 別物)가 아니라 유정의 인과상속을 일시 차별지은 가설(prajñapti: 施設, 假立)로 이해하였을 것이다.

『대비바사론』에서는, 유신견 등 제법의 緣生관계에 관한 논의는 '4緣=비실유'라는 譬喩者의 주장을 멈추게 하기 위한 것이라 논설한 후 계속하여 [그들의] 大德(Bhadanta)과 尊者(*Sthavira)의 말을 인용한다.

大德은 설하였다. "여러 논사들이 자신의 생각에 따라 [4]緣의 명칭을 施設(prajñapti)한 것으로 그것은 실체로서 존재하는 것(實有性)이 아니다."[13]

尊者도 역시 설하였다. "[네 가지] 緣은 바로 여러 논사들이 假立(prajñapti)한 명칭일 뿐 그 자체 실유가 아니다."[14]

하고 적은 법을 낳기도 하기 때문에 [등무간연으로 설정하지 않는다]"고 주장하였다. (『대비바사론』권11, T27, 52a16-21) 참고로 『구사론』에서도 역시 이러한 大德 설을 인용하는데(T29, 36b26-c1), 普光이나 法寶는 대덕에 대해 언급하지 않았지만(T41, 134b22; 576c12), 稱友는 경량부의 상좌(Sthavira Sautrāntika)로 평석하였다.(AKVy,, p.232. 28) 그렇지만 상좌 슈리라타는 색법도 등무간연이 된다고 주장하였다.(후술)

12 『순정리론』권28(T29, 499c27-28), "上座復說: 或如是類(令明非有), 心及心所, 總謂無明." 상좌의 무명의 정의는 이러하다. "이것이 존재하기 때문에 明이 존재하지 않게 되는 것, 이를 無明이라 하니, 因緣없이 이러한 일(明이 존재하지 않게 되는 일)은 있을 수 없는 것이다.(且上座言: 由有此故, 令明非有, 是謂無明. 不可無因而有是事.)" (T29, 499a24-25)

13 『대비바사론』권55(T27, 283a27-28), "大德說曰: 諸師隨想, 施設緣'名, 非實有性." 구역 『阿毘曇毘婆沙論』(T28, 218c18-19)에서는 大德을 尊者 佛陀提婆로 전하고 있다. "尊者佛陀提婆說曰: 諸師所說緣, 但有名而無體."

14 『대비바사론』권131(T27, 680c1-2), "尊者亦說: 緣是諸師假立名號, 體非實有."

婆沙의 비유자와 이들을 계승한 상좌 슈리라타는 어떠한 근거에서 4緣
의 개별적 실재성을 부정하였던 것인가?

2) 상좌와 『중론』 「관인연품」에서의 4연 비판

중현은 상좌가 語業을 "緣에 따라 일어난 世俗(*saṃvṛti)인 보특가라의
語言(śabda, 말소리)으로서 이익(=樂)과 손해(=苦)를 낳는 것"(T29, 532b18f: 제
2장 주18)이라 정의한 데 대해 이같이 비난하였다.

> '世俗'을 '緣에 따라 일어난 것'이라고 말해서는 안 될 것이니, 世俗法은
> 실유가 아니기 때문이다. 실유의 법만이 緣에 따라 생겨날 수 있다. 이와
> 다르다고 한다고 한다면 緣에 따라 생겨난 것은 마땅히 자신의 체성(自體,
> svabhāva)을 갖지 않는다고 해야 하며, 만약 그렇다고 한다면 이는 바로
> 壞法者宗 즉 '불타교법을 파괴하는 자들'을 따르는 것이 된다. 따라서 [語
> 業을] '緣에 따라 일어난 世俗의 이와 같은 語言(말소리)'이라 말해서는 안
> 되는 것이다.[15]

유부에 의하는 한 어떤 법에 대해 緣이 된 법도, 緣에 따라 일어난 법도
실유이다. 비존재는 어떤 법의 緣이 될 수도 없고 緣에 따라 일어날 수도
없다. 緣에 따라 일어난 것이기 때문에 실유가 아니라면, '諸法從緣起'라는
명제의 진리성을 인정하는 한 일체법을 비존재라고 해야 하지만, 이는 불타
교법을 파괴하는 것이다. 여기서 '불타교법을 파괴하는 이들'은 누구인가?[16]

---

15 『순정리론』권33(T29, 532c17-21), "又世俗不應說從緣而起, 以世俗法非實有故. 法若實有, 可從
    緣生. 異此, 緣生應無自體. 若爾, 便順壞法者宗. 故不應說 '卽以世俗, 如是語言, 從緣而起.'"

16 중현은 상좌에 대해 '그의 論은 壞法宗에 노니는 것(彼論涉壞法宗)' '壞法論과 같은 것, 가까
    운 것' '壞法論에 안주하는 것' 등으로 비판한다. 이에 대해서는 권오민(2012), pp.229-239
    참조.

일체법의 비존재/無自性을 주장한 空性論者 즉 중관론자 (『아비달마디파』에
의하면 '바이툴리카/대승이라는 불합리한 空性論者 vaitulika-ayogaśūnyatāvādin':
ADV., 257. 5f)이다. 『유가사지론』「眞實義品」에서는 "색 등의 법은 오로지
假法으로서만 존재할 뿐 어떠한 경우에도 실체로서 존재하지 않는다고 주
장할 뿐만 아니라 그러한 가법의 所依處(āśraya)마저 부정하는 이"를 壞諸法
者(sarva-vaināśika)라고 하였다.[17]

龍樹(Nagārjuna)는 『중론』 제1 「관인연품」에서 "緣이란 결과를 전제로
한 개념일 뿐 그 자체 실유가 아니기 때문에 '결과는 [실유의] 緣으로부터
생겨난다'고 말할 수 없다"(제7, 제8송)고 언명한 후 4緣 각각에 대해 다음
과 같이 논의하였다.

① 결과는 존재하던 것(有)이 생겨난 것도 아니고, 존재하지 않던 것(無)이
생겨난 것도 아니며, 존재하던 것인 동시에 존재하지 않던 것에서 생겨나
는 것도 아니다. [결과는 그 어떤 것에서도 생겨날 수 없거늘] 어찌 因緣이
존재한다고 말할 수 있을 것인가? (제9송)

② 결과(後法)가 만약 아직 생겨나지 않았다면 [前法의] 소멸은 불합리하
다. [後法이 생겨날 때 前法이 소멸하였다면] 소멸한 법이 어찌 緣이 될
수 있을 것인가? 따라서 次第緣(등무간연)은 존재하지 않는다. (제10송)

③ 諸佛께서 설하신 眞實의 微妙한 法처럼 이같이 인식대상(ālambana: 所緣)
이 되지 않는 법에 어떻게 緣緣(소연연)이 존재한다고 하겠는가? (제11송)

---

17 『유가사지론』권36(T30, 488b26-27), "若唯有假無有實事, 旣無依處, 假亦無有, 是則名爲壞諸法
者."; 안성두 역주(2015), 『보살지』, p.87 참조.

④ 제법은 무자성이기 때문에 어떠한 경우에도 '존재하는 것(sattā: 有相)'
은 없다. [그러므로 실유성에 근거하여] '이것(즉 增上緣)이 존재하기 때문
에 저것이 존재한다'고 설한 것은 옳지 않다. (제12송)

앞서 언급하였듯이 용수의 4緣설 비판의 주된 논거는, 緣은 결과를 전
제로 한 것이기 때문에 그 자체 실유가 아니라는 것이다. "이러한 법으로
인해 결과가 생겨났을 때 이러한 법을 緣이라 말한다. 그러니 만약 이러한
법의 결과가 아직 생겨나지 않았다면 이를 어찌 緣이 아니라고 말하지 않
을 것인가?" (제7송)

靑目(Piṅgala)이 해설하듯 진흙과 물 등은 항아리가 생겨났을 때 비로소
항아리의 緣이 된다. 항아리가 생겨나지 않았다면 진흙 등은 항아리의 緣이
아니다. 이렇듯 [세간에서는] 원인(緣)과 결과를 선후관계로 보지만(T30,
2c15), 원인이 존재할 때 결과는 아직 생겨나지 않았고 결과가 생겨났을
때 원인은 이미 소멸하였기 때문에 인과관계가 성립하기 위해서는 양자는
동시적, 상호의존적 관계가 되지 않으면 안 된다. 따라서 원인이 된 緣은
그 자체로서는 존재할 수 없는 의타적 존재이다.

용수의 유부 인연론 비판의 논거는 異時인과의 논리적 모순이지만, 이
는 아이러니컬하게도 경량부 인과론에 대한 유부와 유가행파의 비판논리
였다. "원인이 존재할 때 결과는 아직 생겨나지 않았고 결과가 생겨났을
때 원인은 이미 소멸하였기 때문에 인과적 관계가 이루어질 수 없다."[18]

그러나 유부를 비롯한 유가행과 중관에서의 異時인과 비판은 유부가
이해한 바와 같은 개별적 실체로서의 법이 찰나찰나 생멸하는 것이라는
사실을 전제로 한 것이지만, 경량부에 있어 전후찰나는 개별적 실체의 현

---

[18] 본서 제5장 2. '異時인과에 따른 유부의 문제제기', 3-1. '화합(=異時인과)에 따른 所緣의
展轉상속'; 제14장 2. '세친의 종자설에 대한 중현과 무착의 비판' 참조.

현이 아니라 법 자체의 실제적인 변화(pariṇāma: 轉變)의 과정이기 때문에 오로지 존재하는 것은 前法의 결과이자 後法의 원인인 현재법뿐이다.

상좌가 緣에 따라 생겨난 말소리(語業)를 다만 世俗으로 이해하고, 『대비바사론』에서 비유자 계통의 大德과 尊者가 '4緣=假名(혹은 비실유)'론을 주장한 것 또한 근본적으로 이 같은 사유에 기초하였기 때문일 것이다. 이제 비유자와 상좌 슈리라타가 유부의 6因 4緣 각각에 대해 어떻게 이해하였는지 좀 더 구체적으로 살펴보기로 한다.

2. 상좌의 유부 4緣설 비판

1) 因緣 비판

인연(hetu-pratyaya)이란 원인이 바로 緣('因卽是緣')이라는 뜻으로, 원인으로서의 緣, 원인이 되는 緣을 말한다. 제법(결과)이 생겨나기 위해서는 직접적인 원인(能生因)뿐만 아니라 간접적 보조적 원인도 필요하기 때문에 能生의 직접 원인인 因緣을 4연 중의 첫 번째로 설정하게 된 것이다. 앞서 언급한 대로 유부에서는 여기에 俱有·同類·相應·遍行·異熟의 5因을 배당하였다. 이 중 구유인과 상응인은 결과와 동시적 관계로서 俱生因이고, 나머지 세 원인은 결과와 계시적 관계(無間이나 隔越)로서 前生因이다. 여기서는 먼저 비유자/경량부가 가장 타기 비판하였던 동시적 인과관계부터 논의한다.

(1) 同時인과: 구유인과 상응인

흔히 '諸法의 因緣和合'으로 일컬어지는 불교의 인과론은 바로 유부의 동시인과론에서 출발한다. 자동차를 구성하는 2만 여 종의 부품(인연)이

동시에 존재하며 서로에 대해 작용하듯이, 유정 또한 자아와 같은 고유불
변의 정체성은 인정되지 않기 때문에 유정을 구성하는 제법, 이를테면 마
음(心)과, 마음의 所依와 所緣이 되는 5根과 5境의 4대종과 소조색, 마음과
함께하는 諸心所 등의 心隨轉法, 生 등의 有爲相과 이를 가능하게 하는 隨相
등의 법은 동시에 존재하며 서로에 대해 원인이 되고 결과가 된다. 그리고
이와 함께 각각의 법은 선행한 前法의 결과이기도 하고, 이후 생겨날 後法
의 원인이 되기도 한다.

이에 따라 유부에서는 因緣을 俱有因(혹은 俱生因)과 前生因으로 분별하
였는데, "이것이 있기 때문에 저것이 있고, 이것이 생겨났기 때문에 저것이
생겨난다(此有故彼有 此生故彼生)"는 緣起法說의 2句는 因果의 總相으로 이러
한 두 가지 인과유형을 나타낸 것으로 이해하였다.[19] 이에 반해 상좌는 이
경설을 다만 異時의 인과를 분명히 한 것으로 이해하였다.

여기서 상좌는 경의 뜻을 이같이 해석하였다. "이것이 있으므로 저것이
있다"고 함은, [유정의 相續은] 원인이 되는 상속이 먼저 존재하고 그 후
결과의 상속이 존재하여 지속한다는 사실을 말한 것이다. [그럴 경우] 무
엇이 먼저 생겨난 것이고 무엇이 생겨난 이후 지속하는 것인가? 바로 이
에 답하기 위해 다시 "이것이 생겨났기 때문에 저것이 생겨난다"고 설한
것이니, 이는 먼저 원인이 생겨났기 때문에 그 후 결과가 생겨나 相續이
지속한다는 사실을 나타낸 것이다.[20]

상좌는 다시 말하였다. "이것이 있으므로 저것이 있다"고 함은, 결과가

---

19 『순정리론』권15(T29, 419a1-3); 동 권25(483a19-20), "對法諸師, 釋此二句. 諸有支起必由二因,
俱生前生有差別故."

20 『순정리론』권15(T29, 419a7-11), "此中上座, 釋經義言: '依此有彼有'者, 此說有因相續爲先, 然後
有果相續而住. 誰生爲先, 誰生已住? 爲答此復說 '此生故彼生.' 此顯因生爲先故後果生而相續住."

존재함에 따라 원인에 소멸이 존재한다는 것이며, "이것이 생겨났기 때문
에 저것이 생겨난다"고 함은 [그럴 경우] 결과는 원인 없이 생겨난 것이라
고 의심할까 염려하여, 그래서 "원인이 생겨남에 따라 결과도 비로소 생
겨날 수 있다"고 다시 말하게 된 것으로, 원인 없이 ['결과가 존재한다'고]
말한 것이 아니다."[21]

앞의 인용문은 중현이 『순정리론』「辯差別品」(『구사론』의 「根品」에
해당함) 상에서 心隨轉法에 대해 논의하는 중 상좌의 異時인과설을 비판하
면서 인용한 것이고, 뒤의 인용문은 「辯緣起品」(『구사론』의 「世間品」에 해
당함)에서 연기2구에 대한 상좌의 해석을 인용한 것이지만, 내용은 대동소
이하다. 이것과 저것, 원인과 결과는 前滅後生의 관계로 원인이 존재할 때
결과는 아직 생겨나지 않았고 결과가 존재할 때 원인은 이미 소멸하였다.
비유자에게 있어 존재란 이미 생겨나 아직 소멸하지 않은 것('已生未滅, 是
爲有相': 제8장 주37)으로 有(존재)·無(비존재)와 生(생기)·滅(소멸)은 각기
동일한 의미였다. 상좌는 필시 이에 따라 연기2구를 다만 계시적 인과관계
를 보다 분명한 형식으로 강조한 것으로 이해하였을 것이다. 이러한 해석
은 "연기2구는 서로 관계하는 것도 아닐뿐더러 2구와 관련된 의미 또한
각기 다른 것"[22]이라는 유부의 이해와는 전혀 다른 것이다.[23]

---

21 『순정리론』권25(T29, 482c5-7), "上座復言: 依此有彼有者, 依果有因有滅.; 此生故彼生者, 恐疑
果無因生. 是故復言 '由因生故, 果方得起.' 非謂無因." 이는 『구사론』「世間品」에서 有釋로
인용된다. "復有釋言:--" (T29, 51a12-15); punar āha "asmin satīdaṃ bhavatī"ti "kārye sati
kāraṇasya vināśo bhavatī"ti. syān matam ahetukaṃ tarhi kāryam utpadyata ity ata āha nāhetukam.
yasmād asyotpādād idam utpadyata iti. (AKBh., p.139. 17-18); "復有餘師說. 若此有彼有者, 若事有
緣滅必有. 若爾, 此事應不由因生. 是義不然. 無無因義. 何以故? 由此生彼生故." (『구사석론』,
T29, 208a4-6)

22 『순정리론』권15(T29, 419a28f), "前後二門 不相待故, 二門所待義各異故."

23 참고로 세친은 주21의 상좌 해석에 대해 다만 "경의 뜻이 그러한 것이라면 [경에서]
'이것이 있으므로 저것이 존재하지 않게 된다(依此有, 彼成無)'고 하든지 먼저 '원인이
생겨났기 때문에 결과가 생겨난다'고 설한 후 '결과가 있으므로 원인이 존재하지 않게

유부의 俱有因의 주요논거는 "眼·色을 緣하여 眼識이 생겨나고, 세 법의 和合인 觸은 受·想·思와 俱生(sahajā)한다"는『잡아함』제306경이다.[24] 예컨대 중현은 제법이 다만 前生因으로서만 존재한다면, 먼저 생겨난 眼과 色은 후 [찰나]의 안식에 소의와 소연도 될 수 없고, 안식이 생겨났을 때 안과 색은 이미 소멸하였기 때문에, 더욱이 경량부의 종의에서는 이미 소멸한 과거법은 존재하지 않는다고 주장하기 때문에 세 법의 和合(saṃnipāta)은 불가능하다고 비판하였다.[25]

그러나 상좌는 유부의 제법 俱生論에 대해 이같이 비판한다.

諸行에는 결정코 俱生因이 존재하지 않는다. 왜냐하면 諸行이 장차 생겨나려고 할 때에는 [아직 생겨나지 않았기 때문에 그것과 동시에 생겨나는] 원인(즉 구생인)이 존재하지 않는다고 해야 하기 때문이며, 또한 [그럼에도 생겨났다면] 다른 종류(餘類)가 다른 종류를 낳았다고 해야 하기 때문이다. 즉 동시에 생겨나는 법(俱生法)이 장차 일어나려고 하는 상태에서

된다(依果有, 因成無)'고 설했어야 하였다"고 비판하였는데(T29, 51a15-19), 이에 대해 중현은 상좌가 말한 바는 완전히 상식/이치(nīti: 義理)가 결여된 것임에도 다만 '그의 해석은 경의 뜻이 아니'라고 차별적으로 비판한 것은 '石女의 아들은 극히 용감하지 않다'고 말한 것과 다르지 않다고 비판한다. (T29, 482c14-483a7) 여기서 중현은 세친이 [평소] 상좌와 '견해를 함께 한 이(同見者)'임을 밝히고 있다. (동, 482c12) 중현에 의하면, 상좌는 '이것이 있기 때문에 저것이 있다'는 경설을 "결과가 존재함에 따라 원인에 소멸이 존재한다(依果有因有滅)"로 해석한 데 대해 이같이 해명한다. "여기서의 내 의도(abhiprāya)는 결과가 존재하는 단계에서 원인은 비로소 소멸한다는 사실을 말하려는 것이 아니었다. 내 의도는 다만 요컨대 결과가 존재하는 단계에서는 원인에 소멸이 존재한다는 사실을 말하려는 것이었으니, 이는 바로 <u>결과가 존재할 때 원인은 바야흐로 어떠한 경우에도 존재하지 않는다</u>는 말이다. (我意不說 '果有位, 因方滅. 我意, 但言要 '果有位, 因方有滅.' 是於果有時, 因方有無義.)" (T29, 482c24-26)

24 『대비바사론』권16(T27, 79b20-21), "又契經說. '眼及色爲緣, 生眼識. 三和合故, 觸俱起受想思.' 如是等經, 說俱有因.";『순정리론』권15(T29, 416c4-6), "又如經說. '三和合觸, 俱起受想思.' 諸如是等, 即俱有因. 諸行俱時, 同作一事, 由互隨轉. 故立此因." 이 경설에 대해서는 제3장 3-2-1 '觸' 참조

25 『순정리론』권15(T29, 420c21-421a16). 이에 대한 상좌의 해명은 제5장 2-1 '화합(=異時인 과)에 따른 소연의 展轉상속' 참조.

이것은 저것에 대해 능히 生因이 될 수 있는 것이 아니니, 아직 생겨나지 않았기 때문이다. 또한 [만약 '이것'과 '저것'이 동시라면] 그러한 두 종류와는 다른 원인을 추구해야 할 것이니, 그러한 [다른] 두 원인에 의해 [비로소 '이것'과 '저것'의] 두 가지가 함께 일어날 수 있기 때문이다."[26]

중현은 상좌가 제기한 동시인과의 문제점을 다음의 세 가지로 정리하였다. (중현은 이에 대한 해명과 재 비판을 통해 俱有因의 도리를 천명한다.)

첫째, [어떤 법이] 장차 생겨나려고 하는 상태에서는 이미 생겨난 것이 아닐뿐더러 아직 존재하지 않는 것이라고 해야 할 것인데, 어떻게 능히 생겨나게 하는 것(能生)과 생겨나는 것(所生)을 말할 수 있을 것인가?

둘째, 원인이 존재한다면 바로 [동시에] 결과도 존재한다고 말해야 하기 때문에, 만약 미래세의 제법이 [이러한 俱生因에 의해] 능히 생겨나는 것이라면 제법은 항상 [단박에] 생겨난다고 해야 하는 과실을 범하게 된다.

셋째, 동시에 생겨난 법이 [서로에 대해 원인과 결과가 된다고 한다면] '이것은 결과이고 이것은 원인이다'고 하는 결정적인 근거가 없으며, 나아가 씨앗과 싹 등의 경우에서 보듯이 세간에서 일반적으로 인정되고 있는 因果相生(hetuphalabhāva) 중에서는 이와 같은 동시인과가 발견되지 않는다.[27]

『대비바사론』 상의 譬喩者 역시 俱生因의 일종인 相應因에 대해 비판적이었다. 『바사론』의 편자는 本論(『발지론』)에서의 상응인의 논의는 비유자의 종의를 막기 위한 것이라고 말한다.

---

26 『순정리론』권15(T27, 421b18-22), "又上座說: 諸行決定無俱生因, 諸行將生, 應無因故. 又應餘類生餘類故. 謂俱生法, 於將起位, 非此與彼能作生因, 猶未生故. 又應求彼二種異因, 由彼二因, 二俱得起."

27 『순정리론』권15(T29, 418c21-27). 『구사론』상에서는 心隨轉法의 동시인과에 대해 세 번째의 인과상생의 예(씨앗과 싹)로써만 문제를 제기하는데(T29, 30c28-31a2; AKBh., p.84), 普光과 法寶는 이를 經部의 물음으로 평석하였다. (T41, 117b2; 560b3)

[**本論:**] 무엇이 相應因인가?

문: 무엇 때문에 이에 대해 논의하는 것인가?

답: 다른 이들의 주장을 비판하고 正理를 드러내기 위해서이다. 즉 어떤 이는 심·심소법은 전후로 생겨나는 것일 뿐 일시에 생겨나는 것이 아니라고 주장하였는데, 예컨대 譬喩者가 그러하다. 그들은 이같이 말하였다: "심·심소법은 諸 因緣에 근거하여 전후로 생겨난다. 비유하자면 상인들이 험하고 좁은 길을 지나갈 때 한 명씩 건너가고 두 명이나 [여럿이] 함께 가는 일이 없듯이, 심·심소법도 역시 이와 같다. 즉 衆緣과 화합하여 하나씩 생겨나니, 각기 근거하는 衆緣(예컨대 所依·緣)이 다르기 때문이다."[28]

이에 대한 유부 아비달마의 正義는 비록 심·심소법이 각기 별도의 生·住·異·滅의 4相과 화합할지라도 동일한 감관(根)에 근거하고 동일한 경계대상(境)을 반연하여 생겨나기 때문에 동시에 일어난다는 것이다. 그러나 비유자의 경우 심·심소법은 생기조건인 감관과 대상을 달리한다. 『대비바사론』에서는 비록 相應因이라 명시하지는 않았을지라도 제법의 상응관계에 대해 논설하면서도 비유자의 심·심소 次第繼起설을 비판하면서 그들의 大德이 다수의 상인들이 좁은 길을 지나갈 때 한 사람씩 지나가듯이 제 유위법 또한 "개별적으로 화합하여 [하나씩] 생겨난다(別和合生)"고 주장한 사실을 전하고 있다.[29]

심·심소가 각기 별도의 소의(根)·소연(境) 등의 衆緣과 화합하여 하나씩 (각기 개별적으로) 생겨난다면, 이때 소의와 소연은 전후찰나 서로 유사

---

28   『대비바사론』권16(T27, 79c6-12). 원문은 제3장 주29,

29   『대비바사론』권16(T27, 270a11-15), "大德說曰: 諸法生時, 次第而生, 無並起義. --(중략)-- 諸有 爲法亦復如是, 一一從自生相而生, 別和合生, 理不俱起." 이에 반해 阿毘達磨諸論師는 제 유위법은 "하나로 화합하여 [동시에] 생겨난다(一和合生)"고 주장한다. (T27, 270a15-20)

한 것으로 외계가 아니라 수계·종자(즉 공능)의 상태로서 心相續 상에 존재한다고 하지 않으면 안 된다. 비유자/경량부는 경설 상의 '俱生'이라는 말을 '無間의 次第生'의 뜻으로 해석하였고, 상좌는 '심·심소의 相應和合'을 서로 유사한 소의·소연 등에 근거하여 無間으로 일어난다는 뜻으로 이해하였다.[30]

비유자/경량부가 유부의 동시인과설을 비판하고 이시인과설을 주장하게 된 배경은 무엇인가? 중현은 "미래세 제법이 俱生因에 의해 생겨나는 것이라면 제법은 항상 [단박에] 생겨나야 한다는 과실이 있다"는 문제제기(주27)에 대해 前生因만이 존재한다고 주장하는 경우에도 동일한 과실이 초래된다고 힐난한다.

또한 [저들처럼] 오로지 前生因만이 존재한다고 설하는 경우, 어찌 그들만이 홀로 이와 같은 허물이 없다고 말할 수 있을 것인가? 그들이 [주장하는] 前生因(즉 隨界·종자)도 항상 존재하는 것이기 때문에 마땅히 일체법은 일체 時에 걸쳐 항상 생겨나야 하는 것이다. 즉 '[앞서 생겨난] 원인이 능히 諸法을 낳는다'고 인정하는 이들에 대해서도 모두 이와 같은 허물과 힐난을 施設할 수 있는 것이다. 그런데 거짓되게 '隨界가 존재한다'고 주장하는 이들(妄執有隨界論者)의 경우, 그들은 이루 헤아릴 수 없는 법의 生因이 항상 시금 바로 존재한다고 주장하거늘, 어찌 그대들의 종의에민 유독 제법은 일체 時에 단박에 생겨난다는 허물이 없다고 하겠는가?[31]

비유자/경량부는 앞서 생겨난 前生法만을 인정하고 俱生因을 부정하게 된 것은 그들의 수계·종자설과 밀접한 관련 있다. 상좌는 유정이 경험하는

---

30 비유자/경량부의 심·심소 次第繼起설에 대해서는 제3장 2절; 제5장 1-2 참조.
31 『순정리론』권15(T29, 419c16-20), "又唯說有前生因者, 於如是過, 豈獨言無? 彼前生因, 恒時有故, 應一切法一切時生. 隨有許因能生諸法, 皆可施設如是過難. 然妄執有隨界論者, 彼執恒現有無量法生因, 豈不汝宗獨爲諸法於一切時頓生過害?"

다양한 유위제법의 因緣性(인연 일반)을 '舊隨界' 또는 '隨界'(종자의 이명)라는 말로 총칭하였다. (제10장 주2 참조)

(2) 異時인과: 동류·변행인과 이숙인

비유자/경량부가 前生因만을 인정하였다면, 결과와 찰나의 간격(無間)을 갖거나 멀리 떨어진(隔越) 同類因과 遍行因, 異熟因은 인정하였던가? 비록 인정하였을지라도 유부와는 이해를 달리하였다. 『대비바사론』 상에서 이에 대한 비유자의 두드러진 이해는 ① 색법은 동류인이 되지 않는다, ② 변행인은 연기의 根本인 무명과 有愛이다, ③ 이숙인(즉 선악업)의 본질은 思라는 것이다. 좀 더 상론하면 이러하다.

① 동류인

동류인이란 자신과 서로 유사한 법(等流果)을 낳는 원인으로, 결과와 멀리 떨어져 있든 가까이 있든 오로지 먼저 생겨난 前生의 법만이 自部(見·修의 5部所斷) 自地(욕계와 4정려·4무색정)의 법에 대해 동류인이 될 수 있다. 그런데 譬喩者는 우물 밑바닥에서 파낸 진흙더미도 [햇볕을 쬐고 바람과 비를 맞으면] 거기서 풀의 싹이 돋아난다[거나 혹은 일찍이 씨앗을 뿌린 적이 없는 지붕이나 산봉우리에 초목이 생겨난다]는 비유에 근거하여 "색법은 색법에 대해 동류인이 되지 않는다"고 주장하였다.

이 주장은 『대비바사론』 상에서 西方諸師와 譬喩論者의 공통의 학설, 혹은 外國諸師의 학설로 전해지지만,[32] 중현은 『순정리론』에서 이를 비유자설로 인용한다.

譬喩者는 설하였다. 모든 색법에는 결정코 동류인이 존재하지 않는다. [색법은] 다만 衆緣이 화합 資助하여 生長을 획득하는 것일 뿐으로, 現見하건대 우물 밑바닥에서 파낸 진흙 중에서 싹이 생겨나는 경우가 있기 때문이다. 지하(우물 밑바닥)에서는 일찍이 종자가 생겨난 일이 없었는데, 싹은 어디서부터 생겨났을 것인가? 따라서 색법에는 동류인이 존재하지 않음을 알아야 한다."[33]

이에 대해 유부에서는 물론 그전에도 씨앗은 존재하였지만 햇빛이나 바람(공기) 등의 연을 만나지 못해 싹을 틔우지 못하였을 뿐으로, 일찍이 진흙 중에 동류인(씨앗)이 존재하지 않음에도 싹이 생겨날 수 있다면 그것에서 일체의 존재가 생겨날 수 있다고 해야 한다거나 결정적 원인이 존재하지 않기 때문에 아무 것도 생겨나지 않는다고 해야 한다고 비판한다. (T29, 422b6f)

비록 우물바닥에서 파낸 진흙의 現喩를 제시하였을지라도 비유자가 어떤 이론적 배경에서 색법은 동류인이 되지 않는다고 주장한 것인지 분명하지 않다. 다만 그들은 과거법의 실재성을 부정하였기 때문에 시간적으로 相距한 과거의 원인이 바로 (직접적으로) 결과를 낳는다고 주장하지 않았을뿐더러 후술하듯이 색법도 심법과 마찬가지로 等無間緣이 된다고 주장하였는데, 이 문제는 필경 이와 관련 있을 것이다. 유부에서 등무간연은 開避法으로 인연(즉 種子法)의 일종인 동류인과 전혀 다르지만(주59 참조), 상좌는 등무간연을 무간에 [동류의] 색심을 낳는 전 찰나의 색심, 인연과 동일한 성격의 前生法으로 간주하였다. 상좌에 의하면 색법의 인연은 전 찰나의 色聚 중에 존재하는 색법(4대종)종자·수계(등무간연은 전 찰나의 色聚)이기 때문에(제10장 5-1 참조) 굳이 인연의 일종으로 동류인을 별도로 설정할

---

[33] 『순정리론』권16(T29, 422a25-28), "譬喩者說. 諸色決定無同類因. 但由衆緣和合資助, 而得生長. 現從井下掘出泥中, 有芽生故. 非於地下曾有種生, 芽從何起? 故知色法無同類因."

필요가 없었을지도 모른다.

참고로 『대비바사론』에서는 비록 무기명일지라도 [근본아비달마(『발지론』)에서] 同類因에 대해 논의한 이유는 과거·미래는 실유가 아니라는 (따라서 과거의 색심은 동류인이 아니라는) 어떤 이의 주장을 막기 위한 것이라고 하였는데,[34] 이들 또한 '삼세에 대해 알지 못하는 자(於三世不了別者: T27, 141b1)'나 후대 경량부와 관련 있을 것으로 생각된다.

② 변행인

변행인이란 먼저 생겨난 遍行惑이 自地의 自部와 他部의 염오법에 대해 원인이 되는 것을 말한다. 즉 98수면 중에서 見苦所斷의 有身見 등의 5見과 疑, 見集所斷의 邪見·見取·疑, 그리고 見苦·見集所斷의 無明 – 전통적으로 7見·2疑·2無明의 11遍惑이라 한다– 은 그 힘이 특히 강력하여 만약 욕계의 그것이면 욕계(自地) 5部의 염오법을 두루 낳는 원인이 되는데, 이를 변행혹/변행인이라고 한다.

그러나 『대비바사론』에 따르면, 어떤 이는 일체의 번뇌가 다 변행이라 주장하였고(T27, 90c3f), 혹 어떤 이는 5部의 번뇌 중의 일부(동 90c5f), 이를테면 見苦·見集所斷의 일체 번뇌(동 90c7f), 혹은 제 번뇌로서 三界에 통하는 것, 즉 10수면 중 瞋을 제외한 것(동 90c11f), 혹은 5部에 통하는 무명·탐·진·만을 변행이라 주장하였으며(동 90c18f), 分別論者와 같은 이는 무명·愛·見·慢·心의 5법을 변행이라 주장하기도 하였다.

이에 대해 비유자는 前際(pūrvānta)연기와 後際(apūrvānta)연기의 근본인 無明(avidyā)과 有愛(*bhava-tṛṣṇā, -taṇhā)를 변행인/변행혹으로 이해하였다.

[本論:] 무엇이 遍行因인가?

---

34 『대비바사론』권17(T27, 85b27-c4). "云何同類因? 乃至廣說. 問: 何故作此論? 答: 爲止他宗, 顯正理故. 謂或有執過去未來非實有體. --爲止如是種種異執, 顯示實有過去未來--故作此論."

문: 무엇 때문에 이에 대해 논의하는 것인가?

답: 다른 이들의 주장을 비판하고 正理를 드러내기 위해서이다. --(중략)--
혹은 또한 어떤 이는 변행에는 두 가지가 있으니, 첫째는 無明이며, 둘째
는 有愛라고 주장하였는데, 예컨대 譬喩者가 그러하다. 즉 그들은 이같이
말하였다. "연기의 근본이 되는 것을 변행이라 이름하니, 무명은 바로
前際緣起의 근본이며, 유애는 後際緣起의 근본이다. 그래서 변행이다."[35]

앞서 언급한 것처럼 유부에 의하는 한 무명은 다만 見苦·見集所斷만이
변행이며, 有愛는 변행이 아니다. (T27, 90c17-18) 비유자는 어떤 의도에서
무명과 유애를 변행인(혹은 변행혹)이라 한 것인가? 문맥대로라면 비유자
는 無明과 行(=因)에 의해 초래되는 識 내지 受(=果)의 前際연기와 愛·取와
有(=因)에 의해 초래되는 生·老死(=果)의 後際연기의 二世兩重의 인과설을
주장하였고,[36] 두 연기의 근본이 된 無明과 有愛(後有를 초래하는 愛)를 모든
번뇌에 두루 작용하는(sarvatra-gata, 遍行), 혹은 능히 衆苦를 낳는 번뇌[37]로
이해하였다.

상좌 슈리라타 또한 無明을 '온갖 번뇌를 모두 포함하는 번뇌', '일체의
번뇌를 본질로 하는 번뇌'로 이해하였다.[38] 중현은 "불타 스스로 決擇 了別
한 것이 了義經"이라는 상좌의 성전관[39]을 비판하면서 다음과 같은 상좌

---

35 『대비바사론』권18(T27, 90c2f; 90c14-17), "云何遍行因? 乃至廣說. 問: 何故作此論? 答: 爲止他
宗, 顯正理故. --(중략)-- 或復有執: 遍行有二, 一者無明, 二者有愛, 如譬喩者. 彼作是說: 緣起根本,
名爲遍行. 無明是前際緣起根本, 有愛是後際緣起根本. 故是遍行."

36 이러한 二際緣起는 『구사론』권9(T29, 48b8-10); 『순정리론』권25(T29, 481a17-22)에서 설해
진다.

37 앞서 무명 등의 5법이 遍行이라 주장한 分別論者는 변행을 이같이 이해하였다. "有五遍行
法 能廣生衆苦. 謂無明愛見 慢心是爲五." (T27, 90c24-25)

38 『순정리론』권27(T29, 495a26-27), "上座於此, 自解釋言. 此中無明聲, 總攝諸煩惱."; 동론 권
28(T29, 500b28), "又若'一切煩惱爲體,'--";『성실론』권9(T32, 313a19), "故知一切煩惱皆名無明."

39 상좌 슈리라타의 성전관 특히 그의 了義經觀에 대해서는 권오민(2012), pp.657-684 참조.

자신의 해석(결택)을 인용하고 있다.

또한 그는 스스로 "어떠한 까닭에서 무명이라는 말에는 그 밖의 다른 번뇌가 포섭되지만 그 밖의 다른 번뇌라는 말에는 [무명이] 포섭되지 않는 것인가?"라고 힐난하고서 바로 스스로 해석하여 말하였다. "그것(무명)을 떠나지 않기 때문이다. 즉 무명을 떠나 그 밖의 다른 번뇌는 일어나지 않지만, 무명은 그 밖의 다른 번뇌를 떠나서도 홀로 작용(獨行)하는 경우가 있다."[40]

『구사론』에서도 "번뇌는 모두 無明"이라는 이설을 어떤 이의 학설로 전하는데,[41] 稱友 역시 이를 大德 슈리라타(Bhadanta Śrīlāta) 설로 평석하고 "무명이라고 하는 것은 일체의 번뇌의 總名(sāmānya-saṃjñā)"이라는 그의 생각을 전하고 있다.[42]

또한 상좌는 12연기지에서의 '受緣愛'에 대해 "愛는 受에 의해 생겨난 것이 아니며 다만 受를 대상으로 하여 생겨난 것"이라 하였고,[43] 4성제 중 집성제를 경에서 설한 대로 後有를 초래하는 愛로, 멸성제를 愛의 滅로 이해하였다.[44] 그래서 無明과 함께 有愛를 변행인으로 삼았을 것이다.

③ 이숙인

異熟因이란 異熟(무기)의 과보(이숙과)를 초래하는 선·불선의 유루업으

---

40 『순정리론』권27(T29, 495b11-13), "又彼自難. 何故無明聲, 攝餘煩惱, 非餘煩惱聲? 即自釋言. 非離彼故. 謂非離無明餘煩惱轉. 有離餘煩惱, 無明獨行."

41 『구사론』권10(T29, 52a8), "有執, 煩惱皆是無明"; AKBh., p.141. 24, yo 'pi manyate "sarvakleśā avidye"ti.

42 AKVy., p.302. 2-3, bhadanta-Śrīlātaḥ. evaṃ manyate. avidyā iti sarva-kleśānām iyaṃ sāmānya-saṃjñā.; 山口益·舟橋一哉, 『俱舍論の原典解明-世間品』, p.245.

43 『순정리론』권26(T29, 487a26-b1), "上座於此, 復作是說. 受望於愛, 非作生因. 若爾, 如何說受緣愛? 受爲境故. --(하략)--"

44 『순정리론』권57(T29, 659c1-7); 권72(734a16-23). 이에 반해 유부에서의 집성제는 원인적 상태(因性)의 5취온이며, 멸성제는 두말할 것 없이 擇滅(열반)이다.

로, 유부에 의하는 한 이숙인도 이숙과도 5온을 본질로 한다.[45] 그러나 비유자/경량부의 경우 선·불선업의 본질은 思(cetanā)이다. 세친은『구사론』에서 경량부는 "몸(혹은 語와 意)을 움직이게 하는 思가 몸에 근거하여 작용한 것이 身業으로, 경에서 설한 思業과 思己業은 바로 思惟思(saṃkalpa- cetanā)와 作事思(kriyā-cetanā)"라고 주장하였는데(T29, 68c11-17), 이는『순정리론』상에서 비유자의 종의나 상좌의 학설로 확인된다.[46]

『대비바사론』에서의 비유자 또한 "身·語·意業은 모두 동일한 思를 본질로 한다"고 말할뿐더러,[47] 이숙인의 본질 또한 그러하다고 주장하였다.

[本論:] 무엇이 異熟因인가?

문: 무엇 때문에 이에 대해 논의하는 것인가?

답: 다른 이들의 주장을 비판하고 正理를 드러내기 위해서이다. 혹 어떤 이는 "思를 떠난(배제한) 이숙인은 없으며, [苦·樂 등의] 受를 떠난 이숙과도 없다"고 주장하였는데, 예컨대 譬喩者가 그러하다. 그의 주장을 비판하고 이숙인과 이숙과는 다 같이 5온과 통하는 것임을 드러내기 위해서였다.[48]

---

45 『대비바사론』상에서의 정의는 이러하다. "무엇이 異熟因인가? 답: 諸心·心所法이 異熟의 色과 심·심소법과 심불상응행법을 받을 때, 이러한 心·心所法은 저 같은 異熟에 대해 異熟因이 된다. 여기서 '諸 심·심소법'이라 함은 일체 선·불선의 유루의 심·심소법을 말한 것으로, 이 말에는 역시 또한 이에 수반(隨轉)된 색과 불상응행법도 포함되나, 심·심소법과 동일한 결과(同一果)이기 때문이다." (권19, T27, 96b12-17)

46 『순정리론』권34(T29, 535a23), "彼宗唯許思是實業."; 동론 권43(587a1f), "汝己許思依身語轉, 名身語業."

47 『대비바사론』권113(T27, 587a7-8), "譬喩者說: 身語意業, 皆是一思."

48 『대비바사론』권19(T27, 96a24-27), "云何異熟因? 乃至廣說. 問: 何故作此論? 答: 爲止他宗, 顯正理故. 謂謂或有執: 離思無異熟因, 離受無異熟果, 如譬喩者. 爲止彼執, 顯異熟因及異熟果俱通五蘊."『대비바사론』에서는 제법의 有異熟 無異熟에 대해 분별하면서도 비유자가 이숙인·이숙과의 본질을 思·受라고 주장하였음을 밝히고 있다. (T27, 263c23-24; 741b11-12)

그런데『바사론』의 또 다른 비유자는 思를 포함한 일체의 心所는 다만 마음의 차별로서 별도의 실체가 아니라고 말한다.[49] 그렇다면 '이숙인=思, 이숙과=受'를 주장한 비유자는 受·想·思는 실유이고 그밖에 行蘊에 포섭되는 일체의 심소는 모두 思의 차별이라 주장한 상좌 슈리라타(제3장 3-1) 계통의 비유자였다고 할 수 있다. 受와 思의 심소가 마음의 차별로서 別體가 아니라면 이를 이숙과와 이숙인의 본질이라 말할 수 없을 것이기 때문이다.[50]

상좌일파가 이숙인의 본질을 思로 이해한 것은 유부 所說의 무표업 비판에 따른 것이다. 유부의 경우 과거의 업(즉 무표업)이 결과를 낳는 직접적인 원인(즉 이숙인)이지만, 상좌/비유자의 경우 씨앗이 직접 열매를 낳는 것이 아니라 뿌리－싹－줄기 등으로 展轉하다 꽃의 단계에 이르러 비로소 열매를 낳듯이 업 역시 과거의 업이 직접 결과를 낳는 것이 아니라 업의 본질인 思가 훈습된 相續의 변화과정(轉變과 差別)을 통해 낳아진다고 주장한다. (제10장 제3절 참조)

유부에 있어 선·불선 등 유위제법의 因緣(직접적인 원인)은 결과와 동시에 존재(구유·상응인)하거나, 앞서 존재(동류·변행인과 이숙인)한 개별적 실체로서의 법이었지만, 상좌/비유자에게 있어 인연은 無始이래 업과 번뇌와 같은 種種法이 훈습되어 찰나찰나 간단없이(無間으로) 이어져온 유정의 相續(saṃtāna)/所依身(āśraya, 즉 色心 혹은 6處, 名色), 혹은 거기에 훈습된 功能으로, 그들은 이를 隨界(anudhātu)·종자(bīja)로 호칭하였다.[51] 따라서

---

49 『대비바사론』권42(T27, 216b23-24), "謂或有執: 思·慮(慧)是心, 如譬喩者. 彼說: 思·慮是心差別, 無別有體."『순정리론』상의 '어떤 비유자' 역시 오로지 心만이 존재할 뿐 심소는 존재하지 않는다고 주장하면서 "[受·想·思] 세 가지 大地法만이 존재한다"고 주장하는 異說을 언급한다. (T29, 395a1-19)

50 권오민(2012), pp.374f 참조.

현재 상속의 원인(인연)은 오로지 과거 전 찰나이다.[52]

한편 유부에서는 전 찰나의 법을 심·심소법에 한정시켜 因緣인 同類因과는 별도로 等無間緣으로 설정하기도 하였다.

2) 等無間緣 비판

등무간연(samanantara-pratyaya)이란 반열반에 드는 아라한의 최후심을 제외한 그 밖에 이미 생겨난 일체 심·심소법을 말하는 것으로, 이러한 연에 의해 생겨난 법은 [이와] 同等(sama)하고 無間(anantara)이기 때문에 '等無間緣'이라 이름하였다. 유부 毘婆沙에 의하면 여기서 '동등하다'고 한 것은 하나의 相續에 필시 同類의 두 법이 俱生하는 일이 없기 때문이며, '무간'이라 한 것은 이러한 연과 결과 사이를 다른 동류의 법이 막는 일이 없기 때문이다.[53] 그리고 색법은 전후 동등하지 않다는 이유에서 (다시 말해 동류의 두 법이 俱生한다)는 이유에서 등무간연에서 배제하였다. 예컨대 욕계의 색은 무간에 욕계 색(즉 별해탈율의)과 색계 색(정려율의 즉 定俱戒)을 낳기도 하고, 혹은 욕계색과 무루색(무루율의 즉 道共戒)를 낳는 경우가 있다는 것이다.

그러나 상좌 슈리라타는 등무간연에 대해서도 유부와는 완전히 이해를 달리한다.

먼저 그는 색법에도 등무간연이 존재한다고 주장한다. 중현은 색법에 등무간연이 존재하지 않는 이유에 대한 상좌의 코멘트를 다음과 같이 전하고 있다.

上座는 이에 대해 거짓되게 힐난하고 있다. "만약 '어떤 종류의 색(예컨대

---

51 상좌가 제시한 因緣性인 '隨界' 또는 '舊隨界'에 대해서는 제10장에서 상론한다.

52 『순정리론』권15(T29, 421c5-7), "若謂<u>過去是展轉因</u>', 此有虛言, 都無實義, 如何過去全無有體, 而可成立爲展轉因?"

53 『순정리론』권19(T29, 442b28-c2), "此緣生法, 等而無間. 依此義立等無間名. 謂一相續, 必無同類 二法俱生, 故說名'等.' 此緣對果, 無同類法中間爲隔, 故名'無間.'"

욕계 별해탈율의)의 상속이 끊어지지 않았음에도 다시 어떤 종류의 색(색
계 정려율의)이 상속하여 생겨난다'는 이 같은 사실에 따라 [색법은] 등무
간연이 되지 않는다고 한다면, 어떤 이유에서 저 같은 不共無明과 상응하
는 품류 중에 貪 등이 일어나는 경우가 있는 것인가?"[54]

중현이 말한 대로 이는 유부해석에 대한 힐난 혹은 비아냥거림이다.
"색법은 同類의 두 법(이를테면 별해탈율의와 정려율의)이 俱起하기 때문
에 등무간연이 되지 않는 것이라면, 不共無明은 어떠한 이유에서 탐 등과
상응하는 것인가?" 색법이 등무간연이 되지 않는 이유는 不共無明(탐 등의
번뇌와 상응하지 않고 자력으로 일어나는 무명)이 탐 등과 상응하는 이유
처럼 무의미하다는 것으로, 말하자면 '아이스크림이 뜨거운 이유'에 대해
말한 것과 같다는 것이다. 그는 무표색의 존재를 부정하였을 뿐만 아니라
율의 또한 실체로 여기지 않았기 때문이다.[55]
또한 중현은 "색법은 볏짚더미가 한 줌의 재가 되기도 하고 한 톨의
씨앗에서 거대한 諾瞿陀(nyagrodha) 나무가 생겨나듯 결과와 수량이 동등하
지 않기 때문에 등무간연이 되지 않는다"는 有餘師(『구사론』에서는 '大德')
의 논의(주11 참조)에 대한 상좌의 해명을 다음과 같이 전하고 있다.

저 上座는 자신의 門人들에게 이 같은 뜻에 대해 거짓되게 힐난하였다.
"색법 역시 심·심소법과 마찬가지로 그 자체 동일한 종류(自類, svajāti)의

---

54 『순정리론』권19(T29, 444c16-19), "上座此中妄作是詰: 若'一類色相續不斷, 復有一類相續而生.'
由此故非等無間者, 何緣於彼不共無明相應品中, 有貪等起?"

55 상좌는, 예컨대 "身·語의 악행을 짓지 않는 것(正業·正語)은 [율의라는] 별도의 실체 때
문이 아니라 聖道의 힘이 일어나 상속하기 때문"(T29, 543b27-29)이라거나 "수승한 阿世耶
(āśaya)와 그에 따른 선하고 청정한 심·심소법 때문"(543c6)이라 하였다. 그는 戒(śīla)에
대해 이같이 규정하였다. "尸羅라고 하는 말은 바로 串習의 뜻이니, 그렇기 때문에 시라
는 별도의 實體로서 존재하는 것이 아니다." (543c11f) 이상 제10장 주99 참조.

법 하나하나는 각기 차별되기 때문에, 비록 온갖 界(地·水·火·風의 4界)의 和合聚 중에 이루 헤아릴 수 없는 無量의 色(즉 극미)이 존재할지라도 그러한 種類[의 법]이 [전후찰나에 걸쳐] 展轉하는 것(연속적으로 이어지는 것)을 서로 비교해보면 각기 차별이 있다."[56]

우리에게 경험되는 구체적인 물질(色聚)은 단일한 법이 아니라 온갖 界(地·水·火·風의 요소)의 和合聚로, 유부가 등무간연이 된다고 주장하는 심·심소법의 경우와 마찬가지로 각각의 界는 그 자체 동일한 종류로서 전후가 동등하다는 것이다. 즉 유부의 경우, 예컨대 선심에서 무기심이 생겨날 때 전 찰나의 선심은 10대지법과 10대선지법과 尋·伺 등 최소한 22가지 심소와 상응하고, 후 찰나의 무기심은 오로지 12가지 심소와 상응하여 별도의 다른 종류(jātyantara: 異類)는 증감할지라도 受·想 등은 그 자체 동일한 종류(svajāti: 自類)로서 증감하는 일없이 동등하다고 주장하듯이, 색법도 역시 그러하다는 것이다.

세친은 『구사론』에서 색법의 자성인 地·水·火·風(堅·濕·煖·動相)의 4大 隱顯에 대해 논의하면서 "木聚 중에 種種界가 존재한다"는 경설(『잡아함』 제494경: T2, 129a3)에 근거하여 "水聚 중에 [水大를 제외한] 그 밖의 대종은 실체(svarūpa)로서 존재하는 것이 아니라 種了(bīja)로서 존재한다"는 有餘師(apare)의 주장을 인용하는데,[57] 이에 따르면 낙구타 나무의 씨앗 속에는 이미 낙구타 나무의 모든 것이 종자(가능태)로서 잠재한다. 즉 유정의 心相續

---

56 『순정리론』권19(T29, 445a11-14), "然彼上座, 對自門人, 於此義中, 妄有所詰: 謂色亦與心心所同, 自類一一各差別故, 雖於諸界和合聚中有無量色, 而彼種類展轉相望, 各有差別."

57 AKBh., p.53, 13-14, bījatas teṣu teṣāṃ bhāvo na svarūpata ity apare. "santy asmin dāruskandhe vividhā dhātava" iti vacanāt.; 『구사론』권4(T29, 18c9-11), "有餘師說. 於此聚中, 餘有種子, 未有體相故. 契經說. '於木聚中有種種界.' 界謂種子." 현장역본 『구사론』의 밑줄부분은 현장의 가필. 普光과 稱友는 공히 有餘師를 경량부(經部師)로 평석하였다. (T43, 72a23).; AKVy., p.125. 6.

에 受·想 등의 차별이 있어 전후 각기 그 자체 동일한 종류(自類)로서 동등하기 때문에 '등무간연'이 된다고 한다면, 색법 또한 종자가 현행(顯現)하고 현행이 종자로 잠재(隱伏)하기 때문에 역시 전후가 '동등하다'고 말할 수 있는 것이다.

중현은 앞서의 상좌의 힐난에 대해 "상좌가 이같이 되지도 않은 말('탐 등도 불공무명과 함께 한다')을 설한 것은 다만 배움이 부족한 門人(寡學門人)들을 유인하여 속이기 위해 자기가 아비달마(對法)의 종의에 매우 잘 통달하였음을 나타내기 위한 것"이라 평가절하하고,[58] 유여사의 논의에 대한 그의 해명(주56)을 "한 톨의 참깨나 콩, 보리로부터 다수의 동일한 결과가 생겨난다"는 등의 이유에서 '虛言'으로 단언하였으며(T29, 445a14ff), 다시 "色과 非色에 차별이 있을지라도 [유부에서는] 다 같이 동류인 등이 된다는 사실을 부정하지 않듯이, 이와 마찬가지로 그러한 볏짚더미 등의 색법 역시 다 같이 등무간연도 될 수 있다고 해야 한다"[59]고 따진데 대해 "이는 다만 상좌의 연치가 늙고 쇠하여 헛말을 내뱉은 것"이라 비난하기도 하였다.[60]

유부에서는 등무간연을 자파의 교학적 전제에 따라 이해하였다. 전술한 대로 색법은 전후의 상속이 동등하지 않다는 이유에서 등무간연을 심·심소법에 한정시키고, 마음 등은 어떠한 경우에도 일찰나에 하나씩 일어날 뿐 두 마음이 동시에 일어날 수 없기 때문에[61] '동등하다(等)'는 말을 하나의

---

58 "然說貪等不共無明俱時起者, 但爲誘誑寡學門人, 顯己善通對法宗義." (T29, 444c21-23)

59 『순정리론』권19(T29, 445a24-26), "又彼(上座)所言: 如色非色雖有差別, 而等不遮同類因等, 如是 彼法亦應等作等無間緣." 참고로 유부의 경우, 同類因 역시 먼저 생겨난 법으로서 자신(自 地와 自部)과 서로 유사한 법을 낳는 원인이지만, 등무간연이 開避力에 근거한 것으로 [미래] 正生位에서는 개피의 공능을 갖지 않으며 已生時 갖는 것이라면, 동류인은 能生의 種子法(즉 因緣)과 같은 것으로 正生位에서는 종자법으로 머물다 已生時에 결과를 취하는 것이라는 점에서, 혹은 동류인은 正生位 이후 자신의 결과를 취하지만, 등무간연은 已滅 位에서 자신의 결과를 취한다는 점에서 차이가 있다. (『순정리론』권16 T29, 422c29-423a6)

60 "但是上座, 其年衰朽, 出虛之言." (T29, 445b6f)

61 유부의 '오로지 일찰나에 하나의 마음만으로 상속한다(一心相續而轉)'는 주장의 논리적

相續에 동류의 두 법이 俱起하는 일이 없는 것으로, 멸진정 등에서 出定할 때의 마음은 과거 入定할 때의 마음을 등무간연으로 삼기 때문에 '無間'이라는 말을 중간에 다른 동류의 법이 막는 일이 없는 것으로 이해하였다. 즉 '동등하다'는 말을 전후로 상속하는 법의 '同類'로 이해할 경우 유부의 교리 상 선심 등으로부터 불선심 등이 생겨나는 것이나 최초의 무루심(苦法智忍)을 설명할 수 없기 때문이며, '無間'이라는 말을 찰나의 續生으로 이해할 경우 멸진정 등에서의 出定心을 설명할 수 없기 때문이다.

이에 반해 상좌/비유자는 등무간연을 다만 말 그대로 "無間(후 찰나)에 同類의 법을 낳는 전 찰나의 법(前生法)"으로 이해하여 여기에 色心 모두를 포함시켰다. 그들은 선심 중에도 불선심의 수계·종자(공능)가 존재한다고 주장하였고, 멸진정에 들어서도 동일種類의 미세한 마음(종자식)이 존재한다는 이른바 '二識俱生'을 주장하였기 때문이다. (제11장 2-1 참조)

> 譬喩論師는 말하였다. : "모든 색법도 심·심소법과 마찬가지로 등무간연을 갖는다. 우유와 술(醴)과 씨앗과 꽃이 요구르트(酪)와 초(酢)와 싹과 열매를 낳는 예로 보건대 심·심소법과 마찬가지로 前法이 멸하고서 後法이 생겨나기 때문에, 모든 색법도 이러한 등무간연의 뜻을 갖는 것임을 알아야 한다. 또한 경에서 '오로지 심·심소법만이 이러한 능부간연이 될 수 있다'고 설한 일이 없기 때문에 이러한 등무간연은 결정코 색법에는 해당되지 않는다는 것은 거짓된 주장이다."[62]

이유는 이러하다. "만약 한 소의신 중에 다수의 마음이 竝起한다면, 그것의 대상(境)은 각기 다르다고 해야 할 것인가, 동일한 것(共相應하는 것)이라고 해야 할 것인가? 만약 동일한 것이라고 한다면, 그것은 결국 하나의 대상, 하나의 행상으로서 어떠한 차별도 없을 것이기 때문에 '俱起한다'는 말은 쓸데없는 말(唐損)이 되고 말 것이며, 대상이 각기 다르다고 한다면, 염오와 청정, 선과 악이 俱生하여 해탈도 없다고 해야 한다. 그러나 이와 같은 과실은 없기에 한 유정은 오로지 [일찰나에] 하나의 마음만으로 상속한다." (『순정리론』권19, T29, 443b8-21)

62 『순정리론』권19(T29, 445b12-15), "譬喩論師說: 諸色法如心心所法有等無間緣. 見乳醴種花生酪

이는 마음은 두 마음이 동시에 생겨날 수 없기 때문에 반드시 前法이 소멸해야 後法이 생겨날 수 있지만 (그래서 前念의 소멸은 後念에 길을 터주어 생기를 이끄는 開導法으로서의 등무간연이 된다), 색법은 반드시 그렇지 않기 때문에 등무간연으로 설정할 수 없다는 有餘師의 논란(T29, 445b7-11)에 대한 비유자의 해명이다.

마음뿐만 아니라 색법 역시 전법이 멸해야 후법이 생겨날 수 있다. 前滅後生, 이는 色心에 관계없이 법 자체의 찰나멸을 주장하는 경량부 교학의 대전제였다. (유부의 경우 찰나멸은 작용에 한정되며 法體는 恒有이다. 제4장 3-1 참조) 곧 우유(전법)에서 요구르트(후법)가 생겨났다고 할 때, 별체인 우유가 소멸하고 별체인 요구르트가 생겨나는 것이 아니라 우유가 요구르트로 변화(pariṇāma: 轉變)한 것이며, 따라서 우유가 존재할 때 요구르트는 생겨나지 않았으며, 요구르트가 생겨났을 때 우유는 이미 소멸하였다. 상좌는 색법의 前滅後生에 대해 이같이 말하고 있다.

> 어찌 극미의 경우도 동일한 종류(一類)로 상속하여 前前[찰나]가 소멸하고 나서 後後[찰나]가 續生한다고 하지 않겠는가? [전후찰나로 속생한] 그 자체 동일한 종류(自類)를 서로 비교하여 보건대 同等하고 無間이다. 즉 전법이 소멸하여 길을 터줌(開避함)으로 말미암아 후법이 비로소 생겨날 수 있으니, 특성 상 등무간연과 어긋나지 않는 것이다.[63]

그러나 상좌의 등무간연은 더 이상 유부에서 말한 것과 같은, 자신이 소멸함으로써 後法에 처소를 제공하여(avakāśa-dāna: 開導) 생기를 이끄는 開

酢芽果, 如心心所前滅後生. 故知諸色有此緣義. 又無經說, '唯心心所能爲此緣.' 故立此緣定非色者, 是虛妄執."

63 『순정리론』권19(T29, 446a10-12), "豈不極微一類相續, 前前滅已, 後後續生? 自類相望, 等而無間. 由前開避, 後方得起. 相不乖越, 等無間緣."

避法이 아니다. (이러한 논의는 前後찰나의 別體를 전제로 한 것이다.) 그것은 우유가 요구르트를 낳고(되고) 나아가 꽃이 열매를 낳는 것과 같은 일종의 能生法(즉 因緣)이다. 그렇지만 前法이 後法의 원인이라면, 선심으로부터 불선심이 생겨난 경우 선심을 불선심의 원인이라고 해야 하지 않는가? 이에 상좌는 불선심은 전 찰나의 마음(선심) 중에 원인적 상태(hetubhāva: 因性) 즉 種子(=界)로서 수반(隨逐)되고 있다고 하였다. 상좌는 이를 '隨界'(혹은 舊隨界)라 하였다. 그럴 때 마음은 전 찰나의 결과로서 現行한 마음(現行識)과 隨界/종자를 수반하여 후 찰나의 원인이 되는 잠재적인 마음(種子識)이라는 두 층위로 고려되지 않으면 안 된다. 이에 따라 상좌는 등무간연을 다음과 같이 정의하였다.

上座는 이같이 말하였다. 等無間緣이란 이를테면 無間(후 찰나)에 [생겨날] 법으로 하여금 그 自體(ātmabhāva)를 획득하게 하는 전 찰나에 생겨난 법(前生法)을 말하니, 세존께서 "意와 法을 緣하여 意識이 생겨난다"고 설한 바와 같다. 즉 意가 因이 되고 法이 緣이 되었기 때문에 意識이 생겨날 수 있는 것이다. 그렇지만 (다시 말해 유부에서는 한 상속에 동류의 두 법이 구기하는 일이 없기 때문에 심법만이 등무간연이 된다고 주장하지만) '일시에 二識이 함께 일어나는 일은 없다'는 이러한 정의(相, lakṣaṇa)는 옳지 않으니, [二識 중의 하나는] 不明了한 것(*aparisphuṭatva, 즉 종자식)이기 때문이다. 즉 色心과 無間에 色心이 생겨나는 경우, 無間(후 찰나)에 [생겨날] 법으로 하여금 그 自體를 획득하게 하는 전 [찰나]에 생겨난 색심이 [等無間緣이]다.[64]

---

64 『순정리론』권19(T29, 447a22-27), "然彼上座復作是言: 等無間緣, 謂前生法, 令無間法獲得自體. 如世尊說, '意法爲緣, 生於意識' 謂意爲因, 法爲緣故, 意識得生. 然無一時二識並起. 此相非理, 不明了故. 色心無間, 有色心生. 俱是前生, 令無間法獲得自體." 상좌 슈리라타는 이러한 두 층위의 마음을 한 몸에 두 머리를 갖는 命命鳥에 비유하였다. 하나가 깨어 있으면 다른 하나는 잠자고 있는 명명조처럼 유정의 마음 또한 하나는 깨어 있고 하나는 잠자고 있기

이렇듯 상좌는 등무간연을 能生法 −그것도 작용과 같은 양태가 아니라 법 자체를 낳는− 으로 이해하였다. 그러나 유부에 있어 능생인 −법 자체가 아니라 작용을 낳는− 즉 직접 원인은 인연이며, 등무간연은 말하자면 보조 연이었다. 이에 중현은 上座宗(Sthavirapākṣika, 상좌일파)에서는 인연과 등무 간연의 차이를 무시하였다고 비판하였다. 중현은 인연과 등무간연에 대해 논의하면서 상좌의 그것에 대해 각기 다음과 같이 비판하고 있다.

上座 등은 오로지 "諸法은 [等]無間[緣]으로부터 생겨난다"고 주장할 뿐이 니, 어찌 大師(불타)께서 因緣性에 대해 설한 것을 쓸데없는 일로 여긴 것 이라 하지 않겠는가? [현재] 존재하는 법이 생겨나는 데 의지한 원인(즉 인연)은 등무간[연]의 힘으로도 충분히 성취될 수 있거늘 [大師께서는] 어 찌 수고스럽게 이와는 별도로 다시 因緣을 설하였던 것인가?[65]

隨界論을 계승한 저들 [上座]宗에서는 인연과 등무간연의 두 연을 동일한 것이라고 해야 할 것이니, 隨界와 그 所依는 법 자체로서는 어떠한 차별도 없기 때문이다. 즉 惡心과 無間에 善心이 생겨났을 경우, 무엇이 인연이고, 무엇이 등무간연인지 말해보아야 한다. [두 연은] 그 자체로서 어떠한 차 별도 없기 때문이다. 그 밖의 다른 사실을 따져보더라도 역시 그러하다. 따라서 上座宗에서는 다만 聖敎에 대한 거짓된 常網(한결같은 그물)을 펼 쳐 어리석은 이들을 현혹시킬 뿐이다.[66]

때문에 (불명료한 것이기 때문에) 중현이 지적한 바와 같은 '二心竝起'의 과실(주61)은 없다는 것이다. 이에 대해서는 본서 제11장 '상좌 슈리라타의 일심'에서 상론한다.

65 『순정리론』권18(T29, 441c24-27), "又上座等, 唯執諸法從無間生, 豈不大師說因緣性便爲無用? 以所有法生所藉因, 等無間力足能成辦, 何勞此外更說因緣?"

66 『순정리론』권19(T29, 447b4-8), "又彼宗承隨界論者, 因等無間二緣應同. 隨界所依, 體無別故. 惡心無 間, 有善心生, 應說誰因, 誰等無間. 體無別故. 責餘亦然. 故上座宗, 但於聖敎, 矯施常網, 幻惑愚夫."

이에 대해 상좌는 "등무간연의 힘과 生因(인연 즉 隨界)의 힘은 그 뜻이 다르지만, 생겨날 법에 대해 다 같이 [能生의] 功用(작용)을 갖는다"고 해명한다.67 이는 상좌가 유부와 같은 실체론적인 사유에 근거하여 인연론을 추구하지 않았음을 의미한다. 그에게 있어 색심 자체를 획득하게 하는 전 찰나의 色心이 등무간연이라면 인연은 이에 훈습 수반(隨逐)되고 있는 [색심의] 수계(종자)였다. 중현이 지적한 대로(주66 밑줄) 양자는 불가분의 관계로 별도의 실체가 아니었다.68

상좌와 마찬가지로 역시 종자를 인연으로 제시하였지만 종자의 所依로서 현행식과 동시에 존재하는 알라야식이라는 별도의 실체를 설정한 유가행파에서도 이러한 상좌의 인연(=종자)설을 인용 비판한다. 즉 무착은 그의 『섭대승론』에서는 알라야식의 논증을 끝맺으면서 "色心이 無間으로 생겨날 때 [전 찰나의 법은 후 찰나] 제법의 종자가 된다"는 어떤 이의 주장을 언급하고 "이는 [因緣이 아니라] 다만 等無間緣일 뿐"이라고 비판하기도 하였는데, 세친과 무성은 다 같이 이를 經量部(玄奘 역의 『섭대승론(세친)釋』에서는 譬喩論師)의 주장으로 평석하였다.69

3) 所緣緣 비판

어떤 법이 인식의 대상이 될 때, 다시 말해 심·심소를 발생시키고 그것에 의해 파악될 때 이를 所緣(ālambana)이라 한다.70 불교에서의 마음은 그 자

---

67 『순정리론』권18(T29, 441c28f), "雖彼釋言, <u>等無間力與生因力, 其義有殊. 於生法中, 俱有功用.</u>--": (442a1-3), "又彼上座執, "有法體雖經劫滅, 而自相續展轉相仍, 猶爲因性."

68 이에 대해서는 본서 제10장 제5절 '수계·종자의 소의처'에서 상론한다.

69 이에 대해서는 본서 제12장 2-1 '前念熏後念說'; 제13장 3-7 '무착의 알라야식 논증 餘說'; 제14장 3-1 '상좌의 상좌의 종자상속설과 중현·무착의 비판'에서 재론한다.

70 『구사론』권2(T29, 7a26-28), "心心所法, 執彼(境)而起, 彼於心等名爲所緣." 범본(AKBh, p.19. 17)과 眞諦 역본(T29, 167b1f)에서는 소연을 다만 마음 등에 의해 파악되는 법으로 규정하였는데, 이 관계에 대해서는 제5장 주55-57 참조.

체로서는 현상할 수 없고 반드시 소연에 의지해야 한다. 곧 소연은 심·심소를 발생시키는 緣이기 때문에 所緣緣(ālambana-pratyaya)으로 설정되었고, 통상 任杖法(지팡이)에 비유되었다. (주100) 그리고 유부에 의하는 한, 존재하는 것으로서 인식대상이 되지 않는 것은 없기 때문에 소연연은 일체법(12處)을 자성으로 한다. 그들에게 있어 소연이 되지 않는 것은 비존재(abhāva)뿐이다. (제3장 5절 참조)

그러나 비유자/경량부는 비존재 역시 소연이 될 수 있다는 이른바 無所緣識－혹은 無境覺/緣無智－論을 주장하였을 뿐만 아니라 괴로움과 즐거움 등의 경계대상 또한 그 자체 실재하는 것이 성취되는 것은 아니라고 하였다. (제1장 주36 참조) 나아가 상좌는 眼과 色 등 5근·5경의 有色處 假有論을 주장하고, 이에 따라 안 등의 5識을 '虛僞의 妄失之法'이라 하였다. (제1장 주46 참조) 이로 볼 때 『대비바사론』 상에서 소연연의 실재성을 부정한 어떤 이[71]는 바로 譬喩者였을 것이다.

상좌/비유자는 왜 소연연의 실재성을 부정하였던가? 외계대상은 직접 지각(pratyakṣa: 現量)되는 것으로 그 존재가 명백하게 알려지지 않는가? 『유식이십론』에서는 "인식수단(pramāṇa: 量) 가운데 가장 수승한(확실한) 직접 지각에 의해 알려진 외계대상이 어째서 존재하지 않는다는 것인가?"라는 外境論者의 문제제기에 "직접 지각하였다고 알았을 때 색 등의 경계대상은 이미 소멸하였기 때문에 이로써 외계의 실재성을 논증할 수 없다"는 刹那論者의 견해를 빌리고 있다. (제5장 주122) 여기서 찰나론자는 다름 아닌 경량부이다. 그들은 "眼과 色을 緣하여 眼識이 생겨난다"는 경설을 異時인 과로 해석하여 안과 색이 존재할 때 안식은 아직 생겨나지 않았고, 안식이 생겨났을 때 안과 색은 이미 소멸하였기 때문에 외계대상은 직접 지각되는

---

71 『대비바사론』권10(T27, 48a2),; 권107(동, 554c16). "謂或有說. 諸所緣緣, 非實有體."

것이 아니라고 주장하였던 것이다.[72]

이처럼 소의(根)·소연(境)과 識의 三事和合을 俱生이 아닌 次第生으로 이해할 경우, 소연연을 안식 등의 발생연으로서의 所緣緣과 안식 등의 경계대상으로서의 所緣境으로 구분하지 않으면 안 된다. 전술한 대로 玄奘이 소연을 "심·심소를 발생시키고 그것에 의해 파악되는 것"(주70)으로 번역한 것은 이 같은 경량부의 이해에 따랐기 때문일 것이다. 陳那(Dignāga)는 이를 소연연의 두 조건(生識과 帶相)이라 하였다. (제7장 주51 참조)

중현은 이 같은 상좌/비유자의 생각을 다음과 같이 정리 비판하고 있다.

譬喩者의 종의에서는 이치상 필시 마땅히 意(전 찰나의 6식)가 法을 관찰하여 [意識이 생겨날 때]처럼 5識의 경우도 역시 그러하여 所緣緣은 所緣境이 아니며, 所緣境은 所緣緣이 아니라고 해야 한다.

그같이 말한 까닭이 무엇인가?

저들은 이같이 설하였다. "色 등이 만약 능히 [所緣]緣이 되어 眼識 등을 낳았다면, 이와 같은 색 등은 반드시 [안식에] 앞서 생겨난 것이기 때문이다." 그러나 만약 색이 존재할 때 안식이 아직 존재하지 않았다면(생겨나지 있있다면), 안식이 이미 존새하지 않는다고 하였으니 무엇을 [색의] 能緣(ālambaka)이라 할 것이며, 안식이 존재할 때 색은 이미 존재하지 않는다면(소멸하였다면). 색이 이미 존재하지 않는다고 하였으니 무엇을 [안식의] 所緣(ālambana)이라 할 것인가? 안식이 [이미 소멸하여] 존재하지 않는 경계대상(非有境)을 반연한다고 해서는 안 될 것이니, [경에서] "5식은 현재[의 경계대상]만을 반연한다"고 설하였기 때문이다.[73]

---

72 본서 제5장 제3절 '상좌의 직접지각론' 참조.

73 『순정리론』권19(T29, 447b16-23), "譬喩者宗, 理必應爾, 如意觀法, 五識亦然. 謂所緣緣, 非所緣境. 若所緣境, 非所緣緣. 所以者何? 彼說: 色等, 若能爲緣, 生眼等識. 如是色等, 必前生故. 若色有時, 眼識未有, 識旣未有, 誰復能緣? 眼識有時, 色已非有, 色旣非有, 誰作所緣? 眼識不應緣非有境. 以說五識緣現在故."

중현은 계속하여 "저들 [비유자]의 종의에서는 현재만이 비존재(非有)가 아니다. 따라서 현재 소연이 된 색(안식에 의해 파악되는 所緣境, 즉 안식상에 나타난 색의 형상)은 현재의 안식과 동시에 생겨난 것이기 때문에 [안식을 발생시킨] 所緣緣이 아니"[74]라고 비판한다. 나아가 5識과 소연의 동시생기를 인정하지 않을 경우, 5識은 소연[연]이 소멸한 다음 생겨나는 것이라 해야 하고, 無間(다음 찰나)의 意識은 과거(즉 '3찰나 전')의 5識의 소연을 지각(領受)한다고 해야 하기 때문에[75] 이를 직접지각이라 말하기 어렵다. 이는 사실 상 기억과 다른 것이 아니다. 게다가 경량부는 과거 無體說을 주장하였다. 이는 곧 의식의 경계대상은 비존재라는 말로서, 중현(유부)의 입장에서 본다면 의식은 [실유의] 소연을 갖지 않는다는 말이기도 하다.

이러한 난제에 대해 上座는 이같이 해명하고 있다.

과거법 등을 반연하여 존재하는 意識은 소연을 갖지 않은 것도 아니지만 오로지 존재하는 것(有)만을 반연하는 것도 아니다.

어떤 이유에서 그렇다는 것인가?

5識身을 등무간연으로 삼아 생겨난 意識은 능히 전 찰나의 意[根](즉 5식)이 파악(取)한 온갖 境界대상을 지각(領受)한다고 설하기 때문이다. 이렇듯 의식은 의[근]을 원인으로 삼으니, <u>이것(의식)의 所緣緣은 바로 5識의 경계대상이다</u>. 요컨대 그것(5식의 경계대상)이 선행하여야 이것(의식)이 생겨날 수 있기 때문에, [다시 말해] 그것의 有無에 따라 이것도 존재하거나 존재하지 않기 때문에 [의식이 소연을 갖지 않은 것은 아니다]. 그렇지만 이러한 의식은 오로지 존재하는 것만을 반연하는 것이 아니니, 그때 (의식이 5識身을 등무간연으로 삼아 일어날 때) 그것(5識)의 경계대상은

---

74 『순정리론』권19(T29, 447b23-24), "彼宗, 現在非非有故, 現所緣色, 非所緣緣, 與現眼識, 俱時生故."

75 『순정리론』권19((T29, 447c11-14), "彼既非許, 五識所緣與五識身俱時而起. 是則五識尚所緣境滅已方生, 況五無間所生意識, 能受彼境? 第三刹那, 意識生故."

이미 소멸하였기 때문이다. 그렇다고 소연을 갖지 않는 것도 아니니, 이러한 의식은 그것의 有無에 따라 존재하거나 존재하지 않기 때문이다.[76]

의식은 반드시 [실유의] 소연을 갖는다는 有所緣識論의 입장에 선 중현으로서는 의식이 비존재를 반연한다는 사실도, 그러면서도 소연을 갖지 않는 것도 아니라는 상좌의 해명을 이해하기 어려웠을 것이다. 그에게 상좌의 말은 어떠한 진실의 뜻도 없는 '벙어리 잠꼬대'와 같은 말로서, 지혜 있는 자라면 결코 청문 수지할 수 없으며 오로지 어리석은 친구들이나 믿고 의지할 수 있는 말이었다. 이에 중현은 부끄러움(慚愧: 이는 바로 大善地法)이 남아 있는 자라면, 이러한 의식은 '소연을 갖지 않은 것(無所緣)'이라는 과실을 숨기지 말아야 한다는 훈계도 잊지 않고 있다.[77]

그러나 경량부에 있어 인식은 동시에 존재하는 제법의 인연화합에 의해 성취되는 것이 아니라 전후 인과적 관계로 展轉상속하며 나타나는 일련의 지식현상이기 때문에, 인식이 일어났다는 점에서 소연이 존재하지 않는다고도 할 수 없으며, 인식대상이 과거법이라는 점에서 [실유의] 소연이 존재한다고도 말할 수 없다.

상좌는 다시 이같이 말하었다. "과거세로부터 展轉한(*parampara, 연속적으로 이어진) 상속을 원인으로 삼았기 때문에, 또한 미래로 展轉하는(연속적으로 이어지는) 상속을 결과로 삼기 때문에 지식(智) 등은 생겨날 수 있다. 그렇기 때문에 지식 등에 소연이 존재한다거나 혹은 존재하지

---

76 『순정리론』권19(T29, 447b28-c6), "此中上座復作是言. '緣過去等所有意識, 非無所緣, 非唯緣有.' 何緣故爾? '以五識身爲等無間所生意識, 說能領受前意所取諸境界故. 如是意識以意爲因, <u>此所緣緣卽五識境</u>. 要彼爲先, 此得生故.; 隨彼有無, 此有無故. 然此意識, 非唯緣有, 爾時彼境已滅壞故. 非無所緣, 由此意識, 隨彼有無, 此有無故.'"

77 『순정리론』권19(T29, 447c9-11), "如是所言, 都無實義. 同諸啞類夢有所說. 唯愚親友, 或妄信依. 諸有智人, 誰能聽受?"; 동 (447c19-20), "但是虛言. 具慚愧人, 不應持此隱蔽 '此識無所緣'過."

않는다고 (다시 말해 有所緣이라거나 無所緣이라고) 결정적으로 말할 수
없다.”78

眼 등의 5식의 生緣(=所緣緣)은 비록 외계존재일지라도 경계대상(=所緣
境)은 5식 상에 나타난 형상이다. 이는 또한 의식의 生緣이 되며(주76 밑줄),
다음 [제3] 찰나 의식상에 나타나 의식의 경계대상이 된다. 상좌는 소연
또한 고정된 실체가 아니라 展轉상속하는 수계/공능으로 이해하였다. 이로
인해 전 찰나와 전전찰나의 경계대상은 물론이고 수 劫 전에 소멸한 경계
대상의 지각도 가능하다. (제8장 주44) 따라서 그에 있어 所緣緣 역시 유정
의 상속을 가능하게 하는 인연의 일종이다.

4) 增上緣 비판

유부에 의하면 증상연(adhipati-pratyaya)은 바로 能作因이다. 어떤 법이
생겨나는 데에는 그것을 생겨나게 하는 원인('有力因')과 그것의 생기를 장
애하지 않는 원인('不障 또는 無力因')이 필요한데, 이를 능작인(kāraṇa-hetu)
으로 總稱하였다.79 이러한 점에서 본다면 구유인 등의 5인 역시 능작인이
지만 여기에는 각기 별도의 명칭이 있는 반면, 생기를 장애하지 않는 능작
인에는 별도의 명칭이 없기 때문에 總稱을 별칭으로 삼았다. 이에 따라 '능
작인'이라 하면 대개는 '생기를 장애하지 않는 것'이라는 일종의 소극적인
원인을 의미하게 되었다. 그리고 일체 유위법은 적극적이든 소극적이든 자

---

78 『순정리론』권19(T29, 448a17-19), “然彼復言: 由過去世展轉爲因, 復由未來展轉爲果, 智等得生.
    是故智等不可定說, 所緣是有, 或復是無.”

79 『발지론』(T26, 921a4-10)에서의 能作因의 정의는 이러하다. “眼과 色을 연으로 眼識이 생
    겨난 경우, 이때 안식은 그 같은 眼·色과 相應法(심소)과 俱有法(得이나 生 등의 유위4상)
    과 耳·聲·耳識 내지 意·法·意識과 有色·無色, 有見·無見, 有對·無對, 유루·무루, 유위·무
    위 등 그 자신을 제외한 一切法을 능작인으로 삼는다.”

신을 제외한 일체법을 능작인으로 삼기 때문에, 능작인의 적용범위가 가장 넓다. 그래서 이를 增上(adhipati)의 緣이라 하였다. (소연연 역시 일체법에 적용되지만 현재의 마음과 相應·俱有法은 제외된다.)

일체의 모든 존재는 인과적 관계로서 얽혀 있다는, 서로가 서로를 포섭한다(相卽相入)는 후대의 불교사상(이른바 '法界緣起說')도 필경 "어떤 하나의 법이 생겨나기 위해서는 자신을 제외한 일체법을 원인으로 삼아야 한다"는 이 같은 유부 인과론(增上緣－增上果)과 관계있다고 해야 하겠지만, 上座는 증상연을 능작인의 의미에 따라 일체법에 (혹은 '무한대로') 적용시키는 것을 경계하였다. 그는 증상연 또한 말 그대로 결과를 낳는 증상(adhipati) 즉 '지배적인이고도 주된 緣'으로 간주하였다. 그는 이를 법의 생기를 장애하지 않는 것이라는 소극적 의미의 원인이 아니라 能生이라는 적극적 의미의 원인으로 이해하였다. 인연 또한 증상연의 일종이다. 앞서 譬喩者는 색법은 동류인이 되지 않는다고 주장하였는데, 그들은 "이는 '과거 대종은 미래 대종에 대해 인연과 증상연이 된다'는 근본아비달마(『발지론』 T26, 985b17f)에 위배된다"는 유부 毘婆沙師의 비판에 대해 이같이 해명하였다. "增上緣에는 직접적인 연(近緣)과 간접적인 연(遠緣)이 있는데, 근본아비달마에서는 이를 순서대로 인연과 증상연이라 말한 것이기 때문에 우리의 주장은 이에 위배되지 않는다."[80]

상좌는 "대종은 소조색에 대해 인연과 증상연이 된다"는 근본아비달마(『발지론』)의 논설(T26, 984a21f)에 따라 여기서의 인연을 生因 등의 5因 －

---

80 『순정리론』권16(T29, 422a28-b2), "彼執違害本論所說故. 本論言, '過去大種, 未來大種, 因增上等.' 彼言, '我說於此無違. 由增上緣有近有遠. 如次說爲因增上故.'" 이는 『대비바사론』권17(T27, 87c20-88a1)에서 外國諸師의 주장으로 논설된다. "-- 增上緣의 힘에는 직접적인 것(近)도 있고 간접적인 것(遠)도 있으며, 이 몸(此身)에 존재하는 것도 있고 다른 몸(餘身)에 존재하는 것도 있는데, 직접적인 것으로 이 몸에 존재하는 것을 因緣이라 이름하였고 간접적인 것으로 다른 몸에 존재하는 것을 增上緣이라 이름하였다."

대종은 소조색의 생기·변이·지탱·유지·성장의 원인81 − 으로 해석한 유부의 학설을 聖教(*āgama)설로 인정하지 않았는데,82 이 또한 동일한 이유에서였을 것이다.

이에 따라 상좌는 유부가 제시한 '장애하지 않는 원인'으로서의 능작인을 부정하고,83 증상연을 다만 그가 인연으로 제시한 수계·종자의 원인이나 所依 정도로 생각하였다. 곧 後生의 인연이 수계·종자로 가설된 '업과 번뇌가 훈습된 6處(相續)'라면, 증상연은 인연의 소의인 선·불선업이다. 앞서 논설하였듯이 유부의 경우 후생(이숙생, 즉 이숙과)의 인연은 선·불선업(이숙인)이었지만, 상좌에 의하는 한 씨앗이 바로 열매를 낳는 것이 아니듯이 업이 바로 결과를 낳는 것은 아니다. 상좌는 수계(=인연)를 종자에 비유하였다면, 업과 번뇌(=증상연)를 거름에 비유하였다. (제10장 주60 참조) 거름은 씨앗이 뿌리−싹−줄기−잎−꽃 등으로 展轉 상속하여 열매(결과)를 낳는 데 자양분이 되는 것이다. 상좌에게 있어 증상연은 바로 인연의 보조연이었다.

중현은 상좌가 제법의 인연으로 제시한 隨界에 대해 논의하는 중에 다음과 같은 그와의 대론을 전하고 있다.

[상좌:] 이숙과는 선·불선법을 원인으로 하여 생겨난 것이지만, <u>이러한</u>

---

81 대종은 어머니가 자식을 낳는 것처럼 소조색을 낳기 때문에 生因(janana-hetu), 신하가 왕에 의지하는 것처럼 소조색은 대종에 따라 展轉하기 때문에 依因(niśraya-hetu), 대지가 사물을 지탱하듯이 소조색을 능히 任持하기 때문에 立因(pratiṣṭha-hetu), 음식물이 목숨을 유지시키는 것처럼 소조색의 상속을 끊어지지 않게 하기 때문에 持因(upastambha-hetu), 수분이 나무뿌리를 증장시키듯이 소조색을 능히 장양시키기 때문에 養因(upabrimhaṇa-hetu)이 된다.

82 『순정리론』권20(T29, 452c11-12), "此中上座, 妄作是言: '生等五因, 非聖教說.' 彼謂, '聖教曾無此名.'"

83 『순정리론』권19(T29, 449a26-27), "又彼(上座)不了能作因義. 故於此中不能信受."; 동론 권18(442a29-b1: 次註), "以能作因, 非彼許故--."

[선·불선법] 중에는 <u>因緣의 작용이 없다. 이는 오로지 增上緣에 포섭될</u>
<u>뿐이다.</u>

[중현:] 이는 심히 올바른 이치가 아니다. 왜냐하면 선·불선법을 원인으로 하여 능히 그러한 [이숙]과를 견인하였다면, 이를 어찌 그러한 [이숙]과의 원인(즉 이숙인)이 아니라 하겠는가? 또한 그가 말한 바는 聖敎에도 위배된다. 즉 계경에서 "이러한 因과 이러한 緣은 저들 유정을 지옥 등에 태어나게 한다"고 설하였고, 또한 "眼 등[의 6처]는 업을 원인으로 한다"고 설하였으며, 또한 "모든 生은 업을 원인으로 한다"고 설하였던 것이다.

상좌: <u>모든 增上緣은 원인적 존재(hetubhāva: 因性)에 어긋나는(혹은 '벗어나</u>
<u>는') 것이 아니기 때문에 내가 설한 바의 이치는 잘 성립한다.</u>

[중현:] 이 역시 올바른 이치가 아니니, 경에서는 증상연을 인연과는 별도로 설하고 있기 때문이다. 또한 일찍이 어떤 곳에서도 그같이 설한 일이 없었기 때문으로, "증상연 일반(adhipati-pratyayatā: 增上緣性)은 바로 因緣이다"고 설한 경은 없었다. 곧 [유부의] 正理論師라면 [어떤 법의 생기를 장애하지 않는 것 역시 원인의 일종이기 때문에] 이같이 ['증상연은 원인적 존재에 어긋나는(벗어나는) 것이 아니다'고] 해석할 수도 있겠지만, 譬喩者는 이같이 말할 수 있는 것이 아니니, 그(상좌)는 能作因을 인정하지 않기 때문이다.[84]

심·심소법의 경우 또한 전 찰나의 심·심소법(정확히는 '心法의 隨界가 수축하는 心相續')이 인연이라면 증상연은 인연의 소의인 眼 등의 諸根이

---

84 『순정리론』권18(T29, 442a19-b1), "若異熟果, 善不善法爲因故生, 而言'<u>此中無因緣用, 唯增上攝</u>', 甚爲非理. 所以者何? 善不善爲因, 能牽起彼果, 此於彼果, 何故非因? 又彼所言, 違越聖敎. 如契經說, '此因此緣, 令彼有情生地獄等.' 又說'眼等以業爲因.' 說'生業爲因'等. <u>此中上座, 作是釋言. '諸增上緣, 不越因性. 故我所說, 其理善成.'</u> 此亦非理. 離因緣外, 經別說有增上緣故. 又曾無處同彼說故. 謂曾無經作如是說, '增上緣性, 卽是因緣.' 正理論師, 容作是釋. 非譬喩者, 可作是言. 以能作因, 非彼許故."

다.[85] 유부에서는 이러한 諸根의 여러 원인, 이를테면 이를 낳은 大種 등의 轉生因, 이를 성장시킨 음식 등의 長養因, 이를 초래하게 한 [전생의] 번뇌와 업 등의 招引因, 이를 향상(增盛)시키고 손상(減損)시키는 明昧因, 머리나 발처럼 이를 지탱하는 任持因, 혹은 이것의 작용을 가능하게 하는 作意(관심)나 밝은 허공 등 이루 헤아릴 수 없는 원인(T29, 449a10-17)도 역시 증상연에 포함시켰지만, 상좌는 이를 배제하였다. 그럴 경우 유부와 마찬가지로 결국 일체 유위법은 자신을 제외한 일체법을 원인으로 삼는다고 해야 하기 때문이다.

그는 이같이 설하기도 하였다.

만약 어떤 법이 그것(이를테면 안식)을 낳거나 장양시킨 것이라면 원인이 된다고 말할 수 있을 것이지만, [그것과] 서로 관련(相由)되지 않은 것은 원인을 뜻을 갖는 것이라고 말할 수 없다. 따라서 일체법이 다 能作因과 增上緣이 되는 것은 아니니, [결과와 직·간접적으로] 서로 관련되거나 서로 근거하지 않는 것도 있기 때문이다.[86]

유위제법의 生因으로 다수의 개별적인 실체(別法)를 제시하고 이것의 삼세실유를 주장한 유부의 경우 제법이 生長할 때 근거가 된 직·간접의 원인(所藉因)은 제한(分限)이 없기 때문에[87] 능작인과 증상연의 설정은 필수적이지만 ─婆沙의 편자는 근본아비달마에서 能作因에 대해 설한 것은 외도들의 無因論과 함께 비록 有因論을 설할지라도 소멸은 원인에 의한 것이 아니라는 비유자의 주장(즉 滅不待因설: 제4장 2-3 참조)을 비판하기 위한

---

85 『순정리론』권19(T29, 449a5-6), "然上座說: 此增上緣, 但據諸根生心心所."
86 『순정리론』권19(T29, 449a17-20), "彼復說言: 若法於彼, 或生或養, 可說爲因. 非不相由可有因義. 故非一切法皆能作因及增上緣, 不相由藉故."
87 『순정리론』권19(T29, 449a20-26).

것이라 논설하였다.[88] –, 無始이래 간단없이 이어져온 유정의 현재 상속(즉 수계·종자)을 유위제법의 인연으로 이해한 상좌는 증상연을 다만 인연의 보조연 정도로 생각하였다. 이러한 생각은 후술하듯 유가행파로 이어진다.

5) 4연의 작용대상 비판

주지하듯 유부는 法體恒有를 주장하기 때문에 결과는 비존재(無)로부터가 아니라 미래 즉 아직 생겨나지 않은 상태(未生位)의 법이 衆緣에 의해 생겨난다. 그리고 그들의 제법분별에 의하는 한 결과는 원인과 동시(俱時)인 것도 있고, 찰나(無間)나 생의 간격(隔越)을 갖는 것도 있다. 그럴 때 유부 인과론에서 다루는 또 다른 문제는 어떤 상태의 법이 어떤 상태의 법(결과)에 대해 緣이 되는가? 하는 것이다. 결과에 대한 緣의 작용에는 두 가지 측면이 고려될 수 있다. 직접적으로 미래법을 이끌어내는 것과 미래법이 생겨나도록 그것에 힘을 부여하는 것이 바로 그것으로, 이를 取果(phala-pratigrahaṇa)와 與果(phala-dāna)라 한다. 取果의 작용은 다만 能生因인 인연(구유인 등의 5인)이 갖는 것이라면 與果의 작용은 4연 모두가 갖는다.

즉 그들에 의하는 한 법체는 恒有이지만, 작용의 순간이 현재이기 때문에 구유인 등 5인의 取果는 오로지 현재이며(능작인도 역시 그러하지만, 무위법은 결과를 갖지 않기 때문에 통상의 인과 相攝관계에 포함시키지 않는다), 인과동시인 구유·상응인은 與果도 현재이며, 결과와 無間이거나 시간적 간격을 갖는 동류·변행인의 與果는 현재와 과거이며, 결과와 생에 걸친 간격을 갖는 이숙인의 與果는 오로지 과거이다.[89] (다시 말해 미래生이

---

88 『대비바사론』권20(T27, 103c16-21: 제4장 주40 참조).
89 이는 『구사론』「근품」 제59송으로 정리되었다. "5因의 取果는 오로지 현재할 때이며, 2因(구유·상응)의 與果도 역시 그러하다. 과거·현재에 與果하는 것은 2因(동류·변행)이며, 1因의 與果는 오로지 과거이다."

생겨나도록 힘을 부여한 것은 과거의 선·악업이지만 생을 인기하는 것은 현재의 무표색이다.)

한편 4연이 작용을 일으키는 대상 또한 인과의 시간적 관계에 따라 다를 수밖에 없다. 이를테면 인연 중에서 인과가 동시인 구유·상응인은 현재법에 대해, 다시 말해 법이 막 소멸하려고 할 때(正滅時, 현재법의 滅相이 현전하는 때) [取果와 與果의] 작용을 일으키고, 인과가 異時인 동류·변행인과 이숙인은 미래법에 대해, 다시 말해 법이 막 생겨나려고 할 때(正生時, 미래법의 生相이 현전하는 때)에 [取果의] 작용을 일으킨다. 또한 등무간연은 後生하는 법이 생겨날 수 있도록 처소를 부여하는 것이기 때문에 (다시 말해 결과와 異時이기 때문에) 후법(심·심소)이 막 생겨나려고 할 때, 소연연은 능연법(심·심소)이 현재할 때 파악되기 때문에 (다시 말해 결과와 동시이기 때문에) 심·심소가 막 소멸하려고 할 때 [與果의] 작용을 일으킨다. 그리고 증상연은 無障法이기 때문에 어느 때라도 與果의 작용을 일으킨다.

『구사론』「분별근품」 제63송은 바로 이에 대해 규정한 것이다.

[구유·상응]의 2因은 正滅位의 법에 대해, [동류·변행·이숙의] 3因은 正生位의 법에 대해, 나머지 [등무간과 소연의] 2緣은 이와 반대로 [與果의] 작용을 일으킨다.[90]

이러한 논의는 매우 현학적인 것처럼 보이지만 제법실유를 주장한 유

---

[90] nirudhyamāne kāritraṃ, dvau hetū kurutaḥ trayaḥ. jāyamāne tato 'nyau tu pratyayayau tadviparyayāt. (AK. II. 63); "二因於正滅 三因於正生 餘二緣相違 而興於作用." (현장 역, T29, T29, 36b); "於正滅二因, 作功能. 三因於正生. 二緣翻前有功能." (진제 역, T29, 194c-195a); Two causes exercise their activity with regard to a perishing dharma. Three, with regard to an arising dharma. Two orther conditions, in reverse order. (L. de La Vallée Poussin, *Abhidharmakośabhāṣyam*, vol.I, English Translation by Leo M. Pruden, p.304)

부로서는 불가피한 것이다. 상식적으로 생각할 때 생기와 소멸은 상반된 현상으로 동시에 일어날 수 없지만, 유위법을 생멸 변천하는 법이라 한 이상 生·住·異·滅의 4相과 동시에 함께 생겨난다고 하지 않으면 안 된다. (제2장 3-1 참조) 이에 따라 그들은 유위제법의 생멸의 과정을 未生位－正生位(미래)－已生位－正滅位(현재)－已滅位(과거)로 분별하여 4연 중 결과와 동시인 것(인연 중 구유·상응인과 소연연)은 현재 正滅位의 법에 대해, 이시인 것(인연 중 동류·변행·이숙과 등무간연)은 미래 正生位의 법에 대해 작용하는 것으로 해설하였다.

그러나 生·住·異·滅의 유위상을 다만 상속의 과정으로 이해한 상좌/경량부(제2장 3-3-2 참조)는 이 같은 해설을 근본적으로 거부하고 있다.

상좌는 말하였다. 일찰나 동안에 이같이 '생겨난 때([已]生時)'와 '소멸하는 때([正]滅時)'를 [분별하여] 설하기 어렵다. 法은 [일찰나 중에] 원인에 의해 먼저 생겨나고 이후 소멸하는 것이 아니니, 이는 마치 [일찰나 중에] 올가미를 맨 막대기를 뱀 구멍 안으로 밀어 넣고, 뱀의 목을 낚아채어 밖으로 끌어당겨, 그의 목숨을 끊는 것과 같다. 그렇지만 [법] 자체는 본래(=미래) 존재하지 않으며, 원인(=인연 즉 隨界·종자)에 의해 [지금] 존재하는 것이다.[91]

즉 유부에서는 유위4상의 작용은 서로 상반될 수 있지만 그 결과는 어떤 하나의 실제적인 사실로 귀결되기 때문에 동시에 존재하는 것이라 말할 수 있다고 주장한다. 예컨대 원한을 갖은 세 사람이 밀림 속에 숨어 있는 원수를 해치기 위해 한 사람(=生相)은 그를 밀림(=미래) 밖으로 나오

---

91 『순정리론』권19(T29, 450b8-11), "彼上座言: 一刹那頃, 難說此是生時滅時. 非法由因先生後滅, 如杖持羂, 內蛇穴中, 繫頸挽出, 方斷其命. 然體本無, 由因故有."

게 하고, 한 사람(=異相)은 그의 힘을 소진시켜 쇠퇴하게 하고, 또 한 사람(=滅相)은 그를 죽였을 경우, 이때 피해자(=법)는 살해되기 위해 출현하는 것으로, 찰나란 바로 어떤 법에 유위諸相의 작용이 모두 성취된 순간을 말한다는 것이다.[92]

상좌의 비판은 이에 대한 것이다. 즉 현재 일찰나의 법에 대해 生·住·異·滅의 4相을 설정하는 것은 ① 올가미를 맨 막대기를 뱀 구멍 안으로 밀어 넣고, ② 뱀의 목을 낚아채어 밖으로 끌어당기고, ③ 그의 목숨을 끊는다"는 일련의 과정을 일찰나로 규정하는 것과 같다는 것이다. 유위제법은 본래 존재하지 않다가 지금 존재하며, 존재하다 다시 존재하지 않는 것(本無今有 有已還無)으로, 상좌는 이를 生滅로 규정하였다. (제4장 주75 참조) 비유자/경량부에게 있어 존재(*satta, astitā: 有相)란 '이미 생겨나 아직 소멸하지 않은 것(已生未滅)', 즉 현재 일찰나뿐이다. 유정의 상속은 현재찰나의 연속으로 前滅後生의 과정이다. 그들은 이를 가능하게 하는 힘 즉 인연을 隨界·종자라고 하였다. 유부에서는 取果를 전술한 대로 "미래법을 인기하여 그것으로 하여금 생겨나게 하는 것"으로 해석하였지만,[93] 세친은 『구사론』에서 "능히 그것(결과)에 대해 種子性(bījabhāva, 즉 因性)이 되는 것"이라고 해설하였는데,[94] 稱友는 이를 경량부 설로 평석하였다.[95] 경량부에 의하는 한 결과는 원인과는 별도의 실체인 미래법이 생겨나는 것이 아니라 원인(즉 수계·종자)이 변화(轉變)한 것이기 때문이다.

중현은 앞서의 상좌의 비판에 대해 '제 기분에 들떠 거들먹거린 말장

---

92 "我說一法諸相用皆究竟名一刹那." (T29, 28b6; T. 체르바스키, 권오민 역, 『소승불교개론』, pp.100-101) 원수의 살해 비유는 『대비바사론』권39(T27, 201b7ff);『구사론』권5(T29, 27a24-27)에 나온다.

93 『순정리론』권18(T29, 437c6-7), "言取果者, 是能引義. 謂引未來令其生等."

94 AKBh., p.97. 6-7. kathaṃ punaḥ phalaṃ pratigṛhītaṃ bhavati. tasya bījabhāvopagamāt.;『구사론』권6(T29, 36a6-7), "取果與果其義云何? 能爲彼種故名取果. [正與彼力故名與果.]"

95 AKVy., p.230. 21f.

난(掉擧戱言)’, ‘종의로 삼을 수도 없는 천박하고도 저속한 말(鄙俚言)’이라 비난하고, ‘일찰나 동안에 생겨나고 소멸하는 때를 [분별하여] 설하기 어렵다’는 그의 말에 대해 “나이가 이미 많아 늙고 쇠퇴하였으니 어찌 헤아릴 수 있을 것인가? [그러니] 젊었을 때 항상 생각해야 한다”고 조롱하였다.[96] 이 같은 비난과 조롱은 필경 상좌의 비판이 유부교학의 근간이라 할 수 있는 제법분별론과 법체항유론을 훼손시킨데 따른 것이었을 것이다.

3. 유가행파의 4緣 이해

불교는 애당초 세계는 원인 없이 (우연적으로), 혹은 자재천(Īśvara)과 같은 常一主宰의 원인에 의해 생겨난 것이 아니라 다수의 원인과 조건, 因 (hetu)과 緣(pratyaya)에 의한 것이라는 전제에서 출발하였다. 이후 불교사상사에서는 이에 대한 탐구에 진력하였고, 마침내 세간(유위)과 출세간(무위)의 일체법을 모두 포섭하는 『대승기신론』의 ‘衆生心’과 같은 개념에 이르게 되었다.

因과 緣은 사실상 동의어이다. 이를테면 『중아함』 제211 「대구치라경」 (MN.43)에서는 “正見은 두 가지 因과 두 가지 緣에 의해 생겨나니, 첫째는 다른 이로부터 이에 대해 듣는 것이고, 둘째는 스스로 내적으로 思惟하는 것(如理作意)”이라 하였는데, 婆沙의 4대 평자 중의 일인인 世友(Vasumitra) 도, 후대 『구사론』을 주석한 稱友도 이 경설을 因과 緣에 어떠한 차별도 없다는 사실의 논거로 제시한다.[97] 그렇더라도 우리는 예컨대 종자가 싹의 직접 원인이라면 물이나 거름 광선 온도 등은 간접 원인이듯이 因을 결과

---

96 (T29, 450b12f).; (T29, 450b16f).
97 (T27, 109b17-21).; (AKVy., p.188. 14-16).

의 직접 원인, 緣을 간접 원인(혹은 助緣)으로 이해한다. 이러한 이해는 유부의 해석에 따른 것이다.[98] 즉 그들은 결과와 同時인 구유·상응인과 異時인 동류·변행인과 이숙인에 因緣을 배당하고, 능작인에 增上緣을 비롯한 나머지 세 緣을 배당하였다.[99]

이에 따라 유부에서는 因緣을 일체 결과를 낳는 種子法으로, 등무간연은 후 찰나 심법에 [처소를 부여하여] 생기를 引導하는 開導法(혹은 開避法)으로, 소연연은 심법이 일어나는데 의지하는 任杖法으로, 증상연은 결과의 생기를 장애하지 않는 不障法으로 이해하였다.[100] 물론 4연의 차별은 법 자체에 근거한 것이 아니라 작용에 근거한 것이다. 예컨대 심·심소법은 다음 찰나 동일한 종류의 심·심소를 낳을 경우 因緣(즉 동류인)이 되며, 무간에 소멸하여 다음 찰나 심·심소가 생겨나게끔 길을 터줄 경우 等無間緣이 되며, 과거·미래의 그것으로 현재 심·심소의 경계대상이 되거나 생기를 장애하지 않을 경우 所緣緣이 되고 增上緣이 된다.

상좌 슈리라타는 4연을 유부와는 완전히 달리 이해하였다. 무엇보다 그는 인연으로 隨界 또는 舊隨界(종자의 이명)라는 개념을 제시하였다. 수계(andhātu)는 유정의 상속 중에 항상 隨逐(anu-gata)고 있는 界(dhātu, 종자, 원인)라는 정도의 의미로, 그는 유정의 상속/소의신(āśraya)을 無始이래 선·불선 등의 경험의 집적체로 이해하였다. 그는 말하자면 유부에서 말한 개별적 실체로서의 법을 有情身 상에 熏習된 종자·공능으로 이해하였던 것이다.

98　『대비바사론』권21(T27, 109c22-24), "故因緣體雖無差別而義有異. 爲因義親. 緣義是疏. 爲表此義說因有六. 說緣有四." 因(hetu)·緣(pratyaya)의 차별에 관한 諸說은 동론(T27, 109b17-c25). 이는 『순정리론』권20(T29, 449b21-450a16)에서 검토되고 있다.

99　『대비바사론』권16(T27, 79a28-b1). 그러나 어떤 이는 '앞의 5인=인연, 능작인=증상연, 등무간연과 소연연=원인에 포섭되지 않는 것'으로 분별하기도 한다. (동, 79b1-3).

100　『대비바사론』권21(T27, 109a25-26); 권55(동, 284a18-19; 285b15-18); 권107(동, 555a18-20); 권165(동, 833b3-5), "此中因緣如種子法. 等無間緣如開導法(혹은 開避法). 所緣緣如任杖法. 增上緣如不障法(혹은 與欲法)."

(이에 대해서는 제10장에서 상론)

또한 등무간연은 더 이상 開避法이 아닌 말 그대로 無間(후 찰나)에 동등한 법을 낳는 연, 즉 후 찰나의 원인이 된 전 찰나의 색심으로 이해하였고, 소연연은 찰나멸론에 따라 심·심소의 生因이 되는 所緣緣과 대상이 되는 所緣境으로 분별하였지만 제1찰나 안 등 5識의 소연연은 외계의 존재일지라도 소연경과 제2찰나 이후 소연연은 수계·종자의 형태로서 심상속 상에 展轉(전후 相似轉)한다. 그리고 증상연 또한 不障法이 아니라 인연의 소의, 말하자면 결과의 보조연 정도로 이해하였을 뿐 무제한으로 (다시 말해 일체법으로) 확장시키지 않았다. 도리어 이를 경계하였다. 그는 "계경에서 4緣의 존재를 설한 것은 미래세의 '일체법이 一法의 因(=능작인)이 되고 緣(=증상연)이 된다'고 말하는 이들의 생각을 막기 위한 것"이라 말하기도 하였다.101 어떤 법이 생겨나는데 일체법이 緣이 되고 因이 된다면 구태여 4연을 차별적으로 설할 필요도 없다는 것이다.

이에 대해 유가행파에서는 조금 거칠게 말하면 유부와 상좌의 절충적 입장을 취한다. 『유가사지론』「本地分 意地」에서 해설한 4緣설은 이와 같다.

① 인연이란, 말하자면 種子이다.

② 등무간연이란, 말하자면 이러한 識과 無間에 결정코 諸識이 생겨나는 경우, 이러한 識은 [후 찰나] 諸識의 등무간연이 된다.

③ 소연연이란 제 심·심소의 소연이 된 경계대상을 말한다.

④ 증상연이란 種子를 제외한 그 밖의 所依를 말하니, 예컨대 안식 등의 경우 眼根 등과 이에 수반되는 보조적인 법(助伴法), 또는 능히 좋거나(愛) 좋지 않은(非愛) 결과를 취득하는 선·불선성[의 업]이 그러한 것으로, 이와

---

101 『순정리론』권19(T29, 449b10-11), "然上座言: 爲遮來世說 '一切法, 爲一法因及緣' 者意, 故契經說定有四緣."

같은 등의 종류를 증상연이라 한다.[102]

　　유가행파에서는 상좌(경량부)와 마찬가지로 인연을 종자로 규정하였
지만, 상좌의 그것이 前法(전 찰나의 色·心상속) 중에 수축하는 색·심의
수계·종자라면 유가행파의 경우 알라야식 중에 수축하는 일체 종자이다.
상좌는 異時인과를 주장함에 따라 현행법의 인연을 전 찰나의 색심(정확히
는 색심의 상속 중에 수축하는 색심종자)으로 간주한 데 반해 유가행파에
서는 비록 외계를 부정하였을지라도 유부처럼 동시인과를 주장함에 따라
현행법과 동시에 별체로서 존재하는 알라야식을 일체법의 소의로 설정하
였다. 그리고 상좌가 제시한 인연은 다만 등무간연일 뿐이라고 비판하였다.
(제12장 주43 참조)

　　즉 유가행파에서는 등무간연을 유부와 마찬가지로 심·심소에 한정하
여 자신과 동일한 종류(自類)의 後法을 무간에 開導하여 생겨나게 하는 前生
法으로 이해하였으며, 소연연 역시 비록 외계는 아닐지라도 能緣인 심·심
소의 생기조건인 경계대상(전5식은 색 등의 5경, 의식은 내외의 12처)으로
규정하였다. 그리고 증상연의 경우 비록 '不障法'으로는 이해하지 않았을지
라도 유부와 마찬가지로 종자(因緣)를 제외한 그 밖의 所依와 이에 수반되
는 보조적인 법(助伴法)을 이에 배당하였다. 「攝決擇分 中 五識身相應地意地」
에서는 증상연의 예를 보다 구체적으로 언급하고 있다. 이를테면 眼 등의
6처는 眼識 등에 대해 俱生의 증상연이 되며, 대상에 대한 作意(주의·관심,
변행심소의 하나) 또한 諸識의 증상연이 되며, 온갖 심·심소는 서로에 대해

---

102 『유가사지론』 권3(T30, 292a1-8) “又有四緣. 一因緣. 二等無間緣. 三所緣緣. 四增上緣. 因緣者,
　　　謂種子. 等無間緣者, 謂若此識無間諸識決定生, 此是彼等無間緣. 所緣緣者, 謂諸心心所所緣境界.
　　　增上緣者, 謂除種子餘所依. 如眼及助伴法望眼識, 所餘識亦爾. 又善不善性, 能取愛非愛果. 如是等
　　　類, 名增上緣.”

俱生의 증상연이 되며, 淨·不淨(선·불선 혹은 무루·유루)의 業은 후세 이숙과의 선행한 증상연이 되며, 밭이나 거름 물 등은 온갖 곡식의 증상연이 되며, 이러저러한 기술과 지식은 이러저러한 세간의 온갖 기술적인 행위에 증상연이 된다.103 그러나 이 중 俱生의 증상연이나 작의 등 諸識의 증상연은 상좌가 인정하지 않았던 것이다.

유가행파의 4緣설은 알라야식의 설정에 따른 교학적 변용에도 불구하고 이렇듯 유부와 상좌(경량부)의 절충이라 말할 수 있다. 그것은 비록 구체적 내용은 달리할지라도 상좌와 마찬가지로 종자설을 주장하였고, 그럼에도 유부와 마찬가지로 동시인과를 주장하였기 때문이다.

그런데 『유가사지론』 「攝決擇分 中 五識身相應地意地」에서는 "알라야식이 설정되지 않은 聖敎에 근거한 이론"104이라는 전제 하에 「本地分」과는 다르게 논설하고 있다. 즉 앞서 인연을 '종자'라고 간략히 정의한 것은 일체제법의 종자(sarvabījaka)는 다 알라야식에 의지하기 때문이지만, 일체종자식으로서 '알라야식'이라는 개념이 설정되지 않았을 때 그것은 諸色根과 根의 依處와 識에 보존된다고 설하였기 때문에 이를 인연으로 설정하였다는 것이다.

무엇을 因緣(hetupratyaya)이라 한 것인가? 諸色根과 根의 所依(즉 대종), 그

---

103 『유가사지론』 권52(T30, 584c5-11), "云何增上緣? 謂眼等處, 爲眼識等俱生增上緣. 若作意於所緣境, 爲諸識引發增上緣. 若諸心心所, 展轉互爲俱生增上緣. 若淨不淨業, 與後愛非愛果, 及異熟果, 爲先所作增上緣. 若田糞水等, 與諸苗稼, 爲成辦增上緣. 若彼彼工巧智, 與彼彼世間工巧業處, 爲工業增上緣." 동론 「攝事分 中 契經事 行擇攝」(T30, 775c12-17)에서도 이와 동일한 내용의 증상연에 대해 설하고 있다. 즉 5識身은 안 등의 5근과 能生의 작의 등을 증상연으로 삼는다. 意識身은 4대종의 몸(身)과 能生의 작의 등을 증상연으로 삼는다. 또한 일찍이 지은 업은 所生의 愛·非愛果에 대해 증상연이 되며, 資糧은 道에 대해, 道는 열반의 증득에 대해 증상연이 된다.

104 『유가사지론』 권51(T30, 584a27-b1), "復次此所建立種子道理, 當知! 且依未建立阿賴耶識聖敎而說. 若已建立阿賴耶識, 當知! 略說 '諸法種子, 一切皆依阿賴耶識.'"

리고 識을 말하니, 이 두 가지는 일체 제법의 종자를 지닌 것(sarvabījaka)이
라고 간략히 말할 수 있다. 즉 色根에는 모든 색근의 종자와 그 밖의 색법
의 종자, 일체 심·심소 등의 종자가 隨逐(upagata: 수반)되고 있으며, 識에
는 일체 식의 종자와 그 밖의 無色법의 종자, 모든 색근의 종자와 그 밖의
색법의 종자가 수축되고 있는 것이다. [그러나 여기서] 大種色을 제외한
그 밖의 색법은 그 자체 오로지 자신의 종자에 수축되고 있음을 알아야
하니, 대종색의 경우 두 가지 종자 즉 대종의 종자와 소조색의 종자에
수축되기 때문이다. 즉 여기서 정립된 온갖 차별적인 종자의 상속을 隨逐
(수반)한 법(즉 諸色根과 그 所依, 그리고 識)을 所生法에 대해 각기 상응하
는 바대로 '因緣'이라고 말하는 것이다.105

상좌(경량부) 역시 因緣을 수계(종자의 이명)로 규정하고 이를 6處로
가설하였다. 색법의 수계는 有色處에, 심법의 수계는 意處에 수축하기 때문
이다. (제10장 5절 참조) 그러나『유가론』「섭결택분」에서는 色根에는 색법
의 종자뿐만 아니라 심법의 종자도 수축하며, 識에도 역시 심법의 종자뿐
만 아니라 색법의 종자가 수축한다고 말한다. 이는 바로 "마음(citta)과 有根
身(sendriya [kāya], 즉 諸色根과 根의 依處106)은 서로의 종자가 된다"는 선대
궤범사의 이른바 色心互熏說이다. 즉『구사론』상에서 선대궤범사는 멸진
정 등의 무심정에서 출정할 때의 마음은 유근신 중에 훈습된 심법의 종자로
부터, 무색계에서 하계에 태어날 때의 색신은 마음에 훈습된 색법의 종자로

---

105 『유가사지론』권51(T30, 583b21-c1), "云何因緣? 謂諸色根·根依及識. 此二略說, 能持一切諸法
　　種子. 隨逐色根, 有諸色根種子及餘色法種子, 一切心心所等種子. 若隨逐識, 有一切識種子及餘無
　　色法種子, 諸色根種子. 所餘色法種子. 當知! 所餘色法自性, 唯自種子之所隨逐, 除大種色. 由大種
　　色, 二種種子, 所隨逐故. 謂大種種子及造色種子. 即此所立, 隨逐差別種子相續, 隨其所應, 望所生
　　法, 是名因緣." 나머지 등무간연·소연연·증상연에 대한 설명(T30, 584b28-c11: 주 103)은
　　「本地分」의 그것(주102)과 동일하다.
106 『성유식론』권2(T31, 10a15-16), "有根身者, 謂諸色根及根依處."

부터 생겨난다고 주장하였던 것이다.『유가론』「섭결택분」에서도 역시 無心位에서 識이 다시 생겨나고 無色界에서 色이 다시 생겨나기 위해서는 색근과 마음에 각기 심법과 색법의 종자가 수축해야 한다고 논설하고 있다.

> 또한 만약 諸色根과 그 大種에 心·心所의 종자가 隨逐되고 있지 않았다면 無想·滅盡定에 들었거나 無想天에 태어난 자에게 이후(出定할 때나 有想天에 태어날 때) 識 등이 다시 생겨난다고 해서는 안 된다. 그렇지만 반드시 다시 생겨난다. 그렇기 때문에 色根에 수축되고 있는 심·심소의 종자를 緣으로 삼아 그것(識 등)이 다시 생겨날 수 있음을 알아야 한다.
> 또한 만약 諸識에 色의 種子가 隨逐되고 있지 않았다면 무색계에 태어난 異生은 목숨이 다하고 업이 다해 그곳에서 沒하여 다시 下界에 태어날 때 色은 種子가 존재하지 않아 다시는 생겨나지 않는다고 해야 한다. 그렇지만 반드시 다시 생겨난다. 그렇기 때문에 識에 수축되고 있는 諸色의 종자를 緣으로 삼아 색법이 다시 생겨나는 것임을 알아야 한다.[107]

그러나 상좌의 경우 무심정과 무색계에서도 미세한 마음(細心)과 미세한 색신이 존재하여 그것이 이후 출정할 때나 하계에 태어날 때 마음과 색근의 인연이 된다고 주장하기 때문에 색심호훈설을 주장할 필요가 없다. 유가행파에서도 알라야식 개념이 설정된 이후 이러한 色心互熏의 이론은 무용할뿐더러 인과율의 혼란을 초래하는 것이었다.

어찌 각각의 심·심소법이 두 종자(心과 色根)의 상속으로부터 생겨난다

---

107 『유가사지론』권51(T30, 583c1-10), "復次若諸色根及自大種, 非心心所種子所隨逐者, 入滅盡定入無想定生無想天, 後時不應識等更生. 然必更生. 是故當知! 心心所種子隨逐色根. 以此爲緣彼得更生. 復次若諸識非色種子所隨逐者, 生無色界異生, 從彼壽盡業盡沒已還生下時, 色無種子, 應不更生. 然必更生. 是故當知! 諸色種子隨逐於識. 以此爲緣色法更生."

는 것인가? 싹 등이 종자로부터 생겨나는 경우에도 이와 같은 일은 결코 보지 못하였다. 다수의 緣에 의지하여 하나의 결과를 낳을 수 있지만 어떠한 경우에도 두 개의 종자로부터 하나의 결과가 생겨나는 일은 없다.[108]

이는 곧 멸진정이라는 특수 상황을 고려할지라도 마음이 마음과 색이라는 두 가지 종자(원인)로부터 생겨난다고 하는 것은 인과율의 혼란을 초래한다는 정도의 비판이다. 이러한 비판으로 인해 유가행파에서는 "종자는 오로지 자신과 同類의 결과만을 낳는 것이어야 한다"는 사실을 종자의 특성(種子六義 중 제6 '引自果')으로 규정하게 되었는데,[109] 세친은 이에 대해서도 "벼 등은 오로지 벼 등의 결과만 낳을 수 있는 것처럼 종자는 다만 자신[과 동류]의 결과를 낳을 뿐"이라고 평석하였다.[110] 『성유식론』에 의하면 이러한 종자의 특성은 외도의 一因論이나 "色心 등이 서로에 대해 因緣이 된다(色心互爲因緣)"는 다른 부파의 주장에 대한 비판으로,[111] 색법종자(4대종)는 색법에, 심법종자는 심법에 인연이 된다는 경량부의 [名色] 종자설(혹은 6處 수계설)과는 무관한 것이다.[112]

---

108 『성업론』(T31, 783c24-27), "如何——心心所法, 從二種子相續而生? 不見芽等, 從種生法, 有如是事? 可藉多緣, 生於一果, 無從二種, 有一果生." 세친은 『연기경석』에서도 역시 이와 마찬가지로 "意識의 종자가 의식의 상속뿐만 아니라 身根의 상속 중에도 존재한다면 두 意識이 동시에 생겨나야 한다"고 비판하였고(P. 20b1-2, D. 18b1-2; 室寺義仁, 1993, 「ヴァスバンドゥによるアーラヤ識概念の受用とその應用」, p.41 재인용; 室寺義仁, 1986, 「『俱舍論』『成業論』『緣起經釋』」, p.75 참조), 調伏天(Vinitadeva) 역시 그러하였다. (山口益, 1953, 『世親の成業論』, p.212)

109 『섭대승론』권상(T31, 135a26), "唯能引自果.";『성유식론』권2(T31, 9b25-26), "六引自果. 謂於別別色心等果, 各各引生, 方成種子."

110 『섭대승론(세친)석』권2(T31, 329c10-12), "'唯能引自果'者. 謂自種子但引自果. 如阿賴耶識種子, 唯能引生阿賴耶識. 如稻穀等, 唯能引生稻穀等果."

111 『성유식론』권2(T31, 9b27-28), "此遮外道執唯一因生一切果. 或遮餘部, 執色心等互爲因緣." 여기서 '다른 부파'는 窺基나 太賢 등에 의하면 薩婆多 즉 有部 등이다. (T43, 311c3-5; 한불전 3, 531b3-5)

112 선대궤범사의 색심호훈설에 대한 諸검토에 대해서는 권오민(2014), 「先代軌範師의 '色心互薰說' 散考」.; (2015), 「先代軌範師의 '色心互薰說' 散考(續)」을 참고할 것.

滅定無心說을 전제로 한 선대궤범사의 색심호훈설은 언제 어디서나 항상 존재하는 동일種類의 마음(一心)을 전제로 한 경량부(상좌)의 종자설과는 별개의 학설이다. 필자는 선대궤범사의 '선대(pūrva)'는 경량부의 '선대'가 아니라『구사론』저술 당시 세친 자신의 선대궤범사로, 애당초 비유자/경량부와는 별개의 계통(아마도 간다라 계통의 아비달마논사)이었지만 세친이 上座일파의 경량부와 가까이하여 경량부 徒黨(Sautrāntika pākṣika)으로 간주됨에 따라 이들 역시 '경량부의 [선대]궤범사', '선대의 경량부'(혹은 '本經部')로 평석되었을 것으로 추측한다. 중현은 이들을 '外方의 經部 (*Bāhya-sautrāntika 혹은 Bahirdeśaka-sautrāntika)'로 지칭하기도 하였다.[113] 그렇다면『유가론』「섭결택분」에서의 4연설은 이들 계통에서 유래한 것이라는 추측이 가능하다.

4. 소 결

6因 4緣 5果라는 유부 인과론은 그들의 諸法分別과 三世實有說의 이론적 귀결이었다. 이는 곧 삼세의 일체법(색·심·심소·불상응행법과 무위법)을 포섭하는 것이었기에 유부의 제법분별론을 부정하거나 달리 이해하는 경우 그들의 인과론 역시 부정하거나 달리 이해할 수밖에 없다.『대비바사론』상의 비유자가 '[4]緣性(pratyayatā) 비실유론' 혹은 '因緣(6인4연) 無體論'을 주장한 것 또한 유부의 諸法分別論 비판에 따른 이론적 귀결이었을 것이다. 그러나『대비바사론』에서 비유자의 유부 인연론 비판의 구체적 내용이나 논거, 취지는 확인되지 않는다. 그것은『순정리론』상의 상좌 슈리라타나

---

113 (T29, 553b13-15). 外方(西方)의 경량부와, 이들과 상좌, 이들과 세친의 관계에 대해서는 권오민(2012),『상좌 슈리라타와 경량부』, pp.927-958 참조.

비유자 설에서 보다 구체적으로 확인된다.

본 장에서의 주요 내용을 간추리면 다음과 같다.

첫째, 因緣은 고래로 종자에 비유된 결과의 직접적 원인(能生因)으로, 유부에서는 이를 결과와의 시간적 관계에 따라 동시(俱時)인 俱有·相應因, 시간적 간격을 갖는 同類·遍行因(無間)과 이숙인(隔越)의 5인으로 분별하였다. 그러나 受·想·思를 제외한 제 심소의 개별적 실체성도, 이와 心과의 동시 상응관계도 부정할뿐더러 법 자체가 생멸한다고 주장한 상좌는 이러한 5인을 결코 인연으로 인정할 수 없었다. 그에게 있어 제법의 生因은 개별적 실체로서의 법이 아니라 유정의 相續(6處 또는 名色)이었다. 상좌/비유자는 이를 隨界·종자로 호칭하였다. 그들은 유정의 상속 중에 無始이래 제법의 隨界·종자(功能)가 훈습 隨逐하고 있다고 생각하였기 때문이다.

둘째, 유부에서는 等無間緣을 색법은 동류의 두 법이 俱生한다 (혹은 '전후 동등하게 상속하지 않는다')는 이유에서 심·심소에 한정하여 다만 開導(開避)法 ─무간에 멸하여 후법에 처소를 부여함으로써 생기를 이끄는 법─ 으로 이해하였지만, 상좌는 말 그대로 동등한 결과를 無間에 낳는 법으로 이해하여 무간에 후법을 낳는 전 찰나의 색심으로 규정하였다. 등무간연 역시 생겨날 법에 대해 能生의 작용을 갖는다는 점에서 사실상 인연과 다른 것이 아니다. 그가 인연으로 제시한 수계·종자는 소의처인 유정의 상속(6處)과 별도의 실체가 아니기 때문이다. 중현도 유가행파도 상좌는 등무간연과 인연의 차이를 무시한다고 비판하였다.

셋째, 유부에서 인식의 대상(所緣)은 바로 심·심소의 生緣이기 때문에 이를 所緣緣으로 설정하였다. 소연의 경계대상이 바로 생연이다. 그러나 상좌/비유자는 예컨대 眼(소의)·色(소연)과 眼識과 意識의 次第生을 주장하였기 때문에 색 등의 소연을 안식 등을 발생시킨 所緣緣과 안식 등의 대상이 된 所緣境으로 분별하였다. 따라서 안 등 5식의 경계대상이 된 소연경은 별도의 실체가 아니라 수계·종자의 형태로서 心상속 상에 존재한다. 즉 5식의 소연경은 다음 찰나 의식의 생연(=所緣緣)이 되고, 이는 다시 의식상에 나타나 의식의 경계대상(=所緣境)이 된다.[114] 이렇듯 상좌일파는 소연연 역시 사실상 인연의 일종으로 이해하였다.

넷째, 유부에 있어 增上緣은 不障의 能作因으로, 적용되는 범위가 가장 광대(자신을 제외한 일체법)하기 때문에 증상연이라 이름하였다. 그러나 상좌는 이 같은 의미의 능작인도 증상연도 부정하였다. 증상연이란 말 그대로 결과를 낳는 增上의(adhipati, 지배적인, 주된) 연으로, 이러한 연으로서 직접적인 것을 인연이라 하였고, 간접적(이차적)인 것을 증상연이라 하였다. 그는 증상연을 因緣의 원인이나 所依로 이해하였지만, 무한정으로 소급하지는 않았다. 도리어 一切法이 一法의 因과 緣이 된다는 주장을 경계하였다. 나아가 大種은 所造色(즉 안식 등의 증상연인 諸根)의 생기·변이와 지탱·유지·성장의 원인이라는 生·依·立·持·養因의 5因설도 聖敎 설로 인정하지도 않았다.

이렇듯 상좌는 4緣을 모두 所生法에 대해 직·간접적으로 能生의 작용을 갖는 것으로 이해하였다. 유부에 있어 能生因은 因緣이지만, 그는 4緣 모두를 이와 관련지어 설명하였다. 인연이 종자라면, 등무간연은 이를 保持한 전 찰나의 법이며, 소연연 또한 識 상에 나타난 所緣境이 후 찰나 식의 所緣緣이 된다는 점에서 일종의 인연이라 할 수 있으며, 증상연은 종자(인연)의 소의였다. 따라서 상좌의 유부 인연론 비판은 필연적으로 그가 因緣性(hetupratyaytā)으로 제시한 舊隨界설로 이어진다. 유부에서 개별적 실체로 논의되던 인연은 이제 바야흐로 유정의 상속에 훈습된 隨界·種子라는 형식으로 논의되기에 이르렀다. 이에 대해서는 章을 바꾸어 논의한다.

---

114 "의식의 소연경은 隨界로 존재하여 전 찰나(眼識)의 그것과 동일하지 않은데('若有隨界, 不同彼者--': T29, 448a8), 이는 후 찰나의 識을 낳는 소연연이 된다." ('隨界生識': 동, 448a14)

제10장 상좌 슈리라타의 舊隨界설

1. 상좌의 因緣性, 舊隨界

1) 舊隨界의 '界'

상좌 슈리라타에게 있어 등무간연은 無間에 법을 낳는 前生法, 소연연은 心상속 상에 隨界·종자의 형태로 존재하는 후 찰나 識의 발생연(意識이나 제 심소의 경우), 증상연은 이차적 원인(즉 인연의 원인)으로 모두 직·간접적으로 能生因인 인연과 관련된 것이었다. 그렇다면 그가 생각한 '인연'은 무엇인가?

불교전통에서 인연(hetu-pratyaya)은 等無間 등의 다른 세 緣이 간접적(혹은 소극적인) 원인이라면 직접적인 원인(즉 能生因)으로 고려된 緣으로, 통상 種子(씨앗)에 비유되었다. 이를테면 제법의 性相과 인과적 관계를 엄격히 분별하는 유부에서는 인연 등의 4연을 순서대로 種子法, 開導法(혹은 開避法), 任杖法, 不障法으로 이해하였고(제9장 주100), 사실상 유부의 4연설을 계승하는 유가행파에서는 인연을 아예 '종자(bīja)'로 정의하였다.[1] 다만 차이라면 유부가 인연이 되는 유루·무루의 일체 유위법을 自相을 지닌 개

---

[1] 『유가사지론』권3(T30, 292a2: 제9장 주102), "因緣者, 謂種子."; 동론 권85(동, 775c8), "因緣者, 謂諸行種子."

별적 실체로 이해하여 이미 작용한(=소멸한) 것은 과거법으로, 아직 작용
하지 않은(=생겨나지 않은) 것은 미래법으로 실재한다는 이른바 法體恒有
를 주장한데 반해, 유가행파에서는 인연이 되는 일체 유위법이 種子의 상태
로 마음에 갈무리(攝藏)되어 있다고 생각하여 이것의 所依·攝藏處로서 現行
識과는 다른, 무부무기의 동일種類로서 언제 어디서나 항상 존재하는 이른
바 알라야識(ālayavijñāna: 藏識) 내지 一切種子識(sarvabījakaṃ vijñāna)이라는
또 다른 형식의 마음을 주장하였다는 점이다.

세친 역시 『구사론』에서 諸法의 生因으로 종자를 주장하였지만(후술),
상좌 슈리라타는 이를 '舊隨界' 또는 '隨界'라는 조금은 생소한 개념으로 호
칭하고 있다.

> 上座는 말하였다. "因緣性(hetupratyayatā, 因緣일반)이란 舊隨界를 말하니, 이
> 는 바로 모든 유정의 相續이 [선·불선 등의 다양한 현실로] 展轉하는데
> (*paraṃpara, 연속적으로 이어지는데) 능히 因性(hetubhāva, 원인적 존재)이
> 되는 것이다."
>
> 즉 그는 [이같이] 말하고 있다.
>
> "세존께서 계경 중에서 설하기를 '마땅히 알아야 할 것이니, 이와 같은
> 보특가라에게 선법이 隱沒하고 아법이 출현할지라도 隨俱行의 善根이 아
> 직 끊어지지 않았을 경우, 아직 끊어지지 않았기 때문에 이러한 선근으로
> 부터 여전히 다른 [품류의] 선근을 일으킬 수 있다'고 하였다. [여기서]
> 隨俱行의 선근이 바로 舊隨界로, [유정의] 相續이 展轉하는데 능히 因性이
> 되는 이와 같은 등의 종류(*jāti: 類)를 설하여 '因緣'이라 한다."[2]

---

2   『순정리론』권18(T29, 440b3-4), "然上座言: 因緣性者, 謂舊隨界. 卽諸有情相續展轉, 能爲因性.
     彼謂: 世尊契經中說, '應知! 如是補特伽羅, 善法隱沒, 惡法出現. 有隨俱行善根未斷, 以未斷故, 從
     此善根, 猶有可起餘善根義.' 隨俱善根卽舊隨界, 相續展轉能爲因性. 如斯等類, 說名因緣."

‘舊隨界’라는 말은 중현의『순정리론』상에서만 언급되는 상좌 슈리라타 특유의 개념으로, 중현은 이를 세친의 종자설이나 선대궤범사의 ‘思가 熏習된 相續의 轉變·差別’설과 결부시켜 논설하기도 하였고(본 장 제3절 참조), 이들 학설의 연원으로도 비정이 가능하다. 그렇지만 불교사상사에서는 어떤 이유에서인지 이에 대해 침묵하였기 때문에 −이는 매우 이상한 일이다[3]− 매우 낯선 개념으로 전락하고 말았다.[4]

‘界(dhātu)’라는 말은 본서 제1장 3-4-2 ‘界의 의미’에서 살펴본 대로『바사론』이나『유가론』등에서 유정의 상속을 구성하는 種類·種族(gotra: 種姓)이나 조각(段)·부분(分)·단편(片)·여러 원인(nānāhetu: 種種因), 혹은 種子(bīja), 本性(prakṛti) 등의 뜻으로 해석되었다. 여기서 種族(gotra)은『구사론』에 의하면 生本(ākara: 구역은 ‘本’) 즉 제법이 생겨나는 데 근본이 되는 것이라는 뜻이다.[5] 예컨대 눈(眼)은 자신과 동일한 종류의 원인(즉 후 찰나의 同類因)이 되기 때문에 眼界이며, 무위법 또한 경계대상이 되어 심·심소를

---

[3] 다만 智周는 그의『成唯識論演祕』에서 경량부의 종자설을 네 가지 형태로 정리하면서 本經部의 六根所熏說의 예로서 이를 인용한다.「여러 聖教를 통해 볼 때 [所熏에 관한] 經部師 주장은 모두 네 종류이다. 첫째, 本經部는 내적인 6根이 바로 所熏性임을 인정하였다.『유가론』권51末에서 말한 色持種(색심호훈설)은 그들의 말에 따른 것으로, 앞서 인용한 바(T43, 880a19-b8)와 같다. 또한『순정리론』권18에서도 “이러한 舊隨界 자체에 대해서는 말할 수 없고, 다만 ‘이는 바로 업과 번뇌가 훈습된 6處로 生이라는 또 다른 결과를 초래하는 것’이라고 설할 수 있을 뿐(본 장 주55)”이라고 말하였다. 해설하면 여기서 ‘隨界’란 種子의 異名인데, [經部의] 새로운 舊師(*pūrvācārya: 先代軌範師 즉 상좌 슈리라타)가 이를 차별하여 ‘舊隨界’라고 이름하였다.」(T43, 880b9-15) 智周의 논의에 대해서는 본서 제12장 2절에서 검토한다.

[4] 상좌 슈리라타의 隨界 또는 舊隨界설은 仁順(1944),『唯識學探源』, 제3장「種習論探源」제4항 ‘經量部 種習論’(pp.171-177)에서 간략히 언급된 이래 三友健容(1980),「舊隨界について」; 加藤純章(1989),『經量部の研究』(제2장 6절 ‘上座の隨界說’); Changhwan Park(박창환, 2007), The Sautrāntika Theory of Seeds(bīja) Revisited, 제3장 ‘Śrīlāta’s Theory of Subsidiary Karmic Elements(Anudhātu)’; Dhammajoti K. L(2011), Śrīlāta’s anudhātu doctrine 등의 선행연구가 있다. 이 중 박창환의 논문은『세친과 슈리라타와 경량부 종자설』이라는 제목으로 공간되었다. *VASUBANDHU, ŚRĪLĀTA AND THE SAUTRĀNTIKA THEORY OF SEEDS* (ARBEITSKREIS FÜR TIBETISCHE UND BUDDHISTISCHE STUDIEN UNIVERSIAÄT WIEN, 2014)

[5] 『구사론』권1(T29, 5a4-7), “法種族義是界義.--此中種族, 是生本義.”; AKBh., p.13. 19-21. gotrārtho dhātvarthaḥ--ākarās tatra gotrāny ucyante.

낳기 때문에 生本(즉 '法界')이라 말할 수 있다는 것이다.

界의 일반적 용례는 5온·12처·18계 중의 '계'로서, 상좌는 3科 중 오로지 界만을 實有 혹은 勝義有로 이해하였다.[6] 그런데『잡아함』제3「因緣誦」중 제3「界相應(dhātusaṃyukta)」(제444-489경)의 첫 번째 경(「眼藥丸經」)에서는 眼藥丸이라는 열매의 더미(a heap of akṣa-[fruits] rāśi[7]: 신역은 '惡叉聚')의 비유로써 界의 無量함에 대해 분별하고 있다. (赤沼智善의『漢巴四部四阿含互照錄』에 의하면 南傳니카야에는 缺)

이와 같이 내가 들었다. 한때 불타께서 사위국 기수급고독원에 계셨다. 그때 세존께서 비구들에게 말하였다. 비유하자면 [눈동자처럼 생긴] 眼藥丸의 열매가 깊이와 너비가 각기 1由旬이나 되는 곳에 [쌓여 있을 경우], 어떤 사람이 이러한 眼藥丸의 열매를 취하여 [유정의] 각각의 界마다 안치하면 [眼藥丸의 열매는] 능히 신속하게 다하게 될지라도 그 같은 각각의 界는 그 끝에 이를 수 없는 것처럼, 온갖 界는 그 수가 無量임을 알아야 한다. 그렇기 때문에 비구들이여! 마땅히 좋은(善) 界를 배워야 한다. 마땅히 좋은 種種界를 이와 같이 배워야 한다.[8]

유정의 상속 중에는, 사방 십리(1유순)에 깊이도 십리나 되는 곳간에 쌓여 있는 눈동자처럼 생긴 眼藥丸(惡叉, akṣa)이라는 열매의 개수로도 그 종류를 다 헤아릴 수 없을 만큼 많은 界가 존재한다는 것으로, 이를 '種種界(nānādhātu)'라고 하였다.『잡아함』「界相應」에서는 계속하여 중생과 항상

---

6   본서 제1장 3절 '상좌 슈리라타의 3科 分別' 참조.

7   Changhwan Park(2007), p.146.; (2014), p.158.

8   『잡아함경』권16(T2, 114c27-115a4), "如是我聞. 一時, 佛住舍衛國祇樹給孤獨園. 爾時, 世尊告諸比丘. 譬如眼藥丸, 深廣一由旬. 若有士夫, 取此藥丸, 界界安置, 能速令盡, 於彼界界, 不得其邊. 當知! 諸界, 其數無量. 是故比丘, 當善界學. 善種種界, 當如是學."

함께하고 있는 좋고 나쁜 온갖 種種界에 대해 분별한다.

중생은 항상 界와 함께 하고 界와 화합해 있다. 즉 중생은 不善心을 행할 때 不善界와 함께 하고, 善心을 행할 때 善界와 함께 하며, 勝心·鄙心을 행할 때 勝界·鄙界와 함께 한다. 그렇기 때문에 비구들이여! 이같이 좋은 種種界를 배워야 한다. (『잡아함』 제445, 447경; SN. 14. 14; 16)

중생은 항상 界와 함께 하고 界와 화합해 있다. --(중략)-- 鄙心을 행할 때 鄙界와 함께 하고, 殺生 내지 盜·婬·妄語·飮酒를 행할 때 살생계 내지 盜·婬·妄語·음주계와 함께 하며, 불살생 내지 不盜·不婬·不妄語·불음주를 행할 때 불살생계 내지 不盜·不婬·不妄語·불음주계와 함께 한다. 그렇기 때문에 비구들이여! 種種界에 대해 잘 분별해야 한다. (『잡아함』 제449경; SN. 14. 12)

중생은 항상 界와 함께 하고 界와 화합해 있다. --(중략)-- 不信을 행할 때 불신계와 함께 하고, 犯戒와 無慚·無愧를 행할 때 범계계와 무참계·무괴계와 함께 하며, 信을 행할 때 信界와 함께 하고, 持戒와 慚·愧를 행할 때 지계계와 참계·괴계와 함께 한다. 그렇기 때문에 비구들이여! 種種의 온갖 界에 대해 잘 분별해야 한다. 信·不信의 경우와 마찬가지로 精進과 不정진, 失念과 불실념, 正受와 부정수, 多聞과 少聞, 인색함(慳)과 베풂(施), 惡慧와 善慧, 기르기 어려움(難養)과 기르기 쉬움(易養), 만족하기 어려움(難滿)과 만족하기 쉬움(易滿), 多欲과 少欲, 知足과 不知足, 攝受와 不攝受를 행할 때에도 그 같은 界와 함께 한다. (『잡아함』 제450경; SN. 14. 17)

그리고 제451-454경에 걸쳐 種種의 觸·受·想 등의 諸法을 낳는 원인 (ākara: 生本)으로서의 種種界인 眼·色·眼識界 내지 意·法·意識界의 18界에

대해 분별하고 있다.

『대비바사론』에서는 "세존께서 '惡叉聚(akṣa-rāśi, 眼藥丸의 열매더미)의 비유'를 설하고 나서 말한 유정의 소의신 중에 존재하는 다수의 界性(즉 『잡아함』 제445-450경에서의 논설) 역시 所依(根)와 能依(識·심소)와 境界(境) 중 어딘가에 포섭되기 때문에 18계 중에 포함된다"거나 "『多界經』에서 설한 62가지 界의 차별 또한 이 같은 三事의 18계 중에 포함된다"고 해설하고 있지만,9 유정의 善·不善 내지 慚·愧, 攝受·不攝受는 善界·不善界 내지 慚界·愧界, 攝受界·不攝受界와 함께한다고 하였기 때문에 여기서의 '界'는 다분히 원인의 의미, 즉 항상 중생의 마음과 화합하여 함께 하고 있으면서 (衆生常與界俱, 與界和合) 선·불선 등의 온갖 다양한 심·심소와 身·語業을 낳는 종자의 의미로 해석될 수 있다.

실제로『유가사지론』에서는 앞서『잡아함』「界相應」첫 번째 경(제444경)에서 언급한 惡叉聚(眼藥丸의 열매더미)를 알라야식 중에 존재하는 다수의 界를 비유한 것이라 하였고(주19), 『성유식론』에서도 일체유정이 갖는 種種界를 惡叉聚에 비유하고, 이때 '界'는 종자의 다른 명칭이라 하였다.10

이에 따라 유가행파에서는 불타의 10力 중의 하나인 種種界智力(nānādhātujñānabala) 또한 "유정의 劣界(유루의 염오종자)와 中界와 妙界(무루종자)의 部分과 差別을 여실히 알고, 모든 유정을 그들의 근기와 意樂(āśaya, 의도)와 隨眠(번뇌종자: 본 장 제4절)에 맞게 이러저러한 趣入門(방편

9　『대비바사론』권71(T27, 367c1-6), "餘契經中, 世尊自說惡叉聚喩. 說此喩已, 告諸苾芻, '有情身中有多界性. 彼亦攝在此十八界. 所依能依境界攝故.' 又佛於彼多界經中, 說界差別有六十二. 彼亦攝在此十八界, 卽所依等三事攝故."

10　『성유식론』권2(T31, 8a22-24), "如契經說, '一切有情, 無始時來, 有種種界. 如惡叉聚.' 法爾而有. 界卽種子差別名故." 유가행파의 다른 문헌에서도 界는 '종자'(『유가론』T30, 610a1ff), '일체법의 종자'(『대승아비달마집론』T31, 666c1f), '알라야식 중에 존재하는 제법의 종자'(『잡집론』T31, 704b25f)의 다른 명칭이라 정의한다. 유가행파와 경량부의 '界'에 대해서는 Changhwan Park(2007), pp.145-167; (2014), pp.157-180 참조.

문)에 근거하여 전도됨이 없이 教授하고 이치에 맞게 安立(설정)하는 것”,
혹은 “저들의 종자의 차별(예컨대 本性住·先習起·可修治·不可修治)을 바로
관조하여 파악하고 무량의 품류를 분별하는 것”[11]이라 규정하여 種種界의
‘界’를 종자의 뜻으로 이해하였다. 이에 반해 유부에서는 種種界智力을 “일
체유정이 無始이래 오랫동안 익혀 성취한 志性(지향성)과 隨眠(번뇌)과 諸
法性의 種種의 차별을 아는 것”[12]으로 정의하여 ‘界’를 개별적 실체로서의
법으로 이해하였다.

　　上座의 경우 역시 界는 種子의 다른 명칭이다. 그는 ‘[업과 번뇌 등의]
種種法이 熏習하여 성취된 것’을 界(dhātu)라고 하였다. (이는 舊隨界의 특성:
주50) 무루의 종자를 ‘淨界(śubha-dhātu)’라 하였고, 마음의 종자를 ‘心界
(citta-dhātu)’라 하였다. (주37 참조) 예컨대 중현은 동시인과(俱有因)를 부정
하는 상좌에 대해 그럴 경우 최초의 무루법(苦法智忍)을 해명할 수 없다고
비판하면서 淨界에 대해 논란한다.

> **[중현:]** 俱有因을 싫어하여 배척하는 이들은 최초의 무루법이 어떤 원인으
> 로부터 생겨난다고 하는 것인가? 그것의 前生因은 일찍이 존재하지 않
> 았기 때문이다.
>
> **[상좌:]** 淨界(무루종자)가 본래부터 존재(本來有)하기 [때문에 그것으로부

11　『유가사지론』권50(T30, 571b21-25), “如來所有種種界智力. 於諸有情劣中妙界部分差別, 如實了
　　知. 於諸有情能如其根, 如其意樂, 如其隨眠. 依於彼彼趣入門中. 無倒教授如應安立.” 동권
　　(573a27-b3), “若正照取卽彼種子差別, 分別無量品類, 當知! 此由種種界智力故. 又卽彼界當知分
　　別略有四種. 一者本性住種子. 二者先習起種子. 三者可修治種子, 謂有般涅槃法者所有種子. 四者
　　不可修治種子. 謂無般涅槃法者所有種子.”
12　『순정리론』권75(T29, 747b3-9), “若如實知諸有情類, 前際無始數習所成, 志性隨眠及諸法性種種
　　差別, 無罣礙智, 名種種界智力.--應知! 此中界與志性, 隨眠法性名之差別.” 三友健容(1980: 29)은
　　『구사론』에는 이 같은 해석이 보이지 않는다는 점에서 이는 중현의 독자적 해석이 아니
　　라 界를 熏習이라 주장한 상좌의 영향이라 하였지만, 중현의 해석에 종자 훈습설이 포함
　　된 것도 아닐뿐더러 중현과 상좌는 ‘界’의 이해를 달리하였다.

터 생겨난다].

[중현:] [무루법의] 원인이 항상 존재하였거늘 어떤 緣이 장애하여 무루의
果法이 일찍이 생겨날 수 없었던가? --(중략)--

[상좌:] [최초의 무루법은] 相續의 轉變에 근거하여 [생겨난] 것이다.

[중현:] --(중략)-- [그럴 경우] 상속의 전변을 [무루법의] 원인이라 해야
하거늘 어찌 淨界를 [무루법의] 種子라고 주장하는 것인가? --(중략)--
만약 [그대가] 주장한 무루법의 種子인 淨界가 유루라고 한다면, 이러한
주장은 의미 없는 허황된 것(唐捐)이니, 유루법을 무루의 종자라고 하
거나 무루법을 유루의 종자라고 해서는 안 되기 때문이다."[13]

상좌/경량부는 色聚에도 마음에도 종자 공능으로서의 種種界가 존재한다
고 말한다. 즉 『구사론』에서 有餘師(apare)는 4大種(地·水·火·風의 堅·濕·煖·動
相)의 隱顯에 대해 논의하면서 "木聚 중에 種種界(vividha-dhātu)가 존재한다"
는 경설(『잡아함』 제494경: T2, 129a3)에 근거하여 "水聚 중에 [火 등의 대종
은] 실체(svarūpa)로서 존재하는 것이 아니라 種子(bīja)로서 존재한다"고 주
장하였는데,[14] 普光과 稱友는 공히 이를 경량부의 이해로 평석하였다.[15]

---

13 『순정리론』권15(T29, 421a16-b2), "又諸憎背俱生因者, 初無漏法, 從何因生? 彼前生因, 曾未有
故. 若謂'淨界本來有'者, 因旣恒有, 何緣障故, 無漏果法曾未得生?--若言'要待相續轉變', 理亦不
然.--卽此(相續)轉變, 何不爲因? 如何復執, 淨界爲種?"--[上座]所執 淨界無漏法種, 若是有漏, 執
此唐捐. 有漏法不應爲無漏種故. 無漏法亦不應爲有漏種故." 유가행파에서도 무루종자의 本有
說과 新熏說이 있지만, 상좌 역시 유가행파와 동일한 이유에서 무루종자 本有說을 주장
하였다.

14 AKBh. p.53, 13-14. bījatas teṣu teṣāṃ bhāvo na svarūpata ity apare. "santy asmin dāruskandhe
vividhā dhātava" iti vacanāt. (兵藤一夫, 1980, 「俱舍論に見える說一切有部と經量部の異熟說」,
p.68); 『구사론』권4(T29, 18c9-11), "有餘師說. 於此聚中, 餘有種子, 未有體相故. 契經說. '於木聚
中有種種界.' 界謂種子." (밑줄은 현장의 가필) 한편 중현은 이 경설에 근거하여 4대의
소조색인 나무 중에 이미 [실체로서의] 火界가 존재하기 때문에 세간에서 나무를 '불의
종자(원인)'라고 말한다고 해설한다. (『순정리론』권68, T29, 713a15-20) 그러나 상좌에 의
하면 나무가 바로 불은 아니며(나무는 실체로서의 火界를 갖는 것이 아니며), 불의 종자
(원인)가 될 뿐이다. 마찬가지로 심·심소는 무루법이 아니지만, 무루의 종자가 될 수
있다. (동 713a11-15) 이에 따라 그는 무루종자(淨界)의 본유설을 주장하였다.

또한 세친은『구사론』에서 "[선·불선 등의 온갖 心所와 事業 등을] 쌓기(cinoti: '集起', 구역은 '增長') 때문에 心(citta)이라 한 것"이라는 유부의 正義를 밝힌 후 "淨·不淨의 온갖 界(dhātu)가 쌓인 것(cita)이기 때문에 心(citta)이라 한 것"이라는 또 다른 해석을 언급하였는데,16 稱友는 이를 심(citta)을 어원적 관점에서 '훈습(=종자)의 住處(bhāvanāsaṃniveśa)'로 이해한 경량부나 유가행파의 견해로 평석하였다.17 실제『섭대승론』등에서는 마음을 종자·훈습의 적집처로 해설하였고(주51), 상좌 역시 수계·종자의 소의처로 간주하였다. 그리고 이 같은 다수의 種種界가 쌓인 (혹은 '隨逐하고 있는') 마음을 상좌일파의 경량부에서는 一心(ekacitta)이라 하였고, 유가행파에서는 알라야識(ālayavijñāna)이라고 하였다.

一心은 種種界(nānādhātu)를 갖추고 있다. 一心 중에 다수의 界(bahudhātu)가 熏習(vāsanā)되어 있다. --(중략)-- 마음 그 자체는 비록 단일한 것일지라도 그 안에 [선·불선 등의] 수많은 界가 존재한다.18

薄伽梵(세존)께서 "眼界·色界·眼識界 내지 意界·法界·意識界가 존재한다"고 설한 것은 알라야識 중에 種種界가 존재하기 때문이다. 또한 경에서 惡叉聚의 비유를 설한 것은 알라야識 중에 다수의 界가 존재하기 때문이다.19

---

15 (T41, 72a23).; AKVy., p.125. 6.

16 AKBh., pp.61. 21-62. 1, citaṃ śubhāśubhair dhātubhir iti cittam.("善惡諸界, 所增長故名心.":『구사석론』T29, 180c4) 참고로 玄奘은 이를 "復有釋言: 淨不淨界, 種種差別, 故名爲心.--"(T29, 21c21f)으로 번역하였는데, 梵本 校訂者의 각주에 의하면 원래의 寫本에 citra(種種)로 되어 있었던 것을 眞諦 역(所增長)과 티베트 역(bsaga pa, citam)에 근거하여 citam으로 정정하였다고 한다. (櫻部建, 1968,『俱舍論の硏究』, p.301 주1) 이에 대해서는 제3장 1절 참조.

17 AKVy., p.141. 18-19. citaṃ śubhâśubhair dhātubhir iti cittaṃ. bhāvanāsaṃniveśayogena Sautrāntikamatena Yogācāramatena vā.

18 『순정리론』권18(T29, 442b1-4), "又彼上座, 如何可執言, '一心具有種種界. 熏習一心多界.'--'有心其體雖一, 而於其內, 界有衆多.'"

19 『유가사지론』권51(T31, 581b19-21), "薄伽梵說, '有眼界色界眼識界 乃至 意界法界意識界', 由

2) 隨界 혹은 舊隨界의 의미

(1) 隨俱行의 선근과 隨界

舊隨界의 '界(dhātu)'가 유위제행의 직접 원인(=因緣)으로서 종자(bīja)의
뜻이라면 '隨'의 의미는 무엇인가? 상좌는 '구수계'라는 개념의 경전적 근
거로서 "어떤 이에게 선법이 隱沒하고 악법이 출현할지라도 隨俱行의 善根
이 아직 끊어지지 않았을 경우, 아직 끊어지지 않았기 때문에 이러한 선근
으로부터 다른 [품류의] 선근을 일으킬 수 있다"는 경문을 제시하였다. 여
기서 '隨俱行의 善根'이 바로 舊隨界라는 것이다.

이 경문의 출처는 확인되지 않지만, 『대비바사론』이나 『순정리론』에
서는 同類因의 경증으로 완전히 동일한 문구를 인용하며,[20] 稱友의 『구사론
明瞭義釋(Sphuṭārtha vyākhyā)』에서도 일부이지만 동일한 경설을 언급한다.[21]
비록 선법이 은몰하고 악법이 출현하였을지라도 隨俱行의 善根이 아직 끊
어지지 않았기 때문에 이러한 선근을 원인으로 하여 同類의 선근을 일으킬

於阿賴耶識中有種種界故. 又如經說惡叉聚喻, 由於阿賴耶識中有多界故." 여기서 앞의 薄伽梵
설은 『중아함』제181 「多界經」 (혹은 『잡아함』제451경 「界經」), 뒤의 경설은 『잡아함』제
444경(「眼藥丸經」: 주8). 두 법문에 대해서는 袴谷憲昭(2001), 「三乘說の一典據: Akṣarāśi-sūtra
とBahudhātuka-sūtra」 참조. 種種界가 적집된 종자식인 一心과 알라야식의 관계에 대해서
는 본서 제11장에서 논의한다.

20 『대비바사론』권16(T27, 79b22-25), "又契經說. '如是補特伽羅, 成就善法及不善法. 善法隱沒惡
法出現. 有隨俱行善根未斷, 以未斷故, 從此善根, 猶有可起餘善根義. 彼於當來有淸淨法.' 如是等
經說同類因. (또한 계경에서 설하였다. "선법과 불선법을 成就한 이와 같은 보특가라에게
선법이 隱沒하고 악법이 출현할지라도 隨俱行의 선근이 아직 끊어지지 않았을 경우, 아
직 끊어지지 않았기 때문에 이러한 선근으로부터 다른 [품류의] 선근을 일으킬 수 있고,
그는 當來 淸淨法을 지닐 수 있다." 이와 같은 등의 경에서 同類因을 설하였다.)"; 『순정리
론』권15(T29, 416c6-9).

21 AKVy., pp.188. 30-189. 1, samanvāgato 'yaṃ pudgalaḥ kuśalair api dharmair akuśalair api yāvad
asti cāsyānusahagataṃ kuśala-mūlam asamucchinnaṃ yato 'sya kuśala-mūlād anyat kuśala-mūlam
utpatsyate. evam ayaṃ pudgala āyatyāṃ viśuddhi-dharmā bhaviṣyatīti sabhāga-hetuḥ. ("선법과 불
선법을 成就한 이 같은 보특가라에게 [微細하게 함께 일어나는] 微俱行의 선근이 끊어지
지 않는 한 그러한 선근으로부터 다른 [품류의] 선근이 일어날 것이니, 이와 같은 보특가
라는 미래 淸淨법을 갖게 될 것이다"라고 [말한] 것이 同類因이다.)

수 있다는 것이다. 여기서 '隨俱行의 善根'은 중현에 의하면 선근의 得(prāpti), 선천적으로 획득한 生得(utpatti-pratilambhika)의 선근이다. 즉 "어떤 보특가라에게 [악법이 출현하여] 無貪 등의 제 선근이 현전하지 않았을지라도 선근의 '得'이 폐기(pratiniḥsarga: 捨棄, 捨離)되지 않은 한 '선근은 아직 끊어지지 않았다'고 말할 수 있는 것으로, [세존께서는 그가] 장차 선근을 끊으려고(斷善根) 함에 따라 이 같은 말을 설하게 되었다"는 것이다.[22]

그런데 稱友의『구사론석』에서는 隨俱行의 선근을 anusahagataṃ kuśala-mūlam 즉 '微俱行의 선근'으로 표기하였다. (주21) 미구행의 선근이란 유부 아비달마에 의하면, 上上 내지 下下의 9품의 선근이 下下 내지 上上의 9품의 邪見(mithyā-dṛṣṭi)에 의해 점진적으로 끊어질 때 최후로 끊어지는 下下品의 선근을 말하는 것으로, 이것이 捨棄되었을 때를 斷善根이라 한다.[23]

舊隨界의 경전적 근거가 된 隨俱行(*anusahagataṃ)의 선근은 微俱行(anusahagataṃ)의 그것과 동일개념의 다른 표현이라 할 수 있다.『대비바사론』에서는 微俱行의 선근과 불선근에 대해 논의하면서 간략하기는 하지만 상좌가 제시한 舊隨界의 경증을 인용한다.

무엇이 微俱行의 선근인가?
무슨 이유에서 이에 대해 논의하는 것인가?
계경의 뜻을 널리 분별하기 위해서이다. 즉 계경에 이같이 설하였다. "그에게 미구행의 선근이 아직 끊어지지 않았을 경우, 이로부터 다른 [품류의] 선법이 일어나게 될 것이며, 이에 따라 [그는] 청정하게 된다"고만

---

22 『순정리론』권15(T29, 441b19-22), "以諸善根無貪等性, 彼於此位, 不現在前, 得未捨故, 名爲未斷. 依將斷善故說此言. 此中善根, 唯生得善, 諸加行善, 先已斷故."

23 『발지론』권2(T26, 925a18f), "云何微俱行善根? 乃至廣說. 答: 斷善根時, 最後所捨. 由捨彼故, 名斷善根.":『대비바사론』권35(T27, 182a3f);『구사론』권17(T29, 89a15f); AKBh. p.249. 13-15, "katamāny anusahagatāni kuśalamūlāni. āha. yair akuśalamūlaiḥ kuśalāni samucchinnāni sarvapaścāt vijahāti yaiḥ vikīrṇaiḥ samucchinnakuśalamūla iti saṃkhyāṃ gacchatī"ti.

설하였기 때문이다.[24]

　중현 역시 수구행과 미구행을 혼용한다. 그는 斷善根에 대해 논의하면서 상좌가 舊隨界의 경증으로 제시한 '隨俱行의 善根'의 경설을 인용하여 이러한 선근이 끊어질 때, 이때 일체의 선근이 끊어지기 때문에 이를 '斷善根'이라 한다고 논의하고서,[25] 다시 9품의 사견과 9품의 선근이 順逆으로 대응하여 점차적으로 끊어진다(하하품의 사견에 의해 상상품의 선근이 끊어지고, 상상품의 사견에 의해 하하품의 선근이 끊어진다)는 사실의 논거로서 '미구행의 선근'에 관한 아비달마 本論(즉『발지론』)의 논설 ―"微俱行의 善根이란 사견이 선근을 끊을 때 최후로 捨棄되는 선근으로, 이때를 斷善根이라 한다"(주23)― 을 인용하였다.[26]

　한편 중현은 '수구행의 선근'과 관련된 이 경설을 세친 종자설(주110)의 비판논거로 제시하기도 하였다. 즉 "선근종자가 끊어졌다고 함은 완전히 해손(파괴·근절)된 것이 아니라 손상된 것"이라는 세친의 논의(주41)에 대해 "그 후 隨俱行의 善根마저 끊어졌다면 微劣한 선근조차 모두 다 끊어진 것이거늘 어찌 완전히 해손된 것이 아니라는 것인가?"라고 힐난하고 그의 언사는 자신이 분별한 도깨비(魍魎) 즉 종자설에 홀려 한 말이라고 조소한다.[27]

24　『대비바사론』권36(T27, 185a21-24), "云何微俱行善根? 乃至廣說. 問: 何故作此論? 答: 為廣分別契經義故. 謂契經說, '彼猶有微俱行善根未斷. 從此有餘善法當起, 由是清淨." 동론 권35(T27, 181b3-6)에서는 微俱行의 不善根에 대해 동일한 형식의 경문을 인용한다. "云何微俱行不善根? 乃至廣說. 問: 何故作此論? 答: 為廣分別契經義故. 如契經說, '彼猶有微俱行不善根未斷. 從此有餘不善法生, 由是當退."

25　『순정리론』권42(T29, 580c18-24).

26　『순정리론』권42(T29, 581a4-9).

27　『순정리론』권12(T29, 398a11-15), "又彼所說, 違害契經, 以契經言'畢竟斷'故. 如世尊說, '應知! 如是補特伽羅, 善法隱沒, 惡法出現. 有隨俱行善根未斷. 以未斷故, 從此善根, 猶有可起餘善根義.' 彼於後時, 一切皆斷, 如何所有微劣善根一切皆斷, 非畢竟害? 故彼但應由自分別魍魎所魅, 而作此言." 참고로 중현은 그의『순정리론』상에서 "어떤 보특가라에 선법이 은몰하고 악법이 출현하였을 때라도 隨俱行의 善根이 아직 끊어지지 않은 경우--"라는 경설을 모두 7번

여기서 중현은 수구행의 선근을 '微劣한 선근'이라 하였는데, 이는 바로 하하품 즉 微俱行의 선근을 말한 것이다. 隨俱行의 '隨(anu)'와 微俱行의 '微(aṇu)'는 의미가 다르지만,[28] 어떤 술어에 대해 정의할 때 여러 유사어들도 열거하는 범어 의미론의 전통 상 음가가 서로 유사한 두 술어는 처음부터(원문상에서) 이미 혼용되었을 것이다. 眞諦도 필경 이러한 이유에서 微俱行의 善根을 '가장 微細하고 항상 隨轉하는 선근(善根最細恒隨)'이라는 말로 번역하였을 것이다.[29] 따라서 수구행의 선근이란 선법이 은몰하고 악법이 출현하였을 때라도 항상 수축하는 미세한 선근으로, 유부에서는 이를 '선근의 得'으로 이해하였지만, 경량부에서는 구수계 즉 '선근의 隨界'로 이해하였던 것이다.

아비달마논사들은 隨眠(anu-śaya)의 '隨(anu)' 역시 隨逐(anugata: 隨行)의 뜻과 함께 微細(aṇu)의 뜻으로 해석하였다. 즉 欲貪 등의 근본 7수면은 현행할 때 ① 그 行相을 알기 어렵기 때문에 '微細한 것'이라고 해석하는 한편, ② 소연과 상응법(심소)에 따라 증장하고 다시 그것을 증장시키기 때문에, ③ 유정의 상속 중에 '[번뇌의] 得'으로서 수반되고, ④ 그것으로부터 벗어나기가 지극히 어렵기 때문에 순서대로 隨增(anu-√śī, anuśerate)·隨逐(anugata: 隨行)·隨縛(anu-√bandh)의 뜻으로 해석하기도 하였다.[30]

인용한다. ① 세친의 단선근 이해를 비판하면서(본주), ② 同類因의 경증(주20). ③ 譬喻者의 淨界(무루법의 종자) 本來有說(T29, 421a18: 주13)을 비판하면서(421b6-11), ④ 상좌의 舊隨界설을 비판하면서(441b17-21), ⑤ 斷善根에 대해 해명하면서(주25), ⑥ '成就' 실유의 경증으로(629a9), ⑦ 無學에는 번뇌종자가 존재하지 않는다는 세친설을 비판하면서(712c10-15).

28 anu는 통상 동사나 명사의 접두사로 사용되어 'after' 'along' 'subordinate to'의 의미로 사용되는 데 반해 aṇu는 형용사로서는 'minute', 명사로서 '물질의 극소(atom)'를 의미한다. (Monnier-Williams Dictionary, p.11, p.31)

29 『구사석론』권13(T29, 244a6). 『발지론』의 구역인 『팔건도론』에서는 '微不善·善根'으로 번역하였다. (T26, 779b18; 22)

30 隨眠의 4義에 대해서는 『품류족론』권3(T26, 702a24-26); 『대비바사론』권50(T27, 257a26-c4); 『입아비달마론』권상(T28, 983c5-11); 『잡아비담심론』권4(T28, 902c17-20),; 『구사론』권20(T29, 108a21-26); 『순정리론』권53(T29, 641a10-25) 등에서 논설한다. 『바사론』에서는 정

이러한 해석은『대비바사론』등에 따르면, 微細한 것은 자성에 근거한 것이고, 隨增은 작용이나 상속에, 隨逐과 隨縛은 得(prāpti)에 근거한 것이다. 유부에서는 후술하듯이 수면을 근본번뇌로 이해하였지만, 그것은 유정의 상속 중에 항상 수축하는 '번뇌의 得' (예컨대 욕탐수면은 욕탐의 得)으로도 이해하였던 것이다. 즉 隨眠의 네 뜻 중 微細와 隨增이 相應法(즉 번뇌자체)에 근거한 해석이라면, 隨逐과 隨縛은 不相應法(즉 '得')에 근거한 해석이다.[31] 이렇듯 유부에서는 수축과 수박의 뜻을 갖는 수면을 '번뇌의 得'으로 이해하였지만, 상좌(경량부)는 이 역시 '번뇌의 隨界'로 이해하였다. (본 장 제4절 상론)

『구사론』과『정리론』에서는 隨逐과 隨縛에 대해 이같이 규정하고 있다.

[수면의 뜻이] '隨逐(anugata)'이라 말한 것은 [번뇌의] 得(prāpti)이 연속적으로 일어나기 때문이며, --(중략)-- '隨縛(anubadhnanti)'이라 말한 것은 [그것을 일으키려고] 노력하지 않더라도 [혹은 그것이 일어나는 것을] 방해하더라도 자꾸자꾸 나타나기 때문이다.[32]

[수면의 뜻이] '隨逐'이라 말한 것은 無始이래 相續 중에 [번뇌의] 得(prāpti)이 일어나 수반(隨逐)되기 때문이며, '隨縛'이라 말한 것은 그것을 띠니기가 극히 어렵기 때문이니, 마치 四日熱의 학질이나 鼠毒이 그러한 것과 같다. 그런데 어떤 이는 "隨縛이란 得이 항상 隨轉하는 것을 말하니, 마치

설로서 微細·隨增·隨縛을, 外國諸師의 설로 微細·隨入·隨增·隨縛을 언급하며,『잡심론』에서는 자성과 상응과 得에 근거하여 微入(微細)·隨入(隨增)·隨逐으로만 해설하였다.

31 『대비바사론』권50(T27, 257b19-22), "次微細義, 隨增義, 是隨眠義者, 依相應隨眠說. 隨縛義是隨眠義者, 依不相應隨眠說. 問: 隨眠皆與心等相應, 如何言依不相應說? 答: 此中於得, 立隨眠名, 得隨眠故." 得을 '隨眠'이라는 말로 가설한 것에 대해서는 본 장 주144 참조.

32 AKBh., p.308, 10-12, anugatā prāptyanuṣaṅgataḥ. -- anubadhnanty aprayogeṇa prativārayato 'pi punaḥ punaḥ saṃmukhībhāvāt.;『구사론』권20(T29, 108a23-25), "言隨逐者, 謂能起得, 恒隨有情, 常爲過患. 不作加行爲令彼生, 或設劬勞爲遮彼起, 而數現起故名隨縛."

바다의 물고기(水行)가 공중을 나는 새(空行)의 그림자를 따르는 것과 같
다”고 하였다.[33]

중현은 상좌가 舊隨界의 경증으로 제시한 隨俱行의 善根에 대해서도 이
같이 해석하였다.

여기서의 ‘善根’은 오로지 生得善이니, 모든 加行善은 이미 끊어졌기 때문
이다. 즉 이러한 生得善根은 續善位에서 染心에 수반(隨逐)되는 得이기 때문
에 ‘隨行(anugata)’이라 하였고, [이에 따라] 9품[의 선근]이 단박에 획득되
기(이어지기) 때문에 ‘俱行(sahagata)’이라 하였다. 혹은 이러한 善根은 그것
의 得이 먼저 존재하고 이후 일어나기 때문에 ‘隨行’이라 하였고, 지금 일
어나는 법(즉 악법)과 [이 같은] 得은 [상응법과 불상응법으로서] 서로를
장애하지 않기 때문에 ‘俱行’이라 하였다. 이것이 바로 이 경에서 설한
이 말(‘隨俱行의 善根’)의 진실한 뜻이다.[34]

따라서 隨界는 隨俱行의 선근이나 隨眠과 마찬가지로 “<u>유정의 相續/所依</u>

---

33 『순정리론』권53(T29, 641c22-24), “言隨逐者, 謂無始來於相續中, 起得隨逐. 言隨縛者, 極難離故.
如四日瘧及鼠毒等. 有說, ‘隨縛謂得恒隨, 如海水行隨空行影.’” 여기서 어떤 이의 설은 사실상
隨逐의 뜻이지만, 『입아비달마론』과 『아비달마디파』에서는 隨縛의 正義로 언급된다.
(T28, 983c6-8, “或隨縛義是隨眠義. 謂隨身心相縛而轉, 如空行影水行隨故.”; ADV., p.220. 10.
anubadhnantīti vā’nuśayāḥ, khacarajalacaravat. 纏縛하기 때문에 수면이라 하였으니, 새가 물
고기를 [따르는 것]과 같다.)

34 『순정리론』권15(T29, 441b21-25), “此中善根, 唯生得善, 諸加行善, 先已斷故. 生得善根, 於續善
位, 隨染心得. 故謂隨行. 九品頓得, 故謂俱行. 或此善根, 先得後起, 故謂隨行. 現起與得, 不相違害,
故謂俱行. 是謂此經此句實義.” 이렇듯 유부의 경우 隨俱行의 선근을 현행의 염오심(=상응
법)과는 별도의 실체인 생득선(전생에 획득한 선근의 得=불상응법)으로 이해함에 따라
心相續에 수반되어 이와 함께 한다고 말할 수 있었다. 지금 악법이 일어날지라도 상속
중에 수구행(혹은 微俱行)의 선근이 수반될 수 있는 것은 그것이 得(불상응법)이기 때문
이다. 그러나 상좌(경량부)의 경우 수구행의 선근(즉 舊隨界)은 후술하듯이 개별적 실체
가 아니기 때문에 다만 이와 도덕적 성질을 달리하는 심상속에도 훈습 수축할 수 있다.
그러나 수계설에 대한 유부 비판의 주요한 논거 중의 하나는 바로 이 같은 잠재적 상태
의 隨界와 현행의 사태와의 도덕적 성질의 상이였다. (주118 참조)

身(6處 혹은 名色) 중에 항상 隨逐(anu-gata)하는 界(dhātu=종자)"라는 뜻으로, 원어는 anudhātu이다.[35] 『잡아함』「界相應」의 제경에서도 種種界를 중생이 '항상 함께 하는 것(常與界俱)'이라 하였다. 중현 또한 "[이 같은 이유에서 '隨界'라고 말한 것이라면] 이는 차라리 무량의 과실이 수축하기 때문에 '隨過(*anudoṣa)'라고 하는 편이 나을 것"이라고 빈정대기도 하였다.[36]

앞서도 잠시 언급하였지만 상좌(경량부)는 색법의 존재를 부정하지 않기 때문에 색법의 수계는 色聚에 수축하고, 심법의 수계는 마음(一心)에 수축한다. 중현은 마음과 여기에 의탁 隨逐하고 있는 다수(무량)의 心수계의 관계에 대해 이같이 힐난하였다.

"선심이 현행하고 있는 상태에서도 불선심과 무기심의 界(dhātu)가 항상 隨逐하고 있다"고 한다면, 이러한 界와 [現行의] 선심은 별도의 실체(arthāntara)로서 존재하는 것이 아니거늘 어떠한 이치에서 이러한 界는 현행하지 않는다고 말하는 것인가? 그 밖의 다른 두 마음(불선심과 무기심)이 현행하고 있는 상태에 수반되는 도덕적 두 성질의 界에 대해서도 역시

---

[35] 三友健容(1980), p.29.; 加藤純章(1989), p.251f. 그러나 三友健容은 anudhātu(隨界)의 의미를 '다투에 따르는 것(dhātuに隨うもの)'으로(p.30, 주24), 加藤純章은 '界(bīja)에 隨逐된 것(界に隨逐されるもの)', '界(bīja)에 따르고 있는 것(界に從い付かれつづげるもの)'으로 생각하였고(p.252), 'dhātu에 따르는 것' 'dhātu를 갖는 것'이라는 뜻으로 생각하여 'bīja를 갈무리하는 알라야식'과 가까운 것이라고도 하였다.(p.260) 그러나 隨界가 種子와 同義라고 하면서 다투(종자)에 따르는 것, 다투(종자)를 갖는 것이라 정의하는 것은 매우 어색하다. 이는 아마도 세친이 종자를 '결과산출의 공능을 지닌 名色'이라 정의한 데 따라 [현행의] 명색은 '다투(종자)에 따른 것', '다투를 갖는 것'이라고 생각하였기 때문일 것이다. 그러나 隨俱行의 선근이나 隨眠이 미세한 형태로 항상 소의신(自體) 상에 隨逐하는 선근이나 번뇌종자라면, 隨界 역시 일단은 '소의신(6處) 상에 隨逐하는 界(종자)'라는 정도의 의미라고 해야 한다. 그렇지만 수계·종자 자체는 개별 실체가 아니며 소의와 불가분의 관계이기 때문에 상좌와 세친은 각기 이를 6處와 名色으로 가설하였다. (본 장 2-2; 3-3-1 참조) 참고로 K. L. Dhammajoti(2011, p.21)는 번뇌隨界인 隨眠을 '유정의 상속에 항상 隨逐하는 것(which always pursues the serial continuity of a sentient being)'이라 하여 隨界를 "pursuant element"로 영역하였다.

[36] 『순정리론』권18(T29, 442b7-8), "然隨界名, 應言隨過, 無量過失, 所隨逐故."

이와 동일하게 따져 보아야 한다. 또한 그는 말해보아야 한다. 만약 "一心 (ekacitta) 중에 [선·불선 등] 다수의 品類의 心界(*cittadhātu)가 隨逐하고 있다"고 한다면, 어떠한 이유에서 이러한 다수의 心隨界(*citta-anudhātu)로부터 後時에 다만 한 가지 품류의 마음만이 일어나게 되는 것인가?[37]

(2) 得과 수계·종자

유부에서는 가장 최후로 끊어지는 하하품의 선근을 '微俱行의 선근'이라 하였고, 이는 선천적으로 타고난 生得의 선근이기 때문에, 다시 말해 선근의 得으로서 항상 隨逐하기 때문에 '隨俱行의 선근'이라 하였다. 따라서 미구행의 선근이 끊어진 상태인 斷善根은 [선근의] 不成就(asamanvāgama), 혹은 非得(aprāpti)을 본질로 한다.[38]

유부에서 '선근을 끊는다(斷善根)'거나 '번뇌를 끊는다'는 말은, 『대비바사론』의 표현을 빌리면 세간에서 도끼로 나무를 자르는 것과 같은 것이 아니다. 邪見과 善은 도끼와 나무의 관계와는 달리 서로 접촉하지 않기 때문이다. 즉 상속 중에 사견이 현전할 때, 온갖 선근의 成就의 得이 소멸하고 不成就의 得이 생겨나는데, 이를 '끊어짐(斷)'이라 하며, 선근의 得이 존재하지 않을 때 '선근이 이미 끊어졌다(已斷)'고 말한다.[39] 그래서 斷善根의 본질을 [선근의] 不成就 혹은 非得이라 한 것이다. 이러한 논의는 제법의 실유를 주장하는 유부로서는 불가피한 일이다.

---

37 『순정리론』권15(T29, 441c7-12), "謂於善心正現行位, 不善無記心界恒隨. 彼與善心, 非有別體, 依何理說彼不現行? 餘二性心, 正現行位, 各徵二性, 亦應同此. 又彼應說. 若一心中, 有多品類心界隨逐, 何緣從此多心隨界, 後時但起一品類心?" 이 같은 現行識과 心隨界의 잡란에 대한 세친(경량부)의 해명은 주119) 참조.

38 『대비바사론』권35(T27, 182c4f).; 『구사론』권17(T29, 89b13f).

39 『대비바사론』권35(T27, 182b22-26), "問: 斷善根者, 是何義耶? 答: 非如世間斧等斷木. 邪見與善不相觸故. 然相續中邪見現在前時, 令諸善根成就得滅, 不成就得生, 說名爲斷. 若相續中無善根得, 爾時名爲善根已斷."

그러나 得·成就의 개별적 실체성을 부정하는 비유자/경량부(제2장 3-2;
3-3-1)의 경우 당연히 斷善根은 '不成就'나 '非得'을 본질(svabhāva: 自性)로 하
는 실체가 아니다.[40] 세친에 의하면 그들은 生得善根의 경우 소의신 중의
[선법의] 種子[性](bījabhāva)이 손상되지 않은 상태를 '成就'라 하고, 이미 손
상된 상태를 '不成就'라고 하였다. 따라서 斷善根이라 함은 邪見의 힘에 의해
선근종자가 손상된 상태를 말한 것이지 완전히 소멸·해손된 상태
(samudghāta: 畢竟被害)를 말한 것이 아니다.[41]

경량부의 隨界·종자는 일차적으로 유부의 得에 대응하는 개념이다.[42]
전술한 대로 중현은 舊隨界의 경전적 근거로 제시된 隨俱行의 선근을 '선근
의 得'(生得善)이라 하였고, 경량부에서 번뇌의 수계·종자로 이해한 隨眠
(anuśaya) 역시 부분적으로 (즉 隨逐과 隨縛의 뜻을 갖는 수면을) '번뇌의 得'

---

40 『대비바사론』권35(T27, 182c2-4), "云何斷善根自性? 譬喻者言: 無實自性. 謂彼相續先有善根,
今時斷滅, 有何自性? 所引現喩, 如頂中說." 頂法에서의 退墮 역시 유부에서는 不成就를 자성
으로 삼는다고 주장하지만, 비유자의 경우 이는 다만 假說일 뿐 실유의 자성을 갖지
않는다. 그들의 예증은 이러하다. "예컨대 재물을 갖은 이를 부자라 하고 도적에게 빼앗
긴 이를 빈자라고 하는 경우, 다른 이가 "그대의 가난함의 자성은 무엇인가?"라고 물으
면, 그는 "나는 옛날에는 진귀한 재물을 많이 가졌지만(다시 말해 부자였지만) 지금은
[도적에게] 빼앗겨 다만 '가난한 이'라고 이름할 뿐인데, [여기에] 무슨 자성이 있다고
하겠는가?"라고 답하는 것과 같다." (T27, 27c17-28)

41 『구사론』권4(T29, 22c3-7), "不由功力而修得者, 若所依中, 種未被損, 名爲成就. 若所依中種已被
損, 名不成就. 謂斷善者, 由邪見力, 損所依中善根種子, 應知名斷. 非所依中善根種子畢竟被害, 說
名爲斷." 구역: "如斷善根人, 此人相續中, 由邪見應知善種子已破壞. 於彼相續中, 善法種子非永
除滅. (예컨대 斷善根人의 경우, 이러한 사람의 상속 중에 邪見에 의해 선근종자가 파괴되
었을지라도 그의 상속 중에 선법의 종자가 영원히 除滅된 것은 아님을 알아야 한다.)"
(동 181b8-10).; samucchinnakuśalamūlah. tasya tūpaghāto mithyādṛṣṭyā veditavyah. na tu khalu
kuśalānāṃ dharmāṇāṃ bījabhāvasyātyantaṃ santatau samudghātaḥ (단선근자의 경우 그에게
그것(선근종자)이 손상된 것은 사견에 의한 것으로, [손상되었다고 할지라도] 선법의
종자성이 相續 중에서 완전히 소멸하는 일은 없다.) (AKBh., pp.63. 24-64. 2)

42 兵藤一夫(1980), 「倶舍論に見える説一切有部と經量部の異熟說」, p.75f.; 加藤宏道(1986), 「得と
種子」; K. L. Dhammajoti(2011), pp.32-35 참조. P. S. 자이니(1959, THE SAUTRĀNTIKA
THEORY OF BĪJA, p.244)는 야소미트라 주석에 근거하여 경량부에서는 첫째, 선과 불선
등 두 가지 이질적인 마음이 전후 찰나로 일어나는 것을 해명한 유부의 得·非得論을
대체하기 위해, 둘째 찰나멸하는 제법(色心)의 상속(santati)에 지속성(abiding nature)을 제
시하려는 이유에서 종자설을 채용하였을 것으로 추측하였다.

으로 이해하였다. 상좌와 중현은 "出離의 방편을 여실히 알면 欲貪纏을 제거하고 아울러 隨眠도 끊게 된다"는 경설(『중아함』 제205 「五下分結經」, MN. 64: 주143)에서의 '수면'을 각기 '번뇌의 隨界'와 '번뇌의 得'으로 달리 해석하였다.

상좌는 이같이 말하였다.

이에 따라 지금 일어나고 있는 번뇌와 [이러한] 번뇌의 隨界를 일컬어 '纏'과 '隨眠'이라 하였음을 알아야 한다. 만약 ["아울러 隨眠도 끊게 된다"는 경설에서의] '수면'이라는 말이 [유부의 주장대로] 번뇌의 得(prāpti)을 가리킨 것이라면, 이는 올바른 이치가 아니니, 일찍이 [계경에서 그 같은 사실을] 설한 적이 없기 때문이며, 또한 이미 '得'이라는 법이 별도로 존재한다는 사실에 대해 비판하였기 때문이다. (본 장 주136)

이에 대해 중현은 이같이 비판한다.

이러한 [상좌의] 논거에는 [자신의 주장을 입증할 만한] 어떠한 공능도 없으니, 隨界의 경우도 동일하기 때문이다. 즉 일찍이 어떠한 [계경]에서도 "隨界를 隨眠이라 이름한다"고 설한 일이 없다.
'[경에서 得과 隨界를] 설하지 않았다'는 사실은 비록 동일할지라도 [隨界보다는] '得'을 인정하는 편이 이치상 보다 뛰어나니, 계경에서 "아울러 수면도 끊게 된다"고 설하였기 때문이다. 즉 실체적으로 존재하지 않는 법(즉 수계)은 [欲貪纏과] 함께 끊어질 수 있는 것이 아니다. 이 같은 '이미 제거하였다'거나 '획득한 것을 이미 제거하였다'는 말로 볼 때, 得을 배제하고서 무엇을 隨眠性(*anuśayatā, 隨眠일반)이라 하였기에 "[욕탐]纏을 제거한 상태에서 아울러 隨眠도 끊게 된다"고 설한 것인가? 경량부에서는 이러한 수면성은 [실체가 아니기 때문에] '끊을 수 있는 존재'라고 결정적

으로 밝힐 수 있는 것이 아니다.[43]

상좌 역시 수계를 유부의 得에 빗대어 해명한다. 그는 無明(avidyā)이란 '이것으로 인해 明이 존재하지 않게 되는 것'(由有此故, 令明非有, 是謂無明: T29, 499a24f)이라 정의하여 무명의 개별적 실재성을 부정하고, '이는 다만 無明의 隨界(즉 明이 존재하지 않게 되는 원인)로서만 존재한다'(동 499b4)고 주장하면서 이를 '무명의 得'에 빗대어 해명하고 있다.

得과 마찬가지로 隨界도 마땅히 그러하다고 해야 한다. 즉 그대(유부)의 종의에서도 온갖 무명의 得은 무명 자체가 아니지만, 혹 어느 때 무명이 비록 소멸하였을지라도 무명의 得의 세력에 장애됨에 따라 明이 생겨날 수 없으며, 혹 어느 때에는 이것(무명)의 得이 존재할지라도 가행력에 의해 明이 생겨날 수 있다고 하듯이, 이와 마찬가지로 우리(상좌)의 종의에서도 무명의 隨界는 무명 자체가 아니지만 혹 어느 때 무명이 비록 소멸하였을지라도 [무명의] 隨界가 장애함에 따라 明이 생겨날 수 없으며, 혹 어느 때에는 [무명의 隨界가 존재할지라도 가행력에 의해 明이] 생겨날 수 있다고 한 것이거늘 여기에 무슨 허물이 있을 것인가?[44]

『순정리론』에 따르면 중현은 세친의 종자설에 대해서도 "功能差別 (śakti-viśeṣa) 즉 종자는 [그것이 의탁하고 있는] 마음과 별도의 실체인가,

---

43 『순정리론』권45(T29, 597c17-22), "此因無能, 隨界同故. 謂曾無處說, '隨界名隨眠.' 不說雖同, 而許得理勝, 以契經說 '幷隨眠斷' 故. 非無實體法, 可與有俱斷. 由此已遣己遣得言, 離得說何爲隨眠性, 而說 '遣纏位幷隨眠斷' 耶? 非經部師能定顯示, 此隨眠性, 是有可斷." 이 논설에 대한 보다 자세한 해설은 본 장 제4절 참조.

44 『순정리론』권28(T29, 499b9-14), "若謂: 如得, 隨界應然. 謂如汝宗, 諸無明得, 非無明體. 然或有時, 無明雖滅, 由無明得勢力所障, 明不得生. 或復有時, 雖有此得, 由加行力, 明亦得生. 如是我宗, 無明隨界, 非無明體. 然或有時, 無明雖滅, 由隨界障, 明不得生. 或時得生. 斯有何過."

별도의 실체가 아닌가? 별도의 실체라면 得도 역시 그러하기 때문에 得과 종자는 다만 개념상의 논쟁(saṃjñā-vivāda)일 뿐이며, 별도의 실체가 아니라면 선심도 불선심의 종자가 되고 불선심도 선심의 종자가 된다고 해야 한다"고 비판하기도 하였다. (주117-118 참조)

이처럼 세친도 중현도 상좌도 得과 종자·수계를 서로 대응시켜 논쟁하였다. 유부의 得(prāpti)이 유정과 제법의 繫屬관계를 성립시키는, 다시 말해 유정들로 하여금 유위제법이나 擇滅 등의 무위법을 획득(已失今獲)·성취(得已不失)하게 하는 개별적 실체로서의 法이라면, 상좌의 隨界(anudhātu)는 잡염(유루)과 청정(무루)의 일체 현실(有爲諸行)의 원인적 존재(因性)이지만 그 자체 실체가 아니라 다만 功能이기 때문에 유정의 상속(6處 혹은 名色 즉 5온)을 떠나 존재할 수 없다.

3) 隨界와 舊隨界

상좌 슈리라타는 '隨界'라는 말과 함께 '舊隨界'라는 말도 혼용하고 있으며, 이를 비판하는 중현 역시 그러하다. 구수계의 '舊'의 의미는 무엇인가? 중현은 "'수계'에 대해 '舊'라고 말하였으니 有爲라고 해야 하며, 일체의 유위는 다 5온에 포섭되기 때문에 이는 마땅히 색 등의 5온 중의 하나라고 해야 하거나 5온과는 별도의 실체로서 존재하는 유위라고 해야 한다"고 힐난하기도 하였다. (주53) 隨界를 '舊隨界'라고 말한 이상 여기에는 이미 新舊라는 變遷의 시간성이 개입되었으므로 유위법이라고 해야 하며, 그럴 경우 5온 그 이상도 그 이하도 아니라고 해야 한다는 것이다.

제법의 同時인과를 부정하고 前滅後生에 따른 異時인과만을 인정하는 경량부(상좌일파)에서 제법의 生因은 전 찰나의 법이다. (유부와 유가행파에서는 이를 다만 開避·開導性의 등무간연으로 간주한다.) 상좌는 과거 전 찰나의 법을 유정의 상속을 연속적으로 이어지게 하는 원인(展轉因, pāramparya-hetu)이라 하였다. (제9장 주52) 따라서 諸法의 生因으로 간주된 隨界는 당연히 前生法이며, 이러한 뜻에서 舊隨界(*pūrva-anudhātu)라고 하였을 것이다. 구수계의 '舊(*pūrva)'는 前生(pūrvajanman)의 '前'과 마찬가지로 '이전의(previous)' '앞선(former)'이라는 의미의 형용사로[45] 隨界의 성격을 규정하는 한정어이다.

이런 점에서 隨界와 舊隨界에는 의미상의 차이가 없으며, 실제로도 혼용되고 있다. 예컨대 중현은, "苦法智를 일으킬 때가 예류과의 初心(첫 찰나)으로, 이때 3結을 頓斷하고 그것의 舊隨界도 능히 永斷한다"(T29, 684b22f: 주141)는 상좌의 논설에 대해 "그는 苦法智의 세력이 3結의 隨界를 능히 頓斷할 때를 예류과의 初心이라 말하였지만, 이는 이치상 옳지 않다. 즉 苦法智가 3結의 舊隨界를 頓斷한다고 함은 그것이 생겨날 때 끊는다는 것인가, 소멸할 때 끊는다는 것인가?"(동, 686b27ff)라고 따지고 있는 것이다.

舊隨界와 隨界는 동일한 의미의 말이기는 하지만, '舊隨界'라는 말이 보다 온전한 형식이었을 것이다. 중현은 상좌가 유부학설 예컨대 비택멸이나 生 등의 5因설, '我語取=上界번뇌'설 등은 聖敎(*āgama) 설 즉 佛說(buddhavacana)이 아니라고 비판할 때, 정색하며 "[그대가 주장하는] '舊隨界'야말로 聖敎 어디에서도 실한 적이 없다"고 힐난한다. (下記의 4, 8, 9, 10) 물론 '아비달마=非佛說'이라는 상좌의 비판이 전제되지 않은 일반의 논쟁에서는 '隨界'라는 말로 비판한다. "隨界라는 말은 聖敎 설이 아니라 다만 上座 등이 제멋대로 설정한 허구의 개념이다." (T29, 440b28f; 442a6; 442b12)

상좌 또한 자신들의 正義라고 할 만한 중요한 논설상에서는 '舊隨界'로 표현한다. 몇 가지 예를 들면 이러하다.

---

45 Changhwan, Park(2007), p.131, 주317; (2014), p.141 주28.

因緣性이란 舊隨界를 말하니, 이는 바로 모든 유정의 相續이 展轉하는데
능히 因性이 되는 것이다. (T29, 440b3f: 주2)

인과적 관계로서 展轉相續하는 舊隨界라는 힘이 존재하기 때문에 비록 多
劫의 오랜 시간이 지나 이미 소멸한 경계대상일지라도 지금 취할 수 있다
고 해도 이치상 어긋남이 없다. (동, 629a11-13: 주82)

過未無體論者(상좌의 경량부)는 현재 [유정의] 相續 중에 舊隨界 등[으로 일
컬어지는] 雜染과 淸淨의 두 원인이 항상 함께 존재(俱有)한다고 주장한다.
(동, 635b8f: 주49)

苦法智를 일으킬 때를 예류과의 初心(첫 찰나)이라 하니, 이때 바로 3結을
頓斷하고 그것의 舊隨界도 능히 永斷하기 때문이다. (동, 684b22f: 주141)

비록 단편일지라도 이러한 상좌의 주장은 유부교학과는 근본적으로
다른 것으로, 경량부 교학의 정체성을 드러내는 것이라 할 수 있는데, 이런
경우에는 '舊隨界'라는 [온전한] 말을 사용하고 있는 것이다.

『순정리론』 상에서 隨界와 舊隨界라는 술어는 총 17가지 주제에 걸쳐
각기 74회와 27회 언급되는데, 이 중 상좌의 말(인용과 해명)로서 언급된
것은 31번('수계' 22회, '구수계' 9회) 정도이다. 상좌의 구수계설에 대해 논
의하기 앞서 이 개념이 사용된 例를 확인하면 다음과 같다. (출처는 T29,
고딕체는 舊隨界, 밑줄은 상좌 주장이나 해명에서 언급된 것임.)

제1 「변본사품」

(1) 一切法 그중에서도 특히 聲處의 異熟生을 주장하는 상좌에 대해 "그

럴 경우 그가 별도로 존재한다고 주장한 隨界도 무용한 것이 되고
말 것"이라고 비판하면서 언급. (359c26; c28)

제2 「변차별품」

(2) 세친의 종자설을 비판하면서 종자의 이명으로서 隨界·熏習·功能
    등을 언급. (398b28)

(3) 同時인과(俱生因)을 부정하고 異時인과(前生因)만을 인정하는 隨界論
    者(상좌)를 비판하면서 언급. (419c19; 421c4; c5)

(4) 상좌가 非擇滅은 聖敎(*āgama) 설이 아니라고 한 데 대해 舊隨界야말
    로 벙어리 잠꼬대와 같은 것이라 비판하면서 언급. (435a21)

(5) 舊隨界가 因緣性이라는 상좌 설을 비판하면서 언급. (440b3; b7; b9;
    b11; b13; b16; b20; b21; b26; b28; 440c8; c9; 441b1; b2; b17; b19; b27;
    b27; b28; b29(2); 441c2; c3; c11; c24; c29; 442a6; a13; 442b7; b12)

(6) 전 찰나에 생겨난 色心이 等無間緣이라는 상좌 설을 비판하면서 그
    의 宗에서 계승한 隨界論에 따를 경우 수계와 소의가 동일하기 때문
    에 인연과 등무간연을 동일한 것이라고 해야 한다고 비판하면서
    언급. (447b5, 2회)

(7) 심·심소의 次第生에 따라 隨界로서 존재하는 所緣緣의 相似轉을 비
    판하면서 언급. (448a8; a9; a10; a12; a13; a14)

(8) 상좌가 소조색에 대한 대종의 生·依·立·持·養因의 5因은 聖敎 설이
    아니라고 비판한 데 대해 저들이 제법의 生因이라 주장한 舊隨界야
    말로 聖敎 설이 아니라고 비판하면서 언급. (452c20)

제3 「변연기품」

(9) 연기법설의 2句를 傳因과 親因으로 해석한 상좌의 제자 라마(邏摩,

Rāma)에 대해 비판하면서 저들 譬喩宗에서는 이숙과를 초래하는 원
인으로 舊隨界라는 개념을 제멋대로 계탁하였다고 비난하면서 언
급. (482b25)

(10) 상좌가 ‘我語取=上2계의 번뇌’라는 유부의 주장은 聖敎 설이 아니
라고 비판한 데 대해 舊隨界 등의 경우 역시 佛所說이 아니라고
비판하면서 언급. (489b3)

(11) 상좌가 12연기의 有支를 ‘後有(욕·색·무색유)의 생기’로 해석하게
된 논거로 舊隨界를 언급. (492b9)

(12) ‘無明은 明의 비존재(非有)의 원인’이라는 상좌 설을 비판하면서 언
급. (499b4; b5; b7; b9; b9; b13; b14; b17; b19; 499c9(2회); c12(2회); c15(2
회); c16; c19)

제4 「변업품」

(13) 譬喩宗의 種子상속설을 비판하면서 그들이 진실의 업이라 주장한
思의 意行은 增長·功能·隨界·熏習·種子론과 동등한 것으로 이미
다른 곳에서 비판하였음을 고지하면서 언급. (535a24)

(14) 선대궤범사의 思熏習의 相續轉變差別설은 상좌의 舊隨界설과 동등
한 것으로 言詞만 다른 것이라 비판하면서 언급. (541c27)

제5 「변수면품」

(15) ‘隨眠=번뇌隨界’라는 상좌 설을 인용하고 비판하면서 언급. (597b29;
597c8; c17; c18; 598c15)

(16) 유부의 過未실유 [논증]에 대한 상좌의 해석과 비판을 재 비판하면
서 언급. (627a19; 627b20; 627c14; 629a11; a16; a21; 635b8)

제6 「변현성품」

(17) 상좌의 8心 現觀說 중 3結의 舊隨界의 永斷에 관한 견해를 인용 비판
하면서 언급. (**684b23**; <u>686b27</u>; **b29**; 686c3; c5; **c8**; c8; <u>c12</u>; <u>c14</u>; 687a1;
<u>a6</u>; <u>a8</u>; a9; <u>a10</u>; a11; <u>a13</u>; a15; <u>a16(2회)</u>; **a24**; a26)

2. 상좌의 隨界설

상좌의 수계설은 이하 제3절과 제4절에서 검토하는 바대로 『구사론』
상의 종자설과 거의 동일할 뿐만 아니라 중현 또한 상좌의 수계설을 비판
하면서 '舊隨界는 種子의 다른 명칭'이라 하였고,[46] 선대궤범사의 '相續의 轉
變·差別'설을 비판하면서도 이는 상좌의 舊隨界 등과 언사만 다를 뿐이라
하였다. (주108) 중현은 세친 종자설(본 장 3-3-1)에 대한 비판을 다음과 같
은 말로 마무리 짓고 있다.

對法의 여러 논사들(Ābhidhārmikāḥ)이 논의한 근본입장(宗處)에 대해 여러
譬喩者들(Dārṣṭāntikāḥ)은 대부분 자신들만이 주장하는 諸法의 種子(bīja)를
설하여 [聖敎의] 正義를 미혹 교란시켜 불분명하게 하였다. 또한 [譬喩部
의] 여러 논사들은 이러한 종자에 대해 곳곳에서 의미에 따른 별도의 명
칭을 설정하기도 하였으니, 어떤 곳에서는 '隨界(anudhātu)'라 이름하였고,
어떤 곳에서는 '熏習(vāsanā)', '功能(sāmarthya)', '不失(avipraṇāśa)', '增長

---

[46] 중현은 舊隨界에 대한 비판을 다음과 같은 말로 시작한다. "[舊隨界가 유정의 相續의 因緣
性이라는 상좌의 주장은] 앞서 經主(세친)가 주장한 種子(bīja)의 뜻과 동일하게 비판할
수 있으니, 이러한 舊隨界는 바로 그 같은 종자의 명칭상의 차별이기 때문이다. 이제
그것에 편승하지만, 그가 주장한 [舊隨界는] 名義상의 다른 점이 있어 다시금 널리 비판
한다.(此亦同前經主所執種子義破, 此舊隨界, 卽彼種子名差別故. 今乘義便. 隨彼所執名義有殊,
更廣遮遣)" (T29, 440b8-9)

(upacaya)'이라 이름하였다.[47]

그러나 『순정리론』에 의하는 한 상좌는 舊隨界를 종자에 비유하였을지라도(주60) 제법의 生因을 '종자'라고 말한 일은 없으며, 상좌와 '견해를 함께 한 이(同見者)'로 일컬어진 세친은 『구사론』에서 경량부 종자설을 가장 뛰어난 학설(sādhu: 最善說)로 평가하였지만(주137) 隨界라는 말을 한 번도 언급하지 않았다. 『구사론』의 제 주석서에서도, 긍정적으로든 부정적으로든 경량부 종자설과 밀접한 관련이 있는 瑜伽法相 계통의 문헌에서도 隨界라는 말은 언급되지 않는다. (다만 智周의 『成唯識論演祕』에서 한 번 언급될 뿐이다. 주3 참조) 상좌 일파는 어떠한 이유에서 '종자'라는 말 대신 '수계'라는 개념을 설정하였던가? 혹은 반대로 세친이나 불교 제학파 諸論에서는 어떤 이유에서 이 술어에 대해 침묵하였던가? 이에 대한 논의가 가능하기 위해서는 무엇보다 먼저 '舊隨界'라는 말이 갖는 특별한 의미부터 밝히지 않으면 안 된다.

1) 수계, 種種法이 훈습하여 성취된 '界'

상좌 슈리라타에게 있어 제 유정의 相續이 선·불선 등의 온갖 다양한 현상으로 展轉하게 되는 因緣性은 隨界 또는 舊隨界였다. 현행의 번뇌(=纏)는 번뇌의 수계인 隨眠(anuśaya)으로부터 생겨난 것이고(주136 참조), 무루淨法(聖道) 또한 무루의 수계인 淨界(śubha-dhātu)에서 비롯된 것이다. (주13 참조)

---

47 『순정리론』 권12(T29, 398b25-29), "對法諸師議論宗處, 諸譬喻者, 多分於中申自所執諸法種子, 惑亂正義, 令不分明. 復有諸師, 於此種子, 處處隨義, 建立別名. 或名隨界. 或名熏習. 或名功能. 或名不失. 或名增長. 故我此中, 廣興決擇. 摧彼所執, 建立正宗."; 동론 권51(동, 627a19f), "諸巧僞者(즉 비유자)所執, 隨界·功能·熏習·種子·增長·不失法等, 處處已破"; 동론 권34(동, 535a23-26), "彼宗唯許思是實業. 此即意行, 增長·功能·隨界·習氣·種子論等, 餘處已遮. 故外難言, '無譬喻者所說業果, 猶如種果感赴道理', 是爲正難."

상좌(또는 '過未無體를 설하는 論者')는, 『섭대승론』 등에서 알라야식의 첫 번째 經證으로 인용된 "無始이래 界(dhātu)는 일체법의 평등한 所依(āśraya)로, 諸趣로의 윤회도 열반의 증득도 이로 인한 것"이라는 『아비달마대승경』의 게송(gāthā)[48]처럼 隨界를 雜染(saṃkleśa)과 淸淨(vyavadāna)의 소의로 간주하였다. "[유정의] 현재 相續 중에 舊隨界 등으로 일컬어지는 잡염과 청정의 두 원인이 항상 함께 존재한다."[49]

수계란 무엇이며, 어떠한 형식으로 존재하는 것인가? 일단 『순정리론』 「변차별품」의 '因緣論'(T29, 440a12-442b14)에서의 중현과 상좌의 대론을 따라가 보기로 하자.

> **[중현:]** [그대가 因緣性으로 제시한] 이 같은 舊隨界는 어떤 특성(lakṣaṇa: 相)을 갖는 것인가?
>
> **[상좌:]** 이는 바로 '種種法(citradharma)이 熏習하여 성취된 界(*bhāvita-dhātu)'를 특성으로 한다.[50]

앞서 '界'는 種子의 뜻이라고 하였다. 구수계의 구체적 특성은 界(=종자)이며, 이는 '種種法(현행의 여러 법들)이 [유정의 相續에] 훈습하여 성취(熏成)된 것'이다. 『섭대승론』이나 『성유식론』에서도 종자를 '種種法이 훈

---

48 『섭대승론本』권상(T31, 133b12-16), "世尊何處說阿賴耶識, 名阿賴耶識? 謂薄伽梵於阿毘達磨 大乘經伽他中說. <u>無始時來界　一切法等依　由此有諸趣　及涅槃證得</u>."; 『성유식론』권3(T31, 14a11-14). 『아비달마대승경』에서의 '界'는 원인의 뜻으로, 『無性釋』에서는 '(雜染法의) 종 자', 『성유식론』에서는 종자식(bījakaṃ vijñāna)으로 해설하였지만(T31, 324a23; 383b6f; 14a17-18), 상좌 역시 舊隨界를 유루·무루 일체법의 所依로 간주하였을 뿐만 아니라 이것 의 所熏處인 6處를 구수계로 가설하기도 하였다. (주55)

49 『순정리론』권52(T29, 635b8-9), "又說過未無體論者, 舊隨界等, 染淨二因, 現相續中恒俱有故." 중현은 이 논설을 "만약 과거·미래가 실유라면 어떠한 이유에서 염오와 청정의 두 識의 동시생기를 인정하지 않는 것인가?"라고 힐난한 過未無體論者에 대해 이는 그대들에게 적용되는 과실이라고 반박하면서 인용하였다. (제4장 4-3-1② 참조)

50 『순정리론』권18(T29, 440b15), "此爲何相? <u>是種種法, 所薰成界</u>, 以爲其相."

습하여 [성취된] 것'이라 하였고, 이러한 종자가 적집된 곳을 心(citta)이라
하였다.[51]

　　이 같은 舊隨界의 특성은 『섭대승론』에서도 확인된다. 무착은 종자식
인 알라야식을 논증하면서 경량부의 6識 종자설에 대해 이같이 비판하였
다. "어째서 [알라야식이 존재하지 않는다면] 번뇌의 잡염이 성취되지 않는
다는 것인가? 하면, 온갖 [근본]번뇌와 隨煩惱가 熏習하여 생겨난 그 같은
종자 자체(種子體)가 6識身에 존재한다는 것은 불합리하기 때문이다."[52]

　　후술하듯이 種種法이 훈습하여 성취된 (혹은 생겨난) '界', 즉 종자 자체
(種子性/體, bīja-bhāva/*bhūta)는 실체가 아니라 특수한 功能(śaktiviśeṣa: 功能差
別)이기 때문에(주116 참조) 반드시 훈습의 소의처가 있어야 하는데, [색법
의 존재를 부정하는] 유가행파에서는 이를 알라야식이라 하였던 것이다.
그러나 상좌는 훈습의 소의처를 色·心의 종자일반인 경우 6處, 心法종자인
경우 意處 즉 6識(정확히는 '6識 중 동일種類의 마음 즉 一心')이라 하였다.

2) 수계, 업과 번뇌가 훈습된 6處

(1) '6處＝수계'설

　　그렇다면 '種種法이 훈습하여 성취된 界(종자)'를 특성으로 하는 舊隨界
는 어떠한 형식으로 존재하는 것인가? 이때 種種法은 무엇이고, 이것이 어
디에 어떻게 훈습하여 수축한다는 것인가? 전통적으로 불교일반에서 존재

51　『섭대승론』권상(T31, 134a9f); 『성유식론』권3(T31, 13c8f), "[何因緣故亦說名心?] 由種種法熏
　　習種子, 所積集故." 長尾雅人(2001, App.「チベット譯 攝大乘論とその還元梵文」, 동 p.16)은 이
　　를 "tac ca kiṃkāraṇaṃ cittam ity apy ucyate/ citradharmavāsanābījair ācitatvena"로 還梵하고
　　있다.

52　『섭대승론本』(현장 역)권상(T31, 135b26-27), "云何煩惱雜染不成? 以諸煩惱及隨煩惱熏習所
　　作, 彼種子體, 於六識身, 不應理故."; 『섭대승론』(진제 역)권상(T31, 116a6-8), "云何煩惱不淨品
　　不成就? 根本煩惱及少分煩惱所作熏習種子, 於六識不得成就." 이것이 경량부 종자설을 비판
　　한 것이라는 사실에 대해서는 제13장 3-1에서 상론.

라고 할 만한 것, 우리에게 경험된 유위세간의 본질은 5온이다. 이는 유위
제법의 가장 일반적 분류이다. 그렇다면 隨界도 5온의 일종인가? 5온과는
다른 別體인가?

　중현은 "隨界에 대해 '舊(*pūrva)'라고 말하였으니 (다시 말해 시간성을
개입시켰으니) 有爲라고 해야 하며, 일체의 유위는 다 5온에 포섭되기 때문
에 이는 마땅히 5온 중의 하나라고 해야 한다. 혹 그렇지 않을 경우 유위이
지만 5온과는 다른 별도의 존재라고 해야 한다. 그러나 이는 다만 ['石女의
아들'과 같은] 언어적 개념으로서의 존재, 혹은 바이세시카학파에서 제시
한 결합(saṃyoga: 合)이나 타성(saṃskāra: 行), 和合(samavāya)과 같은 추상적
존재일 뿐"이라고 비판하였다.53

　후술하듯이 隨界는 '能持自相(svalakṣaṇadhāraṇād)'으로 정의되는, 혹은 자
기 원인적 존재(svabhāva: 自性)인 法(dharma)과 같은 개별적 실체가 아니라
유정의 相續 상에 훈습 수축하는 원인적 상태(因性)로서의 힘(śakti, sāmartha:
功能)이다. 이는 5온 그 자체도 아니지만 5온을 떠나 별도로 존재하는 것도
아니다. 稱友는 해설하였다. "[선·불선 등의 심법의] 種子는 [소의인 마음
에] 근거하여 施設된 것(upādāya-prajñapti-rūpa)이기 때문에 마음과 별도의

53　『순정리론』권18(T29, 440b16-21), "此亦難知. 體爲是色, 爲乃至識? 隨界名舊, 應是有爲. 一切有
爲, 皆五蘊攝. 故若是有, 應於色等五蘊性中隨是一種. 或彼應說. 何有有爲, 非是色等五蘊所攝, 然
體是有, 可爲極成? 故但有言, 都無實體. 又舊隨界, 無體可知, 猶如合行和合有等.: 이 역시 알기
어려우니, [수계] 자체는 바로 色이라고 해야 할 것인가, 나아가 識이라고 해야 할 것인
가? '수계'를 '舊(*pūrva)'라고 말하였으니, 有爲라고 해야 할 것이다. 그리고 일체의 유위
는 모두 다 5온에 포섭되기 때문에, 만약 이것이 존재한다면 색 등의 5蘊性 중의 한
종류라고 해야 한다. 혹은 色 등 5온에 포섭되지 않지만 그 자체 實有로서 누구나 인정하
는(極成) 유위라면 그것이 무엇인지 그(상좌)는 말해보아야 한다. 따라서 ['舊隨界'라고
하는 것은] 다만 말(언어적 개념)로만 존재하는 것일 뿐 도무지 실체라고 할 수 없는
것이다. 또한 舊隨界는 실체적으로 알 수 있는 것도 아니니, 그것은 마치 [바이세시카학
파의] '合(saṃyoga)'이나 行(saṃskāra), 和合(samavāya) 등의 존재와도 같다." '合(saṃyoga)'은
분리(vibhāga)가 가능한 결합성. 行(saṃskāra)은 예컨대 화살이 속도나 타성력에 의해 떨
어지지 않고 날아가듯이 어느 한 방향으로 운동하게 하는 힘. 이 두 가지는 24德(guṇa,
속성) 중의 하나. 和合(samavāya)은 6句義(padārtha, 즉 所詮性 abhidheyatva의 실재 vastu)의
하나로, 不可分離의 결합성.

실체라고도, 별도의 실체가 아니라고도 말할 수 없다.” (주119)

그러나 이러한 형식의 수계·종자는 제법의 因緣性을 엄격히 분별하는, 찰나 찰나에 걸쳐 직접적이고(近=因) 간접적인(遠=緣), 먼저 생겨나고(前生) 동시에 생겨난(俱生) 다수의 諸法이 俱有·相應因이나 同類·遍行因으로서, 나아가 異熟因으로서 유정의 상속이 展轉하는 데 인연이 된다고 주장하는 유부에 있어 모호하기 짝이 없는 존재이다. 중현은 이같이 비평하였다.

저 상좌의 隨界를 관찰하건대, 이는 다만 虛言일 뿐으로 그것의 실체를 추구하여 따져보더라도 도무지 획득(인식)할 수 없다. 따라서 [經主 세친이 주장한 種子와 마찬가지로] 이 역시 ‘이는 [모든 유정의] 相續이 [유정이 선·불선 등의 다양한 현실로] 展轉하는 데 능히 원인적 존재(因性)가 되는 것’이라고 말할 수 없다. 모든 유정의 相續이 展轉하는 데 원인이 되는 것은 色(rūpa)이나 受(vedanā) 따위처럼 실체적으로 획득(지각) 가능한 것뿐으로, 만약 舊隨界가 바로 유정의 相續이 展轉하는 데 원인이 되는 것이라면, 그것은 色 등과 마찬가지로 실체적으로 획득 가능한 것이라고 해야 한다.[54]

중현은, ‘수계는 種種法이 훈습하여 성취된 界(종자)를 특성으로 하는 것’이라는 상좌의 해명 역시 이해하기 어렵다고 토로하였다. (주53 참조) 이에 대해 상좌는 다시 이같이 해명한다.

이러한 舊隨界는 그 자체(*svabhāva: 體)에 대해서는 말할 수 없다. 다만 이는 바로 “업과 번뇌가 熏習된 6處(karmakleśabhāvita ṣaḍāyatana)로, ‘生(janman)’이

---

54 『순정리론』권18(T29, 440b11-14), “觀彼隨界, 但有虛言. 推徵其體, 都不可得. 故亦不可即說 ‘此爲相續展轉能爲因性.’ 諸有相續展轉爲因, 有體可得, 如色受等. 若舊隨界, 是有相續展轉爲因, 應如色等, 有體可得.”

라는 또 다른 결과를 초래하는 것"이라고 말할 수 있을 뿐이다.[55]

불교일반에서 업과 번뇌는 윤회 轉生의 動因이다. 12支연기 상에서 그
것은 生(janman)이라는 결과(즉 苦 dukha, 혹은 事 vastu)를 초래하는 因과
緣으로, 유부의 경우 이는 당연히 실체로서 존재하는 것이었다. 업과 번뇌
는 반드시 색이나 그 밖의 다른 심·심소법과 俱生하며, 그것의 총화가 5온
이었다. 곧 12연기에서의 生(識支와 生支)은 行과 無明, 有와 愛·取를 因緣으
로 하는 것으로, 이는 각기 업과 번뇌를 본질로 한다. 유부에서는 12支는
모두 5온을 본질로 한다는 分位緣起說에 기초하여 12연기설을 惑(kleśa: 煩惱)－
業(karma)－事(vastu, 또는 苦 dukha)로 윤환하는 三世兩重의 因果說로 해석하
였다. 따라서 유부의 경우 역시 업과 번뇌는 生의 因緣으로 種子에 비유되었
다. "두 가지 因과 두 가지 緣이 제 유정을 생사에 오래도록 머물게 하니,
번뇌와 업이 바로 그것이다. 번뇌와 업을 種子로 삼았기 때문에 생사윤회는
끊기도 어렵고 破滅하기도 어려운 것이다."[56]

그러나 상좌(경량부)는 과거법은 물론이고 현재의 업과 번뇌조차 그것의
개별적 실체성을 부정하였다. 身·語表業의 본질은 신체의 형태(saṃsthāna-rūpa:
形色)나 말소리(śabda: 語聲)가 아니라 몸을 움직이게 하고 말소리를 발하게
하는 思(動發勝思 vidhavana-cetanā) 즉 作事思(kriyā-cetanā)이며, 제 번뇌 또한
思의 차별로 간주하였다. 상좌는 經(예컨대 『잡아함』 제61경)에서 설한 대
로 行蘊을 다만 思(6思身)로 이해하였다. 그래서 '經量部'였다. 그는 이에 따
라 불상응행법을 언어 개념적 존재(假有)로 이해하였고, 촉과 삼마지(이는
心의 차별)를 제외한 作意 등 그 밖의 심소는 思의 차별로 간주하였던 것이

---

55 『순정리론』권18(T29, 440b21-22), "此舊隨界, 體不可說. 但可說言, '是業煩惱所薰六處, 感餘生果.'"

56 『대비바사론』권47(T27, 244b22-24), "如契經說. '二因二緣留諸有情久住生死. 謂煩惱業.' 由煩
惱業爲種子故, 生死難斷難破難滅."

다. (제3장 2-3 참조) 비유자도 상좌도 思가 身·語·意 3업의 본질이었고, 진실의 업(實業)이었다.[57]

곧 선행한(과거의) 업과 번뇌는 무표색과 같은 객관의 실체로서 존재하는 것이 아니라 그 본질인 思가 유정의 소의신 상에 훈습된 형태(즉 界=종자)로 존재하기 때문에, 상좌는 6處를 미래 생을 낳는 인연 즉 舊隨界로 가설한 것이다. 先代軌範師 또한 "미래의 결과는 [과거 업에 의해서가 아니라] '思가 훈습된 相續(cetanābhāvita saṃtati)'의 轉變과 差別에 의해 초래된다"고 주장하였고(주103), 중현은 이에 대해 "그의 학설은 舊隨界설과 같은 것으로, 광대(배우)가 服飾(의상)을 바꿔 입은 것처럼 言詞만 달리한 것일 뿐"이라고 비판하였다. (주108)

수계·종자는 실체가 아니기 때문에 그 자체에 대해 말할 수 없는 것이라면, 그것이 의탁하고 있는 상속(즉 6處나 名色)이나 그것이 현행할 때의 존재로 규정할 수밖에 없다. 상좌는 隨眠(anuśaya)을 번뇌의 隨界로 규정하고서 그 본질(體, *svabhāva)에 대해 이같이 말하고 있다.

이와 같은 隨眠의 본질은 무엇인가?
만약 '그것(현행의 번뇌인 욕탐 등의 纏)'의 隨眠이라면, '그것'을 본질로 하니, 이는 바로 그러한 [욕탐 등의] 법에 따른 功能性이기 때문이다. 혹은 이는 4蘊 모두를 본질로 하니, 이 같은 공능은 심·심소에 隨逐하기 때문이다. (원문은 주136)

상좌는 업과 번뇌가 훈습된 6處를 舊隨界로 가설하였지만, 그에 의하는 한 色心은 각기 별도의 수계·종자로서 展轉 상속하기 때문에, 다시 말해

---

57 『대비바사론』권113(T27, 587a7f); 『순정리론』권34(T29, 535a23), "彼宗(譬喻宗)唯許思是實業."

색법의 수계·종자(色界, *rūpadhātu)는 有色處에, 심법의 수계·종자(心界, *cittadhātu)는 意處에 隨逐하기 때문에 ―이에 따라 상좌의 제자 羅摩(Rāma)는 意處는 멸진정 중에서도 괴멸하지 않으며, 出定心 또한 이로부터 생겨난다고 하였다. (주162 참조)― 6處를 수계·종자의 본질이라 말할 수 있다.

상좌의 수계론에 따르는 한 비록 惡心이 현행할지라도 이 또한 무루의 종자라고 말할 수 있다. 중현은 『經部毘婆沙』로 비정되는 '그의 論'에서의 논설을 다음과 같이 전하고 있다.

> 그의 論에서는 [이같이] 설하고 있다. "이러한 심·심소법은 비록 무루의 종자는 될 수 있을지라도 그 자체 무루는 아니니, 마치 나무 등은 불 등의 존재(性, *bhāva)가 아닌 것과 같다. 즉 세간의 나무는 불의 종자(즉 生因)가 되고 땅은 金의 종자가 되지만(다시 말해 땅으로부터 금이 생겨나지만), 나무가 바로 불이고, 땅이 바로 금이라고는 말할 수 없듯이, 이와 마찬가지로 이생의 심·심소법이 바로 무루의 종자일지라도 그 자체 무루는 아닌 것이다."[58]

상좌(경량부)에게 있어 유정의 소의신은 단순히 찰나찰나 생멸하는 개별적 실체로서의 6處나 名色, 혹은 5온의 화합물이 아니라 無始이래 세세생생을 거치면서 업과 번뇌 등의 種種法이 훈습된 공능(힘)의 집적체이다. 그것은 과거의 결과이지만 미래의 원인이기도 하다. 유정의 현재 상속 중에는 과거의 다양한 경험(업과 번뇌)이 종자·공능의 상태(bīja-, samartha-bhāva: 種子·功能性)로 훈습 수반되고 있기 때문이다. 상좌 슈리라타는 이를 隨界 혹

---

58 『순정리론』권68(T29, 713a11-15), "然彼論說: 此心心所, 雖爲無漏種, 而體非無漏, 猶如木等非火等性. 謂如世間木爲火種, 地爲金種, 而不可說木是火性, 地是金性, 如是異生心及心所, 雖是無漏種而, 體非無漏."

은 舊隨界라고 하였다.

『잡아함』「界相應」에서 말한 것처럼 유정은 이 같은 무량의 種種界(종자=공능)와 함께 한다. 유정이 경험하게 될 선·불선 등의 因緣(즉 隨界)은 바로 현재 유정자신의 상속(自相續)인 6處라고 말할 수 있다.

> **상좌:** 法 자체는 비록 劫을 거치면서 소멸하였을지라도 자신의 相續(*sva-saṃtati, saṃtāna)을 통해 展轉을 거듭하면서 여전히 [유위제법의] 원인적 존재(因性, hetubhāva)가 된다.
>
> **[중현:]** 劫을 거치면서 소멸하였을지라도 여전히 원인이 될 수 있는 것이라면 그 같은 법 자체가 원인이 되어 능히 법을 낳기에 충분하거늘 뭣 하러 수고스럽게 虛構의 隨界을 원인(因緣性)으로 삼을 것인가?
>
> **[상좌:]** 그러한 법(즉 隨界)은 비록 실체로서 존재하지 않을지라도 능히 원인이 되어 생겨날 법(결과)을 낳기 때문이다.
>
> **[중현:]** 그럴 경우 [실체로서 존재하지 않는] 石女의 아들 역시 능히 원인이 되어 또 다른 자식을 낳는다는 사실도 인정해야 한다.[59]

"劫을 거치면서 소멸하였을지라도 여전히 원인이 될 수 있는 것이라면 그 같은 법 자체가 원인이 되어 능히 법을 낳기에 충분하다"는 중현의 생각은 유부의 法體恒有論에 따른 것이다. 업과 번뇌는 유부의 경우 개별적(객관적) 실체이기 때문에 미래의 생은 이로 인해 가능하지만, 상좌의 경우 그것은 실체도 아니거니와 이미 소멸하여 존재하지 않는다. 그것은 다만 6처(소의신) 상에 훈습 수축하기 때문에 미래의 생 또한 이러한 6처에 의해 가능하다. 6처가 후생의 인연이라면 업과 번뇌는 증상연일 뿐이다. (제9장 2-4 참조)

---

59 『순정리론』권18(T29, 442a1-8), "又彼上座執, 有法體雖經劫滅, 而自相續展轉相仍, 猶爲因性.-- 若'有法體雖經劫滅, 猶能爲因', 卽彼爲因, 足能生法, 何勞虛構隨界爲因? 又若彼法, 雖無有體, 而能爲因, 生所生法, 是則應許, 諸石女兒亦能爲因生餘子息."

이에 따라 상좌는, 6처(수계)는 종자(씨앗)에, 업과 번뇌는 종자가 싹을 틔울 수 있게 보조하는 자양분(거름)에 비유하였다.

> **[상좌:]** [이는] 종자(=6처)가 거름(=업과 번뇌)을 자양분으로 삼아 능히 싹
> (=後時의 6처) 등을 낳는 것과 같다.
>
> **[중현:]** --(중략)-- 여기서 법의 비유를 올바로 설정해야 할 것이니, 종자는
> 바로 '업과 번뇌심'의 비유라고 해야 하고, 6處는 마땅히 '거름'과 같은
> 것이라고 해야 한다. 그럴 경우 업과 번뇌의 종류를 隨界라고 말해야
> 함에도 어찌하여 6處를 隨界라고 말한 것인가?
>
> **[상좌:]** 거름이 종자에 자양분이 되었기 때문[에 싹 등이 생겨나게 된 것]
> 으로, 거름의 종류가 싹 등을 생겨나게 한 것은 아니다. 따라서 종자는
> 오로지 6處에 비유한 것이라고 해야 하니, 이러한 6處에 업과 번뇌가
> 훈습됨으로 말미암아 당래 6處의 이숙과를 낳기 때문이다.[60]

유부의 입장에서 상좌의 논의는 이해하기 어렵다. 그들에게 있어 종자
(=인연)는 업과 번뇌의 비유였고(주56; 제9장 주100 참조), [後]生(당래의 6
處)은 당연히 업과 번뇌를 원인으로 하기 때문이었다. (T29, 441b7-9) 상좌가
수계를 6처로 가설한 것은 유부에서 주장하듯 업과 번뇌가 개별적 실체로
서 존재하는 것이 아니라 공능의 상태(功能性)로 6處 상에 훈습되어 존재하
기 때문이다. 그에게 있어 업과 번뇌는 종자 훈습의 원인, 즉 증상연일 뿐이
었다. 세친이 종자를 '결과를 낳는 직·간접(隣近과 展轉)의 功能을 지닌 名色
(=5온)"(주110 참조)으로 규정한 것도 동일한 논리에서였다.

---

60 『순정리론』권18(T29, 441a26; a28-b4), "如神('神' → '種')糞土資熏, 能生芽等, --又於此中, 正立
法喩, 種應正喩業煩惱心, 六處應言猶如糞土. 則業煩惱類應名隨界, 如何說六處爲隨界耶? 非由糞
土資熏種故, 還令生起糞土類芽. 故種唯應喩於六處, 由此六處業煩惱熏, 生當六處異熟果故.--"

(2) 유가행파 논서 상에서의 '6處=종자'설

유정의 所依身인 6處를 수계(즉 종자·공능)로 가설하는 사유는 유가행파 諸論에서도 찾아볼 수 있다. 먼저『유가사지론』「성문지」제1「種姓品」에서는 성문종성에 대해 이같이 논설한다.

[성문]종성(gotra)이란 말하자면 이러한 종성에 머무는 보특가라가 갖는 種子라는 법이다. 이러한 종성에 안주하는 보특가라가 만약 수승한 緣을 만나 능히 감당할 만한 세력을 얻을 경우 그들이 추구하는 열반을 증득한다. 이러한 종성의 본질(svabhāva: 體)은 이것이 의탁하고 있는, 이와 같은 특성(相)의 [특별한] 所依(āśraya-viśeṣa)로 6處에 포섭된다. 이는 無始이래 展轉하며 (연속적으로) 전해진, 法爾(dharmatā)로 (저절로) 획득된 것인데, 이를 차별하여 種姓(gotra)·種子(bīja)·界(dhātu)·本性(prakṛti)으로 이름하였다. --(중략)-- 나아가 이와 같은 種子는 6處와 다른 것이 아니다. 즉 無始이래 展轉하며 전해진, 法爾로 획득된 그와 같은 種類의 상태인 6處의 특별한 양태(ṣaḍāyatana-viśeṣa: 六處殊勝)를 종성·종자·界·본성이라는 말로 가설 (btags pa, Skt., upacāra 혹은 prajñapti)한 것이다. 따라서 이와 같은 종성은 단일한 상속이라 해야 한다. (필자 縮譯)[61]

---

61 『유가사지론』권21(T30, 395c19-27), “云何種姓? 謂住種姓補特伽羅有種子法, 由現有故. 安住種姓補特伽羅, 若遇勝緣, 便有堪任, 便有勢力, 於其涅槃能得能證. 問: 此種姓名有何差別? 答: 或名種子, 或名爲界, 或名爲性. 是名差別. 問: 今此種姓, 以何爲體? 答: 附在所依, 有如是相. 六處所攝, 從無始世展轉傳來法爾所得. 於此立有差別之名. 所謂種姓·種子·界·性. 是名種姓.” (396a6-9), “如是種子, 非於六處有別異相. 即於如是種類分位六處殊勝, 從無始世展轉傳來法爾所得, 有如是想及以言說, 謂爲種姓種子界性. 是故當言墮一相續.”; ’o na rigs de’i rang bzhin ji lta bu zhe na/ de ni lus las khyad par du gyur pa dang/ skye mched drug gis zin pa dang/ chos nyid kyis ’thob pa dang/ thog ma med pa’i dus nas brgyud de ’ongs pa de lta bu yin te/ gang la ’di lta ste/ rigs dang/ sa bon dang/ khams dang/ rang bzhin zhes bya ba’i ming gi rnam grangs ’di dag yod pa de ni rigs zhes bya’o// (Pek Wi 2b1-3) -- sa bon de ni skye mched drug po de dag las logs shig na tha dad pa’i mtshan nyid med de [/] thog ma med pa’i dus nas rgyud de ’ongs pa dang/ chos nyid kyis thob pa’i skye mched drug po de ltar gyur ba’i gnas skabs de la rigs dang/ sa bon dang/ khams dang/ rang bzhin zhes bya ba’i ming dang tha syad de dag btags par zad pas/ de’i phyir de ni rgyud gcig tu gtogs pa zhes bya’o//(Pek Wi 2b6-8);

‘無始이래 法爾로 획득된 6處의 특별한 양태가 종성(種子)’이라는 표현은 「보살지」의 「종성품」에서도 찾을 수 있다. “本性住種姓(prakṛtisthagotra)이란 모든 보살이 갖는 6處의 특별한 양태(ṣaḍāyatana-viśeṣa: 六處殊勝)로, 無始이래 展轉하며 전해진 것이고 法爾로 획득된 것(dharmatāpratilabda)이다.”[62]

眼 등의 6處는 유정의 相續 상에 드러나는 일체 양태의 토대로, 『구사론』에서는 이를 마음(6識)의 所依로서 유정의 根本(dravya)이라 하였고,[63] 『유가론』「섭사분」에서는 6識 종자의 소의처(所依附)라고도 하였다.[64] 성문·보살 종성의 본질(혹은 소의처)이나 6식 종자의 소의처가 6處라는 이 같은 논의는 필경 유가행파의 정설이 아닌 이설이다. 그들에게 있어 有色處(5근·5경)는 그 자체 실유도 아니거니와 통상의 종자 소의처는 알라야식이기 때문이다. 통상의 논의에서 안 등의 5근은 5식의 俱有依(즉 증상연)이지 種子依(종자로서의 소의 즉 인연)가 아니다. 5식의 종자의는 두말할 것도 없이 일체 종자식 즉 알라야식으로, 『유가사지론』「本地分 中 五識身相應地」에서는 5식 하나하나에 대해 이 말을 되풀이하고 있다.

Nobuyoshi Yamabe(1990, pp.931-930).; 大正大學綜合佛敎硏究所 聲聞地硏究會, 『瑜伽論 聲聞地』, pp.2-5; Changhwan Park(2007), p.157, pp.346f.; 김성철(2011), 「종성의 본질에 대한 유가행파와 여래장 사상의 해석: ‘6처의 특별한 양태(ṣaḍāyatana-viśeṣa)’ 개념을 중심으로」, pp.41-42 참조. 야마베는 ‘lus las khyad par du gyur pa’를 「菩薩地」에서의 종성 정의(次註) 중 ‘六處殊勝(ṣaḍāyatana-viśeṣa)’과 「聲聞地」의 이어지는 같은 문구와의 대조를 통해 *āśraya-viśeṣa(所依差別)로 이해하였다. 박창환(2007: 346f)도 이에 따랐다. 김성철(2011: 41)은 이와 함께 한역 ‘附在所依’에 따라 āśrayasaṃniviṣṭa로 還梵하고 [종성은] 신체의 특별한 양태/신체에 부착한 것’으로 국역하였다. 『瑜伽論 聲聞地』에서는 ‘身體とは別のもの’으로 일역하였다.

62 『유가사지론』권35(T30, 478c13-18), “本性住種姓者, 謂諸菩薩六處殊勝有如是相. 從無始世展轉傳來法爾所得. 是名本性住種姓.--又此種姓, 亦名種子, 亦名爲界, 亦名爲性.)” BBh. p.3. 3, tatra prakṛtistham gotraṃ yad bodhisattvānāṃ ṣaḍāyatana-viśeṣaḥ. sa tādṛśaḥ paramparāgato ‘nādikāliko dharmatāpratilabdhaḥ.; 김성철(2011), pp.37-38; 안성두 역주(2015), 『보살지』, p.47.; Jamie Hubbard & Paul L. Swanson 편저, 류제동 역(2015), 『보리수가지치기』, p.293 참조.

63 『구사론』권3(T29, 14b4), “心所依者, 眼等六根. 此內六處, 是有情本.”; AKBh., p.40. 13. ṣaḍāyatanaṃ maulaṃ sattvadravyam.

64 『유가사지론』권91(T30, 814b11-13), “復次由二因緣, 說六識身, 以內六處爲因, 以外六處爲緣. 謂內六處爲彼種子所依附故.”

　『유가론기』에서도 성문종성의 본질이 6처라는 논설에 대해 "이는 자성에 집착하는 聲教[量](*śabda)에 근거한 것으로 비록 알라야식에 대해 분별하지 않았을지라도 대승의 도리에 의하면 그 같은 성문종성의 무루종자는 제8식 중에 존재하는 것으로 ―이는 바로 [내 6處 중] 제6 [意處]에 포섭된다― [무시이래] 展轉하며 (연속적으로) 전해져 법이로 획득된 것이기 때문에 [그같이 논설한 것]"이라 해설하였고(=惠景 설),[65] 보살의 본성주종성을 6處의 특별한 양태라고 한 논설에 대해 "이는 알라야식의 相分(眼 등 5處)과 見分(제6 意處)을 전체적으로 나타낸 것"이라 해설하였다. (=神泰의 西方6說 중 제4)[66] 또한 내6처가 6식 종자의 소의처라는 「섭사품」의 논설에 대해서도 비록 내6처라고 말하였을지라도 여기서의 뜻은 ① 종자를 지닌 알라야식을 포함하는 제6 意根이라거나, 혹은 ② 隨轉理門 즉 自宗 이외의 교설(소승 설)에 근거한 논설이라는 두 해석을 제시하고 있다.[67]

　또한 세친은 『유식이십론』(제9송)에서 비록 密意說(abhiprāya)로 규정하였을지라도 안 등의 5근을 5식의 종자로 이해하였고, 진나의 『관소연연론』(제8송)에서는 이를 알라야식(근본식) 상에 존재하는 5식 발생의 공능(즉 종자)으로 해설하기도 하였다. (제7장 3-3 참조) 스구로 신조(勝呂信靜, 2009:

65　『유가론기』권6上(T42, 430c5-10), "'答: 附在所依, 有如是相, 六處所攝'者, 景云. 若依執性聲教中雖不辨賴耶. 今依大乘道理, 說彼聲聞種姓無漏種子, 一須附在第八識中. 以第八識卽是第六所攝, 展轉傳來, 法爾所得." 惠景은 '이와 같은 種子는 6處의 특별한 양태(六處殊勝)'라는 문구에 대해서도 "이와 같은 알라야식으로서의 意處(如是賴耶意處)"로 해설하였으며(T42, 431a24-28), 「보살지」에서의 논설 또한 "여기서의 '특별한 양태(殊勝)'란 알라야식으로, 6處 중 意處가 가장 殊勝하기에 수승한 意處[인 알라야식]이 본성주종성의 소의"로 해설하였다. (T42, 487b15-24) 김성철(2011: 48)에 의하면 티베트불교 전통에서도 '6처=종성(종자)'설에서의 6처를 다만 의처로 이해하였다.

66　『유가론기』권8下(T42, 487c16-21), "[泰云. 六處殊勝, 述西方六說.--] 四云, 第八識有相見分. 眼等五處是相分. 阿賴耶見分. 是中第六處. 此六處總是本識相見分. 此相見分所依自體分中, 有無漏種子殊勝功能."

67　『유가론기』권23下(T42, 841a20-22), "'內六處爲因, 爲彼種子所依附'者, 一解: 雖內六處, 意取第六意根, 有賴耶識持於種子. 二解: 此據隨轉理門."

474)는『이십론』에서 5근(色法)을 종자라고 한 것은 세친의 새로운 논설방식이라 하였지만(종전의 유식설에 의하면 5근은 識에 의해 색법으로 현현한 것),『성유식론』에서는 이 두 논에 근거하여 "眼 등의 5근은 증상연(즉 俱有依)이 아니라 인연(즉 種子依)"이라 주장한 이설(窺基에 의하면 難陀 등의 교의)을 인용 비판하기도 한다.

俱有依(sahabhāvāśraya)에 대해 어떤 이는 이같이 해설하였다.

眼 등의 5식은 意識을 [俱有]依로 삼으니, 이것이 현기할 때 반드시 그것(의식)이 존재하기 때문이다. 그러나 별도로 眼 등의 根을 俱有依로 삼는 일은 없으니, 眼 등의 5根은 바로 [안식 등의] 종자(=인연)이기 때문이다. 즉 『유식이십론』의 伽他 중에서 이같이 말하였다. "識은 자신의 종자로부터 생겨날 때 경계대상과 유사한 형상을 띠고 일어나니, 內外의 處를 성립시기 위해 불타께서는 그것을 10가지로 설하셨다." (현장 역 제8송: T31 75b17) 이 게송의 의미를 말하면 이러하다. 세존께서는 12처를 성취하기 위해 5식의 종자를 眼 등의 根이라 설하였으며, 5식의 相分을 色 등의 境으로 설하였다. 따라서 안 등의 근은 5식의 [俱有依(增上緣依)가 아니라] 種子[依](因緣依)이다. 『관소연연론』에서도 역시 이같이 설하였다. "[根本]識 상의 色의 功能을 5根이라 함이 이치에 부합한다. [이러한] 공능(종자=根)과 境色[의 識](상분에 대한 견분의 현행)은 無始이래 서로의 원인이 된다." (T31, 888c29f) 이 게송의 의미를 말하면 이러하다. 능히 眼 등의 '色(=상분)에 대한 識(=견분)'을 낳는 異熟識 상의 종자를 '색의 공능'이라 하였다. [불타께서는] 이를 5根이라 설한 것으로, 별도의 [실체로서의] 5根은 존재하지 않는다. 이러한 종자와 '色에 대한 識'(즉 현행)은 항상 서로의 원인이 되니, 능히 훈습하는 것(能熏, 즉 현행)과 종자(훈습된 것, 즉 所熏)는 서로에 대해 원인이 되기 때문이다.[68]

---

68 『성유식론』권4(T31, 19c12-25), "次俱有依有作是說: 眼等五識, 意識爲依. 此現起時, 必有彼故.

『성유식론』에서는 계속하여 5색근이 5식의 종자라면 18계의 종자설은 뒤죽박죽(雜亂)이 되고 말뿐더러 5근이 [5식 중의] 見分의 종자라면 識蘊에, 相分의 종자라면 外入處에 포섭되어야 하는데, 이는 "안 등의 5근은 色蘊과 內入處에 포섭된다"는 聖敎 설에도, "5근은 5식의 증상연에 포함된다"거나 "안 등의 識은 모두 세 가지 소의(眼根 내지 身根의 俱有依, 意根의 等無間緣 依, 알라야식의 種子依)를 갖추고 있다"(T30, 279a26-28)는 『유가론』의 논설 에도 위배된다는 등의 9가지 이유로써 이를 비판한다. 窺基에 의하면 여기 서 비판자는 安慧 등 諸師인데(T43, 381c3f), 이들은 이같이 힐난하고 있다. "여러 聖敎 곳곳에서 다 '알라야識이 色根과 根의 依處(대종극미)와 器世間 등과 유사하게 변화한 것'이라고 설하였거늘, 어찌하여 그대들은 색근의 존재를 부정하고 眼 등의 識이 색 등과 유사하게 변화한 것이라는 사실을 인정하면서도 眼 등의 根은 알라야식(藏識)이 변화한 것이라는 사실을 인정 하지 않는 것인가?"69

『성유식론』에서는 계속하여 『이십론』과 『관소연연론』의 게송에 대한 이들(안혜 등)의 해석을 正義로 전하고 있다. "[두 論의] 伽他에서 '[5식을 낳는] 종자와 공능을 5근이라 한다'고 설한 것은, 識을 떠나 진실의 色根이 존재한다는 주장을 비판하기 위해서였다. 즉 識이 변화하여 안근 등과 유 사하게 나타난 것에 5식을 발생시키는 작용이 존재하기 때문에 種子와 色 [識을 일으키는] 功能이라 가설한 것이지 色根이 바로 [5]식의 종자나 [5식을 초래하는] 업의 종자라는 사실을 말한 것이 아니다."70

無別眼等爲俱有依. 眼等五根卽種子故. 二十唯識伽他中言, '識從自種生 似境相而轉 爲成內外處 佛說彼爲十.' 彼頌意說. 世尊爲成十二處故, 說五識種爲眼等根. 五識相分爲色等境. 故眼等根, 卽 五識種. 觀所緣論亦作是說, '識上色功能 名五根應理 功能與境色 無始互爲因.' 彼頌意言. 異熟識 上, 能生眼等色識種子, 名色功能. 說爲五根, 無別眼等. 種與色識, 常互爲因. 能熏與種, 遞爲因故."

69 『성유식론』권4(T31, 20a25-28).

70 『성유식론』권4(T31, 20a28-b3), "然伽他說 '種子功能名五根'者, 爲破離識實有色根. 於識所變似 眼根等, 以有發生五識用故. 假名種子及色功能. 非謂色根卽識業種." 窺基 역시 이러한 安慧의

요컨대 두 論에서는 알라야식이 변화하여 眼 등과 유사하게 나타난 것에 5식을 발생시키는 작용이 존재하기 때문에 [방편으로] '5근=종자·공능'이라 설하였다는 것이다.

이렇듯 유가행파 논서 상에서 '6처=종자'설은 형식상 '알라야식=종자'설과 대립하지만, 실제 대립은 일어나지 않았을 것이다. 窺基는 세친 논설(현장 역『이십론』제8송)에 대한 진나 등과 안혜의 이해 차이를 해석의 여부로 돌리고 있지만 ─진나[와 난타] 등은 세친의 논설을 말 그대로 이해하여 달리 해석하지 않은데 반해 안혜 등은 이를 해석하였다 ─, 그의 말대로 이는 알라야식 개념이 설정되기 전의 종자(=인연)설이었기 때문이다. (주70 참조)『유가론』「섭결택분」에서는 이러한 종자설로서 色心互熏說을 언급하고 있다. 여기서는 인연(=종자)으로 諸색근(즉 5근)과 근의 依處(즉 대종), 그리고 識을 언급하고 있다. (제9장 주105 참조) 필자는 색심호훈설의 선대궤범사를 경량부(상좌일파)의 선대궤범사가 아니라 西方의 간다라 논사 계통의 아비달마논사인 세친의 선대궤범사로 이해하는데(제9장 주113 참조),『유가론기』에서도 앞서의 '종성=6처'설을 西方의 학설로, '6처=6식 종자'설을 소승 설에 근거하여 설한 것(隨轉理門)으로 해설하기도 하였다.

야마베 요부노시(山部能宣, 1990: 13f)와 로버트 크리처(Robert Kritzer, 2005: 58f)는 앞서 인용한『유가론』에서의 種姓정의를 통해『구사론』상에서의 종자설의 연원이 여기에 있음을 추적하고 있다. 야마베는「성문지」에서의 종성의 정의에 대해 이같이 코멘트하였다. "6處를 떠난 종자는 없

논설을 쫓아『이십론』의 게송을 해석하고서 "이는 경량부 등이 주장한 실유의 색을 비판한 것으로, [그때는] 아직 제8식(알라야식)의 존재가 설정되지 않아 안 등의 근을 종자로 설하지 않을 경우 안 등은 바로 6식을 떠나 별도로 존재하는 것이 되기 때문에 안 등의 根을 종자로 설하게 된 것"이라 해명하였다. ("然陳那等卽隨文解, 更無異釋. 其安惠等, 釋此等文云.-- 破經部等心外實色. 由未建立有第八識. 若不說種爲眼等根, 眼等便離六識而有. 故說種子爲眼等根.": T43, 990c13-19)

다. 만약 어떤 존재가 독자적인 법이라면 그 자신의 自相을 갖는다고 해야
한다. 그러나 종자는 그러한 것이 아니다. 다만 6處의 특수한 상태를 종성·종
자·界, 혹은 자성이라 칭명한 것일 뿐이다. 종자는 실체 상으로 다만 6處
(ṣaḍāyatana) 혹은 所依(āśraya)일 뿐이다."

앞서 논설한 대로 이러한 종자설은 다름 아닌 상좌 슈리라타의 수계설
이다.『유가론』상에서는 다만 6처를 종자라고 하였을 뿐 그것이 왜 선 등
諸法의 能生因(즉 因緣性)인지에 대한 해명이 부재하지만 ─이는 필경 그것
이 유가행파의 正義가 아니기 때문이었을 것이다. 안혜가 지적한 대로 6처/
6근은 증상연이지 인연이 아니다. (T31, 20a4f)─, 상좌에 의하는 한 그것은
無始이래 劫을 거치면서 업과 번뇌를 훈습하여 隨逐하기 때문에 隨界이다.
6처가 종자라는 유가행파 제론에서의 논의는 상좌의 '6처=수계'설과 밀접
한 관련이 있을 것이다. 어쩌면 수계설의 잔재일지도 모른다.

그러나 다른 한편 상좌의 '6처=수계'설이나『구사론』상의 '名色(色心
상속)=종자'설은 異時인과에 기초한 학설이기 때문에 ─다시 말해 능히 훈
습하는 업과 번뇌/思(=能熏)와 이것이 훈습되는 6處/名色(=所熏), 혹은 반대
로 6處/名色(=수계·종자 즉 因緣)과 이것에 의해 낳아진 업과 번뇌(=현행)가
전후찰나에 걸친 異時的 관계이기 때문에 (유식학의 술어로 말하자면 '種子
生現行'과 '現行熏種子'의 인과가 異時이기 때문에)─ 동시인과를 주장한 유
가행파와는 어울리지 않는 학설이다.『성유식론』에서는 종자와 현행의 관
계를 異時인과로 이해한 어떤 이의 해석 ─"현행의 결과는 요컨대 종자가
소멸하고 나서 비로소 생겨나니,『대승아비달마잡집론』에서 [無學의 最後
蘊은 더 이상] '종자를 갖지 않고서 생겨난 것'(T31, 707c23f)이라고 설하였기
때문이며, 종자(씨앗)와 싹 등은 동시에 존재하지 않기 때문이다"─ 을 인
용 비판하고서 설혹 諸論 상에서 종자(=인연)와 결과(=현행)을 전후관계로
설한 경우가 있다면 이는 隨轉理門 즉 유식학파 이외의 학설(소승 설)에

근거하여 논설한 것이라 평가한다.[71]

　대단히 흥미롭게도 窺基는 異時의 인과설은 경량부 등의 교의임을 밝
히고서(T43, 379b10f) 이 논설을 앞서 '안 등 5근=종자'설을 주장한 難陀와
最勝子 등의 학설로 평석하였다.[72] 그렇다면 이들은 알라야식의 존재를 인
정하였던가? (安慧에 의하면 이들은 5根의 識所變性을 인정하지 않았다. 주
69 참조) 이들의 종자설은 어떠한 것일까? 동시인과를 주장하는 한 현행(업
과 번뇌 혹은 思)과 동시에 존재하는 별체로서의 종자 훈습처(所熏)의 설정
은 필연적이다. 이는 알라야식 존재증명의 주요한 논거이기도 하였다. (제
13장 3-1 참조) 그러나 난타 등은, 규기에 의하면 異時인과를 주장하였다.
(주72 참조)

(3) 能熏과 所熏(6處)의 인과관계

　유부와 유가행파가 相續의 轉變(pariṇāma)을 주장하는 경량부에 대해

71　『성유식론』권4(T31, 19b28-c1; c10f), "有作是說. 要種滅已, 現果方生. '無種已生', 集論說故. 種與
　　芽等不俱有故. -- 設有處說種果前後, 應知皆是隨轉理門." 4緣 中 因緣에 대해 논의하면서도 "同
　　類든 異類든 現行은 展轉상속하면서 서로에 대해 (前法은 後法에 대해) 因緣이 된다"고 설한
　　것은 다만 상식적 차원(假說)이든지 소승 설에 따른 것(隨轉門)으로 평가한다. (T31, 40b2f)
72　『성유식론술기』권4末(T43, 379c28-380a6). 窺基에 의하면 異時인과설은 원래 세친이 상캬
　　학파의 『金七十論』을 비판하고 인과의 전후 相生관계를 밝히기 위해 저술한 『勝義七十論』
　　에 설해진 것으로, 어떤 이가 이를 경량부의 교의로 삼았고, 당시 사람들이 아직 대승에
　　들지 않아 대승에서도 이를 인정하였다. 그러나 세친은 노년에 몸소 이 논을 청강하고
　　서 몸으로 廢忘시켰지만, 난타와 최승자 등은 이 논과 가까이하여 『對法(아비달마집론)』
　　제3과 종자와 싹의 비유를 교증과 이증으로 삼아 異時인과를 주장하였다. (자세한 내용
　　은 T43, 379b11-380a12 참조) 難陀 등이 異時인과를 주장한 사실에 대해 慧沼는 이같이
　　해설하고 있다. "難陀와 勝子 등은 전후 異時의 관계로서 종자가 현행을 낳는 것이라
　　주장하였다. 그는 '眼(=현행)이면서 眼界(=종자)가 아닌 것이 있다'는 『아비달마잡집론』의
　　논설(T31, 703c5-9)과 '無常法은 他性(다른 존재)에 대해 원인이 되고 또한 후 찰나의 自性
　　에 대해 원인이 되는 것으로, 바로 이 찰나(동일찰나의 존재)에 대해 원인이 되는 것이
　　아니다'는 『유가론』의 논설(T30, 302b8-10)을 논거로 삼았다. 즉 [무상법은] 바로 이 찰나
　　(동일찰나의 존재)에 대해 원인이 되는 것이 아니며, 항상 전 찰나 他性의 원인을 통하기
　　때문에 원인과 결과는 동시가 아니다. (難陀勝子等, 立種生現, 前後異時. 引雜集等云, '有眼非
　　眼界'等. 又瑜伽云, '無常法與他性爲因. 亦與後念自性爲因. 非卽此刹那.' 以非卽此刹那, 長貫前他
　　性因中故, 因果不俱.)" (T43, 739b3-7)

제기하는 통상의 문제는 前法과 後法 사이의 인과적 관계에 관한 것이다. 경량부의 수계·종자설에 대해 제기한 통상의 문제 역시 能熏과 所熏, 능히 훈습하는 업과 번뇌와 이것이 훈습된 6처 사이의 인과적 관계에 대한 것이었다. 중현은 이에 관해 다음과 같은 歸謬논법을 제시한다.

'업과 번뇌가 훈습된 6處'가 生이라는 또 다른 결과를 초래하는 因緣이라면, 그것은 어떠한 상태의 6처인가? ① 업과 번뇌와 함께 생멸하는 6처인가, ② 업과 번뇌가 後時로 상속하여 생겨난 6처인가, ③ 업과 번뇌와 無間으로 낳아지는 異熟의 6처인가?[73] 이 중 첫 번째가 업과 번뇌와 6처의 동시적 관계에 따른 문제제기라면, 뒤의 두 가지는 각기 異時的 관계 즉 隔越과 無間에 근거한 문제제기이다.

첫 번째의 경우, 경량부는 동시인과를 인정하지 않았을 뿐만 아니라 (T29, 440c7f) (동시인과는 개별적 실체 사이에 가능하다) 동시인과를 주장하는 한 결과를 초래하는 공능은 업과 번뇌에 속하기 때문에(440c4f) 이와 함께 생겨난 6처는 生의 인연(즉 舊隨界)이 될 수 없다.

두 번째 경우, 업과 번뇌가 존재할 때 6처는 아직 [생겨나지 않아] 존재하지 않으며, 6처가 존재할 때 업과 번뇌는 이미 [소멸하여] 존재하지 않기 때문에 양자는 相應(saṃbandha)이 불가능하다. 따라서 업과 번뇌는 6처에 훈습하여 舊隨界가 될 수 없다. (440c8-10)

세 번째 경우, 찰나찰나 무간으로 상속하여 생겨난 異熟의 6처가 生이라는 또 다른 결과(즉 이숙과)를 낳는 것이라면 다음 생 이후에 결과를 초래하는 順後受業은 존재하지 않는다고 해야 한다. (441a13-15) 일반적으로

---

73 『순정리론』권18(T29, 440b29-c2), "又彼許何, '諸業煩惱所薰六處, 感餘生果' 爲業煩惱俱生滅者? 爲此後時相續生者? 爲是無間生異熟者?" 중현은 이 세 경우를 비판하면서 다시 확인하고 있다. ① "若業煩惱俱生六處, 能感果者," (440c2); ② "若此後時相續六處, 能感果者," (440c8); ③ "若是無間能生異熟六處爲因, 能感果者," (441a13)

업은 과보를 받는 시기에 따라 현생에 받는 順現受業(또는 順現法受業)과 다음 생에 받는 順生受業(또는 順次生受業)과 다음 생 이후에 받는 順後受業(또는 順後次受業)의 세 가지로 분류되는데, 만약 업이 무간에 결과를 초래하는 것이라면 다음 생 이후에 결과를 초래하는 순후수업은 부정되어야 한다는 것이다.

상좌는 異時인과를 주장하기 때문에 첫 번째 비판에는 해당되지 않는다. 그 역시 뒤의 두 비판에 대해서만 해명한다.

세계를 諸法의 인연화합이 아닌 수계/종자의 展轉상속의 변화로 이해하는 한 同時인과는 결코 인정할 수 없으며, 이미 사라진 過去나 아직 생겨나지 않은 未來 역시 인정할 수 없다. 그럴 때 실체론적 사유에 기초하는 설일체유부(毘婆沙師)로서는 前法과 後法 사이의 인과관계에 관한 논리적 난점을 지적하지 않을 수 없다. 중현은 이같이 말한다.

> 만약 이것(업과 번뇌)이 後時로 상속하여 [생겨난] 6處가 능히 [生이라는 또 다른] 결과를 초래하는 것이라면, [後時의 6처는 前時의] 업과 번뇌와 전혀 相應하지 않거늘, 어떻게 그것(업과 번뇌)을 훈습하여 隨界를 성취할 수 있다는 것인가? 존재하는 것(有)과 존재하지 않는 것(無)은 상응(saṃbandha)의 뜻을 갖는 것이 아니다.[74]

경량부에 있어 因緣은 수계이고, 수계란 '업과 번뇌가 훈습된 6處'라고 가설하였을 때 前法인 업과 번뇌가 존재할 때 後法인 6處는 아직 생겨나지 않았고, 後法인 6處가 존재할 때 前法인 업과 번뇌는 이미 소멸하였기 때문에 양자 사이에 인과관계가 성립할 수 없다는 것이 비판의 요지이다. 이는

---

[74] 『순정리론』권18(T29, 440c8-10), "若此後時相續六處, 能感果者, 與業煩惱, 都不相應, 如何薰彼, 可成隨界? 非有與無有相應義."

인식의 성립에 대해 "異時인과를 주장하는 한 眼과 色이 존재할 때 眼識은 아직 생겨나지 않았고, 眼識이 생겨났을 때 眼과 色은 이미 소멸하였기 때문에 세 가지의 화합(saṃnipata)은 불가능하다"(제5장 2절)고 비판한 것과 동일한 형식이다.

중현은 『구사론』 상에서 유부 得論의 비판논리로 제시된 세친의 종자설(주110)에 대해서도 역시 이같이 비판한다. "전 찰나에 일어난 특수한 思(cetanā-viśeṣa: 思差別, 말하자면 업과 번뇌=能熏)와 후 찰나의 특수한 공능(śakti-viśeṣa: 功能差別)의 마음(말하자면 종자식=所熏)이 어떻게 인과적 관계가 될 수 있고, 서로 相應할 수 있다는 것인가?"[75]

상좌는 앞서의 중현의 비판("前後찰나의 법은 相應하지 않기 때문에 업과 번뇌는 6처에 훈습하여 隨界를 성취할 수 없다": 주74)에 대해 이같이 해명한다.

어찌 因果로서 상응할 수 있다고 하지 않겠는가? 즉 [前時의 업과 번뇌는] 그것(後時의 6처)과 특성(*lakṣaṇa)이 동등하여 그것으로 하여금 [生이라는 또 다른 결과를 낳는] [因]緣(즉 隨界)을 성취하게 하기 때문이다.[76]

俱舍論主 세친(經主) 역시 전법(能熏)과 후법(所熏) 사이에 相應은 불가능하다는 중현의 비판에 대해 상좌와 동일한 형식으로 해명한다.

여기에 무슨 의심이 있다는 것인가? 因果란 원래 그러한 것(法爾: 즉 전후 찰나의 관계)이다. 요컨대 전 찰나에 특수한 思(cetanā-viśeṣa, 이를테면 업과 번뇌)가 존재하였기 때문에 바야흐로 후 찰나의 마음에 특수한 功能(śakti-viśeṣa)이 생겨나게 된 것이다. 만약 전 찰나에 특수한 思가 존재하지

---

75 『순정리론』권12(T29, 397c29-398a2). 원문은 본 장 주120 참조.
76 『순정리론』권18(T29, 440c10-11), "豈不因果得有相應? 與彼相同, 令成緣故." 주78 참조.

않았다면 후 찰나의 마음에 특수한 공능은 일어나지 않았을 것이다. 그렇기 때문에 이러한 [전후의] 두 찰나[의 마음]은 인과적 관계가 될 수 있고, 서로 相應할 수 있는 것이다.[77]

"異時인과에 따르는 한 전법과 후법은 상응이 불가능하기 때문에 업과 번뇌는 6처에 훈습할 수 없다"는 중현의 비판은, 그 자체로서는 변화성을 갖지 않는 不動의 실체(사물의 無常性/滅性은 本法과는 별체인 滅相에 의한 것임: 제4장 2-4 참조)인 제법의 인연(화합)론에 기초한 것이기 때문에, 제법 자체의 찰나생멸과 이를 변화(轉變)로 이해한 경량부에는 유효하지 않다. 예컨대 우유가 요구르트로 변화하였을 때, 유부의 경우 우유와 요구르트는 별체이지만 (다시 말해 우유를 구성하는 제법이 과거로 사라지고 이와는 별체인 요구르트의 제법이 미래로부터 생겨난 것이지만), 경량부의 경우 우유가 변화하여 요구르트가 된 것이기 때문에 (다시 말해 우유 자체가 요구르트로 바뀐 것이기 때문) 우유가 존재할 때는 아직 요구르트가 존재하지 않으며, 요구르트가 존재할 때 우유는 더 이상 존재하지 않는다. 그들은 이러한 異時의 인과관계(因果性, hetuphalabhūtā)를 '相應'(혹은 '俱起')이라 하였고(제5장 1-2 참조), '相續'이라 하였다. 즉 경량부에 있어 상속(saṃtati)이란 선행한 업에 따라 後後찰나의 色心(혹은 마음)이 간단없이 일어나는 것이었다. (주105, 110, 128 참조) 따라서 상좌나 세친에게 있어 前法(원인)이 [변화하여] 後法(결과)이 된다는 것은 지극히 당연한 것이었다.

유부와 같은 실체론적 사유에 의하는 한 사물의 변화(생멸) 과정은 繼時的으로 설명할지라도 현재찰나의 제법의 인과관계(俱有·相應因과 土用果)는

---

77 『순정리론』권12(T29, 398a2-5). 원문은 본 장 주120 참조. 이러한 세친의 논의는 종자설에 대한 자신의 해명－"종자란 전 찰나의 특수한 思에 의해 후 찰나의 마음 상에 생겨난 특수한 功能"(주116)에 따른 것으로, 보다 자세한 내용은 주120 참조.

동시이지 않으면 안 된다. 업과 6처(혹은 마음) 또한 별도의 실체, 별도의 상속으로 동시에 생겨난다는 것은 두말할 나위도 없다. (T29, 629b24f) 그들은 과거업조차 무표업으로서 실재한다고 주장하였다. 그러나 상좌의 경우 업과 번뇌는 6처와 별도의 실체, 별도의 상속이 아닐뿐더러 후 찰나 6처의 원인적 상태(因分), 후 찰나의 6처 또한 이에 따른 결과적 상태(果分)이기에, <u>업과 번뇌와 함께 하는 6처로서 장차 소멸하려는 것은 후 찰나의 6처와 그 특성(相)이 동등하여 그것으로 하여금 [生이라는 또 다른 결과를 낳는] [因]緣性([hetu]pratyayatā, 즉 수계)을 성취하게 한다</u>는 것이다.[78]

예컨대 아날로그 영화필름의 전후의 두 컷은 비록 시간을 달리할지라도 (다시 말해 개별적 실체로서 俱生 상응하지 않을지라도) 일련의 연속적 흐름(展轉相續)이기 때문에 앞의 필름이 사라지는 순간이 바로 뒤의 필름이 생겨나는 순간이듯이 (말하자면 오버랩 되어 단절됨이 없듯이), 전후 찰나의 인과적 관계 역시 이 같은 형식으로 상속한다.

『성유식론』에서는 이 같은 상좌의 해명을 有餘部(다른 어떤 부파)의 설로 인용한다.

有餘部에서는 말하였다. 비록 과거·미래가 존재하지 않을지라도 因果로서 항상 相續한다고 할 수 있다. 즉 現在法은 매우 신속하게 [생멸]하지만 처음과 끝의 생겨나고 소멸하는 두 때가 존재하니, 생겨날 때는 원인(즉 前法)에 따르고 소멸하는 때는 결과(즉 後法)를 이끈다. [이러한 생겨나고 소멸하는] 시간은 비록 두 [형태]일지라도 법 자체는 동일하다. (현재법은 前法의 결과이자 後法의 원인이기에 '一法二時'임) 전 찰나의 원인이 막 소멸하려는 때가 후 찰나의 결과가 막 생겨나려는 때로서, [소멸하고 생

---

78 『순정리론』권18(T29, 440c15-16), "或彼(上座)意謂, 業煩惱俱六處將滅, 與後六處, 其相是同, 令成緣者, --."

겨나는 법] 자체의 相은 비록 다를지라도 동시에 함께 존재한다. (前滅後生
의 인과는 '二法一時'임) 이와 같은 인과는 [유가행파가 말하듯] 일시 施設
되는 것이 아니다. 그렇지만 [대승중관이나 설일체유부의 주장과 같은]
斷滅도 常住도 떠난 것이다. 또한 앞서 [제기된 "원인이 현재 존재하는
상태에서는 후 찰나의 결과가 아직 생겨나지 않았거늘 원인은 무엇의 원
인이라는 것이며, 결과가 현재 존재할 때 전 찰나의 원인은 이미 소멸하
였거늘 결과는 무엇의 결과라는 것인가?"라는] 힐난(T31, 12c21-25)도 적
용되지 않으니, 지혜를 가진 자로서 그 어떤 이가 이를 버리고 다른 주장
을 믿겠는가?79

『성유식론』에서는 계속하여 "전법의 소멸과 후법의 생기는 동시일 수
없고 ('소멸'이 현재라면 '생기'는 미래, '생기'가 현재라면 '소멸'은 과거가
되어야 한다) 동일한 법체에 근거한 것이라 말할 수 없다"는 유부와 동일한
논리로써 有餘部의 주장을 비판하고서 "經量部 등은 種子識으로서 [종자와
동시에 존재하는 별체로서의] 알라야식의 존재를 인정하지 않기 때문에
그들이 주장한 因果相續의 이치 역시 불확정적인 것(不成, *asiddha)"이라 결
론짓는다.80

　　중현이 제기한 업과 번뇌(=能熏)와, 이것이 훈습되는 6처(=所熏)의 상응
문제는 유가행파에 이르러 이른바 所熏四義(종자 훈습처의 네 특성, 堅住性·無
記性·可熏性·相應性) 중의 하나로 제시되었다. 이는 사실상 異時인과설에

79　『성유식론』권3(T31, 13a4-9), "有餘部說: 雖無去來, 而有因果恒相續義. 謂現在法極迅速者, 猶有
初後生滅二時. 生時酬因, 滅時引果. 時雖有二, 而體是一. 前因正滅, 後果正生. 體相雖殊, 而俱是
有. 如是因果, 非假施設. 然離斷常. 又無前難, 誰有智者捨此信餘."

80　『성유식론』권3(T31, 13a16-17), "經部師等因果相續理亦不成. 彼不許有阿賴耶識能持種故." 窺
基는 앞의 有餘部를 上座部 즉 상좌일파로(T43, 339c26ff), 뒤의 經部師를 색심호훈설로 해
설하였지만(동 340c18ff), 필자에게 經部師 등에 대한 비판은 문맥 상 有餘部 비판의 귀결
로 읽혀진다.

기초한 경량부 종자설의 비판으로, 유가행파에서는 바로 이 같은 문제로 인해 能熏(업과 번뇌)과 동시에 존재하는 所熏(종자식)으로서 6식 등의 현행식과는 별도의 실체로서 알라야식을 설정하게 되었다. 이에 대해서는 본서 제11장 제5절 '알라야식은 무용한 개념', 제12장 제3절 '前念熏後念설 비판'에서 다시 논의하게 될 것이다.

3) 수계, 展轉과 隣近의 功能

(1) 수계, 인과관계로서 展轉상속하는 힘

이처럼 舊隨界 즉 '업과 번뇌가 훈습된 6處'가 전후찰나에 걸친 無間의 인과적 관계로서 展轉相續하여 바햐흐로 生(janman)이라는 또 다른 결과를 초래하는 것이라면, 경량부에서는 다음 생 이후에 결과를 초래하는 업인 順後受業의 존재를 부정한다고 하지 않으면 안 된다. 이는 능훈(업과 번뇌)과 소훈(6처)의 인과관계에 대한 중현의 세 번째 비판논거였다. (주73)

전술한 대로 불교에서는 전통적으로 업을 과보(즉 이숙과)를 받는 시기에 따라 현생에 받는 順現受業, 다음 생에 받는 順生受業, 다음 생 이후에 받는 順後受業, 그리고 과보를 받는 시기가 결정되지 않은 不定受業으로 분류하는데, 이 같은 수계·종자설에 따르는 한 이숙의 결과는 찰나찰나에 걸친 간단없는 상속의 과정을 통해 초래되기 때문에 ―세친(경량부)은 이를 '相續의 轉變과 差別(saṃtatipariṇāmaviśeṣa)'이라 말한다(후술)― 다음 생 이후에 결과를 낳는 순후수업을 부정해야 한다는 것이다. 유부의 경우 각각의 업은 실체적으로 결정되어 있을 뿐만 아니라 과거로 낙사한 업(무표업)은, 예컨대 아마는 심은 지 3개월 반이 지나 결실을 거두고, 보리는 심은 지 6개월이 지나 결실을 거두듯이 현생이나 다음 생 등 특정시기에 과보를 초래한다고 말하지만, 경량부의 경우 과거법도, 無表業도 인정하지 않으며,

다만 찰나 찰나에 걸친 隨界 즉 '업과 번뇌가 훈습된 6처'의 展轉상속으로
업이 결과를 낳는 과정을 설명하기 때문이다.

중현의 비판에 대해 상좌는 이같이 해명한다.

> 이 같은 [順後受業을 부정하는] 과실은 없으니, [6處가 지닌] 隣近(sākṣāt)과
> 展轉(pāraṃpara)의 功能(sāmarthya) 즉 직접적이고도 간접(연속)적인 힘이
> 결과를 견인하기 때문으로, 마치 꽃과 씨앗 등이 갖는 隣近과 展轉의 공능
> 이 열매(果)를 견인하여 낳는 것과 같다.[81]

즉 씨앗이 뿌리-싹-줄기 등으로 변화하며 이어지다가 바야흐로 꽃
에 이르러 이전의 상속과는 다른 열매를 낳고 그 열매가 다시 씨앗이 되어
열매를 낳듯이, [업과 번뇌가 훈습된] 6處 또한 전후 인과적 관계로서 찰나
찰나 轉變 상속하다 어느 시기 이전의 상속과는 差別되는 결과를 낳고 이후
로도 계속하여 상속하기 때문에 順後受業을 부정하는 과실은 없다는 것이다.

앞서 상좌는 유정의 相續(saṃtati 혹은 saṃtāna)이 선·불선 등으로 이어
지는 데 원인(즉 因緣性)이 되는 것을 舊隨界 또는 隨界라고 하였다. (주2)
수계란 말하자면 유정의 상속이 선·불선 등의 온갖 다양한 현실로 간단없
이 연속되게 하는 힘이다. (이를 '展轉功能'이라 한다: 후술) 상좌는 "과거
·미래가 존재하지 않는다면 이를 대상(所緣)으로 한 지식이 어떻게 가능한
가?"하는 중현의 문제제기에 대해 이는 유정의 상속(6처) 상에 축적(훈습)
된 과거의 경험이 전후 인과적 관계를 통해 현재에 이르고 있기 때문에
가능하다고 말한다. 그는 이 같은 형식의 과거경험을 舊隨界라고 하였다.

[상좌:] 인과적 관계로서 展轉상속하는 舊隨界라고 하는 힘이 존재하기 때

---

81 『순정리론』권18(T29, 441a15-16), "無斯過失. 鄰近展轉能牽果故. 如花種等, 鄰近展轉能引果生."

문에, 비록 이미 소멸하여 多劫의 오랜 시간이 지난 경계대상이라 할지
라도 지금 [인과적 관계를 소급 推尋하여] 取(지각)할 수 있다고 해도
이치상 어긋남이 없다.

[중현:] 설혹 그러한 과거의 지식은 인정할지라도 미래 백천 겁 이후에
존재하게 될 경계대상을 어떻게 지금 취할 수 있을 것인가?

[상좌:] 인과적 관계로서 展轉상속하는 [舊隨界의] 힘으로 인해 그것 역시
취할 수 있다.82

수계·종자·공능은 동의어이다. (주47) 상좌는 번뇌의 수계인 隨眠(anuśaya)
을 번뇌(현행)에 따른 功能性이라 하였고(주136 참조),『구사론』상의 경량
부에서는 번뇌의 종자인 隨眠을 [선행한] 번뇌로부터 생겨나 능히 번뇌를
낳는 [色心] 自體 상의 공능(śakti)이라 하였다. (주137 참조) 세친은 자신의
종자설에 대해 해명하면서 '전 찰나의 마음과 俱生한 思의 차별로 인해 후
찰나의 마음 상에 생겨난 功能의 차별(śakti-viśeṣa, 특수한 공능)'을 種子라고
하였고(주116), 稱友는 有餘師(경량부)의 "水聚 중에 [火 등의 대종은] 종자로
서 존재한다"는 논설(주14) 상에서의 종자를 功能(śakti)이나 能力(sāmarthya)
의 뜻으로 해석하였다.83

즉 수계 자체는 [실체가 아니라] 功能으로 (그래서 그 자체 體性에 대해
서는 말할 수 없다: 주55), 여기에는 유정의 상속이 결과를 낳기까지 간단없
이 연속적으로 일어나게 하는 展轉공능(pāraṃparyeṇa-samartha)과 無間에 결

---

82 『순정리론』권51(T29, 629a11-15), "又設許彼, '有舊隨界, 因果展轉相續力故, 雖經多劫久已滅境,
而今時取,' 理可無違. 若於未來百千劫後, 當有境界, 今如何取? 不可說言, '因果展轉相續力故, 彼
亦可取.'" (원문대로의 번역은 제8장 주44 참조) 이에 대해 중현은 [상좌에 의하면] 미래
자체는 말의 뿔처럼 존재하지 않기 때문에, [미래의] 상속 중에는 수계가 존재하지 않기
때문에 그같이 말할 수 없다고 비판한다. 상좌의 과거·미래에 대한 인식에 대해서는
제8장 제4절 '無境覺의 확실성과 隨界'에서 다루었다.

83 AKVy., p.125. 6-7. bījataḥ śaktitaḥ sāmarthyata ity arthaḥ.

과를 낳게 하는 隣近공능(sākṣāt-samartha)이 있다. 종자(bīja, 씨앗)는 바로 이러한 과정의 비유였다. 즉 종자가 바로 열매(phala: 果)를 낳는 것이 아니라 종자와는 다른 특성의 뿌리─싹─줄기─가지─잎 등으로 간단없이 연속적으로 변화(=轉變)하다 바야흐로 꽃에 이르러 이로부터 바로(직접적으로) 이전의 상속과는 다른 열매(=差別)가 생겨나듯이, 미래 생 또한 6처(상속)에 훈습된, 이 같은 연속적인 변화와 이전과는 다른 특수한 변화의 두 공능에 의해 낳아진다. 꽃이 바로 열매를 낳는 것처럼 無間에 결과를 낳는 힘이 隣近공능(구역은 '現時功能')이라면, 씨앗이 뿌리─싹─줄기 등으로 연속적으로 변화하는 힘이 展轉공능(구역은 '當時功能')이다. 隣近이 결과를 낳는 직접적인(anantara: 無間) 원인이라면, 展轉은 멀리 떨어진 간접적인(dūra: 遠) 원인이다.[84] 그래서 상좌는 鄰近과 展轉의 功能을 꽃과 씨앗 등이 갖는 공능에 비유하였던 것이다. (주81)

『구사론』상의 종자설에서는 씨앗이 열매를 낳듯이 업이 결과를 낳기까지의 과정을 '相續의 轉變과 差別'로 설명한다. 세친은 "종자란 자신의 결과를 낳는 展轉과 隣近의 공능을 지닌 名色으로, 이러한 공능은 相續의 轉變과 差別에 의해 실현된다"고 하였고, 선대궤범사는 "미래의 결과는 思가 훈습된 상속의 전변과 차별에 의해 생겨난다"고 하였는데, 이들 諸說에 대해서는 다음 절('상좌의 業果相續설')에서 상본하게 될 것이다.

(2) 譬喻者의 '一業引多生'설

그러나 다른 한편 業이 결과를 낳는 과정을 이처럼 수계·종자설로써 이해할 경우, 이는 곧 씨앗이 싹─줄기─가지─잎─꽃 등으로 상속 전변하여 열매를 낳[고 그 열매가 다시 씨앗이 되어 상속 전변하]듯이 수계·종자

84　AKVy., p.148. 2-3. *sākṣād* anantaraṃ *pāramparyeṇa* dūrataḥ.

역시 다음 생 이후로도 계속 상속하여 결과를 낳는다고 해야 하며, 그럴 경우 하나의 업이 다음 생도, 그 다음 생도 초래한다고 하지 않으면 안 된다.

이에 중현은 이같이 비판하였다. "만약 鄰近과 展轉의 공능에 의해 결과가 낳아지는 것이라고 한다면, 더욱 더 무거운 과실을 초래하게 된다. 즉 그럴 경우 順生受業(다음 생에 결과를 받는 업)과 順後受業(다음 생 이후에 결과를 받는 업)은 구별할 수 없게 되고 말 것이니, 그대의 종의에서는 하나의 업이 훈습된 6處가 상속하며 동일한 결과를 牽引한다고 스스로 인정하였기 때문이다."[85]

또한 하나의 씨앗이 해를 거듭하며 여러 번 싹을 틔우듯이 하나의 업 또한 여러 번의 생을 낳을 수 있는 것이라면, 매번의 열매가 그러하듯 업의 과보 또한 바뀔 수 있는 것인가? 유부에서는 1생을 초래하는 업과 빈부귀천 등으로 생을 원만히 하는 업을 엄격히 구분한다. 전자가 하나의 업이라면 후자는 다수의 업으로 이를 각기 引業(ākṣepaka-karma, 구역은 總報業)과 滿業(paripūraka-karma, 구역은 別報業)이라 하였는데, 『구사론』「업품」제95 송(전반)은 이에 대한 규정이다. "하나의 업이 1생을 낳고 다수의 업이 이를 원만히 한다."

그러나 譬喩者는 "定業(과보를 낳는 시기가 결정된 업)은 多生에 걸쳐 異熟한다"는 이른바 一業引多生설을 주장하였다. 『구사론』에서는 『중아함경』권13 「說本經」에서 전하는 불타의 사촌동생인 아나율(Anirudha: 無滅) 존자의 本事를 인용한다. 즉 존자는 숙세 대기근을 만나 수승한 福田('無患'이라 독각)에게 밥 한 그릇을 베푼 異熟業으로 인해 三十三天을 일곱 번, 인간으로도 일곱 번 태어나 전륜성왕이 되었으며, 마침내 최후로 위대한 석가의 가문에 태어나 진귀한 재물을 풍족히 소유하고 많은 쾌락을 향수할 수

---

[85] 『순정리론』권18(T29, 441a16-18), "若爾, 更招尤重過失. 順生後受業應雜亂, 汝宗自許, 一業所熏六處相續, 牽一果故."

있었다는 것이다.[86]

그렇다면 경에서 설한 순현법수업(즉 順現受業) 등의 三時業은 무엇을 의미하는가?

> 譬喻者는 설하였다. "順現法受業 등은 [현생 이외] 그 밖의 다른 생 중에서
> 도 역시 이숙과를 획득할 수 있지만, 처음으로 이숙과를 받는 시점(初熟
> 位)에 따라 업의 명칭을 '순현법수업'이라 설정한 것으로, 다만 그러한 처
> 소(즉 현재 人趣)에서만 결과를 초래하기에 稱名된 것이 아니다. 왜냐하면
> [그 같은 定業은] 강력한 업(强力業, baliṣṭha-karma)이어서 異熟果가 적지 않
> 기 때문이다."[87]

즉 定業의 세 가지(順現法受業, 順次生受業, 順後次受業)는 처음으로 이숙
과를 받는 시점을 기준하여 그 명칭을 설정하였다는 것이다. 이를테면 순
현법수업의 경우 受報의 시작은 현생이지만 그 업력이 강성하여 다음 생까
지 계속될 수 있으며, 또한 순차생수업이나 순후차수업의 경우 역시 受報의
시작은 다음 생, 혹은 그 다음의 생이지만 그것이 미진할 경우에는 계속하
여 이숙의 과보를 초래한다. 따라서 三時業은 유부의 경우처럼 초래되는
과보의 결정적인 시기에 따라 설정된 것이 아니라 다만 '受報의 시작'을
기준으로 하여 설정된 것으로, 결과산출의 시기가 현생에 가까울수록 업력

---

86 『대비바사론』권20(T27, 99c5-6).; 『구사론』권17(T29, 92a26-29).; 『순정리론』권43(T29,
585c16-20). 普光과 法寶 공히 이를 유부의 '一業引一生'설에 대한 經部의 문제제기(難)로
해설한다. (T41, 274a4; 676a18). 이에 대해 유부에서는 한번의 施食으로 부귀한 집에 태어
났고, 이때 다시 思願을 일으켜 人天으로 왕생하게 된 것이라 해석한다. 한줌의 씨앗으로
써 몇 년 동안 농사를 지어 백 천섬을 획득하거나, 한 푼으로 오랫동안 무역하여 천만
금을 번 것처럼 無滅존자의 本事 또한 한 번의 施食으로 多生을 초래한 것이 아니며,
이는 다만 첫 번째 생의 원인이 되었을 뿐이라는 것이다.

87 『순정리론』권40(T29, 569c17-19; 23). 『구사론』(T29, 81c16-18; AKBh., p.230. 2-4)에서는 有餘
師(apare)의 설로 인용된다. 普光과 法寶에 의하면 각기 有餘經部師(T41, 246b12)와 經部異師
(T41, 659b1).

이 강성하며, 멀수록 경열(輕劣)하다는 것이다.

이에 따라 비유자는 무간업을 비롯한 일체의 업은 多生에 걸친 異熟의 과정에서 과보가 바뀔 수 있다는 '一切業可轉'論을 주장하였다.

> 譬喩者는 설하였다. 일체의 업[은 물론이거니와] 나아가 무간업도 모두 다 바뀔 수 있다. 만약 무간업이 바뀔 수 없는 것이라면 [가장 미세한 업인] 第一有(즉 有頂天, 비상비비상처)의 업조차 초월하는 이가 없다고 해야 한다. (그렇지만 아라한은 이를 초월한다.)[88]

定業의 多生異熟說은 상좌의 말로는 전하지 않지만, 그 역시 이를 주장하였을 것이다. 그는 破僧 등의 다수의 逆罪(無間業)을 지은 자가 이미 한 번의 무간지옥에서의 생을 초래하였다면 그 밖의 역죄의 과보는 어떻게 되는 것인가? 하는 문제에 대해 다음과 같이 해명하고 있다. (이에 대해 유부는 "이 역시 무간지옥의 생을 초래하는 引業은 1업뿐이며, 그 밖의 역죄는 괴로움을 가중시키는 滿業"이라 해명한다.)

상좌의 해석: "지옥에서 죽고 난 이후 다시 [지옥에] 태어난다."

[중현:] 만약 그렇다고 한다면, [그 밖의 다른 무간업은] 順後受業(다음 생 이후에 과보를 받는 업)이라고 해야 하지 않겠는가?

상좌의 反詰: "만약 어떤 이가 이전에 다른 불선업을 지어 이미 지옥[의 과보]를 초래(인기)하였다면, [불선업] 이후에 지은 무간업은 어떻게 다시 무간업[의 과보]를 성취하게 되는 것인가? 그 중간에 天世에 존재하였다고 해야 할 것인가? 그러니 어찌 앞서 지은 무간업에 따라 바로

---

88 『순정리론』권40(T29, 570c28-571a1). '一業引多生'說과 '一切業可轉'論은 『대비바사론』(T27, 593b10-18)과 『잡아비담심론』(T28, 895c22-29)에서도 譬喩者의 설로 함께 인용된다. 권오민(2012), 『상좌 슈리라타와 경량부』, pp.264-266; 310-313; 510-513 참조.

[다시 지옥의 과보를] 받는다고 하지 않겠는가?"[89]

이렇듯 상좌는 "중간에 天世에 존재하였다고 해야 할 것인가?"라는 '지극히 거칠고 천박한 말(極麤疎)'(중현의 표현)로써 三時業의 개별성과 유부 아비달마에서 설정한 개념인 引業과 滿業의 차별을 무시하였다. 유부에 의하는 한 하나의 업이 여러 생을 인기하는 것도 아니며, 여러 업이 한 번의 생을 인기하는 것도 아니다. 중현은 하나의 업이 多生에 걸쳐 異熟한다고 주장할 경우 하나의 업이 引業도 되고 滿業도 되어 雜亂의 과실을 피할 수 없을 뿐만 아니라 업의 결정성을 부정하는 것이기 때문에 譬喩者를 '불타말씀(佛敎, buddhavacana) 밖에 있는 자들' 즉 佛說을 무시하는 이들이라 비난하였지만(T29, 570b5f), 隨界·종자 상속설을 주장하는 한 이는 피할 수 없는 이론적 귀결이었다.

3. 상좌의 業果相續說

1) 상좌의 '복업증장' 해석

(1) 施物에 의한 증징

업(karma)이 결과를 낳는다는 것은 불교뿐만 아니라 인도철학 일반의 정서이다. 그러나 불교의 경우 無我說에 따라 업을 짓고 결과를 받는 동일자로서의 주체(즉 作者와 受者)를 인정하지 않을 뿐만 아니라 身·語의 表業도, 표업의 緣이 된 의사(思)도 찰나에 소멸하는 무상한 존재이다. 게다가

---

89 『순정리론』권40(T29, 587b29-c4), "上座於此作如是釋: 或於地獄死已更生. 若爾寧非順後受業? 彼於此難反詰答言: 若有先造餘不善業, 已引地獄, 後造無間, 此復云何成無間業? 爲有天世於中間耶? 豈不隨前無間即受?"

업과 결과(즉 異熟因－異熟果)의 관계는 시간적으로 同時일 수 없다. 현생에 결과를 낳는 경우(順現法受業)도 없지 않지만, 일반적으로 업과 그 과보 사이에는 '생'이라는 시간적 간격이 존재한다. 그럴 때 과거로 사라진 업이 어떻게 결과를 초래한다는 것인가?

『구사론본송』「계품」제11송은 바로 이에 대한 규정이다. "散心이나 無心의 상태에서도 계속 이어지는 청정하거나 부정한 [법]으로서 [4]大種에 의해 생겨난 것이기 때문에 '無表色(avijñapti-rūpa)'이라 하였다."[90]

해설하면 업의 결과는 업을 지을 때(행위 할 때)의 마음과 다른 마음(散心)을 갖든 무상정이나 멸진정과 같은 無心의 상태에 들든 언제나 항상 전후 유사하게 상속(pravāha)하는 선(淨)·불선(不淨)의 업에 의한 것으로, 이는 4대종에 근거하여 생겨났지만 밖으로 드러나지 않기 때문에 無表色 혹은 無表業(avijñapti-karma)이라 하였다. 즉 유부에서는 身·語業의 본질을 신체적 형태(身形)와 [의미를 갖는] 말소리(語聲)로 이해하였기 때문에 그것의 결과를 낳는 힘 역시 色法에 포함시켜 무표색이라 하였다.

이러한 무표업/무표색의 개념을 설정하지 않고서는 業果의 상속을 합리적으로 설명하기 어렵다는 것이 유부 毘婆沙師의 생각이었다. 그들에 따르면 譬喩者처럼 身·語의 표색과 이에 따른 무표색의 실재성을 인정하지 않을 경우 부왕을 살해한 未生怨 왕(Ajātaśatru Vaiddhiputra)도 무간업에 저촉되지 않는다고 해야 하고, 律儀·不律儀에 머무는 것도 불가능하다. (T27, 634c17-26) 표업을 일으킬 때 부왕은 아직 살아 있었고, 부왕의 목숨이 끊어질 때 표업은 이미 사라졌기 때문이며, 목숨이 다할 때까지 '살생 등을 짓지 않겠다'는 등의 맹서의 말(別解脫戒) 또한 그것을 발한 순간 과거로 사라졌기 때문으로, 그럴 경우 戒를 받더라도 防非止惡의 힘이 상속될 수 없어

---

90 vikṣiptācittakasyāpi yo 'nubandhaḥ śubhāśubhaḥ / mahābhūtāny upādāya sa hy avijñaptir ucyate. (AKBh., p.8. 1f); 亂心無心等 隨流淨不淨 大種所造性 由此說無表. (T29, 3a17)

‘比丘’라고 말할 수도 없다는 것이다.

세친은 그의『구사론』에서 무표업을 설정하지 않을 경우 야기되는 불합리를 8가지로 정리하여 무표업의 실유논증으로 제시하였는데, 세 번째는 業果의 상속과 관련된 이른바 ‘福業增長證’이다.

[無表業은 실유이다. 왜냐하면] 계경에서 ‘福業은 增長한다(puṇyābhivṛddhi)’고 설하였기 때문이다.

예컨대 계경(『중아함』 제7「世間福經」)에서는 이같이 설하였다. “善男子든 善女人이든 청정한 믿음을 지닌 모든 이로서 有依(aupadhika)의 일곱 가지 福業事(puṇyakṛyavastu)를 성취한 자이면, 움직이거나 [한곳에] 머물러있거나, 잠자고 있거나, 깨어 있거나 항시 상속하여 복업이 점차 증장하며, 복업이 계속 일어난다. 無依(niraupadhika)의 福業事를 성취한 자도 역시 그러하다.”

만약 무표업이 존재하지 않는다면, [복업을 지을 때의 마음과] 다른 마음(즉 염오심이나 무기심)이 일어났거나 혹은 無心의 상태일 때 [계경에서는] 어떤 법에 근거하여 복업이 증장한다고 설하였겠는가?[91]

---

91 『구사론』권13(T29, 69a8-13); AKBh., p.196. 12-16.;『순정리론』권35(T29, 541b2-7). 여기서 有依(aupadhika) 즉 물자를 시여하는 세간의 일곱 가지 福業事란, 比丘衆에게 房舍나 전각을 시여하는 일, 방사 중에 座床 내지 와구를 시여하는 일, 방사 중에 새로 지은 청정한 妙衣를 시여하는 일, 방사의 대중에게 아침의 죽과 중식을 시여하는 일, 인민들로 하여금 공급하게 하는 일, 일기가 불순할 때에는 스스로 승원으로 나아가 공양하는 일, 비구들로 하여금 風雨寒雪에 옷이 젖을까 근심하지 않게 하여 밤낮으로 편안히 선정사유하게 하는 일이다. 無依(niraupadhika) 즉 시물 없이 짓는 출세간의 일곱 가지 福業事란, 여래 또는 여래의 제자가 모처로 유행한다는 소식을 듣고 나서 환희 勇躍心을 품는 일, 이곳에 오고자 한다는 소식을 듣고 나서 환희용약의 마음을 품는 일, 이곳에 이르렀다는 소식을 듣고 환희용약의 마음을 품는 일, 청정심을 갖고 스스로 가 친견하는 일, 예경하고 공양하는 일, 三寶에 귀의(三歸依)하는 일, 禁戒를 받는 일(즉 受戒作法) 등이다. 福業事란 稱友(AKVy., p.433)에 의하면 “可愛의 이숙과를 초래하기 때문에 ‘福’이며, 업을 자성으로 하기 때문에 ‘業’이며, 그것을 等起시킨 思가 그것에 依託하여 일어나기 때문에 ‘事(vastu)’이다.” (丹橋一哉,『業の研究』, p.221f) 곧 福業事의 ‘事’는 依託處(adhiṣṭhana)의 뜻이다.

'복업은 증장한다'는 경설에 대한 상좌 슈리라타의 해석은 두 가지로,
『순정리론』 상에 인용된 그의 말의 전문은 다음과 같다.

① 이에 대해 상좌는 이와 같이 말하였다. "시여한 물자로 말미암아 복업
이 증장한다. 그래서 [계경에서는] 이와 같이 설한 것이다. '시여한 房舍에
오래 머물러 능히 施主의 복업을 증장시키고 항시 상속하여 [계속] 생겨
나게 하라.' 또한 伽他(gāthā) 중에서도 역시 이같이 설하였다. '園林과 연못
과 우물과 다리와 배와 사다리와 房舍를 보시하면 이러한 사람은 이로
말미암아 밤낮으로 복업이 항상 증장한다.'"
또한 그는 스스로 의문을 제기하여 따져 물었다. "만약 복업을 지은 이후
염오심이 일어나거나, [有依의 7가지 福業事 중 음식과 관련된] 뒤의 세
종류의 施物이 [이미 소화되어] 존재하지 않는다면 그때는 복업이 어떻게
증장한다는 것인가?" 그리고 스스로 해석하여 말하였다. "[염오심이 일어
난 상태에서도] 시여된 음식에 의해 낳아진 이익(anugraha, 饒益)이 여전히
지속(安住)하기 때문에 施主의 복업은 항상 증장될 수 있다."
② 그는 다시 말하였다. "혹은 阿世耶(āśaya)가 忘失되지 않았기 때문에 복
업이 항상 증장하는 것이다. 혹은 濃厚한 阿世耶를 일으켰기 때문에 福業
이 역시 [소의신(즉 6處)에] 따라 증장(隨增, *anuśerate)하는 것이다."92

이에 따르면 복업은, 첫째 시여한 물자로 말미암아 증장한다. 상좌는
이와 관련하여 두 가지 經證을 제시하였지만, 유부가 무표업의 논거로 제시
한 『중아함』의 「세간복경」에서도 "의복과 음식과 평상과 침구와 온갖 坐具

---

92 ①『순정리론』권35(T29, 541b7-12), "此中上座作如是言. 由所施物, 福業增長. 故如是言, '乃至
所施房舍久住. 能令施主福業增長, 恒相續生.' 又伽他中, 亦作是說. '施園林池井 橋船梯蹬舍 是人
由此故 晝夜福常增.'" (동 541b18-21), "又彼自設所疑難言. '若於其中, 施物不住, 如後三種福云何
增?' 即自釋言. '由所施食, 所生饒益, 猶安住故, 能令施主施福常增.'" ② (동 541c4), "又彼重說.
'或阿世耶, 不忘失故, 福常增長.'" (동 541b22), "又言 '或由發起濃厚阿世耶故, 福亦隨增.'"

를 보시한 이와 같은 사람은 무량한 복의 과보로서 장차 미묘한 처소에 이르게 되니, 이는 마치 강물이 대해에 들어가는 것과 같다"는 게송이 설해지며(T1, 428b29ff), 『잡아함』 제997경에도 이와 유사한 내용의 게송이 실려 있다.[93] 이는 곧 상좌가 「세간복경」 등을 유부가 이해한 것처럼 '무표업'에 대해 은밀히 설하고 있는 密意(abhiprāya)의 방편설이 아니라 '복업증장'의 이유를 바로 설하고 있는 顯了(*vispaṣṭa: 分明)의 요의설로 이해하였음을 의미한다. 그에게 있어 了義經은, 유부 毘婆沙師의 그것이 法性에 위배되지 않은 경임에 반해 불타에 의해 분명하고도 결정적으로 설해진 경이었다.[94]

인용한 경설에 따르면 施主(보시를 행한 자)의 복업을 증장시키는 것은 受者의 이익이다. 보시를 행한 이후 설혹 施主에게 염오심이 생겨났을지라도 원림 등의 施物은 여전히 존재하여 受者에 의해 수용(이용)되고 있기 때문이다. 음식과 관련된 세 가지 복업의 경우 비록 이미 소화되어 존재하지 않을지라도 이것에 의해 낳아진 이익(饒益)이 지속하기 때문에 복업이 증장한다는 것이다. 후술하는 선대궤범사 역시 施物을 받은 이의 공덕과 시물의 이익으로 인해 비록 보시할 때와는 다른 마음일지라도 복업이 증장한다고 하였다. 그럴 경우 어떻게 다른 상속(=受者)의 공덕과 이익이 다른 상속(=施者)의 현행심에 관계없이 (마음이 바뀌어 악심이나 무기심이 되었을지라도) 결과를 낳게 할 수 있다는 것인가?(T29, 69b20f) 세친은 "이 같은 의심과 문제제기는 무표색을 주장하는 유부에도 동일하게 적용될 수 있다"는 말로 대신 변명하지만, 상좌(經量部)의 경우 正理(논리)가 아닌 經을

---

93   "[어떻게 하면 밤낮으로 공덕이 항상 증장할 것인가?] 園林에 과실나무를 심으면 나무그
     늘은 맑고 시원할 것이며, 다리나 배로써 강을 건너 주고 복덕의 집을 짓고, 우물을
     파서 목마름을 해소시켜 주고, 객사를 지어 나그네에게 제공하면, 이와 같은 공덕은
     밤낮으로 증장한다.(種植園果故 林樹蔭淸涼 橋船以濟度 造作福德舍 穿井供渴乏 客舍給行旅
     如此之功德 日夜常增長)" (T2, 261b7-10)
94   권오민(2012), 『상좌 슈리라타와 경량부』, p.634. 『중아함』 「세간복경」은 尊者 摩訶周那
     (Mahācunda)가 세존께 세간의 복을 施設할 수 있는지 묻고 세존이 답한 경이다.

지식의 근거(量)로 삼은 이상 이는 문제되지 않았을 것이다.

그렇다면 施物이 없는 無依의 福業의 경우는 어떠한가? 세친은 無依의 복업에는 표업이 부재하기 때문에 무표업도 존재하지 않는다고 해야 한다고 비판하였고(T29, 69b25f; AKBh., 197. 21f) 중현은 無依의 복업을 지을 경우 그에게 필시 增上의 信心이 존재하여 멀리서도 여래와 제자들을 찬탄하며 有依의 복업과 무표업을 일으킨다고 해명하였다. (T29, 542b28-c6) 그러나 상좌는 "無依의 복업은 증장하는 일이 없다"고 말한다. 계경에서 無依의 복업에 대해 설한 것은 앞서 전승(*āmnāya: 誦)한 '有依의 福業'에 편승하여 언급한 것일 뿐으로 (즉 이는 佛說이 아니기 때문에), 이치상 여기에 복업이 증장한다는 뜻은 없다는 것이다.[95] 추측컨대 無依(niraupadhika)의 복업은 말 그대로 세속적 이익에 집착함이 없는(nir-√upadhi) 복업이기 때문에 이같이 이해하였을 것이다.

(2) 阿世耶에 의한 증장

복업이 증장하는 두 번째 이유는 阿世耶가 忘失되지 않았기 때문이다. 혹은 濃厚한 阿世耶를 일으켰기 때문이다.

阿世耶(āśaya의 音譯, 意譯은 '意樂', '意思')란 생각(mind, thought)이라는 뜻도 있지만 대개 의향·의지(intention)의 뜻으로 사용된다. 보광은, 이는 바로 思(*cetanā)로서 意趣(*abhiprāya, 목적, 지향), 혹은 欲(chanda, 願望, 바램), 혹은 勝解(adhimukti, 忍可, 결정적 판단), 혹은 欲과 승해를 본질로 하는 것으

---

95 "又彼自問, 云何無依福業事中, 可作是說 '由所施物, 福業增長'? 即自答言. 此乘前誦 '諸有依福'言便故來. 理實此中無福增義." (T29, 541b26-29) 이에 대해 중현은 이같이 비판한다. "상좌는 자신의 거짓된 생각(妄情)을 쫓아 聖敎에도 어긋난 宗義를 세우고서 [자신의] 상식(極成)에 어긋난 契經에 대해서는 진실의 뜻이 없다고 말하니, 이같이 교법을 비방하는 이를 어찌 善人이라 하겠는가? 계경의 깊은 뜻을 이해하지 못하였다면, '수승하다'고는 말하지 못할망정 어찌 그토록 빈번히 '그르다'고 부정하는 것인가?" (T29, 541b29-c4)

로 이해하였다. (T41, 224a16f; 208c26f) 즉 일찍이 보시를 행하고자 한 의향·의지에 따라 복업이 증장한다는 것이다.

그러나 보시한 이후 염오심이 일어난 상태라면, 어찌 과거의 선심이 망실되지 않았다고 할 수 있을 것인가? 더욱이 상좌는 과거법의 실재성을 부정하였다. 중현 또한 경설대로 복업이 항상 증장하는 것이라면, 施主에게 염오심 등이 일어났을 때에도 보시하려고 하였을 때의 생각(憶念)이 여전히 존재한다고 해야 하지만, 과거 보시할 때의 생각과 그에 따른 업(즉 無表業)의 실재성을 부정한 이상 "아세야가 망실되지 않았기 때문에 복[업]이 항상 증장한다"는 말은 무의미하다고 비판하고서, 상좌의 두 번째 해명은 사실상 "보시를 행하면 복업이 증장한다"는 불타말씀(佛言, buddhavacana)에 아무런 뜻이 없음을 드러낸 것일 뿐이라 힐난하였다. (T29, 541b22-26) 혹은 "시여한 물자 없이 [농후한 아세야만으로] 복업이 증장한다면 '시여한 물자로 말미암아 복업이 증장한다'고 말해서도 안 된다"고 비판하였다. (T29, 541c5-7)

따라서 여기서 '아세야'는 단순히 의향·의지의 뜻이라기보다 이것이 훈습하여 성취된 界(dhātu) 즉 수계·종자(=與果공능)의 뜻으로 사용되었을 것이다. 염오심이 일어난 상태에서도 일찍이 보시를 행하려고 하였던 생각(아세야)이 망실되지 않았다면, 그것은 유부처럼 과거법으로 실재한다고 해야 하든지, 與果의 공능(종자)으로서 6處 상에 훈습되어 전전 상속하고 있다고 해야 하기 때문이다. 우리는 이러한 의미의 阿世耶를 『구사론』에 인용된 경량부의 무표업 비실유론에 대한 중현의 비판을 통해 확인할 수 있다.

먼저 세친이 전한 경량부의 무표업 비판(즉 비실유론)은 이러하다.

경량부에서도 역시 이러한 [무표업/무표색(주90 참조)]은 실체로서 존재하는 것(實有)이 아니라고 말하였다. 왜냐하면 오로지 [살생 등을] 짓지 않겠다는 이전의 맹서(abhyupetya: 誓限, 信求)로 말미암아 [살생 등을 짓지 않기] 때문이며, 그것은 또한 과거 大種에 근거하여 시설된 것이지만 과거의 대종은 그 자체(svabhāva) 존재하지 않기 때문이며, 또한 모든 무표업에는 色의 특성이 존재하지 않기 때문이다.[96]

『구사론』에서는 이에 대한 별도의 평석이 없지만, 중현은 세 가지 논거 하나하나에 대해 비판하는데, 첫 번째 논거와 관련하여 다음과 같은 논의를 진행한다.

[중현:] 이와 같은 모든 [비판]논거(諸因)는 다 이치에 맞지 않는다. 먼저 무표업은 [살생 등을] 짓지 않겠다는 맹서가 아니라 이러한 수승한 緣에 근거하여 [생겨난] 것이다. 즉 맹서가 살생 등을 짓지 않게 하는 것이 아니다. 왜냐하면 맹서하기도 전에도 살생 등을 짓지 않았다면 [살생하지 않겠다고] 다시 맹서하는 것은 쓸데없는 일이 되고 말기 때문이다.

[경량부:] ① [살생 등을] 짓지 않는 것은 요컨대 수승한 緣(맹서의 마음)에 근거하여 바야흐로 律儀性(*saṃvaratā)을 획득 성취하였기 때문이다.

[중현:] 그런 즉 [맹서와는] 별도로 존재하는 법(律儀性 즉 무표업)이 생겨나는 것임을 인정해야 하니, 수승한 緣에 근거할 때 개별적 실체로서 존재하는 법(有體別法)이 생겨난다는 것은 세간에서 지금 바로 관찰할 수 있는 사실이기 때문이다.

[경량부:] ② 맹서함에 따라 阿世耶(āśaya)를 획득하였기 때문이다.

---

96 『구사론』권13(T29, 68c26-28), “經部亦說: ‘此非實有.’ 由先誓限唯不作故. 彼亦依過去大種施設, 然過去大種體非有故. 又諸無表無色相故.”; AKBh., p.196. 4-6, sā 'pi dravyato nāstīti sautrāntikāḥ. abhyupetyākaraṇamātratvāt. atītāny api mahābhūtāny upādāya prajñaptes teṣāṃ cāvidyamānasvabhāvatvād rūpalakṣaṇābhāvāc ca.; 『순정리론』권35(T29, 529c9-11).

[**중현:**] '阿世耶'라는 말이 무엇을 지시하는지 따져 보아야 한다. 그것이 심·심소법이라면 [멸진정에서처럼 그것이] 멈춘 상태에서는 律儀를 상실해야 하며, 그럴 경우 반드시 자주자주 거듭 맹서하여 受持(abhyupagama: 誓受, 信受)해야 한다.

[**경량부:**] ③ 이와 같은 [살생 등을] 짓지 않는 阿世耶는 어떠한 경우에도 항상하여 멈추는 일이 없기 때문에 [그럴 필요가 없다].

[**중현:**] 그의 말은 실로 그러하다. 즉 이러한 [아세야]는 어떠한 경우에도 존재하지 않으니, 존재하지 않는 법(無法)이 일어나거나 멈추는 일은 있을 수 없기 때문이다. 또한 [단지 맹서로 인해 阿世耶를 획득하는 것이라면] 홀로 고요한 곳에서 [마음 속으로] 기약/맹서(samādāna: 要期, 誓願)하였을 경우, 이와 같은 阿世耶는 어찌 律儀性을 성취하지 못하는 것인가? 그대 역시 이미 이러한 律儀性은 [맹서라는] 수승한 연에 근거할 [때 획득되는] 것임을 인정하였다. --(중략)--

[**경량부:**] ④ 이와 같은 기약/맹서는 證悔法처럼 반드시 대중들에 대해, 그들 앞에서 스스로 마음의 바램(心願)을 드러낼 때 비로소 획득 성취할 수 있다.

[**유부:**] --(중략)-- 세간의 유정들이 보시를 행할 때나 출가하여 계를 받은 자가 보시 등 여러 수승한 가행을 행할 때 필시 수승한 법이 생겨나니, 우리 [毘婆沙]宗에서는 이를 無表業이라 이름하였지만, 그대들은 제멋대로 이것의 명칭을 阿世耶로 설정하는구나!97

인용한 대론 상에서의 阿世耶가 대중들에 대해 스스로 마음의 바램을 드러낼 때 (이는 바로 一白三羯磨의 수계의식) 생겨나는 防非止惡의 힘인

---

97 『순정리론』권35(T29, 539c11-540a6), "如是諸因, 皆不應理. --① 若謂不作, 要待勝緣, 方可得成律儀性者,--(539c14f) ② 若謂立誓故得阿世耶(동, c17)--③ 若謂如是不作阿世耶, 於一切時恒無息故者(동, c20f)--④ 若謂如是立誓要期, 要對衆前自顯心願, 如證悔法, 方得成者(동, c27f)--此於我宗名無表業. 縱汝立此名阿世耶."

律儀性, 일체 심·심소법이 끊어지는 멸진정에서도 멈추는 일이 없는 법으로, 중현의 말처럼 유부의 무표업에 대응하는 개념이라면, 상좌가 복업증장의 논거로 제시한 阿世耶 역시 그러한 것, 경(주91)에서 설한 대로 움직이거나 머물러 있거나 잠자고 있거나 깨어 있거나 항시 상속하여 결과를 초래하는 힘인 수계·종자로 이해할 수 있다.

(3) 阿世耶와 종자

『구사론』상의 8가지 무표업 실유논증 중 제6은 "만약 무표업이 존재하지 않는다면 정려 중에서는 말 등을 하지 않기 때문에 [正語·正業·正命이 결여되어] 8道支도 온전하지 않다고 해야 한다"(통상 '說八道支證')는 것이다. 세친은 이에 대해 다음과 같이 해명한다.

① 비록 무표업이 존재하지 않을지라도 [無漏]道에 들었을 때 그와 같은 [正語 등의] 意樂(āśaya)와 依止(āśraya)를 획득하기 때문에 出觀 후 앞서 획득한 勢力에 의해 邪語 등의 세 支를 일으키지 않고 正語 등의 세 支를 일으키는 것으로, 원인(즉 선정 중에 획득한 의요와 의지) 중에 결과의 명칭을 설정할 수 있기 때문에 [무루도의 상태에서도] 8聖道支를 모두 설정할 수 있다.

② 有餘師도 말하였다. "오로지 邪語 등의 짓지 않음(不作, akriyā)을 '道支'라고 말한 것이니, 이를테면 [무루]정 중에 있을 때 聖道의 힘(sāmarthya)으로 말미암아 결정코 [邪語 등의] 짓지 않음을 능히 획득한다. 즉 이러한 선정에서의 짓지 않음은 무루도에 근거하여 설정된 것이기 때문에 '무루[성도]'(즉 正道)라고 말하게 된 것이다. 요컨대 어떠한 경우에도 개별적 실체로서 존재하는 진실의 法體(dravyasanta-dharmāh)에 근거하여 [正語 등의] 말이 설정된 것이 아니다. 이를테면 획득과 불획득, 칭찬과 훼손, 찬탄

과 비방, 괴로움과 즐거움의 세간의 8가지 법이 그러한 것과 같다. 즉 이
것(불획득)은 의복이나 음식 등과는 별도의 실체로서 존재하는 것이 아니
니, 이 역시 그러한 것이라 해야 한다."[98]

문맥 상 뒤의 유여사의 해명은 앞의 해명에 대한 이설이 아니라 일종
의 보충설명이다. 이러한 두 해명에 대해 普光은 각기 經部師의 말과 經部의
異釋으로 평석하였지만(T41, 208c23f; 209a13f), 중현은 經主(세친)의 해석과
상좌의 생각으로(T29, 543b5-8; 주99), 『四諦論』의 저자 婆藪跋摩(Vasuvarman:
世鎧) 또한 論主(세친)의 答(해명)과 上座部(남방 상좌부가 아니라 상좌 슈리
라타의 部黨 pākṣika)의 설로 전하고 있다. (T32, 396b22-26; 396b27-c2) 중현은
무루정에서의 正語 등의 문제를 둘러싸고 다음과 같은 對論을 전하고 있다.

上座의 생각: 身·語의 악행을 능히 짓지 않는 것을 正語 등이라 말한 것이
니, 聖道의 힘(sāmarthya)이 일어나 상속함으로 말미암아 두 가지 악행
을 능히 짓지 않기 때문으로, 正語 등은 [聖道와는 다른] 별도의 실체
(dravyāntara)로서 존재하는 것이 아니다.

[중현:] --(중략)-- 그에게 물어보아야 할 것이니, 어떠한 법이 능히 [그러한
악행을] 짓지 않게 하는 것인가?

98　『구사론』권13(T29, 70a4-13), "① 雖無無表而在道時, 獲得如斯意樂依止. 故出觀後由前勢力, 能
起三正, 不起三邪. 以於因中立果名故, 可具安立八聖道支. ② 有餘師言. 唯說不作邪語等事, 以爲
道支. 謂在定時, 由聖道力便能獲得決定不作. 此定不作, 依無漏道而得安立故名無漏. 非一切處要
依眞實別有法體方立名數. 如八世法, 謂得不得及與毀譽稱譏苦樂. 非此不得衣食等事別有實體. 此
亦應然."; AKBh., pp.198. 22-199. 4, ① yady evam ihāpy evaṃ kiṃ na gṛhyate mārgasamāpanno
vināpy avijñaptyā tadrūpam āśayaṃ ca āśrayaṃ ca pratilabhate, yasya pratilambhāt vyutthito 'pi
na punar mithyāvāgādiṣu pravartate, samyagvāgādiṣu ca pravartate. ato nimitte naimittikopacāraṃ
kṛtvā aṣṭau mārgāṅgāni vyavasthāpyanta iti. ② aparas tv āha. tadakriyāmātram atrāṅgam uktaṃ
syāt. yad asāv āryamārgasāmarthyād akriyāniyamaṃ pratilabhate tac cānāsravamārgasaṃniśrayalābhād
anāsravaṃ syāt. na hi sarvatra dravyasanto dharmāḥ parisaṃkhyāyante. tadyathāṣṭau lokadharmāḥ
lābho 'lābhaḥ yaśo 'yaśaḥ nindā praśaṃsā sukhaṃ duḥkham iti. na cātra cīvarādīnām alābho
nāmāsti dravyāntaram.

상좌: 그것은 바로 수승한 阿世耶(āśaya)와 이것이 수반되고 있는 선하고
청정한 심·심소법이다. --(중략)-- 또한 [身·語의 악행을 막는] 尸羅(śila:
戒, 즉 正語·正業)란 바로 串習(*abhyāsa, 반복하여 익히는 것)의 뜻이니,
그렇기 때문에 尸羅는 개별적 실체로서 존재하는 것이 아니다.[99]

여기서의 '수승한 阿世耶' 또한 능히 邪語 등의 악행을 짓지 않게 하는
무루성도의 힘 (세친에 의하면 出觀 후 邪語 등을 일으키지 않고 正語 등을
일으키는 원인) 즉 종자를 의미한다. 이에 따라 상좌는 불살생·불망어 등
의 尸羅(즉 別解脫律儀)의 본질(戒體) 또한 '죽을 때까지 살생 등을 짓지 않겠
다'는 맹서의 말(表業)로부터 생겨난 개별적 실체로서의 無表業이 아니라
그 같은 맹서의 마음(abhyupeta)을 자주 익히는 것(串習)으로 이해하였다. 그에
의하면 이것(관습)이 바로 戒·定·慧 3學을 닦는다고 할 때 '닦는다(bhāvanā)'
는 말의 의미였다. ('修, 串習故': T29, 543c15)

무표업(구역은 '不作業')에 관한 한 『구사론』 상의 세친의 해명을 '경량
부'라는 記名으로 그대로 전재하고 있는 『사제론』에 의하면 유부에서는 正
語를 [거짓말 등을 하지 않겠다는] 맹서를 영원히 수지하여 깨트리지 않는
것, 청정을 말하는 것, 法然(法爾)으로서 획득된 영원한 선행(T32, 395b9-12)
으로 규정하였지만, 경량부의 경우 "다만 [삿된] 네 가지 말(兩舌·妄語·惡
口·奇語)에서 떠나는 것"이다. (T32, 395b22f) 상좌는 바로 이 같은 정의에
근거하여 유부의 무표업 논증 제6 說八道支證에 대해 해명하였던 것으로,
이는 말하자면 소극적 해명이라 할 수 있다.

이에 반해 세친은 무루정에서는 邪語 등을 일으키지 않고 출관 후 正語

---

99 『순정리론』권35(T29, 543b27-c12), "上座意: 謂堪能不作身語惡行, 名正語等. 由聖道力轉相續故,
於二惡行堪能不作故, 正語等非別有體. --(중략)-- 又應問彼. 堪能不作, 體是何法? 彼言, 卽是勝阿
世耶, 所隨善淨心心所法. 又彼所說, 言尸羅者, 是串習義. 是故尸羅無別實體."

등을 낳을 수 있는 功能과 그 소의처인 意樂(āśaya)와 依止(āśraya)를 획득하기 때문에 역시 正語 등이 존재한다고 말할 수 있다고 해명하였다. 이는 말하자면 적극적 해명이다. 여기서 意樂와 依止는 바로 出觀 후 正語 등의 인연이 되는 종자 즉 공능과 공능의 소의처인 心相續으로 이해할 수 있는데, 상좌 역시 무루정에서 邪語 등을 짓지 않는 것은 수승한 阿世耶(āśaya)와 이것이 隨逐하고 있는 선하고 청정한 무루의 심·심소법 때문이라 하였다. 따라서 세친과 상좌의 해명은 사실상 동일한 내용이라 할 수 있다.

한편 아세야(āśaya)와 유사한 술어로 의도(intention), 계획(scheme), 조건(condition)의 뜻을 지닌 abhisaṃdhi가 있다. 이는 '密意', '別意'로 한역되기도 하지만, 현장은 이 역시 '意樂'(진제는 '故意')로 한역하고 '阿世耶'를 加筆하였다. 즉 『구사론』상의 경량부는 不律儀(asaṃvara)에 대해 "이는 율의와 마찬가지로 개별적 실체가 아니라 악을 짓고자하는 불선의 意樂(abhisaṃdhi)가 相續하여 捨棄되지 않은 상태로, 이에 따라 이후 비록 선심이 일어날지라도 불율의를 성취한 자라고 말하니, 이 같은 [불선의] 阿世耶를 버리지 않았기 때문이다"고 논설하였는데('아세야'는 현장 가필),[100] 稱友는 여기서 '相續(anubandha)'은 熏習(vāsana)으로, 이러한 [意樂가 훈습된] 상속에 따라 '불율의를 성취한 자'라고 말한 것이라 해설하였고,[101] 普光 또한 여기서의 意樂를 思種子로 이해하여 이러한 思종자의 상속을 버리지 않았기 때문에 (혹은 이러한 思종자에 따라) 이후 설혹 선심이 일어날지라도 '불율의를 성취한 자'라고 말한 것이라 해설하였다. (T41, 224a14-18) 이는 앞의 無漏定

---

100 『구사론』권14(T29, 75a12-15), "經部師說: 如善律儀無別實物名爲無表, 此不律儀亦應非實. 即欲造惡不善意樂相續不捨, 名不律儀. 由此後時善心雖起而名成就不律儀者. 以不捨此阿世耶故."; 眞諦 역: "經部師說. 如護無敎非有實物, 不護亦爾, 非有實物. 此不護以求惡事故意爲體. 共隨續事. 因此若人雖起善心, 猶說有不護. 以不棄捨此故." (T29, 232b2-5); AKBh., p.213. 8-9, avijñaptivad asaṃvaro 'pi nāsti dravyata iti sautrāntikāḥ. sa eva tu pāpakriyābhisaṃdhir asaṃvaraḥ. sānubandho yataḥ kuśalacitto 'pi tadvān ucyāte. tasyānirākṛtatvāt.; 권오민(2012), pp.818-820 참조.

101 AKVy. p.375. 18.; 舟橋一哉(1981), p.261.

에서의 正語 등의 문제와 동일한 내용의 해명이다.

이러한 여러 사실로 볼 때 상좌가 복업증장의 두 번째 논거로 제시한 '阿世耶'는 종자·훈습의 뜻이다. "阿世耶로 인해 복업이 증장한다"는 상좌의 해석은 "무루정에서는 말하지 않지만 그때 획득한 意樂(āśaya)와 依止(āśraya)의 세력에 의해 出觀 후 正語 등을 일으킨다"거나 "不律儀란 악을 짓고자 한 意樂가 捨棄되지 않은 상태"라고 한 『구사론』상의 세친 설이나 경량부 논설과 관계있으며, 次項의 "보시하려는 思(意思)가 훈습된 相續의 轉變과 差別에 따라 복업이 증장한다"는 선대궤범사의 주장과도 통한다. 婆藪跋摩는 앞서 무표업 제6증에 대한 세친의 해명(주98①)에 "[出觀 후 正語를 낳는 意樂가 존재하는] 相續의 轉變·差別을 正語 등이라 하였다"는 말을 더하기도 하였다.[102]

상좌 역시 수승한 阿世耶가 선하고 청정한 심·심소법에 隨逐함으로 인해 邪語 등을 짓지 않는 것이라고 주장하였다. 따라서 상좌의 '아세야(意樂)가 망실되지 않았기 때문'이라는 복업증장의 두 번째 논거는 수계·종자설을 통한 해명이라 할 수 있다.

정리하면 상좌는 보시 등 有依의 복업은 ① 시여한 물자에 의해, 즉 시물의 이익에 의해, ② 阿世耶에 의해, 즉 상속(6처 중 意處) 상에 수축하고 있는 보시하려는 意思·意樂(수계·종자)에 의해 증장한다. 그리고 無依복업에 관한 경설은 다만 有依에 편승하여 설한 것일 뿐으로 福의 증장과는 무관하다.

---

102 『사제론』권4(T32, 396b22-26), "論主答. 是中何不執如此? 若正在觀中, 離於無教. 得在如是意, 得如是依. 由得此故, 後出觀時, 不在邪言等中, 但住正言等. 是故因假得果名. <u>故說相續轉勝名正言等</u>. 以此義故, 道有八分. (論主 즉 세친은 [유부의 제6증에 대해 이같이] 답하였다. [그대는] 여기서 어찌 이와 같이 주장하지 않는 것인가? 만약 觀 중에 바로 들게 되면 無教業을 배제하더라도 이와 같은 意樂(āśaya)를 획득하고 이와 같은 所依(āśraya)를 획득하니, 이를 획득함에 따라 出觀 후 邪言 등에 머물지 않고 다만 正言 등에 머물게 된다. 그래서 원인(즉 無漏觀)에 대해 일시 결과(正言 등)의 명칭을 설정한 것이다. <u>따라서 相續의 轉異과 殊勝('轉變과 差別'의 구역)을 正言 등이라 말한 것으로</u>, 이러한 뜻에 따라 道諦에 8분이 존재하는 것이다.)"

2) 선대궤범사의 '복업증장'설

(1) '복업증장' 해석

그런데 세친은 『구사론』에서 '福業은 增長한다'는 경설에 대한 先代軌範師의 해석을 인용하고 이를 應理說(nyāyya)로 평가하는 것으로써 유부의 무표업 실유논증 제3 '복업증장證'의 비판을 대신하였다. 불교학 전통에서 선대궤범사(pūrvācārya)는 대개 경량부, 혹은 경량부의 선대궤범사로 이해 되지만, 필자에 의하는 한 이들은 세친의 師資相承의 계통으로 세친과 마찬 가지로 上座 슈리라타의 경량부가 아니다. 다만 상좌일파와 가까이하여 '外方의 경량부(*Bāhya, Bāhirdeśaka-Sautrāntika)'로도 불린 西方 간다라논사 계통 의 아비달마논사이다. (제9장 주113 참조) 이러한 이해는 부분적으로 본 항 의 논의를 통해서도 가능하다.

經에서 말한 '福業增長'에 대해 선대궤범사는 이같이 해석하였다. 法爾力 (dharmatā)으로 말미암아 복업이 증장하니, 이러저러(如如)한 施主가 시여 한 재물을 이러저러하게 受者가 수용할 때, 受者의 功德(guṇa)과 수용한 施物의 이익(anugraha)에 차별이 있기 때문이며, 그 후 施主의 마음이 비록 緣을 달리할지라도 (보시할 때의 마음과는 다른 마음이 생겨날지라도) 앞서 시여를 緣으로 한 思(cetanā)가 熏習되었기 때문이다. 즉 [思가 훈습된] 미세한 相續(saṃtati)이 점차 轉變하여 差別(pariṇāmaviśeṣa)되니, 이에 따라 미래 다수의 결과를 낳는 功能(samarthā)이 생겨난다. [「世間福經」에서는] 이러한 뜻(abhisaṃdhā: 현장 역어는 '密意')에 따라 "항시 상속하여 복업이 점차 증장하며, 복업이 계속 일어난다"고 설한 것이다.[103]

---

103 『구사론』권13(T29, 69b14-20), "又經所說 福增長言, 先軌範師作如是釋.: 由法爾力福業增長. 如
如施主所施財物, 如是如是, 受者受用, 由諸受者, 受用施物功德攝益有差別故, 於後施主心雖異緣,
而前緣施思所熏習, 微細相續, 漸漸轉變差別而生. 由此當來, 能感多果. 故密意說, '恒時相續, 福業
漸增, 福業續起.'"; AKBh., p.197. 14-18. yad apy uktaṃ "puṇyābhivṛddhivacanād" iti, tatrāpi

이에 따르면 복업은 ① 시물을 받은 자의 공덕과 시물의 이익, 그리고 ② 시여를 緣으로 한 思(보시하고자 한 意思)가 熏習된 相續(saṃtati)의 轉變과 差別에 의해 증장한다. 여기서 '공덕'과 '이익'은 普光에 의하면 시물을 수용하여 慈·悲·喜·捨(4無量) 등의 공덕을 닦고, 심신을 이익 되게(건강하게) 하는 것, 또는 이로써 중생을 이익 되게 하는 것이다. (T41, 207a13-16) 그리고 후술하듯 '思가 훈습된 相續(cetanābhāvita-saṃtati)'이란 바로 종자(bīja)를 가리키는 말로서 '이러한 相續이 轉變하여 差別된다'고 함은 씨앗이 뿌리—싹—줄기—가지—꽃으로 변화하다 마침내 이전 상태와는 차별되는 열매(phala: 果)를 낳는 것처럼 종자(=상속)가 결과를 낳기까지의 과정을 표현한 말이다.

이렇게 보면 선대궤범사의 해석은 내용적으로 '복업은 시물의 이익과 阿世耶에 의해 증장한다'는 상좌의 해석과 매우 유사하다. 상좌가 제시한 "시여한 房舍에 오래 머물러 능히 施主의 복업을 증장시키고 항시 상속하여 [계속] 생겨나게 하라"는 경증은 시물을 받은 이의 공덕을 강조한 법문으로 유추 해석이 가능하며, '阿世耶' 역시 상속 상에 훈습된 수계·종자의 의미로 사용된 말이었기 때문이다.

---

pūrvācāryā nirdiśanti "dharmatā hy eṣā yathā dātṛṇāṃ dāyāḥ paribhujyante, tathā tathā bhoktṛṇāṃ guṇaviśeṣād anugrahaviśeṣāc cānyamanasāṃ api dātṛṇāṃ tadālambanadānacetanābhāvitāḥ saṃtatayaḥ sūkṣmaṃ pariṇāmaviśeṣaṃ prāpnuvanti, yenāyatyāṃ bahutaraphalābhiṣpattaye samarthā bhavanti." idam abhisaṃdhāyoktaṃ bhaved "abhivardhata eva puṇyam upajāyata eva puṇyam" iti.; 『구사석론』권10(T29, 227a21-27), "是汝所說, 由福德增長者, 此中先舊師說. 此是法爾. 如如施主, 所施財物, 受者受用, 如此如此, 由受者功德勝劣故, 由財物利益勝劣故, 若施主心異緣, 由先緣施故 意所熏修故. 是時相續至得微細轉異勝類. 由此於未來時, 爲生多少果報相續功能. 約此義故, 說福德增長, 福德相續.'";『순정리론』권35(T29, 541c7-14), "經主於此, 作如是言.--(이하『구사론』과 동일함)" 참고로 여기서 '시여를 緣으로 한 思'의 범문은 tad-ālambana dāna-cetanā로 현장은 '前緣施思'으로, 진제는 '先緣施故意'로 번역하였지만, 범문대로라면 '그것(稱友에 의하면 受者)을 所緣으로 하여 보시하려는 意思'로 읽을 수 있다. (舟橋一哉, 1981,『業の研究』, p.225)

(2) ‘상속의 전변과 차별’설과 중현의 비판

『구사론』에 인용된 선대궤범사의 논설은 이상이 전부이지만, 중현은
계속하여 ‘相續의 轉變과 差別’에 대한 그들의 논설을 인용하고 있다.

마땅히 물어보아야 할 것이니, 여기서 무엇을 ‘相續(saṃtati)’이라 하였고,
무엇을 ‘轉變(pariṇāma)’이라 하였으며, 무엇을 ‘差別(viśeṣa)’이라 한 것인가?
그는 이같이 답하였다.

思業이 선행함에 따라 後後[찰나]의 마음이 [間斷없이] 생겨나는 것을 ‘相
續’이라 말하였고, 바로 이러한 [心]相續이 後後찰나에 다르게 생겨나는 것
을 ‘轉變’이라 말하였다. 그리고 바로 이와 無間에 능히 결과를 낳는 순간
그 功力이 전 [찰나]보다 수승한 것을 ‘差別’이라 말하였다. [‘차별’이란]
예컨대 집착을 지닌 마음(sopādānavijñāna: 有取識)으로 목숨을 마칠 때가
바로 그러한 경우이다. 즉 이러한 마음(命終心) 이전에 後有를 초래할 만한
種種의 업을 지었을지라도 이때는 오로지 극중한 업, 혹은 오로지 습관적
으로 자주 익힌 업, 혹은 [죽을 때와] 가까운 시기에 지은 업에 결과를
초래하는 功力(sāmarthya)이 현저하며, 그 밖의 업은 그렇지 않은 것이다.
그리고 온갖 異熟因에 의해 인기된 相續의 轉變과 差別에 따른 與果의 功能
은 異熟果를 낳고 나면 이러한 공능은 바로 종식된다. 그러나 온갖 同類因
에 의해 인기된 相續의 轉變과 差別에 따른 與果의 功能은, 만약 염오한
것(즉 불선과 유부무기)이라면 궁극(畢竟)의 對治道(즉 無學道)를 획득할
때까지 等流果를 낳고서 그 공능이 종식되지만, 염오하지 않은 것(즉 선과
무부무기)이라면 마음의 상속에 따라 無餘依般涅槃의 상태에 이를 때까지
等流果를 낳으니, [자신에게] 존재하는 [與果의] 功能은 바야흐로 이때 완
전히 종식되기 때문이다.[104]

---

[104] 『순정리론』권35(T29, 541c14-26), “應問, 此中何名相續, 何名轉變, 何名差別? 彼作是答. 思業爲
先, 後後心生, 說名相續. 卽此相續, 於後後時, 別別而生, 說名轉變. 卽此無間, 能生果時, 功力勝前,

그런데 이 논설은『구사론』상에서 유부의 삼세실유설 理證2('業有當果故')에 대한 경량부 반론(T29, 106a10-12: 주127)에서 예고한 「파아품」 상의 논설(T29, 158c24ff: 주128)의 후반부와 정확히 일치한다. 그리고 업이 결과를 낳는 과정인 '상속의 전변과 차별'을 종자가 뿌리-싹-줄기-가지-잎 등으로 변화하다 마침내 최후의 상태(즉 꽃)에서 열매(phala: 果)를 낳는 과정에 비유한 전반부의 논설은 다시『순정리론』상에서 譬喩者의 논설로 인용되고 있다. (T29, 535a2-15: 주124)

그렇다면 선대궤범사가 바로 경량부이고 비유자인가? 중현에 의하면 '경량부'는 비유자 중 經을 지식의 근거(量, pramāṇa)로 삼는다고 주장한 상좌 혹은 상좌일파의 自稱으로, 세친과 선대궤범사는 전술한 대로 이들과 가까이하여 이들로부터 영향받은 이들이며(주108-109 참조),『구사론』상의 경량부 종자설 또한 이들의 隨界·종자설에 대한 세친 자신의 이해라고 말할 수 있다.

예컨대 선대궤범사는 "思가 熏習된 相續(=종자)의 轉變과 差別로 말미암아 미래결과를 낳을 功能이 생겨난다"고 하였지만, 상좌는 제법의 因緣性으로 간주한 舊隨界를 '種種法이 熏習하여 이루어진 界(즉 종자)'를 특성으로 하는 것(주50), 그러나 이는 [개별적 실체가 아니라] 功能으로 그 자체로서는 존재할 수도 말할 수도 없는 것이기 때문에 '업과 번뇌(본질은 思)가 훈습된 6處'로 가설하였다. (주55) 그리고 미래 결과는 이러한 6處가 지닌 隣近과 展轉의 功能, 예컨대 꽃이 열매를 낳듯 무간에 바로 결과를 낳는 직접적 공능(sākṣāt-samartha)과 종자가 열매를 낳기까지 뿌리-싹-줄기-가

說名差別. 如有取識爲命終心. 於此心前, 雖有種種感後有業, 而於此時, 唯有極重, 或唯串習, 或近作業, 感果功力顯著, 非餘. 諸異熟因所引, 相續轉變差別與果功能, 與異熟果, 已此功能便息. 諸同類因所引, 相續轉變差別與果功能, 若染汚者, 至得畢竟對治道時, 與等流果, 功能便息. 不染汚者, 隨心相續, 至無餘依般涅槃位, 與等流果, 所有功能, 方畢竟息."

지-잎 등으로 연속적으로 이어지듯 결과를 낳기까지 연속적으로 상속하는 간접적 공능(pāramparyeṇa-samartha)에 의해 낳아진다고 하였다. (주81) 展轉공능에 의해 전후찰나를 달리하며 상속하는 轉變이, 隣近공능에 의해 無間에 결과를 낳는 差別이 가능하다. 세친 역시 종자를 展轉과 鄰近의 공능을 지닌 名色(즉 5온)으로, 이러한 공능은 相續(즉 名色)의 轉變과 差別에 의해 실현된다고 하였다. (주110)

그러나 사실 선대궤범사의 종자상속설은 다만 一句의 단편으로 전하기 때문에 교학상의 전후 맥락을 파악하기 쉽지 않다. 普光이나 稱友의 해설(T41, 207a10ff; AKVy., 356. 2ff) 또한 이를 이해하는 데 크게 도움 되지 않는다. 法寶의 해설은 바로 『순정리론』에 논설된 相續과 轉變과 差別의 정의(주104)였다. (T41, 633a10-12) 이에 따라 우리는 이에 대한 중현의 비판과 선대궤범사의 해명을 통해 이론적인 전후 맥락을 살펴보지 않으면 안 된다.

중현은 세 가지 점에서 비판한다.

첫째, 相續의 轉變과 差別로 말미암아 결과가 생겨나는 것이라 주장하는 한 미래에 결과를 낳는 무량의 공능이 相續 중에 존재한다고 하지 않으면 안 된다. 여기서 '상속'이라 함은 무엇을 가리키는가? 중현의 비판을 좀 더 구체적으로 이해하기 위해 그의 논의과정을 따라가 보자.

[중현:] 인용한 ['복업이 증장한다'는] 契經설을 방편으로 통석하기는 하였지만 그가 말한 '미세한 상속의 전변과 차별'설은 智者들로 하여금 흉금에 새겨놓게 할 만한 어떠한 이치도 없는, 오로지 헛된 말을 일시 조합한 것일 뿐이니, 개별적 실체로서 존재하는 것이 아니기 때문이다.

[선대궤범사:] 그같이 말한 까닭이 무엇인가?

[중현:] 마음의 상속에 염오함이나 청정함이 존재하는 경우, 이는 바로 마음의 전후차별로서 존재하듯이 '상속의 전변과 차별' 역시 마음이 전

후로 차별되는 것이라 해야 하며, 이를 원인으로 하여 결과를 획득하였다면 결과에도 [전후의] 차별이 존재한다고 해야 한다. 즉 획득된 결과 자체에 種種의 차별이 있다면 그 원인에도 결정코 차별이 있다고 해야 하지만, 一心(ekacitta) 자체에 種種의 차별은 있을 수 없다.

[선대궤범사:] 이는 [뿌리-싹-줄기-잎 등으로 변화하는] 鉢特摩(padma: 蓮花)의 종자와 같다.

[중현:] [이러한 예증은] 이치에 맞지 않으니, [현실의] 종자는 다수의 극미가 화합하여 이루어진 것이기 때문에 [결과에] 차별이 있을 수 있을 뿐만 아니라 종자-싹 등의 온갖 상속은 전후[로 변화하는] 세력작용(勢用)에 차별이 없지만, 一心의 상속은 전후 선악 등으로 세력작용이 각기 달라 細分할 수 없는 것이 아니다. [뿐만 아니라] 일찰나(一念)의 識 자체에 선[악] 등이 존재할 수 있어 세력작용이 동일하지 않은 것이다. 또한 聖敎에서 동일한 몸(一身) 중에 順現法受[·順生受] 등 분위차별의 업을 원인으로 하여 現法(현생)에 받[거나 내생에 받]는 등 분위차별의 결과를 초래한다는 사실을 인정하였을지라도 一心 자체가 능히 원인이 되어 이와 같이 분위가 차별되는 결과를 초래할 수 있는 것은 아니다.

[선대궤범사:] [이는] 종자가 緣과 화합하는 힘이 달라 혹 어떤 때는 능히 싹 등을 낳기도 하고, 혹 어떤 때는 재 등을 낳기도 하는 것과 같다.

[중현:] 이 또한 올바른 이치가 아니니, [그럴 경우] 선심도 불선심도 [화합하는 緣에 따라] 좋은 결과(愛果)와 좋지 않은 결과(非愛果)를 모두 초래한다고 해야 하기 때문으로, 계경에서는 이러한 일은 있을 수 없다고 하였다. --(중략)-- 따라서 [相續의 轉變과 差別설을 주장하는 한] 그대는 마땅히 一心의 상속과 동시에 [분위가 차별되는 결과를 낳는] 무량의 心[法]이 함께 생겨난다는 사실을 인정해야 한다. 혹은 향과 음식이 화합하듯 [一]心은 이루 헤아릴 수 없는 무량의 法體와 화합하여 생겨나는 것임을 인정해야 한다. 혹 [인정하지 않는다면] [實有論인 유부처럼]

원인(업)이 과거로 사라지더라도 그 자체 존재하는 것임을 인정하든지 [都無論처럼] 결과는 원인 없이 생겨나는 것임을 인정해야 한다. 그럴 경우 마침내 길을 잃고 헤매는 자가 되고 말 것이다.[105]

'상속의 전변과 차별'에서 상속(saṃtati)이 思가 훈습된, 종자의 所依·所熏處로서의 心相續(citta-saṃtati)임은 두말할 나위도 없다. 그리고 이때 心은 소의와 소연 등에 근거하여 생겨나는 거친 了別의 現行識이 아니라 언제 어디서나 존재하는 미세한 不了別性의 異熟識으로, 이는 무부무기성의 동일 種類의 마음(一類心) 즉 一心이다. 그래서 선대궤범사도 이때의 상속을 '미세한 상속(sūkṣma-saṃtati)'이라 하였다.

상좌에 의하면 여기에 선·불선, 유루·무루 등 무량의 種種界가 존재한다. 그는 말한다. "一心(ekacitta)은 種種界(nānādhātu)를 갖추고 있다. 一心 중에 다수의 界(bahudhātu)가 熏習(vāsanā)되어 있다." (본 장 주18)

중현의 선대궤범사의 종자상속설 비판은 상좌의 수계설을 염두에 둔 것이었다. 그는 말하자면 "그대가 '福業은 增長한다'는 경설을 이같이 해석할 경우 상좌가 주장하듯 '一心 자체가 능히 원인이 되어 현생에도 받고 내생에도 받는 등의 분위가 차별되는 온갖 결과를 초래한다고 해야 한다'거나 '一心상속과 동시에 [선·불선, 유루·무루 등의 온갖 차별적 결과를

<hr>

105 『순정리론』권35(T29, 541c28-542a23), "方便通釋所引契經. 然彼所言, '微細相續轉變差別], 無少理趣. 可令智者, 錄在胸襟. 唯有憑虛文詞假合. 如勝論者所執合德同異和合, 無別體故. 所以者何? 如說心相續有染有淨義. 卽心前後染淨差別. 如是相續轉變差別, 亦應卽心前後別義. 此心差別, 爲因得果, 此果可有前後差別. 然所得果體種種殊, 彼所從因定應有異. 非一心體可有種種. 若謂 '此如缽特摩種'(542a7), 亦不應理. 彼多極微合成種故, 可有差別. 又種芽等, 諸相續中, 前後相望, 勢用無別. 一心相續, 前後相望, 有善惡等勢用各別, 非無細分. 一念識體, 可有善等勢用不同. 又聖敎中, 許一身有順現法受等分位差別業, 由此爲因, 如其次第, 感現法受等分位差別果. 非一心體可能爲因, 感得如斯分位別果. 若謂 '如種緣合力殊, 或能生芽, 或生灰等.' (542a14f) 此亦非理, 善不善二因, 應俱能招愛非愛果故. 然契經說, 無是處言. 又如種等, 雖一相續, 而緣合位, 不從芽等有芽等生. 心亦應然. 雖一相續, 而緣合位, 不從善心, 生非愛果. 亦非愛果, 從惡心生. 故汝應許. 於一心相續同時, 便有無量心俱生. 或應許心如和香飮, 有無量體和合而生. 或應許因過去有體. 或應許果無因而生. 如是便成迷失路者."

낳을 수 있는] 무량의 마음이 함께 생겨난다는 사실을 인정해야 한다' 혹은
'향과 음식이 화합하듯 [一]心은 이루 헤아릴 수 없는 무량의 法體와 화합하
여 생겨나는 것임을 인정해야 한다'"는 것이다.

유부의 실체론적 사유에 의하는 한 무량의 차별적 원인은 一心(ekacitta)
자체에 존재할 수 있는 것이 아니다. 존재한다면 그것은 一心이 아니다.
이 같은 취지의 중현의 상좌 비판은 누누이 반복된다. "[隨界의 소의인] 一
念(*ekakṣaṇa)의 一心(ekacitta) 자체는 어떠한 경우라도 더 이상 세분되는 일
이 없는 [단일한] 것이거늘 어떻게 좋고, 좋지 않고, 양자 모두와 상위하는
(좋지도 않고 좋지 않지도 않은) 결과를 낳을 수 있다는 것인가?" (T29,
441c4f: 주167)

이러한 종자 훈습처로서의 상좌의 一心에 대해서는 본서 제11장에서
다시 다루게 될 것이다.

둘째, 선대궤범사(혹은 『구사론』 상의 경량부)는 轉變을 "[一心]相續이
後後찰나에 [前前찰나와] 다르게 생겨나는 것"이라고 하였다. 그렇다면 福
行을 짓고 무간에 非福行을 지었을 경우 이를 동일한 종류의 전변이라 해야
하는가, 다른 종류의 전변이라 해야 할 것인가? 동일한 종류의 전변이라면
罪行과 福行에 차별이 없다고 해야 하고, 다른 종류의 전변이라면 [죄행과
복행 이외] 제3의 마음이 존재한다고 해야 한다. 그럴 경우 복행과 죄행은
무엇에 근거하여 전변한 것이라고 말한 것인가? 따라서 그들이 생각한 '相
續의 轉變과 差別'은 어떠한 경우에도 聖敎(āgama)와 正理(nyāya 혹은 yukti)에
부합하지 않는다.[106]

실체론적 사유에 기반하는 유부로서는 경량부의 종자상속설을 이해하
기 어렵다. 유부에서 法은 한 가지 공능만을 지닌다. 따라서 복행과 무간에

---

106 『순정리론』 권35(T29, 542a23-b2), "又彼所說, '一心相續, 於後後位別別而生, 名爲轉變.' 定不應
理. --(중략)-- 所計'相續轉變差別', 一切不順聖敎正理."

죄행이 생겨났을 경우 양자는 개별적 실체로서, 죄행의 인연(즉 種子法)은 가능태로서의 미래의 법체이며 前法인 복행은 다만 등무간연(즉 開導法)으로서만 역할 한다. 그들에 의하는 한 [더 이상 분할 불가능한] 一心의 상속으로 轉變을 설명할 수 없다. 그러나 상좌(=경량부)에 의하는 한 죄행과 복행을 비롯한 무량의 種種法은 종자 공능의 형태로 一心 중에 훈습되어 있다. "一心(ekacitta) 중에 [선·불선 등] 다수의 品類의 心界(*cittadhātu)가 隨逐하고 있다." (본 장 주37)

중현은 바로 반문한다. "그렇다면 어떠한 이유에서 이러한 다수의 心隨界(*citta-anudhātu)로부터 後時에 다만 한 가지 품류의 마음만이 일어나게 되는 것인가?"

중현의 세 번째 비판은 異時인과에 대한 것이다. 유부와 같은 실체론적 사유에 의하는 한 인과가 성립하기 위해서는 그것이 동시에 존재하지 않으면 안 된다. 선대궤범사는 '思業이 선행함에 따라 후후찰나의 마음이 간단없이 생겨나는 것'을 相續이라 하였다. 세친 또한 相續이란 '전후 인과적 관계(因果性)로서 존재하는 三世諸行'으로 규정하였다. (주110) 상좌에 있어 유위제법은 오로지 前滅後生의 인과관계로서 상속한다. 그러나 유부의 입장에서 볼 때, 이 경우 상속은 불가능하다. 前法이 존재할 때 後法은 아직 생겨나지 않았으며, 後法이 생겨났을 때 前法은 이미 소멸하였기 때문이다.

선대궤범사가 종의로 삼은 것은 오로지 현재만이 존재한다는 것이다. 그렇지만 [현재] 일찰나 법에서 相續은 이루어질 수 없다. 상속이 이미 존재하지 않는다면 무엇을 轉變이라 할 것인가? 전변이 존재하지 않기 때문에 差別 역시 존재하지 않는다. 이로 볼 때 그의 말에는 어떠한 진실의 뜻도 없다.[107]

---

107 『순정리론』권35(T29, 542b2-4), "又彼所宗, 唯現在有. 於一念法, 相續不成. 相續既無, 說何轉變? 轉變無故差別亦無. 由此彼言都無實義."

중현이 法體의 恒有를 부정하고 '本無今有 有己還無'(즉 過未無體)를 자파 철학의 제1명제로 삼은 상좌에 대해서도 역시 이같이 비판하였음은 두말할 나위도 없다. "오로지 현재 일찰나만 존재한다고 주장하는 一刹那宗(상좌일파 즉 경량부)의 경우 相續은 불가능하다." (T29, 627c14: 제4장 주132)

이렇듯 선대궤범사의 '상속의 전변과 차별'에 의한 복업증장(業果相續)설은 상좌의 舊隨界설과 내용상으로 동일한 형식이었고, 중현의 비판 또한 동일한 맥락에서 이루어지고 있다. 前項에서 논의한 대로 선대궤범사의 '복업증장'설 해석은 사실상 상좌의 그것과 동일한 것이다. 중현은 선대궤범사 설에 대해 "이와 같은 말은 바로 내가 앞서 누누이 비판한 上座 슈리라타의 舊隨界설 등과 같은 것으로, 여기서는 다만 광대(배우)가 服飾(의상)을 바꿔 입은 것처럼 言詞만 달리하였을 뿐"이라는 말로 비판을 시작하고서[108] 다음과 같은 비난의 말로 비판을 끝맺고 있다.

지금 그대들을 살펴보건대, [福業增長에 대해] 밝힐 만한 능력도 없다. 그런 까닭에 그대들은, 聖敎를 익히고 正理에 통달한 스승(師)을 계승 품수하지도 못하였으면서 마음에 大欲이 있어 스스로 (혹은 제멋대로) 法의 개념(想)을 설정하였다. 그리고 망령되게 스스로 으스대며 경량부(Sautrāntika: 經部宗)과 가까이하여 자신들의 먼지티끌 같은 주장을 찬탄하며 聖敎를 더럽히고 있다.[109]

여기서 '그대들'이란 문맥 상 선대궤범사와 이들의 말을 인용하여 유부의 무표업을 비판한 세친을 말하며, '미묘하게 聖敎를 익히고 正理에 통달

---

108 『순정리론』권35(T29, 541c26f), "如是所說, 即是前來, 我所數破, 舊隨界等. 而今但以別異言詞. 如倡伎人矯易服飾."

109 『순정리론』권35(T29, 542b25-28), "今詳汝等, 無顯示能. 是故汝曹, 由未承稟妙閑聖敎通正理師, 大欲居心, 自立法想妄自舉特, 朋經部宗, 捧自執塵坌穢聖敎."

한 스승'은 카슈미르 유부 毘婆沙師이다. 그리고 '경량부'가 舊隨界를 주장한 상좌 슈리라타임은 두말할 나위도 없다.

3) 세친의 종자상속설

(1) 세친의 종자설

세친 역시 相續의 轉變과 差別(saṃtatipariṇāmaviśeṣa)에 대해 논설하였다. 그는 『구사론』「근품」에서 斷善根은 선근의 不成就(asamanvāgama)를 본질로 한다는 유부의 논의에 대해 不成就(혹은 非得 aprāpti)나 成就(혹은 得 prāpti)는 소의신 중의 선법의 種子가 손상된 상태나 손상되지 않은 상태를 가설한 것일 뿐 개별적인 실체가 아니라고 논의하고서(본 장 1-2-2 참조) 종자에 대한 자신의 소견을 피력한다.

> [문:] 무엇을 種子(bīja)라고 말한 것인가?
>
> [답:] 이를테면 간접적으로 직접적으로 결과를 낳는 능력인 展轉(paraṃparyeṇa)과 隣近(sākṣāt)의 功能(samartha)을 지닌 名色(nāmarūpa)으로, [이러한 공능은] 相續의 轉變과 差別에 의해 [실현된다].
>
> [문:] 무엇을 '轉變(pariṇāma)'이라 말한 것인가?
>
> [답:] 이를테면 상속 중에 전후 다른 것으로 바뀌는 것(anyathātvam: 異性) 것이다.
>
> [문:] 무엇을 '相續(saṃtati)'이라 말한 것인가?
>
> [답:] 이를테면 [전후] 인과적 관계(hetuphalabhūtā: 因果性)로서 존재하는 삼세의 諸行이다.
>
> [문:] [무엇을 '差別(viśeṣa)'이라 말한 것인가?
>
> [답:] 이를테면 無間에 결과를 낳을 수 있는 공능을 갖는 것이다.][110]

---

110 AKBh., p.64. 4-6, kiṃ punar idaṃ bījaṃ nāma. yan nāmarūpaṃ phalotpattau samarthaṃ sākṣāt

普光 등 동아시아『구사론』주석가들은 이를 설일체유부와 경량부의 문답으로 평석한다. 여기서 세친은 種子를 '결과 산출의 공능을 지닌 名色'으로 정의하였다. 名色은 5온이다. 稱友는 "이는 5온을 본질로 하는 것으로 결과를 낳는 공능"이라 해설하였고,[111] 普光은 "저들 [經部]宗에서 주장한 종자는 名色 즉 5온에 훈습된 것"이라 해설하였다.[112] 전술하였듯이 수계·종자 자체는 功能일 뿐이기 때문에 이는 다만 이것이 의탁하고 있는 6處나 名色(5온), 혹은 [色心]自體(주137 참조)와 같은 유정의 相續(saṃtati)이나 소의신(āśraya)에 근거하여 가설될 수 있을 뿐이다. (주119 참조)

名色(=5온)이 어찌 선·불선 등의 제법의 生因이라는 것인가? 명색 중에 존재하는(훈습된) 종자(즉 功能)가 제법의 生因이라면 이때 종자는 어떤 형식으로 존재하는 것인가? 중현은 세친의 종자설에 대해 다음과 같이 힐문하고 있다. 이는 法寶의『구사론소』에서도 인용 註記되고 있는데, 이에 따라『순정리론』상의 논설을 중현과 세친의 문답으로 재구성하면 이러하다.

[중현:] 여기서 名色이란 무엇인가?

[세친:] 말하자면 5蘊이다.

[중현:] 어찌 이것(5온)을 種子性(bījabhāva: 종자의 상태)이라 주장하는 것인가?

---

paraṃparyeṇa vā. santatipariṇāmaviśeṣāt. ko 'yaṃ pariṇāmo nāma. santater anyathātvam. kā ceyaṃ santatiḥ. hetu phalabhūtās traiyadhvikāḥ saṃskārāḥ.; 이종철 역(2015),『구사론 계품·근품·파아품』, p.228.;『구사론』권4(T29, 22c11-15), "此中何法名爲種子? 謂名與色, 於生自果所有展轉鄰近功能. 此由相續轉變差別. 何名轉變? 謂相續中前後異性. 何名相續? 謂因果性三世諸行. 何名差別? 謂有無間生果功能.";『구사석론』(T29, 181b13-17), "何法名種子? 是名色於生果有能, 或現時, 或當時. 由相續轉異類勝故. 何法名轉異? 是相續差別, 謂前後不同. 何法名相續? 生成因果, 三世有爲法. 何者爲勝類? 與果無間有生果能." 이처럼 두 한역에서는 프라단의 범본『구사론』에 부재하는 '差別'에 관한 논설도 언급되고 있으며,『순정리론』에도 세친설로 동일하게 언급된다. (T29, 398b14) 여기서의 '차별'의 정의는 「파아품」의 그것(주128)에 따른 것으로 생각되지만, 내용은 같을지라도 형식은 좀 다르다.

111 AKVy., p.148, 1-2, pañca-skandh'ātmakaṃ rūpaṃ phalotpatti-samartham.
112 『구사론기』권4(T41, 87a8), "經部答, 言名色者, 名謂四蘊, 色謂色蘊. 彼宗種子熏名及色."

[세친:] 능히 善 등의 제법을 낳는 원인이 되기 [때문이다].

[중현:] [그렇다면 善 등의 제법의 종자는] [5온] 전체라고 해야 할 것인가, 개별적인 각각의 5온이라고 해야 할 것인가, 아니면 자신(결과)과 [동일한] 種類(*sva-jāti)라고 해야 할 것인가?[113] 바야흐로 그대가 주장하는 [종자]는 오로지 이러한 것 중의 하나라고 해야 한다.

그러나 만약 [제법의 종자가] 5온 전체라고 말한다면, 종자 자체(種子體)는 가설적인 것(prajñpti: 假)이라고 해야 하지만, 가설적 존재가 [선 등의 제법을 낳는] 진실의 원인이라고 하는 것은 이치에 맞지 않다. 만약 개별적인 각각의 5온이라고 말한다면, 어떻게 無記인 色의 종자가 선·불선의 제법을 낳는 원인이라 주장할 수 있을 것인가? 만약 자신과 [동일한] 種類라고 말한다면, 선법과 무간에 불선법이 생겨나거나 혹은 반대로 [불선법과 무간에 선법이 생겨나는] 경우 무엇을 종자로 삼았다고 해야 할 것인가?[114]

名色 즉 5온을 善 등 제법의 종자라고 할 경우, 이때 종자는 5온 전체라고 해야 하거나 개별적인 각각의 5온, 혹은 자신(결과)과 동일한 種類의 5온이라고 해야 하지만, 5온 전체(즉 色心의 총체)가 종자라면 이는 자아와 같은 假法으로 실유가 아니기 때문에 선 등의 제법을 낳는 진실의 원인이라 말할 수 없으며, 개별적인 각각의 5온이 종자라면 身·語의 表業의 실재성을

---

113 이에 대한 Collett Cox(1995, p.190)의 번역은 이와 같다. Do these [five aggregates act together as the cause], combining [to form one seed]; or, [do they act as] separate [cause, each constituting one seed]; or, do they produce factors only according to their own category?

114 『순정리론』권12(T29, 397b23-29); 『구사론소』(T43, 537b10-20), "名色者何? 謂卽五蘊. 如何執此爲種子性? 能爲善等諸法生因. 爲總, 爲別, 爲自種類? (問也. 爲總一身五蘊. 爲異熟等別. 爲自類爲種.) 且汝所執, 唯應爾所. 若言是總, 種體應假. 假爲實因, 不應正理. (若合諸色心總爲種子, 卽是假法. 假法如無. 非種子也.) 若言是別, 如何可執無記色種, 爲善不善諸法生因? (若身中別取色法爲種子者, 色是無記, 如何與善不善爲因?) 若自種類, 善法無間不善法生, 或復相違, 以何爲種?" ( ) 안의 논설은 法寶의 夾註.

인정하지 않는 경량부의 경우 색은 오로지 무기성일 뿐이기 때문에 선·
불선의 원인이 될 수 없다는 것이다.[115]

이에 대해 세친은 이같이 해명하고 있다.

天愛(devānāṃ priya: 어리석은 이)여! 그대는 種子性(bījabhāva)을 전혀 이해
하지 못하였다. 전 찰나의 마음과 함께 생겨난 특수한 思(cetanāviśeṣa: 思差
別)로 인해 후 찰나 마음에 특수한 功能(śakti-viśeṣa: 功能差別)이 일어나니,
바로 후 찰나의 마음 상에 생겨난 특수한 공능을 '종자'라고 말한 것이다.
즉 이 같은 [특수한 공능을 지닌] 相續의 轉變과 差別로 말미암아 미래의
결과가 생겨나는 것이다. 여기서 [그대가 힐난한] 뜻에 대해 해설하면 이
러하다. "불선심 중에도 선심에 의해 引起된 展轉과 隣近의 특수한 공능이
존재하니, 이를 종자로 삼아 이러한 [불선심]으로부터 무간에 선법이 생
겨날 수 있다. 혹은 선심 중에도 불선심에 의해 引起된 展轉과 隣近의 특수
한 공능이 존재하니, 이를 종자로 삼아 이러한 [선심]으로부터 무간에 불
선법이 생겨나게 된다."[116]

이에 따르면 종자(혹은 종자성)란 名色(즉 5온) 자체가 아니라 전 찰나의
특수한 思에 근거하여 후 찰나의 마음 상에 생겨난 특수한 공능(śakti-viśeṣa)
으로, 미래 결과는 이 같은 특수한 공능을 지닌 상속(즉 名色)의 전변과 차
별로 인해 생겨난다. 稱友 또한 세친(궤범사)이 이 같은 특수한 공능을 種子
性(bījabhāva)의 특성(lakṣaṇa)으로 규정하였다고 전하고 있다. (주117 참조)

---

115 元瑜, 『순정리론述文記』(卍속장경83, p.472하), "若一一蘊, 別能爲因, 汝經部宗唯無記, 云何無
記生二性耶?"

116 『순정리론』권12(T29, 397b29-c6), "天愛! 非汝解種子性. 前心俱生思差別故, 後心功能差別而起.
即後心上功能差別, 說爲種子. 由此相續轉變差別, 當來果生. 此中意說: 不善心中, 有善所引展轉鄰
近功能差別, 以爲種子, 從此無間善法得生. 或善心中不善所引展轉鄰近功能差別, 以爲種子, 從此
無間不善法生."

이는 "시여를 緣으로 한 思가 [展轉과 隣近의 공능으로서] 훈습된 相續의
전변과 차별에 의해 복업이 증장한다"는 선대궤범사의 종자설과도, "舊隨
界란 업과 번뇌가 훈습된 6처(정확히 말하면 '意處': 후술), 鄰近과 展轉의
공능을 지닌 6처"(주81), 혹은 '前法에 따른 後法의 功能性'(주136 참조)이라
는 상좌의 수계설과도 상통한다. 상좌 또한 선심이 현행하고 있는 상태에
서도 불선심과 무기심의 界(dhātu)가 항상 隨逐하고 있다고 하였다. (주37)
세친과 그의 선대궤범사의 종자상속설은 배우가 의상을 바꿔 입은 것처럼
상좌의 舊隨界설과 언사만 달리한 것이라는 중현의 힐난(주108)은 빈말이
아니었다.

(2) 세친 종자설에 대한 중현의 비판

이 같은 세친의 해명에 대해 중현은 ① 종자(특수한 功能)와 이를 保持
하고 있는 마음과의 관계, ② 전후찰나(異時)의 인과적 관계(인과성)와 관련
하여 다시 비판한다. 이는 상좌의 舊隨界설에 대한 비판에서도, 선대궤범사
의 '상속의 전변과 차별'설 비판에서도 제기된 것이었다. (본 장 2-2-3; 3-2-2
참조)

첫 번째의 경우, 중현은 이같이 힐난하였다. "지금 그대가 주장하는
'특수한 功能'으로서의 종자는 그러한 현행의 선·불선심과 별도의 실체
(arthāntara: 別體)로서 존재하는 것이라고 해야 할 것인가, 별도의 실체로서
존재하는 것이 아니라고 해야 할 것인가?117

---

117 『순정리론』권12(T29, 397b29-c6), "汝所執功能差別種子, 與彼善不善心, 爲有別體, 爲無別體?" 이
   하 중현의 비판은 法寶의 『구사론소』(T41, 537b29-c9)와 稱友의 『구사론석』(AKVy., pp.148.
   25-149. 3)에서도 인용된다. sa eva ca śakti-viśeṣa-lakṣaṇaṃ bījabhāvam Ācāryeṇa vyavasthāpitaṃ
   dūṣayati. kim ayaṃ śakti-viśeṣaś cittād arthāntaram ato'narthāntaraṃ kiṃ cātaḥ.: 그(중현)는 궤범
   사(세친)가 제시한 '種子性은 특수한 공능을 특성으로 한다'는 주장에 대해 이같이 힐난
   하였다. "이러한 특수한 功能은 心과 별도의 실체라고 해야 할 것인가, 별도의 실체가
   아니라고 해야 할 것인가?" (p.148. 25-27)

이에 대한 경량부의 입장은 두말할 것도 없이 종자는 마음(혹은 相續)과 별도의 실체가 아니다. 그러나 그럴 경우 선심과 무간에 불선심이 생겨난 경우 전 찰나의 선심이 불선심의 원인(종자)이라고 해야 할 뿐만 아니라 선심 중에 불선심의 종자가 존재한다고 해야 하기 때문에 선·불선, 유루·무루 등의 相雜을 피할 수 없다.

이것(특수한 공능의 종자)이 별도의 실체로서 존재하는 것이 아니라면, 어찌 선심(전 찰나 마음)이 불선심의 종자가 되고, 불선심이 선심의 종자가 된다는 사실을 인정하는 것이라 하지 않겠는가? 양식 있는 자(有心者)로서 그 누가 뜨거움(煖)과 불(火)은 어떤 경우에도 별도의 실체로서 존재하는 것이 아니라고 주장하면서 다시 "오로지 뜨거움만이 태울 수 있고 불은 능히 태울 수 없다"고 말하겠는가? --(중략)-- 또한 [그럴 경우] 특수한 思에 의해 인기된 특수한 공능의 종자는 [종자가 의탁하고 있는 현행의] 마음과 동일한 결과이기 때문에 무루심 중에도 역시 유루의 특수한 공능(=번뇌종자)이 존재한다는 사실을 인정해야 하며, 그런 즉 무루심도 역시 능히 [욕·색·무색의] 3有의 과보를 초래한다고 해야 한다. --(중략)-- 또한 退法性의 아라한과는 물러나 [有學의] 번뇌를 일으키는 경우가 있기 때문에 아라한의 無學心 중에도 마땅히 3界의 번뇌종자가 존재한다고 해야 한다. --(후략)-- 118

---

118 『순정리론』권12(T29, 397c6-29), "今汝所執, 功能差別種子, 與彼善不善心, 爲有別體, 爲無別體? 此無別體, 豈不許善爲不善種, 及許不善爲善種耶? 誰有心者, 執煖與火無有別體. 而復執言, '唯煖能燒, 火不能燒'?"(c7-10)--"又應許思差別所引功能差別種子與心同一果故, 無漏心中亦有有漏功能差別, 則無漏心, 亦應能感三有之果. --又退法性阿羅漢果, 或有退起諸煩惱故, 卽阿羅漢無學心中, 應有三界煩惱種子." (c18-22) 생략된 부분은 제14장 주30 참조. 稱友의 『구사론소』에서 인용한 중현의 비판은 이러하다. "그와 같다면 어떠한가? 만약 별도의 실체라고 한다면 得의 존재도 성취될 수 있기 때문에 [得과 종자는] 다만 개념상의 논쟁일 뿐이며, 만약 별도의 실체가 아니라고 한다면 어떻게 불선[심]이 선[심]의 종자가 되고, 선[심]이 불선[심]의 종자가 된다고 인정할 수 있을 것인가? 그 누가 뜨거움(auṣnya=uṣṇa)과 불(tejah)은 별도의 실체가 아니라면서 "뜨거움만이 태우는 것이고 불은 태우는 것이 아니라"고 말하겠는가? --(중략)-- [그럴 경우] 유루의 종자가 무루심 중에, 무루의 종자가 유루심

『순정리론』에서는 더 이상 이에 대한 세친의 해명을 전하지 않지만, 稱友의『구사론석』에서는 다음과 같은 경량부의 입장을 전하고 있다.

이에 대해 우리는 말한다. [특수한 功能이 마음과] 별도의 실체가 아니라고 할 때 雜亂의 과실이 있다. 그렇지만 종자는 [소의인 마음에] 근거하여 施設된 형태(upādāya-prajñapti-rūpa)이기 때문에 마음과 별도의 실체라고도, 별도의 실체가 아니라고도 말할 수 없다. 또한 별도의 실체가 아니라 해도 [雜亂의] 과실은 없다. 왜냐하면 선심이 생겨남에 따라 동일한 종류(自類)든 다른 종류(他類)든 自相續의 마음 중에 [이 같은 선심의] 種子가 부여되었기(ādhīyata=ādhāya, ādhāra: 저장 依持) 때문으로, 이러한 특수한 원인(kāraṇa-viśeṣa, 즉 전 찰나의 선심)에 의해 특수한 결과(kārya-viśeṣa, 선심이 훈습된 후 찰나 마음)가 존재하기 때문이다. 이에 따라 그 마음은 차별적인/수승한 것(viśiṣṭa)으로 생겨나며, 이 같은 차별적인/수승한 마음에 선의 종자로서 결과를 산출하는 공능(samartha)이 생겨나는 것이다. --(중략)-- 이와 같이 마음은 [전후찰나에 걸쳐] 서로에 종자를 부여하고(anyonya bījādhāyakam) 서로 [종자를 지니고서] 생겨나는 것(anyonya janakaṃ)으로, 다른(전 찰나) 마음으로부터 생겨날 때 서로 훈습되는 것(vāsya: 所熏)과 능히 훈습하는 것(vāsaka: 能熏)으로 생겨난다. 그리고 [전 찰나의] 선[심]이 [후 찰나의] 불선심 중에 특수한 공능(śakti-viśeṣa)을 인기(āhita)하는 것이지 그같이(그대 중현이 말한 것처럼) 불선[심]이 선성이 되거나 혹은 선[심]이 불선성이 되는 것은 아니다. [불선심이나 선심 중에 인기된 선성이나 불선성은] 오로지 특수한 공능일 뿐이기 때문으로, 공능(śakti)과 종자

중에 존재한다고 하는 雜亂의 과실에 떨어지게 된다. (arthāntaraṃ cet, siddhaṃ prāptir astīti. saṃjñā-mātre tu vivādaḥ. anarthāntaraṃ cet, nanv akuśalaṃ kuśalasya bījam abhyupagataṃ bhavati. akuśalasya ca kuśalam. ko hi nāma auṣṇyasya tejaso 'narthāntaratve saty auṣṇyam eva dāhakam adhyavasyen na tejaḥ. --(중략)-- s'āsrava-bījam cānāsrave 'nāsrava-bījam ca s'āsrave cetasi vartataiti sāṃkarya-doṣaḥ prasajyata iti." (AKVy., pp.148. 27-149. 2.; 荻原雲來譯註,『稱友 俱舍論疏(2)』, pp.92-.93.; 吉元信行(1985),「說一切有部による種子說批判」, pp.112-113 참조)

(bīja) · 훈습(vāsanā)은 동일한 것이다.[119]

요컨대 종자는 소의처인 마음 등에 근거하여 가설된 것이기 때문에 마음과는 별도의 실체라고도, 아니라고도 말할 수 없지만, 별체가 아니라고 할지라도 중현의 비판처럼 전 찰나의 선심이 후 찰나의 불선심의 원인이 되거나 선·불선 등의 相雜의 과실은 없다는 것이다. 동일상속 중에 존재하는 선·불선 등의 異類는 실체로서의 인과관계가 아니라 마음의 차별성/특수성(*viśiṣṭatva)이며, 이로 인해 불선심에서 선심이, 선심에서 불선심이 생겨날 수 있다. 선·불선 등의 마음의 다이내믹한 변화는 실체인 이것(선·불선심소)의 成就·獲得에 의한 것이 아니라 [心]相續 상에 熏習된 특수한 功能(功能差別)인 種子에 의한 것이다. 이런 까닭에 경량부에서는 功能과 種子와 熏習을 동일한 의미로 이해한 것이다.

心相續의 轉變에서, 稱友는 전후찰나의 마음을 能熏과 所熏의 관계로, 다시 말해 후 찰나는 전 찰나가 훈습된 것(所熏)으로, 전 찰나는 후 찰나에 능히 훈습하는 것(能熏)으로 설명하였는데, 세친의 종자상속설에 대한 중현의 두 번째 비판은 이 같은 異時인과에 대한 것이었다.

[중현:] 전 찰나에 일어난 특수한 思(cetanā-viśeṣa, 能熏)와 후 찰나의 특수한
공능(śakti-viśeṣa)의 마음(所熏)이 어떻게 인과적 관계가 될 수 있고, 서

---

119 AKVy., p.149. 2-16, atra vayaṃ brūmaḥ. anarthāntarabhāve sāṃkaryadoṣa bhavet. tat tu bījaṃ na cittād arthāntaraṃ vaktavyam. nāpy anarthāntaram. upādāya-prajñaptirūpatvāt. athāpy anarthāntarabhāvas tathā 'py adoṣaḥ. kuśalena hi cittenotpannena sva-jātīye 'nya-jātīye vā sva-saṃtāna-citte bījam ādhīyeta. tataḥ kāraṇa-viśeṣāt kāryaviśeṣa iti viśiṣṭam. tena tac cittam utpadyeta. tad viśiṣṭaṃ cittaṃ kuśalabījakāryakriyāyāṃ samartham utpadyeta. --(중략)-- evam anyonya-bījādhāyakam anyonya-janakam ca cittaṃ cittāntarād utpadyamānaṃ anyonya-vāsya-vāsakatvena pravartate. na ca kuśalenākuśale citte śakti-viśeṣa āhita iti tad akuśalaṃ kuśalatāṃ āpadyate. kuśalaṃ vā tad akuśalatāṃ. śakti-viśeṣa-mātratvāt. śaktir bījaṃ vāsanety eko 'yam arthaḥ.; 荻原雲來譯註, 『和譯 稱友倶舍論疏(二)』, p.93.; 吉元信行(1985), pp.114f 참조.

로 相應할 수 있다는 것인가?

[세친:] 여기에 무슨 의심이 있다는 것인가? 因果란 원래 그러한 것(法爾: 즉 전후찰나의 관계)이다. 요컨대 전 찰나에 특수한 思가 존재하였기 때문에 바야흐로 후 찰나의 마음에 특수한 功能이 생겨나게 된 것이다. 만약 전 찰나에 특수한 思가 존재하지 않았다면 후 찰나의 마음에 특수한 공능은 일어나지 않았을 것이다. 그렇기 때문에 이러한 [전후의] 두 찰나[의 마음]은 인과적 관계가 될 수 있고, 서로 상응할 수 있는 것이다.

[중현:] 만약 思가 존재할 때 [마음에 특수한 공능이] 조금이라도 일어났다면 이러한 뜻(전·후법의 인과적 관계와 상응관계)이 성립한다고 말할 수 있을 것이다. 그렇지만 思가 존재할 때 [특수한 공능의 마음은] 전혀 일어난 일이 없으니, [경량부에 의하면] 미래법은 존재하지 않기 때문이다. [이렇듯] 전 찰나의 思와 후 찰나의 마음은 [각기] 존재하고 존재하지 않아 (다시 말해 전 찰나의 마음이 존재할 때 후 찰나의 마음은 아직 생겨나지 않았고, 후 찰나의 마음이 생겨났을 때 전 찰나의 마음은 이미 소멸하여) 함께하지 않거늘 어떻게 [전후찰나의 마음이] 인과적 관계로서 상응할 수 있다는 것인가?[120]

이렇듯 상좌 슈리라타의 경량부와 사까이한 세친과 유부 毘婆沙師를 계승한 중현은 서로 만날 수 없는 길로 치닫고 있다.[121] 중현은 전후찰나의 상속(즉 三世의 諸行)을 <別體의 상속>으로 이해한 반면, 세친은 <변화의

---

120 『순정리론』권12(T29, 397c29-398a7), "又前所起思差別, 與後功能差別心, 云何作因果, 更互相應義? 此何所疑? 因果法爾. 要有前思差別故, 方有後心功能差別生. 若無前思差別者, 後心功能差別則不起. 是故此二, 得有因果, 更互相應. 若有思時, 少有所起, 可有此義. 然有思時, 都無所起. 未來無故, 前思後心有無不並, 云何可說因果相應?"

121 兩部의 접합은 아이러니하게도 현행식과는 별도의 실체인 알라야식을 설정함에 따라 종자설과 동시인과를 모두 수용한 유가행파에서 이루어진다.

상속>으로 이해하였다. 변화의 입장에 서는 한 종자와 싹은 동시에 함께 존재할 수 없다. 종자가 존재할 때 싹은 아직 생겨나지 않았으며, 싹이 생겨났을 때 종자는 더 이상 존재하지 않는다. 그래서 過未無體였다.

비록 선대궤범사의 思가 훈습된 상속의 전변·차별설은 業果상속(이숙인-이숙과)에 대해 논의하면서, 세친의 종자상속설은 선법 등의 성취(得)·불성취(非得)에 대해 논의하면서 논설되었을지라도[122] 양설은 사실상 동일한 내용으로, 경량부 교학의 전제인 過未無體설(혹은 찰나멸론)과 異時因果설에 따른 이론적 귀결이라 할 수 있다. 후술하듯이 중현은 種子(씨앗)의 예로써 설명된 <변화의 상속>설을 譬喩者의 학설(주124)로 전하고 있지만, 세친의 종자설 역시 譬喩者 학설로 이해하였다. (주126 참조)

중현은 세친 종자설에 대한 비판을 이 같은 언사로 끝맺고 있다. "아비달마의 여러 논사들(Ābhidhārmikāḥ)이 논의한 근본입장에 대해 譬喩者들(Dārṣṭāntikāḥ)은 대부분 자신들만이 주장하는 諸法의 種子를 설하여 [聖敎의] 正義를 미혹 교란시켜 불분명하게 하였으니, 그들 제 논사들은 이러한 種子에 대해 곳곳에서 그 의미에 따라 隨界·熏習·功能 등의 다른 명칭을 설정하기도 하였다." (주47)

4) '종자' 비유에 의한 譬喩宗의 업과상속설

유부의 제법 실유론의 입장에서 볼 때, 경량부의 <변화의 상속>설의 문제는 그것이 異時인과설에 기초한다는 것이었다. 경량부가 <변화의 상

---

122 이에 따라 兵藤一夫(1982: 83-85)는, 種子설과 相續轉變差別설은 경량부 기본원리인 유위법의 찰나멸성(本無今有 有己還無)에 기초한 계시적 인과관계를 설명하는 수단이지만, 세친은 주로 연쇄적 관계인 同類因·等流果(예컨대 선·불선의 상속)는 종자설로써, 일회에 한정되는 異熟因·異熟果(즉 업의 이숙)는 相續轉變差別설로써 설명하려 하였다고 논의한다. 그러나 그도 지적하였듯이(동: 88 주23) 중현에 의해 인용 비판되는 세친 종자설에서는 이 같은 구별은 지켜지지 않을뿐더러 경량부에서 업의 이숙은 일회에 한정되지도 않는다. (본 장 2-3-2 참조)

속>을 주장하지 않을 수 없었던 까닭은, 유부에서는 刹那滅을 作用(kritra)에 한정시켜 법 자체(svabhāva)의 항유를 주장하였을 뿐만 아니라 이숙인-이숙과(業果相續)의 논리적 변증을 위해 '무표업'이라는 개념을 별도로 제시한 데 반해 경량부에서는 법 자체의 찰나멸을 주장하였고 무표업의 실재성 또한 부정하였기 때문이다.

"신표업이란 일련의 行動(gati, 운동)이며, 따라서 色身은 일정시간 지속한다"는 이른바 暫住滅설을 주장한 정량부(제4장 2-1 참조)에서는 刹那滅론에 대해 이같이 힐난하였다.

이미 일체의 行(saṃskāra)이 다 刹那滅하는 것이라고 하였으니, 어찌 업은 결과를 초래하고 결과는 업에 의해 초래되는 業果感赴(혹은 因果相生)의 도리가 성립하겠는가?

어째서 성립하지 않는다는 것인가?

서로에 미치지 못하기 때문이다. 즉 종자(씨앗) 자체가 이미 소멸하였음에도 능히 싹을 낳는 것을 일찍이 보지 못하였을뿐더러 그 같은 사실을 인정할 수 있는 것도 역시 아니다. 그렇다고 모든 업은, 종자가 싹을 낳는 것처럼 막 소멸하려고 할 때(正滅時) 이숙과를 낳는 것도 아니며, 또한 [이미 소멸하여 더 이상] 존재하지 않는 법(無法)이 원인이 될 수 있는 것도 아니다. 그렇기 때문에 [찰나멸을 주장하는 한] 업은 결과를 초래하고, 결과는 업에 의해 초래되는 일(業果感赴)도 없다고 해야 하는 것이다.[123]

이에 중현은 이 같은 허물은 다만 譬喩者에 해당하는 것이라 말하고서 그들의 業果상속설을 인용한다.

---

[123] 『순정리론』권35(T29, 534c27-535a2), "旣一切行, 皆刹那滅, 如何業果感赴理成? 如何不成? 不相及故. 謂曾未見種體已滅, 猶能生芽. 亦非所許. 然非諸業, 如種生芽, 於正滅時, 與異熟果. 又非無法可能爲因. 是故應無業果感赴."

저들 譬喩宗(Dārṣṭāntika)에서는 이같이 설하였다.

외계의 종자(bīja)가 열매(phala: 果)를 초래하고 열매가 종자에 의해 초래되는 種果感赴의 도리가 성립하듯이, 이와 마찬가지로 '업은 결과를 초래하고 결과는 업에 의해 초래되는 것(業果感赴)'임을 알아야 한다. 이를테면 외계의 종자가 별도의 緣(예컨대 수분이나 온도 등)을 만남으로써 직·간접의 원인(親·傳因, sākṣāt/pāraṃparya-hetu)이 되어 열매를 초래하고서 소멸한다. 즉 이 같은 종자로 인해 이후의 상태에 뿌리-싹-줄기-가지-잎 등이 일어나게 된다. [전후] 특성(相)을 달리하는(*anyathā) [다시 말해 '轉變하는'(주110 참조)] 이러한 온갖 법은 비록 그 자체로서는 지속하지 않을지라도 상속을 거듭하다가 최후의 상태(즉 꽃)에서 다시 별도의 緣을 만나 비로소 능히 자신의 열매(果)를 낳는 [직접적인] 원인이 된다. 이와 마찬가지로 온갖 업도 相續 중에서 직·간접의 원인이 되어 결과를 초래하고서 소멸한다. 즉 이 같은 온갖 업으로 인해 이후 自相續 중의 어떤 상태에서 [전후] 특성을 달리하는 별도의 법이 일어나게 된다. [이러한 법은] 비록 그 자체로서는 지속하지 않을지라도 상속을 거듭하다가 최후의 상태에서 다시 별도의 緣을 만나 비로소 능히 자신의 결과를 낳는 [직접적인] 원인이 되는 것이다.

비록 그러한 외계의 종자가 직접적으로 원인이 되어 자신의 열매를 낳게 되는 것은 아닐지라도 [열매를 낳을 때까지] 연속적으로 이어짐(展轉함)으로 말미암아 [자신의 열매를 낳게] 되듯이, 이와 마찬가지로 온갖 업 역시 직접적으로 원인이 되어 자신의 결과를 낳게 되는 것은 아닐지라도 [결과를 낳을 때까지] 연속적으로 이어지게 하는 힘(展轉力)으로 말미암아 [자신의 결과를 낳게] 되는 것이다. 내계든 외계든 인과상속의 도리는 동일한 것으로, 외계의 경우 종자-뿌리-싹 등으로 [이어져] 단절되지 않는 것을 '相續(saṃtati)'이라 말하듯이, 內法의 상속(즉 心相續)도 말하자면 전후찰나로 항상 하여 중간에 단절됨이 없는 것이다. 따라서 외도(정

량부)가 힐난한 [諸行의 찰나멸을 주장할 경우 業果상속의 도리는 성립할
수 없다는] 과실은 없는 것이다.[124]

비유자의 논설은 인연론으로서의 종자설이 아니라 다만 법 자체의 찰
나멸을 주장하더라도 業果상속에 단절됨이 없다는 사실을 밝힌 것이다. 앞
서 선대궤범사와 세친은 相續을 '선행한 思業에 따라 後後[찰나]의 마음이
[간단없이] 생겨나는 것', '[전후찰나의] 인과적 관계성인 삼세의 諸行'이라
하였지만, 비유자는 이를 뿌리-싹-줄기 등으로 이어지는 '종자'에 비유
하였다. 종자가 바로 열매를 낳는 것이 아니라 뿌리나 싹 등과 같은 전후
종자와는 특성을 달리하는 온갖 존재(諸異相法)로 연속적으로 이어지다가
상속의 최후 상태(말하자면 '꽃')에 이르러 비로소 자신의 열매(果)를 낳게
되듯이, 업 역시 업이 바로 결과를 낳는 것이 아니라 자신의 상속 중에서
전후 업과는 특성을 달리하는 별도의 법으로 연속적으로 이어지다가 상속
의 최후 상태에 이르러 [이전의 상속과는 차별되는] 결과를 낳게 된다는
것이다.

여기서 '[전후] 업과는 특성을 달리하는 별도의 법(別異相法)'이란 업이
자신의 상속 중에 훈습하여 성취된 界(dhātu)로, 상좌는 이러한 특성의 법을
舊隨界라고 하였다. (주50 참조) 상좌에게 있어 舊隨界란 유정의 상속이 단설
되지 않고 展轉하게 하는 (연속적으로 이어지게 하는) 원인적 존재(hetubhāva)
(주2), 전후 인과적 관계로서 展轉相續하게 하는 힘이었다. (주82) 그 역시
舊隨界로 가설한 6處가 갖는 직접적으로 결과를 낳는 힘(sākṣāt-samartha: 鄰

---

124 『순정리론』권34(T29, 535a2-15), "謂譬喻宗. 故彼宗說: 如外種果感赴理成, 如是應知業果感赴.
謂如外種, 由遇別緣, 爲親傳因, 感果已滅, 由此後位, 遂起根芽莖枝葉等. 諸異相法, 體雖不住, 而
相續轉, 於最後位, 復遇別緣, 方能爲因, 生於自果. 如是諸業, 於相續中, 爲親傳因, 感果已滅, 由此
於後 自相續中有分位, 別異相法起. 體雖不住, 而相續轉, 於最後位, 復遇別緣, 方能爲因, 生於自果.
雖彼外種, 非親爲因, 令自果生, 然由展轉. 如是諸業, 亦非親爲因, 令自果生, 然由展轉力. 內外因
果相續理同. 外謂種根芽等不斷, 名爲'相續.' 內法相續, 謂前後心, 恒無間斷. 故無外道所難過失."

近功能)과 결과를 낳기까지 전전상속하게 하는 힘(pāraṃpara-samartha: 展轉
功能)을 꽃과 씨앗 등이 열매를 낳는 힘에 비유하였다. (주81 참조)

　　비유자의 業果상속설에서의 ‘종자’는 단순히 씨앗을 의미하는 것이 아
니라 씨앗－뿌리－싹 등으로 展轉 상속하여 마침내 꽃에 이르러 열매를
낳는 일련의 과정을 가능하게 하는 공능 －그들은 앞서의 인용문에서 이를
결과를 낳는 직·간접의 원인, 親因(sākṣāt-hetu)과 傳因(pāraṃpara-hetu)이라
하였다－, 혹은 이러한 공능을 지닌 소의를 의미한다. (이 같은 소의를 상좌
는 6處라 하였고, 세친은 名色 즉 5온이라 하였다.) 따라서 ‘종자’ 비유에
의한 비유자의 業果상속론은 상좌의 隨界설은 물론이고 선대궤범사나 세친
의 種子相續의 轉變과 差別설, 次項에서 논의할 경량부의 業果상속론과 동일
한 사유에 기반한 것이다. 비유자의 주장에는 사실상 ‘상속의 전변·차별’
설이 포함되어 있다. 그들은 외계의 종자가 뿌리－싹 등으로 이어져 단절
되지 않듯이 내적존재(內法)인 心法의 경우 전후찰나로 항상 하여 중간에
단절됨이 없는 것을 ‘相續(saṃtati)’이라 규정하였을뿐더러 세친의 종자설에
서 ‘[전후] 특성(相)을 달리하는 것(*anyathātva)’은 바로 ‘轉變’의 정의였고,
이전과는 다른 특수한 공능(*viśiṣṭatva)을 지닌 꽃에서 열매가 생겨나듯 상
속의 최후 상태에서 비로소 능히 자신의 결과를 낳는 공능을 갖는 것(즉
원인이 되는 것)은 ‘差別’의 정의였다. (주104, 110, 128 참조)

　　중현은 비유자의 業果상속설에 대해 “오로지 ‘現在有’를 주장하는 이라
면 相續展轉설을 제시할 수밖에 없겠지만, 이는 이미 다른 곳에서 논설한
대로 이치상 성립할 수 없는 주장(不成)”이라고 비판하였는데,[125] 이를테면

125　『순정리론』권35(T29, 535a15-17), “今詳彼釋, 一切可然. 謂若唯言現在有者, 可有相續展轉理成.
　　然理不成. 故唯有語. 彼不成理, 餘處已說. (지금 비유자의 해석을 살펴보건대, 일체 [모든
　　이]에게 그럴 수 있어야 함에도 오로지 현재[법]만이 존재한다고 말하는 이에게만 相續
　　展轉의 이치가 성립할 수 있다고 하지만, 이는 이치상 이루어질 수 없으며, 따라서 오로
　　지 말만 그럴듯할 뿐으로, 그것(종자)이 불확정적인 이치라는 것에 대해서는 다른 곳에

그는 앞서 상좌의 수계설과 선대궤범사의 業果상속(福業增長)설에 대해 "저들의 종의는 '오로지 현재만이 존재한다'는 것이지만, [현재] 일찰나의 법만으로는 수계도 상속(saṃtati)도 불가능하다"고 비판하였고(주74, 107 참조), 세친의 종자상속설에 대해서도 "[過未無體를 주장하는] 譬喩者는 어떠한 경우에도 상속 중에 전후 다른 것(異性)이 될 수 없고, 전후 인과적 관계로 이어지는 三世諸行 역시 존재하지 않으며, 無間에 결과를 낳는 [전 찰나의] 공능 역시 존재하지 않기 때문에 세친의 말은 앞뒤가 서로 모순된다"고 비판하였다.126 이 같은 비판이 시사하는 바는 그들의 수계·종자설의 논리가 동일하다는 것이다.

한편 중현은 설혹 [인과의] 도리가 성립한다고 할지라도 종자－뿌리－싹－줄기 내지 열매 등으로의 展轉상속은 반드시 단절됨이 없어야 하지만, 마음 등은 無想果와 두 가지 無心定(멸진정과 무상정)에서 단절되기 때문에, 더욱이 비유자의 종의에서는 身·語業의 실재성을 부정하고 오로지 思(cetanā)가 바로 진실의 업(實業)이라고 인정하기 때문에(주57 참조) 종자는 업과상속의 例가 될 수 없다고 비판하기도 하였다. (T29, 535a17-23) 그렇지만 비유자는 『대비바사론』 이래 멸진정 등 無心位에서도 미세한 마음(細心, 즉 이숙식)이 존재한다는 滅定有心說을 주장하였다. 이에 대해서는 수계·종자의 훈습처에 대해 논의하는 제11장 2-2에서 논의하게 될 것이다.

5) 경량부의 업과상속설

"업은 종자가 열매의 직접 원인(親因)이 아니듯이 결과의 직접 원인이

서 이미 논설하였다.)"

126 『순정리론』 권12(T29, 398b15-17), "如是具壽, 一切所說, 異意異言, 其首亦異. 以譬喩者無有相續前後異性, 亦無因果三世諸行, 亦無無間生果功能." 이는 곧 過未無體說을 주장하는 한 앞서 세친이 정의한 轉變도 相續도 差別(주110)도 불가능하다는 비판이다.

아니다"거나 업이 결과를 낳기까지의 과정을 종자가 열매를 맺는 것에 비유한 비유자의 업과상속설은『구사론』상에서 유부의 過未實有설의 이증2 '業有當果'(제4장 주120 참조)에 대한 경량부의 비판논리로 인용된다.

> 경량부에서는 이처럼 (毘婆沙師처럼) "과거 업으로부터 바로 미래 결과가
> 생겨난다"고는 설하지 않는다.
> 그렇다면 어떻게 설하는가?
> "그것(업)이 선행함에 따라 비롯된 相續의 [轉變·]差別(saṃtānaviśeṣa, 즉 '특
> 수한 상속')로부터 미래의 결과가 생겨나게 된다"고 설한다. 이에 대해서
> 는 「破我品」 중에서 널리 顯示하게 될 것이다.127

그리고 실제 「파아품」 중에서 유아론자(勝論)와 대론하면서 그들의 문제제기 — "자아가 존재하지 않는다고 한다면 과거의 업은 이미 괴멸하였는데 미래의 결과는 무엇으로부터 생겨나는 것인가? (이는 앞서 정량부가 찰나멸론에 대해 제기한 것과 동일한 문제이다)— 에 대한 해명으로 '종자' 비유에 의한 업과상속설을 장문으로 인용한다.

> [세친:] [미래의 결과는] 업에 따른 相續의 轉變과 差別로부터 생겨나는 것
> 으로, 종자가 열매(phala: 果)를 낳는 것과 같다. 즉 세간에서 "열매는
> 종자로부터 생겨난다"고 말하는 경우, 이때 열매는 이미 괴멸한 종자
> 로부터 생겨나는 것도 아니고, 종자와 無間(다음 찰나)에 바로 생겨나
> 는 것도 아니다.

---

127 『구사론』권20(T29, 106a10-12), "非經部師作如是說: 卽過去業能生當果. 然業爲先所引相續, 轉變差別, 令當果生. 「破我品」中當廣顯示.": naiva hi sautrāntikā atītāt karmaṇaḥ phalotpattiṃ varṇayanti. kiṃ tarhi. tatpūrvakāt saṃtānaviśeṣād ity ātmavādapratiṣedhe saṃpravedayiṣyāmaḥ.: AKBh., p.300. 19-21)

[대론자:] 만약 그렇다면 [열매는] 어떻게 생겨나는 것인가?

[세친:] 종자의 相續의 轉變과 差別에 따라 비로소 열매가 생겨날 수 있다. 이를테면 종자는 점차적으로 싹-줄기-잎 등을 낳고 최후로 꽃을 낳으면, 이것이 비로소 열매를 인기하여 낳게 되는 것이다.

[대론자:] 만약 그렇다면 ["꽃으로부터 열매가 생겨난다"고 해야 함에도] 어째서 "종자로부터 열매가 생겨난다"고 말한 것인가?

[세친:] 열매는 종자가 [싹-줄기-잎 등으로] 展轉하면서 (연속적으로 이어지면서) 引起한 꽃 중에 존재하는 열매를 낳을 만한 功能에 의해 생겨나기 때문에 그같이 말한 것이다. 만약 꽃 중에 존재하는 열매를 낳을 만한 이 같은 공능이 선행한 종자에 의해 인기된 것이 아니라면, 생겨난 열매의 특성은 종자와 달라야 한다. 이와 마찬가지로 비록 "업으로부터 결과가 생겨난다"고 말할지라도 이때 결과는 이미 괴멸한 업으로부터 생겨나는 것도 아니고, 업과 無間(다음 찰나)에 바로 생겨나는 것도 아니다.

[대론자:] 만약 그렇다면 [결과는] 어떻게 생겨나는 것인가?

[세친:] 다만 업에 따른 相續의 轉變과 差別로부터 생겨난다.

[대론자:] 무엇을 相續·轉變·差別이라 말한 것인가?

[세친:] 업이 선행함에 따라 [後]後찰나의 [色]心이 간단없이 일어나는 것을 '相續'이라 하였고, 이러한 상속의 後後찰나가 前前찰나와 다르게 생겨나는 것을 '轉變'이라고 하였으며, 이러한 전변의 최후 찰나에 수승한 功能이 존재하여 무간에 결과를 낳는 순간 여타의 전변과 다르기 때문에 '差別'이라 하였다. 예컨대 집착을 지닌 죽을 때의 마음(sopādāna-maraṇacitta)이 바로 그러한 [수승한 공능을 갖는] 것이다. 비록 後有를 초래할 만한 다수의 업에 의해 引起된 熏習(sāmarthya: 功力)을 지녔을지라도 무거운 업과 [죽는 순간과] 가까운 시기에 지은 업과 자주 익힌 업에 의해 낳아진 훈습이 明了하며(dyotyate: 顯著하며, 주105), 그 밖의

다른 업에 의해 인기된 훈습은 그렇지 않은 것이다. --(중략)--

그런데 여기에는 차별이 있다. 異熟因에 의해 인기된 이숙과를 낳는
공능은 이숙과를 낳고서 바로 소멸하며, 同類因에 의해 인기된 등류과
를 낳는 공능은, 만약 염오한 것이라면 대치도가 일어날 때 바로 소멸
하지만 불염오성일 경우 반열반에 들 때 비로소 영원히 소멸하니, [色]
心의 相續(cittasaṃtāna)은 이때 영원히 소멸하기 때문이다.[128]

그런데 중현은 비록 言句 상 약간의 차이가 있을지라도 이상의 두 논설
을 『순정리론』 「수면품」에서 '세친이 전한 경량부 설'로 함께 인용한다.

經主(세친)는 ['업에는 미래 결과가 존재한다(業有當果)'는 사실에] 대해 이
와 같이 말하였다.
「경량부에서는 이처럼 (毘婆沙師처럼) "과거의 업으로부터 바로 미래의
결과가 생겨난다"고는 설하지 않는다. 즉 [그들은] "업이 선행함에 따라

---

128 『구사론』권30「破我品」(T29, 158c24-159a18), "若爾從何[未來果生]? 從業相續轉變差別. 如種生
果. 如世間說, '果從種生.' 然果不隨已壞種起. 亦非從種無間卽生. 若爾從何. 從種相續轉變差別,
果方得生. 謂種次生芽莖葉等, 花爲最後, 方引果生. 若爾何言 '從種生果'? 由種展轉引起花中生果
功能, 故作是說. 若此花內生果功能, 非種爲先所引起者, 所生果相, 應與種別. 如是雖言從業生果,
而非從彼已壞業生. 亦非從業無間生果. 但從業相續轉變差別生. 何名相續轉變差別? 謂業爲先, 後
色心起中無間斷, 名爲相續. 卽此相續後後刹那異前前生, 名爲轉變. 卽此轉變於最後時, 有勝功能,
無間生果, 勝餘轉變故名差別. 如有取識正命終時. 雖帶衆多感後有業所引熏習, 而重近起數習所引
明了, 非餘. －於此義中有差別者. 異熟因所引與異熟果功能, 與異熟果已卽便謝滅. 同類因所引與
等流果功能, 若染汚者, 對治起時卽便謝滅. 不染汚者, 般涅槃時方永謝滅, 以色心相續, 爾時永滅
故."; AKBh., pp.477. 10-478. 1. kiṃ tarhi. tatsaṃtatipariṇāmaviśeṣād bījaphalavat.　yathā bījāt
phalam utpadyata ity ucyate. na ca tadvinaṣṭād bījād utpadyate. nāpy anantaram eva. kiṃ tarhi.
tatsaṃtatipariṇāmaviśeṣād aṅkurakāṇḍapatrādikramaniṣpannāt puṣpāvasānāt. tat punaḥ puṣpān
niṣpannaṃ kasmāt tasya bījasya phalam ity ucyate. tadāhitaṃ hi tat parayāpuṣpe. sāmarthyam. yadi
hi tatpūrvikān nābhaviṣyat tat tādṛśasya phalasyotpattau na samartham abhaviṣyat. evaṃ karmaṇaḥ
phalam utpadyata ity ucyate. na ca tadvinaṣṭāt karmaṇa utpadyate nāpy anantaram eva. kiṃ tarhi.
tatsaṃtatipariṇāmaviśeṣāt. kā punaḥ saṃtatiḥ kaḥ pariṇāmaḥ ko viśeṣaḥ. yaḥ karmapūrva
uttarotaracittaprasavaḥ sā saṃtatis tasyā anyathotpattiḥ pariṇāmaḥ. sa punar yo 'nantaraṃ
phalotpādanasamarthaḥ so 'ntyapariṇāmaviśiṣṭatvāt pariṇāmaviśeṣaḥ. --(하략)--; 이종철(2015), 『구
사론 계품·근품·파아품』, pp.432-434 참조. 현장 역 밑줄의 '色心' 중 '色'은 현장의 가필.

인기된 相續의 轉變·差別로부터 미래의 결과가 생겨나게 된다"고 설하였다. (이상 주127) 비유하자면 세간의 종자가 미래 열매(果, phala)를 낳는 것과 같다. 이를테면 [세간에서] "종자로부터 미래 열매가 생겨난다"고 말하는 경우, 이때 미래의 열매는 이미 괴멸한 종자로부터 생겨나는 것도 아니며, 종자와 無間에 생겨나는 것도 아니다.

즉 종자가 선행함에 따라 인기된 相續이 轉變·差別되어 능히 미래 열매를 낳게 된다. 말하자면 처음에 종자로부터 다음에 싹이 생겨나고, 이후 계속하여 잎 내지 꽃이 생겨나며, 꽃으로부터 다음 단계에 비로소 열매가 생겨난다. 그럼에도 열매는 ['꽃으로부터 생겨난다'고 하지 않고] '종자로부터 생겨난다'고 말하는 것은, 종자에 의해 인기되어 [싹ㅡ줄기ㅡ잎 등으로] 展轉하며 이어져온 꽃 중의 功能이 열매를 낳았기 때문이다. 만약 꽃 중에 종자에 의해 인기된 공능이 존재하지 않았다면, 이와 같은 (종자와 유사한) 종류의 열매를 낳을 수 없다고 해야 한다.

이와 마찬가지로 업으로부터 미래 결과가 생겨났다고 할 때, 미래의 결과는 이미 괴멸한 업으로부터 생겨나는 것도 아니며, 업과 無間(다음 찰나)에 생겨나는 것도 아니다. 업이 선행함에 따라 인기된 相續이 轉變·差別되어 능히 미래 결과를 낳게 되는 것이다.

여기서 업에 의한 '相續'이란 업이 선행함에 따라 後後찰나 마음의 상속이 일어나는 것을 말한다. 그리고 이러한 상속이 後後찰나에 각기 다르게 생겨나는 것을 '轉變'이라 하였고, 바로 이러한 전변의 최후 찰나에 수승한 功能이 존재하여 무간에 결과를 낳음으로써 여타의 전변과 다르기 때문에 '差別'이라 하였다.」129

---

129 『순정리론』권51(T29, 629b2-17), "經主於此作如是言: 非經部師作如是說, '卽過去業能生當果.' 然業爲先所引相續, 轉變差別, 令當果生. 譬如世間種生當果. 謂如從種有當果生. 非當果生從已壞種, 非種無間有當果生. 然種爲先所引相續轉變差別, 能生當果. 謂初從種, 次有芽生. 葉乃至花後後續起. 從花次第方有果生. 而言'果生從於種'者, 由種所引, 展轉傳來, 花中功能, 生於果故. 若花無種所引功能, 應不能生如是類果. 如是從業有當果生, 非當果生從已壞業, 非業無間有當果生. 然業爲先所引相續, 轉變差別能生當果. 業相續者, 謂業爲先, 後後刹那心相續起. 卽此相續, 後後刹那異

「파아품」에서의 논설은, 문제의 소재는 다를지라도 내용상 전반부는 바로 앞서 논설한 비유자의 업과상속설이었고 후반부는 중현이 인용한 선대궤범사의 복업증장설로, 문자적으로도 일치한다. 그리고 중현은 다시 이 모두를 '세친이 인용한 경량부 설'로 재인용하고 있다. 따라서 전술한 대로 이들의 諸說은 다 동일한 사유와 논리에 기반한 것이라 할 수 있다. 중현 또한 이에 대한 비판을 譬喩宗의 업과상속설 비판으로 미루고, 이치상 미진하였던 것에 대해 다시 비판한다. 중현의 비판은 크게 세 가지 점에서 이루어진다.

첫째, 선행한 업(=思)과 후 찰나의 마음은 본질(體)도 양태(類)도, 生因도 다르기 때문에 전후 상속관계가 될 수 없다. 더욱이 마음과 업(즉 思)은 동시 俱生의 관계일 뿐만 아니라 멸진정 중에서 끊어진다.

둘째, 종자가 열매를 낳는 것과 업이 결과는 낳는 것은 경우가 다르기 때문에 種子의 비유는 불확정(不成)의 似喩이다. 종자의 비유대로라면 종자가 자신의 결과인 열매를 낳고, 열매는 다시 종자가 되어 싹 등의 상속을 낳는 것처럼, 선행한 업에 의해 인기된 공능 또한 자신의 이숙과를 낳고, 이러한 이숙과는 다시 원인이 되어 업의 상속을 일으킨다고 해야 한다.

셋째, 종자는 무시이래 각각의 種類는 동일한 상속으로 벼의 상속이 보리를 낳을 수 없지만, 경량부에서는 하나의 업이 상속하며 좋거나 좋지 못한 결과를 낳는다는 業可轉論과 多生異熟說을 주장하기 때문에 종자는 업의 同喩가 될 수 없을뿐더러, 만약 그렇다고 한다면 順現法受業, 順次生受業 등의 업이 雜亂되고 만다.[130]

중현이 밝히고 있듯이(T29, 630a8) 이러한 비판은 이미 앞의 상좌의 수

異而生, 名爲轉變. 即此轉變, 於最後時, 有勝功能無間生果, 異餘轉變故名差別."
130 『순정리론』권51(T29, 629b17-630a8).

계설 등에서 수차례 논의된 것이었다. 이를테면 "後時의 6處는 前時의 (선행한) 업과 번뇌와 전혀 상응하지 않거늘 (하나가 존재할 때 다른 하나는 존재하지 않거늘) 어떻게 이를 훈습하여 隨界를 성취할 수 있다는 것인가?"라고 힐난하기도 하였고(주74), "이러한 업과 번뇌와 그것이 後時로 상속한 6處는 性類(*bhāva: 존재의 양태)가 각기 다른데, 어찌 상응하여 [因]緣性(즉 수계·종자)을 성취하게 된다는 것인가?"라고 비판하기도 하였다.[131]

세친의 종자설에 대해서도 역시 동일한 방식으로 비판하였다. (주117 참조) '종자'가 似喩(잘못된 비유)라는 것은 이미 비유자의 종자상속설에서도 지적되었고, 업과 번뇌가 훈습된 6處(구수계)가 無間의 인과적 관계로서 展轉相續하며 결과를 낳는 것이라면 경량부에서는 다만 順現法受業만을 인정하고 順後次受業 등은 부정하는 것이라고 비판하기도 하였다. (주85 참조)

이러한 점에서 세친이 인용한 경량부의 業果相續說은 상좌계통의 비유자/경량부의 수계·종자설로 이해해도 무방하다고 말할 수 있다.[132]

---

131 『순정리론』권18(T29, 440c13-15), "此業煩惱, 與彼後時相續六處, 性類各別, -- 豈得相應, 令成緣性?"
132 加藤純章(1989: 254-255)은 "[세간에서] '열매는 종자로부터 생겨난다'고 말하는 경우, ⓐ 이때 열매는 이미 괴멸한 종자로부터 생겨나는 것도 아니며, ⓑ 종자와 無間(anantaram)에 생겨나는 것도 아니다. ⓒ [업의] 相續의 특수한 變化 때문에 생겨난다"는 『구사론』 「파아품」의 논설(本章 주128)을 "又上座等, 唯執諸法從無間生"(T29, 441c24f), "又彼上座執, 有法體雖經劫滅. 而自相續展轉相仍, 猶爲因性." (동 442a1-3: 본 장 주59)의 논설에 따라 상좌 수계설에 대한 反論으로 이해하여 "세친은 『구사론』을 시을 때 상좌의 수계설을 알고 있었고, 따라서 세친의 종자설은 상좌의 수계설보다도 새로운 것"이라고 말한다. 그리고 "결과는 相續의 특수한 變化에 따라 생겨난다"는 주장은 세친 개인(혹은 무착의 유가행파)의 創見일 것으로 추측하였다. 적어도 아비달마 논서 상에서 이 설은 세친이 처음으로 주장하였다는 것이 그 이유로, 그는 이를 세친이 스스로를 경량부의 일원으로 간주한 방증으로 간주하기도 하였다. (加藤純章은 '經量部'라는 명칭의 창시자는 슈리라타이지만, 『구사론』 상의 경량부 설은 모두 세친 자신의 견해이며, 자신이 찬동하지 않는 슈리라타의 학설에 대해서는 '譬喩者'라는 명칭을 사용하였다고 주장한다. 이에 대해서는 권오민, 2012, 제9장 '경량부와 비유자(1) : 최근의 가설' 참조) 그러나 앞서 논의하였듯이 「파아품」의 일련의 논설은 바로 비유자의 業果상속설(주124)로서 사실상 종자상속의 전변과 차별의 과정을 밝힌 것이었고, "6처(수계)가 지닌 展轉과 隣近의 공능에 의해 결과가 생겨난다"는 상좌의 주장(주81) 역시 그러한 것이었다. 세친 또한 이 두 공능은 상속의 전변과 차별에 의해 실현된다고 하였다. (주110)
또한 加藤純章은 이러한 자신의 이해에 따라 상좌는 이숙인·이숙과를 無間生의 관계로,

세친은 隔時的으로 一回에 한정된 인과관계로 완전히 달리 이해하였다고 주장하였다. 그는 上座의 '諸法無間生'의 논거로 "若上座許, 唯自相續生起決定得爲因緣, 云何復許, '善不善法爲因緣, 生無記異熟'? 非善不善隨界爲因可生無記, 相續異故. 若善不善, 無間能生無記異熟, 此中應說. 何故云何, 善不善爲因生無記異熟?"(T29, 442a11-15)라는 중현의 반론을 제시하였다. 그러나 중현은 세친 종자설에 대해서도 역시 이같이 비판하고 있다. "今汝所執功能差別種子, 與彼善不善心, 爲有別體; 爲無別體? 此無別體, 豈不許善爲不善種, 及許不善爲善種耶? 誰有心者, 執煖與火無有別體. 而復執言, '唯煖能燒, 火不能燒'? --(하략)--" (동, 397c6-18) 필자가 讀解한 바에 따르면 중현의 두 비판은 동일한 것이다. 즉 상좌 설에 대한 중현의 반론은 "만약 上座가 '오로지 自相續에 생겨난 것만이 결정코 [後法에 대해] 因緣이 될 수 있다'는 사실을 인정한다면, 다시 '선·불선법이 因緣이 되어 무기의 이숙을 낳는다'는 사실도 인정해야 하지만, 어떻게 이를 인정할 수 있을 것인가? 선·불선의 隨界는 무기[의 이숙]을 낳을 수 있는 원인이 될 수 없으니, 相續이 다르기 때문이다. 만약 '선·불선[의 隨界]는 무간에 무기의 이숙을 낳을 수 있다'고 한다면, 여기서 마땅히 논설해보아야 한다. 어떠한 까닭에서, 어떻게 선·불선[의 隨界]가 무기의 이숙을 낳는 원인이 된다는 것인가?"이며, 세친 종자설에 대한 비판은 "지금 그대가 주장하는 '功能의 차별'로서의 종자는 그러한 선·불선심과 별도의 실체(arthāntara: 別體)로서 존재하는 것이라고 해야 할 것인가, 별도의 실체로서 존재하는 것이 아니라고 해야 할 것인가? 이것(공능차별의 종자)이 별도의 실체로서 존재하는 것이 아니라면, 어찌 선심(전 찰나 마음)이 불선심의 종자가 되고, 불선심이 선심의 종자가 된다는 사실을 인정하는 것이라 하지 않겠는가? 양식 있는 자(有心者)로서 그 누가 뜨거움(煖)과 불(火)은 어떤 경우에도 별도의 실체로서 존재하는 것이 아니라고 주장하면서 다시 "오로지 뜨거움만이 태울 수 있고 불은 능히 태울 수 없다"고 말하겠는가? --(중략)-- 思의 차별에 의해 인기된 공능차별의 종자와 [종자가 의탁하고 있는] 마음은 동일한 결과이기 때문에 무루심 중에도 역시 유루의 공능차별(=종자)이 존재하며, 그런 즉 무루심도 역시 능히 욕·색·무색의 3有의 과보를 초래한다는 사실을 인정해야 한다"(본 장 주118)이다. 게다가 加藤純章은 중현의 상좌 비판에서 수계·종자설의 일반적 비판이라 할 수 있는 마지막 구절을 빠트렸다. "만약 '무기[의 이숙]도 선·불선[의 隨界]를 熏習하고 있기 때문에 선·불선[법]도 무기의 因[緣]이 될 수 있다'고 말한다면, 이 역시 올바른 이치가 아니니, 그러한 '熏習'이라는 말에는 진실의 뜻이 없다고 앞에서 이미 수차례에 걸쳐 분별하였기 때문이다. (若言, '無記熏善不善故, 善不善爲無記因', 此亦非理, 前已數辯, 彼熏習言, 無實義故.)" (T29, 442a15-17) 세친은 중현의 이 같은 형식의 비판에 대해 상좌와 동일한 방식으로 해명하였다. (본 장 주116) 한편 佐古年穗(1996)은 「『俱舍論』における saṃtatipariṇāmaviśeṣa について」라는 제목의 논문에서 『구사론』「근품」(본 장 주110)「업품」(본 장 주103)「파아품」(본 장 주128)에서 설하고 있는 相續轉變差別(saṃtatipariṇāmaviśeṣa)을 검토하여 각각에서의 相續은 5온, 심·심소, 心을 가리키는 것으로 해석하여 이를 「상속의 특수한 변화」설의 변화과정으로 이해하였다. 그리고 「파아품」에서의 「특수한 변화」가 다른 用例에 비해 특수하다는 이유에서 「근품」과 「업품」에서의 이해는 경량부 입장을, 「파아품」에서의 해석은 세친의 독자적 입장일 것으로 추측하였다. 그러나 이는 다만 『구사론』 상에 언급된 단편의 기사만으로 세친(혹은 경량부) 종자설을 추측 판단한 데 따른 자의적 해석의 전형이라 할 수 있다. 『구사론』 상의 종자설/相續의 轉變·差別설은 상좌와 비유자의 수계/종자설과 밀접한 관련이 있는 것으로 '因緣論'이라는 교학적 맥락을 통해 이해하지 않으면 안 된다. 보다 자세한 내용은 권오민(2018), 「세친의 종자설 再考」 참조.

4. 상좌의 '隨眠=번뇌隨界'설

상좌의 수계설을 이해하기 위한 또 하나의 단서는 그의 隨眠說이다.
隨界(anudhātu)라는 개념은 '隨眠(anuśaya)'이나 '隨俱行(anusahagata)의 선·불
선근'이라는 술어에서 연상되었을 가능성이 크다. 유부에 의하는 한 수면
은 번뇌(kleśa)의 이명이다. 예컨대『잡아함』제490경에서는 제 번뇌를 3漏
(欲·有·無明漏), 3結([有身]見·계금취·疑結), 4流(신역은 瀑流, 欲·有·見·無
明流), 4軶(4流와 동일), 4取(欲·我·見·戒取). 4縛(貪·瞋·戒·我見縛), 7使(anuśaya:
신역은 隨眠, 欲貪·瞋·慢·見·疑·有貪·無明), 10使(탐·진·만·의·무명과 有
身見·邊執見·邪見·戒禁取·見取의 5견) 등으로 분별하는데, 유부에서는 이
중 7使 즉 7隨眠 설에 기초하여 일대 번뇌이론을 구성하였다.[133]

그런데 문제는 후술하듯이 경(『중아함』제205「五下分結經」)에서 "出離
의 방편을 심구하여 여실히 알게 되면 욕탐纏을 제거하고 아울러 [그것의]
隨眠도 끊게 된다"고 하여 纏과 隨眠을 함께 설하고 있다는 점이다. 욕탐纏
이 유정을 속박하는 현행의 번뇌라면 이와 함께 끊어지는 욕탐隨眠은 무엇
인가? 두 가지 해석이 가능하다. 欲貪隨眠(kāmarāgānuśaya)을 동격복합어(持
業釋)로 해석하여 '욕탐이 바로 수면(kāmarāga evānuśaya: 欲貪體卽隨眠)'이라
는 뜻으로 이해할 수도 있고, 한정복합어(依主釋)로 해석하여 '욕탐의 수면
(kāmarāgasyānuśaya: 欲貪之隨眠)'이라는 뜻으로 이해할 수도 있다.[134]

유부는 전자의 입장을 취하여 수면을 相應法(즉 심소)으로 간주하여
수면은 근본번뇌, 纏은 지말번뇌(隨煩惱) 즉 근본번뇌인 6수면에 의해 파생

---

133 7수면설은『장아함』권9「十上經」(T1, 54b27f);「增一經」(T1, 58b10f);『증일아함』권34「七日
品 제3 七使經」등에 논설되고 있다.

134 AKBh., pp.277. 16-278. 1, katham idaṃ jñātavyaṃ kāmarāga evānuśayaḥ kāmarāgānuśayaḥ, āhosvit
kāmarāgasyānuśayaḥ kāmarāgānuśayaḥ.;『구사론』권19(T29, 98c10-12), "欲貪隨眠, 依何義釋? 爲
欲貪體, 卽是隨眠; 爲是欲貪之隨眠義? 於餘六義, 徵問亦爾.";『순정리론』권45(T29, 596c22-23).

된 번뇌(여기에는 10纏과 6垢가 있다)라는 식으로 이해하였지만, 대중부 계통에서는 후자의 입장에서 수면을 纏을 일으키는 不相應法으로 간주하였다. "隨眠은 心도 아니고 심소법도 아닐뿐더러 소연 역시 갖지 않는다. 즉 수면과 纏은 다른 것으로, 수면 자체는 心과 상응하지 않지만, 纏은 그 자체 心과 상응한다."[135]

수면의 상응·불상응의 문제는 당시 불교학의 주요문제로,『이부종륜론』과『대비바사론』은 물론이고『아비담심론』을 비롯한『아비담심론경』『잡아비담심론』, 그리고『성실론』「發聚 中 十論」에서도 논의되고 있다. 그렇지만 이들 諸論에서 이 문제가 수계·종자설과 관련되어 논의되지는 않는다.

상좌와, 세친이 전한 경량부에서는 隨眠을 각기 번뇌의 隨界와 種子, 心相續 상에 잠자는 상태로 잠복 隨逐하면서 이후의 번뇌를 낳는 특수한 功能性으로 이해하였다. 먼저 그들의 말을 들어보자.

上座는 이(隨眠)에 대해 [다음과 같이] 말하였다.

(1) 불세존께서는 스스로 온갖 纏(paryavsthāna)과 隨眠(anuśaya)이 다르다고 설하였다. 말하자면 온갖 번뇌가 現起한 것을 '纏'이라 하였으니, 능히 현전하여 [유정을] 속박하며 相續하기 때문이다. 그리고 번뇌의 隨界를 '隨眠'이라 하였으니, [번뇌의] 원인적 상태/존재(因性, hetubhāva)로서 항상 隨逐하며 잠자는 상태로 잠복하고 있기 때문이다.

(2) 즉 계경에서 "어린아이나 아기는 잠자고 있거나 아플 때에는 염오한 욕탐(染欲)이 없을지라도 욕탐수면은 隨增하고 있다"고 설하였는데, 이는 오로지 온갖 [번뇌의] 隨眠性이 존재한다는 사실만을 설한 것이다. 또한 "어떤 이들은 오랜 시간에 걸쳐 欲貪纏에 마음이 속박(纏)된 채로 머문다"

고 설하였는데, 이 경문은 오로지 번뇌의 纏이 존재한다는 사실만을 설한 것이라고 할 수 있다. 또한 "어떤 이들은 오랜 시간 欲貪纏에 마음이 속박된 채로 머물지 않는다. 설혹 마음이 잠시 欲貪纏을 일으킬지라도 出離의 방편을 尋求하여 如實히 알게 되면, 그들은 이에 따라 欲貪纏을 능히 바로 제거하고, 아울러 [欲貪]隨眠도 끊게 된다"고 설하였는데, 이 경문은 纏과 隨眠을 모두 설한 것이라고 할 수 있다.

이에 따라 지금 일어나고 있는 번뇌와 [이러한] 번뇌의 隨界를 일컬어 '纏'과 '隨眠'이라 하였음을 알아야 한다. 만약 ["아울러 隨眠도 끊게 된다"는 경설에서의] '수면'이라는 말이 번뇌의 得(prāpti)을 가리킨 것이라면, 이는 올바른 이치가 아니니, 일찍이 [계경에서 그 같은 사실을] 설한 적이 없기 때문이며, 또한 이미 '得'이라는 법이 별도로 존재한다는 사실에 대해 비판하였기 때문이다.

(3) 이와 같은 隨眠은 무엇을 본질(svabhāva: 體)로 하는 것인가?

만약 '그것(현행의 번뇌인 욕탐 등의 纏)'의 隨眠이라면, '그것'을 본질로 하니, 이는 바로 그러한 [욕탐 등의] 법에 따른 功能性(*śakti/sāmartha-bhāva)이기 때문이다. 혹은 이는 4蘊 모두를 본질로 하니, 이러한 功能은 심·심소 상에 隨逐하기 때문이다.

(4) [따라서] 이는 相應性이면서 역시 不相應性이니, 諸 心所가 그러한 것과 같다. 그렇지만 그러한 [공능성인 수면] 自體에 대해서는 말할 수 없기 때문에 [불타께서는 이에 대해] 언급(記別)하지 않은 것이다.136 (문단 번호는 필자)

---

136 『순정리론』권45(T29, 597b27-c14), "上座於此謂: 佛世尊自說, '諸纏與隨眠異.' 謂諸煩惱現起名纏, 以能現前縛相續故. 煩惱隨界說名隨眠, 因性恒隨而眠伏故. 以契經說, '幼稚童子嬰孩眠病, 雖無染欲而有欲貪, 隨眠隨增', 此唯說有諸隨眠性. 又說 '一類於多時中, 爲欲貪纏纏心而住', 此文唯說有煩惱纏. 又說 '一類非於多時, 爲欲貪纏纏心而住. 設心暫爾起欲貪纏, 尋如實知出離方便, 彼由此故, 於欲貪纏能正遣除, 并隨眠斷', 此文通說纏及隨眠. 由此故知, 現起煩惱·煩惱隨界, 名纏·隨眠. 若隨眠聲, 目煩惱得, 此不應理, 曾無說故; 又已除遣別有得故. 如是隨眠, 以何爲體? 若彼隨眠, 以彼爲體, 是隨彼法功能性故. 或此通用四蘊爲體, 功能隨逐心心所故. 此相應性, 亦不相應, 如諸心所. 然其自體不可說故, 而不記別." (밑줄 친 경설의 범어원문은 주143을 참조할 것)

수면에 관한 상좌의 논설은 크게 (1) 현행의 번뇌(纏)와 수면의 관계, (2) '수면=번뇌隨界'설 논증과 유부의 得論 비판, (3) 수면의 본질과 (4) 相應性의 여부 등 네 단락으로 구성되어 있다.

그런데 세친이 전한 경량부의 '수면=번뇌種子'설에서는 먼저 수면의 상응성의 여부에 대해 간략히 밝히고 난 후, 현행의 번뇌(纏)와 수면의 관계, 그리고 수면(번뇌종자)의 본질에 대해 해설하여 상좌의 논설 중 (1)과 (3)(4)에 대해서만 언급한다. 그것은 이에 앞서 유부의 '욕탐=수면'설의 문제점을 지적하면서 (2)의 '수면=번뇌수계'설의 경증과 이에 대한 유부의 해명 (纏과 함께 끊어지는 隨眠은 번뇌의 得)에 관해 이미 논설하였기 때문이다.

세친은 '수면이 상응법인가 불상응법인가'에 관한 가장 뛰어난 학설로서 경량부의 수면설을 인용하고 있다.

경량부에서 설한 것이 가장 뛰어나다.

경량부는 어떻게 설하였던가?

① 이러한 ['欲貪隨眠']은 바로 '욕탐의 수면'이라는 뜻이다. 그렇지만 隨眠 자체는 心相應法도 아니며 不相應法도 아니니, 개별적인 실체(dravyāntara: 別體)가 아니기 때문이다. 즉 번뇌(kleśa)가 잠자고 있는 상태(prasupta)를 '隨眠'이라 하고, 깨어 있는 상태(prabuddha)를 '纏'이라 하였기 때문이다.

② 무엇을 잠자고 있는 상태라고 말한 것인가?

이를테면 [번뇌가] 현행하지 않고 '種子性(bījabhāva, 종자의 상태)'으로 隨逐(anubandha)하는 것을 말한다.

무엇을 깨어 있는 상태라고 말한 것인가?

이를테면 온갖 번뇌가 現起하여 [마음을 속박(纏)하는] 것을 말한다.

③ 무엇을 種子性이라고 말한 것인가?

번뇌로부터 생겨나 능히 번뇌를 낳는 [유정의 色心] 自體(ātmabhāva) 상에 존재하는 특수한 功能(śakti)으로, 예컨대 [과거의] 證智(anubhavajñāna: 5識

혹은 이에 따라 일어난 意識 상응 智, 즉 경험지)로부터 생겨나 능히 미래 기억을 낳는 특수한 功能[인 기억의 종자]와 같고, 또는 이전의 볍씨(śāliphala: 前果)로부터 생겨나 이후의 볍씨(後果)를 낳는 싹 등에 존재하는 특수한 功能과 같다.137

세친은 이처럼 '수면=번뇌종자'설을 경량부 설로 인용하고 善說(sādhu)로 평가하였지만, 중현은 이를 세친(經主, sūtrakāra) 자신의 해석으로 전하고 서138 앞서의 상좌의 수면설을 '경량부'라는 이름으로 비판하고 있다. (주 145, 146 참조) 이는 곧 세친이 '수면=번뇌종자'설을 상좌(경량부)의 '수면=번뇌수계'설에 따라 이해하였음을 의미한다. 상좌의 수면설은 앞서 단락지은 것처럼 주제에 따라 네 가지로 정리될 수 있는데, 『구사론』 상의 경량부(또는 세친) 설 또한 이와 결부시켜 논의하는 것이 가능하다.

첫째, 隨眠(anuśaya)은 현행의 번뇌인 纏(paryavsthāna)과 다른 것이다. 이는 [자신의 相續(6처) 중에서] 항상 잠자는 상태로 隨逐하고 있는 번뇌의 '원인적 존재(hetubhāva: 因性)' 즉 번뇌의 隨界이다. 상좌는 앞서 유정의 相續이 [선·불선 등의 다양한 현실로] 展轉하는 데 능히 원인적 존재가 되는

---

137 『구사론』권19(T29, 99a1-9), “然經部師所說最善. 經部於此所說如何? 彼說: 欲貪之隨眠義. 然隨眠體非心相應, 非不相應, 無別物故. 煩惱睡位說名隨眠, 於覺位中卽名纏故. 何名爲睡? 謂不現行種子隨逐. 何名爲覺? 謂諸煩惱現起纏心. 何等名爲煩惱種子? 謂自體上差別功能, 從煩惱生能生煩惱. 如念種子是證智生, 能生當念功能差別. 又如芽等有前果生, 能生後果功能差別.”; AKBh., p.278. 17-22, evaṃ tu sādhu yathā sautrāntikānām. kathaṃ ca sautrāntikānām. kāmarāgasyānuśayaḥ kāmarāgānuśaya iti. na cānuśayaḥ samprayukto na viprayuktas tasyādravyāntaratvāt. prasupto hi kleśo 'nuśaya ucyate. prabuddhaḥ paryavasthānam. kā ca tasya prasuptiḥ. asaṃmukhībhūtasya bījabhāvānubandhaḥ. kaḥ prabodhaḥ. saṃmukhībhāvaḥ. ko 'yaṃ bījabhāvo nāma. ātmabhāvasya kleśajā kleśotpādanaśaktiḥ. yathānubhavajñānajā smṛtyutpādanaśaktir yathā cāṅkurādīnāṃ śāliphalajā śāliphalotpādanaśaktir iti.; 小谷信千代·本庄良文(2007), 『俱舍論の原典硏究 隨眠品』, p.8 참조.

138 『순정리론』권45(T29, 596c24-597a2), “經主於此作是釋言.－.”『아비달마디파』에서 이는 俱舍論主 세친이 인용한 譬喩者의 학설로 논설되고 있다. ADV., pp.222. 3-223. 1, "evaṃ tu sādhu yathā dārṣṭāntikānām" iti kośakāraḥ. kathaṃ ca dārṣṭāntikānām?－. 三友健容(2009), pp.547f 참조

것을 舊隨界라 하였고(주2), "[업과 번뇌 등의] 法 자체는 비록 劫을 거치며 소멸하였을지라도 自相續을 통해 展轉을 거듭하며 여전히 [유위제법의] 원인적 존재가 된다"고도 하였다. (주59) 세친 역시 隨眠을 번뇌가 잠자고 있는 상태, 다시 말해 현행하지 않고 종자의 상태(bījabhāva: 種子性)로 隨逐하는 것이라고 하였다. 그는 6因의 取果·與果에 대해 논의하면서 "[원인이 결과를 취한다고 함은] 능히 그것(결과)에 대해 종자의 상태(種子性)가 되는 것"이라 하였는데,[139] 稱友는 이 논설을 경량부 설로 돌리고 여기서의 '종자의 상태'를 [결과에 대한] 원인적 상태/존재(hetubhāva: 因性)로 해설하였다.[140]

隨眠과 纏은 말하자면 종자와 현행의 관계로, 상좌는 필경 번뇌를 이같이 이해하여 수면(=번뇌수계)은 무루지에 의해 끊어진다고 주장함에 따라, 유부가 16心(4諦의 法智忍과 法智, 類智忍과 類智) 現觀을 설한 데 반해 8心(4諦의 法智와 類智) 現觀을 설하게 되었을 것이다. 즉 그는 苦法智忍 내지 道類智忍 등 無漏定에 의한 4諦의 인가(kṣānti: 忍)는 원만(완전)하고도 결정적인 지혜가 아니기 때문에 번뇌와 번뇌수계를 끊지 못한다고 주장하였기 때문이다. "苦法智를 일으킬 때를 예류과의 初心(첫 찰나)이라 하니, 이때 바로 3結(有身見·戒禁取·疑)을 단박에 끊고 이것의 舊隨界도 영원히 끊을 수 있기 때문이다."[141]

둘째, 상좌는 '수면=번뇌수계'라는 주장의 경전적 근거로 각기 욕탐수면과 욕탐전만을 설하고 있는 두 경설과 두 가지를 함께 설하고 있는 경설 — "出離의 방편을 尋求하여 如實히 알게 되면, 그들은 이에 따라 欲貪纏을 능히

---

139 AKBh., p.97. 6-7.; 『구사론』권6(T29, 36a6-7). 원문은 본서 제9장 주94 참조.

140 AKVy., p.230. 21f. 兵藤一夫(1980), 「倶舍論に見える說一切有部と經量部の異熟說」, p.71 참조. 보광 역시 "여기서 종자는 能生의 뜻으로 원인은 결과를 낳는 공능(生果之能)을 갖기 때문에 取果"라고 해설하였다. (T41, 132b10f)

141 『순정리론』권62(T29, 684b20-24), "此聖定忍, 有何爲障? 雖已現行而未斷惑, 智未滿故, 未決定故. 次起苦法智, 名預流初心, 爾時便能頓斷三結, 能永斷彼舊隨界故. 從此引生苦類智等, 是故現觀定有八心."

바로 제거하고, 아울러 [欲貪]隨眠도 끊게 된다.”ㅡ 을 제시하여 纏과 隨眠의
차별성을 부각시켰다.

혼조 요시후미(本庄良文)에 의하면 상좌가 제시한 경증은 『중아함』 제
205 「五下分結經」(=MN. 64)인데,[142] 세친은 이 경설을 ‘수면=욕탐(현행번뇌)’
이라는 유부 학설의 비판논거로 제시하였다.[143] 유부에서는 여기서의 ‘[욕
탐]수면’을 욕탐의 隨縛(anubandha), 즉 욕탐과 상응하는 법이나 소연의 속
박으로 이해하였다. 혹은 앞서 상좌가 舊隨界의 경전적 근거로 제시한 ‘隨俱
行의 선근’을 선근의 得(生得善)으로 이해하였듯이(주22) 이 또한 ‘욕탐의
得(prāpti)’으로 이해하였다.[144] (물론 이때 隨眠은 ‘隨逐’이나 ‘隨縛’의 뜻으로
해석된다. 본 장 주31 참조) 이에 따르면 “욕탐纏을 능히 바로 제거할 때
그것의 得도 함께 끊어진다”는 것이다.

그러나 비유자/경량부도, 세친도 ‘得’의 실재성을 인정하지 않는다. 그
들은 유부처럼 번뇌의 得이 소멸할 때가 아니라 다만 성자의 소의신 중에
번뇌를 낳을 만한 功能이 존재하지 않는 상태나 世俗道에 의해 번뇌종자가

---

[142] 本庄良文(1982), 「シャマタデーヴァの倶舍論註-隨眠品-」, pp.20-22. P. S. Jaini(1959: 240 주3)
도 『아비달마디파』에 인용된 이 경설(주143)에 대해 *Majjhima-nikāya*, sutta 64와 *Aṅguttara-nikāya*,
III, p.233 참조하라고 하였다. 참고로 현존 『중아함』 제205경에서는 “어린아이의 경우
欲想의 속박은 없지만 [잠재성향으로] 欲使는 갖으며(T1, 778c26f), 어떤 이는 欲에 속박되
어 欲心이 생겨났지만 참답게 버릴 줄 모르며(동 779a16f), 어떤 이는 欲에 속박되지 않고
만약 欲纏이 생겨나면 참답게 버릴 줄 알아 참답게 버리고 나면 그의 欲纏은 바로 소멸
한다.” (동 779b13-15)는 정도로 논설된다.

[143] 『구사론』권19(T29, 98c13-16), “若欲貪體是隨眠, 便違契經. 如契經說. ‘若有一類, 非於多時, 爲欲
貪纏纏心而住. 設心暫爾起欲貪纏, 尋如實知出離方便, 彼由此故, 於欲貪纏能正遣除, 幷隨眠斷.”:
AKBh., p.278. 1-4. kāmarāga evānuśayaś cet sūtravirodhaḥ. “ihaikatyo na kāmarāgaparyavasthitena
cetasā bahulaṃ viharati / utpannasya kāmarāgaparyavasthānasyottare niḥsaraṇaṃ yathābhūtaṃ
prajānāti. tasya tat kāmarāgaparyavasthānaṃ sthāmaśaḥ samyak susamavahataṃ sānuśayaṃ
prahīyata” iti. 이 경설은 『아비달마디파』에서도 역시 탐 등이 바로 수면이라 할 때 제기
되는 문제로 논설된다. (ADV., p.221. 1ff; P. S. Jaini, The Sautrāntika Theory of Bīja, p.240)

[144] 『구사론』권19(T29, 98c19-21), “無違經失. 幷隨眠者, --(중략)-- 或經於得, 假說隨眠. 如火等中,
立苦等想.”; nāsti virodhaḥ -- aupacāriko vā sūtre 'nuśayaśabdaḥ prāptau. yathā duḥkho 'gnir iti.(경
에서 말한 ‘隨眠’은 ‘得’이라는 의미의 방편설 aupacārika이니, 불은 괴로운 것이라고 하는
것과 같다.) (AKBh. p.278. 6-7)

손상된 상태를 번뇌의 '斷'이라 하였고, 이와 반대되는 상태를 '未斷'이라 하였다. (본 장 1-2-2; 제2장 3-3-1 참조) 『순정리론』 상에서 '得'을 비판하는 상좌의 말은 직접 인용되고 있지 않지만, 그의 '수면=번뇌수계'설에서 언급되고 있다. "만약 ["아울러 欲貪隨眠도 끊게 된다"는 경설에서의] '수면'이라는 말이 번뇌의 得(prāpti)을 가리킨 것이라면, 이는 올바른 이치가 아니니, 일찍이 [계경에서 그 같은 사실을] 설한 적이 없기 때문이며, 또한 이미 '得'이라는 법이 별도로 존재한다는 사실에 대해 비판하였기 때문이다." 참고로 중현은 유부 得論의 비판논거로 제시된 세친의 종자설에 대해 '비유자'라는 이름으로 비판하였다. (주126)

한편 중현은 상좌의 '수면=번뇌수계'설에 대해 "경량부의 경우 이러한 隨眠性(즉 번뇌수계)은 [실체가 아니기 때문에] '끊을 수 있는 존재'라고 결정적으로 밝힐 수 없을"145 뿐만 아니라 "경에서 '아울러 [욕탐]수면도 끊게 된다'고 설한 것은 수면이 心相應法이기 때문으로 (이때 隨眠은 '微細'나 '隨增'의 뜻으로 해석된다. 본 장 주31 참조), [경량부에 의하는 한] 과거·미래는 존재하지 않기 때문에, 수면은 끊어질 수 있는 것이 아니기 때문에 — 그들에 의하면 '끊어짐(斷)'이란 纏(현행의 번뇌)이 후시에 [더 이상] 생겨나지 않는 것—, 나아가 '아울러 끊게 된다'는 말은 纏과 隨眠이 동시에 끊어짐을 나타내기 때문에 경량부에서는 이 경설을 주장의 논거로 삼을 수 없다"고 비판한다.146 유부의 입장에서 볼 때, 수면이 번뇌의 隨界라면 이는 개별적 실체가 아니기 때문에 '[纏과] 함께 끊어진다'고 말할 수도 없을뿐더러 실체가 아니라면 허공에 핀 환상의 꽃(空花)를 꺾을 수 없고 토끼 뿔(兎角)을

---

145 『순정리론』권45(T29, 597c21-22), "非經部師能定顯示, '此隨眠性, 是有可斷.'" 비판의 전후맥락은 본 장 주43 참조.

146 『순정리론』권45(T29, 598a6-9), "非經部宗, 經有斷義, 心相應故; 去來無故; 非隨眠斷故, 纏後不生名斷, 經說'幷斷'言, 顯二俱時斷故."

자를 수 없듯이 수면 자체도 끊어지는 일이 없을 것이기 때문이다.[147]

중현의 이러한 비판논거는 세친이 전한 경량부 수면설에도 적용될 수 있다. 그들 역시 과거법이나 得의 실재성을 부정하였을 뿐만 아니라 택멸(열반)을 "이미 일어난 수면과 생이 소멸한 상태에서 간택력에 의해 또 다른 [수면과 생]이 더 이상 생겨나지 않는 것"으로 정의하였고(제2장 주112), 종자 역시 개별적 실체가 아니라고 주장하였기 때문이다.

셋째, 수면 즉 번뇌수계의 본질(svabhāva: 體)은 그것의 현행인 번뇌이다. 욕탐수면의 경우, 이는 선행한 욕탐에 의해 생겨나 능히 이후의 욕탐을 낳는 원인적 존재(因性)로서의 힘(功能性)이다. 중현이 전한 바, 상좌는 번뇌종자(惑種)를 "유정의 相續 중에 존재하는 [선행한] 번뇌에 의해 인기된 힘(功能)으로 [당래] 번뇌의 能生因이 되는 것"[148]이라 정의하였다. 이러한 힘은 실체가 아니기 때문에 그 자체에 대해서는 말할 수 없다. 그래서 상좌는 그것의 현행(욕탐수면의 경우 욕탐)을 본질로 간주한 것이다. 혹은 수면 일반(염오의 心法인 번뇌일반의 수계)이라면 그것이 의탁 隨逐하는 마음 내지 상호 불가분의 관계인 심·심소의 無色의 4蘊을 본질로 한다고 말할 수 있다.

나아가 상좌에 의하면 무색의 4온은 색온과 불가분의 관계이기 때문에, 이를테면 무색의 4온은 유정의 相續(즉 有情身)을 順成시키는 원인이기 때문에 ㅡ그래서 '名(nāma)'이라 말한 것이다[149]ㅡ, 혹은 名과 色은 서로에 근거하여 展轉상속하기 때문에,[150] 또한 그에게 있어 等無間緣은 전 찰나의

---

147 『순정리론』권45(T29, 597c19f), "非無實體法, 可與有俱斷."; (598a14-15), "彼隨眠體亦無斷義, 無別物故, 如空花等."

148 『순정리론』권68(T29, 712c24-26), "謂如彼所計, 於相續中, 惑所引功能, 方名惑種, 此與煩惱爲能生因." 이는 중현이 세친과 어떤 부류(一類: 경량부)의 '阿羅漢果 無退論'을 비판하는 중에 異生의 상속 중에 존재한다는 무루종자에 대해 비판하면서 인용한 것이다.

149 『순정리론』권29(T29, 502c26-28), "上座意: 謂順成彼彼有情相續, 故說爲名. 是能爲因, 順成彼義."; (동 503b10), "四蘊名名. 成有情身."

150 『순정리론』권29(T29, 503b2-3), "謂許名色展轉相依, --."

色心이기 때문에(제9장 주64 참조), 수계일반의 소의는 명색(5온) 혹은 6처이다. 이에 따라 상좌는 舊隨界를 업과 번뇌가 훈습된 6처라고 하였고, 세친은 종자를 展轉과 隣近의 공능을 지닌 名色이라 하였다. 세친이 전한 경량부 또한 수면(=번뇌종자)을 번뇌로부터 생겨나 능히 번뇌를 낳는 自體(ātmabhāva) 상의 功能이라 하였는데, 여기서 '자체'란 稱友나 普光에 따르면 공능을 保持하고 있는 유정의 소의신(āśraya)이나 色心이다.[151]

넷째, 따라서 번뇌수계인 수면은 심·심소법과는 별도의 실체가 아니라는 점에서 (혹은 4온을 본질로 한다는 점에서) 상응법이라 할 수 있지만, 당래 번뇌를 낳는 공능성으로 현행의 번뇌는 아니기 때문에 불상응법이라 할 수 있다. 그래서 상좌는 수면을 상응성이면서 역시 불상응성이라 하였다. 그렇지만 수면 자체는 개별적인 실체(dravyāntara)가 아니기 때문에 유부에서 주장하는 바와 같은 상응법도 아니지만 대중부에서 주장하는 바와 같은 불상응법도 아니다. 그래서 세친은 수면을 상응법도 아니며 불상응법도 아니라고 하였다.

이런 점에서 세친이 전한 경량부의 '수면=번뇌종자'설과 상좌의 '수면=번뇌수계'설은 완전히 동일한 것이다. 중현은 상좌 수면설에 대한 비판 또한 세친(經主)의 수면설에 대한 비판과 거의 동일하다고 말한다. (T29, 597c14) 세친은 '隨界'라는 말을 '種子'라는 말로 대체하여 이해하였지만, 중현의 말대로 이는 다만 言詞의 차이일 뿐이다. (주46, 108 참조) 전술한 대로 중현은 『구사론』상의 경량부의 '수면=번뇌종자'설을 세친(經主, sūtrakāra)의 해석으로 전하고, 상좌의 '수면=번뇌수계'설을 '경량부'라는 이름으로 비판하였다. 중현은 선대궤범사의 업과상속설에 대해서는 "그대들은 經部宗과 가까이하여 자신들의 보잘 것 없는 주장을 찬탄하며 聖敎를 더럽히고

---

151 AKVy., p.444. 9.; (T41, 292c5f).

있다”고 비난하였지만(주109), 여기서는 다음과 같은 간곡한 당부의 말로
‘수면=번뇌종자·수계’설 비판을 끝맺고 있다.

> 요컨대 저들 [經部宗에서 주장하는 바는 대부분 실체적으로 말할 수 있는
> 것이 아니다. [따라서] 불타의 말씀(佛敎)에 대해 올바른 이해를 구하고자
> 하는 이라면 이 같은 論師에게 학습해서도, 가까이 해서도 안 된다. 지혜
> 가 총명한 자라 할지라도 그의 論을 학습한다면, 지니고 있던 覺慧마저도
> 모두 다 점차 어두워지고 저열하게 되고 말 것이니, 그의 論에서 설해진
> 것은 대부분 확실하지 않기(不定) 때문이며, 앞뒤의 뜻과 말이 서로 모순
> 되기 때문이며, 힐난을 감당할 만한 것이 아니기 때문이며, 聖敎에 어긋나
> 기 때문이다.152

여기서 ‘이 같은 論師’가 상좌 슈리라타임은 두말할 나위도 없으며, ‘그
의 論’이 상좌의 저술로 전하는 『經部毘婆沙(*Sautrāntikavibhāṣā)』일 것이라는
추측도 가능하다.153 이 같은 여러 사실로 볼 때 세친 (또는 세친이 전한 경량
부)의 종자설은 상좌의 隨界 또는 舊隨界설에서 연유한 것이라 할 수 있다.

그렇다면 세친은 왜 ‘수계’라는 말을 피하고 다만 인연(hetupratyaya)의
비유적 개념인 ‘종자’라는 말을 사용한 것일까?154 세친뿐만 아니라 중현과

---

152 『순정리론』권45(T29, 598b9-13), “以要言之, 彼宗所執, 多分無有實體可記. 欲於佛敎求正解者,
　　不應習近如是論師. 以聰慧人習彼論者, 所有覺慧, 皆漸昧劣. 彼論所說, 多不定故; 前後義文, 互相
　　違故; 不任詰故; 越聖敎故.”

153 『經部毘婆沙』에 대해서는 권오민, 『상좌 슈리라타와 경량부』, pp.203-214 참조.

154 하라다 와소(原田和宗, 1996: 154 주22)는 세친이 ‘最善說’이라 하여 분명하게 지지를 표명
　　한 경량부의 수면종자설(隨眠睡位·纏覺位說: T29, 99a1-7)을 『유가론』「섭결택분」(T30,
　　623a22-24)과 「본지분」(314b25-27), 「섭사분」(802b9-10)에서 확인하고서 이같이 말하고 있
　　다. “세친은 수면의 정의문제에 관한 한 그 자신의 種子相續理論·相續轉變差別學說과 구
　　조상의 유사성을 지녔음에도 불구하고 슈리라타의 隨界(anudhātu)學說을 완전히 무시하
　　고 돌아보지 않은 것은 슈리라타의 그것이 『유가론』(「聲聞地」 이래)의 界(dhātu)와 同義
　　인 종자이론(cf. 山部能宣, 1987; 1989) ―‘종자’라고 하는 명칭의 사용을 꺼려 하였지만―

마찬가지로 『구사론』을 비판한 디파카라(Dīpakāra)(『아비달마디파』의 작자)도, 『구사론』의 인도와 중국의 제 주석가도, 혹은 상좌/경량부 학설을 비판한 유가행파의 諸論에서도, 이를 주석한 동아시아의 法相教家도 수계나 구수계라는 말을 철저히 외면하고 있다. 그 까닭이 무엇일까? 이는 또 다른 숙제이다.

5. 수계·종자의 소의처

1) 色心相續

種種法이 훈습하여 성취된 隨界·종자는 개별적 실체(artha-, dravya-antara)가 아니라 다만 功能性(*śaktibhāva)이기 때문에 그 자체 단독으로는 존재할 수도, 결과를 낳을 수도 없거니와 그 자체 말할 수 있는 것도 아니다. 따라서 이는 이것이 의탁하고 있고 이를 보지하고 있는 유정의 所依身(āsraya), 유정의 相續(saṃtati)에 근거하여 가설될 수밖에 없다. 종자는 그것이 색법의 종자든 심법의 종자든, 선법종자든 번뇌종자든, 혹은 유루의 종자든 무루의 종자든 所依處를 갖지 않으면 안 된다.

이에 상좌는 舊隨界를 '업과 번뇌가 훈습된, 그리하여 鄰近과 展轉의 功能을 지닌 6處'로 가설하였고, 세친은 種子를 '展轉과 隣近의 功能을 지닌 名色(=5온)'으로, 선대궤범사는 '思가 훈습된 相續'으로 규정하였다. 또한 번뇌의 수계·종자인 隨眠에 대해서도 상좌는 '욕탐 등의 현행에 따른 공능성',

<hr>

을 盜用한 것임을 간파하였기 때문이 아니었을까." 세친이 상좌학설을 완전히 무시하고 돌아보지 않았음에도 중현이 "그와 가까이하지 말고 그의 論을 학습하지 말라'고 훈계하였을 것인가? 하라다는 경량부 전승에 관한 현장 역 『순정리론』을 전폭적으로 신뢰할 수 없을뿐더러 중현 역시 확실히 '예리한 비판적 고찰력'을 갖추었지만, 결코 오해없이 적대학설(즉 경량부 설)을 재현하지도 비판하지도 못하였다고 평가한다. 이에 대해서는 권오민(2012), pp.447-460 참조.

혹은 '이 같은 공능성을 보지한 無色의 4온(심·심소)'으로, 세친이 전한 경량부에서는 '당래 번뇌를 낳는 [色心] 自體(ātmabhāva) 상의 공능'으로 설명하고 있다. 혹은 상좌와 세친은 無漏定에서의 正語 또한 阿世耶(āśaya: 意樂)와 이것이 依止 隨逐하는 심·심소로 해석하기도 하였다.

'수계·종자=공능성, 혹은 이를 보지한 6處·名色'이라는 논의의 구도는 유가행파의 종자설에도 그대로 적용된다. 거칠게 略說하면, 유가행파에서 유정이 경험하는 일체 현실(現行)의 因緣은 종자이며(본 장 주1), 종자는 상좌와 마찬가지로 번뇌와 수번뇌가 훈습하여 생겨난 것으로(주52), 직접적으로 자신의 결과를 낳는 특수한 공능(功能差別)이다. (T31, 8a5f) 그들 또한 이러한 종자가 적집된 곳을 마음(citta)이라 하였고(주51), 이때 마음은 차별적이고 단속적인 現行心과 달리 언제 어디서 존재하는 마음(異熟識)이 되어야 하기 때문에 別體의 마음을 설정하여 알라야識이라 하였다. 알라야식은 말하자면 종자가 훈습된 곳(所熏)이다. 종자는 本識을 떠나 별도로 존재하는 것이 아니기 때문에 一切種子識(sarvabījakaṃ vijñānaṃ)이 바로 종자이다. 그렇지만 여기서 '種子－識'이라는 복합어는 '종자를 지닌 識'(=依主釋)이라는 의미가 아니라 '識 중에 존재하는(隨逐하는) 종자'(=持業釋) 즉 '제8식을 본질로 하는 종자'라는 의미이다.155

이미 논설하였듯이 상좌나 세친의 경우 또한 수계·종자는 간섭석으로

---

155 이상의 논의는 『성유식론』권7(T31, 40a3-10)에 정리되고 있다. "一切種識, 謂本識中, 能生自果功能差別. --(중략)-- 此識爲體故立識名. 種離本識, 無別性故. 種識二言, 簡非種識, 有識非種, 種非識故. 又'種識'言, 顯識中種, 非持種識.: '一切種子識'이란 이를테면 根本識 중의 자신의 결과를 낳는 功能의 差別을 말한다. (cf. '此中何法名爲種子? 謂本識中, 親生自果功能差別.': T31, 8a5f) --(중략)-- 즉 이러한 [일체종자]는 識을 본질로 삼기 때문에 '識'이라는 말로 설정하였으니, 종자는 本識을 떠나 별도의 자성을 갖지 않기 때문이다. '種子－識'이라는 두 말은 '종자－식'이 아닌 것과 簡別되니, 識이지만 종자가 아닌 것(예컨대 6식 등)도 있고, 종자이지만 식이 아닌 것(예컨대 곡물 등)도 있기 때문이다. 또한 '種子識'이라는 말은 '識 중의 종자'라는 의미를 나타내는 것으로, '종자를 지닌 識'의 의미를 나타낸 것이 아니다."

직접적으로 자신의 결과를 낳는 공능(展轉·鄰近功能)으로, 그 자체로서는 존재할 수 없기 때문에 (所依를 떠나 별도의 자성을 갖지 않기 때문에) 6처·명색을 수계·종자라고 하였고 이 같은 현행(隨眠의 경우 무색의 4온)을 본질로 한다고 하였다.

그런데 효도 가즈오(兵藤一夫)는 종자를 이같이 공능(śakti 혹은 sāmartha)으로 이해한 것은 稱友와 중현, 그리고 현장 역 『구사론』에서라고 말한다. 즉 세친 자신은 종자(bīja)와 종자성(bījabhāva)을 구별하여 종자는 '결과산출의 공능을 지닌 名色' 즉 실재물인 소의신(心과 有根身으로 구성된 유정의 존재 자체)으로, 종자성은 '소의신에 존재하는 공능'으로 분별하였지만, 칭우의 종자설이나 중현이 비판한 종자설에서는 이 같은 구별을 무시하고서 "종자는 실체가 아니라 功能(능력)이며, 이러한 종자를 有情身(통일체로서의 色心相續)이 보지하는 것"이라 생각하였다는 것이다.[156]

그렇다면 칭우는 왜 궤범사(ācārya) 세친의 생각을 무시하고 종자를 다만 공능으로 이해하였던 것일까? 효도 가즈오는 이에 대해 어떠한 언급도 하지 않는다. 그는 다만 "앞의 두 이해는 유정의 相續이 결과를 낳는 功能을 保持한다고 하는 점에서는 일치하지만, 種子性이라는 말이 『구사론』 이외에는 사용되지 않는다는 점으로 볼 때, 세친이 『구사론』에서 설한 종자설은 '종자란 [결과 산출의] 공능을 지닌 실재물(소의신)'이라는 세친 자신의 생각과 '종자는 결과를 낳는 공능으로 실체가 아니며, 이러한 종자를 色心의 상속이 보지한다'는 경량부의 생각이 조화된 것"이라 논의하고 있다. 그는 곧 세친이 이러한 두 생각을 조화시키기 위해 '종자성'이라는 말을 사용하였을 것이라 추측하였다.[157]

---

156 兵藤一夫(1980), 「倶舍論に見える說一切有部と經量部の異熟說」, pp.67-73.
157 兵藤一夫(1980), pp.74-75.

카토 준쇼(加藤純章)는 이를 [불교학의] 커다란 발견으로 추켜세우고서 "세친에게 있어 bījabhāva(종자성)란 과거 선법이나 번뇌 등 개개의 법이 心相續에 훈습한 것, bīja(종자)는 이러한 心相續과 신체(身相續)를 합친 nāmarūpa(名色) 그것"이라 부연 해설하였다.[158] 그렇다면 세친이 種子性(=공능)이 훈습된 心相續에 굳이 신체를 더하여 이를 種子(=인연)로 규정한 이유는 무엇인가? 중현이 제기한 종자(能生의 因緣)의 실체성의 문제 때문인가? 효도 역시 [경량부의] 種子는 能力으로 實體가 아니지만, 바수반두(세친)의 種子는 「能力을 지닌 名色」이라는 實在物임을 강조하였다. 그렇다면 필자는 여기서 중현이 제기한 물음을 되풀이하지 않을 수 없다. "名色(즉 5온)이 종자라면, 색이 어떻게 선·불선 등의 제법을 낳는다는 것인가?" (주114 참조)

업과 번뇌와 같은 種種法이 유정의 상속에 훈습된 것이 界(dhātu) 혹은 種子(bīja)라는 것은 경량부와 유가행파의 공통된 이해였다. 상좌도 무착도 이에 따라 마음(citta: 心)을 '淨·不淨의 諸界가 쌓인 것'으로 이해하였고(주 16, 51 참조) 이에 기초하여 자신들의 수계설과 종자설을 정립하였다. 세친 또한 "水聚 중에 [火 등의 대종은] 실체(svarūpa)로서 존재하는 것이 아니라 種子(bīja)로서 존재한다"는 有餘師(경량부)의 설(주14 참조)에서의 '종자'를 실체 즉 명색이나 5온으로 간주하지 않았고, 칭우는 이에 따라 이를 능력(śakti)이나 공능(sāmarthya)의 뜻으로 해설하였던 것이다.[159] 효도 가즈오는 단편으로 언급된 『구사론』 상의 종자설을 문자적으로만 이해하였을 뿐, 이를 세친의 종자설과 관련된 諸論에서의 諸說, 이를테면 『순정리론』이나 『유가론』『섭대승론』『성유식론』과 그 주석서 상에서의 경량부와 상좌부(상좌일파)의 종자설을 통해 해석해보려 하지 않았다. 더욱이 '종자성

---

158 加藤純章(1989), 『經量部の研究』, p.259.

159 AKVy., p.125, 6-7. *bījataḥ śaktitaḥ sāmarthyataḥ ity arthaḥ.*

(bījabhāva)'이라는 말이 『구사론』에만 나타나는 것도 아닐뿐더러 그것이 단지 '소의신 상에 존재하는 공능'의 의미로만 사용된 것도 아니었다.[160]

나아가 그는 "『구사론』(세친)의 종자설에서는 色心의 相續인 유정신 전체를 '종자'로 간주하였기 때문에 色과 心이 각기 별도의 종자 계통에 기초한다는 명백한 의식은 아직 나타나지 않았을 것"으로 추측하기도 하였고, 色心互熏說을 이러한 사유방식의 연장으로 이해할 수 있다고도 하였다.[161]

효도 가즈오에 의하는 한 세친의 종자설과 경량부의 종자설은 구별된다고 하지 않으면 안 된다. 그는 경량부가 누구인지 특정하지 않았지만, ㅡ 다만 전통설에 따라 『구사론』은 세친이 경량부의 입장에서 유부의 체계를 비판하면서 저술한 것이라 하였다.(1980: 59) ㅡ 『순정리론』에서 세친 (혹은 『구사론』 상의 경량부 또는 선대궤범사)의 종자설과 함께 논설된 상좌 슈

---

160 예컨대 중현은 세친의 '名色=종자'설에 대해 "5온(名色)을 어찌 種子性(bījabhāva)이라 주장하는 것인가? 5온이 제법의 生因이라면 5온 전체가 그러한 것인가, 개별적인 각각의 5온이 그러한 것인가"라고 힐문하였고, 세친은 "天愛는 種子性을 이해하지 못하였다. [나는] 前法으로 인해 후 찰나 마음에 생겨난 특수한 功能(śakti-viśeṣa)을 '종자'라고 하였다"고 하여 종자와 종자성을 구별하지 않고 있다. (주114, 116 참조) 또한 중현은 異生의 상속 중에도 무루종자가 존재한다는 이설(경량부 설)에 대해 "바야흐로 이생의 심·심소는 [일찍이] 무루[행]에 의해 인기된(훈습된) 功能을 갖지 않을 뿐만 아니라 그것은 예컨대 번뇌 등의 種子性이기 때문에 무루법의 種子性이 될 수 있는 것도 아니"라고 비판하였는데("且非異生心及心所, 與無漏法爲種子性. 未有無漏所引功能, 如煩惱等種子性故.": T29, 712c23-24), 여기서의 '종자성' 또한 문맥 상 '공능'이 아닌 종자일반을 의미한다. 한편 『유가사지론』에서 알라야식 존재증명의 네 번째는 '有種子性證'이었고 ("6識身은 [인과상속의] 展轉이 다르기 때문에 만약 알라야식이 존재하지 않는다면 種子性이 존재한다는 것은 불합리하다.": 본서 제13장 2-3 참조), 『섭대승론』의 알라야식 존재증명 제9 出世間清淨證에서는 聞熏習을 알라야식을 대치하는 種子性, 出世間心의 種子性이라 하였지만 (T31, 136c11; 16), 이 또한 '種子'와 차별적인 의미로 사용된 것은 아니다. K. L. Dhammajoti (2011, p.40)는, "그 같은 종자를 갖는 상태가 바로 그러한 '種子性'"(tad-bījasya bhāvas tad-bījabhāvaḥ: AKVy. p.147. 19)이라는 稱友의 말에 따라 種子(bīja)는 단순명사, 種子性(bījabhāva)는 추상명사 정도로 이해하여 두 말은 교체 사용할 수 있다고 하였다. 참고로 중현은 세친과 상좌의 종자·수계설을 인용 비판하면서 種子性(bījabhāva) 뿐만 아니라 因性 (hetubhāva), 功能性, 隨眠性(이상 주136 참조), 혹은 因緣性(hetupratyayatā)(주2), 五蘊性(주53), 病性(T29, 597b7)이라는 술어도 언급하지만, 이것이 因(hetu) 등과 차별되는 의미라고는 생각되지 않는다. 因緣性과 病性의 '性'은 문맥 상 種類(jāti) 즉 일반성을 의미한다.

161 兵藤一夫(1980), p.73; p.87 주15.

리라타의 경량부/비유자의 수계·종자설에 대해서는 일체 고려하지 않았다. 이미 살펴본 대로 그들의 수계·종자설과 세친의 종자설은 다른 것이 아니다. 그러나 그들의 수계·종자설은 滅定有心說을 전제로 하기 때문에 滅定無心說에 근거한 선대궤범사의 색심호훈설과는 계통을 달리한다. 그리고 중현에 따르면 세친 역시 滅定有心說을 주장하였다. (제11장 주40 참조)

상좌 슈리라타의 수계·종자설에서 色心은 각기 별도의 종자 계통에 기초한다. 앞서 논설한 대로 그에게 있어 수계는 업과 번뇌가 훈습된 6處였지만, 이때 6처가 효도가 말한 바와 같은 통일체로서의 유정신은 아니었다. 그는 色心을 별도의 상속체계로 이해하였기 때문이다. 그의 찰나멸론에 따르는 한 6처의 生因은 전 찰나의 6처(정확히 말하면 '업과 번뇌가 훈습된 6처')이다. 상좌는 이른바 等無間緣으로도 일컬어진 전 찰나의 법을 유위제법의 종자(즉 因性, hetubhāva)로 이해하였다. 유부의 경우 등무간연은 다만 心法에 한정될뿐더러 能作因에 포함되는 간접 원인(즉 不障法)이었지만, 상좌에 있어 그것은 전 찰나의 色心(말하자면 有色處와 意處)으로, 여기에는 각기 色心의 種種界가 잠재 隨逐한다.

상좌는 一心 중에 다수의 界가 훈습하고 있듯이(주18 참조), 色聚 중에도 무량의 색법이 界(즉 종자)로서 존재한다고 주장하였고(제9장 주56 참조), 『구사론』에서 有餘師(경량부)는 "木聚 중에 種種界가 존재한다"는 경설에 따라 "水聚 중에 [火 등의 대종은] 種子(bīja)로서 존재한다"고 주장하였다. (주14 참조) 따라서 6처 중 有色處에는 색법의 수계·종자(色界, rūpadhātu)가, 意處에는 심법의 수계·종자(心界, cittadhātu)가 수축하며, 이것이 후 찰나 色·心의 生因이 된다. 비유자가 멸정유심설을 주장하고 상좌의 제자 邏摩(Rāma)가 "意處는 멸진정 중에서도 소멸하지 않으며, [出定 후] 이에 따라 意識이 생겨난다"[162]고 해석한 것도 마음(意處)이 心隨界의 소의 훈습처였기 때문이었다.

---

[162] 『순정리론』권26(T29, 485c24-27).

이렇듯 상좌가 전 찰나 색심(=6처)을 현행의 因緣(=수계)이라 주장함에 따라 중현은 저들 隨界論者는 大師(불세존)께서 설하신 인연을 부정하였다 거나 인연과 등무간연의 차이도 무시하였다고 비판하였는데(제9장 주65-66 참조), 상좌일파에 의하는 한 수계·종자와 이것이 의탁하고 있는 색심의 所依는 별도의 실체가 아니기 때문이었다. 이는 곧 상좌가 수계·종자(제법 생인인 공능성)는 제법의 인연으로, 이것의 소의처인 색심은 등무간연으로 이해하였음을 의미한다. 유부와 마찬가지로 인연과 등무간연을 俱有法과 前生法으로 이해한 유가행파에서도 역시 전 찰나의 색심이 후 찰나 색심의 종자라고 주장한 경량부(眞諦 역 『섭대승론석』, 玄奘 역에서는 '譬喩部師')에 대해 등무간연과 증상연만 인정하고 인연은 부정하는 이들이라 비판하였 다. (제11장 주97 참조)

2) 心相續

이렇듯 상좌는 전 찰나의 색심이 후 찰나 색심의 등무간연이자 인연(= 수계·종자)이라 하였지만 — 전후찰나의 색심은 서로에 훈습(互熏)되는 것 이 아니라 다만 自類에 훈습되고 自類의 종자가 될 뿐이다 —, 색심의 상속 중에서 선·불선, 유루·무루 모두와 관계하는 心상속이 중시되었음은 두말 할 나위도 없다.[163] 중현은 선대궤범사가 복업증장설(주103)에서 말한 '思가 훈습된 相續'에서의 '상속'을 보다 구체적으로 '心相續(citta saṃtati)' 혹은 '一 心相續(*ekacitta saṃtati)'으로 전하고 있으며,[164] 칭우는 경량부의 '業果상속 설'(주127)에서의 '그것(업)이 선행함에 따라 비롯된 [상속](tatpūrvakāt)'을

---

163 참고로 譬喩論師와 그들의 上座는 "진실의 梵行은 모든 번뇌(諸漏)를 떠나 세간에 물들지 않으니, 독각과 세존은 自在하여 모든 번뇌를 떠났다"는 경설에 근거하여 非有情數와 성 자의 소의신(離過身中所有色)은 대중부와 마찬가지로 無漏라고 주장하였다. (T29, 331a27f; 331c27-332a1)

164 (T29, 541c24f).; (T29, 542a23).

'업이 선행함에 따라 비롯된 마음의 특수한 상속'으로 해설하였다.[165] 상좌의 舊隨界설과 선대궤범사의 相續의 轉變·差別설에 대한 중현의 일련의 비판은 一心과 여기에 훈습된 種種의 수계·종자의 관계에 대한 것이었다.

설일체유부의 사유에 의하는 한 一心(유부에 의하면 '일찰나의 마음')이 무량(種種)의 차별적 결과를 낳기 위해서는 음식이 향기와 화합하[여 '향기로운 음식'이 되]듯이 객관적인 무량(種種)의 法體와 화합해야 한다. 혹은 과거로 사라진(소멸한) 원인도 실체로서 존재한다고 해야 한다.[166] 따라서 그러한 무량의 차별적 원인은 一心 자체에 존재할 수 있는 것이 아니다. 존재한다면 그것은 一心이 아니다. 『순정리론』 상에는 이 같은 취지의 중현의 비판이 누누이 반복된다.

[隨界의 소의인] 一念(*ekakṣaṇa)의 一心(ekacitta) 자체는 어떠한 경우라도 더 이상 세분되는 일이 없는 [단일한] 것이거늘 어떻게 좋고, 좋지 않고, 양자 모두와 상위하는(좋지도 않고 좋지 않지도 않은) 결과를 낳을 수 있다는 것인가?[167]

선심이 현행하고 있는 상태에서도 불선심과 무기심의 界(dhātu)가 항상 隨逐하고 있다면, 이러한 界와 [現行의] 선심은 별도의 실체로서 존재하는 것이 아니거늘 어떠한 이치에서 이러한 界는 현행하지 않는다고 말하는 것인가? (주37)

만약 一心 중에 [선·불선 등] 다수의 品類의 心界(*cittadhātu)가 隨逐한다면,

---

165 AKVy., p.476. 16, *tat-pūrvakād* iti. karma-*pūrvakāt* citta-saṃtāna-viśeṣāt.

166 『순정리론』권35(T29, 542a21f), "或應許心, 如和香飮, 有無量體和合而生. 或應許因過去有體." 한글번역은 본 장 주105 참조.

167 "又於一念一心體中, 無有細分, 如何能牽愛及非愛俱相違果?" (T29, 441c4-5)

어떠한 이유에서 이러한 다수의 心隨界(*citta-anudhātu)로부터 後時에 다만 한 가지 품류의 마음만이 일어나게 되는지 말해보아야 한다. (주39)

一心 자체에 [染淨 등의] 種種[의 차별]이 존재할 수 있는 것이 아니다.[168]

一心 자체는 [鉢特摩(padma: 蓮花)의 종자가 뿌리−싹 등으로 상속하는 것처럼] 능히 [결과를 낳는 직간접의] 원인이 되어 이와 같은 [선·불선의] 分位가 차별되는 결과를 초래할 수 있는 것이 아니다.[169]

"[思業이 선행함에 따라 後後찰나의 마음이 생겨나는 것을 '相續'이라 말한다면(주104 참조)] 그대(선대궤범사)는 마땅히 一心의 相續과 동시에 無量의 心[法](즉 심소)이 함께 생겨난다는 사실도 인정해야 한다.[170]

"一心의 相續이 後後[찰나]에 각기 다르게 생겨나는 것을 '轉變'이라 하였다"(주104 참조)는 그(선대궤범사)의 말은 결정코 이치에 맞지 않는다. 예컨대 어떤 이가 福行(욕계 선업)을 짓고 무간(다음찰나)에 다시 非福行(욕계 불선업)을 지었을 경우, 이러한 두 가지 行은 바로 동일 종류(一類)로서 전변한 것이라고 해야 할 것인가, 다른 종류(異類)로서 전변한 것이라고 해야 할 것인가?[171]

상좌는 바야흐로 [심법]종자의 소의처로 一心을 제시하였다. "一心 (ekacitta)은 種種界(nānādhātu)를 갖추고 있다. 一心 중에 다수의 界(bahudhātu)

---

168 "非一心體, 可有種種." (T29, 542a6f). 본 장 주105 참조.
169 "非一心體可能爲因, 感得如斯分位別果." (T29, 542a13f) 본 장 주105 참조.
170 "故汝應許, '於一心相續同時, 便有無量心俱生.'" (T29, 542a20f)
171 "又彼所說, '一心相續 於後後位, 別別而生, 名爲轉變', 定不應理.--." (T29, 542a23f)

가 熏習(vāsanā)되고 있다. -- 마음 자체는 비록 단일할지라도 그 안에 수많은 界가 존재한다.” (주18)

카지야마 유이치(梶山雄一)는 種子·熏習論을 주장하는 한 이것의 소의처로서 일상의 의식과는 다른, 깊은 잠에 빠져있을 때나 멸진정이라는 무의식 상태의 요가에 들어가 있을 때라도 찰나멸하면서도 단절됨이 없이, 열반에 이를 때까지 존속하는, 아다나식(ādānavijñāna)·알라야식(ālayavijñāna)·異熟識 등의 이름으로도 불리는 심층의식(下意識)이 존재한다고 해야 하지만 경량부의 이숙식(알라야식)설은 『성업론』 이외에는 설명되지 않는다고 하였다.172 그렇지만 『순정리론』에서는 이렇듯 상좌의 종자식/이숙식에 대해 구체적으로 논의하고 있는 것이다.

상좌는 『잡아함』 「界相應」에서 말한 種種界(수계·종자)의 훈습처(bhāvanāsaṃniveśa: 주17)로서 一心, 즉 유가행파의 알라야식과 같은 성격의 ‘언제 어디서나 존재하는 무부무기의 동일種類의 마음(ekajātīyacitta: 一類心)’을 제시하였는데, 이에 대해서는 章을 바꾸어 논의하기로 한다.

6. 소 결

불교에서 세계를 해명하는 전형적인 방식은 ‘因緣和合’이다. 해서 불교 제 학파에서는 인연(hetu-pratyaya)의 해명에 주력한다. 설일체유부에서는 동시적이거나 이시(無間과 隔越)적 관계에 있는 개별적 실체로서의 일체 유위법 즉 三世諸行을 인연이라 하였고, 외계나 과거·미래법의 실재성을 부정하는 유가행파에서는 이를 근본식(알라야식) 중에 존재하는 種子(bīja)로 치환하였다.

---

172 梶山雄一(1983), 『佛教における存在と知識』, p.36.; 권오민 역, 『인도불교철학』, p.79.

이에 상좌 슈리라타는 舊隨界(pūrvānudhātu) 또는 隨界(anudhātu)라는 개념을 제시하였다. 그에게 있어 因緣性(hetupratyayatā, 인연일반)은 구수계로, 이는 유정의 소의신(6處 혹은 名色) 중에 존재한다. 상좌는 알라야식과 같은 현행식(6식)과는 別體의 마음을 인정하지 않았을 뿐만 아니라 외계의 실재성을 부정하지 않았기 때문이다. 구수계(또는 수계)는 상좌 특유의 개념으로 현존문헌에서는 중현의 『순정리론』에서만 언급된다. 해서 불교학에서 매우 생소한 개념이지만, 『구사론』상의 '相續의 轉變과 差別'의 종자설이나 유가행파의 알라야식 종자설과 밀접한 관련이 있다. 본 장에서는 舊隨界라는 개념일반과, 業果상속이나 隨眠의 상응·불상응의 문제와 관련하여 이것과 『구사론』상에 논설된 종자설의 관계에 대해 살펴보았다. 여기서 논의한 주요 내용을 정리하면 다음과 같다.

첫째, 舊隨界는 '種種法(citradharma)이 熏習하여 성취된 界(dhātu)'를 특성으로 한다. 불교학 전통에서 '界'는 유정의 상속을 구성하는 種類(gotra: 種族·種性), 所依(āśraya)·원인(hetu)·種子(bīja) 등의 의미로, 상좌는 유정의 상속이 선·불선, 유루·무루 등 온갖 다양한 현실로 展轉하게 하는 원인적 존재(hetubhāva: 因性)를 舊隨界라고 하였다. "[유정의] 현재 상속 중에는 舊隨界라는 雜染과 淸淨의 두 원인이 항상 함께 존재한다"는 상좌의 말은 『섭대승론』 등에서 알라야식의 첫 번째 경증으로 인용된 "無始이래 界(dhātu)는 일체법의 평등한 所依(āśraya)로, 諸趣로의 윤회도 열반의 증득도 이에 따른 것"이라는 『아비달마대승경』의 伽他를 바로 연상시킨다.

둘째, 舊隨界의 경전적 근거는 '隨俱行(anu-sahagataṃ, 또는 微俱行 aṇu-sahagataṃ)의 선근'이다. 근본아비달마에서 이는 下下品의 선근으로, 비록 선법이 은몰하고 악법이 출현하였을지라도 선근의 同類因이 될 수 있는 生得의 선근인데, 상좌는 이를 일체 선근의 씨앗, 원인으로 이해하여 '선근의 隨界'라고 하였다. 隨眠(anuśaya) 역시 유부에서 현행의 번뇌(纏)에 대한 미세한 근본번뇌나 번뇌의 得(prāpti)으로 이해한 데 대해 상좌는 '번뇌의 隨界'로 간주하였다. 이렇듯 유부의 得과 경량부의 隨界·種子는 서로 대응하는 개념이다.

셋째, 隨界는 隨俱行의 선근이 그러하듯 '유정의 상속 중에 [훈습되어] 항상 隨逐(anugata)하고 있는 界(=종자)'라는 뜻으로, anudhātu의 역어일 것이다. 그리고 인과同時를 부정하는 경량부에 있어 제법의 生因은 前生法이기 때문에 수계를 '舊(*pūrva: 前)'라는 말로 한정하여 '舊隨界'라고 호칭하였을 것이다. 따라서 舊隨界와 隨界는 사실상 동일한 의미의 말이며, 실제 혼용되고 있다.

넷째, 隨界는 유정신에 훈습된 功能(samartha 혹은 śakti)이다. 공능에는 유정의 상속을 展轉하게 (연속적으로 이어지게) 하는 展轉(pāraṃpara)공능과 無間에 바로 결과를 낳게 하는 隣近(sākṣāt)공능이 있다. 이는 말하자면 결과를 초래하는 간접적이고도 직접적인 힘이라 할 수 있다. 상좌/비유자가 이같이 생각한 것은 예컨대 씨앗(bīja: 種子)이 뿌리-싹-줄기-잎 등으로 연속적으로 이어지다 마침내 꽃에서 [이전 상속과 차별되는] 열매(phala: 果)가 생겨나듯이, 유정의 상속 또한 그러한 것으로 이해하였기 때문이다. 이에 따라 그들은 隨界를 種子에 비유하였고, 세친 (혹은 세친이 전한 '경량부')은 이러한 공능이 실현되는 과정을 '相續의 轉變과 差別(saṃtati-pariṇāma-viśeṣa)'이라는 술어로 규정하였다.

다섯째, 상좌는 業果의 상속을 해명함에 있어 수계·종자라는 말 대신 阿世耶(āśaya: 意樂)라는 술어를 사용하기도 하였다. 이는 말하자면 소의신상에 훈습된 思(cetanā: 意思)나 欲(chanda, 바램) 意趣(abhiprāya, 목적 지향)의 힘으로, 유부의 무표업에 상응하는 개념이다. 『구사론』상의 경량부와 세친 역시 유부가 무표업으로 해명하였던 防非止惡의 律儀性과 무루정에서의 正語 등을 阿世耶(意樂)로 해명하였는데, 이 또한 身·語의 惡行을 막는 尸羅

(śila)의 개별적 실체성을 부정하는 상좌의 논의에서 확인 가능하다.

여섯째, 隨界는 개별적 실체(arthāntara)가 아니라 功能이기 때문에 그 자체 단독으로는 존재할 수도, 결과를 낳을 수도 없거니와 그 자체에 대해서는 말할 수도 없다. 수계는 유정의 상속 자체도 아니지만 이와 별도로 존재하는 것도 아니다. 이에 따라 상좌는 隨界를 '업과 번뇌가 熏習된 6處'로 가설하였고, 세친 역시 種子를 '자신의 결과를 낳는 隣近과 展轉의 功能을 지닌 名色(=5온)'으로 정의하였다. 또한 상좌는 隨眠(anuśaya)을 번뇌隨界, 현행번뇌에 의한 功能性으로 이해하여 이것이 隨逐하는 심·심소(즉 무색의 4온)를 본질(svabhāva)로 한다고 하였고, 세친 (혹은 세친이 전한 경량부) 역시 번뇌種子, 현행의 번뇌로부터 생겨나 미래 번뇌를 낳는 '色心 자체(ātmabhāva) 상의 공능'으로 설명하였다. 유가행파의 경우 역시 결과를 낳는 특수한 공능인 종자는 根本識(일체종자식)을 떠나 존재하는 것이 아니기 때문에 이를 종자의 본질(體)로 규정하였다. 그러나 유가행파의 논서에서도 상좌의 '6처=수계'설은 '6처=種姓'이라거나 '6근=종자'라는 이설의 형태로 그 흔적을 남기고 있다.

일곱째, 수계·종자로 가설·규정된 6處나 名色 혹은 色心은 말하자면 수계·종자의 所依·所熏處이다. 상좌/비유자는 색심을 별도의 상속체계로 이해하였기 때문에 有色處에는 색법의 수계·종자가, 意處에는 심법의 수계·종자가 훈습 수축한다. 또한 그들은 異時인과를 주장함에 따라 前生法인 등무간연을 후 찰나 색심 자체를 낳는 能生法(즉 인연)으로 이해하였다. 따라서 현행의 색심은 전 찰나 색심의 결과이면서 후 찰나 색심을 낳는 인연이 된다. 이에 따라 인과동시를 주장하는 유부나 유가행파로부터 전법과 후법 사이의 인과적 관계는 불가능하다거나 등무간연과 인연의 차이를 무시하였다는 비판에 직면하게 되지만, 그 같은 주장은 6처·명색을 수계·종자의 소의로 삼고, 수계와 소의에 어떠한 차별도 없다고 주장하는 상좌로서도 불가피한 것이었다.

　여덟째, 상좌는 6처를 수계의 훈습·소의처라고 하였지만, 선·불선, 유루·무루 등의 제법은 마음과 관계된 것이기 때문에 색심의 상속 중 심상속이 중시될 수밖에 없다. 그는 [心法의] 種種界가 훈습 具有하는 소의처를 '一心'으로 호칭하고 있다. 여기서 一心(ekacitta)은 단순히 일찰나의 마음이 아니라 了別의 현행식과는 구별되는 무부무기성의 동일種類의 마음(ekajātīyacitta: 一類心)인 異熟識으로, 멸진정 중에서도 소멸하지 않는 것이다.

＊　　　＊　　　＊

　상좌 슈리라타의 舊隨界說은 비록 『순정리론』 상에 전해진 단편적인 상좌 설과 이에 대한 중현의 비판을 통해 확인될 뿐일지라도 하나의 학설로 재구성하는 것이 가능하다. 이는 곧 이에 관한 그들의 논의가 그만큼 다양하고 풍부하기 때문이다. 종자 소의처(所熏)로서 현행식과 별도의 마음(즉 알라야식)을 설정한 것만 제외한다면 이것의 세부 내용은 유가행파와 거의 동일하다. 무엇보다 수계·종자설의 경전적 유래가 동일하다. 예컨대 『잡아함』「界相應(dhātusaṃyukta)」에서는 眼藥丸이라는 열매더미(*akṣa-rāśi: 惡叉聚)의 비유로써 界의 無量함에 대해 말하고 중생과 항상 함께하는 선·불선 등의 種種界(nānādhātu)에 대해 분별하는데, 상좌는 이러한 種種界는 一心 중에 갖추어져 (혹은 훈습되어) 있다 하였고, 유가행파 역시 이러한 惡叉聚에 비유되는 種種界는 알라야식 중에 존재한다고 하였다. 더욱이 종자의 本有說이나 本有·新熏合生설을 주장하는 유식론자는 "무루법이 훈습에 의해 일어나는 것(始起)이라고 한다면 무루법은 因緣이 결여되어 영원히 생겨날 수 없다고 해야 한다." (T31, 8c15-18; 9b2f)는 이유에서 무루종자의 본유설을 주장하였는데, 상좌 역시 잡염(유루)법의 수계는 無始이래 업과

번뇌가 훈습된 것이지만, 청정(무루)법의 수계(즉 淨界)는 본래부터 존재하는 것이라 하였다.[173]

상좌의 수계설과『구사론』상의 종자설이 동일한 사유논리에 기반하고 있음은 이제 더 이상 두말이 필요하지 않을 것이다. 오늘날 불교학 일반에서 세친의 '相續의 轉變과 差別'설은 다른 아비달마 논서에는 언급되지 않는 그의 독창적 견해라고 하지만(주132 참조), 이는 씨앗(종자)이 열매를 맺어가는 과정, 업이 결과를 낳기까지의 과정을 밝힌 것, 즉 展轉과 鄰近의 공능이 실현되어 가는 과정을 설명한 것으로, 비유자와 상좌의 종자·수계설 또한 바로 그러한 것이었다.

중현의 전언에 따르면, 隨界·熏習·功能 등은 種子와 동의어일뿐더러 선대궤범사의 '思가 훈습된 상속의 전변과 차별'설 또한 배우가 의상을 바꿔 입듯 舊隨界설과 언사만 달리한 것이다. 그런데 어째서 세친과 유가행파에서는 이러한 '舊隨界' 또는 '隨界'라는 말을 무시한 채 불교학 전통에서 다만 因緣의 비유적 표현으로 사용되었던 '種子'라는 말을 자파교학의 핵심 술어로 삼은 것인가? 사실 유부의 경우 일체 유위법(三世諸行)이 바로 因緣(결과의 직접 원인)이기 때문에 이를 종자에 비유할 수 있지만(제9장 주100 참조), 인연을 결과를 낳는 功能으로 이해할 경우 종자는 적절한 비유가 아니다. 비유자가 말하였듯이 종자가 바로 열매(果)를 낳는 것이 아니라 뿌리-싹 등을 거쳐 꽃에 이르러 비로소 열매를 낳기 때문이다.

아무튼 상좌는 이에 따라 수계로 가설된 6處의 鄰近과 展轉의 공능을 꽃과 종자 등에 비유하였고(주81), 비유자는 業果의 상속과정을 종자로부터

---

173 『순정리론』권15(T29, 421a16ff), "若謂'淨界本來有'者, 因旣恒有, 何緣障故, 無漏果法曾未得 生?--如何復執, 淨界爲種?(만약 '淨界가 본래부터 존재하는 것'이라면 [무루법의] 원인이 이미 항상 존재하는 것이거늘 어떤 緣이 장애하여 무루의 果法이 일찍이 생겨날 수 없었던가?)" 이는 俱有因을 부정하고 前生因(무루종자)만 인정할 경우 최초의 무루법(苦法智 忍)은 생겨날 수 없다고 비판하면서 언급한 중현의 힐난이다.

열매에 이르는 과정에 비유하였으며(주124), 세친은 이에 근거하여 '相續의 轉變과 差別'설을 제시하였다. (주128, 129) 나아가 세친은 이러한 諸說에 따라 종자를 隣近과 展轉의 공능을 지닌 名色으로 규정하였고, 이러한 공능은 相續(名色)의 轉變과 差別에 의해 실현된다고 논설하였다. (주110) 그렇지만 그는 결코 隨界라는 말을 언급하지 않았다.『구사론』의 주석가도, 경량부 종자설의 주요 비판자인 유가·법상종에서도 역시 그러하였다. 그리하여 구수계 또는 수계라는 개념은 주장자인 상좌 슈리라타와 함께 불교사상사에서 잊혀졌다.

'界(dhātu)'라는 말은 불교학 전통상의 술어이다. 12處와 18界, 眼處와 眼界의 차이는 일찍부터 논의되었다. (제1장 3-5-2 참초) 무착은 "無始이래 界(dhātu)는 [유루든 무루든] 일체법의 평등한 근거(samāśraya)"라는『아비달마대승경』의 논설(주48)을 알라야식 존재증명의 첫 번째 논거로 제시하였다. 이에 반해 '종자'는 다만 인연의 은유적 표현일 뿐이었다. 전술한 대로 유부에서도 인연을 종자법에 비유하였다. 그럼에도 어찌하여 세친이나 무착은 '界'라는 말을 버리고 '종자'라는 말을 고집하였던가? 隨界(anu-dhātu)의 경전적 근거로서 이와 동일한 형식의 복합어인 隨俱行(anu-sahagata)의 善根이나 隨眠(anu-śaya)은 불교학의 주요 술어로 상용되었다. 그런데 어찌 불교사상사에서는 '수계'라는 말을 외면하였던가? 혹은 상좌는 어찌 '수계'라는 말을 고집하였던가?

지금으로서는 추측조차 쉽지 않다. 혹 어쩌면 유부와 유가행파가 인연의 비유로 종자라는 말을 널리 사용하였기 때문에 상좌일파는 이와 차별 짓기 위해 교학적 전통을 갖는 '[舊]隨界'라는 개념을 별도로 설정하여 고집하였는지도 모르겠다. 혹은 반대로 [舊]隨界는 상좌일파만의 개념이었기 때문에 유부나 유가행파 등 正理 法性 중심의 불교 諸派에서 이를 의도적으로 외면하였고, 그래서 이후 불교사상사에서 이에 대해 침묵하였는지도 모르겠다.

제11장 上座 슈리라타의 '一心'

1. 一心, 종자 · 훈습의 住處

上座 슈리라타는 선 · 불선, 유루 · 무루 등 일체 心法의 수계 · 종자의 의지처(āśraya)가 되는 마음을 '一心'이라 하였다.

> 一心(ekacitta)은 種種界(nānādhātu)를 갖추고 있다. 一心 중에 다수의 界(bahudhātu)가 熏習(vāsanā)되어 있다. --(중략)-- 마음 그 자체(*sva-, ātma-bhāva)는 비록 단일할지라도 그 안에 수많은 界가 존재한다.[1]

이는 "一心은 세간 · 출세간의 일체법을 모두 포섭한다"는 『대승기신론』(T32, 576a5-7)이나 "一心은 十法界를 갖추고 있다"는 『마하지관』(T46, 54a5f)의 문구와 형식상으로 동일하며, "알라야識 중에 種種界가 존재한다"거나 "알라야識 중에 다수의 界가 존재한다"는 『유가사지론』 상의 논설[2]과는 내용상으로도 동일하다. 여기서 상좌가 종자 · 훈습의 異名인 界(dhātu, 즉 隨界)

---

1 『순정리론』권18(T29, 442b1-4), "又彼上座, 如何可執言, '一心具有種種界. 熏習一心多界.' -- '心其體雖一, 而於其內, 界有衆多.'"

2 『유가사지론』권51(T30, 581b19-21), "薄伽梵說, '有眼界色界眼識界 乃至 意界法界意識界', 由於阿賴耶識中有種種界故. 又如經說惡叉聚喩, 由於阿賴耶識中有多界故."

의 住處(saṃniveśa) 혹은 所依處(āśraya)로 언급한 '一心'은 어떤 의미의 개념인가? 一切種子識이라는 알라야識과 동일한 의미의 개념인가?

一心(ekacitta)은 유부 아비달마 논서 상에서 대개 一念(eka-kṣaṇa, -kṣaṇika)과 동일한 뜻으로 사용된다. 예컨대『발지론』제1「雜蘊 中 世第一法納息」에서는 "세제일법을 一心이라 해야 할 것인가, 多心이라 해야 할 것인가?"(T26, 918b24) 하는 문제를 제기하는데, 여기서의 一心은 두말할 것도 없이 '일찰나의 마음'이라는 뜻이다.『구사론』「근품」에서 "[尋·伺의] 두 법이 어떻게 一心과 相應(혹은 '俱起')한다는 것인가?"[3]라는 論主 세친의 힐난에서의 '일심' 또한 그러하다. 굳이 "초정려에서의 尋·伺 등의 5支 具足은 찰나(kṣaṇa)가 아니라 地(bhūmi)에 근거하여 설한 것"(T29, 21c7-9)이라는 계속된 論主의 通釋에 근거하지 않더라도 유부에 의하는 한 심·심소의 제법은 동일찰나에 相應 俱起하기 때문이다.

그러나 상좌의 一心은 '일찰나의 마음'이라는 뜻의 말이 아니다. 중현은 상좌의 隨界·종자설에 대해 "一念의 一心 자체는 어떠한 경우에도 더 이상 세분되는 일이 없거늘 어찌 마음에 들고(愛, iṣṭa), 들지 않고(非愛, aniṣṭa), 두 가지 모두가 아닌 결과를 견인할 수 있다는 것인가?"[4]라고 비판하기도 하였는데, 여기서 '一心'은 一念(eka-kṣaṇa) 즉 일찰나 마음에 한정되고 있는 것이다. 앞서 상좌가 말한 種種界를 갖추고 있는 '일심'은 종자·훈습(界)이 쌓여 있는(cita: 積集된) 것, 혹은 머무르고 있는(√vas: 熏習된) 곳으로, 반드시 所依와 所緣과 行相과 刹那를 함께 하는 다수의 심소와 상응 구기해야 하는 유부의 '일찰나 마음'으로서의 一心과는 의미가 다르다.

제10장 제5절에서 논의하였듯이 수계·종자설을 주장하는 한 결과를

---

3   "云何此二一心相應?"(『구사론』 T29, 21b19).; "此二於一心 云何俱起?" (『구사석론』 T29, 180b7f); kathaṃ punaḥ anayor ekatra citte yogaḥ (AKBh., p.60. 22-23).

4   『순정리론』권18(T29, 441c4-5), "又於一念一心體中, 無有細分, 如何能牽愛及非愛俱相違果?"

낳는 功能(sāmarthya, śakti)이 의탁하는 소의처(āśraya) 혹은 종자 훈습처(vāsita, bhāvita: 所熏)에 대해 별도로 논의하지 않으면 안 된다. 세친은 『구사론』에서 그것을 '名色', '相續' 혹은 '[色心]自體'라고 하였고, 상좌는 '6處'라고 하였다.5 이는 물론 色·心종자의 소의처로, 대종과 같은 색법의 종자는 色聚(有色處)에, 선·불선 등과 같은 심법종자는 마음(意處)의 상속에 존재하는데, 상좌는 이때 마음을 '一心'이라 하였던 것이다. 색법의 존재를 인정하지 않는 유가행파에서의 일체 종자의 소의처는 두말할 것도 없이 根本識 즉 알라야識(ālayavijñāna)이었다. 이들 역시 종자를 직접적으로 자신의 결과를 낳는 功能으로 정의하였기 때문이다. (주66 참조)

따라서 상좌의 一心 또한 유가행파의 알라야식처럼 根·境이나 作意 등 衆緣에 근거하여 일어나고, 찰나찰나 소연과 행상을 달리하며, 선·불선 등의 도덕적 성질을 지니고 멸진정 등의 無心位에서 끊어지는 現行識(pravṛttivijñāna: 轉識)과는 다른, 언제 어디서나 항상 존재하는 미세한 동일종類의 마음(즉 '微細一類恒遍識')이라 하지 않으면 안 된다. 상좌의 일심 역시 알라야식과 같은 수계·종자의 住處였기 때문이다. 그래서 稱友(Yaśomitra)는 "心(citta)이란 淨·不淨의 온갖 界(dhātu)가 쌓인 것, 적집된 것(cita)"이라는 『구사론』 상의 두 번째 마음의 정의(AKBh., 61. 23)에 대해 "이는 마음을 어원적 관점에서 '熏習(=종자)의 주처(bhāvanāsaṃniveśa)'로 이해한 경량부나 유가행파의 견해"로 평석하였던 것이다.6

---

5 이상 순서대로 본서 제10장 주110, 주103, 주137, 주55.
6 AKVy., 141. 18f.: 제3장 주13.

2. 一心, 미세한 동일種類의 마음

1) 동일 根에 근거한 二識俱生

(1) 중현이 전한 상좌의 二識俱生설

중현은 상좌의 隨界설에 대해 다음과 같이 힐문하였다.

> 만약 "一心 중에 [선·불선 유루·무루 등] 다수 品類의 心界(*citta-dhātu, 심법
> 의 종자)가 隨逐하고 있다"고 한다면, 어떠한 이유에서 이러한 다수의 心隨界
> (citta-anudhātu)로부터 後時에 다만 한 가지 품류의 마음만이 일어나게 되는
> 것인가? 즉 일시에 일체 모든 識의 所依(根, 즉 증상연)와 境界대상(즉 소연연)
> 이 [一心 중에] 존재할뿐더러 等無間緣과 因緣 또한 갖추어져 있음에도 어찌하
> 여 [일체의 모든 識이] 함께 일어나지 않는 것인가? 그 같은 所依 등은 다
> 찰나찰나 일체의 識을 낳을 수 있는 공능을 지니고 있거늘 어떠한 법이 장애
> 하여 일시에 하나의 根으로부터 다수의 識이 함께 생겨나지 않는 것인가?[7]

이에 대해 상좌는 이같이 변명하고 있다.

> 하나의 身根을 공유하는 [두 머리의] 命命鳥 따위처럼 一念(eka-kṣaṇa)에 하
> 나의 根에 근거하여 두 가지 識이 함께 생겨나는 경우가 있다. [즉 이때
> 두 識을 두 根에 근거한 것이라 할 수 없으니,] 동일한 처소에 두 가지
> 身根이 [함께] 생겨날 수는 없기 [때문으로], 그럴 경우 有對(*sapratigha)의
> 법성(dharmatā)에 어긋나는 것이다.[8]

---

7 『순정리론』 권18(T29, 441c10-15), "又彼應說. 若一心中, 有多品類心界隨逐, 何緣從此多心隨界,
   後時但起一品類心? 然於一時, 有一切識所依境界, 等無間緣因緣又具, 何不並起? 彼所依等, 一一
   刹那, 皆有能生一切識義, 何法爲礙, 於一時間, 非從一根並生多識?"

8 『순정리론』 권18(T29, 441c15-18), "然彼上座, 於此說言: 有一念一根俱生二識, 如共一身根命命
   鳥等. 不可一處二身根生, 如是便違有對法性."

이 같은 상좌의 말은 세친(經主)의 입을 통해서도 확인된다. 즉 세친은 "[色心互爲種子說9에 따를 경우 멸진정에서 출정할 때의 마음뿐만 아니라] 여타의 모든 마음 역시 몸(有根身)으로부터 생겨난다고 해야 할 것이며, 따라서 몸이 존재하는 한 일체의 마음은 동시에 무차별적으로 일어나야 한다"(T29, 404a3-7)는 중현의 힐난에 대해 "有餘師가 '하나의 몸에서 다수의 識이 함께 일어나는 일이 있다'고 주장한 것을 들었다"고 해명하였는데,10 여기서 '有餘師(apare)'는 두말할 것 없이 그가 가까이하였던 上座 슈리라타일 것이다.

命命鳥(jīvaṃjīvaka)는 한 몸에 두 머리(一身二頭)를 갖는 전설상의 새로, 상좌는 이 새를 비유로 삼아 하나의 根에 근거하여 두 識이 동시에 함께 생겨난다는 이른바 '二識俱生'을 주장하였다. 상좌는 소의(根)와 소연(境) 등을 함께 하는 심·심소의 동시생기도 인정하지 않았거늘 어찌 동일 根을 소의로 한 두 識의 동시생기를 주장한 것인가? 이때 두 識은 무엇을 말한 것인가?

박창환(2007: 210-211)은, 命命鳥의 비유는 분명하지 않다면서『佛本行集經』에서의 전설에 따라 마음의 두 양상, 이를테면 깨어나 활동하는 상태와 잠재적인 비활동적 상태를 의미하는 것으로 추측하였다.11 즉 명명조는, 예

---

9   이른바 色心互熏說로 알려지는 色心互爲種子(anyonya-bījakaṃ)說은『구사론』에서는 先代軌範師의 설로 설해지지만(T29, 25c22-26; AKBh., 72. 18-21),『순정리론』에서는 經主(세친)의 말로 언급된다. (T29, 404a2f)

10 『순정리론』권13(T29, 404a7f), "聞有餘師起如是見執, '有多識一身俱起.'"

11 『불본행집경』권59(T3, 923c23-924a25): 박창환(2007), pp.209-210. 一身二頭의 命命鳥는 한쪽 머리가 잠들면 다른 한쪽 머리는 깨어 있는데,『불본행집경』에서 세존은 한쪽 머리(가루다)는 다른 한쪽 머리가 잠들어 있을 때 서로를 위해 좋은 음식을 먹었지만, 다른 한쪽 머리(우파가루다)는 자기가 자고 있을 동안 좋은 음식을 혼자 먹은 것에 원한을 품고 독 있는 음식을 먹었다는 아바다나(avadāna: 譬喩)로써 자신과 자신에게 원한을 갖은 데바닷타의 관계를 설명하였다. 諸佛典에서의 命命鳥(또는 共命鳥)의 기원과 용례에 대해서는 김성옥(2015),「共命鳥에 대한 관념의 기원과 변천」참조.

컨대 선심과 무간에 불선심 등이 생겨났다면 이때 불선심 등은 선심 중에 종자로서 존재하였다고 해야 한다는 경량부 종자설의 난점을 해소하기 위한 비유 ─이를테면 이때 선심은 깨어 있는 상태, 불선심은 잠자고 있는 상태─ 라는 것이다. 이러한 이해는 "번뇌(kleśa)가 잠자고 있는 상태(=종자)가 隨眠(anuśaya)이고, 깨어 활동하는 상태가 纏(paryavasthāna)"이라는『구사론』상의 경량부 설(제10장 주137)이나 "온갖 번뇌가 現起한 것을 '纏'이라 하고, 잠자는 상태로 항상 隨逐하는 원인적 상태(因性, hetubhāva) 즉 번뇌의 隨界를 '隨眠'이라 한다"는『순정리론』상의 상좌 설(제10장 주136)에 근거한 것처럼 보인다.

그러나 상좌가 명명조의 비유를 든 것은『불본행집경』에서의 비유처럼 다만 한쪽 머리가 깨어 있을 때 다른 한쪽 머리는 잠들어 있다는 사실을 말하기 위한 것이 아니라 보다 원론적으로 하나의 몸에 두 머리가 동시에 존재한다는 사실, 즉 하나의 根에 근거하여 두 識이 동시에 존재한다는 사실을 말하기 위해서였다. 하나의 根에 근거한 두 識이란 무엇을 말함인가? 예컨대 안근에 근거하여 생겨난 識은 안식이다. 안근에 근거하여 함께 생겨난 두 識으로서 하나는 깨어 있고 하나는 잠자고 있는 것이라면, 識 자체는 단일한 것이라는 불교전통으로 볼 때 (眼 등의 6식은 다만 所依에 따른 차별임) 이는 곧 활동하는 표층의식과 짐재하는 심층의식으로 이해할 수밖에 없다. 이는 사실상 동일한 識의 두 양태(혹은 두 형식)라고 할 수 있다.

제 부파 중 '二識俱生'을 설한 대표적인 부파는 대중부이다.『이부종륜론』상에서 이는 대중부 계통의 지말적인 특수교의(支末異義)로 논설되는데(T49, 15c27f), 그것은 그들이 근본교의(本宗同義)로서 마음 자체(svabhāva: 自性)는 청정하지만 客塵인 번뇌에 더럽혀졌다는 이른바 心性本淨說을 주장하였기 때문이다. 이 학설은『대비바사론』에서 一心相續論者의 주장으로 논설된다. 이에 따르면 더러운 옷(有垢衣)이든 깨끗한 옷(無垢衣)이든 옷 자체에는 차별이 없듯이 더러운 마음(有隨眠心)과 깨끗한 마음(無隨眠心) 역시 그러하다는 것이다. (T27, 110a10-20) 따라서 그들에게 있어 동시에 생겨나는 두 마음이란 일심 즉 동일種類로서 상속하는 본래 청정한 마음과 객진에 의해 더렵혀진 마음이다. 더러운 옷과 깨끗한 옷이 별도의 실체가 아니듯이 청정한 마음과 염오한 마음 역시 그러하다. 그들의 일심은 말하자면 객진인 번뇌의 토대(基體)가 되는 마음 자체로, 현상의 염오심과 별도로 존재하는 것이 아니다.『성실론』에서 心性本淨說者는 이러한 일심을 [동일種類로서] '상속하는 마음(相續心)'이라 하였고, 현행의 염오심을 '찰나찰나 소멸하는 마음(念念滅心)'이라 하였다.12 대중부는 바로 이러한 두 마음의 동시 俱生을 주장하였던 것이다

상좌가 명명조의 비유로써 말한 두 識 역시 별도의 실체가 아니다. 그러나 심성본정설에서의 두 식과는 그 성격이 전혀 다르다. 상좌의 두 식은 두말할 것도 없이 수계·종자가 훈습 수축하는 잠자고 있는 식과, 소의와 소연에 근거하여 인식작용(了別)을 행하는 깨어 있는 식, 즉 種子識과 現行識이다. 현행식은 예컨대 衆緣에 따라 도덕적 성질이 바뀔지라도 종자식은 어떠한 도덕적 성질의 종자도 훈습할 수 있는 무부무기성의 동일種類의 마음이기 때문에 一心이다.(후술) 수계·종자설을 주장하는 한 이러한 형식의 二識俱生은 불가피하다. 중현 역시 앞서 인용한 상좌의 二識俱生설(주8)에 대해 "상좌는 [舊隨界를 주장함에 따라] 어떠한 이치로도 막지 못할 '동일한 [유정의] 상속에 일시에 하나의 根이나 다수의 根에 근거하여 다수의 識이 생겨난다'는 허물을 범하게 되었다"고 힐난하였다.13

---

12   『성실론』권3(T32, 258b13f). 一心相續論者의 一心에 대해서는 권오민 외(2017),『원효, 불교 사상의 벼리』, pp.114-117 참조.

13   『순정리론』권18(T29, 441c22-24), "如是上座, 何理能遮, 於一相續, 同時依止一根多根, 發多識 過? 故舊隨界, 非爲善說."

(2) 유가 법상종에서 전한 上座部의 二識俱生설

窺基를 비롯한 동아시아 法相敎家는 上座 슈리라타의 이 같은 두 識을 미세한 식과 거친 식으로 대별하였다. 예컨대『성유식론』의 알라야식 존재 증명 제6 生死心證 ─ "알라야識이 존재하지 않는다면 受生心도 命終心도 불합리하다." (T31, 16c23-24) ─ 에서는 "태어나고 죽는 등의 상태에서는 [거친 현행식과는] 별도로 行相도 所緣도 모두 알 수 없는 동일種類의 미세한 意識이 별도로 존재한다"는 有餘部(다른 어떤 부파)의 주장을 인용 비판하는데,14 窺基는 이를 上座部(*Sthavira-pākṣika) 本計 즉 上座 슈리라타 일파(=經量部)의 근본학설로 평석하고 다음과 같이 해설하였다.

上座部師의 학설에는 根本計가 있고 枝末計가 있다. 根本計에서는 거칠고 미세한 두 意[識]이 함께 생겨나는 것(並生)을 인정하지만, 末計는 그렇지 않다. [末計에 의하면 거칠고 미세한 두 意識도] 반드시 시간을 달리하여 일어난다. 그러나 지금 여기서의 주장은 本計이다. [이에 따르면] 生死位 중에는 行相도 所緣도 모두 알 수 없는 동일種類(一類)의 미세한 의식이 [거친 의식과는] 별도로 존재한다는 것이다.15

규기는 上座部師(즉 상좌일파)의 本計와 末計에 대해 구체적으로 논의하지 않았지만,『순정리론』에 의하면 本計는 상좌의 주장이고 末計는 그의 제자 邏摩(Rāma)의 주장이다. 즉 12연기支 중 識과 名色의 相緣 관계(즉 '識緣名色, 名色緣識'16)와 관련하여 상좌는 識을 名色의 生緣(*utpatti-pratyaya)으로,

---

14 『성유식론』권3(T31, 17a10-12), "有餘部執: '生死等位, 別有一類微細意識. 行相所緣俱不可了.'" 완전한 인용은 주85).

15 『성유식론술기』권4本(T43, 365a19-23), "上座部師說, 有根本計, 有末所計. 根本計, 麤細二意, 許得並生. 末計不然. 必別時起. 今此本計. 別有細意識, 生死位中, 一類微細, 行相·所緣俱不可了."

16 이 경설은『잡아함』제288경 일명「蘆束經」, SN. 12. 67 Naḷakalāpasutta; 제287경「城邑經」,

名色을 識의 住緣(*sthiti-pratyaya)으로 해석하여 양자를 相緣의 俱生 관계로 이해한 데[17] 반해 라마는 '名色緣識'을 中有의 名色을 연하여 結生識이 생겨나는 것으로, '識緣名色'을 이러한 [結生]識을 연하여 生有의 名色이 생겨나는 것으로 해석하여 識支의 識과 名色支의 識을 전후 계시적 관계로 이해하였던 것이다.[18]

識과 名色의 相緣 관계 또한 알라야식 존재증명의 한 논거(『성유식론』의 경우 제7 識緣名色證 T31, 17a23-25, 『섭대승론』의 경우 제5 識·名色相依證: 동136a16f; 제13장 3-4)로 제시되었다. 즉 識과 名色(識 등 무색의 4온과 색온)은 세 단의 갈대처럼 서로에 의지하는 동시적 관계이기 때문에 識支의 識과 名色支의 識을 별도의 실체(즉 알라야식과 현행식)라고 하지 않으면 안 된다는 것이다. 그러나 상좌일파는, 동아시아의 법상교가에 의하면 이 역시 [갈라람과 화합하는] 미세한 의식을 '識'으로, 화합하여 생겨난 거친 의식을 '名'으로 해석하였다.[19] 앞서의 상좌 해석에 따르면 미세한 식(識支의 식)은 거친 현행식(名色支의 名)의 生緣이고, 거친 현행식은 미세한 식의 住緣으로 동시에 俱生한다.

한편 규기의 제자 慧沼가 전한 상좌(末經部) 설에 의하면, 生死位에서 '행상도 소연도 모두 알 수 없는 동일種類의 미세한 의식'은 다만 업의 熏習(종자)에 의해 초래되는 [無覆]無記性의 異熟識이며, 거친 의식은 結生 시의 염오성의 의식(즉 이성과 동성의 부모에 대한 愛恚心)이다.[20] 그런데 신라의 太賢은 규기의 『술기』의 내용(주86)을 간략히 언급하고서, 本論(『성유식론』)

SN. 12. 65 Nagalasutta; 『중아함경』 제79경 「大因經」 등에서 논설된다.

17 『순정리론』권29(T29, 504b15-20).

18 『순정리론』권29(T29, 504a10-13).

19 『성유식론술기』권4本(T43, 366b6-7), "唯上座部, 細意名識. 麤意名名."

20 『성유식론요의등』권4末(T43, 739a3-5), "若末經部救云: '我有麤細二識. 麤者, 染俱結生. 細者, 無記爲業熏感.'"

에서의 상좌부 本計 비판은 무착의 『섭대승론』에 따른 것이라 하였다.[21]
즉 有餘部는 유정의 生死位에 '행상도 소연도 모두 알 수 없는 동일種類의
미세한 意識'이 존재한다고 주장하였지만, 이는 누구나 인정할 수 있는 상
식적 차원(極成, prasiddha)의 의식이 아니기 때문에, 『성유식론』에서는 이를
제8 [알라야]識이라 해야 한다고 비판하였는데(주85), 이는 무착의 『섭대승
론』에 따른 비판이라는 것이다.

규기 역시 『성유식론』의 이 문구를 『섭대승론』에서의 알라야식 존재
증명 중 제3 生雜染證('結生의 和合識=意識'설 비판, T31, 136a2-8; 제13장 3-3)
을 통해 해설하였다.[22] 즉 무착은 "알라야식이 존재하지 않는다면, 다시 말
해 모태 중의 羯羅藍(kalalam: 부모의 精血)과 화합하는 [結生]識을 알라야식
이 아니라 의식이라 한다면, 화합 이후 이에 근거하여 모태 중에 의식이
일어나는 경우 (전술한 대로 識과 名色은 相緣 관계이기 때문에) 두 의식이
동시에 일어난다고 해야 한다"고 비판하였던 것이다.[23] 無性(Asvabhāva)은
『섭대승론』상의 이 논설에 대해 다음과 같이 해설 비판하고 있다.

여기서 '두 意識'이라 함은, ① 異熟 자체인 유정의 本事(dravya, 근본)로서
지금(현생)의 加行에 근거하지 않고 일어난 無記性의 意識과, ② 소연과
행상을 알 수 있고 苦樂 등의 受(vedanā)와 상응하는 意識을 말한다. 그러나
"이러한 두 의식이 동일한 몸에 근거하여 동시에 일어난다"고 인정해서
는 안 되니, 經[說]과 상위하기 때문으로, 「如是頌」에서 "전 [찰나]도 아니
고 후 [찰나]도 아니면서 동일한 몸에 근거하여 동일한 종류의 두 識이

---

21   『성유식론학기』권중本(『韓佛全』3, 561a15-18), "言有餘部執者, 破上座部. 彼有二計. 本計, 麤
     細二意并生. 末計不然. 必前後起. 此破本計. 准攝論故."
22   『성유식론술기』권4本(T43, 365a29-b1).
23   『섭대승론본』권상(T31, 135c29-136a3), "若卽意識與彼和合, 旣和合己, 依止此識, 於母胎中, 有
     意識轉. 若爾卽應有二意識, 於母胎中, 同時而轉."

함께 생겨나는 일은 이치도 없고(도리에도 맞지 않고) 있을 수도 없다"고
설한 바와 같다. 또한 "이러한 두 意識은 바로 동일한 識[의 두 양태/형식]"
으로 인정해서도 안 되니, 自性이 다르기 때문이다.[24]

여기서 '동일한 몸에 근거하여 동시에 일어나는 두 의식'을 인정한 이
는 두말할 것 없이 명명조의 비유로써 '동일 根(혹은 身)에 근거하여 一念에
二識의 俱生'을 주장한 상좌이다. 이로 볼 때 상좌의 두 識은 [무부]무기성의
이숙식(=미세한 식)과 소연에 대한 인식과 苦樂 등의 심리작용을 행하는
현행식(=거친 식)이다. 末經部(상좌일파)로 평석된 『성유식론』의 어떤 이는
이를 6식 자체의 동일성과 차별의 현실태라는 정도의 의미인 '[識]類(jāti)'와
'[識]事'(*vastu)라는 술어로 호칭하기도 하였는데(주99), 동아시아 법상교가
는 이를 종자가 훈습 保持되는 識(所熏)과 능히 종자로 훈습하는 식(能熏)으
로 해설하였다. (주62, 63 참조)

그런데 窺基의 傳言에 따르면, 上座部(상좌일파)는 "意識이 화합식이라
면 [갈라람과 화합한 이후] 두 의식이 동시에 일어난다고 해야 한다"는 무
착과 무성의 비판에 대해 이같이 해명하였다.

'[別體로서의] 두 意識이 並生하는 일은 없다'고 주장하는 論者인 上座部는
이같이 말하였다. "우리는 [無性이 '결생식=의식'설의 비판논거로 제시한]
이 經을 誦持(전승)하지 않으니, 우리 부파[가 전승한] 經 중에는 이런 말
이 없기 때문이다. 혹은 [우리는] 두 가지 거친 의식이 함께 생겨나거나

---

24 『섭대승론(무성)석』권3(T31, 392c8-16), "「若爾, 即應有二意識, 於母胎中, 同時而轉」者, 謂異熟
體有情本事, 不待今時加行而轉, 無記意識, 及可了知所緣行相, 樂苦受等相應意識. 是二意識, 應一
身中, 一時而轉. 然不應許, 經相違故. 如是頌言, '無處無容 非前非後 同身同類 二識並生.' 又不應
許, 此二是一, 自性別故." 세친은 이때 두 의식을 다만 所依止인 和合意識과 能依止인 그
밖의 意識으로 해설하였다. (『섭대승론(세친)석』, T31, 332a5-6)

두 가지 미세한 의식(즉 별체로서의 두 의식)이 함께 생겨나는 일은 없다
고 설한다. 그러나 앞서 [서로를] 장애하지 않는 거칠고 미세한 두 의식은
함께 생겨난다고 말하였다. 따라서 [거칠고 미세한 두 의식은 서로] 방해
하는 일이 없다.”[25]

“우리는 이 經을 誦持(*āmnāya, 혹은 paṭha, 전승)하지 않는다”는 말은
유부가 경전적 근거(經證)로 제시한 聖敎(아함)에 대한 上座 슈리라타의 전
형적인 언사로, 자신들은 이 경을 佛說(Buddhavacana)로 인정하지 않는다는
뜻이다. 이 말은 대개 ‘불타에 의해 분명하고도 결정적으로 설해진 것(顯了
定說)’(이는 상좌의 佛說정의)이 아니라 논리적 귀결로서 아비달마논사들에
의해 편찬된 경에 대해 언급된다.[26]

二識俱生을 주장할 경우, 識은 了別性(인식)을 특징으로 하기 때문에 두
가지 了別이 동시에 함께 일어난다고 해야 하는 모순이 초래된다. 이에 상
좌부(상좌일파)는 이때 두 식은 거칠고 미세한 것, 즉 하나는 소연과 행상
을 알 수 있고 苦·樂受 등과 상응하는 現行識이지만, 다른 하나는 소연과
행상을 알지 못하는 (혹은 ‘소연과 행상을 갖지 않는’) 동일種類의 異熟識이
기 때문에 서로를 방해하지 않는다는 식으로 해명하였다.

6시과는 별도의 알라야식을 주장한 유가행파 역시 이와 동일한 방식으
로 二識俱起의 문제를 해명하였다. 즉『유가사지론』의 알라야식 존재증명
제2증(‘最初生起證’)에서는 “[의식과는 別體로서의] 알라야식이 존재한다면
二識俱轉의 과실이 있다”는 어떤 이(상좌: 후술)의 힐난에 대해 “알라야식은

---

25 『성유식론술기』권4本(T43, 365b4-7), “無二意識並生論者, 上座部云: 我不頌(→ ‘誦’)此經, 我部
經中無此語故. 或說無二麤意並生, 及二細意並生. 言先(→ ‘先言’?), 不障麤·細二識並生, 故無妨
也.” 慧沼의『성유식론요의등』에서도 역시 이 같은 사실을 전하고 있다. “設俱何過? 違聖
敎故. 上坐救云, 我部不誦.” (T43, 739a9-10)

26 상좌가 “우리는 이 경을 전승하지 않는다”고 말한 일련의 사례에 대해서는 권오민
(2012),『上座 슈리라타와 經量部』, pp.586-590 참조할 것.

그때 作意와 根·境에 [전후]차별이 없기 때문에 (다시 말해 동일種類로서 不明了性이기 때문에) 二識俱轉은 과실이 되지 않는다"고 해명하였으며,[27] 세친 역시 『唯識三十頌』(제3송 전반)에서 알라야식은 有根身(=執受, upādhi) 과 器世間(=處, sthāna)을 소연으로 삼지만 '분명하게 알지 못하는 것'이라 하였다.[28]

二識俱生에 따른 요별성의 문제는 상좌 자신에 의해서도 해명되었다. 그는 무간에 결과를 낳는 前生法인 等無間緣에 대해 논의하면서 이같이 말하였다.

> '一時에 두 識이 함께 일어나는 일은 없다'는 이 같은 정의(相, lakṣaṇa)는 올바른 이치가 아니니, [그중 한 識은] 不明了한 것(*aparisphuṭatva)이기 때 문이다.[29]

종래 경량부의 心相續(cittasaṃtāna)은 單層으로 이루어진다는 것이 학계 의 정설이었지만,[30] 이렇듯 상좌가 一身二頭의 命命鳥의 비유로써 언급한

---

27 『유가사지론』권51(T30, 579b16f), "--由彼爾時作意無別, 根境亦爾, 以何因緣識不俱轉?"; 제13 장 2-2 참조.

28 '不可知執受·處(asaṃviditaka-upādi-sthāna)' 그러나 『성유식론』에서는 내적 執受의 경계대 상은 미세하기 때문에, 외적 기세간은 그 크기를 헤아리기가 어렵기 때문에 '不可知'라 하였다고 해설한다. (T31, 11b4f)

29 『순정리론』권19(T29, 447a25-26), "然無一時二識並起, 此相非理, 不明了故." 보다 자세한 인 용은 제9장 2-2 주64 참조.

30 슈미트하우젠(L. Schmithausen)은 「二十論과 三十論에서의 경량부적 전제(Sautrāntika-Voraussetzungen in Viṃśatikā und Triṃśatikā)」(*Wiener Zeitschrift für die Kunder Süd und Ostasiens* XI, 1967.; 加治洋一 譯(1983), 「二十論と三十論にみえる經量部的前提」(『佛教學セミ ナ-』 37)라는 논문에서 『유식이십론』과 『유식삼십송』은 '單層 識의 흐름(einschichtigen erkenntnisstrom)'이라는 경량부 개념을 전제로 한 것이며, 따라서 세친의 사상적 편력이 설일체유부(Vaibhāṣika)－경량부－유가행파로 이어진다고 주장하였다. 즉 그는 예컨대 "業의 習氣(karmaṇo vāsanā)는 그들(지옥유정)의 識의 흐름(vijñānasaṃtāna)에 존재한다"는 『이십론』 제7송 長行釋이나 "의지행위(cetanā)는 識의 흐름 중에 특수한 힘(śaktiviśeṣaḥ)을 낳는다(현장 역은 "思差別作用, 熏心相續, 令起功能", T31, 783c4f: 필자)"는 『성업론』§20의

'동일 根에 근거한 二識俱生'설은 동아시아의 법상교가는 물론이고 무착과 세친·무성, 나아가『유가론』상에서도 그 자취를 찾을 수 있다.

이제 이러한 두 識 중 수계·종자의 住處(종자식)인 一心 즉 '언제 어디서나 항상 존재하는 미세한 동일種類의 마음'에 관한 상좌 슈리라타와 이들 유가·법상종에서 전하고 있는 上座部(또는 末經部)의 논의를 재구성해보기로 한다.

2) 미세한 마음: 無所緣·不了別性의 識

(1) 멸진정에서의 불명료한 識

상좌의 거칠고 미세한 이중구조의 마음(6識)에서 '미세한 마음(sūkṣmacitta: 細心)'이란 구체적인 所緣과 行相을 갖지 않는 不了別(不可知)性의 異熟識을 말하며, '거친 마음(audārikacitta: 麤心)'이란 [전후] 차별적인 根·境과 作意 등의 衆緣에 따라 생겨난 了別識을 말한다. 무엇이 미세하다는 것인가?『성유식론』에 의하면 生死位에 존재하는 이숙식은 [그 활동이] 지극히 미세하기 때문에 '행상도 소연도 모두 알 수 없는 識'이라 말한 것으로,[31] 전술한 대로 유가행파에서는 이를 제8 알라야식(ālayavijñāna)이라 한 반면 상좌일파는 6식의 한 형식으로 이해하였던 것이다.

이들에 의하면 이러한 미세한 마음은 滅盡定과 같은 無心位에서도 존재

문구를 −그다지 상세하게 규정된 것은 아니라고 하였을지라도− "어떠한 잠재적인 識도 함께 존재할 수 없는 單層의 識의 흐름이라고 하는 例의 경량부 학설"로 규정하였다. (加治洋一역, pp.3-4) 그렇지만 상좌 슈리라타에 따라 상세히 규정할 것 같으면 "업의 습기는 현행의 [6]식의 흐름 중 '동일種類의 마음' 즉 一心 중에 존재한다"고 말해야 한다.

[31] 『성유식론』권3(T31, 16c26-29), "又此[生死]位中, 六種轉識, 行相所緣不可知故, 如無心位, 必不現行. 六種轉識, 行相所緣有必可知, 如餘時故. 眞異熟識極微細故, 行相所緣俱不可了." (또한 이러한 生死位 중에서 6종의 轉識은 無心位와 마찬가지로 行相과 所緣도 알 수 없기 때문에 필시 現行하지 않는다. 6轉識은 다른 때(일상)가 그러한 것처럼 행상과 소연이 존재하면 필시 그것을 알 수 있을 것이기 때문이다. 그러나 진실의 이숙식(즉 알라야식)은 지극히 미세하기 때문에 행상과 소연을 모두 알 수 없는 것이다.)

한다. 즉 유부에서는 멸진정을 말 그대로 심·심소가 완전히 소멸한 상태로 이해하여 滅定無心(acittakā nirodhasamāpatti)설을 주장하였지만, 경량부/비유자와 유가행파에서는 멸진정에 들면 현행의 거친 마음은 소멸할지라도 미세한 마음은 소멸하지 않는다는 이른바 滅定有心(sacittakā nirodhasamāpatti)설을 주장하였다. 그들은 "목숨(āyus)과 체온(uṣman)과 識(vijñāna)은 불가분의 관계로 멸진정의 상태에서도 여전히 목숨과 체온이 존재하기 때문에 죽음의 상태와는 다르다"거나 "멸진정에 들어서도 識은 몸을 떠나지 않는다"는 경설32에 근거하여 滅定有心을 주장하였고, 이때의 마음을 '소연과 행상을 알 수 없는 미세한 마음'이라 하였다. 無性에 의하면 멸진정은 소연과 행상을 알기 어려운 不明了한 識(aparisphuṭavijñāna)인 알라야식을 대치하기 위한 것이 아니기 때문에 멸진정에 들더라도 알라야식은 소멸하지 않는다는 것이다.33 이에 따라 유가행파에서는 멸진정을 알라야식 존재증명의 주요논거로 삼기도 하였다.34

상좌일파(비유자/경량부)가 멸정유심설을 주장하였다는 사실은 유부

---

32 '壽·煖·識의 不相離'와 멸진정에 든 자와 死者의 차이를 설한 경은 『중아함』210 『法樂比丘尼經』(中部니카야 Cūḷa-vedallasutta: MN.44)과 211 『大拘絺羅經』(동 Mahā-vedallasutta: MN43). "멸진정에 들더라도 識은 몸을 떠나지 않는다(識不離身)"는 경설(완전한 경문은 주34의 『성유식론』 참조)은 本庄良文(1983, p.96)에 의하면 『法樂比丘尼經』의 異本인 『法施比丘尼經(*Bhikṣuṇīdharmadinnāsūtra)』으로, 근본설일체유부 전승. (L. 슈미트하우젠, 1987, p.20) 本庄良文(1983, pp.105-112)은 티베트 전승인 Śamathadeva의 『俱舍論註(Abhidharmakoṣopāyikā nāma Ṭīkā)』(大谷目錄 5595, 東北目錄 4094)에서 이 경의 전문을 회수하였다.

33 『섭대승론석』권3(T31, 395b27-c2), "滅定不能對治此故. 非爲治此而生滅定, 所緣行相難了知故. 非爲對治不明了識而入滅定, 不寂靜性難了知故. 是故滅定不能對治阿賴耶識. 若無對治, 此則不滅." ([경에서 '識不離身'이라 말한 것은] 멸진정은 이것(알라야식)을 능히 대치할 수 없기 때문이다. 이것을 대치하기 위해 멸진정을 낳은 것이 아니니, [알라야식은] 所緣과 行相을 알기 어렵기 때문이다. 즉 明了하지도 않은 識을 대치하기 위해 멸진정에 드는 것은 아니니, 不寂靜性(즉 散心에서의 소연과 행상)은 알기 어렵기 때문이다. 그렇기 때문에 멸진정은 능히 알라야식 대치할 수 없다. 만약 대치하는 일이 없다면 이는 소멸하지 않는 것이다.)

34 『유가사지론』권51(T30, 579a24; c13-16); 『섭대승론』권중(T31, 137a2-5); 본서 제13장 2-5, 3-5 참조.; 『성유식론』권3(T31, 17c25-28). "又契經說, '住滅定者, 身語心行無不皆滅. 而壽不滅, 亦不離煖, 根無變壞, 識不離身.' 若無此識, 住滅定者, 不離身識, 不應有故."

와 유가행파의 문헌 상에 두루 나타난다. 일찍이 『대비바사론』의 譬喩者가 '멸진정에 든 자와 死者의 차이'에 근거하여 이를 주장한 이래[35] 『순정리론』 상의 譬喩論者도,[36] 『問論』의 저자 世友(보광에 의하면 經部異師)도,[37] 상좌 슈리라타[38]와 그의 제자 邏摩(Rāma)도,[39] 나아가 상좌와 가까이한 세친도 滅定有心說을 주장하였으며,[40] 『섭대승론』(주55)이나 『성업론』(T31, 784a7), 『성유식론』(주46)에서도 멸진정 중에 제6 意識이 존재한다는 어떤 이의 주장을 인용 비판하는데, 이는 世友나 譬喩論者에 대한 중현(유부)의 비판과 동일할뿐더러 窺基 등 동아시아 법상교가 또한 이를 上座部 설로 평석하였다.

이들 상좌일파가 주장한 滅定有心의 '마음'(즉 제6 의식)은 어떤 마음인

---

35 『대비바사론』권151(T27, 772c21-24), "謂譬喩者‧分別論師執: 無想定, 細心不滅. 彼作是說: 若無想定都無有心, 命根便斷, 應名爲死, 不名在定."; 동 권152(774a14-17), "謂譬喩者‧分別論師執: 滅盡定, 細心不滅. 彼說: 無有有情而無色者, 亦無有定而無心者. 若定無心, 命根應斷, 便名爲死, 非謂在定."; 동 권152(775a22-25), "譬喩者說: 此定有心, 唯滅想受. 問: 今不問彼. 但問說無心者. 何故爾耶? 答: 說想受滅, 顯餘亦滅, 非餘相應法, 離想受起故."

36 『순정리론』권13(T29, 403a21-24), "譬喩論者作如是言: 滅盡定中, 唯滅受想, 以定無有無心有情. 滅定命終, 有差別故, 經說'入滅定, 識不離身'故, 又言'壽煖識互不相離'故."

37 AKBh., p.72. 21-22, bhadantavasumitras tv āha paripṛcchāyāṃ "yasyācittikā nirodhasamāpattis tasyaiṣa doṣo, mama tu sacittikā samāpattir" iti. (櫻部建, 1979, p.324 참조); 『구사론』권5(T29, 25c26-28), "尊者世友問論中說. 若執滅定全無有心, 可有此過. 我說滅定猶有細心. 故無此失."; 『구사석론』권5(T29, 184b3-5), "大德婆須蜜多羅於問中說. 若人執滅心定無心, 此人則有如此失. 我今執滅心定有心."; 『대승성업론』(T32, 784a2-6), "如尊者世友所造問論中言: 若執滅定全無有心, 可有此過. 我說滅定猶有細心, 故無此失. 彼復引經證成此義. 如契經言: 處滅定者身行皆滅, 廣說乃全. 根無變壞, 識不離身."

38 『순정리론』권5(T29, 395a14-16), "若言聲處, 若是異熟, 處無心位應恒行者. 意等云何? 若言意等有相續者, 此亦不然--"; 권15(T29, 420b20), "彼(상좌)許滅定中有心現行."; 권80(T29, 771c15-22; 본 장 주52)

39 『순정리론』권26(T29, 485c24-27), "大德邏摩率自意釋:-- 滅盡定中意處不壞. 由斯亦許有意識生."; 동론 권29(T29, 504b12-13), "入滅定等, 識相續生, 曾無間斷, 彼(邏摩)宗許故."

40 중현은 세친(經主)이 인용한 "미래의 결과는 과거의 업에 의해 낳아지는 것이 아니라 相續의 轉變과 差別에 의해 낳아진다"는 『구사론』상의 경량부 설(T29, 106a10-12; 158c24-159a9; 제10장 주127-128)을 비판하면서 "그대들 [經部]宗에서는 멸진정 중에서도 마음이 존재한다고 주장한다"(又汝[經部]宗執. '滅定有心.': T29, 629b27ff)고 힐난하여 [心法 能熏의] 相續轉變差別說을 滅定有心說을 주장하는 이들(즉 상좌 일파)의 학설로 묘사하였으며, 디파카라(Dīpakāra) 또한 멸진정이 有心定이라는 세친(俱舍論主)의 주장을 불교적이지 않은 것(abauddhīya)이라 비난하고 있다. (ADV., pp.93. 14-95. 1, atra punaḥ kośakāraḥ pratijānīte- "sacittikeyaṃ samāpattiḥ" iti. --(중략)-- tad etad abauddhīyam.; 三友健容, 2009, pp.390-391 참조)

가? 『대비바사론』과 『구사론』, 『성업론』 등의 玄奘 諸譯(주35; 37)에서는 이를 '細心'이라 하였지만, 범본이나 眞諦 역의 『구사석론』(주37)과 毗目智仙 역의 『業成就論』(T31, 779b5)에는 '細(sūkṣma)'라는 말이 없기 때문에 이는 玄奘의 부가로 간주된다.41 이러한 부가는 물론 玄奘의 先이해에 따른 것이라 할 수 있을 것인데, 그렇다면 이는 어디서 유래한 것인가? 譬喩者의 주장대로 멸진정에서는 오로지 受·想만 멸하고 意識은 멸하지 않는다고 한다면 (주35; 36 참조) 이때 의식은 受·想 등의 심소를 수반하지 않는 의식이라 해야 하는데,42 이러한 의식은 어떠한 상태의 의식을 말함인가?

　　普光은 이때의 마음을 『대비바사론』의 비유자 설(주35)에 근거하여 '細心'이라 하였을 뿐이지만, 稱友(Yaśomitra)는 '不明了한 意識(aparisphuṭa-mano-vijñāna)'으로 해설하였다.43 그렇다면 다시 '불명료한 의식'이라 함은 어떤 상태의 의식을 말함인가? 하카마야 노리아키(袴谷憲昭, 2001: 532 주4)는 "이 같은 意識은 설령 불명료한 것이라 하였을지라도 어디까지나 의식 (mano-vijñāna)이라는 점에 주의해야 한다"고 註記하고서 경량부(존자 世友: 주37)에서 말한 멸진정 중의 의식은 내재적 존재방식의 무의식 즉 이숙식 (vipāka-vijñāna)이 아니며 여전히 毘婆沙師에 의해 채용된 것과 같은 외재적 존재방식의 의식 즉 외계대상(소연)에 대한 了別의 인식작용을 갖는 의식임을 강조하고 있다. 이는 '동일 根에 근거한 二識俱生'을 인정하지 않는 유부나 유가행파에서의 경량부 비판과 동일한 이해로(주42 참조), 경량부

41　山口益(1951), p.170f 주1.; 袴谷憲昭(2001), p.533 주17; 주25 참조.

42　유부나 유가행파에 의하면 受·想 등의 심소(大地法 혹은 遍行심소)를 수반하지 않는 意識은 존재하지 않는다. 그래서 그들은 멸진정 중에 意識이 존재한다면 이는 意와 法을 인연으로 하여 생겨난 것으로 여기에는 반드시 三事和合의 觸과 (意觸所生의) 受·想·思 등이 수반되어야 한다고 비판한다. (『구사론』권5, T29, 25c28-26a3; 『순정리론』권13, T29, 403a24-29; 『대승성업론』T31, 784a7-10; 『섭대승론(無性)석』T31, 137a6-7; 395c18-20; 『성유식론』권4, T31, 18b28-c2) 이에 대한 비유자/경량부의 해명은 제13장 주129; 132-134 참조.

43　(T41, 100b26ff). AKVy., p.167. 6, aparisphuṭa-mano-vijñāna-sacittakānīti sthavira-Vasumitr'ādayaḥ

의 滅定有心說을 이같이 이해하는 한 "『성업론』에서의 세친의 논박은 논리적으로 적절하다"고밖에 말할 수 없고,[44] 알라야식만이 '진실의 이숙식'이라는 『성유식론』(주31 참조)을 추종할 수밖에 없을 것이다.

그러나 앞서 無性은 멸진정에 존재하는 알라야식을 不明了한 識이라 하였고(주33), 『성유식론』에서는 生死位에서는 明了한 識인 轉識이 일어나지 않는다고 하였다.[45] 그렇다면 상좌일파가 주장한 滅定有心說에서의 '마음' 역시 요별의 인식작용이 미세한, 혹은 不明了한 意識이라 하지 않으면 안 된다. 상좌 또한 앞서 二識俱起가 가능한 것은 그중 하나가 不明了한 것이기 때문이라고 하였다. (주29)

동아시아 법상교가 역시 이 같은 사실을 확인하고 있다. 『성유식론』의 알라야식 존재증명 제9 滅定證(주34)에서 인용한 "멸진정의 상태에서도 제6識이 존재하기 때문에 [경에서 '識은] 몸을 떠나지 않는다'고 말한 것"[46]이라는 이설에 대해 窺基는 "이는 經部末宗(末經部)의 轉計로 앞서 生死證에서 비판한 미세한 의식(細意識: 주14; 15 참조)이 멸진정 중에 존재한다는 上座部師(상좌일파)의 주장"[47]이라 평석하였고, 太賢은 "이러한 [멸진정] 상태에서의 識은 목숨과 체온 등이 그러한 것처럼 행상과 소연을 알 수 없기 때문에 제6識이 아니다"[48]는 本論(『성유식론』)의 비판과 관련하여 "이러한 멸진

---

44 袴谷憲昭(2001), p.526. "世友의 滅定有心說에 대한 [『성업론』에서의] 두 종류의 논박은, 이 같은 [멸진정 중의] 意識(mano-vijñāna)이 설령 불명료한 마음(aparisphuṭa-mano-vijñāna: 稱友의 해설)이나 미세한 마음을 포함한 것이라 할지라도 毘婆沙師에 의해 채용된 것과 같은 외재적 존재방식의 의식(an external phenomenon of consciousness)이라고 하는 한, 논리적으로 적절하다. 그러나 이러한 有心(sacittaka)說은, 그것이 무의식의 내재적 존재방식(an internal phenomenon of the unconscious)으로 전개해나갈 실마리가 되었을 것으로 생각된다."

45 『성유식론』권3(T31, 16c25), "謂生死時身心惛昧, 如睡無夢極悶絶時, 明了轉識必不現起."

46 『성유식론』권4(T31, 18a18), "若謂此位有第六識, 名不離身.--"; 『섭대승론』에서의 동일한 이설은 주55.

47 『성유식론술기』권4末(T43, 370b11-13), "下破經部末宗轉計. 上座部師亦許定中有細意識. 生死等位已遮破訖. '極成意識, 不如是故.'"

48 『성유식론』권4(T31, 18a22-23), "或此位識, 行相所緣不可知故, 如壽煖等, 非第六識."

정의 상태에서도 행상과 소연을 모두 알 수 없는 意識이 존재한다"는 그들 經部末計와 上座部의 해명을 전하고 있는 것이다.[49]

유가행파의 입장에서 볼 때 행상도 소연도 알 수 없는 불명료성(혹은 不可知性)의 의식은 누구나 인정할 수 있는 상식적 차원(極成)의 의식이 아니었고(주14), 따라서 의식은 '眞實의 이숙식'이라고는 할 수 없는 것이었다. (주31) 상식적 차원의 의식은 다만 根·境 등의 衆緣에 따라 거칠게 활동하는 것(麤動), 명료한 요별/인식작용을 갖기 때문이다.[50] 그렇지만 상좌의 경우 역시, 세친이 『성업론』에서 "다리가 한 개밖에 없는 의자를 '다리가 없는 의자'라고 하였듯이 멸진정은 異熟識(무량의 종자가 쌓인 集起心 ācayacitta)의 관점에서는 有心(sacittaka)이지만 6識(소연과 행상이 전후 차별적으로 일어나는 種種心 nānācitta)의 관점에서는 無心(acittaka)"이라 한 것[51]과 마찬가지로 다만 미세하고 거친, 불명료하고 명료한 마음의 두 양태 중 거칠고 명료한 마음이 소멸한 상태가 멸진정 등으로 일컬어진 無心定이었다.

(2) 상좌의 불요별성의 식

우리는 이러한 상좌의 생각을 『순정리론』상에서도 발견할 수 있다. 그는 중현과 8解脫 중 제8 滅受想定解脫身作證具足住에 관해 다음과 같이 논란하였다.

[상좌:] 멸진정은 제 유정의 상속의 상태를 [차별하여] 그같이 말한 것일

---

49 『성유식론학기』권중本(『韓佛全』3, 564a8-14), "第三破 經部末計及上座部, [滅定]有意識故. -- 彼救難云. '此位意識行相所綠俱不可知.'"

50 『성유식론술기』권4末(T43, 370b21-22), "解云我(瑜伽師)名無心定. 無麤動識名無心."; (동 370c11-13), "彼(經部末宗)亦自說, 自('此'의 誤寫: 前註 참조)位之識, 行相所緣微細難知. 故以爲因. 或汝所言此位第六識, 應非是實第六識攝, 行相所緣不可知故, 如壽·煖等."

51 『대승성업론』(T31, 784c7-10).; 袴谷憲昭(2001), p.527.

뿐 [개별적 실체로서 존재하는 것이 아니다].

[중현:] 이 역시 올바른 이치가 아니니, [이에 대해서는] 앞(「辯差別品」)에
서 이미 널리 분별하였다. 즉 이러한 멸진정은 결정코 그 자체 실유이
기 때문이다.

[상좌:] 이러한 [멸진]정에서도 마음이 존재한다.

[중현:] 그같이 말할 수 없으니, 受·想·思를 갖지 않고서 (다시 말해
‘受·想·思와 상응하는 일 없이’) 존재하는 마음을 일찍이 본 적이 없기
때문이다.

[상좌:] [마음이] 이 같은 멸진정에서의 行路를 뛰어넘어 현행하는 일은
있을 수 없으니, [경에서] “이러한 [멸진정] 중에서는 受·想 등이 소멸
하여 寂靜 安樂한데, 아라한 등에게는 이와 같은 수승한 해탈이 존재한
다”고 설한 바와 같다. 즉 [이러한 멸진정 중에서도] 유정의 근본이 되
는 상속과 마음이 존재한다는 뜻이 없다면 [멸진정을] ‘적정 안락한
것’이라고 말할 수도 없는 것이다.

[중현:] 아라한 등이 향유하는 수승한 해탈에 어찌 “所緣도 갖지 않고 行相
도 떠나 일어나는 동일種類의 마음(一類心, *ekajātīyacitta)이 존재한다”
고 計度할 수 있을 것인가?52

중현은 인식활동이 미세한, 소연과 행상을 알 수 없는 멸진정에서의
마음을 보다 적극적으로 ‘소연도 행상도 갖지 않고 일어나는 동일種類의
마음’이라 하였다. ‘소연과 행상을 갖지 않는 마음’이란 마음의 일반적 특성
인 了別의 인식작용을 갖지 않는 마음이다. 유가행파에서는 이러한 마음을
意識이라 하는 것은 상식적이지 않다고 하였지만, 유부의 경우에도 이는

---

52 『순정리론』권80(T29, 771c15-22), “然上座言: ‘卽諸有情相續分位, 名滅盡定.’ 此亦非理, 前已廣
辯. 此滅盡定實有體故. 又不可說此定有心, 曾不見有心無受想思故. 無容於此越路而行, 如說 ‘此
中受想等滅, 寂靜安樂, 阿羅漢等乃有如是殊勝解脫.’ 非無義本相續及心, 可說名爲安樂寂靜. 阿羅
漢等殊勝解脫, 如何計度, 有一類心, 無有所緣, 離行相轉?”

兎角과 같은 공허한 개념이었다. 중현은 '요별하지 않는 識'이라는 말은 바로 識의 體性, 識이라는 존재 자체를 부정하는 것이기 때문에 空花宗(대승 空見)의 주장과 같은 것이라고 비판하였다. (주53 참조)

그러나 상좌는 '識=了別者(vijñātṛ: 인식주체)'의 경설을 世俗說로 간주하고서 '능히 요별하지 않는 식'의 존재를 설정하였다.

저 上座는 말하였다. "계경에서 '識은 바로 了別者'라고 말하였지만, 이는 勝義가 아닌 世俗說이다. 만약 了別者가 바로 識이라고 한다면, [識을] 역시 '識 아닌 것(非識)'이라고 해야 한다. 즉 능히 了別하는 것만을 識이라고 말한다면, 능히 了別하지 않을 때에는 識이 아니라고 해야 하지만, '識이 아닌 것'을 識이라고 말해서는 안 된다."[53]

상좌에 의하면 識 자체는 了別작용을 갖지 않는다. 다만 전 찰나의 외계대상(=所緣緣)과 유사한 형상(=所緣境)을 띠고 생겨날 때, 그림자가 처소를 달리하여 연속적(無間)으로 생겨날 때 '그림자가 움직인다'고 가설하듯이(그림자 자체는 운동을 갖지 않는다) 識 역시 [찰나찰나] 대상을 달리하여 상속 생기할 때 "識이 대상을 요별한다"고 가설한다는 것이다.[54]

---

53 『순정리론』 권25(T29, 484b19-22). 원문은 제5장 주99 참조. 이에 대해 중현은 '요별하지 않는 識'이 만약 '이미 요별한 [과거]識'과 '아직 요별하지 않은 [미래]識'이라면 上座宗에서는 過未無體를 주장하기 때문에 '요별하지 않는 識' 또한 無體라고 해야 하며, 만약 현재찰나 중에 '요별하는 識'과 '요별하지 않는 識'이 존재하는 것이라고 말한다면 현재의 識으로서 요별하지 않는 것은 존재하지 않기 때문에 그같이 말할 수 없으며, 그 밖의 또 다른 제4의 '요별하지 않는 識'의 설정은 불가능하다고 비판한다. ("上座此中說何位識. 爲不能了? 若說未生已滅位識, 便似空花, 非彼所宗. -- 亦不可說, 於現在時, 具有能了不能了識, 以現在識必了境故. 更無第四識位可得. 如何可說, '不能了時, 應成非識'?": T29, 484b23-28) 나아가 識에 요별작용이 존재하지 않는다면 諸識에 功能의 차별도 존재하지 않는다고 해야 하고, 만약 [諸識에 공능의 차별이] 존재하지 않는다면 識은 존재하지 않는 것이라 해야 하지만, 그것은 다름 아닌 空花宗의 주장이라 비판한다. ("若謂作者體實都無, 則亦應無能了等用. 若謂亦無能了等用, 應無識等功能差別. 此若亦無, 何有識等? 識等無者, 便濫空花": 동 484c7-10)

54 『순정리론』 권3(T29, 342a22-27). 원문은 제5장 주100. '識=無作用'설에 기초한 상좌의 인식

‘요별하지 않는 識’의 설정은 ‘識=了別者’라는 규정을 가설(세속설)로 이해할 때 비로소 가능하다. [세속으로서의] ‘능히 요별하는 識(能了識, *vijñaptika-vijñānam)’이 깨어 있는 識이라면, [승의로서의] ‘능히 요별하지 않는 識(不能了識, *avijñaptika-vijñānam)’은 잠자고 있는 識, 소연과 행상을 갖지 않는 不明了性의 識으로, 무심위에서는 바로 이러한 識만이 존재한다. 그렇지만 일상에서는 두 가지 識이 함께 존재한다. 상좌는 이를 명명조의 두 머리에 비유하였다.

따라서 稱友가 해설한 ‘멸진정 중의 마음=불명료한 意識’(주43)은 흐리멍덩한 요별·인식이 아니라, 혹은 하카마야 노리아키(袴谷憲昭)가 말한 ‘毘婆沙師(유부)에 의해 채용된 것과 같은 외재적 존재방식의 의식’이 아니라 소연과 행상을 갖지 않는 동일種類의 이숙식이다. 『섭대승론』에서 “멸진정에서는 소연도 행상도 지각되지 (혹은 ‘명료하지’) 않기 때문에 그때 ‘몸을 떠나지 않는 識’은 어떤 이(=경량부)가 주장한 意識이 아니라 알라야識”이라고 한 것도,[55] 『성유식론』에서 같은 이유에서 生死位의 의식은 ‘진실의 이숙식’이 아니라고 한 것(주31)도 이때 ‘의식’이 알라야식에 대응하는 경량부 개념이었기 때문으로, 유가행파 역시 유부와 마찬가지로 了別작용을 갖지 않는 (혹은 ‘不明了性의’) 의식의 존재를 인정할 수 없었던 것이다.

3) 동일種類의 마음(*ekajātīyacitta: 一類心)

굳이 유가행파의 설명을 빌리지 않더라도 선·불선, 淨(śubha)·不淨(aśubha) 등의 種種界를 훈습 보지하는 識이 되기 위해서는 구체적인 요별의 인식작

이론에 대해서는 제5장 3-4-3 참조.

55 『섭대승론본』권상(T31, 137a6-7), “又若有執: ‘以意識故滅定有心.’ 此心不成, [想受滅]定不應成故, 所緣行相不可得故, --.” 여기서 ‘어떤 이’가 경량부(상좌일파)라는 것은 두말할 나위가 없다. 제13장 주108 참조.

용을 갖지 않아야 할 뿐만 아니라 그 같은 도덕적 성질의 종자와 상위하지 않는 무부무기성의 동일種類로서 언제 어디서나 항상 존재(상속)하는 이른바 '微細一類恒遍'의 識이지 않으면 안 된다. 여기서 '種類(jāti)'란 인도지식론 일반에서 다수의 개물(vyakti)에 존재(공통)하는 동일·보편성이나 일반성(sāmānya), 혹은 유사성(sādṛśya=sārūpya)을 의미한다.56 즉 현실태(*vastu: 事)로서의 6識은 소의와 소연, 행상 등의 衆緣에 따라 일어나고 선·불선 등의 도덕적 성질을 지니며 멸진정 등에서 끊어지지만, 이러한 동일성으로서의 마음 자체는 다만 업에 의해 초래되는 異熟識으로, 유가행파에서는 이를 알라야식(ālayavijñāna: 阿賴耶識)이라 하였다.

種種界(一切種子)의 소의처인 알라야식이 언제 어디서나 존재하는 미세한 동일種類의 異熟識이라면 상좌의 一心 역시 그러한 것이라고 하지 않으면 안 된다. "마음 그 자체는 비록 단일할지라도 거기에는 [선·불선 등] 수많은 界가 존재한다"(주1)는 그의 논설에서 '그 자체 단일한 마음(心其體一)'이 바로 다만 업에 의해 초래되는 동일種類의 마음(一類心, *ekajātīyacitta: 주52)으로, 一心(ekacitta)은 바로 이 말의 略語일 것이다. 따라서 이러한 마음은 당연히 멸진정에서도 소멸하지 않는다. 그러나 다시 말하지만 이러한 마음은 알라야식처럼 현행식과는 다른 별도의 실체가 아니라 6識의 한 형식, 인식작용을 갖지 않는 (잠자고 있는) 동일성으로서의 6識이다.

---

56 中村元(1983), 「インド論理學 述語集成」, p.90. "類(jāti)의 본질은 [다수의 개물 중에 존재하는] 共通의 [속성]을 산출하는 것이다." (*Nyāyasūtra*, 2. 2. 68); "어떤 사물에 대해서는 無區別을 산출하고 어떤 사물에 대해서는 區別을 산출하는 것, 그것은 보편이며 특수인 것(sāmānyaviśeṣa)인데, 이것이 類(jāti)이다." (*Nyāyabhāṣya*) 『성유식론』에서는 [경량부가] 이러한 '類(jāti)' 개념의 실재성을 주장할 경우 그것은 바로 외도의 주장과 같은 것이라 하였는데("執類是實, 則同外道": T31, 15c11-12), 窺基은 이를 바이세시카학파의 同·異 즉 보편(sāmānya)과 특수(viśeṣa)로 해설하였다. (T43, 357b12) B. K. 마티랄, 박태섭 역, 『고전 인도논리철학』(고려원, 1993)에서는 jāti를 '牛性(cowness)'과 같은 개물에 내재하는 총칭 속성(a generic property)의 의미로 사용한다. 참고로 『잡아비담심론』(구역)에서는 신역의 同分(sabhāgatā)을 '種類'로 번역한다. (T28, 943a16-25)

사실상 현행식의 본질·토대라고도 말할 수 있는 동일種類의 마음은, 일체의 심소(상응)법은 다만 마음의 차별이라 주장한 譬喩者에서도 그 흔적을 찾을 수 있다.

그러므로 오로지 識만이 존재할 뿐이다. 혹 [경에서는] 그것이 [작용하는] 상태에 따라 流轉하는 것을 "여러 종류의 심·심소의 차별이 존재한다"고 말한 것으로, 마치 사탕수수 즙이 그러한 것과 같고 倡伎人(배우)이 그러한 것과 같다. 따라서 개별적인 실체로서 획득될 수 있는 受 등은 존재하지 않는다.57

사탕수수나 배우 자체의 본질은 단일하지만 그것이 변화한 상태나 맡은 배역에 따라 여러 명칭으로 불리듯이, 識 또한 그 자체로서는 단일한 [種類]이지만 善心·惡心, 貪心·瞋心 등 작용하는 상태에 따라 온갖 심소의 명칭으로 불린다는 것이다. 이에 따를 경우 어떤 배우가 악한 사람으로 출현하든 선한 사람으로 출현하든, 혹은 사탕수수의 즙이 주스나 술·초(醋)가 되었을지라도 배우나 사탕수수 자체의 존재성을 떠나지 않듯이, 동일種類의 마음 역시 그러하여 항상 현행식과 함께 한다.

6識 중의 동일種類가 종자 훈습처라는 상좌의 주장은 초기 유가행파 논서 상에서 주된 비판대상이었다. 예컨대『유가사지론』에서의 알라야식 존재증명 제1 依止執受證은 "6識身에는 무부무기성의 이숙식에 포섭되는 [동일]種類(jāti)가 획득(인정)될 수 없다"는 등의 이유에서 執受(심·심소의 토대가 되는 색신)의 주체가 될 수 없다는 것으로, 바로 경량부의 6식 종자

---

57 『순정리론』권11(T29, 395a17-19), "故唯有識, 隨位而流, 說有多種心心所別, 如甘蔗汁, 如倡伎人. 故無受等別體可得." 이들 비유자에 의하면 "6識 자체는 바로 마음이며, 受 등의 법은 바로 이러한 마음 자체의 종류(心體類)로서, 이러한 제법은 마음의 상속 중에 존재하기 때문에 심소라고 이름한다." (T29, 395c3-5)

설 비판이다. 즉 6식은 다만 衆緣에 의해 생겨나고 선·불선 등의 도덕적 성질을 지니는 현행식일 뿐 동일種類의 마음(즉 一心)일 수 없기 때문에 이와는 다른 별도의 실체로서 알라야식을 설정해야 한다는 것이다.[58] 遁倫 또한 이 논증을 소승 중 알라야식(本識)을 설정하지 않고 6식이 집수의 주체라고 주장하는 경량부에 대한 비판이라 해설하고서 "6식에는 異熟의 [동일]種類가 획득될 수 없다"는 자파 비판에 대한 그들의 항변을 이같이 전하고 있다.

우리(경량부)의 眼識 등에도 역시 先業으로부터 생겨나 [所依를] 執持할 수 있는 異熟心이 존재하거늘 그대들은 어찌하여 眼 등의 轉識은 능히 [소의 신을] 執持하는 주체가 될 수 없다 하여 우리의 논의를 전면적으로 부정하는 것인가?[59]

또한 무성(Asvabhāva)은, 무착이 제시한 6識身이 종자와 상응할 수 없는 (다시 말해 종자 훈습처가 될 수 없는) 세 이유(주79 참조) 중의 하나인 "'種類(jāti)'의 다른 例는 과실을 성취한다(類例餘成失)"에 대해 해설하면서 그들(경량부)의 주장을 인용하고 있다.

'種類(jāti)'라는 句義(*padārtha: 범주)에 근거할 때, 6종의 轉識도 [능훈과 소훈이 되는 전후의] 두 찰나는 同一한 識의 種類이다. 혹은 [6종의 轉識도 찰나]찰나 種類 상으로는 어떠한 차별도 없으니, 品類(*prakaraṇa)만 달리

---

58 『유가사지론』권51(T30, 579a25-b10), "--又六識身, 無覆無記異熟所攝類不可得." (T30, 579b1-2). 자세한 내용은 본서 제13장 2-1 참조.

59 『유가론기』권13上(T42, 593b4-13),; 『유가사지론약찬』권13(T43,170a19-28), "其「初因」意者. 諸小乘等中, 不立本識. 如經部師 以六識持身. 今意非此. --(중략)-- 又若有執求之云: 我眼識等中 亦有異熟心 從先業生 能執持. 汝何故言: '眼等轉識 非能執持' 而摠遮我?"

하기 때문이다. [따라서] 바로 이러한 識[의 種類]나 이러한 [찰나]찰나[의 種類]가 서로 훈습하는 것이지 [6轉識의] 일체(즉 種類와 現行 모두)가 훈습하는 것은 아니다.[60]

조금은 난해한듯하지만 종자공능의 훈습은 6識의 두 범주 ─ 전후찰나에 걸친 동일種類의 마음과 根·境 등 衆緣에 의한 차별적 품류의 마음─ 모두에 가능한 것이 아니라 동일種類의 마음에만 가능하다는 것이다. 세친의『섭대승론석』에 따르면, 전후찰나에 걸쳐 상속하는 두 識은 비록 相應(俱生)하지 않을지라도 (다시 말해 전 찰나의 6식이 존재할 때 후 찰나의 6식은 아직 생겨나지 않았고 후 찰나의 6식이 생겨났을 때 전 찰나의 6식은 이미 소멸하였을지라도) '種類'가 동일하기 때문에 서로 [능히 훈습하는 것(能熏)과 훈습되는 것(所熏)이 되어] 훈습할 수 있다는 것이다.[61]

6識의 동일種類(jāti)가 종자 훈습처라는 상좌(=경량부)의 주장은『성유식론』의 알라야식 존재증명 제1 持種證 ─"알라야식이 존재하지 않는다면 경에서 설한 '제법종자가 集起된 마음'도 불합리하다" (T31, 15b19-21)─ 에서 '어떤 이의 학설(有說)'로 인용 비판되고 있다.

어떤 이는 설하였다. 6識은, 無始이래 根·境 등에 근거한 前後이 [차별적] 상태인 事(*vastu: 현실태로서의 了別識)는 轉變할지라도 種類(jāti: 동일성으로서의 不了別識)로서는 차별이 없다. 이것이 바로 훈습의 住處로 능히 종자를 保持하는 것이다.--(후략: 주99)

---

60 『섭대승론(무성)석』권2(T31, 389c9-11), "若謂 '依止種類句義, 六種轉識, 或二刹那 同一識類, 或刹那類 無有差別, 由異品故. 或卽彼識, 或彼刹那, 有相熏習, 非一切'者--." 자세한 내용은 제12장 3-3-1 참조.

61 『섭대승론(세친)석』(현장 역)권2(T31, 330a11f); (진제 역)권2(T31, 166b10). 원문과 한글번역은 제12장 주54-55 참조.

    동아시아의 법상교가는 여기서의 '어떤 이'를 역시 末經部(즉 상좌일
파)로 평석하였다. 이들은 이미 논의하였듯이 6識을 根·境 등의 衆緣에 따
라 생겨나는, 다시 말해 찰나찰나 轉變하는 현실태(事, *vastu)로서의 識과,
이숙업에 의해 생겨난, 다시 말해 그 성질이 바뀌거나 단절되는 일 없이
언제 어디서든 항상 존재하는 동일種類(類, jāti)로서의 識이라는 두 형식으
로 고려하고서, 후자를 종자 所熏處로 간주하였다. 窺基와 太賢은 이에 대해
이같이 해설하였다.

> 이러한 [현실태(事)로서의 6]識은 轉變하여 찰나에 바로 소멸하지만, 識 상
> 에 설정된 동일種類(一類, ekajāti: 識 자체의 동일성)는 轉變하지 않으며 前
> 後의 차별도 없다. 즉 識으로서의 種類(識類)가 동일하기 때문에, 이것이
> 종자를 훈습할 수 있고, 역시 保持할 수 있는 것이다. --(후략)--[62]

> 저들(末經部)은 [6]識 自體 상에 동일種類(一類, ekajāti)를 설정하였다. [識의]
> 事(*vastu, 현실태)가 동일 찰나(同念)의 識의 種類(識類)에 능히 훈습한다.
> 즉 [識의] 種類는 前後[찰나]를 관통하여 [동일하게 상속하기에] 熏習을 수
> 납하고 種子를 지닐 수 있는 것이다.[63]

    이처럼 상좌 슈리라타뿐만 아니라 그를 비판한 중현도, 유가행파의 일

---

62 『성유식론술기』권4本(T43, 357b3-4). "是識轉變刹那卽滅. 識上假立一類不變. 無別前後, 識類
　　 是一. 故此可熏, 亦可持種." 완전한 인용은 본 장 주100 참조.

63 『성유식론학기』권중本(『한국불교전서』3, 556b11-13), "彼識體上, 假立一類. 事能熏於同念識
　　 類. 類貫前後, 受熏持種." 太賢은 이처럼 능히 종자로 훈습하는 현실태(事)로서의 識(能熏)
　　 과 이것이 훈습되는 동일성(類)으로서의 識(所熏)을 동시적(同念) 관계로 이해하였지만,
　　 이는 유가행파에서 이해한 현행식(能熏)과 알라야식(所熏)의 관계이다. (본 장 3-2 참조)
　　 경량부에서는 양자를 무간에 걸친 異時的 관계로 이해한다. 전 찰나의 현행이 후 찰나로
　　 훈습한다. 유가행파에서는 이 같은 경량부의 종자설(前念熏後念說: 주84) 이해를 6식이
　　 종자 훈습처가 될 수 없는 이유 중의 하나로 제시하였다. (주79 참조)

련의 논서 이를테면『유가론』이나『섭대승론』,『성유식론』도, 이를 해석한 세친과 무성과 같은 인도의 유식논자도, 그리고 둔륜이나 규기, 태현 등 동아시아의 법상교가도 다 같이 6식 중의 한 양태인 동일種類의 마음 즉 一心이 경량부의 종자 所熏處라고 전하고 있다. 이는 先業에 의해 생겨난 미세한 무부무기성의 이숙식으로, 상좌가 命命鳥의 비유로써 언급한 '동일 根에 근거하여 俱生한 두 識' 중 잠자고 있는 마음 바로 그것이다.

3. 상좌의 일심과 알라야식

1) 일심은 알라야식과 동일개념

주지하듯이 경량부(=상좌일파)와 유가행파는 다 같이 수계·종자설로써 세계를 설명한다. 그들은 결과의 직접 원인(hetupratyaya: 因緣)을 유부와 마찬가지로 界(dhātu) 즉 종자(bīja)로 간주하였지만,64 이는 번뇌와 업과 같은 현행의 種種法이 유정의 소의신(āśraya) 상에 훈습된 것,65 따라서 유부의 界처럼 自相을 갖는 객관의 실체(法)가 아니라 다만 자신의 결과를 낳는 특수한 功能(sāmarthya-, śakti-viśeṣa)으로 이해하였다.66 그리고 이 같은 공능 (경량부의 경우 心法의 공능)이 훈습된 곳, 혹은 종자가 집적된 곳을 心(citta) 이라 하였다.67

---

64 "然上座言: 因緣性者, 謂舊隨界." (『순정리론』 T29, 440b3f); "因緣者, 謂(諸行)種子." (『유가사지론』 T30, 292a2; 775c8) 그러나 『유가론』에서 알라야식 설정 전의 인연은 諸色根과 根의 소의와 識. (T30, 583b26ff: 제9장 주105) "因緣如種子法." (『대비바사론』 T27, 109a25 등, 제9장 주100 참조)

65 "此(舊隨界)爲何相? 是種種法 所熏成界." (『순정리론』 T29, 440b15); "諸煩惱及隨煩惱熏習所作, 彼種子體." (『섭대승론本』 T31, 135b26f).

66 "此中何法名爲種子? 謂名與色, 於生自果所有展轉鄰近功能." (『구사론』 T29, 22c11-13); "此中何法名爲種子? 謂本識中, 親生自果功能差別." (『성유식론』 T31, 8a5f)

67 citaṃ śubhāśubhair dhātubhir iti cittam. 淨·不淨界가 쌓인 것(cita)이기 때문에 心(citta)이다.

수계·종자설을 주장하는 한 공능의 상태인 종자 훈습의 소의처로서 種子識의 설정은 필연적이다. 이는 전술한 대로 언제 어디서든 단절됨이 없이 항상 존재(상속)하는 것이어야 할 뿐만 아니라 유정의 相續 상에 일어나는 染·淨 등 일체제법의 종자를 受納 保持하기 위해서는 無覆無記性이어야 한다. 또한 찰나찰나 根·境 등의 衆緣에 의해 일어나는 了別識과는 달리 소연과 행상을 갖지 않는 (혹은 '알지 못하는') 不明了한 (혹은 '미세한'), 전후 차별이 없는 동일種類(ekajāti)여야 하는데, 경량부와 유가행파에서는 이를 異熟識으로 이해하였다. 그리고 이러한 동일種類의 마음(*ekajātīyacitta: 一類心[68])을 上座는 말 그대로의 뜻을 취하여 '一心(ekacitta)'이라 하였지만, 유가행파에서는 '일체종자의 攝藏處'라는 의미의 '알라야식(ālayavijñāna)' 내지는 '일체종자식'이라는 등의 별도의 이름으로 호칭하였다.

상좌 슈리라타와 『유가사지론』에서는 각기 이같이 논설하고 있다.

"一心은 種種界(nānādhātu)를 갖추고 있다. 一心 중에 다수의 界가 熏習되고 있다." (주1)

"알라야식 중에 種種界가 존재한다. 알라야식 중에 다수의 界가 존재한다." (주2)

언제 어디서나 존재(상속)하는 이러한 종자식을 인정하는 한 滅定有心 說 역시 필연적인 것이다. 세친은 『성업론』에서 종자식과 요별식을 集起心

(AKBh., pp.61. 21-62. 1).; "善惡諸界所增長故名心. 或能增長彼故名心." (『구사석론』 T29, 180c4-6); "何因緣故亦說名心? 由種種法熏習種子所積集故" (『섭대승론』 T31, 134a9f;『성유식론』 T31, 13c8f).

68　주52) 참조. 『성유식론』에서는 종자식의 이러한 성격을 '一類恒無間斷'(T31, 15b24f), '恒遍無雜'(동16b4), '一類能遍相續'(동16b23), '一類恒遍'(동16c21; 17c19f), '微細一類恒遍'(동18a2), 혹은 '極微細故, 行相所緣俱不可了'(동16c28f)라는 등의 술어로 묘사하였다.

(ācayacitta, 무량의 종자가 쌓인 마음)과 種種心(nānācitta, 소연과 행상을 차별적으로 요별하는 마음)으로 명명하고서 마치 다리가 네 개인 床에 하나의 다리만 있으면 ‘다리가 없는 床’이라고 말하듯이 멸진정 역시 이러한 두 마음 중 種種心이 결여되었기 때문에 ‘無心定’이라 말한 것이라고 논설하였는데,[69] 上座 역시 그러하였다. 중현에 의하면 상좌는 그때에도 여전히 소연과 행상을 갖지 않는 동일種類의 마음(一類心)이 존재한다고 주장하였다. (주52 참조)

야쇼미트라(稱友)는 『구사론』에 인용된 世友(經部異師)의 滅定有心說(주37)과 관련하여 멸진정 등의 무심정에 대한 유부 毘婆沙師와 上座 世友와 유가행파의 종의의 차별(siddhānta-bheda)을 순서대로 ① 완전한 無心의 상태, ② 불명료한 意識(aparisphuṭa-mano-vijñāna)이 존재하는 有心의 상태, ③ [불명료한] 알라야識(ālaya-vijñāna)이 존재하는 有心의 상태로 정리하였다.[70] 따라서 세친이 비록 『성업론』에서 “멸진정 중에 제6 意識이 존재한다”는 어떤 이의 학설(T31, 784a7)에 대해 『구사론』 상의 尊者 妙音이나 『순정리론』에서의 중현의 비판(T29, 25c28-26a3; 403a24-29)과 마찬가지로 “그럴 경우 필시 三事和合의 觸과 受·想·思가 수반된다”고 비판하였을지라도(T31, 784a7-10: 주42), 이때 ‘의식’은 다만 상식적 차원의 요별식이 아니라 미세한(즉 불명료한) ‘동일種類의 의식’이라 하지 않으면 안 된다.

이렇듯 상좌가 종자식으로 제시한 미세한(즉 ‘소연과 행상을 갖지 않는 不明了·不了別性의’) 동일種類의 마음인 一心은 알라야식과 동일한 위상과 의미의 개념이다. 유가행파에서도 역시 알라야식을 이같이 묘사하였을

69　『대승성업론』(T31, 784c7-10), “心有二種. 一集起心, 無量種子集起處故. 二種種心, 所緣行相差別轉故. 滅定等位第二心闕, 故名無心. 如一足床闕餘足, 故亦名無足”

70　AKVy., p.167. 5-7, tatrâcittakāny eva nirodhâsaṃjñi-samāpatty-âsaṃjñikānîti Vaibhāṣik'ādayaḥ. aparisphuṭa-mano-vijñāna-sacittakānīti sthavira-Vasumitr'ādayaḥ ālaya-vijñāna-sacittakānīti Yog'ācārā iti siddhāṃta-bhedaḥ.; 袴谷憲昭(2001), p.521 참조.

뿐만 아니라(주68) '동일種類로서의 6識'(生死位의 경우 意識)에 대해 이와
명칭만 다른 것이라고 말한다. 예컨대 무착은 羯羅藍(부모의 精血)과 화합
하는 최초의 結生識이 일체 종자를 지닌 意識이라면 이는 바로 알라야식의
異名(paryāya)이라고 말하기도 하였다.[71] 이러한 무착의 논설에 대해 無性과
玄奘역본의 세친은 아무런 언급을 하고 있지 않지만, 眞諦역본에서의 세친
은 이같이 해설하였다.

> 만약 그대가 受生識(=화합식)을 [일체]종자식이라 주장한다면 이는 우리
> 가 '알라야식이 바로 [일체]종자식'이라고 설한 것과 뜻이 같다. 즉 그대
> 는 [일체종자식을] '알라야식'이라 말하지 않고 '意識'이라는 별도의 명칭
> 으로 말한 것일 뿐이다.[72]

굳이 窺基의 해설(본 장 주15; 86 참조)을 빌리지 않더라도 여기서 '受生
識(결생식)=의식'설을 주장한 '그대'가 상좌 혹은 상좌일파(上座部師)임은
두말할 나위도 없다. 세친 또한 『성업론』에서 "異熟識(=알라야식)이 소연의
경계대상과 행상을 알 수 없는 것이라면 이를 어찌 識이라 말할 수 있을
것인가?"라는 힐난성의 문제제기에 대해 "멸진정 등의 상태에 [알라야식
이외의] 다른 識이 존재한다고 주장하는 이들도 [이때 識의] 경계대상과
행상은 알기 어렵다고 하였듯이 이 역시 그러하다고 해야 한다"[73]고 변명
하였는데, 여기서 '멸진정 등의 상태에 [알라야식 이외의] 다른 識(즉 意識)

---

71 『섭대승론본』권상(T31, 136a5-8), "設和合識卽是意識, 爲此和合意識, 卽是一切種子識; 爲依止
　　此識所生餘意識, 是一切種子識? 若此和合識, 是一切種子識, 卽是阿賴耶識, 汝以異名立爲意識.
　　(제13장 주92 참조)

72 『섭대승론(세친)석』권3(T31, 170a22-24), "若汝執受生識爲種子識, 則與我所說義同, 卽是說阿
　　梨耶識爲種子識. 汝自不說名阿梨耶識, 別立名意識."

73 『대승성업론』(T31, 785a15-18), "云何此識緣境行相? 此境行相不可了知. 云何名識而得如是? 如
　　執滅定等位有餘識者, 境界行相難知. 此亦應爾."

이 존재한다고 주장하는 이들(執滅定等位有餘識者)'이란 문맥 상 細心이 존
재한다고 주장한 『問論』의 저자 世友(T31, 784a2; 주37)나 제6意識이 존재한
다고 주장한 어떤 이(동, 784a7), 혹은 일군의 經爲量者(동, 784b29: 주74)이겠
지만, 이들은 다 『대비바사론』의 譬喩者를 계승한 상좌 또는 상좌일파였다.

더욱이 세친은 無心定에서도 일체 종자를 갖춘 異熟果識(알라야식)이
존재한다는 사실의 정당성을 '일군의 經爲量者(경량부)'도 인정한 미세한
마음(sūkṣmacitta: 細心)의 例에서 구하기도 하였다.

> 일군(一類)의 經爲量者가 인정한 바와 같은 細心이 그러한 [멸진정의] 상태
> 에서도 존재한다고 해야 한다. 즉 一切種子를 갖춘 異熟果識은 최초 結生할
> 때부터 終沒할 때까지 展轉相續하여 끊어지는 일이 없다. --(중략)-- 이러한
> [異熟果]識은 끊어지는 일이 없기 때문에 "無心의 상태에서도 역시 마음이
> 존재한다"고 말하였지만, 그 밖의 6識身은 [멸진정 등의] 이러한 온갖 상
> 태에서 모두 일어나지 않기 때문에 '無心定'이라 말한 것이다.[74]

여기서 '일군의 經爲量者(*ekīyā sūtraprāmāṇika)'란 經을 지식의 근거(量,
pramāṇa)로 삼는 일군의 비유자(Dārṣṭāntika)인 上座 슈리라타 일파로, 중현
에 의하면 세진은 『十事論』 서술 무렵 그들과 가까이하여 건해를 함께 한
同見者였다.[75]

74　『대승성업론』(T31, 784b28-c7), "若爾, 云何許滅定等諸無心位亦有心耶? 應如一類經爲量者, 所
　　許細心彼位猶有. 謂異熟果識具一切種子, 從初結生乃至終沒, 展轉相續, 曾無間斷. --(중략)-- 卽
　　由此識無間斷故, 於無心位亦說有心. 餘六識身, 於此諸位, 皆不轉故, 說爲無心."

75　이에 대해서는 권오민(2012), 『상좌 슈리라타와 경량부』, pp.224-229 「슈리라타와 세친의
　　관계」; pp.866-874 「세친과 상좌 슈리라타의 친교」 참조. '經爲量의 경량부'에 대해서는
　　동, pp.523-538 「경량부'라는 명칭의 의미」 참조. 참고로 '一類經爲量者'의 구역(『業成就論』)
　　은 修多羅法師(T31, 779c19). 티베트 역은 mdo-sde-pa kha-cig(some Sautrāntikāḥ, Sūtrapramāṇika,
　　E. Lamotte, 1988, p.110 note 100; "一類의 經部人", 山口益, 1951, p.190f). 山口益(1951, p.194
　　주2)과 福原亮嚴(1982, p.314)은 "『業成就論文林鈔』(1798년 일본의 明了心沙門 慈光撰)에서
　　는 이러한 경량부 설을 細意識을 고려한 世友(『問論』의 저자로서 經部異師)로 간주하였지

그렇지만 무착은 "멸진정 중에서도 意識이 존재하기 때문에 滅定有心"
이라 주장한 어떤 이에 대해 그럴 경우 受·想·思 등이 俱生하여 멸진정의
異名인 '[想受滅]定'이라는 [말도] 불가능할뿐더러 所緣과 行相이 획득되어
인식이 일어나야 하지만 멸진정에서는 어떠한 인식도 일어나지 않는다는
등의 이유로써 이를 비판하였다.[76] 무착이 여기서의 의식을 '미세한 동일種
類의 의식'이 아니라 다만 상식적 차원의 거친 의식(즉 차별적인 요별식)으
로 이해하였음은 두말할 나위도 없다.

2) 別體로서의 일심, 알라야식

상좌(=경량부)는 이처럼 이숙의 동일種類의 마음(즉 一心)을 6識의 잠
재적 양태로 간주하였지만 유가행파에서는 이를 6識과는 별도의 실체(別自
體, *svabhāva-antara)로 이해하여 '알라야식(ālayavijñāna)'이라는 등의 별명으
로 호칭하였다.[77] 종자식에 관한 양 학파의 결정적 차이는 바로 이 점이다.
대저 유가행파에서는 어떠한 이유에서 동일種類의 마음을 현행식과는 별
도의 실체로 설정하게 되었던가?

수계·종자란 전술한 대로 현행의 種種法이 훈습하여 성취된 것으로

만, 善慧戒(Sumatiśila)의 주석에 의하면 世友는 有外境論者의 한 부류이며, 그의 滅定有心說
이 본론상에서 비판되고 있기 때문에 여기서의 경량부를 世友의 細意識과 관련 지우는
것은 옳지 않다"고 하였지만,『성업론』에서의 세친의 滅定有心說 비판은 다른 유가행파
의 논서와 마찬가지로 '동일種類의 미세한 意識'에 대한 것이 아니라 다만 거친 意識(즉
차별적인 요별식)에 대한 것이다.『성업론』에서의 세친의 趣意는 '一類의 經爲量者(경량
부)도 인정한 바와 같은 異熟果識', '멸진정 등의 상태에 [알라야식이 아닌] 다른 識(즉
의식)이 존재한다고 주장한 이들(즉 世友)이 주장한 것과 같은 경계대상과 행상을 알기
어려운 알라야식'(주73 참조)에 있었기 때문에 그의 '경량부(혹은 세우)의 滅定有心(=意
識說' 비판은『섭대승론』에서의 비판(次註)과 마찬가지로 지극히 당연한 것이었다. 그
러나 袴谷憲昭(2001, p.527), 佐藤密雄(1978, p.207)은 여기서의 '一類의 經爲量者'(ある經量部
のもの, 經部中の一派)는 논주 자신의 견해, 논주의 학파를 나타낸 것으로 이해하였다.

76　『섭대승론본』권상(T31, 137a6-7), "又若有執: '以意識故滅定有心', 此心不成, 定不應成故; 所緣
　　行相不可得故" 주42 참조.

77　『성유식론』권3(T31, 14a10), "此第八識離眼等識, 有別有體."

그 자체 공능의 상태(功能性)이기 때문에 그것이 의탁할 만한 所依/所熏處에 대한 논의가 필연적이다. 色心의 展轉상속을 설하는 상좌(경량부)의 경우 六處가 그것으로, 색법의 종자는 有色處에, 심법의 종자는 意處(즉 6식)에 훈습 수축한다. 따라서 선심과 무간에 불선심이 생겨났다면 이는 선심 중에 수축하고 있는 불선법의 종자로부터 생겨난 것이다.

그럴 때 실체론적 사유에 기반하는 중현(=유부)은 수계·종자설을 크게 두 가지 점에서 비판한다.

첫째, 종자(인연)가 소의처인 마음(즉 意處)과 별도의 실체가 아니라면 (다시 말해 다만 공능의 상태라면), 단일한 마음에 종류가 다른 다수의 法性 (공능 즉 종자)이 공존한다고 해야 할 뿐만 아니라 선심과 무간에 불선심이 생겨난 경우 선심이 불선심의 인연이라고 해야 한다. 이는 곧 4緣 중 等無間 緣(전 찰나의 마음)과 因緣(거기에 훈습된 종자)의 차이를 부정한 것이다.

둘째, 경량부처럼 異時인과를 주장하는 경우, 능히 훈습하여 수계·종자를 성취하는 법(能熏)과 훈습되는 법(所熏)이 동시가 아니기 때문에, 다시 말해 능히 훈습하는 법(前法)이 존재할 때 훈습되는 법(後法)은 아직 생겨나지 않았고 훈습되는 법이 생겨났을 때 훈습하는 법은 이미 소멸하였기 때문에 相應(즉 훈습) 자체가 불가능하다.[78]

이 같은 비판에 따르는 한 종자설을 주장하려면 최소한 종자(혹은 종자 소의처: 所熏)는 현행식(6識: 能熏)과는 다른 별도의 실체로서, 동시에 존재해야 한다는 두 조건을 충족하지 않으면 안 된다. 유부와 마찬가지로 심·심소법을 개별적 실체로 간주한 유가행파에서는 이러한 조건을 수용하였다. '알라야식'은 바로 이 같은 조건을 충족한 개념이었다. 나아가 그들은 이러한 두 조건에 다시 전술한 무부무기성과 동일種類의 마음이어야 한다는

두 조건을 더하여 이른바 '所熏四義'로 정리하였다. 즉 수계·종자를 훈습할 수 있는 마음(종자식)이 되기 위해서는 ① 동일種類로서 상속하는 堅住性(dhruva), ② 어떠한 도덕적 성격의 종자도 수납할 수 있는 無記性(avyākṛta), ③ 自在性의 법으로서 그 성질이 堅密하지 않아 (다시 말해 무위가 아니어서) 훈습하기에 적합해야 하는 可熏性(bhāvya), ④ 능히 훈습하는 법과 결합할 수 있는 相應性 혹은 和合性(bhāvakasaṃnibandhaka)을 갖추어야 한다.

『성유식론』에서는 오로지 異熟識(즉 알라야식)만이 이러한 네 조건을 갖춘 종자식이 될 수 있다고 논설하고 있을 뿐이지만(T31, 9c18), 『섭대승론』에서는 계속하여 '6식=종자 훈습처'설을 비판한다. 즉 6식은 [전후] 세 가지(所依·所緣·作意)가 다르고, [能熏과 所熏의] 두 찰나가 동시에 존재하지 않으며, [동일]種類(jāti)의 다른 例는 과실을 성취하기 때문에 (즉 6識의 동일種類가 종자 훈습처라면 아라한의 마음 또한 불선 등의 온갖 종자를 훈습보지한다고 해야 하기 때문에) [능훈과] 상응하는 일이 없다는 것이다.[79]

이에 따라 유가행파에서는 '동일種類의 마음'을 眼 등의 6識과는 별도의 실체로 규정하고, 그 명칭 역시 '알라야식(ālayavijñāna: 藏識)'이라는 별도의 개념으로 설정하였다. 이 같은 특수한 명칭을 설정한 데에는 필시 상좌의 一心(즉 6識 중 동일種類)과 구별하려는 의도가 없지 않았을 것이다. 窺基는 "소승에서도 자신들의 [聖]敎에 '알라야식'이라는 말이 존재한다고 주장하였기 때문에 本論에서 '[알라야식은] 眼 등의 識을 떠나 별도의 실체로 존재한다'(주77)고 말한 것"이라고 해설하였다.[80] 후술하듯이 聲聞의 제 경론에서 알라야(ālaya)는 貪의 이명으로 사용되지만(주112 참조), 규기가 말한 '소승의 알라야식'은 아마도 상좌에 의해 종자식으로 고려된 6識의 동일種

---

79 『섭대승론본』권상(T31, 135a29-b1), "六識無相應 三差別相違 二念不俱有 類例餘成失."

80 『성유식론술기』권4本, T43, 347a15-17), "何故言「離眼等識有別自體」者, 小乘等計, 阿賴耶名我敎亦有."

類(ekajāti), 즉 一心이었을 것이다.[81]

　상좌(=경량부)의 6識의 한 형식으로서의 동일種類의 마음(즉 '一心')과 유가행파의 別體로서의 동일種類의 마음(즉 '알라야식')의 대립은 유식논서 상에서 빈번히 발견된다. 종자 소의처를 현행의 6식과는 별체인 알라야식으로 간주한 이상 이러한 새로운 개념의 논증은 필수적인데, 누구나 인정하는 상식적 차원(極成)에서 볼 때 "6식은 동일種類의 이숙식일 수 없다"는 '경량부 종자설 비판'이 논증의 주요논거였다.[82] 우리는 "종자(혹은 종자 소의처)가 현행식과 별체가 아니라면 단일한 마음에 다수의 법성이 공존해야 할 뿐만 아니라 선심에서도 불선심이 생겨난다고 해야 한다"는 앞서의 중현의 비판을 『유가사지론』 제4 有種子性證에서도 확인할 수 있는데, 遁倫 역시 이를 경량부의 6識 종자설을 비판한 것이라 해설하였다. (제13장 주51 참조)

　어떠한 이유에서 만약 알라야식이 존재하지 않는다면 종자성(bījabhāva)이 존재한다는 것이 불합리하다고 한 것인가?

　이를테면 6識身은 [인과상속의] 展轉이 다르기 때문이다. 즉 善과 무간에 不善性이 생겨나고, 불선과 무간에 다시 선성이 생겨나고, 이 두 가지와 무간에 無記性이 생겨나고, --(중략)-- 유루와 무간에 무루가 생겨나고, 무루와 무간에 유루가 생겨나고, 세간과 무간에 출세간이 생겨나고, 출세간과 무간에 세간이 생겨나지만, 이와 같은 [선 등의] 특성[을 지닌 6식]에

81　一心에는 여러 유형이 있다. 상좌의 一心은 종자 소훈처이지만, 心性本淨論者(혹은 一心相續論者)의 일심은 본래 청정한 마음이며, 남전 『카타밧투(論事)』의 心住論者(cittaṭṭhikathā)의 일심은 相續이 아닌 常住의 일심이며, 『尊婆須蜜菩薩所集論』 「心犍度」에서의 一心者의 일심은 판단분별(選擇)의 일심이다. 참고로 원효의 일심은 잡염과 청정의 소의라는 점에서 상좌 슈리라타의 일심이기도 하고, 자성이 청정하다는 점에서 일심상속론자의 일심이기도 하며, 그 자체 신령스러운 지성(神解)을 갖는다는 점에서 일심자의 일심이기도 하고, 상주의 법신이라는 점에서 심주론자의 일심이기도 하다. 권오민 외, 『원효, 불교사상의 벼리』, pp.112-120 참조.

82　이에 대해서는 제13장 「알라야식의 존재증명과 경량부」에서 상론한다.

[불선 등의] 종자성이 존재한다고 하는 것은 올바른 도리가 아니다.[83]

또한 무착은 "'色心이 無間으로 생겨날 때 [전 찰나의 제법은 후 찰나의] 제법의 종자가 된다'는 어떤 이의 주장을 인용 비판(T31, 137a14f)하는 것으로 알라야식의 존재증명을 총괄하는데, 이는 바로 異時인과를 주장하는 경량부의 경우 종자 훈습이 불가능하다는 중현의 두 번째 비판이었다. 세친은 무착의 이러한 논설을 다음과 같이 해석하였다.

> 經量部는 설하였다. "前念이 後念에 훈습한다. 왜냐하면 두 識은 일찰나에 함께 일어나지 않기 때문에 동시일 수 없는 것이다."
> 그러나 이러한 뜻은 옳지 않다. 왜냐하면 [本論(『섭대승론』)에서] '일찰나에 [전후의] 두 법이 함께 하지 않는다'[고 하였기 때문이다]. 곧 能熏과 所熏[의 두 법]이 만약 동시에 존재한다면 함께 생겨나고 함께 멸하여 熏 習이 성취될 수 있지만, 만약 동시에 존재하지 않는다면 훈습의 뜻은 성취될 수 없다는 말이다. 왜냐하면 能熏이 존재할 때 所熏은 아직 생겨나지 않았고, 所熏이 생겨났을 때 能熏은 이미 과거로 落謝하여 어떠한 경우에도 전후찰나[의 두 법]이 동시에 함께 일어나는 일은 없다. 그렇기 때문에 6識은 [전후의 두 찰나가] 함께 일어나지 않으며, 따라서 [서로] 훈습하는 일도 없다.[84]

혹은 無性은 "6식은 [전후] 세 가지(所依·所緣·作意)가 다르기 때문에 종자 소훈처가 될 수 없다"는 무착의 논설(주79)에 대해 "이는 6轉識의 경우 능훈과 소훈이 동시에 존재하는 것이 아니라는 말로서, 동시에 생겨나지

않기 때문에 상응하지 않으며, 상응하지 않기 때문에 소훈도 능훈도 될 수 없다"고 해설하였다. (제12장 주34 참조)

종자 소훈처가 되기 위한 그 밖의 조건, "언제 어디서나 항상 존재하는, 미세한 (즉 소연과 행상을 갖지 않는 不可知·不明了性의), 무부무기성의 동일種類의 마음"은 유가행파의 입장에서 볼 때 누구나 인정하는 상식적 차원(極成)의 6식에는 적용될 수 없는 것이었다. 앞서 무착(『섭대승론』)은 '受生識(즉 結生識)=意識'이라는 이설에 대해, 이때 의식이 일체종자식이라면 이는 알라야식의 異名(paryāya)이라 하였지만(주71),『성유식론』에서는 상식적 차원에서 볼 때 의식은 멸진정 등의 無心位에서 끊어지고, [전후] 根·境과 作意가 차별되고, 善 등의 도덕적 성질이 바뀌며, 견고히 머물지도 않고 (다시 말해 '동일種類로서 상속하지도 않고') 훈습을 수납할 만한 自在性을 갖지 않는 것(T31, 15b21-24)이라는 이유에서, 혹은 동일種類로서 어디서나 두루 상속하는 일이 없다(T31, 16b25)는 이유에서 결생식이 될 수 없다고 논설하였다.

> 有餘部는 이같이 주장하였다. "生死位에서는 행상도 소연도 모두 알 수 없는 동일種類의 미세한 意識이 별도로 존재한다." 그러나 이러한 상태에서의 識은 바로 제8 [알라야]식임을 알아야 하니, 누구나 인정할 수 있는 상식적 차원(極成, prasiddha)의 意識은 이와 같지 않기 때문이다.[85]

窺基는 여기서 '有餘部의 주장'을 거칠고 미세한 두 의식의 並生(俱生)을 주장하는 上座部 本計로 평석(T43, 365a19-21: 주15)하고서 다음과 같이 부연 해설하였다.

---

85 『성유식론』권3(17a10-13), "有餘部執: '生死等位, 別有一類微細意識. 行相所緣俱不可了.' 應知! 即是此第八識, 極成意識不如是故." (17a12-13)

그대(상좌부)가 말한 '미세한 意識'은 결코 意識이 아니다. 왜냐하면 누구나 인정할 수 있는 상식적 차원의 意識은 이와 같지 않기 때문으로, 眼 등 識[이 이와 같지 않은 것]과 같다. 혹은 [生死位에서는] 意識의 소연도 分明한 행상도 不可得이기 (알 수 없기) 때문으로, 5識이 그러한 것과 같다. --(중략)-- 그대가 말한 '미세한 意識'은 바로 우리가 주장하는 알라야식이기 때문이다. 따라서 상좌부 논사(上座師)의 주장은 正理에 부합하지 않는 것이다.[86]

요컨대 유가행파에 있어 경량부 종자설의 문제점은 종자식인 一心을 6識과는 별도의 실체로 인정하지 않는 것이었다. 『성유식론』에서는 알라야식의 斷常에 대해 논의하면서 '경량부'의 前滅後生의 인과 상속설에 대해 이같이 비판하였다.

경량부 등이 주장한 因果相續의 이치 역시 불확정적(不成, asiddha)이니, 그들은 [개별적 실체로서의] 알라야식이 종자를 능히 保持한다는 사실을 인정하지 않기 때문이다.[87]

3) 알라야식은 무용한 개념

유가행파의 비판에도 불구하고 상좌가 6識의 동일種類가 종자 소훈처로서의 조건을 모두 갖추고 있다고 생각하였을 것임은 두말할 나위도 없다. 더욱이 그는 심·심소의 相應俱起를 次第生으로 이해하였듯이(제5장 1-1 참조) 전후찰나에 걸친 無間의 인과관계를 相應性으로 생각하였고, 이를 지극히 당연한 것(法爾)으로 간주하였다. 상좌는 "업과 번뇌(=능훈)는 시간적

---

86 『성유식론술기』권4本(T43, 365b16-23), "汝所言細意識者, 決非意識. 極成意識不如是故. 如眼等識. 或意識所緣, 分明行相, 不可得故. 猶如五識. --(중략)-- 今此論言極成意識不如是者, 卽彼第三因. 文雖不同義勢是一. 由是前量故. 汝細意卽我賴耶故. 故上座師不符正理."

87 『성유식론』권3(T31, 13a16-17), "經部師等因果相續理亦不成. 彼不許有阿賴耶識能持種故."

간격을 갖는 6處(=소훈)와 相應하지 않기 때문에 수계설은 성립하지 않는다”
는 중현의 비판(T29, 440c8f: 제10장 주73)에 대해 이같이 해명하고 있다.

> 어찌 因果로서 相應할 수 있다고 하지 않겠는가? 즉 [前時의 업과 번뇌는]
> 그것(後時의 6處)과 특성(*lakṣaṇa)이 동일하여 그것으로 하여금 [生이라는
> 또 다른 결과를 낳는] [因]緣(즉 隨界)이 되게 할 수 있기 때문이다.[88]

세친 또한 心法의 異時繼起를 주장하는 한 전법과 후법, 能熏과 所熏이
相應하지 않기 때문에 종자설은 성립할 수 없다는 중현의 비판에 이같이
해명하고 있다.

> 여기에 무슨 의심이 있다는 것인가? 因果란 원래 그러한 것(法爾: 즉 전후
> 찰나의 관계)이다. 요컨대 전 찰나에 특수한 思(cetanā-viśeṣa: 思差別, 즉 업
> 과 번뇌)가 존재하였기 때문에 바야흐로 후 찰나 마음에 특수한 功能
> (*śakti-viśeṣa: 功能差別, 즉 종자)이 생겨나게 된 것이다. 만약 전 찰나에
> 특수한 思가 존재하지 않았다면 후 찰나 마음에 특수한 功能은 일어나지
> 않았을 것이나. 그렇기 때문에 이러한 [전후] 두 찰나[의 마음]은 因果로서
> 서로 相應할 수 있는 것이다.[89]

유부와 경량부의 교학체계는 각기 同時인과와 異時인과에 기초하고 있
다. 그들의 제법(삼세)실유론과 수계·종자설은 이를 전제로 한 학설이다.
(혹은 반대로 제법실유론과 종자설을 주장함에 따라 동시인과와 이시인과
를 종의로 삼게 되었다고도 말할 수 있다.) 그리고 유가행파는 현행식과는

---

88 『순정리론』권18(T29, 440c10-11). 원문은 제10장 주76.
89 『순정리론』권12(T29, 398a2-5). 원문은 제10장 주120. 좀 더 자세한 내용은 제10장 3-3-2;
제14장 4-1 참조.

별체로서의 알라야식을 설정함에 따라 종자설과 동시인과설을 모두 수용할 수 있었다.

이제 바야흐로 유가행파에 있어 경량부 종자설의 문제점은 현행의 6식(能熏)과 동시에 존재하는 별도의 종자 소의처(所熏)를 설정하지 않은 것이었지만, 반대로 경량부에 있어 유가행파의 문제점은 종자의 소의처로서 6식과는 별도의 실체를 설정한 것이었다. 무착은 『섭대승론』에서 "결생식이 意識이라면 [識-名色의 相依관계에 따라] 두 의식이 동시에 함께 일어난다고 해야 한다"(주23)고 힐난하였지만,[90] 상좌는 "알라야식이 결생식이라면 [별체인] 두 識이 동시에 생겨난다고 해야 한다"고 힐난하였다.[91]

초기불교로부터 반야공관에 이르는 불교전통에서 볼 때, 당시 불교도들은 그것이 비록 根本識이라 할지라도 6識과는 다른 별도의 실체 -'제8식'이나 '알라야식'이라는 등의 별명으로 호칭된- 라는 주장을 수용하기 어려웠을 것이다. 心性本淨說者가 주장한 二識俱生도, 상좌의 二識俱生도 별체로서의 두 識은 아니었다. 불교전통에서 '제7識'이라는 말은 제6蘊이나 제13處 혹은 兎角이나 空花와 같은 허구의 개념을 지시하는 말이었다. (T29, 403a28; 622b1f; T27, 72c3f) 중관학파의 淸辯은 6識에 포섭되지 않는 별체로서의 알라야식을 空華에 비유하였다.[92] 추측컨대 유가행파의 알라야식 종자설은 당시 불교학계에서 매우 이단적인 사상으로 비쳐졌을 것이다.

諸法의 다양한 형식의 인과관계를 통해 세계를 해명하는 설일체유부

---

90 이는 『섭대승론』에서의 알라야식 존재증명 제3 生雜染證에서의 6식 종자설 비판이다. (제13장 3-3 참조)

91 이는 『유가사지론』에서의 알라야식 존재증명 제2 最初生起證에서의 難問(문제제기)으로 ("謂有難言: '若決定有阿賴耶識, 應有二識俱時生起.'": T30, 579b12f), 전후의 문맥 상 상좌의 힐난이다. (제13장 2-2 참조)

92 『해심밀경소』권3(『한국불교전서』1, 217b13-16), "龍猛等, 但說六識. 是故淸辨菩薩所造 中觀心論 入眞甘露品云.: '離六識外, 無別阿賴耶識. 眼等六識所不攝故. 猶如空華.'" 이에 대한 원측의 이해는 주102 참조.

의 입장에서 볼 때, 다만 특수한 功能(sāmarthya 혹은 śakti-viśeṣa: 功能差別)으로서의 종자는 實有도 假有도 아닌 虛言일 뿐, 누구나 인정할 수 있는 상식적 차원의 존재(極成有, *prasiddha-sat)가 아니었고(T29, 440b11; b23f), 따라서 종자설은 [교법의] 正義를 미혹 교란시키는 것(동, 398b25f), 聖教(āgama)와 正理(yukti)를 파괴하는 것(동, 442b8f)이었다. 그렇지만 경량부에 있어서조차 유가행파 종자설의 제8 알라야식은 유정의 展轉相續의 인과관계를 해명하는 데 무용한 개념이었다.

이를테면 『섭대승론』에서 "멸진정의 상태에서도 [불명료성의] 意識이 존재한다"(주55)고 주장한 어떤 이(窺基에 의하면 上座部師: 제13장 주108)는 전후찰나에 걸친 色心의 相續만으로도 인과의 도리가 성취될 수 있기 때문에 알라야식이 무용한 개념이라 비판하였고, 이에 따라 『성유식론』 상의 어떤 이는 "만약 알라야식이 존재하지 않는다면, '잡염과 청정의 제법의 종자가 集起된 것이기 때문에 心(citta)'이라는 경설은 불가능하다"는 알라야식 존재증명 제1 持種證(제13장 주12)의 불확정성을 지적하기도 하였다.

「다시 어떤 이가 주장하였다. 色心이 無間으로 생겨날 때 [전 찰나의 제법은 후 찰나] 제법의 종자가 된다.」

無性 釋: '다시 어떤 이가 주장하였다'고 함은 經量部에서 이같이 주장한 것을 말한다. --(중략)-- 그들(경량부)은 이같이 주장하였다. "전 찰나의 색으로부터 후 찰나의 색이 無間으로 생겨나고, 전 찰나의 마음으로부터 후 찰나의 마음과 상응법(즉 심소)이 無間으로 생겨난다. 이것으로도 인과의 도리가 성취되거늘 무슨 소용에서 다시 알라야식이 바로 제법의 원인(즉 因緣)이라고 분별할 것인가?"[93]

---

93 『섭대승론(무성)석』권3(T31, 396b20-29), "論曰: 若復有執, '色心無間生, 是諸法種子.' 釋曰: '若復有執'者, 謂經部師作如是執. '色心無間生'者, 謂諸色心前後次第相續而生. '是諸法種子'者, 是諸有爲能生因性. 謂彼執言: 從前刹那色, 後刹那色無間而生. 從前刹那心, 後刹那心及相應法無間而

어떤 이는 주장하였다. 色心은 자신의 種類(自類)와 무간으로, 전 찰나는 후 찰나의 종자가 되어 因果의 뜻이 성립한다. 따라서 앞에서 설한 [알라야식의] 논증(持種證)은 불확정의 논거(不成[因], asiddha)에 근거한 것이다.[94]

즉 어떤 이에 의하는 한 종자는 알라야식에 集起되는 것이 아니기 때문에, "알라야식은 존재한다. 왜냐하면 경에서 '集起된 것이기 때문에 心(citta)이라 이름한다'고 설하였기 때문이다"는 논증은, 주장명제(宗)와 이유명제(因)의 관계가 확정되지 않은, 유가행파 자신들만의 논증이라는 것이다.

『섭대승론』 상에서의 '어떤 이'의 주장은 無性에 의해 '前念熏後念說'(T31, 389c17f: 제12장 3-1)로 명명된 학설로 無性뿐만 아니라 세친 또한 '경량부'(眞諦 역) 혹은 '비유자'(玄奘 역)의 학설로 평석하였다. (주84 참조)『성유식론』 상의 '어떤 이'의 경우 窺基와 太賢은 이러한 無性 釋에 따라 '上座部 중의 經爲量者'로 해설하였다.[95] 전 찰나 색심이 후 찰나 색심의 종자(즉 因緣)라는 주장은 실제『순정리론』 상에서도 상좌의 학설로 인용된다.

上座는 이같이 말하였다. 等無間緣이란 이를테면 無間(후 찰나)에 [생겨날] 법으로 하여금 그것의 自體(ātmabhāva)를 획득하게 하는 전 찰나에 생겨난 법(前生法)을 말한다. --(중략)-- 즉 色心과 無間에 色心이 생겨나는 경우, 無間(후 찰나)에 [생겨날] 법으로 하여금 그것의 自體를 획득하게 하는 전 [찰나]에 생겨난 색심이 [等無間緣이]다.[96]

生. 此中因果道理成就, 何用復計, 阿賴耶識. 是諸法因." 여기서 인용한『섭대승론』本論과 無性釋은 제13장 주137과 139에서 온전히 인용하였다.

94 『성유식론』권3(T31, 15c24-25), "有執: 色心自類無間, 前爲後種, 因果義立. 故先所說, 爲證不成."

95 『성유식론술기』권4本(T43, 358b2-4), "以下第三破上座部. 無性第三云經部師者.(주93 참조) 即此上座部中自有以經爲量者. 故言經部.";『성유식론학기』권중本(한국불교전서3, 557a19-21), "第三破上座部. 然無性云, 是經部者. 上座部中, 有經爲量, 名爲經部."

96 『순정리론』권19(T29, 447a22-27). 원문은 제9장 주64 참조.

무성은 '色心의 前後相生'에서 前法이 後法의 종자(즉 因緣)라고 주장할 경우 경량부는 等無間緣과 增上緣만 인정하고 因緣을 부정하는 것이라고 비판하였는데,[97] 중현 역시 색심의 無間 次第生을 주장한 상좌에 대해 隨界論을 계승하는 저들 [上座]宗의 경우, 隨界와 그 所依(수계 훈습처 즉 一心)는 그 자체 차별이 없기 때문에 (다시 말해 상좌에 있어 '수계·종자=인연', '前法=등무간연'은 별체가 아니기 때문에) 因緣과 等無間緣을 동일한 것이라고 해야 한다고 비난하였다.[98] (이는 바로 알라야식을 현행식과 별도의 실체로 설정하게 된 한 이유였다.: 前說) 따라서 『섭대승론』과 『성유식론』에서 色心의 無間自類相熏說로써 알라야식의 무용함을 역설한 이는 바로 상좌 슈리라타라고 말할 수 있다. 그에게 있어 종자(=隨界, 즉 功能)의 훈습처는 6識의 한 형식인 '동일種類의 마음'이었고, 그것으로 충분하였다.

『성유식론』에 의하면 一心 즉 6識 중 전후의 차별이 없는 (變易하는 일이 없는) 동일種類가 종자를 攝持한다고 주장한 이(識類受熏說者) 또한 제8식의 無用함을 역설하였다.

어떤 이는 설하였다. 6識은, 無始이래 根·境 등에 근거한 前後의 [차별적] 상태인 事(*vastu: 현실태로서의 了別識)는 轉變할지라도 種類(jāti: 동일성으로서의 不了別識)로서는 차별이 없다. 이것이 바로 훈습의 住處로 능히 종자를 보지하는 것이다. 이에 따라 雜染과 淸淨의 因果가 다 성취될 수 있거늘 무슨 필요에서 제8 [알라야]識의 존재를 주장할 것인가?[99]

---

97 『섭대승론(무성)석』권3(T31, 396c10-11), "是故色心前後相生, 但應容有等無間緣, 及增上緣, 無有因緣."

98 『순정리론』권19(T29, 447b4-7), "又彼宗承隨界論者, 因等無間二緣應同, 隨界所依, 體無別故. 惡心無間, 有善心生, 應說誰因誰等無間? 體無別故." 한글번역은 제9장 주66 참조.

99 『성유식론』권3(T31, 15c7-10), "有說: 六識無始時來, 依根境等前後分位事雖轉變而類無別. 是所熏習, 能持種子. 由斯染淨因果皆成, 何要執有第八識性?"

이는 "알라야식이 존재하지 않는다면 雜染(번뇌·업·生의 三事에 걸친 생사유전)도 淸淨도 모두 성취될 수 없다"(T31, 135b23f)는 무착의 알라야식 존재증명의 총론을 정면으로 비판 부정한 것으로, 窺基는 여기서의 '어떤 이'를 經部異師로 전제하고서(T43, 357a29) 다음과 같이 부연 해설하였다.

이는 저들(經部)의 종의를 서술한 것이다. "이러한 [현실태(事)로서의 6]識은 轉變하여 찰나에 바로 소멸하지만, 識 상에 설정된 동일種類(一類, ekajāti: 識 자체의 동일성)는 轉變하지 않으며 前後에 차별도 없다. 즉 識으로서의 種類(識類)가 동일하기 때문에, 이것이 종자를 훈습할 수 있고, 역시 保持할 수 있는 것이다. [현실태(事)로서의 6]識은 [轉變하여 찰나에 소멸하는 것이라고] 이미 부정되었기 때문에 반드시 '[동일]種類'를 計度해야 한다. 이러한 '[동일]種類'로 인해 [종자 훈습처가] 이미 성취되었거늘 어찌 번거롭게 제8 [알라야식]을 설정할 것인가?"[100]

이 같은 논리에서 상좌는 "一心(6식 중의 동일種類)은 種種界를 갖추고 있다. 一心 중에 다수의 界가 熏習되어 있다"(주1)고 언명하였던 것이었다.
한편 窺基에 의하면, "生死位에 동일種類의 미세한 의식이 존재한다"고 주장한 有餘部(즉 上座部: 주14; 85)는 "'결생의 화합식=意識性(manovijñānatva)'을 주장할 경우 [두 의식이 동시에 일어난다고 해야 할뿐더러(주23)] 의식의 소연도 지각되어야 하지만 지각되지 않기(不可得) 때문에 道理에 부합하지 않는다"는 무착의 비판(T31, 136a3-5)에 대해 다음과 같이 해명하고 있다.

'[別體로서의] 두 意識이 並生하는 일은 없다'고 주장하는 論者인 上座部는

---

[100] 『성유식론술기』권4本(T43, 357b2-6), "此敍彼宗. 是識轉變刹那卽滅. 識上假立一類不變. 無別前後, 識類是一. 故此可熏, 亦可持種. 識旣被遮故須計類. 因類旣成, 何勞第八?"

이같이 말하였다. "--(中略: 주25 참조)--'[結生 時] 意識의 소연(대상)은 지각될 수 없다"고 하였지만, 대승(즉 유가행파)의 本識(알라야식)이 [역시 지각될 수 없는] 有根身과 器世間을 소연으로 삼는다고 한 것과 같기 때문에 [과실이 아니다]. [대승 유가행파에서는 종자·훈습의] 所依인 種子識은 바로 本識이라 하였지만, 어찌 번거롭고 쓸데없이 그것을 인정할 것인가? 이러한 [意識] 자체(*svabhāva, 즉 意識의 동일種類)는 그대(유가행파)가 분별한 것과 같은 [상식적 차원의] 意識이 아니다."[101]

즉 무착은 意識으로서 소연을 지각하지 못하는 것은 없다고 비판하였지만, 상좌일파(上座部)는 이는 유가행파(대승)의 알라야식(本識) 역시 有根身과 器世間 즉 不可知의 執受(upādhi)와 處(sthāna)를 소연으로 삼는다(주28)고 하는 것과 같다고 반론하였다. '소연과 행상을 갖지 않는 미세한 동일種類의 意識' 즉 一心은 알라야식과 동일개념이기 때문에 이를 굳이 의식과는 별도의 실체인 '알라야식'으로 설정할 이유가 없다는 것이다.

대단히 흥미로운 사실은 圓測도 6識 중의 미세한 [동일種類의] 마음을 알라야식으로 해석하였다는 점이다. 원측은 6식만 설하고 제7식과 제8식에 대해서는 설하지 않는 『반야경』에 대해 거기서 설한 6식 중 상품의 미세한 마음을 알라야식으로, 중품과 히품[의 거친 마음]을 말나식과 6식으로 이해하고서, 이에 따라 龍樹 역시 그가 初地(極喜地)의 보살인 이상 [보살을 위한 가르침(T31, 134a14f)인] 제7식과 제8식의 존재를 믿었을 것이라고 논설하고 있다.[102] 이러한 원측의 이해는 비록 종자식의 別體性을 부정하였을지라도

---

101 『성유식론술기』권4本(T43, 365b4-11), "無二意識並生論者, 上座部云. --(中略)--'意識所緣不可知'者, 如大乘本識, 緣身器故. 所依種識即本識者, 何勞虛認? 此體非汝所計之識."

102 『인왕경소』권中本(『한국불교전서』1, 80c4-7), "諸般若 所說六識, 自有三品. 謂上中下. 上品細者, 名爲賴邪. 中末那. 下名六識. 如是三品, 從意根生, 故名意識"; 『해심밀경소』권3(『한국불교전서』1, 217c23ff; 고영섭, 1999, 『文雅大師』, p.115), "問: 豈不龍猛唯立六耶? 解云, 據實龍猛等信有七八, 位在極喜大菩薩故."

6識을 미세한 것과 거친 것이라는 이중구조로 분별한 末經部(상좌 슈리라타)나 上座部(상좌일파)의 논리를 원용한 것이 아니었을까? 그는 계속하여 이러한 세 품류를 意根 즉 전 찰나의 6식으로부터 생겨난 意識의 일종이라 논의하기도 하였다.

4) 무착의 알라야식 변호와 상좌

무착은, 상좌(=경량부)가 종자 훈습처(種子識)로 언급한 一心 즉 '동일種類의 마음'은 제8 알라야식과 동일 개념(paryāya)으로 이를 6識(生死位나 無心位의 경우 意識)의 한 형식으로 이해해서는 안 된다고 비판하였지만, 상좌 슈리라타는 이를 굳이 [불교전통에 부재하는] 6識과는 별도의 실체로 설정할 이유도 필요도 없다고 비판하였다.

경량부에 있어 別體로서의 一心인 알라야식은 무용한 개념이었지만, 유가행파에 있어 경량부의 최대난점은 一心을 별도의 실체로 인정하지 않는다는 것이었다. 따라서 유가행파로서는 알라야식의 존재증명이 필연적이었고 경량부의 6識 종자설 비판이 논증의 주요논거였다.[103] 6식 종자설을 주장하는 한, 다시 말해 종자 훈습처로서 알라야식의 존재를 인정하지 않는 한 雜染(유루)도 淸淨(무루)도 불가능하다는 것이 무착(『섭대승론』)의 알라야식 존재증명의 총론(T31, 135b23-26)이자 결론(137a18-20)이었다.

그러나 유가행파로서는 무엇보다 먼저 알라야식 개념이 불교전통에 어긋나지 않는 것임을 입증해야만 하였다. 전술한 대로 당시 불교전통에서

---

103 알라야식의 존재증명은 『유가사지론』「순결택분」, 『섭대승론』, 『성유식론』에서 이루어지고 있는데(『현양성교론』과 『대승아비달마잡집론』의 논증은 『유가론』의 全載), 거의 모든 논증이 경량부와 관련되어 있다. 그래서 無性은 『섭대승론』의 그것을 '反詰道理(*vyatireka yukti, 부정적 논증: T31, 396c17)'라고 하였고, 神泰(T42, 593a29-b1)는 『유가사지론』의 제2·제3증을, 窺基와 遁倫은 제2·제3·제5증을, 혹은 文備(T42, 593b1-2)는 제1증을 제외한 7증 모두를 직접적인 논증(正證)이 아니라고 하였다. 유가행파의 알라야식 논증과 경량부의 관계에 대해서는 제13장에서 상론한다.

제8식으로 일컬어진 알라야식은 '空花'와 같은 것이었고, 종자설을 주장하는 상좌에게 있어서조차 무용한 것이었다. 무착은 이를 두 가지 점에서 논의하였다. 첫째, 알라야식은 지극히 미세한 경계대상에 포함되는 것으로 성문승은 애당초 一切智(sarvajñā: 불타)의 지혜(智)를 修學할려고 한 이들이 아니었기 때문에104 (다시 말해 그들이 추구하는 지혜를 통해 해탈을 성취할 수 있기 때문에) 불타께서는 구태여 그들에게 心(citta)이 바로 알라야식임을 설하지 않았다는 것이며, 둘째, 그렇다고 할지라도 성문승의 경전상에서 이를 根本識(대중부 아함)이나 窮生死蘊(화지부 아함) 등과 같은 다른 명칭(paryāya)으로 언급하였다(후설)는 것이다.105

　　그런데 無性은 "알라야식을 알지 못하고서는 一切智의 지혜를 쉽사리 증득할 수 없다"(T31, 134a15f)는 무착의 논설을 "所取(외계대상)와 能取(자아)가 알라야식의 轉變으로 비존재임을 깨닫고 이에 따라 無分別智를 증득하면 일찰나에도 역시 일체법을 쉽사리 증득할 수 있다"고 해설하고서 '이와 같은 [알라야식에 관한] 正理와 聖敎를 통찰하지 못한 이들'의 게송을 인용하고 있다.

[불타를 '一切智'라고 말한 것을 一切法을 단박에 두루 알기 때문이 아니라] 그의 相續에 [그것을] 감당할 만한 功能이 존재하기 때문으로, [불은 일체세간을 단박에 태우기 때문이 아니라 그것을 집어 삼킬 만한 功能을 가졌기 때문에] "불이 일체를 집어 삼킨다"고 하듯이, 一切智께서 일체를 조작하고 일체를 안다고 한 것도 이와 같음을 알아야 하리라.106

104　"由諸聲聞不於一切境智處轉." (현장 역: T31, 134a13); "聲聞人無有勝位爲得一切智智." (진제 역: 동 114b22); "彼諸聲聞不修學行一切智人智故" (불타선다 역: 동97c29); na hi śrāvakāḥ sarvajñeyajñānādhikārāḥ. (長尾雅人, 2001, App. p.16)

105　『섭대승론본』권상(T31, 134a11-26).

106　『섭대승론석』권1(T31, 385c7-9), "不善通達如是理敎故有頌言: 由彼相續有堪能. 當知如火食一

이 게송은『구사론』「파아품」에서도 "補特伽羅(pudgala: 자아)가 존재하지 않는다면 세존께서도 찰나생멸하는 일체법을 [단박에] 두루 알 수 없을 것이기 때문에 一切智가 아니라고 해야 한다"는 犢子部 주장에 대한 반론으로 인용되고 있는데,[107] 유부 역시 漸現觀을 주장하였을지라도「파아품」은 '識=無作用'설(T29, 157b20-24: 제5장 주101)이나 業에 의한 '相續의 轉變과 差別'설(동 158c24-159a9: 제10장 주128)이 논설되는 등 경량부의 색채가 두드러지기 때문에[108] 無性이 말한 '이와 같은 [알라야식에 관한] 正理와 聖敎를 통찰하지 못한 이들' 즉 알라야식을 인정하지 않는 이들을 경량부로 추측할 수 있다.[109]

그런데 흥미롭고도 이상한 사실은, 무착은 경량부(상좌일파)가 결생식으로 제시한 '일체종자를 지닌 意識' 즉 동일種類의 마음(一心)을 알라야식의 異名(paryāya)이라 하였으면서(주72) 성문승의 경전상에서의 알라야식의 다른 명칭·표현으로 ─ 그렇지만 결코 동일(종자식) 개념이라고는 할 수 없는─ "세간중생은 알라야에 애착하고(*ālayārāma) 알라야에 즐거워하고(*ālayarata) 알라야를 좋아하고(*ālayasamudita) 알라야에 기뻐하기에(*ālayābhirāma) 알라야를 끊게 하기 위해 정법을 설하였다"는『증일아함』「如來出現四德經」의 경설이나 대중부 아함의 根本識(mūlavijñāna), 화지부 아함의 窮生死蘊

切. 如是應許一切智. 能作一切知一切."

107 『구사론』권29(T29, 155a10-11), "由相續有能 如火食一切 如是一切智 非由頓遍知"; AKBh., p.467. 18-19. saṃtānena samarthatvād yathāgniḥ sarvabhuṅmataḥ. tathā sarvavid eṣṭavyo 'sakṛt sarvasya vedanāt. 참고로 "불타는 일찰나에 일체법을 안다"고 주장한 대표적인 부파는 대중부이다. (『이부종륜론』T51, 15c4f)

108 櫻部建(1959),「破我品の研究」, p.43 참조.

109 김성철 등 역(2010),『무성석 섭대승론 소지의분』, p.121 주41. 참고로『구사론』에는 "세존께서는 알고자 하기만 한다면 제법을 두루 아니, 이는 [직접적이고도 완전한 지식으로] 추리에 의한 것도 아니고, 占相에 근거한 것도 아니다"(T29, 37a2f; AKBh p.99. 10)는 논설이 경량부 설로 인용되지만, 이는『대비바사론』에서 毘婆沙師의 평석으로 전해질뿐더러 중현도 이를 다만 有餘師 설로 언급하기 때문에 경량부 설로 보기 어렵다. 이에 대해서는 권오민(2012), pp.784-787 참조.

(āsaṃsārikaskandha), [남방] 상좌부 아함의 有分識(bhavaṅga)의 개념만 언급하고(T31, 134a17-b1) 이에 대해서는 침묵하였다는 점이다. 이는 『성업론』(동 785a14-15)이나 『성유식론』(동 15a18-b2)에서도 마찬가지이다. 왜일까?

두 가지 가능성을 고려할 수 있다. 비록 6식의 한 형식이라 하였을지라도 이러한 종자식으로서의 동일種類의 마음(즉 一心)은 알라야식과 완전히 동일한 개념이어서 별도로 언급할 필요성을 느끼지 못하였기 때문이든지 두 학파가 적대적으로 대립하였기 때문일 것이다. 무착은 "세간중생은 알라야에 애착하고--"라는 경문에서의 '알라야(ālaya)'에 대한 어리석은 이들의 여러 해석, 예컨대 五取蘊, 貪과 俱行하는 樂受, 薩迦耶見(즉 有身見, satkāyadṛṣṭi) 등을 전하고서 이를 일체종자를 지닌 藏識 즉 알라야식(ālayavijñāna)으로 이해하는 것이 가장 뛰어나다고 하였는데,[110] 상좌가 말한 '種種界(일체 종자)를 갖춘 一心(동일種類의 마음)'이 바로 자신들의 알라야식이라 논평하였음에도 '알라야식'이라는 개념의 보편성에 대해 논의하면서 (다시 말해 '알라야식' 개념이 불교전통에 어긋나지 않는다는 사실에 대해 변명하면서) 이에 대해 침묵한 것은 당시 그들 사이의 반목대립이 다른 어떤 부파보다 심각하였기 때문이라고밖에 볼 수 없다. 窺基가 『성유식론』에서 '轉識(6식)=종자 훈습처'설 비판을 알라야식의 첫 번째 논증(持種證)의 논거로 제시한 것에 대해 "제 부파 중에 경량부[의 비판]이 가장 강력하였기 때문에 반드시 먼저 비판해야 한다"[111]고 해설한 것도 필경 이 같은 사정이 고려되었기 때문일 것이다.

더욱이 중현은 '欲貪=欲纏, 有貪=3界의 貪'이라는 상좌 주장(T29, 600a7:

---

110 『섭대승론본』 권상(T31, 134b2-9).

111 『성유식론술기』 권4本(T43, 355c17f), "謂諸部中 經部强勝, 故須先破." 여기서 '제 부파'라고 하였지만 제1증의 거의 대개는 경량부의 6식 종자설에 대한 비판(T31, 15b21-16a1)이고, 그 이외 부파 즉 '三世諸法皆有를 설한 어떤 이'(즉 유부)와 '大乘의 遣相空理를 究竟으로 삼는 어떤 이'(즉 청변)에 대한 비판(16a1-10)은 매우 약소하다.

유부의 경우 '욕탐=욕계 탐, 유탐=상2계의 탐'을 비판하기 위해 그가 전승한 계경(아함)을 인용하는데, 여기서도 역시 『증일아함』에서와 같은 '알라야'라는 개념이 언급되지만, ─물론 일체종자의 훈습/攝藏處로서의 의미는 아니다─ 무착은 이에 대해서도 언급하지 않았다.

> 만약 욕계를 대상으로 하여 染(kliṣṭa)을 일으키고, 貪(rāga)을 일으키고, 阿賴耶(ālaya)를 일으키고, 尼延底(*nikānti, 혹은 niyati)를 일으키고, 온갖 耽著(*adhivāsaka)을 일으키는 것, 이것이 바로 欲貪의 정의(kamarāga-lakṣaṇa)이다.[112]

아무튼 무착은 두 가지 점에서 별체로서의 동일種類의 마음인 알라야식이 불교전통에 어긋난 것이 아님을 강조하였는데, 이로써도 상좌와의 관련성을 유추해볼 수 있는 것이다. 그러나 상좌와 알라야식 개념의 관련성은 전술한 대로 그것의 존재증명에서 직접적으로 드러나는데 이에 대해서는 제13장에서 상론한다.

---

[112] 『순정리론』권45(T29, 600a22-24), "上座所持契經亦說, '若緣欲界起染·起貪·起阿賴耶·起尼延底·起諸耽著, 是欲貪相.'" 『구사론』(권16)에서도 유부 毘婆沙師의 見·聞·覺·知의 경증으로 이와 유사한 형식의 경설이 인용된다. "[--그대가 본 것이 아니라면] 그대는 이에 대해 欲을 일으키고 貪을 일으키고 親을 일으키고 愛를 일으키고 阿賴耶를 일으키고 尼延底를 일으킨다고 해야 할 것인가, 일으키지 않는다고 해야 할 것인가?" ("汝爲因此, 起欲·起貪·起親·起愛·起阿賴耶·起尼延底·起耽著, 不?": T29, 87c4-6;『순정리론』, 동 579a20f; api nu te tannidānam utpannaś chando vā rāgo vā sneho vā yena vā ālayo vā niyatir adhyavasānam vā : AKBh., p.245. 18-20) 普光에 의하면 여기서 '欲' 등의 7가지 개념은 모두 貪의 異名으로 阿賴耶(ālaya)는 執藏, 尼延底(nikānti, niyati)는 執取, 혹은 趣入, 沈滯의 뜻. (T41, 260c13-16) 이 경증의 출처인 『잡아함경』제312경과 『상응부경전』에서는 각기 네 가지와 세 가지만 언급된다. ("於彼色起欲·起愛·起念·起染著, 不?": T2, 90a9f; atthi te tattha chando vā rāgo vā peman vāti. nohetam bhante.: SN. IV. p.27. 20-21.; L. de la Vallee Poussin, II, p.654. p.740 주340)

4. 소 결

　상좌 슈리라타의 경량부도, 유가행파도 隨界·種子를 실체가 아니라 功能으로 이해하였기 때문에 그 자체로서는 존재할 없으며, 반드시 공능이 의탁하는 所依處, 종자 所熏處를 설정해야만 하였다. 그리고 그것은 당연히 언제 어디서나 －멸진정 등의 무심정에 들 때나 無想天에서도－, 선·불선, 染·淨 등 어떠한 성격의 종자도 수납 보지할 수 있는 無覆無記性의 동일種類(*ekajāti)로서 상속하는 것이어야 하였는데, 상좌와 유가행파는 이러한 마음을 一心(ekacitta)과 알라야식(ālayavijñāna)이라 하였다. "一心은 種種界(nānādhātu)를 갖추고 있다. 一心 중에 다수의 界(bahudhātu)가 熏習되고 있다."; "알라야식 중에 種種界가 존재한다. 알라야식 중에 다수의 界가 존재한다."

　본 장에서는 경량부의 종자 所熏處인 一心과, 이와 알라야식의 관계에 대해 논의하였다. 여기서 얻어진 지식을 정리하면 다음과 같다.

　첫째, 一心은 一類心(*ekajātīyacitta) 즉 '동일種類의 마음'의 준말이다. 여기서 類(jāti)는 마음(6식) 자체의 동일성을 의미하는 말로, 소의와 소연 등의 衆緣에 따른 現行識의 차별성에 대응한다. 곧 상좌는 一身二頭의 새인 命命鳥의 비유로써 동일 根에 근거한 二識俱生을 주장하였다. 물론 여기서 두 識은 별체로서의 두 식이나 소의를 달리하는 두 식이 아니라 동일 根에 근거한 동일한 식, 즉 6식의 두 형식이다. 상좌는 마음(즉 6識)을 전후 찰나 소연과 행상을 달리하는 현행의 了別識과 전생의 업(宿業)에 의한 동일種類의 異熟識, 말하자면 외재적인 표층의식과 내재적인 심층의식이라는 이중의 구조로 이해하였다. 유가행파의 논서에서는 상좌일파(上座部 혹은 末經部)의 이러한 두 식을 거친 마음(麤心, audārikacitta)과 미세한 마음(細心, sūkṣmacitta), 혹은 6識의 현실태(事, *vastu)와 동일種類(類, jāti)로 분별하였다.

둘째, [심법]종자의 소의처인 6식의 동일種類, 즉 一心은 소연과 행상을 갖지 않는, 인식(요별)작용을 갖지 않는 識, 혹은 불명료한 識이다. 二識俱生이 가능한 것도 이 때문이다. 따라서 이러한 동일種類의 마음은 멸진정에서도 소멸하지 않는다. 상좌 일파(비유자/경량부)는 이에 따라 滅定有心說을 주장하게 되었다.

셋째, 상좌의 일심은 종자식으로 유가행파의 알라야식과 동일한 성격과 위상을 갖는 개념이다. 알라야식 역시 미세하고도 불명료한(혹은 不可知의) 식으로, 一心 즉 동일種類로서 언제 어디서나 존재하는 이른바 一類恒遍의 識이다. 이 또한 이숙식으로 멸진정에서도 물론 소멸하지 않는다. 다만 차이라면 상좌의 일심이 6식 중의 한 형식이라면, 유가행파의 알라야식은 6식과는 다른 별도의 실체라는 점이다.

넷째, 유가행파에서는 왜 상좌의 一心을 별도의 실체로 이해하였던가? 실체론적 사유에 기초한 중현(유부)은 경량부 종자설을 크게 두 가지 점에서 비판한다. ① 종자(인연)가 소의처인 마음(즉 6식)과 별도의 실체가 아니라면, 단일한 마음에 種類가 다른 다수의 法性(공능 즉 종자)이 공존한다고 해야 할 뿐만 아니라 선심과 무간에 불선심이 생겨난 경우 선심이 불선심의 인연이라고 해야 한다. 이는 곧 4緣 중 等無間緣(전 찰나의 마음)과 因緣(거기에 훈습된 종자)의 차이를 부정하는 것이다. ② 異時인과를 주장하는 경량부에 의하는 한 능히 수계·종자로 훈습하는 법(能熏)과 수계·종자가 훈습되는 법(所熏) 역시 전후 繼起(無間生)의 관계로 동시가 아니기 때문에 相應(즉 훈습) 자체가 불가능하다.

이러한 비판에 따르는 한 종자설을 주장하려면 최소한 종자(혹은 종자 소의처: 所熏)는 현행식(6識: 能熏)과 다른 별도의 실체로서, 동시에 존재해야 한다는 두 조건을 충족하지 않으면 안 되는데, 유가행파의 '알라야식'은 바로 이 같은 조건을 충족한 개념이었다. 유가행파는 이 두 조건에 다시 무부무기성의, 동일種類의 마음이어야 한다는 두 조건을 더하여 종자 소훈처가 갖추어야 할 네 조건 이른바 '所熏四義'로 정리하였다. 그들은 異時인과를 주장하는 경량부의 교리 상, 혹은 누구나 인정할 수 있는 상식적 차원(極成)에서 볼 때 6식은 동일種類도 종자 소훈처도 될 수 없다고 비판하였다.

다섯째, 그러나 상좌일파(경량부)에 있어 일심 즉 6식의 동일種類는 두 말할 것 없이 네 조건을 충족한다. 심·심소를 개별적 실체로 인정하지 않는 한 동시상응은 불가능하다. 상좌는 무간에 걸친 인과적 관계를 '상응(화합)'으로 간주하였다. 따라서 그에게 있어 별체로서의 알라야식 개념은 무용한 것이었다. 유가행파에 있어 경량부 종자설(인연론)의 가장 큰 문제점은 현행의 6식(能熏)과 동시에 존재하는 별체로서의 종자 소의처(所熏)를 설정하지 않았다는 것(다시 말해 알라야식을 인정하지 않은 것)이지만, 경량부에 있어 유가행파의 문제점은 종자의 소의처를 별도의 실체로 설정하였다는 점이다.

당시 불교전통에서 볼 때 별체로서의 동일種類의 마음인 제8 알라야식은 매우 이단적인 사상이었을 것이다. 그것은 空花와 같은 개념이었고, 동일한 종자설을 주장한 상좌에게조차 屋上屋과 같은 무용한 개념이었다. 따라서 유가행파의 당면과제는 알라야식이 불교학 전통에 어긋난 것이 아닐 뿐더러 正理에도 부합하는 것임을 밝히는 것이었고, 이는 바로 경량부의 6식 종자설 비판으로 이어졌다. 본 장에서 논설한 다수의 지식 또한 거기서 얻어진 것이었다.

따라서 우리는 이제 경량부 종자설에 대한 보다 완전한 이해를 위해 이에 대한 유가행파의 비판과 이를 통한 그들의 알라야식 존재증명에 대해 살펴보지 않으면 안 된다.

제4편

경량부 종자설과 유가행파

제12장 유가 법상종에서의 경량부 종자설 이해

1. 종자 훈습에 관한 경량부 諸說

無着(Asaṅga)은 『섭대승론』 제2 「所知依分」에서 "刹那滅하고, 결과와 동시에 존재하고, 항상 隨轉하고, [도덕적] 성질이 결정적이고, [根·境 등] 衆緣에 근거하여 생겨나고, 오로지 자신의 결과만을 引起하는 것"이라는 種子의 여섯 특성(=能熏六義)과 함께 "시종일관 동일종류로서 상속하고(堅住性), 善도 惡도 수납할 수 있어야 하고(無記性), 훈습하기에 적합해야 하고(可熏性), 能熏의 현행식과 동시에 존재하여 이와 화합 상응할 수 있는 것(相應性)이어야 한다"는 種子 熏習處의 네 특성(=所熏四義)을 얼거한 후 "6識은 [전후] 세 사시(所依·所緣·作意)가 서로 다르기 때문에, 두 찰나가 함께 존재(sahabhū: 俱有)하지 않기 때문에, '[동일]種類(jāti)'의 다른 例는 과실을 성취하기 때문에 (다시 말해 '동일種類'라는 개념은 모든 경우에 적용되지 않는 과실이 있기 때문에) [能熏과] 상응(saṃbandha)하는 일이 없다"고 언명하였다.[1]

이는 곧 '6識=종자 훈습처'라는 이설(이하 '6식 종자설')에 대한 비판으

---

1 『섭대승론本』(玄奘 역) 권상(T31, 135a29-b1); 『섭대승론(無性)석』(玄奘 역) 권2(T31, 389a15-16); 『섭대승론(世親)석』(玄奘 역) 권2(T31, 329b10f), "六識無相應 三差別相違 二念不俱有 類例餘成失."; 『섭대승론』(眞諦 역) 권상(T31, 115c7-8); 『섭대승론 世親釋』(眞諦 역) 권2(T31, 165c4-5), "六識無相應 三差別相違 二念不俱有 餘生例應爾." 長尾雅人(2001), 『攝大乘論 和譯と注解 上』, p.161f 참조.

로, 無性(Asvabhāva)은 이러한 이설을 세 가지 형태로 정리하고 있다.

바야흐로 그러한 所熏習에 관해 [알라야식설과는] 다른 견해가 있으니, ① 혹 어떤 경우 6識이 展轉하며 서로 훈습한다고 설하기도 하였고, ② 혹 어떤 경우 前念이 後念에 훈습한다고 설하기도 하였으며, ③ 혹 어떤 경우 찰나찰나에 걸친 [6]識의 [동일]種類에 훈습한다고 설하기도 하였다.[2]

유가 법상종에서는 이러한 '6식 종자설'을 대개는 經量部의 諸說로 평석한다. 세친도 무성도 ②의 前念熏後念說을 경량부(또는 譬喩論師) 설로 평석하고, 앞서 언급한 무착의 '6識 無相應'論의 세 논거 중 두 번째 -'[能熏과 所熏의] 두 찰나가 동시에 존재하지 않는다'- 는 바로 이를 비판하기 위한 것"이라 해설하였으며(주47-48), 窺基를 비롯한 동아시아의 法相敎家(유식학자)는 무성이 평석한 '경량부'는 上座部(*Sthavira-pākṣika) 즉 上座 슈리라타 일파 중 '경을 지식의 근거로 삼는 이들(經爲量者, sūtrapramāṇakā)이라고 해설하였다. (본 장 주19-20)

또한 이들 동아시아의 법상교가는 『성유식론』(T31, 15b21-16a1)에서 "알라야식이 존재하지 않는다면 종자가 集起된 것이라는 뜻의 '心(citta)'이라는 말도 불가능하다"는 알라야식 존재증명 제1증(持種證)에 대해 논의하면서 비판한 (1) 轉識(6식)과 色 등의 5온이 종자를 훈습한다는 五蘊受熏說, (2) [6]識의 동일種類가 훈습한다는 識類受熏說(주2의 ③), (3) 6식의 현행(事)과 [동일]종류(類, jāti)가 훈습하고 훈습되는 것이라는 事類(혹은 識及識類)雙熏說3(주2의 ①), (4) 色心이 각기 自類의 後法으로 훈습한다는 色心自類前後相

---

2 『섭대승론(무성)석』권2(T31, 389c16-18), "且有爾所熏習異計. 或說六識展轉相熏. 或說前念熏於後念. 或說熏識刹那種類."

3 세 학설의 명칭은 窺基의 분별에 의함. ("初破經部, 於中有三. 一破五蘊受熏持種. 二破識類. 三合破識及類前後相熏.": T43, 355c26f) 참고로 규기는 『성유식론』 持種證에서의 異說비판

熏說(주2의 ②)을 순서대로 本經部, 末經部, 譬喩師(혹은 上座部 末計), 上座部
의 학설로 평석하였다.4

특히 智周는 (2)의 識類受熏說에 대해 해설하는 중에 六根所熏說과 함께
無性이 언급한 세 학설을 '경량부의 견해(經部師計)'라는 타이틀로 정리하기
도 하였다.

> 여러 聖教를 통해 볼 때 [所熏에 관한] 經部師의 견해는 모두 네 종류이다.
> 첫째, 本經部는 내적인 6根이 바로 所熏性임을 인정하였다. 『유가론』권51
> 末에서 설한 色持種(색심호훈설)은 그들의 말에 따른 것으로, 앞서 인용한
> 바(T43, 880a19-b8)와 같다. 또한 『순정리론』권18에서도 "이러한 舊隨界 자
> 체에 대해서는 말할 수 없고 다만 '이는 바로 업과 번뇌가 훈습된 6處로서,
> 또 다른 生이라고 하는 결과를 초래하는 것'이라고만 말할 수 있을 뿐"이
> 라고 설하였다. 해설하면 여기서 '隨界'란 種子의 異名으로, [經部의] 새로운
> 舊師(pūrvācārya: 선대궤범사, 여기서는 상좌 슈리라타)는 [종자를] '舊隨界'
> 라고 달리 이름하였다.
> 둘째는 6識이 展轉하며 서로에 훈습한다는 견해이다. 셋째는 前念(전 찰
> 나)[의 6식]이 後法에 훈습한다는 견해이다. 넷째는 [6식의 동일]種類가 훈
> 습을 수납한다는 견해이다.
> 그래서 無性은 『섭대승론釋』권2에서 "바야흐로 그러한 所熏習에 관해 [알
> 라야식과는] 다른 견해가 있으니, 혹 어떤 경우 6識이 展轉하며 서로 훈습
> 한다고 설하기도 하였고, 혹 어떤 경우 前念이 後念에 훈습한다고 설하기

(T31, 15b21-16a15)을 經部, 대중부, 上座部, 설일체유부, 淸辨의 無相대승에 대한 것으로
이해하여 經量部와 上座部(상좌일파)의 학설을 별도의 계파로 분별하였다. (次註 참조)

4 窺基는 『성유식론술기』에서 (1)은 經部(T43, 355c21f) 혹은 經部本計(동, 357a28), (2)는 經部
異師의 학설(동, 357a29), (3)의 事類雙熏後法(事類前後相熏)설은 譬喩部師 학설(동, 358a6-8),
(4)의 色心自類前後相熏설은 上座部 학설(동, 358b2)로 평석하였고, 太賢 역시 『성유식론학기』
에서 (1)은 經部 등의 학설(『한국불교전서』3, 555c19f), (2)는 末經部의 학설(동, 556b11-13),
(3)과 (4)는 上座部 末計(동, 556c19)와 上座部 학설(동, 557a19)로 평석하였다.

도 하였으며, 혹 어떤 경우 찰나찰나에 걸친 [6]識의 [동일]種類에 훈습한
다고 설하기도 하였다"고 말한 것이다.5

　유가 법상종에 의해 경량부 諸說로 규정된 이들 세 견해(혹은 네 견해)
의 정체는 무엇인가? 동아시아 법상교가가 전한 것처럼 이는 각기 별개의
학설로 경량부에는 내부적으로 다수의 계파가 존재하였던가? (그러나 통
상 本經部 또는 經部本師는 譬喩師 쿠마라라타나 선대경량부로 평석되는 先
代軌範師를 가리키지만, 末經部나 上座部, 上座部 末計는 순서대로 상좌 슈리
라타, 상좌일파, 상좌의 제자 邏摩로 사실상 동일그룹을 지칭하는 말이다.)
　카토 히로미치(加藤宏道)는 智周가 언급한 네 학설 −그는 이를 色心互
所熏說·六識互所熏說·前念熏後法說·同類識受熏說로 명명하였다− 을 각기
인접의 논서, 이를테면 『유가론』『섭대승론』『성업론』『구사론』『순정리
론』 상에서의 유관문구와 단순 대조하고서, 경량부의 종자설은 유가행파
와 유부(중현)에 의해 비판된 결점을 시정하여 유가행파 종자설로 전개되
어 가는 불확정적이고도 과도기적 발전단계의 학설로 규정하였다.6 즉 경
량부의 단계에서 능히 훈습한 종자(즉 能熏)와 훈습된 처소(즉 所熏)에 대해
한 가지 형식으로 명료하게 설명하지 않은 것은 종자 자체에 대한 사유가
아직 고정되지 않아 유동적이었기 때문이라는 것이다.
　그러나 이러한 논의는 동아시아 법상교가의 이해를 그대로 수용한 것
이며,7 "경량부 이론은 유부에서 유가행파로 넘어가는 가교적 절충적 半실

5　『성유식론연비』권3말(T43, 880b9-18), "論: '有說六識至而無別'(본 장 주59)者. 然准諸敎, 經部
　師計總有四類. 一本經部許內六根是所熏性. 如瑜伽論五十一末言, 色持種隨彼言也. 如前引矣. 又
　順正理第十八云, '此舊隨界體不可說, 但可說言是業煩惱所熏六處, 感餘生果.' 釋曰. 隨界卽是種子
　異名. 新舊師別名舊隨界. 二六識展轉而互相熏. 三前念熏後. 四類受熏. 故無性論第二云, '且有爾
　所熏習異計. 或說六識展轉相熏. 或說前念熏於後念. 或說熏識刹那種類.'"

6　加藤宏道(1987), 「經量部の種子說に關する異說とその是非」, p.308, p.314.

7　예컨대 窺基는, 經部諸師는 上座部의 色心의 前念熏後念說이 [무색계에서 하계에 태어날

재론적(semi-realistic) 체계"[8]라는 종래의 논의를 답습한 것, 경량부에 관한 고전적 입장의 연장에 지나지 않는다. 경량부(=상좌)의 수계·종자설은 6식이 展轉하며 서로 훈습한다고 하든, 6식의 동일種類가 훈습한다고 하든, 혹은 前念의 色心(혹은 6根, 名色)이 後念의 그것에 훈습한다고 하든 그 자체 완성된 이론으로, 그들에게 있어 6식과는 별도의 실체로 설정된 알라야식은 무용한 개념이었다.[9] 규기에 의하면 경량부는 알라야식에 대한 가장 강력한 비판자였다.[10] 유가행파 또한 경량부의 6식 종자설에 대한 비판을 알라야식 존재증명의 주요논거로 제시하였다.[11] 경량부 종자설이 다만 실체도 없는, 유가행파 종자설로의 발전도상에 있는 불확정적인 이론이라면 그들은 어찌 이에 근거하여 알라야식에 대해 비판하였을 것이며, 유가행파 또한 이에 대해 강력 비판하고 이를 통해 알라야식의 존재를 입증하려고 하였을 것인가?

경량부 종자설을 무성이나 동아시아 법상교가의 논설에 근거하여 유가행파 종자설로 전개되어 가는 과정으로 이해하게 된 일차적 원인은 전승의 한계 때문이다. 우리는 그동안 경량부 종자설을 다만 『구사론』을 통해 이해하였다. 그러나 『구사론』 상에 논설된 네 번(혹은 다섯 번)의 종자설은 상좌 슈리라타 일파(경량부/비유자)의 수계·종자설에 대한 세친 자신의 이해로, 유부학설 예컨대 得(prāpti)이나 無表業, '隨眠=상응법(즉 心所)', 삼세실유설의 비판논리로 제시된 것일 뿐 자파(경량부)의 因緣論으로서 논설된

때나 무심정에서 출정할 때 색심의 인연은 무엇인지] 힐난당하는 것을 보고 생각을 바꾸어 色心互熏의 종자설을 주장하게 되었다고 하였다. (T43, 358b28-c3). 그러나 上座部(즉 상좌일파)는 滅定有心說을 주장하였기 때문에 色心互熏說과 무관하다.

8   L. de La Vallée Poussin, "Sautrāntika", J. Hasting, ed., The Encyclopedia of Religion and Ethics, vol. XI, p.214.
9   본서 제11장 3-3 '알라야식은 무용한 개념' 참조.
10   『성유식론술기』권4本(T43, 355c17-18), "諸部中經部强勝. 故須先破."
11   이에 대해서는 본서 제13장에서 상론한다.

것이 아니기 때문에 이해에 한계가 있으며, 이에 따라 해석상의 異見이 분분할 수밖에 없었다.[12] 또한 이로써는 유식논서 상에 언급된 여러 형식의 경량부 종자설과 관련짓기도 어려웠다.

그러나 세친(經主)과 상좌의 종자·수계설을 인용 비판하고 있는 『순정리론』에 따르면,[13] 무성이 언급한 종자 훈습에 관한 세 가지 견해는 모두 상좌의 학설로 확인될 뿐만 아니라 이에 대한 중현의 비판 또한 유가 법상종에서의 그것과 동일하다. 따라서 이는 유부와 유가행파의 비판에 따른 발전단계를 보여주는 경량부 내부의 異說이 아니라 (내부의 이설이라면 그들끼리 서로 논쟁하였거나 최소한 대립의 양상을 보였어야 하지만 그러한 흔적은 나타나지 않는다) 상좌일파의 6식 종자설을 무착의 비판(주1)에 따라 세 형식으로 분별한 것일 뿐이다. 상좌의 수계·종자설은 다만 유부학설의 비판논리, 유부와 유가행파의 비판에 따른 과도기적 이론이 아니라 그 자체 선·불선 등 유위세간의 因緣(hetupratyaya)을 해명하는 하나의 완성된 이론체계이기 때문이다.

그렇더라도 유가 법상종의 문헌은 경량부 종자설에 관한 다수의 정보를 제공한다. 우리는 이를 통해 경량부(즉 상좌나 상좌일파)의 종자설을 보다 구체적으로 재구성할 수 있다.

---

12 『구사론』 상의 종자설에 대해서는 본서 제14장 제1절, 제2절 참조.
13 『순정리론』에서는 ① 유부 得論의 비판논거로 제시한 『구사론』 상의 세친 종자설(T29, 397b20-398c1), ② 상좌의 因緣論으로 제시된 舊隨界說(동 440b3-442b14), ③ 찰나멸론에 따른 譬喻宗의 業果相續說(동 535a2-535a26), ④ 유부 無表業論의 비판논거로 제시된 상좌의 福業增長說(동 541b7-c7)과 선대궤범사의 思가 훈습된 相續의 轉變과 差別說(동 541c7-542c10), ⑤ 『구사론』 상에 인용된 경량부의 '隨眠=번뇌종자'설(동 596c24-597b27)과 상좌의 '隨眠=번뇌수계'설(동 597b27-598b13), ⑥ 유부의 삼세실유설 제2 理證인 '業有當果'에 대한 비판논리로 제시된 『구사론』 「수면품」과 「파아품」 상의 경량부의 相續의 轉變과 差別說(동 629b2-630a14), ⑦ 경량부의 아라한과 無退論과 관련된 저들(上座宗)의 무루 종자설(동 712c22-714a6)을 인용 비판한다.

2. 智周의 상좌의 舊隨界說 이해

참으로 이상한 점은 智周가 상좌 슈리라타를 '새로운 舊師' 즉 새로운 선대궤범사(pūrvācārya)라 이름하고[14] 그의 舊隨界설을 本經部의 色心互熏說로 이해하였다는 사실이다. 그러나 상좌 슈리라타는 本經部도 아니거니와 (규기에 의하면 末經部) 색심호훈설을 주장하지도 않았다.『구사론』 상에서 색심호훈설(정확히는 '色心互爲種子anyonya-bījakam 說')은 "심·심소가 끊어진 멸진정에서 出定할 때나 색신이 존재하지 않는 무색계에서 하계에 태어날 때 마음과 색신의 生因은 무엇인가?" 하는 문제제기에 대해 有根身과 마음(혹은 有根身과 마음 중에 존재하는 마음과 색근의 종자)이라는 有餘師의 말에 따라 "마음과 유근신은 서로의 종자가 된다"는 것이었지만, 上座일파는 『바사론』의 譬喩者 이래 滅定有心說을 주장하였기 때문에 무심정으로부터의 출정심은 애당초 문제가 되지도 않았다.

舊隨界(pūrvānudhātu) 혹은 隨界라는 말은 현존의 불교 제문헌 중에서 중현의『순정리론』과『현종론』을 제외한다면 오로지 앞서 인용한 智周의『成唯識論演祕』에 단 한 번 언급될 뿐이다. 舊隨界란 앞서 생겨난 법(pūrvajāta: 前生法)으로서 유정의 상속 중에 항상 隨逐하고 있는(anugata) 界(dhātu, 종자)라는 뜻으로(제10장 1-2-1 참조), 실체가 아니라 功能이기 때문에 智周의 인용대로 "그 자체에 대해서는 말할 수 없고 다만 '업과 번뇌가 훈습된 6處'라고 말할 수 있을 뿐"이다. (제10장 주55 참조) 물론 상좌는 유가행파처럼 색법의 실재성을 부정하지 않기 때문에 색법의 수계는 有色處에, 심법의 수계는 意處에 훈습 수축한다. 그리고 이때 선·불선 등 심법수계의 소의처인 意處는 멸진정에서도 소멸하지 않는다.[15]

---

14 玄奘도 先代軌範師를 先舊師(T29, 47a12; 59b16), 宿舊師(동 95a12), 古師(동 138c4) 등으로 번역하기도 하였다.

智周가 상좌를 '새로운 선대궤범사'로 지칭한 것은 그의 舊隨界설을 선대궤범사의 색심호훈설(窺基에 의하면 經部本計)로 이해하였기 때문이다. 즉 遁倫이나 窺基 등의 법상교가는, "아직 알라야식[의 개념]이 설정되지 않은 聖敎에 근거한 이론"이라는 전제 하에 논설된 "因緣이란 일체 제법의 종자를 지닌(sarvabījaka) 諸色根과 根의 所依(즉 대종), 그리고 識을 말한다. 즉 '色根에 隨逐(upagata: 수반)된 심·심소의 종자'로부터 출정심이 일어나고 '識에 隨逐된 諸色의 종자'로부터 하계의 색이 생겨난다"는 『유가론』권51末의 因緣論16을 경량부(정확히는 本經部) 설로 이해하였는데,17 智周는 상좌의 舊隨界說 역시 이와 동일한 학설로 이해하여 本經部에 포함시켰던 것이다.

智周는 어떤 까닭에서 舊隨界설을 색심호훈설(=色持種說)의 일종으로 간주하게 되었던가? 짐작컨대 智周는 '舊隨界란 업과 번뇌가 훈습된 6處'라는 상좌의 정의에 따라 有色處(색법)도 심법의 종자를 지니는 것으로 생각하였을 것이다. 그는 또한 "色心이 無間의 전후찰나로 생겨날 때 전 찰나가 후 찰나의 종자(=因緣)"라는 어떤 이의 주장(주41)을 비판한 『성유식론』의 一文 － "앞에서 이미 轉識(6식)과 色 등은 종자의 所熏處가 아니라고 논설하였기 때문에 '색심은 [전후 찰나로] 展轉하며 서로를 종자로 삼아 생겨난다 (色心展轉互爲種生)'고 주장해서는 안 된다."(T31, 15c29-16a1) － 에 대해 해설하면서 여기서 '어떤 이의 주장'을 『유가론』권51에서 廣說한 색심호훈설로 해설하기도 하였다.18

그러나 "색심은 [전후 찰나로] 展轉하며 서로를 종자로 삼아 생겨난다"

---

15 『순정리론』 상에서 滅盡定 중에서의 意處不壞설은 상좌의 제자 邏摩의 주장으로 인용된다. 제11장 주39 참조.

16 (T30, 583b21-c10); 본서 제9장 주105 참조.

17 (T42, 608b12f; T43, 356c24f). 권오민(2014), 「先代軌範師의 '色心互熏說' 散考」, pp.35-37 '동아시아 법상교가의 색심호훈설 이해' 참조.

18 『성유식론연비』권3末(T43, 881b14-15), "論: '亦不應執色心展轉互爲種生'者, 如五十一廣敍彼計, 具如前引."

는 말은 色心이 서로에 대해 종자가 된다는 말이 아니라 전 찰나의 色은
후 찰나의 色에 대해, 전 찰나의 心은 후 찰나의 心에 대해 종자가 된다는
주장으로,『순정리론』 상에서도 상좌 설로 확인될 뿐만 아니라(주42)『섭대
승론』 상의 동일한 주장을 無性은 경량부 설로 평석하였고(주39), 窺基 또한
"無性이 말한 '경량부'는 이들 上座部(상좌일파 *Sthavirapākṣika) 중에서 스스
로 '經을 量(pramāṇa: 지식의 근거)으로 삼는 이'라고 하였기 때문"이라고
보다 구체적으로 해설하였다.[19] 신라의 太賢 역시 "이는 上座部의 주장이다.
無性은 이를 經部라고 하였지만 上座部 중에서 經을 量으로 삼는 이를 經部
라고 이름한 것으로, <u>本經部가 아니다</u>"고 하여 智周의 해설을 비판 시정하
기도 하였다.[20] 智周는 필경 '舊隨界란 업과 번뇌가 훈습된 6處'라는 정의나
"색심은 [전후 찰나로] 展轉하며 서로를 종자로 삼아 생겨난다"는 색심상속
론을『유가론』권51에서 논설한 알라야식 설정 이전의 인연론에 따라, 혹은
'6처'나 '색심'이라는 말에 집착하여 이를 색심호훈설로 착각하였을 것이다.

상좌(=경량부)의 수계·종자설은 滅定有心說에 기초한 학설인데 반해
色心互熏說은 滅定無心說에 따른 학설이기 때문에 양설을 동일한 것이라 말
할 수 없으며, 그래서 窺基도 太賢도 이를 각기 末經部(經爲量의 상좌부)와
本經部(=선대궤범사), 혹은 經部本計와 經部末計로 구별하였던 것이다.[21]

나아가 상좌는 전 찰나의 색심(즉 6처)이 후 찰나의 색심으로 展轉상속

---

19 『성유식론술기』권4本(T43, 358b2-4), "以下第三破上座部. 無性第三云, 經部師者. 即此上座部
中, 自有以經爲量者, 故言經部."

20 『성유식론학기』권中本(한국불교전서3, 557a19-21), "[有執, 色心自類無間 前爲後種--] 述曰:
第三破上座部. 然無性云, 是經部者. 上座部中有經爲量, 名爲經部. 非本經部."

21 窺基는『성유식론』상의 알라야식 존재증명 10理證 중 제9 滅定證("알라야식이 존재하지
않는다면 '識不離身'의 경설도 불가능하다": T31, 17c27f)와 관련하여 "멸진정의 상태에는
'[심법의] 훈습 종지를 受納 執持하는 색 등의 법이 존재한다(諸色等法--受熏持種: T31,
18c14f)"는 이설을 經部本計로, "有心位와 마찬가지로 識이 존재한다(然滅定等無心位中, 如
有心位, 定實有識, 具根壽煖, 有情攝故: T31, 18c15-17)"는 이설을 經部末計(혹은 經部末宗轉計)
로 해설하였다. (『성유식론술기』권4末, T43, 369b9f; 혹은 370b11).

하면서 前法이 後法에 훈습한다는 色心自類相熏說을 주장하였고, 선·불선 등의 심법종자는 [현행의 요별식이 아니라] 멸진정에서도 소멸하지 않는 동일種類의 마음(一類心 즉 一心)에 훈습한다는 識類受熏說도 주장하였는데, 전술한 대로 규기 등은 이를 비유부/上座部(상좌일파)와 經部異師/末經部(상좌 슈리라타)의 학설로 평석하였다. 이러한 사실은 종자를 '자신의 결과를 낳는 隣近과 展轉의 功能을 지닌 名色(즉 5온)'으로 규정한 세친의 종자설(제 10장 주110)에도 적용될 수 있다. 세친은 색심호훈설에 찬동하지 않았을 뿐만 아니라 상좌/비유자와 마찬가지로 멸정유심설을 지지하였기 때문이다.[22]

그런데 카토 히로미치(加藤宏道)는 세친의 종자설은 換言하면 "名色이 종자를 지닌다"는 말이기 때문에 名色을 所熏處의 의미라고 단언할 수는 없지만 일단 색심호훈설로 볼 수 있다고 논의하고서, 비록 세친이『성업 론』(T31, 783c20-22)과『성유식론』(T31, 15c1-3)에서 색심호훈설을 인정하지 않았을지라도『演祕』에서도 이를 本經部의 計로 해석하였듯이 經量部 本流 의 학설이었을 것이라고 결론짓고 있다.[23]

'本經部(*mūlasautrāntika)'라는 말은 경량부 本流(main stream)의 의미가 아니거니와 사실상 정체도 불분명하다.[24] 色心互熏(정확히는 '色心互爲種子

---

22 중현은 세친을 滅定有心論者로 규정하여 상좌일파(彼宗, 즉 경량부인 上座宗)의 일원으로 간주하였고(T29, 629b27-29), 디파카라 또한 俱舍論主 세친의 滅定有心을 비불교적인 견해 (abauddhīya)로 비판하였다. (ADV., p.93. 14f) 제11장 주40 참조.

23 加藤宏道(1987),「經量部の種子說に關する異說とその是非」, pp.298-302.

24 후술하는 바(주26)와 같이 窺基 등 법상교가는 대개 譬喩師로도 일컬어진 經部本師 쿠마 라라타, 혹은 선대궤범사를 本經部로, 經爲量에 따라 '경량부'로 자칭한 上座部(상좌일파) 를 '末經部'(여기에 다시 本計와 末計가 있다)로 호칭하였지만, 비유자와 선대궤범사는 학설(滅定有心說과 滅定無心說)과 初出(『대비바사론』과『구사론』)을 달리한다. 日出論者 (Sūryodayīka)로 지칭된 쿠마라라타 또한 구마라집 계통에서는 카슈미르 유부學匠으로 전하였지만(吉藏:『삼론현의』, T45, 3b17ff; c12ff) 窺基는『성유식론』에서 身表業의 본질이 '非形非顯의 無對色이라고 주장한 이'(T31, 4c13f)를 日出論者(즉 經部本師) 쿠마라라타로 평석하였고(T43, 274a7-14), 善慧戒는『성업론』에서 色處에 포섭되는 行動이라는 별도의

anyonya bījakam’)설의 선대궤범사는 −『구사론』의 주석가들은 대개 ‘경량부의 선대궤범사’나 ‘先代경량부(pūrva-sautrāntika)’로 이해하였지만− 상좌일파가 經爲量의 경량부인 이상 세친의 선대궤범사이며, 그들의 주장 또한 경량부 종자설의 한 형태가 아니라 “出定心은 6處(5색근과 의근)와 命根을 인연으로 삼고, 하계의 색신은 [과거색에 수순하는] 心相續을 因緣(=종자)으로 하여 생겨난다”는 유부학설의 이설일 가능성을 배제할 수 없다. 이러한 유부학설은 『대비바사론』에서 大德의 ‘色心相依生起說’로 언급되었고(T27, 1003c12-14), 『성유식론』에서 종자는 오로지 자신의 결과만 인기해야 한다는 自引果(能熏六義 중 하나)에 반하는 다른 부파(餘部)의 ‘色心互爲因緣說’로 명명 비판되었다. (T31, 9b27f)[25]

따라서 智周가 정리한 種子所熏에 관한 네 가지 경량부 설 중 6根 所熏說(=색심호훈설), 즉 『유가론』 상에 논설된 알라야식 설정 이전의 因緣論은

법을 주장한 日出論者(T32, 782b14-18)를 상좌 쿠마라라타로 평석하였다. (山口益, 『世親の成業論』, p.160) 참고로 高井觀海(1978, 『小乘佛教概論』, p.165)와 김동화(1983, 『불교교리발달사』, p.184)는 ‘本經部=쿠마라라타’에 『대비바사론』 상의 譬喩者 설과 『구사론』 상의 선대궤범사 설을, ‘末經部=상좌 슈리라타’에 ‘이부종류론’과 『구사론』 상의 經量部 설을 배당하여 논설하였다. 따라서 선대궤범사의 색심호훈설도, 비유자의 滅定有心說(細意識설)도 당연히 쿠마라라의 학설로 논설한다. (高井觀海, p.175, pp.171-173; 김동화, p.189f, p.202f) 深浦正文(1954, 『唯識學研究(上篇)』, pp.54-58) 역시 선대궤범사를 비유자인 經部本師 쿠마라라타(拘摩羅邏多)로 간주하였고, 福原亮嚴(1982, 『業論』, p.310) 또한 『성업론』에서 무기명으로 설해진 색심호훈설을 經部本師 쿠마라라타의 학설로 인용하였으며, E. 라모트(1988, KARMASIDDHIPRAKARAṆA, p.58; p.108 주74) 역시 『성업론』 상의 색심호훈설을 초기 비유자의 근본입장(the root-opinion of the early Dārṣṭāntikas)으로 註記하였다.

[25] 窺基 또한 이를 주장한 ‘다른 부파’를 薩婆多 즉 有部로 평석하였다. (T43, 311c3-6) 혹은 『성업론』 상에서 색심호훈설을 주장한 어떤 이는 “경에서 ‘意와 法에 緣하여 意識이 생겨난다’고 설한 것처럼 출정심(意識)이 생겨나기 위해서는 마음(意)을 인연으로 하지 않으면 안 된다”는 論主(세친)의 힐난에 대해 “먹기를 바라고 마시기를 바라는 것(즉 風大와 火大가 증가하여 소의신을 핍박하는 것)을 ‘허기짐(飢, jighatsā)’이라 하고 ‘목마름(渴, pipāsā)’이라 하는 것처럼, 경에서는 원인에 대해 결과의 명칭을 설정한 것, 즉 意識(=결과)의 종자(意種, *manobīja)가 되기 때문에 ‘意’라고 말한 것”일 뿐이라 해명하는데(T31, 783c22-24), 목마름과 허기짐을 실유의 所造觸으로 간주하여 이같이 해석한 것은 바로 유부이지 경량부나 비유자가 아니다. 권오민(2015), 「先代軌範師의 ‘色心互熏說’ 散考(續)」, p.75.; p.66 참조.

무성이 언급한 세 견해와 성격을 달리한다. 세 견해는 어떤 식으로든 상좌
와 세친의 수계·종자설과 관련되기 때문이다.

3. 유가 법상종의 경량부 종자설 이해

1) 六識展轉相熏說과 그 비판

(1) 6식 전전상훈설

六識展轉相熏說이란 6識이 無間으로 展轉상속하며 전법이 후법에 훈습
한다는 주장으로 경량부 일반의 학설이라 할 수 있다. 이는 곧 現行의 마음
(=能熏)이 후 찰나 마음(=所熏)에 훈습한다는 前念熏後念說과 6식 중의 동일
種類가 종자 훈습처라는 識類受熏說을 모두 포함하기 때문이다.

『성유식론』에서는 '6轉識=종자 훈습처(所熏處)'설을 비판하면서 어떤
이가 주장한 '識類受熏說'(주59)과 '前念熏後念說'(주41)을 인용 비판하는 사
이에 6識 相熏(혹은 事類雙熏)說을 언급 비판하는데(주37), 규기는 전후의 두
주장을 [末]經部(또는 經部異師)와 上座部(無性이 말한 '경량부') 설로 평석하
였지만(T43, 357a24, 29; 358b2), 이에 대해서는 "經部를 막고 譬喩師를 비판한
것"이라 해설하였다. 그리고 계속하여 경량부 계보에 관한 현존의 유일한
정보인 세 종류의 경량부 ① 譬喩師인 根本師 쿠마라라타(經部本師), ②『經
部毘婆沙』를 지은 이로서『순정리론』에서 '上座'라고 말한 슈리라타, ③ 다
만 경량부라고 이름하는 이들에 대해 논설하고 있다.[26] 六識相熏說에 대해
해설하면서 경량부 계보에 대해 총괄한 것은 필시 이것이 경량부 일반의

---

26 『성유식론술기』권4本(T43, 358a8-14), "今此設遮經部, 兼破譬喩師. 譬喩師是經部異師, 卽日出
   論者, 是名經部. 此有三種. 一根本卽鳩摩羅多. 二室利邏多, 造經部毘婆沙, 正理所言上座是. 三但
   名經部. 以根本師造結鬘論, 廣說譬喩, 名譬喩師. 從所說爲名也. 其實總是一種經部."

종자설이기 때문이었을 것이다.

　상좌가 수계를 '업과 번뇌가 훈습된, [그리하여 결과를 낳는 직간접(隣近·展轉)의 功能을 지닌] 6處'로 규정하고, 세친이 종자를 '[思가 훈습되어] 자신의 결과를 낳는 이 같은 功能을 지닌 名色'으로 정의하였을지라도 그들의 수계·종자설은 모두 六識展轉相熏說에 해당한다. 수계·종자는 실체가 아니라 功能(sāmarthya)이기에 반드시 소의처를 가져야 하는데, 이들이 말한 6처와 명색은 일체 수계·종자의 소의로 선·불선 등 心法의 수계·종자는 마음(6식)에 의탁하기 때문이다.

　이를테면 세친은 "명색 즉 5온이 선 등 제법의 生因이라면, 이때 생인은 5온 전체인가, 각각의 온인가, 다만 결과자체와 동일한 종류인가? 5온 전체라면 이는 자아와 같은 假法이기에 진실의 원인이라 할 수 없고, 각각의 온이라면 무기의 색온도 선 등을 낳는 원인이라 해야 하며, 결과와 동일한 종류라면 선심에서 불선심이 생겨난 경우 이때 종자(生因)는 무엇인가?"라는 중현의 힐난에 이같이 해명하고 있다.

天愛(devānām priya: 어리석은 이)여! 그대는 種子性(bījabhāva)을 전혀 이해하지 못하였다. 전 찰나의 마음과 함께 생겨난 특수한 思(cetanāviśeṣa)로 인해 후 찰나 마음에 특수한 功能(śakti-viśeṣa)이 일어나니, 바로 후 찰나의 마음 상에 생겨난 특수한 공능을 '종자'라고 말한 것이다. 즉 이러한 [공능이 훈습된] 相續의 轉變과 差別로 말미암아 미래의 결과가 생겨나는 것이다. 여기서 [그대가 힐난한] 뜻에 대해 해설하면 이러하다.

"불선심 중에도 선심에 의해 引起된 展轉(pāraṃparya)과 隣近(sākṣat)의 특수한 功能이 존재하니, 이를 종자로 삼아 이러한 [불선심]으로부터 無間에 선법이 생겨날 수 있다. 혹은 선심 중에도 불선심에 의해 引起된 展轉과 隣近의 특수한 공능이 존재하니, 이를 종자로 삼아 이러한 [선심]으로부터

無間에 불선법이 생겨나게 된다."[27]

　세친은 비록 『구사론』에서 종자를 名色으로 정의하였을지라도 이는
사실상 종자(즉 공능)와 불가분의 관계인 종자의 所熏處(소의처)이기 때문
에 여기서는 보다 구체적으로 전 찰나의 思(업과 번뇌의 본질)로 인해 생겨
난 후 찰나 마음상의 功能을 '종자'라고 하였다. 여기서 종자는 물론 心法종
자이다. "思(cetanā)가 훈습된 相續의 轉變과 差別에 의해 복업이 증장한다"
는 선대궤범사의 業果相續論(제10장 주103) 또한 이에 따른 것으로, 여기서
의 '상속'이 心相續임은 두말할 나위도 없다. 중현의 전언에 따르면, 선대궤
범사는 思業이 선행함에 따라 後後[찰나]의 마음이 생겨나는 것을 相續(saṃtati)
이라 하였다.[28]

　또한 『구사론』 상의 경량부는 번뇌종자인 隨眠(anuśaya)을 번뇌로부터
생겨나 능히 번뇌를 낳는 自體(ātmabhāva) 상의 功能으로 규정하였고(제10장
주137), 普光과 稱友는 여기서의 '自體'를 각기 色心과 所依身(āśraya)이라 평석
하였지만, 이는 세친이 종자를 名色으로, 상좌가 隨界를 6處로 가설한 것처
럼 일체(즉 색심) 종자의 소의처로 언급한 것일 뿐 번뇌(즉 심법)종자의
훈습처는 당연히 마음 즉 6식이다. 隨眠을 번뇌수계로 규정한 상좌 또한
"이는 심·심소 상에 隨逐하기 때문에 [5온 중] 4온(즉 名色 중 '名')을 본질로
한다"고 하였다.[29]

　상좌 역시 비록 수계를 업과 번뇌가 훈습된 6처로 가설하였을지라도
세친과 마찬가지로 선·불선 등의 제법은 마음 중에 隨逐하는 선·불선 등

27　『순정리론』권12(T29, 397b29-c6). 원문은 제10장 주116.

28　『순정리론』권35(T29, 541c14-16): 제10장 주104 참조.

29　『순정리론』권45(T29, 597c10-12), "如是隨眠, 以何爲體?--或此通用四蘊爲體, 功能隨逐心·心所
故." 제10장 주306 참조.

의 界(dhātu, 종자)로부터 생겨난다고 말한다.

> **[상좌:]** "선심이 현행하고 있는 상태에서도 불선심과 무기심의 界(dhātu)가
> 항상 隨逐하고 있다.
>
> **[중현:]** [만약 그렇다고 한다면,] 이러한 界와 [現行의] 선심은 별도의 실체
> (arthāntara)로서 존재하는 것이 아닐 것인데, 어떠한 이치에서 이러한
> 界가 현행하지 않는다고 말하는 것인가? 그 밖의 다른 두 마음(불선심
> 과 무기심)이 현행하고 있는 상태에 수반되는 도덕적 두 성질의 界에
> 대해서도 역시 이와 동일하게 따져 보아야 한다.[30]

이러한 경량부(세친과 상좌)의 종자·수계설은, 논주(세친)가 비록 無心
定 등에서의 心相續의 단절을 문제 삼고 있을지라도 『성업론』에도 언급된
다. "미래세의 결과는 身·語業에 의해 인기된 별도의 법(즉 무표업)에 의해
서가 아니라 특수한 思(cetanāviśeṣa: 思差別)의 작용이 心相續(cittasaṃtānaḥ)에
훈습되어 생기한 功能의 轉變과 差別에 의해 생겨난다."[31] 善慧戒(Sumatiśīla)
는 이를 경량부 학설로 돌리며,[32] 슈미트하우젠 또한 이를 세친 유식의 대
표적인 경량부적 전제로 꼽고 있다.[33]

(2) 6식 전전상훈설 비판

無性은 경량부 종자설의 일반론이라 할 수 있는 六識展轉相熏說을 무착

---

30 『순정리론』권15(T29, 441c7-10), "謂於善心正現行位, 不善無記心界恒隨. 彼與善心, 非有別體,
依何理說彼不現行? 餘二性心, 正現行位, 各徵二性, 亦應同此"

31 『대승성업론』(T31, 783c4-6), "故離彼計, 身語二業所引別法. 但應由思差別作用熏心相續, 令起
功能. 由此功能轉變差別, 當來世果差別而生."

32 山口益, 『世親の成業論』, p.160.

33 L. Schmithausen, 加治洋一 譯(1983), 「二十論と三十論にみえる經量部的前提」. p.3f.

이 제시한 6식 無相應論(주1)의 첫 번째 논거에 배당시켜 비판하였다.

> 모든 轉識(현행식)은 결정코 所熏[處]가 될 수 없으니, 6識은 [能熏(=종자)
> 과] 相應(saṃbandha: 혹은 '和合')하는 일이 없기 때문이다.
> 그같이 말한 까닭이 무엇인가?
> 세 가지가 다르고 상위하기 때문이다. 만약 6轉識이 [所熏과] 동시에 존재
> 하는 것이라면, 所依·所緣·作意의 세 종류가 각기 다르다고 해서는 안 된
> 다. [그러나] 각기 다르기 때문에 6轉識은 결정코 [所熏과] 동시에 생겨나
> 지 않으며, 동시에 생겨나지 않기 때문에 결정코 相應하는 일도 없다. 相應
> 하는 일이 없기 때문에 [6식은] 어떠한 경우에도 所熏과 能熏이 되는 일이
> 없다.[34]

철저한 찰나멸론에 기초하는 경량부(상좌)에서는 전후찰나의 識은 물
론이고 "眼과 色을 인연으로 眼識이 생겨나고 三事和合의 觸에서 受·想·思가
俱生한다"(『잡아함』 제306경)는 경설에서의 '和合(saṃnipāta)'과 '俱生(sahaja)'
또한 동시존재의 화합상응이 아닌 '계시적 인과관계'와 '無間生'으로 이해
하였다.[35] 그러나 그럴 경우 제 심·심소는 所緣을 달리하여 통일적 인식이
불가능하다는 것이 유부의 비판이었다. 그래서 그들은 심·심소의 相應俱起
說을 주장하였다. 즉 심·심소는 동일한 所依·所緣·行相을 갖고 동일 찰나
(時)에 각기 1법(事, dravya)씩 함께 생겨난다는 것으로, 유부에서는 이 같은
심·심소의 不相離(相雜)의 관계를 '相應(saṃprayukta)'이라 하였다.

유부와 마찬가지로 심·심소 別體說과 俱生說을 주장하는 유가행파의

---

34 『섭대승론(무성)석』권2(T31, 389c1-5), "又諸轉識定非所熏, 以彼六識無定相應. 何以故? 以三
差別互相違故. 若六轉識定俱有者, 不應所依所緣作意三種各別. 以各別故, 六種轉識不定俱生. 不
俱生故, 無定相應. 無相應故, 何有所熏能熏之性." ('何有所熏' → '無有所熏': 주46 참조)

35 본서 제5장 1-1 참조.

경우 현행식(能熏)이 所熏處에 훈습하여 종자가 되기 위해서는 반드시 소훈처와 동시에 존재하지 않으면 안 된다. 그들은 능히 훈습하는 마음(能熏)과 훈습되는 마음(所熏)이 동일한 시간 동일한 장소에서의 不卽不離의 관계를 相應(혹은 和合, saṃbandha)이라 하였다.[36] 이에 따라 현행식과 동시에 존재하는 별체로서의 종자 훈습처(즉 알라야식)의 설정은 필수적이었다.

無性의 비판은, 알라야식과 같은 별도의 실체를 설정하지 않고 다만 6識의 전전상속으로 종자설을 주장할 경우 능훈과 소훈은 所依·所緣과 作意 등의 [遍行]심소가 달라 상응 화합할 수 없다는 것이지만, 이는 사실상 경량부의 異時인과설에 대한 비판이라 할 수 있다. 『성유식론』에서의 6識 相熏(事類雙熏)說 비판 역시 능훈과 소훈의 繼時인과에 관한 것이었다.

> 6識身은 [그것이 소의(根)와 소연(境)에 근거하여 일어나는 了別性의] 현실태(事, *vastu)든 [異熟生인 不了別性의] 동일種類(類, jāti: 후술)든 前後의 두 찰나는 이미 동시에 존재하지 않는 것이라 하였다. 즉 찰나의 간격을 갖는 것(隔念者)은 서로가 서로에 훈습하고 훈습되는 것이 아니니, 能熏과 所熏은 반드시 동시여야 하기 때문이다.[37]

여기서 6식의 현실태(事)와 동일種類(類)는 말하자면 마음의 두 층위이다. 제11장(2-1)에서 상론하였듯이 상좌는 一身二頭의 새인 命命鳥의 비유로써 동일 根에 근거한 二識俱生을 주장하였다. 여기서 두 마음이란 현행의 요별식과 生緣에 차별이 없는 동일種類의 이숙식으로, 후자가 종자 훈습처

---

36 『섭대승론(무성)석』권2(T31, 389b22-24), "要復與彼能熏相應, 乃名所熏. 非別異住, 同時同處, 不卽不離, 名曰相應.";『성유식론』권2(T31, 9c15-17), "四與能熏共和合性. 若與能熏同時同處不卽不離. 乃是所熏."

37 『성유식론』권3(T31, 15c21-22), "又六識身, 若事若類, 前後二念, 旣不俱有. 如隔念者, 非互相熏, 能熏所熏必俱時故."

임은 두말할 나위도 없다. 즉 전자가 능히 훈습하여 종자가 되는 전 찰나의 식(能熏)이라면 후자는 현행이 훈습되는 후 찰나의 식(所熏)이다. 窺基는 이 러한 경량부 학설을 事類雙熏說 혹은 識及類前後相熏說이라 하였다.

이에 대한 『성유식론』에서의 비판은 異時의 능훈과 소훈은 상응이 불 가능하다는 것으로, 중현(유부)의 경량부 종자설 비판 역시 이 점에 집중하 지만, 무성은 이러한 종자 훈습설을 '前念熏後念說'이라 하였기 때문에 節을 바꾸어 논의한다.

2) 前念熏後念說과 그 비판

(1) 전념훈후념설

종자설을 주장하는 한 能熏(bhāvaka)과 所熏(bhāvya) 즉 능히 훈습하여 종 자를 성취하는 법과 이 같은 종자가 훈습되는 법의 설정은 필수적인데, 異時 인과설을 주장하는 경량부의 경우 두말할 것도 없이 전 찰나의 법이 능훈이 라면 후 찰나의 법이 소훈이다. 그들은 말한다. "前念(pūrvāt-kṣaṇa)이 後念 (uttara-kṣaṇa)에 훈습한다."

이에 따르는 한 전 찰나의 법 [중에 훈습된 종자]가 유위제법의 因緣으 로, 이는 유식諸論에서 유가행파의 종자설에 대응하는 경량부의 종자설로 평석되었다. 예컨대 『섭대승론』에서는 그들이 인연으로 제시한 알라야식 의 존재증명을 "'色心이 無間으로 생겨날 때 [전 찰나의 제법은 후 찰나] 제법의 種子(즉 인연)가 된다'는 어떤 이의 주장은 앞서 이미 ['6識은 能熏과 所熏의 두 찰나가 동시에 존재하지 않기 때문에 상응하는 일이 없다'(주1) 고] 논설한 대로 성립할 수 없다"[38]는 말로 총괄하는데, 이에 대해 무성은 이같이 해설하였다.

38　『섭대승론본』권상(T31, 137a14-15), "若復有執, '色心無間生, 是諸法種子.' 此不得成. 如前已說."

여기서 「다시 어떤 이가 주장하였다」고 함은 經量部에서 이같이 주장한 것을 말한다. 즉 「色心이 無間으로 생겨난다」고 함은 諸色心이 前後 [찰나]의 순서로 상속하여 생겨남을 말한 것이고, [전 찰나의 제법은 후 찰나] 제법 의 종자가 된다」고 함은 바로 제 유위법의 能生因이 된다는 말이다. 즉 그들 은 이같이 주장하였다. "전 찰나의 色으로부터 후 찰나의 色이 無間으로 생겨나고, 전 찰나의 마음으로부터 후 찰나의 마음과 상응법(즉 심소)이 無間으로 생겨난다. 이것으로도 인과의 도리가 성취되거늘 무슨 소용에서 다시 알라야식이 바로 諸法의 원인(因緣)이라고 분별할 것인가?"[39]

참고로 앞의 『섭대승론』 본문에 대한 세친의 해설은 이러하다.

「만약 어떤 이가 "色心이 無間으로 생겨날 때 [전 찰나의 제법은 후 찰나] 제법의 종자가 된다"고 주장하였다」고 함은, 어떤 이가 "전 찰나의 色은 능히 종자가 되고 후 찰나의 색은 그것에 의해 생겨나며, 전 찰나의 識과 후 찰나의 識을 서로 견주어보더라도 역시 그러하다"고 주장한 것을 말하 는 것으로, 이에 대해서는 앞에서 이미 비판하였다. --(중략)-- 그러나 전 찰나의 色은 후 찰나의 色에 대해, 전 찰나의 識은 후 찰나의 識에 대해 等無間緣만 될 수 있을 뿐, 어떤 경우에도 因緣(즉 種子 혹은 舊隨界)이 될 수 없음을 마땅히 알아야 한다.[40]

경량부가 수계·종자의 소의처로서 6處(=상좌)나 名色(=세친)을 설정한

---

39 『섭대승론(무성)석』권3(T31, 396b23-29), "釋曰: '若復有執'者, 謂經部師作如是執. '色心無間生'者, 謂諸色心前後次第相續而生. '是諸法種子'者, 是諸有爲能生因性. 謂彼執言: 從前刹那色, 後刹那色無間 而生. 從前刹那心, 後刹那心及相應法無間而生. 此中因果道理成就, 何用復計, 阿賴耶識, 是諸法因."

40 『섭대승론(세친)석(현장 역)』권3(T31, 336a13-21), "釋曰: 若復有執, '色心無間生, 是諸法種子' 者, 謂若有執: 前刹那色, 能爲種子, 後刹那色, 因彼而生. 前識後識, 相望亦爾. 此前已破. --(중략)-- 前刹那色, 望於後色, 前刹那識, 望於後識, 應知容有等無間緣, 無有因緣."

것은 그들이 色心은 각기 자신의 종류로 상속한다는 이른바 '色心自類前後
相熏說'을 주장하였기 때문이다. 『성유식론』에서도 이를 어떤 이의 주장으
로 인용 비판한다.

> 어떤 이는 주장하였다. "色心은 자신의 種類(自類)와 무간으로, 전 찰나는
> 후 찰나의 종자(인연)가 되어 因果의 뜻이 성립한다. 따라서 앞에서 설한
> [알라야식의] 논증(이증1 持種證)은 불확정의 논거(不成[因])에 근거한 것
> 이다."[41]

전술한 대로 窺基와 太賢은 여기서의 '어떤 이'를 上座部(上座 슈리라타
일파)로 평석하고, "無性이 『섭대승론석』에서 '경량부'라고 말한 것은 이들
上座部 중에서 스스로 '經을 지식의 근거(量)로 삼는 이들(sūtrapramāṇakā)'이
라 하였기 때문"이라고 해설하였다. (주19; 20) 상좌는 실제로 등무간연을
심법에 한정시켜 다만 후법의 開導(開避引導)法으로 이해한 유부나 유가행
파와 달리 "후 찰나(無間)의 色心 자체(ātmabhāva)를 획득하게 하는 전 찰나
에 생겨난 법(前生法)"으로 규정하고,[42] 이러한 색심(즉 6處)에 불가분리(不
一不二)의 관계로 隨逐하는 [隣近·展轉의] 공능인 隨界를 인연으로 간주하였
다. 그래서 세친도 상좌도 선·불선 등의 심법의 수계·종자는 현행의 마음
(6식) 중에 수축하고 있다고 말하였던 것이다. (주27; 30 참조)

유부와 유가행파에서는 이에 대해 다 같이 인연과 등무간연의 차이를
무시한 것이라 비판하지만,[43] 상좌에 의하는 한 등무간연의 힘과 生因(인연

---

41 『성유식론』권3(T31, 15c24-25), "有執: 色心自類無間, 前爲後種, 因果義立. 故先所說, 爲證不成."

42 『순정리론』권19(T29, 447a22-27), "然彼上座復作是言: 等無間緣, 謂前生法, 令無間法獲得自體.
--(중략)-- 色心無間, 有色心生. 俱是前生, 令無間法獲得自體."

43 예컨대 無性의 비판: "그렇기 때문에 色心이 前後[찰나] 相生한다고 [주장할 경우] 단지
等無間緣과 增上緣만 있을 수 있을 뿐 어떤 경우에도 因緣은 존재하지 않는다고 해야

즉 隨界)의 힘은 그 뜻(*artha)은 다를지라도 다 같이 생겨날 법에 대해 [能生의] 功用(작용)을 갖는 것이었다.[44]

(2) 전념훈후념설 비판

無性은 前念熏後念說을 『섭대승론』의 6識 無相應論의 두 번째 논거인 '二念不俱有(능훈과 소훈의 두 찰나는 동시존재가 아니다)'에 배당시켜 비판하였다.

> 만약 '[6식의] 前念이 後念에 훈습하는 것'이라고 말한다면, 이러한 뜻은 옳지 않으니, 그러한 [전후] 두 찰나는 동시에 존재하지 않기 때문이다. 이러한 주장 역시 [전후 能熏과 所熏의] 두 찰나는 동시에 존재하지 않기 때문에 결정코 相應하는 일이 없으며, 相應하는 일이 없기 때문에 어떠한 경우에도 所熏과 能熏이 되는 일이 없음을 나타낸 것이다.[45]

앞서의 六識展轉相熏說 비판이 능훈과 소훈으로 설정된 6식의 전후찰나는 소의·소연 등이 달라 俱生 상응하지 않는다는 것이었다면, 前念熏後念說의 비판은 존재하는 시간대가 달라 俱生 상응하지 않는다는 것이다. 따라

한다." (T31, 396c10f) 중현의 비판: "隨界論을 계승한 저들 [上座]宗에서는 인연과 등무간연의 두 연을 동일한 것이라고 해야 할 것이니, 隨界와 그 所依는 법 자체로서는 어떠한 차별도 없기 때문이다. 즉 惡心과 無間에 善心이 생겨났을 경우, 무엇이 인연이고, 무엇이 등무간연인지 말해보아야 한다. [두 연은] 그 자체로서 어떠한 차별도 없기 때문이다." (T29, 447b4-7: 제9장 주66 참조) 아이러니컬하게도 세친은 일찍이 상좌와 가까이하여 후 찰나 마음은 전 찰나 마음 중의 종자로부터 생겨난다고 하였지만(주27), 『섭대승론석』에서는 전 찰나는 등무간연만 될 수 있을 뿐 어떠한 경우에도 인연이 될 수 없다고 비판하였다. (주40) 이러한 세친의 아이러니에 대해서는 본서 제14장에서 논의하게 될 것이다.

44 『슈정리론』권18(T29, 441c28f), "雖彼釋言, <u>等無間力與生因力, 其義有殊, 於生法中, 俱有功用.</u>--" 이에 대해서는 제9장 2-2 참조.

45 『섭대승론(무성)석』(T31, 389c5-8), "若言前念熏於後念成熏習者, 此義不然. 以其二念不俱有故. 此亦顯示, 由二刹那不俱有故, 無定相應. 無相應故, 無有所熏能熏之性."

서 양설은 다만 비판에 따른 차별일 뿐 별개의 학설이 아니다.[46]

　세친 역시 眞諦와 玄奘의 두 역본 사이에 약간의 차이가 있을지라도 『섭대승론』本論 상의 '二念不俱有'를 경량부 혹은 비유자의 종자설에 대한 비판으로 해설한다.

[진제 역] 經量部는 설하였다. "前念이 後念에 훈습한다. 왜냐하면 두 識은 일찰나에 함께 일어나지 않기 때문에 동시일 수 없는 것이다."
그러나 이러한 뜻은 옳지 않다. 왜냐하면 [本論(『섭대승론』)에서] '일찰나에 [전후의] 두 법이 함께 하지 않는다'[고 하였기 때문이다]. 곧 能熏과 所熏[의 두 법]이 만약 동시에 존재한다면 함께 생겨나고 함께 멸하여 熏習이 성취될 수 있지만, 만약 동시에 존재하지 않는다면 훈습의 뜻은 성취될 수 없다는 말이다. 왜냐하면 能熏이 존재할 때 所熏은 아직 생겨나지 않았고, 所熏이 생겨났을 때 能熏은 이미 과거로 落謝하여 어떠한 경우에도 전후찰나[의 두 법]이 동시에 함께 일어나는 일은 없다. 그렇기 때문에 6識은 [전후의 두 찰나가] 함께 일어나지 않으며, 따라서 [서로] 훈습하는 일도 없다.[47]

[현장 역] 譬喩論師는 前念이 後念에 훈습한다고 주장하려 하였기에, 이를 막기 위해 [本論에서] "[전후의] 二念은 동시에 함께 존재하지 않는다"고 말한 것이다. 즉 어떠한 경우에도 [전후의] 두 찰나[의 법]이 동시에 존재

46　六識展轉相熏說과 前念熏後念說에 대한 무성의 비판은 문구도 동일하다. "[以各別故, 六種轉識] 不俱生故, 無定相應. 無相應故, 何有所熏能熏之性?"(주34) "[由二刹那] 不俱有故, 無定相應. 無相應故, 無有所熏能熏之性." 이로 볼 때 주34의 '何有所熏能熏之性'의 '何'는 '無'의 誤寫일 것이다.

47　『섭대승론(세친)석』권2(T31, 166b3-10), "經部師說: 前念熏後念. 何以故? 二識一刹那不並起故, 不得同時. 此義不然. 何以故? 一念二不俱(本論에서는 '二念不俱有')者, 能熏所熏, 若在一時, 同生同滅, 熏習義得成. 若不同時, 熏義不成. 何以故? 能熏若在, 所熏未生, 所熏若生, 能熏已謝, 前後刹那一時並起, 無有是處. 是故六識不並起. 故無熏習."

하거나, 함께 생겨나고 함께 멸하여 [서로] 熏習하며 머무는 일은 없기 때문이다.48

이러한 형식의 비판은 중현에 의해서도 제시되었다. 중현은 '舊隨界란 업과 번뇌가 훈습된 6處'라는 상좌의 隨界설에 대해 이같이 비판하였다.

만약 이것(업과 번뇌)이 後時로 상속하여 [생겨난] 6處가 능히 [生이라는 또 다른] 결과를 초래하는 것이라면, [後時의 6처는 前時의] 업과 번뇌와 전혀 相應하지 않거늘, 어떻게 그것(업과 번뇌)을 훈습하여 隨界를 성취할 수 있다는 것인가? [전법(업과 번뇌)이 존재할 때 후법(6처)은 아직 생겨나지 않았고, 후법이 생겨났을 때 전법은 이미 소멸하였기 때문으로,] 존재하는 것(有)과 존재하지 않는 것(無)은 상응의 뜻을 갖는 것이 아니다.49

중현은 세친의 名色종자설에 대해서도 역시 전법(能熏)과 후법(所熏) 사이의 계시적 인과관계의 논리적 난점을 지적하였다.

전 찰나에 일어난 특수한 思(=종자, 能熏)와 후 찰나의 특수한 공능의 마음(=종자식, 所熏)이 어떻게 인과적 관계가 될 수 있고, 서로 相應할 수 있다는 것인가? --(중략)-- 만약 思가 존재할 때 [마음에 특수한 공능이] 조금이라도 일어났다면 이러한 뜻(전·후법의 인과적 관계와 상응관계)이 성립한다고 말할 수 있을 것이다. 그렇지만 思가 존재할 때 [특수한 공능의 마음은] 전혀 일어난 일이 없으니, [경량부에 의하면] 미래법은 존재하지 않기 때문이다. [이렇듯] 전 찰나의 思와 후 찰나의 마음은 [각기] 존재하고 존재하지 않아 (다시 말해 전 찰나의 마음이 존재할 때 후

---

48 『섭대승론(세친)석』권2(T31, 330a9-11), "譬喩論師, 欲令前念熏於後念, 爲遮彼故, 說言'二念不得俱有.' 無二剎那一時而有, 俱生俱滅, 熏習住故."

49 『순정리론』권18(T29, 440c8-9). 원문은 제10장 주74 참조.

찰나의 마음은 아직 생겨나지 않았고, 후 찰나의 마음이 생겨났을 때 전
찰나의 마음은 이미 소멸하여) 함께하지 않거늘 어떻게 [전후찰나의 마음
이] 인과적 관계로서 相應할 수 있다는 것인가?[50]

흥미롭게도 이에 대한 상좌와 세친(俱舍論主)의 해명 역시 동일하다.

[상좌:] 어찌 因果로서 상응할 수 있다고 하지 않겠는가? 즉 [前時의 업과
번뇌는] 그것(後時의 6처)과 특성(*lakṣaṇa)이 동등하여 그것으로 하여금 [生
이라는 또 다른 결과를 낳는] [因]緣(즉 隨界)을 성취하게 하기 때문이다.[51]

[세친:] 여기에 무슨 의심이 있다는 것인가? 因果란 원래 그러한 것(法爾:
즉 전후찰나의 관계)이다. 요컨대 전 찰나에 특수한 思(이를테면 업과 번
뇌)가 존재하였기 때문에 바야흐로 후 찰나의 마음에 특수한 功能이 생겨
나게 된 것이다. 만약 전 찰나에 특수한 思가 존재하지 않았다면 후 찰나
의 마음에 특수한 공능은 일어나지 않았을 것이다. 그렇기 때문에 이러한
[전후의] 두 찰나[의 마음]은 인과적 관계가 될 수 있고, 서로 상응할 수
있는 것이다.[52]

이러한 사실로 본다면 前念熏後念說이나 『섭대승론』과 『성유식론』 상
에 인용된 色心前爲後種說은 바로 異時인과에 근거한 경량부 종자설, 이를테
면 세친의 名色 종자설이나 상좌의 6處 수계설을 가리킨다. 양설 모두 6식

---

50 『순정리론』권10(T29, 397c29-398a2). 원문은 제10장 주120 참조. 중현은 선대궤범사의 '相
續의 轉變과 差別'설에 대해서도 현재법의 실재성만을 주장하는 한 상속은 불가능하다
고 비판하였다. (제10장 주107 참조)

51 『순정리론』권18(T29, 440c10f). 원문은 제10장 주76 참조.

52 『순정리론』권12(T29, 398a2-5). 원문은 제10장 주120 참조. 이상의 두 해명에 대한 보다
자세한 논의는 제10장 2-2-3; 3-3-2; 제14장 4-1 참조.

이 종자 훈습처가 될 수 없는 무착의 세 논거 중 두 번째 '二念不俱有'에 따라 비판되고, 중현 또한 이에 따라 경량부(상좌와 세친)의 수계·종자설을 비판하기 때문이다.

3) 識類受熏說과 그 비판

(1) 식류수훈설

識類受熏說은 6識 중의 동일種類(*ekajāti)가 종자 훈습처라는 주장으로, "[동일]種類의 다른 例는 과실을 성취한다(類例餘成失)"는 무착의 6識 無相應論의 세 번째 논거는 이에 대한 비판이다. 無性이 전한 그들의 주장은 이러하다.

'種類(jāti)'라는 句義(*padārtha: 범주)에 근거할 때, 6종의 轉識도 [능훈과 소훈이 되는 전후의] 두 찰나는 同一한 識의 種類이다. 혹은 [6종의 轉識도 찰나]찰나 種類 상으로는 어떠한 차별도 없으니, 品類(*prakaraṇa)만 달리하기 때문이다. [따라서] 바로 이러한 識[의 種類]나 이러한 [찰나]찰나[의 種類]가 서로 훈습하는 것이지 [6轉識의] 일체(즉 種類와 現行 모두)가 훈습하는 것은 아니다.[53]

혹은 『섭대승론』 세친 釋의 현장과 진제의 두 역본에서는 이같이 전하고 있다.

[현장 역:] 이러한 [6]識의 種類는 이처럼 비록 相應하지 않을지라도 (다시 말해 能熏과 所熏의 두 識이 동시에 존재하지 않을지라도) 동일한 識의

---

[53] 『섭대승론(무성)석』권2(T31, 389c9-11), "若謂 '依止種類句義, 六種轉識, 或二刹那同一識類, 或刹那類無有差別, 由異品故. 或卽彼識, 或彼刹那, 有相熏習, 非一切'者, --"

種類이기에 역시 서로 훈습할 수 있다.[54]

[진제 역:] 어떤 識이 생겨날 때의 種類의 특성(相)이 이와 같기 때문에 (다시 말해 비록 찰나를 달리하는 識일지라도 種類로서의 특성이 동일하여 함께 일어나는 것과 같기 때문에) 능히 훈습을 수납할 수 있다.[55]

여기서 '類(jāti)' 혹은 '種類'란 말하자면 종속관계에 놓여 있는 두 개의 개념 중 포괄하는 쪽의 개념인 類개념(generic concept)에 상응하는 말로서, 인도지식론 일반에서 다수의 개물(vyakti)에 존재(공통)하는 동일·보편성이나 일반성(sāmānya), 혹은 유사성(sādṛśya=sārūpya)을 의미한다.[56] 예컨대 어떤 한 인간이 경험하는 청년－노인은 정신적 육체적 양태가 달라 서로를 포함할 수 없지만, 동일성으로서의 인간을 전제할 경우 서로를 포함할 수 있다. 마찬가지로 현실태(*vastu: 事)로서의 6識은 소의와 소연 등의 衆緣에 근거하여 일어나고 상응법(즉 심소)에 따라 선·불선 등의 도덕적 성질을 지니며, 멸진정 등에서 끊어지지만, 이러한 [동일]種類(jāti: 類)로서의 마음은 다만 업에 의해 초래되는 무부무기성의 異熟識으로 언제 어디서나 항상 존재하기 때문에 종자 훈습처가 될 수 있다는 것이다.

이러한 종자설의 주장자를 상좌 슈리라타로 비정하는 것은 그다지 어려운 일이 아니다. 상좌는 一身二頭의 새인 命命鳥의 비유로써 동일 根에 근거한 二識俱生을 주장하였다. 여기서 두 識은 명명조의 두 머리처럼 하나는 깨어 있는 了別의 현행식이고 다른 하나는 잠자고 있는 不了別性(혹은 불명료성)의 이숙식이다. 『성업론』에서는 이러한 두 마음을 種種心(nānācitta,

---

54 『섭대승론(세친)석』권2(T31, 330a11f), "若謂, '此識種類, 如是雖不相應, 然同識類, 亦得相熏.'--."
55 『섭대승론(세친)석』권2(T31, 166b10), "若汝言, '有識生類, 其相如此. 故能受熏.'--."
56 中村元(1983), 「インド論理學 述語集成」, p.90.: 본서 제11장 주56 참조.

소연과 행상이 전후 차별적으로 일어나는 마음)과 集起心(ācayacitta, 무량의
종자가 쌓인 마음)이라 하였고, 동아시아 법상교가는 거친 마음(麤心)과 미
세한 마음(細心)이라 하였다. 그들에 의하면 '미세한 마음'이란 소연과 행상
을 갖지 않는, 혹은 불명료성의 마음이다.

　중현이 전한 바에 따르면 상좌는 8解脫 중 제8 滅受想定解脫身作證具足
住에 든 아라한일지라도 "所緣도 갖지 않고 行相도 떠나 일어나는 동일種類
의 마음(一類心, *ekajātīyacitta)은 존재한다"고 주장하였다.[57] 상좌에 있어 이
러한 동일種類 마음 즉 一心(ekacitta)이 바로 종자 훈습처였다. 그는 말하였
다. "一心은 種種의 界(nānādhātu)를 갖추고 있다. 一心 중에 다수의 界가 훈습
되어 있다." (주68)[58]

　『성유식론』에서 識類受熏說은 '어떤 이의 설(有說)'로 인용되는데, 규기
역시 이를 [末]經部(T43, 357a24) 혹은 經部異師(동, 357a29) 설로 평석하였다.
그들은 이에 따라 알라야식의 존재를 부정하였다.

　　어떤 이는 설하였다. 6識은, 無始이래 根·境 등에 근거한 前後의 [차별적]
　　상태인 事(*vastu: 현실태로서의 了別識)는 轉變할지라도 種類(jāti: 동일성으
　　로서의 不了別識)로서는 차별이 없다. 이것이 바로 훈습의 住處로 능히 종
　　자를 보지하는 것이다. 이에 따라 雜染과 淸淨의 因果가 다 성취될 수 있거
　　늘 무슨 필요에서 제8 [알라야]識의 존재를 주장할 것인가?[59]

　　이는 저들(經部 혹은 經部異師)의 종의를 서술한 것이다. "이러한 [현실태
　　(事)로서의 6]識은 轉變하여 찰나에 바로 소멸하지만 識 상에 설정된 동일

種類(一類, *ekajāti)는 轉變하지 않으며, 前後에 차별이 없다. 즉 識으로서의 種類(識類)가 동일하기 때문에, 이것이 종자를 훈습할 수 있고, 역시 保持할 수 있는 것이다. [현실태로서의 6]識은 [轉變하여 찰나에 바로 소멸하는 것이라고] 이미 부정되었기 때문에 반드시 '[동일]種類'를 計度해야 한다. 이러한 '[동일]種類'로 인해 [종자 훈습처가] 이미 성취되었거늘 어찌 번거롭게 제8 [알라야식]을 설정할 것인가?"[60]

(2) 식류수훈설 비판

無性의 識類受熏說 비판논거는 당연히 "[동일]種類의 다른 例는 과실을 성취한다"는 무착의 6識 無相應論의 세 번째 논거이다. 앞서 識類의 '類' 또는 '種類(jāti)'는 동일·보편성의 뜻이라고 하였지만, 無性의 비판은 말하자면 동일성이라는 개념은 보다 상위의 동일성에 대해서는 특수한 것(차별)이 되기 때문에 (다시 말해 보다 큰 외연의 類개념에 대해서는 種개념이 되기 때문에) 이를 종자 훈습처로 일반화할 수 없다는 것이다.

이러한 [識類受熏]說은 이치에 맞지 않으니, '[동일]種類'의 다른 例는 과실을 성취하기 때문이다. 즉 아라한의 마음도 識의 [동일]種類(識類)에서 벗어나지 않으므로 그것 역시 不善(즉 번뇌)의 所熏[處]라고 해야 할 것이니, 동일種類의 법(一類法)이기 때문이다.

혹은 "'[동일]種類'의 다른 例는 과실을 성취한다"고 함은 그 밖의 다른 [동일]種類의 例에도 과실이 있다는 뜻이다. 즉 眼 등의 根의 청정한 色性(즉 淨色, rūpa-prasāda)이 다 根의 [동일]種類로서 隨逐되는 것이라면 意根역시 所造의 色性을 성취한다고 해야 할 것이니, 根으로서 그 의미(*artha, 즉 種類)가 동등하기 때문이다.[61]

---

60 『성유식론술기』권4本(T43, 357b2-6); 원문은 제11장 주100 참조.

『성유식론』에서의 識類受熏說 비판 또한 동일종류로서의 識(識類), 또는 이것과 현행의 6식(識事)의 관계에 근거한 것인데, 정리하면 이와 같다.

첫째, [동일·보편성의] ‘種類’가 實有라면 이는 외도의 주장 —窺基에 의하면 바이세시카학파에서 보편(sāmānya: 同)·특수(viśeṣa: 異)가 실유라고 한 것(T43, 357b12)— 과 동일한 것이 되고, 假有라면 수승한 작용을 갖고 있지 않기 때문에 內法인 진실의 종자를 지닐 수 없다.62

둘째, 識의 [동일]種類가 선·악성이라면 [악·선성의] 훈습(종자)을 수납하지 못한다고 해야 하며, 무기성이라면 [현행식이] 선·악의 마음일 때 무기심은 존재하지 않기에 이러한 [동일]種類[의 마음]은 마땅히 끊어져야 한다. 동일種類의 마음(類)을 별도로 설정할지라도 [동일 根에 근거한 동일한 識인 이상] 현행의 마음(事)과 도덕적 성질(性)이 동일해야 하기 때문이다.63

셋째, 이러한 동일種類의 마음 또한 [6識인 이상] 無心位에서는 결정코 존재하지 않는다. 이미 무심위에서 끊어지고(間斷性) 동일종류로 상속하는 것(堅住性)도 아니라면, 어떻게 종자 훈습을 保持 수납할 수 있을 것인가?64

넷째, 아라한의 마음과 이생의 마음은 識으로서 種類가 동일하기 때문에 (다시 말해 그 자체 동일種類의 識이기 때문에) 각기 염오법과 무루법의 훈습처도 된다고 해야 하며, 안 등의 根과 그 밖의 법(즉 意根)은 안 등의 識에 대해 ‘根’이라는 법으로서 種類가 동일하기 때문에 (다시 말해 동일種類의 根이기 때문에) 역시 서로에 훈습한다고 해야 하지만, 그대들은 이러한 사실을 인정하지 않는다.65

---

61 『섭대승론 무성석』권2(T31, 389c11-16), “此不應理. 種類例餘成過失故. 阿羅漢心不出識類, 彼亦應是不善所熏, 一類法故. 或‘類例餘成過失’者, 是例餘類有過失義. 此義云何? 謂眼等根清淨色性, 皆根種類之所隨逐, 意根亦應成造色性, 根義等故.”

62 『성유식론』권3(T31, 15c11-12), “執類是實, 則同外道. 許類是假, 便無勝用, 應不能持內法實種.”

63 『성유식론』권3(T31, 15c12-15), “又執識類何性所攝? 若是善惡, 應不受熏. 許有記故. 猶如擇滅. 若是無記, 善惡心時, 無無記心, 此類應斷. 非事善惡類可無記, 別類必同別事性故.”

64 『성유식론』권3(T31, 15c16-17), “又無心位, 此類定無. 旣有間斷性, 非堅住, 如何可執持種受熏?”

　　『성유식론』에서는 비록 네 가지 관점에서 비판하였을지라도 논란의 초점은 현행식(事)과 종자 훈습처로 설정된 동일種類의 마음(類)과의 관계이다. 상좌에 의하는 한 이러한 두 마음은 별도의 실체가 아니라 동일 根에 근거한 동일한 識의 두 형식 혹은 두 層位이다. 전술한 대로 그는 이를 하나는 깨어 있고 하나는 잠자고 있는 命命鳥의 두 머리에 비유하였다. 心所無別體說을 주장하는 譬喩者는 심·심소의 다양한 차별을 배우(倡伎人)와 사탕수수 즙(甘蔗汁)에 비유하기도 하였다.[66] 즉 어떤 배우가 악한 사람으로 출현하든 착한 사람으로 출현하든, 혹은 사탕수수의 즙이 주스나 술·초(醋)가 되었을지라도 언제나 배우 자신 혹은 사탕수수 즙 자체와 함께 하듯이, 현행식 역시 언제나 동일種類의 마음과 함께 한다.

　　그러나 심·심소의 개별적 실재성을 주장하는 유가행파에서는 이를 인정할 수 없다. 더욱이 동시인과를 주장하는 그들에 의하는 한 能熏(차별의 현행식)과 所熏(동일種類의 종자식)이 상응 화합하기 위해서는 반드시 동시에 존재해야 하며, 그러기 위해 양자는 개별적 실체가 되지 않으면 안 된다. 이에 따라 현행식(轉識)과는 다른 별도의 실체로서 이와 동시에 존재하는 종자 소훈처의 설정은 필연적이다. 유가행파에서는 이를 제8 알라야식이라 하였다.

　　소훈과 능훈의 관계에 대한 이 같은 논란은 사실상 유부에 의해 제기된 것이었다. 전술한 대로 異時인과에 따른 두 법의 不相應의 문제(주49, 50 참조)와 함께 현행식과 동일종류의 마음에 훈습된 종자의 도덕적 성질의 불일치가 비판의 핵심이었다. 즉 선심과 무간에 불선심이 생겨난 경우, 경량부에 의하는 한 이때 불선심은 선심 중에 존재하는 불선심의 종자로부터 생겨난 것이지만(주27 참조), 하나의 법은 하나의 자상과 작용을 갖는다는

65　『성유식론』권3(T31, 15c17-21), "又阿羅漢或異生心, 識類同故, 應爲諸染無漏法熏. 許便有失. 又眼等根, 或所餘法, 與眼等識, 根法類同, 應互相熏. 然汝不許. 故不應執識類受熏."

66　『순정리론』권11(T29, 395a17-19): 제11장 주57 참조.

諸法分別論에서 볼 때 이는 分別이 아닌 雜亂이다. 더욱이 어떠한 경우에도 세분될 수 없는 일찰나(一念)의 一心 중에 좋거나 좋지 못한 등의 일체 결과를 견인하는 일체제법의 원인(즉 種種界)이 마음과 불가분(不一不二)의 관계로서 존재한다는 것은 논리적으로도 불가능하다는 것이다.[67]

중현은 상좌의 一心 隨界說에 대해 이같이 비판하였다.

> 저 上座는 어찌 "一心은 種種界를 갖추고 있다. 一心에 다수의 界가 훈습되어 있다"고 말할 수 있다는 것인가? 이는 이치상 이루어질 수 없기 때문이다. 즉 聖敎 중에서 인정하는 勝義의 法은 오로지 하나의 본질(體)을 갖는 것이지 다수의 본질이 모여 이루어진 것이 아니다. 만약 "마음 자체는 단일할지라도 그 안에 다수의 界가 존재한다"고 말한다면, 다수의 界는 마음과 본질적으로 어떠한 차이도 없기 때문에 界는 마땅히 한 가지가 되어야 하며, 마음은 다수의 界와 본질적으로 어떠한 차이도 없기 때문에 마음은 마땅히 다수가 되어야 한다. [또한] 온갖 界를 서로 비교해보면 그 자체 [마음과] 어떠한 차이도 없기 때문에, 하나와 일체의 본질이 마땅히 서로 뒤섞이고 말 것이니, 이러한 [그의] 주장은 끝내 올바른 이치가 될 수 없는 것이다.[68]

4. 소 결

『섭대승론』「所知依分」에서는 종자 훈습처의 네 특성(所熏四義)을 열거

67　『순정리론』권18(T29, 441c2-6), "又於一念一心體中, 無有細分, 如何能牽愛及非愛俱相違果? 定差別因, 不可得故."

68　『순정리론』권18(T29, 442b2-7), "又彼上座, 如何可執言, '一心具有種種界. 熏習一心多界.' 理不成故. 非聖敎中許勝義法, 有唯一體, 多體集成. 若言'有心其體雖一, 而於其內, 界有衆多', 多界與心, 體無異故, 界應成一. 心與多界, 體無異故, 心應成多. 諸界相望, 體無異故, 一與一切, 體應相雜. 此執終非理."

하고서 "6識은 세 가지(所依·所緣·作意)가 다르고, 두 찰나가 동시에 존재하지 않으며, '[동일]種類(jāti)'의 다른 例는 과실을 성취하기 때문에 [能熏(즉 종자)과] 상응(saṃbandha)하는 일이 없다"는 이유에서 6識은 종자 훈습처가 될 수 없음을 천명하였는데, 無性은 이에 대해 해설하고서 알라야식 所熏說과는 다른 견해(異計)로 ① 六識展轉相熏說, ② 前念熏後念說, ③ 識類受熏說를 언급하였다.

한편 『성유식론』에서는 알라야식 존재증명 이증1 持種證에 대해 논설하면서 五蘊(轉識과 색·불상응행·심소법)受熏說과 함께 앞의 세 학설을 ⓐ 識類受熏說, ⓑ 六識受熏(事·類雙熏)說, ⓒ 色心自類前後相熏說의 순서로 비판하였는데, 窺基 등 동아시아 法相敎家는 이를 경량부 諸派 이를테면 本經部, 末經部(혹은 經部異師), 譬喻部師(혹은 上座部 末計), 上座部의 학설로 평석하고, 유가행파 비판에 따른 시정의 과정으로 이해하였다. 특히 智周는 상좌 슈리라타의 六根受熏說을 『유가론』의 色持種(=色心互熏)설로 이해하고, 이와 함께 無性이 언급한 세 견해를 경량부의 네 종류의 종자설로 정리하였다. 그리고 현대의 불교학자 역시 이에 따라 이러한 종자 훈습에 관한 경량부 제설은 고정된 학설이 아니라 유가행파 종자설로 전개되어 가는 과도기적 발전단계로 평가하기도 하였다.

결론적으로 말해 無性이 언급한 세 가지 형식의 종자 所熏說은 동일한 학설로, 상좌의 6處 隨界說이나 세친의 名色 종자설 ─이는 중현이 말한 대로 배우가 의상을 바꿔 입듯 상좌의 舊隨界설과 언사만 달리한 것이다─ 을 무착의 6識 無相應論의 세 논거에 따라 세 종류로 분별한 것일 뿐이며, 『성유식론』에서의 識類受熏說 등의 세 학설 또한 이들의 종자 소훈처를 ⓐ 6식 중의 동일종류(識類), ⓑ 동일종류(類)와 현행(事)이라는 이중구조의 6식, ⓒ 色心이라는 외연의 크기순으로 분류한 것이다. 이들의 수계·종자설에서 세 견해가 모두 확인될 뿐만 아니라 이에 대한 중현의 비판 또한 유가

법상종의 그것과 동일하기 때문이다. 예컨대 業果相續의 경우, 이들은 ①
업과 번뇌는 思(cetanā)를 본질로 한다고 주장하기 때문에 이는 6識(마음)에
훈습하며, ② 異時인과를 주장하기 때문에 後法에 훈습하며, ③ 마음을 차별
의 현행식과 동일種類의 이숙식이라는 이중구조로 이해하였기 때문에 멸
진정 등에서도 끊어지지 않는 동일種類의 마음(*ekajātīyacitta: 一類心) 즉 一
心에 훈습한다. 이에 따라 상좌 슈리라타는 "一心(ekacitta)은 種種界(nānādhātu)
를 갖추고 있다. 一心 중에 다수의 界가 훈습되어 있다"(주68)고 주장하였던
것이다.

따라서 智周가 상좌 슈리라타를 '새로운 선대궤범사'로 일컫고 그의
舊隨界說을 本經部의 色心互熏說(色持種說)로 해설한 것은 명백한 오류이다.
이는 太賢에 의해서도 지적된 바이다. 즉 경량부는 色心의 自類상속을 인정
하였기 때문에, 현행의 색심은 후 찰나의 색심에 훈습하며, 이에 따라 현행
의 색심은 전 찰나 색심 중에 훈습된 색법과 심법의 종자로부터 생겨난다
고 주장할 뿐 결코 색심의 互熏相續을 주장할 필요가 없었다. 그들은 심법
의 소훈처로서 멸진정 등의 무심위에서도 끊어지지 않는 미세한 동일種類
의 마음 즉 一心을 주장하였기 때문이다.

우리는 그동안 경량부 종자설을 다만 『구사론』을 통해 이해하였지만,
이는 상좌일파(경량부/비유자)의 수계 · 종자설에 대한 세친 자신의 이해로,
得 등의 유부 학설의 비판논거로 제시된 것일 뿐 因緣論으로서 종자설 자체
에 대한 논의는 아니었기 때문에 해석상의 異見이 분분할 수밖에 없었고,
유식 논서 상에 언급된 경량부 종자설과도 관련짓기 어려웠다. 유식 논서
상에서의 경량부 종자설은 동아시아 법상교가가 末經部 혹은 上座部로 호
칭한 상좌 슈리라타 혹은 상좌일파의 수계 · 종자설을 통할 때 비로소 체계
적 이해가 가능하며, 유가행파의 알라야식 종자설과의 관계도 분명해진다.
이는 우리가 상좌 슈리라타에 주목해야 할 또 다른 이유이기도 하다.

제13장 알라야識의 존재증명과 경량부

1. 유가행파의 알라야식 존재증명

알라야식(ālayavijñāna: 阿賴耶識)은 유가행파(Yogācāra, 유식학파)의 트레이드마크와 같은 개념이다. 외계의 실재성을 부정하고 이는 다 識이 변화하여 나타난 것이라 주장하는 그들은 일체 諸法이 원인적 상태(hetubhāva: 因性), 種子·功能의 형태로 熏習 보존된 마음을 '알라야식'이라 하였다. 이는 유위세간의 일체 가능성으로서의 힘(śakti: 功能 즉 종자)을 지닌 識이라는 뜻의 一切種子識(sarvabījakaṃ vijñāna), 개인의 중심에서 심신의 상속을 유지시키는 識이라는 뜻의 執持識(ādāna-vijñāna: 阿陀那識)이라는 말로 호칭되기도 하였다.

유가행파에서 알라야식은 사실상 일체 만유의 토대/의지처(āśraya, 所依)로, 감관(根)과 대상(境)을 所依·所緣으로 삼는 6識이나 알라야식만을 대상으로 하여 일어나는 染汚意와는 다른 별도의 실체였다. 해서 그들은 알라야식을 이러한 일곱 가지 현행識(pravṛtti-vijñāna: 轉識)과 구별하여 '第八識'이라는 말로 호칭하기도 하였다.

유가행파의 이러한 사유는, 종자의 소훈처가 되는 識은 현행식과는 별도의 실체로서 동시에 존재해야 한다는 논리적 요청에 따른 것이라 할지라도 다른 한편으로 초기불교 이래 마음을 心(citta)·意(manas)·識(vijñāna)이라는 세 명칭으로 호칭하고, 이를 각기 어원에 따라 '쌓는 것(cinoti, 集起)', '사유하는 것(manute, 思量)', '식별(인식)하는 것(vijānāti, 了別)'으로 해석한데[1] 기인한 것이다. 물론 설일체유부를 비롯한 제 부파에서는 이 세 가지는 명칭이나 작용(業)상의 차별(paryāya)일 뿐 본질적으로 동일한 것(ekārtha: AK. II-34ab)으로 이해하였지만, 유가행파에서는 이를 구별하여 순서대로 제8 알라야識, 제7 染汚意(末那識), 안식 내지 의식의 6識에 배당하였던 것이다.

세친도 『구사론』에서 心(citta)을 '쌓다' '모으다'는 의미의 어원 √ci에서 유래한 것으로 간주하여 [선·불선 등의 온갖 心所와 事業 등을] 쌓는 것('集起', 구역은 '增長')의 뜻으로 해설하고서 "淨·不淨의 界(dhātu)가 集積된 것(cita)이기 때문에 心(citta)"[2]이라는 또 다른 해석을 언급하였는데, 稱友는 이를 心을 훈습(=종자)의 住處(bhāvanāsaṃniveśa)로 이해한 경량부나 유가행파의 견해로 평석하였다.[3]

실제 『섭대승론』이나 『성유식론』에서는 心을 "種種法의 훈습·종자가 적집된 것" 혹은 "雜染과 淸淨의 諸法 종자가 集起된 것"이라 정의하였고,[4] 『유가사지론』에서는 이를 '알라야식'이라 이름하였다. "알라야식 중에 種種界(nānādhātu)가 존재한다. 알라야식 중에 다수의 界(bahudhātu)가 존재한다." (제11장 주2) 上座 슈리라타 역시 이러한 훈습의 주처를 一心이라 이름

---

1   제3장 주7 참조.

2   AKBh., pp.61. 23-62. 1. citaṃ śubhāśubhair dhātubhir iti cittam. ("善惡諸界, 所增長故名心.": 『구사석론』 T29, 180c4)

3   AKVy., p.141. 18f. 참고로 玄奘은 앞서의 논설(주2)을 "復有釋言: 淨不淨界, 種種差別, 故名爲心.--" (T29, 21c21f)으로 번역하였고, 普光은 이를 citta(心)를 citra(種種)에 근거하여 해석한 유부의 제2釋으로 평석하였다. (T41, 83b10ff) 제3장 주9; 12 참조.

4   『섭대승론本』권상(T31, 134a9-10), "何因緣故亦說名心? 由種種法熏習種子所積集故."; 長尾雅人(2001), 『攝大乘論: 和譯と注解』, p.110; App.「チベット譯 攝大乘論とその還元梵文」, 동 p.16, tac ca kiṃ kāraṇaṃ cittam ity apy ucyate/ citradharmavāsanābījair ācitatvena); 『성유식론』 권3(T31, 15b19-20), "雜染淸淨諸法種子之所集起故名爲心."

하였다. "一心(ekacitta)은 種種界를 갖추고 있다. 一心에 다수의 界가 熏習(vāsanā)되어 있다." (주56 참조)

心識種子설을 주장하는 한 종자 훈습의 住處로서 '언제 어디서든 존재하는 미세한 無覆無記性의 동일種類의 마음(*ekajātīyacitta)' —『성유식론』의 표현을 빌리자면 '微細一類恒遍心' — 을 설정하지 않으면 안 되는데, 上座는 이를 이러한 마음의 성격을 그대로 드러낸 '一心(ekacitta)'이라는 술어로 호칭한 데 반해 유가행파에서는 소의신 상에 攝藏(攝受 kun tu sbyor ba, 藏隱 rab tu sbyor ba byed pa)되어 있는 것, 혹은 일체종자를 攝藏하는 곳이라는 의미의 '알라야식(ālayavijñāna)'[5]이라는 등의 별도의 술어로 호칭하였던 것이다. 유가행파의 경우, 종자식을 다만 6識의 한 형식(6識의 동일種類: '識類')으로 이해한 상좌와는 달리 별도의 실체(別自體: T31, 14a10)로 간주함에 따라 필시 새로운 명칭이 요구되었기 때문이었을 것이다.

그러나 별체로서의 제8 알라야식은, 一法(ekārtha)의 마음을 다만 所依(眼 내지 意根)의 차별에 따라 6識으로 분별한 것이라 이해한 당시 불교도에게 수용되기 어려운 개념이었다. 불교전통에서 '제7識'은 제13處나 제6蘊 혹은 兎角이나 空花와 같은 허구의 개념을 지시하는 말이었다. 중관학파에 있어 알라야식은 空華에 비유되는 것이었고, 동일한 형식의 종자(인연)설을 주장한 경량부에 있어서조차 그것은 인과 해명에 무용한 개념이었다. 상좌는 말하였다. "6識 중 전후의 차별이 없는 (變易하는 일이 없는) [동일]種類의 마음(즉 一心)이 능히 종자를 攝持하는 所熏處로, 이것으로써도 잡염

---

5   『해심밀경』권1(T16, 692b16f);『유가사지론』권76(T30, 718a25f), "此[一切種子]識, 亦名阿賴耶識. 何以故? 由此識於身攝受藏隱, 同安危義故." (이에 상응하는 藏譯은 박창환,「알라야식의 형성과정에 미친 종자설의 영향」, 2010, p.94 참조);『섭대승론』권(T31, 14b22f);『성유식론』권3(T31, 133b18-24), "由攝藏諸法 一切種子識 故名阿賴耶." (ālīnaṃ sarvadharmeṣu vijñānaṃ sarvabījakam/ tasmād ālayavijñānam: 長尾雅人, 2001,『攝大乘論: 和譯と注解』, p.79; App. p.10; ālayaḥ sarvadharmānaṃ vijñānaṃ sarvabījakam/ tasmād ālayavijñānam: 袴谷憲昭, 2001『唯識思想論考』, p.571).;『대승성업론』(T31, 784c27f), "攝藏一切諸法種子故, 復說名阿賴耶識."

과 청정의 인과가 모두 성취될 수 있거늘 무슨 필요에서 제8 [알라야]식을 주장할 것인가?"[6]

窺基에 의하면 불교 제파 중 경량부가 알라야식에 대해 가장 비판적이었다. 그는『성유식론』의 알라야식 존재증명 제1 理證(持種證)에서 '종자 훈습처=6轉識'설에 대해 비판하고 있는 데 대해 "제 부파 가운데 경량부[의 비판]이 가장 강력하였기 때문에 반드시 먼저 비판해야 하는 것"이라 해설하였다.[7] 경량부(上座 슈리라타 일파)와 유가행파는 종자설을 주장하였다는 점에서 친연성을 갖지만, 각기 '一心'과 '알라야식' 등으로 호칭한 種子識과 현행의 了別識(轉識)의 관계를 둘러싸고 대립하였다.

이에 따라 '알라야식'의 존재증명은 초기 유가행파의 당면의 과제가 되었다. 최초의 알라야식 논증은『유가사지론』「순결택분」에서 8가지 조목으로 이루어지며 ─이는『현양성교론』(T31, 565a11-c22)과『대승아비달마잡집론』(T31, 701b4-702a5)에서도 거의 그대로 全載되고 있다─,『섭대승론』과『성유식론』에서도 각기 10가지 항목의 논증을 제시하고 있다. 이들 제 논증은 古來의 名目도, 형식과 내용(논거)도 상이한데, 논의의 편의를 위해 먼저 각 논증의 주장명제만을 간략히 소개한다.

1)『유가사지론』에서의 알라야식 논증

『유가사지론』「섭결택분」은 "앞(「本地分」)에서 種子依(bījâśrayaḥ, 因緣)

---

6   『성유식론』권3(T31, 15c7-10). 원문은 제11장 주99 참조. 이는『성유식론』상에서는 有說로 인용되지만, 窺基 등 동아시아 법상교가는 이를 [末]經部 또는 經部異師 즉 상좌의 주장으로 평석하였다. 無性 또한 경량부가 알라야식은 因果道理에 무용한 개념임을 주장하였다고 전하고 있다. (본 장 주139 참조)

7   『성유식론술기』권4本(T43, 355c17f), "謂諸部中 經部强勝, 故須先破." 그러나 '제 부파'라고 하였지만 대개는 경량부(혹은 '上座部')에 대한 비판(T31, 15b21-16a1)이고, 그 이외 부파 즉 '三世諸法皆有를 설한 어떤 이'(즉 유부)와 '大乘의 遣相空理를 究竟으로 삼는 어떤 이'(즉 청변)에 대한 비판(동 16a1-10)은 매우 약소하다.

로서 알라야식에 대해 논설하였지만, 그것이 어떤 존재이며, 그것의 존재 근거(有之因緣)와 차별적인 뜻에 대해서는 아직 논설하지 않았다. 왜 논설 하지 않은 것인가? 그것의 존재근거는 무엇이고, 차별적인 뜻을 어떻게 이 해해야 하는가?"하는 물음으로 시작한다. 그리고 첫 번째 물음에 대해 "세 존께서 가장 비밀스러운 것(深密)이라 규정하였기 때문"[8]이라고 답하고서 두 번째 물음인 알라야식의 존재근거에 대한 답으로서 여덟 가지의 논증을 제시하고 있다.

論에서는 먼저 총론으로 각 논증의 주장명제를 제시한 다음 각각의 논거(이유명제)를 제시하는 방식으로 논증을 진행한다.

여덟 가지 특상(ākāra)에 의해 알라야식의 존재가 입증된다. 만약 알라야 식이 존재하지 않는다면,

(1) 依止執受證: 依止의 執受(āśrayôpādāna)는 불합리하다(asaṃbhava: 道理不應).

(2) 最初生起證: 최초의 生起(ādi pravṛtti)는 불합리하다.

(3) 意識明了證: [意識의] 명료성(spaṣṭa pravṛtti: 명료한 활동)은 불합리하다.

(4) 有種子性證: 종자성(*bījatvaṃ, bījabhāva)이 존재한다는 것은 불합리하다.

(5) 業用差別證: [諸識의] 業用(karman)의 차별은 불합리하다.

(6) 身受差別證: 身受(kāyiko'nubhava)의 차별은 불합리하다.

(7) 處無心定證: 無心定(aciitaka samāpatti)에 처하는 (드는) 것은 불합리하다.

(8) 命終時識證: 命終(cyuti)할 때의 識은 불합리하다.[9]

---

8 『유가사지론』권51(T30, 579a10-14), "問: 前說種子依, 謂阿賴耶識. 而未說有有之因緣, 廣分別 義. 何故不說? 何緣知有? 廣分別義, 云何應知? 答: 由此建立是佛世尊最深密記. 是故不說." 이러 한 사실은 '알라야식'이라는 개념이 이전의 「본지분」과 『해심밀경』에서는 명확하게 규 정되지 않았으며, 「섭결택분」에 이르러 비로소 명확히 규정되었다는 의미로 이해할 수 있다. (袴谷憲昭, 2001, p.325)

9 『유가사지론』권51(T30, 579a20-25), "由八種相, 證阿賴耶識決定是有. 謂若離阿賴耶識, 依止執 受不應道理; 最初生起不應道理; 有明了性不應道理; 有種子性不應道理; 業用差別不應道理; 身受 差別不應道理; 處無心定不應道理; 命終時識不應道理."

2) 『섭대승론』에서의 알라야식 논증

『섭대승론』「所知依分」에서는, 먼저 알라야식에 대해 논증하고서 그 특성(차별적인 뜻)을 밝힌『유가론』과는 달리 알라야식에 상응하는 여러 개념(paryāya: 異門, 동의어)과 구체적 특성(相, lakṣaṇa) —알라야식 자체의 특성(自相)과, 원인과 결과로서의 특성, 종자(能熏)와 종자 훈습처(所熏)의 특성— 에 대해 먼저 논설한 후 이에 근거하여 알라야식의 존재에 대해 논증한다. 즉 이른바 所熏四義로 일컬어지는 종자 훈습처의 네 조건(堅住·無記·可熏·相應性)을 갖춘 알라야식이 존재하지 않는다면 雜染도 淸淨도 불가능하다는 것이다.

> 이와 같은 [종자식으로서의] 특성이 오로지 알라야식에만 존재할 뿐 轉識(pravṛttivijñāna)에는 존재하지 않는다는 사실을 어떻게 알게 된 것인가? 만약 이와 같은 [특성으로] 정립된 알라야식이 존재하지 않는다면 雜染도 淸淨도 모두 불가능하니, 번뇌의 雜染도, 業의 雜染도 生의 雜染도 모두 다 성취될 수 없기 때문이며, [나아가] 세간의 淸淨도 출세간의 淸淨도 역시 성취되지 않기 때문이다.[10]

무착은 이처럼 다만 執持識이나 종자식(持種心, bījakacitta), 生死位나 無心定에서의 마음 등 교학상의 개별문제를 논증의 소재로 삼고 있는『유가론』이나『성유식론』(후술)과는 달리 雜染(saṃkleśa, 유루)과 淸淨(vyavadāna, 무루)의 一切法이라는 대범주 하에 자파의 교학체계도 함께 구성하면서 그 일환으로서 알라야식의 존재를 추구하고 있다. 알라야식(혹은 이숙식)의

---

10 『섭대승론본』(현장 역) 권상(T31, 135b21-26), "復云何知, 如是異門及如是相, 決定唯在阿賴耶識, 非於轉識? 由若遠離如是安立阿賴耶識, 雜染淸淨皆不得成. 謂煩惱雜染, 若業雜染, 若生雜染, 皆不成故. 世間淸淨, 出世淸淨, 亦不成故."

존재를 別體로서 인정하지 않는다면 雜染 즉 12연기의 생사유전의 계열인
번뇌(kleśa: 惑)도, 業(karma)도, 生(janma, 즉 결과로서의 현실, vastu: 事)도, 結
生 이후의 執受도, 識과 名色의 相依관계도, 4食 중의 識食도, 죽음(命終)도
불가능하고, 세간의 청정(욕계 가행의 선심과 색계 定心)도, 출세간의 청정
(法身의 종자가 되는 聞熏習)도, 나아가 멸진정도 불가능하다는 것이다.

이러한 10가지 항목의 알라야식의 논증은 眞諦역본의『섭대승론석』「釋
引證品」에서는「煩惱不淨章」(1),「業不淨章」(2),「生不淨章」(3-7),「世間淨章」(8),
「出世間淨章」(9),「順道理章」(10)이라는 이름의 章에서 다루어지기도 하지만,
앞서의 총설을 논증의 名目하에 정리하면 이러하다. (제10 滅定證은 총설에
없지만 無性이 더한 것: T31, 395b23)

만약 종자 훈습처의 네 조건(所熏四義)을 갖춘 알라야식이 존재하지 않는다면,

(1) 煩惱雜染證: 번뇌의 잡염은 불가능하다.

(2) 業雜染證: [이숙]업의 잡염은 불가능하다.

(3) 生雜染證: [욕·색·무색계에서의] 생의 잡염은 불가능다.

(4) 色根執受證: [結生이후] 색근의 執受는 불가능하다.

(5) 識名色相依證: 識과 名色의 상호의존 역시 불가능하다.

(6) 識食證: [이미 태어난 유정의] 識食도 불가능하다.

(7) 命終證: 죽음(신체의 냉각)도 성취될 수 없다.

(8)(9) 世間·出世間淸淨不成證: 세간의 청정도, 출세간의 청정도 성취될 수
     없다.

(10) 滅定證: 멸진정도 성취될 수 없다.

3)『성유식론』에서의 알라야식 논증

『성유식론』에서는 이른바 初能變이라 일컬어진 제8 알라야식의 여러

특성(『유식삼십송』 k.2cd-4)에 대해 논설한 후 이러한 제8식이 眼 등의 轉識과는 별도의 실체임을 네 가지 敎證과 열 가지 理證을 통해 논증한다. 교증에서는 『대승아비달마契經』(2번 인용) 『해심밀경』 『입능가경』의 경문을 引證하는데, 이후 彌勒(Maitreya)의 『대장엄론경』 「成宗品」에서의 논의에 따라 '대승경 불설론'(T31, 14c2-15a17)을 피력하기도 하였다.

후술하듯이 『성유식론』에서의 논증은 앞의 두 論의 그것과 직접적으로 대응하지 않을지라도 어떤 식으로든 거기서의 논증을 재정리한 것이라 할 수 있다. 다만 여기서는 이증의 전제로서 아함경설을 언급한 다음 그러한 경설이 진실이기 위한 조건으로 알라야식을 요청한다.[11] 10가지 이증을 발췌 요약하면 이러하다.

만약 알라야식이 존재하지 않는다면,

(1) 持種證: "雜染과 淸淨의 제법의 종자가 集起된 것이기 때문에 心(citta)이라 이름한다"는 경설에서의 '종자를 지닌 마음(持種心, bījakacitta)'은 불가능(不應有: *asaṃbhava)하다.[12]

(2) 異熟心證: "異熟心이 존재하여 선·악업[의 결과]가 초래된다"는 경설에서의 '異熟心(vipākacitta)'은 불가능하다.[13]

(3) 趣生證: "유정은 5趣와 4生으로 流轉한다"는 경설에서의 '趣(gati)'와 '生(jati)'은 불가능하다.[14]

(4) 能執受證: "有色根의 몸은 有執受(*upātta)이다"는 경설에서의 '執受하는

<ol start="11">
<li>이러한 논의형식은 "오로지 正理를 지식의 근거로 삼는 論(아비달마)이라 할지라도 經證이 있어야 비로소 결정적인 글이라 할 수 있다.(理爲量論, 要有經證, 方可定文": 『순정리론』 권79, T29, 769a22f)는 중현의 '아비달마=불설'론과 맥을 같이한다.</li>
<li>「謂契經說: "雜染淸淨諸法種子之所集起, 故名爲心." 若無此識, 彼持種心, 不應有故」(T31, 15b19-21) 인용經은 불명. 주4 참조.</li>
<li>「又契經說: "有異熟心, 善惡業感." 若無此識, 彼異熟心, 不應有故.」(T31, 16a16-17)</li>
<li>「又契經說, "有情流轉五趣四生." 若無此識, 彼趣生體, 不應有故.」(T31, 16b3-4)</li>
</ol>

것(upādāna)'은 불가능하다.[15]

(5) 壽煖識證: "목숨(壽, āyus)과 체온(煖, uṣman)과 識(vijñāna)의 3법은 상호 의존관계"라는 경설에서의 '識'은 불가능하다.[16]

(6) 生死心證: "諸 有情類의 受生과 命終은 반드시 散心에 머물 때이지 無心定에서가 아니다"는 경설상의 受生心과 命終心은 불가능하다.[17]

(7) 識·名色互緣證: "識을 연하여 名色이 있고, 名色을 연하여 識이 있다"는 경설상의 '識'은 불가능하다.[18]

(8) 四食證: "일체 유정은 다 食(āhāra)에 의지하여 살아간다"는 경설상의 識食(vijñānāhāra)은 불가능하다.[19]

(9) 滅定證: "멸진정에 머무는 자는 身行(入息과 出息)과 語行(尋·伺)과 心行(受·想)이 모두 멸할지라도 목숨은 멸하지 않고 체온도 역시 떠나지 않으며, 根이 變壞하는 일도 없고, 識은 몸을 떠나지 않는다"는 경설에서의 '몸을 떠나지 않는 識'이라는 말은 불가능하다.[20]

(10) 心染淨證: "마음이 잡염되기 때문에 유정이 잡염되고, 마음이 청정하기 때문에 유정이 청정하다"는 경설에서의 染·淨心은 불가능하다.[21]

---

15 「又契經說, "有色根身, 是有執受." 若無此識, 彼能執受, 不應有故.」 (T31, 16b20-21)

16 「又契經說, "壽煖識三, 更互依持, 得相續住." 若無此識, 能持壽煖, 令久住識, 不應有故.」 (T31, 16c6-7) 여기서의 경설은 『잡아함』 제568경(SN. 41. 6), 『중아함』 제210 『法樂比丘尼經』 (中部니카야 Cūḷa-vedallasutta: M44)과 211 『大拘絺羅經』 (동 Mahā-vedallasutta: M43) 등.

17 「又契經說, "諸有情類, 受生命終, 必住散心, 非無心定." 若無此識, 生死時心, 不應有故.」 (T31, 16c23-24)

18 「又契經說, "識緣名色. 名色緣識. 如是二法, 展轉相依, 譬如蘆束俱時而轉." 若無此識, 彼識自體, 不應有故.」(17a23-25) 여기서의 경설은 『잡아함』 제288경 일명 「蘆束經」(SN. 12. 67 Naḷakalāpasutta). 갈대단의 비유 없이 識·名色支의 상호연기를 설한 것은 『잡아함』 제287경 「城邑經」: SN. 12. 65 Nagalasutta과 『중아함경』 제97 「大因經」이 있다.

19 「又契經說, "一切有情皆依食住." 若無此識, 彼識食體不應有故.」 (T31, 17b11-12)

20 「又契經說, "住滅定者, 身語心行無不皆滅. 而壽不滅亦不離煖. 根無變壞. 識不離身." 若無此識, 住滅定者, 不離身識. 不應有故.」 (T31, 17c25-28)

21 「又契經說, "心雜染故, 有情雜染. 心清淨故, 有情清淨." 若無此識, 彼染淨心, 不應有故.」 (T31, 18c24-25) 여기서 인용한 경설은 『잡아함』권10 제267경(T2, 69c), "心惱故衆生惱, 心淨故衆生淨."

4) 세 論에서의 논증의 지향점

　『유가론』『섭대승론』『성유식론』세 論에서의 알라야식 존재증명은
순서는 물론이고 논의의 주제나 형식, 논거뿐만 아니라 논증 자체의 存缺와
廣略의 차이가 있어 상호 간의 대응관계를 일률적으로 규정하기 어렵다.『유
가론』과 다른 두 논의 관계가 특히 그러한데, 동아시아의 法相敎家 역시
이같이 생각하였던 것 같다. 예컨대 窺基는, "알라야식의 존재를 증명하는
理趣는 無邊이지만 번잡한 글을 싫어할까 염려하여 綱要만을 간략히 서술
하였다"는『성유식론』의 結辭(T31, 19a26f)를 "여기서는『유가론』의 8證 중
제2 最初生起, 제3 明了, 제5 業用의 세 논증을 배제하였다"는 의미로 이해하
였다. 직접적인 논증(正證)이 아니라는 것이 그 이유였다.[22] 혹은 慧沼는 "『유
가론』의 初生·明了·業用의 세 논증은『유식론』의 10理證 중에 없고『유식
론』의 趣生(제3)·壽煖識(제5)·識名色互緣(제7)·四食(제8)·心染淨證(제10)은『유
가론』의 8證 중에 존재하지 않는다"는 뜻으로 이해하였다.[23]

　이에 따라 우이 하쿠주(宇井伯壽)는 "『성유식론』의 10理證은 직접적으
로『유가론』으로부터 취합된 것이 아니라『섭대승론』에 근거한 점이 많기
때문에 정밀하게 일치하지도 않고 出入의 交錯도 있다"면서『유가론』의 세
논증과『유식론』의 네 논증(識名色互緣證은『유가론』의 제8 命終時識證에
포함시킴)을 양 논증의 대조에서 제외하였다.[24] 그렇지만 나가오 가진(長尾
雅人)은 "『성유식론』의 10理證은『了義燈』에서도 말하고 있듯이「섭결택분」

---

[22] 『성유식론술기』권4本(T43, 376b26-c2), "恐厭繁者, 除此十證所不攝證. 謂八證中最初生起, 明了
生起, 業用不可得等. 皆此未說故今例之. 彼最初等, 下第七卷皆具演之. 非正是證." 그러나 神泰
는 外難에 따른 것인『유가론』의 제2, 제3의 두 논증만 직접적인 논증(正證)이 아니라
하였다. (주43)

[23] 『성유식론요의등』권4本(T43, 732c4-6), "初生·明了·業用三義, 此論中無. 趣生·壽識·互緣·
依食及心染淨, 此之五種, 彼論非有."

[24] 宇井伯壽(1979), 『瑜伽論硏究』, p.173.

의 8證과는 항목 상으로도 서로에 存缺이 있고 내용적으로도 서로에 廣略이 있으며, 『섭대승론』의 논증도 이 양론의 논증과는 다른 매우 다른 양상을 드러내고 있어 어떤 관계인지는 별도의 연구과제”라고 말하기도 하였다.[25]

그렇다고 할지라도 세 論의 논증에는 공통된 지향점이 존재한다. 그것은 경량부처럼 별체로서의 종자식(혹은 이숙식)인 알라야식의 존재를 인정하지 않는 한, 다시 말해 6識 종자설을 주장하는 한 유정의 인과상속의 논리적 해명도, 이와 관련된 제 경설도 불가능하다는 것이다.[26] 경량부의 6식 종자설 비판이 바로 알라야식 존재증명의 주요논거였다.

예컨대 『유가론』의 제1 依止執受證은 『유식론』의 제4 能執受證과 마찬가지로 眼 등의 轉識은 현재의 衆緣을 원인으로 하여 일어난다는 등의 다섯 논거 (『섭대승론』의 제4 執受色根證에서는 ‘각기 소의가 다르고 한결같지 않기 때문’이라는 두 가지 논거: 후술)로써 執受의 불가능에 대해 논의하고 있을지라도 『유가론』의 전체(8證) 내용상 총론에 해당한다. 6식 종자설을 총체적으로 비판한 『섭대승론』의 제1 煩惱雜染證 － “6식은 찰나멸하고 단절되고 한결같지 않고 종자와 俱生하지 않기 때문에 번뇌종자도, 종자의 소의처도 될 수 없다”(본 장 3-1)－ 의 경우도 역시 그러하다고 할 수 있으며, 『성유식론』의 제1 持種證 －“諸 轉識은 멸진정 등에서 단절되고, [찰나멸하여] 根·境과 作意와 善 등의 종류가 다르고 바뀌어 일어나며, 한결같지 않기(不堅住) 때문에 훈습(可熏習, 즉 能熏=종자)도, 종자의 소의처(能持種, 즉 所熏)도 될 수 없으며, [따라서] ‘染淨의 종자가 集起된 것’이라는 경설상의 마음(citta)의 정의와도 부합하지 않는다”[27]－ 의 경우는 두말할 나위도

---

25 長尾雅人(2001), 『攝大乘論: 和譯と注解』, p.179.

26 『성유식론』권3(T31, 13a16f), “經部師等因果相續, 理亦不成. 彼不許有阿賴耶識能持種故.”

27 『성유식론』권3(T31, 15b21-24), “謂諸轉識, 在滅定等有間斷故; 根境作意善等類別易脫起故; 如電光等 不堅住故; 非可熏習, 不能持種, 非染淨種所集起心.”

없다. 持種證과 명칭 상으로 대응하는『유가론』의 논증은 제4 有種子性證이지만, 여기서의 논거는 다만 "6식은 [인과상속의] 展轉이 다르기 때문에 [종자성을 지닐 수 없다]"(주50)는 것으로, 이는 持種證에서 6식 종자설의 여러 이해로 언급한 識類受熏說·六識展轉受熏說·色心自類前後相熏說[28] 중 '六識展轉相熏說'이라는 이름의 이설(경량부 일반의 종자설)로 비판되고 있다. 따라서 세 論에서의 첫 번째 논증인 依止執受證과 煩惱雜染證과 持種證은 비록 논증의 주제와 명칭은 다를지라도 '6식 종자설 비판'의 총론이라는 점에서 상응하는 것이라 할 수 있다.

6識만으로는 탄생과 죽음은 물론 雜染(유루)과 淸淨(무루)의 일체법의 해명도 불가능하다는 것이『섭대승론』에서의 알라야식 존재증명의 총론(T31, 135b23-26)이었고 결론(137a18f)이었다. 요컨대 유가행파의 알라야식 논증은 경량부의 알라야식 비판에 따른 대응으로, "만약 [그대들이 주장하듯] 알라야식이 존재하지 않는다면"이라는 해명성의 부정적(소극적) 논증 방식(無性에 의하면 '反詰道理 *vyatireka-yukti')으로 일관한 것도,[29] 神泰나 遁倫 등 동아시아의 법상교가가『유가론』상의 존재증명의 일부를 직접적인 논증(正證)이 아니라고 한 것(주43; 60)도 필경 이 때문이었을 것이다. 그것은 사실상 '어떤 이들(=경량부)'의 알라야식 비판에 대한 해명과 반박이었다.

이런 까닭에『유가론』의 알라야식 존재증명은 6식 종자설과 관련된

---

28 『성유식론』권3(T31, 15c7-16a1). 제12장 주4 참조. 無性은 6식 종자설을 無着이 제시한 '六識=無相應'論의 세 논거(三差別相違 二念不俱有 類例餘成失)에 따라 六識展轉相熏설·前念熏於後念설·識類受熏설이라는 세 가지 형식으로 분별하였다. (본 장 주52)

29 無性에 의하면 초기 유가행파에서는 알라야식의 존재를 적극적으로 천명하지 않았다. "이와 같이 만약 일체 종자를 지닌 異熟果識(=알라야식)이 존재하지 않는다면 앞에서 설한 바와 같은 종종의 과실이 수반된다. 비록 自事가 중하다는 사실을 欲樂하는 일은 없을지라도 ('우리의 교리가 가장 뛰어나다고는 주장하지 않는다 하더라도': 김성철 등 역, 2010,『무성석 섭대승론 소지의분』, p.395) 알라야識이 결정코 존재하는 것임은 반드시 인정해야 한다. 이와 같은 논법을 '反詰道理'라고 한다. (如是若離一切種子異熟果識, 如前所說種種過失之所隨逐. 雖無欲樂自事重故, 然必應許阿賴耶識決定是有. 如是名爲反詰道理.)" (T31, 396c14-17)

경량부 학설에 대한 이해가 전제되지 않는 한 난해한 것일 수밖에 없다. 窺基 역시 『유가론』의 논증은 [경량부 종자설 비판이 보다 자세하게 논증되고 있는] 『성유식론』에 의거하지 않고는 이해하기 어렵다고 말하였고 (주34; 65 참조), 현대학자 또한 그것의 난해함을 토로하기도 하였다.[30] 이런 점에서 『유가론』 등에서의 알라야식 존재증명[31]과 경량부의 관련성에 대한 전면적인 검토가 필요한 것이다.

이하 遁倫의 『瑜伽論記』 (혹은 窺基의 『瑜伽師地論略纂』), 세친과 無性의 『섭대승론釋』, 『성유식론』과 규기 등의 제 주석, 그리고 중현의 『순정리론』 등을 통해 『유가론』과 『섭대승론』 양론에서의 알라야식 논증과 경량부(上座일파)의 관련성에 대해 밝혀본다.

---

30 예컨대 袴谷憲昭(2001, p.326)는 『유가론』에서의 존재증명의 경우 原文을 참조할 수 있는 오늘날에서조차 충분한 내용의 이해가 지극히 곤란하다고 고백하고서 문헌해독에 관한 한 宇井伯壽 박사 이상의 성과를 내기는 어렵다고 하였다. (주42 참조)

31 이에 관해 宇井伯壽는 「決定藏論の硏究」(『印度哲學硏究』 第六, 1965, pp.545-550)에서 『유가론』과 『決定藏論』의 해당부분을 대조하였고, 『瑜伽論硏究』(pp.172-178)에서 『성유식론』 상의 10證과 명목상으로 대조하고서 간략히 해설하였다. 袴谷憲昭는 「アラ-ヤ識の八論證に關する諸文獻」(『唯識思想論考』, 2001, pp.326-344)에서 『유가론』의 해당부분을 인용한 『대승아비달마잡집론(Abhidharmasamuccayabhāṣya: ASBh)』에서 회수한 범본과 티베트 역, 한역을 대조하고, 日譯을 부기하였다. L. 슈미트하우젠(ĀLAYAVIJÑĀNA, 1987, pp.194-196)은 8證을 A1: 알라야식의 신체적(somatic) 측면과 관련된 논증(제1, 제6, 제7, 제8증), A2: 종자로서의 기능과 관련된 논증(제4증), B1: 알라야식의 존재를 논증하는 것이 아니라 다수의 諸識의 동시생기에 관한 논증(제2, 제3증), B2: 동시생기에 관한 것이지만 직접적으로 알라야식에 대해 논증한 것(제5증)의 4가지 유형으로 분석하였다. 그렇지만 어떤 이도 경량부와의 관계에 대해서는 논의하지 않았다. 한편 국내연구로 김치온(2001), 「阿賴耶識의 存在에 대한 因明論的 證明과 그 所在에 관한 考察」과 추인호(2014), 「瑜伽師地論의 알라야식 存在 論證에 관한 瑜伽論記의 주석: 제1상 依止執受證을 중심으로」가 있지만, 전자는 『유가론』 문구에 따른 거친 조술이며, 후자는 제목대로 제1증의 다섯 논거에 대한 『유가론기』상의 평석을 조술한 試論的 연구이다.

2. 『유가론』에서의 알라야식의 논증과 경량부

1) 제1 依止執受證

어떠한 이유에서 알라야식이 존재하지 않는다면 依止의 執受는 불합리하다고 한 것인가?

① 알라야식은 先世에 지은 業行(pūrva karmābhisaṃskāra)을 원인으로 삼지만, 眼 등의 轉識(pravṛttivijñāna)은 현재세의 衆緣을 원인으로 삼기 때문이다. 예컨대 [경에서] "[6]根(indrya)과 [6]境界(viṣaya)와 作意(manaskāra)의 힘으로 인해 온갖 轉識이 생겨난다"고 설하였던 것이다.

② 6識身에는 선·불선 등의 도덕적 성질이 획득될 수 있기 때문이다.

③ 6識身에는 無覆無記性의 異熟[識]에 포섭되는 [동일]種類(jāti)가 획득(인정)될 수 없기 때문이다.

④ 6識身은 각기 별도의 所依에 근거하여 일어나는 것으로, 각각의 소의에 근거하여 각각의 識이 일어나기 때문이다. 즉 그같이 [일어난 識의] 所依는 有執受(집수를 갖는 것)이고, 그 밖의 [일어나지 않은 識의] 所依는 無執受라고 함은 불합리하기 때문이다. 설혹 [有]執受로 인정할지라도 역시 불합리하니, [소의가 되지 않은 諸根은] 識과 무관하기 때문이다. (다시 말해 타인의 識이 자신의 根 등을 執持하지 못하듯이 眼識은 耳根 등을 집지하지 못하기 때문이다.: 遁倫, T42, 594a13-16)

⑤ 所依止(āśraya: 즉 안근 등)는 [無執受의 무정물이 되지 않기 위해 간단없이 항상 집수되어야 하지만] 眼識이나 그 밖의 識은 어느 때는 일어나고 어느 때는 일어나지 않기 때문에 執受하는 데 자주 과실을 성취한다고 해야 한다.

이렇듯 [6轉識은] ① 이전의 先業과 현재緣을 원인으로 삼기 때문에, ② 선·불선 등의 도덕적 성질이 획득될 수 있기 때문에, ③ 異熟[識]의 [동일]

種類가 획득될 수 없기 때문에, ④ 각기 별도의 소의에 근거하여 일어나기 때문에, ⑤ 依止를 執受하는 데 자주 과실이 있기 때문에 [이를 執受의 주체라고 하는 것은] 불합리한 것이다.[32]

여기서 '依止(āśraya: 所依)의 執受(upādāna)'란 心·心所의 토대(adhiṣṭāna: 依處·依止)가 되는 色根(眼 등의 5근과 그 소의처, 즉 육신)의 유지(執持) 통합(攝持)을 의미하는 말로서,[33] 6식은 ① 先世의 業行과 현재의 衆緣(根·境·作意)을 원인으로 하여 생겨나며, ② 선·불선 등의 도덕적 성질을 지니며, ③ 無覆無記의 異熟果識일 수 없으며, ④ 각기 별도의 所依에 근거하여 일어나며, ⑤ 일어나는 때도 있고 일어나지 않는 때도 있기 때문에, 이와는 별체로서의 알라야식이 존재하지 않는다면 色根/육신의 유지통합이 불가능하다는 것이다.[34] 요컨대 6식은 현재의 衆緣에 따라 일어나는 것으로 항상 상속

---

32 『유가사지론』권51(T30, 579a25-b10), "何故若無阿賴耶識, 依止執受不應道理? 由五因故. 何等爲五? ①謂阿賴耶識先世所造業行爲因, 眼等轉識於現在世衆緣爲因. 如說根及境界作意力故諸轉識生. 乃至廣說. 是名初因. ②又六識身有善不善等性可得. 是第二因. ③又六識身無覆無記異熟所攝類不可得. 是第三因. ④又六識身各別依轉. 於彼彼依, 彼彼識轉. 卽彼所依應有執受. 餘無執受, 不應道理. 設許執受, 亦不應理, 識遠離故. 是第四因. ⑤又所依止應成數數執受過失. 所以者何? 由彼眼識, 於一時轉, 一時不轉, 餘識亦爾. 是第五因. 如是先業及現在緣以爲因故; 善不善等性可得故; 異熟種類不可得故; 各別所依諸識轉故; 數數執受依止過故, 不應道理."

33 『구사론』상에서의 有執受 정의는 이러하다. "유집수(upātta)란 심·심소에 의해 유지 지탱되는 [심·심소의] 토대(adhiṣṭhāna: 依處)로, 양자는 서로가 서로에 따라 손해와 이익(苦樂)을 경험한다. (有執受者. 此言何義? 心心所法共所執持攝爲依處, 名有執受. 損益展轉更相隨故.": T29, 8b24-26; upāttam iti ko 'rthaḥ. yac cittacaittair adhiṣṭhānabhāvenopagṛhītam anugrahopaghātābhyām anyonyānuvidhānāt.: AKBh., p.23. 16)

34 참고로 『섭대승론』에서 이에 상응하는 논증은 (4) 色根執受證으로, 여기서는 " ① 그 밖의 諸[轉]識은 각기 所依가 다르기 때문에, ② 견고하지 않기(adhruvatva, 단절, 혹은 動轉되기) 때문에 異熟識(알라야식)이 존재하지 않는다면, 色根의 執受는 불가능하다"(주98)고 논증하였다. 또한 『성유식론』에서 이에 상응하는 논증인 제4 能執受證 (T31, 16b20-c2)에서는 "諸 轉識은 ① 소리나 바람처럼 현재의 [衆]緣에 근거하여 일어나기 때문에, ② 비택멸처럼 그것의 선·염오 등은 [先世의] 업에 의해 인기된 것이 아니기 때문에, ③ [轉識 중의] 異熟生은 [진실의] 이숙이 아니기 때문에, ④ (어디서나) 두루 [존재하는] [能]依가 아니기 때문에, ⑤ 번개나 빛처럼 [항상] 상속하지 않기 때문에 유루의 색신을 집수할 수 없다"고 논증하였는데, 窺基는 "[『유가론』의] 8증 중 제1 執受證은 『유식론』의 이 글을 보지 않았다면 다만 虛讀(즉 誤讀)의 과실만을 알게 될 뿐(勘諸八證第一執受, 不見此文,

전전하지 않지만, 알라야식은 오로지 先世의 業行을 원인으로 하는 無記의 이숙식으로 항상하기 때문에, 다시 말해 언제 어디서든 구체적인 인식작용을 갖지 않는 무부무기성의 동일種類(ekajāti)로서 항상 상속하기 때문에 依止의 執受가 가능하다는 것이다.

本證의 다섯 논거는 사실상 "6식신에는 무부무기성의 이숙식에 포섭되는 [동일]種類가 획득(인정)될 수 없다"[35]는 세 번째 논거로 요약할 수 있으며, 이는 명백히 경량부의 6식 종자설을 비판한 것이다. 즉 상좌(=경량부)는 하나는 잠자고 있고 하나는 깨어 있는 一身二頭의 새인 命命鳥의 비유로써 동일 根에 근거한 二識, 즉 根·境과 作意 등의 衆緣에 따라 일어나는 현행식과 宿業에 따라 일어나는 이숙식의 俱起를 주장하였기 때문이다. 여기서의 이숙식도 유가행파의 알라야식과 마찬가지로 미세한 (즉 '所緣과 行相을 갖지 않는') 무부무기성의 동일種類의 마음(*ekajātīyacitta: 一類心, 즉 一心)으로,[36] 종자의 훈습처도(제4증), 生死位(제2/제8증)나 無心位의 마음(제7증)도 이것이었으며, 依止의 執受 또한 이것에 의해 가능한 것이었다.

이러한 사실은 遁倫의『유가론기』나 窺基의『유가사지론약찬』에서도 확인된다. 즉 여기서는 첫 번째 논거에 대해 "이는 本識(즉 알라야식)을 설정하지 않는 諸 小乘, 예컨대 '6識이 몸을 執持한다'고 주장한 경량부에 대한 것"이라고 평석하고서, 依止의 執受는 [현행식과] '동일찰나에 異熟心을 일으키기도 하는 6識에 의한 것이 아니'라는 사실을 논증식을 세워 비판하기도 하였다. "眼 등의 轉識은 집수의 주체가 아니다. (宗) 현재 衆緣에 의해

但知虛讀過)"이라고 하였다. (『성유식론술기』권4末, T43, 362b19-20)

35　『결정장론』권상(T30, 1018c16f)에서는 "三者於六識中, 若有一無記識, 而獨是執所攝持者, 無有是處.";『대승아비달마잡집론』권2(T31, 701b15f)에서는 "又六識身一類, 異熟無記性攝, 必不可得, 是第三因."; api ca ṣaṇṇāṃ vijñāna-kāyānāṃ sā jātir nôpalabhyate yā'vyākṛta-vipāka-saṃgṛhītā syāt/ idaṃ tṛtīyaṃ kārṇa (袴谷憲昭, 2001, p.328).

36　본서 제11장 2-3 참조.

일어나기 때문에. (因) 마치 소리 등이 그러한 것처럼. (喩)"

그리고 이에 대한 이들 경량부의 해명을 전하고서, 이에 대해서는 세 번째 논거에 대해 해설하면서 자세히 비판하고 있다.

우리 [경량부가 주장하는] 안식 등에도 역시 先業으로부터 생겨나 [所依를] 執持할 수 있는 異熟心이 존재하거늘 그대들(유가행파)은 어찌하여 眼 등의 轉識은 능히 [依止(소의신)를] 執持(유지)하는 주체가 될 수 없다 하여 우리의 논의를 전면적으로 부정하는 것인가?[37]

6識 중에 비록 異熟[果識]이 존재할지라도 [그것은] 다만 [結生 시] 일찰나 동안 생겨난 것(一念生)일 뿐으로, 전후 [찰나]에 걸친 諸心의 동일種類(一類)의 異熟性은 획득될 수 없다. 전후[찰나]에 걸친 동일種類의 異熟性은 어떠한 경우에도 變易하는 일이 없어 능히 [依止를] 執持하는 주체가 될 수 있으니, 이것이 진실의 異熟이다. 그러나 지금 [그대들이 주장하는] 6識 중의 異熟心은 다만 일찰나 동안 생겨난 것일 뿐으로 단절됨(間斷)이 없는 것이 아니다. 이미 동일種類가 아니라면 異熟生일지라도 능히 [依止를] 執受하는 주체라고 말할 수 없는 것이다.[38]

그리고 계속하여 "바람이나 소리처럼 단절됨이 있다(有間斷)"는 사실

---

37 이상 『유가론기』권13上(T42, 593b4-13); 『유가론약찬』권13(T43, 170a19-28), "其「初因」意者. 諸小乘等中, 不立本識. 如經部師 以六識持身. 今意非此. 謂從先業生者, 能執持身; 從現在緣生者, 不能執持. 此約長豎('豎' → '理'); 不約六識 於一刹那. 或起異熟心, 破之, 此中 應立量云: "眼等轉識 非能執受(宗) 現緣發故(因) 如聲等起(喩)." 又若有執('執' → '轉')救之云: "我眼識等中 亦有異熟心 從先業生 能執持. 汝何故言, '眼等轉識 非能執持' 而摠遮我?" 今應破之, 如下第三因比量."

38 『유가론기』권13上(T42, 593c11-17); 『유가사지론약찬』권13(T43, 170b28-c4), "論云: 「又六識身 無覆無記異熟所攝類 不可得 是第三因」者, 言六識中 雖有異熟, 但一念生 或諸心間, 前後一類 異熟之性 必不可得. 前後一類 異熟之性 無有變易 可能執持 是眞異熟. 今六識中 異熟之心 但一念生 非無有間 既非一類 是異熟生 不得稱言 而能執受."

을 비유(喩)와 논거(因)로 삼아 "6轉識은 [이숙생일 뿐] 진실의 이숙이 아니다", "6轉識은 무부무기인 이숙의 동일種類이 不可得이어서 능히 몸을 執持할 수 없다", "6轉識 중 이숙생의 마음은 [몸을] 執持할 수 없다"는 주장의 추론식을 제시하고 다시 이에 대해 상론하기도 하였다.[39] 즉 경량부에서 執持의 주체로 제시한 6識 중의 이숙심(즉 一類心)은 알라야식처럼 異熟의 相續으로 생겨난 것이 아니라 안근처럼 異熟의 種子로부터 생겨난 것이기 때문에 진실의 이숙이 아니라는 것이다.[40]

"眼 등의 6識은 마치 번개와 빛 등이 그러한 것처럼 중간에 끊어지는 경우가 있기 때문에, 언제나 업의 결과는 아니기 때문에, 혹은 업에 의해 초래된 것일지라도 소리 등과 마찬가지로 항상 상속하는 것은 아니기 때문에 異熟生(vipākaja)이지 진실의 이숙[과](vipāka)가 아니"라는 것(T31, 16a16-21)은 『성유식론』의 제2 異熟心證이었고, 窺基는 이를 경량부와 유부 비판을 전제로 한 것이라 하였다. (본 장 주64 참조)

2) 제2 最初生起證과 제3 意識明了證

[제2증] 어떠한 이유에서 만약 알라야식이 존재하지 않는다면 최초의 생

---

39 『유가론기』권13上(T42, 593c17-22); 『유가론약찬』권13(T43, 170c4-10), "應立量云: '六種轉識 非眞異熟性(宗) 有間斷故(因) 譬如風·聲(喩).' 此量未明 應更別立云: '六種轉識無覆無記 異熟一類旣不可得 不能執持身(宗) 有間斷故(因) 喩等同前.' 或應立量云: '六轉識中 異熟之心 不能執受(宗) 有間斷故(因) 如風·聲等(喩).'"

40 『유가론기』권13上 (T42, 593c26-594a1), "述曰. 異熟生有二種. 一從異熟種子生. 二從異熟相續生. 第六識中是異熟種子生, 名假異熟. 如眼根非眞異熟. 其第八識是異熟相續生, 前念後念皆異熟故. 今前念後念皆是異熟者, 能執持. 非六種識. 故有異也.(이숙생에는 두 종류가 있으니, 첫째는 異熟의 種子로부터 생겨난 것이고, 둘째는 異熟의 相續으로부터 생겨난 것이다. 제6식 중[의 이숙식]이라 함은 이숙의 종자로부터 생겨난 것으로 假異熟이라 이름한다. 예컨대 眼根과 같은 것은 진실의 이숙이 아니다. 그러나 제8식은 異熟의 相續으로 생겨난 것이니, 前念과 後念이 다 이숙이기 때문이다. 지금 "前念과 後念이 다 이숙인 것"이 執持의 주체로 6종의 識은 그렇지 않기 때문에 [제8식과는] 차이가 있는 것이다.)"

기(ādi-pravṛtti)는 불합리하다고 한 것인가?

이를테면 어떤 이가 "만약 알라야식이 결정코 존재한다면 二識이 동시에 생겨나는 일이 있다고 해야 한다"고 힐난하였다면, 그에게 말해야 한다. "그대는 아무런 과실이 없음에도 거짓되게 과실이 있다고 생각하였을 뿐이다. 왜냐하면 二識의 동시생기는 가능하기 때문이다."

그같이 말한 까닭이 무엇인가?

바야흐로 一時에 보려 하고 내지는 알려 하는 (다시 말해 '見·聞·覺·知하려고 하는') 어떤 이에게 [結生의] 最初순간부터 그(眼識 내지 意識과 알라야식) 중의 一識씩 생겨난다는 것은 불합리하다. 그것(알라야식)은 그때 作意에 차별이 없고 根·境도 역시 그러하거늘 (차별이 없거늘), 어떠한 인연에서 [二]識이 함께 일어나지 않을 것인가?[41]

[제3증] 어떠한 이유에서 만약 諸識이 俱轉하는 일이 없다면 (다시 말해 "알라야식을 설정하여 현행식과 함께 일어난다고 하지 않는다면"), 眼識 등에 수반되어 함께 작용(sahânucara)하는 意識의 明了性(spaṣṭatva)은 획득할 수 없다고 한 것인가?

이를테면 혹 어느 때 과거 일찍이 향수한 경계대상을 憶念할 경우, 그때 意識의 行(pracāra: 작용)은 不明了하지만, 현재의 경계대상에 대해 意[識]이 현행할 때에는 이와 같은 불명료함은 없다. 그렇기 때문에 諸識의 俱轉을 인정해야 한다. 혹 [그렇지 않을 경우 과거의 대상을 憶念하는 것처럼] 意識의 不明了性을 인정해야 한다.[42]

---

41 『유가사지론』권51(T30, 579b11-17), "何故若無阿賴耶識, 最初生起不應道理? 謂有難言: '若決定有阿賴耶識, 應有二識俱時生起' 應告彼言: '汝於無過妄生過想. 何以故? 容有二識俱時轉故. 所以者何? 且如有一俱時欲見, 乃至欲知. 隨有一識, 最初生起, 不應道理. 由彼爾時作意無別, 根境亦爾, 以何因緣識不俱轉?"

42 『유가사지론』권51(T30, 579b18-22), "何故若無諸識俱轉, 與眼等識同行意識, 明了體性不可得耶? 謂或有時憶念過去曾所受境, 爾時意識行不明了. 非於現境意現行時, 得有如是不明了相. 是故應許諸識俱轉. 或許意識無明了性."; "云何明了生起不可得耶? 謂若有定執識不俱生, 與眼等識俱行一境, 明了意識應不可得. 所以者何? 若時隨憶曾所受境, 爾時意識不明了生. 非於現境所生意識.

여기서 제2증은 명목상으로는 '最初生起證'이지만 『섭대승론』(제3 生雜
染證)이나 『성유식론』의 그것(제6 生死心證)과는 달리 結生 시 왜 알라야식
이 존재해야 하는지에 대해 논의하지 않으며, 다만 "알라야식을 설정할 경
우 이는 二識俱起의 과실"이라는 어떤 이의 비난에 대해 해명한 것이고,
제3증은 "諸識이 동시생기(俱轉)하지 않는다면, 意識의 명료성(spaṣṭatva)은
불가능하다"고 하여 앞서의 어떤 이의 비난에 대해 반박한 것으로, 사실상
알라야식의 존재증명이라고는 말하기 어렵다. 神泰나 遁倫·窺基 등의 동아
시아 법상교가 또한 이 두 논증을 직접적으로 알라야식의 존재를 논증한
것(正證)이 아니라 외부의 비판(外難)에 대응한 것이라 하였고,[43] L. 슈미트
하우젠도 이에 따라 두 논증은 다만 다수 식의 동시생기에 관한 논증일
뿐이라고 하였다. (주31 참조)

遁倫에 의하면, 여기서의 외부 비판자는 諸識의 別生을 주장한 소승이
다.[44] 즉 소승처럼 6식만을 인정하는 한 6식은 다만 소의(根)에 따른 단일한

得有如是不明了相. 是故應信諸識俱轉. 或應許彼第六意識無明了性." 참고로 宇井伯壽(1979, 『瑜
伽論の研究』, p.176)는 "本證의 최후에 현장 譯은 '是故應許諸識俱轉. 或許意識無明了性.'으
로 되어 있고, 『決定藏論』은 '不如緣現則易明了, 諸識俱故. 故知俱生.' (T30, 1018c29f)으로,
『현양성교론』은 '是故應許諸識俱轉. 或應許彼諸六意識無明了性. 是卽有過.' (T31, 565b20-21)
로 되어 있기 때문에 『유가론』의 문장이 완전하지 않은 것"으로 간주하였지만, 삼자는
동일한 의미로 완진하지 않은 깃이 아니다. 즉 『헌양론』에시의 논의는, 직대자의 諸識不
俱轉에 따를 경우 제6 의식은 명료성이 결여되었다고 해야 하지만, [현재대상에 대해
의식이 현행하는 경우 이와 같은 불명료함은 있을 수 없기(非於現境意識現行, 得有如是不
明了相: 565b19f) 때문에] 그러한 말에는 과실이 있다는 뜻이다. 袴谷憲昭(2001, p.356 주52)
는 제3증의 논의가 잘 이해되지 않는다면서 이상의 宇井伯壽의 논의를 인용하여 이해의
어려움을 토로하고 있다. "宇井博士(1965)는 「決定藏論の研究」(p.730)에서 「제3相은 諸識并
生이 아니라면 제6 의식의 명료성을 획득할 수 없는 所以를 논하여 諸識俱轉을 성립시키
고 그것으로 알라야식을 인정하게 한 것이다」고만 말하여 의문점의 지적이 없었지만,
『瑜伽論の研究』(p.176)에서는 분명하게 附記된 「是卽有過」에 주의하여 「瑜伽論의 문장은
완전하지 않다」고 지적하였는데, 의미不明인 필자로서는 그 시비를 따질 수 없다."

43 『유가론기』권13上(T42, 593a29-b1), "(泰云)於八相中第二第三因外難成, 非正證也."; 宇井伯壽,
『瑜伽論の研究』, p.172. 『유가론기』권13上(T42, 594a25f; b17), "此(第二)相 非正建立. 但因外難,
便破小執成, 建立自宗."; "此(第三)因, 亦非正立第八之因."; 『유가론약찬』권13(T43, 171a18f;
b11). 참고로 文備는 제1증을 제외한 7증 모두를 非正辯으로 해설하였다. (주145)

44 『유가론기』권13上(T42, 594b9).

識의 차별이기 때문에 二識(예컨대 안식과 의식)의 俱起는 있을 수 없다. 그러나 [別體로서의] 제8식을 인정하는 유가행파의 경우 根·境의 緣만 갖추어지면 5識의 俱生도 가능하며,[45] 이에 따라 意識이 眼·色에 근거한 眼識과 동시에 함께 작용(sahânucara: 同行)할 때 비로소 명료한 직접지각(現量)이 될 수 있다는 것이다.

이러한 논의는 전적으로 경량부(상좌 슈리라타 일파)에 대한 것이다. 앞서 언급한 대로 상좌 역시 최초의 결생식으로 이숙식인 동일種類의 마음(즉 一心)을 주장하였지만, 이는 6식 중의 한 양태, 말하자면 잠재적 측면의 意識이다. 이러한 경량부 설은『섭대승론』의 알라야식 존재증명에서 구체적으로 확인된다. 대단히 흥미롭게도 무착은 제3 生雜染證에서『유가론』의 最初生起證과는 반대로 羯羅藍(kalalaṃ)과 화합하는 최초 結生識이 [별체로서의 알라야식이 아니라] 意識(정확히는 전후의 차별이 없는 '意識의 동일種類')이라 한다면 두 의식의 同時而轉의 과실이 초래된다고 비난한다. (본 장 주92①)

여기서 '두 의식'이란, 無性에 의하면 현재의 加行에 근거하지 않고 일어난 無記性의 이숙식과, 소연과 행상을 알 수 있고 苦樂 등의 受(vedanā)와 상응하는 요별식이다. 이에 대해 상좌는『유가론』제2증에서의 해명과 마찬가지로 "동시에 함께 일어나는 두 識 중 하나(이숙식)는 不明了性이기 때문에 (즉 作意나 根·境에 [전후]차별이 없기 때문에) '一時의 二識並起'를 부정하는 것은 올바른 이치가 아니"라고 해명하였던 것이다. (이상 본 장 3-3 참조)

그리고 제3증의 경우, 二識俱起를 주장하지 않는 한, 다시 말해 眼識과 意識의 竝生(俱生)이 아닌 次第生을 주장하는 한 意識은 과거(3찰나 전)의 色

---

45 『유가론기』권13上(T42, 594a29-b5), "「若無第八, 初生起不可得」者, 是言便失('生'). 但總應言. 小乘無第八, 諸識不並生. 大乘理卽云, 根境緣具, 五識皆然('起'), 何緣一識最初生起? 有第八識, 卽許諸識並生. 故有第八無最初起是應道理." ( )는『유가론약찬』권13(T43, 171a23-27).

을 경계대상으로 삼기 때문에 기억의 일종으로 명료성의 직접지각(現量)이 아니라고 해야 한다는 비판으로,[46] 이는 상좌 인식론에 대한 유부의 전형적인 비판이었다. 예컨대 중현은 根·境과 심(識)·심소의 異時繼起를 주장한 상좌에 대해 "5識이 과거[의 경계대상]을 반연하여 일어난 것이라면 어떻게 지금 그것을 직접 지각하였다는 자각(pratyakṣabuddhi: 現量覺)이 존재하는 것인가?"라고 힐난하였으며, 『아비달마디파』의 작자(Dīpakāra) 역시 "비유자(Dārṣṭāntika)의 경우, 5식신은 과거를 대상으로 삼기 때문에 일체는 직접 지각되지 않는다(apratyakṣa)"고 비난하였는데,[47] 『유가론기』에서는 이러한 내용을 神泰로부터 재인용하고 있다.

神泰는 말하였다. 薩婆多(유부) 등의 경우 意識은 다음 [찰나] 5識의 경계대상을 반연하지만, 이는 명료한 識으로서 소연과 [시간적으로] 가깝기 때문에 現量(pratyakṣa: 직접지각)에 포함된다. 그러나 어떤 논사는 이들을 탄핵하여 "이미 과거의 경계대상을 반연하였다고 한 이상 現量이라 해서는 안 된다"고 말하였다.[48]

神泰는 이처럼 二識不俱와 찰나멸론에 따른 지각론을 '薩婆多(Sarvāstivāda: 유부) 等'으로 돌리고 있지만, 앞서 언급한 대로 과거(전 찰나)를 대상으로 한 인식을 직접지각이라 할 수 없다고 탄핵한 '어떤 논사'는 바로 중현 등 카슈미르 유부 毘婆沙師였다. 따라서 이를 유부의 학설이라 할 수 없다. 窺基 역시 『유식이십론』(현장 역) 제15송 釋文 상에서 "직접 지각하였다는 자

---

46 『유가론기』권13上(T42, 594b18-20), "第三相中--謂外小計識不幷生. 意緣色時, 在眼識後. 今破此識緣過去色境, 應不明了."; 『유가론약찬』권13(T43, 171b12-14).

47 이러한 비난에 대한 상좌 슈리라타의 해명에 대해서는 본서 제5장 4절에서 상론하였다.

48 『유가론기』권13上(T42, 594b25-27), "(泰云)薩婆多等意識, 緣次五識境界, 現量所收. 是明了識, 以緣近故. 有師彈云, '旣緣過去, 應非現(‘是’ → ‘量’).'"

각(現量覺)이 존재할 때 안식도 색 등의 대상도 모두 이미 소멸하였다”(T31, 76b24f)고 주장한 刹那論者를 '薩婆多 等'으로 평석하였지만(제5장 주131), 유부는 이 같은 사실을 비판하였을 뿐만 아니라 法體의 恒有를 주장하였기 때문에 찰나멸 또한 다만 作用에 한정된 것이었다. 調伏天(Vinītadeva)에 의하면 이는 경량부 설이며, 중현 또한 上座를 '刹那의 實法을 종의로 삼는 이'(T29, 434a22), 그의 일파를 '一刹那宗'(627c14), '오로지 일찰나만이 존재한다고 설하는 이들(唯說有一刹那宗)'(629a24f) 등으로 호칭하였다.[49]

3) 제4 有種子性證

어떠한 이유에서 만약 알라야식이 존재하지 않는다면 種子性(*bījatvaṃ, bījabhāva)이 존재한다는 것은 불합리하다고 한 것인가?

이를테면 ① 6識身은 [인과상속의] 展轉이 다르기 때문이다.

그같이 말한 까닭이 무엇인가?

善으로부터 무간에 不善性이 생겨나고, 불선과 무간에 다시 선성이 생겨나고, 두 가지(선·불선)로부터 무간에 無記性이 생겨나고, 劣界와 무간에 中界가 생겨나고, 中界와 무간에 妙界가 생겨나고, 이와 마찬가지로 妙界와 무간에 [中界가] 나아가 劣界가 생겨나고, 유루와 무간에 무루가 생겨나고, 무루와 무간에 유루가 생겨나고, 세간과 무간에 출세간이 생겨나고, 출세간과 무간에 세간이 생겨나지만, 이와 같은 [선 등의] 특성[을 지닌 6식]에 [불선 등의] 종자성이 존재한다고 하는 것은 불합리한 것이다. ② 또한 그러한 諸識은 [無心定에 들면] 오랫동안 단절되어 相續(所依身)이 오래도록 流轉할 수 없다고 해야 한다. 그렇기 때문에 이 역시 불합리한 것이다.[50]

---

49 이상 본서 제5장 제5절 '세친의 직접지각의 자각(現量覺) 이해' 참조.

50 『유가사지론』(T30, 579b23-c2), “何故若無阿賴耶識, 有種子性不應道理? ①謂六識身展轉異故. 所以者何? 從善無間, 不善性生; 不善無間復善性生; 從二無間無記性生; 劣界無間中界生; 中界無

제4증은 경량부의 6識 종자설에 대한 직접적인 비판이다. 遁倫 또한 本證의 취지를 이같이 규정하였다.[51] 즉 6식은 전후 찰나의 상속이 다르기 때문에 이를 종자 훈습처라고 주장할 경우, 선심 직후 불선심이 생겨났다면, 이는 전 찰나의 선심 중에 존재한 불선심의 종자로부터 생겨난 것이라고 해야 하지만, 동일한 마음에 선성과 불선성이 공존한다는 것은 모순이다. 또한 6식은 무상·멸진정과 같은 無心位에 들 때 단절된다. 따라서 6식과는 별도의 실체로서 전후 찰나의 상속이 다르지 않고 단절되는 일도 없는 알라야식을 설정해야 한다는 것이다.

무착은 이른바 所熏四義로 일컬어지는 종자식(즉 알라야식)의 네 조건(堅住·無記·可熏·相應性)을 열거한 후 "6識은 [能熏과 所熏이 되는 전후찰나의] 세 가지(所依·所緣·作意)가 다르고, 두 찰나가 동시에 존재하지 않으며, '[동일]種類(jāti)'의 다른 例는 과실을 성취하기 때문에 [能熏(즉 종자)과] 상응하는 일이 없다"고 언명하였는데(T31, 135a29-b1), 無性은 이에 상응하는 경량부 설을 순서대로 六識展轉相熏說, 前念熏後念說, 識類受熏說로 분별하였다.[52]

여기서 六識展轉相熏說은 6식이 무간으로 전전상속하며 훈습한다는, 다시 말해 6식[의 전후찰나]가 바로 종자(能熏)이고 종자 훈습처(所熏)라는 경량부 일반의 종자설로, 『구사론』 상에서 유부 得論의 비판논거로 제시된 세친의 종자설도 이러한 것이었다. 『유가론』의 제4증은 바로 이에 대한 비

間妙界生; 如是妙界無間乃至劣界生; 有漏無間無漏生; 無漏無間有漏生; 世間無間出世生; 出世無間世間生, 非如是相有種子性應正道理. ②又彼諸識長時間斷, 不應相續長時流轉. 是故此亦不應道理." 『현양론』과 『잡집론』에서의 밑줄의 논설은 "六轉識身各別異故." (T31, 565b22f); "謂六轉識身各各異故." (동 701c6f). 여기서 '劣界·中界·妙界'는 神泰에 의하면 욕계 등의 3계, 혹은 下善·中善·上善.(T42, 594c5-6)

51 『유가론기』권13上(T42, 594b29-c2), "第四相中意, 謂經部師等計, 六轉識能持於種. 今以諸心別異, 云何持種?"

52 『섭대승론석』권2(T31, 389c16-18). 원문은 제12장 주2 참조.

판이었다. (제1증의 제3因은 識類受熏說 비판) 즉 세친은 종자를 "자신의 결과를 낳는 隣近과 展轉(직·간접)의 功能을 지닌 名色(즉 5온)"으로 규정하고 (제10장 주110), 그럴 경우 선 등 제법의 生因은 무엇인지를 묻는 중현에 대해 이같이 해명하고 있다.

> 天愛(devānām priya: 어리석은 이)여! 그대는 種子性(bījabhāva)에 대해 전혀 이해하지 못하였다. 전 찰나의 마음과 함께 생겨난 특수한 思(cetanāviśeṣa) 로 인해 후 찰나 마음에 특수한 功能(śaktiviśeṣa)이 일어나니, 바로 후 찰나 의 마음 상에 생겨난 특수한 功能을 '종자'라고 말한 것이다. 즉 이러한 [특수한 공능을 지닌] 相續의 轉變과 差別로 말미암아 미래의 결과가 생겨 나는 것으로, [그대가 힐난한] 뜻에 대해 해설하면 이러하다. 不善心 중에 도 善心에 의해 引起된 展轉과 隣近의 功能의 차별이 존재하니, 이를 종자 로 삼아 이러한 [불선심]과 무간에 선법이 생겨날 수 있다. 혹은 善心 중에 도 不善心에 의해 引起된 展轉과 隣近의 功能의 차별이 존재하니, 이를 종자 로 삼아 이러한 [선심]과 무간에 불선법이 생겨나게 된다.[53]

이에 대해 중현은 특수한 功能으로서의 종자와 [현행의] 선·불선심이 別體가 아니라고 한다면 선심이 불선심의 종자가 되고 불선심이 선심의 종자가 되며, 나아가 무루심 중에도 유루의 공능차별이 존재한다고 해야 하며(그럴 경우 무루심도 3有를 초래하고 번뇌의 生因이 되어야 한다), 번뇌 심 중에도 무루의 종자가 존재한다고 인정해야 한다고 비판한다.[54] 유가행 파에서는 바로 이 같은 이유에서 이숙의 종자식(즉 알라야식)을 6식과는 별체로 설정하였던 것이다.

---

53 『순정리론』권12(T29, 397b29-c6). 원문은 제10장 주116 참조.
54 『순정리론』권12(T29, 397c6-28). 제10장 주118 참조.

또한 중현은 상좌 슈리라타의 舊隨界(*pūrvānudhātu)에 대해서도 동일한 형식으로 비판한다. 즉 어떠한 차별성도 인정되지 않는, 그리하여 더 이상 세분되지 않는 동일種類의 마음 즉 一心 중에 種種界가 俱有하여 可愛(선)·不可愛(불선) 등 일체 제법의 원인이 된다[55]는 주장은 일체법의 相雜을 초래한다는 것이다.

저 上座는 어찌 "一心(ekacitta)은 種種界(nānādhātu)를 갖추고 있다. 一心에 다수의 界(bahudhātu)가 훈습되어 있다"고 말할 수 있다는 것인가? 이는 이치상 이루어질 수 없기 때문이다. 즉 聖敎 중에서 인정하는 勝義의 法 (paramārtha-dharma)은 오로지 하나의 본질(體, *svabhāva)을 갖는 것이지 다수의 본질이 모여 이루어진 것이 아니다. 만약 "마음 자체는 단일할지라도 그 안에 다수의 界가 존재한다"고 말한다면, 다수의 界는 마음과 본질적으로 어떠한 차이도 없기 때문에 界는 마땅히 한 가지가 되어야 하며, 마음은 다수의 界와 본질적으로 어떠한 차이도 없기 때문에 마음은 마땅히 다수가 되어야 한다. [또한] 온갖 界를 서로 비교해보면 그 자체 [마음과] 어떠한 차이도 없기 때문에, 하나와 일체의 본질이 마땅히 서로 뒤섞이고 말 것이니, 이러한 [그의] 주장은 끝내 올바른 이치가 될 수 없는 것이다.[56]

나아가 『성유식론』 상에서의 6識 종자설 중 識類受熏說에 대한 두 번째 비판 ─ "識의 種類(*jāti)가 선성이나 악성이라면 [그 밖의 다른 성질의] 能熏 (종자)을 수납하지 못한다고 해야 하며, 무기성이라면 선·악의 마음이 현행할 때 이러한 무기심은 존재하지 않을 것이기에 이러한 [동일]種類[의 識은 끊어져야 한다. 현행의 識과 종자식인 동일種類의 識이 별도의 존재라

---

55 『순정리론』권18(T29, 441c2-6), "又於一念一心體中, 無有細分, 如何能牽愛及非愛俱相違果? 定差別因, 不可得故."
56 『순정리론』권18(T29, 442b2-7). 원문은 제12장 주68 참조.

고 할지라도 [그것이 6識의 두 양태라고 하는 한 이상] 도덕적 성질은 동일해야 하기 때문에 현행의 識(識事)이 선·악인데 동일種類의 識(識類)이 무기일 수는 없다"(필자취의)[57] – 도 중현의 비판과 동일한 논리이다. 따라서『유가론』제4증의 첫 번째 논거는 경량부의 6식 종자설 비판 바로 그것이다.

그리고 "6식은 [無心定 등에서] 단절되기 때문에 종자식이 될 수 없다"는 두 번째 논거는 사실상 제7 處無心定證의 내용이기 때문에 거기서 상론하기로 한다.

4) 제5 業用差別證과 제6 身受差別證

[제5증] 어떠한 이유에서 만약 諸識이 俱轉하는 일이 없다면 [諸識의] 業用의 차별도 불가능하다고 한 것인가?

[諸識에는] 간략히 설하면 네 종류의 業이 있으니, 첫째는 器(bhājana[-loka], 器世間)를 요별하는 업이며, 둘째는 所依(āśraya, 有根身과 일체 種子)를 요별하는 업(이상 제8식의 업용)이며, 셋째는 我(aham)를 요별하는 업(제7식의 업용)이며, 넷째는 경계대상(viṣaya)을 요별하는 업(6식의 업용)이다. 이러한 모든 요별은 찰나찰나 동시에 일어날 수 있다. 그렇기 때문에 一識이 일찰나에 이와 같은 등의 [네] 업용의 차별을 갖는다는 것은 불합리한 것이다.[58]

[제6증] 어떠한 이유에서 만약 알라야식이 존재하지 않는다면 身受(kāyiko'nubhava: 신체상의 느낌)의 차별은 불합리하다고 한 것인가?

어떤 이가 혹 참답게(如理, yoniśaḥ) 사유(思[慮])할 때나 참답지 않게 [사유

---

57 『성유식론』권3(T31, 15c12-15). 원문과 해설은 제12장 주63 참조.

58 『유가사지론』권51(T30, 579c2-7), "何故若無諸識俱轉, 業用差別不應道理? 謂若略說有四種業. 一了別器業. 二了別依業. 三了別我業. 四了別境業. 此諸了別刹那刹那俱轉可得. 是故一識於一刹那, 有如是等業用差別, 不應道理."

할] 때, 혹은 사유(思慮)하지 않을 때, 혹은 尋·伺가 수반될 때, 혹은 선정에 들었을 때나 들지 않았을 때, 그때 [所依]身 상에 온갖 느낌(領受)이 일어나는데, 그것은 [다만] 한 가지가 아니라 여러 가지 다수로서 種種의 차별이 있다. [만약 알라야식이 존재하지 않는다면] 그것들은 마땅히 존재하지 않는다고 해야 하지만, 지금 바로 획득할 수 있다. 그렇기 때문에 결정코 알라야식이 존재하는 것이다.[59]

6식의 활동(즉 了別)과는 무관하게 器世間이나 所依(āśraya: 有根身과 일체 種子) 혹은 자아에 대한 요별이 일어나며(그러나 명료하지 않다), 身受도 일어나기 때문에 — 더욱이 6식의 활동이 정지되는 無心定에서조차 — 이와는 별도의 識(알라야식)이 존재해야 한다는 것이다.

이러한 내용만으로 경량부와의 관련성을 말하기는 어렵다. 그렇지만 제5증은 諸識俱轉(동시 생기·활동)을 부정할 경우의 난점을 적시한 것이라는 점에서 제3 意識明了證과 동일한 내용이다. 따라서 여기서의 대론자는 二識俱生을 비난한 제2 最初生起證에서의 '어떤 이'(즉 경량부)라고 할 수 있다. 이런 까닭에 遁倫과 窺基 역시 제5증을 알라야식의 직접적 논증이 아니라 '二識不俱'라는 외부비판에 대한 해명을 통한 간접방식의 논증으로 이해하였다.[60]

이들에 따르면 이 논증의 대론자는,「제8식의 존재를 부정한다면 諸識의 竝生도, 一識이 일어날 때 네 가지업의 동시생기(一時頓有)도 불가능하기 때문에 논리적 타당성(道理)에 어긋날 뿐만 아니라 "어떤 한 경계대상에 대해 [요별의] 업을 일으킬 때 반드시 찰나찰나 네 업을 [함께] 획득한다"는

---

59 『유가사지론』권51(T30, 579c8-12), "何故若無阿賴耶識, 身受差別不應道理? 謂如有一, 或如理思; 或不如理; 或無思慮; 或隨尋伺; 或處定心; 或不在定, 爾時於身諸領受起, 非一衆多, 種種差別. 彼應無有, 然現可得. 是故定有阿賴耶識."

60 『유가론기』권13상(T42, 594c20-21); 『유가사지론약찬』권13(T43, 171c12-13), "第五相者, 此亦非正立第八, 而破於他. 亦因他難, 解難之由, 遂成第八."

경설에도 위배된다」는 유가행파의 비판에 대해 "<u>소승에서는 이미 [대승]경
을 불신하고 일찰나 중의 네 업의 존재를 인정하지 않기 때문에 이같이
힐난할 수 없다</u>"[61]고 해명하고 있다. 窺基의 전언대로 경량부가 유가행파의
알라야식설의 가장 강력한 비판자였다면(주7) 여기서 '[대승]경을 불신한
소승'은 경량부라고 할 수 있고,『성유식론』에서 聖敎에 따른 알라야식 논
증(敎證) 이후 '大乘經 佛說論'을 피력한 것도 경량부를 대상으로 한 것이라
말할 수 있다. 규기 등에 의하면, 上座部(상좌일파)는 無性이 인용한 "동일
根에 근거한 [거칠고 미세한] 二識俱生은 이치에도 맞지 않고 있을 수도 없
다"는「如是頌」에 대해 "우리는 이 경을 전승하지 않는다. 우리 부파의 경에
는 이러한 말이 없다"고 비판하기도 하였다. (주95 참조)

그리고 제6증의 경우,[62]『성유식론』 상에서 여러 가지 身受를 통한 이
숙식(알라야식)의 논증은 제2 異熟心證에서 이루어진다.

또한 선정 중에 있든 선정 중에 있지 않든, 별도의 思慮가 존재할 때든
思慮가 존재하지 않을 때(즉 무심위)든 이치상 다수의 身受가 생겨나는
일이 있으니, 만약 이것(이숙심)이 존재하지 않는다면 [出定한] 이후 신체
상에 쾌적함이나 혹은 노곤함이 존재한다고 해서는 안 된다. 만약 진실의
이숙심이 항상 존재하지 않는다면 그러한 상태(禪定位나 思慮가 존재하지

61　『유가론기』권13상(T42, 595a5-9);『유가사지론약찬』권13(T43, 171c25-172a1), "若無第八, 諸
　　　識不得並生, 而此四業不可一識一時頓有. 豈不違經及於道理? 小乘若信大敎及一刹那中有此四業,
　　　可如此難. <u>他(宗)旣不信經, 及不許有四業一刹那中而現可得, 何得如此而起難耶?</u>

62　遁倫/窺基는, "예컨대 사리불이 耳識이 부재하는 선정 중에서 홀연 포효하는 소리를 듣고
　　　觸에 따른 [身]受를 領納하였는데, 제8식이 존재하지 않는다면 이 같은 사실은 성취될 수
　　　없기 때문에 이는 제8識 논증의 正論"(T42, 595b8-11; T43, 172b1-4)이라 하였는데, 이러한
　　　논의는『대비바사론』권185(T27, 929b29-c3)상에서 "비나야에서 존자 대목건련이 '나는 무
　　　소유처정에 들어 龍象들이 으르렁대는 소리를 들었던 것을 기억한다'고 하였는데, 이는
　　　선정 중에 들은 것인가, 선정에서 일어나 들은 것인가"하는 문제로 논의된다. 유부 정설은
　　　선정에서 일어나 들은 것이지 선정 중에 들은 것이 아니다. 이에 반해 유가행파에서는
　　　耳識(率爾心)으로 듣고 나서 출정하는 것이라 주장한다. (T30, 650c20-24; T43, 419c27-28)

않는 상태)에 어찌 이러한 身受가 존재하겠는가?[63]

이에 대해 규기는『성유식론』의 제2 異熟心證에서 인용한 "이숙심이 존재하여 선·악업[의 결과]가 초래된다"는 경설(주13)은 [『유가사지론』의] 8證 중 身受差別證에도 [적용되기] 때문에 여기에는 경량부와 유부(薩婆多)에 대한 비판의 의도가 내포되어 있다고 하였다.[64] 그러나 유부는 과거로 낙사한 업이 이숙과를 낳는다고 주장하기 때문에 언제 어디서나 존재하는 (즉 '恒遍의') 이숙식을 고려할 필요가 없지만, 경량부의 경우 과거 無體를 주장할뿐더러 이 같은 이숙식을 6식에서 구하기 때문에 身受와 관련된 제6증 역시 경량부에 대한 비판이 전제된 것이라 할 수 있다.

참고로 규기는『성유식론』의 異熟心證에 대한 이해가 없다면『유가론』의 身受差別證은 이해하기 어려울 것이라고 말하기도 하였다.[65]

5) 제7 處無心定證

어떠한 이유에서 만약 알라야식이 존재하지 않는다면 無心定에 처하는 것은 불합리하다고 한 것인가?
無想定 혹은 滅盡定에 들 때 목숨을 버릴 때처럼 識은 몸을 떠난다고 해야 하며, [실제] 몸을 떠나지 않는 것이 아니다. [그러나] 세존께서 "그때 識은 몸을 떠나지 않는다"고 설하였기 때문이다.[66]

---

63 『성유식론』권4(T31, 16a25-29), "又在定中, 或不在定, 有別思慮, 無思慮時, 理有衆多身受生起. 此若無者, 不應後時身有怡適, 或復勞損. 若不恒有眞異熟心, 彼位如何有此身受?"

64 『성유식론술기』권4本(T43, 359b11-12), "第二異熟心. 別(→'引')經等可知. 然此中意, 破經部·薩婆多皆得. 卽八證中身受證故."

65 『성유식론술기』권4本(T43, 360b15-16), "卽是解八證中身受文也. 無此解者, 難解彼文."

66 『유가사지론』권51(T30, 579c13-16), "何故若無阿賴耶識, 處無心定不應道理? 謂入無想定或滅盡定, 應如捨命, 識離於身, 非不離身. 如世尊說, 當於爾時識不離身故."

본 논증은 『유가론』의 알라야식 존재증명 중 가장 소략한 형태로 의미의 전달도 온전하지 못하다. 즉 불교전통에서 목숨(āyus: 壽)과 체온(uṣman: 煖)과 識(vijñāna)은 불가분의 관계로(『잡아함』 제568경; 『중아함』 제210; 211경 참조), 만약 멸진정과 같은 無心定의 상태에 識이 존재하지 않는다면 목숨 또한 존재하지 않는다(혹은 '死者와 동일하다')고 해야 한다.[67] 이러한 논리적 변증에 따라, 혹은 "[멸진정에 들 때라도] 識은 몸을 떠나지 않는다"[68]는 聖敎(āgama)에 따라 현행식과는 별체인 알라야식을 설정하지 않으면 안 된다는 것이다.

그러나 上座일파의 비유자/경량부 역시 동일한 논리에서 滅定有心說을 주장하였다.

> 譬喩論者는 이같이 말하였다. "멸진정 중에서는 오로지 受·想만이 소멸하니, 어떠한 경우에도 無心의 유정은 존재하지 않을뿐더러 멸진정과 목숨이 끊어진(죽은) 상태는 다르기 때문이며, 경에서 '멸진정에 들더라도 識은 몸을 떠나지 않는다'고 설하였기 때문이며, 또한 목숨과 체온과 의식은 불가분의 관계라고 말하였기 때문이다."[69]

---

67 『아비달마잡집론』과 『현양성교론』에는 이 같은 내용이 더해져 있다. "云何處無心定, 不可得耶? 如世尊說: '入無想定及滅盡定, 當知! 爾時識不離身.' 若無阿賴耶識, 爾時識應離身. 識若離身, 便應捨命. 非謂處定." (T31, 701c25-28); "問: 何故若無阿賴耶識, 諸無心定, 不可得耶? 答: 如薄伽梵說: '入無想定及滅盡定, 當知! 爾時識不離身.' 若無此識, 爾時識應離身. 識若離身, 便應捨命. 非謂在處." (T31, 565c13-16),

68 '識不離身(vijñānaṃ cāsya kāyād anapakrāntaṃ bhavati: 長尾雅人, 2001, p.231; 袴谷憲昭, 2001, p.336)'의 경설은, 本庄良文(「シャマタデーヴァの傳へる「大業分別經」と「法施比丘尼經」」, 1983, p.97; p.108)에 의하면 『중아함』 제210 『法樂比丘尼經』의 異本인 『法施比丘尼經(*Bhikṣuṇīdharmadinnāsūtra)』(L. 슈미트하우젠에 의하면 근본설일체유부 전승)으로, 티베트 전승인 Śamathadeva의 『俱舍論註(Abhidharmakoṣopāyikā nāma Ṭīkā)』(大谷目錄 5595, 東北目錄 4094)에서 회수한 경설은 이러하다. "멸진정에 든 이는 身行이 멸하고 語行, 意行이 멸하지만, 목숨과 체온은 멸하지 않고, 諸根은 敗壞하지 않으며, 識은 몸을 떠나지 않는다(rnam par śes pa lus las ḥdaḥ bar mi ḥgyur ro)." 이 경문은 『성유식론』 상에서의 알라야식 존재증명 제9 '滅定證' 중에서 완전하게 인용된다. (T31, 17c25-28),

69 『순정리론』 권13(T29, 403a21-24), "譬喩論者作如是言: 滅盡定中, 唯滅受想, 以定無有無心有情.

그리고 그들은 멸진정에서 소멸하지 않는 미세한 마음을 6식 중의 한 양태인 一心 즉 '소연과 행상을 갖지 않은 동일種類의 마음(一類心, *ekajātīyacitta: 주126)'이라 하였던 것이다. 본 논증에는 이 같은 전후 사정이 반영되어 있지 않은데, 본증의 後續句인듯한 문구가 「本地分 三摩呬多地」 중에 언급되고 있다.

> **문:** 멸진정 중에서는 심·심소법이 모두 다 滅盡하는데, 어떻게 "[그때] 識은 몸을 떠나지 않는다"고 설한 것인가?
>
> **답:** [그때] 變壞하지 않은 ('손상되지 않은') 諸色根 중에 능히 轉識(pravṛttivijñāna: 現行識)의 종자를 執持한 알라야식이 존재하여 멸진하지 않았기 때문으로, 後時(出定할 때) 그러한 법(心行, 즉 受·想)은 이로부터 일어날 수 있는 것이다.[70]

遁倫은 본 논증을 단지 한 종류의 의식만을 제시하여 滅定無心說을 주장한 本經部와 薩婆多(유부) 등과, 두 종류의 의식을 설정하여 滅定有心說을 주장한 그 밖의 17部에 대한 비판으로,[71] 窺基는 제 부파 중 거칠고 미세한 두 의식의 존재를 인정하여 미세한 의식이 이러한 멸진정에 존재한다고

滅定命終, 有差別故,; 經說 '入滅定, 識不離身'故,; 又言 '壽煖識互不相離'故." 『대비바사론』권151(T27, 772c21-24), "謂譬喩者·分別論師執: 無想定, 細心不滅. 彼作是說: 若無想定都無有心, 命根便斷, 應名爲死, 不名在定."; 동 권152(T27, 774a14-17), "謂譬喩者·分別論師執: 滅盡定, 細心不滅. 彼說: 無有有情而無色者, 亦無有定而無心者. 若定無心, 命根應斷, 便名爲死, 非謂在定."

70 『유가사지론』권12(T30, 340c27-341a1), "問: 滅盡定中, 諸心心法並皆滅盡. 云何說 '識不離於身'? 答: 由不變壞諸色根中, 有能執持轉識種子, 阿賴耶識, 不滅盡故. 後時彼法從此得生." 이는 L. Schmithausen(1987, p.18; n.146)에 의해 알라야식 기원의 도입문(initial passage)으로 제시되기도 하였다. 이에 대한 검토는 김성철(2010), 「알라야식의 기원에 관한 최근의 논의」; 박창환(2010), 「알라야식의 형성과정에 미친 종자설의 영향」을 참고할 것.

71 『유가론기』권13상(T42, 595c9-12), "第七相中「處無心定不應道理乃至識不離身故」者. 就十八部, 總有二類. 其末經部·薩婆多等, 但立一種意識, 滅定中無. 餘十七部立二種意識. --(하략)--" 여기서 '末經部'는 필경 '本經部'의 誤寫일 것이다. 末經部(상좌 슈리라타)와 上座部(상좌일파)가 거칠고 미세한 두 의식을 주장하였다는 것은 동아시아 법상교가의 상식이었기 때문이다. (제11장 주19, 20 참조)

주장하는 어떤 이와 미세한 식을 인정하지 않는 薩婆多에 대한 비판으로 이해하였는데,[72] 양인은 공히 멸정유심설에 대해 이같이 비판하고 있다.

宗: 제6의식은 無想定 등의 제 상태 중에 존재하지 않는다고 해야 한다.
因: 이러한 상태 중에 [의식이 존재한다면, 그것은] 6識 중 하나에 포섭되기 때문이다.
喩: 5識 등이 그러한 것처럼.
또한 만약 [무심정 중에 6識에 포섭되는] 識이 존재한다면, 결정코 觸도 존재할 것이며, 촉이 존재한다면 필시 受·想·思도 존재할 것인데, 어찌 이러한 [무심]정 중에 [6]識이 존재한다고 하겠는가?[73]

이러한 형식의 비판은 『섭대승론』과 『성유식론』의 제10 '滅定證' 중에서도 이루어질 뿐 아니라[74] 『순정리론』에서는 譬喩論者의 멸정유심설(주69)에 대한 비판으로,[75] 혹은 『구사론』과 『성업론』에서는 世友(經部異師) 혹은 世友로 비정되는 '어떤 이'의 멸정유심설에 대한 비판으로 논설되며,[76] 비판에 대한 그들의 해명 역시 『섭대승론』에서의 해명과 동일하다. 이에 대해서는 뒤(본 장 3-6 '제10 滅定證')에서 다시 논의한다.

이처럼 다수의 논서 상에서 논설된, 특히 『섭대승론』과 『성유식론』에

---

72 『유가론약찬』권13(T43, 172b18-23) "論云: 處無心定不應道理, 乃至不離身故者. 此有二義. 一違比量. 二違聖敎. 諸部之中, 有許有二意識. 一麤, 二細. 細者, 此定有之. 今此中破. 如薩婆多, 不立細識者. 應立量云. --(하략)--"

73 『유가론기』권13상(T42, 595c29-596a4); 『유가론약찬』권13(T43, 172c8-12), "若立[滅定]有心者, 應破(立)量云. 第六意識, 無想定等, 諸位中應無(宗). 在此位中於六識內隨一攝故(因). 如五識等(喩). 又若有識決定有觸. 若有觸必有受想. 如何乃言此定有識. 此量旣成. 小執破訖. 違經違理, 故成第八."

74 『섭대승론』권상(T31, 137a6-11: 본 장 주120 참조); 『성유식론』(T31, 18b14-17).

75 『순정리론』권5(T29, 403b21-26).

76 『구사론』권5(T29, 25c28-26a3); 『성업론』(T31, 784a7-9).

서는 논증의 대부분을 차지한 경량부의 滅定有心(細意識=의식 중의 異熟識)
설 비판이 『유가론』상에서는 전혀 언급되지 않는데, 어째서인지 생각해볼
문제이다.

6) 제8 命終時識證

어떠한 이유에서 만약 알라야식이 존재하지 않는다면 命終(cyuti)할 때의
識은 불합리하다고 한 것인가?
이를테면 임종할 때 혹 어떤 이(악을 지은 이)는 신체 상부로부터, 혹 어
떤 이(선을 지은 이)는 신체 하부로부터 識이 점차 떠남에 따라 [몸이]
점차 차가워진다. 그러나 그것은 意識이 아니니, [의식은] 어느 때 활동하
지 않기 때문이다. 따라서 오로지 알라야식이 존재하여 능히 몸을 執持하
는 것임을 알아야 한다. 이것이 만약 [몸을] 捨離한다면 [그러한] 신체의
부분은 차가워지고 무감각(無覺受)해지지만, 意識의 경우는 그렇지 않다.
그렇기 때문에 만약 알라야식이 존재하지 않는다면 [命終할 때의 識도]
불합리한 것이다.[77]

앞서 논의하였듯이 유가행파에 의하는 한 6轉識은 執受의 주체가 아니
기 때문에 冷觸(체온의 상실)이나 命終의 조건일 수 없다. (冷觸은 識이 執受
를 버릴 때 일어나는 현상으로, 숙면이나 기절, 무심정 등 6식이 몸을 떠날
때에는 몸이 차가워지지 않는다.) 즉 命終할 때의 識은 [根·境과 作意에 차
별이 없는] 최초의 結生識(주41)과 마찬가지로 경계대상을 인식하는 것이 아

---

[77] 『유가사지론』권51(T30, 579c17-22), “何故若無阿賴耶識, 命終時識不應道理? 謂臨終時, 或從上
　　　身分, 識漸捨離, 冷觸漸起. 或從下身分. 非彼意識, 有時不轉. 故知唯有阿賴耶識能執持身. 此若捨
　　　離, 即於身分冷觸可得, 身無覺受. 意識不爾. 是故若無阿賴耶識, 不應道理.”

니기 때문에 意識도 아니다. 이에 따라『성유식론』에서는 結生(受生)과 命終의 識을 '生死心證'이라는 하나의 논증으로 구성하고 있다. (T31, 17a13-22)

본 논증의 비판대상 역시 상좌일파의 '命終心=의식 [중 동일種類의 마음]' 설이다. 즉『성유식론』의 제6 生死心證에서는 "태어나고 죽는 등의 상태에도 행상과 소연을 모두 알 수 없는 '동일種類의 미세한 의식'이 [요별의 거친 의식과는] 별도로 존재한다"는 어떤 부파(有餘部)의 주장을 인용하고서 "모두가 인정하는 세간상식(極成, prasiddha)의 의식은 이와 같지 않기 때문에 (다시 말해 차별적이고 거칠뿐더러 소연과 행상을 갖지 않은 것은 없기 때문에), 이는 바로 제8식"이라고 비판 논증하였는데,[78] —이는 無着이 "결생의 和合識이 일체종자를 지닌 意識이라면 그것은 알라야식의 異名(paryāya)"이라고 논평한 것(주92③)과도 궤를 같이한다.— 窺基는 여기서의 '어떤 부파'의 주장을 거칠고 미세한 두 意識의 幷生을 주장한 上座部 本計로 평석하였다.[79]

이렇듯『유가사지론』의 알라야식 논증 여덟 가지는 어떤 식으로든, 遁倫 등의 주석을 통해서든,『섭대승론』과『성유식론』과 이에 대한 제 주석을 통해서든, 혹은『순정리론』에서의 상좌 설이나 이에 대한 중현의 비판을 통해서든 경량부(혹은 上座部)와 관련되어 있음을 확인할 수 있다. 특히 제2증은 바로 '[本識과 현행식의] 二識俱起'에 대한 경량부 비판에 대한 해명이었으며, 제3증은 그들의 전5식과 의식의 次第生起설에 따른 난점을 지적한 것이었다.

그렇다면『섭대승론』의 경우는 어떠한가? 이제 무착의 알라야식 논증을 분석해보기로 하자.

78　『성유식론』권3(T31, 17a10-13), "有餘部執: 生死等位, 別有一類微細意識. 行相所緣俱不可了. 應知! 卽是此第八識, 極成意識不如是故."

79　『성유식론술기』권4本(T43, 365a19-23), "上座部師說, 有根本計, 有末所計. 根本計, 麤細二意, 許得並生. 末計不然. 必別時起. 今此本計. 別有細意識, 生死位中, 一類微細, 行相·所緣俱不可了." 이에 대해서는 본서 제11장 2-1-2 참조.

3. 『섭대승론』에서의 알라야식 논증과 경량부

1) 제1 煩惱雜染證

어째서 [알라야식이 존재하지 않는다면] 번뇌의 잡염은 성취되지 않는다
는 것인가?
온갖 [근본]번뇌와 隨煩惱가 熏習하여 생겨난 그 같은 종자자체(*bijabhāva: 種
子體/性, 즉 功能)가 6識身에 존재한다는 것은 불합리(不應理)하기 때문이다.[80]

이는, 前滅後生의 6識身은 원인(前法=能熏)과 결과(後法=所熏)가 동시가
아니기 때문에 諸번뇌의 종자·훈습(vāsanā)도, 이것의 所依(vāsanāśraya)도 될
수 없으며, 따라서 이와는 별도의 실체로서 알라야식을 설정해야 한다는
논증이다. 여기서 6식이 종자·훈습이 되고 이것의 소의처가 된다고 주장한
이는 바로 경량부이다. 즉 유부는 번뇌잡염(즉 유루의 현상세계)을 이것의
因緣(hetupratyaya)이 되는 제법(同類·遍行·俱有·相應·異熟의 5因)의 和合으
로 해명하지만, 隨界·種子가 제법의 因緣이라 주장하는 경량부에서는 이를
현행의 번뇌가 훈습된 心相續의 展轉과 鄰近의 功能, 혹은 이 같은 공능에
따른 轉變과 差別로써 해명하기 때문이다.

무착은 계속하여 6識 종자설을 세 가지 경우로써 비판한다.

① 탐 등의 번뇌가 훈습된 안식 등이 찰나멸하는 중간에 다른 識(예컨
대 耳識)이 일어나 단절된 경우, "실체로서 존재하지 않는 과거의 안식으로
부터 [새로운] 안식이 탐 등과 俱生한다고 하는 것은 불합리하다. (宗) 왜냐
하면 과거의 안식은 현재 존재하지 않기 때문이다. (因) 이는 마치 과거로

---

80 『섭대승론本』(현장 역)권상(T31, 135b26-27), "云何煩惱雜染不成? 以諸煩惱及隨煩惱熏習所作
彼種子體, 於六識身, 不應理故.";『섭대승론』(진제 역)권상(T31, 116a6-8), "云何煩惱不淨品不
成就? 根本煩惱及少分煩惱所作熏習種子, 於六識不得成就."

사라져 현재 존재하지 않는 업으로부터 이숙과가 생겨난다고 하는 불합리와 같다. (喩) (T31, 135b28-c4) --(하략)--[81]

② 無想天(無想定의 이숙과)에서 沒하여 욕계에 태어나는 경우, 이때 최초의 염오識(즉 동성과 이성의 부모에 대한 愛恚心)은 [과거(무상천에 태어나기 전의) 욕계 염오심을 원인으로 하여 생겨난 것이라고 해야 하지만] 所依止(āśraya)도 그것의 熏習도 이미 과거로 사라져 현재 존재하지 않기 때문에 종자 없이 생겨난 것이라고 해야 한다. (동, 135c13-15)

③ [견소단의] 번뇌를 대치하는 [무루]識이 생겨날 때 일체의 세간 염오식은 소멸한다. 따라서 이후 修道位 중에서 世間識이 생겨났을 때, 알라야식이 존재하지 않는다고 한다면 그것의 온갖 훈습도 所依止도 이미 오래전에 과거로 사라져 현재 존재하지 않기 때문에 종자 없이 생겨난 것이라고 해야 한다. (동, 135c16-23)

이러한 비판은 과거 無體說을 주장하면서 6식 종자설을 주장할 경우 相續展轉하는 전후찰나의 二識(현행식과 이것이 훈습될 소의처, 즉 能熏과 所熏)은 俱起相應하지 않기 때문에 종자·훈습도 이것의 所依도 될 수 없음을 지적한 것으로, 이것이 경량부 종자설에 대한 비판임은 두말할 나위도 없다. 無性 역시 이 같은 무착의 세 비판이 경량부에 대한 것이었다고 말하고 있다.

---

81 "若立眼識. 貪等煩惱及隨煩惱俱生俱滅. 此由彼熏成種非餘, 卽此眼識. 若已謝滅. 餘識所間, 如是熏習, 熏習所依, 皆不可得. 從此先滅. 餘識所間, 現無有體, 眼識與彼貪等俱生, 不應道理. 以彼過去現無體故. 如從過去現無體業, 異熟果生, 不應道理: 만약 탐 등의 번뇌나 수번뇌와 俱生하고 俱滅하는 안식을 설정하여 이는 바로 그러한 [탐 등의 번뇌의] 훈습에 의해 종자를 성취하는 것이지 다른 것이 아니"라고 한다면, 이러한 眼識은 이미 [과거로] 落謝하여 소멸하였고 다른 識에 의해 그 사이가 단절된 경우 이와 같은 熏習(=종자)도 훈습의 所依(=所熏)도 모두 획득(인정)될 수 없다. 즉 일찍이 소멸하였고 다른 識에 의해 그 사이가 단절되어 현재 실체로서 존재하지 않는 이러한 [과거 안식]으로부터 [현재 새로운] 안식이 그러한 탐 등과 俱生한다는 것은 도리에 맞지 않다. 왜냐하면 그것(종자가 된 선행의 안식)은 과거로 사라져 현재 존재하지 않기 때문으로, 이미 과거로 사라져 현재 실체로서 존재하지 않는 업으로부터 이숙과가 생겨난다고 하는 사실이 도리에 맞지 않는 것과 같다." (T31, 135b28-c4)

① 「이는 마치 과거로 사라져 현재 존재하지 않는 업으로부터 이숙과가
생겨난다고 하는 불합리와 같다」고 함은, 예컨대 經部師의 경우 과거
無體를 주장하기에 그것(과거업)의 이숙과는 바로 현재의 熏習에 의해
引發된다고 해야 함에도 毘婆沙師가 과거업으로부터 바로 이숙과가 생
겨난다고 하는 것과 같다는 말이다. 그렇지만 이를 인정해서는 안 될
것이니, 왜냐하면 [그들에 의하는 한] 과거는 존재하지 않기 때문이다.
이러한 譬喩로 볼 때 [탐 등이 훈습된 과거의 안식으로부터] 貪 등의
마음이 생겨난다고 하는 것도 불합리한 것이다.[82]

② [과거 無體를 주장하는] 經部師라면 "[무상천에 태어날 때] 欲纏(욕계
所繫法)도 이미 끊어졌고 번뇌와 마음도 과거로 사라졌을지라도 [지
금] 바로 획득될 수 있으니, 그것(무상천에 태어나기 전의 欲纏 등)으로
부터 지금 [욕계의 염오식이] 다시 현행하는 것"이라고는 하지 않을
것이다. 즉 그때(무상천에 태어날 때) 몰한 마음은 이러한 [욕계의 염
오식의] 所依(종자)가 되지 않는다고 해야 올바른 이치일 것(應正道理)
이니, 그때 몰한 마음 역시 [지금] 성취되지 않기 때문이다.[83]

③ 「이미 오래 전에 과거로 사라져 현재 존재하지 않기 때문에」라고 함
은, 과거를 비판하고 그것의 비실재성(無實義)을 제시한 것으로, 毘婆沙
師가 [주장한] 번뇌 得(prāpti) 등은 經部諸師들이 다 논파하여 더 이상
논파할 것이 없다. 그렇지만 經部師의 경우 熏習(vāsanā: 종자=能熏)과
所依(vāsanāśraya: 훈습처=所熏)가 실체로서 함께 존재하지 않는 과실이

---

82 『섭대승론석』권2(T31, 391b13-17), "「如從過去現無體業異熟果生, 不應道理」者, 如經部師, 過
去無體, 其異熟果, 是現熏習之所引發. 毘婆沙師, 從過去業, 異熟果生. 此不應許. 所以者何? 過去
無故. 由此譬喩, 貪等心生, 不應道理."

83 『섭대승론석』권2(T31, 391c12-15), "非經部師欲纏已斷煩惱及心過去. 是有可得, 從彼今復現行.
非彼沒心, 爲此所依, 應正道理. 由彼沒心亦不成故."

수반되기 때문에(즉 능히 훈습하려는 번뇌가 존재할 때 所依는 아직 생겨나지 않았고 소의가 존재할 때 능히 훈습하려는 번뇌는 이미 사라졌기 때문에) 불합리한 것이다.[84]

곧 『섭대승론』의 첫 번째 알라야식 논증인 煩惱雜染證은 무착의 '6識=종자(能熏) 無相應'論의 세 논거 중의 '二念不俱有'와 무성이 이에 따라 분별한 세 형식의 종자설(주52) 중 '前念熏後念說' 비판을 전제로 한 것이다. 무착은 알라야식 논증의 총결로서 '前法이 後法의 종자(因緣)가 된다'는 어떤 이의 주장(주137)을 비판하면서 '二念不俱有'의 논거를 다시 언급하는데, 세친은 이를 경량부(또는 譬喩論師)에 대한 비판으로 평석하였고,[85] 무성 역시 여기서의 '어떤 이의 주장'을 경량부 설로 평석하였다. (주139)

2) 제2 業雜染證

어째서 [알라야식이 존재하지 않는다면] 業의 잡염은 성취되지 않는다는 것인가?
[알라야식을 설정하지 않을 경우 12연기支 중] "行을 緣하여 識이 있다"는 사실이 [正理에] 부합하지 않기 때문이다. 이것(알라야식)이 만약 존재하지 않는다면 "取를 緣하여 有가 있다"는 사실 역시 [正理에] 부합하지 않는 것이다.[86]

84　『섭대승론석』권2(T31, 392a4-7), "「久已過去現無體故」者, 此破過去, 立無實義. 毘婆沙師煩惱得等, **經部諸師**皆已破訖. 故不重破. 然**經部師**, 熏習所依並無有體, 過失所隨. 故不應理."

85　『섭대승론석』(진제 역)권2(T31, 166b3-10); 『섭대승론석』(현장 역)권2(T31, 330a9-11), 前念熏後念說에 대해서는 본서 제12장 3-2 참조

86　『섭대승론본』권상(T31, 135c24-25), "云何爲業雜染不成? 行爲緣識, 不相應故. 此若無者, 取爲緣有, 亦不相應."

이 논증만으로는 경량부와의 관련성은 고사하고 논증 자체의 이해에
도 어려움이 있다. 無性에 의하면, 안식 등의 轉識은 다만 업의 잡염에 의해
성취되는 것(즉 이숙식)이 아닐뿐더러 '行緣識'의 識이 6식이라면 이미 과거
로 낙사한 識을 相依의 동시존재인 名色(주99)의 緣(즉 '識緣名色')이라 말할
수도 없다. 또한 '取緣有'의 '有(bhāva)'는 훈습의 상태인 온갖 업의 종자가
異熟하여 現前하는 것, 혹은 [미래세] '生'이라는 결과를 획득하는 功能이다.
따라서 이 같은 업('行'과 '有')의 잡염을 성취하기 위해서는 업(=行)의 종자
가 훈습/安立되는 識으로서 알라야識이 설정되어야 한다는 것이다.[87]

즉 業雜染證 역시 첫 번째 논증과 마찬가지로 6轉識은 오로지 업에 의해
생겨나는 이숙식이 아닐뿐더러 종자가 되는 전 찰나의 識(즉 能熏)과 동시
에 존재하지 않기 때문에 種子識(行의 所熏識)이 될 수 없다는 것으로, 경량
부의 6識 종자설 비판을 전제로 한 논증이다. 한편 무성은 '行緣識'의 識이
續生할 때의 識(pratisaṃdhi-vijñāna)이라는 이설도 함께 비판하는데,[88] 『秘義
分別攝釋(Vivṛtaguhyārthapiṇḍavyākhā)』에서 "이러한 續生識설은 유부의 생각
으로 경량부에 의해 논파되고 있다. 또한 경량부는 行 즉 업이 원인이 되어

---

87 『섭대승론(무성)석』권2(T31, 392a12-26),「'行爲緣識', 不相應故」者, 此說 '於轉識業雜染不成.'
謂行爲緣, 貪等俱生眼等諸識, 許爲識支, 此不應理, 識緣名色有聖言故. --(중략)-- 「此若無者, 取
爲緣有, 亦不相應」者, 謂熏習位諸業種子, 異熟現前轉名爲有. 或復轉得生果功能故說名有. 行所熏
識, 若不成就, 何處安立彼業種子, 而復得言'生'? 果現前轉名爲'有.' 是故若離阿賴耶識, 此業雜染
亦不得成.

88 『섭대승론(무성)석』권2(T31, 392a16-21), "若畏此失, 許續生識爲識支者, 此亦不然, 於續生時,
福與非福及不動行久已滅故. 非從久滅此復應生. 又續生心, 非無記性, 愛恚俱故. 旣非無記, 以行爲
緣, 不應道理. 若說 '轉識與行相應, 由此爲緣, 阿賴耶識能持熏習, 說名識支', 應正道理. (만약 이
러한 [眼 등의 諸識은 찰나에 괴멸하여 名色의 緣이 되지 않는다는] 과실을 두려워하여
續生識이 識支라고 인정한다면 이 역시 옳지 않으니, 續生할 때 福과 非福과 不動(무루)의
行은 이미 소멸한지 오래되었기 때문에, 오래 전에 소멸한 것으로부터 이것(續生識)이
다시 생겨난다고 해서는 안 된다. 또한 續生心은 無記心이 아니니, 愛恚(異性에 대한 애착
과 同性에 대한 미움)와 함께 하기 때문이다. 이미 무기심이 아니라면 [이숙과가 아니기
때문에] 行을 緣으로 한다는 것은 도리에 맞지 않는 것이다. 그러나 만약 '轉識은 行과
상응하며, 이를 緣으로 삼아 알라야識이 능히 훈습을 保持한 것을 識支라고 이름하였다'
고 설한다면, 이는 올바른 도리에 부합한다."

眼 등의 6識을 낳는다고 생각하였지만 이 역시 불합리하다"[89]고 해설하여 본 논증이 경량부의 '6식=이숙식'설을 전제로 한 것임을 밝히고 있다.

『성유식론』의 10가지 理證 중 본 논증과 직접적으로 상응하는 것은 "만약 알라야식이 존재하지 않는다면 '마음이 잡염되기 때문에 유정이 잡염되고, 마음이 청정하기 때문에 유정이 청정하다'는 경설에서의 雜染·淸淨도 불가능하다"는 제10 心染淨證(주21)이다. 즉 여기서도 "[업의 종자를 지닌 이숙식이 존재하지 않는다면] '行을 緣하여 識이 있다'는 사실은 성립할 수 없다고 해야 한다. 왜냐하면 '轉識이 훈습을 수납한다'는 주장에 대해서는 앞(제1 持種證: 주27)에서 이미 비판하였기 때문이며, 결생의 염오식은 [이미 과거로 낙사한] 行에 의해 초래되는 것이 아니기 때문이다. --(중략)-- 그리고 이러한 사실('行緣識')이 성취되지 않을 경우 뒤의 사실('取緣有')도 역시 성취되지 않는다"고 논설하였는데,[90] 窺基는 이를 경량부에 대한 비판으로 해설하였다.[91]

3) 生雜染證

어째서 [알라야식이 존재하지 않는다면] 生의 잡염은 성취되지 않는다는 것인가?

[生有로] 연결되어 相續한다는 사실이 [正理에] 부합하지 않기 때문이다. 즉 어떤 이가 非等引地(asamāhitabhūmi: 즉 욕계)에서 沒하고서 [다시] 태어날 때, 中有位의 意[根]에 근거하여 [愛恚의] 染汚한 意識을 일으켜 結生 相續(pratisaṃdhi-bandha)한다. 그러나 이러한 染汚한 意識은 중유 중에서 멸하

---

89 長尾雅人, 『攝大乘論: 和譯と注解(1)』, p.190.

90 『성유식론』권3(T31, 19a7-10), "又行緣識應不得成, 轉識受熏前已遮故.; 結生染識, 非行感故.; 應說名色行爲緣故.; 時分懸隔無緣義故. 此不成故, 後亦不成."

91 『성유식론술기』권4本(T43, 375a8-10), "若以行熏識, 名'緣', 即不熏轉識. 如前已破. 此正破經部."

며, 母胎 중에서 識은 다시 羯羅藍(kalalam: 受胎직후 7일간 상태, 凝血)과
서로 和合(凝結)한다. 그런데 만약 이러한 화합識이 [알라야식이 아니라]
意識이라고 한다면,

① 이에 근거하여 모태 중에 두 意識이 동시에 함께 일어난다고 해야 한다.

② 이때 識은 染汚에 근거한 것이기 때문에, 때로 끊어지는 일이 없기 때문에,
소연(대상)이 획득(인식)될 수 없기 때문에 이를 意識性(manovijñānatva)이라
하는 것은 불합리하다.

③ 만약 갈라람과 화합한 識이 意識이라면, 의식을 一切種子識이라 해야 한다.
그러나 이러한 화합식이 일체종자식이라면 이는 바로 알라야식이다. 그대
는 [알라야식을] '意識'이라는 다른 이름(paryāya)으로 설정한 것일 뿐이다.
그렇기 때문에 이러한 화합識은 意識이 아니라 다만 異熟識 즉 一切種子識
이라고 해야 한다. (필자 抄譯)92

여기서 '두 意識'이란, 無性에 의하면 異熟 자체인 유정의 本事(근본)로
서 현재 加行에 근거하지 않고 일어난 무기성의 의식과, 소연과 행상을 알
수 있고 苦樂 등의 受(vedanā)와 상응하는 의식, 말하자면 이숙의 종자식과
현행의 요별식이나.

無性은 계속하여 "전후[의 찰나]도 아니면서 동일한 몸에 근거하여 동
일한 종류의 두 識이 함께 생겨나는 일은 이치도 없고(도리에도 맞지 않고)
있을 수도 없다"는 경설(「如是頌」)에 근거하여 "동일한 몸(소의)에 근거하

---

92 『섭대승론본』권상(T31, 135c26-136a12), "云何爲生雜染不成? 結相續時, 不相應故. 若有於此非
等引地, 沒已生時, 依中有位意起染汚意識, 結生相續. 此染汚意識, 於中有中滅. 於母胎中, 識羯羅
藍更相和合. ①若卽意識與彼和合, 旣和合已, 依止此識, 於母胎中, 有意識轉. 若爾卽應有二意識,
於母胎中, 同時而轉. ②又卽與彼和合之識, 是意識性, 不應道理. 依染汚故, 時無斷故, 意識所緣不
可得故. ③設和合識卽是意識, 爲此和合意識, 卽是一切種子識; 爲依止此識所生餘意識, 是一切種
子識? 若此和合識, 是一切種子識, 卽是阿賴耶識, 汝以異名立爲意識. 若能依止識, 是一切種子識,
是則所依因識, 非一切種子識; 能依果識, 是一切種子識, 不應道理. 是故成就, 此和合識, 非是意識.
但是異熟識, 是一切種子識."

여 동시에 일어나는 두 의식을 인정해서는 안 된다"고 비판하고서 이러한 [이숙과 요별의] 두 識은 자성이 다르기 때문에 동일한 識[의 두 형식(혹은 두 층위)]으로 인정해서도 안 된다고 비판하는데,[93] 이는 바로 一身二頭의 命命鳥의 비유로써 '동일根에 근거한 一念의 二識俱生'을 주장한 上座 슈리라타에 대한 비판이다. 상좌의 二識 또한 眼識과 意識의 경우처럼 所依를 달리하는 두 識이 아니라 동일한 소의에 근거하여 동시에 생겨난 동일한 識의 두 형식, 이를테면 거친 了別性의 識(=現行識)과 미세한 不了別性의 識(=異熟識)―『성유식론』에서는 이를 6識의 전후 차별적 상태인 [識]事(*vastu)와 차별이 없는 무기성의 동일種類인 [識]類(jāti)라는 술어로 호칭― 이기 때문이다.[94]

窺基나 慧沼 등 동아시아 법상교가 역시 '[미세하고 거친 두 의식이 竝生하는 것이지 같은 종류의] 두 의식이 竝生하는 일은 없다고 주장하는 논자(無二意識竝生論者)'를 上座部(상좌일파, *Sthavirapākṣika)으로 평석하였다. 이에 따르면 이들 상좌부에서는 무성이 비판논거로 제시한 경설에 대해 "우리는 이 경을 誦持(전승)하지 않는다"고 하였고 ―이는『순정리론』상에서도 상좌의 상투적 언사이다―, "[그럴 경우] 意識의 소연이 획득(인식)될 수 없기 때문에 ['화합識=意識'설은] 불합리하다"는 무착의 비판②에 대해 "이는 대승(유가행파)의 本識(알라야식)이 有根身과 器世間을 소연으로 삼는다고 한 것과 같기 때문에 [과실이 아니다]"고 변명하였다.[95]

---

93 『섭대승론(무성)석』권3(T31, 392c8-16), "「若爾, 卽應有二意識, 於母胎中, 同時而轉」者, 謂異熟體有情本事, 不待今時加行而轉, 無記意識. 及可了知所緣行相, 樂苦受等相應意識. <u>是二意識, 應一身中, 一時而轉</u>. 然不應許, 經相違故. 如是頌言, '無處無容 非前非後 同身同類 二識並生.' 又不應許, 此二是一, 自性別故." (한글번역은 제11장 주24 참조)

94 본서 제11장 2-1 참조.

95 『성유식론술기』권4本(T43, 365b4-10), "「無二意識並生論」者, 上座部云: 我不頌此經('頌' → '誦 *āmnāya. paṭha'의 誤寫), 我部經中無此語故. 或說無二麤意並生, 及二細意並生. 言先, 不障麤·細二識並生, 故無妨也 --(중략)-- 「意識所緣不可知」者, 如大乘本識, 緣身器故." (한글번역은 제11장 주25 참조) 여기서 '本識緣身器'은『唯識三十頌』제3송 중 '不可知執受·處(asaṃviditaka-upādi-sthāna)'의 규정.

무착의 비판①은 앞(본 장 2-2)서 논설하였듯이『유가론』상의 알라야
식 존재증명 제2 最初生起證에서 "알라야식이 結生識이라면 二識俱轉의 과
실이 있다"는 어떤 이(=상좌)의 비난에 대응하는 것으로, 이에 대해 瑜伽論
主가 "이때 알라야식은 作意와 根·境에 [전후]차별이 없기 때문에(다시 말
해 不明了性이기 때문에) 二識俱轉은 과실이 되지 않는다"(주41)고 변명하였
듯이, 상좌 또한 前生法인 等無間緣에 대해 논의하면서 "[동시에 함께 일어
나는 두 識 중 하나(이숙식)는] 不明了性(*aparisphuṭatva)이기 때문에 '一時의
二識並起'를 부정하는 것은 올바른 이치가 아니다"라고 해명하였다.96

6識의 한 형식으로서의 동일種類의 마음(一類心) 즉 一心(ekacitta)은 사
실상 알라야식(本識)과 동일개념으로, 무착 또한 화합식이 일체 종자를 지
닌 意識이라면 이는 알라야식의 異名(paryāya)이라고 해설(③)하였던 것이
다. 비록『유가론』제1 依止執受證에서 "6식신에는 無覆無記의 異熟[識]에 포
섭되는 [동일]種類(jāti)가 획득(인정)될 수 없다"(T30, 579b1f: 주32③)거나『유
식론』제4 能執受證에서 "안 등의 轉識에는 어떤 경우에도 동일種類(一類)가
존재하지 않는다"(T31, 16b24f: 주105)고 비판하였을지라도 세친의 해석에
따르면 "저들은 종자식을 '알라야식'이라 말하지 않고 '意識'이라는 별두의
명칭으로 설정하였다."97 여기서 '저들'이 과거 자신이 가까이하였던 상좌
일파 즉 경량부임은 두말할 나위도 없다.

4) 제4-제7 結生 이후의 諸 雜染證

『섭대승론』에서는 結生이후 (4) 色根의 執受, (5) 識·名色支의 相依, (6) 4食

---

96 『순정리론』권19(T29, 447a22-27), "--然無一時二識並起, 此相非理, 不明了故." (한글번역은 제
    11장 주29 참조)
97 『섭대승론(세친)석』권3(T31, 170a22-24), "若汝執受生識爲種子識, 則與我所說義同, 即是說阿
    梨耶識爲種子識. 汝自不說名阿梨耶識, 別立名意識."

중의 識食, 그리고 (7) 죽을 때의 識을 소재로 하여 異熟識(=알라야식)의 존재를
간략하게 논증하고 있는데, 이는『성유식론』의 10가지 理證 중 제4 能執受證,
제7 識·名色互緣證, 제8 四食證, 제6 生死心證의 일부와 직접적으로 상응한다.

(4) 結生相續한 이후 만약 異熟識이 존재하지 않는다면, 色根의 執受
   (*rūpīndriyasaṃparigrāhaka) 또한 불가능하니, 그 밖의 諸 [轉]識은 각기
   所依가 다르기 때문이며, 견고하지 않기 때문이다. 그렇지만 이러한
   諸色根은 識을 떠나 존재한다고 해서는 안 된다.[98]

(5) 만약 異熟識이 존재하지 않는다면, 識과 名色(nāmarūpa)은 마치 갈대
   단이 서로에 의지하여 서 있듯이 서로가 서로에 의지하는 것인데, 이
   러한 사실 역시 불가능하다.[99]

(6) 만약 異熟識이 존재하지 않는다면, 이미 태어난 유정의 識食(vijñānāhāra)
   도 불가능하다. 왜냐하면 6識 중 어느 한 가지 識을 취하더라도 3界
   중에 이미 태어난 유정에게 食事(*āhārakaraṇa: 자양분)가 될 수 없기
   때문이다.[100]

(7) 죽음이 임박할 때 善 혹은 惡을 지은 경우 하부 혹은 상부의 所依[身]부
   터 점차 차가워진다. 만약 알라야식의 존재를 믿지 않는다면, 이러한
   사실은 다 불가능하다.[101]

---

98 『섭대승론본』권상(T31, 136a13-15), "復次結生相續已, 若離異熟識, 執受色根, 亦不可得, 其餘諸
識各別依故, 不堅住故. 是諸色根不應離識."
99 『섭대승론본』권상(T31, 136a16-17), "若離異熟識, 識與名色更互相依, 譬如蘆束相依而轉, 此亦
不成."
100 『섭대승론본』권상(T31, 136a18-20), "若離異熟識, 已生有情識食不成. 何以故? 以六識中隨取一
識, 於三界中已生有情, 能作食事不可得故."
101 『섭대승론본』권상(T31, 136b3-5), "又將沒時, 造善造惡, 或下或上所依漸冷. 若不信有阿賴耶識,

(4) 色根執受證과 (6) 識食證은, 色根(물질적 감각기관)을 통합유지(upādāna: 執受, 執持)하는 1識(즉 識食: '執持爲相': T31, 17b21)은 6식이 아니라 알라야식이라는 동일한 내용으로, 비록 6식 종자설 비판의 일단을 보여주고 있을지라도 이것만으로 경량부와의 관련성을 확인하기 어렵다. 무착은 (4)의 논거로서 "6식은 소의가 각기 다르고 견고하지 않다"[102]는 두 가지만을 제시하고 (6)에는 사실상 어떠한 논거도 제시하지 않았지만,『유가론』과『유식론』의 執受證에서는, 6識(혹은 諸 轉識)은 현재의 衆緣(根・境・作意)에 근거하여 생겨나며, 선・불선 등의 도덕적 성질을 지니며, 동일種類의 이숙식일 수 없으며, 각기 별도의 所依에 근거하며, 항상 상속하지 않는다(무심위에서 단절된다)는 5가지 논거를 제시하며,[103]『유식론』의 四食證에서도 "眼 등의 轉識은 무심정이나 무상천에서 단절되기도 하고 [도덕적인 성질이] 바뀌기도 하여 언제 어디서든 身命을 유지할 수 있는 것이 아니"라고 비판한다.[104] 그리고 두 논증 모두에서 執受(執持)의 주체로서 6식과는 별도로 "오로지 업에 의해 낳아진 [무부무기성의] 동일種類로서 언제 어디서나 상속하는 異熟識의 존재"를 요청하였다.[105]

皆不得成. 是故若離一切種子異熟識者, 此生雜染, 亦不得成."

102 無性에 외하면 '견고하지 않다(不堅住, adhruvatva)'는 '자주 단절된다'거나 '無想定 등에서 끊어진다'는 뜻. ("'不堅住故'者, 此數數間斷, 彼獨生起故. 於無想等有間斷故.": T31, 393a20-22). 여기서 '彼獨生起故'의 이해가 어렵다. 티베트 역의 한글번역인 김성철(2010, p.291: "잠시 흐름이 끊어지는 불연속적 방식으로 발생하기 때문이다")을 참고할 때 역자(현장)의 가필로 생각되며, 그럴 경우 "이러한 [轉識]은 자주 단절되며 그러한 [이숙식]만이 홀로 일어나기 때문에"의 뜻일 것이다.

103 『유가사지론』권51(T30, 579a25-579b10: 주32).;『성유식론』권3 (T31, 16b28-c2), "謂諸轉識, 現緣起故. 如聲風等; 彼善染等非業引故, 如非擇滅. 異熟生者, 非異熟故, 非遍依故, 不相續故, 如電光等, 不能執受有漏色身."

104 『성유식론』권4(T31, 17b28-c2), "眼等轉識, 有間有轉. 非遍恒時能持身命. 謂無心定睡眠悶絶無想天中有間斷故; 設有心位, 隨所依緣性界地等有轉易故. 於持身命非遍非恒."

105 『성유식론』권3(T31, 16b22-26), "唯異熟心, 先業所引, 非善染等, 一類能遍, 相續執受有色根身. 眼等轉識, 無如是義. 此言意顯, 眼等轉識, 皆無一類, 能遍, 相續執受自內有色根身.";『성유식론』권4(T31, 17c19-21), "由此定知! 異諸轉識有異熟識. 一類恒遍, 執持身命, 令不壞斷. 世尊依此故作是言.: '一切有情皆依食住.'"

그러나 상좌 슈리라타는 전술한 대로 무부무기성의 동일種類의 마음을 6識의 한 형식으로 설정하였다. 이러한 상좌의 주장은『유가론』제1 依止執受證에서 '6轉識 중의 異熟心'(주40)이라는 말(둔륜에 의하면 경량부 설)로,『유식론』제1 持種證에서 '어떤 이'(동아시아 법상교가에 의하면 末經部)의 識類受熏說로 인용 비판되었다.106 또한 제8 四食證에서도 "眼 등의 轉識은 無心位에서 단절되는 등 언제 어디서든 身命을 執持하는 것이 아닌데, '제8식이 존재하지 않는다'고 주장하는 이들(執無第八識者)은 '일체 유정은 다 食(āhāra)에 의지하여 살아간다'는 경설은 어떤 食에 근거하여 설해졌다는 것인가?"라고 힐난하고서, "멸진정 등에서도 여전히 제6식(즉 意識)이 존재하여 그것이 유정의 食事(*āhārakaraṇa)가 된다"는 어떤 이의 해명을 인용하여 비난하기도 하였다.107 (비판은 제9 '滅定證'으로 미룸) 여기서 '어떤 이'가 상좌 슈리라타임은 법상교가의 평석을 빌릴 것도 없다.108 그 또한 유가행파와 마찬가지로 멸진정에서도 소연과 행상을 갖지 않는 동일種類의 마음이 존재한다는 滅定有心說을 주장하였다. (본 장 3-6 참조)

이미 논설한 대로 둔륜과 규기도 이 같은 사실을 전하였다. 즉 그들은『유가론』의 제1 依止執受證에 대해 "이는 本識(즉 알라야식)을 설정하지 않는 諸 小乘, 예컨대 '6識이 몸을 執持한다'고 주장한 경량부에 대한 것"이라 논평하고서 그들의 해명 ―"우리[가 주장하는] 안식 등에도 역시 先業으로부터 생겨나 [所依를] 집지할 수 있는 異熟心이 존재하거늘 그대들은 어찌

---

106 본서 제12장 3-3-2 참조.

107 『성유식론』권4(T31, 17b28-c4), "眼等轉識, 有間有轉. 非遍恒時能持身命. 謂無心定睡眠悶絶無想天中有間斷故; 設有心位, 隨所依緣性界地等有轉易故. 於持身命非遍非恒. 諸有執無第八識者, 依何等食, 經作是言, '一切有情, 皆依食住'?" (동, 17c10-12), "有執: '滅定等猶有第六識, 於彼有情能爲食事.' 彼執非理, 後當廣破."

108 『성유식론술기』권4末(T31, 368c11-13), "自下第三上座部師救云. 論: '有執滅定等至後當廣破.' 述曰: 至下當知. 此世親有. 經部師計亦同上座.";『성유식론학기』권중本(『한불전』3, 562c16-19), "述曰: 第三別破. 上座部及末經部. 如第九證破也."

하여 眼 등의 轉識은 [依止의] 통합유지의 주체가 아니라 하여 우리의 논의
를 전면적으로 부정하는 것인가?"— 을 인용 비판하였던 것이다. (주37)

　　(5) 識·名色相依證과 (7) 命終證 또한 『섭대승론』의 문구만으로는 경량
부와의 관련성은 물론 논증 자체의 의미조차 분명하지 않다. 無性에 의하면
名色(nāma-rūpa)의 '名'은 非色의 4온으로 여기에 이미 諸識이 포함되어 있기
때문에, 그리고 [識·名色의 相依'는] 識을 한계로 하는 10支 연기(즉 齊識연
기: 『잡아함』 제287 「城邑經」, 제288 「蘆束經」)에서 설해지기 때문에 識支의
'識'은 間斷없이 일어나 [명색의] 근거(依, aśraya)가 되는 알라야식 自體이다.
(T31, 393a29-b6) 그러나 상좌일파(上座部)는, 窺基에 의하면 미세한 의식을
'識'이라 하고 거친 의식을 '名'(즉 非色의 4온 중 識蘊)이라 하였는데,[109] 규
기는 『성유식론』의 제6 生死心證에서 "生死位에서는 행상과 소연은 모두
알 수 없는 동일種類의 미세한 의식이 별도로 존재한다"는 有餘師의 주장[110]
에 대해 해설하면서 이에 관해 상론하고 있다.

　　이에 따르면 生死位에서 거칠고 미세한 두 意識의 並生(俱生)을 주장한
有餘師는 앞서 『섭대승론』 제3 生雜染證에서 "화합식이 의식이라 할 경우
두 의식의 同時而轉"을 면할 수 없다고 비판(주92①)된 상좌일파이다.[111] 상

109　『성유식론술기』권4末(T43, 366b6-7: 제11장 주19), "唯上座部, 細意名識, 麤意名名."

110　『성유식론』권3(T31, 17a12-13), "有餘部執: '生死等位, 別有一類微細意識. 行相所緣俱不可了.'
　　　應知! 即是此第八識, 極成意識不如是故."

111　『성유식론술기』권4末(T43, 365a19-23), "上座部師說, 有根本計, 有末所計. 根本計, 麤細二意,
　　　許得並生. 末計不然. 必別時起. 今此本計. 別有細意識, 生死位中, 一類微細, 行相所緣俱不可了."
　　　그러나 "識支의 識은 미세한 의식이고 名色支의 識은 거친 의식"이라는 窺基 所傳의 상좌
　　　일파의 학설(주109)은 『순정리론』 상에서 확인되지 않을뿐더러 여기서 상좌는 識과 名
　　　色을 俱生이 아닌 前後生의 관계로 이해하였다. 즉 識은 名色의 生緣, 명색은 識 住緣이기
　　　때문에 경에서 이를 相依관계로 설하였다는 것이다. "識은 명색의 生緣이 될 수 있으니,
　　　識이 託胎함으로써 그것(명색)이 생겨나게 되었기 때문이다. 그리고 그것(명색)은 생겨
　　　난 이후 識이 머무는 근거가 되고, 展轉하며 [識이] 安住할 수 있는 緣(조건)이 되니, 그래
　　　서 [경에서는] 다시 '識은 명색을 연으로 한다'고 설한 것이다." ("即[上座]自釋言: … 謂識
　　　能作名色生緣, 由識託胎令彼生故. 彼生以後, 爲識住依, 展轉爲緣而得安住. 故亦說識名色爲緣.'":
　　　『순정리론』권29, T29, 504b15-20) 이에 대해 중현은 "[識과 名色의] 相依를 [繼時的] 前後관

좌 자신도 命命鳥의 비유로써 '동일根에 근거한 二識俱生'을 주장하였지만, 無性과 窺基 역시 그를 [麤細]二識幷生論者로 지칭하였다. (주93; 95)

비록 『섭대승론』의 논증만으로는 경량부와의 관련성을 확인하기 어렵다 할지라도 『성유식론』이나 그 주석서, 혹은 다른 논증을 통해 볼 때 執受色根證 등의 네 논증 역시 상좌일파의 경량부와 매우 밀접한 관련이 있는 것이라 할 수 있다.

5) 제8·제9 世間·出世間淸淨證

(8) 어째서 [알라야식이 존재하지 않는다면] 世間의 淸淨은 성취되지 않는다는 것인가?

아직 欲纏(욕계 所攝)의 탐을 떠나지 못한 이의 加行心(욕계선심)은 色纏(색계 所攝)의 마음과 동시에 생멸하지 않기 때문에 그러한 色纏의 마음에 훈습되지도 않고 그것에 종자도 되지 않으며, 과거 생에 닦은 색전의 마음 또한 다른 마음(즉 欲纏)에 의해 단절되었기 때문에 定心(즉 色纏心)의 종자가 되지 않는다. 따라서 색전의 정심은 일체종자를 지닌 異熟果識을 因緣으로 삼고 가행의 선심을 增上緣으로 삼아 일어난다. (T31, 136b6-15 필자 抄譯)[112]

(9) 어째서 [알라야식이 존재하지 않는다면] 出世間의 淸淨은 성취되지 않는다는 것인가?

계라고 주장하는 것은 聖敎밖의 주장으로 佛法의 종의가 아니다"고 비난하였다. (T29, 503c9-10) 동아시아 법상교가에 따르면 麤·細의 두 意識이 시간을 달리하여 하여 일어난다는 주장은 上座部 末計였다. (본서 제11장 2-1 참조)

[112] 『섭대승론本』권상(T31, 136b11-13), "(前略) 是故成就. '色纏定心, 一切種子異熟果識, 展轉傳來, 爲今因緣, 加行善心, 爲增上緣.'"

[알라야식이 존재하지 않는다면] "다른 이의 말(paraghoṣa: 他言音)과 이를 내적으로 분별하는 如理作意(yoniśomanasikāra: 올바른 사유)를 因緣으로 하여 正見이 생겨난다"(『중아함』제211「대구치라경」)는 세존의 말씀도 불합리하다. 즉 여리작의가 생겨날 때에는 이미 聽聞의 훈습도 그것이 훈습된 意識도 과거로 사라졌기 때문에 양자는 서로 상응(saṃbandha: 결합)할 수 없다. 또한 세간심인 如理作意의 마음과 출세간심인 正見의 마음이 俱生하는 일도 없다. 따라서 [6식 종자설에 의하는 한] '다른 이의 말'과 '여리작의'와 '정견'은 동시에 생멸하지 않기 때문에 서로 상응하지 않으며, 상응하지 않기 때문에 서로에 대해 훈습되는 것(所熏 즉 종자의 소의)도, 훈습하는 것(能熏 즉 종자)도 될 수 없다. (T31, 136b16-28 필자 抄譯)[113]

(8) 世間淸淨證의 논거는, 색계 定心의 원인이 ① 욕계 가행심이라면 두 법은 동시에 생멸하지 않기 때문에 서로에 대해 종자(=能熏)도, 종자의 훈습처(=所熏)도 되지 않는다는 것과, ② 과거 생에 닦은 定心이라면 그것은 이미 욕계 산심에 의해 단절되었기 때문에 현재 定心의 종자가 될 수 없다는 두 가지였다. 이는 二心不俱와 轉識의 단절에 근거한 전형적 경량부 비판으로, 제1 煩惱雜染證과 동일한 논리이다. 無性 역시 두 번째 논거에 대해 이같이 해설하였다.

無始이래 生死 중의 다른 생에서 획득한 色纏의 선심은 지금의 色纏의 선심에 種子가 되지 않으니, 과거의 多生[에 걸친] 欲纏의 多心에 의해 그

---

[113] 『섭대승론본』권상(T31, 136b25-28), "(前略) 是故此心非彼所熏. 既不被熏, 爲彼種子, 不應道理. 是故出世淸淨, 若離一切種子異熟果識, 亦不得成. 此中聞熏習, 攝受彼種子, 不相應故: 따라서 이러한 [如理作意의] 마음(전 찰나 세간심)은 그러한 [正見의 마음(후 찰나 출세간심=所熏)]에 훈습되지 않으며, 이미 훈습되지 않은 것이라면 그러한 [正見의 마음]에 종자(=能熏)가 된다는 것은 道理에 부합하지 않는다. 그렇기 때문에 일체종자를 지닌 異熟果識이 존재하지 않는다면 出世間의 淸淨도 성취되지 않으니, 이러한 [世間心] 중에 존재하는 聞熏習이 그것(정견과 상응하는 출세간심)의 종자를 攝受한다는 것은 [正理에] 부합하지 않기 때문이다."

중간이 단절되었기 때문이다. [뿐만 아니라] 經部諸師는 過未無體를 주장
하여 현재 실체로서 존재하는 것은 아무 것도 없다고 하였으니, [과거의
다른 생에서 획득한 色纏의 선심이 현재의] 色纏의 선심에 종자가 된다는
것은 불합리한 것이다.[114]

(9) 出世間淸淨證 또한 동일한 논리를 구사한다. 즉 正見이 교법에 대한
聽聞과 이에 대한 如理作意를 인연으로 하여 생겨나는 것이라고 할 때, 청문
과 여리작의는 동시가 아니기 때문에, 또한 세간심(여리작의)과 출세간심
(정견)은 동시에 생멸할 리가 없기 때문에 서로에 대해 종자(=能熏)도 종자
의 훈습처(=所熏)도 될 수 없다는 것이다.

세친은 "일체종자를 지닌 異熟果識이 존재하지 않는다면 (다시 말해
현행의 6識에 의하는 한) 出世間의 淸淨도 성취되지 않으니, 이러한 [世間心]
중에 존재하는 聞熏習(śrutavāsanā)이 그것(정견과 상응하는 출세간심)의 종
자를 攝受한다는 것은 [正理에] 부합하지 않기 때문이다"는 『섭대승론』의
一文(주113)에 대해 "'여기서 [正理에] 부합하지 않기 때문'이라 함은 말하자
면 저들이 計度한 바는 正理에 부합하지 않기 때문으로, 어떻게 이것(출세
간심)이 저것(세간심)으로부터 생겨난다고 말할 수 있다는 것인가?의 뜻"
이라고 해설하였다.[115] 여기서 "저것(前法, 세간심)이 종자가 되어 이것(後法,
출세간심)을 낳는다"는 '저들의 計度'이 상좌의 종자설(즉 前念熏後念說)이
라는 것은 두말할 나위도 없다. 세친은 이들을 경량부(혹은 譬喩論師)로 평
석하였고(주85), 무성도 규기도 역시 그러하였다. (본 장 3-7 참조)

"만약 세간과 출세간의 청정도의 종자를 지닌 이러한 [이숙]식이 존재

---

114 『섭대승론(무성)석』권3(T31, 394a22-26), "無始生死餘生所得色纏善心, 非今色纏善心種子, 過
去多生欲纏多心所間隔故. 經部諸師過去無體, 現無有體, 能爲色纏善心種子, 不應道理."

115 『섭대승론(세친)석』권3(T31, 333b29-c5), "此中聞熏習, 攝受彼種子, 不相應者, --(중략)-- '不
相應故'者, 謂彼所計不應理故, 云何可說此從彼生?"

하지 않는다면, 異類의 마음 이후에 일어난 그러한 청정법은 다 원인이 없이 일어난 것이라고 해야 한다"116는 『성유식론』의 제10 心染淨證 중 淸淨證은 本證과 동일한 논리인데, 窺基 또한 이를 『섭대승론』권3(無性釋 玄奘譯: T31, 394a9-12; b10-13)에 근거하여 해설하고, 경량부와 유부(薩婆多)를 對[治](비판)한 논의로 평석하였다.117 그러나 이는 과거無體설과 二心不俱설에 기초한 경량부의 6식 종자설에 대한 전형적 비판이다.

그럴 경우 "[이숙식이 존재하지 않는다면 (다시 말해 현행의 6식에 의하는 한)] 출세간도의 첫 [찰나(즉 苦法智忍)]가 생겨난다고 해서는 안 되니, ① 그것의 法爾種子를 攝持할 만한 법(즉 알라야식)이 존재하지 않기 때문이며, ② 유루[법(즉 世第一法)]은 종류가 달라 그것(첫 찰나의 출세간도)의 원인이 되지 않기 때문이며, ③ 원인 없이 생겨난 것이라고 하면 釋種(śākyatanaya: 불교도)이 아니기 때문이다"118는 『성유식론』의 一文 또한 경량부 비판을 논거로 삼은 논증이라 할 수 있다. 규기 역시 이 중 첫 번째 논거를 경량부에 대해 힐난한 것이라고 해설하였다.119 이는 말하자면 "法爾種子를 攝持할 만한 알라야식도 설정하지 않았으면서 어찌 출세간의 무루도가 생겨난다고 말할 수 있을 것인가?"하는 힐난인 것이다.

---

116 『성유식론』권4(T31, 19a11-12), "若無此識持世出世淸淨道種, 異類心後起彼淨法, 皆應無因, 所執餘因前已破故."

117 『성유식론술기』권4末(T43, 375c4-13), "卽是攝論第三云, '云何世間淸淨不成?' --(중략)-- 此對經部兼薩婆多."

118 『성유식론』권4(T31, 19a15-18), "又出世道初不應生, 無法持彼法爾種故; 有漏類別非彼因故; 無因而生非釋種故. 初不生故, 後亦不生. 是則應無三乘道果."

119 『성유식론술기』권4末(T43, 375c24-26), "「又出世道至法爾種故.」述曰: 難經部師, 無法爾種, 此無漏道初不應生. 無法持彼法爾種故."

6) 제10 滅定證

또한 聖敎에서 "멸진정에 들더라도 識은 몸을 떠나지 않는다"고 설하였기 때문에 [알라야식은 존재한다]. 즉 여기서 몸을 떠나지 않는 識은 異熟識이라고 해야 하니, 이를 대치하기 위해 멸진정에 드는 것은 아니기 때문이다. 또한 이러한 [알라야]식은 [入定 시 끊어졌다가] 出定 시 다시 생겨나는 것도 아니니, 이숙식이 이미 끊어져 결[생]의 상속을 떠났다면 다시 생겨나는 일은 없기 때문이다.

만약 <u>어떤 이가 "意識이 존재하기 때문에 滅定有心"이라 주장하였다면</u>, 이러한 [意識으로서의] 마음은 [멸진정에서] 성취될 수 없으니, [그럴 경우] ① '[想受滅]定'이라는 [말이] 성립하지 않는다고 해야 하기 때문이며, ② [멸진정에서는] 所緣과 行相이 획득(인식)될 수 없기 때문이며, ③ [멸진정이] 불선과 무기라는 것은 이치에 맞지 않기에 [無貪 등의] 선근과 상응하는 과실이 있다고 해야 하기 때문이며, ④ 觸이 획득될 수 있어 想·受가 현행하는 과실이 있다고 해야 하기 때문이며, ⑤ 삼마지에 공능(즉 心一境性)이 존재하기에 오로지 想만 소멸하는 과실이 있다고 해야 하기 때문이며, ⑥ 思나 信 등의 선근이 현행하는 과실이 있다고 해야 하기 때문이며, ⑦ [멸진정에] 그 같은 能依(*āśrita=心所)만 소멸하고 所依(*āśraya=心)를 배제시킨 것은 불합리하기 때문이며, ⑧ [無想定 혹은 대종과 소조색처럼 所依와 能依의 불가분성을 보여주는] 譬喩가 있기 때문이며, ⑨ [信 등의] 非遍行 같은 심소는 여기에 존재하지 않기 때문이다. (다시 말해 觸·作意·受·想·思 등의 遍行心所는 존재해야 하기 때문이다.) 또한 이러한 [멸진]정 중에 意識이 존재하기 때문에 '[滅定]有心'을 주장할 경우, 이러한 마음은 산·불선·무기 중 그 어떤 것도 될 수 없기 때문에 불합리한 것이다.[120]

---

120 『섭대승론본』권상(T31, 137a2-14), "又入滅定, 識不離身, 聖所說故. 此中異熟識應成不離身, 非爲治此滅定生故. 又非出定此識復生. 由異熟識旣間斷已, 離結相續無重生故. 又若<u>有執</u>: '以意識故

滅定證은 聖敎(『法施比丘尼經』: 주68 참조)에 기초한 알라야식 존재증명의 가장 일반적 논증으로 『유가론』에서는 간략히 논설하였지만, 『섭대승론』에서는 이처럼 '멸진정에서 몸을 떠나지 않는 識=意識(혹은 제6식)'이라는 어떤 이의 이설 비판에 거의 모든 지면을 할애하며, 『성유식론』(T31, 18a18-c19)의 경우도 역시 그러하다.

그러나 무착이 말한 '어떤 이'에 대해 無性은 아무런 언급도 하지 않았고, 세친은 어떤 이가 [種子所熏處로서의] 自相을 지닌 알라야식을 부정하고자 그같이 말한 것이라고 평석하였지만,[121] 『성유식론』의 경우 窺基는 앞서 四食證에서 "멸진정에서는 제6식(意識)이 유정의 食事(먹을 것)가 된다"는 이설(주107)을 上座部師/經部師의 해명이라 해설하였고(주108), 滅定證에서 다시 "제6식이 멸진정의 마음"이라는 이설(T31, 18a18)을 經部末宗의 轉計 즉 上座部師의 '滅定有細意識說'로 해설하고서 이들의 이러한 意識에 대해서는 生死心證(주110 참조)에서 이미 비판하였음을 밝히고 있다.[122]

譬喩者를 비롯한 상좌일파의 경량부가 滅定有心(細心, 혹은 細意識)說을 주장하였다는 사실은 유부계통의 논서에서 다양하게 확인된다. 이를테면 『대비바사론』과 『순정리론』 상에서는 譬喩者(譬喩論者) 설로,[123] 『구사론』과 『성업론』에서는 『問論』의 저자 世友(普光에 의하면 經部異師)의 설로 전한다.[124] 또한 중현에 의하면 상좌 슈리라타도, 그의 제자 邏摩(라마)도, 이

滅定有心', 此心不成, ①定不應成故; ②所緣行相不可得故; ③應有善根相應過故, 不善無記不應理故; ④應有想受現行過故, 觸可得故; ⑤於三摩地有功能故, 應有唯滅想過失故; ⑥應有其思信等善根現行過故; ⑦拔彼能依令離所依, 不應理故; ⑧有譬喩故; ⑨如非遍行此不有故. 又此定中, 由意識故, 執有心者, 此心是善不善無記皆不得成. 故不應理."

121 『섭대승론(세친)석』권3(T31, 334c23-24), "若有欲離前說自相阿賴耶識, 以餘轉識滅定有心, 此不應理 …."

122 『성유식론술기』권4末(T43, 370b11-13), "下破經部末宗轉計. 上座部師亦許定中有細意識. 生死等位已遮破訖. 極成意識不如是故."

123 (T27, 772c21-24; 774a14-17; 775a22-25).; (T29, 403a21-24). 원문은 제11장 주35-36 참조.

들과 가까이한 세친도 이를 주장하였다.125 예컨대 중현은 8解脫 중 제8 滅受
想定解脫身作證具足住에 대해 논의하면서 상좌가 "멸진정 중에서는 受·想
등이 소멸하여 寂靜 安樂하다"는 경설을 滅定有心說의 논거로 제시한 데 대
해 "아라한 등에 [존재하는] 수승한 해탈에 어찌 '所緣도 갖지 않고 行相도
떠나 일어나는 동일種類의 마음(一類心, *ekajātīya-citta)이 존재한다'고 計度
할 수 있을 것인가?"라고 힐난하였고,126 디파카라(Dīpakāra)는 세친(俱舍論
主)이 멸진정을 有心定이라 주장한 데 대해 이는 불교도의 견해가 될 수
없는 것(abauddhīya), 비불교도나 주장하는 것이라 비난하기도 하였다.127
　　한편 無性은『섭대승론』상의 이설 비판을 모두 해설하고서 다시 ③과
④의 비판에 대한 '어떤 이'의 해명을 인용 비판한다.

> 다시 어떤 이는 주장하였다: "[멸진]정의 마음(定心)은 善根과 상응하는
> 힘에 의해서가 아니라 加行의 善心(즉 멸진정을 획득하여 열반을 증득하
> 려는 善思)에 의해 낳아진 것이기 때문에 선이다."128

> 어떤 이는 다시 이같이 말하였다. "만약 능히 和合하는 것을 和合觸이라
> 이름한 것이라면 모든 觸이 다 능히 화합하는 것은 아니다. 지금 여기(멸
> 진정)서의 觸은 능히 受를 낳는 것을 감당할 만한 功能이 없으니, [멸진]정
> [에 들기 전의] 加行 時에 그 같은 受 등을 싫어하였기 때문이다."129

124　(T29, 25c26-28).; (T31, 784a2-6). 원문은 제11장 주37 참조.

125　순서대로 (T29, 420b20; 771c15-20).; (T29, 485c24-27; 504b12f).; (T29, 629b27-29). 원문은 제11
　　장 주38-40 참조.

126　『순정리론』권80(T29, 771c15-22). 원문은 제11장 주52 참조.

127　ADV., 93.14-95.1, 원문은 제11장 주40 참조.

128　『섭대승론(무성)석』권3(T31, 396a24-25), "或復有執, 加行善心所引發故, 定心是善, 不由善根相
　　應力故."

129　『섭대승론(무성)석』권3(T31, 396b1-3), 或有復謂 "若能和合, 名和合觸, 非一切觸, 皆能和合. 今
　　此中觸, 於能生受無所堪能, 定加行時, 於彼受等已厭患故."

앞의 해명에 대해 無性은 "'마음은 [선근과] 相應하는 힘에 의해 善을 성취할 수 있다'고 한 저들의 論과 서로 모순된다"고 비판하였지만(T31, 396a25f), 적어도 심·심소의 차제생기를 주장하는 상좌에게 있어 '相應(saṃprayukta)'은 동시적 인과관계가 아니라 심·심소가 서로 유사한 소연의 행상을 띠고서 무간으로 일어나는 [전후 인과적] 관계이기 때문에[130] 결코 '저들의 論'(저들이 上座일파라면 『經部毘婆沙』)과 모순되지 않을뿐더러 展轉相續의 인과설과 부합한다.[131]

또한 뒤의 해명은 이미 『구사론』 상에서 "멸진정 중에 識이 존재한다면 三事和合의 觸에 따른 受·想 등의 법도 존재한다고 해야 한다"는 존자 妙音(婆沙 4大論師 중 一人)의 비판에 대한 世友(經部異師)의 해명으로 언급되고,[132] 『성업론』과 『성유식론』에서는 유가행파의 동일한 비판에 대한 '어떤 이'(滅定有心論者)의 해명으로 언급되며,[133] 『순정리론』에서는 중현의 비판

---

[130] 본서 제5장 1-2 참조.

[131] 窺基는 "만약 '[멸진정에 존재하는 마음은] 바로 善이니, 相應善이기 때문이다'고 한다면 마땅히 無貪 등의 선근과 상응한다고 해야 한다"(T31, 18c12-13)고 滅定有心說을 비판한 『성유식론』의 본문에 대해 "經部가 설정한 4善의 유래(所由)를 보지 못하였지만, 지금 여기서의 뜻으로 볼 때 4송의 선이 있었음을 알 수 있다.(述曰. 未見經部立四善所由. 今以義逼令有四種.: T43, 373b18-19)"고 코멘트하였다. 즉 自性善·相應善·等起善·勝義善의 4善에 관한 경량부의 입장을 일지 못하였는데 지금 이 같은 『성유식론』의 본문을 통해 알게 되었다는 것이다. 그러나 受·想·思를 제외한 나머지 모든 심소를 思의 차별이라 주장하고, 心·心所 次第繼起說을 주장하며(俱時相應說을 부정하며), 語表와 身表 및 열반의 개별적 실재성을 부정하는 경량부(상좌)가 무탐을 자성선, 무탐과 상응하는 마음을 상응선 등이라 주장하지는 않았을 것이다. 유가행파의 경량부 비판은 유부와 마찬가지로 자파 입장 (대개는 유부의 분별론적 法相論)에 근거한 것이다. 후설하듯이 경량부는 心·心所 상응구기설을 부정하였음에도, 유부도 유가행파도 멸진정에 意識이 존재한다면 그에 따른 受·想 등의 심소 역시 존재한다고 해야 하며, 그럴 경우 想受滅定이라 이름할 수도 없어야 한다고 비판하였다. (次註 참조)

[132] 『구사론』권5(T29, 26a4-5); 『순정리론』권13(T29, 403b26-27), "若謂, 如經說'受緣愛.' 然阿羅漢, 雖有諸受, 而不生愛. 觸亦應爾. 非一切觸, 皆受等緣. …"; AKBh., p.73. 1-2, yathā vedanāpratyayā tṛṣṇety uktam. satyām api tu vedanayām arhato na tṛṣṇotpattir evaṃ saty api sparśe vedanādayo na syur iti. "經에서는 '受를 緣하여 愛가 있다'고 설하고 있지만, 아라한에게는 비록 온갖 受가 존재할지라도 그것이 愛의 緣은 되지 않듯이, 觸 역시 마땅히 그러하다고 해야 한다. 즉 일체의 觸이 모두 受 등을 낳는 것은 아니다."

에 대한 譬喩論者의 해명으로 인용되는데,[134] 이에 대한 유부와 유가행파의
재 비판 ─"경에서(불타께서) '모든 受가 愛의 緣이 되는 것은 아니고 無明觸
에 의해 낳아진 受만이 愛를 낳는다'고는 분별하였을지라도 觸이 受를 낳는
것에 대해서는 분별한 일이 없기 때문에 觸이 존재하는 한 受·想도 함께
생겨난다"[135] ─ 역시 동일하다.

　　이러한 여러 사실로 볼 때 滅定證은 필경 경량부/비유자(상좌일파)의
滅定有心說 비판을 전제로 한 논증이라 할 수 있다.

7) 무착의 알라야식 논증 餘說

　　『섭대승론』에서 알라야식의 존재를 논증하게 된 이유는 그것이 현행
의 제법을 낳는 직접적인 원인(能生因) 즉 因緣(hetu-pratyaya)이기 때문이다.
물론 알라야식과 현행은 서로가 서로에 대해 원인(因性, hetubhāva)이 되고
결과(果性, phalabhāva)가 되는 동시적 관계이다. 무착은 이에 『아비달마대승
경』 중의 伽他를 인용한다.

　　諸法은 [알라야]識 중에 攝藏되고, 識이 [諸]法에 섭장되는 것도 역시 그러

133　『성업론』(T31, 784a11-12), "有作是釋: 如何世尊說, '受緣愛而, 一切受非皆愛緣. 觸亦應爾. 非一
　　切觸皆受等緣.";『성유식론』권4(T31, 18b17-19), "如受緣愛, 非一切受皆能起愛. 故觸緣受, 非一
　　切觸皆能生受. 由斯所難其理不成. (예컨대 '受를 緣하여 愛가 있다'고 하였지만, 일체의 受
　　가 다 능히 愛를 낳는 것은 아니다. 따라서 觸을 緣하여 受가 존재할지라도 일체의 觸이
　　다 능히 受를 낳는 것은 아니다. 이에 따라 [그대(瑜伽師)가] 힐난한 바는 이치상 이루어
　　질 수 없다.)" 窺基는 이를 '경량부의 해명(經部救)'로 해설하였다. (T43, 372a9)
134　『순정리론』권13(T29, 403b26-27), "若謂, 如經說受緣愛. 然阿羅漢, 雖有諸受, 而非愛緣. 觸亦應
　　爾. 非一切觸皆生受等. (經에서는 '受를 緣하여 愛가 있다'고 설하고 있지만, 아라한에게는
　　비록 온갖 受가 존재할지라도 그것이 愛의 緣은 되지 않듯이, 觸 역시 마땅히 그러하다고
　　해야 한다. 즉 일체의 觸이 모두 受 등을 낳는 것은 아니다.)"
135　『순정리론』권13(T29, 403b28-c2).;『구사론』권5(T29, 26a5-8).;『성업론』(T31, 784a12-14).;『성
　　유식론』권4(T31, 18b19-22). 그러나 觸의 개별적 실체성을 인정하지 않는 비유자/경량부
　　에게 이 같은 비판은 무용한 일이다.

하니

이 둘은 서로에 대해 결과적 존재가 되며, 역시 또한 항상 원인적 존재가
된다.[136]

그래서 현행의 제법을 훈습할 수 있는 네 가지 조건(所熏四義)을 갖춘,
별체이면서 동시에 존재하는 알라야식이 설정되지 않으면 안 되었다. 물론
현행의 제법은 오로지 인연에 의해서만 생겨나는 것은 아니다. 등무간연·소
연연·증상연과 같은 보조적 원인도 필요하다. 유가행파에서는 유부와 마찬
가지로 일체 유위제법의 生緣으로 4緣을 제시하였다. (제9장 제3절 참조)

무착은 알라야식 존재증명을 바야흐로 이 같은 자파의 인연론(즉 알라
야식 종자설)과 정면으로 대립하는 경량부의 인연론 비판으로 마무리한다.

만약 어떤 이가 "色心이 無間으로 생겨날 때 [전 찰나의 법은 후 찰나의]
諸法의 種子(=인연)가 된다"고 주장하였다면, 이는 성취될 수 없으니, 앞에
서 설한 바와 같다. 또한 그럴 경우 무색계와 무상천에 몰할 때나 멸진정
등에서 출정하는 것도 불합리할 뿐만 아니라 [前法은 後法의 종자가 되어
야 하기에] 아라한의 최후심도 성취되지 않는다고 해야 한다. [전 찰나의
법은] 오로지 [後法에 대해] 等無間緣만 될 수 있을 뿐이다.[137]

이로 볼 때 유가행파에서 제법의 인연(종자)으로 현행과는 별도의 실
체로서 동시에 존재하는 알라야식을 주장하게 된 것은 어떤 이가 제법의

---

136 『섭대승론』권상(T31, 135b15f), "諸法於識藏 識於法亦爾 更互爲果性 亦常爲因性." (玄奘 역);
『섭대승론』권상(T31, 115c22f), "諸法於識藏 識於法亦爾 此二互爲因 亦恒互爲果." (眞諦 역)
등불의 불꽃과 심지가 타는 것이 동시의 상호원인이듯이, 갈대 단이 서로에 의지하여
동시에 서있듯이 알라야식과 잡염의 제법의 관계 역시 그러하다. (T31, 134c15-20)

137 『섭대승론』권상(T31, 137a14-17), "若復有執, '色心無間生, 是諸法種子.' 此不得成, 如前已說.
又從無色無想天沒, 滅定等出, 不應道理. 又阿羅漢後心不成, 唯可容有等無間緣."

展轉상속 상에서 前法이 後法의 인연(종자)이라고 주장하였기 때문이다. 여기서 '앞에서 설한 바'란 종자 훈습처가 갖추어야 할 네 가지 조건(所熏四義) 중 '相應性'에 대해 논설하면서 언급한 '6식=無相應'論의 세 논거 중 "6식은 [能熏과 所熏이 되는 전후] 두 찰나가 동시에 존재하지 않는다"(二念不俱有: T31, 135b1: 주52)고 비판한 것을 말한다. 이는 곧 경량부가 6식 종자설을 주장하면서 前法이 後法에 훈습한다는 前念熏後念說을 설하였기 때문이다.

이에 대해 세친과 무성은 공히 "전후의 두 법은 함께 존재할 수 없기 때문에, 혹은 전법이 존재할 때 후법은 아직 생겨나지 않았고 후법이 생겨났을 때 전법은 이미 소멸하였기 때문에 상응하는 일이 없다"고 비판하였다.[138]

무성은 '前法이 後法의 종자'라는 어떤 이의 주장에 대해 이같이 부연 해설하고 있다.

「다시 어떤 이가 주장하였다」고 함은 經量部에서 이같이 주장한 것을 말
한다. 즉 「色心이 無間으로 생겨난다」고 함은 諸色心이 前後 [찰나]의 순서
로 상속하여 생겨남을 말한 것이고, 「[전 찰나의 제법은 후 찰나] 제법의
종자가 된다」고 함은 바로 제 유위법의 能生因이 된다는 말이다. 즉 그들
은 이같이 주장하였다. "전 찰나의 色으로부터 후 찰나의 色이 無間으로
생겨나고, 전 찰나의 마음으로부터 후 찰나의 마음과 상응법(즉 심소)이
無間으로 생겨난다. 이것으로도 인과의 도리가 성취되거늘 무슨 소용에
서 다시 알라야식이 바로 諸法의 원인(因緣)이라고 분별할 것인가?"[139]

이는 색법종자는 有色處(有根身)에, 심법종자는 意處에 훈습한다는 전형적인 경량부의 6處(혹은 名色) 종자설로, 중현은 무착이 인용 비판한 '어

---

138 본서 제12장 3-2-2 참조.
139 『섭대승론(무성)석』권3(T31, 396b23-29). 원문은 제11장 주93 참조.

떤 이의 주장'을 上座 슈리라타의 等無間緣설로 전하고 있으며,[140] 『성유식론』에서는 이러한 '色心前後有等無間緣'설을 '小乘'의 주장이라 하였지만 窺基의 『述記』에서는 '經部計', '上座部義'로 해설하였다.[141] 나아가 이는 『성유식론』의 알라야식 존재증명 제1 持種證 상에서도 어떤 이의 주장으로 인용 비판되는데,[142] 동아시아 법상교가는 이를 上座部(상좌부黨)의 학설로 평석하고서 무성이 해설한 '경량부'(주139)는 '上座部 중 經을 量(pramāṇa) 즉 지식의 근거로 삼는 이들'로 부연하기도 하였다.[143]

뿐만 아니라 이러한 '前法이 後法의 종자(인연)'라는 경량부(혹은 상좌부) 주장에 대한 무착과 중현의 비판 역시 동일하다. 무착은 앞서 인용한 대로 "전법은 오로지 등무간연만 될 수 있을 뿐"이라 비난하였고, 무성은 이를 "'색심의 前後相生'에서 前法이 後法의 종자(즉 因緣)라고 주장할 경우 경량부는 等無間緣과 增上緣만 인정하고 因緣을 부정하는 것"이라고 해설하였다. 중현 또한 "상좌의 隨界(종자)說에 따를 경우 因緣과 等無間緣은 동일한 것이 되고 만다"고 비난하였다.[144]

경량부의 찰나멸론(前滅後生설)에 따르는 한 因緣은 전 찰나 법(前生法)이다. 보다 엄밀히 말해 인연(能生法)이 前法 즉 전 찰나 色心(혹은 6處, 名色)에 훈습된 색법과 심법의 종자라면 등무간연은 이 같은 종자를 훈습 보지

---

140 『순정리론』권19(T29, 447a22-27), "然彼上座復作是言: 等無間緣, 謂前生法, 令無間法獲得自體. -- 色心無間, 有色心生. 俱是前生, 令無間法獲得自體." (上座는 이같이 말하였다. 等無間緣이란 이를테면 無間(후 찰나)에 [생겨날] 법으로 하여금 그것의 自體(ātmabhāva)를 획득하게 하는 전 찰나에 생겨난 법(前生法)을 말한다. --(중략)-- 즉 色心과 無間에 色心이 생겨나는 경우, 無間(후 찰나)에 [생겨날] 법으로 하여금 그것의 自體를 획득하게 하는 전[찰나에] 생겨난 색심이 [等無間緣이]다.) 완전한 인용은 제9장 주64 참조.

141 (T31, 21b20f). (T43, 390c3-12).

142 『성유식론』권3(T31, 15c24-25), "有執, '色心自類無間, 前爲後種, 因果義立.'"

143 『성유식론술기』권4本(T43, 358b2-4); 『성유식론학기』권중本(『한불전』3, 557a19-21). 원문은 제11장 주95 참조.

144 제11장 3-3. 주97-98 참조.

한 전 찰나의 색심이다. 종자(功能)와 소의는 동일한 것도 아니고 다른 것도
아니기 때문에 그들은 6處(혹은 名色)의 색심을 수계·종자로 가설하였던
것이다. 그러나 인연과 등무간연을 엄격히 구분하는 유부나 유가행파에서
는 인연을 결과와 동시에 존재하는 俱生法으로, 등무간연을 前生法으로 이
해하였다. 이에 따라 경량부 종자설에 대한 그들의 비판은 동일할 수밖에
없었다.

　『섭대승론』에서의 알라야식 존재증명 역시 경량부의 6識 종자설 비판
을 전제로 한 것으로, 이는 논증의 주요논거였다. 무착이 논설하였듯이 알
라야식의 논증은 경량부의 인연론(즉 종자설) 비판에 다름 아니다. 이는
필경 窺基가 말한 대로 上座일파의 경량부가 유가행파의 가장 강력한 비판
자였기 때문일 것이다.

4. 소 결

　유가행파의 알라야식 존재증명의 기본형식은, 『유가사지론』에서도
『섭대승론』에서도, 나아가 『성유식론』에서도 "만약 알라야식이 존재하지
않는다면 어떠 어떠한 사실(혹은 경설)은 불합리/불가능(不應道理, 不應有,
*asaṃbhava)하다"는 해명성의 부정적(소극적) 논증으로, 無性은 이를 反詰道
理 *vyatireka-yukti)라고 하였다. 이는 곧 "만약 종자 훈습처 내지 生死位나
無心位 등에서의 마음이 6識이라면 어떠 어떠한 사실은 불합리하다"는 것
과 동일한 의미로, 실제 거의 모든 논증에서 6識 종자설에 대한 검토 비판
이 이루어지고 있다.

　그런데 『유가론』 제2 最初生起證은 비록 이 같은 논증 형식을 취하고
있을지라도 "알라야식의 존재를 설정할 경우 이는 二識俱起의 과실"이라는

어떤 이의 비난에 대해 과실이 아님을 해명한 것이며, 제3 意識明了證과 제5 業用差別證은 앞서의 어떤 이처럼 諸識의 俱轉을 부정할 경우 意識은 [전찰나 5식의 소연을 대상으로 하기에] 明了性(spaṣṭatva, 지각성)을 획득할 수 없고, 6식의 활동과는 관계없이 항상 일어나는 기세간과 소의신과 종자, 자아에 대한 인식은 일어날 수 없다고 비판한 것이다.

이에 神泰는 제2, 제3증을 알라야식에 관한 직접적인 논증(正證)이 아닌 외부의 비판(外難)에 따른 것이라 하였고, 遁倫과 窺基는 제5증 역시 그러한 것으로 이해하였다. 여기서 외부의 비판은 6식 종자설을 주장한 상좌 슈리라타 일파의 경량부이다. 유부 역시 諸識의 次第生을 주장하였지만 根·境·識의 俱生을 주장하였을뿐더러 次第生에 따른 諸識의 지각성(*pratyakṣatva)마저 부정한 것은 아니었다. 과거로 낙사한 의식의 경계대상 또한 실유이기 때문이다. 더욱이 무착은 그의 알라야식 존재증명 제3 生雜染證에서 『유가론』의 제2 最初生起證에서의 외부비판과는 반대로 "結生識이 [알라야식이 아니라] 意識이라 주장할 경우 '두 意識의 同時而轉'의 과실이 초래된다"고 비난하였다. 無性에 의하면 여기서 두 의식이란 무기성의 異熟識과 현행의 了別識으로, 무착의 비판은 바로 一身二頭의 새인 命命鳥의 비유로써 논설된 상좌의 '동일 根에 근거한 一念의 二識俱生'에 대한 것이었다.

즉 상좌 슈리라타는 유가행파와 달리 현행의 요별식과 잠재적인 이숙식을 6識의 두 형식/층위로 간주하였는데, 알라야식에 상응하는 후자에 대한 비판이 알라야식 존재증명의 핵심논거였다. 경량부의 경우 6식 중의 한 형식인 이 같은 이숙식이 종자·훈습의 주처(所熏)였고, 執受의 주체였으며, 生死位나 無心定에서의 마음 또한 이것이었고, [온갖 정신적 상태에서 경험되는] 身受 역시 이로 인해 가능한 것이었다.

그러나 유가행파에 있어 6識 중의 異熟識(즉 동일種類의 마음)은 다만 이숙종자로부터 생겨난 것일 뿐 진실의 이숙이 아니다. 그것은 안근처럼 이숙과가 아니라 이숙종자로부터 생겨난 것(異熟生)일 뿐이다. 이에 따라『유가론』에서는 현재 衆緣(根·境·作意 등)에 의해 생겨나는 전후 차별적인 6식에 동일種類의 마음을 설정할 수 없고(제1증), 6식이 종자 훈습처라면 선·불선 등 諸法의 相雜을 초래하게 된다고 비판하였으며(제4증), 온갖 정신적 상태에서 경험되는 여러 형태의 身受도(제6증), 無心定에 들 때 '몸을 떠나지 않는 識'도 알라야식으로 인해 가능한 것이고(제7증), 죽을 때의 마음 역시 意識이 아니라 알라야식이라고 주장하였던 것이다. (제8증) 제6증과 제7증의 논설상에서는 경량부의 이설이 언급되지 않지만,『성유식론』과『섭대승론』, 그리고 두 論의 주석서 상에서의 당해 논증, 혹은『순정리론』상에서의 상좌일파의 멸정유심설을 통해 그것이 경량부 학설과 관련되어 있음을 확인할 수 있다.

한편『섭대승론』에서의 알라야식의 존재증명은, 교학상의 개별적 문제를 논증의 소재로 삼고 있는『유가론』이나『유식론』과는 달리 雜染과 淸淨의 일체법, 번뇌-업-生의 잡염이라는 현실적 측면과 세간·출세간의 청정이라는 이상적 측면에 걸친 일관된 교리조직 상에서 이루어지고 있다. 즉 알라야식(혹은 이숙식)이 존재하지 않는다면, 다시 말해 6識으로는 ① 번뇌와 ② 업과 ③ 生이라는 12연기(윤회)의 잡염도, 결생이후의 일련의 사태, 이를테면 ④ 有色根의 執受(유지)도, ⑤ 識과 名色의 相依도, ⑥ 4食 중의 識食도, ⑦ 죽음(命終)도 불가능할 뿐만 아니라 ⑧ 세간과 ⑨ 출세간의 청정도, 나아가 ⑩ 멸진정 역시 불가능하기 때문에 6식과는 별도의 실체로서 이와 동시에 존재하는 알라야식이 설정되어야 한다는 것이다.

이 중 ① 煩惱雜染證과 ③ 生雜染證, ④ 色根執受證, ⑥ 識食證, ⑧⑨ 世間·出世間淸淨證, ⑩ 滅定證에서는 실제 6식(혹은 의식)이 종자식(종자住處)이라거나 멸진정 중에 존재하는 마음일 경우의 불합리성을 지적한다. 첫째, 6식은 前滅後生하기 때문에, 다시 말해 전법(원인=能熏)이 존재할 때 후법(결과=所熏)은 아직 생겨나지 않았고, 후법이 존재할 때 전법은 이미 사라졌기 때문에 인과상속이 불가능하다.(①⑧⑨) 둘째, 結生의 화합識이 意識일 경우 두 의식이 동시에 함께 생겨난다고 해야 하는 과실이 야기되며(③), 셋째, [세간 상식(極成)의 6식은] 언제 어디서나, 소연과 행상을 갖지 않는 동일種類로서 존재하는 것이 아니다.(③④⑥⑩) 無性은 이 중 過未無體에 근거한 첫 번째 비판을 경량부 설에 대한 것이라 부연 해설하였다. 두 번째 비판은 중현이 전한 상좌의 '동일 根에 근거한 一念의 二識俱轉'설에 대한 것이며, 세 번째 비판대상 역시 동아시아 법상교가나 중현에 의하면 末經部/上座部나 상좌 슈리라타 혹은 譬喩者이다.

그리고 6識이 關說되지 않은 ② 業雜染證, ⑤ 識·名色相依證, ⑦ 命終證의 경우 또한 세 번째 유형의 비판, 즉 이숙식을 6식에서 구하고 있는 경량부에 대한 비판이 전제된 것으로, 규기 역시 『성유식론』의 心染淨證(10)과 識·名色相緣證(7)과 生死心證(6)에 대해 해설하면서 이를 경량부/上座部 설로 평석하였다.

따라서 유가행파가 제시한 알라야식 존재증명은 모두 경량부의 6식 종자설 비판을 전제로 한 것이라고 말할 수 있다. "『유가론』의 여덟 논증(八相) 중 제1 執受依止證은 직접적으로 알라야식을 분별하여 本識의 존재를 입증하였지만, 나머지 일곱 논증은 직접적으로 알라야식을 분별한 것이 아니라 因緣(사안)에 따라 논증을 설한 것"[145]이라 한 文備의 말도 필경 이러한 사실이 고려되었을 것이다. 여기서 '인연'이란 극복하지 않으면 안 될 경량부의 관계학설을 의미한 것은 아니었을까? 제1증 또한 둔륜과 규기가 해설한 것처럼 경량부의 6식 종자설에 대한 총체적 비판(제1因은 6識 摠破, 이하 4因은 別疏牒破: T42, 593b16f)이지만, 사실상 여덟 논증의 총론이기 때문에 '알라야식의 직접적 분별(正辨)'로 해설한 것일지도 모른다.

---

145 『유가론기』권13上(T42, 593b1-2), "備云, 初一相正辨賴耶識證有本識. 後七相非正辨賴耶識, 由緣中說證."; 宇井伯壽(1979), 『瑜伽論研究』, p.172.

제14장 경량부 종자설에 대한 중현과 무착의 비판, 그리고 세친의 딜레마

1. 세친의 종자설과 경량부

주지하듯이 세친의 『구사론』은 설일체유부 毘婆沙(Vibhāṣā)의 綱要書이기는 하지만 부분적으로 경량부 사유로써 이를 비판적으로 조술한 것이다. 거의 모든 주석가들이 '理長爲宗'이 그의 정신이었고, 그 바탕은 경량부였다고 말한다. 경량부 교의의 근간은 種子說이고, 세친의 유부 비판 배후에는 언제나 종자설이 자리 잡고 있었다.

불교전통에서 종자(bīja, 씨앗)는 因緣(hetu-pratyaya)의 비유로, 유부에서는 이를 결과를 낳는 데 직접적인 원인(能生因)이 되는 일체 유위법으로 이해하였지만, 경량부에서는 유정의 상속 중에 존재(隨逐)하는 결과를 낳는 힘(samartha, 혹은 śakti: 功能)으로 이해하였다. 유부와 경량부는 세계를 이해하는 방식이 전혀 다르다. 유부는 마음을 포함한 유위제법의 다양한 형식의 인과관계, 6因 4緣으로 분별된 諸法의 인연화합으로 해명하지만 (그래서 '諸法分別'과 '法體恒有'가 이 학파의 교학적 기초가 되었던 것이지만), 경량부의 경우 無始이래 유정의 色心(혹은 名色)의 相續 중에 훈습되어 간단없이 이어져온 힘에 의한 색심상속의 특수한 변화(轉變差別)로 이해하였다. 이에 관한 이론이 그들의 종자설이었다.

『구사론』상에서 종자설은 다섯 번 논설된다. (필자 抄譯)

① 種子(bīja)란 展轉과 鄰近의 功能(상속이 연속적으로 이어지다 결과를 낳는 힘)을 지닌 名色(nāmarūpa)으로, [이러한 공능은] 相續(saṃtati)의 轉變(pariṇāma)·差別(viśeṣa)에 의해 [실현된다]. (AKBh 64. 5f; T29, 22c11-13: 제10장 주110)

② 福業은 시여(보시)를 緣으로 한 '思가 훈습된 相續(cetanābhāvitāḥ saṃtati)'이 점차적으로 미세하게 轉變·差別됨으로써 미래세 과보를 초래하게 된다. (AKBh 197. 14-18; T29, 69b14-20: 제10장 주103)

③ 隨眠(anuśaya)이란 번뇌의 종자의 상태(bījabhāva: 種子性)로, [이전의] 번뇌로부터 생겨나 능히 [이후의] 번뇌를 낳는 自體(ātmabhāva, 色心 혹은 所依身) 상에 [保持된] 功能(śakti)을 말한다. (AKBh 278. 17-22; T29, 99a1-9: 제10장 주137)

④ 경량부에서는 [유부처럼] "과거 업으로부터 결과가 생겨난다"고는 말하지 않는다. [그들은] "그것(업)이 선행하여 비롯된 相續의 [轉變과] 差別로부터 미래의 결과가 생겨나게 된다"고 설한다. (AKBh 300. 19-21; T29, 106a10-12: 제10장 주127)

⑤ 미래의 결과는 그 같은 業에 의해 비롯된 相續의 轉變과 差別로부터 생겨나는 것으로, 세간에서 種子가 열매(phala: 果)를 낳는 것과 같다. 즉 세간에서 "열매는 종자로부터 생겨난다"고 말하는 경우, 이때 열매는 이미 괴멸한 [과거의] 종자로부터 생겨나는 것도 아니고 종자와 無間(다음 찰나)에 생겨나는 것도 아니다. 종자에 따른 相續의 轉變과 差別에 의해 열매가 생겨나듯이 (즉 종자가 점차적으로 싹-줄기-잎-등으로 相續 轉變하다 꽃에 이르러 마침내 이전의 전변과는 차별되는 열매가 생겨나듯이), 업의 경우도 역시 그러하다. (AKBh 477. 7-18; T29, 158c24-159a5: 제10장 주128)

①은 세친이 "斷惑·斷善根이란 번뇌·선근의 得(prāpti)을 끊고 그것의 非得(aprāpti)을 획득하는 것"이라는 유부의 得·非得論을 비판하고서 "이는 번뇌·선근종자를 손상시키는 것, 혹은 번뇌종자를 완전히 끊는 것"이라 해설하고서 언급한 種子 정의이다.

②는 유부가 無表色의 경증으로 제시한 '福業增長'에 대한 선대궤범사(pūrvācārya)의 해석으로, 복업이 결과를 낳게 되는 과정(業果相續)에 대해 해명한 것이다.

③은 隨眠은 상응(심소)법인가, 불상응법인가 하는 문제와 관련하여 이를 번뇌가 잠자고 있는 상태(즉 종자의 상태 bījabhāva)로 이해한 경량부의 번뇌종자설이다. 세친은 이 같은 경량부 설을 善說(sādhu)로 평가하였다.

④는 삼세실유 이증2 '業有當果'에 대한 경량부의 해명을 간략히 전한 것이고, ⑤는 "[자세한 사실은] 「破我品」 중에서 널리 顯示하게 될 것"이라는 ④에서의 예고에 따라 씨앗(種子)이 열매(果)를 맺는 과정을 예로 삼아 업이 결과를 낳기까지의 과정(相續의 轉變·差別)을 설한 것이다.

③과 ④는 이미 『구사론』 상에서도 경량부 설로 인용되었지만, 중현은 이러한 종자諸說을 경량부/비유자 혹은 上座 슈리라타와 관련시켜 비판한다. 이를테면 ①을 譬喩者의 종자설로 간주하고(T29, 398b25-29), 상좌가 인연(hetu-pratyaya) 즉 '제 유정의 상속이 [선·불선 등 다양한 현상으로] 展轉하게 되는 원인적 존재(因性, hetubhāva)'로 제시한 舊隨界(pūrvānudhātu)[1] 또한 세친(經主)이 말한 '種子'의 명칭상의 차별로 이에 대한 비판 역시 대체로 동일하다고 하였으며(T29, 440b8f; 597c14), ②의 '思가 훈습된 相續'에 대해서는 광대(배우)가 복식(의상)을 바꿔 입은 것처럼 상좌의 舊隨界와 言詞만 달리한 것이라 힐난하였다. 곧 舊隨界 역시 "업과 번뇌가 熏習된 6處(karmakleśabhāvita

---

1　『순정리론』권18(T29, 440b3f: 제10장 주52).

ṣaḍāyatana)'로, 生(janman)이라는 또 다른 결과를 초래하는 것(힘)"[2]으로 정의될 뿐만 아니라 상좌(비유자)에게 있어 身·語·意 3업의 본질(진실)은 思이고(T27, 587a7f; T29, 535a23) 번뇌 등의 심소 또한 思의 차별(T29, 339b14-24)로 간주되었기 때문이다.

그리고 ③의 경우 세친이 인용한 경량부의 '隨眠=번뇌種子'설과 동일한 형식과 내용의 '수면=번뇌隨界'설을 인용하였으며(T29, 597b27-c14: 제10장 주136), ④와 ⑤는 「수면품」에서 일괄 인용하고서(T29, 629b2-17), 과거와 미래를 曾有와 當有의 假有로 이해한 세친을 '慧解가 거칠고 천박하여 [賢聖法에] 世俗法을 뒤섞는 譬喩者 무리'로 비판하였다. (T29, 628b5-7)[3]

중현의 종자설 비판의 핵심은 종자 자체의 실체성에 관한 것이다. 세친이든 상좌든 경량부에 의하는 한 종자·수계는 '能持自相(svalakṣaṇadhāraṇād)'으로 정의되는 개별적 실체로서의 法(dharma: 주49 참조)이 아니라 유정의 所依身(名色 즉 5蘊, 혹은 6處) 상에 존재(잠재)하는 功能이기 때문에[4] 유부의 관심은 언제나 그것의 실체성 여부에 있었다. "종자·수계가 결과를 낳는 힘이라면, 그것은 소의신과 다른 별도의 실체(dravyāntara: 別體)인가? 만약 별도의 실체가 아니라면 어떻게 一法 중에 種類를 달리하는 法性의 차별이 손재한다고 (예컨대 '선심 중에 불선·무기심의 종자가 존재한다'고) 말할 수 있다는 것인가?" (주30 참조)

---

2 『순정리론』권18(T29, 440b21f: 제10장 주55).

3 ①②④⑤의 종자설과 상좌 슈리라타(비유자/경량부)의 관계에 대해서는 본서 제10장 제3절에서, ③과의 관계에 대해서는 동 제4절에서 상론하였다.

4 兵藤一夫(1980, 「倶舍論に見える說一切有部と經量部の異熟說」, pp.67-73)에 의하면 종자를 이같이 공능(śakti 혹은 samartha)으로 이해한 것은 稱友(AKVy., p.125. 6)와 중현, 그리고 현장 역『구사론』으로, 세친 자신은 種子(bīja)를 공능 즉 種子性(bījabhāva)을 지닌 실재물(즉 名色)로 이해하였다. 그러나 전술한 대로 세친의 종자설은 상좌(경량부)의 隨界설과 밀접한 관련이 있고, 이에 따르는 한 유가행파 제 문헌 상의 경량부/상좌부의 종자설과도 역시 그러하기 때문에『구사론』의 소략한 논설만으로 세친의 종자설을 이해하는 데는 무리가 있다. 이에 대해서는 본서 제10장 5-1에서 논의하였다.

경량부에 의하는 한 종자·수계는 소의신과 種類는 다르지만, 그렇다고 별도의 실체는 아니다. 번뇌의 種子(혹은 隨界)인 隨眠(anuśaya)은 번뇌(즉 상응법)도 아니지만 그렇다고 번뇌와는 다른 별도의 실체(즉 불상응법)도 아니다. 그래서 상좌는 隨界 자체에 대해 말할 수 없다고 하였다. (T29, 597c13f)

이에 대해 중현은 실체로서 존재하지 않는 법(비존재)은 원인도 결과도 될 수 없기 때문에 隨眠이 번뇌의 종자(즉 인연)라면 그것을 "[이전의] 번뇌로부터 생겨나 능히 [이후의] 번뇌를 낳는 소의신 상의 功能"(③)이라 말할 수도 없다고 비판한다. (T29, 597a22-24) 상좌의 隨界에 대해서도 역시 동일하게 비판한다. "'업과 번뇌를 원인으로 하는 隨界는 生이라는 또 다른 결과를 낳는 원인'이라는 말은 '애기를 낳지 못하는 여인의 아들(石女兒)은 또 다른 아들의 아버지(원인)'라고 말하는 것과 같다."5 '실체가 아니면서 결과로 생겨나고 또한 결과를 낳는 것'이란 말의 뿔(馬角)과도 같은, 실체적으로 말할 수 없는 虛言(T29, 440b20; 440b11)일 뿐이라는 것이다.6

세친 종자설에 대한 그 밖의 비판, 이를테면 異時인과에 대한 비판 역시 상좌/비유자의 수계·종자설과 동일한 패턴에서 이루어지고 있다. 이는 필경 『구사론』 상의 종자설이 기본적으로 상좌 슈리라타 계통의 경량부에서 차용된 것이기 때문이다.

5 　『순정리론』권18(T29, 442a6-8), "又若彼法, 雖無有體, 而能爲因生所生法, 是則應許, 諸石女兒亦能爲因生餘子息. (만약 그러한 법 즉 隨界는 비록 실체로서 존재하지 않을지라도 능히 원인이 되어 생겨날 법을 생겨나게 할 수 있는 것이라면, 그럴 경우 '모든 石女의 아들 역시 능히 원인이 되어 또 다른 자식을 낳을 수 있다'고 인정해야 한다.)"

6 　『순정리론』권18(T29, 440b12f), "觀彼隨界, 但有虛言. 推徵其體, 都不可得. 故亦不可即說, '此爲相續展轉能爲因性.' (그의 隨界를 관찰하건대, 이는 다만 虛言일 뿐으로 그것의 실체(體)를 추구하여 따져보더라도 도무지 획득할 수 없다. 따라서 [經主가 주장한 種子와 마찬가지로] 이 역시 '이는 [諸 유정의] 相續이 展轉하는 데 능히 원인이 되는 것'이라고 말할 수 없다.)"; 권45(T29, 598b7-8), "又彼所言, '隨眠自體不可說故, 而不記別.' 誠如所言. 彼宗隨眠, 猶如馬角, 不可說故. (또한 그는 '[번뇌종자·수계로서의] 隨眠 자체는 설할 수 없기 때문에 [불타께서 이에 대해] 記別하지 않은 것'이라 말하였는데, 진실로 말한 바와 같다. 왜냐하면, 그의 종의에서 주장한 隨眠은 마치 '말의 뿔(馬角)'처럼 [그 자체에 대해서는] 말할 수 없기 때문이다.)"

2. 세친의 종자설에 관한 오해

　　종자·수계를 실체가 아닌 공능이라 주장하는 한 공능(힘)은 그 자체 단독으로 존재할 수 없기 때문에 그것이 의탁하는 것(āśraya: 所依), 훈습의 住處(bhāvanā-saṃniveśa)인 이른바 所熏(vāsita, bhāvita)에 대해 별도로 언급해야 하는데, 세친의 종자설에서는 '名色(nāmarūpa)'(제1절 ①)이 이에 상응한다. 혹은 '自體(ātmabhāva)'(제1절 ③)라고도 하였는데, 普光은 이를 '色心自體'(T41, 292c5f), 稱友는 유정의 소의신(āśraya)이라 해설하였다. (AKVy., 444. 9) 혹은 선대궤범사는 이를 '思가 훈습된 相續(saṃtati)'(제1절 ②)이라 하였지만, 이때 상속이 色心 중의 心相續임은 두말할 나위도 없다. (제10장 3-2-2 참조) 상좌 슈리라타는 이를 '업과 번뇌가 훈습된 6處'로 언급하였다.

　　그럴 경우 각기 마음과 色身이 소멸하는 無心定과 無色界에서의 심법과 색법종자의 상속은 어떻게 가능한가? 다른 어떤 이(apare)는 그것은 색신과 마음에 의해 이루어진다고 하였고, 이에 따라 또 다른 先代軌範師는 "心과 有根身의 두 법은 서로의 종자가 된다"는 色心互爲種子說(이른바 色心互熏說)을 주장하였다. 『구사론』의 거의 모든 주석가는 이들 또한 경량부 또는 先代경량부로 평석하였고, 동아시아의 법상교가는 이를 本經部의 학설로 해실하였다. 이에 따라 다수의 현대학자는 세친의 종자설 역시 이와 동일한 학설로 이해하기도 하였다.[7]

　　물론 이에 대한 의심이 없었던 것은 아니다. 종자(bīja)와 종자성(bījabhāva)을 名色과 공능으로 구별한 효도 가즈오(兵藤一夫)는, "『구사론』(세친)의 종자설에서는 色心의 상속인 유정신 전체를 '종자'로 간주하여 色과 心이 각기 별도의 종자 계통에 기초한다는 명백한 의식은 아직 나타나지 않았을 것"으로 추측하고서 色心互熏說을 이러한 사유의 연장으로 이해할 수도 있

7　金東華(1977), 『佛敎敎理發達史』, pp.189-190.; 深浦正文(1982), 『唯識學硏究』(上卷), pp.57-58.

다고 하였다.8 그는 말하자면 세친의 종자설(제1절 ①③)을 색심호훈설의 전단계로 이해하였다.

또한 카토 히로미치(加藤宏道)는 智周가 『성유식론연비(成唯識論演祕)』에서 상좌의 6處 수계설을 本經部의 '六根=所熏性'설로 이해한 데(제12장 주5 참조) 따라 상좌의 수계설을 색심호훈설로 이해하였을 뿐만 아니라 세친의 종자설(제1절 ①) 역시 그같이 이해하였다. 즉 세친의 종자설에서 名色은 공능을 지닌 종자 자체이기 때문에, 다시 말해 훈습된 종자와 이 같은 종자가 훈습되는 장소(所熏處)는 다른 의미이기 때문에 이를 색심호훈설이라 단언할 수는 없지만, 훈습된 종자와 이를 保持하는 알라야식은 不一不異라는 유가행파의 경우로 볼 때 일단 그렇게도 볼 수 있다는 것이다.9

그러나 상좌일파의 경량부는 6식 중 동일種類의 이숙식인 미세한 마음은 멸진정에서도 소멸하지 않는다는 滅定有心說을 주장하였기 때문에 滅定無心說에 기초한 선대궤범사의 색심호훈설과 구별되지 않으면 안 된다. 세친 또한 『구사론』 상에서는 그 趣意가 분명하지 않지만, 중현이나 디파카라(Dīpakāra)에 의하는 한 멸정유심설을 주장하였다.10 멸진정 등 무심정에서 마음의 상속 문제만 해결된다면, 색심호훈설은 "하나의 싹이 두 개의 씨앗에서 생겨난다고 하는 것과 같은 인과율의 혼란을 초래하는 이론"으로 비판될 수밖에 없다. 세친은 『성업론』에서 이같이 비판하였고, 중현 역시 이같이 비판하였다.11

---

8 兵藤一夫(1980), p.73; p.87 주15.

9 加藤宏道(1987), 「經量部の種子說に關する異說とその是非」, pp.295; 298-299.

10 중현은 세친(經主)이 인용한 경량부 종자설(제1절 ④⑤)을 비판하면서 "그대들 [經部]宗에서는 멸진정 중에서도 마음이 존재한다고 주장한다"고 힐난하여 相續轉變差別說을 멸정유심설을 주장하는 이들(즉 上座일파)의 학설로 돌리고 있으며, 디피카라(Dīpakāra) 또한 멸진정이 有心定이라는 세친(俱舍論主)의 주장을 비불교적인 것(abauddhīya)이라고 비난하였다. 제11장 주40 참조.

11 『대승성업론』(T31, 783c24-27); 『순정리론』권13(T29, 404a9-14).

　뿐만 아니라 상좌 슈리라타는 色心의 개별적 실재성을 인정하였기 때문에 색법의 종자(대종)는 色聚에, 심법의 종자는 마음에 훈습 수축한다고 주장하였음은 두말할 나위도 없다.[12] 세친 또한 역시 그러하였다고 말할 수 있다. 이는 후술하듯 중현의 비판과 그의 해명에서 확인된다. 세친과 상좌에 의해 종자·수계로 가설된 '名色'이나 '6處'는 효도 가즈오가 말하듯 統一體로서의 色心相續[13]이 아니라 색심의 종자를 지니고서, 다시 말해 名(無色의 4온, 즉 심·심소)이나 意處는 심법의 종자를, 色(색온)이나 有色處는 색법의 종자를 지니고서 自類로 (색법은 색법으로, 심법은 심법으로) 상속한다. 『성유식론』에서는 이를 色心自類前後相熏설 (정확히는 '色心自類前爲後種' 설)이라 호칭하였고, 窺基 등의 동아시아 법상교가는 이를 上座部(상좌일파)의 학설로 평석하였다. (주21-22 참조) 그렇더라도 선과 불선, 유루와 무루 등의 법은 모두 마음과 관계하는 心法이기 때문에 색심의 상속 중 心相續이 중시될 수밖에 없다.

　세친은 『구사론』에서 종자를 '名色'이라 정의(가설)하였을지라도 "명색 즉 5온이 어찌 선 등 유위제법의 生因이라는 것인가?"라는 중현의 힐문에 이같이 해명하고 있다.

　　天愛(devanam priya: 어리석은 이)어! 그대는 種子性(bījabhava)을 전혀 이해하지 못하였다. 전 찰나의 마음과 함께 생겨난 특수한 思(cetanāviśeṣa: 思差

12　『구사론』에서 有餘師(apare)는 四大(地·水·火·風의 堅·濕·煖·動)의 隱顯에 대해 논의하면서 "木聚 중에 種種界가 존재한다"는 경설(『잡아함』 제494경: T2, 129a3)에 근거하여 "水聚 중에 [그 밖의 火 등의 대종은] 실체(svarūpa)로서 존재하는 것이 아니라 種子(bīja)로서 존재한다"고 주장하였는데(AKBh. p.53, 12f.; T29, 18c9-11), 普光과 稱友는 이를 공히 경량부(經部師)로 평석하였다. (T43, 72a23; AKVy., p.125. 6) 후술하듯이 『순정리론』이나 유식논서에서도 경량부는 色心의 종자는 自類의 상속으로 훈습한다고 주장하였다. (제12장 3-2 참조) 이런 까닭에 경량부는 색법에도 등무간연이 존재한다고 주장하였던 것이다. (제9장 주54 참조)

13　兵藤一夫(1980), p.73.

別)로 인해 후 찰나 마음에 특수한 功能(śakti-viśeṣa: 功能差別)이 일어나니, 바로 후 찰나의 마음 상에 생겨난 특수한 공능을 '종자'라고 말한 것이다. 즉 이 같은 [특수한 공능을 지닌] 相續의 轉變과 差別로 말미암아 미래의 결과가 생겨나는 것이다. 여기서 [그대가 힐난한] 뜻에 대해 해설하면 이러하다. "불선심 중에도 선심에 의해 引起된 展轉과 隣近의 특수한 공능이 존재하니, 이를 종자로 삼아 이러한 [불선심]으로부터 무간에 선법이 생겨날 수 있다. 혹은 선심 중에도 불선심에 의해 引起된 展轉과 隣近의 특수한 공능이 존재하니, 이를 종자로 삼아 이러한 [선심]으로부터 무간에 불선법이 생겨나게 된다."[14]

이에 따르면 현행의 법이 후 찰나의 마음에 훈습하여 생겨난 功能이 종자이다. 이는 전형적인 경량부의 6識 종자설로, "특수한 思(cetanāviśeṣa)의 작용이 心相續(cittasaṃtānaḥ)에 훈습되어 일어난 功能의 轉變과 差別에 의해 결과가 생겨난다"[15]는 『성업론』 상의 [경량부] 종자설과도 동일한 내용이다.

상좌 역시 6處를 隨界로 가설하였을지라도 심·심소(즉 意處) 상에 수축하는 功能性을 隨眠 즉 번뇌수계의 본질(體, svabhāva)이라 하였을뿐더러(T29, 597c12) 앞서 세친의 해명과 마찬가지로 "비록 선심이 현행하는 상태일지라도 마음에 항상 隨逐하고 있는 불선과 무기의 心隨界로부터 불선과 무기심이 생겨날 수 있다"[16]고 하였으며, 그 역시 열매는 꽃의 직접적인 힘(隣近공능)에 의해, 꽃은 씨앗에서 뿌리-줄기-가지-잎 등으로 연속하는 힘(展轉공능)에 의해 낳아지듯이 미래의 결과는 隣近과 展轉공능에 의해 견인된다고 하였다.[17]

---

14 『순정리론』권12(T29, 397b29-c6). 원문은 본서 제10장 주116 참조.
15 『대승성업론』(T31, 783c4-6), "[故離彼計身語二業所引別法.] 但應由思差別作用熏心相續, 令起功能. 由此功能轉變差別, 當來世果差別而生."
16 『순정리론』권18(T29, 441c7-8), "謂於善心正現行位, 不善無記心界恒隨."
17 『순정리론』권18(T29, 441a15-16). 원문은 제10장 주81 참조.

거듭 말하지만 세친의 종자설은 상좌 슈리라타(경량부/비유자)의 隨界·종
자설과 밀접한 관련이 있다. 필자소견에 의하는 한 『구사론』 상의 경량부
종자설은 상좌의 隨界설에 기초한 세친 자신의 이해이다.[18] 따라서 경량부
종자설을 이해하기 위해서는 상좌의 수계설과 이러한 수계·종자설에 대
한 중현의 비판을 검토해보지 않으면 안 된다. 『구사론』 상의 종자설은
다만 得 등의 유부학설의 비판논거로 제시된 것이기 때문에 너무 소략하여
이것만으로는 분명한 이해를 갖기 어렵기 때문이다.

3. 경량부 종자설에 대한 중현과 무착의 비판

1) 상좌의 종자상속론과 중현·무착의 비판

중현의 비판에 따르면 세친의 종자설(제1절 ①과 주14)은, 前滅後生의
상속과정에서 전 찰나의 법(色心)은 후 찰나의 법을 낳는 종자(=因緣)라는
상좌의 異時인과론에 기초한 것이다. 상좌 슈리라타는 제법의 因緣을 前法
즉 等無間緣에서 찾고 있다.

> 上座는 이같이 말하였다. 等無間緣이란 色心과 無間에 色心이 생겨나는 경
> 우, 無間(후 찰나)에 [생겨날] 법으로 하여금 그것의 自體(ātmabhāva)를 획
> 득하게 하는 전 찰나에 생겨난 色心을 말한다.[19]

이러한 상좌 설은 『섭대승론』과 『성유식론』에서 '어떤 이'의 주장으로

---

18   본서 제10장 제3, 제4절 참조. 『구사론』 상에 인용된 19회의 경량부 설과 上座와의 관계
     에 대해서는 권오민(2012), 『상좌 슈리라타와 경량부』, pp.755-861 참조.
19   『순정리론』 권19(T29, 447a22-27). 원문은 본서 제9장 주64 참조.

인용 비판된다. 無性(Asvabhāva)과 窺基는 이를 각기 경량부와 上座部(상좌일파)로 평석하였다. 이들 어떤 이는 다 같이 자신의 주장에 따라 알라야식의 존재를 부정하였다.

「어떤 이가 주장하였다. "色心이 無間으로 생겨날 때 [전 찰나의 제법은 후 찰나] 제법의 종자가 된다."」

無性 釋: '어떤 이가 주장하였다'고 함은 經量部에서 이같이 주장한 것을 말한다. '色心이 無間으로 생겨난다'고 함은 온갖 色心이 前後 [찰나]의 순서로 상속하여 생겨남을 말한 것이고, '바로 [전 찰나의 제법은 후 찰나] 제법의 종자가 된다'고 함은 바로 온갖 유위의 能生因이 된다는 말이다. 즉 저들 [경량부]는 이같이 주장하였다. "전 찰나의 색으로부터 후 찰나의 색이 無間으로 생겨나고, 전 찰나의 마음으로부터 후 찰나의 마음과 상응법(즉 심소)이 無間으로 생겨난다. 여기서도 인과의 도리가 성취되거늘, 무슨 소용에서 다시 알라야식이 제법의 因緣(=종자)이라고 계탁하는 것인가?"[20]

「어떤 이는 주장하였다. "色心은 자신의 種類(自類)와 無間으로 [상속하니], 前法은 後法의 종자가 되어 因果의 뜻이 성립한다. 따라서 앞에서 설한 [알라야식의] 논증(理證1 持種證)은 불확정의 논거(不成因)에 근거한 것이다."」[21]

窺基 述記: 이하 上座일파(上座部, Sthavirapākṣika)를 비판한다. 無性은 이를 경량부라고 말하였다. 즉 이들 상좌일파 중에서 스스로 '經을 지식의 근거(pramāṇa: 量)로 삼는 이'라 하였기 때문에 '경량부'라고 말한 것이다.[22]

---

20 『섭대승론』권중(T31, 137a14f).; 『섭대승론(무성)석』권3(T31, 396b20-29). 원문은 본서 제11장 주93 참조.

21 『성유식론』권3(T31, 15c24-25). 원문은 본서 제12장 주94.

22 『성유식론술기』권4本(T43, 358b2-4). 원문은 본서 제12장 주95.

『섭대승론』에서 인용한 경량부(상좌일파)의 논설은 표면적으로 유가행파가 일체법의 因緣으로 제시한 種子(혹은 종자의 소의처인 알라야식)를 비판하고 있지만, 원천적으로 유부의 인연(6因 4緣)론을 부정한 것이다. 즉 유부에서는 등무간연(samanantara-pratyaya)을 과거로 落謝함으로써 後法이 생겨날 여지를 마련해주는(avakāśa-dāna) 開導(開避引導)法으로, 인연(hetu-pratyaya)을 직접적으로 결과를 낳는 種子法(여기에는 同時·無間·隔越의 원인인 俱有·相應因, 同類·遍行因, 異熟因이 포함된다)으로 이해하여 양자를 엄격히 구별하였지만, 경량부에서는 전 찰나의 법(=등무간연)을 후 찰나의 종자(=인연)로 이해하였기 때문이다.

비유자/경량부는 婆沙 이래 네 가지 緣性(pratyayatā) −因緣·等無間緣·所緣緣·增上緣性 (緣性의 '性'은 種類 jāti 즉 보편·일반성의 의미)− 의 실재성을 부정하고 이를 다만 언어적 假設(prajñpti)로만 인정하였다.[23] 특히 상좌는 등무간연을 다만 말 그대로 '무간에 동등한(동류의) 법을 낳는 전 찰나의 법(前生法)'으로 이해하여 여기에 색심 모두를 포함시켰다. (유부의 경우 색법은 전후 동등하지 않다는 이유에서 등무간연에서 배제하였다. : 제9장 2-2 참조) 상좌는 이렇듯 등무간연을 能生法으로 이해하였지만, 다른 한편 因緣性으로 다시 舊隨界를 제시하였다. 이는 전술한 대로 유정의 상속을 연속적으로 이어지게 하고 그리하여 마침내 결과를 낳게 하는 展轉과 隣近의 공능이다. 따라서 상좌에게 있어 등무간연이 전 찰나의 色心이라면, 인연은 거기에 원인적 상태(因性)로 隨逐하는 수계·종자이다.

상좌의 이러한 생각은 유부의 인연론과도, 유가행파에서 일체법의 인연으로 제시한 종자 혹은 종자 훈습처인 알라야식론과도 충돌이 불가피하

---

23   『대비바사론』권55(T27, 283a22-27); 권131(T27, 680b26-c1); 권165(T27, 833a24-28). 『대비바사론』권55(T27, 283a27-28), "大德說曰: 諸師隨想, 施設'緣'名, 非實有性."; 권131(T27, 680c1-2). 비유자의 4緣性 비실유론에 대해서는 제9장 1-1에서 상론하였다.

였다. 이에 따라 유부와 유가행파에서는 후술하듯 '경량부 수계·종자(인연)설 비판'이라는 측면에서 보조를 함께 하였다.

중현은 上座宗(Sthavirapākṣika)에서 인연성(인연 일반)으로 제시한 수계설에 따를 경우 수계와 그 소의처(혹은 所熏處)인 6處는 별도의 실체가 아니기 때문에, 다시 말해 수계·종자는 인연으로, 소의처인 6처는 등무간연으로 실체적으로 차별되지 않기 때문에 인연과 등무간연을 동일한 것이라 해야 한다고 비판한다. 예컨대 선심 중에 수축하는 악심의 수계·종자로부터 無間(다음 찰나)에 악심이 생겨났을 경우, 이때 인연은 무엇이고 등무간연은 무엇인가?[24]

상좌 수계설에 대한 중현의 두 번째 비판은 업과 번뇌 등의 현행법(能熏)과 이와 무간에 이것에 의해 비롯된 6처(能熏)의 인과적 관계에 대한 것이다. 유부와 같은 실체론적 사유에서 볼 때, 前法(업과 번뇌)이 존재할 때 後法(6처)은 아직 생겨나지 않았고, 後法이 생겨났을 때 前法은 이미 소멸하였기 때문에, 그리고 경량부에 의하는 한 아직 생겨나지 않은 것(=미래)과 이미 소멸한 것(=과거)은 실유가 아니기 때문에 前法과 後法 사이의 인과적 관계는 이루어질 수 없다. 즉 중현은 상좌가 수계를 '업과 번뇌가 훈습된 6처'로 가설(주2)한 데 대해 업과 번뇌와 6처는 동시가 아니기 때문에, 다시 말해 前時의 업과 번뇌가 존재할 때 後時의 6처는 존재하지 않으며, 後時의 6처가 존재할 때 前時의 업과 번뇌는 존재하지 않기 때문에 양자는 서로 관계(相應 또는 和合)할 수 없다고 비판한다.

만약 이것(업과 번뇌)이 後時로 상속하여 [생겨난] 6處가 능히 [生이라는 또 다른] 결과를 초래하는 것이라면, [後時의 6처는 前時의] 업과 번뇌와 전혀

---

24 『순정리론』권19(T29, 447b4-7), "又彼宗承隨界論者, 因等無間二緣應同, 隨界所依, 體無別故. 惡心無間, 有善心生, 應說誰因; 誰等無間? 體無別故." 한글번역은 제9장 주66 참조.

相應하지 않거늘, 어떻게 그것(업과 번뇌)을 훈습하여 隨界를 성취할 수 있다는 것인가? 존재하는 것(有)과 존재하지 않는 것(無)은 상응(saṃbandha)의 뜻을 갖는 것이 아니다. (다시 말해 前時의 업과 번뇌가 존재할 때 後時의 6처는 존재하지 않으며, 後時의 6처가 존재할 때 前時의 업과 번뇌는 존재하지 않기 때문에 훈습은 이루어질 수 없다.)[25]

유가행파에서의 비판 또한 이와 동일하다. 무착은 앞서 인용한 어떤 이(경량부)의 주장(주20) ─이는 알라야식 논증을 총괄하는 결어로 설해진 것이다─ 에 대해 전 찰나의 色心은 오로지 等無間緣만 될 수 있을 뿐이라고 비판하였고,[26] 無性은 이와 관련하여 경량부처럼 色心이 전후 相生한다고 주장하는 경우 (다시 말해 전후찰나에 걸쳐 前法을 종자로 삼아 後法이 생겨난다고 주장하는 경우) 간접 원인인 等無間緣과 增上緣만 인정하고 정작 직접 원인(能生因)인 因緣은 부정하는 꼴이 되고 만다고 부언 해설하였다.[27]

"경량부처럼 前滅後生의 異時인과론의 입장에 서는 한 前法과 後法은 상응하지 않기 때문에 종자상속설은 불가능하다"는 중현의 비판은, 유가행파의 이른바 所熏四義 즉 '종자 소훈처가 갖추어야 할 네 조건' 중의 하나인 '相應性'(『성유식론』의 술어는 '和合性')으로 수용되었다. 이에 따라 무착은 6識의 경우 전후 두 찰나는 함께 존재(sahabhū: 俱有)하지 않기 때문에(二念不俱有), 다시 말해 前法(能熏)이 존재할 때 後法(所熏)은 아직 생겨나지 않았고, 後法이 생겨났을 때 前法은 이미 소멸하였기 때문에 서로 相應·和合(saṃbandha)하는 일이 없으며, 따라서 種子識이 될 수 없다고 비판하였다.[28]

---

25 『순정리론』권18(T29, 440c8-10). 원문은 본서 제10장 주74 참조.

26 『섭대승론』권상(T31, 137a17), "唯可容有等無間緣."

27 『섭대승론석』(玄奘 역)권3(T31, 396c10-11), "是故色心前後相生, 但應容有等無間緣及增上緣, 無有因緣."

28 『섭대승론本』(玄奘 역)권상(T31, 135a29-b1), "六識無相應 三差別相違 二念不俱有 類例餘成

2) 중현의 세친 종자설 비판

중현은 세친의 종자설 해명(주14)에 대해서도 역시 앞서 상좌에 대한 두 비판을 그대로 적용하여 비판한다.[29] 그는 먼저 종자와 그것이 훈습된 마음(소훈처)의 관계에 대해 묻는다. "종자(즉 功能差別)는 현행의 마음과 별도의 실체로서 존재하는 것이라 해야 할 것인가, 별도의 실체가 아니라고 해야 할 것인가?" 물론 별도의 실체가 아니다. 그러나 그럴 경우 세친이 말한 것처럼 불선심 중에 선심의 종자가 존재하여 불선심과 무간에 선심이 생겨날 수 있다고 해야 하며, 선심이나 무루심 중에도 불선심이나 번뇌의 종자가 존재하여 선심과 무간에 불선심이, 무루심과 무간에 번뇌가 생겨날 수 있다고 해야 한다.

중현의 비판을 직접 들어보자.

이 같은 특수한 功能(śaktiviśeṣa: 功能差別)의 종자가 선·불선심과 별도의 실체(arthântara)로서 존재하는 것이 아니라면, 어찌 선심(전 찰나 마음)이 불선심의 종자가 되고, 불선심이 선심의 종자가 된다는 사실을 인정하는 것이라 하지 않겠는가? 양식 있는 자(有心者)로서 그 누가 뜨거움(煖)과 불(火)은 어떤 경우에도 별도의 실체로서 존재하는 것이 아니라고 주장하면서 다시 "오로지 뜨거움만이 태울 수 있고 불은 능히 태울 수 없다"고 말하겠는가? 어떻게 那落迦(지옥)의 이숙과를 초래할 만한 불선심 중에

失." 한글번역은 제12장 주1 참조.

[29] 吉元信行(1985,「說一切有部による種子說批判--過去·未來の業と善法の種子」, p.112) 역시 중현의 經部·세친의 종자설 비판을 원인인 종자의 성질을 둘러싼 논란과 종자와 마음의 관계에 대한 비판(본고 주30)이라는 두 가지 점으로 요약하였지만, 정작 중현비판의 핵심인 異時因果에 대해서는 언급하지 않았다. 참고로 佐々木現順(1978,『佛教における時間論の研究』, pp.203-210; 황정일 역,『불교시간론』, pp.247-257)은, 중현의 세친 종자설 비판을 다만 '相續'이라는 관점에서 다루고 있다. 즉 세친 종자설에서 相續(saṃtāna가 아니라 saṃtati)은 명사로, "선행한 업에 의해 引起된 相續이 轉變·差別되어 미래의 결과로 낳아지게 된다"(본 장 제1절 ④)에서의 '상속'을 心相續으로 이해하여 '업'과 '마음'을 동일시하였다("業相續者, 謂業爲先, 後後刹那心相續起.": T29, 629b14; p.206; 황정일 역, p.251)는 사실에 집중하고 있다.

可愛의 이숙과를 초래하는 특수한 善思(선한 의지)에 의해 인기된 특수한 공능의 종자를 설정할 수 있을 것이며, 어떻게 末奴沙(manuśya, 인간) 등의 이숙과를 초래할 만한 청정한 선심 중에 非愛의 이숙과를 초래하는 특수한 惡思(악한 의지)에 의해 인기된 특수한 공능의 종자를 설정할 수 있을 것인가? --(중략)-- 또한 [그럴 경우] 특수한 思에 의해 인기된 특수한 공능의 종자는 [종자가 의탁하고 있는 현행의] 마음과 동일한 결과이기 때문에 무루심 중에도 역시 유루의 특수한 공능(=번뇌종자)이 존재한다는 사실을 인정해야 하며, 그런 즉 무루심도 역시 능히 [욕·색·무색의] 3有의 과보를 초래한다고 해야 한다. --(중략)-- 또한 退法性의 阿羅漢果는 물러나 [有學의] 번뇌를 일으키는 경우가 있기 때문에 아라한의 無學心 중에도 마땅히 3界의 번뇌종자가 존재한다고 해야 한다.[30]

종자가 현행식과는 별도의 실체로서 존재하는 것이 아니라면 마음은 온갖 종류의 종자로 뒤죽박죽 뒤섞여 있다고 하지 않으면 안 된다. 稱友(Yaśomitra)는 『俱舍論明瞭義釋』에서 이 같은 중현의 비판을 정리 인용하면서 "세친의 종자설 해명(주14)은 雜亂의 過失(sāṃkarya-doṣa)을 범한 것"이라는 그의 말을 더하고 있다.[31] 유부와 같은 실체론적 사유에서 하나의 법은

---

30 『순정리론』권12(T29, 397c6-17), "今汝所執, 功能差別種子, 與彼善不善心, 爲有別體, 爲無別體? 此無別體, 豈不許善爲不善種, 及許不善爲善種耶? 誰有心者, 執煖與火無有別體, 而復執言, '唯煖能燒, 火不能燒.' 云何能感那落迦等諸異熟果, 不善心中, 安置能感可愛異熟, 善思差別所引功能差別種子? 復云何感末奴沙等諸異熟果, 淨善心中, 安置能感非愛異熟, 惡思差別所引功能差別種子?"(c6-14) --"又應許思差別所引功能差別種子, 與心同一果故, 無漏心中, 亦有有漏功能差別. 則無漏心, 亦應能感三有之果. 無漏心中, 亦許安置煩惱種故, 則無漏心, 亦應能作煩惱生因." (c18-22) --"又退法性阿羅漢果, 或有退起諸煩惱故, 卽阿羅漢無學心中, 應有三界煩惱種子." (c25-27)

31 AKVy., pp.148. 26-149. 2. 원문은 본서 제10장 주118 참조. 물론 稱友는 이에 대해 "종자란 마음과는 별도의 실체(arthāntaraṃ)라고도, 아니라고도 할 수 없는 것, 즉 [마음에] 근거하여 가설된 것(upādāya-prajñpti-rūpatva)으로, 선심 중에 불선심의 종자가 생겨난 경우 이는 서로 훈습되고(vāsya, 所熏) 훈습하는(vāsaka, 能熏) 관계이지 선심이 불선심이 되는 것은 아니다. 종자는 다만 특수한 功能으로서, 功能(śakti)과 종자(bīja)와 훈습(vāsanā)은 동일한 것(śakti-viśeṣa-mātratvāt. śaktir bījaṃ vāsanēty eko 'yam arthaḥ)"이라고 해명한다. (AKVy., p.149. 2-16: 제10장 주119)

오로지 하나의 자성만을 갖는다. "法性의 種類에 차별이 있다고 하면서 개별적 실체가 아니라고 하는 이는 일찍이 보지 못하였다." 중현은 이것이야말로 세친(經主) 종자설의 최대 오류라는 말로 비판을 마무리한다.[32]

세친 종자설에 대한 두 번째 비판은 6식의 前滅後生에 따른 異時인과에 대한 것이다. 중현은 이같이 말한다.

> ① 전 찰나에 일어난 특수한 思(=종자, 能熏)와 후 찰나의 특수한 공능의 마음(=종자식, 所熏)이 어떻게 인과적 관계가 될 수 있고, 서로 相應(*saṃbandha)할 수 있다는 것인가? --(중략)-- ② 만약 思가 존재할 때 [마음에 특수한 공능이] 조금이라도 일어났다면 이러한 뜻(전·후법의 인과적 관계와 상응관계)이 성립한다고 말할 수 있을 것이다. 그렇지만 思가 존재할 때 [특수한 공능의 마음은] 전혀 일어난 일이 없으니, [경량부에 의하면] 미래법은 존재하지 않기 때문이다. [이렇듯] 전 찰나의 思와 후 찰나의 마음은 [각기] 존재하고 존재하지 않아 (다시 말해 전 찰나의 思가 존재할 때 후 찰나의 마음은 아직 생겨나지 않았고, 후 찰나의 마음이 생겨났을 때 전 찰나의 思는 이미 소멸하여) 함께하지 않거늘 어떻게 [전후찰나의 마음이] 인과적 관계로서 相應할 수 있다는 것인가?[33]

세친의 종자설 또한 말하자면 유가행파의 所熏四義 중 相應性을 어긴 것이다. 유부와 유가행파에서는 찰나 찰나를 개별적 실체의 상속으로 생각하였기 때문에 異時인과를 주장하는 한 종자설 자체가 불가능하였다.

세친의 종자설(제1절 ①)에 대한 중현의 두 비판은 선대궤범사의 복업증장 해석(제1절 ②)에도 그대로 적용되는데, 이에 대해서는 본서 제10장

---

32 『순정리론』권12(T29, 397c28-29), "又曾未見, 異種類法性有差別, 而無別體. 故彼所執極爲迷謬."
33 『순정리론』권10(T29, 397c29-398a7). 원문은 본서 제10장 주120 참조.

3-2-2 ('相續의 轉變과 差別설에 대한 중현의 비판')에서 논의하였다.

3) 무착의 경량부 종자설 비판

중현의 비판에 따르는 한, 종자설을 주장하려면 최소한 ① 功能差別의 종자(혹은 그 所依處)는 現行識(6識)과 다른 별도의 실체로서, ② 동시에 존재해야 한다는 두 가지 조건을 충족해야 한다. 유가행파에서는 이를 충족한 '알라야식'이라는 개념을 제시하였는데, 그럼으로써 중현의 종자설 비판을 알라야식 존재증명의 논거로 바로 활용할 수 있었다.

세친 종자설에 대한 중현의 첫 번째 비판 −"종자가 현행식과 별도의 실체가 아니라면 불선심 중에도 선심의 종자가 존재하여 불선심과 무간에 선심이 생겨난다고 해야 한다"(주30)− 은 『유가사지론』의 알라야식 논증 제4 有種子性證에서 언급된다.

[문:] 어떠한 이유에서 만약 알라야식이 존재하지 않는다면 種子性(*bījabhāva)
  이 존재한다는 것이 불합리하다고 한 것인가?
[답:] 이를테면 6識身은 [인과상속의] 展轉이 다르기 때문이다.
[문:] 그같이 말한 까닭이 무엇인가?
[답:] 善으로부터 無間에 不善性이 생겨나고, 불선과 무간에 다시 선성이
  생겨나고, 두 가지(선·불선)로부터 무간에 無記性이 생겨나고, 劣界와
  무간에 中界가 생겨나고, 中界와 무간에 妙界가 생겨나고, 이와 마찬가
  지로 妙界와 무간에 [中界가] 나아가 劣界가 생겨나고, 유루와 무간에
  무루가 생겨나고, 무루와 무간에 유루가 생겨나고, 세간과 무간에 출세
  간이 생겨나고, 출세간과 무간에 세간이 생겨나지만, 이와 같은 특성의
  종자성이 [6識身에] 존재한다는 것은 도리에 맞지 않기 때문이다.[34]

---

34 『유가사지론』(T31, 579b23-29). 원문은 본서 제13장 주50 참조.

여기서 '劣界·中界·妙界'는 神泰에 의하면 욕계 등의 3界, 혹은 下善·中善·上善이다. (T42, 594c5f) 즉 선심과 무간에 불선심이 생겨난 경우, 종자설을 주장하는 한 세친의 말대로 전 찰나의 선심 중에 존재한 불선심의 종자로부터 생겨난 것이라고 해야 하지만(주14) 단일한 마음(一心)에 선과 불선, 유루와 무루, 세간법과 출세간법이 비록 공능의 형식일지라도 함께 존재한다는 것은 모순이라는 것이다. 이는 경량부의 6識 종자설에 대한 직접적인 비판으로, 遁倫 또한 제4증의 취지를 이같이 규정하였다.[35]

세친 종자설에 대한 중현의 두 번째 비판인 "前法과 後法의 異時生起에 따른 不相應"(주33)은 『섭대승론』「所知依分」의 알라야식 존재증명 제1 煩惱雜染證으로 진술된다.

[문:] 어째서 [알라야식이 존재하지 않는다면] 번뇌의 잡염이 성취되지 않
  는다는 것인가?

[답:] 諸번뇌와 隨煩惱가 熏習하여 이루어진 그 같은 종자자체(*bījabhāva:
  種子體/性, 즉 功能)가 6識身에 존재한다는 것은 불합리(不應理)하기 때
  문이다.[36]

이는 곧 前滅後生의 6識身은 원인(前法=能熏)과 결과(後法=所熏)가 동시가 아니기 때문에 諸번뇌의 종자·훈습(vāsanā)도, 이것의 所依(vāsanāśraya)도 될 수 없으며, 따라서 이와는 별도의 실체로서 알라야식을 설정해야 한다는 논증으로, 이는 바로 6識身이 [심법의] 종자·수계의 住處라는 경량부 종자설에 대한 비판이다.[37]

---

35 『유가론기』권13上(T42, 594b29-c2), "第四相中意, 謂經部師等計, 六轉識能持於種. 今以諸心別
  異, 云何持種?" 『유가사지론』에서의 알라야식 존재증명 제4증은 본서 제13장 2-3 참조.
36 『섭대승론本』권상(T31, 135b26-27). 원문은 본서 제13장 주80 참조.
37 『섭대승론』에서의 알라야식 존재증명 제1증은 본서 제13장 3-1 참조.

『성유식론』에서는 앞서 인용한 어떤 이(경량부)의 종자상속론(色心自類無間相熏說: 주21)에 대해 이같이 비판한다.

> 그의 주장은 올바른 이치가 아니니, [前法이 존재할 때 後法은 아직 생겨나지 않았고 후법이 생겨났을 때 전법은 이미 소멸하여] 훈습되는 일이 없기 때문이다. 즉 그것들(色心)은 [각기] 自類에 훈습되는 일도 없다고 하였거늘 어찌 前法이 後法의 種子(즉 원인)가 된다고 주장할 수 있을 것인가?[38]

4. 세친의 딜레마: 경량부 종자설의 변호와 비판

1) 세친의 경량부 종자설 변호

이렇듯 경량부 종자설에 대한 유부와 유가행파의 비판은 형식이 동일하다. 이는 곧 그들의 교학적 기반이 동일하였음을 의미한다. 유위의 현상세계를 그것의 因緣이 되는 諸法의 相應·和合관계로 이해한 유부의 경우 그 같은 제법의 동시성을 강조하지 않으면 안 되었다. 예컨대 善心을 성취하려면 마음과 受·想·思 등의 大地法과 信 등의 善法이 동시에 함께 일어나야 한다. 그렇지 않을 경우 心과 諸 心所는 所依(āśraya, 根)와 所緣(alāmbana, 境)과 行相(ākāra)이 달라 인식 자체가 불가능하기 때문이다. 유부에서는 이와 같은 心과 心所의 不相離의 平等관계를 '相應(saṃprayukta)'이라 하였다. 심·심소의 相應俱起說은 유부교학의 전제였다.

유가행파에서 비록 유부가 인연(즉 종자법)으로 파악한 객관의 제법을 알라야식 내부의 종자로 환원시켰을지라도 심·심소는 유부와 마찬가지로 개별적 실체로서 相應俱起하는 것으로 이해하였다. 알라야식(異熟識)의 경

---

38 『성유식론』권3(T31, 15c25-27), "彼執非理, 無熏習故. 謂彼自類, 旣無熏習, 如何可執'前爲後種'?"

우 또한 예외가 아니다. 즉 그들은 能緣의 見分(인식주체)으로 이해한 行相은 예외로 하더라도, 또한 6식과는 別體로서 제7·제8식을 설한 까닭에 所緣과 法 자체(dravya: 事)는 동등(相似)할지라도 일체의 심·심소는 동일찰나에, 동일한 所依에 근거해야 한다고 주장하였다.[39]

이에 대해 상좌(경량부)는 受·想·思를 제외한 그 밖의 심소의 개별적 실재성도 인정하지 않았을 뿐만 아니라 심·심소의 所依와 行相·所緣이 서로 유사한 시간에 유사하게 일어나는 것(相似轉: T29, 341c10)을 '相應'으로 이해하였다. 스승과 제자가 앞서고 뒤따르더라도 '함께 간다'고 말하듯이, 경에서는 찰나 찰나의 無間生을 '俱起(또는 俱生, sahajāta)'로 설하였다는 것이다.[40]

따라서 경량부에 있어 "제법의 相應은 동시에, 별체로서 존재하는 법 사이에서만 일어나기 때문에 전후찰나에 걸친 종자상속설은 성립할 수 없다"는 유부/유가행파의 비판은 사실상 무의미하다. 그것은 실체론적 사유에 기반한 비판이기 때문이다. 우유-요구르트의 예로 말하자면, 유부의 경우 요구르트는 우유에 근거하여 생겨난 것으로 각기 개별적 실체이지만, 경량부의 경우 우유가 변화하여 요구르트가 된 것이기 때문에 요구르트가 생겨났을 때 더 이상 우유는 존재하지 않는다. 경량부가 이미 소멸한 과거법과 아직 생겨나지 않은 미래법의 실재성을 부정한 것은 바로 종자상속설에 따른 것이었다. 종자설에 의하는 한 "과거 업이 바로 미래의 결과를 낳는 것이 아니다." (제1절 ④)

『순정리론』은『구사론』상의 세친의 경량부적 견해를 비판하기 위해 저술된 것이기에 매우 제한적이기는 하지만 중현의 비판에 대한 세친의

39　『성유식론』권2(T31, 11c29), "此觸等五, 與異熟識, 行相雖異, 而時依同, 所緣事等. 故名相應."; 『유가론』권55(T30, 602a24-25).

40　본서 제5장 1-1; 2 참조.

해명을 전하고 있다. 그 또한 상좌(경량부)와 마찬가지로 종자와 종자가 훈습되는 마음(6식)을 전후 繼時的 인과관계로 이해하였음은 물론이다. 그는 "心法의 異時繼起를 주장하는 한 전법과 후법, 能熏과 所熏이 상응하지 않기 때문에 종자설은 성립할 수 없다"는 중현의 비판(주33①)에 이같이 반문하고 있다.

여기에 무슨 의심이 있다는 것인가? 因果란 원래 그러한 것(法爾: 즉 전후찰나의 관계)이다. 요컨대 전 찰나에 특수한 思가 존재하였기 때문에 바야흐로 후 찰나의 마음에 특수한 功能이 생겨나게 된 것이다. 만약 전 찰나에 특수한 思(말하자면 번뇌와 업)가 존재하지 않았다면 후 찰나의 마음에 특수한 공능은 일어나지 않았을 것이다. 그렇기 때문에 이러한 [전후의] 두 찰나[의 마음]은 인과적 관계가 될 수 있고, 서로 相應할 수 있는 것이다.[41]

세친은 이미 『구사론』에서 '相續의 轉變과 差別'(제1절 ①)에 대해 해명하면서 상속(santati)을 "[전후] 인과적 관계(因果性, hetuphalabhūtā)로서 존재하는 三世의 諸行"으로 정의하였다.[42] 세계는 오로지 찰나생멸하는 法과 그것들의 인과적 관계로서만 존재할 뿐, 실체(법)가 갖는 작용의 [실제적] 화합에 의한 것이 아니다.[43]

상좌 역시 "업과 번뇌는 시간적 간격을 갖는 6處와 상응하지 않기 때문에 수계설은 성립하지 않는다"는 중현의 비판(주25)에 대해 동일한 형식으로 반문한다.

---

41 『순정리론』권12(T29, 398a2-5). 원문은 본서 제10장 주120 참조.

42 AKBh., p.64. 6, kā ceyaṃ santatiḥ. hetuphalabhūtās traiyadhvikāḥ saṃskārāḥ.; "何名相續? 謂因果性三世諸行." (T29, 22c14f) 제10장 주110 참조.

43 AKBh., p.31. 12-13, nirvyāpāraṃ hīdaṃ dharmamātraṃ hetuphalamātraṃ ca.; "唯法因果, 實無作用." (T29, 11b3) 이에 대해서는 본서 제6장 제2절 '和合見說과 경량부의 根·識 無作用說' 참조.

어찌 因果로서 상응할 수 있다고 하지 않겠는가? 즉 [前時의 업과 번뇌는] 그것(後時의 6처)과 특성(*lakṣaṇa)이 동등(즉 ‘相似’: 주39 본문 참조)하여 그것으로 하여금 [生이라는 또 다른 결과를 낳는] [因]緣(즉 隨界)을 성취하게 하기 때문이다.[44]

생략된 말이 많아 의미파악이 쉽지 않다. 중현은 "이러한 업과 번뇌는 그러한 後時로 상속한 6處와 性類(존재의 양태)가 각기 다른데, 어떻게 이것(업과 번뇌)의 특성과 그것(6처)의 특성이 동등하다는 것인가?"[45]라는 재비판을 통해 상좌의 생각을 다음과 같이 확인하고 있다.

그의 생각은 이러한 것이다. 업과 번뇌와 함께 하는 6處로서 장차 소멸하려는 것은 후 찰나의 6處와 그 특성(相)이 동등하여 그것으로 하여금 [生이라는 또 다른 결과를 낳는] [因]緣性([hetu]pratyayatā, 즉 수계)을 성취하게 한다.[46]

업과 번뇌를 일으킬 때의 6처(前法)와 이것이 훈습된 6처(後法)는 전후 시간을 달리할지라도 유부처럼 별도의 실체가 생겨난 것이 아니라 전법이 후법으로 바뀐(변화한) 것으로, 前法이 막 소멸하려고 할 때는 이미 後法과 동등한 특성을 띠기 때문에 인과적 관계로서 상응하는 것이라 말할 수 있다. 예컨대 ‘우유 - 요구르트’의 관계로써 말하면, 유부는 양자를 별도의 自相을 지닌 別體로 간주하여 우유(前法)는 생겨나는 순간 과거로 사라지고 (법 자체는 恒有이기 때문에 소멸하지 않는다) 그 순간 미래로부터 요구르

---

44 『순정리론』권18(T29, 440c10f). 원문은 제10장 주76 참조.
45 "此業煩惱, 與彼後時相續六處, 性類各別, 如何此相與彼相同? 豈得相應, 令成緣性?" (T29, 440c13-15)
46 『순정리론』권18(T29, 440c15-16). 원문은 제10장 주78 참조.

트(後法)가 생겨난다고 말하지만, 경량부의 경우 우유가 요구르트로 변화한 것으로, 우유가 장차 소멸하려고 할 때는 이미 요구르트와 동등한 특성을 띠기 때문에 전후법의 '相應'을 말할 수 있다는 것이다. 그리고 後法이 아직 생겨나지 않았을지라도 그것(즉 후 찰나의 6처)은 누구나 인정하는 존재(極成有)로, 세간에서 '밥을 짓는다'거나 '보리 가루를 빻는다'고 말하듯이 미래존재(當有)에 근거하여 '그것의 특성과 동등하다"고 말할 수 있다고 해명한다.[47]

흥미롭게도 이러한 세친과 상좌의 해명은 『성유식론』에서 인용 비판하는 有餘部(다른 어떤 부파)의 학설에서 보다 분명하게 확인할 수 있다.

> 有餘部에서는 말하였다. 비록 과거·미래가 존재하지 않을지라도 因果로서 항상 相續한다고 할 수 있다. 즉 現在法은 매우 신속하게 [생멸]하지만 처음과 끝의 생겨나고 소멸하는 두 때가 존재하니, 생겨날 때는 원인(즉 前法)에 따르고 소멸하는 때는 결과(즉 後法)를 이끈다. [이러한 생겨나고 소멸하는] 시간은 비록 두 [형태]일지라도 법 자체는 동일하다. (현재법은 前法의 결과이자 後法의 원인이기에 '一法二時'임) 전 찰나의 원인이 막 소멸하려는 때가 후 찰나의 결과가 막 생겨나려는 때로서, [소멸하고 생겨나는 법] 자체의 相은 비록 다를지라도 동시에 함께 존재한다. (前滅後生의 인과는 '二法一時'임) 이와 같은 인과는 [유가행파가 말하듯] 일시 施設되는 것이 아니다. 그렇지만 [대승중관이나 설일체유부의 주장과 같은] 斷滅도 常住도 떠난 것이다. 또한 앞서 [제기된 "원인이 현재 존재하는 상태에서는 후 찰나의 결과가 아직 생겨나지 않았거늘 원인은 무엇의 원인이라는 것이며, 결과가 현재 존재할 때 전 찰나의 원인은 이미 소멸하였거늘 결과는 무엇의 결과라는 것인가?"라는] 힐난(T31, 12c21-25)도 적

---

[47] "'彼相'言, 依當有說, 如世間說 '煮飯磨麨', 以彼當來極成有故,"(T29, 440c19f)

용되지 않으니, 지혜를 가진 자로서 그 어떤 이가 이를 버리고 다른 주장을 믿겠는가?[48]

『성유식론』에서의 비판은 일찰나의 一法에 서로 모순되는 생기와 소멸이라는 두 때와 두 특성이 있을 수 없다(T31, 13a9-16)는 것이며, 앞서 상좌 해명에 대한 중현의 비판은 "前法이 장차 소멸하려고 할 때라도 후시의 6處 자체는 아직 생겨나지 않았기 때문에 [전법과 후법의] 특성이 동등하다고 말할 수 없다"(T29, 440c16-18), 다시 말해 "존재와 비존재, 생겨난 것과 아직 생겨나지 않은 것, 소멸한 것과 생겨난 것의 특성이 동등하다고 말할 수 없다"(T29, 440c29ff)는 것이다. 유부와 유가행파는 전후 찰나의 법을 '능히 自相(svalakṣaṇa)을 갖는' 개별적 실체로 이해한다는 점에서 궤를 같이한다.[49]

더욱이 『성유식론』에서는 有餘部에 대해 비판하고 나서 "경량부 등은 종자식으로서 알라야식의 존재를 인정하지 않기 때문에 그들이 주장하는 因果相續의 이치 역시 불확정적인 것(不成, *asiddha)"이라 결론 맺는다.[50] 窺基는 앞의 '有餘部'를 上座部 즉 상좌일파로(T43, 339c26ff), 여기서의 '경량부'를 색심호훈설로 해설하였지만(동 340c18ff), 문맥 상 경량부 비판은 有餘部 비판의 귀결이다.

2) 세친의 경량부 종자설 비판

이처럼 세친은 『구사론』에서 상좌 슈리라타의 수계·종자설을 차용하

---

48 『성유식론』권3(T31, 13a4-9). 원문은 제10장 주79 참조.

49 '能持自相'은 설일체유부에서의 法(dharma)의 정의이지만(svalakṣaṇadhāraṇād dharmaḥ: AKBh. p.2. 9; T29, 1b9), 무착은 일체법의 種子의 뜻인 界(dhātu)를 能持自相의 뜻으로 정의하였다. (『대승아비달마집론』 T31, 666c27-28), "界義云何? 一切法種子義. 又能持自相義. 又能持因果性義. 又攝持一切法差別義."

50 『성유식론』권3(T31, 13a16-17), "經部師等因果相續理亦不成. 彼不許有阿賴耶識能持種故."

여 得(prāpti)이나 無表, 삼세실유설 등의 유부 제 학설을 비판하는 한편, 異時인과설에 따르는 한 종자설은 불가능하다는 중현의 비판에 대해서도 역시 상좌에 따라 異時 상응설을 변호하였다. 그러나 그는 어떠한 이유에서든 유가행파로 전향한 이상 이들의 교리에 따라 일찍이 자신이 善說로 간주하였던 경량부 종자설을 비판하지 않으면 안 되었다. 유가행파에서는 전술한 대로 중현(유부)의 비판을 수용하여 "현행식(6식)과는 별체이고, 또한 동시에 존재하는 '알라야식'"이라는 개념을 설정함으로써 바야흐로 중현의 비판을 알라야식 논증의 논거(즉 경량부의 6識 종자설 비판)로 삼을 수 있었다.

예컨대 무착은 『섭대승론』에서 種子識의 네 조건(所熏四義) 중 相應性에 대해 언급하고서 "6識은 [전후의] 두 찰나가 동시에 존재(sahabhū)하지 않기 때문에 [能熏(즉 종자)과] 상응·화합(saṃbandha)하는 일이 없다"(주28)고 비판하였는데, 세친은 이를 '경량부'(眞諦 역) 혹은 '비유자'(玄奘 역) 주장에 대한 비판으로 평석하고 이같이 비평 해설하였다.

[진제 역:] 經量部는 설하였다. "前念이 後念에 훈습한다. 왜냐하면 두 識은 일찰나에 함께 일어나지 않기 때문에 동시일 수 없는 것이다."
그러나 이러한 뜻은 옳지 않다. 왜냐하면 [本論(『섭대승론』)에서] '일찰나에 [전후의] 두 법이 함께 하지 않는다'[고 하였기 때문이다]. 곧 能熏과 所熏[의 두 법]이 만약 동시에 존재한다면 함께 생겨나고 함께 멸하여 熏習이 성취될 수 있지만, 만약 동시에 존재하지 않는다면 훈습의 뜻은 성취될 수 없다는 말이다. 왜냐하면 能熏이 존재할 때 所熏은 아직 생겨나지 않았고, 所熏이 생겨났을 때 能熏은 이미 과거로 落謝하여 어떠한 경우에도 전후찰나[의 두 법]이 동시에 함께 일어나는 일은 없다. 그렇기 때문에 6識은 [전후의 두 찰나가] 함께 일어나지 않으며, 따라서 [서로] 훈습하는 일도 없다.51

---

51 『섭대승론(세친)석』권2(T31, 166b3-10). 원문은 본서 제12장 주47 참조.

[현장 역:] 譬喻論師는 前念이 後念에 훈습한다고 주장하려 하였기에, 이를 막기 위해 [本論에서] "[전후의] 二念은 동시에 함께 존재하지 않는다"고 말한 것이다. 즉 어떠한 경우에도 [전후의] 두 찰나[의 법]이 동시에 존재하거나, 함께 생겨나고 함께 멸하여 [서로] 熏習하며 머무는 일은 없기 때문이다.[52]

이는 바로 과거 중현이 자신의 종자설에 대해 비판했던 것(주33)과 동일한 형식의 비판이다. 아이러니하게도 세친은 이제 유가행파의 논사로서 과거 중현이 자신을 비판했던 것과 동일한 논리로써 경량부의 종자상속설을 비판하고 있는 것이다.

또한 세친은 무착이 알라야식의 논증을 끝마치면서 "色心이 無間으로 생겨날 때 [전 찰나의 제법은 후 찰나] 제법의 종자가 된다"는 어떤 이(無性에 의하면 '경량부': 주20)의 주장을 보다 구체적으로 인용하고서 이 역시 유부의 4緣說에 따라 "전 찰나의 제법은 오로지 등무간연만 될 뿐 인연(能生因)은 될 수 없다"고 비판하였다.

어떤 이는 이같이 주장하였다. "전 찰나의 色이 능히 종자가 되니, 후 찰나의 색은 그것으로 인해 생겨난다. 전 찰나의 識과 후 찰나의 識의 관계도 역시 그러하다."--(중략)--
그러나 만약 그와 같다고 한다면 전 찰나의 色은 후 찰나의 색에 대해, 전 찰나의 識은 후 찰나의 識에 대해 等無間緣만 될 수 있을 뿐 어떤 경우에도 因緣은 될 수 없음을 알아야 한다.[53]

---

52 『섭대승론(세친)석』권2(T31, 330a9-11). 원문은 본서 제12장 주48 참조.
53 『섭대승론(세친)석』권3(T31, 336a13-21), "釋曰: 若復有執. '色心無間生, 是諸法種子'者. 謂若有執: '前刹那色, 能爲種子, 後刹那色因彼而生. 前識後識, 相望亦爾.' 此前已破. -- 若如是者, --(중략)-- 前刹那色, 望於後色,; 前刹那識, 望於後識, 應知容有等無間緣, 無有因緣." 이에 대한 無性釋은 본 장 주20 참조.

이 또한 중현이 경량부의 종자상속론에 대해 비판하였던 것(주24)과 동일한 논리이다. 이러한 세친의 해설은 前法은 다만 後法이 일어나는 데 길을 터주는 '開避引導(開導)'의 역할만 할 뿐이기 때문에 후법을 낳는 직접적인 원인 즉 因緣이 별도로 존재해야 한다는 유부적 사유에 기초한 것이다. 경량부처럼 6識의 종자 상속설을 주장하는 한 전법은 다만 소멸에 의한 開避로서의 후법의 생기조건이 아니라 그 자체 후법의 能生因이다. 해서 상좌는 등무간연을 말 그대로 동등한 결과를 무간에 낳는 법으로 이해하였다.[54] 譬喩論師는 색법도 등무간연이 된다는 예로서 우유에서 요구르트(酪)가, 술에서 초(酢)가, 씨앗에서 싹이, 꽃에서 열매가 생겨난다는 사실을 들고 있다.[55]

세친은 이러한 사실을 잘 알고 있었다. 일찍이 『구사론』에서 결과는 결과산출의 공능을 지닌 名色 즉 相續의 전변과 차별에 의해 실현된다고 주장하였을 뿐만 아니라 名色의 種子性을 묻는 중현에 대해 전후찰나로 相熏하는 心識(6식) 종자설로 해명하였기 때문이다. 또한 지금 자신이 행하고 있는 비판이 과거 자신을 비판하였던 중현의 논리와 동일하다는 것도 잘 알고 있었을 것이다. 하지만 그때 그는 그 같이 비판한 중현을 天愛(devānām priya) 즉 '어리석은 이'로 소소하였다. 중현의 비판이 다만 유부의 실제론적 시유(法有論)에 근거한 것으로 경량부에는 전혀 유효하지 않았기 때문이다. 그렇다면 『섭대승론석』에서의 자신의 비판 또한 경량부/비유자에게 전혀 유효하지 않다는 사실도 잘 알고 있었을 것이다. 유가행파와 경량부 또한 이미 교학적 전제가 달랐기 때문이다.

예컨대 세친은 일찍이 멸정유심설을 주장하였고 이에 따라 명색/5온

(심법의 종자의 경우 6식) 종자설을 주장하였지만, 바야흐로 『성업론』에서는 알라야식 종자설의 논리로써 이러한 형식의 종자설을 비판하였다. "無心定이나 無想天에서 心相續이 끊어질 경우 여기에 훈습된 功能의 轉變과 差別 역시 끊어질 것인데, 어떻게 미래 愛·非愛의 결과를 낳을 수 있을 것인가?"[56]

5. 소 결

본 장에서는 『구사론』 상에 논설된 세친의 종자설과 관련하여 당시 경량부, 설일체유부, 유가행파의 대표 논사였던 상좌 슈리라타와 중현과 무착의 관계를 조망해보려고 하였다. 이들 4인은 거의 동일한 시기에 동일한 지역에서 활동하였고, 특히 세친은 이들 세 학파 모두를 편력하였다. 상좌(경량부)와 가까이하여 그들의 종자설에 따라 자신이 몸 담았던 유부학설(毘婆沙)을 비판하기도 하였고, 유가행파의 교의에 따라 한때 善說로 평가하였던 경량부 종자설을 비판하기도 하였다. 이러한 사실은 상좌와 세친의 수계·종자설을 인용 비판하고 있는 중현의 『순정리론』을 통할 때 비로소 확인 가능하다. 『구사론』 상의 종자설은 因緣論으로서 논설된 것이 아니라 다만 유부학설의 비판논리로 제시된 것이어서 너무 疏略하기 때문이다.

결론을 대신하여 본 장에서 다루어진 주요 내용을 요약 정리하면 이와 같다.

첫째, 業果(karma-phala) 상속의 경우 '相續(saṃtati)의 轉變과 差別'설로 일컬어지기도 한 『구사론』 상의 종자설은 상좌 슈리라타(경량부/비유자)의

---

[56] 『대승성업론』(T31, 783c11-14), "若所作業體雖謝滅, 由所熏心相續功能轉變差別, 能得當來愛等果者, 處無心定及無想天心相續斷. 如何先業能得當來愛非愛果?"

수계·종자설과 밀접한 관련이 있다. 그것은 상좌학설에 기초한 세친 자신의 이해라 할만하다. 따라서 "종자란 결과를 낳는 직간접의 능력(隣近·展轉功能)을 지닌 名色"(제1절 ①)이라는 세친 종자설 또한 색법의 종자는 색근에, 심법의 종자는 마음에 훈습한다는 色心自類相熏說로서 선대궤범사의 色心互熏說과는 무관하다. 색심호훈설은 滅定無心說에 기초한 학설이지만, 상좌나 세친은 滅定有心說을 견지하기 때문이다. 물론 색심의 自類상속을 주장할지라도 선·불선, 유루·무루 등의 법은 모두 마음과 관계하는 心法이기 때문에 色心의 상속 중 心相續이 중시될 수밖에 없다.

둘째, 실체론적 사유에 기초한 중현은 '前法(전 찰나의 색심)이 後法의 종자가 된다'는 상좌의 종자상속설에 대해 두 가지 점에서 비판한다. (1) 종자(能熏)가 소의처인 마음(所熏)과 별도의 실체가 아니라면 等無間緣(전 찰나의 마음)과 因緣(=종자)은 동일한 것이 되고 말며, (2) 양자는 동시가 아니기 때문에, 다시 말해 前法이 존재할 때 後法은 아직 생겨나지 않았고 후법이 생겨났을 때 전법은 이미 소멸하였기 때문에 相應(즉 훈습)이 불가능하다. 이러한 비판은 물론 세친의 종자설(제1절 ①)에도, 선대궤범사의 '상속의 전변과 차별'설(제1절 ②)에도 그대로 적용된다.

셋째, 중현의 비판에 따르는 한 종자설을 주장하려면 최소한 (1) 종자(혹은 種子 소의처)는 현행식(6識)과 다른 별도의 실체로서, (2) 이와 동시에 존재해야 한다는 두 가지 조건을 충족해야 한다. 유가행파의 알라야식은 바로 이러한 두 가지 조건을 충족한 개념이었다. 이에 따라 그들은 중현의 두 비판을 알라야식 존재증명의 논거로 활용할 수 있었다. 이는 곧 유가행파가 색법 등의 외계 실재성을 부정하고 내계의 종자로 환원시켰을지라도 사실상 교학적 기반이 유부와 동일하였음을 의미한다.

넷째, 상좌의 상속설에 의하면 매 찰나는 개별적 실체의 현현이 아니라 前法의 변화이기 때문에 전후찰나는 실체적으로 단절되지 않는다. 전법은 장차 소멸하려고 할 때 후법과 동등(相似)한 특성을 띠기 때문에 인과적 관계로서 상응(훈습)할 수 있다. 세친 또한 이에 따라 인과란 '원래 그러한 것(法爾)'이라고 말한다. 그러나 대승 유가행파로 전향한 세친은 무착의『섭대승론』을 해석하면서 과거 자신이 善說(sādhu)로 천명하였던 경량부 종자설에 대해, 과거 자신을 비판하였던 중현과 동일한 논리로써 비판하지 않으면 안 되었다.

우리는 이율배반적인 그의 사상적 전향을 어떻게 이해해야 할 것인가? 이를 理長爲宗 즉 "누구의 이론이든 뛰어난 것을 종의로 삼는다"는 세친교학의 특징으로 이해해야 할 것인가? 그러나 각각의 주장은 이미 전제가 다르기 때문에 서로에 대한 비판이 유효하지 않다는 사실을 세친은 이미 잘 알고 있었을 것이다. 혹 어쩌면 그의 사상적 전향이 지적 관심에 따른 취사선택이었는지도 모르겠다. 세친은 일찍이 유부를 선택하였고, 경량부를 선택하였으며, 다시 新興의 유가행파를 선택하였다. 그는 대단한 지적 편력자였다. '理長爲宗'은 이에 따른 후대의 修辭였을지도 모르겠다.

제15장 **요약과 결론**

이 책은 《上座 슈리라타의 經部毘婆沙 연구》의 제2부이다. 제1부『上座 슈리라타와 經量部』가 경량부의 정체 -'經을 지식의 근거(量)로 삼는 일군의 譬喩者'인 상좌 슈리라타 일파- 에 대해 밝힌 것이라면, 제2부는 상좌 슈리라타의 경량부 사상의 일단을 서술한 것이다. 경량부는 설일체유부 毘婆沙師와 중관·유가행파와 더불어 불교 4대 학파의 하나로 열거되지만, 이 부파의 部主인 上座(Sthavira) 슈리라타(Śrīlāta: 勝授)는 어떤 이유에서인지 불교사에서 잊어졌고, 그가 지었다는『經部毘婆沙(*Sautrāntikavibhāṣā)』도, 그의 불교학의 키워드라 할 만한 '舊隨界(*pūrvānudhātu)'도 역시 불교사상사에서 사라졌다 대신 그이 흔적이 남아 있는 세친의『구사론』이 경량부의 주요문헌으로 간주되었다.

그런데 중현은『구사론』을 비판하면서 세친 異說의 배후로서 상좌를 지목하고서 그의 학설을 대규모로 전하고 있다. 이 책에서는『經部毘婆沙』로부터 인용하였을 것으로 추측되는 중현의『순정리론』상에 논설된 상좌의 말과 주장, '그의 論'이나 '저들 부파(彼部)의 論', 상좌일파(上座部黨, 上座宗, Sthavirapāṣika)의 말, 경량부/비유자의 학설, 혹은 중현의 비판 중에 언급된 상좌의 해명,『구사론』상에서의 세친의 유관논설과 상좌 설로 평석된 有餘師 설, 이와 동일한 경향의『바사론』상의 譬喩者 설, 그리고 유가 법상종의 문헌, 이를테면『유가사지론』『섭대승론』『성유식론』등과 이들 諸論의 주석서 상에서 인용 비판되고 있는 경량부/비유자, 혹은 末經部나 上座部의 논설 등을 주요 자료로 이용하여 상좌 슈리라타의 경량부 사상을 재구성하였다.

이 책은 서설과 총 4편 14장의 본론으로 구성되었다.

서설에서는 종래 '경량부=세친'설에 의문을 제기하고 4-5세기 (혹은 3-4세기) 인도불교 연구에 있어 상좌 슈리라타의 중요성을 강조하였다.

제1편은 총론으로 상좌의 제법분별론과 찰나멸론에 근거한 이른바 本無今有論(즉 過未無體論)에 대해 논의하였다.

제1장에서는 諸法分別의 기본형식인 5蘊·12處·18界의 3科에 대한 上座의 견해를 살폈다. 상좌는 積聚(rāśi)의 뜻인 蘊은 물론이고 5根과 5境의 有色處 역시 大種所造, 極微和合의 世俗有(또는 假有)로 이해하고, 이에 근거한 眼등의 5識 또한 의지할 만한 것이 되지 못한다고 주장하였다. 그는 말하자면 감각지각을 불신하였는데, 이는 5식이 극미 화합의 세속유를 인식대상으로 삼기 때문이었다. (5식이 어떻게 세속유/가유를 인식대상으로 삼을 수 있다는 것인가? 하는 점에 대해서는 제7장에서 다루었다.) 상좌에 의하면 극미는 다만 취집된 색(聚色)의 부분(avayava: 方分)으로 제 극미 사이의 직접적인 접촉도 가능하다. 그는 이러한 형식의 극미 집합을 '和合'이라 하였다. (이에 반해 극미 無方分설을 주장하는 유부의 경우 色聚는 제 극미가 無間으로 생겨나 상호 견인력에 의해 집합해 있는 상태로, 중현은 이러한 형식의 극미 집합을 '和集'이라 하였다.)

나아가 상좌는 3科 중 18界를 이 같은 世俗有의 所依가 되는 실체 즉 勝義有로 이해하였다. 그에게 있어 界(dhātu)는 일체법의 所依·種子로, 예컨대 觸處가 4대종으로 이루어진 가유라면 觸界는 이것의 소의가 된 4대종이

908

다. 그는 아함 상에서 惡叉(akṣa) 열매더미에 비유된 種種界(nānādhātu)를 舊隨界(*pūrvānudhātu) 혹은 隨界(*anudhātu)라고 하였는데, 그것은 객관의 실체로서 존재하는 것이 아니라 유정의 상속 중에 隨逐하기 때문이었다. (제10장 상론) 이에 따라 상좌는 현행의 일체법인 12處를 다만 異熟生으로 이해하였다. 물론 이때 이숙생은 유부가 주장하듯 과거로 낙사한 선악업(즉 무표업)에 의한 것이 아니라 과거 선악업이 소의신 상에 훈습되어 성취된 수계·종자에 의한 것이다.

제2장과 제3장에서는 각기 유부 外境論과 心識論에 대한 상좌의 비판을 살폈다. 그는 색법 중의 形色과 所造觸, 불상응행법, 그리고 무위법의 假有를 주장하였고, 일체의 心所法을 마음의 차별로 간주한 비유자나 하리발마와 달리 受·想·思 세 법의 실재성을 인정하였다. 그 밖의 觸과 三摩地는 마음의 차별로, 作意 등 제 심소법은 모두 思의 차별로 이해하였다. 그렇지만 그는 비유자와 마찬가지로 識과 受·想·思 등의 제심소의 次第繼起說을 주장하였다.

이 같은 사실은 이미 동아시아 불교전통에서도 알려진 내용이다. 즉 普光은 세친의 過未無體論에 대해 해설하면서 현재의 12處 또한 색·성·촉·법저의 일부, 이를테면 형색·語表·소조촉과, 受 능을 제외한 심소법과 불상응행, 그리고 무위법의 기유설을 『순정리론』에 언급된 경량부 즉 上座宗의 주장으로 논설하였고, 심·심소 무별체설(受·想·思는 心王의 작용에 따른 차별이고 그 밖의 심소는 다 思의 차별)과 識−受−想−思의 繼起說을 滅定有心說을 주장한 世友(經部本師 쿠마라라타의 문도)의 학설로 전하였기 때문이다.

제4장에서는 상좌의 刹那滅論과 이에 따른 過未無體 즉 '本無今有 有已還無'論에 대해 논의하였다. 아울러 유부의 삼세실유의 논증에 대한 그의 비판도 함께 다루었다. "유위제법은 그 자체의 실체성을 획득함과 無間에 바

로 소멸한다”는 상좌의 刹那滅論은 이른바 ‘滅不待因’설로 일컬어지는 비유자의 自然滅(svayam nirodha)論에 기초한 것인데,『구사론』상에서 세친이 규정한 刹那의 정의－‘[有爲法]得體無間滅(ātmalābho 'nantaravināśī)’도 이에 따른 것이었다.

‘法 자체가 찰나에 생멸한다’는 상좌의 말은, 그것이 생겨나기 이전(=미래)이나 소멸한 이후(=과거)에는 존재하지 않는다는 말로 유위제법의 생멸은 作用에 한정될 뿐 法 자체는 恒有라는 유부의 주장과 근본적으로 대립한다. 상좌의 찰나멸론과 이에 따른 根·境·識의 異時인과설은 사실상 새로운 불교학의 예고였다. 過未無體說은 물론이고 그의 인식이론(제2편)도, 수계 종자설(제3편)도 이 같은 찰나멸론에 따른 이론적 귀결이라 할 수 있기 때문이다.

제2편에서는 찰나멸론과 심·심소의 次第繼起說에 기초한 상좌의 인식이론과 이와 관련된 몇 가지 특수한 문제에 대해 논의하였다.

먼저 제5장에서는 심·심소의 차제계기설에 따른 상좌의 인식론에 대해 정리하였다. 이에 의하는 한 根(所依)·境(所緣)과 識과 이에 수반되는 受·想 등의 심소는 동시가 아니기 때문에 심·심소는 동시 병존하는 대상이 아니라 과거의 대상, 이를테면 識은 전 찰나, 受와 想은 2찰나와 3찰나 전의 대상을 소연으로 삼는다고 하지 않으면 안 된다. 眼과 色이 존재할 때 眼識은 아직 생겨나지 않았고, 眼識이 생겨났을 때 眼과 色은 이미 소멸하였기 때문이다. 이에 따라 상좌는 所緣을 識을 발생시킨 외계대상과 다음 순간 識에 나타난 그 형상, 즉 所緣緣과 所緣境으로 구분하여 인식을 외계에 대한 것이 아니라 내계 형상(ākāra: 行相)에 대한 자기인식(自證)으로 이해하였다. 이러한 상좌의 인식론은 수계·종자설과 결부되어(후술) 불교학의 대변혁을 예고하는 것이었다.

910

제6장에서는 『대비바사론』 상의 비유자의 和合見說과 『구사론』 상의 경량부의 '根·識=無作用'說에 대해 논의하였다. 상좌는 和合見說의 '화합'을 根·境과 識이 서로에 대해 원인과 결과가 되는 계시적 인과관계로 규정하였다. 그럴 경우 삼자 사이에 실제적 작용은 일어나지 않는다. 경량부의 '根·識=無作用'설은 바로 "제법은 오로지 인과적 관계로서만 존재할 뿐 작용을 갖지 않으며, 따라서 '눈(眼根)이 본다'거나 '識이 了別(인식)한다'는 말은 다만 세간의 언어적 관례일 뿐"이라는 주장으로, 상좌 역시 '識=了別의 주체(了別者, vijñātṛ)'라는 경설을 세속설로 간주하였다. 그는 말하였다. "그림자가 처소를 달리하여 연속적(無間)으로 생겨날 때 '그림자가 움직인다'고 가설하듯 識 역시 외계대상과 유사한 형상을 띠고 계속 생기할 때 '識이 대상을 요별한다'고 가설한 것일 뿐으로, 識이 요별의 주체라는 경설은 世俗說이다." 상좌 인식론에 비추어 볼 때 비유자의 和合見說과 경량부 '根·識=無作用'說은 동일학설이다.

제7장에서는 제1장에서 제기된 色 등의 외계대상(境)이 극미 和合의 世俗有라면 그것이 어떻게 감각지각(前5識)의 대상이 될 수 있는가? 하는 문제에 대해 논의하였다. 이는 法稱 지각론의 단초가 되었던 문제로, 사실상 과거(전 찰나)의 성계대상이 어떻게 5識의 대상이 될 수 있는가? 하는 것과 동일한 형식의 문제이다. 따라서 그 해명 또한 동일하다. 5식의 경계대상(所緣境)은 실유의 과거법이 아니라 5식 상에 나타난 그것의 형상이듯이, 극미 화합의 世俗有 또한 그 자체로서 인식되는 것이 아니라 5식 상에 나타난 형상을 통해 인식된다. 즉 불가분의 관계로 화합한 다수의 극미가 所緣緣이라면, 5식 상에 나타난 단일한 和合相이 所緣境이다. 상좌가 5識을 불신한 것도 이러한 이유 때문이었다.

제8장에서는 譬喩者(상좌)의 無境覺(無所緣識)論에 대해 다루었다. 상좌의 찰나멸론에 따르는 한 인식의 순간 외계대상은 존재하지 않는다. 따라

서 그들은 비존재에 대한 인식에 대해 논의하지 않으면 안 되었다. 꿈이나 환상, 불 바퀴(旋火輪) 혹은 勝解作意(假想觀) 등의 비유에서 보듯이 외계대상은 인식의 필수조건이 아니다. 訶梨跋摩와 『순정리론』 상의 譬喩論者는 이 같은 논리에 근거하여 有所緣識論에 기초한 유부의 過未實有論을 비판하였다. 나아가 상좌는 비존재를 대상으로 한 지식의 확실성을 例의 舊隨界에서 구하고 있다. 과거·미래법이 비록 비존재일지라도 그에 대한 인식은 인과적 관계로서 展轉상속한 (혹은 '展轉상속할') 현재법을 통해 推尋한 것이기 때문에 결정적이라는 것이다.

비록 외계 실재성이나 지식의 확실성의 문제에서 차이를 보일지라도 경량부와 유가행파는 다 같이 無所緣識論을 주장하였다. 유가행파의 唯識無境說이 비유자의 無境覺論으로부터 비롯되었다고 단언할 수 없을지라도 두 학설 사이의 밀접한 관련성은 부정할 수 없다. 그들의 무소연식론은 다 같이 수계·종자설로 이어지기 때문이다.

제3편에서는 불교의 인과론이라 할 수 있는 4緣(pratyaya)說에 대한 상좌의 입장과 그가 因緣性(hetupratyayatā)으로 제시한 舊隨界, 그리고 이것의 住處인 一心에 대해 논의하였다.

제9장에서는, 인연을 6因(hetu)說로 확대하여 직접 원인(能生因)으로, 그 밖의 3연을 간접 원인(助因)으로 분별한 유부 4緣說에 대한 비유자와 상좌의 입장을 살폈다.

먼저 ① 증상연: 유부에서는 이를 不障法으로 이해하여 자신을 제외한 일체법에 적용시켰지만, 상좌는 이를 무한대로 적용하는 것을 경계하여 인연의 원인이나 소의, 예컨대 심·심소법을 낳는 諸根 정도로 이해하였다. 根(indriya)은 전통적으로 最勝自在(paramaiśvarya: 어근 √id의 뜻)의 뜻으로 이해되었다.

912

② 소연연: 유부의 경우 인식의 발생연(所緣緣)이 바로 인식대상(所緣境)으로, 일체법(즉 12처)으로서 인식대상이 되지 않는 것은 없지만, 상좌는 根·境·識의 異時인과설에 따라 이를 전후찰나로 구별하였다. 즉 전 찰나의 외계대상이 안식의 발생연이라면 다음 찰나 안식 상에 나타난 그것의 형상이 인식대상이며, 이는 다시 후 찰나 [意]識을 낳는 소연연이 된다. 이렇듯 인식대상 또한 隨界('種子'이명)의 형태로 展轉상속하며 生識의 연이 된다. ('隨界生識': T29, 448a14)

③ 등무간연: 유부의 경우 색법은 전후의 상속이 동등하지 않기 때문에 등무간연을 심법에 한정시켰지만, 비유자/상좌는 등무간연을 다만 말 그대로 '무간에 동류의 법을 낳는 전 찰나의 법(前生法)'으로 이해하여 색심 모두를 포함시켰다. 따라서 이는 開避法이 아닌 能生의 種子法으로 사실상 인연과 동일한 의미이다.

④ 인연: 유부에서는 인연을 俱生因(俱有·相應因)과 前生因(同類·遍行·異熟因)으로 분별하였지만, 상좌는 오로지 前生因만을 인정하였다. 인연이란 곧 前生의 색심 중에 훈습된 결과를 낳는 공능으로, 그는 이를 舊隨界라고 하였다. "因緣性이란 舊隨界(pūrvānudhātu)를 말하니, 이는 바로 모든 유정의 相續이 [선·불선 등의 다양한 현상으로] 展轉하는 데 능히 원인적 존재(因性)이 되는 것이다."

제10장에서는 상좌가 인연성으로 제시한 舊隨界(또는 隨界)에 대해 논의하였다. 舊隨界란 種種法이 훈습하여 성취된 界(dhātu)로서, 그 자체 自相을 갖는 개별적 실체(法)가 아니라 유정의 상속 상에 훈습 수축하는 결과의 원인적 상태(hetubhāva: 因性)로서의 功能이다. 따라서 통상 이 같은 공능이 의탁하고 있는 所依·所熏處를 수계로 가설하기도 한다. 이는 一切種子識인 알라야식을 種子로 가설하는 것과 같다. "舊隨界 그 자체에 대해서는 말할 수 없으며, 다만 업과 번뇌가 훈습된 6處라고만 말할 수 있을 뿐이다."

세친 역시『구사론』에서 종자를 '결과를 낳는 직·간접의 공능을 지닌 名色' 등으로 규정하였다. 중현에 의하면 선대궤범사와 세친의 종자설은 마치 배우가 의상을 바꿔 입듯 상좌의 구수계설과 언사만 달리한 것이었다.

제11장에서는 수계·종자가 훈습된 마음, 이른바 種子 所熏處에 대해 논의하였다. 상좌는 심법 종자뿐만 아니라 색법 종자도 인정하였기 때문에 종자 소훈처로서 6處(세친은 名色 즉 5온)를 주장하였던 것으로, 地·水·火·風의 색법의 종자는 有色處에, 선·불선, 유루·무루 등의 심법의 종자는 意處에 훈습한다. 그리고 마음(citta: 心)이 심법 종자의 住處라고 주장하는 한 그것은 언제 어디서나 항상 존재하며 어떠한 도덕적 성격의 종자·수계도 수납(훈습)할 수 있는 無覆無記性의 동일種類의 마음(『성유식론』의 술어로 '一類恒遍의 마음')이지 않으면 안 된다. 上座 슈리라타는 이러한 동일種類의 마음(一類心, *ekajātīyacitta)을 말 그대로 '一心(ekacitta)'이라 하였고, 유가행파에서는 종자 攝藏處라는 뜻의 '알라야식(ālayavijñāna)'이라는 말로 別稱하였다. 그들은 다 같이 말한다. "一心/알라야식 중에 種種界가 존재한다."

두 학파의 수계·종자설은 논의의 구도가 동일하다. 다만 차이라면 一心이 6식(현행식)의 잠재적 측면이라면 알라야식은 6식과는 별도의 실체라는 점이다. 상좌는 一身二頭의 새인 命命鳥의 비유로써 동일 根에 근거한 二識(현행의 요별식과 동일종류의 이숙식)의 俱起를 주장하였다면 유가행파는 별체로서의 二識俱起를 주장하였다. 그들은 각기 현행과 종자 혹은 종자와 현행의 異時인과와 同時인과를 주장하였기 때문이다. 두 학파는 종자 소훈처의 문제를 두고 극단적으로 대립하였다. 경량부에 있어 별체로서의 종자식인 알라야식은 무용한 것이었지만, 유가행파에 있어 6식의 잠재적 측면인 일심은 能熏(현행)과 동시가 아니기 때문에 훈습 자체가 불가능한 것이었다.

제4편에서는 이에 따라 상좌/경량부의 수계·종자설과 유가행파의 관계에 대해 보다 구체적으로 살펴보았다.

먼저 제12장에서는 유가행파에서 이해한 경량부 종자설과 이에 대한 그들의 비판을 검토하였다. 무착은 『섭대승론』 제2 「所知依分」에서 종자식(즉 알라야식)의 네 조건(=所熏四義) 중 '相應性(즉 동시인과성)'을 언급한 후 "6識은 [전후] 세 가지(所依·所緣·作意)가 서로 다르고, [전후의] 두 찰나가 함께 존재(sahabhū: 俱有)하지 않으며, [동일]種類(jāti)의 다른 例는 과실을 성취하기 때문에 [能熏(즉 현행)과] 상응(saṃbandha)하는 일이 없다"고 언명하였는데, 無性은 비판의 세 논거가 된 이설을 六識展轉相熏설, 前念熏後念설, 識類受熏설로 정리하였다. 세 이설은 어떤 식으로든, 다시 말해 『순정리론』을 통해서든, 『섭대승론』의 세친과 무성 釋, 『성유식론』의 제 주석서를 통해서든 상좌 혹은 경량부/비유자, 상좌부(*Sthavirapākṣika, 상좌일파)의 수계·종자설로 확인될 뿐만 아니라 이에 대한 유가행파의 비판 또한 중현의 그것과 동일하다.

제13장에서는 『유가사지론』과 『섭대승론』에서의 알라야식 존재증명과 경량부의 관계를 『순정리론』과 둔륜의 『유가론기』, 세친과 무성의 『섭대승론석』, 규기 등 동아시아 법상교가의 『성유식론』 주석서를 통해 살펴보았다. 유가행파에서는 제8 알라야식의 존재와 관련하여 경량부와 극단으로 대립하였기 때문에 그것의 논증은 그들의 당면의 과제였는데, 그 논거 또한 거의 대개는 경량부/상좌부의 6識 종자설 비판이었다. 이를테면 "만약 알라야식이 존재하지 않는다면, 다시 말해 6識만으로는 종자 훈습은 물론이고 유정의 탄생도 죽음도 유지상속도, 번뇌의 잡염도 무루의 청정도, 나아가 이에 관한 제 경설도 불합리하다"는 부정논법(無性에 의하면 反詰道理)이 논증의 主旨였다. 예외적으로 "알라야식이 존재한다면 이는 二識俱起의 과실"이라는 어떤 이의 비난에 대해 해명한 것도 있고(『유가론』 제2증),

"諸識이 동시생기하지 않는다면, 意識의 명료성(spaṣtatva)은 불가능하다"고 하여 앞서의 어떤 이의 비난을 반박한 것도 있지만(동 제3중), 여기서의 어떤 이 역시 앞서 언급한 제 문헌 상에서 상좌나 경량부/상좌부로 확인할 수 있다.

제14장에서는 종자설과 관련된 세친의 사상적 전이에 대해 논의하였다. 제10장에서 논설한 대로 『구사론』 상에서의 종자설은 상좌 수계설에 기초한 세친 자신의 이해라고 할 만한 것으로, 중현은 이들의 수계·종자설을 대체로 種子性과 異時인과라는 두 가지 점에서 비판한다. "종자(혹은 종자 소훈처)가 현행(=能熏)과 별도의 실체가 아니라면 동일한 마음에 종류가 다른 다수의 法性(공능 즉 종자)이 공존하여 선심에서도 불선이, 무루심에서도 번뇌(유루)가 생겨난다고 해야 하고, 양자가 동시존재가 아니라면 前法(能熏)이 존재할 때 後法(所熏)은 아직 생겨나지 않았고 후법이 생겨났을 때 전법은 이미 소멸하였기 때문에 相應(화합)이 불가능하다고 해야 한다." 이에 따르는 한 종자설을 주장하려면 최소한 종자(혹은 종자 소훈처)는 현행식(6識)과 다른 별도의 실체로서, 이와 동시에 존재해야 한다는 두 조건을 충족하지 않으면 안 된다.

유가행파의 '알라야식'은 바로 이를 충족한 개념이었다. 이에 따라 무착 역시 상좌(경량부)의 종자 상속설을 중현과 동일한 논리로써 비판할 수 있었다. 세친 또한 『구사론』을 저술할 때는 상좌와 가까이하여 異時인과설의 입장에서 6識 종자설을 주장하고 옹호하였지만, 유가행파로 전향한 이후 『성업론』이나 『섭대승론석』에서 과거 자신을 비판하였던 중현과 동일한 논리로써 경량부 종자설을 비판하지 않으면 안 되었다. 이는 상좌 슈리라타를 둘러싸고 벌어진 지극히 아이러니한 한 국면이라 할 수 있다.

916

　　　　　*　　　　*　　　　*

　　상좌 슈리라타와 중현과 무착, 그리고 세친은 시대를 함께하였다. 또한 玄奘三藏에 의하면 아유타국(Ayodhyā)이라는 동일한 공간에서 활동하였다. 그들은 불교학의 諸 문제를 공유하였고 같은 테이블에서 논쟁하였다. 인도불교사상사라는 큰 틀에서 보자면 유부는 諸法의 實有를 주장하였고, 경량부(=상좌)는 이를 비판하였으며, 유가행파는 종합 절충하였다. 이에 따라 경량부를 유부에서 유가행파로 이어지는 과도기적 단계로 평가하기도 하였지만(본서 서설 참조), 보다 적극적으로 말하면 경량부를 배제하고는 인도불교사상사를 합리적으로 구성해내기 어렵다. 이 말은 곧 인도불교사상사의 중심에 경량부가 있었음을 의미한다. 그리고 이때 경량부는 바로 일군의 비유자인 상좌 슈리라타와 그의 일파인 上座徒黨(Sthavira-pākṣika, 혹은 上座宗, 上座部)을 가리킨다.

　　이들은 '經을 지식의 근거(量, pramāṇa)로 삼는 이들'이라는 뜻의 '經量部'로 자칭하였다. 여기서 經이란 오로지 불타에 의해 분명하고도 결정적으로 설해진 것(顯了定說)으로, 이러한 '경량부'라는 명칭에는 유부 등 불교주류에서 『대반열반경』의 四大敎法(mahā apadeśa)에 근거하여 설정한 "[누가 설한 것이든] 經에 포함되어 있고 律을 드러내며, 法性에 위배되지 않으면 佛說"이라는 불설정의(Buddhavacanalakṣaṇa: 佛敎相)에 따라 纂集 전승한 聖敎(āgama)도, 衆經의 정리·법성을 결택 현시한 아비달마도 인정하지 않는다는 의미가 내포되어 있다. 이에 중현은 힐난하였다. "저들 [비유자]는 일체의 契經을 다 지식의 근거로 삼지도 않으면서 어찌 '경량부'라 이름하는 것인가?" (T29, 332a23f)

　　한편 중현이 비록 상좌의 무지나 慢心을 드러내기 위해 힐난한 말일지라도 이에 따르면 그는 어떠한 논란(문제제기)에 대해서도 훌륭하게 해석하는

이('自號善釋難師': T29, 361b28)였고, 스스로 賢聖法을 밝혀 품수한 이('謂自彰稟
賢聖法': 동 489b24)였으며, [세간으로 하여금 진실에 오르게 하는] 사다리('我
能爲梯蹬': 동 618a10)였다. 중현은 상좌가 "경에서 설한 과거색이나 과거업은
실체로서 존재하는 것이 아니라 과거 일찍이 領納(경험)하였던 것이나 隨界
(종자)로서 존재한다"고 주장한 데 대해 이같이 비아냥대기도 하였다.

> 참으로 가소로운 일이다. 경의 뜻을 이와 같이 해석하여 어찌 능히 진실
> 로 과거·미래가 존재한다는 사실을 부정할 수 있을 것인가? 이와 같이
> 一切智(즉 불타)의 經을 그릇되게 해석하여 어찌 印度의 方域을 능히 莊嚴
> 할 수 있을 것인가? (혹은 '장엄할 수 있었던가?') (T29, 627b22ff)

혹은 중현은 "이같이 자신의 주장을 세우기 위해 聖敎(āgama)와 正理
(nyāya, 혹은 yukti)를 부정하고 다른 宗(유부종)을 헐뜯는 이를 어찌 '어진
이(仁師)'라 할 것이며(T29, 489b20f), 聖敎에도 어긋나는 종의를 제멋대로 세
우고 [자신의] 상식(極成)에 어긋나는 계경(무표업의 경증)에 진실의 뜻이
없다고 부정하는(제10장 3-1-2 참조), 이같이 교법을 비방하는 이를 어찌
'선한 이(善師)'라 할 것인가"(T29, 541c1-3)라고 비판하기도 하였다.

이 같은 비아냥거림이나 비판의 언사는 상좌가 당시 인도 전역에 명성
을 떨친(*vyūha: 莊嚴), 혹은 인도 전역에서 찬탄된(maṇḍita: 莊嚴) 어질고 선
한 논사였음을 전제로 한다. 중현은 또한 '修惑의 品別斷惑說'을 부정하고
家家와 一間은 다만 利根의 一來向과 不還向을 가리키는 말일 뿐이라고 주장
한 저들 [상좌]일파(彼部)의 論에 대해 "상좌 자신도 인정하지 않거니와 우
리도 그를 진실의 大聖(즉 불타)으로 인정하지 않거늘, 어찌 자신의 말이
聖敎에 포섭된다고 말하는 것인가?"(동 696a2f)라고 비난하기도 하였다. 이
러한 비난은 상좌일파가 유부의 아비달마는 성교설이 아니고, 자신들의 소

의 텍스트(짐작컨대 상좌의 『經部毘婆沙』)가 성교설이라 주장한 데 따른 것
이다.

上座 슈리라타는 실로 上座徒黨, 혹은 上座宗/上座部(*Sthavira-pākṣika)로
일컬어진 다수의 제자 문인을 거느리고서 인도 전역에 명성을 떨친, 혹은
인도 전역에서 찬탄된, 뿐만 아니라 그의 論說이 聖敎로 간주된 불교의 大長
老였다. 세친 역시 師資相承의 親敎제자는 아니지만 그의 문인이었다.

이제 우리의 할 일은 『순정리론』과 그 밖의 『구사론』과 유가 법상종의
諸論 등에서 전한 그의 論說을 蒐輯하여 이름만으로 전한 『經部毘婆沙』를
부분적으로나마 복원하는 것이다.

참고문헌

[원전류]

AKBh.: *Abhidharmakośabhāṣya*. Edited by P Pradhan, Tibetan Sanskrit Works Series 8, Patna: Kashi Prasad Jayaswal Research Institute, 1976.

AKVy.: *Abhidharmakośavyākhyā*. Edited by U. Wogihara, Tokyo: Sankibo Buddhist Book Store, 1989. reprint.

ADV.: *Abhidharmadīpa with Vibhāṣāprabhāvṛtti*, Edited by P. S. Jaini. Tibetan Sanskrit Works Series 4. Patna: Kashi Prasad Jayaswal Research Institute, 1973.

Triṃśikā.: *Triṃśikābhāṣya In Vijñaptimātrāsiddhi: Deux Traites de Vasubandhu; Viṃśatikā et Triṃśikā*. Levi, Sylvain. Ed. Paris, Libairie Ancienne Honore Champion, 1925.

Viṃśatikā.: *Viṃśatikā In Vijñaptimātrāsiddhi: Deux Traites de Vasubandhu; Viṃśatikā et Triṃśikā*. Levi, Sylvain. Ed. Paris, 1925.

T: 大正新修大藏經(예컨대 "T29, 22b11"은 大正新修大藏經 제29권, 22쪽 中段 11행)

『中阿含經』 (T1).

『雜阿含經』 (T2).

『別譯雜阿含經』 (T2).

『增一阿含經』 (T2).

『佛本行集經』 (T3).

『解深密經』 (T16).

『入楞伽經』 『大乘入楞伽經』 (T16).

舍利子說, 玄奘 역, 『集異門足論』 (T26)

大目犍連, 玄奘 역, 『法蘊足論』 (T26)

提婆設連, 玄奘 역, 『識身足論』 (T26)

世友, 玄奘 역, 『品類足論』 (T26)

迦多衍尼子, 玄奘 역, 『發智論』 (T26)

五百大阿羅漢, 玄奘 역,『大毘婆沙論』(T27).

五百羅漢, 浮陀跋摩 등 譯,『阿毘曇毘婆沙論』(T28)

尸陀般尼撰, 僧伽跋澄 譯,『鞞婆沙論』(T28)

法救, 玄奘 역,『五事毘婆沙論』(T28).

法勝, 提婆·慧遠 공역,『阿毘曇心論』(T28).

法勝論, 優波扇多 釋, 那連提耶 역,『阿毘曇心論經』(T28).

法救, 僧伽跋摩 역,『雜阿毗曇心論』(T28).

瞿沙, 失譯,『阿毘曇甘露味論』(T28).

塞犍陀羅, 玄奘 역,『入阿毘達磨論』(T28).

尊婆須密, 僧伽跋澄 등 역,『尊婆須密菩薩所集論』(T28).

世親, 玄奘 역,『阿毘達磨俱舍論』(T29).

世親, 眞諦 역,『俱舍釋論』(T29).

衆賢, 玄奘 역,『阿毘達磨順正理論』(T29).

衆賢, 玄奘 역,『阿毘達磨藏顯宗論』(T29).

彌勒, 玄奘 역,『瑜伽師地論』(T30).

護法等, 玄奘 역,『成唯識論』(T31).

護法, 義淨 역,『成唯識論寶生論』(T31).

無着, 玄奘/眞諦/佛陀扇多 역『攝大乘論』(T31).

無着, 玄奘 역,『顯揚聖敎論』(T31)

世親, 玄奘 역,『攝大乘論釋』(T31).

世親, 眞諦 역,『攝大乘論釋論』(T31).

無性, 玄奘 역,『攝大乘論釋』(T31).

無着/安慧糅, 玄奘 역,『大乘阿毘達磨集論/雜集論』(T31).

世親, 玄奘 역,『唯識二十論』(T31).

世親, 眞諦 역,『大乘唯識論』(T31).

世親, 般若流支 역,『唯識論』(T31).

世親, 玄奘 역,『大乘成業論』(T31).

世親, 玄奘 역,『大乘五蘊論』(T31).

陳那, 玄奘 역,『觀所緣緣論』(T31).

婆藪跋摩, 眞諦 역,『四諦論』(T32).

訶梨跋摩, 鳩摩羅什 역,『成實論』(T32).

商羯羅主, 玄奘 역,『因明入正理論』(T32).

普光,『俱舍論記』(T41).

法寶,『俱舍論疏』(T41).

圓暉,『俱舍論頌疏論』(T41).

遁倫,『瑜伽論記』(T42).

窺基,『瑜伽師地論略纂』(T43).

窺基,『成唯識論述記』(T43).

窺基,『唯識二十論述記』(T43).

圓測,『解深密經疏』(『한국불교전서』1).

圓測,『仁王經疏』(『한국불교전서』1).

太賢,『成唯識論學記』(『한국불교전서』3).

慧沼,『成唯識論了義燈』(T43).

智周,『成唯識論演秘』(T43).

世友, 玄奘 역,『異部宗輪論』(T49).

慧琳 撰,『一切經音義』(T54).

元瑜,『順正理論述文記』(卍續藏經83).

窺基,『異部宗輪論述記』(卍續藏經83).

慧月, 玄奘 역,『勝宗十句義論』(T54).

眞諦 譯,『金七十論』(T54).

[단행본]

고영섭(1999),『文雅大師』, 불교춘추사.

권서용(2010),『다르마키르티와 불교인식론』, 그린비.

권서용 옮김(2011), 키무라 토시히코,『다르마키르티의 철학과 종교』, 산지니.

권오민 역(1986), 테오도르 체르바스키,『소승불교개론』, 경서원.

권오민 역(1990), 카지야마 유이치(梶山雄一)『인도불교철학(佛敎における存在と
    知識)』, 민족사.

권오민(1994), 『유부 아비달마와 경량부 철학의 연구』, 경서원.

권오민(2003), 『아비달마불교』, 민족사.

권오민(2012), 『上座 슈리라타와 經量部』, 씨아이알.

권오민 외(2017), 『원효, 불교사상의 벼리-원효사상의 새로운 성찰, 인도 및 중
　　국 불교와의 만남』, 운주사.

김동화(1971), 『俱舍學』, 문조사.

金東華(1983), 『佛敎敎理發達史』, 삼영출판사, 재판.

김성철 등 역(2010), 『무성석 섭대승론 소지의분』, 씨아이알.

김성철 역(2014), 가츠라 쇼류 외, 『유식과 유가행』, 씨아이알.

김명우·이상우 역(2011), 효도 가즈오, 『유식불교, 유식이십론을 읽다』, 예문서원.

대림·각묵 공동번역(2006), 『아비담마 길라잡이(상)』, 초기불전연구원.

류제동 역(2015), 제이미 허바드, 폴 스완슨 편, 『보리수가지치기』, 씨아이알.

박인성·김영석 역(2008), 『구사론기 계품』, 주민.

박인성 역(2012), 후카우라 세이분, 『유식삼십송 풀이』, 운주사.

박인성 옮김(2015), 도사키 히로마사 지음, 『불교인식론연구: 다르마끼르띠의 쁘
　　라마마바룻띠카 現量論』, 도서출판 길.

박태섭 역(1993), B. K. 마티랄, 『고전인도논리철학』, 고려원.

정호영 역(1989), 上山春平·櫻部建, 『아비달마의 철학』, 민족사.

안성두 역주(2015), 『보살지』, 서울: 세창출판사.

이종철 역주(2015), 『구사론 계품·근품·파아품』, 한국학중앙연구원출판부.

이지수(2014), 『인도불교철학의 원전적 연구』, 여래.

이호근 역(1989), 平川彰, 『印度佛敎의 歷史(상)』, 민족사.

전수태 역(2007), 荻原雲來 編纂, 『漢譯對照 梵韓大辭典(梵和大辭典)』, 대한교육문화
　　신문출판부.

전재성 역주, 『쌍윳따니까야1-5』, 한국빠알리성전협회, 2006; 2007.

전치수 역(1989), 카지야마 유이치, 『인도불교의 인식과 논리』, 민족사.

정승석 편(1989), 『佛典解說事典』, 민족사.

최봉수(1991), 『原始佛敎 資料論』, 경서원.

최봉수(1991), 『原始佛敎의 緣起思想硏究』, 경서원.

황정일 역(2016), 佐々木現順, 『불교시간론』, 씨아이알.

赤沼智善(1929), 『漢巴四部四阿含互照錄』, 名古屋: 破塵閣書房.

赤沼智善 編(1979 3刷), 『印度佛教固有名詞辭典』, 京都: 法藏館.

宇井伯壽(1979再刊), 『瑜伽論研究』, 東京: 岩波書店.

宇井伯壽(1979再刊), 『四譯對照 唯識二十論研究』, 東京: 岩波書店.

宇井伯壽(1990), 『大乘佛典の研究』, 東京: 岩波書店.

梶山雄一(1983), 『佛教における存在と知識』, 東京: 紀伊國屋書店.

加藤純章(1989), 『經量部の研究』, 東京: 春秋社.

木村泰賢(1977), 『小乘佛教思想論』, 東京: 大法輪閣.

三枝充悳 編(1987), 『インド佛教人名辭典』, 東京: 法藏館.

櫻部建(1979), 『俱舍論の研究-界・根品』, 京都: 法藏館.

櫻部建・小谷信千代(1999), 『俱舍論の原典解明-賢聖品』, 京都: 法藏館.

櫻部建・小谷信千代・本庄良文(2004), 『俱舍論の原典研究-智品・定品』, 東京: 大藏出版.

佐々木月樵・山口益, 『唯識二十論の對譯研究』, 東京: 國書刊行會, 1977.

佐々木現順(1972), 『阿毘達磨思想研究』, 東京: 清水弘文堂.

佐々木現順(1978), 『佛教におげる時間論の研究』, 東京: 清水弘文堂.

佐藤密雄(1978), 『大乘成業論』, 東京: 大藏出版.

佐藤密雄(1991), 『新訂增補 論事 附 覺音註』, 東京: 山喜房佛書林.

靜谷正雄(1978), 『小乘佛教史の研究: 部派佛教の成立と變遷』, 京都: 百華苑.

高井觀海(1978), 『小乘佛教概論』, 東京: 山喜房佛書林, 초판 1928.

谷貞志(2000), 『刹那滅論の研究』, 東京: 春秋社.

寺本婉雅 譯註(1977), 『タ-ラナ-タ 印度佛教史』, 東京: 國書刊行會.

戶崎宏正(1979; 1985), 『佛教認識論の研究-法稱著 プラマーナ・ウァールティカの
　　現量論』上卷; 下卷, 東京: 大東出版社.

長尾雅人(2001), 『攝大乘論: 和譯と注解』, 東京: 講談社.

中村元, 『佛教語大辭典』, 東京書籍, 1981.

西義雄(1975), 『阿毘達磨佛教の研究』, 東京: 國書刊行會.

袴谷憲昭(2001), 『唯識思想論考』, 東京: 大藏出版.

平川彰 等 共著(1973), 『阿毘達磨俱舍論索引』(제1부, 제2부), 東京: 大藏出版.

平川彰 編(1982), 『講座 大乘佛教8 唯識思想』, 東京: 春秋社.

深浦正文(1979: 제6판), 『俱舍學槪論』, 京都: 白華苑.

深浦正文(1982, 제6판), 『唯識學研究(상편: 敎史論)』, 京都: 永田文昌堂, 초판 1954.

舟橋一哉(1981), 『業の研究』, 京都: 法藏館.

荻原雲來 譯註(1933), 『和譯 稱友俱舍論疏(1)(2)(3)』, 梵文俱舍論疏刊行會.

福原亮嚴(1972), 『四諦論の研究』, 京都: 永田文昌堂.

福原亮嚴(1982), 『業論』, 京都: 永田文昌堂.

松本史郎(1989), 『緣起と空』, 東京: 大藏出版.

三友健容(2009), 『アビダルマディ-パの研究』, 東京: 平樂寺書店.

水野弘元(1978), 『パ-リ佛敎を中心とした佛敎の心識論』, 東京: ピタカ.

山口益(1951), 『世親の成業論』, 京都: 法藏館.

山口益·野澤靜證(1953), 『世親唯識の原典解明』, 東京: 法藏館.

山口益(1977 재간), 『佛敎における有と無の對論』, 東京: 山喜房佛書林.

山口益(1987), 『俱舍論の原典解明-世間品』, 京都: 法藏館.

橫山紘一, 『唯識佛敎辭典』, 東京: 春秋社, 2010.

李鍾徹(2001), 『世親思想の研究-釋軌論を中心として』, 東京: 山喜房佛書林.

仁順(1944), 『唯識學探源』,
    http://www.mahabodhi.org/files/yinshun/04/yinshun04-00.html

Alex Wayman(1961), *Analysis of the Śrāvakabhūmi Manuscript*, University of California Press.

André Bareau, *Les Sectes Bouddhiques du Petit Véhicule*, Ecole Francaise D'extreme-Orient, Paris, 1955.

CHANGHWAN PARK(2014), *VASUBANDHU, ŚRĪLĀTA AND THE SAUTRĀNTIKA THEORY OF SEEDS*, ARBEITSKREIS FÜR TIBETISCHE UND BUDDHISTISCHE STUDIEN UNIVERSIAÄT WIEN.

Collett Cox, *Disputed Dharma Early Buddhist Theories on Existence*, Tokyo, The International Institute for Buddhist Studies, 1995.

E. Lamotte, Leo M. Pruden, *KARMASIDDHIPRAKALAṆA : The Treatise on Action by Vasubandhu*, Asia Humanities Press Berkeley, California 1988.

Lama Chimpa, trans. *Tāranātha's History of Buddhism in India*, Motilal Banarsidass, 1990.

L. de La Vallée Poussin, *Abhidharmakośabhāṣyam*, vol.I-IV. English Translation by Leo M. Pruden, Asian Humanities Press, Berkeley, California, 1988.

L. Schmithausen(1987), *ĀLAYAVIJÑĀ: On the Origin and the Early Development of a Central Concept of Yogācāra Philosophy.* TOKYO The International Institute for Buddhist Studies.

Mādhva, *Sarvadarśanasaṃgraha*, translated by E. B. Cowell and A. E. Gough, Cosmo Publication, Delhi, 1976.

Robert Kritzer(1999), *Rebirth and Causation in the Yogācāra Abhidharma*, Arbeitskreis für Tibetische und Buddhistische Studien, Universität Wien.

Robert Kritzer(2005), *Vasubandhu and the Yogācārabhūmi: Yogācāra Elements in the Abhidharmakośabhāṣy*a, The International Institute for Buddhist Studies, Tokyo.

S. Radhakrishnan and C. A. Moore ed. *A Source Book in Indian Philosophy*, Princeton University Press. 1973.

Stefan Anacker, *Seven Works of Vasubandhu, The Buddhist Psychological Doctor*, Motilal Banarsidass, 1984.

S. Z. Aung, *Points of Controversy, A Translation of the KĀTHĀ-VATTHU*, The Pali Text Society, London, 1979.

Th. Stcherbatsky, *The Central Conception of Buddhism and the Meaning of the Word 'Dharma'*, Motilal Banarsidass, Delhi, 1974.

Wei Tat(1973), *CH'ENG WEI-SHIH LUN, THE DOCTRINE OF MERE-CONSCIOUSNESS by HSÜAN TSANG*, THE CH'ENG WEI-SHIH LUN PUBLICATION COMMITTEE, HONG KONG.

[논문류]

강형철(2013), 「상키야와 불교의 찰나멸에 관한 대론 연구－Yuktidīpikā를 중심으로」, 박사학위논문, 동국대 대학원.

권오민(1999), 「중현의 俱舍論本頌의 개작과 삭제에 대하여」, 『한국불교학』 제25집, 한국불교학회.

권오민(2007), 「譬喩論者(Dārṣṭāntika)의 無境覺(無所緣識)論」, 『한국불교학』 제49집,

한국불교학회.

권오민(2008), 「Pūrvācārya(先代軌範師) 再考」, 『佛敎學硏究』 제20호, 불교학연구회.

권오민(2010), 「불교철학의 학파적 복합성과 독단성(1)-세친의 『唯識二十論』에서의 외계대상 비판의 경우」, 『인도철학』 제28집, 인도철학회.

권오민(2010), 「불교철학의 학파적 복합성과 독단성(2)-陳那의 『觀所緣緣論』에서의 외계대상 비판의 경우」, 『불교연구』 제33호, 한국불교연구원.

권오민(2012), 「譬喩者의 和合見說 散考」, 『불교학보』 제62집, 동국대학교 불교문화연구원.

권오민(2012), 「衆賢의 '阿毘達磨 佛說' 論」 『불교원전연구』 제15호, 동국대학교 불교문화연구원.

권오민(2013), 「『阿毘達磨順正理論』 「辯緣起品」 중 了義經에 관한 衆賢과 上座 슈리라타와 世親의 對論」, 『불교원전연구』 제16호, 동국대 불교문화연구원.

권오민(2013), 「譬喩者의 和合見說과 관련된 몇 가지 가설 비판」, 『불교연구』 제39집, 한국불교연구원.

권오민(2014), 「上座 슈리라타의 '一心'」, 『인도철학』 제40집, 인도철학회.

권오민(2014), 「上座 슈리라타의 '一心'과 알라야식」, 『한국불교학』 제70집, 한국불교학회.

권오민(2014), 「上座 슈리라타와 무착과 중현, 그리고 세친」, 『불교학리뷰』 제15호, 금강대 불교문화연구소.

권오민(2014), 「先代軌範師의 '色心互熏說' 散考」, 『불교연구』 제41집, 한국불교연구원.

권오민(2015), 「先代軌範師의 '色心互熏說' 散考(續)」, 『불교연구』 제42집, 한국불교연구원.

권오민(2015), 「원효교학과 아비달마-화쟁론을 중심으로」, 『동아시아불교문화』 제21집, 동아시아불교문화학회.

권오민(2015), 「알라야식의 존재증명과 경량부(1)-『유가사지론』의 경우」, 『불교학보』 제70집, 동국대 불교문화연구원.

권오민(2016), 「알라야식의 존재증명과 경량부(2)-『섭대승론』의 경우」, 『불교학보』 제74집, 동국대 불교문화연구원.

권오민(2016), 「아비달마불교에서의 마음에 관한 몇 가지 쟁점」, 『동아시아불교문화』 제28집, 동아시아불교문화학회.

권오민(2017), 「上座 슈리라타의 舊隨界」, 『불교연구』 제46집, 한국불교연구원.

권오민(2017), 「경량부 종자설에 대한 중현과 무착의 비판, 그리고 세친의 딜레마」, 『인도철학』 제49집, 인도철학회.

권오민(2017), 「유가 법상종에서의 경량부 종자설 이해」, 『선문화연구』 제22집, 한국불교선리연구원.

권오민(2017), 「세친의 '직접지각의 자각(pratyakṣabuddhi: 現量覺)' 이해 － 『唯識二十論』 제16송과 관련하여」, 『동아시아불교문화』 제31집, 동아시아불교문화학회.

권오민(2018), 「세친의 종자설 再考」, 『불교학리뷰』 제23집, 금강대학교 불교문화연구소.

권오민(2018), 「선대궤범사와 上座 슈리라타 － '복업은 증장한다'는 경설 해석과 관련하여」, 『불교학보』 제83집, 동국대 불교문화연구원.

高翊晋(1970), 「阿含法相의 體系性 研究」, 석사학위청구논문, 동국대학교 대학원.

김성옥(2015), 「共命鳥에 대한 관념의 기원과 변천」, 『정토학연구』 제23집, 한국정토학회.

김성철(2010), 「알라야식의 기원에 관한 최근의 논의」, 『불교학연구』 제26호, 불교학연구회.

김성철(2011), 「종성의 본질에 대한 유가행파와 여래장 사상의 해석 － '6처의 특별한 양태(ṣaḍāyatana-viśeṣa)' 개념을 중심으로」, 『불교학리뷰』 제10호, 금강대 불교문화연구소.

김재권(2017), 「초기 유식사상의 이숙개념에 보이는 인과론의 특징」, 『인도철학』, 제49집, 인도철학회.

김치온(2001), 「阿賴耶識의 存在에 대한 因明論的 證明과 그 所在에 관한 考察」, 『보조사상』 제15집, 보조사상연구원.

박기열(2014), 「감관지의 인식대상, '집합체(sañcita)'에 관한 고찰」, 『불교학리뷰』 제15집, 금강대 불교문화연구소.

박창환(2009), 「法稱(Dharmakīrti)의 감각지각(indruyapratyakṣa)론은 과연 경량부적인가?」, 『인도철학』 제27집, 인도철학회.

박창환(2010), 「구사논주 세친의 극미(paramāṇu) 실체론 비판과 그 함의」, 『불교학리뷰』 제8집, 금강대 불교문화연구소.

박창환(2010), 「알라야식의 형성과정에 미친 종자설의 영향」, 불교학연구회, 금강대 불교문화연구소 공동개최 2010년 춘계학술대회 자료집.

안성두(2004), 「유식성(vijñaptimātratā) 개념의 유래에 대한 최근의 논의의 검토」, 『불교연구』20, 한국불교연구원.

이규완(2017), 「極微해석을 통해 본 世親철학의 轉移」, 박사학위청구논문, 서울대 대학원.

이종철(1996), 「12處考」, 『伽山學報』 제6호, 가산불교문화연구원 가산학회.

이태승(2018), 「범본 금강경에 나타나는 vastu에 대하여」, 『불교연구』 제48집, 한국불교연구원.

추인호(2014), 「瑜伽師地論의 알라야식 存在 論證에 관한 瑜伽論記의 주석: 제1상 依止執受證을 중심으로」, 『한국불교학』 제70집, 한국불교학회.

황순일(1994), 「經量部 世親의 Ālayavijñāna 연구─성업론을 중심으로」, 석사학위청구논문, 동국대 대학원.

宇井伯壽(1965再刊), 「決定藏論の研究」, 『印度哲學研究』第六, 岩波書店.

上田愉美子(1987), 「唯識學派における相續轉變差別の槪念(一)」, 『印度學佛教學研究』35-2.

江島惠教(1986), 「スティラマティの『俱舍論』註とその周邊─三世實有說をめぐって」, 『佛教學』 第19号, 日本 佛教思想學會.

小谷信千代(1975), 「saṃtatipariṇāmaviśeṣa と vijñānapariṇāma について」, 『印度學佛教學研究』24-1.

梶山雄一(1989), 「存在と知識」, 『インド佛教3』, 岩波講座 東洋思想 第10券, 東京: 岩波書店.

加藤純章(1985), 「自性と自相─三世實有說の展開」, 『平川彰博士古稀記念論集』, 東京: 春秋社.

加藤純章(1997), 「東アジアの受容したアビダルマ系論書」, 高崎直道 木村淸孝 編, シリーズ 東アジア佛教2 『佛教の東漸 東アジアの佛教思想』II, 東京: 平樂寺書店.

加藤宏道(1986), 「得と種子」, 『印度學佛教學研究』 35-2, 日本 印度學佛教學會.

加藤宏道(1987), 「經量部の種子說に關する異說とその是非」, 『佛教學研究』43, 龍谷大學佛敎學會.

金倉圓照(1955), 「外敎の文獻にみえる經部說」, 『山口益博士還曆紀念 印度學佛敎學論叢』, 京都: 法藏館.

櫻部建(1953), 「經量部の形態」, 『印度學佛敎學研究』 2-1.

櫻部建(1959), 「破我品の研究」, 『大谷大學研究年報』 第12輯.

佐々木現順(1981), 「衆賢による種子說批判: 相續轉變差別の理解」, 『佛敎の歷史的展開に見る諸形態: 古田紹欽博士古稀記念論集』, 東京: 創文社.

佐古年穗(1996), 「『俱舍論』における saṃtatipariṇāviśeṣa について」, 『印度學佛敎學研究』45-2.

竹村牧男(1991), 「說一切有部と無形象知識論」, 『印度學佛敎學研究』 39-2.

田端哲哉(1980), 「世親と衆賢－還無と還去」, 『印度學佛敎學研究』 29-1.

戶崎宏正(1965), 「佛敎論理學と經量部說」, 『印度學佛敎學研究』 13-2.

中村元(1983), 「インド論理學 述語集成」, 『法華文化研究』 第9号, 立正大學 法華文化研究所.

那須円照(1997), 「アビダルマの極微論(1)－極微が觸れるか觸かれないかという問題を中心として」, 『佛敎學研究』 第53号, 龍谷大學佛敎學會.

那須円照(1997), 「アビダルマの極微論(2)－極微が觸れるか觸かれないかという問題を中心として」, 『インド學チベット學研究』 第2号.

袴谷憲昭(1986), 「Pūrvācārya考」, 『印度學佛敎學研究』 34-2.

袴谷憲昭(2001), 「三乘說の一典據: Akṣarāśi-sūtra と Bahudhātuka-sūtra」, 『唯識思想論考』, 東京: 大藏出版.

原田和宗(1993), 「DignāgaのHastavālaprakaraṇa&Vṛtti－和譯とSkt.還元譯の試み」, 龍谷大學 『佛敎學研究室年報』 第6号.

原田和宗(1996/1997/1998/1999), 「<經量部の ‘單層の’識の流れ>という槪念への疑問(I/II/III/IV)」, 『インド學チベット學研究』 第1/第2/第3/第4号, 東京: インド哲學研究會.

原田和宗(2001/2002), 「<經量部の ‘單層の’識の流れ>という槪念への疑問(V)」, 상동 第5号.

原田和宗(2004), 「經量部をめぐる諸問題(1)」, 『印度學佛敎學研究』 52-2.

原田和宗(2006), 「經量部をめぐる諸問題(2)」, 『印度學佛敎學研究』 54-2.

930

兵藤一夫(1980), 「倶舍論に見える説一切有部と經量部の異熟說」, 『佛教思想史3』, 平樂寺書店.

兵藤一夫(1982), 「心(citta)の語義解釋－特にヴァスバンドゥの立場を中心にして」, 『佛教學セミナ-』 第36号, 京都: 大谷大學佛教學會.

兵藤一夫(2002), 「經量部師としてのヤソョ-ミトラ」, 『初期佛教からアビダルマへ』, 平樂寺書店.

福田琢(1993), 「倶舍論における '行相'」, 『印度學佛教學研究』 41-2.

福田琢(1998), 「經量部の大德 ラ-マ」, 『佛教史學研究』 41-1, 京都: 佛教大學 佛教史學會.

本庄良文(1982), 「シャマタデ-ヴァの倶舍論註－隨眠品」, 『南都佛教』, 第49号, 日本 南都佛教研究會.

本庄良文(1983), 「シャマタデーヴァの傳へる「大業分別經」と「法施比丘尼經」」, 『佛教文化研究』28, 東京: 淨土宗教學院研究所.

御牧克己(1988), 「經量部」, 『インド佛教1』, 岩波講座 東洋思想 제8권, 東京: 岩波書店

三友健容(1972), 「倶舍論におけるsvabhāvaについて」, 『印度學佛教學研究』 21-1.

三友健容(1980), 「舊隨界について」, 『印度學佛教學研究』 29-1.

宮下晴輝(1978), 「心心所相應義におけるākārāについて」, 『印度學佛教學研究』 26-2.

宮下晴輝(1986), 「倶舍論における本無今有論の背景－勝義空性經の解釋をめぐって-」, 『佛教學セミナ-』 第44号, 京都: 大谷大學佛教學會.

宮下晴輝(1994), 「アビダルマにおける自性の意味」, 『佛教學セミナ-』 第59号, 京都: 大谷大學佛教學會.

宮本正尊(1936), 「譬喩者, 大德 法救, 童受, 喩鬘論の研究」, 『日本佛教協會年報』 第1号, 日本佛教學會.

向 井亮, 「瑜伽師地論 攝事分と雜阿含經」, 『北海島大學文學部紀要』 33-2.

室寺義仁(1986), 「『倶舍論』『成業論』『緣起經釋』」, 『密教文化』156, 高野山大学 密教研究会.

室寺義仁(1993), 「ヴァスバンドゥによるア-ラヤ識概念の受用とその應用」, 『高野山大學論叢』28.

山部能宣(1987), 「初期瑜伽行派に於ける界の思想について－Akṣarāśisūtraをめぐって」, 『待兼山論叢』, 大阪大學文學部21, 哲學篇.

山部能宣(1989), 「種子の本熏と新熏の問題について」, 『日本佛教學會年報』 第54号.

山部能宣(2000), 「瑜伽師地論における善惡因果說の一側面－いわゆる‘色心互熏’說を中心として」, 『日本佛教學會年報』第65号.

吉元信行(1985), 「說一切有部による種子說批判－過去・未來の業と善法の種子」, 『任生台生博士頌壽記念 佛教の歷史と思想』, 東京: 大藏出版.

廖本聖・釋惠敏, 「藏本調伏天『唯識二十論釋疏』譯注研究」, 『中華佛學學報』第15期, 中華佛學研究所, 臺北, 2007. (http://ccbs.ntu.edu.tw/FULLTEXT/JR-BJ001/bj102992.htm#211)

Changhwan Park(2007), The Sautrāntika Theory of Seeds(bīja) Revisited: With Special Reference to the Ideological Continuity between Vasubandhu's Theory of Seeds and its Śrīlāta/Dārṣṭāntika Precedents, University of California, Berkeley.

Collett Cox(1988), On the Possibility of a Nonexistent Object of Consciousness: Sarvāstivādin and Darṣṭāntika Theories, *The Journal of the International Association of Buddhist Studies*, Vol.11 No.1.; 福田 琢 譯(1996), 「實在しない認識對象の可能性をめぐって－說一切有部と譬喩者の理論」, 『同朋佛教』31, 名古屋: 同朋大學佛教學會.

K. L. Dhammajoti(2011), Śrīlāta's anudhātu doctrine, 『佛教研究(*Buddhist studies*)』39, 東京: 國際佛教徒協會.

L. De La Vallée Poussin, "Sautrāntika", J. Hasting, ed., *The Encyclopedia of Religion and Ethics*, vol. XI.

L. Schmithausen, 加治洋一 譯, 「二十論と三十論にみえる經量部的前提」, 『佛教學セミナ-』37, 東京: 大谷大學佛教學會, 1983.

Nobuyoshi Yamabe(1990), Bīja Theory in Viniścayasaṃgrahaṇī, 『印度學佛教學研究』38-2.

P. S. Jaini(1959), THE SAUTRĀNTIKA THEORY OF BĪJA, BSOAS ⅩII-2.

Robert Kritzer(2003), Sautrāntika in the Abhidharmakośabhāṣya, *The Journal of the International Association of Buddhist Studies*, Vol.26 No.2.

Robert Kritzer(2008), Dārṣṭāntika and Sautrāntika in the Abhidharmadīpa, ed., Peter Zieme, Aspects of Research Into Central Asian Buddhism: In Memorial Kogi Kudara, *Silk Road Studies* XVI, Brepols.

Y. Kajiyama, An Introduction to Buddhist Philosophy－an annotated translation of the Tarkabhāṣā of Mokṣakaragupta, *Memories of the Faculty of Letter*, Kyoto University No.10, 1966.

932

후 기

(1)

일반적으로 경량부는 毘婆沙師(Vaibhāṣika: 설일체유부)·중관·유식학파와 함께 불교 4대 학파의 하나로 열거되지만, 이에 대한 연구서는 흔치 않으며, 이 학파의 祖師로 알려지는 上座 슈리라타(Śrīlāta)에 관한 것은 더더욱 그러하다. 그것은 일차적으로 그들을 연구하는 데 참고할 만한 자료가 부족하기 때문이다. 경량부 연구의 어려움은 그들의 소의경론도 조사도 불교사상사에서 사라져 학파의 정체가 분명하지 않을뿐더러 그들에 관한 일차자료가 부재한다는 점이다.

이에 따라 종래 경량부 연구는 ①『구사론』『성업론』 등 세친의 저술, ②『베단타수트라』나『전철학강요(Sarvadarśanasaṃgraha)』와 같은 外敎의 문헌, ③ 법칭을 비롯한 불교지식론학파의 문헌 등을 중심으로 이루어져 왔지만 종합적인 연구는 이루어지지 않고 있다. 카지야마 유이치(梶山雄一, 1983: 42f)에 의하면, 이러한 연구 상황에서 경량부 교의의 완전한 기술은 불가능하다. 그 이유에 대해 그는 이들 세 자료에서 획득된 경량부 제 이론의 연대구분과 역사적 발전과정을 밝혀야 하기 때문이라고 하였지만, 이들 제 이론을 관통하는 연구의 구심점을 찾기 어렵다는 것이 정확한 표현일 것이다.

그렇다고 할 때 상좌 슈리라타는 婆沙의 譬喩者로부터 후대 불교지식론학파에 이르기까지 경량부 제이론을 포괄하는 구심점이 되기에 충분하며, 자료 또한 비교적 풍부하다. 카지야마 유이치(1983: 36)는 경량부의 이숙식(=알라야식)설은 『성업론』 이외에는 설명되지 않는다고 하였지만, 『순정리론』이나 유가행파 제론에는 상좌의 그것(一心)이 수계·종자설과 관련되어 보다 자세하게 논의되고 있는 것이다. 그 역시 이후 미마키 카츠미(御牧克己, 1988)와 카토 준쇼(加藤純章, 1989)의 연구에 의거하여 찰나멸(過未無體)론에 따른 상좌의 외계대상 비지각론을 '경량부에서의 존재'라는 타이틀로 略述하기도 하였다. (梶山雄一, 1989: 121-126)

상좌 슈리라타가 경량부 조사로서 세상에 알려진 것은 그리 오래되지 않는다. 상좌를 『순정리론』 밖으로 불러낸 것은 카토 준쇼의 『經量部の硏究』(1989)였다. 그렇지만 그는 '經을 지식의 근거(量)로 삼는 이'라는 經量部의 어의와 관련하여 "경량부 조사는 슈리라타이지만, 이 명칭은 '도리에 부합하는 이' '뛰어난 주장을 하는 이' '멋있는 이'라는 정도의 의미로 누구나 사용할 수 있는 명칭이었고, 『구사론』 상의 경량부는 바로 세친 자신"이라고 비정함으로써 상좌를 다시금 『순정리론』 상에 가두고 말았다. 그 결과 이후 상좌 슈리라타의 경량부 연구는 더 이상 진척되지 않아 필자가 아는 한 種子·隨界에 관한 두 편의 논문(Changhwan Park, 2007; K. L. Dhammajoti, 2011)을 제외하면 전무한 실정이다.

오히려 '『구사론』 상의 경량부=세친'이라는 카토의 가설은 이후 하라다 와소(原田和宗)와 로버트 크리처(Robert Kritzer)의 '경량부=유가행파'라는 가설의 정초가 되었다. 그들은 상좌와 경량부의 관련성을 추호도 고려하지 않았고, 카토에 따라 經量部와 譬喩者, 세친과 상좌를 엄격히 구별하여 상좌를 다만 비유자로 이해하였다. 그리고 카토 역시 이들을 쫓아 세친에게 있어 '경량부'는 자신의 정체(즉 유가행파)를 숨기기 위한 도롱이(隱れ蓑)였고, 이후 천 5백 년 동안 벗겨진 적이 없었다고 과장하기도 하였는데(加藤純章, 1997: 61f), 이 말은 다시 하라다에 의해 채용되어 "세친에게 있어 경량부 설도 유부 설도 자신이 신봉하는 『유가론』의 도롱이일 수밖에 없다"는 말로 확대 재생산되었고(原田和宗, 2004: 835), 타니 타다시에 의해 매우 설득력 있는 학설로 수용되었다. (谷貞志, 2000: 41f)

이들 이전에도 하카마야 노리아키(袴谷憲昭), 미야시타 세이키(宮下晴輝), 야마베 노부요시(山部能宜) 등이 경량부 학설을 『유가론』 등에서 추적하여 세친이 『구사론』 저술 당시 이미 유가행파였을 것이라는 견해를 제시하였는데 (그러나 그들이 추적한 것은 대개 言句 상으로 상응하는 것이었을 뿐 그것의 이론적 정합성까지 확인한 것은 아니었다), 그들은 중현도 稱友 등 『구사론』의 제 주석가도 經을 지식의 근거로 삼는 경량부로 규정하였을 뿐만 아니라 중현에 의해 세친 교학의 이론적 배후로 廣說된 上座 슈리라타를 아예 논의의 대상조차 삼지 않았다. 그들은 중현의 『순정리론』을 마치 近年에 조작된 僞書와 같은 것으로 여긴 것은 아닐까 하는 생각이 들 정도로 거기서 논설되고 있는 상좌와 경량부와 세친(經主) 설에 대해 철저히 침묵하였다.

(2)

필자는 이 책의 전편 『上座 슈리라타와 經量部』에서 일군의 譬喩者인 상좌(혹은 상좌일파)가 바로 경량부이고, 『구사론』 상의 경량부 또한 이들에 대한 세친의 이해로 판단하였다. 그러자 『순정리론』 상에 인용 언급된 그들의 말과 생각은 다른 불교 논서 상에서도 확인되기 시작하였다. 아는 만큼 보인다고 하였던가? 『순정리론』 상의 상좌에 대해 눈을 뜨면 뜰수록 그들의 모습이 보다 폭넓게 그리고 분명하게 나타났다.

또한 나타나면 나타날수록 『구사론』 상의 경량부 설(상좌 혹은 상좌일파에 대한 세친의 이해)은 불완전한 것이었고 어떤 점에서 곡해를 불러일으킬 수도 있을 '조악한 것'이기도 하였다. 이 점에 대해 하라다는 세친이 자신의 신분을 감추기 위한, 유가행파로의 스무스한 이행을 위한 고의적인 것, 의도된 것이라 하였지만(原田和宗, 1998: 156f), 아마도 경량부 설의 현창이『구사론』의 저술 목적은 아니었기 때문에 그러하였을 것이다. 종자설의 경우가 특히 그러하였는데, 그것은『구사론』상의 종자설이 種子 즉 因緣論을 해명하기 위한 것이 아니라 得(prāpti)이나 무표, 삼세실유설 등 유부교학의 비판논리로 제시된 것이었기 때문이다. 따라서 상좌의 수계설과 비유자와 세친의 종자설을 널리 인용 비판하는 중현의『순정리론』등의 도움 없이『구사론』과 주석서 상에 언급된 단편의 기사만으로 세친(혹은 경량부)의 종자설을 추측할 경우 오해와 독단에 빠질 공산이 크다.

흥미롭게도『유가사지론』을 비롯한 유가행파 제 문헌 상에서도 종자설과 관련하여 상좌 즉 경량부(혹은 上座部)의 말이나 생각을 빈번히 그리고 자세하게 전하고 있었다. 물론 '상좌'나 '경량부'라는 말로 說者를 직접 지시하지는 않지만, 중현이나 이들 제 문헌의 주석서가 이를 확인하여주었다. 그러한 경우 기존의 번역은 거의 대개 의미 불통이거나 오역에 가까운 것이었다. 상좌 슈리라타를 통하지 않고서는 文句의 의미가 잘 이해되지 않기 때문이었다. 대표적으로 알라야식의 존재증명이 그러한 경우였다.

무착은 "色心이 無間으로 생겨날 때 [전 찰나의 제법은 후 찰나] 제법의 種子(즉 인연)가 된다"는 어떤 이의 주장에 대해 전 찰나의 법은 오로지 等無間緣이 될 뿐이라고 비판하는 것으로 알라야식의 존재증명을 총결하였는데, 無性은 이를 경량부 설로 평석하고서 그들의 주장을 온전하게 인용한다. "전 찰나의 色으로부터 후 찰나의 色이 無間으로 생겨나고, 전 찰나의 마음으로부터 후 찰나의 마음과 상응법(즉 심소)이 無間으로 생겨난다. 이것으로도 인과의 도리가 성취되거늘 무슨 소용에서 다시 알라야식이 바로 諸法의 원인(因緣)이라고 분별할 것인가?" (T31, 396b23-29)

나아가 窺基 등 동아시아 법상교가는 "色心은 자신의 種類(自類)와 무간으로, 전 찰나는 후 찰나의 종자(인연)가 되어 因果의 뜻이 성립한다"고 주장한『성유식론』상의 어떤 이의 이른바 '色心自類前後相熏說'을 上座部 설로 평석하고서 "無性이『섭대승론석』에서 '경량부'라고 말한 것은 이들 上座部 중에서 스스로를 '經을 지식의 근거(量)로 삼는 이들'이라 하였기 때문"이라고 해설하였다. (T43, 358b2-4)

경량부 연구라는 견지에서 볼 때 이 같은 논설은 매우 경이로운 것이다. 앞서의 무착의 논설과 무성의 해설은『순정리론』상에서도 上座의 인연(종자)설과 등무간연설로 확인될 뿐만 아니라 유가행파의 문헌에서 上座部 즉 상좌일파(*Sthavirapākṣika)가 바로 경량부임을 밝힌 것이기 때문이다. 동아시아 법상교가가 유가행파 제 문헌의 주석서 상에서 말한 '上座部'는 상좌 슈리라타 일파이며, 이들이 바로 '經을 지식의 근거로 삼는 이들(sūtrapramāṇakā)' 이라는 뜻의 經量部라는 사실은 아직 학계에 소개된 적이 없다. 전술한 일련의 현대학자가 주장한 '경량부=유가행파'라는 가설이 여전히 경량부의 정체성을 다루는 논문에서 유의미한 견해로 인용되고 있음을 감안한다면, 이는 가히 충격적 사실이라 하지 않을 수 없다. 더욱 충격적인 것은『섭대승론』세친 釋의 眞諦와 玄奘 역본에서는 앞서 무착이 비판한 어떤 이의 '前法=제법의 종자'설을 각기 經量部와 譬喩論師로 해설하였다는 사실이다. 이는 곧 양자가 동일한 그룹을 나타내는 말임을 의미하기 때문이다. (玄奘은 왜 '경량부'라는 말 대신 '비유논사'라는 말을 선택하였을까?)

유가행파는 경량부(상좌 혹은 상좌일파)에 대해 결코 우호적이지 않았다. 경량부의 주장은 유가행파에 있어 이단의 학설이었다. 상좌가 因緣性으로 제시한 舊隨界는 유가행파의 種子와 마찬가지로 生果의 功能性이었지만, 이는 유가행파와 달리 전 찰나의 법(前法) 중에 존재하여 후 찰나 법의 인연이 되는 것이었다. 이렇듯 상좌는 전 찰나의 인연과 등무간연을 能生法으로 간주하여 두 연 사이의 경계를 허물었지만, 중현(유부)이나 무착(유가행파)에게 있어 상좌는 인연과 등무간연도 구별하지 못하는 자였다. 앞서의 무착의 논설은 이를 비판한 것이었다. 상좌 주장에 따를 경우 현행과 종자, 등무간연과 인연이 雜亂된다는 것이 그 이유였다.

상좌는 현행과 종자, 등무간연과 인연을 別體로 구별하지 않았다. 뿐만 아니라 그는 一身二頭의 새인 命命鳥의 비유로써 동일 根에 근거한 二識(거친 요별성의 현행식과 미세한 불요별성의 종자식) 俱生을 주장하였다. 무착의 알라야식 존재증명 제3 生雜染證 -"알라야식이 존재하지 않는다면 生의 雜染은 성취되지 않는다. --(중략)-- 만약 結生位에서 羯邏藍과 화합하는 識이 意識이라면 이때 의식은 一切種子識으로 알라야식의 異名(paryāya)일 뿐이다"- 은 바로 이에 대한 비판으로, 無性은 "이러한 동일 根에 근거한 二識俱生설은「如是頌」과 같은 경설에 위배되는 주장"이라 비판하였고, 다시 규기 등에 의하면 이들 上座部는 자신들은 이 같은 경을 誦持하지 않는다고 변명하였다.

"우리는 이 경을 誦持(āmnāya, 혹은 paṭha, 전승)하지 않는다"는 말은 '佛說로 인정하지 않는다'는 말로서『순정리론』상에서 유부의 經證에 대한 상좌의 상투적인 비판언사였다. 이에 중현은 "저들 [譬喩者]는 일체의 契經을 모두 지식의 결정적 근거로 삼지도 않으면서 어찌 '經量部'라고 이름하는 것인가?"라고 힐난하였다. '경량부'로 자칭한 상좌일파는, 누가 설한 것이든, 불타(혹은 여래)가 설한 것이든 성문제자·선인·천인·변화인(이상 5 能說人)이 설한 것이든 법성에 위배되지 않는 것(혹은 일체세간의 眞實善語)은 다 불설이며, 이를 纂集한 衆經의 법성을 決擇 顯示한 아비달마를 了義의 불설로 간주한 유부나 대승(중관·유가행파)과 달리 다만 불타所說의 顯了 定說만을 불설로 인정하였다. 그래서 경량부였다. 그들은 하리발마(『성실론』 작자)조차 인정하였던 "[누가 설한 것이든] 經에 포함되어 있고 律을 드러내며, 法性에 위배되지 않으면 佛說"이라는 불설정의를 信受하지 않았다. 주지하듯이 세친 역시『구사론』에서 아비달마가 불설임을 불신하였지만,

『석궤론』에서 이 같은 불설정의에 근거하여 대승 불설론을 논구하고 있다.

이제 바야흐로 동아시아 법상교가가 논설하였던 上座部를 경량부 연구의 주요자료에 포함시키지 않으면 안 된다. 물론 '상좌부'가 그들만의 新造語는 아니다. 중현 역시 상좌일파를 '上座徒黨'이나 '上座宗(*Sthavirapākṣika)'으로 호칭하였고, 婆藪跋摩(Vasuvarman) 또한 그의『四諦論』(眞諦 역)에서『순정리론』에서 상좌 설로 확인되는『구사론』상의 有餘師(apare) 설을 '上座部 설'로 인용하였다. 한역 논서 상에서 상좌일파의 상좌부와 근본분열상의 상좌부를 혼동하는 어처구니없는 오류에서 벗어나야 한다.

(3)

따라서 이제『구사론』과 그 주석서만을 통한 경량부 연구는 진정한 경량부 연구라고 말하기 어렵다. 그것은 말하자면 세친의 전기 불교사상이라고 하는 편이 적절하다. 이는 물론 중현이 누누이 지적한 것처럼 상좌와 가까이하여 그로부터 영향받은 것이다. 이런 점에서 경량부는 이제 바야흐로 티베트불교의 宗義書(gurb-matha)가 그러하였듯이 毘婆沙師(Vaibhāṣika, 즉 설일체유부)·유가행파·중관학파와 마찬가지로 불교학의 독립된 분과로 설정되어야 한다.

경량부는 婆沙의 譬喩者 이래 유부 毘婆沙에 대한 비판으로부터 논의를 시작하였지만, 비판 논리로 제시된 法體의 찰나멸론과 이에 따른 異時인과설 등은 필연적으로 지식의 자기인식과 隨界·種子설로 이어졌고 所熏處의 문제로 유가행파와도 대립하였다. 유가행파 諸說 중에는 경량부/상좌부 학설의 확인 없이는 논의의 엄밀성을 획득하기 어려운 것이 적지 않은데, 所熏四義 중 相應性도 그러한 것 중 하나이다. 무성은 무착의 '6識=所熏處'에 대한 세 가지 비판논거 － "6識은 세 가지(所依·所緣·作意)가 서로 다르고 두 찰나가 함께 존재(sahabhū: 俱有)하지 않으며, '[동일]種類(jāti)'의 다른 例

는 과실을 성취하기 때문에 [能熏과] 상응(saṃbandha)하는 일이 없다"(T31, 135a29f) — 에 따라 알라야식설과는 다른 세 가지 종자 훈습설(六識展轉相熏·前念熏後念·識類受熏說)을 언급하였는데, 이 모두 상좌(혹은 경량부/상좌부)의 수계·종자설에서 확인 가능하다. 따라서 所熏四義 중 相應性은 상좌와 관련된 것으로, 이에 대한 이해가 결여된 경우 무착의 세 가지 비판논거 역시 이해하기 어렵다.

中觀 또한 상좌와 무관할 수 없다. 일찍이 婆沙의 譬喩者가 相待有(*apekṣa-sat)를 설하였을 뿐만 아니라 중현은 상좌일파에 대해 '壞法論(*vaināśikaḥ)과 가까운 이', '壞法宗에서 노니는 이' 등으로 비난하였고, 都無論宗(nāstikaḥ)과 일찰나의 간격만이 있을 뿐이라고 조소하였다. 괴법론과 도무론은 유부나 유가행파에서의 중관학파의 평가였다. 나아가 陳那의 所緣論과 法稱의 現量(지각)論에 단초를 제공한 이도 상좌였다. 상좌는 異時인과에 따라 소연을 所緣緣(=生識)과 所緣境(=帶相)으로 분별하였을 뿐만 아니라 지식 상에 나타난 형상을 인식대상으로 간주함에 따라 '지식의 자기인식' 이론은 필연적인 것이었다. 그는 '識이 [경계대상을] 了別한다'는 식의 주체와 대상과 작용을 분별한 經說을 세속설로 간주하였다.

이 책은 사실상 경량부 연구의 서론이다. 필자는 이 책을 상좌에 의해 제기된 '불교철학의 제 문제'를 염두에 두고 집필하였다. 상좌 슈리라타가 제기한 제 문제는 세친을 비롯한 불교 제파에 강력한 영향을 미치고 있다. '알라야식'은 물론이고『기신론』의 '衆生心'조차 그것이 만약 啓示的인 개념이 아니라면 상좌와 밀접한 영향을 갖는다. 일찍이 자이니(P. S. Jaini, 1959: 248f) 교수도 경량부의 미세한 선법종자(sūkṣma-kuśala-dharma-bīja)가 대승의 여래장과 관련 있다고 논한 바 있지만, 상좌는 보다 구체적으로 "유정의 현재 [一心]相續 중에 舊隨界라는 잡염와 청정의 두 원인이 항상 함께 존재한다"고 하였고, "나무가 바로 불은 아니지만 불의 종자이듯 이생의 심·심

소 역시 그 자체 무루는 아니지만 무루의 종자(生因)"라고도 하였다. 상좌
로부터 비롯된 사소한 물꼬가 종국에는 엄청난 사상적 골을 만들어내고
있었다. 상좌가 유부교학 상에서 제기한 문제는 무엇인가? 문제가 없으면
답도 없다. 아니 문제없는 답은 공허하다.

(4)

이 책의 집필은 2014년 한국연구재단의 인문저술지원사업의 지원을
받으면서 시작하였지만 내용상으로나 분량 상으로 인해 적지 않은 시간이
소요되었다. 상좌 교학에 대한 최초의 본격적 연구라는 점에서 문헌적 전
거를 모두 밝히려 하였기에 -이는 독서에 장애가 될 수도 있지만- 더욱
그러하였다. 필자가 비록 이 책을 상좌 교학의 서론적 이론서로 규정하였
을지라도 필자가 이전에 행한 연구의 성과를 배제할 수 없었다. 이에 따라
여러 章에서 이미 발표한 성과물을 활용하였다. 전체적으로 활용한 것도
있고, 부분적으로 활용한 것도 있다. 부분적으로 활용하였지만, 상좌 교학
상의 중요성을 감안하여 대폭 확장시켜 다시 논의한 것도 있다. 제10장이
그러한 것이었다. 물론 완전히 새로이 집필한 것도 없지 않다. 제1장-제4
장과 제7장, 제9장은 미발표 논고이다.

본서에 활용한 필자의 연구 성과는 다음과 같은 것이다. (발표 연대순)

1. 「譬喩論者(Dārṣṭāntika)의 無境覺(無所緣識)論」(『한국불교학』 제49집,
   2007): 제8장에서 전체적으로 활용하였다.
2. 「불교철학의 학파적 복합성과 독단성(1)-세친의 『唯識二十論』에서
   의 외계대상 비판의 경우」(『인도철학』 제28집, 2010): 제1장 제3절
   제3항 '極微 和合說'에서 활용하였다.
3. 「불교철학의 학파적 복합성과 독단성(2)-陳那의 『觀所緣緣論』에서

의 외계대상 비판의 경우」(『불교연구』 제33호, 2010): 제5장 제1-제
4절에서 부분적으로 활용하였다.

4. 「譬喻者의 和合見說 散考」(『불교학보』 제62집, 2012): 제6장에서 전체
적으로 활용하였다.

5. 「上座 슈리라타의 '一心'」(『인도철학』 제40집, 2014): 제11장 제1, 제2
절에서 활용하였다.

6. 「上座 슈리라타의 '一心'과 알라야식」(『한국불교학』 제70집, 2014):
제11장 제3절 제1-제3항에서 활용하였다.

7. 「上座 슈리라타와 무착과 중현, 그리고 세친」(『불교학리뷰』 제15호,
2014): 서설에서 부분적으로 활용하였다.

8. 「알라야식의 존재증명과 경량부(1)-『유가사지론』의 경우」(『불교
학보』 제70집, 2015): 제13장 제2절에서 활용하였다.

9. 「알라야식의 존재증명과 경량부(2)-『섭대승론』의 경우」(『불교학
보』 제74집, 2016): 제13장 제3절에서 활용하였다.

10. 「아비달마불교에서의 마음에 관한 몇 가지 쟁점」(『동아시아불교
문화』 제28집, 2016): 제3장 제1절, 제5장 제3절 제3항에서 부분적으
로 활용하였다.

11. 「上座 슈리라타의 舊隨界」(『불교연구』 제46집, 2017): 제10장 제1-
제3절에서 활용하였다.

12. 「경량부 종자설에 대한 중현과 무착의 비판, 그리고 세친의 딜레마」
(『인도철학』 제49집, 2017): 제14장에서 전체적으로 활용하였다.

13. 「유가 법상종에서의 경량부 종자설 이해」(『선문화연구』 제22집,
2017): 제12장에서 전체적으로 활용하였다.

14. 「세친의 '직접지각의 자각(pratyakṣabuddhi: 現量覺)' 이해-『唯識二十
論』 제16송과 관련하여」(『동아시아불교문화』 제31집, 2017): 제5장

제5절에서 활용하였다.

15. 「선대궤범사와 상좌 슈리라타ー'복업은 증장한다'는 경설해석과
관련하여」(『불교학보』 제83집, 2018): 제10장 제3절 제1, 제2항에서
활용하였다.

(5)

불교학의 폭과 깊이가 그다지 넓지도 깊지도 않은 우리 불교학계에서
同學을 만난다는 것은 흔치 않은 일이다. 그것도 그냥 불교학 내지 인도불
교 전공이 아니라 희소분야에 속하는 아비달마, 그중에서 自派의 어떠한
텍스트도 남기고 있지 않은 경량부, 나아가 경량부 연구의 최대 자료라고
할만한 『순정리론』에 언급된 상좌 슈리라타를 기반으로 하여 연구범위를
넓혀가는 방법론까지 공유한 동학을 만난 것은 정말이지 행운이라 하지
않을 수 없다.

박창환 교수이다. 그와 처음 만난 것은 2008년 4월 30일이었다. 그는
전 해인 2007년 미국 버클리 대학에서 「경량부 종자설 재고ー세친의 종자
설과 이에 선행한 슈리라타/비유자의 사상적 연속성의 특별한 관련성에
대하여」라는 제목으로 박사학위를 받고[1] 귀국하여 이제 막 논산의 금강대
학교 불교문화연구소에 둥지를 트는 중이었다. 학회 세미나를 핑계로 만났
지만, 점심 무렵 아직 문도 열지 않은 교보문고 뒤편의 맥주 집에 들어가
내가 진주 내려가는 12시 막차를 탈 때까지 죽치고서 이야기하였다. 그는

---

1   Changhwan Park, The Sautrāntika Theory of Seeds(bīja) Revisited: With Special Reference to the
Ideological Continuity between Vasubandhu's Theory of Seeds and its Śrīlāta/Dārṣṭāntika Precedents,
University of California, Berkeley, 2007. 이 논문은 2014년 오스트리아 빈에서 단행본으로 출판
되었다. CHANGHWAN PARK, *VASUBANDHU, ŚRĪLĀTA AND THE SAUTRĀNTIKA THEORY OF
SEEDS*, ARBEITSKREIS FÜR TIBETISCHE UND BUDDHISTISCHE STUDIEN UNIVERSIAÄT
WIEN, 2014.

미국과 일본에서 만난 이들의 경량부 연구사정을 들려주었고, 나는『순정리론』에서 보고 들은 기상천외의 이야기를 들려주었다. 나는 그의 이야기를 실감나게 들었고 그 또한 내 이야기에 매우 흥미로워하였다. 그 후로도 서울에 올라갈 때마다 만났고, 막차를 놓쳐 함께 밤을 지새우기도 하였으며, 장문의 메일을 통해 해외 학계정보와 박사논문을 집필할 때 사용한 자료도 얻어 보았다. 그 또한 둔철산 자락의 내 우거를 찾기도 하였다.

2008년 당시 나는 중현의『순정리론』과『현종론』을 일독하였고, 경량부/비유자의 上座로 일컬어진 슈리라타에 관한 일련의 자료와 메모를 챙기고 있었다. 2006년 이에 근거하여 상좌 관련 논문을 처음으로 발표하였고(「經主 世親과 上座 슈리라타」,『한국불교학』제46집), 다음 해『상좌 슈리라타의 經部毘婆沙 연구』라는 타이틀로 한국학술진흥재단(현 연구재단)의 '2007년도 인문저술지원사업' 3년 차 과제에 선정되어 집필 중이었다. 그러나 그로부터 얻은 정보와 자료를 통해 경량부의 철학 사상보다 이 학파의 정체성에 관한 논의가 먼저라고 생각하였다. 당시 세계불교학계는 십여 년 전부터 경량부 정체성에 관한 온갖 가설로 넘쳐나고 있었다.『구사론』상의 경량부 단편을『유가사지론』에서 트레이스하려는 일련의 시도를 거쳐 급기야 '경량부=유가행파'라는 새로운 가설이 제기되었기 때문으로, 박 교수도 나도 이에 강한 거부감을 갖고 있었다.

그리하여 학술진흥재단에 單券의 연구과제로 제출한『상좌 슈리라타의 經部毘婆沙 연구』를 叢書의 명칭으로 삼아 2012년 말 5년의 기한을 마지막까지 채워 제1권『상좌 슈리라타와 경량부』를 출판하였다. 역시나 내 글에 마음을 열고 귀 기울여준 이는 박창환 교수였다. 그는 학회에 발표한 서평을 다음과 같은 말로 시작하였다.

"벌어진 입이 다물어 지질 않는다"라고 서평을 시작한다면 비학술적이라고 탓하실까? 권오민 교수의『상좌 슈리라타와 경량부』를 처음 받아 보았을 때 든 평자의 솔직한 심정이다. 이건 경악(shock)을 넘어 경외심(awe)을 자아낼 정도였다. 평자의 이러한 발언에 초학자의 과문이라 평하신다면, 평자도 '경량부'에 관한 한 이 분야의 세계적 대가들 밑에서 사사하였고 그간 평자 본인의 연구 등을 통해 세계학계 최선단의 연구 성과가 무엇인지 정도는 알고 있으며, 그 연구의 등급이나 독창성(originality)에 대해 품평할 정도의 위치에는 있다고 자평한다. 감히 단언하건데, 권오민 교수의『상좌 슈리라타와 경량부』는 한국 불교학계의 독자적인 연구역량을 보여주는 역작이며 세계 아비달마불교 학계의 수준과 견주었을 때도 기존의 선행연구를 뛰어넘는 선구적 업적이다. 1000페이지가 넘는 엄청난 분량의 저술을 오직 '경량부란 무엇인가'라는 주제 하나만을 가지고 방대한 원전자료와 2차 연구문헌을 종횡으로 오가면서 이 정도의 명료함과 집중력을 유지할 수 있는 학자는 세계학계에서도 드물다. 평자가 이해하는 한 이 책은 권 교수의 지난 20년간의 학문적 연찬이 일구어낸 이숙과(vipākaphala)일 뿐이다.

그리고 "아비달마의 대해에서 익사 직전이었던 평자와 그 同見者들에게 너무나 크고 유용한 뗏목을 안겨주었다"는 치사의 말로 논평을 끝맺었다.[2] 사실 그는 이미 상좌 슈리라타라는 뗏목을 타고 다르마키르티(法稱)라는 또 다른 불교세계로 나아가고 있었다. 다르마키르티의『양평석』「현량장」의 단초는 5식신이 어떻게 극미積集의 외계대상을 소연으로 삼을 수 있는가? 하는 것으로, 이는 바로 상좌의 극미和合論에 대해 중현이 제기한 문제였다. 나는 내심 그가 다르마키르티에 관한 한 자신의 독창적 학문세

---

2   박창환,「권오민 교수의 '상좌 슈리라타와 經量部'에 대한 서평」(한국불교학회창립 40주년 기념『동계 불교학 워크숍, 나의 학문과 저서, 저자로부터 듣는 불교학 이야기』, 한국불교학회, 2013. 2), pp.21-31.

계를 구축하게 될 것이라 생각하고 있었다. 상좌 슈리라타의 불교학은 필연적으로 '지식의 자기인식'론에 이를 수밖에 없었고(티베트 불교종의서인 둡타에서는 이것의 인정 여부로써 유부와 경량부를 구분 짓는다), 이는 법칭을 비롯한 불교지식론학파의 출발점이 되었지만, 다르마키르티 전공자 중에서 상좌를 아는 이는 전혀 흔치 않았기 때문이다.

그런 그가 2015년 늦가을부터 깊은 침묵의 세계에 머물고 있다. 어찌된 영문일까? 이따금 찾아본 그는 항상 그 모습대로 표정 없이 바라본다. 총서 제2권『상좌 슈리라타의 경량부 사상』을 쓰고 있는 줄 알면서도 아무 말이 없다. 박 교수, 몸은 여기 있는데 어디서 놀고 계시나? 이제 이 책을 누가 읽고 논평해주겠는가? 여기서는 박 교수의 박사논문 주제였던 상좌 슈리라타의 수계설과 세친의 종자설도 다루고 있는데. 뿐만 아니라 이제『구사론』을 통한 경량부 종자설 연구는 진정한 경량부 연구라고 말하기 어렵다고 최후 선언까지 하였는데. 이 말은 곧 세친은 普光이나 야쇼미트라 등 후대 주석가가 말한 경량부, 혹은 경량부 徒黨(Sautrāntikapākṣika)이 아니라는 (다만 일시 견해를 함께한 '同見者'라는) 의미를 포함하여 지금까지의 경량부 연구를 원천적으로 비판한 말인데. 박 교수가 앞의 논평문에서 제기한 "세친의 학파 소속성의 문제: 세친이 경량부가 아니라면"에 대한 나의 최종 답변인데. 이제 누가 이에 귀 기울여줄 것인가?

박창환 교수, 어서 깨어나시게. 많은 이들이 그대를 기다리고 있지 않은가? 이 책을 그대에게 바치네.

2019년 3월 목련이 떨어지는 날
권오민

색 인

ㄱ

假극미　57, 58

假名心　514

가벼움(輕性)　121, 125, 127

假有(prajñapti-sat)　32, 106, 270, 272, 454

假有論者　411

可熏性(bhāvya)　756, 779

覺了현량　399

覺天(Buddhadeva)　47, 131, 226, 227, 264

開導(開避引導)法　582, 592, 887

開導依　179

開避法　582, 592, 913

거친 마음/麤心(audārikacitta)　735, 773, 805

거친 (의)식　729, 730

견고성(堅)　121

見分　530

堅住性(dhruva)　756, 779

結生識　752

境(viṣaya)　39, 77, 104

경량부(Sautrāntika)　1, 2, 4, 6, 11, 35, 71, 73, 86, 87, 102, 106, 110, 111, 119, 141, 152, 156, 170, 177, 217, 223, 253, 274, 276, 285, 292, 298, 308, 309, 325, 360, 366, 372, 379, 381, 382, 386, 387, 392, 405, 410, 411, 415, 416, 418, 419, 426, 427, 429, 449, 453, 471, 488, 498, 557, 567, 600, 623, 641, 666, 762, 680, 686, 688, 704, 708, 712, 768, 770, 771, 780, 787, 792, 797, 798, 800, 812, 814, 827, 832, 835, 840, 842, 847, 848, 850, 852, 855, 863, 865, 868, 870, 871, 872, 873, 875, 876, 878, 880, 882, 886, 887, 901, 904, 911, 912

경량부 徒黨(Sautrāntika-pākṣika)　5, 589

경량부 수면설　703

경량부의 '根·識＝무작용(nirvyāpāra)' 설　424, 426, 436, 449

경량부의 '수면＝번뇌종자'설　704

경량부의 心相續(cittasaṃtāna)　734

경량부의 6處(혹은 名色) 종자설　870

경량부의 6識 종자설　745, 822, 851, 863, 872, 875, 884, 894

경량부의 인연론　　869, 872

경량부 종자설　　642, 666, 710, 783, 848, 885

經部計　　871

經部末計　　787

經部末宗(末經部)　　739

經部本計　　787

經部本師　　782, 790

『經部毘婆沙(*Sautrāntikavibhāṣā)』　　8, 11, 16, 705, 790, 867, 907

經部師　　73, 74, 138, 452, 453, 483, 485, 849, 862, 865

經部異師　　788

經爲量者/경을 지식의 근거로 삼는 이들(sūtrapramāṇakā)　　20, 346, 780, 787, 798, 871, 886

經을 지식의 근거(量)로 삼는 일군의 譬喩者　　907

經主(sūtrakāra)　　704

界(dhātu)　　33, 88, 90, 92-94, 104, 177, 594, 597, 598, 709, 716, 721, 722, 749, 913

計度分別(nirūpaṇā- vikalpa)　　458

苦法智　　700

苦法智忍　　700

古 薩婆多　　485

空界　　158, 159

공능(śakti)　　644, 680, 682, 720

功能(*vyāpāra)　　266

功能(samartha)　　717

功能(sāmarthya)　　617, 749, 763

共相(sāmānya-lakṣaṇa)　　459, 466

空性論者　　543

空心　　514

空花(論者)　　85, 276, 293

과거無體說　　848

과거색(atīta-rūpa)　　299, 327

과거업　　327

過未無體說　　237, 682, 862, 908

過未無體論者　　281

『관소연연론』　　72, 305, 483, 494, 497, 502

『光三摩耶論』　　16

壞法(者)宗(vaināśika)　　49, 69, 115, 454, 542, 543

壞法論(vaināśika)　　84, 127, 161, 276, 293

句身(pada-kāya)　　133, 135

『구사론』　　1, 4, 7, 18, 119, 174, 294, 422, 876

俱舍論主　　638

『俱舍論實義疏』　　480
舊薩婆多　　491
俱生因　　546
舊隨界(*purva-anudhātu)　　11, 94, 169, 178, 300, 301, 307-310, 316, 328, 361, 497, 524, 526, 528, 552, 565, 582, 591, 593, 601, 612, 624, 626, 643, 666, 700, 704, 706, 716, 720, 781, 785, 801, 878, 907, 909, 912, 913
俱有依(sahabhāvāśraya)　　631
俱有因(sahabū-hetu)　　535, 546, 548
窮生死蘊(āsaṃsārikaskandha)　　770
窺基　　73, 74, 483, 729, 732, 739, 748, 749, 756, 766, 771, 787, 815, 821, 824, 831, 843, 852, 854, 858-860, 862, 863, 865, 871, 873, 875, 886
極微　　55, 56, 103
극미 無方分설　　485
극미 有方分설　　485
극미 和集　　68, 75, 484, 488
극미 和合　　52, 67, 69, 75, 452, 483, 484, 488, 502
極成有(*prasiddha-sat)　　763
根見說　　419, 421, 449
根本識(mūlavijñāna)　　770
'根·識＝無作用'說　　426, 429, 438, 911
껄끄러움(澁性)　　121, 123

ㄴ

나가오 가진(長尾雅人)　　821
難陀　　631, 635
內門　　79
내적인 것(ādhyātmika)　　80
『논리해설(Tarkabhāṣa)』　　379, 385
能作因(kāraṇa-hetu)　　363, 572
能緣(ālambaka)　　369
能執受證　　819, 822, 855, 856
能熏(bhāvaka)　　635, 641, 680, 760, 761, 774, 796, 801, 808, 847, 861, 862, 874, 894
能熏六義　　779
니간타(Nirgrantha)　　100

ㄷ

多生異熟說　　692
다케무라 마키오(竹村牧男)　　373
斷善根　　608

斷界(prahāṇa-dhātu)　　164, 165

담마조티(K. L. Dhammajoti)　　584, 607

當時功能　　645

當有(bhaviṣyat)　　106, 268, 315

『大拘絺羅經』　　342

大德(Bhadanta)　　64, 185

대덕 라마(邏摩) → 라마

大德 슈리라타(Bhadanta Śrīlāta)　　129, 556

大煩惱地法　　182, 350

對法諸師(Ābhidhārmikāḥ) → 阿毘達磨論師

待不同說　　264

大不善地法　　182

『대비바사론』　　1, 52, 54, 64, 79, 118, 136, 174, 203, 419

帶相　　305

대상인식(arthādhigati)　　391

大善地法　　181, 350

大乘經 佛說論　　819, 840

『대승오온론』　　229

大自在天 외도　　287

大種　　121

大衆部　　384, 387, 696, 704, 727, 728, 770

大地法(mahābhūmika-dharma)　　181, 222, 346, 347

都無論者(*nāstika)　　84, 411

도사키 히로마사(戶崎宏正)　　391, 392, 396, 471, 477-479

犢子部(Vātsīputrīya)　　86, 411, 419, 770

同類因(sabhāga-hetu)　　536, 552

動發勝思　　113

東方(*pūrva-diś)　　15, 16

同分(sabhāgatā)　　132, 134, 141

同時인과설　　75, 360, 362, 551, 761

동일根에 근거한 一念의 二識俱轉　　873, 875

동일種類(*ekajāti)　　803

동일種類의 마음(*ekajātīyacitta: 一類心)　　669, 741, 743, 744, 749, 750, 773, 805, 811, 843, 855, 858, 866, 914

遁倫　　746, 749, 757, 823, 831, 835, 843, 858, 873, 875, 894

得(prāpti)　　132, 133, 136, 140, 141, 143, 602, 609, 612, 697, 701

得·非得論　　878

等流果　　536, 552

등류성(naiṣyandikā)　　97

等無間緣(samanantara-pratyaya)　　　179, 180, 536, 537, 559, 565, 582, 590, 591, 712, 718, 734, 764,
　　765, 774, 869, 871, 885, 887, 889, 913
等無間依　　179
디파카라(Dīpakāra)　　　434, 435, 706, 866

ㄹ

라마(邏摩, Rāma)　　　9, 246, 310, 326, 711, 729, 737, 782, 865
라모트(E. Lamotte)　　　2
量(pramāṇa)　　416
로버트 크리처(Robert Kritzer)　　　1, 431, 436, 438, 633
리아오 벤셍(廖本聖)　　　405

ㅁ

滿業(paripūraka-karma)　　　646, 648
末經部　　　8, 732, 735, 748, 768, 773, 781, 782, 787, 788, 810, 811, 908
말소리　　240
妄執有隨界論者　　　551
滅(anityatā)　　　133, 135
滅(vyaya)　　　275
滅界(nirodha-dhātu)　　　163-165
滅不待因說　　　150, 247, 251, 252, 326
滅相(anityatā-[lakṣaṇa])　　　249, 251, 253, 326
滅受想定解脫身作證具足住　　　740, 866
滅定無心(acittakā nirodhasamāpatti)說　　　589, 711, 736, 787, 882, 905
滅定有心(sacittakā nirodhasamāpatti)說　　　226, 337, 687, 711, 736, 737, 750, 751, 774, 785, 787, 844,
　　842, 844, 858, 865, 868, 882, 905
滅定有細意識說　　　865
滅定證　　　739, 818, 820, 844, 865, 868, 874
滅盡定　　　132, 134, 140, 142, 751
名・句・文身(衆)　　　136, 137, 140, 142, 150
命根(jīvitendriya)　　　132, 134, 140, 142
名身(nāma-kāya)　　　133, 135
命命鳥(jīvaṃjīvaka)　　　726, 749, 773, 854, 860, 873
名色(nāma-rūpa)　　　704, 706, 718, 859, 881, 877
名色種子說　　　634, 801
命終時識證　　　816
命終證　　　818, 859, 875
목마름(渴)　　　121, 129
목샤카라굽타(Mokṣakaragupta)　　　379, 385, 386

妙音(Ghoṣaka)　　　203, 362, 264, 419

무거움(重性)　　　121, 125, 127

無境覺(*aviṣaya-buddhi)論　　　326, 504, 527, 911, 912

無愧　　　350

無記性(avyākṛta)　　　756

무루종자의 본유설　　　719

無明(avidyā)　　　207, 554

無明緣行　　　540

無方分(niravayava)　　　57

無分別(avikalpa)　　　458

無常(anitya)　　　30, 311, 232

無想　　　134

無想果(asaṁjñā-phala)　　　132, 134, 142

無常滅　　　137, 154

無常相　　　312, 326

無想定　　　132, 140

無想處　　　140

無性(Asvabhāva)　　　731, 732, 736, 746, 749, 769, 780, 787, 796, 799, 806, 848, 850, 851, 853, 859, 860-862, 866, 870, 886, 889, 915

無所緣心　　　269, 509, 529

無所緣識(*anālambana-vijñāna)　　　304, 324, 326, 327, 493, 504, 505, 527, 529, 912

無心(acittaka)　　　740

無心定　　　141

無我(anātman)　　　31

無礙(anāvaraṇa)　　　153

무위법(asaṃskṛta-dharma)　　　152, 171

無爲法 가유론　　　152

무위해탈　　　164

無依의 복업　　　654

無自性論　　　116

『撫掌喩經』　　　195

無着(Asaṅga)　　　10, 14, 16, 92, 432, 709, 731, 732, 752, 754, 766, 768, 769, 770, 772, 779, 835, 847, 850, 868, 871, 873, 885, 889, 901, 904, 917

무착의 6識 無相應論　　　780, 810

무착의 경량부 종자설 비판　　　893

無慚　　　350

無表色(avijñapti-rūpa)　　　650, 878

無表業(avijñapti-karma)　　　240, 650, 657

無形象知識論(nirākārajñānavāda)　　　368, 380, 381, 382, 416, 483

『問論』　　737
『問論』의 저자 世友　　753, 865
文備　　875
文身(vyañjana-kāya)　　133, 135
微俱行(anusahagataṃ)의 善根　　602, 603
미끄러움(滑性)　　121, 123
미래색(anāgata-rūpa)　　300
미맘사학파　　385
微細一類恒遍의 識　　724, 744
미세한 마음/細心(sūkṣmacitta)　　687, 738, 753, 773, 735
미세한 의식/細意識　　729, 730, 739, 859
미야시타 세이키(宮下晴輝)　　276, 431
미즈노 고겐(水野弘元)　　341
微聚　　57
密意(abhiprāya)의 방편설　　653

ㅂ

『婆藪槃豆法師傳』　　10, 16
婆藪跋摩(Vasuvarman)　　659, 662
바이세시카학파　　67, 120, 234, 475, 621, 807
박기열　　478
박창환　　471, 594, 726
『반야등론』　　429
反詰道理(*vyatireka-yukti)　　823, 872
『발지론』　　117
밧토파마(Bhaṭṭopama)　　228
方分(dig-bhāga)　　56
번뇌隨界　　309, 644, 717
번뇌의 得(prāpti)　　702
번뇌種子　　309
煩惱雜染證　　818, 822, 823, 850, 861, 874, 894
筏蹉子(Vatsīputriya)　　159
凡夫法(異生性)　　140
法界　　81, 96
法救(Dharmatrāta)　　56, 131, 227, 264, 419, 421, 432
法密部　　384
法寶　　110
法心　　514
『법온족론』　　116

法處　　78, 81, 96, 104

法體恒有　　236, 247, 266

法體恒有 三世實有　　325

法稱(Dharmakīrti)　　378, 391, 416, 417, 465, 470, 473, 475, 500

법칭의 5식 소연론　　465

베단타학파　　234

遍行(sarvatraga)心法　　229

遍行心所　　221, 229, 350

遍行因(sarvatraga-hetu)　　536, 554

遍行惑　　554

別境(prativiṣaya) 心所　　221, 229, 350

別報業　　646

普光　　35, 36, 170, 372, 738

보편(sāmānya)　　807

補特伽羅(pudgala)　　770

福業增長(설)　　309, 878

本經部　　781, 782, 787, 810, 843, 882

本無今有(abhūtvā bhāva)　　142, 275, 276, 908

本無今有 有已還無　　150, 276, 280, 281, 284, 325, 580, 672, 909

本性住種姓　　629

本識　　767

不得　　140

不失(avipraṇāśa)　　617

不障法　　582, 592

不定受業　　642

不定地法　　182

扶塵根　　44

北方(uttrā-diś)　　15

분별(vikalpa)　　458

分別論者　　411

分位緣起說　　623

불교 4대 학파　　1

佛教相(Buddhavacana-lakṣaṇa) → 불설정의

불교지식론학파　　379, 380, 391, 416, 417

不明了性(*aparisphuṭatva)　　855

不明了한 識(aparisphuṭa-mano- vijñāna)　　736, 738, 739

不遍行心法　　229

불상응행법　　132, 171

佛說(Buddhavacana)론　　20, 733

불설정의(Buddhavacana-lakṣaṇa)　　10, 917

不成就(asamanvāgama)　　136, 137, 608

不了別性의 識　　854

不了義經(neyārtha-sūtra)　　216, 290, 316, 327

佛陀提婆(Buddhadeva) → 覺天

비니타데바(Vinitadeva: 調伏天)　　479

非得(aprāpti)　　132, 133, 136, 141, 143

毘婆沙宗(Vaibhāṣika-pakṣa)　　35, 161, 293

毘婆沙師(Vaibhāṣika)　　1, 35, 118, 380, 485, 489, 491, 751, 849

譬喩(論)師　　42, 146, 148, 149, 157, 211, 292, 303, 426, 567, 712, 780-782, 800, 810, 850, 862, 902, 903

譬喩論者　　306, 311, 337, 737, 842

譬喩部(師)　　157, 788

譬喩者(Dārṣṭāntika)　　45, 75, 111, 118, 136, 137, 144, 152, 154, 170, 185, 187, 188, 196, 197, 200, 206, 223, 225, 230, 252, 253, 276, 281, 292, 301, 304, 324, 326, 343, 355, 388, 398, 399, 411, 416, 419, 424, 425, 427, 435, 438, 443, 505, 506, 510, 521, 537, 538, 540, 541, 549, 552, 554, 557, 563, 573, 575, 590, 617, 646, 647, 648, 649, 666, 686, 687, 711, 720, 737, 745, 753, 785, 808, 833, 842, 865, 868, 878, 879, 901, 907, 909, 911

譬喩者의 심·심소 차제계기설　　185

譬喩者의 緣無實性論　　538

譬喩者의 緣無智論　　509

譬喩者의 '一業引多生'설　　645

譬喩者의 종자설　　878

譬喩者의 和合見說　　426, 436, 448, 449

譬喩宗(Dārṣṭāntika)　　310, 684

譬喩宗의 업과상속론　　309

『秘義分別攝釋(Vivṛtaguhyārthapiṇḍavyākhā)』　　851

非擇滅(apratisaṃkhyānirodha) (무위)　　137, 153, 154, 156, 167

人

伺　　186

思(cetanā)　　113, 185, 194

思가 훈습된 相續(cetanābhāvita saṃtati)　　624, 881

事극미(dravya paramāṇu)　　56

四大教法(mahā apadeśa)　　917

4大種　　121, 599

思量　　175

事類　　780

事類雙熏說　　780, 796

사만야(sāmānya)　　467, 473, 501

沙門目連　　506, 509, 529

4食　　855

四食證　　820, 856, 858

4緣(說)　　537, 543, 582, 585, 591, 912

士用果　　536

思惟思(saṃkalpa- cetanā)　　557

事의 自相(dravya-svalakṣaṇa)　　112, 459, 460

思의 차별　　214

사쿠라베 하지메(櫻部建)　　3-5

薩迦耶見(satkāya-dṛṣṭi)　　161, 511,

薩婆多(Sarvāstivāda)　　406, 833, 834, 843, 863

3科 假實　　32

3科의 名義　　32

三摩地(samādhi)　　212, 222, 225

三事和合　　199, 201, 203, 363

삼세실유 논증　　294

三世兩重의 因果說　　623

삼세의 차별　　263

想(saṃjñā)　　194

相待的 假稱　　119, 123, 126

相不同說　　264

相分　　530

相續(saṃtati)　　665, 673, 689, 691

相續心　　728

相續의 轉變과 差別(saṃtatipariṇāmaviśeṣa)　　144, 301, 308, 309, 328, 390, 624, 642, 645, 662, 665, 666, 669, 670, 672, 673, 676, 686, 688, 689, 716, 717, 720, 721, 791, 877, 897, 904

相應(samprayukta)　　181, 794, 895

相應俱起說　　180, 181, 183, 186, 195, 230, 344, 895

相應性　　756, 779, 870, 889, 892, 901, 915

相應因(samprayukta-hetu)　　186, 535, 549

相依相待　　116, 122

相雜(saṃsṛṣṭā)　　342, 344

上座(Sthavira)　　4, 8, 14, 17, 48, 49, 51, 52, 63, 67, 69, 70, 78, 80, 87, 89, 113, 115, 125, 126, 128, 130, 147, 152, 157-159, 162, 167, 195, 198, 200, 201, 205, 206, 208, 209, 210, 211, 213, 216, 254, 259, 278, 289, 292, 299, 300, 305, 306, 307, 313, 317, 328, 350, 377-379, 388, 391, 395, 398, 418, 436, 470, 476, 483, 493, 497, 502, 523, 546, 557, 563, 565, 566, 570, 573, 583, 586, 587, 590, 591, 598, 610, 611, 613, 619, 638, 643, 666, 669, 672, 686, 687, 696, 703, 704, 706, 709, 712, 714, 720, 728, 742, 749, 750, 752, 753, 757, 764, 766, 790, 792, 814, 834, 837, 855, 873, 887, 897, 903, 910

上座徒黨(*Sthavira-pakṣika)　　4, 8, 293, 303, 313, 324, 328, 392, 917

上座部(*Sthavira-pakṣika)　　4, 8, 303, 659, 729, 732, 735, 737, 739, 740, 759, 766, 768, 773, 787, 780-782, 788, 798, 810, 811, 840, 846, 854, 859, 875, 883, 886, 908, 915, 917

상좌부(Teravāda)　771

上座部 末計　781, 782, 810

上座(部)師　752, 760, 865

上座部義　871

上座部 중의 經爲量者　764

上座 世友　751

上座 슈리라타　4, 6, 8, 9, 11, 13, 16, 18, 22, 37, 39, 42, 59, 66, 74, 94, 97, 102, 111, 121-123, 149, 157, 164, 169, 170, 178, 194, 196, 214, 221, 224, 230, 243, 251, 302, 327, 334, 336, 351, 363, 387, 389, 392, 405, 408, 411, 415, 417, 441, 450, 456, 469, 471, 473, 480, 485, 488, 499, 521, 522, 528, 541, 545, 555, 558, 559, 582, 589, 592, 593, 612, 618, 625, 652, 673, 710, 716, 719, 722, 729, 733, 735, 737, 748, 750, 753, 765, 768, 773, 780, 782, 785, 788, 804, 810, 811, 813, 854, 858, 865, 873, 878, 880, 881, 885, 904, 907, 908, 914, 916, 917

上座 슈리라타의 경량부　663, 681

上座 (슈리라타)의 (舊)隨界설　144, 617, 637, 669, 672, 677, 695, 713, 725, 785, 801, 837, 871, 880, 885

上座 슈리라타의 等無間緣설　871

상좌 슈리라타의 수계·종자설　711,

상좌 (슈리라타)의 인식론　377, 415, 910

上座 (슈리라타)의 ‘一心’　670, 722, 749, 774

상좌 (슈리라타)의 찰나멸론　232, 247, 326, 909

상좌의 극미 和合說　454, 456, 481, 482

상좌의 大地法 규정　346, 349

상좌의 無境覺(無所緣識)論　504, 520

상좌의 無所緣識論　307

상좌의 무위법 가유론　157

상좌의 ‘복업증장’ 해석　649

상좌의 본무금유론　274

상좌의 삼세 실유 논증 비판　298

상좌의 성전관　555

상좌의 ‘隨眠＝번뇌隨界’설　695, 702, 704

상좌의 심·심소 무별체설론　193

상좌의 심·심소 次第繼起說　346

상좌의 業果相續說　649

상좌의 5식 소연론　457, 464

상좌의 요의경관　291

상좌의 유부 4緣설 비판　545

상좌의 6處 수계설   882
상좌의 일심   749, 774
상좌의 一心 隨界說   809
상좌의 二識俱生설   725, 728
상좌의 因緣性   592
상좌의 『장계경』 해석   301
상좌의 제법분별론   908
상좌의 종자설   862
상좌의 종자상속론   885
상좌의 지식론   389
상좌의 직접지각론   358
상좌의 찰나멸론
상좌의 行相 이해   377
상좌일파(*Sthavirapākṣika)   279, 281, 313, 589, 591, 663, 666, 712, 736, 748, 752, 753, 768, 773-775, 782-785, 787, 788, 798, 811, 832, 840, 842, 855, 859, 865, 867, 868, 872, 882, 883, 886
상좌일파의 과미무체론   313
상좌일파의 행동설 비판   239, 243
上座宗(*Sthavira-pākṣika)   4, 8, 85, 107, 145, 253, 275, 293, 303, 328, 345, 376, 379, 382, 392, 393, 454, 566, 888, 909, 917
상캬(Saṃkhya)학파   287, 289, 313, 324, 514
색법의 수계·종자(色界, rūpadhātu)   711
色識   496
色心   718
色心相依生起說   789
色心自類(前後)相熏說   765, 780, 788, 810, 823, 883, 905
色心自體   881
色心前爲後種說   802
色心互熏說   586, 587, 589, 710, 711, 787, 881, 905
色心互爲因緣說   588, 789
色心互爲種子(anyonya-bījakam)說   785, 881
色根執受證   818, 857, 874
生(jāti)   132, 135
生(utpāda)   275
生得善根   609
生死心證   729, 820, 846, 856, 859, 865, 875
生死證   739
生識   305
生門(āya-dvāra)   32
生因(janana-hetu)   42, 574

958

生雜染證　　731, 818, 852, 859, 873, 874

샨타라크시타(Śāntarakṣita)　　386

西方 간다라논사　　663

西方諸師　　552

선대궤범사(pūrvācārya)　　586, 589, 624, 663, 645, 666, 686, 687, 711, 782, 785, 792, 878, 881, 892

선대궤범사의 '相續의 轉變·差別'설　　594, 677, 713

선대궤범사의 색심호훈설　　882

선대궤범사의 종자설　　677

善慧戒(Sumatiśīla)　　793

說假部　　83, 87, 411

說過去未來世無體論者　　277

說一切有部(Sarvāstivāda)　　32, 71, 82, 87, 223, 229, 238, 267, 325, 350, 360, 366, 380, 410, 416, 421, 508, 583, 637, 704, 762, 904

『섭대승론』　　19, 749, 817, 915

聲教[量](*śabda)　　630

性類(bhāva)　　263, 265

[성문]종성(gotra)　　628

『성실론』　　118, 174, 190, 204, 298, 422, 512

『성업론』　　3, 119, 750, 771

『성유식론』　　70, 73, 204, 229, 453, 456, 640, 749, 771, 818

『成唯識論演秘』　　11, 882

『成唯識論演祕』　　785

成就　　136, 137

世間清淨證　　861

世間·出世間清淨證　　874

世間·出世間清淨不成證　　818

세간의 邪論　　287

世路(adhvan)　　235

世俗(*saṃvṛti)　　542

世俗法　　292

世俗有(saṃvṛti-sat)　　37, 39, 103, 454, 456, 473, 501, 908

세속의 現喩(dṛṣṭānta)　　384

細心(sūkṣmacitta) → 미세한 마음

世友(Vasumitra)　　263

世友(經部異師)　　203, 909

세친　　1, 2, 4, 11, 14, 19, 20, 22, 33, 35, 53, 87, 152, 244, 247, 249, 252, 259, 278, 281, 306, 371, 373, 377, 379, 390, 638, 645, 667, 681, 686, 687, 704, 706, 708, 720, 721, 737, 749, 750, 752, 792, 850, 866, 870, 882, 895, 897, 903, 914, 917

세친의 경량부 종자설 변호　　895

세친의 경량부 종자설 비판　　900
세친의 名色종자설　　802
세친의 종자설　　144, 594, 638, 673, 710, 788, 876, 882, 885, 890, 892, 905
세친의 찰나멸론　　255
小煩惱地法　　182
疏所緣緣　　394
所緣(ālambana)　　304, 369, 482, 502
所緣境(ālambana-viṣaya)　　305, 365, 366, 379, 394, 416, 470, 500, 569, 910
所緣緣(ālambana-pratyaya)　　180, 305, 365, 366, 394, 416, 470, 483, 500, 536, 537, 569, 582, 590, 591, 910, 913
所緣(ālambana)평등　　367
소장양(supacayika)　　96
소조색　　40
所造色 無別體說　　40, 103, 121, 123, 194
所造觸　　121, 170
所造觸 無別體說　　121, 123, 194
所熏(bhāvya)　　635, 641, 680, 761, 774, 796, 801, 808, 847, 861, 862, 881, 894
所熏四義　　641, 756, 775, 779, 809, 817, 835, 869, 889, 892, 915
續生識(pratisaṃdhi-vijñāna)　　851
誦持(*āmnāya)　　733
受(vedanā)　　194
隨界(*anudhātu)　　94, 101, 104, 298, 300, 301, 327, 526, 552, 565, 582, 593, 609, 611, 612, 617, 621, 625, 643, 682, 695, 704-706, 716, 720, 880, 885, 909, 913
隨界論(者)　　566, 712, 765
隨俱行(anusahagata)의 善根　　593, 601, 604, 606, 695
壽煖識證　　820
隨念分別(anusmaraṇa-vikalpa)　　458
數論 → 상캬학파
隨眠(anuśaya)　　309, 604, 644, 695, 696, 702, 706, 716, 877, 878
'隨眠＝번뇌種子'설　　698, 699, 704, 879
'隨眠＝번뇌隨界'설　　698, 699, 702, 704, 879
隨縛(anubandha)　　604, 605, 701
受生識　　752, 759
『隨實論』　　16
殊異論者　　414
隨轉理門　　630, 634
隨增(anu-√śī, anuśerate)　　604
隨逐(anugata)　　604, 605
宿作外道　　98

『順別處經』　　41, 122
順生受業　　637, 642, 646
『순정리론』　　8, 14, 296, 422
順次生受業　　647
順現(法)受業　　642, 647
順後(次)受業　　642, 646, 647
슈리라타　　9
슈미트하우젠(L. Schmithausen)　　2, 413, 793, 831
스구로 신조(勝呂信靜)　　630
습윤성(濕)　　121
勝論(Vaiśeṣika)　　514
勝義伽他(Paramārthagāthā)　　445
『勝義空[性]經(Paramārthaśūnyatā)』　　276, 281, 282, 284, 285, 289, 291, 292, 327
勝義根　　44
勝義有(paramārtha-sat)　　37-39, 103, 908
勝因(pradhāna)　　289
勝解(adhimokṣa)　　210, 221
시간(kāla)　　234, 235
食(āhāra)　　858
識(vijñāna)　　173, 175, 813, 820
識見說　　419, 421, 422, 449
識及類前後相熏說　　796
[識]類(jāti)　　732, 854
識類受熏說　　765, 780, 788, 790, 803, 805, 806, 810, 823, 835, 837, 858, 915
識・名色互緣證　　820, 856, 875
識・名色相依證　　730, 818, 859, 875
'[識]事'(*vastu)　　732
食事(*āhārakaraṇa)　　856
識食(vijñānāhāra)　　856
識食證　　818, 857, 874
『식신족론』　　269, 509, 529
識緣名色　　851
識緣名色證　　730
識 일원론　　529
新薩婆多(neo-Sarvāstivāda)　　66, 73, 485, 503
身受差別證　　816, 841
신체적 형태　　240
神泰　　630, 823, 831, 833, 873
身表業　　113, 114

身形, saṃsthāna   240
實극미   33, 57, 58
實有(dravya-sat)   32, 106, 268, 270, 272, 454
실체(dravya)로서의 自相 → 事의 自相
尋   186
心(citta)   173, 175, 724, 749, 764, 769, 813
心界(*citta-dhātu)   713, 725
心相續(citta saṃtati)   712
心性本淨說   727
心所(caitta)   181
心隨界(citta-anudhātu)   725
心數法   190
심·심소 자성 요별설   416
심·심소의 次第繼起說   180, 230, 334
심법의 수계·종자(心界, cittadhātu)   711
심상응법   190
심소 무별체설   188
심소법   190
心染淨證   820, 852, 863, 875
16心(4諦의 法智忍과 法智, 類智忍과 類智) 現觀   700
12(入)處   28, 77, 82, 508, 908
18界   29, 88, 95, 596, 908

ㅇ

阿賴耶識 → 알라야識
아비달마논사(Ābhidhārmika: 對法者)   183, 262, 271, 279, 443, 617, 663
『아비달마대승경』   868
『아비달마디파』   433, 833
阿世耶(āśaya: 意樂)   652, 654, 657, 661, 707, 717
아유타국(阿踰陀國, Ayodhyā)   16, 917
아카라(ākāra)   369, 372
「惡叉聚經(akṣarāśisūtra)」   94
惡叉聚/惡叉 열매더미(akṣa-rāśi)   93, 595, 597, 719, 909
眼藥丸 열매더미(akṣa-rāśi)   595, 597, 719
안혜   480
알라야(ālaya)   771
알라야識(ālayavijñāna)   361, 584, 593, 600, 620, 641, 707, 724, 731, 735, 736, 743, 744, 749, 750, 754, 756, 762, 763, 768, 769, 773, 774, 808, 812-814, 855, 863, 893, 905, 913, 916
알라야識의 존재증명(논증)   812, 868, 875, 915

알라야식 종자설   716
알려진 것(所知性, jñeyatva)   28
야마구치 스스무(山口益)   2, 405, 479
야마베 요부노시(山部能宣)   94, 633
量(pramāṇa)   416
養因(upabriṃhaṇa-hetu)   574
『양평석(Pramāṇavārttika)』   465
『양평석장엄(Pramāṇavarttikālaṃkāra)』   387
語聲, śabda   240
語表業   113, 114
業可轉論   692
業用差別證   816, 873
業雜染證   818, 850, 851, 875
慮   185
與果(phala-dāna)   577
與果의 功能   298, 327, 665
餘宗   376
緣(pratyaya)   502
緣起法說   546
緣無覺論   306
緣無境識   292
緣無智(*asad-ālambana-jñāna)   304, 504, 510
念(smṛti)   207, 222
念念滅心   728
領納현량   399
『五事毘婆沙論』   117, 421
5識   457
5蘊   29, 908
『五蘊論(Pañcaskandhaka)』   221
五蘊受熏說   780
5位   32
五義平等   181
蘊(skandha)   33
온난성(煖)   121
外國諸師   552
外方의 경량부(*Bāhya, Bāhirdeśaka-sautrāntika)   589, 663
外門   79
외적인 것(bāhya)   80
了別   175

了別性의 識　854

了別識　750, 773

了義經(nītārtha-sūtra)　216, 290, 316, 327, 653

欲(chanda)　130, 205, 221

欲貪隨眠(kāmarāgānuśaya)　695

욕탐전　695

龍樹　116, 540

우이 하쿠주(宇井伯壽)　409, 821

雨衆外道(宗)(Vārṣaganya)　314

運動(gati)　326

운동성(動) → 行動

圓測　767

位不同說　263

『유가론』 → 『유가사지론』

『유가사지론』　16, 19, 61, 119, 430, 585, 750, 815, 915

유가행파(Yogācāra)　1, 9, 177, 223, 228, 235, 252, 253, 350, 361, 497, 567, 583, 585, 587, 600, 642, 712, 719, 749, 750, 751, 755, 768, 773, 812, 836, 904, 912

유가행파 종자설　783

유가행파의 和合見說　441

有境(viṣayin)　39, 77, 104

有境覺　504

有方分(sāavayava)　57

유부 → 설일체유부

類不同說　264

有分識(bhavāṅga)　771

有相(*astitā)　276, 279

有色處　711

有色處 假有論　40, 48, 103, 194, 451

有所緣(sālambana)　367

有所緣識(論)　303, 493, 504, 527, 571

唯識九難　404

唯識無境說　912

『유식삼십송』　229

『유식이십론』　71, 74, 400, 404, 452

유실사(dravyavat)　97

有心(sacittaka)　740

有愛(*bhava-tṛṣṇā)　554

有餘部　640, 641, 729, 759, 766, 899

有餘師(apare)　99, 319, 328, 388, 599, 644, 658, 709, 711, 726, 785, 859, 907

유위법(saṃskṛta-dharma)　　152

유위4상　　136, 137, 138, 139, 142, 144, 145

유위4상 假立論　　150

有爲相　　135, 138, 145

唯有現在一念論宗　　278

有依(aupadhika) 福業事(puṇyakṛyavastu)　　651

有已還去　　285

有已還無　　142, 275, 285

有種子性證　　757, 816, 823, 834, 893

有刹那　　260, 261, 265

有行相(sākāra)　　367, 380, 416

唯現有論　　277

유형상지식론(sākārajñānavāda)　　379, 381, 382, 386, 416, 417, 483

六根 所熏(受熏)說　　781, 789, 810

六識 受熏(事·類雙熏)說　　810

六識展轉相熏(受熏)說　　790, 799, 810, 823, 835, 915

6因(hetu)　　537, 912

6因 4緣 5果　　536

6處　　620, 624, 634, 704, 706, 718, 881

6處 수계설　　802

六處殊勝/ 6處의 특별한 양태(ṣaḍāyatana-viśeṣa)　　629

6識 無相應論　　799, 806, 850, 870

6識 종자설　　9, 768, 779, 784, 822, 823, 835, 837, 847, 848, 870, 872, 873, 915, 916

6識의 동일種類(jāti)　　747

飮光部(Kāśyapīya)　　86, 238-240, 411

應埋說(nyayya)　　663

意(manas)　　173, 175, 813

意識明了證　　816, 829, 839, 873

의식의 자기인식(svasaṃvedana) → 지식의 자기인식

意樂　　661

依因(niśraya-hetu)　　42, 574

依止執受證　　745, 816, 822, 823, 825, 855

依止身受證　　858

異(jara)　　133, 135

離界(virāga-dhātu)　　164, 165

離繫(visaṃyoga)　　100, 153, 166

離繫果　　536

二念不俱有　　800, 850, 870

已生未滅　　276

異生性　　　136

異熟生(vipāka-ja)　　　96, 104

異熟識　　　744, 773, 804

異熟心證　　　819, 829, 840

異熟因(vipāka-hetu)　　　99, 536, 556

異時因果(설)　　　75, 551, 682, 761

二識俱生　　　726, 733, 734, 773, 795, 854, 860, 873

二識幷生論者　　　860

二眼見說　　　419

理長爲宗　　　21, 876, 906

이종철　　　428, 429

「人經(mānuṣyakasūtra)」　　　195, 225

仁順　594

隣近공능(sākṣāt-samartha)　　　301, 643, 645, 667, 673, 676, 717, 884

인식영역(āyatana: 處)으로서의 자상 → 處의 自相

인식의 확실성(決定性)　　　306

引業(ākṣepaka-karma)　　　646, 648

因緣(hetu-pratyaya)　　　180, 536, 537, 545, 546, 582, 585, 590-592, 631, 712, 718, 749, 765, 774, 784, 868, 871, 876, 885, 887

因緣性(hetupratyayatā)　　　552, 591, 593, 716, 913

일군의 經爲量者(*ekīyā sūtraprāmāṇika)　　　753

一類心(*ekajātīya-citta)　　　741, 743, 744, 750, 773, 805, 811, 843, 855, 866, 914

一類恒遍의 識　　　774

一心(ekacitta)　　　96, 178, 600, 620, 669, 713-715, 719, 722, 723, 735, 744, 749, 750, 768, 773, 813, 814, 837, 855, 912

一心相續(*ekacitta saṃtati)　　　712

一心相續論者　　　727

一眼見說　　　419

一[眞]法界　　　96, 104

일찰나(kṣaṇika)　　　97

一刹那宗　　　238, 275, 277, 302, 411, 414, 672, 834

「一切經」　　　82, 507

일체법　　　28, 29

一切業可轉論　　　648

「一切有經」　　　269, 507

일체법의 종자　　　95

일체법(12處) 異熟生 설　　　96

一切種子識(sarvabījakaṃ vijñāna)　　　593, 707, 750, 812, 853, 913

一切智(sarvajñā)　　　769

任杖法　　582, 592
立因(pratiṣṭha-hetu)　　42, 574

ㅈ

自相(sva-lakṣaṇa)　　459, 466
自性(prakṛti)　　289
自性分別(svabhāva-vikalpa)　　458
自然滅(svayam nirodha)　　249, 910
자이니(P. S. Jaini)　　609
自體(ātmabhāva)　　704
作事思(kriyā-cetanā)　　557, 623
作用(*kāritra)　　266
작의(manaskāra)　　209
暫住滅說　　242, 326, 406, 683
『雜阿毘曇心論』　　117, 174, 298, 421
積聚(rāśi)　　32
纏(paryavsthāna)　　696
前念(pūrvāt-kṣaṇa)　　796
前念熏後念說　　780, 790, 796, 799, 802, 810, 835, 850, 862, 870, 915
前法　　761, 801, 847
轉變(pariṇāma)　　665, 667, 673, 689, 691
前生因　　546
傳說(kila)　　221
轉識　　812
「箭喩經」　　27
傳因(pāraṃparyam-hetu)　　310
展轉(pāraṃparyeṇa-samartha, sāmarthya)功능　　301, 643, 644, 667, 673, 676, 717, 884
展轉과 鄰近의 功能　　704, 706, 847, 877
전체(sāmānya)　　469
전체성(avayavin, 有分)　　120
正量部(Sāmmitīya)　　238, 241, 242, 248, 406, 427, 683
정량부의 행동설　　239
正理(論)師　　73, 452, 483, 485, 503
正解脫　　210
提婆設摩(Devasarman)　　269, 529
諸法分別　　28
『第一義空經(修多羅)』　　283, 284
제7覺(識)　　529
제8 命終時識證　　845

第八識　812

제8식이 존재하지 않는다'고 주장하는 이들(執無第八識者)　858

諸行無常　232

諸行의 剎那滅　278

調伏天(Vinītadeva)　405, 834

『尊婆須密菩薩所集論』　339

존재(有性)　28

존재 정의(有相)　38

種子(bīja)　92-94, 101, 298, 300, 301, 583, 592, 599, 609, 617, 645, 667, 673, 676, 680, 704-706, 708, 709, 720, 749, 876, 877, 881

種子法　582, 592, 887, 913

種子性(bījabhāva)　580, 674, 676, 698, 700, 708, 709, 751, 791, 834, 836, 877, 881, 883, 893

種子識　728, 750

種子依　179, 631

종자 자체(種子體)　675

종자 훈습처(所熏處)　724, 749, 914

종자 훈습처의 네 특성/조건 → 所熏四義

種族(gotra)　32

種種界(nānādhātu)　93, 595, 597, 600, 714, 715, 719, 722, 909

種種界(vividha-dhātu)　599

種種界智力(nānādhātujñānabala)　597, 598

種種心(nānācitta)　740, 751, 804

種類(jāti)　744, 746

住(sthiti)　132, 135

중관학파(론자)　1, 543, 814

衆同分, nikāyasabhāgatā　134

중현　14, 52, 55, 67, 68, 70, 81, 89, 98, 250, 259, 278, 483, 485, 488, 502, 610, 613, 619, 681, 712, 748, 755, 836, 871, 885, 904, 917

增上緣(adhipati-pratyaya)　180, 536, 537, 572, 582, 591, 631, 765, 912

曾有(bhūtapūrvam)　106, 268, 315

增益論者　410

增長(upacaya)　617

지식의 자기인식(svasaṃvedana, 自證, 自性了別)　383, 387, 391, 417, 910

持因(upastambha-hetu)　42, 574

持種證　747, 763, 764, 771, 780, 810, 815, 819, 822, 823, 858, 871

智周　11, 781, 785, 786, 810, 811, 882

직접지각(pratyakṣa: 現量)　465

陳那(Dignāga)　75, 305, 379, 442, 483, 486, 491, 494, 502569

眞實의 이숙식　740

集起　175

集起心(ācayacitta)　740, 750, 805

執受依止證　875

執受色根證　822

『집이문족론』　116

執持識(ādāna-vijñāna)　812

ㅊ

차가움(冷)　121, 128

此有故彼有　此生故彼生　546

次第繼起(生起)說　196, 230, 344

差別(viśeṣa)　665, 667, 673, 689, 691

刹那(kṣaṇa)　234, 237, 259, 325

刹那論者　20, 86, 107, 238, 239, 278, 405, 406, 409, 411, 412, 414, 834

刹那滅(論)(kṣaṇika)　242, 265, 325, 405, 410, 414

刹那滅論의 毘婆沙師(kṣaṇikavādin- Vaibhāṣika)　238, 411

刹那生滅　234

刹那의 實法　278

處(āyatana)　33, 90

處無心定證　816, 838, 841

處의 自相(āyatana-svalakṣaṇa)　112, 459, 460

淸辯(Bhāvaviveka)　762

體相(svabhāva)　263, 265

觸(sparśa)　185, 196, 197, 225

촉계　89

촉처　89

總報業　646

最初生起證　733, 816, 829, 839, 855, 872, 873

最勝子　635

麤心, audārikacitta　773, 805

出世間淸淨證　862

取果(phala- pratigrahaṇa)　577

聚극미(saṃghatā paramāṇu)　56

趣生證　819

取緣有　851

親所緣緣　394

親因(sākṣāt-hetu)　310

稱友(Yaśomitra)　372, 708, 709, 712, 724, 738, 751

ㅋ

카지야마 유이치(梶山雄一)　　380, 382, 417
『카타밧투』　　422
카토 준쇼(加藤純章)　　1, 428, 429, 439, 709
카토 히로미치(加藤宏道)　　3, 782, 788, 882
카필라(Kapila)　　313
쿠마라라타(鳩摩羅多, Kumāralāta)　　9, 226, 782, 790

ㅌ

타라나타(Tāranātha)『불교사』　　14
他宗(*parapākṣika)　　376
太賢　　730, 739, 748, 749, 787
擇滅(pratisaṃkhyānirodha) (무위)　　137, 153, 154, 156, 160
특수(viśeṣa)　　807

ㅍ

「파아품」　　770
8事俱生　　40
八心現觀　　700
8解脫　　866
푸상(L. de La Vallée Poussin)　　3, 420
『품류족론』　　116, 117

ㅎ

하라다 와소(原田和宗)　　1, 429, 431, 437, 436, 441
하리발마(訶梨跋摩, Harivarman)　　46, 86, 139, 147, 152, 190, 196, 198, 223, 225, 230, 338, 340, 514, 515, 909, 912
하리발마의 심·심소 차제계기설　　190
하리발마의 無所緣識論　　512
하카마야 노리아키(袴谷憲昭)　　738, 743
『合手聲譬經』　　195
行動(gati)설　　241, 326
行相　　367, 372, 376
行相平等(ākārasamatā)　　367
行緣識　　851
行蘊　　214
虛空界　　157
虛空(ākāśa) (무위)　　153, 155-157, 159

970

허기짐(飢)　　　121, 129

虛妄分別(abhūta- parikalpa)　　　504

虛僞의 妄失之法　　　477, 500, 521

現量(pratyakṣa)　　　358

現量覺(pratyakṣa-buddhi)　　　358, 398, 400, 405, 833

現量爲宗難　　　404, 412

顯了(*vispaṣṭa: 分明)의 요의설　　　653

現時功能　　　645

顯色(varṇarūpa)　　　108

賢聖法　　　292

『현양성교론』　　　229

『현종론』　　　455

現行識　　　728, 804

형상(ākāra)　　　367, 369, 383, 416, 910

形色(saṃthānarūpa)　　　108, 486

形色 假有論　　　108, 110, 116, 118, 170, 489

慧(mati)　　　206, 222

慧沼　　　730, 821, 854

慧見說　　　419, 421, 424

護法　　　414, 491

혼조 요시후미(本庄良文)　　　1, 701

化地部　　　238, 239, 384, 770

和集　　　52, 63, 65-67, 70, 73, 75, 103, 452, 477, 485, 499, 501, 502, 908

和合　　　63, 67, 70, 73, 75, 103, 359, 424, 477, 486, 499, 501, 908

和合(*sāmagrī)　　　418

和合(samavāya)　　　475

和合(saṃnipata)　　　415

和合性(bhāvakasaṃnibandhaka)　　　756

和合見說　　　418, 419, 421, 424, 435, 438449, 911

還去(prativigacchati)　　　327

還無(na bhavatīti)　　　327

黃仙(Kapila)　　　313

효과적 작용(arthakriyā)　　　474, 476, 501

효도 가즈오(兵藤一夫)　　　413, 708-710, 881, 883

後念(uttara-kṣaṇa)　　　796

後法　　　761, 801, 847

후카우라 세이분(深浦正文)　　　427

후쿠다 다쿠미(福田琢)　　　1, 372, 381, 382

熏習(vāsanā)　　　298, 617, 680, 682, 720, 849

熏習의 (安)住處(bhāvanā-saṃniveśa)　　　177, 881

4) Proofs by Differentiated Effects (業用差別證) and Differentiated *kāyiko'nubhava* (身受差別證)

5) Proof by *acittakā-samāpatti* (處無心定證)

6) Proof by Consciousness at the Time of Death (命終時識證)

3. Argument for *Ālayavijñāna* in *Mahāyānasaṃgraha* and Sautrāntika

1) Proof by *kleśa-kaṣāya* (煩惱雜染證)

2) Proof by *karma-kaṣāya* (業雜染證)

3) Proof by *jāti-kaṣāya* (生雜染證)

4) Proofs by Four *kaṣāyas* After Birth(結生)

5) Proofs by *loka-* and *aloka-viśuddhi* (世間出世間 清淨證)

6) Proofs by *nirodha-samāpatti* (滅定證)

7) Asaṅga's Final Comments on *Ālayavijñāna*

4. Summary

Chapter XIV: Sautrāntika's Theory of *bīja* and Vasubandhu

1. Vasubandhu's Theory of *bīja* and Sautrāntika

2. Misunderstanding on Vasubandhu's Theory of *bīja*

3. Critiques of Saṅghabhadra and Asaṅga on Sautrāntika's Theory of *bīja*

1) Śrīlāta's Theory of *bīja-saṃtati* and Critiques of Saṅghabhadra and Asanga

2) Saṅghabhadra's Critique on Vasubandhu's Theory of *bīja*

3) Asaṅga's Critique on Sautrāntika's Theory of *bīja*

4. Vasubandhu's Dilemma

1) Vasubandhu's Justification on Sautrāntika's Theory of *bīja*

2) Vasubandhu's Critique on Sautrāntika's Theory of *bīja*

5. Summary

Chapter XV: Summary and Conclusion

Reference

Post Script

Index

4) Asaṅga's Vindication of *Ālayavijñāna* and Sthavira Śrīlāta

4. Summary

Part IV: Sautrāntika's Theory of Seeds and Yogācāra

Chapter XII: Yogācāra and Fǎxiāngzōng(法相宗)'s Understanding of Sautrāntika's Theory of Seeds

1. Sautrāntika's Theories on *bīja* and *vāsanā*

2. Zhìzhōu(智周)'s Understanding of **pūrvānudhātu* Theory by Śrīlāta

3. Yogācāra and Fǎxiāngzōng's Understanding of Sautrāntika's Theory of Seeds

   1) Successive Perfuming of Six Consciousness (六識展轉相熏說)

     (1) Exposition on the Theory

     (2) Critique on the Theory

   2) Previous Moment Perfumes Immediately Following Moment (前念熏後念說)

     (1) Exposition on the Theory

     (2) Critique on the Theory

   3) Currents Perfumed in One Generic Consciousness (識類受熏說)

     (1) Exposition on the Theory

     (2) Critique on the Theory

4. Summary

Chapter XIII: Proof of *Ālayavijñāna* and Sautrāntika

1. Yogācāra's Proof of *Ālayuvijñāna*

   1) Argument for *Ālayavijñāna* in *Yogācārabhūmi*

   2) Argument for *Ālayavijñāna* in *Mahāyānasaṃgraha*

   3) Argument for *Ālayavijñāna* in *Chéng-wéishì-lùn*

   4) Focal Points in Three Texts

2. Argument for *Ālayavijñāna* in *Yogācārabhūmi* and Sautrāntika

   1) Proof by *aśraya-upādāna* (依止執受證)

   2) Proofs by Original Arising (*ādipravṛtti*, 最初生起證) and Lucid Consciousness (*spaṣṭatva*, 意識明了證)

   3) Proof by Having *bīja* (有種子性證)

3. Sthavira Śrīlāta's Theory of Continuity between *karma* and *phala*

   1) Śrīlāta's Interpretation of 'Merit Increase (福業增長)'

      (1) Merit Increase Due to Alms Giving

      (2) Merit Increase Due to Intention (*āśaya*)

      (3) *bīja* and *āśaya*

   2) Pūrvācārya's Theory of 'Merit Increase'

      (1) Interpretations of 'Merit Increase'

      (2) Theory of *saṃtati-pariṇāma-viśeṣa* and Sanghabhadra's Critique

   3) Vasubandhu's Theory of *bīja*

      (1) Theory of *bīja*; *saṃtati-pariṇāma-viśeṣa*

      (2) Saṃghabhadra's Critique

   4) Dārṣṭāntika's Theory of Continuity between *karma* and *phala* by Seed Metaphor

   5) Sautrāntika's Theory of Continuity between *karma* and *phala*

4. Śrīlāta's Theory of '*anuśaya: kleśa-anudhātu*'

5. Base (*āśraya*) of *anudhātu/bīja*

   1) *saṃtati* of Mind and Body

   2) *saṃtati* of Mind

6. Summary

Chapter XI: One Mind (*ekacitta*) of Sthavira Śrīlāta

1. One Mind; Bases of *bīja* and *vāsanā*

2. One Mind; Subtle and One Generic Mind (*ekajātīyacitta*)

   1) Simultaneous Arising of Two Consciousness Based on the Same Sense Organs

      (1) Sanghabhadra's Quotation of Two Consciousness Theory by Śrīlāta

      (2) Sthavira Sect's Theory of Two Consciousness in Yogācāra Literature

   2) Subtle Mind: Cognition Without Object and Unrecognizable

      (1) Unclear Consciousness in *nirodhasamāpatti*

      (2) Śrīlāta's *avijñaptika-vijñāna* (不能了識)

   3) Subtle and One Generic Mind (*ekajātīyacitta*)

3. Śrīlāta's One Mind and *Ālayavijñāna*

   1) *Ālayavijñāna* as One Mind

   2) *Ālayavijñāna*; One Mind as Separate Entity

   3) *Ālayavijñāna*; A Useless Concept

Part III: Sautrāntika's Theory of *anudhātu/bīja

Chapter IX: Śrīlāta's Critique on Causation Theory of Sarvāstivādin

1. Dārṣṭāntika's Theory of Norminal *hetupratyaya*

    1) Dārṣṭāntika's Theory of Norminal *pratyayatā* (緣性)

    2) Śrīlāta and Critique on Four Causal Conditions (*pratyaya*) in MMK I

2. Śrīlāta's Critique on Four Causal Conditions by Sarvāstivādin

    1) Critique on *hetu-pratyaya* (因緣)

        (1) Simultaneous Causation: *sahabhū-* and *saṃprayuktaka-hetu*

        (2) Sequential Causation: *sabhāga-, sarvatraga-, vipāka-hetu*

    2) Critique on *samanantara-pratyaya*

    3) Critique on *ālambana-pratyaya*

    4) Critique on *adhipati-pratyaya*

    5) Critique on Objects of Four *pratyayas*

3. Yogācāra's Understanding of Four *pratyayas*

4. Summary

Chapter X: Sthavira Śrīlāta's Theory of **pūrva-anudhātu* (舊隨界)

1. Śrīlāta's *hetupratyayatā* (因緣性); **pūrva-anudhātu*

    1) dhātu in **pūrva-anudhātu*

    2) Meaning of **[pūrva]-anudhātu*

        (1) **anudhātu* and *kuśala-mūlam* of *anusahagatam* (隨俱行善根)

        (2) *Prāpti* and **anudhātu/bīja*

    3) **anudhātu* and **pūrvānudhātu*

2. Śrīlāta's Theory of **anudhātu*

    1) **anudhātu*; *dhātu* the Perfumed by Various Dharmas

    2) **anudhātu*; *ṣaḍāyatana* Perfumed by *karma* and Defilement

        (1) **anudhātu* as *ṣaḍāyatana*

        (2) *bīja* as *ṣaḍāyatana* in Yogācāra Literature

        (3) Causal Relations of the Perfuming (能熏) and the Perfumed (所熏)

    3) **anudhātu*; *Samartha* of *sākṣāt* and *pāraṃpara*

        (1) **anudhātu*; Capacity for Successive Stream of Causation

        (2) Dārṣṭāntika's Theory of 'One *karma* Causes Many Births'

Chapter VI: Dārṣṭāntika/Sautrāntika's Theory of Visual Perception in Cooperation (*sāmagrī*) (和合見說)

  1. Theories on Cognizers

  2. Sautrāntika's Argument for 'No-Action of *indriya* and *vijñāna* in Perception'

  3. 'No-Action of *indriya* and *vijñāna* in Perception' in *Mahāyāna* Literature

  4. Dīpakāra's Understanding on Theory of Visual Perception in Cooperation

  5. Sthavira Śrīlāta and Theory of Visual Perception in Cooperation of Yogācāra

  6. Summary

Chapter VII: Sthavira's Atomic Compound (*héhé*) and Cognitive Objects of *Pañca-vijñāna*

  1. *Saṃvṛtisat* by Atomic Compound and *Pañca-vijñānas*

    1) Critique on Compound by Saṃghabhadra and the Yogācāra

    2) *Ālambana of pañca-vijñāna* by Sthavira Śrīlāta

    3) *Ālambana of pañca-vijñāna* by Dharmakīrti

  2. *Ālambana of pañca-vijñāna* by Sthavira and Dharmakīrti

    1) Two Aspects of *Ālambana of pañca-vijñāna*

    2) *Saṃvṛtisat* and *Sāmānya*

    3) What is Dharmakīrti's Type of Atomic Combination: Compound or Composite?

  3. Examination of Dignāga's Critique on Theories of *Compound* and *Composite*

    1) Logic of Criticism in *Ālambanaparīkṣā* and Vṛtti

    2) Sarvāstivādin's Response on Dignāga's Critique

    3) Dignāga's Exposition of the Difficulties and Sautrāntika

  4. Summary

Chapter VIII: Theory of Cognition Without Object by Sthavira Śrīlāta

  1. Cognition With Object vs. Cognition Without Object

  2. Theory of Cognition Without Object Before Sthavira Śrīlāta

    1) Dārṣṭāntika's Theory of Knowledge Without Object in *Mahāvibhāṣā*

    2) Cognition Without Object by Harivarman

  3. Theory of Cognition Without Object by Sthavira Śrīlāta

    1) Cognition Without Object by Sūtrakāra Vasubandhu

    2) Cognition Without Object by Śrīlāta(Dārṣṭāntika)

  4. Certainty of Cognition Without Object and *anudhātu (隨界)

  5. Summary

976

        (4) Critique on Scriptural Evidence 3: 'Past and future *rūpa*s are impermanent(*anitya*).'

    3) Critique on the Reality of Three Times by Sthavira Sect

        (1) Non-Substantial Past and Future by Anonymous 1

        (2) Non-Substantial Past and Future by Anonymous 2

  5. Summary

Part II: Cognitive Theory of Sautrāntika

Chapter V: Cognitive Theory of Sthavira Śrīlāta

  1. Theory of Sequential-continuous Arising (次第繼起) of *citta* and *caitta*

    1) 'Simultaneous Arising'(*sahaja*, 俱起) in Sūtras Means Im-mediate Consequential Arising

    2) 'Concomitant (*samprayukta*, 相應)' Means Similar Arising (相似轉) of *citta* and *caitta*

    3) Sthavira's Definition of *Mahābhūmika-dharmas*

  2. Saṅghabhadra's Question on Theory of Sequential-continuous Arising

  3. Śrīlāta's Theory of Perception (*pratyakṣa*)

    1) Successive Stream (*santāna*) of Cognitive Objects by Sequential Causation (*sannipāta*, 和合)

    2) Two Kinds of *ālambana*: Cognitive Condition (所緣緣) and Cognitive Object (所緣境)

    3) *Ālambana* the Cognitive Object: *ākāra* (行相)

        (1) *Ākāra* in Sarvāstivāda

        (2) *Ākāra* in Sautrāntika

    4) Cognitive Theory of Sthavira Based on Sequential Causation(異時因果)

        (1) *Sākārajñānavāda* and *Nirākārajñānavāda*

        (2) Sarvāstivādin's Critique on Self Consciousness (*svasaṃvedanā*) of Knowledge

        (3) Self-cognition of Knowledge and Critique on Cognizer

  4. Sthavira Śrīlāta's Response to Saṅghabhadra's Question

  5. Vasubandhu's Exposition on Awareness of *pratyakṣa*

    1) Critique on Perception (*prakyakṣa*) in *Viṃśikā*

    2) Scholastic Context of Vasubandhu's Exposition

    3) Momentarists in Xuánzàng's Chinese Translation

  6. Summary

3) Harivarman's Theory of Sequential-continuous Arising

3. Śrīlāta's Theory of Non-Separate Entities of *citta* and *caitta*

1) Separate Entities of three *caitta: vedanā, saṃjñā, cetanā*

2) Other Non-Separate Reality of *Mahābhūmika-dharmas*

(1) *sparśa*   (2) *chanda*   (3) *prajñā*   (4) *smṛti*

(5) *manaskāra*   (6) *adhimokṣa*   (7) *samādhi*

3) *Saṃskāra-skandha* of *manaskāra* etc. as particulars *cetanā*

4) Other Scholastic Understandings of *caitta-dharma*

4. Summary

Chapter IV: Sthavira Śrīlāta's Theory of *kṣaṇabhaṅga* (刹那滅) and *abhūtvā bhāva* (本無今有)

1. *anitya* and *kṣaṇabhaṅga*

2. Sthavira's Critique on *Sammitīya's* Theory of Activities (*gati*)

1) *Sammitīya's* Theory of Activities and Temporary Continuation

2) Critique on Theory of Activities by Sthavira Sect

3) Momentary Theory of Sthavira and Vasubandhu: Decay Without Cause

4) Saṃghabhadra's Argument for Momentariness

3. Theory of *abhūtvā bhāva* (本無今有) by Sthavira Śrīlāta

1) Theory of Permanent Substance (法體恒有) by Saṅghabhadra

(1) Critique on Sthavira Sect's Theory of Momentariness

(2) Substance and Property of Dharmas

(3) Existence at Present, and in the Past and Future

2) Sthavira's Theory of *abhūtvā bhāva*

(1) No-difference between Substance and Property

(2) *abhūtvā bhāva* and Paramārthaśūnyatāsūtra (勝義空經)

(3) *bhūtva prativigacchati* (有已還去) and *bhūtva na bhavati* (有已還無)

(4) Paramārthaśūnyatāsūtra and Sthavira Śrīlāta

4. Sthavira's Critique on the Theory of *sarvāsti* (三世實有)

1) Argument for Reality of Thee Times by Sarvāstivādin

2) Sthavira's Critique on the Reality of Thee Times

(1) Critique on Scriptural Evidence 1: 'Past *rūpa* and Past *karma* exist.'

(2) Critique on Scriptural Evidence 2 and Reasonal Evidence 1 for Cognitive Objects

(3) Critique on Reasonal Evidence 2: '*Karma* produces its result.'

(2) Meaning of *dhātu*

4. *Vipākaja* (異熟生) of *sarvadharma* (12 *āyatana*)

5. Summary

Chapter II: Critique on the External Object of Sarvāstivādin

1. Theory of the Nominal *saṃsthānarūpa* (形色)

   1) *Varṇarūpa* (顯色) and *saṃsthānarūpa*

   2) Nominal *saṃsthānarūpa*

   3) Nominal *saṃsthānarūpa* in Other Treatises

2. Non-Separate Entities of *upādāya-sparśa* (所造觸)

   1) *mahābhūta* and *upādāya-sparśa*

   2) Non-Separate Entities of *upādāya-sparśa*

3. *Citta-viprayukta-saṃskāra-dharma* as Norminal Substance

   1) *citta-viprayukta-saṃskāra-dharma* of Sarvāstivādin

   2) Dārṣṭāntika in *Mahāvibhāṣā* and Harivarman's Critiques

   3) Sautrāntika (Dārṣṭāntika) and Sthavira Śrīlāta's Critiques

      (1) *prāpti* (得) and *aprāpti* (非得)

      (2) Four Feature (*lakṣana*) of Conditioned Beings (*saṃskṛta*)

      (3) Word (*nāma*), Phrase (*pada*), Syllable (*vyañjana*)

4. Nominal Substance of *asaṃskṛta*

   1) Nominal Theories before Sautrāntika

   2) Nominal Theory of Sthavira Śrīlāta

      (1) *ākāśa*

      (2) *pratisaṃkhyā-nirodha*

      (3) *apratisaṃkhyā-niordha*

5. Summary

Chapter III: Critiques on the Theory of Concomitant-Simultaneous-Arising (相應俱起) of
      citta and *caitta*

1. Different Interpretations on the Meaning of *citta, manas, vijñāna.*

2. Theory of Sequential-continuous Arising (次第繼起) of *citta* and *caitta*

   1) Sarvāstivādin's Theory of Concomitant-Simultaneous-Arising

   2) Dārṣṭāntika's Theory of Sequential-continuous Arising

Table of Contents

Preface

Introduction: The Sautrāntika of Sthavira Śrīlāta

  1. Mistaking Vasubandhu for Sautrāntika

  2. Sthavira Śrīlāta, A New Key to Buddhist Studies

  3. Sthavira Śrīlāta, Saṃghabhadra, Asaṅga and Vasubandhu

Part I: Critiques on the *Dharma-vibhaṅga* of Sarvāstivādin

Chapter 1: Different Views on Three Categories

  1. Conceptual Elaboration of 5 *skandha*, 12 *āyatana*, and 18 *dhātu*

  2. Puguang (普光)'s Comments on the Reality of Three Categories

  3. Śrīlāta's Elaboration on Three Categories

    1) *Saṃvṛtisat* and *paramārthasat*

    2) Nominal Substance of *rūpin-āyatana*

      (1) Non-Separate Substance of *upādāya-rūpa*

      (2) Nominal Substance

    3) Compound (*héhé*, 和合) of *paramāṇu*

      (1) Defining the term *paramāṇu*

      (2) Parts: Aporia of *paramāṇu* theory

      (3) Compound (*héhé*) and Composite (*héjí*, 和集): Types of Atomic Combination

      (4) Compound and Composite in *Viṃśikā*

    4) Conceptual Elaboration of 12 *āyatana*

      (1) *viṣaya* (境) and *saviṣaya* (有境)

      (2) Internal *dvāra* and External *dvāra*

    5) *Dhātu* as *Paramārthasat*

      (1) Evaluation of 12 *āyatana*

stance. In this processes Saṃghabhadra reports a tremendous amount of Śrīlāta's or a sects of Sthavira's statements, parts of which are not only conformed in *Abhidharmakośabhāṣya* but also the literatures of Yogācāra/Faxiangzong(法相宗). This book is a reconstruction of the philosophy of Sthavira Śrīlāta based on such literatures.

The primary sources I've referred to are as follows:

First, the assumed quotations of *Sautrāntikavibhāṣā what was also called *Śrīśāstra (『吉祥論』), including the words of Sthavira, the statements of(in) 'his treatise(彼論)' and 'his sect(彼部)' or 'treatise of his sect(彼部論)', the theories of Sautrāntika / Dārṣṭāntika, Śrīlāta's expositions in the critical remarks of Saṃghabhadra, and similar remarks of Kośakāra Vasubandhu in terms of the related subjects that quoted or mentioned in *Abhidharmanyāyānusāraśāstra* by Saṃghabhadra.

Second, Vasubandhu and Sautrāntika's discussions and the related arguments of the other someone (*apare* or *anye*) — who annotated to Sthavira Śrīlāta by commentators Yśomitra ect. — in *Abhidharmakośabhāṣya*.

Third, the theories of Dārṣṭāntika in *Abhidharmamāhavibhāṣāśāstra* and the statements in Harivarman's *Satyasiddhiśāstra* and Vasuvarman's *Catuḥsatyanirdeśa* that its similar to those of Sthavira Śrīlāta / Sautrāntika.

Fourth, the arguments of Sautrāntika/Dārṣṭāntika, Sthavirapāṣika (上座部), and branch of Sautrāntika (末經部) criticized in the literature of Yogācāra/Faxiangzong (瑜伽/ 法相宗) such as *Yogācārabhūmiśāstra*, *Mahāyānasaṅgraha*, *Viṃśatikā*, *Ālambanaparīkṣā*, *Chéng-wéishì-lùn*, and its commentaries.

Preface

This book is the second volume of *A Study of *Sautrāntikavibhāṣā by Sthavira Śrīlāta*. In the first volume of this series, *Sthavira Śrīlāta and Sautrāntika*, I revealed the identity of Sautrāntika, a sect of Sthavira (上座徒黨, 上座宗 *Sthavirapāṣika) namely a certain Dārṣṭāntika who take the sūtras as a valid means of knowledge (經爲量者, sūtrapramāṇakā). In this second volume, I investigate into some philosophical issues of Sautrāntika elaborated by Sthavira Śrīlāta, including his theory of *Dharma-vibhaṅga* namely existential theory, theory of knowledge based on this, the theory of *(pūrva-)anudhātu* (synonym of *bīja*), that is theory of causality and also the theoretical relationship between Sautrāntika's theory of *anudhātu-bīja* and the Yogācāra.

The Sautrāntika has been usually mentioned as one of the four major schools of Buddhism, including Vaibhāṣīka, Mādhyamika, and Yogācāra. However, Sthavira Śrīlāta the Head of the School has disappeared with his *Sautrāntikavibhāṣā* (經部毘婆沙) from the Buddhist history so that the theory of *(pūrva-)anudhātu*, one of his core theories, also has been forgotten in the theory of Buddhist thought. As a result, *Abhidharmakośabhāṣya* of Vasubandhu where only limited evidences of Sautrāntika are found, replacing the position of Śrīlāta and his *Sautrāntikavibhāṣā*, has been considered as the most reliable source of Sautrāntika.

But according to the reports of Saṃghabhadra, a contemporary of Vasubandhu, Vasubandhu was not a Sautrāntika's. He was the one who associate with Sthavira Śrīlāta so that was strongly influenced by or sided with Śrīlāta, sharing the same philosophical ideas (同見者). Saṃghabhadra refutes a heretical views of Vasubandhu in *Abhidharmakośabhāṣya*, criticizing the theories of Śrīlāta who was the real mastermind of such philosophical

982

This work was supported by the National Research Foundation of Korea Grant funder by the Korean Government (NRF-2014S1A64024732)

Sautrāntika Philosophy of Sthavira Śrīlāta

by Kwon, Oh-min

▌**권오민** (ohmin@gnu.ac.kr)

동국대학교 불교학과 및 동 대학원 수료

현재 경상대학교 인문대학 철학과 교수

주요 저서 및 역서

『有部 阿毘達磨와 經量部 哲學의 硏究』 (경서원: 1994)

『아비달마불교』 (민족사: 2003)

『인도철학과 불교』 (민족사: 2004)

『불교학과 불교』 (민족사: 2009)

『上座 슈리라타와 經量部』 (씨아이알: 2012)

『원효, 불교사상의 벼리』 (운주사: 2017, 공저)

『阿毘達磨發智論』, 『入阿毘達磨論』, 『阿毘曇八犍度論』 (동국역경원: 1995)

『阿毘達磨藏顯宗論』, 『金七十論』, 『勝宗十句義論』 (동국역경원: 1998)

『阿毘達磨俱舍論』 (동국역경원: 2002) 등

上座 슈리라타의
經量部 사상

초판인쇄 2019년 4월 17일
초판발행 2019년 4월 24일

저　　자 권오민
펴　낸　이 김성배
펴　낸　곳 도서출판 씨아이알

책임편집 박영지, 김동희
디　자　인 송성용, 윤미경
제작책임 김문갑

등록번호 제2-3285호
등　록　일 2001년 3월 19일
주　　　소 (04626) 서울특별시 중구 필동로8길 43(예장동 1-151)
전화번호 02-2275-8603(대표)
팩스번호 02-2265-9394
홈페이지 www.circom.co.kr

I S B N 979-11-5610-748-4 93220
정　　가 60,000원